Im Dienste Deutschlands und des Rechtes

Festschrift für Wilhelm G. Grewe
zum 70. Geburtstag am 16. Oktober 1981

Herausgegeben von

Friedrich J. Kroneck
und
Thomas Oppermann

Nomos Verlagsgesellschaft
Baden-Baden

CIP-Kurztitelaufnahme der Deutschen Bibliothek

Im Dienste Deutschlands und des Rechtes: Festschr. für Wilhelm G. Grewe zum 70. Geburtstag am 16. Oktober 1981 / Friedrich J. Kroneck; Thomas Oppermann (Hrsg.). – 1. Aufl. – Baden-Baden, Nomos Verlagsgesellschaft, 1981.
  ISBN 3-7890-0711-0
NE: Kroneck, Friedrich J. [Hrsg.]; Grewe, Wilhelm G.: Festschrift.

1. Auflage 1981
© Nomos Verlagsgesellschaft, Baden-Baden 1981. Printed in Germany. Alle Rechte, auch die des Nachdrucks von Auszügen, der photomechanischen Wiedergabe und der Übersetzung vorbehalten.

Inhalt

Vorwort von Professor Dr. Dr. h. c. *Thomas Oppermann,*
   Tübingen   11

Geleitwort von Bundespräsident Professor Dr. *Karl Carstens,*
   Bonn   13

Biographie Wilhelm Georg Grewe von Vortragendem Legationsrat I. Klasse Dr. *Friedrich Kroneck,* Bonn   15

Diplomatie, Politik und Zeitgeschichte

Arnulf Baring, Professor Dr., Berlin
   Mr. Bundesrepublik: Walter Scheel   17

Heinz Dröge, Dr., Ministerialdirigent im Auswärtigen Amt, Bonn
   Murtala Muhammeds Vermächtnis. Ein Beitrag zur jüngsten Geschichte Nigerias   39

Günther Gillessen, Professor Dr., Mainz
   Die Bundesrepublik und Israel. Wandlungen einer besonderen Beziehung   59

Niels Hansen, Dr., Leiter des Planungsstabes des Auswärtigen Amtes, Bonn
   Zur Mitwirkung Japans an einer abgestimmten Außenpolitik der demokratischen Industrieländer   81

Karl-Günther von Hase, Botschafter a. D., Intendant des Zweiten Deutschen Fernsehens, Mainz
   Fernsehen und Außenpolitik   99

Wilfried Hofmann, Dr., Vortragender Legationsrat I. Klasse, Bonn
Wie MBFR begann — 109

Eberhard Jäckel, Professor Dr., Stuttgart
Die deutsche Kriegserklärung an die Vereinigten Staaten von 1941 — 117

Hartmut Jäckel, Professor Dr., LL. M., Senatsdirektor, Berlin
Über das Vertrauen als politische Kategorie — 139

Ernst Friedrich Jung, Dr., Botschafter, Bonn
Rüstungskontrolle – 25 Jahre danach — 153

Jörg Kastl, Botschafter, Bonn
Kirche in Brasilien — 165

Friedrich J. Kroneck, Dr., Vortragender Legationsrat I. Klasse, Bonn
Macht und Zustimmung. Aspekte der nuklearen Verteidigung innerhalb der nordatlantischen Allianz Anfang der sechziger Jahre — 179

Hans-Heinrich Mahnke, Dr., Leitender Ministerialrat, Bonn
Verhandeln mit östlichen Vertragspartnern — 207

Ulrich de Maizière, General a. D., Bonn;
Herbert Trebesch, Vizeadmiral a. D., Bonn
Außen- und Sicherheitspolitik Arm in Arm — 229

Walther Freiherr von Marschall, Dr., Botschafter, Dacca
Der Krieg in Kambodscha von 1970 bis 1975 — 237

Boris Meissner, Professor Dr., Diplom-Volkswirt, Legationsrat I. Klasse a. D., Köln
Die besonderen Wesenszüge und Entwicklungstendenzen der sowjetischen Außenpolitik — 275

Ulrich Sahm, Dr., Botschafter, Genf
Die stumme Stimme – Versuch einer deutschen Stellungnahme
zur Außenministerkonferenz London 1947 299

Roman Schnur, Professor Dr., Tübingen
Das Ende einer Republik – 10. Juli 1940 in Vichy 337

Hans-Peter Schwarz, Professor Dr., Köln
Adenauer und Rußland 365

Rüdiger Freiherr von Wechmar, Botschafter, Präsident der 35. Generalversammlung der Vereinten Nationen, New York
Die Rolle der Bundesrepublik in den Vereinten Nationen 391

Hans-Georg Wieck, Dr., Botschafter, Brüssel
Das nordatlantische Bündnis – Kontinuität und Wandel 403

Casimir Prinz Wittgenstein, Stellvertretender Vorsitzender des Vorstandes der Metallgesellschaft AG, Frankfurt a. M.
Wirtschaft und Politik 419

Recht und Staat

Hans Buchheim, Professor Dr., Mainz
Aurelius Augustinus' Friedensbegriff als Konzept einer modernen Theorie des Friedens 425

Karl Doehring, Professor Dr., Heidelberg
Intervention im Bürgerkrieg 445

Gerhard Frühe, Mitglied des Vorstandes der Deutschen Lufthansa AG, Köln
Management kollektiver Sozialkonflikte als unternehmerische Aufgabe 459

Ernst Rudolf Huber, Professor Dr., Freiburg i. Br.
Kanzlerregime, Militärgewalt und Parteienmacht in Weltkrieg
und Revolution 473

Joseph H. Kaiser, Professor Dr. Dr. h. c., Freiburg i. Br.
Statut juridique des ouvrages communs au fleuve Sénégal . . 493

Klaus Kröger, Professor Dr., Gießen
Schematische Parteiengleichheit als Grundbedingung der modernen Demokratie 507

Thomas Oppermann, Professor Dr. Dr. h. c., Tübingen
Transnationale Ausstrahlungen deutscher Grundrechte? Erörtert am Beispiel des grenzüberschreitenden Umweltschutzes . . 521

Hans Schneider, Professor Dr., Heidelberg
Über Stil und Sprache der Bundesgesetze 539

Ivo Schwartz, Dr., Direktor bei der Kommission der Europäischen Gemeinschaften, Brüssel
Übereinkommen zwischen den EG-Staaten: Völkerrecht oder Gemeinschaftsrecht 551

Wolfgang Graf Vitzthum, Professor Dr., Tübingen
Weltnuklearordnung und Staatengleichheit 609

Franz Wieacker, Professor Dr. Dres. h. c., Göttingen
Zur Verfassungsstruktur des Augusteischen Prinzipats 639

Bibliographie Wilhelm G. Grewe 655

Vorwort

Eine Persönlichkeit des geistigen Ranges, der diplomatisch-politischen Wirkungskraft und schließlich auch mit einem durch die ganze Welt führenden Lebenslauf wie Botschafter a. D. Professor Dr. iur. Dr. h. c. Wilhelm G. Grewe anläßlich seines 70. Geburtstages ehren zu wollen, war organisatorisch kein ganz einfaches, in der Sache aber für die Herausgeber und Autoren höchst erfreuliches »Projekt«, wie man heutzutage gerne zu sagen pflegt. Die beiden Herausgeber, die sich zusammenfanden (in Erinnerung an eine frühere gemeinsame Zeit an der deutschen NATO-Vertretung in Paris 1962 unter der Ägide des seinerzeit frisch bestallten Ständigen Vertreters der Bundesrepublik Deutschland bei der NATO, Botschafter Grewe), empfanden sich jedenfalls unter dem geographisch-weltweiten Gesichtspunkt für eine Festschrift Grewe angemessen legitimiert: das Buch wurde im wesentlichen mittels eines »antipodischen« Postverkehrs zwischen dem deutschen Generalkonsul Kroneck in Melbourne/Australien und dem hier unterzeichnenden Professor im schwäbisch-idyllischen Tübingen vorbereitet. »Gehabte Schmerzen, die hab' ich gern...«.
Der breit gefächerte Autorenkreis ist auf seine Weise eine Art Spiegelbild der Spannbreite des Greweschen Lebenswerkes geworden. Gemäß der Vita ergab sich eine Mehrheit diplomatisch, militärisch und politisch bekannter Namen, doch bleibt die Minderheit der Gelehrten, vornehmlich juristisch-(zeit-)geschichtlicher Provenienz, eine respektable. Einen gewissen »Nukleus«, der solche Schematisierungen wieder auflöst, bildete dabei jener »Freiburger Kreis« Anfang der fünfziger Jahre um den damaligen Ordinarius des Öffentlichen Rechts und gleichzeitigen deutschlandpolitischen Verhandler in Bonn, dessen Grewe in seinen Erinnerungen gedenkt (»Rückblenden« 1979, S. 302 ff.). Waren es damals die »besten Jahre der Bundesrepublik« (aaO. S. 218) oder nicht – die über die Verbindung zu Grewe vermittelte direkte oder indirekte Teilnahme an der Reetablierung eines demokratischen Verfassungsstaates im westlichen Teile Deutschlands, das (vergebliche) Ringen um den rechten Weg zur Wiedervereinigung unter gleichzeitiger Erfüllung des damals weitverbreiteten Wunsches nach definitiver Aufnahme unseres Landes in den Kreis der klassischen westlichen Demokratien, brachte in jenen Jahren und später manchen in die Nähe Grewes, der, ebenso wie alte Freunde, aufgrund solcher Begegnung heute gerne zu diesem Buche beigetragen hat. Das Motto der Festschrift sucht

ein wenig von jenem Wollen einzufangen, dem sich wohl nicht nur der Jubilar, sondern der ihn hier ehrende Kreis insgesamt bis heute verpflichtet fühlt. Es bleibt ein herzliches Wort des Dankes an den NOMOS-Verlag und seinen Leiter Volker Schwarz, der so spontan bereit war, die Edition dieses Buches zu ermöglichen. Finanziell mit dazu beigetragen haben – das darf in unserer Zeit öffentlicher Subventionierungen gleicherweise dankend festgehalten werden – einige der Autoren durch private Spenden.

Tübingen, im Sommer 1981 *Thomas Oppermann*

Geleitwort

Die erste außenpolitische Aufgabe, der sich die im Jahre 1949 gegründete Bundesrepublik Deutschland gegenübersah, bestand in der Ablösung des Besatzungsstatuts und der Erlangung der vollen Souveränität. Es galt, für unseren neuen Staat Vertrauen zu gewinnen und seine Aufnahme als gleichberechtigtes Mitglied in die Völkergemeinschaft zu erreichen.
Daß dies so schnell und mit so großem Erfolg gelungen ist, ist in erster Linie den Männern und Frauen zu danken, die sich in einer schwierigen Zeit den zu bewältigenden Aufgaben mit Maß und Wirklichkeitssinn, mit Entschlossenheit, Mut und Klugheit stellten. Zu ihnen gehörte Wilhelm Grewe.
Konrad Adenauer holte ihn 1951 aus einer erfolgreichen wissenschaftlichen Laufbahn und übertrug ihm die Leitung der Delegation für die Verhandlungen zur Ablösung des Besatzungsstatuts. Damit betraute er Grewe mit der damals wichtigsten außenpolitischen Aufgabe, nämlich die Beziehungen zu den Westmächten neu zu ordnen und die Wiedervereinigungspolitik auf eine tragfähige staats- und völkerrechtliche Grundlage zu stellen.
Von nun an war Grewe, der 1953 Leiter der Rechtsabteilung und zwei Jahre später Leiter der Politischen Abteilung des Auswärtigen Amts wurde, an allen wichtigen außenpolitischen Verhandlungen und Entscheidungen dieser Jahre maßgeblich beteiligt.
Seine wissenschaftlichen Kenntnisse und sein sicheres politisches Urteil kamen ihm bei den langwierigen Verhandlungen auf dem Wege der Bundesrepublik Deutschland zur politischen Selbstbestimmung zugute. Wer dem zurückhaltend und ruhig auftretenden Mann in diesen Jahren begegnete, vermutete in ihm zunächst kaum die Persönlichkeit, die bei der Planung und Durchsetzung der deutschen Politik eine so wichtige Rolle spielte.
Grewe ist oft die eigentliche Urheberschaft an der sogenannten Hallstein-Doktrin zugeschrieben worden. In seinen »Rückblenden« beschreibt er die Entstehung dieser Politik und weist dabei auf zweierlei hin. Erstens zeigt er, daß es sich nicht um die spontane und mehr oder weniger aus der Luft gegriffene »Erfindung« irgendeines einzelnen Beamten – sei es Grewe, sei es Hallstein oder ein anderer – gehandelt hat, sondern daß sie das Ergebnis der nach der Aufnahme diplomatischer Beziehungen zur Sowjetunion notwendig gewordenen gemeinsamen Überlegungen aller im Auswärtigen Amt und im Bundeskanzleramt zuständigen Stellen war. Zweitens erinnert er daran, daß diese unter anderem mit dem Begriff Hallstein-Doktrin verbun-

dene Politik ein durchaus flexibles und nicht ohne Erfolg angewandtes politisches Mittel war, den Anspruch der Bundesrepublik Deutschland zu wahren, für das ganze deutsche Volk zu sprechen und seine Interessen zu vertreten. Mit ihrer Hilfe sollte der internationalen Anerkennung der Teilung Deutschlands vorgebeugt und die Option einer deutschen Wiedervereinigung aufgrund freier Selbstbestimmung für alle sichtbar offengehalten werden.

Wilhelm Grewe hat die deutsche Politik stets mit Beharrlichkeit, Überzeugungskraft und Geduld vertreten. Seine Fähigkeit zu durchdringender Analyse und sein Interesse an der sachlichen Arbeit bestimmten seinen Stil auch als Botschafter in drei für die Bundesrepublik Deutschland überaus wichtigen Missionen: in Washington von 1958 bis 1962, bei der NATO in Paris und Brüssel von 1962 bis 1971 und in Tokio von 1971 bis 1976.

Auch in der Zeit seines aktiven Dienstes hat Grewe sich mit wissenschaftlichen Aufgaben befaßt und seine Überlegungen zur auswärtigen und internationalen Politik in zwei umfangreichen Werken niedergelegt. An diesen wie an seinen vor zwei Jahren erschienenen Erinnerungen kann niemand, der sich mit der Außenpolitik der Bundesrepublik Deutschland befaßt, vorbeigehen. Aufgrund praktischer Erfahrung und wissenschaftlicher Kenntnisse vermittelt Grewe grundsätzliche Erkenntnisse über die deutsche und internationale Politik.

Auch nach seinem Ausscheiden aus dem Auswärtigen Dienst mit Erreichen der sogenannten Altersgrenze hat Wilhelm Grewe nicht aufgehört, sich mit diesen Fragen zu beschäftigen und uns an seiner reichen Erfahrung teilhaben zu lassen. Für die kommenden Jahre seien ihm Gesundheit, Freude und ungebrochene Schaffenskraft gewünscht.

Bonn, im März 1981
Karl Carstens
Bundespräsident

Biographie Wilhelm Georg Grewe

Grewe wurde am 16. Oktober 1911 in Hamburg geboren. Nach dem Schulbesuch in Hamburg studierte er Rechtswissenschaften an den Universitäten Hamburg, Berlin, Freiburg/Br. und Frankfurt/M. Die erste juristische Staatsprüfung legte er 1934 in Frankfurt/M. ab, die zweite juristische Staatsprüfung 1939 in Berlin. 1936 wurde er in Hamburg zum Dr. jur. promoviert; 1941 habilitierte er sich an der Universität Königsberg.
Grewe wurde 1939 zum Dozenten an der Deutschen Hochschule für Politik in Berlin, 1941 zum Dozenten und 1943 zum a. o. Professor an der Universität Berlin ernannt. 1945 wurde ihm an der ersten wiedereröffneten deutschen Universität – Göttingen – die Vertretung eines Ordinariats für öffentliches Recht und Völkerrecht übertragen. 1947 folgte er einem Rufe der Rechts- und Staatswissenschaftlichen Fakultät der Universität Freiburg/Br. auf den Lehrstuhl für die gleichen Fachgebiete. Von 1947 bis 1949 war er Dekan der dortigen Fakultät. 1955 wurde er zur Übernahme von Aufgaben im Auswärtigen Dienst beurlaubt. Er blieb jedoch Mitglied der Fakultät und ist seit seinem Ausscheiden aus dem Auswärtigen Dienst emeritierter Professor der Universität Freiburg.
Während der Verhandlungen über den Deutschland-Vertrag und den Beitritt der Bundesrepublik zur NATO wurde Grewe nach Bonn berufen und leitete von 1951 bis 1955 die deutsche Verhandlungsdelegation für die Ablösung des Besatzungsstatuts. Von 1953 bis 1954 war er zugleich kommissarischer Leiter der Rechtsabteilung des Auswärtigen Amtes, 1954 und 1955 Beobachter der Bundesregierung bei den Viermächte-Konferenzen von Berlin und Genf. 1955 bis 1956 führte er den Vorsitz der Wahlrechtskommission beim Bundesminister des Innern.
1955 trat Grewe als Ministerialdirektor in das Auswärtige Amt ein und war bis 1958 Leiter der Politischen Abteilung, von 1956 bis 1958 zugleich Stellvertreter des Staatssekretärs. 1958 entsandte ihn die Bundesregierung als Botschafter nach Washington, wo er bis 1962 blieb. Zwischendurch war er 1959 Sprecher der Delegation der Bundesrepublik Deutschland bei der Genfer Außenministerkonferenz. Anschließend wurde er zum Botschafter und Ständigen Vertreter der Bundesrepublik Deutschland bei der Nordatlantikpakt-Organisation ernannt und blieb auf diesem Posten bis 1971. Von

1971 bis zu seinem Eintritt in den Ruhestand 1976 war er als Botschafter der Bundesrepublik Deutschland in Tokyo tätig, wobei er seit 1974 auch als Botschafter bei der Mongolischen Volksrepublik beglaubigt war.

Grewe ist u. a. Mitglied des Ständigen Schiedshofs im Haag, der Deutschen Gesellschaft für Völkerrecht und der American Society of International Law. Er ist Dr. jur. h. c. der Universität Middlebury, Vermont, USA. Seit 1977 ist Grewe Stellvertretender Vorsitzender der »Atlantik-Brücke«.

Friedrich J. Kroneck

Diplomatie, Politik und Zeitgeschichte

Mr. Bundesrepublik: Walter Scheel

*Arnulf Baring**

Sicherlich wirkte es an den Haaren herbeigezogen, wenn man an dieser Stelle, aus diesem Anlaß von Walter Scheel nur deshalb sprechen wollte, weil er zu den verschiedenen Außenministern gehörte, denen Wilhelm Grewe in seiner langen, diplomatischen Amtszeit zu dienen hatte. Nein, die Schilderung seines Werdegangs scheint mir aus einem viel bedeutsameren Grunde gerechtfertigt. Niemand verkörpert so wie Scheel die Erfolgsgeschichte dieser Bundesrepublik, ihre Aufstiegsphase der ersten Jahrzehnte. Überdies läßt sich an seinem Lebensgang ablesen, was schon vor 1945 an Voraussetzungen für das Spätere geschaffen, was an sozialer Energie freigesetzt wurde für die rasche Entstehung einer modernen, mobilen, tendenziell egalitären Industriegesellschaft. In seinem Einzelfall, in der Biographie eines wohlhabend und politisch prominent gewordenen Mitbürgers, der es am Ende bis zum Bundespräsidenten brachte, obwohl sein Vater nur Handwerker, ja Arbeiter gewesen war, läßt sich ein Beleg für die Behauptung finden, daß das Dritte Reich – oder zumindest sein Krieg – für Deutschland eine soziale Revolution bedeutete. Für Scheel wie für viele seiner Altersgenossen legten die Jahre 1939/45 das Fundament für alles Spätere. Sicherlich wird man bei ihm darüber hinaus auch frühere, tiefere Schichten seines Werdeganges, nämlich familiäre, auch lokale Elemente einer gewissen Liberalität und Weltläufigkeit im Auge behalten müssen. Aber bedeutsamer wurde der Zweite Weltkrieg. Er ermöglichte Scheel den Sprung nach vorn – nach oben. Offizier zu werden, war die erste Stufe seines Aufstiegs, ermöglichte (erleichterte zumindest wesentlich) die Eheschließung mit der Tochter eines kleinen Solinger Fabrikanten.

Von da an und über Jahrzehnte hinweg entsprechen der Lebensweg und die Lebensart dieses Mannes so vollkommen dem märchenhaften materiellen

---

* Dr. iur., Professor an der Freien Universität Berlin.

Aufschwung unseres ganzen Landes und der Mentalität, die ihn ermöglichte, daß man Scheel, Vergleiche mit Amerika im Kopf, geradezu als Mr. Bundesrepublik bezeichnen könnte. Waren nicht früher die Vereinigten Staaten das einzige Land dieser Erde, wo jeder, wenn er große Fähigkeiten, Energie und Glück hatte, alles werden konnte? So hieß es, und die Präsidentenwahlen zeigen es noch immer. Jetzt sind wir selbst, zu unserem eigenen Erstaunen, in den Augen zahlloser Menschen in aller Welt, zu einem Land unbegrenzter Möglichkeiten geworden. Von draußen gesehen sind wir ein Ziel der Sehnsucht, der Einwanderung von überall her.

Das ist etwas ganz Neues, vorher nie Dagewesenes in unserer Geschichte. Es dauerte auch nach 1945 noch lange, bis es soweit war. Jene westdeutschen fünfziger Jahre, in denen Wilhelm Grewe in Bonn wirkte, gehören noch in eine ganz andere Zeit. Sie standen in vielem den dreißiger Jahren, die sie, besser, zu wiederholen versuchten, weitaus näher als den Siebzigern. Der Bewußtseinswandel der sechziger Jahre, die Revolution der Werte, liegt zwischen uns Heutigen und der Ära des ersten Kanzlers. Während Wilhelm Grewe und erst recht natürlich Konrad Adenauer (dieser »Zuchtmeister«, wie Herbert Wehner in seinem Nachruf gesagt hat), noch tief in frühere Epochen unserer Geschichte hineinreichen, von dorther geprägt waren und ihrerseits prägten, ein Stück guter Kontinuität des alten Deutschland verkörperten, nämlich Elemente des bescheidenen, akkuraten Beamtenstaates in die fünfziger Jahre hinüberretteten, gehörte Walter Scheel, der 1945 nach heutigen Begriffen gerade erst seine Jugend hinter sich hatte, ganz und gar in die Nachkriegswelt. Er symbolisierte den hart erworbenen materiellen Erfolg der fünfziger Jahre ebenso wie die lockere Weltläufigkeit, die unsere Bundesrepublik in den sechziger Jahren gewann – aber vielleicht auch deren innere Grenzen, die mangelnde Tiefe ihrer Verwurzelung. In den siebziger Jahren endlich ließ er als Präsident immer wieder seine Sorgen um unsere Zukunft erkennen; auch darin war er typisch für ein sensibles Gegenwartsbewußtsein. Die Zeiten hatten sich eben geändert – und er mit ihnen.

Dabei ist kaum ein Politiker der Bundesrepublik Deutschland über lange Strecken seines öffentlichen Wirkens hinweg derart gleichbleibend stereotyp beschrieben worden wie Walter Scheel. Eine rheinische Frohnatur. Ein beschwingter Handlungsreisender. Düsseldorfer Schickeria. Ein Leichtfuß, ein Spieler. Ein unbeschwerter Besitzbürger, ja ein Genußmensch. Am liebsten im Frack, ein Sektglas in der Hand. Jedenfalls immer in Champagnerstimmung, immer gut, ja glänzend gelaunt. Wenn Reporter Menschen auf der Straße ansprachen und nach Walter Scheel fragten, lauteten die Antworten immer gleich: »Ein netter Mensch.« »Ein freundlicher Mann.«

»Sehr nett und freundlich.« »Mir sehr sympathisch.« Einer sagte: »Ein Mann, der andere nicht verletzt.«
Das stimmte sogar. Walter Scheel war stolz darauf, daß er zwar Gegner hatte (es ist in der Politik nicht zu vermeiden, wenn man auch in seinem Falle hinzufügen muß, daß Scheel am Ende nicht mehr viele Gegner besaß), jedoch keine persönlichen Feinde. Seinen Weg an die Spitze säumten nicht zerstörte Karrieren, gebrochene Menschen wie oft bei anderen Männern in vergleichbaren Positionen, ganz zu schweigen von anderen Ländern, von anderen Zeiten. Da lagen keine politischen Leichen. Was Scheel auch durchsetzte: er hat es mit leichter Hand getan. Er hat sich seinen Weg mit Heiterkeit gebahnt, mit Liebenswürdigkeit – von der er selbst meinte, daß sie Kräfte spare, einen »ökonomischen Einsatz der Energie« gewährleiste. Erst mal versuchen, ob es nicht so geht, wie Thomas Dehler von ihm gesagt hat: dieser Scheel renne nicht mit dem Kopf gegen die Wand, sondern suche eine verborgene Tür hinter der Tapete. Was eine feine Witterung voraussetzt. Mit seinem Gespür dafür, daß Menschen, wenn sie freundlich angesprochen werden, häufig ohne weiteres tun, was der andere erwartet, hat sich Scheel sicherlich seinen Weg erleichtert, hat deshalb auch bei anderen wenig Verbitterung hinterlassen.
Aber natürlich ging es *nicht nur* mit Heiterkeit; damit allein kommt man in der Politik nirgendwohin. Sondern Heiterkeit *und* Härte – das ist es, was Scheel ausmacht, was ihn charakterisiert. Rolf Schroers, der Schriftsteller und Publizist, der seit Mitte der sechziger Jahre die FDP-Monatsschrift *liberal* herausgab und seit 1968 die Theodor-Heuss-Akademie in Gummersbach leitete, also Scheel seit langem kannte, sprach bei ihm von »einer unnachahmlichen Mischung von Härte und Heiterkeit«.
Diese Mischung ist in der Öffentlichkeit selten bemerkt worden. Um so auffälliger ist, daß Spitzenpolitiker aus allen Parteien des Bundestages, wenn sie in den siebziger Jahren auf ihn angesprochen wurden, immer wieder diese Mischung von Härte und Heiterkeit hervorhoben – seien sie nun damals politische Gegner, also Politiker der Opposition, der CDU/CSU, oder seien sie politische Freunde und Weggefährten wie der Vorsitzende der SPD, Willy Brandt, oder der Vorsitzende der FDP und Nachfolger Scheels, Hans-Dietrich Genscher, gewesen. Brandt hat Scheel einen »Menschen mit sehr viel Freundlichkeit« genannt, aber sofort hinzugefügt: diese Freundlichkeit umschließe einen harten Kern. Und Genscher sagte von seinem Vorgänger: »die sympathische Art« Scheels lasse leicht »den eisenharten Willen übersehen«, den er besitze. Scheel sei eben kein Rheinländer, wie man immer höre, sondern stamme aus dem Bergischen Land.
Ähnlich äußerte sich Rainer Barzel, der als Minister und Parlamentarier

19

immer einen engen Kontakt zu Scheel hatte: »Im Innern« sei dies »ein ganz harter Mann«, was sich »hinter Eleganz« verberge; man müsse »hinter seinen Charme« blicken. Scheel zeige »rheinische Fröhlichkeit vorn«. Aber »hinten« stecke eine »bergische Dickschädeligkeit«. Ein anderer CDU-Politiker, Helmut Kohl, der Vorsitzende der Union, meinte ähnlich: Scheel habe einen »sehr harten Willen, sich durchzusetzen«. Aber seine Freundlichkeit verberge dies den Blicken.

Genscher und Barzel haben beide auf die rheinisch-bergische Mischung in ihm hingewiesen. Sie spielten also auf die Herkunft dieses Mannes an. Scheel stammt aus einem Grenzraum zwischen dem Bergischen Land und den Rheinlanden. Was bedeutet für Scheel seine Heimat?

Man muß die Lebensgeschichte eines Menschen vor Augen haben, um ihn begreifen zu können. Man muß, wenn irgend möglich, die Geschichte seiner Familie kennen, also die Reihe der Vorfahren vor dem inneren Auge sehen, um die Prägung zu ermessen, die er von dort her erfahren hat.

Scheels Vater, Albrecht Scheel, ist im Jahre 1883 in Daaden geboren. Wo liegt dieses Daaden? Und welchen Platz hatte es im Leben Scheels?

Daaden ist ein kleines Städtchen im Landkreis Altenkirchen, der im Westerwald liegt, jenem rechtsrheinischen Mittelgebirge zwischen der Lahn und der Sieg. Der Landkreis gehört, übrigens seit eh und je, zum Regierungsbezirk Koblenz. Man kommt also heute, wenn man Daaden besucht, in den äußersten Nordosten des Landes Rheinland-Pfalz. Doch mit dem, was man sich so unter dem Rheinland vorstellt – ein offenes Land mit weiten Flächen, breiten Tälern, großen Städten und heiteren Menschen, auch Weinbergen – hat diese Gegend hier nichts gemeinsam. Das Wort Westerwald ist wörtlich zu verstehen: viel Wald. Eine waldige Hochfläche. In den »Gipfeln«, wenn man sie so nennen darf, etwa im Fuchskauten in einiger Nähe von Daaden, kommt der Westerwald auf eine Höhe von 600 bis 700 Metern; sonst bleibt es bei vierhundert Metern. Mittelgebirge, mit tief eingeschnittenen, oft engen Tälern. Die Landwirtschaft tritt hier fast völlig zurück. Die Industrie, in diesem Zipfel, auch. Daher gibt es eine starke Abwanderung, seit langem schon. Große Wälder bedecken dieses Daadener Land, und die einzige größere Siedlung hier ist dieses kleine Daaden mit seinen kaum über 3 000 Bewohnern.

Der Landkreis ist ein stark religiöses Gebiet, aber mit einer sehr eigensinnigen Prägung: im Landkreis Altenkirchen sind 39 verschiedene Sekten ansässig. Allerdings kann man nicht sagen, daß diese freikirchliche Vielfalt etwas Enges, Finsteres, etwas Eiferndes oder Verbissenes an sich hätte, wie in anderen, vergleichbaren Gebieten, etwa dem Wuppertal. Die Menschen hier machen, wie ja Walter Scheel auch, einen freien, aufgeschlossenen, to-

lerant-offenen Eindruck. Sie zeigen jene Liberalität des Tons und des Umgangs, die nicht angelesen ist, nicht aus Büchern und Manifesten stammt, sondern die handfeste Lehre der historischen Erfahrung der Jahrhunderte des Glaubenskrieges widerspiegelt. In diesem (historisch gesehen: territorial zersplitterten) Teil des Westerwalds hat es nach der Reformation ein heftiges Hin und Her der religiösen Orientierung gegeben. Mehrfach hat diese Gegend den Glauben gewechselt, ehe sie dann, endgültig sozusagen, von den Jesuiten rekatholisiert wurde – was seinerseits später, als Reaktion, die Gegenbewegung des Sektenwesens auslöste.
Außer in Daaden, das protestantisch blieb. Das nach drei Seiten abgeschlossene Tal, das nur nach Nordwesten, dem Laufe des Daaden-Baches folgend, einen einzigen Zugang besitzt, bis heute, blieb in der Gegenreformation unbehelligt und damit evangelisch, auch bis heute.
In dieses Daadener Land, eine abgelegene Gegend Gott weiß wo, kam zu Anfang des 18. Jahrhunderts der Zimmermeister Johann Scheel, und zwar aus der Gegend von Olpe, nicht so sehr weit von dort, von Norden her: Ursprünglich stammt die Familie Scheel aus Westfalen, aus dem Ravensberger Land. In Theenhausen, das heute Werther heißt, nahe bei Bielefeld, findet sich jedenfalls der Stammhof der Familie, des Familienverbandes Scheel – oder Scheele – Ravensberg, dem auch der spätere Bundespräsident als Mitglied angehörte.
Die Familie läßt sich, in dieser Gegend, bis ins Mittelalter hinein zurückverfolgen, ist also über Jahrhunderte hinweg sehr seßhaft gewesen. Wie die meisten früher. Man kam aus dem südlichen Westfalen und blieb. Man zog, als der Raum dort knapp wurde, ins Gebirge hinein. Eine weitverzweigte Familie der Bauern und Handwerker. Etwas sehr Bäuerliches, Bäurisches ist ja bei Walter Scheel unübersehbar: der gesunde Menschenverstand. Die nüchterne, sachliche Beobachtungsgabe. Das Verhältnis zum Besitz; das offensichtliche Bestreben, das Seine zusammenzuhalten, Hab und Gut zu vermehren. Auch die genaue Beobachtungsgabe – viel Zurückhaltung, vorsichtiges Mißtrauen hinter einer freundlichen Fassade. Man weiß doch nie. Lieber abwarten. Scheel hat von sich selbst gesagt, er sei menschlich scheuer, als die meisten Menschen vermuteten. Er schließe sich schwer auf. Es dauere bei ihm sehr, sehr lange, bis er sich mal mit jemandem duze.

Aber wir waren beim Zimmermann Johann Scheel. Warum kam er gerade nach Daaden? Das wissen wir genau: die baufällige, alte Kirche dort wurde abgerissen und durch eine neue, eine modische im Stil der damaligen Zeit, ersetzt. Das Dachgestühl schuf jener Johann Scheel. Als sein Nachfahre als Bundespräsident Daaden besuchte, überreichte man ihm ein Stück jenes

Dachstuhls, den sein Vorfahr gezimmert hatte. Das Dach war gerade renoviert worden; es hatte immerhin mehr als 300 Jahre lang gehalten. Vielleicht kommt von daher die Neigung Scheels zur Schreinerei, die Neigung zum Holz; er hat die alte Werkstatt der Familie, als sie abgerissen wurde, ausgeräumt, das Handwerkszeug mitgenommen, um selbst damit zu arbeiten. So, wie er mit der Sense umgehen kann wie seine Vorfahren auch. Wenn man ihn fragte, ob er auch eine Sense »schärfen« könne, berichtigte er sofort: eine Sense werde erst gedengelt, dann gewetzt – nichts von schärfen. Das sitzt, glaube ich, tief drin in diesem Walter Scheel: der Bauer und Handwerker aus dem Westerwald. Ein zutiefst konservatives Temperament. Ein Sinn fürs Solide.

Also der Urahn blieb in Daaden. Und warum? Weil er die Tochter des Dietrich Löhr aus Daaden heiratete, Elisabeth Margarete Löhr, »wohnhaft im Mühlenhof«, im Jahre 1722. Das damalige Haus steht bis heute – wenn auch natürlich immer wieder erneuert und umgebaut. Aber immer im gleichen Stil, an der gleichen Stelle: Ein bergischer Fachwerkbau, mit weiß verputzten Wänden, die Balken schwarz bemalt, die Läden der Fenster grün. Wenn Walter Scheel – als Kind oder später – nach Daaden kam, besuchte er das gleiche Haus, wohnte oft dort, in das Johann Scheel 1722 eingezogen war. Dieser Urahn war übrigens katholisch, weil man katholisch war, wo er herkam. In Daaden war er der einzige Katholik im Dorf. Und er blieb katholisch, obwohl der neue, barocke Kirchenbau, für dessen Dachgestühl man ihm den Zuschlag erteilt hatte, doch einer evangelischen Kirche galt. Seine Frau war ebenso evangelisch wie der ganze Ort. Das machte ihm nichts. Johann Scheel war in seinen Grundüberzeugungen dickschädig wie sein Nachkomme; beharrlich hielten beide an ihrer Linie fest. Bei Eintragungen in zeitgenössischen Kirchenbüchern wird daher Johann Scheel mit respektvoller Freundlichkeit als »unser römischer Nachbar« bezeichnet. Erst seine Nachkommen sind evangelisch geworden – und sie sind es dann auch geblieben bis auf den heutigen Tag.

Walter Scheel ist als Kind immer wieder in Daaden gewesen. Bis 1935 hat er alle Schulferien dort verbracht. Dann war er 16 und ging mit Gleichaltrigen aus Solingen auf Fahrt. Es gibt alte Fotos aus Daaden von ihm: auf den Höhen, über den Wäldern, mit wehendem Haar. Auch später, bis in die Präsidentschaft hinein, ist er oft wiedergekommen. Zu Familientreffen, zu Festen, an Geburtstagen, etwa jener Tante Ottilie, die erst 1974 im Alter von fast 88 Jahren gestorben ist. Sie war die Frau des älteren Bruders seines Vaters. Scheels Vater Albrecht war der Zweite. Richard Scheel, der Älteste, hatte den Hof bekommen und war außerdem von 1920 bis 1933 in Daaden Gemeindevorsteher – auf der sozialdemokratischen Liste gewählt, obwohl er gleichzeitig Vorsitzender im Kyffhäuserbund war, im Spitzenverband der Teilnehmer am ersten Weltkrieg. Man findet also bei Richard, dem Onkel Walter Scheels, das Soldatisch-Nationale neben einer Neigung zur Sozialdemokratie. Richard gehörte ihr zwar nicht an. Aber er fühlte sich der SPD doch immerhin so nahe, daß er ohne weiteres auf ihrer Liste kandidieren konnte. Das ist, für die Weimarer Zeit, eine große Spannweite der Positionen, die nebeneinander für vereinbar gehalten wurden. Später wird man, bei Richards Neffen Walter, diese selbstverständliche Breite wiederfinden. Wenn Scheel pathetisch wäre (was er nicht ist), hätte er als Präsident wie Charles de Gaulle von sich sagen können: In mir habt ihr einen, der niemandem – und damit allen gehört.

Darin wird eine gemeinsame Eigentümlichkeit von Richard und Walter Scheel sichtbar: Die Neigung und die Fähigkeit zu öffentlichen Ämtern ist ein Familienerbe, von dem auch Walter Scheel zehrt. Jetzt schon in der fünften Generation findet man in dieser Familie Scheel aus Daaden neben dem Beruf des Bauern, des Handwerkers, die ehrenamtliche Tätigkeit als Schöffe, als Ortsvorsteher, als Bürgermeister.

Mit der Landwirtschaft in Daaden war es nicht weit her. Ich sagte es schon: Wie überall im Westerwald warf sie einfach nicht genug ab. Das Klima ist zu rauh. Onkel Richard ging daher, als er noch jung war, nebenher »zum Berg«, wie man damals sagte, zu Fuß, morgens, viele Stunden lang. Der Westerwald birgt Eisenerze. Oder man betrieb als Bauer außerdem noch ein Handwerk, zumal man die Werkstätten, die zum Hof gehörten, als Ersatzlösungen für nachgeborene Söhne benötigte. Der zweite Sohn wurde bei den Scheels in Daaden immer Stellmacher, der dritte Bäcker. Albrecht, der Vater Walter Scheels, wurde also Stellmacher: ein Handwerker, der Fahrzeuge aus Holz herstellt und ausbessert.

Da Albrecht in Daaden nichts werden konnte, wurde er vom Sog der Industrialisierung nordwestlich an den Rand des Bergischen Landes und des Ruhrgebietes gezogen. Er kam nach Solingen, in eine aufstrebende Industriestadt, in der Absicht, dort sein Glück zu machen. Doch daraus wurde nichts; es ist ihm völlig mißlungen.

Die drei alten, klassischen Berufe der Schneidwaren-Industrie, die den Weltruhm der Stadt ausmachten, waren die Berufe des Schmieds, des Härters und des Schleifers. Alle drei Tätigkeiten waren in Solingen überall in festen Händen. Da war also für einen – insoweit ja auch ungelernten – Ankömmling wie Albrecht Scheel, diesen Hinterwäldler, nichts zu machen. Man brauchte Zugewanderte nur für Hilfstätigkeiten: als Schlosser, als Elektriker, auch als Stellmacher. Aber Albrecht kam nicht in seinem Beruf unter. Er ging für einige Jahre als Industriearbeiter in *Henckels Zwillings-*

werk, dessen Messer man damals in allen Haushalten fand, die sie sich leisten konnten, weit über Deutschland hinaus. Nach dem ersten Weltkrieg, den er als Soldat mitgemacht hatte, wurde er Altgeselle in einer Stellmacherei. Aber die Konjunktur in diesem Gewerbe ging zurück, weil Pferdewagen allmählich aus der Mode kamen. Zu Anfang der dreißiger Jahre wurde Albrecht Scheel arbeitslos. Erst als sich nach der Machtergreifung Hitlers die wirtschaftlichen Verhältnisse wieder besserten, konnte Scheels Vater eine neue Beschäftigung finden. Er kam zum ältesten, hochangesehenen Solinger Schneidwaren-Unternehmen, der inzwischen 250 Jahre alten Firma *Friedrich Herder Abraham und Sohn,* wo er in der Betriebsschreinerei arbeitete. Er fertigte zum Beispiel Hefte, also Griffe, für Stahlmesser an, auch Holzformen für Gesenkschmiede. Während des Krieges half er mitunter in der Pförtnerei des Betriebs aus. Denn der früher hochgewachsene, stattliche Mann kränkelte lange, vergrämte auch. Er litt an einem chronischen Bronchialkatarrh, kein Wunder bei dem Klima in dieser Gegend, und starb bald nach dem Kriege, 1953, als Rentner, an einem Lungenemphysem.

Wie man sieht: keine Erfolgsgeschichte. Zumindest psychologisch ein Abstieg: vom Bauernhof, vom Handwerker, zum Unselbständigen, zum Arbeiter. Dieser Vater war ein fleißiger, sparsamer, treuer, fürsorglicher Mann. Grundsolide. Unfähig, etwas Unrechtes zu denken oder gar zu tun. »Von der Notwendigkeit einer festgefügten Ordnung überzeugt«, wie sein Sohn von ihm gesagt hat, quälte es Albrecht Scheel bis in die letzten Lebensjahre, als junger Mann, vor dem ersten Weltkrieg, einmal an einem Streik teilgenommen zu haben. Scheel hat seinen Vater geliebt, mehr geliebt als seine Mutter, wie er berichtete, weil er glaubte, daß dies notwendig sei, der Vater es also nötig brauchte. Scheel hat seinen Vater nicht bewundern können. Er konnte kein Vorbild für ihn sein.

Walter Scheel hat sicherlich sehr viel mehr von seiner Mutter, Helene Scheel, geborene Geffgen, deren Familie aus Thüringen stammte, aber seit drei Generationen in Solingen saß. Schon äußerlich, im Gesicht, sieht er wie seine Mutter aus: die Nase, die Augen, die lockigen Haare. Von Statur war sie, anders als ihr Mann, anders als ihre Söhne, eher klein. Aber sie war energisch; sie wußte, was sie wollte. In ihrer Ehe war sie die stärkere, die bestimmende Figur; ihr Mann tat, was sie sagte. Sie war auch die tüchtigere der beiden Eltern. Nicht nur, daß sie bis spät in die Nacht nähte, damit Walter auf der Schule bleiben konnte; denn fleißig war ihr Mann auch. Aber anders als Albrecht Scheel besaß sie Organisationstalent. Sie hatte eine Begabung zum Chef. Mehrere andere Frauen arbeiteten unter ihr, näh-

ten für sie, nach ihren Anleitungen. »Helene schwang das Zepter«, sagte mir einer schmunzelnd aus der Erinnerung.
Helene Scheel wußte genau, was sich gehörte und was nicht. Wenn die spielenden Kinder hinaufriefen: sie solle ihnen doch bitte ein Butterbrot auf die Straße hinunterwerfen, weil sie beim Essen weiterspielen wollten, dann kam das überhaupt nicht in Frage. »Draußen wird nicht gegessen!« Das wußte sie, das sagte sie. Punkt. Schluß.
Die Ordnungsliebe seiner Mutter prägte Scheel ein Leben lang. Auch als Bundespräsident putzte er jeden Morgen selbst seine Schuhe – obwohl er doch in den letzten Jahren selten zu Fuß ging und seit langem Hilfskräfte im Hause hatte. Und wenn Scheel beim Aufwachen in der Frühe seine Hosen unordentlich irgendwo liegen sah, weil er es spät in der Nacht unterlassen hatte, sie auf einen Bügel und in den Schrank zu hängen, so wie sich das gehörte, dann sagte er, leicht beschämt und gleichzeitig in der Erinnerung amüsiert, zu sich selbst: »Wenn das Helene sähe!« »Wenn das Helene wüßte!«

Vor allem war Helene Scheel zielstrebig. Sie hat ihren Sohn dahin erzogen, daß er sehen müsse, im Leben vorwärts zu kommen. Die finanziellen Verhältnisse der Eltern waren zwar geordnet, aber schmal, wie Schulfreunde Scheels berichten. Er selbst hat gesagt: er stamme aus einem »sehr einfachen Elternhaus«; Vater und Mutter hätten »darben« müssen, damit er eine gute Schulbildung erhalten konnte. Man wohnte, wie damals dort und anderswo unter den gegebenen Verhältnissen üblich: eine Küche, ein Wohnzimmer, ein Schlafzimmer für die Eltern, eins für die beiden Kinder. Kein Bad. Samstags wurden die Söhne in der Küche gebadet, später in der Zinkbadewanne in der Waschküche. Das Wasser erhitzte man mit Holz und Kohlen im Waschbottich. Das Klo war auf halber Treppe. Die Firma *Gruba* (von »Gruben-Entleerung«) kam regelmäßig, um die Kübel auszuwechseln. Das war ja in vielen Orten der Bundesrepublik noch bis in unsere Zeit hinein so. Das gab es bei uns noch in den sechziger Jahren: Man konnte an bestimmten Wochentagen die Kübel auf der Straße warten sehen.
Schon als Junge wollte Walter Scheel hinaus aus den beengten Verhältnissen, in denen er aufwuchs. Die Mahnung, der Wunsch seiner Mutter fiel bei ihm auf fruchtbaren Boden. Ganz von allein wollte er es zu etwas bringen. Als Zwölfjähriger sagte er zu einem gleichaltrigen Vetter: »Ich will später im Leben nicht so dastehen wie meine Eltern. Ich will weiterkommen!«
Diese Eltern lebten zurückgezogen und harmonisch. »Wer mit den Scheels Krach bekommt, hat selbst schuld«, sagte man damals in Höhscheid, wo sie wohnten – in einem Ort, der seit fünfzig Jahren ein Stadtteil Solingens

ist. Beide Eltern zusammen haben auf ihre stille Weise eine wichtige, vorbildliche pädagogische Leistung erbracht. Sie haben frühzeitig ganz realistisch ihre eigenen Grenzen erkannt und sich von da ab in der Erziehung zurückgehalten, haben sich aus einer Rolle zurückgezogen, die sie nicht weiter füllen konnten. Er sei, berichtete Scheel, »in sehr jungen Jahren aus der Ebene herausgewachsen«, auf der Eltern einen intensiven, einen prägenden Einfluß ausüben können. Als Walter Scheel noch keine vierzehn Jahre alt war, sagte seine Mutter zum Vater: »Den Jungen müssen wir laufen lassen!« Dieser eine Satz allein beweist schon, wie klug diese Frau war.

Walter Scheel sollte, er mußte sein Glück auf eigene Faust suchen. Und gerade indem sie ihn rechtzeitig losließen, gewannen und behielten diese Eltern seine Zuneigung. »Die stärkere geistige Entfernung vom Elternhaus« – fuhr Scheel nämlich fort – habe eine »enge persönliche Bindung« zwischen ihm und den Eltern ermöglicht.

Viele Eltern, damals und heute, verpassen häufig den richtigen Zeitpunkt, zu dem sie ihre Kinder innerlich loslassen, sie frei werden lassen müßten. Albrecht und Helene Scheel waren anders, waren hier beide schlicht beispielhaft. Sie hörten rechtzeitig auf, ihrem Walter in alles und jedes hineinzureden. Sie nörgelten nicht, wie so viele Eltern heranwachsender Kinder, hilflos oder bitter an ihm herum. In seiner Dankrede bei der Verleihung des Solinger Ehrenbürgerrechts gedachte der Bundespräsident auch seiner Eltern in diesem Zusammenhang. Sie hätten – sagte er – »mit einer geradezu traumwandlerischen Sicherheit ... aus Liebe das rechte Maß zwischen Fürsorge und dem notwendigen Raum der freien Entfaltung gefunden«, den der Heranwachsende wie jeder Mensch dieses Alters brauchte.

Die Schule muß das ihre dazu beigetragen haben, Walter Scheel zu dem werden zu lassen, der er war, der in ihm steckte. Die Schule in der Schwertstraße, auf die er ging, das *Städtische Realgymnasium und Oberrealschule Solingen,* die nach 1933 *Moeller-van-den-Bruck-Oberschule für Jungen* genannt wurde, war noch unter dem Nationalsozialismus als eine der besten des Rheinlandes bekannt. Sie galt als eine sozialdemokratisch und liberal bestimmte Schule, wobei man die Erwartungen, die sich heute mit solchen Kennzeichnungen verbinden würden, für die damalige Zeit sicherlich nicht überdehnen darf. Die Schule sei, heißt es, von der üblichen Aufsässigkeit der Solinger gegen alle Obrigkeit geprägt gewesen, von ihrer rebellischen Mentalität.

Richtig daran ist, daß Solingen schon im Kaiserreich, also schon im vergangenen Jahrhundert, rot gewesen war. Ein im Grunde auf vorindustrielle Zeiten zurückgehendes Sektenrot kennzeichnete diese Stadt. Bereits 1867, bei den Wahlen zum damaligen Norddeutschen Reichstag, hatten die Lasalleaner in dieser Gegend ihre ersten Wahlsiege errungen. Solingen besaß in der Weimarer Republik eine starke KPD. Es hatte mehrfach kommunistische Bürgermeister. Wenn zunächst die USPD, dann die Kommunistische Partei hier so stark waren, dann hing das mit der großen Krisenanfälligkeit der Solinger Industrie zusammen – und gleichzeitig mit einem besonderen Arbeitertyp, der hier vorherrschte. Man hatte hier kein Industrieproletariat, ebensowenig wie Großindustrie und Großkapital. Statt dessen fand man häufig den Typ des Heimarbeiters, der sein eigenes Haus hat, zumindest teilweise sein eigener Herr ist: in seinem Bewußtsein. Die energische Form seines politischen Engagements erklärte sich nicht nur durch die immer wieder aufbrechende Not, sondern ebenso durch eine individualistische, bergisch-trotzige, kämpferisch-selbstbewußte Gesinnung.

Dabei war der Übergang zwischen Arbeiterschaft und Kleinbürgertum fließend – wie bei den Scheels. Auch ein kommunistischer Arbeiter trug in Solingen kleinbürgerliche Züge. Allen hier war die Liebe zum Garten wie zum Hahneköppen gemeinsam, allen gemeinsam die Neigung zu Kegel- und Gesangvereinen. Solingen wurde – und wird – getragen durch eine breite Mittelschicht; es war und ist eine Stadt der kleinen Leute. Hier gab es nie einen Adel, hier war nie die Rede von einem Patriziat. Selbst ein Großteil der sogenannten Unternehmer Solingens war von kleinbürgerlich-handwerklichem Zuschnitt. Die meisten Betriebe hatten zwischen 20 und 200 Beschäftigten, wobei sehr viele an der unteren Grenze dieser Zahlen lagen. Häufig stand – und steht – der Unternehmer persönlich im Betrieb, steht neben seinen Leuten, legt patriarchalisch-familiär selbst mit Hand an, etwa in der Schleiferei. Sein Wohnhaus liegt vorn an der Straße. Dahinter die Werkstätten, die sich, wenn das Unternehmen florierte, inzwischen zu großen Hallen ausgewachsen haben mögen.

Scheels Schule war dementsprechend nie eine Schule der Reichen, da es sie in Solingen ohnehin kaum gibt. Soziale Unterschiede spielten in der Klassengemeinschaft keine Rolle; alle Jungen sprachen in den Pausen, auf dem Schulhof, Platt miteinander. Da Solinger Stahlwaren in alle Erdteile gingen, besaß die Stadt insgesamt eine exportbezogene, eine weltoffene Komponente, die man vielleicht liberal nennen könnte. Auch dies teilte sich der Schule atmosphärisch mit. Sie muß in jener Zeit eine Reihe ausgeprägter Persönlichkeiten unter den Lehrern gehabt haben. Alle Schulkameraden Scheels, mit denen ich auf den jährlichen Klassentreffen sprechen konnte, erinnerten sich dankbar an einige Namen. Besonders wichtig, vorbildlich, soll Dr. Ludwig Brauns gewesen sein. Er kam offenbar dem kritischen Geist dieses Alters entgegen, war besonders für Scheel wichtig, weil er

Deutsch, Geschichte und Erdkunde unterrichtete – also Fächer, die ihm lagen. Außer den Fremdsprachen, mit denen er hinauswollte in die Welt, in die Weite. Wenn Walter Scheel beim Abitur als Berufswunsch »Journalist« angab, so wußte er schon genau, in welche Sparte es ihn zog. Er wollte Auslandskorrespondent werden. Man kann also den späteren Außenminister in gewisser Weise als die Erfüllung eines Jugendtraumes sehen.
Wie seiner Mutter fiel auch ihm das Lernen leicht. Dabei war er kein Streber. Seine Leistungen in der Schule (wie später im Leben) schwankten. Aber er hatte (und behielt) immer die Fähigkeit, sich voll zu konzentrieren, sich mit ganzer Kraft dann einzusetzen, wenn es wirklich darauf ankam. So hat er sich erst im letzten Jahr vor dem Abitur wirklich angestrengt – und die Reifeprüfung dementsprechend mit *Gut* gemacht.
Scheel besaß – und bewahrte – lebenslang immer etwas Lässiges, das den anderen in der Schule frühzeitig auffiel. Er war immer schon redegewandt. Bei Schulfesten machte er den Conférencier. Er sei der geborene Diplomat gewesen, sagte mir einer aus seiner Klasse. Scheel habe immer gewußt, wie man jemanden ansprechen mußte, habe nie den Zorn der Lehrer auf sich gezogen. Er habe sich nie in den Vordergrund gespielt, sei nicht tonangebend in der Klasse gewesen – das meinten alle. Walter sei verhalten gewesen. Er habe immer einen gewissen Abstand gewahrt. Scheel brauchte niemanden – das blieb so, über die Jahrzehnte hinweg. Wenn man vom bergischen Menschen sagt, er warte ab, er halte sich Fremden fern, er schließe sich schwer gegenüber anderen auf, schließe sich ganz selten an, gehe also schwer Freundschaften ein – dann ist Scheel wirklich typisch für diese Gegend des Bergischen Landes, das sich bis an den Westerwald zieht. Die Landschaft hier hat etwas seltsam Unklares, hat einen unentschiedenen Zug in sich: Meist weder Berg noch Tal, weder Stadt noch Land. Schon in seiner Schulzeit war Scheel ein freundlicher, aber kühler Einzelgänger, der keinem weh tat, aber die Nase im Wind hatte. Er wußte, was er wollte, konnte aber seinen beträchtlichen Ehrgeiz immer gefällig verbergen. Er war nie so unbeholfen-knorrig wie seine Solinger Mitbürger. Scheel war und ist eine Spur alerter, eine kräftige Nuance fröhlicher als Solinger sonst sind. Das Rheinland beginnt erst einige Kilometer weiter westlich von seinem Höhscheid, wenn auch durchaus noch innerhalb der Grenzen der Stadt, die sich von den bergischen Hügeln hinunter bis in die rheinische Ebene dehnt.
In dem wenigen, was bisher über Scheel geschrieben worden ist, findet man immer wieder erwähnt, er habe seine spätere erste Frau kennengelernt, als sie 11 und er 13 Jahre alt waren. Auf dem Schulweg habe er ihr in diesem Alter versichert, daß er sie eines Tages heiraten werde. Das ist natürlich eine Legende. Denn was kann das überhaupt in diesem Alter, damals, zu

Anfang der dreißiger Jahre, heißen: sich kennenzulernen? Nicht viel. Die Schulwege kreuzten sich, liefen, wenn man wollte, einige Zeit nebeneinander her. Man kannte sich vom Ansehen, wußte, wer der andere war, wie er hieß. Manchmal rief man sich etwas zu. Das aber war auch alles. Erst Jahre später ging man, vielleicht, nach der Schule in ein Eiscafé, wo es auch Pilsner gab. Zu einer näheren Bekanntschaft, die aber für heutige Verhältnisse sehr förmlich blieb, kam es, als beide, zusammen mit seiner ganzen Klasse, Mitte der dreißiger Jahre die Tanzstunde besuchten. Sie wurde von der 150 Jahre alten, renommierten und gesellschaftlich wichtigen *Casino-Gesellschaft Solingen* veranstaltet, die auch den Tanzlehrer aussuchte. Genauso, wie Scheel zur Schicht mittlerer Unternehmer in Solingen gehören wollte, lag ihm auch viel daran, Mitglied dieser »Casino-Gesellschaft« zu werden. Das gelang ihm indessen erst mehr als ein Jahrzehnt später, gegen Ende der vierziger Jahre, und nur über Kontakte und Bürgen, die man dafür brauchte.

Zur Zeit der Tanzstunde war Scheel 17, Eva Kronenberg – so hieß das Mädchen – 15. In seiner unbewußten Art, voranzukommen, sich selbst halb spielerisch voranzubringen, war er vielleicht nicht ganz zufällig auf eine solide Bürgertochter aus gutem Hause verfallen, auf die Tochter eines Solinger Rasierklingenfabrikanten.

Die Verbindung mit ihr war, im Rückblick gesehen, sicherlich der Anfang seines Aufstiegs. Eines bescheidenen Aufstiegs. Denn es handelte sich bei der Firma Kronenberg um nicht mehr als einen größeren Handwerksbetrieb. Vorn auf dem Grundstück stand ein altmodisches Mietwohnhaus aus dem Jahre 1899. Im Parterre befanden sich die Packstube und das Büro, während in den Stockwerken darüber zwei Etagenwohnungen lagen, deren eine die Eltern Kronenberg bewohnten, die andere, später, Walter und Eva Scheel. Auf dem Hof hinter dem Haus stand die eigentliche Produktionsstätte: eine zweistöckige Werkstatt, in der zwanzig Beschäftigte arbeiteten. Also nichts Imponierendes.

Dennoch war der Sprung für Scheel gewaltig. Und es ist zweifelhaft, ob er ihm überhaupt gelungen wäre, wenn nicht der zweite Weltkrieg ihm selbst unerwartet neue Chancen beruflichen Fortkommens und gesellschaftlichen Prestiges verschafft hätte.

In den letzten Jahren – es wurde eingangs schon angedeutet – ist unter Historikern, Soziologen und Politikwissenschaftlern bei uns heftig darüber diskutiert worden, ob das Dritte Reich von Anfang an und bewußt eine braune »Sozialrevolution« mit sich gebracht habe oder ob erst der Krieg, ungewollt, nämlich durch seine Zerstörung traditioneller Besitzstände und Machtpositionen, etwa im Großgrundbesitz, diese gesellschaftliche Umwälzung, eine soziale Revolution, bewirkt habe. Wenn wir das Leben Walter Scheels als Beispiel nehmen, war es erst der Krieg, der ihn vorankommen, aufsteigen ließ. Die Chance war nicht gerade glänzend, die er bekam. Aber immerhin. Es war ein Start.

Denn zunächst waren die Eltern Kronenberg gegen eine Eheschließung zwischen den beiden jungen Leuten gewesen. Man kann sich die Gründe denken: Als Sohn eines Arbeiters schien ihnen dieser Walter Scheel keine Partie für ihre Tochter zu sein. Seinen Wunsch, Journalist zu werden, hatte er begraben, weil dafür eine Schulungszeit in einem Ausbildungslager unerläßliche Voraussetzung war. Anders konnte man damals nicht zu einer Zeitung kommen. Das schreckte Scheel ab. Erst recht dachte er nicht im Traume daran, sich wie die meisten seiner Schulkameraden nach dem Abitur 1938 freiwillig zur Wehrmacht zu melden, was damals bedeutet, daß man zunächst für ein halbes Jahr zum *Arbeitsdienst* kam. »Arbeitsdienst« – das war doch das Letzte! Immerhin haben sich damals von den 16 Abiturienten seiner Klasse 14 freiwillig gemeldet. Als sie gemeinsam abfuhren, kam Scheel, leutselig lächelnd, auf den Bahnhof, um sie zu verabschieden. »Hallo, boys, keep together!«, rief er ihnen in verballhorntem Englisch zu und winkte ihnen heiter nach.

Er selbst trat statt dessen in eine Bank ein und schloß die Lehre dort anderthalb Jahre später mit Prädikat erfolgreich ab. Nach dieser Bankausbildung wollte der junge Scheel studieren; er war bereits immatrikuliert. Er strebte damals an, leitender Angestellter zu werden. Es konnte also durchaus sein – mochten seine späteren Schwiegereltern denken – daß am Ende etwas Ordentliches aus ihm würde. Aber das war noch offen, als der Krieg ausbrach. Im Oktober 1939 wurde Scheel eingezogen. Nachdem er drei Jahre später, am 1. September 1942, Leutnant geworden war, also Offizier, ließ sich auf dieser Grundlage an Heirat denken. Im Dezember des gleichen Jahres 1942 fand die Hochzeit statt.

Diese Eva Scheel, geborene Kronenberg, mit der er fast ein Vierteljahrhundert lang verheiratet blieb, nämlich 24 Jahre, ehe sie 1966 an Krebs starb, war in allen jenen Jahrzehnten der einzige Mensch, von dem ich wohl sagen würde: er war damals wichtig. An dieser Frau, so scheint mir, hing Walter Scheel wirklich. Sie bedeutete ihm viel. Noch mehr als ein Jahrzehnt nach ihrem Tode sagte er, nicht ohne innere Bewegung: Ohne seine erste Frau wäre er nie geworden, was er geworden ist.

Das ist mittelbar, indirekt, schon daran abzulesen, daß ihr Tod eine schwere gesundheitliche Krise bei ihm auslöste. Dann, in einem zweiten Stadium, setzte der Schmerz gewaltige Energien in ihm frei.

Im Herbst 1966 fühlte sich Scheel derart verlassen und leer, daß er seinen

eigenen Namen und Geburtstag gleich mit auf den Grabstein meißeln ließ, den er seiner Frau setzte. Es muß also, eines Tages, nur noch sein Sterbedatum dazugesetzt, sein Sarg an ihre Seite gelegt werden. Scheel wurde krank, quälte sich monatelang, mußte im April 1967 operiert werden. Erst danach wurde es besser; allmählich kam er über den Verlust Evas hinweg. Dabei spielte sicherlich eine Rolle, daß er bei einem Genesungsaufenthalt im *Alpen-Sanatorium* von Bad Wiessee zu jener Zeit die Kölner Röntgenärztin Dr. Mildred Wirtz kennenlernte, die er dann zwei Jahre später, im Juli 1969, kurz vor den Bundestagswahlen, die ihn zum Außenminister machten, heiraten sollte. Vor allem aber half ihm nach dem Tode seiner Frau, daß er sich mit einer Energie wie nie zuvor jetzt in die Politik stürzte. Wenn auch immer noch zögernd, denn er zweifelte an seiner Eignung zum Parteivorsitzenden, ließ er sich im Sommer 1967 dafür gewinnen, in der Nachfolge Erich Mendes den Vorsitz der FDP anzustreben. Wenn seine erste Frau damals noch gelebt hätte, sagte er im Rückblick, wäre er niemals in dem Ausmaß politisch aktiv geworden, wie das für eine erfolgreiche Bewerbung um ein solches Parteiamt erforderlich sei. Er schaffte es bekanntlich. Im Januar 1968, auf dem Freiburger FDP-Parteitag, trat Walter Scheel an die Spitze der Liberalen, womit er das Signal für ihre Wendung nach links gab und damit für eine Zusammenarbeit mit den Sozialdemokraten. Von da ab lag das sozialliberale Bündnis von 1969 und alles weitere in der politischen Luft dieser Bundesrepublik Deutschland.
Aber wir waren im Krieg und bei Eva Scheel. Warum war diese Frau im Frühstadium seiner Karriere für ihn so wichtig? Sie gab ihm Sicherheit, den häuslichen Hintergrund, bürgerliche Geborgenheit, frauliche Wärme. Sie war keine Schönheit. Aber sie sah hübsch aus, war weich und anschmiegsam, zurückhaltend und fröhlich – mit einem Wort: eine liebenswürdige Frau. Sie war vielleicht nicht sehr intelligent, was sie halb und halb selbst wußte. Humorvoll-souverän pflegte sie zu sagen: so dumm, wie sie aussehe, sei sie nicht. Sie besaß also weibliche Klugheit. Sie hatte daher Einfluß. Scheel hörte auf sie. Sie führte ihn behutsam, wozu manchmal gehörte, daß sie ihn zur Ordnung rief. Sie war mütterlich ehrgeizig für ihren großen Jungen. Sie bewunderte ihn, verwöhnte ihn. Immer schon sah sie in ihm den Staatsmann, der er eines Tages tatsächlich werden sollte. Eva Scheel war der Fels für ihn, auf den er unbedingt bauen konnte – und den er damals noch brauchte. Sie war sein ruhender Pol.
Und der Krieg? Er war hart, auch für Scheel. Nachdem er in unzulänglich ausgebildeten und ausgerüsteten sogenannten Luftwaffen-Feldeinheiten, praktisch als Infanterist, in den ersten Kriegsjahren gedient und vor allem den Winterfeldzug 1941/42 in Rußland mitgemacht hatte, bekam er im

Frühjahr 1942 Flecktyphus. Und zugleich eine Rückgrat-Phlegmone, ein schwer vereitertes Geschwür. Den ganzen Rücken hinunter behielt Scheel lebenslang die Narben der Schnitte, durch die man, in Kanülen, ihm damals den Eiter abgezogen hatte. Im Lazarett war er schon aufgegeben. Seine Bahre wurde auf den Flur geschoben, weil man das Bett bereits mit einem anderen belegen wollte. Aus Äußerungen der Ärzte untereinander entnahm er, daß er abgeschrieben sei. Das mobilisierte seinen Lebenswillen, und zähe, wie er war und ist, kam er durch. Aber ein ganzes Jahr lang laborierte er an seiner Gesundheit. Und auch danach war er nur noch begrenzt leistungsfähig.

Aus jener Zeit ist Scheel eine geradezu altrömische Härte gegen sich selbst geblieben. Auch bei großen Schmerzen – die er öfter hatte, als man öffentlich wahrnahm oder privat beobachten konnte – erlaubte er sich nie eine Nachlässigkeit. Man sah ihn dann ebenso munter, so scheinbar unbeschwert plaudern wie sonst immer. Niemand in der Runde konnte ahnen, daß er vielleicht nach solchen beschwingten Unterredungen sofort ins Krankenhaus mußte.

Vielleicht war dies überhaupt seine größte Leistung, erst als Minister, dann als Bundespräsident, und hier ganz besonders: immer gut gelaunt aufzutreten. Er hielt das für seine Pflicht, hält es für die Pflicht aller Repräsentanten in einer Demokratie, zumal in einer so freien, erfolgreichen und angenehmen wie der unsrigen. Und wenn es einmal schlecht komme: dann sei erst recht wichtig, Zuversicht zu verbreiten. Scheel verabscheute Sauertöpfe in hohen Ämtern – in denen er meist Heuchler zu erkennen meinte. Und Heuchelei war für ihn, schon aus Solinger Zeiten, die schlimmste menschliche Fehlhaltung. Nichts störte ihn bei Mitmenschen so sehr wie Heuchelei. Er fand, daß zumal führende Positionen nicht nur mit Würde (also ohne alle burschikose Hemdsärmligkeit), sondern auch mit Anmut wahrgenommen werden sollten. Mit ruhiger Selbstsicherheit ebenso wie mit erwärmender Liebenswürdigkeit. Man müsse sich zumindest immer den Anschein zu geben verstehen, als mache alles Repräsentieren Spaß. Denn durch solche Haltung werde unter den Bürgern dieses Staates fröhliche, vertrauensvolle Zustimmung zur Demokratie vorgelebt, werde beispielhaft die Auszeichnung öffentlich sichtbar gemacht, in einem freien Lande leben, in seinem Namen sprechen zu dürfen. (Er würde das übrigens in schlichteren Worten sagen.)

Und daneben eben die Härte. Keine Furcht vor dem Tode – was im Herbst 1977, während der Wochen, in denen Hanns-Martin Schleyer entführt war, eine Rolle gespielt hat. Und nicht nur damals. Diese Gelassenheit gegenüber dem eigenen Sterben, dem eigenen Tode gegenüber, ist bei Scheel wohl

vor allem ein Erbe aus den letzten Kriegsjahren, als er Gruppen-Adjudant in einem Nachtjagdgeschwader war, in *dem* berühmten Nachtjagdgeschwader 1. Jeder, der flog, sah sich dort täglich dem Tode konfrontiert. Die Verluste waren sehr hoch. Niemand wußte das besser als er, dem als Gruppen-Adjudant, bürokratisch ausgedrückt, »die verwaltungsmäßige Abwicklung des Todes« in seiner Einheit »oblag«. Alle Toten waren Freunde – wie eben die beständige Nähe des Todes Menschen, zumal so junge, einander nahe bringt. Scheel mußte, in seiner Stellung, an sich nicht fliegen. Ja wegen seiner gesundheitlichen Beeinträchtigungen hätte er an sich gar nicht fliegen dürfen. Aber er sagte sich: er müsse mit. Sonst bekomme er keine Autorität in seiner Einheit. Also war er mit dabei, neben Flugzeugführer und Funker als Dritter in der Me 110, als Bordschütze. Aus freien Stücken.
Neben dem Tod, seiner Grausamkeit und Härte, auch hier die Heiterkeit, der Plauderton des Offizierskasinos – eine Prägung fürs Leben. Scheel war praktisch der Personalchef seiner Gruppe, war sehr selbständig darin. Er besaß Autorität; mit seinen 24, 25 Jahren galt er als alter, erfahrener Offizier. Er schlug dazwischen, wenn er es für erforderlich hielt. Aber er glättete auch Wogen, je nachdem. Meist ging es mit leichter Hand, die er nun einmal hat. Scheel lockerte auf, führte zusammen, ließ ein Gefühl der Zusammengehörigkeit wachsen. Fast ohne Zutun. Er hatte bei jedem Zeit für ein Gespräch, hatte immer einen dummen Schnack, immer Döhnkes auf Lager. Nach außen hin, als Person, war er umsichtig, gereift; innerlich völlig unabhängig. Ohne Furcht. Und ohne Nerven, wie es den anderen schien. Wenn Walter Scheel Jahrzehnte später, als Bundespräsident, den Parteien ins Gewissen redete und die Politiker an ihre Aufgabe und Rolle erinnerte: man dürfe nicht alles abschieben und irgendwelchen Gremien überlassen; einer müsse am Ende immer die Verantwortung übernehmen, dann war diese Haltung ein Echo jener Zeit als Soldat.
Scheels beruflicher Anfang in der Nachkriegszeit war eher dürftig. Wenn sein Lebenslauf ihn von 1945 bis 1953 als »Geschäftsführer einer Stahlwarenfabrik« ausweist, so gibt das einen irreführenden Eindruck. Während des Krieges hatte sein Schwiegervater einen Ausweichbetrieb im Siegerland eingerichtet. Als der Krieg zu Ende war, gab es also innerhalb der einen Firma Kronenberg zwei Produktionsstätten: in Morsbach und in Solingen. Während Hermann Kronenberg den Betrieb in Morsbach leitete, kümmerte sich Scheel um den Solinger. Man hatte die Kunden unter sich aufgeteilt. Zunächst ging das Geschäft auch ganz gut, Rasierklingen waren Mangelware, wie alles. Das Berliner Unternehmen *Rotbüchner GmbH.*, das vor dem Kriege zwei Drittel des Marktes beliefert hatte, war zerstört. Ehe es wieder hochkam, jetzt als *Gilette-Rotbüchner,* hatten Solinger Klingen bis

etwa 1951/52 durchaus eine Chance. Aber Scheel sah den Niedergang kommen, fühlte sich in diesem Kleinbetrieb seines Schwiegervaters auch nicht am richtigen Ort.
Frühzeitig versprach er sich etwas von der Politik. 1946 war er der FDP beigetreten. 1948 wurde er Stadtverordneter in Solingen. Zwei Jahre später zog er, als *gemeinsamer* Direktkandidat von CDU *und* FDP, was damals noch ging, also als Abgeordneter des Bürgerblocks, den es noch gab, in den nordrhein-westfälischen Landtag ein. CDU und FDP hatten sich untereinander über die Aufteilung kritischer Wahlkreise verständigt.
Drei Jahre später, 1953, saß er im Bundestag, wo er im gleichen Jahre Willy Brandt kennenlernte. Beide Männer, Brandt wie Scheel, waren viel zu früh am Platze. In Bonn gaben andere, Ältere, ganz Alte, den Ton an – und noch auf lange Zeit. Junge Leute wie Scheel, der 1953 gerade 34 war, aber auch wie Brandt, der immerhin schon 40 Jahre zählte, hatten vorerst nicht viel zu melden.
Im übrigen ist auffällig beim Vergleich der beiden, daß Brandt damals eindeutig als junger Mann Ernst Reuters, geradezu als politisch zu seiner Nachfolge berufener Adoptivsohn und Erbe galt. Scheel hingegen hat nie einen vergleichbaren politischen Ziehvater gehabt. Er hatte zeitweilig ältere Ratgeber. Er kannte auch Männer, die ganz gerne seine Protektoren oder Promotoren geworden wären. Scheel verzichtete. Er brauchte das nicht. Er hörte sich gerne viele Leute an. Das genügte ihm, sich eine eigene Meinung zu bilden. Es kam ihm nicht in den Sinn, sich irgend jemandem fest anzuschließen. Als mitten in den Auseinandersetzungen um die Naumann-Affäre 1953, um die nationalsozialistische Unterwanderung der FDP in Nordrhein-Westfalen, der dortige Landesverbands-Vorsitzende, der Verleger Friedrich Middelhauve, in einer Sitzung Scheel ansprach und fragte: »Er sage ja gar nichts. Ob er denn nun zur Gruppe um ihn, Middelhauve, gehöre oder zur Gruppe um Erich Mende und Willi Weyer?«, da antwortete ihm Scheel entwaffnend offen und ganz richtig, so wie er das in den verschiedensten Situationen seines politischen Lebens immer wieder getan hat: »Weder noch. Meine Richtung heißt Scheel.«
So war es, so blieb es. So blieb er. Scheel vermied es geschickt, sich Flügel anbinden zu lassen. In allen Gremien bewahrte er sich persönliche Unabhängigkeit. Wenn es schwierig wurde, war er es, der Vermittlungsvorschläge machte, die improvisiert schienen, aber vorher diskret mit beiden Seiten abgesprochen waren – leise, unter oder hinter der Hand. So gut wie nie legte er sich im Vorhinein unwiderruflich fest. Aufgrund seines kühlen Klarblicks besaß Scheel die Fähigkeit, Entscheidungen erst im exakt richtigen Augenblick zu treffen. Hatte er sich allerdings einmal entschieden,

dann ganz und gar. In solchen Fällen, die selten waren, setzte er alles auf eine Karte. Er ging dann große, aber gut kalkulierte Risiken ein. Zweimal, in der Spiegel-Krise 1962 und dann noch einmal beim Sturz des Bundeskanzlers Ludwig Erhard 1966, war Scheel es, er ganz allein, der die Regierungskrise auslöste, der alle und alles ins Rutschen, die Verhältnisse in Bewegung brachte. Plötzlich schob er nämlich alle taktischen Raffinessen und listigen Winkelzüge resolut beiseite und erklärte schlicht: »Er drohe nie mit Rücktritt. Er trete zurück. Und zwar hiermit, auf der Stelle!«
Alle waren sprachlos. In beiden Fällen – und das beweist, wie richtig er die Gesamt-Situation für sich selbst analysiert haben muß – konnten die anderen FDP-Minister, mit seiner einsamen Entscheidung konfrontiert, gar nichts anderes tun, als ihrerseits mitzumachen und gleichfalls zurückzutreten. Der Eklat war da. Und damit war der Weg zu neuen Konstellationen und Lösungen offen.

Diese Rolle konnte Scheel aber erst in den sechziger Jahren spielen. Über weite Strecken der fünfziger Jahre hinweg hatte er, im eigentlichen Sinne, noch nichts zu sagen. Außerdem war damals für ihn vordringlich, sich eine unabhängige finanzielle Grundlage zu schaffen. Das war gar nicht so einfach, wie es im Nachhinein vielleicht aussieht.
Scheel war 1953 zusammen mit seiner Frau und ihrem einzigen Kind nach Düsseldorf gezogen. Er hatte damit die kleinen, engen Verhältnisse Solingens hinter sich gelassen. Bis 1969, bis zum Umzug nach Bonn als Brandts Vizekanzler und Außenminister, behielt er seinen Wohnsitz in Düsseldorf. Sechzehn Jahre lang. Scheel wurde also ein Düsseldorfer. Er versuchte zugleich, ein Großbürger zu werden – was erst allmählich gelang. Diese Stadt war für ihn die neue, die große Welt. Düsseldorf begann damals mit geradezu spielerischer Leichtigkeit, wie es schien, sich zur wirtschaftlichen Metropole am Rhein zu entwickeln. Anders als das immer irgendwo volkstümlich-derbe, verhaltene, auch katholisch-kleinbürgerliche Köln wurde Düsseldorf eine Stadt des sichtbaren Geldes, der Eleganz und Lebenslust, auch der Schickeria: Düsseldorfer Gründerjahre. In denen Scheel mitschwamm.
Wenn seine Solinger Wohnung in allem sehr bescheiden, fast ärmlich gewesen war, so lag die neue Wohnung in Düsseldorf-Benrath, einem gepflegten Villen-Vorort. Allerdings war sie zunächst weitgehend leer. Das Geld fehlte. Lange Jahre war Scheels finanzielle Grundlage eher wacklig. Er wollte unter allen Umständen etwas werden. Aber das klappte nicht gleich. Er versuchte vieles, mit wechselndem Glück. Dabei nutzte er auch die Möglichkeiten, die seine Partei ihm bot. Bei diversen Unternehmen half die FDP ihm mit Aufträgen. Das ist nicht negativ zu bewerten, wenn es ihn auch

zeitweilig in die Gefahr zu bringen drohte, Politik und Geschäft zu verquikken.

1952 war Scheel Landesschatzmeister der FDP geworden. Das hatte ihm Kontakte zu Industriellen geschaffen. Aber man nahm ihn dort damals noch nicht wirklich ernst, hielt ihn nicht für ganz seriös. Auch äußerlich nicht: mit seinen gepflegten Löckchen, mit seiner auffälligen Art, sich zu kleiden. Scheel versuchte vieles. Er verzettelte sich. Er nahm wirtschaftlich mit, was sich ihm bot. Dabei hatte er zunächst noch keine ganz klare Vorstellung von dem, was er wollte und konnte. Sein Ruf war zwar nie schlecht, aber auch noch nicht unbedingt gefestigt. Als er 1956, in der neuen, spektakulären SPD/FDP-Koalition nach dem geglückten Jungtürkenaufstand in Nordrhein-Westfalen, Vizepräsident der Landeszentralbank werden wollte, trauten selbst seine eigenen Leute ihm das noch nicht zu. Dabei war er doch einer der Hauptverschwörer gewesen; die entscheidende Besprechung hatte in seiner Wohnung stattgefunden.

Immerhin fiel seine Intelligenz schon damals allgemein auf. Und Scheel hatte einen Riecher für Kommendes. 1952 wurde von Unternehmern und Wissenschaftlern, unter ihnen Alfred Müller-Armack, ein *Studienkreis für sozialwirtschaftliche Betriebsformen,* die spätere *Deutsche Gesellschaft für Personalführung,* gegründet. Sie behandelte zentral die Personalchef-Probleme der beteiligten Firmen, koordinierte die Führungspolitik der Unternehmen. Scheel war an dieser Gründung beteiligt; er wurde zum ersten Geschäftsführer berufen. 1953 gründete er das Markt- und Meinungsforschungsinstitut *Intermarket*. Gegen Ende der fünfziger Jahre wurde von ihm, zusammen beispielsweise mit dem freidemokratischen Gerhard Kienbaum, dem späteren Minister, und zusammen mit dem ungewöhnlich begabten, originellen Unternehmensmakler Carl Zimmerer, *Interfinanz* aus der Taufe gehoben. Diese Firma ist bis heute auf dem Gebiet des Unternehmenshandels eine führende, wenn nicht die größte Firma ihrer Art in Europa.

Nicht nur in der Wirtschaft besaß Scheel eine gute Nase, auch in der Politik. Er hatte immer ein Gespür für das, was in der Luft liegt. Anders als Thomas Dehler, auch als Erich Mende, die beide meinten, die Europäische Wirtschaftsgemeinschaft werde nur eine Episode sein, anders auch als Robert Margulies, der eine Bürokratisierung der Wirtschaft durch die EWG, in einem dann möglicherweise sogar halbsozialistischen Europa, befürchtete, kämpfte Scheel 1957 energisch um die Zustimmung seiner Fraktion zur EWG. Wobei er allerdings unterlag. Gleichzeitig war er in jenen Jahren einer der ersten, die Entwicklungspolitik als wichtige zukünftige Aufgabe erkannten. Schon in den fünfziger Jahren war Scheel als Mitglied des Europa-

Parlaments Präsident des Ausschusses für die Zusammenarbeit mit den Entwicklungsländern. Das erklärt zu einem guten Teil, weshalb er 1961, mit 42 Jahren, übrigens gegen den erbitterten Widerstand Ludwig Erhards, der erste Bonner Bundesminister für dieses neue internationale Tätigkeitsfeld wurde. Er reiste viel, in jenen frühen sechziger Jahren. Er erwarb sich präzise Kenntnisse in Teilen der Welt, die damals erst allmählich politisch erwachten und die man im Westen weithin noch gar nicht zur Kenntnis nahm. Die Erfahrung seit seiner Tätigkeit als Minister für die Zusammenarbeit mit der neu entstehenden Staatenwelt hat ihn anderthalb Jahrzehnte später als Bundespräsidenten zu einem unermüdlichen Mahner im Nord-Süd-Dialog gemacht. Wenn der entwickelte, reiche Norden, unter maßgeblicher Beteiligung der Bundesrepublik, hier nicht rechtzeitig kühne – und dabei gleichzeitig marktwirtschaftlich vertretbare – Initiativen entfaltete, sagte er immer wieder, könne es leicht zu einer Katastrophe kommen.

Überhaupt ist Scheel, dieser Hans im Glück, als Bundespräsident oft ein Mahner gewesen – anders, als man das nach seinem erfolgreichen Aufstieg in den letzten Jahrzehnten vermuten sollte. Er war insofern seinem Vorgänger Gustav Heinemann viel ähnlicher, als die äußerlichen Verschiedenheiten der beiden Männer, auch die unterschiedlichen Auffassungen und Prägungen ahnen lassen. Wenn Scheel kritisierte, ließ die Liebenswürdigkeit seines Auftretens und die Verbindlichkeit seiner Worte leicht deren Härte überhören.

Alle spürten freilich seine Präsenz, seine Souveränität. Seit Mitte der sechziger Jahre war seine wirtschaftliche Reputation, seit Ende der sechziger Jahre seine politische über alle Zweifel etabliert. In der Mitte der siebziger Jahre wuchs er über alle früheren Begrenzungen hinaus in die Rolle eines Repräsentanten des Ganzen hinein. Er wurde ein Staatsmann – der einzige neben Helmut Schmidt, den wir in jenen Jahren hatten.

Aus Scheel sprach die Erfolgsgeschichte dieser Bundesrepublik. Aus ihm sprachen aber gleichzeitig und zunehmend auch die Zweifel an der Zukunft einer freien Industriegesellschaft, wenn sie sich nicht wandle. Indem Scheel auch für die sensiblen Teile der Bevölkerung, zumal der Jüngeren unter uns, das Wort ergriff, wurde er wirklich unser *aller* gemeinsamer Nenner.

Murtala Muhammeds Vermächtnis

Ein Beitrag zur jüngsten Geschichte Nigerias

*Heinz Dröge**

I.

In seinem »Spiel der Kräfte in der Weltpolitik« schreibt Wilhelm Grewe 1970: »Der politische Einfluß der Staaten der ›dritten Welt‹, der ein Jahrzehnt eine nicht unerhebliche Rolle spielte, ist im Niedergang begriffen.« Grewe belegt diese Aussage mit Hilfe einer kurzen Analyse der Lage in den großen Regionen, die mit Bezug auf Afrika zu dem Schluß kommt, daß die Staatenwelt dort sich in Stammeskämpfen und Führungsrivalitäten zerfleischt und sich in dem vergeblichen Bemühen erschöpft, die Probleme des nachkolonialen Zeitalters in eigener Regie zu bewältigen. »Nigeria«, so sagt er, »war nahe daran, in einem Bürgerkrieg seiner Stämme zu zerfallen ...«.[1]

Dies entsprach ganz der Vorstellung, die ich von Afrika hatte, als mich bei der Rückkehr aus Südostasien Ende Juli 1975 die Nachricht erreichte, daß ich Botschafter in Nigeria werden sollte. Schon am nächsten Tag wußte der Rundfunk zu berichten, daß Gowon gestürzt und eine neue Militärregierung unter Murtala Muhammed die Macht ergriffen habe. Es paßte scheinbar genau ins Bild: Kaum war der Bürgerkrieg überwunden, kaum hatte der kluge Sieger begonnen, die verfeindeten Ethnien durch eine Politik der nationalen Versöhnung zusammenzuführen, da brachen auch schon neue Rivalitäten auf. Ein 32jähriger Oberst erklärte sein in Kampala weilendes Staatsoberhaupt Gowon für abgesetzt und gab bekannt, daß der 36jährige Brigadier Murtala Ramat Muhammed nunmehr Staatschef und Oberkommandierender sei.

Die westlichen Regierungen bedauerten den Sturz Gowons. Sie beurteilten den neuen Mann in Lagos nicht günstig. Er sei im Bürgerkrieg ein harter Befehlshaber gewesen, der das Leben seiner Soldaten nicht geschont

---
* Dr. rer. pol. Ministerialdirigent im Auswärtigen Amt, Bonn.
1 *Wilhelm G. Grewe,* Spiel der Kräfte in der Weltpolitik, Düsseldorf und Wien 1970, S. 352 f.

habe. Er befürworte eine militante Politik gegenüber Südafrika. In den westlichen Hauptstädten gab man Murtalas Regierung keine lange Lebenschance.

Die Beurteilungen und Voraussagen erwiesen sich als falsch. Der friedliche Machtwechsel vom Juli 1975 war ein entscheidender Wendepunkt in der politischen Entwicklung Nigerias. Zwar starb Murtala Muhammed ein halbes Jahr später unter den Kugeln eines Attentäters, seine Regierung aber blieb vier Jahre im Amt und erfüllte unbeirrbar sein politisches Vermächtnis. Dieses Vermächtnis wird in die Geschichte Afrikas eingehen. Es hat den politischen Einfluß der »dritten Welt« erheblich gestärkt, indem es Nigeria stärkte.

II.

Ich lernte den mittelgroßen, untersetzten Mann mit dem kurzgetrimmten Schnurrbart über den energischen Lippen kennen, als ich ihm Anfang 1976 mein Beglaubigungsschreiben überreichte. Der Akt war spartanisch. Das übliche Zeremoniell mit Ehrenformation, Fahne und Nationalhymne, das ich selbst in Saigon mitten im Vietnam-Krieg erlebte, hatte Murtala Muhammed abgeschafft. Ohne Umstände nahm er meine Urkunde entgegen. Dann setzten wir uns auf ein Sofa und sprachen über die deutsch-nigerianischen Beziehungen und vor allem über Nigeria.

Murtala hatte die ersten fünf Monate seiner Amtszeit gut genutzt. Zehntausend Regierungsbeamte waren wegen Korruption entlassen worden. Eine Beschwerdekommission ermittelte gegen Staatsbedienstete, denen Amtsmißbrauch vorgeworfen wurde. Für die politische Zukunft Nigerias hatte der Staatschef ein großes Programm entworfen.

Es stand nicht zum besten um Nigeria, als er im Sommer 1975 die Macht übernahm. Yakubu Gowon, der mit seiner weitsichtigen Versöhnungspolitik nach dem Bürgerkrieg bleibende Verdienste um sein Land erworben hatte, war nach neunjähriger Regierungszeit bequem geworden. Die Gewöhnung an die Macht hatte ihm und seinen Vertrauten den Blick für die innen- und wirtschaftspolitischen Bedürfnisse seines Volkes verstellt. Die Staatsdiener hatten sich in einer Weise an den Ölmilliarden des Landes bereichert, die selbst der großzügigsten Auslegung des »Sozialversicherungskonzepts« der Großfamilie nicht standhielt. In schamloser Ausnutzung der Baukonjunktur handelten Ehefrauen, Schwägerinnen und Freunde der Re-

gierenden mit Zement, von dem sie für Rechnung der Regierung so viel bestellten, daß im November 1974 460 meist mit Zement beladene Schiffe auf der Reede vor Lagos, z. T. schon seit Monaten, aufs Ausladen warteten. Während der Zement verdarb, hielten europäische und nigerianische Geschäftspartner sich an den vereinbarten Liegegeldern schadlos.
Inflation und Arbeitslosigkeit trafen am härtesten den kleinen Mann, der um so empörter auf die unverhüllten Bereicherungspraktiken der Mächtigen reagierte. Korrupte Militärgouverneure blieben im Amt. Die Regierung verschmähte den Rat der angesehenen Stammesfürsten und tat nichts, um den verschiedenen Völkern eine angemessene Vertretung ihrer Interessen im Bundesstaat zu gewähren. Schließlich vertagte sie gar die versprochene Rückkehr zur Zivilregierung sine die. In dieser Situation erschien Murtala Muhammed wie ein reinigendes Gewitter.
Wer war dieser Murtala Muhammed?
Am 8. November 1938 in Kano geboren, hatte Murtala Ramat Muhammed nach dem Besuch der Grundschule von 1952 bis 1957 am Government College in Zaria studiert und war 1958 als Offiziersanwärter in die nigerianische Armee eingetreten. 1959 bis 1961 besuchte er die britische Militär-Akademie Sandhurst und im Anschluß daran als Leutnant die School of Signals in Catterick.
Nach Nigeria zurückgekehrt, wurde Muhammed 1962 zur UN-Friedenstruppe im Kongo entsandt. Bei Ausbruch des Bürgerkrieges erhielt der 29jährige Oberstleutnant, der inzwischen zum Inspekteur des Fernmeldewesens aufgestiegen war, die kommissarische Führung einer Infanteriedivision, die sich bei der Eroberung Onitshas auszeichnete. Nach Kriegsende kehrte Muhammed auf den Inspekteurposten zurück, den er auch beibehielt, als Gowon ihn 1974 zum Bundesminister für das Fernmeldewesen machte.
Der 1971 zum Brigadier beförderte Muhammed übernahm am 29. Juli 1975 das Amt des Staatschefs und des Oberkommandierenden der nigerianischen Streitkräfte, nachdem er seinen Vorgänger Gowon »in Anerkennung seines Dienstes für die Nation« mit vollem Generalsgehalt in den Ruhestand versetzt hatte.
Der Haussa-Sohn aus dem islamischen Norden, der in seinen Mußestunden arabische Studien trieb, hatte als Stabschef des Obersten Hauptquartiers und damit auch als politischen Stellvertreter einen Mann aus dem Yoruba-Stamm im Südwesten des Landes, den eineinhalb Jahre älteren Brigadier Olusegon Obasanjo. Die übrigen Regierungsämter waren auf Offiziere und Zivilisten aus den Stämmen der Ibos, Yogan, Kalabari und Bini verteilt. Es waren alles gescheite junge Leute, Offiziere und Zivilisten, die zwar durch-

weg keine Regierungserfahrung, dafür aber gute Fachkenntnisse hatten und die vor allem energisch und zielstrebig an ihre Aufgaben herangingen.

III.

Die Aufgaben hatte Murtala Muhammed zwei Monate nach Gowons Sturz, am 1. Oktober 1975, in einer Rede zum 15. Jahrestag der Unabhängigkeit Nigerias, sich und der Nation in Form eines Katalogs sofortiger Maßnahmen und eines längerfristigen, aber präzis terminierten, politischen Programms klar und eindeutig gestellt.
Diese programmatische Erklärung wurde in Nigeria mit der gleichen Skepsis aufgenommen wie viele ähnliche Absichtsbekundungen früherer Regierungen. Das Ausland hat kaum von ihr Notiz genommen. Auch ich würde mich nicht weiter damit aufhalten, wenn nicht ein Umstand diese Regierungserklärung retrospektiv als einzigartig auszeichnete: Murtala Muhammeds politisches Programm wurde von ihm und seinen Erben bis zum letzten Komma durchgeführt. Deshalb lohnt es sich, ihm einige Aufmerksamkeit zu widmen.
Als Sofortmaßnahme wurde verfügt:
– innerhalb von vier Wochen die politischen Strukturen auf Bundes- und Länderebene auszufüllen,
– den Reinigungsprozeß in den öffentlichen Diensten zum Abschluß zu bringen und nicht in einen Hexenprozeß ausarten zu lassen,
– eine Untersuchungskommission zur Durchleuchtung der Vermögenswerte entlassener Staatsdiener einzusetzen mit dem Ziel, das zu beschlagnahmen, was offensichtlich nicht mit legitimem Einkommen erworben worden war,
– ein Ständiges Büro zur Untersuchung korrupter Praktiken und Sondergerichte für Korruptionsfälle im öffentlichen und privaten Bereich einzusetzen und
– ein Ombudsman-System mit einer öffentlichen Beschwerdekommission einzurichten.

Die Regierung kündigte die Modernisierung der nigerianischen Wirtschaft an, bei der sie selbst eine dominierende Rolle spielen wollte, aber der Privatinitiative einen angemessenen Raum zur Entfaltung beimaß.
Das politische Programm verkündete als Ziel die Errichtung eines lebensfähigen politischen Systems, »das stabil ist, aber auch flexibel genug, um den Erfordernissen und Realitäten Nigerias Rechnung zu tragen«.
Murtala Muhammed legte dar, wie dieses Ziel in fünf Phasen zu erreichen sei:

»In der ersten Phase wird die Staaten-Frage[2] einer Lösung zugeführt und etwa neu zu errichtende Bundesländer werden voll etabliert sein. Der Staaten-Ausschuß wird seinen Bericht im Dezember 1975 erstatten, und die vorbereitenden Schritte zur Errichtung neuer Staaten werden bis April 1976 beendet sein.
Inzwischen wird noch in diesem Monat ein Ausschuß eingesetzt, der bis September 1976 den ersten Entwurf einer Verfassung vorlegen wird.
In der zweiten Phase werden die neuerrichteten Staaten Zeit haben sich einzurichten, bevor die gesamte Föderation eine systematische und wohlüberlegte Neuordnung der Kommunalverwaltung in Angriff nimmt. Diese Neuordnung wird Wahlen zu den kommunalen Körperschaften aufgrund persönlicher Verdienste ohne Parteipolitik zur Folge haben.
Daraus wird eine zum Teil gewählte, zum Teil ernannte Verfassunggebende Versammlung hervorgehen. Der Zweck dieser Versammlung ist, den Verfassungsentwurf zu erörtern und anzunehmen; danach wird sie aufgelöst. Diese zweite Phase wird zwei Jahre dauern, d. h. sie wird im Oktober 1978 zu Ende sein.
Die dritte Phase wird der Vorbereitung der Wahlen dienen. Das Verbot politischer Parteien wird im Oktober 1978 aufgehoben. Dann können zur Vorbereitung auf die beiden letzten Phasen, in denen die von der neuen Verfassung vorgesehenen Wahlen zu den Länder- und Bundesparlamenten abgehalten werden, politische Parteien gebildet werden.
Die beiden Wahlen bilden die Phasen IV und V. Diese beiden Phasen werden voraussichtlich innerhalb eines Jahres beendet sein, und wir haben die Absicht, zum 1. Oktober 1979 die Macht an eine demokratisch gewählte Regierung des Volkes zu übergeben.«
So ist es geschehen.
Schon zwei Tage nach der programmatischen Erklärung vom 1. Oktober 1975 wurde die darin angekündigte Beschwerdekommission gebildet, der die Aufgabe übertragen wurde, Beschwerden gegen Staatsbedienstete, Bundes- und Landesbehörden und Körperschaften des öffentlichen Rechts zu untersuchen und sicherzustellen, daß niemand, der ein öffentliches Vertrauensamt bekleidet, seine Position zum Nachteil eines Einwohners von Nigeria mißbraucht.
Einen Tag später ernannte der Oberste Militärrat die 50 Mitglieder des Ausschusses, der mit der Ausarbeitung eines Verfassungsentwurfs beauftragt wurde. Es handelte sich durchweg um angesehene Persönlichkeiten

---

2 Gemeint ist der alte Streit um die Aufteilung des Vielvölkerstaates in genügend viele Bundesländer, um den mannigfachen ethnischen Interessen möglichst gerecht zu werden.

des öffentlichen Lebens, die in der Politik des Landes eine führende Rolle gespielt oder sich als Universitätsprofessoren, Beamte oder Anwälte einen Namen gemacht hatten. Ausschußvorsitzender wurde Chief Rotimi Williams. In der konstituierenden Sitzung des Ausschusses am 18. Oktober 1975 entwickelte Murtala Muhammed vor dem Hintergrund der schlechten Erfahrungen mit früheren politischen Systemen seine Vorstellungen von der neuen nigerianischen Verfassung.

IV.

Welche Erfahrungen hatte das Land mit früheren Verfassungen gemacht? Nigeria, das als Einheit unter diesem Namen erst 1914 in die Geschichte eingetreten ist, besteht aus 250 verschiedenen Völkern, die sich in Hautfarbe, Gesichtszügen, Sprache, Kultur, Religion, Gesellschaftsstruktur zum Teil drastisch voneinander unterscheiden. Sie alle hatten sich im Laufe der Jahrhunderte auf ihre Weise organisiert, um den Herausforderungen ihrer Umwelt, die von den tropischen Regenwäldern im Süden bis zum Rande der Sahara reicht, gewachsen zu sein. Immer auf der Grundstruktur der Großfamilie aufbauend, entstanden hierarchische Ordnungen mit Dorfältesten, Häuptlingen, Königen. Einige Völker gründeten mächtige Reiche. Die Haussa, Fulani, Kanuri, die Yoruba, Bini, Ibo und manche andere würden, wenn sie sich ohne äußeren Einfluß hätten entwickeln können, ihre gut organisierten Staatsgebilde wahrscheinlich in der Mitte dieses Jahrhunderts in die Familie der Vereinten Nationen hineingeführt haben. Die Geschichte hat es anders mit ihnen gewollt. Nigeria ist – wie alle anderen in der Organisation der Afrikanischen Einheit zusammengeschlossenen Staaten – entschlossen, die aus der Kolonialzeit stammenden willkürlich gezogenen Grenzen als unverrückbar hinzunehmen und sich in diesen Grenzen als eigene Nation einzurichten.

Schon die britischen Kolonialherren hatten zu Anfang dieses Jahrhunderts versucht, eine zentral geleitete politische Ordnung zu errichten, um das riesige Land leichter verwalten zu können. Sie wollten darauf aufbauen, daß sich in diesem Gebiet durch die Jahrhunderte ein beachtliches Netz kultureller und wirtschaftlicher Verbindungen entwickelt hatte. Zwischen Haussaland und Bornu im Norden, zwischen Yorubaland und Benin im Süden und in nord-südlicher Richtung zwischen Haussa- und Yorubaland sowie von Borno zum Benue und stromabwärts bis zum Nigerdelta führten alte Handelsstraßen, die die Völker verbanden. Aber so stark waren diese Bindungen wiederum nicht, daß die Stämme darob ihre Eigenständigkeit zu-

gunsten einer größeren Einheit aufgegeben oder die Vorherrschaft einer Volksgruppe über die andere geduldet hätten.
Stammesfehden beherrschten das Leben der Menschen in diesem Raum soweit die Geschichte zurückreicht. Die mächtigen Fürsten im Norden beteiligten sich daran ebenso wie die kleineren, aber deshalb nicht weniger selbstbewußten Herrscher im Südwesten und Osten des Landes. Es ging um Weidegründe, Marktrechte, Tributzahlungen, es ging lange auch um Sklaven, und es ging schließlich immer wieder darum, den andersartigen, anders aussehenden, unverständlich sprechenden Gegner physisch zu vernichten.
Die Sprache ist bis in die Gegenwart die größte Barriere zwischen den Stämmen geblieben. Lediglich im Norden ist Haussa so etwas wie eine partielle lingua franca für die meist dem Islam angehörenden Völker dieser Region. Im übrigen Lande gibt es außer Englisch keine gemeinsame Sprache. Ein früherer Außenminister gestand mir einmal, daß seine drei Kinder keine nigerianische Sprache verstünden, weil er und seine Frau verschiedenen Völkern entstammen und die Familie deshalb nur Englisch spreche. Der Versuch, irgendeine der 250 nigerianischen Sprachen zur Landessprache zu erheben, ist so aussichtslos, daß es ernstgemeinte Bestrebungen gibt, eine andere afrikanische Sprache, wie Suaheli, als lingua franca zu importieren.
Gesellschaftliche Struktur, religiöse Bindung, kulturelle Ausrichtung sind, miteinander verzahnt, weitere mächtige Faktoren, die die Volksstämme voneinander scheiden. Dabei spielt die integrierende Kraft des »traditional ruler«, des gewählten Stammesfürsten, eine nicht zu unterschätzende Rolle. Ich habe während meiner Amtszeit Gelegenheit gehabt, dem Sultan von Sokoto, den Emiren von Kano, Zaria, Argungu und Ilorin, dem Shehu von Bornu, dem Oni von Ife, dem Alafin von Oyo, dem Alake von Egbaland, dem Oba von Lagos und dem Obi von Onitsha meine Aufwartung zu machen. Die natürliche Würde dieser aus jahrhundertealten Traditionen hervorgegangenen, von Mystik umgebenen Persönlichkeiten hat mich immer wieder beeindruckt. Und eindrucksvoll ist auch die Ehrfurcht, die die Untertanen diesen Fürsten entgegenbringen, wenn sie im 20. Jahrhundert nach mittelalterlichen Riten Hof halten. Ich habe nicht ergründen können, was in dem schwerreichen Automobilhändler aus Abeokuta vorgeht, der sich vor seinem Alake bäuchlings in den Staub legt und eine mir unverständliche Loyalitätsformel dreimal wiederholt. Ich weiß auch nicht, was den Millionär aus Kano mit dem stolzen Haussagesicht dazu bewegt, vor seinem Emir das Knie zu beugen. Aber ich habe gespürt und in vielen Gesprächen bestätigt bekommen, daß der moralische Einfluß des »traditional ruler«

auf das Leben seiner Untertanen und damit sein politisches Gewicht beträchtlich ist. Den Sultan von Sokoto, Alhaji Sir Siddiq Abubakar III., hat General Obasanjo in seiner Glückwunschadresse zum 40. Thronjubiläum »Nigeria's most valuable asset« genannt. Wie seine anderen gekrönten Kollegen prägt und konserviert er die Eigenarten seines Volkes. Eine Verfassung kann darüber nicht hinweg gehen.

Die Verfassung, mit der die Briten 1914 durch Zusammenschluß ihres nördlichen und südlichen Protektorats eine Union Nigeria schufen, versuchte in der Tat, das traditionelle Gesellschaftssystem für die Zwecke einer wirksamen Zentralverwaltung zu nutzen. Aber diese Union konnte nicht den Gemeinsinn erzeugen, der für die Überwindung ethnischer Gegensätze zugunsten einer größeren politischen Einheit notwendig ist. Hier hatte vielmehr ein erfolgreicher Gouverneur, Lord Lugard, die guten Erfahrungen, die er im Nördlichen Protektorat nach dem Grundsatz des Indirect Rule mit der Einbeziehung der Stammesfürsten gemacht hatte, auf den Süden des Landes übertragen wollen, um Verwaltung und wirtschaftliche Entwicklung zu vereinfachen. Die Trennung zwischen Nord und Süd wurde aber absichtlich beibehalten, der vom Islam dominierte, in semifeudalistischen Gesellschaftsstrukturen organisierte Norden von den europäisch-christlich-fortschrittlichen Strömungen des Südens abgeschirmt. Die Völker des Nordens und des Südens, die sich nie näher kennengelernt hatten, blieben weiter voneinander getrennt. Der in der Verfassung vorgesehene Nigerianische Rat, der Stammesfürsten aus dem ganzen Lande in beratender Funktion vereinen sollte, erhielt so geringe Vollmachten, daß nur wenige Würdenträger es lohnend fanden, ihm die drei Sitzungstage im Jahr, die ihm zugebilligt waren, zu opfern. – Die einzige zentralistische Verfassung, die Nigeria gehabt hat, hat die Einheit des Landes nicht gefördert. Sie wollte es wohl auch nicht.

Als nach dem 2. Weltkrieg der Weg in die Unabhängigkeit sich abzeichnete, gab es mit der Richards Constitution 1947 einen ernsthaften Versuch, Nigerianer aus allen Landesteilen an der Erörterung gemeinsamer nigerianischer Probleme zu beteiligen. Vertreter der Stammesfürsten sollten in Regionalräten der Nördlichen, Westlichen und Östlichen Region zusammentreten und jeweils aus ihnen Repräsentanten in einen zentralen Gesetzgebenden Rat entsenden. Diese Lösung befriedigte aber, vor allem im Süden des Landes, nicht die westlich erzogene neue Elite, die natürlich in der Regel nicht zu den Kreisen zählte, aus der die Räte rekrutiert würden. Die Briten verschlossen sich solchen Argumenten nicht, und es entwickelte sich nach langwierigen komplizierten Beratungen, an denen zunehmend auch die inzwischen selbstbewußter gewordenen nigerianischen politischen

Gruppierungen mitwirkten, die Verfassung, unter der Nigeria am 1. Oktober 1960 unabhängig wurde. Sie sah eine bundesstaatliche Ordnung mit drei auf parlamentarischer Grundlage regierten Regionen und einer zentralen Exekutive vor. Das zentrale Abgeordnetenhaus sollte aus 142 Mitgliedern bestehen, davon 136 Afrikaner, die aus den drei regionalen Abgeordnetenhäusern gewählt werden sollten. Jede Region sollte ihre eigene Regierung haben. Im Norden und Westen sollte neben dem Abgeordnetenhaus als weiteres Legislativ-Organ ein House of Chiefs bestehen.

Der Tag, an dem Nigeria unabhängig wurde, war für seine Bevölkerung kein Anlaß zu reiner Freude. Ein häßlicher politischer Hickhack war vorausgegangen. Die Verfassung hatte ein Interessengleichgewicht zwischen den drei dominierenden Völkern im Norden, Westen und Osten des Landes, den Haussa-Fulani, Yoruba und Ibo angestrebt. Nicht einmal das wurde in einem Maße, das stabile politische Verhältnisse gewährleistet hätte, erreicht. In den drei Regionen entstanden vielmehr drei politische Parteien, von denen jede ohne Rücksicht auf das Wohl der Nation die partikularen Interessen der sie dominierenden Volksgruppe vertrat. Die vielen kleineren Völker waren politisch heimatlos.

Der erbitterte Konkurrenzkampf zwischen den Regionen erhielt neuen Zündstoff als 1962 eine Volkszählung durchgeführt wurde, aufgrund deren für die 1964 anstehenden Neuwahlen die Wahlbezirke auf die Regionen verteilt werden sollten. Das Ergebnis, nach dem die Bevölkerung der beiden südlichen Regionen der des Nordens gleich sein sollte, erwies sich als zugunsten des Südens manipuliert. Eine neue Volkszählung, die der Ministerpräsident 1963 persönlich überwachte, ergab eine klare Mehrheit des Nordens und wurde deshalb prompt von südlichen Politikern zurückgewiesen. Trotzdem scheint dies bis heute die fairste Zählung geblieben zu sein. Der Zensus von 1973 war wieder so sehr von Manipulationsgerüchten umwölkt, daß Murtala Muhammed 1975 die Ergebnisse von 1973 für ungültig und die von 1963 für die einzig gültigen erklärte. Das führt zu der absurden Tatsache, daß Nigeria bis zum heutigen Tag offiziell 55,6 Millionen Einwohner hat, während die tatsächliche Bevölkerungszahl von Fachleuten auf 80 bis 90 Millionen geschätzt wird.

Der erste Ministerpräsident des unabhängigen Nigeria, der aus dem Norden stammende Sir Abubakar Tafawa Balewa, hatte zunächst eine Koalition mit der Partei der Ostregion gebildet. Deren Führer, Dr. Azikiwe, wurde Generalgouverneur und, nach Ausrufung der Republik im Jahre 1963, Präsident. Die Partei des Westens unter dem Yoruba Awolowo ging in die Opposition. Als ein Teil der westlichen Partei gegen Awolowo rebellierte und sich schließlich abspaltete, wurde die Opposition handlungsunfähig.

Damit brach auch das delikate Drei-Parteien-Gleichgewicht zusammen, und die verbleibenden Mächte des Nordens und des Ostens kämpften gegeneinander.

Die Wahlen 1964 waren skandalös. Stimmenkauf auf der einen Seite, Urnendiebstähle und -Inbrandsetzung auf der anderen gehörten zur Tagesordnung. Die Gewichte zwischen den ethnischen Gruppen wurden durch neue Umstände weiter verschoben: In der bisher ärmsten Gegend des Landes, bei den kleinen Volksstämmen im Niger-Delta, fand man Erdöl. Der Osten wurde mit einem Mal die potentiell reichste Region des Landes und lehnte sich gegen die politische Bevormundung aus dem Norden auf.

Im Januar 1966 stürzten junge Offiziere, meist Ibos, in einem blutigen Putsch die Regierung Nigerias. Ministerpräsident Tafawa Balewa, die Ministerpräsidenten der Nördlichen und Westlichen Regionen und viele andere Politiker und Offiziere wurden erschossen. General Ironsi, ein Ibo, bildete eine Militärregierung. Schon im Juli desselben Jahres wehte dann der Wind des Schreckens von West nach Ost. Ironsi und viele andere Ibo-Offiziere wurden Opfer eines blutigen Vergeltungsschlages. Der damals 31jährige Oberstleutnant Gowon, Angehöriger eines Minoritäten-Volksstamms aus dem Mittelgürtel des Landes, übernahm die Militärregierung und versuchte, die Ordnung wiederherzustellen. Durch Aufteilung der Regionen in insgesamt 12 Bundesstaaten sollte den kleineren Völkern die Furcht vor der Übermacht der großen genommen werden. Aber die Atmosphäre war vergiftet. Die Ostregion unter Oberstleutnant Ojukwu erklärte sich zum unabhängigen Staat Biafra.

Die erste föderalistische Verfassung Nigerias hatte die Einheit des Landes nicht bewahren können, weil sie nicht genügend Vorkehrungen getroffen hatte, eine ausgewogene Vertretung der partikularen Interessen dieses Vielvölkerstaates zu gewährleisten. Gowons Schritt in die richtige Richtung kam zu spät. Der Bürgerkrieg, der dann drei Jahre wütete, warf die Einigungsbemühungen zurück.

V.

Murtala Muhammeds Verfassungskonzept war darauf ausgerichtet, aus den Fehlern der Vergangenheit zu lernen und dem Land eine politische Ordnung zu geben, die es ihm ermöglicht, als im Inneren stabiles Gemeinwesen in Afrika die Rolle zu spielen, die sein Gewicht ihm zuweist.

In seiner Rede vor dem Verfassungsausschuß am 18. Oktober 1975 stellte Muhammed folgende Grundforderungen auf:

- Bekenntnis zu einem föderativen, freien, demokratischen und gesetzlichen Regierungssystem, das die grundlegenden Menschenrechte garantiert.
- Schaffung lebensfähiger politischer Einrichtungen, die die größtmögliche Beteiligung und Zustimmung der Bevölkerung sichern und eine geregelte Ablösung in der Ausübung der politischen Macht gewährleisten.
- Die Verfassung soll verhindern, daß der politische Wettbewerb mörderische Züge annimmt. Kein Beute-Prinzip. Vorsorge gegen Wahlfälschung und Wahlmißbrauch.
- Möglichst keine institutionalisierte Opposition, sondern Konsenspolitik; Gemeinnutz vor Eigennutz.
- Feste Verankerung des Grundsatzes der öffentlichen Verantwortlichkeit aller Inhaber öffentlicher Ämter.
- Überzentralisierung der Macht vermeiden.
- Freies und faires Wahlsystem mit angemessener Vertretung aller Volksstämme im Zentrum (der Macht).
- Entpolitisierung der Volkszählungen.

Muhammed skizzierte dann mit einigen Leitlinien, wie eine Verfassung aussehen könnte, mit der diese Grundforderungen verwirklicht werden könnten:

- Echte und wirklich nationale, d. h. nicht auf Stammesbasis aufgebaute politische Parteien, deren Anzahl nach bestimmten Kriterien beschränkt werden sollte.

Wenn ein Weg gefunden werden könnte, die Einschaltung politischer Parteien überhaupt zu vermeiden, sollte der Ausschuß ihn empfehlen.
- Präsidialverfassung mit Regierungsbefugnissen für den Präsidenten, der, ebenso wie der Vizepräsident direkt gewählt und dem Volke verantwortlich sein soll. Beide sollen in einer Weise gewählt werden, die den föderativen Charakter des Landes reflektiert.
- Auch die Wahl der Kabinettsmitglieder soll den bundesstaatlichen Charakter des Landes widerspiegeln.
- Unabhängige Rechtsprechung.
- Einrichtung eines Tribunals für Korruptionsfälle und eines Beschwerdebüros.
- Verfassungsmäßige Begrenzung der Zahl neu zu schaffender Bundesstaaten.

Der Chef der Militärregierung gab dem Ausschuß ein Jahr Zeit, einen Entwurf auszuarbeiten, der dann veröffentlicht und gründlich diskutiert werden sollte.

Ebenso zügig wie Muhammeds Regierung die langfristige Aufgabe einer

Reorganisation des Staatswesens in Angriff nahm, ging sie an die Probleme heran, die der Bevölkerung auf den Nägeln brannten und die Wirtschaft lähmten. Zur Eindämmung der Inflation verhängte sie Importrestriktionen. Mit drastischen Maßnahmen wurde die seit langem notleidende Versorgung der entlegenen Dörfer und Städte mit Treibstoff gesichert. Umsichtige Verhandlungen mit den Zementlieferanten führten zur Entlastung des Hafens Lagos. Die zum großen Ärgernis gewordenen Vorbereitungen des Black Arts Festival, bei denen bereits Unsummen in dunklen Kanälen versickert waren, wurden, nachdem das Programm auf realistische Proportionen reduziert worden war, vorangetrieben.

Inzwischen taten auch die im Oktober 1975 eingesetzten Kommissionen ihre Arbeit. Das Ergebnis ihrer Beratungen verkündete Muhammed in einer Rede am 2. Februar 1976:

Die Kommission zur Durchleuchtung der Vermögenswerte entlassener Staatsdiener hatte festgestellt, daß 10 von 12 ehemaligen Militärgouverneuren sich in hohem Maße unrechtmäßig bereichert hatten. Zehn Millionen Naira (40 Mio. DM) wurden beschlagnahmt.

Die Arbeitsgruppe für die Bundeshauptstadt hatte vorgeschlagen, die Hauptstadt weg von Lagos in die geographische Mitte des Landes zu verlegen. Die Militärregierung folgte dieser Empfehlung und akzeptierte den empfohlenen Standort (in der Nähe von Abuja), der vor allem den Vorzug hat, außerhalb der Einflußgebiete der großen Volksstämme, sozusagen im Niemandsland, zu liegen. Eine Bundeshauptstadt-Entwicklungsbehörde mit einem Vorsitzenden im Kabinettsrang wurde geschaffen.

Der Empfehlung des Staaten-Ausschusses folgend, schuf die Militärregierung sieben neue Staaten, um »die Regierung so nah wie möglich ans Volk« zu bringen und zur selben Zeit eine gleichmäßigere Entwicklung innerhalb der föderativen Struktur zu sichern.

Mit diesen Entscheidungen ergriff die Regierung zum ersten Mal Maßnahmen, für die sie sich nicht mehr allgemeiner Zustimmung sicher sein konnte, weil sie damit an alt etablierte Privilegien rührte.

VI.

Am Morgen des 13. Februar 1976 wurde Murtala Muhammed auf dem Weg zu seinem Amtssitz erschossen. Mein belgischer Botschafterkollege sah von seiner Residenz aus, wie zwei Soldaten mit Maschinenpistolen auf den Wagen des Staatschefs, der an einer Kreuzung angehalten hatte, zustürzten und aus nächster Nähe einen Geschoßhagel auf ihren obersten Be-

fehlshaber abgaben. Kurz darauf verkündete eine forsche junge Stimme im Landserjargon durchs Radio, die Regierung sei gestürzt; »all Commissioners are sacked«. Von 6 Uhr morgens bis 6 Uhr abends (sic) sei Ausgangssperre, Grenzen und Flughäfen seien geschlossen. Die Bevölkerung möge sich ruhig verhalten.
Bei meinem britischen Kollegen meldete sich ein junger Oberstleutnant namens Dimka, der dem Hochkommissar eröffnete, daß er nun der Staatschef sei. Er bat, dem in England lebenden Gowon ein Telegramm zu übermitteln. Sir Martin lehnte das mit der Bemerkung ab, er sei nicht des Oberstleutnants Briefträger, worauf dieser sich entschuldigte und ging.
Der Putschversuch wurde schnell niedergeschlagen. Schon am Abend des folgenden Tages erklärte Generalleutnant Olusegon Obasanjo, der bis dahin Muhammeds Chef des Stabes gewesen war, daß er entgegen seinem persönlichen Wunsch das Amt des Staatschefs auf sich genommen habe, weil er glaube, dem Ermordeten keinen besseren Tribut zollen zu können, als wenn er in seinem Geiste die begonnene Arbeit fortsetze.
Die Putschisten und ihre Hintermänner wurden gefangen und standrechtlich erschossen. Die Vernehmung Dimkas, deren Niederschrift die Tageszeitungen in vollem Wortlaut veröffentlichten, brachte nicht viel mehr an Motiven heraus, als was der britische Hochkommissar mir kurz nach seiner Begegnung mit dem Oberstleutnant gesagt hatte: »Personal ambition and half-baked ideology«. Der Vorwurf, bei Beförderungen übergangen worden zu sein, spielte eine Rolle. Hinzu kam Unzufriedenheit über den Personalabbau bei den Streitkräften, die Entlassung der (für korrupt befundenen) Militärgouverneure, angebliche Befürchtung, daß die Militärregierung kommunistisch beeinflußt sei. Für die von einigen Beobachtern geäußerte Vermutung, daß der Putschversuch auch eine ethnische Komponente gehabt hätte,[3] finde ich keinen Beweis.
Die Militärregierung leitete aus der Tatsache, daß Dimka nach eigener Aussage mit Gowon Kontakt hatte, die Vermutung ab, daß dieser zu den Hintermännern gehöre. Sie verlangte deshalb von den Briten Gowons Auslieferung. Dies wurde unter Hinweis auf die Rechtslage (keine Auslieferung von Bürgern des Commonwealth wegen politischer Vergehen) verweigert. Wie immer Gowon zu Dimka gestanden haben mag, ich halte ihn für zu klug, als daß er sich auf ein solches Unternehmen eingelassen hätte. Ich bezweifle aber auch, daß die Regierung Obasanjo wirklich ein Interesse daran hatte, Gowon nach Lagos ausgeliefert zu bekommen. Er hat so viele Freunde und Bewunderer im Lande, daß seine Anwesenheit gerade in der delika-

---

3 So *Jean Herskovits* in: Democracy in Nigeria, Foreign Affairs, Vol. 58 No. 2, S. 314–335.

ten Übergangsphase von Muhammed zu Obasanjo vielleicht die Unruhe in der Bevölkerung hervorgerufen hätte, mit der Dimka und seine Mitverschwörer bei ihrem blutigen Putschversuch vergeblich gerechnet und die auszunützen sie gehofft hatten.

Die Uhren Nigerias blieben in der Stunde des Mordes einen Augenblick stehen. Die Bevölkerung hielt den Atem an. Die Tätigkeit der neuen Regierung erschöpfte sich wochenlang darin, Dekrete zu erlassen, mit denen Flughäfen, Krankenhäuser, Sportplätze und Straßen nach dem toten Murtala Muhammed benannt wurden. Nigeria hatte einen Märtyrer, den ersten Nationalhelden in seiner Geschichte, das erste Symbol der Einheit.

VII.

Nach wenigen Wochen faßte die neue Regierung unter Obasanjo Tritt und ging an die Arbeit. Sie setzte die politische Reorganisation fort und kümmerte sich gleichzeitig um die wirtschaftlichen und sozialen Probleme.
Um der absurden Lage abzuhelfen, daß Nigeria, einst eines der führenden Agrarexportländer der Welt, nicht einmal mehr den eigenen Nahrungsmittelbedarf decken konnte und Lebensmittel importieren mußte, wurde die gesamte Bevölkerung mit einer »Operation Feed the Nation« zum Nahrungsmittelanbau mobilisiert. Gleichzeitig führte die Regierung eine neue landwirtschaftliche Marktordnung ein, mit deren Hilfe das Einkommen der Landwirte stabilisiert werden soll.
Um besonders der armen Bevölkerung Wohnungen zu angemessenen Mietpreisen zur Verfügung zu stellen, wurde ein Wohnbauprogramm ins Leben gerufen und großzügig mit finanziellen Mitteln ausgestattet. Die Inflation wurde weiter eingedämmt, und schließlich ging Obasanjo energisch daran, der Überfremdung der lukrativen Gewerbezweige Einhalt zu gebieten.
Im kulturellen Bereich machte die Regierung mit ihrem Programm der »kostenlosen Grundschulausbildung für alle« eine große Anstrengung zur Überwindung des Analphabetentums. Die Gründung von sieben neuen Universitäten wurde eingeleitet. Eine imposante Demonstration der kulturellen Kraft des afrikanischen Kontinents, aber auch des nigerianischen Führungsanspruchs innerhalb Afrikas wurden die Zweiten Weltfestspiele Schwarzer und Afrikanischer Kunst und Kultur, die im Januar/Februar 1977 in Lagos und Kaduna stattfanden.
Inzwischen nahm die Organisation des Staatswesens weiter Gestalt an. Im August 1976 verkündete die Regierung eine Verwaltungsreform, mit der

die Kommunalverwaltung von Grund auf umgestaltet wurde. Bis dahin war die Administration der Dörfer und Gemeinden, von staatlicher Autorität nur lose überwacht, weitgehend den nach traditionellen Regeln gebildeten örtlichen Selbstverwaltungskörperschaften überlassen gewesen. Die Väter der Verwaltungsreform führten nunmehr Local Government Councils mit genau definierten Zuständigkeiten als »dritte Ebene« der Regierung (neben dem Bund und den Ländern) ein. Die Kommunalräte, deren Mitglieder vom Volk gewählt werden, erhalten von der Bundesregierung Mittel zur eigenen Bewirtschaftung. Ein eigens zu schaffender Beamtenapparat unterstützt sie.

Die noch aus der Kolonialzeit stammende Übung, die Kommunalgeschäfte den traditionellen Kräften völlig selbst zu überlassen und lediglich eine Aufsicht nach dem Mißbrauchsystem auszuüben, genügte den Anforderungen einer modernen Verwaltung nicht mehr. Eine Reform war deshalb geboten. Mit der Neuordnung schuf die Regierung gleichzeitig einen wichtigen Ansatz zum Aufbau einer Demokratie von unten her. Von den 230 Mitgliedern der Verfassunggebenden Versammlung, die sich im Oktober 1977 konstituierte, kamen dann schon 203 aus den Kommunalräten. Die Regierung war aber weise genug, den Bogen nicht zu überspannen. So überließ sie den Bundesstaaten die Entscheidung, ob im Einzelfall die Wahl zu den neuen Räten direkt oder indirekt erfolgen sollte. Der Einfluß des Dorfältesten oder des Stammesfürsten sollte nicht über Gebühr verdrängt werden. (Im Juli 1977, ein halbes Jahr nachdem die neuen Local Government Councils ihre Aufgaben aufgenommen hatten, habe ich den Council in Onitsha besucht. Der gewählte Vorsitzende war ein enger Vertrauter und Würdenträger Seiner Königlichen Hoheit des Obi von Onitsha!)

Der im Oktober 1975 eingesetzte Verfassungsausschuß legte Mitte September 1976 seinen Verfassungsentwurf vor. Die Bundesmilitärregierung veröffentlichte ihn, und sogleich setzte eine breite öffentliche Diskussion ein, die mit gesteigertem Engagement fortgesetzt wurde, als die Verfassunggebende Versammlung sich im Oktober 1977 anschickte, den Verfassungstext zu formalisieren. Der Entwurf folgte weitgehend den Leitlinien, die Murtala Muhammed dem Ausschuß vorgezeichnet hatte. Manchen jungen Intellektuellen genügte das nicht. Sie wollten ihr Land mit der neuen Verfassung auf eine nationale Ideologie festlegen, die nach den Vorstellungen einiger Kritiker sozialistisch sein sollte. Diese Forderung fand bei der Bevölkerung wenig Echo. Heißer umstritten war die von den Verfassungsvätern vorgeschlagene Errichtung eines islamischen Appelationsgerichtshofs (Sharia Court of Appeal). An diesem Punkt erhitzten sich die Gemüter bis zu einem für die Regierung gefährlichen Grade. Hier traten die alten Ge-

gensätze zwischen dem mohammedanischen Norden und dem vorwiegend christlichen oder animistischen Süden wieder hervor. Die Frage wurde in der Verfassung dadurch entschärft, daß Sharia-Berufungsgerichte nicht im Bund, sondern nur in (den) Einzelstaaten vorgesehen sind und ihnen stammesgewohnheitsrechtliche Berufungsgerichte an die Seite gestellt werden.
Das konsequent verfolgte Verfassungsprogramm der Militärregierung erreichte im Frühjahr 1978 einen kritischen Punkt. Die Mitglieder der Verfassunggebenden Versammlung hatten, im Bewußtsein ihres Gewichts als Vertreter des Volkes, begonnen, die politische Szene mitzubestimmen. Christen und Moslems stritten über das Sharia-Gericht. Just zur gleichen Zeit verschreckte die Regierung mit neuen, durchaus dem Gemeinwohl dienenden Gesetzen Grundbesitzer und Angehörige der freien Berufe. Und zu allem Überfluß beging die Militärregierung den Fehler, mit einer an sich überfälligen Erhöhung der Universitätsgebühren nicht bis zu den Semesterferien zu warten, sondern sie mitten im Semester zu verfügen. Das löste bei den Studenten Entrüstung und Krawalle aus, bei deren Bekämpfung einige Studenten ums Leben kamen.
Die Regierung blieb bei ihrem Kurs. Im August nahm sie von der Verfassunggebenden Versammlung den Verfassungsentwurf entgegen. Mit wenigen Änderungen wurde dieser Entwurf am 20. September 1978 als neue Verfassung verkündet. Am 21. September 1978 hob die Militärregierung den seit 1966 herrschenden Ausnahmezustand auf und ließ wieder die Gründung politischer Parteien zu. Im Hinblick auf diesen Akt hatte Staatschef Obasanjo in den Tagen davor nacheinander Stammesfürsten, religiöse Würdenträger, Zeitungsleute, Spitzenbeamte und schließlich die führenden Militärs nach Lagos gerufen, um sie an ihre Pflichten gegenüber der Gesellschaft und gegenüber der Nation zu erinnern.
Nach der neuen nigerianischen Verfassung besteht die Bundesrepublik Nigeria aus 19 Staaten und einem Bundeshauptstadtdistrikt. Die Gesetzgebungsbefugnisse liegen für den Bund bei einer aus Senat und Abgeordnetenhaus bestehenden Nationalversammlung, für die Einzelstaaten bei deren Abgeordnetenhäusern. Die Regierungsgewalt hat im Bund der Präsident, im Einzelstaat der Gouverneur. Die Rechtsprechung liegt im Bund bei einem dreistufigen Gerichtssystem, in den Einzelstaaten bei einem staatlich-weltlichen (High Court), einem islamischen (Sharia Court of Appeal) und einem stammesgewohnheitsrechtlichen Berufungsgericht (Customary Court of Appeal). Die Kommunalräte werden in der Verfassung verankert. Die Einzelstaaten sollen unter Berücksichtigung örtlicher Traditionen ihre Rechte und Pflichten regeln. Bundespräsident kann nur werden, wer in mindestens zwei Dritteln der Staaten mehr als ein Viertel der Stimmen auf sich

vereint. Im Bundeskabinett soll mindestens je ein Minister aus jedem der 19 Staaten sitzen.

Nachdem die Bildung politischer Parteien wieder erlaubt war, wurde Nigeria erst einmal ein Tummelplatz der Parteiengründer. 25 Tage nach der Wiederzulassung existierten bereits 25 Parteien. Zwei Monate später war die Zahl auf 52 angestiegen. Dabei gab es neben den ernst zu nehmenden überregionalen Gruppierungen auch solche, mit denen ihre Gründer vor allem politische Gewichte aufbauen wollten, die sie später in die eine oder andere Waagschale legen würden. Es gab auch Zusammenschlüsse mit ideologischer Zielsetzung, und schließlich fehlte es nicht an Parteigründungen ohne ernsthaften politischen Hintergrund, wie das »Movement of the People« des Pop-Sängers Fela, der wohl mehr an die Reklamewirkung dachte. Jemand, der es wissen muß, hat einmal geschrieben: »Next to God, there is nothing that fills the heart of the Nigerian with greater awe than a Chairman.«[4]

Es lag nun bei der unabhängigen Bundeswahlkommission, die Spreu vom Weizen zu trennen. Nach der Verfassung kann eine politische Partei nur dann am Wahlkampf teilnehmen, wenn sie u. a. den Nachweis führt, daß sie ihre Arbeit nicht auf bestimmte Regionen des Landes beschränkt und ihr Hauptquartier in der Bundeshauptstadt hat. Zugelassen wurden nach sorgfältiger Prüfung schließlich fünf Parteien, die eine ausreichende organisatorische Präsenz in der Mehrzahl der 19 Bundesstaaten nachweisen konnten:
- National Party of Nigeria (NPN), Vorsitz Alhaji Shehu Shagari, geb. 1925 bei Sokoto (Fulani),
- Unity Party of Nigeria (UPN), Vorsitz Chief Awolowo, geb. 1909 in Ikenne (Yoruba),
- Nigeria People's Party (NPP), Vorsitz Dr. Nnamdi Azikiwe, geb. 1904 in Jungeru (Ibo),
- People's Redemption Party (PRP), Vorsitz Alhaji Amino Kano, geb. 1920 in Kano (Haussa),
- Great Nigeria People's Party (GNPP), Vorsitz Alhaji Waziri Ibrahim, geb. 1926 (Kanuri).

Den alten Haudegen der ersten Republik, Awolowo, Azikiwe, Kano, wurde die Rückkehr in den Ring nicht leicht gemacht. Awolowo, der 1962 in einem umstrittenen Prozeß wegen Umsturzversuchs und verschiedener anderer Delikte zu einer Gefängnisstrafe verurteilt worden war, drohte zunächst

---

4 *Peter Enahoro,* How to be a Nigerian, Ibadan 1973.

an einer Bestimmung des Verfassungsentwurfs zu scheitern, die von der Wählbarkeit ausschließen sollte, wer zwischen 1960 und dem Inkrafttreten der neuen Verfassung »der Korruption, der unrechtmäßigen Bereicherung oder des Amtsmißbrauchs für schuldig befunden wurde«. Die Militärregierung änderte in einer politisch klugen Entscheidung diesen Artikel so, daß er den zwar kontroversen, aber unbestreitbar verdienten und vor allem populären Awolowo nicht betrifft.

Dr. Azikiwe und Amino Kano wollte das Bundeswahlamt nicht als Kandidaten akzeptieren, weil sie nicht nachweisen konnten oder wollten, daß sie ihre Steuerschulden beglichen hatten. Beide gingen vor Gericht und bekamen kurz vor der Wahl recht.

Auch die anderen Kandidaten wurden von der Wahlkommission sorgfältig gesiebt. Von 95 Bewerbern um die 19 Gouverneursposten fielen 34 durch die Maschen. 129 Bewerber um Sitze im Senat und 661 Kandidaten für das Repräsentantenhaus wurden disqualifiziert.

Die aus 23 Mitgliedern bestehende Bundeswahlkommission, in der alle 19 Bundesstaaten vertreten waren, mußte aber nicht nur über die Integrität der zu Wählenden wachen, ihr oblag es auch, die Wahlberechtigten zu registrieren. Dabei galt es, die tiefsitzende Abneigung des »kleinen Mannes« dagegen zu überwinden, bei den Behörden namentlich bekannt zu sein. Da der nigerianische Durchschnittswähler sich von einer demokratisch gewählten Zivilregierung keinen unmittelbaren persönlichen Vorteil erhoffte, zumal die Erfahrungen mit der ersten Republik keineswegs ermutigend gewesen waren, blieb er den Wahlvorbereitungen gegenüber durchweg argwöhnisch und distanziert. Die von Haus zu Haus, von Hütte zu Hütte gehenden Registratoren hatten schließlich 47,7 Millionen wahlberechtigte, d. h. über 18 Jahre alte Bürger auf ihren Listen. Zum ersten Mal in der Geschichte des Landes durften überall im Land auch die Frauen wählen. Daß sie im Norden des Landes, dem Koran getreu, ihrer Bürgerpflicht getrennt von den Männern nachgehen müssen, tut der Demokratie keinen Abbruch.

Der Wahlkampf trug all die Züge, die man aus den westlichen Demokratien kennt, und dazu noch einige afrikanische. Nicht von ungefähr sah sich der Vorsitzende der Bundeswahlkommission veranlaßt, die Parteien vor dem Stimmenkauf zu warnen. Umgekehrt beschwerten sich – wie zu hören war – einige Parteileute über gewissenlose Wähler, die ihre Stimme gleich mehrmals verkauften. Da die Wahrscheinlichkeit dafür spricht, daß solche Sitten vor keiner Partei halt machen, wird man wohl davon ausgehen können, daß das Ergebnis dadurch nicht wesentlich verfälscht worden ist.

Es wird wohl auch nicht an Versuchen gefehlt haben, die Wahlen von außen zu beeinflussen. Jedenfalls bestellte der nigerianische Außenminister

Ende September 1978 die Botschafter einiger Länder ein, um ihnen zu eröffnen, daß seine Regierung jegliche finanzielle oder personelle Unterstützung an nigerianische Politiker als unfreundlichen Akt ansehen werde. Der Staatschef beschwor tags darauf die Kandidaten, ihre politischen Programme zu Hause ihren Landsleuten nahezubringen, statt sie im Ausland an fremde Interessengruppen zu verkaufen. Die Parteien sind auf solche tätige Hilfe auch gar nicht angewiesen, weil sie – nach unserem Beispiel – von ihrer eigenen Regierung finanziell ausgestattet werden.

Wo bei den Wahlen Unregelmäßigkeiten aufgedeckt wurden, griff die Wahlkommission unnachsichtig ein. In sechs von 19 Staaten (Kaduna, Borno und Bauchi im Norden, Oyo und Ondo im Westen, Imo im Osten) mußten deshalb Neuwahlen abgehalten werden.

Aus den Präsidentschaftswahlen am 11. August 1979 ging Shehu Shagari als Sieger hervor. Seine National Party of Nigeria hatte vorher bei den »Landtagswahlen« in sieben von 19 Staaten die Mehrheit errungen. Awolowos Unity Party of Nigeria obsiegte in fünf, Azikiwes Nigeria People's Party in drei Bundesstaaten. Amino Kanos People's Redemption Party und Waziri Ibrahims Great Nigeria People's Party gewannen das Rennen in je zwei Staaten. Präsident Shagari, dessen Partei im Senat und im Repräsentantenhaus die meisten Sitze errang, schloß eine Koalition mit Azikiwes NPP, um in beiden Häusern die Mehrheit zu bekommen.

Am 1. Oktober 1979 wurde der erste nigerianische Staatspräsident, der von der Wählerschaft des ganzen Landes in den Sattel gehoben wurde, vereidigt. Murtala Muhammeds Vermächtnis war erfüllt.

VIII.

Ich habe in diesem Beitrag darzustellen versucht, wie in Nigeria eine verantwortungsbewußte Militärregierung unter einem zielstrebigen General mit Weitblick und politischem Gespür ein Programm zum Aufbau eines stabilen demokratischen Staatswesens entworfen hat und wie nach seiner Ermordung die Nachfolger sein Vermächtnis gegen alle Widrigkeiten mit Umsicht und Einfühlungsvermögen minutiös erfüllt haben. Es mag durchaus als glückliche Fügung der Geschichte angesehen werden können, daß dem ruhigen, besonnenen, ausgleichenden, mit ungewöhnlich viel Takt und Fingerspitzengefühl begabten Olusegun Obasanjo die Aufgabe zufiel, die Ideen des genialeren, aber auch als herrisch und kompromißlos bekannten Murtala Muhammed in die Wirklichkeit umzusetzen. Jedenfalls hat hier, um wieder mit Grewe zu sprechen, ein afrikanisches Land »die Probleme des nachkolonialen Zeitalters in eigener Regie zu bewältigen« versucht und ist dabei ein gutes Stück weitergekommen. All die widrigen Elemente, an denen die bisherigen Demokratieversuche gescheitert waren, allen voran die ethnischen Differenzen, bestehen natürlich fort. Dazu kommen Bevölkerungsexplosion, Bildungsdefizit, Landflucht, Arbeitslosigkeit und vieles mehr. Wir werden noch manche schlechten Nachrichten aus Nigeria zu gewärtigen haben. Um so höher sollten wir die gute Nachricht werten, daß dieses Land sich aus eigener Kraft eine demokratische Ordnung gegeben hat, aus der heraus die riesigen Probleme nunmehr mit größerer Aussicht auf Erfolg angepackt werden können.

Die Bundesrepublik und Israel

Wandlungen einer besonderen Beziehung[1]

*Günther Gillessen**

Daß die auswärtigen Beziehungen der Staaten von ihren Interessen bestimmt seien – von übereinstimmenden, konkurrierenden oder gegeneinander gerichteten Interessen – ist ein klassischer Lehrsatz der Geschichte und der Politik. Die Beziehungen zwischen der Bundesrepublik und Israel sind von durchaus anderer Art. Das deutsch-israelische Verhältnis ist in der Hauptsache nicht von politischen Interessen zusammengehalten, sondern von sittlichen Pflichten und Erwartungen auf ihre Erfüllung. Das schloß die Entwicklung von Interessenbindungen nicht aus. Aber sie spielen nach wie vor nicht die wichtigste Rolle im deutsch-israelischen Verhältnis.

Tiefste Grundlage des deutsch-israelischen Verhältnisses ist das menschliche Maße überschreitende Verbrechen Hitlers am europäischen Judentum. Die Bundesrepublik und Israel sind, als Staaten, beinahe gleichzeitig aus verschiedenen Trümmerstücken dieser deutschen und europäischen Katastrophe hervorgegangen. Auch darin sind beide Staaten einander ähnlich, daß sie stellvertretend, als Erben, in die vom Hitler-Regime geschaffene deutsch-jüdische Schuldbeziehung einzutreten hatten. Damit ist sowohl die Außerordentlichkeit dieses Verhältnisses bezeichnet als auch eine gewisse Gefährdung. Denn diese Beziehung hat, jedenfalls auf deutscher Seite, keine Stütze an »normalem« Eigennutz.

Von Anfang an wurde auf beiden Seiten erwartet, daß die Außerordentlichkeit der Herkunft dieser besonderen Beziehung zwischen Deutschen und Juden Wiedergutmachung verlange – eine Wiedergutmachung, die über materiellen Schadensersatz würde hinausgehen müssen.

Dieses moralische Erfordernis setzt legitime Erwägungen außenpolitischer Zweckmäßigkeit nicht außer Kraft. Es bedeutet nicht, daß von der Bundesrepublik die Erfüllung bestimmter, einzelner israelischer Forderungen ver-

---

[1] In die ersten beiden Abschnitte dieses Beitrags sind Teile einer Antrittsvorlesung an der Johannes-Gutenberg-Universität Mainz am 25. Januar 1979 eingearbeitet, die der Empfänger der Festschrift mit seiner Anwesenheit ehrte. Der Beitrag wurde im September 1980 abgeschlossen.
* Dr. phil., Professor an der Universität Mainz.

langt werden könne. Aber das moralische Erfordernis verlangt, bei konkreten Entscheidungen über die deutsche Nahost-Politik eine besondere Würdigung israelischer Interessen vorzunehmen, fast so, als wären es die eigenen.

In der Anfangszeit dieses Sonderverhältnisses war finanzielle Hilfe das Wichtigste und auch Beste, was die Bundesrepublik dem jungen Staat Israel leisten konnte. In jüngerer Zeit dürfte diplomatisch-politischer Beistand für Israel und Mithilfe bei Bemühungen um die Beilegung des Nahost-Konfliktes ein dringenderes Gebot der deutschen Wiedergutmachungspflicht geworden sein.

Versucht man, diese Veränderungen in einem Überblick über mehr als 30 Jahre dieser besonderen Beziehungen zu beschreiben, fallen drei Abschnitte auf. Der erste führte zum Wiedergutmachungsvertrag von 1952, der zweite dauerte bis etwa Ende der 60er Jahre, brachte diplomatische Beziehungen und führte auf einen ersten Höhepunkt des bilateralen Verhältnisses. Der dritte begann im Yom-Kippur-Krieg mit der Androhung eines arabischen Ölboykotts. Dieser dritte Abschnitt dauert an und ist gekennzeichnet von einer unsicheren Bemühung der Bundesrepublik, innerhalb der Europäischen Gemeinschaft eine neue Linie für ihre eigene Nahost-Politik zu finden. Sie soll möglichst keine Angriffsflächen für arabische Druckversuche bieten.

I. *Der Weg zum Luxemburger Vertrag*

Eine Voraussetzung der Politik des Wiedergutmachungsvertrages war, daß beide Seiten, die deutsche und die israelische, zu unterscheiden wußten, daß die Bundesrepublik zwar Nachfolger des Deutschen Reiches sein wollte, aber nur Schulden jenes Reiches, nicht die Schuld für die nationalsozialistischen Verbrechen übernehmen konnte. Der Wiedergutmachungsvertrag ruhte also auf der Unterscheidung von Schuld und Haftung. Die Bundesrepublik mußte sich darauf beschränken, lediglich materielle Schäden der verfolgten Juden zu erstatten. Sie mußte außerdem um Verständnis dafür bitten, daß sie auch diese Schäden nicht in vollem Umfang, sondern nur im Rahmen des der jungen Republik damals erkennbar Möglichen erstatten konnte.

Diese Bereitschaft der Bundesrepublik zu materieller Wiedergutmachung erschien damals noch einem Teil der israelischen Öffentlichkeit als völlig unangebracht und inakzeptabel. Sollte es dem jüdischen Staate möglich

sein, sich für die Toten etwas von Deutschland »zahlen« zu lassen? Konnten Deutschland und Israel nach diesen Verbrechen überhaupt noch etwas miteinader zu tun haben? Debatten über die Möglichkeit oder Unmöglichkeit einer Wiedergutmachung und der Herstellung israelisch-deutscher Beziehungen bestimmten in Deutschland und in Israel die Vorgeschichte des Wiedergutmachungsvertrages von 1952.
Bis in den Anfang der 50er Jahre war es Politik des jungen Staates Israel, mit der Bundesrepublik keinerlei Verbindungen aufzunehmen. Das hinderte die israelische Regierung zunächst daran, individuelle Entschädigungsansprüche einzelner israelischer Bürger an die Bundesrepublik zu unterstützen. In dem widerspruchsvollen Wunsche, keine Beziehungen zu unterhalten und doch, als Staat, über Wiedergutmachung zu sprechen, wandte sich die israelische Regierung im Januar 1951 an die drei westlichen Besatzungsmächte mit der Aufforderung, noch vor der bestehenden Beendigung des Kriegszustandes mit Deutschland der Regierung in Bonn die Erfüllung israelischer Wiedergutmachungsansprüche aufzuerlegen. In einer Note vom 12. März 1951 wurde dieser Anspruch mit 1,5 Milliarden Dollar angegeben. Israel verlangte diese Summe nicht als Ausgleich für die Leiden des jüdischen Volkes oder die Beschlagnahme von Vermögenswerten im geschätzten Wert von 6 Milliarden Dollar, sondern als Beitrag der Bundesrepublik an den Staat Israel unter der Last seiner Aufgabe, jene 380 000 Juden aufzunehmen, die zwischen 1939 und 1950 aus den von Deutschen besetzten Gebieten nach Israel hatten entkommen oder herausgebracht werden können.
Die Besatzungsmächte lehnten es aber ab, die Übermittlung der Forderung zu übernehmen und verwiesen die israelische Regierung an die Bundesregierung. Sie handelten so aus Rücksicht auf das Londoner Schuldenabkommen.
Ein halbes Jahr später tat Bundeskanzler Adenauer den ersten Schritt. In einer Regierungserklärung vor dem Bundestag sagte er am 27. September 1951 unter anderem: »Die Bundesregierung und mit ihr die große Mehrheit des deutschen Volkes sind sich des unermeßlichen Leides bewußt, das in der Zeit des Nationalsozialismus über die Juden in Deutschland und in den besetzten Gebieten gebracht wurde. Das deutsche Volk hat in seiner überwiegenden Mehrheit die an den Juden begangenen Verbrechen verabscheut und hat sich an ihnen nicht beteiligt. Es hat in der Zeit des Nationalsozialismus im deutschen Volk viele gegeben, die mit eigener Gefährdung aus religiösen Gründen, aus Gewissensnot, aus Scham über die Schändung des deutschen Namens ihren jüdischen Mitbürgern Hilfsbereitschaft gezeigt haben. Im Namen des deutschen Volkes sind aber unsagbare Verbrechen be-

gangen worden, die zur moralischen und materiellen Wiedergutmachung verpflichten, sowohl hinsichtlich der individuellen Schäden, die Juden erlitten haben, als auch des jüdischen Eigentums, für das heute individuell Berechtigte nicht mehr vorhanden sind. Auf diesem Gebiet sind erste Schritte getan, sehr vieles bleibt aber noch zu tun. Die Bundesregierung wird für den baldigen Abschluß der Wiedergutmachungsgesetzgebung und ihre gerechte Durchführung Sorge tragen. Ein Teil des identifizierbaren jüdischen Eigentums ist zurückerstattet. Weitere Rückerstattungen werden folgen. Hinsichtlich des Umfanges der Wiedergutmachung – in Anbetracht der ungeheuren Zerstörung jüdischer Werte durch den Nationalsozialismus ein sehr bedeutendes Problem – müssen die Grenzen berücksichtigt werden, die der deutschen Leistungsfähigkeit durch die bittere Notwendigkeit der Versorgung der zahllosen Kriegsopfer und der Fürsorge für die Flüchtlinge und Vertriebenen gezogen sind. Die Bundesregierung ist bereit, gemeinsam mit den Vertretern des Judentums und des Staates Israel, der so viele heimatlose jüdische Flüchtlinge aufgenommen hat, eine Lösung des materiellen Wiedergutmachungsproblems herbeizuführen, um damit den Weg zur seelischen Bereinigung unendlichen Leides zu erleichtern. Sie ist tief davon durchdrungen, daß der Geist wahrer Menschlichkeit wieder lebendig und fruchtbar werden muß.«

Die Erklärung Adenauers fand große Aufmerksamkeit. Sie wurde von den jüdischen Organisationen deutlich positiver beurteilt als in Israel selbst. Die erste Antwort, die die israelische Regierung in Form einer Erklärung ihrer Londoner Gesandtschaft abgab, war zwar nicht abweisend, aber recht unfreundlich.

Im israelischen Parlament kam es über Adenauers Angebot zu einem großen Streit. Viele Abgeordnete sprachen sich dagegen aus, weil sie nie mehr etwas mit einer deutschen Regierung zu tun haben wollten. Einer ihrer Wortführer war Menachim Begin. Ministerpräsident Ben Gurion mußte im Parlament das bittere Argument benutzen, es bestehe doch kein Anlaß, die Deutschen »auch noch im Genuß der Erbschaft der getöteten Juden zu lassen«. Die gespannte wirtschaftliche Lage Israels trug dazu bei, daß mit knapper Mehrheit der realistische Entschluß gefaßt wurde, mit Bonn zu verhandeln. Die »besondere Beziehung«, die bislang eine betonte Nicht-Beziehung gewesen war, wandelte sich nun zum ersten Mal unter dem Druck der Interessenlage.

Auch Bundesregierung und Bundestag in Bonn handelten nicht nur aus einem moralischen Grunde. Es gab ein zusätzliches politisches Interesse. Adenauer und seinen Beratern war klar, daß ein aufrichtig unternommener Versuch der Bundesrepublik, Wiedergutmachung an Israel zu leisten, die

Rückkehr der Deutschen in die westliche Staatengemeinschaft erleichtern werde. Die Wiedergutmachungspolitik war ein Schlüssel zur Rehabilitierung der deutschen Außenpolitik in Westeuropa. Es mindert nicht das Ansehen Adenauers, es entweiht nicht das moralische Motiv seines Entschlusses gegenüber Israel, wenn man bemerkt, daß die Bundesrepublik mit dieser Politik nicht nur Israel, sondern auch sich selbst einen guten Dienst erwies. (In ähnlicher Weise hatte Stresemann 1925 die Außenpolitik der Weimarer Republik entlastet.)

Die Verhandlungen (auf deutscher Seite unter Leitung des Bundestagsabgeordneten Dr. Franz Böhm, CDU), auf israelischer unter Dr. Josephthal und Dr. Shinnar an drittem Orte, in Den Haag im Frühjahr und Sommer 1952, begannen steif, dauerten lang und wären beinahe an der Höhe der israelischen Forderungen gescheitert. Das israelische Parlament verlangte in der kritischen Verhandlungsphase gar, die Regierung solle die Verhandlungen mit der Bundesrepublik abbrechen. Mehr als insgesamt 3,5 Milliarden Mark, damals immerhin ein Betrag im Umfang etwa eines Achtels des Bundesetats, konnte und wollte Bonn nicht zahlen. Im September 1952 wurde der Vertrag in Luxemburg von Bundeskanzler Adenauer und Außenminister Sharett unterzeichnet und im März 1953 von beiden Parlamenten gegen den Widerspruch starker Minderheiten gebilligt.

Das Abkommen sah vor, daß die Bundesrepublik wegen ihrer Unfähigkeit, Devisen zu zahlen, Israel Waren und Dienstleistungen im Wert von fast 3,5 Milliarden Mark in 14 Jahresraten leiste. Der Wert der beiden letzten Raten, zusammen 450 Millionen Mark, sollte dann von der israelischen Regierung den jüdischen Weltverbänden zur Abgeltung von Ansprüchen von Juden außerhalb des Staates Israel erstattet werden. In Köln wurde eine israelische Einkaufsmission etabliert.

Von da an begann ein Strom deutscher Waren und Dienstleistungen zu fließen, der Israel bei dem Aufbau des Landes half. Schiffe, Maschinen, Fahrzeuge, Anlagen, Infrastruktur, Fachkenntnisse. Sie wurden von Israel bei der deutschen Wirtschaft bestellt und aus deutschen Steuermitteln bezahlt. Anzumerken ist, daß diese direkten deutschen Leistungen von Staat zu Staat im Wert von 3 Milliarden Mark und jene 450 Millionen Mark an die jüdischen Weltorganisationen nur der kleinere Teil dessen sind, was die Bundesrepublik zur Wiedergutmachung beiträgt. Die Summe der deutschen Leistungen an einzelne entschädigungsberechtigte Juden hat zum Anfang der 80er Jahre ungefähr 80 Milliarden Mark erreicht. Und eine zweite Anmerkung: Die Regierung der DDR hat hartnäckig Beteiligung an der Haftung für Taten des »Dritten Reiches« abgelehnt.

II. Die Aufnahme der diplomatischen Beziehungen

Der zweite Zeitabschnitt der deutsch-israelischen Beziehungen ist gekennzeichnet vom Widerstand zunächst der israelischen Regierung, danach aber der Bundesregierung, über den Wiedergutmachungsvertrag hinaus zur Aufnahme diplomatischer Beziehungen voranzuschreiten. Dieses zweite Kapitel der deutsch-israelischen Beziehungen dauerte 12 Jahre, von 1953 bis 1965. Jede israelische Regierung wäre gestürzt worden, die diplomatische Beziehungen vorgeschlagen hätte, versichern israelische Beobachter jener Zeit.[2] Der Abschluß des Wiedergutmachungs-Abkommens ohne diplomatilsche Beziehungen war das Äußerste gewesen, was die israelische Regierung damals ihrer Öffentlichkeit zumuten zu können glaubte.

Seit Mitte der 50er Jahre war jedoch zu beobachten, daß sich die israelische Haltung zu ändern begann. Israelische Diplomaten blieben freilich instruiert, die Frage der Herstellung förmlicher Beziehungen keinesfalls selbst anzuschneiden. Die Deutschen sollten den ersten Schritt tun.

Jetzt aber sah sich die Bundesrepublik nicht mehr in der Lage. Die »deutsche Frage« stellte sich in den Weg. Im Zuge der Ausbreitung der Außenbeziehungen der jungen Republik – 1955 war sie souverän geworden – vergrößerte sich auch der Umfang der Aufgabe Bonns, den Anspruch des deutschen Volkes auf Herstellung seiner staatlichen Einheit »in Frieden und Freiheit« aufrechtzuerhalten. Die Bundesrepublik entschloß sich, die Herstellung diplomatischer Beziehungen dritter Länder zur DDR als »unfreundliche Akte« gegen sich selbst zu betrachten und sie nach den Grundsätzen der Zweckmäßigkeit – äußerstenfalls mit dem Abbruch der diplomatischen Beziehungen – zu beantworten. Mit Hilfe dieser – im wesentlichen von Professor Grewe entworfenen und nach Staatssekretär Hallstein genannten – »Doktrin« gelang es, die internationale Anerkennung der DDR und der deutschen Teilung jahrzehntelang zu erschweren. Im Vollzug der »Ost-Politik« des Bundeskanzlers Brandt räumte Bonn diese Vorfeldverteidigung der Deutschlandpolitik.

Einer der unerwünschten Effekte der Hallstein-Doktrin war die Behinderung der Beziehung zu Israel. Bonn fürchtete, die Aufnahme förmlicher Beziehungen zu Jerusalem werde die arabischen Staaten veranlassen, Beziehungen zur DDR aufzunehmen. Der DDR zur Anerkennung durch arabische Staaten zu verhelfen, lag nicht im Interesse Bonns. So schien sich die Bundesregierung gegenüber Israel auf eine diplomatisch ziemlich formlose

---

2 *Amos Ben-Vered,* Europa-Archiv, Heft 13, 1965, S. 483.

Abwicklung des Wiedergutmachungsvertrags und den Ausdruck einer freundlichen Disposition gegenüber Israel beschränken zu müssen.
Tatsächlich aber gab es bald noch eine zweite, eine geheime Beziehung zwischen Bonn und Jerusalem. Fünf Jahre nach dem Wiedergutmachungsvertrag trafen sich der deutsche Verteidigungsminister Strauß und der stellvertretende israelische Verteidigungsminister Shimon Peres auf Anweisung ihrer Regierungschefs zu Verhandlungen über eine militärische Zusammenarbeit. Im März 1960 vereinbarten Adenauer und Ben Gurion in New York insgeheim eine größere Waffenlieferung: 150 amerikanische Kampfpanzer des Typs M 48 aus dem Besitz der Bundeswehr, die nach einer Generalüberholung über dritte Länder nach Israel geliefert werden sollten, ferner 50 Flugzeuge, dazu Luftabwehrwaffen, Panzerabwehrwaffen, Haubitzen und Lastwagen. Der Wert der Lieferung betrug anscheinend 340 Millionen Mark.
Erste Nachrichten über dieses Geschäft drangen erst vier Jahre später, im Oktober 1964, an die Öffentlichkeit. Der ägyptische Staatspräsident Nasser griff die Sache auf und versuchte, die Bundesrepublik unter Druck zu setzen, damit sie das Waffenabkommen beende. Als Bonn sich taub stellte, veränderten sich die Dinge dramatisch. Kairo entfaltete eine publizistische Kampagne und drohte Bonn am 7. Februar 1965 mit dem Abbruch der Beziehungen und mit der Anerkennung Ost-Berlins. In der Bedrängnis schlug Bundeskanzler Erhard Israel nun vor, den noch ausstehenden Teil der Waffenlieferungen einzustellen und den Ausfall finanziell zu kompensieren. Am 14. Februar beschloß die Bundesregierung und ließ durch ihren Sprecher, Staatssekretär von Hase, erklären, keine Waffen mehr in Spannungsgebiete liefern zu wollen. Am folgenden Tag wies die israelische Regierung den deutschen Vorschlag eines finanziellen Ausgleichs zurück. Das israelische Parlament nahm eine Resolution an, in der Bonn gedroht wurde, daß Israel seine Beziehung zu Deutschland »von Grund auf überprüfen« müsse. Bonn lag nun von zwei Seiten her unter Feuer.
Die deutsch-israelischen Beziehungen waren ohnehin aus zwei anderen Gründen recht schwierig geworden. Deutsche Techniker arbeiteten in Ägypten unter Privatvertrag an der Entwicklung einer Rakete und eines Kampfflugzeuges mit. In Israel erblickte man darin eine neue Beteiligung von Deutschen an Plänen zur Auslöschung jüdischen Lebens. Trotz israelischen Drängens sah sich Bonn nicht in der Lage, freie Bürger daran zu hindern, im Ausland zu arbeiten. Der zweite Grund hing mit dem Strafrecht zusammen. Im Mai des Jahres 1965 würden, nach 20 Jahren, Mordtaten verjähren, die im Zweiten Weltkrieg begangen worden waren, sofern bislang kein Strafverfahren eingeleitet wäre. Aus der israelischen Öffentlich-

keit wurde Bonn bedrängt, die Verjährungsfrist zu ändern; für rechtsstaatliche und rechtspolitische Einwände gegen eine Änderung des geltenden Verjährungsrechts brachte man in Israel wenig Verständnis auf. Erschwerend kam schließlich hinzu, daß im folgenden Jahre, 1966, das Wiedergutmachungs-Abkommen ablaufen würde, ohne daß Israel eine Fortsetzung deutscher Hilfe zugesagt war, die es dringend brauchte. Die israelisch-deutschen Beziehungen waren also schon recht kompliziert geworden, ehe der Streit mit Nasser ausgebrochen war.

Am 24. Februar 1965 empfing der ägyptische Staatspräsident den SED-Vorsitzenden Ulbricht mit einem Besuchsprotokoll wie für Staatsoberhäupter. Unter dieser Provokation Nassers entschloß sich Bundeskanzler Erhard zu einer Wende. Gegen den Rat des Auswärtigen Amtes erklärte der Kanzler am 7. März, die Bundesrepublik strebe diplomatische Beziehungen zu Israel an, und ein Sonderbeauftragter, der CDU-Abgeordnete Kurt Birrenbach, sei schon auf dem Weg nach Israel. Nasser hatte mit der Einladung Ulbrichts das Spiel mit Bonn überreizt.

Birrenbach hatte den Auftrag, viererlei in Jerusalem anzubieten: diplomatische Beziehungen; Bemühungen der Bundesregierung, den Bundestag zu einer gesetzgeberischen Verlängerung der Verjährungsfrist zu bewegen; Versuche, die deutschen Wissenschaftler und Techniker in Ägypten zur Rückkehr zu überreden; und schließlich finanzielle Kompensation für die Einstellung der Waffenlieferung. In allen vier Punkten zeigte sich Israel verhandlungswillig. Gegen innenpolitischen Widerstand in Israel wurden jetzt diplomatische Beziehungen beschlossen.

Die arabische Reaktion war hart, aber nicht so hart, wie Nasser gedroht hatte. Keiner der 13 Staaten nahm Beziehungen zu Ost-Berlin auf, wie er angekündigt hatte, doch 10 von ihnen brachen sofort die Beziehungen zu Bonn ab.

In der israelischen Öffentlichkeit gab es weiterhin bittern Widerspruch gegen die Aufnahme der Beziehungen zur Bundesrepublik. Ministerpräsident Eschkol beschrieb den Konflikt vor der Knesseth so:[3] »Wir alle befinden uns in einem Zwiespalt zwischen Gefühl und Gedanken. Die Rechnung des Gewissens und der Geschichte, die in der Juden-Katastrophe wurzelt, liegt außerhalb des Rahmens des politischen Handelns. Aber sogar diese Rechnung ... kann uns nicht davon befreien, ... den Staat Israel zu festigen.«
Wiederum also entschied sich Israel, im Aufruhr seiner Empfindungen, für Politik, für die Sicherung seiner Existenz und gegen seine Gefühle. Dabei

---

3 Am 16. März 1965, Europa-Archiv, Heft 10, 1965, S. D 244.

spielte immer mehr mit, wie Eschkols Rede weiter erkennen ließ, daß die
Bundesrepublik als Partner außenpolitisch wertvoll geworden war durch
die Stellung, die sie in der Europäischen Gemeinschaft einnehmen konnte.
Als der erste deutsche Botschafter, Pauls, in Israel eintraf, wurde er mit
Steinwürfen empfangen.
Nach Ablauf des Wiedergutmachungs-Abkommens im Jahre 1966 wurde
ein Wirtschaftshilfe-Abkommen beschlossen, das Israel von da an jährlich
einen deutschen Kredit zu 2 % Zinsen in Größenordnungen von 150 Millionen Mark verschaffte.
Inzwischen waren auch private Verbindungen zwischen Israel und
Deutschland entstanden, die sich zu verdichten begannen. Die ersten persönlichen Verbindungen schufen die Monteure, die in Israel beim Bau von
Anlagen aus dem Wiedergutmachungs-Abkommen halfen. Später kamen
Jugendgruppen in die Kibbuzim, folgte die Pflanzung von Ölbäumen als
»Aktion Sühnezeichen«. In der Bundesrepublik entstanden Gesellschaften
für christlich-jüdische Zusammenarbeit. Die Pilger-Bewegung zu den Heiligen Stätten in Israel kam in Gang. Die Mitglieder der Israel-Mission in
Köln hielten Vorträge an deutschen Universitäten. Eine deutsch-israelische
Gesellschaft wurde gegründet. Alle diese Anfänge wurden mit großer Behutsamkeit begonnen. Sie waren alles andere als unbefangen. Es mußten
unvermeidlich angestrengte Versuche sein.
Die Beklemmung und die Befangenheit des Neuanfangs gehören zu dem
tieferen Grund, warum der 1967er Krieg, der sogenannte Sechs-Tage-Krieg, auch für die deutsch-israelischen Beziehungen eine Wende markierte. Die brillante militärische Operation, mit der sich Israel in wenigen Tagen aus der Gefahr eines Drei-Fronten-Krieges, aus drohender Existenznot
rettete, erregte internationale Bewunderung. Der israelische Erfolg gab den
Deutschen die erste Gelegenheit, ihre Sympathie für die Israelis und ihrer
Erleichterung über die abgewendete Existenzgefahr einen befreienden Ausdruck zu geben. Der israelische Erfolg entlastete deutsche Schuldgefühle.
1967 schienen mit einem Mal zwei gordische Knoten durchgehauen zu
sein: die Sicherheit Israels war verbessert, die deutsch-israelischen Beziehungen waren auf deutscher Seite von einigen ihrer Befangenheiten befreit.
Die »besonderen Beziehungen« erlebten jetzt ihre dritte Wandlung.

III. *Die Verwicklung*

Tatsächlich hatte Israel nur einen bedeutenden militärischen Erfolg, nur einen »ordinären« Sieg, aber nicht den politischen Durchbruch zur Lösung seines Sicherheitsproblems geschafft. Die Entscheidung, die eroberten Gebiete – ausgenommen das geteilte Jerusalem, das vereinigt wurde – militärisch zu verwalten, zeigte an, daß Israel diese Gebiete nicht annektieren wollte, sondern als Pfänder für eine Friedensregelung betrachtete. So war auch die mit amerikanischer Hilfe zustandegekommene Resolution 242 des Sicherheitsrates zu verstehen, welche die Anerkennung des Rechtes Israels, in sicheren Grenzen zu leben, in ein Tauschverhältnis zur Rückgabe des besetzten Landes setzte.

Doch bald wurde deutlicher, daß die arabischen Nachbarstaaten lieber duldeten, daß Israel ihre Territorien besetzt hielt, als mit Israel ihren Frieden zu machen. Ihre Unwilligkeit, zu verhandeln, drängte israelische Überlegungen mehr und mehr dazu, Sicherheit im Besitz »sicherer Grenzen« zu suchen. Als »sicher« konnten solche Grenzen gelten, die militärisch leicht zu verteidigen waren. Die militärische Grenzsicherung schien bald auch einer Verstärkung durch Reservisten in »Wehrdörfern« zu bedürfen. Das öffnete auch Perspektiven für eine dauernde Besiedlung des Westjordanlandes und für die Heimkehr des jüdischen Volkes nach »Eretz Israel«, als Vollendung der israelischen Staatsgründung in dem ganzen von Gott seinem Volke »versprochenen« Land, bis an den Jordan. Mit jedem Jahr, mit dem man sich von dem Teilerfolg des Jahres 1967 entfernte, wurde unklarer, was Israel mit den besetzten Gebieten machen wollte. Sollte es die Aussicht auf Rückgabe offenhalten, oder Präzedenzien für eine dauernde Anwesenheit in »Judäa und Samaria« schaffen? Die Unsicherheit dieser Politik nahm unter den sozialistischen Regierungen Meir und Rabin zu. Als im Jahre 1977 Premierminister Begin sein Amt übernahm, schien der annektionistische Kurs Israels vorgezeichnet.

Noch bis in die Mitte der 60er Jahre hatte sich die Nahost-Politik der Bundesrepublik hauptsächlich als Israel-Politik und als Deutschland-Politik, aber noch nicht als deutsche Regionalpolitik im nahöstlichen Raum verstanden. Für die Bundesrepublik bestand auch lange keine dringende Notwendigkeit nach einer eigenen Nahost-Politik. Inzwischen waren die Verhältnisse in diesem Raum komplizierter geworden. Im Gründungsjahr Israels, 1948, war das Mittelmeer noch ganz ein westliches Meer gewesen, in dem lediglich amerikanische Seemacht die Rolle der britischen übernommen hatte. Die Sowjetunion war damals noch nicht in der Lage, in den Nahost-Konflikt einzugreifen. Mitte der 50er Jahre zeigte die sowjetische Raketen-Drohung in der Suez-Krise von 1956 erste Veränderungen an. Mit Nassers Hilfe drang die Sowjetunion zuerst mit Krediten (Assuan-Staudamm) und dann mit Waffenlieferungen in den Mittelmeerraum ein. Seitdem liegt der arabisch-israelische Konflikt auch im Spannungsfeld des Ost-

West-Konfliktes. Seitdem besteht latent die Gefahr, daß ein Krieg im Nahen Osten zur direkten Konfrontation der Großmächte führt. Die westliche Politik muß auf dieses Risiko Rücksicht nehmen, und das engt ihren Bewegungsspielraum merklich ein.

Zweitens hatte sich in den 60er Jahren eine Dritte Welt formiert, die es 1948 noch kaum gegeben hatte. Die Vereinten Nationen hatten als Veranstaltung von rund 50 älteren Staaten begonnen. Inzwischen sitzen in der Vollversammlung der UNO mehr als 150 Mitglieder. Der Teilungsplan von 1947 für Palästina war von der alten Mehrheit der UNO verabschiedet worden. Hätten die Sicherheits-Resolutionen 242 und 338 der Vollversammlung im Jahre 1980 zur Billigung vorgelegt werden müssen, wären sie jetzt niedergestimmt worden. Die Staaten der Dritten Welt stimmen durchweg gegen Israel ab und bedrohen es mit Ausschluß.

Drittens trugen zur Komplizierung westlicher Außenpolitik im Nahen Osten auch innenpolitische Veränderungen in den westlichen Ländern seit Ende der 60er Jahre bei. In der Bundesrepublik war die alte Linke gewohnt, für das von den Sozialisten regierte Israel Partei zu ergreifen. Die »Neue Linke« dagegen votiert für die Dritte Welt, für die Araber, gegen Israel und solidarisiert sich mit den als »Befreiungsbewegungen« verstandenen palästinensischen Guerilla-Organisationen.

Viertens entwickelte sich in der Europäischen Gemeinschaft, als Aushilfe für den ausbleibenden politischen Zusammenschluß, eine »europäische politische Zusammenarbeit« unter den Mitgliedstaaten. Im Wege dauernder Konsultation wird versucht, die nationalen Außenpolitiken einander anzugleichen. In der Nahost-Politik der Europäischen Gemeinschaft gibt Frankreich den Ton an. Die französische Diplomatie will sich alten Einfluß im Orient bewahren, den Frankreich einst in der Rivalität mit Großbritannien errungen hatte und den es jetzt vor allem durch Hervorkehrung von Unterschieden zur amerikanischen Nahost-Politik auszuüben sucht. Auch in London gibt es, aus anderen Gründen, darunter auch Erinnerungen an die Kämpfe mit den jüdischen Untergrundorganisationen in der Mandatszeit, traditionell ein Vorurteil zu Lasten Israels. Die französische und die britische Politik schlagen sich in der Nahost-Politik der EG nieder. Mit der Einbettung der deutschen Israel-Politik in die Nahost-Politik der Gemeinschaft begann sich nun die vierte Wandlung des »besonderen Verhältnisses« zu vollziehen.

Israel versucht der Wirkung dieser verändernden Faktoren entgegenzuarbeiten. Namentlich sucht es die Bundesrepublik daran zu hindern, ihr enges Verhältnis zu Israel abzubauen oder zu »normalisieren«, wie die in Bonn um 1970 benutzte Umschreibung lautete.

Wenn das Jahr 1967, das Jahr des Sechs-Tage-Krieges, einen Höhepunkt in der Entwicklung des deutsch-israelischen Verhältnisses bildete, dann zeigte bereits das Jahr 1973, das Jahr des Yom-Kippur-Krieges, wie weit sich die Bundesrepublik davon entfernt hatte. Einige Beispiele dafür: Der Jungsozialisten-Kongreß vom März 1973 warf der israelischen Politik »Imperialismus« vor, ein ganz neuer Ton aus der Bundesrepublik gegenüber Israel. Bundeskanzler Brandt besuchte im Juni 1973 Israel, aber erst, nachdem Außenminister Scheel zu Besuch in Ägypten, Jordanien und in den Libanon gereist war und dort Belege für die »Ausgewogenheit« der deutschen Nahost-Politik hinterlegt hatte. Brandt vermied in Israel das Wort »Normalisierung«, weil es Widerspruch hervorgerufen hätte, aber er vermied auch den Ausdruck einer »besonderen Beziehung« zu Israel, weil er das arabische Lager nicht zu irritieren wünschte. Brandt wich aus auf »gute Beziehungen« mit einem »besonderen Hintergrund«. Für Brandts Nahost-Politik stand nicht mehr das zweiseitige Verhältnis der beiden Staaten im Vordergrund, sondern der Wunsch nach Entspannung in Europa, von der er meinte, sie werde in Mitleidenschaft gezogen, wenn Entspannung im Nahen Osten ausbliebe. Die neue Israel-Politik Bonns begann als eine Funktion der Brandtschen Ost-Politik.

Der Yom-Kippur-Krieg im Oktober 1973 führte zur ersten Anwendung der arabischen »Ölwaffe«, aber zunächst nur in der Form einer Drohung gegen Staaten, die es wagen sollten, Israel zu unterstützen. Obwohl der Boykott tatsächlich nicht zustandekam, wirkte die Androhung tief. Eine der Wirkungen war, daß die Bundesregierung laut und vernehmlich dagegen protestierte, daß die amerikanische Regierung Israel im Yom-Kippur-Krieg von logistischen Stützpunkten in Deutschland aus mit Waffen versorgt hatte. Bonn legte großen Wert darauf, daß dieser Protest gegenüber dem Hauptverbündeten in den arabischen Staaten auch deutlich vernommen werden konnte.

Am 6. November 1973 ging die Europäische Gemeinschaft einen Schritt auf das arabische Lager zu. Eine EG-Erklärung sprach jetzt mit gleicher Betonung vom Lebensrecht aller Staaten der Region, dem Erfordernis sicherer Grenzen, dem palästinensischen »Flüchtlingsproblem« sowie von der »Notwendigkeit, daß Israel die territoriale Besetzung, die es seit 1967 aufrechterhält, beendet«. Damit ging die Gemeinschaft einen Schritt über die UN-Sicherheitsrats-Resolutionen 242 und 338 hinaus. Den Inhalt der EG-Erklärung wiederholen die einzelnen Mitgliedstaaten der Europäischen Gemeinschaft in den kommenden Wochen nochmals gegenüber dem saudischen Ölminister Jamani. Das arabische Erdöl war in der europäischen Nahost-Politik zum wichtigen politischen Argument geworden – in der

Bundesrepublik, dank ihrer immer noch günstigen Außenhandelsbilanz, freilich weniger als etwa in Frankreich oder in Italien. Im Innern der Europäischen Gemeinschaft versuchte Bonn zwar, die pro-arabische Haltung der französischen Regierung abzubremsen, nach außen aber deckte sie die Nahost-Politik der EG.

Am 29. Juni 1977 gingen die neun EG-Staaten einen großen Schritt weiter. Die Erklärung ihrer Regierungschefs zur Nahost-Frage stützte sich zwar weiterhin auf die Sicherheitsresolutionen 242 und 338, aber sie gewichtete deren Elemente anders. Die Forderung nach Räumung der von Israel besetzten Gebiete wurde stärker betont als Israels Recht, in anerkannten Grenzen sicher und in Frieden zu leben. Dreimal sprach die Erklärung von »legitimen Rechten« der Palästinenser, die berücksichtigt werden müßten, vor allem ihr Anspruch auf ein »Heimatland«.

In Israel unterstellten manche Kommentare, die sichtbar gewordene Versteifung der westeuropäischen Haltung gegenüber Israel habe nicht nur mit arabischem Öl, sondern auch mit der härteren außenpolitischen Gangart der neuen Regierung Begin zu tun.

Im Herbst 1977 sagte sich der ägyptische Staatspräsident Sadat in Jerusalem zu Besuch an und unternahm den dramatischen Versuch vor der Knesseth, mit einer »Friedensinitiative« aus dem von den Großmächten gezogenen, aber unfruchtbar gebliebenen Rahmen der Genfer Konferenz auszubrechen und in direkten Verhandlungen mit Israel die Lage von Grund auf zu ändern.

Washington stellte sich innerhalb weniger Tage um und begrüßte direkte Verhandlungen zwischen Ägypten und Israel. Die Europäische Gemeinschaft dagegen zögerte und entschied sich dafür, abzuwarten. Ebenso verhielten sich die neun westeuropäischen Staaten gegenüber dem von Präsident Carter persönlich vermittelten Camp-David-Abkommen vom September 1978. Die europäischen Staaten begrüßten zwar die Übereinkunft, aber ihr Glückwunsch sprach sich für eine »umfassende« Friedensregelung aus, was nicht Zustimmung, sondern verhüllte Kritik an dem in Camp David vorgesehenen, stufenweisen Vorgehen bedeutete. Die Forderung nach einer »umfassenden« Lösung, im Sinne des Genfer Verhandlungsrahmens, wurde von da an ein Kennzeichen der westeuropäischen Vorbehalte gegenüber allen weiteren Teilfortschritten der Camp-David-Diplomatie. Die EG versuchte, sich damit der arabischen »Ablehnungsfront« in ihrem Streit mit Sadat zu empfehlen und den amerikanischen Verbündeten allein zu lassen.

Ob es je eine Chance gegeben hat, daß andere, als gemäßigt eingeschätzte Länder wie Jordanien und Saudi-Arabien sich dem von Sadat angestoßenen Verhandlungsprozeß angeschlossen hätten, ist schwer zu beurteilen.

Wenn es sie gab, dann am ehesten im ersten Jahr nach dem Besuch Sadats in Jerusalem. Doch die Regierung Begin nutzte das erste Jahr nicht, für den Frieden werbende Tatsachen zu schaffen. Begin glaubte, es nicht eilig zu haben. Doch nach dem Umsturz in Persien (1978/79) ist die Chance, andere arabische Staaten für die Teilnahme zu gewinnen, kleiner geworden. Der Ansehensverlust der Amerikaner als Ordnungsmacht im Nahen und Mittleren Osten und die Erschütterung des Sicherheitsgefühls der gemäßigten, Amerika zugewandten arabischen Länder verstärkten die Hemmungen, mit Israel in Friedensverhandlungen einzutreten. Die Forcierung der israelischen Siedlungspolitik durch religiöse Radikale, der die Regierung Begin nicht widerstehen wollte, und im Jahre 1980 die gesetzgeberische (an Stelle der bisher administrativ praktizierten) Vereinigung der beiden Teile Jerusalems arbeiteten in den Jahren 1979 und 1980 der »Ablehnungsfront« in die Hände.

Eine neue Erklärung der Außenminister der neun EG-Staaten vom 20. Juni 1979 kritisierte die Siedlungspolitik Israels in den besetzten Gebieten als »Hindernis auf der Suche nach einer solchen umfassenden Regelung« und bekräftigte im übrigen, was die Erklärung der Regierungschefs vom 29. Juni 1977 über die »legitimen Rechte« der Palästinenser, besonders das Recht auf ein »Heimatland«, gesagt hatte.

Wenige Wochen später, am 2. September 1979, führte Außenminister Genscher bei einem Besuch in Ägypten, im Kommuniqué von Abukir den Begriff des »Selbstbestimmungsrechts der Palästinenser« in das amtliche Nahost-Vokabular der Europäer ein. Die Beziehungen zwischen den Regierungen in Jerusalem und Bonn verschlechterten sich nun zusehends. Die israelische Regierung beklagte sich vor Journalisten über das Verhalten der Bundesregierung; diese dagegen zeigte sich überrascht über solche Klage, und der deutsche Außenminister lobte die »Ausgewogenheit« der deutschen Nahost-Politik. Beim Besuch des israelischen Außenministers Dajan in Bonn (September 1979) kam es zum Eklat. Dajan scheute sich nicht, in einer Pressekonferenz in Bonn zu erklären, Außenminister Genscher habe die Beziehungen zu Israel »zum Schlechteren verändert«. Genscher dagegen hatte noch tags zuvor in einer Tischrede erklärt, es gebe keinen Grund, »von Belastungen der Beziehungen zu sprechen«. Nach einer Erinnerung an den Inhalt der EG-Erklärung hatte er seinem Gast gesagt: »Ich versichere Ihnen erneut: Sie können sich auf die Bundesrepublik verlassen.«

Unterdessen hatte der FDP-Politiker Möllemann Gespräche mit dem PLO-Führer Arafat in Beirut geführt. Bei einer späteren Gelegenheit in Bonn, im April 1980, sagte er auf einem Empfang für eine PLO-Delegation, die Interessen der Palästinenser müßten von der PLO wahrgenommen werden. Im Sommer 1979 hatte sich der Vorsitzende der SPD, Willy Brandt, mit PLO-Führer Arafat am Tisch des österreichischen Bundeskanzlers Kreisky zu Gesprächen niedergesetzt. Im Frühsommer 1980 betrieben dann vor allem Frankreich und Großbritannien in der EG einen Plan, im Sicherheitsrat der Vereinten Nationen einen Entwurf für eine neue Nahost-Resolution einzubringen, die die Resolutionen 242 und 338 überholen sollte. Es sollte ein Recht der Palästinenser auf »Selbstbestimmung« festgestellt und eine Beteiligung der PLO im Namen des palästinensischen Volkes an den Friedensverhandlungen verlangt werden. Nur dringende Einwände der amerikanischen Regierung und eine öffentliche Androhung des amerikanischen Präsidenten Carter, im Sicherheitsrat sein Veto gegen eine solche Nahost-Resolution der Europäer einlegen zu lassen, veranlaßte die neun Regierungen, ihr Vorhaben in den Vereinten Nationen vorerst aufzuschieben. Als Ersatz bereiteten die europäischen Regierungen eine »Positionsbeschreibung« ihrer Nahost-Politik vor, die auf der Gipfelkonferenz der EG in Venedig am 13. Juni 1980 angenommen und veröffentlicht wurde.

Die Erklärung von Venedig bestätigte die früheren EG-Positionen und sagte ergänzend, das palästinensische Volk müsse in die Lage versetzt werden, sein »Selbstbestimmungsrecht voll auszuüben«. Die Mitwirkung der PLO an Verhandlungen wurde ausdrücklich für erforderlich erklärt. Für Jerusalem würden die Neun keine Veränderung des Status quo hinnehmen (gemeint war das israelische Jerusalemgesetz, das die ganze Stadt zur Hauptstadt Israels erklärt hatte). Die israelische Siedlungspolitik wurde als Behinderung des Friedensprozesses bezeichnet. Zum Schluß wurde zu einem gegenseitigen Gewaltverzicht im Nahen Osten aufgefordert.

In diesem Sommer änderte sich auch das Abstimmungsverhalten der Neun in den Vereinten Nationen. Als Ende August Länder der Dritten Welt mit Unterstützung der Sowjetunion und der anderen Ostblock-Länder wieder einen Entwurf einbrachten, der die Bildung eines palästinensischen Staates und den Rückzug Israels aus den besetzten Gebieten ohne Erwähnung der Sicherheitsinteressen Israels forderte, stimmten nicht mehr wie früher acht EG-Länder (ohne Frankreich) an der Seite Amerikas gegen diesen Resolutions-Entwurf, sondern enthielten sich alle neun der Stimme. Im Unterschied zur Politik der Bundesregierung ist im Bundestag das Bewußtsein der besonderen Beziehung zu Israel und ihres dunklen Untergrundes deutlicher geblieben. Die Debatte über die Aufhebung der Verjährung für Mordverbrechen im Sommer 1979 lieferte dafür Beispiele, und zwar auf beiden Seiten, nicht nur bei den Befürwortern, sondern auch bei denen, die für die Beibehaltung der Verjährung argumentierten.

Um Israel ist es international immer einsamer geworden. Nur noch Amerika, Kanada, Australien und Norwegen treten, neben der kleinen Dominikanischen Republik und Guatemala, in den Vereinten Nationen für Israel ein. Die Bundesrepublik leistet Israel zwar noch immer einigen Beistand, aber sie will dabei nicht mehr gesehen werden. Nach der vierten Wandlung ist damit das »besondere Verhältnis« zwischen der Bundesrepublik und Israel fast unkenntlich geworden.

Darüber ist auch der innenpolitische Konsens in der Bundesrepublik über Fragen der Nahost-Politik rissig geworden. Widerspruch gegen den Regierungskurs äußerte vor allem die christlich-demokratische Opposition (der CDU-Vorsitzende Kohl, der CSU-Vorsitzende Strauß, die Abgeordneten Blumenfeld und Marx). Beunruhigt ist aber auch die Mehrheit der sozialdemokratischen Bundestagsfraktion (vor allem der Fraktionsführer Wehner, der frühere Verteidigungsminister Georg Leber, die Abgeordnete Annemarie Renger).[4] Die Kommentare in den Zeitungen, besonders zur Erklärung von Venedig und deren Vorbereitung, fielen durchweg kritisch aus.[5]

Die israelische Reaktion auf die Erklärung von Venedig war heftig, zum Teil übertrieben heftig. Ministerpräsident Begin nannte die Erklärung »ein zweites Münchener Abkommen«. Die ägyptische Reaktion blieb höflich-ablehnend. Präsident Sadat »begrüßte« die Nahost-Erklärung und, in der gewohnten Rollenverteilung zwischen Präsident und Regierung, fügte Außenminister Hassan Ali die Einschränkung hinzu: »Wir sind nicht gegen die europäische Initiative. Alles, was wir fordern, ist aber, daß man dem Abkommen von Camp David eine Chance gibt.« Washington erinnerte daran, daß zuerst das Existenzrecht Israels anerkannt werden müsse. Die Organisation zur Befreiung Palästinas (PLO) bemängelte, daß es der als positiv zu wertenden EG-Resolution an »verschiedenen grundlegenden Elementen« fehle. Das syrische Außenministerium nannte die EG-Erklärung »oberflächlich» und ungenügend.[6] Die Europäische Gemeinschaft war mit der Erklärung von Freunden abgerückt und hatte Gegner nicht befriedigt.

Das Gefühl der Enttäuschung, das sich in Israel seit Jahresfrist über die Bundesrepublik ausbreitet, brachte ein Zeitungskommentar im Frühjahr 1980 so zum Ausdruck:

---

4 Frankfurter Allgemeine Zeitung vom 26. Juni 1980.
5 Kennzeichnend besonders »Die Welt« vom 1. August 1980, »Die Zeit« vom 1. August 1980, »Welt am Sonntag« vom 8. Juni 1980, »Süddeutsche Zeitung« vom 12. Juni 1980, »Frankfurter Allgemeine Zeitung« vom 14. Juni 1980 und als Beispiel für die Regionalpresse der »Schwarzwälder Bote« vom 15. Juni 1980.
6 AP-Bericht vom 15. Juni in der Frankfurter Allgemeinen Zeitung vom 16. Juni 1980.

»Nach der Staatsgründung gab es solche bei uns, die einen Traum pflegten, wonach Deutschland – dieses Deutschland, das unser Unglück verursacht hatte – aus politischen Gründen uns beistehen werde. Damit, dachten wir, hätten die Deutschen versuchen müssen, wenigstens einen Teil des Unrechts gutzumachen, das ihr Teufelsregime zuvor uns angetan hatte. Nach Persönlichkeiten wie Adenauer, so dachten wir, werden die deutschen Sozialdemokraten bestimmt den gleichen Weg gehen. Aber ... die Regierung des Sozialisten Helmut Schmidt ... stellt sich auf die Seite des größten Israel-Gegners Europas, Frankreichs ...«[7]

IV. *Widersprüche der deutschen Nahost-Politik*

In dieser dritten Phase hat die Bundesrepublik ihre Versuche zu einer »ausgewogenen« Nahost-Politik so ziemlich erschöpft. Es wird nicht mehr lange möglich sein, sich mit vielsagenden, aber unbestimmten Formeln zwischen den Fronten des Nahost-Konfliktes durchzuwinden. Spätestens seit Venedig geht die Nahost-Politik Bonns und der anderen acht westeuropäischen Nachbarn zu Lasten des Bündnisses mit Amerika und der Wiedergutmachungspflicht Deutschlands gegenüber den Juden. Einerlei, wie hoch man die Bedeutung von Aufrichtigkeit und Moral in der Außenpolitik als einen Wert an sich ansetzt – man kann nicht übersehen, daß eine Verletzung der Wiedergutmachungspflicht auf die deutsche Außenpolitik zurückfallen wird: die Bundesrepublik verliert damit Respekt nicht nur bei ihren Freunden, sondern auch bei Widersachern. Es ist kaum anzunehmen, daß die opportunistisch taktierende Linie der EG-Staaten ihnen insgesamt oder als einzelnen Respekt bei den radikalen arabischen Staaten oder Vertrauen bei den gemäßigten verschafft. Zuverlässigkeit ist nicht nur ein moralischer Wert von eigenem Rang. Sie verschafft auch Kredit.
Bezeichnend für die Entleerung des besonderen Verhältnisses zu Israel und für den Verlust der Orientierung der deutschen Orient-Politik ist die Diskrepanz zwischen den Tatsachen, die den Nahost-Konflikt ausmachen, und den Begriffen, mit denen Bonn und die anderen westeuropäischen Hauptstädte darüber Erklärungen und Ratschläge abgeben. Ihre Sprache paßt nicht auf die Lage. Es muß unbestimmt bleiben, ob dies aus mangelnder Einsicht geschieht oder zur Verhüllung verschwiegener Stratageme der europäischen Nahost-Politik.

---

7 »Jediot Acharonot«, zitiert nach der Frankfurter Allgemeinen Zeitung vom 26. März 1980.

Unpassend ist es zum Beispiel, wenn Bonn für seine Orient-Politik »Ausgewogenheit« anstrebt oder behauptet. »Ausgewogenheit« könnte eine Handlungsmaxime für abseits stehende dritte Mächte sein, wenn zwischen den Konfliktparteien eine gewisse Gleichartigkeit der Forderungen besteht. Doch in einer Situation, in der eine Seite nicht bloß Zugeständnisse des Gegners fordert, sondern dessen Vernichtung, kann es für Dritte nicht ein gleichmäßiges Eingehen auf die Kampfziele beider Parteien geben. In so asymmetrischer Streitlage läuft »Ausgewogenheit« auf die Begünstigung der radikaleren Seite hinaus. Unpassend ist es auch, die Forderung an Israel nach Räumung der »besetzten Gebiete« so in den Vordergrund zu stellen, daß der Zusammenhang mit der erforderlichen Leistung seiner Gegner, einer dauerhaften Friedensbereitschaft, verdunkelt, gelockert und am Ende gar aufgelöst wird. Jede der neun europäischen Regierungen kann wissen, daß Israel die besetzten Gebiete nicht herausgeben kann, solange seine Sicherheit nicht auf eine verläßliche andere Grundlage anstelle der militärisch »sicheren Grenzen« gestellt werden kann. Israel wird weder durch Isolation noch Druck zu bewegen sein, auf Sicherheit der einen oder anderen Art zu verzichten. Ein solcher Verzicht wäre dem Lande auch billigerweise nicht zuzumuten. Das ist nicht nur eine prinzipielle Überlegung, sondern eine historische Erfahrung.

Besetzte Gebiete und ein israelisches Besatzungsregime im Westjordanland gibt es nur deshalb, weil Israel von seinen Gegnern gezwungen wird, um seine Existenz zu kämpfen. 1967 eroberte es das Westjordanland in einem Krieg, den arabische Staaten gezündet hatten. Dieser Ursachen-Zusammenhang müßte von einer europäischen Nahost-Politik auch dann im Auge behalten werden, wenn sich eine seit 1977 verstärkte und von der Regierung Begin verteidigte jüdische Siedlungstätigkeit in »Judäa und Samaria« als nachträglich für die Camp-David-Politik erweist. Hinreichende Sicherheit für Israel ist die praktische Voraussetzung für die Herausgabe der besetzten Gebiete.

Daraus ergibt sich eine Reihenfolge der politischen Prozedur: Sicherheit ist die Bedingung des Rückzugs. (Der Sicherheitsrat hatte mit der Resolution Nr. 242 beides wenigstens gleichrangig gefordert.) Die EG hat diese Rangfolge ins Gegenteil verkehrt. Mit der falschen Reihenfolge wird der Knoten im Nahen Osten nicht gelöst, sondern noch fester zugezogen. Die Gegner Israels werden in ihrer Kompromiß-Unwilligkeit bestärkt, und Israels Außenpolitik verhärtet sich wieder.

Wie für das besetzte Territorium gibt es auch für die Frage der dort ansässigen Bevölkerung eine richtige und eine falsche Prozedur. Unter Voraussetzung hinreichender Sicherheit für Israel erscheinen mehrere Lösungen des Palästinenser-Problems möglich: Autonomie unter israelischer Aufsicht, oder Rückkehr ins jordanische Königreich, oder Gründung eines selbständigen Staates, aber mit Auflagen für die bewaffnete Macht. Ohne Schutz der Sicherheitsinteressen Israels bleibt der Spielraum eng, in dem Israel Ansprüche der Palästinenser im Sinne von »Selbstbestimmung« befriedigen könnte.

Es stehen, in tragischer Weise, zwei gleichermaßen legitime Ansprüche zweier Bevölkerungen einander gegenüber, die sich zugleich auf keinen Fall ganz erfüllen lassen können. In einem vollen Sinne kann es deshalb keine »Lösung« der Palästinenser-Frage geben. Möglich sind nur Lösungen mit beschränkten Zielsetzungen. Trotzdem benutzt die EG seit 1973 für die Sache der Palästinenser Begriffe, die entweder sehr unscharf sind und sich extensiv auslegen lassen (»Heimatland«, »legitime Rechte«), oder aber von vornherein einen Maximalanspruch enthalten, wie das »Selbstbestimmungsrecht« des palästinensischen Volkes, das »voll« auszuüben sei.

Beide Teile dieser Formel ignorieren die tatsächlichen historischen Verhältnisse. Denn was sind Palästinenser, was sind die Grenzen Palästinas? »Palästina« als Staat der »Palästinenser« kann vielerlei bedeuten. Was ist gemeint? Das besetzte Westjordanland, oder die Auflösung Israels, oder obendrein noch die Teilung Jordaniens jenseits des Jordans? Mit solchen Formeln zu operieren, bedeutet, jeder Partei als Hoffnung oder Sorge in Aussicht zu stellen, was sie aus diesen Formeln herauslesen möchte. Die Sprache der EG tut so, als wisse man nicht, daß es eine »volle« Lösung der Palästinenser-Frage nicht geben kann. Mit der Forderung nach einem Selbstbestimmungsrecht für die Palästinenser wird der Eindruck erweckt, als meinten die Europäer wirklich, dem »palästinensischen Volk« ein Selbstbestimmungsrecht zuzuerkennen, während sie in Wahrheit eine Verhüllungsformel für die Absicht benutzen, die PLO als einzige Vertreterin palästinensischer Interessen anzuerkennen, und dies wenige Tage nach dem vierten Jahreskongreß der Al Fatah, am 2. Juni, auf dem die Organisation Arafats ihr oberstes Ziel bekräftigte, zu kämpfen »bis das zionistische Gebilde liquidiert und Palästina befreit ist«.

Es war die Bundesregierung, die das »Selbstbestimmungsrecht« der Palästinenser in das Nahost-Vokabular der EG-Staaten eingeführt hatte. Zur Rechtfertigung pflegt erläutert zu werden, die Bundesrepublik sei es dem nationalen Interesse des geteilten Volkes schuldig, international für die Anerkennung des Selbstbestimmungsrechtes der Völker einzutreten. Doch an anderen Stellen der Erde weiß sich dieselbe Regierung aus guten Gründen davor zu hüten, nach Selbstbestimmung zu rufen, etwa für die Polen, Ukrainer, Kroaten, Makedonier, Kurden oder Basken. Für das Existenzrecht Israels und zugleich für die »volle« Ausübung des Selbstbestimmungsrechts der Palästinenser einzutreten, ist bei redlichem Studium der Sachlage nicht möglich. Mit Recht werden diese »Widersprüchlichkeiten und Gefahren« der Erklärung von Venedig kritisiert.[8] Redlicherweise kann man der arabischen Bevölkerung auf dem Westufer des Jordan kein unbeschränktes, »volles« Selbstbestimmungsrecht ohne Rücksicht auf den Frieden und auf die Sicherheit Israels in Aussicht stellen.

Die Lösung des Konfliktes ist nicht da zu suchen, wo die Neun sie derzeit gefunden zu haben meinen, in der internationalen Anerkennung der PLO und der Forderung nach ihrer Beteiligung am Friedensprozeß.

Henry Kissinger hat die wichtigsten Einwände gegen eine Anerkennung der PLO vorgetragen:[9] Eine Lösung der Frage des Westjordanlands ist wichtig, aber ob sie den Nahost-Konflikt entschärfe, hänge davon ab, wer davon profitiere: Die Lösung dürfe nicht die Radikalen ermutigen, sondern müsse Anreize zur Mäßigung enthalten. Eine Politik, die sich erpresserischem Druck beuge, werde den Nahost-Konflikt verschlimmern, die Freunde des Westens im Nahen Osten schwächen und die Energie-Probleme verschärfen. Die Annahme, ein PLO-Staat werde zur Beruhigung der Lage beitragen, entbehre jeder Grundlage. Das Gegenteil sei wahrscheinlich. Die PLO in ihrer gegenwärtigen Gestalt unterstütze, ganz abgesehen von ihrer unversöhnlichen Feindschaft gegenüber Israel, alle Kräfte, die die internationale Ordnung herausfordern. Sie verdiene, auf diesem Kurse, westlichen Widerstand, nicht westliche Ermutigung. Für die allgemeine Erwartung, die PLO werde sich mäßigen, sobald ihre Forderungen erfüllt seien, sehe er keine Beweise; im Gegenteil, ein unabhängiger PLO-Staat werde versucht sein, gemäßigte Staaten zu unterminieren, besonders Jordanien, und sei es nur aus dem Grunde, »die Bestimmungen über die unvermeidliche Entmilitarisierung los zu werden, ohne die kein nennenswerter großer Rückzug Israels denkbar ist«.

Der Ansatzpunkt einer Friedensverhandlung im Nahen Osten ist nicht die Anerkennung der PLO, sondern vielmehr die Frage, ob Israel ungefähr in den Waffenstillstandlinien von 1949 eine neue, hinreichende politische Sicherheit anstelle der Herrschaft über die besetzten Gebiete erhalten kann und ob für den Status der Stadt Jerusalem ein halbwegs befriedigender Kompromiß gefunden werden kann.

---

8 Siehe dazu die zurückhaltende Kritik von *Thomas Oppermann* in Europa-Archiv, Heft 14, 1980, S. 435 ff.
9 *Henry Kissinger,* in einer Erklärung vor dem »Comitee of Energy and Natural Resources« des amerikanischen Senats, 31. Juli 1980.

Die Sicherheit Israels vor neuem Krieg ist tatsächlich schon dadurch wesentlich erhöht worden, daß Staatspräsident Sadat Ägypten aus der arabischen Kriegskoalition herauslöste. Bis dahin konnten sich die Gegner Israels militärische Erfolge in einem Kriege gegen Israel ausrechnen, wenn sie ihn als Mehrfrontenkrieg führten. Israels Sicherheitsfrage hat seit Sadats Entschluß an akuter Schärfe verloren. Es liegt eine bedeutende Verbesserung der Lage vor.

Deshalb ist es wiederum unangebracht, wenn die neun europäischen Staaten den Camp-David-Prozeß, auch wenn er mühsam und schlecht läuft, mit der Forderung nach »umfassenden Friedensverhandlungen« kritisieren. Die Neun ermutigen damit nur die »Ablehnungsfront« der arabischen Staaten, auf den Zusammenbruch der Camp-David-Politik zu hoffen, statt die gemäßigten arabischen Staaten für eine Beteiligung am Friedensprozeß zu gewinnen. Die Europäer fallen mit der Forderung nach umfassenden Verhandlungen Israel, Ägypten und Amerika in den Rücken und stören die einzige realistische Chance für den Frieden, die es derzeit gibt. Die Europäer verlangen mit umfassenden Verhandlungen etwas, was praktisch nicht möglich ist. Wäre die Forderung an die Ablehnungsfront gerichtet, so könnte man darin noch einen gewissen Sinn finden. Aber so ist die Aufforderung gerade nicht gemeint.

Diese von Frankreich geprägte, von der Bundesrepublik abgeschwächte, aber mitgetragene Nahostpolitik der Gemeinschaft ist offensichtlich nicht dazu bestimmt, den Nahost-Konflikt beilegen zu helfen, sondern es nicht mit der für stärker gehaltenen Partei im Orient zu verderben und so über die Runden zu kommen. Die Neun versuchen, mit sichtbarer Distanz zu Amerika die radikal-arabische Karte zu spielen, in einer kühlen Kalkulation, daß man sich das leisten könne, weil der Hauptverbündete, Amerika, wie Atlas unter der Last der Weltkugel, gezwungen bleibt, für Israels Sicherheit einzustehen.

Mit diesen Einwänden gegen eine verkommene Nahost-Politik der Bundesrepublik ist nicht gemeint, Bonn solle zu einer pro-israelischen Politik übergehen und sich zum unkritischen Parteigänger der israelischen Außenpolitik machen. Die deutsche Wiedergutmachungspflicht gegenüber Israel verlangt keine unbedingte Unterstützung der israelischen Politik. Sie verlangt jedoch, nach bestem Verstand und Gewissen einen Kurs zu steuern, der bei allen am Nahost-Konflikt beteiligten Parteien für Kompromisse wirbt und jene politischen Kräfte ermutigt, die dafür eintreten, allen Staaten der Region Frieden und Sicherheit zu geben.

Das »besondere Verhältnis« verwehrt es der Bundesrepublik nicht, einzelnen Absichten oder Maßnahmen israelischer Regierungen zu widersprechen, wozu die Regierung Begin mehr Anlaß gegeben hat als ihre Vorgänger. Aber das besondere Verhältnis verlangt, eine Sprache zu führen, die selbst in Widerspruch und Kritik noch als die Stimme einer befreundeten Nation wahrzunehmen ist.

Zur Mitwirkung Japans an einer abgestimmten Außenpolitik der demokratischen Industrieländer

*Niels Hansen**

Der »Trilateralismus«, d. h. das Verhältnis Westeuropas, Nordamerikas und Japans zueinander und das unmittelbare systematische Zusammenwirken dieser Drei bei der Konzipierung und Durchführung gemeinsamer Politiken, hat in den letzten Jahren eine bedeutsame Intensivierung erfahren. Hatten die demokratischen Industrieländer in ihrer Gesamtheit im wesentlichen lediglich in der OECD über ein Forum institutionalisierter – wirtschaftlicher – Kooperation verfügt, so wurde ab 1975 durch die jährlichen Weltwirtschaftskonferenzen eine neue Qualität des Trilateralismus erschlossen. Der Siebenergipfel in Venedig (22./23. Juni 1980) hat die politische Dimension dieser Zusammenarbeit verbreitert – nicht zuletzt als Auswirkung der sowjetischen Besetzung Afghanistans.
Was sind die Grundlagen dieser Entwicklung? Wie stellt sich der »Trialog« in seinen wichtigsten Bereichen heute dar? Welche Möglichkeiten eröffnen sich für seine Vertiefung? Könnte er durch einen japanisch-europäischen Dialog ergänzt werden?
Wilhelm Grewe, der die deutsche Außenpolitik lange Zeit hindurch in Bonn, Washington und Tokyo an drei Bezugspunkten des »kooperativen Dreieckes« (Brzezinski) mitgestaltete, hat sich 1977 in einem grundlegenden Beitrag mit den vielschichtigen Problemen des Trilateralismus und dabei insbesondere der Rolle Japans auseinandergesetzt.[1] Die nachfolgenden Betrachtungen orientieren sich zum Teil an dieser wichtigen Arbeit und versuchen sie zu aktualisieren.

---

* Dr. iur., Ministerialdirektor, Leiter des Planungsstabs des Auswärtigen Amts, Bonn. – Der Beitrag, der die persönliche Meinung des Verfassers wiedergibt, wurde am 30. Juni 1981 abgeschlossen.
1 *Wilhelm Grewe,* Westeuropa, Nordamerika und Japan: Strukturfragen eines weltpolitischen Dreiecks, in: Amerika und Westeuropa (Hrsg.: *Karl Kaiser* und *Hans Peter Schwarz),* Stuttgart 1977, S. 247–261.

I. *Komplexe Interessenmuster innerhalb des »kooperativen Dreiecks«*

Der Begriff »demokratische Industriestaaten« (zu denen ja auch die nicht zur EG gehörenden westeuropäischen Länder sowie Australien und Neuseeland zu zählen sind) zeigt bereits Richtung und Ausmaß der Gemeinsamkeit übergreifender Interessen und Ziele auf, die ihrer Außenpolitik im weitesten Sinne zugrundeliegen: Vor allem Sicherung ihres »demokratischen, auf persönlicher Freiheit und sozialer Solidarität gegründeten«[2] politischen und ökonomischen Systems, stabilitätsorientiertes weltweites Wirtschaftswachstum, politische Stabilität und evolutionäre Entwicklungen in der Dritten Welt, fairer Interessenausgleich mit den Entwicklungsländern, freier Handel, gesicherter Zugang zu den Rohstoff-, insbesondere Energiequellen. Diese umfassenden Gemeinsamkeiten gilt es zu bedenken, wenn dem »kooperativen Dreieck« etwa das Dreieck USA–Japan–China oder andere multianguläre Konstruktionen und Achsen unter Beteiligung von Staaten entgegengesetzt werden, die nicht zu den demokratischen Industrieländern gehören.[3] Sie haben eine grundlegend andere Qualität und stellen deshalb auf absehbare Zeit auch nicht etwa kommensurable Alternativen dar.

Unter dem Dach der weitgehenden – soliden und solidarischen – Interessenidentität oder zumindest -parallelität, wie sie sich aus der Zugehörigkeit zum gleichen politischen Wert- und Ordnungssystem ergibt, können die in Frage stehenden Länder in wichtigen Punkten der Außenpolitik natürlich durchaus voneinander abweichende Interessen verfolgen oder jedenfalls gemeinsame Ziele auf unterschiedliche Weise zu erreichen suchen. Differenzierungen resultieren aus der geographischen Lage, der Geschichte, der Außenhandels- und der Rohstoffabhängigkeit, der Handels- und Leistungsbilanzsituation allgemein und jeweils untereinander sowie den zahlreichen sonstigen Unterschieden im vielfältigen Datenkranz, der die jeweilige komplexe außenpolitische Interessenlage bestimmt. Sie sind, auf das Dreieck Westeuropa–Nordamerika–Japan bezogen, im einzelnen sehr nuanciert, was verallgemeinernde Aussagen darüber erschwert, auf welchen Gebieten und in welchem Grad jeweils Gemeinsamkeiten oder Divergenzen von zwei Regionen gegenüber der dritten bestehen.

Immerhin läßt sich feststellen, daß sich die Interessen Westeuropas und Japans in einigen wichtigen Punkten heute weitgehend angenähert haben. Das

---

2 Erklärung des Wirtschaftsgipfels von Venedig 1980, Ziffer 3.
3 S. z. B. *Robert Guillain,* La politique étrangère du Japon, in: Défense Nationale 35 (1979), S. 34–44.

gilt zunächst hinsichtlich der Bewältigung ihrer Rohstoff- und Energieabhängigkeit und der sich daraus ergebenden, wenn auch differenzierten Konsequenzen für ihre Nah- und Mittelostpolitik.[4] – Parallelen resultieren weiter aus ihrer geographischen Nähe zur Sowjetunion. Sie bedeutet einerseits – angesichts der kontinuierlichen sowjetischen Aufrüstung – verstärkte Berücksichtigung der eigenen Sicherheitsanliegen im Rahmen der Allianzen. Andererseits begründet sie jedoch ein spezifisches Interesse an realistischer Entspannung und daran, »Moskau spüren zu lassen, daß eine Koexistenz mit nicht-kommunistischen Ländern möglich ist, statt ihm das Gefühl zu geben, von feindlichen Industriemächten umringt zu sein«.[5] Der letztere Punkt ist für die trilaterale Kooperation als solche insofern relevant, als die Beteiligten ein Interesse daran haben, daß sie von der Sowjetunion nicht als Versuch der »Einkreisung« o. ä. mißdeutet wird.[6]

Diese Entsprechungen haben zu einer weitgehenden identischen Reaktion auf die Ereignisse in Iran und Afghanistan (sowie die Lage in Polen) geführt (s. auch S. 95 f.). Japan orientierte sich dabei – ähnlich wie die Westeuropäer oder sogar deutlicher als einige von ihnen – zum guten Teil, aber nicht in allen Punkten, an den amerikanischen Positionen: z. B. Weigerung, iranisches Öl zu dem neu angebotenen Preis von 35 Dollar pro Barrel zu kaufen, was zu einer fast völligen Einstellung der Lieferungen führte; weitgehende Sistierung des politischen Dialogs mit der Sowjetunion; Nichtteilnahme an den Olympischen Spielen; Bereitschaft zu strikterer Anwendung von COCOM; Fortführung einer restriktiven Haltung gegenüber staatlichen Exportkrediten, die 1980 zu einem wesentlichen Rückgang der Steigerung der japanischen Ausfuhren in die Sowjetunion beitrug.

Auch hinsichtlich ihrer nuancierten China-Politik und der Zurückhaltung gegenüber einem »Spiel mit der chinesischen Karte« im Verhältnis zu Moskau sowie möglichster Nichtübertragung des Ost-West-Gegensatzes auf die Dritte Welt weisen die Interessen Westeuropas und Japans Ähnlichkeiten auf. Das gleiche gilt für die Ablehnung der derzeitigen amerikanischen Hochzinspolitik.

---

4 Vgl. bereits die Nahosterklärungen der EG-Mitgliedstaaten vom 6. 11. 1973 (Europa-Archiv 29 (1974), S. D 29 f.) und Japans vom 22. 11. 1973 (Archiv der Gegenwart 1973, S. 18330) ebenso wie die nachfolgenden Erklärungen zu diesem Thema. S. auch *Masashi Nishihara,* Japans Rolle in einer veränderten Umwelt, in: Europa-Archiv 35 (1980), S. 565–574.

5 *Nishihara* aaO., S. 574.

6 Zur Kritik der Staaten des Warschauer Pakts am Trilateralismus s. *John Pittman,* Der »Trizentrismus« – Eine neue Variante der Strategie des USA-Imperialismus, in: Probleme des Friedens und des Sozialismus 21 (1978), S. 685–693 und *Nils H. Wessell,* Soviet Views of Multipolarity and the Emerging Balance of Power, in: Orbis 22 (1979), S. 785–813.

Umgekehrt sind Westeuropäer und Amerikaner gemeinsam seit jeher daran interessiert, ihre Handelsbilanzdefizite mit Japan zu mindern.[7] Dies wurde in der letzten Zeit dadurch besonders erschwert, daß Japan wegen der verschlechterten Terms of trade bei den Öleinfuhren seit 1979 allgemein einen – indessen bereits teilweise wieder überwundenen – negativen Leistungsbilanzsaldo aufwies (1980 10,8 Mrd. Dollar). Aber auch hier gilt es zu differenzieren: Die japanischen Außenhandelsüberschüsse gegenüber der EG haben sich seit 1978 erheblich erhöht (1978: 5,1 Mrd. Dollar, 1980: 8,9 Mrd. Dollar), während sie gegenüber den USA im gleichen Zeitraum – von 10,4 Mrd. auf 7,3 Mrd. Dollar – wesentlich zurückgegangen sind. Es ist dies nicht zuletzt auf eine gewisse japanische Zurückhaltung beim Export nach Amerika, wie sie am 1. Mai 1981 wieder in der Einigung über die Selbstbeschränkung bei Automobilausfuhren deutlich wurde, sowie in praxi eine Tendenz zur Bevorzugung der Importe aus den USA in Japan zurückzuführen.

Komplizierend kommt hinzu, daß die Interessenlagen innerhalb der Region Westeuropa – und sogar der EG-Länder – in mancherlei Hinsicht immer noch Unterschiedlichkeiten aufweisen. Man denke etwa an die Konstellation von 1977/78, bei der Deutschland und Japan in Anwendung der sogenannten Lokomotiv-Theorie zur internationalen Konjunkturstimulierung gemeinsamer Kritik der meisten anderen OECD-Mitglieder ausgesetzt waren. Ein weiteres Beispiel stellen die verschiedenartigen handelspolitischen Philosophien dar, wobei Deutschland im Verhältnis zu Japan den Ausgleich des Handelsbilanzdefizits ja vorwiegend durch stärkere Marktöffnung der Japaner und vermehrte Exportanstrengungen der Europäer, weniger durch Beschränkung der japanischen Ausfuhren in die EG anstrebt.

Zusammenarbeit bedeutet im Rahmen des pluralistisch orientierten politischen Systems der demokratischen Industrieländer also nicht zuletzt auch Interessenausgleich. Diese Länder praktizieren seit jeher – über ihre jeweilige Zugehörigkeit zu den verschiedenen politischen, wirtschaftlichen und militärischen Gruppierungen hinaus – mit Erfolg eine pragmatische und zum guten Teil nicht-institutionalisierte bilaterale und multilaterale Kooperation. Jede Region des Dreiecks unterhält zu den beiden anderen auch gesonderte kooperative Beziehungen – Japan in vielfältiger Weise zu den USA, zur EG vor allem im handelspolitischen Bereich.[8]

7 S. z. B. *Elke Thiel*, Zur Rolle Japans in der wirtschaftlichen Zusammenarbeit der westlichen Industrieländer, in: Aus Politik und Zeitgeschichte 47 (1978), S. 29–38 und *Eberhard Rhein*, Europa, Japan und die internationale Arbeitsteilung, in: Europa-Archiv 36 (1981), S. 209–216.
8 S. z. B. Ziffer 10 der Erklärung des Europäischen Rats vom 30. 6. 1981 über die Beziehungen zu Japan.

II. Die Diskrepanz zwischen der »institutionellen Isolierung« Japans und dessen gewachsener politischer Rolle

Japan gehört jedoch – aus geographischen und historischen Gründen – keinem formellen Zusammenschluß der demokratischen Industrieländer an, bei dem eigentliche außenpolitische Themen global erörtert werden. Mit trilateraler Dimension ist es seit 1964 zwar Mitglied der OECD und beteiligte sich in ihrem Rahmen 1974 an der Gründung der Internationalen Energieagentur (IEA). Im Verband umfassend(er)er Organisationen partizipiert es an den westlichen Koordinierungsgremien (mit unterschiedlicher Relevanz z. B. VN: Vinci-Gruppe; UNCTAD: B-Gruppe; Seerechtskonferenz: »Like-minded«; IWF: Finanzminister der Fünf). Insofern ist der Trilateralismus also seit langem eine – durchaus funktionierende – Realität, wie sie sich aus der Herausbildung Westeuropas und Japans als Wirtschaftszentren neben den USA[9] ergeben hatte.

Es handelt sich hier indessen um zum Teil technische und – mit jährlicher Ausnahme bei der OECD und u. U. IEA – ohne Beteiligung der Außenminister abgehaltene Konsultationen mit meist begrenzter Zielsetzung. So sehr sie im einzelnen (auch im Ost-West-Verhältnis: etwa COCOM, Kreditkonditionen gegenüber den RGW-Ländern, Wirtschaftshilfe für Polen) außenpolitische Bedeutung besitzen, so sind sie mit der Kooperation im Rahmen der NATO oder der EPZ mit ihren weit entwickelten Strukturen (ebenso natürlich wie mit Vierertreffen nach dem Muster Guadeloupe) nicht zu vergleichen. Selbst die weder zur Gemeinschaft noch zur Allianz gehörenden europäischen Demokratien wie z. B. die Neutralen verfügen – mit Ausnahme von Finnland – aufgrund ihrer Mitgliedschaft beim Europarat immerhin über einen Verbund, bei dem auch die eigentliche Außenpolitik zu Wort kommt (z. B. KSZE-Fragen).

Japan nimmt demnach – ebenso wie Australien und Neuseeland – innerhalb der demokratischen Industrieländer in institutioneller Hinsicht eine Minderstellung ein. Als praktisches Beispiel dafür aus jüngerer Zeit mag dienen, daß nach den Gesprächen von Bundeskanzler Schmidt und Außenminister Genscher in Moskau (30. 6./1. 7. 1980) zwar EG-Außenminister und NATO-Rat sogleich auf hoher Ebene ins Bild gesetzt wurden, daß die Unterrichtung Japans, mit dem die Reise auf dem vorangegangenen Siebenergipfel in Venedig erörtert worden war, jedoch weniger hochrangig erfolgte. Diese »institutionelle Isolierung« ist heute – nach der Mitwirkung

---

9 S. *Günther van Well*, Politische Aspekte des Strukturwandels der Weltwirtschaft, in: Europa-Archiv 34 (1979), S. 65–72.

an den Weltwirtschaftsgipfeln und deren Befassung mit außenpolitischen Themen – zwar weniger ausgeprägt, bleibt jedoch bei einem hochentwickelten Industrieland dieses Kalibers ein Problem:
Japan, dessen Einwohnerzahl allein derjenigen der BR Deutschland und Frankreichs zusammen entspricht, liegt hinsichtlich Bruttosozialprodukt (1980: 1 038,5 Mrd. Dollar) und Außenhandelsvolumen (270,7 Mrd. Dollar) an zweiter bzw. dritter Stelle der OECD-Länder.[10] Es hat in den letzten Jahren auch außenpolitisch erheblich an Statur gewonnen und ist bereit, vermehrt internationale Verantwortung zu übernehmen. Ähnlich wie vorher die BR Deutschland schickt es sich – seit den Ministerpräsidentschaften Fukudas und Ohiras – an, aus der Rolle des »wirtschaftlichen Riesen und politischen Zwergs« herauszuwachsen und »an der Gestaltung einer besser funktionierenden Weltordnung mitzuwirken«.[11] Diese Entfaltung, die in Japan selbst indessen nicht unbestritten ist, liegt in der Tat im Interesse des gesamten Westens und sollte deshalb von Amerikanern und Europäern weiter ermutigt werden.
Japan spielt dabei zunächst als regionale Macht in einem Raum eine zunehmende Rolle, der sich immer mehr zur wirtschaftlich dynamischsten Region der Welt entwickelt: Ohiras Projekt von 1978 einer »Pazifischen Gemeinschaft«, Zusammenarbeit mit den neuen Inselstaaten, Bemühung um ein vertieftes Verhältnis zu Australien und Neuseeland; Abschluß der Normalisierungsphase in den Beziehungen zu China seit dem Vertrag von 1978; Aktivierung der Politik gegenüber ASEAN seit den Besuchen von Fukuda 1977, die durch die Reise Suzukis in die fünf Länder zu Beginn des Jahres unterstrichen wird; gesteigerte Einwirkungsmöglichkeiten auf Vietnam und Engagement für die Stabilität in Indochina.[12]
Es wird indessen über diese regionale Dimension hinaus allgemein mehr und mehr zu einem Faktor der Weltpolitik – nicht nur im Nahen und Mittleren Osten (Fukuda-Reise 1978) und hinsichtlich seines Verhältnisses zur Sowjetunion, sondern auch generell im Nord-Süd-Dialog. Es sei auf die Wirtschaftshilfe für Pakistan (nach der sowjetischen Okkupation Afghanistans Erhöhung um mehr als das Doppelte auf jährlich 130 Mio. Dollar), die Türkei, Simbabwe und Jamaika hingewiesen. Die japanische Entwicklungshilfe fällt generell allerdings – trotz erheblicher Steigerungen in den

---

10 Die entsprechenden Zahlen lauten für die USA 2556,5/461,9, BR Deutschland 824,2/377,5, Frankreich 648,2/246,2, Großbritannien 515,1/235,3.
11 *Nishihara* aaO., S. 565.
12 S. *Michael Leifer*, Conflict and Regional Order in Southeast Asia, Adelphi Paper No. 162, 1980 und *Wolfgang Höpker*, Der Westen ist stärker als er denkt, München–Wien, 1981, S. 45 ff.

letzten drei Jahren – immer noch vergleichsweise niedrig aus (ODA 1980/81 0,32 % des BSP); sie soll bis 1984 indessen verdoppelt werden. Die systematischere Einbeziehung Japans in den außenpolitischen Willensbildungsprozeß des »Westens« erwies sich bereits zu Beginn der siebziger Jahre in einer immer deutlicher polyzentrisch ausgerichteten Welt vor dem Hintergrund des von der Sowjetunion weitgehend erreichten Gleichstands im Ost-West-Verhältnis, der neuen Rolle Chinas, der Energiekrise und allgemein der Notwendigkeit einer bewußteren Koordinierung der Wirtschafts-, Währungs-, Rohstoff- und Drittweltpolitiken der demokratischen Industriestaaten zunehmend als dringlich. Sie ist in den achtziger Jahren, die für diese Ländergruppe nocht kritischere, umfassende Herausforderungen mit sich bringen werden, von entscheidender Bedeutung.

Ministerpräsident Suzuki betonte am 6. Mai 1981 in einem Vortrag in New York, sein Land wolle bei der Sicherstellung des Weltfriedens von einem »passiven Nutznießer zu einem aktiven Schöpfer« werden. Japan vermag bei der Wahrung weltweiter Stabilität und Sicherheit, auf die es vital angewiesen ist, seinen – von den anderen westlichen Ländern noch als unzureichend angesehenen – Part vor allem im Bereich der Wirtschaftspolitik, Friedensdiplomatie und Entwicklungshilfe zu leisten.[13]

Es ist das Verdienst der 1973 gegründeten »Trilateral Commission«, das Bewußtsein für die Notwendigkeit dieser Einbeziehung Japans geschärft und den nicht-offiziellen Trialog systematisiert zu haben. In vielen Konferenzen und Publikationen hat sie wichtige Denkanstöße und Anregungen für die Gestaltung der politischen, wirtschaftlichen und militärischen Beziehungen der drei Regionen untereinander und gegenüber der Dritten Welt und dem Ostblock vermittelt. Die amerikanische Politik ist dadurch beeinflußt worden, daß zahlreiche Kommissionsmitglieder in der Regierung Carter Spitzenstellungen innehatten (außer dem Präsidenten selbst u. a. Mondale, Vance, Brown, Blumenthal, Brzezinski, Christopher). Von republikanischer Seite gehören ihr an prominenten Politikern u. a. Vizepräsident Bush und Henry Kissinger an, und man kann davon ausgehen, daß auch die Reagan-Administration dem Trilateralismus gebührenden Stellenwert einräumen wird.[14]

---

13 Vgl. Kommuniqué über die Gespräche zwischen Reagan und Suzuki vom 8. 5. 1981 (Archiv der Gegenwart 1981, S. 24583).
14 S. Interview von Richard Allen mit der Pacific Edition von Newsweek vom 17. 11. 1980, in dem er sich dafür ausspricht, Japan an Gipfeltreffen à la Guadeloupe zu beteiligen. – Der Vierergipfel von Guadeloupe (5. bis 7. Januar 1979: USA, Deutschland, Frankreich, Großbritannien), formell eine amerikanische Initiative, führte, obwohl er

III. *Die Einstellung der drei Regionen zum Trialog*

Japan selbst hat sich einer stärkeren trilateralen politischen Kooperation gegenüber schon frühzeitig betont positiv eingestellt. Es muß ein Interesse daran haben, die beschriebene Isolierung zu mildern (um etwa, um nur zwei Beispiele zu nennen, an einer westlichen Politik für die Golfregion, aus der 80 % seiner Ölimporte kommen, oder post Afghanistan angemessen mitwirken zu können). Dabei spielt die gewachsene Bedeutung Europas sowie die nunmehrige Parität im Verhältnis der beiden Supermächte, der damit zusammenhängende relative Machtverlust der USA und auch die gesteigerte japanische Perzeption der Bedrohung durch die Sowjetunion, die nach dem Abschluß des japanisch-chinesischen Vertrages von 1978 zunahm, sicherlich eine Rolle. Grewe[15] weist darauf hin, daß die anfängliche Sorge, man könne sich durch einen engeren Anschluß an den Westen als Mitglied eines Rich Man's Club der Dritten Welt gegenüber kompromittieren, schnell der Einsicht gewichen ist, daß »Japan dem Image seiner Zugehörigkeit zu den hochentwickelten Industriestaaten ohnehin nicht entgehen kann«.[16] Der erneute Erfolg der LDP bei den Wahlen vom 22. Juni 1980 hat die Tendenz zur Ausgestaltung des Trialogs verstärkt. Ministerpräsident Suzuki am 3. Oktober 1980 in der Regierungserklärung zur Parlamentseröffnung: »Im Bereich der japanischen Außenpolitik ist es m. E. das wichtigste, unsere Solidarität mit den USA, den Ländern der EG und anderen freien Ländern, die unsere politischen und wirtschaftlichen Überzeugungen teilen, auf allen Gebieten zu intensivieren«.

Auch die USA haben den Trilateralismus, zu dessen Konzeptionalisierung sie den entscheidenden Anstoß gaben, ausnahmslos gefördert – von der Kissinger-Initiative von 1973 bis zu dem erfolgreichen Bemühen, die Wirtschaftsgipfel zu siebt mit eigentlichen außenpolitischen Themen anzureichern. Das amerikanische Interesse ist evident: Als Führungsmacht des Westens muß den Vereinigten Staaten angesichts des militärischen Machtzuwachses der Sowjetunion und gerade nach deren Okkupation Afghanistans verstärkt daran gelegen sein, unter ihrer Beteiligung die politische Zusammenarbeit aller ihrer Verbündeten zu optimieren. Sie nehmen dabei

---

vorwiegend der Erörterung sicherheitspolitischer Fragen diente, zu erheblichen Irritationen in Tokyo und hat z. B. die Beteiligung Japans an der auf dem Treffen vereinbarten wirtschaftlichen Hilfsaktion für die Türkei nicht erleichtert.
15 AaO., S. 259 f.
16 Zur Kritik des Trilateralismus aus der Sicht der Dritten Welt s. *Aldo Ferrer*, Reflexiones sobre la Comisión Trilateral, in: Comercio Exterior (Mexiko) 30 (1980), S. 249–250.

in Kauf, daß, wie erwähnt, in verschiedenen wichtigen Bereichen die Interessen der Japaner und Westeuropäer häufig näher beieinanderliegen als zwischen beiden und den USA.

Die Interessenlage der Europäer stellt sich ebenfalls positiv dar. Sie weist indessen für einzelne Länder gewisse Nuancierungen auf. Grundsätzlich hat auch Europa in einer mehr multipolar bestimmten und über geographische Entfernungen hinaus zunehmend interdependenten Welt ein Interesse daran, ein Land von der Bedeutung Japans vermehrt in eine vertiefte außenpolitische und gegebenenfalls arbeitsteilig orientierte Kooperation einzubeziehen, in die es seine Erfahrungen etwa hinsichtlich Chinas, der südostasiatischen Länder und allgemein des pazifischen Raums sowie seine Ressourcen einbringen kann. Dies um so mehr, als die von allen japanischen Regierungen nach 1945 verfolgte prowestliche Politik durch die Oppositionsparteien seit jeher mehr oder weniger entschieden angefochten wird.

In der gemeinsamen deutsch-japanischen Presseerklärung aus Anlaß des Besuchs von Bundeskanzler Schmidt in Japan vom 13. Oktober 1978 wurde »es übereinstimmend für sehr wünschenswert (gehalten), die trilaterale Zusammenarbeit zwischen Europa, Japan und den Vereinigten Staaten weiter zu intensivieren«. Außenminister Genscher bezeichnete es nach dem Siebenergipfel in Venedig als »bedeutungsvoll, daß Japan ... immer stärker das Gespräch mit den anderen Staaten des Westens sucht«.

Die sich immer noch weiter öffnende Handelsschere zwischen der EG und Japan braucht dem nicht im Wege zu stehen, sie mag aus europäischer Sicht den Nutzen eines umfassenden Trialogs sogar unterstreichen. Außenminister Genscher hierzu in einem Interview mit verschiedenen deutschen Zeitungen und Rundfunkanstalten am 18. Februar 1981: »Ich denke, daß Japan für uns eine Herausforderung darstellt, wirtschaftlich in jeder Beziehung. Der wollen und müssen wir uns stellen. Aber daraus ergibt sich ja kein Problem für unsere politische Zusammenarbeit mit diesem außerordentlich wichtigen Land.«[17] Die Bereitschaft hierzu wäre ein weiterer Beweis dafür, daß die Kritik am angeblichen »Provinzialismus« der europäischen Außenpolitik unzutreffend ist. Sie würde allerdings durch ein angemessenes Entgegenkommen Japans im handelspolitischen Bereich, das bei den Verhandlungen der EG-Kommission im Mai/Juni 1981 wieder nicht erzielt werden konnte, gefördert.

---

17 In diesem Sinne auch Botschafter *Günther Diehl* in der Frankfurter Allgemeinen Zeitung vom 26. 2. 1981.

Die Sorge, daß die europäisch-japanischen Beziehungen von den USA, mit Japan im bilateralen Sicherheitsvertrag von 1951/1960 verbunden, aufgrund ihres Übergewichts in einer Dreieckskonstruktion »mediatisiert« würden,[18] wie sie zu Beginn der siebziger Jahre noch präsent gewesen seien und der zurückhaltenden Reaktion der EG-Länder gegenüber auch dem trilateralen Aspekt der Kissinger-Initiative von 1973 zugrundegelegen haben mag, dürfte heute angesichts der zwischenzeitlich im Dreieck erfolgten Gewichtsverlagerungen und der erwähnten auf wesentlichen Gebieten nunmehr gegebenen europäisch-japanischen Interessenparallelitäten weniger ausgeprägt sein. Die Weltwirtschaftsgipfel zu siebt, deren erster ja von Frankreich einberufen wurde und bei denen die europäische Region mit vier Ländern prominent vertreten ist, haben solche Sorgen wohl kaum bestätigt.

Die BR Deutschland, die bei der Entwicklung ihrer Außenpolitik zum Teil mit ähnlichen Problemen wie Japan konfrontiert war und zu der Japan bilaterale Beziehungen von einer Breite und Tiefe wie mit keinem anderen EG-Land unterhält,[19] welche auch regelmäßig Konsultationen auf allen Ebenen einschließen, hat aus einer unterschiedlichen Erwägung zeitweise gegenüber dem Ausbau der Gipfel gezögert. Sie stellt – anders als Frankreich und auch Großbritannien, die aus historischen und sonstigen Gründen (z. B. ständige Mitgliedschaft im VN-Sicherheitsrat, nuklearer Status) insoweit unbefangener sind – die daraus möglicherweise erwachsenden Probleme für die europäische Einigung und die Vorbehalte der kleineren Gemeinschaftsländer (»Aushöhlung der EPZ«) bewußter in Rechnung.

IV. *Die Initiative Kissingers von 1973*

In der offiziellen Politik war es Kissinger, der 1973 die Initiative ergriff, Japan stärker in ein trilaterales System mit Nordamerika und Westeuropa einzubeziehen. Er tat es mit seinem Versuch, das amerikanisch-europäische Verhältnis im Rahmen einer »Atlantischen Charta« neu zu bestimmen, an der auch Japan beteiligt sein sollte: »In vielen Bereichen müssen atlantische Lösungen, um lebensfähig zu sein, Japan mit umfassen« (Rede vom 23. April 1973). Die Initiative blieb bekanntlich, obwohl sie von Tokyo positiv

---

18 *Grewe* aaO., S. 260 f.
19 S. *Wilhelm Grewe,* Japan und Deutschland – gestern, heute und morgen, und *Wolfgang Wagner,* Das Rollenverständnis Japans und der Bundesrepublik Deutschland in den siebziger Jahren, beide in: Zwei zaghafte Riesen?, Stuttgart 1977, S. 621–646 bzw. S. 412–422.

aufgenommen wurde, mit dem Scheitern der Neuordnung der atlantischen Beziehungen im »Jahr Europas« stecken, in dem Jom-Kippur-Krieg und beginnende Ölkrise zudem schwerwiegende Interessendivergenzen zwischen den USA einerseits und den EG-Ländern und Japan andererseits deutlich werden ließen.

Die Kopenhagener Erklärung der Neun vom 14. Dezember 1973 über die Europäische Identität beschränkte sich dann darauf, in Absatz 15 die Entschlossenheit zu bekunden, »mit den übrigen Industrieländern, wie Japan und Kanada, deren Rolle für die Erhaltung einer offenen und ausgewogenen Weltwirtschaftsordnung wesentlich ist, Beziehungen enger Zusammenarbeit zu unterhalten und einen konstruktiven Dialog zu führen. Sie begrüßen die fruchtbare Zusammenarbeit mit diesen Ländern vor allem in der OECD«.

V. *Der wirtschaftliche Trialog der Siebenergipfel*

Das Scheitern der Kissinger-Initiative hat die Entwicklung zu einer intensiveren Mitwirkung Japans am politischen Konsultations- und Entscheidungsprozeß des Westens indessen nicht aufgehalten. Die Einrichtung der Weltwirtschaftsgipfel, die mit der Konferenz von Rambouillet im November 1975 begannen (Erklärung: Europa-Archiv 30 (1975), S. D. 667 f.) und seither jährlich stattfinden,[20] stellen dabei eine entscheidende Etappe dar. Die Tatsache, daß die Staats- und Regierungschefs sowie – neben den Finanz- und (seit 1978) Wirtschaftsministern – von vornherein bezeichnenderweise auch die Außenminister der zunächst sechs, ab 1976 mit Kanada sieben wichtigsten demokratischen Industrieländer zu engen Konsultationen einmal jährlich zusammentreffen, bedeutet ein Politikum ersten Ranges. Sie unterstreicht sinnfällig das Zusammengehörigkeitsgefühl einer Staatengruppe, die sich durch gemeinsame politische Wertvorstellungen verbunden fühlt und dies auch nach außen demonstriert.

Die Gipfel, an denen seit 1977 regelmäßig auch der EG-Kommissionspräsi-

---

20 Puerto Rico Juni 1976 (Europa-Archiv 1976, S. D. 425 ff.), London Mai 1977 (Europa-Archiv 1977, S. D 315 ff.), Bonn Juli 1978 (Europa-Archiv 1978, S. D 462 ff.), Tokyo Juni 1979 (Europa-Archiv 1979, S. D 354 ff.), Venedig Juni 1980 (Europa-Archiv 1980, S. D 391 ff.). – Zusammenfassende Darstellungen aus jüngerer Zeit vor allem: *William C. Turner, Charles Robinson* und *Harald B. Malmgren*, Summit Meetings and Collective Leadership in the 1980's (Policy Paper des Atlantic Council of the United States), Washington 1980 und – für die wirtschaftspolitischen Aspekte – *Elke Thiel*, Wirtschaftsgipfel von Rambouillet bis Venedig, in: Außenpolitik 32 (1981), S. 3–14.

dent teilnimmt, haben – mit wechselnden Prioritäten, wie sie sich jeweils aus der internationalen Lage ergaben – die weltweite Konjunktur-, Währungs- und Handelspolitik, die Nord-Süd-Problematik sowie die Energie- und Rohstoffpolitik in allen ihren Aspekten vertieft behandelt. Ost-West-Fragen blieben in diesem Rahmen nicht ausgespart, so etwa Orientierungen zur Kredit- und Verschuldungsproblematik im Osthandel (Puerto Rico, auch Venedig) oder die Aufforderung an die Comecon-Länder, ihren Teil zur Entwicklungshilfe beizutragen (regelmäßig seit London).

Die Gipfel haben die Einsicht in die gegenseitige Abhängigkeit, die Interdependenz der zu lösenden Probleme und die Notwendigkeit abgestimmter Politiken vertieft. Darüber hinaus gelang es häufig – wenn auch nicht immer voll –, gemeinsame grundsätzliche Orientierungen mit zum Teil operativer Bedeutung und von allen Teilnehmern getragene Positionen zu erarbeiten, z. B. im Energiebereich und zur Inflationsbekämpfung, für die Tokyo-Runde, die Verhandlungen über den Common Fund oder den Globaldialog sowie hinsichtlich IWF, IDA und Weltbank. In Rambouillet vermochte man sich in der Form eines Modus vivendi auf den Text des neuen Wechselkurs-Artikels des IWF-Abkommens zu einigen. In Bonn konnten die USA und Kanada zu weitgehenden Liefergarantien für Kernbrennstoffe bestimmt werden. In Tokyo wurde, um nur einen weiteren Punkt von operativer Relevanz zu nennen, die Einsetzung einer Technologiegruppe mit dem Ziel der verstärkten Zusammenarbeit zur Förderung neuer Energietechnologien beschlossen.

Während sich etwa Appelle zur Eindämmung der Arbeitslosigkeit und erst recht an Dritte gerichtete Mahnungen (z. B. Mithilfe der ölexportierenden Staaten am Recycling zugunsten der Entwicklungsländer) ohne größere Schwierigkeiten als konsensfähig erwiesen, waren in anderen Fragen zur Erzielung konkreter Ergebnisse seitens aller Teilnehmer Kompromißbereitschaft und Konzessionen erforderlich. Mehrfach wurden bezifferte Verpflichtungen eingegangen, etwa in London und Bonn zur Wiederbelebung des internationalen Wachstums oder in Bonn und Tokyo hinsichtlich der Energieeinspar- und Öleinfuhrziele. Wenn dies auch oft nur in Form von Bemühensklauseln möglich war, so können Gipfelbeschlüsse den Teilnehmern doch deren innenpolitische Durchsetzbarkeit erleichtern. Beispielhaft erwähnt seien die mehrfachen Orientierungen hinsichtlich des gesteigerten Einsatzes von Kohle und des Ausbaus der friedlichen Nutzung der Kernenergie, die an die amerikanische Adresse gerichteten Aufforderungen zur Anhebung des internen Ölpreises auf Weltmarktniveau (Bonn) und zur Vermeidung von preistreibenden Ölimportsubventionen (Tokyo) oder die in Bonn – immerhin – gegebene Zusage Japans zur weiteren Marktöffnung

sowie zur Stimulierung der Binnennachfrage und Verdoppelung der öffentlichen Entwicklungshilfe innerhalb von drei Jahren.
In Bonn, Tokyo und Venedig wurden die »Besonderen Beauftragten« (s. u.) bzw. eine Gruppe hochrangiger Vertreter der sieben Länder und der EG-Kommission angewiesen, erzielte Fortschritte allgemein bzw. im Energiebereich zu überprüfen, was die angestrebte Operationalität und Kontinuierlichkeit des Gipfelmechanismus beleuchtet.
Alle diese – etwas willkürlich gewählten – Beispiele machen nicht nur das weite Spektrum der auf den Gipfeln behandelten Wirtschaftsfragen deutlich. Sie zeigen auch, daß trotz aller Schwierigkeiten und Unvollkommenheiten immer wieder durchaus konkrete Ergebnisse erzielt werden konnten, die für die Politik der demokratischen Industrieländer richtungsweisend waren. Ohne Japan, das anfänglich zwar eher geringes Profil zeigte, das indessen seit London zunehmend konstruktiv mitwirkte, wäre dies im gleichen Ausmaß nicht möglich gewesen.

VI. *Die neue außenpolitische Dimension*

Die Siebenergipfel hatten bis 1979 im wesentlichen der Erörterung weltwirtschaftlicher Themen gedient, wobei diese natürlich in mehrfacher Hinsicht politische und eigentliche außenpolitische Aspekte aufwiesen – und in der Zukunft zweifellos verstärkt aufweisen werden. Bereits auf der Bonner Konferenz war dieses Prinzip insofern durchbrochen worden, als die Staats- und Regierungschefs die »Erklärung zu Flugzeugentführungen« verabschiedeten, mit welcher konkrete Maßnahmen zu deren intensivierter Bekämpfung angekündigt wurden. Im nächsten Jahr kam es in Tokyo dann zur »Erklärung zu den Indochina-Flüchtlingen«, in der Vietnam, Laos und Kambodscha aufgefordert wurden, die ungeregelte Flüchtlingsbewegung zu beenden, man vermehrte Hilfe für die Flüchtlinge in Aussicht stellte und den VN-Generalsekretär zur Einberufung einer entsprechenden Konferenz aufforderte.
Hatten außenpolitische Themen in Bonn und Tokyo noch eine akzidentelle Rolle gespielt, so traten sie 1980 in Venedig gleichwertiger neben die Erörterung der – mit ihnen teilweise eng zusammenhängenden – Wirtschaftsprobleme. Die sowjetische Okkupation Afghanistans stellte das auslösende Moment hierfür dar. Die Bedeutung des Gipfels von Venedig wurde dadurch unterstrichen, daß er zum ersten Mal die Gelegenheit zu einer eintägigen – gesonderten – multilateralen Erörterung des Afghanistankomplexes und der Iranfrage in ihren vielfältigen Aspekten unter Beteiligung des ame-

rikanischen Präsidenten bot. In der »Erklärung zu politischen Themen«, die von der »Erklärung« zu ökonomischen Fragen getrennt ist, werden – nach zwei einleitenden Sätzen, welche die Brücke zum wirtschaftlichen Teil der Konferenz schlagen – vor allem die militärische Besetzung Afghanistans nachdrücklich verurteilt, der vollständige und dauerhafte Rückzug der sowjetischen Truppen gefordert und die Initiativen zur Herbeiführung einer politischen Lösung z. B. seitens der Islamischen Konferenz unterstützt. In dem Dokument »bekräftigen« u. a. die »vertretenen Regierungen, die sich gegen eine Teilnahme an den Olympischen Spielen ausgesprochen haben, ihre Haltung mit Nachdruck«.

Die Konferenz verabschiedete drei weitere politische Dokumente, nämlich zur Frage der Geiselnahme diplomatischen Personals, die auf die Ereignisse im Iran abstellt, sowie zur Luftsicherheit und zur Flüchtlingsfrage, mit der die in Bonn und Tokyo bereits behandelten Themen – das letztere in erweiterter Form – wieder aufgenommen wurden.

Die trilaterale Zusammenarbeit hat damit eine eigentliche außenpolitische Dimension gewonnen. Zum ersten Mal ist Japan voll in multilaterale außenpolitische Konsultationen und Entscheidungen aller großen demokratischen Industrieländer einbezogen worden. Daß es dabei in Venedig wegen des plötzlichen Todes von Ministerpräsident Ohira nur durch den Außenminister vertreten war, tut dem keinen Abbruch. Ein wesentlicher Schritt zur Schließung des »kooperativen Dreiecks« war getan. Es geschah dies in einer weltpolitisch sehr schwierigen Lage und zu einem besonders wichtigen Zeitpunkt.

Wenn in Venedig evidenterweise vor allem beim Thema Mittlerer Osten auch sicherheitspolitische Aspekte eine Rolle gespielt haben, so sind dort militärisch-strategische Fragen im einzelnen nicht erörtert worden. Diese Komponente des Trilateralismus, die nach Afghanistan wieder vermehrt ins Blickfeld rückte,[21] soll hier nicht vertieft werden. Sie hat bekanntlich auch mit den verfassungsmäßigen Beschränkungen zu tun, die dem militärischen Beitrag Japans zur Sicherheit des Westens gesetzt sind. Es mag der Hin-

---

21 S. U. *Alexis Johnson* und *George R. Packard,* The Common Security Interests of Japan, the United States and NATO (Policy Paper des Atlantic Council of the United States, erarbeitet zusammen mit dem Tokyoter Institut für Frieden und Sicherheit), Washington 1980 und *Helmut C. Sonnenfeld,* Implications of the Soviet Invasion of Afghanistan for East-West Relations, in: NATO Review 28 (1980), S. 1–5. – Vgl. auch *Robert Guillain* aaO., *Joachim Glaubitz,* Die sicherheits- und verteidigungspolitische Diskussion in Japan, in: Europa-Archiv 36 (1981), S. 239–246, *Kenneth L. Adelman,* Japan's Security Dilemma, An American View, in: Survival XXIII (1981), S. 72–79 und Strategic Survey 1980–1981 des International Institute for Strategic Studies, London 1981, S. 104 f. sowie das japanische Weißbuch zur Landesverteidigung und das Blaubuch des Außenministeriums 1980.

weis genügen, daß die kontinuierliche Aufrüstung der Sowjetunion nicht zuletzt bei den Mittelstreckenraketen (die gleichzeitig Westeuropa und Japan zu erreichen vermögen und die – wie auch der »Backfire«-Bomber – teilweise entsprechend disloziert sind) sowie bei der Verstärkung der Pazifikflotte und der Militärpräsenz auf den okkupierten Inseln Etorufu, Kunashiri und (seit 1979) Shikotan das japanische Bedrohungsgefühl erhöht hat. Sie führte – neben der (im Verhältnis zum Gesamthaushalt überdurchschnittlichen, wenn auch besonders von den USA als deutlich ungenügend empfundenen) Aufstockung des Budgets für die »Selbstverteidigungskräfte« – zu einem vermehrten Interesse Tokyos an der LRTNF-Problematik sowie an rüstungswirtschaftlichen und eigentlichen außenpolitischen Fragen der Allianz. Die Besuche der Verteidigungsminister Kanemaru und Omura beim NATO-Hauptquartier in Brüssel im Juni 1978 bzw. Juli 1981 sowie die – erstmalige – Teilnahme prominenter japanischer Parlamentarier am Brüssler Jahrestreffen der Nordatlantischen Versammlung im Dezember 1980 machen dies deutlich. Andererseits vermeidet es Japan bewußt, den Anschein einer tendenziell institutionalisierten Kooperation mit der Allianz zu erwecken.

VII. *Der unmittelbare Dialog zwischen Japan und den EG-Ländern*

Eine weitere Möglichkeit, Japan stärker am außenpolitischen Konsultations- und Entscheidungsprozeß des Westens zu beteiligen, stellt der systematische – »biregionale« – Kontakt zur Gesamtheit der Gemeinschaftsländer dar, mit denen, wie auf S. 82 f. dargelegt, nicht zuletzt hinsichtlich der Nah- und Mittelostpolitik sowie im Ost-West-Verhältnis ausgeprägte Interessenidentitäten bestehen. Eine solche Verbindung, die man bereits 1973 erwogen hatte, wurde von Japan nach den Ereignissen in Iran und Afghanistan erneut zur Diskussion gestellt.
Seit jeher sind die gemeinsamen Kontakte der Botschafter der EG-Mitglieder in Tokyo zum Gaimusho aufgrund der »Gemeinsamen EPZ-Weisung«, die dort auch regelmäßig Treffen mit dem Außenminister einschließen, intensiver als in allen anderen Hauptstädten von Drittländern. Doch ergaben sich – ähnlich wie beim Trialog – erst 1980 im eigentlichen außenpolitischen Bereich Ansätze für die biregionale Schließung des »kooperativen Dreiecks«, das – im Gegensatz zu seinen anderen zwei Seiten – bis dahin insofern ebenfalls weitgehend offengeblieben war.
Es ist bezeichnend, daß Japan in der Iranfrage von sich aus eine unmittelbare Verbindung zu den Neun herstellte. Es folgte den einschlägigen Be-

schlüssen der EG-Außenminister in Lissabon vom 10. April 1980 zum Geiselproblem und beteiligte sich zwei Tage darauf an der gemeinsamen Demarche in Teheran (wie es dies auch mehrfach später tat). Am 21. April 1980 konsultierte Außenminister Okita, Gründungsmitglied der Trilateral Commission, mit seinen EG-Kollegen in Luxemburg am Rande eines EPZ-Treffens über die Iran-Maßnahmen, was zu einer gemeinsamen Haltung führte: Japan übernahm die Entscheidungen der Gemeinschaftsländer und orientierte sich im Mai weitgehend an deren in Neapel beschlossenen Wirtschaftssanktionen.

Nach dem Europäischen Rat in Venedig brachte Okita am 14. Juni 1980 die japanische Unterstützung der Entschließungen der Neun zur Nahostfrage, zum Libanon und zu Afghanistan zum Ausdruck. Erwähnt sei hier auch der Besuch des luxemburgischen Außenministers und des designierten EG-Kommissionspräsidenten Thorn in Japan (9. bis 12. Oktober 1980), der u. a. Gelegenheit zur Erörterung der beiden vorher von Thorn als EG-Ratsvorsitzendem unternommenen Nahostreisen bot. Die Erklärung von Außenminister Ito zur Lage in Polen vom 6. Dezember 1980 entsprach ebenfalls weitgehend den einschlägigen Passagen der »Schlußfolgerungen des Vorsitzes« des Europäischen Rats vier Tage zuvor. Auch die vom 10. bis 19. Juni 1981 unternommene Reise Suzukis durch sechs europäische Länder, wobei auch der EG-Kommission ein Besuch abgestattet wurde, machen die wachsenden japanisch-europäischen Kontakte deutlich.

Der nunmehr in Gang gesetzte multilaterale europäisch-japanische Dialog stellt eine bedeutsame Ergänzung des Trialogs dar. Seine sinnvolle Handhabung wird der Ausgewogenheit innerhalb des Dreiecks zugutekommen.

VIII. *Ausblick*

Bedeutet Venedig einen endgültigen Durchbruch? Welches sind die Zukunftsperspektiven des Trialogs und des europäisch-japanischen Dialogs im außenpolitischen Bereich? An anderer Stelle (S. 88 ff.) ist der Versuch gemacht worden, insoweit die Interessen der drei Regionen bzw. Länder zu analysieren. Sie stellen sich – nach Afghanistan mehr denn je – positiv dar.

Die Folgerung wäre, den begonnenen Weg fortzusetzen, d. h. vor allem auf den Siebenergipfeln – ohne die Beeinträchtigung der Arbeit bestehender Institutionen – auch weiterhin von Fall zu Fall eigentliche außenpolitische Fragen zu behandeln. Für die nächste Gipfelkonferenz in Ottawa (20./21. Juli 1981) zeichnet sich dies – z. B. im Rahmen des Nord-Süd-Berichts und der Erörterung des Ost-West-Verhältnisses – bereits ab. Auf den Gipfeln könnten über ein bloßes »Crisis Management« hinaus u. U. auch (nichtmilitärische) Sicherheitsprobleme außerhalb des NATO-Bereichs und allgemein, im Sinne einer angemessenen Arbeits- und Lastenteilung innerhalb des »Westens«, vermehrt längerfristige Perspektiven in die Thematik einbezogen werden.[22] Es sollte dies am besten in pragmatischer, möglichst unbürokratischer Weise geschehen. Zum gegenwärtigen Zeitpunkt wäre es sicherlich verfrüht, das »kooperative Dreieck« etwa juristisch oder in sonstiger Weise in anspruchsvollen Texten zementieren zu wollen. Zunächst gilt es, eine Konsolidierungsphase einzulegen und die gewonnenen Erfahrungen auszuwerten.

Die zweitägigen Gipfelkonferenzen werden für die wirtschaftlichen Themen von den »Persönlichen Beauftragten« der Staats- und Regierungschefs, federführend teilweise durch hochrangige Vertreter von deren Kanzleien, vorbereitet. Die Vorbereitung der außenpolitischen Themen erfolgte dagegen durch hohe Beamte der Außenministerien, was beizubehalten wäre. Die Persönlichen Beauftragten (»Sherpas«) beginnen ihre Arbeit mehrere Monate im voraus und treffen in der Hauptstadt des ausrichtenden Landes oder an anderen Orten wiederholt zusammen. Sie können während eines Gipfels angewiesen werden, für das kommende Jahr auf bestimmten Gebieten Vorarbeiten zu leisten, z. B. die »gesamte Entwicklungspolitik ... zu prüfen und die Ergebnisse zum nächsten Gipfel vorzulegen« (Venedig). In Bonn wurden sie allgemein beauftragt, innerhalb eines festgelegten Zeitraums »den bei der Durchführung der (auf diesem Gipfel vereinbarten) Maßnahmen erzielten Fortschritt zu prüfen«.

Hiervon ausgehend, aber über die Tagesordnung der Gipfel auch hinausgehend, beginnt sich die trilaterale Kooperation seit Venedig pragmatisch weiterzuentwickeln, wobei die Außenministerien tendenziell allgemein federführend werden und an bestimmten Plätzen u. U. die Botschafter eingeschaltet sind. In diesen Zusammenhang gehört etwa die amerikanische In-

---

22 In diesem Sinne auch *Karl Kaiser, Winston Lord, Thierry de Montbrial, David Watt,* Die Sicherheit des Westens: Neue Dimensionen und Aufgaben, Bonn 1981, S. 48 f., 30 und 52. Außenminister Genscher hat sich in einer Presseerklärung dazu grundsätzlich zustimmend geäußert: »Mit den jährlichen Weltwirtschaftsgipfeln haben sich die demokratischen Industrieländer ein weiteres wichtiges Instrument der Konsultation und Koordination geschaffen, dem auch die Studie von vier Forschungsinstitute eine wichtige Funktion zuweist. Sein besonderes Gewicht erhält dieses Gremium durch die Einbeziehung Japans und der Europäischen Gemeinschaft« (Bulletin des Presse- und Informationsamts der Bundesregierung vom 10. 3. 1981). Die Studie spricht sich des weiteren (S. 49 ff.) für Konsultationen im Rahmen kleiner Gruppen von »Schlüsselstaaten« aus, wobei einer »Kerngruppe«, bestehend aus den USA, Frankreich, Großbritannien, BR Deutschland und Japan das Wort geredet wird.

itiative vom 25. September 1980 für ein Sechsertreffen hoher Beamter der USA, Frankreichs, Großbritanniens, Deutschlands, Italiens und Japans zu Konsultationen über die Sicherung der Ölversorgung angesichts des iranisch-irakischen Kriegs, dem auch Japan grundsätzlich zugestimmt hatte, das dann jedoch wegen der Entspannung der Lage im Golf in dieser Form entfallen konnte.

Das deutsche Interesse gebietet, bei dieser Entwicklung unsere europapolitischen Vorstellungen und die Anliegen der kleineren EG-Partner sorgfältig zu berücksichtigen. Das muß vor allem gegebenenfalls durch die weitere angemessene Einschaltung der EG-Kommission und -Präsidentschaft, wofür sich Deutschland stets mit Nachdruck eingesetzt hat, geschehen. – Ebenso könnte die fallweise Beteiligung des Sekretariats und bestimmter Arbeitsgruppen der OECD, die schon bisher gelegentlich an der Vorbereitung der Wirtschaftsgipfel mitgewirkt haben, verstärkt vorgesehen werden, was im übrigen der Verbindung auch zu den nicht zur EG gehörenden westeuropäischen Ländern sowie zu Australien und Neuseeland zugute käme.

Auch der europäisch-japanische außenpolitische Dialog sollte ausgestaltet werden. Es könnte dies in einer systematischeren Einbeziehung Japans in die EPZ auf dem Wege der »Gymnich-Formel« in der Form von verstärkten regelmäßigen Kontakten mit der Präsidentschaft in Fragen gemeinsamen Interesses geschehen. Auch hier verspricht ein flexibler, pragmatischer Ansatz zunächst gewiß mehr Erfolg als perfektionistische Formalisierungen.

Fernsehen und Außenpolitik

*Karl-Günther von Hase**

I.

Professor Wilhelm Grewe gehörte zu jenen Beamten des Auswärtigen Dienstes, denen – neben aller anderen Qualifikation – das Wort in besonderer Weise zur Verfügung stand. Er hatte ein Gespür dafür, schwierige völkerrechtliche oder politische Zusammenhänge so zu formulieren, daß sie auch von einem großen Publikum verstanden wurden. Als Leiter des Pressereferates des Auswärtigen Amtes habe ich mir bei der Abfassung von offiziellen und offiziösen Verlautbarungen in den 50er Jahren oft Rat und Hilfe bei ihm geholt. Dabei konnten wir feststellen, daß er die Bedeutung der Partnerschaft der Presse als Medium zur Erläuterung der Außenpolitik hoch einschätzte und stets bemüht war, Verständnis und Unterstützung für die von ihm maßgeblich mitgestaltete Außen- und Deutschlandpolitik zu gewinnen.

Was das Fernsehen anbetrifft, so hat Professor Grewe die Entwicklung der ersten Jahre der ARD noch hier in der Bundesrepublik miterlebt. Auf seinem ersten Auslandsposten in Washington sowie später als NATO-Botschafter in Paris und Brüssel und schließlich als Botschafter in Tokio hat er technisch hochentwickelte Fernsehländer kennengelernt. Gleichzeitig konnte er sehr verschiedene: nämlich öffentlich-rechtliche, staatlich stark beeinflußte, unabhängige, private und halbprivate, Organisationsformen des Fernsehens studieren. Er hat dieses Medium immer in Betracht gezogen, wo es ihm für die deutsche Sache wichtig erschien.

Die Außenpolitik spielt heute in jenen Ländern, die über das Medium Fernsehen verfügen, im Programm eine unterschiedliche Rolle. Die Bundesrepublik Deutschland besitzt mit den ständigen Korrespondentennetzen von ARD und ZDF in der ganzen Welt ein hochqualifiziertes journalistisches System, welches jederzeit in der Lage ist, aktuelle Situationsberichte, Dokumentationen und Features zu produzieren. Das entspricht der Notwendigkeit, die Resonanz auf unsere Politik und unseren demokratischen Wiederaufbau in anderen Ländern zu beobachten und gleichzeitig der deutschen Bevölkerung die Wirklichkeit in der immer enger und immer komplexer werdenden Welt vorzustellen.

---

* Botschafter a. D., Staatssekretär a. D., Intendant des Zweiten Deutschen Fernsehens, Mainz.

Ohne Zweifel hat das Fernsehen den Informationsstand und die unmittelbare Anschauung der deutschen Bevölkerung sowohl über unsere Nachbarn als auch über ferne Länder, Völker und politische Systeme verbessert. Eine besondere Aufgabe hat das Medium in bezug auf die Europapolitik. Hier muß es gelingen, ein geistig-kulturelles, politisches und wirtschaftliches Zusammengehörigkeitsgefühl zu fördern, das die Politiker ermutigt, auf diesem Sektor ihre Energien zielbewußt und verantwortungsvoll einzusetzen.

Die Sprachbarriere, die Europa noch immer so zu schaffen macht, wird durch die Einführung des Mehrkanaltons im Fernsehen hoffentlich etwas abgebaut werden. Diese neue Technik wird es beispielsweise erlauben, Sitzungen des Europäischen Parlaments, Interviews, Forumsgespräche oder ähnliche Veranstaltungen in der Originalsprache und gleichzeitig – je nach der Wahl des Zuschauers – auch in der Übersetzung anzubieten.

Natürlich wird der Einfluß des Fernsehens von vielen Regierungen, insbesondere im Ostblock und in der Dritten Welt, je nach ihren ideologischen und politischen Bedürfnissen auch kritisch gesehen. Nicht selten wird dabei sogar der Versuch gemacht, das Medium ausschließlich in den Dienst des Staates oder der regierenden Partei zu stellen. Diese Kalkulation verweist auf eine exemplarische Qualität des Fernsehens: auf die Fähigkeit, Betroffenheit auszulösen.

II.

Kein anderes Medium ist in der Lage, die Menschen so betroffen zu machen. Filmberichte aus dem italienischen Erdbebengebiet oder den Flüchtlingslagern in Somalia führten zu spontanen Geld- und Sachspenden großen Umfangs. Die optische Dimension des Fernsehens erreicht bei den Zuschauern eine unmittelbare Anteilnahme, die das gesprochene Wort allein in der Regel nicht auslöst. Diese wahrhaft humane Wirkung des Mediums greift über die deutschen Grenzen weit hinaus und begründet eine Weltoffenheit, wie es sie in diesem Ausmaß wohl vor der Einführung des Fernsehens nicht gegeben hat.

Weltoffen heißt aber, über den eigenen Kirchturm hinauszublicken, und sich in den Alltag fremder Menschen hineinzudenken. Darin steckt eine politische Qualität von großer Bedeutung für unsere Zeit. Die von den Fernsehbildern ausgelöste Anteilnahme führt ganz selbstverständlich zu Fragen nach den Ursachen und den Folgen eines katastrophalen Ereignisses; nach Schuld und Verantwortung. Eine politische Debatte entsteht, die – mag sie

auch für die weit entfernten Zuschauer eher theoretischer Natur sein – das Geschehen aus seiner geographischen Zufälligkeit heraushebt.
Kein Zweifel, darin wird ein Stück Interdependenz der Welt von heute erkennbar. Mit den optischen Mitteln des Fernsehens erfaßbar gemacht, erhält diese Welt eine moralische Dimension. Doch man muß sich fragen, ob und wie die Verantwortlichen für Not und Elend darauf reagieren. Ein Sturm der Entrüstung schlug der Regierung Vietnams entgegen, als Tausende von Flüchtlingen aus zerbrechlichen Booten gerettet werden mußten. Das Regime in Hanoi jedoch ließ sich seine unmenschliche Härte nicht von der Weltöffentlichkeit ausreden. Mag sein, daß sich andere Regierungen von weltweiten Reaktionen eher beeinflussen lassen – eine stets eindeutige Verbindungslinie von der sinnlichen Erfahrung des Fernsehzuschauers über die öffentliche Meinung zum Handeln der betroffenen Regierungen läßt sich nicht ziehen.
Die politische Wirkung des Fernsehens als eines Faktors der öffentlichen Meinung ist schwerer meßbar als die moralische. Das gilt für die Außenpolitik ebenso wie für die Innenpolitik. Wie Wilhelm Grewe festgestellt hat, gibt es weltweite Trends der öffentlichen Meinung, die praktisch alle Regierungen einzukalkulieren haben. Zu den Beispielen, die der Autor nennt, gehören die Ablehnung jeder Politik, die die Gefahr eines Atomkrieges heraufbeschwören würde, das Verlangen nach Entspannung und die negative Bewertung der Rassendiskriminierung. Die Schlußfolgerungen, die daraus für den einzelnen außenpolitischen Tatbestand zu ziehen sind, lassen sich jedoch nach Grewe nicht generell vorherbestimmen.[1]
Die Trends entstehen offenbar deutlich anders als in der Innenpolitik. Dort ließe sich noch die Ansicht vertreten, daß Meinungen nicht mehr in politischen Versammlungen und Kundgebungen gebildet werden, sondern in den Wohnzimmern vor den Bildschirmen.[2] In Fragen der Außenpolitik haben es die Zuschauer dagegen schwerer, denn sie können die dargelegten Sachverhalte meist nicht unmittelbar nachprüfen. Der Zugang zu den Problemen öffnet sich ihnen weniger leicht, und demzufolge ist die Zahl der »opinion leaders« auch kleiner als in Fragen der Innenpolitik. Charakteristische Beobachtung: In Fragen der Außenpolitik gestalten kleine, aktive Gruppen die öffentliche Meinung. Deutlich ist die Neigung zu rational schwer widerlegbaren Sympathien und Antipathien. Daher ist die »floating vote« nach den vorliegenden Befragungsergebnissen in der Außenpolitik weit ausgeprägter als in der Innenpolitik.[3]

1 *W. Grewe*, Spiel der Kräfte in der Weltpolitik, Düsseldorf 1970, S. 413.
2 *K. Brepohl*, Wirkungen des FS II, Schriftenreihe des ZDF, S. 22.
3 *P. Noack*, Handbuch der deutschen Außenpolitik, München 1975, S. 197 ff.

III.

Das Bild der öffentlichen Meinung schillert ohne Zweifel. Dennoch ist die Wechselwirkung, die sie mit der Außenpolitik verbindet, nicht zu übersehen. In den meisten Fällen – so schreibt Wilhelm Grewe – sei es unmöglich festzustellen, ob eine aus dem Bereich der Öffentlichkeit herrührende Einflußnahme auf die auswärtige Politik als spontane Äußerung der öffentlichen Meinung zu bewerten, ob sie als Reaktion auf Worte und Taten der Regierung einzustufen oder ob sie eine Folge von deren mehr oder minder verdeckter Einwirkung auf die Kommunikationsmedien der Öffentlichkeit sei. Umgekehrt sei es ebenso schwierig, einer außenpolitischen Aktion anzusehen, ob und in welchem Maße sie die Reaktion der Öffentlichkeit einkalkuliert und berücksichtigt, vielleicht übersehen oder aber bewußt außer acht gelassen habe. Grewe kommt zu dem Schluß, daß die Regierungen zwischen zwei extremen Möglichkeiten im allgemeinen einen mittleren Weg zu gehen suchen.[4]

Seit das Fernsehen auf der Bildfläche erschien, ist die Wechselwirkung zwischen öffentlicher Meinung und Außenpolitik noch intensiver geworden. Beide werden von Menschen gemacht. Die einen, die Journalisten, wollen mit der Kamera auch noch bei den geheimsten Beratungen dabei sein. Die anderen möchten die innenpolitischen Rückwirkungen ihres Auftretens im Fernsehen auf jeden Fall im Griff behalten. Beide Gruppen sind sich darüber klar (oder gehen zumindest von der Annahme aus), daß das Fernsehbild eine tiefergehende Wirkung auf das Publikum habe. Die einen wie die anderen stünden unter Zwängen, denen sie nur schlecht ausweichen könnten, sagte einmal Alt-Bundespräsident Walter Scheel. Der Journalist müsse seine Leser, der Politiker seine Wähler zufriedenstellen.

Diese Überlegung blieb auf die Bonner Spitzenpolitiker nicht ohne Wirkung. War ein Fernsehinterview mit Bundeskanzler Konrad Adenauer noch ein verhältnismäßig seltenes und eher ungewöhnliches Ereignis, so weiß heute der Regierungssprecher vor jeder internationalen Konferenz, daß der Bundeskanzler und der Bundesaußenminister nicht ohne ausführliche Interviews mit deutschen und ausländischen Fernsehkorrespondenten den Tagungsort verlassen können.

Das beiderseitige Interesse an der Interpretation außenpolitischer Vorstellungen ist in solchen Fällen zur Routine geworden. Es ist kaum zu vergleichen mit dem Aufwand, den amerikanische Fernsehstationen treiben, um außenpolitische Aktivitäten ihres Präsidenten ins Bild zu setzen. Auch da-

---

4 *W. Grewe,* aaO., S. 412.

bei ergänzt sich das Interesse der »networks«, die Medienkonkurrenten auszustechen, mit dem Interesse Washingtons, den Bildschirm für die politische Profilierung des Präsidenten zu nutzen.
Niemals wurde die Absicht, das Medium in die politische Pflicht zu nehmen, so deutlich wie bei der Reise Richard Nixons nach China. Der Präsident ließ diese (vor den Wahlen von 1972 unternommene) Reise wie ein Drehbuch abrollen. Fernsehtechniker schafften eine Bodenstation nach Peking und installierten einen Nachrichtensatelliten in der entsprechenden Umlaufbahn. So war eine besonders schnelle Berichterstattung möglich. Nixons Termine in China wurden so festgelegt, daß die Berichte der Reporter zu den günstigsten Sendezeiten in den USA eintrafen. Der amerikanische Publizist David Halberstam schrieb darüber, es sei bestes politisches Theater gewesen, exotisch und brillant, Stunde um Stunde: »It was the ultimate media trip.«[5]

IV.

Die »Fernsehreise« Nixons machte Geschichte für und durch das Medium. Aber es war seit den fünfziger Jahren, als das Fernsehen zum ersten Mal bei Wahlkämpfen in den USA dabei war, nie leicht, die Waage der Wechselwirkung für längere Zeit auf die Seite der Politiker zu bringen. Mit der gleichen Akribie, mit der die großen amerikanischen Gesellschaften die Reisen des Präsidenten Nixon auf die Fernsehschirme brachten, berichteten sie auch über die Watergate-Affäre; die Information wurde zum Urteil.
Für den Vietnam-Krieg gilt das in einem noch umfassenderen Sinne. Auch diese schmerzhafte und bis heute nachwirkende Erfahrung der amerikanischen Nation war mit minutiöser Fernsehberichterstattung verbunden, Jahr um Jahr. Die Fernsehbilder aus Südostasien begründeten zunächst ein steigendes Interesse der Amerikaner am Krieg in Vietnam; sie lösten sogar Enthusiasmus aus. Dann aber schlug das Interesse in Übersättigung um – lange bevor der Krieg vorüber war. Der Grund dafür war einmal darin zu suchen, daß der Krieg auf dem Schlachtfeld nicht zu gewinnen war. Zum zweiten zeigte sich eine fatale Eigentümlichkeit des Mediums. David Halberstam beschreibt sie so: Fernsehen lasse die Ereignisse sehr viel schneller als in der Realität groß und bedeutend erscheinen; habe aber auch eine Tendenz, sie schneller »sterben« zu lassen. Die Wurzeln reichten nicht sehr

---

5 *D. Halberstam,* The Powers That Be, New York 1980, S. 834.

tief; in den USA sei mehr auf elektronischem Sand gebaut als auf festem Erdreich.[6]

Sowohl in den USA wie in Europa machten sich verantwortungsbewußte Fernsehjournalisten schon sehr früh klar, wie sorgsam das Bild-Medium zu handhaben war, wenn es nicht Schaden anrichten sollte. Der Realität des bewegten Bildes kann man sich schwerer entziehen als dem Wort. Bildungsunterschiede, die beim Radiohören eine entscheidende Rolle spielen, verlieren vor dem Fernsehgerät viel von ihrer Bedeutung. So konnte das Fernsehen sich für immer mehr Menschen zum wichtigsten – und einzigen – Informationsmedium entwickeln.

Die Definition der Fernsehinformation, wie sie Alfred Grosser gegeben hat, erhält damit noch mehr Gewicht. Danach heißt »informieren«, den Inhalt der Information, die man verbreitet, aufwerten: »Man verkleinert, was man verschweigt, und man vergrößert, worüber man spricht, selbst wenn man es bekämpft oder anprangert. Wieviel Arme bleiben auf immer arm, weil man nicht über sie spricht ... Aber welch ungeheuren Aufschwung haben umgekehrt die verschiedenen Bewegungen ... bis zu den kleinen Studentengruppen von 1968 erlebt, weil viele Informationen über sie verbreitet wurden.«[7] Zwischen mehreren möglichen Informationen wählen, bedeute – so Grosser –, politischen Einfluß auszuüben. Komme die Information auf den Bildschirm, so verleihe sie eben schon dadurch Prestige; gleichgültig, ob es sich um Personen oder um Gruppen handele, über die »news« verbreitet werden. Das gilt auch für die Außenpolitik. Eine Umfrage nach den wichtigsten Persönlichkeiten des Jahres 1976 ergab, daß eine auffallend große Zahl von Bürgern der Bundesrepublik Deutschland Henry Kissinger und Mao Tse-tung nach dem deutschen Bundeskanzler auf Platz 2 und 3 setzte. Es liegt nahe, dies als Ergebnis einer umfangreichen Berichterstattung über die beiden fremden Staatsmänner zu sehen.

Weniger unverbindlich wird die Auswahl der zu verbreitenden Informationen in Krisenzeiten. Sorgfältige Überlegungen waren anzustellen, als die Streiks in Polen sich dramatisch zuspitzten. Welche Interview-Partner sollten gebeten werden: solche, die anheizende »news« machten oder solche, die sich bewußt zurückhielten? Die Entscheidung für die »Zurückhaltenden« lag im Interesse eines friedlichen Fortgangs der Ereignisse in Polen, und sie erhielt daher Vorrang.

---

6 *D. Halberstam,* aaO., S. 567.
7 *A. Grosser,* In wessen Namen? München 1976, S. 237.

V.

Die Gründungsväter des ZDF, die Ministerpräsidenten der Bundesländer, haben das Problem der Informationsauswahl vor Augen gehabt, als sie in den Staatsvertrag jenen Passus aufnahmen, der von den Fernsehsendungen ein »objektives Bild des Weltgeschehens« fordert. Dieser Anspruch ist hoch. Den Praktikern in den Redaktionen ist damit aber zumindest aufgegeben, so objektiv wie möglich mit ihren Informationen umzugehen. Das wiederum setzt genügend »Rohstoff« für die Informierung der Öffentlichkeit voraus. Nur der vollständig freie Fluß der Information über nationale Grenzen hinweg böte genügend Material, um theoretisch umfassend berichten zu können.

Der freie Informationsfluß jedoch wird immer weiter eingeengt. Von den rund 146 Mitgliedstaaten der UNESCO stehen nach Schätzungen des Internationalen Presseinstituts etwa zwei Drittel den westlichen Ideen von Pressefreiheit feindlich gegenüber. Die Zahl der Länder, in denen es möglich ist, mit eigenem Kamerateam frei zu drehen, ungehindert zu recherchieren, ohne Vor- und Nachzensur des Filmmaterials oder der Manuskripte zu arbeiten und ohne Aufpasser zu reisen, wird ständig kleiner. Die informationsfeindliche Grundeinstellung der Sowjetunion hat sich durch die Schlußakte von Helsinki prinzipiell nicht geändert. Neu ist, daß diese Haltung sich wie ein »schleichendes Gift« über andere Teile der Welt ausgebreitet hat, und zwar wiederum gefördert von der Sowjetunion und anderen osteuropäischen Staaten.

Die Methoden ähneln sich. Sie reichen von der Verweigerung der Drehgenehmigung ohne Angabe von Gründen bis zu undurchdringlichem Schweigen. Lateinamerikanische Regierungen begegnen dem Korrespondenten unerwartet mit verminderter Freundlichkeit. Afrikanische Länder reagieren auf kritische Berichte oft mit äußerster Empfindlichkeit. Es mag taktische Möglichkeiten geben, die Ausbreitung des »Giftes« der Unterdrückung von Information aufzuhalten. Aber die Kräfte, die sich für seine Ausbreitung einsetzen, sind nicht zu entmutigen. Sie diskreditieren jene Politiker der Dritten Welt, die sich mit Recht dafür einsetzen, den Informationskonsumenten in aller Welt mehr Sachverhalte aus dem Blickwinkel der Entwicklungsländer anzubieten.

VI.

So wie die Praxis sich entwickelt hat, hält die wachsende Interdependenz des Weltgeschehens mit den technischen Möglichkeiten, über sie zu informieren, nicht Schritt. Die Fernsehanstalten der Bundesrepublik Deutschland, das ZDF und die ARD, unterhalten, wie schon erwähnt, ein ausgedehntes Korrespondentennetz und strahlen regelmäßig Sendungen aus, die ausschließlich Hintergrundinformationen zu Ereignissen im Ausland bieten. Die deutschen Fernsehzuschauer haben es damit besser als viele andere, und die Einschaltquoten zeigen, daß sie diesen Vorteil auch nutzen. Wahrscheinlich gehören die Bundesbürger zu jenen Menschen, die über das Weltgeschehen am besten informiert sind.

Die Einschränkung, mit der diese Feststellung verbunden werden muß, rührt nicht etwa von Auflagen oder Abhängigkeiten im eigenen Land ab. Sie erwächst vielmehr aus dem Bedürfnis vieler Länder, das Fernsehen als ein geradezu ideales Propaganda-Instrument für die eigenen Interessen zu betrachten und zu nutzen und dadurch wahrheitsgemäße Informationen zu verhindern.

Längst hat sich die Vorhersage Wilhelm Grewes bestätigt: »Wir müssen uns darauf einrichten, daß sich die internationale Politik heute und in aller Zukunft vor einem weltweiten Feld der Meinungsbildung abspielt, in das die verschiedenartigsten Kräfte mit allen modernen technischen Mitteln ständig hineinwirken und aus dem heraus jederzeit unübersehbare Ausbrüche, Reaktionen und Entwicklungsprozesse zu gewärtigen sind, die auf die internationalen Beziehungen zurückwirken.«[8]

VII.

Wer in solchen Strömungen festen Grund unter den Füßen behalten will, der muß öfter noch als bisher offen aussprechen, wie schädlich Reglementierung und Abkapselung auf die Dauer für die Völkergemeinschaft sind; denn gegenseitiges Verstehen können sie nicht fördern, und damit auch nicht den Frieden.

Welche Fortschritte von den sogenannten neuen Technologien – insbesondere vom Kabel- und Satellitenfernsehen sowie vom Videotext – für diesen speziellen Bereich zu erwarten sind, ist noch ungewiß. Es steht aber zu hoffen, daß die neuen Medientechniken – und auch die Miniaturisierung der Aufnahmegeräte – die Möglichkeiten des Fernsehens, bei den Ereignissen in aller Welt unmittelbar »dabeizusein«, in qualitativer wie in quantitativer Hinsicht verbessern helfen. Vielleicht, aber wahrscheinlich ist das zu opti-

---

8 *W. Grewe,* aaO., S. 409.

mistisch, wird sogar manche staatliche Restriktion durch neue Kommunikationskanäle hinweggeschwemmt.

In jedem Fall bedarf es auf seiten der Fernsehjournalisten auch in Zukunft der geduldigen, kontinuierlichen und maßvollen Arbeit, damit die Entwicklung der Beziehungen der Völker untereinander durch dieses Medium positiv und nicht negativ beeinflußt wird. Abgesehen von den fachlichen Voraussetzungen, sind vor allem Einfühlungsvermögen und Objektivität gefordert. Nicht zuletzt aber auch: Verzicht auf das Spektakuläre zugunsten der Normalität.

Wie MBFR begann

*Wilfried Hofmann**

I.

Dieser kurze Beitrag zur Festschrift für Wilhelm Grewe rankt sich um die Begebenheiten eines einzigen, für Geschichte und Technik internationaler Verhandlungen allerdings recht merkwürdigen Tages: des 31. Januar 1973 in Wien. Was hierüber weiter unten in Form eines Tatsachenberichts zu lesen ist, könnte als ein Diplomatenschwank, also eine jener Anekdoten gewertet werden, welche Botschafterbiographien würzen.

Man ginge nicht fehl, in der Wiedergabe einer solchen Humoreske der Verhandlungsgeschichte auch eine Huldigung an die schmunzelnde innere Heiterkeit des Jubilars zu sehen. In erster Linie geht es jedoch um Stoffsammlung auf einem Gebiet, auf dem Wilhelm Grewe sowohl als Autor[1] wie als Praktiker, nämlich als Unterhändler im Dienste der Bundesregierung und des Auswärtigen Amtes, Bemerkenswertes beigetragen hat. Die Ereignisse um den 31. 1. 1973 mögen vor dem Hintergrund von Grewes Theorie und Praxis des Verhandelns, nämlich seiner »Kunst und Technik«[2] gewertet werden.

Ausgangspunkt ist die zweite Hälfte der Periode, in der Wilhelm Grewe die Ständige Vertretung der Bundesrepublik Deutschland bei der Nordatlantikpakt-Organisation als »NATO-Botschafter« leitete. In diesen Jahren wurden in mehrerer Hinsicht Weichen für sicherheits- und bündnispolitische Entwicklungen größter Tragweite gestellt. Neben Verabschiedung der unverändert gültigen Abschreckungs- und Verteidigungstheorie der Flexiblen Antwort (MC 14/3) im Jahre 1967 ist dabei vor allem die Billigung des sog. Harmel-Berichts über »The Future Tasks of the Alliance« am 14. 12. 1967 gemeint. Wie sich zuletzt aus dem Abschlußkommuniqué der NATO-Frühjahrsministerkonferenz in Rom am 5. Mai 1981 ergab, prägt die 1967 vereinbarte »Doppelstrategie« unter Zustimmung der Reagan-Administration

---

* Dr. iur., LL. M., Vortragender Legationsrat I. Klasse, Bonn.
1 Vgl. Grewes Vorwort zu *F. Ch. Iklé*, Strategie und Taktik des diplomatischen Verhandelns, 1965; ferner *Wilhelm G. Grewe,* Spiel der Kräfte in der Weltpolitik, Düsseldorf und Wien, 1970, Kap. 15 sowie Kap. 17–18.
2 *Grewe* aaO., Kap. 17 trägt diese Überschrift.

zu ihrem Grundkonzept weiterhin das Gebaren der Allianz: So viel Verteidigungsvorkehrungen wie nötig; so viel krisenverhütende Ost-West-Kooperation wie angesichts sowjetischen Verhaltens möglich.³
In diesem Zusammenhang begannen damals im Bündnis die Vorarbeiten für diejenigen Initiativen, welche sich inzwischen als SALT-Verträge, Schlußakte von Helsinki und als Wiener Rüstungskontrollverhandlungen konkretisiert haben.
Dabei entstanden neben »SALT« zahlreiche andere Kürzel wie »ESK« (Europäische Sicherheitskonferenz) für das sowjetische Projekt einer gesamteuropäischen Konferenz über Fragen der »militärischen Sicherheit« und wie »MFR« (Mutual Force Reductions). Solche Abkürzungen schlichen sich umgehend in den Schriftverkehr ein; sollte es denn weniger zweckmäßig sein, von ESK und MFR zu sprechen als von »MLF« (Multilateral Force), »AMF« (ACE Mobile Force) oder »NICS« (NATO Integrated Communications System)?
Wilhelm Grewe hatte hierzu eine dezidierte Meinung. Er belehrte uns, seine Mitarbeiter in Paris und Brüssel, daß sich solche Abkürzungen für Verhandlungsprojekte als für das Verhandlungskonzept präjudizierend erweisen können, während eine ähnliche operative Auswirkung von der Abkürzung bündnisinterner Begriffe nicht zu befürchten sei. In der Tat ließ sich die Gefahr nicht leugnen, daß z. B. ein Bericht, der unter dem Betreff »Tagungsort der ESK« statt unter dem Betreff »Tagungsort *einer* KSE« verfaßt wurde, willkürlich oder unwillkürlich suggerierte, daß es jedenfalls zu einer solchen Konferenz kommen werde, daß sie eine europäische (also nicht notwendig auch atlantische) Angelegenheit sei und nur militärische Sicherheitsfragen umfassen solle. Im Gegensatz zu der alternativen und deshalb später noch ausgeweiteten Abkürzung KSZE (Konferenz über Sicherheit und *Zusammenarbeit in* Europa) machte sich derjenige, der den östlichen Begriff »ESK« verwandte, in einer Art Selbstmanipulierung geistig auch das östliche Konzept einer solchen Konferenz zu eigen.
Noch deutlicher sollte die konzeptionelle Präjudizwirkung der Abkürzungen für die 1973 beginnenden Wiener Verhandlungen in Erscheinung treten: »MFR« (nach östlichem Sprachgebrauch) oder »MBFR« (Mutual

---

3 Der Harmel-Bericht wurde gemäß Abschlußkommuniqué der Herbstministerkonferenz der NATO in Brüssel am 13./14. 12. 1967, Paragraph 2, gebilligt und als Anlage dazu veröffentlicht (vgl. NATO – Facts and Figures, 1969, Appendix 14, S. 333. Dort ist auch die »Declaration on Mutual and Balanced Force Reductions« vom 25. 6. 1968 – das »Signal« der Frühjahrsministerkonferenz in Reykjavik vom 24./25. Juni 1968 – als Appendix 15 auf S. 336 zu finden). Zum Kommuniqué von Rom vom 5. 5. 81 vgl. Bulletin der Bundesregierung Nr. 41/S. 354 vom 8. Mai 1981.

and Balanced Force Reductions) nach dem westlichen. Auch in der gegenwärtig laufenden 25. Verhandlungsrunde im achten Verhandlungsjahr sind diese Abkürzungen so programmatisch und daher so gegensätzlich wie sie es am 31. Januar 1973 bereits gewesen waren; geht es doch dabei um nichts weniger als um das Kriterium der Ausgewogenheit von Reduzierungen, also auch um die Frage der Möglichkeit bzw. Notwendigkeit asymmetrischer Verminderungen.

In der Öffentlichkeit ist das Beharren des Westens auf der Abkürzung MBFR wie sein beharrliches Bemühen um prozedurale Modalitäten in Wien häufig als Wortfetischismus und Spielereien professionell deformierter Diplomaten abgetan worden. Wilhelm Grewes Schüler wissen indessen, daß solche scheinbaren Äußerlichkeiten des Prozedere für die Substanz von Verhandlungen von möglicherweise ausschlaggebender Bedeutung sein können; daß sich also – was jedem im anglo-amerikanischen Rechtskreis Ausgebildeten unmittelbar einsichtig ist – Substanz und Verfahren nur in Lehrbüchern reinlich trennen lassen.

Zum Verständnis der nachfolgend geschilderten Ereignisse ist ferner zu wissen wichtig, daß sich das westliche Bündnis zu Beginn der 70er Jahre auf das vom Warschauer Pakt favorisierte Projekt einer gesamteuropäischen Sicherheitskonferenz (woraus schließlich der KSZE-Prozeß wurde) nur einlassen wollte, wenn der Osten gleichzeitig auf das vom Westen seit seinem »Signal von Reykjavik« im Jahre 1968 favorisierte Projekt von »mutual and balanced force reductions« eingehen würde. Als dies 1972 endlich geschah, hatte der amerikanische Außenminister Kissinger allerdings mit seinem sowjetischen Kollegen eine nicht ganz ausgewogene prozedurale Absprache getroffen: Er hatte den Beginn der exploratorischen KSZE-Gespräche *in Helsinki* für den Herbst *1972* zugestanden, dafür jedoch nur eingehandelt, daß die M(B)FR-Vorgespräche – ohne Festlegung des Tagungsortes – spätestens am 31. Januar *1973* beginnen sollten. In Brüssel nannte man dies »gestaffelte Parallelität«.

Als MBFR unter diesen Umständen beginnen sollte, machte sich kritisch bemerkbar, daß sich das Bündnis zwar jahrelang mit der Aufbereitung des Verhandlungsgegenstandes und des zweckmäßigsten MBFR-Verfahrens hatte befassen können, daß es jedoch zu keiner Ost-West-Absprache über das Prozedere gekommen war. Moskau hatte den als Explorateur benannten Generalsekretär der NATO, Manlio Brosio, nicht empfangen. Fragen wie Tagungsort, Vorsitz, Sitzordnung, Tagesordnung, Sprachen, Bezeichnung des Verhandlungsgegenstandes und ähnliches konnten daher vor Beginn der vorbereitenden Ost-West-Gespräche über MBFR nicht abgeklärt werden. Und es war klar, daß die Regelung des Verfahrens dieser Vorge-

spräche auch das Verfahren der Verhandlungen selbst präjudizieren könnte.
Als MBFR viereinhalb Jahre nach dem Signal von Reykjavik in Form von Vorgesprächen schließlich begann, war daher zunächst vieles zwangsläufig zu improvisieren.

II.

Im Dezember 1972, als ich zum Mitglied einer siebenköpfigen deutschen MBFR-Delegation unter der zunächst vorgesehenen Leitung durch den damaligen Abrüstungsbeauftragten der Bundesregierung, Oberst a. D. Botschafter Roth, bestimmt wurde, hatte die NATO die Warschauer-Pakt-Staaten bereits zur Aufnahme der Vorgespräche am 31. 1. 1973 nach *Genf* eingeladen, darauf aber keine Reaktion erhalten. Gleichwohl bereiteten einige westliche Delegationen die Aufnahme von Verhandlungen in Genf technisch vor. Dies war riskant. Weiß man doch, daß sowjetische Unterhändler nicht dafür bekannt sind, Verhandlungen mit Vorleistungen zu beginnen, wie etwa mit dem Eingehen auf die westliche Präferenz eines Tagungsortes ohne entsprechendes quid pro quo.
Wenige Tage vor dem 31. 1. 1973 kam die östliche Antwort: Vorgespräche ja; Genf nein. Gegenvorschlag: Wien.
In dieser Situation trafen sich die westlichen Delegationen in Brüssel. Wenn sie nicht das Verstreichen des Verhandlungsbeginns am 31. 1. 1973 – des wichtigsten bisher fest vereinbarten Elements – riskieren wollten, war ihre »bargaining power« hinsichtlich des Tagungsortes begrenzt. Im übrigen hatte die NATO selbst früher Wien bereits für MBFR in Betracht gezogen. Daher akzeptierte die NATO Wien umgehend. Ihre Verhandlungsdelegationen fielen etwas Hals über Kopf in der alten Kaiserstadt ein. VLR I Dr. Friedrich Ruth, der jetzige Abrüstungsbeauftragte der Bundesregierung, wurde Leiter der Delegation, ich sein Stellvertreter. (Botschafter Roth hatte erkannt, daß die bevorstehenden Verhandlungen über solche »Lappalien« wie Rotieren des Vorsitzes, Sitzordnung und Tagesordnung nicht nur vier Wochen, sondern rund fünf Monate dauern würden.)
Als sich die westlichen Delegationen am 30. Januar in Wien trafen, gab es von den östlichen noch keine Spur. Nervenkrieg? Leichte Nervosität machte sich jedenfalls bemerkbar.
Und so begann der spannende 31. Januar, an dem ja nun die Vorgespräche irgendwie, schlimmstenfalls in Form eines »Verhandlungs-Cocktails«, aufzunehmen waren. Ab 8.30 Uhr warteten die NATO-Delegierten in der

amerikanischen Botschaft darauf, ob es dem westlichen Explorateur, dem niederländischen Botschafter Quarles van Ufford, gelingen würde, einen Kontakt zum östlichen Lager zu knüpfen. Um 10.00 Uhr meldete sich schließlich der sowjetische Chefdelegierte, Botschafter Professor Dr. Oleg Chlestow. Er lehnte jedoch den Niederländer als Repräsentanten der NATO-Gruppe ab. (Dies entsprach der östlichen Theorie, daß in Wien nicht zwischen Bündnissen, sondern zwischen Einzelstaaten verhandelt werden sollte.) Chlestow meinte, nur sein amerikanischer Kollege komme als Emissär in Frage.
Nach kurzem NATO-Caucus beschlossen die westlichen Delegationen, an Quarles van Ufford als ihrem Sprecher festzuhalten – keinen Großmacht-Bilateralismus, bitte! –, ihn aber vom amerikanischen Delegationsleiter, Jonathan Dean, begleiten zu lassen.
Der Osten stimmte dem nach einigem Zögern zu; natürlich werde auch er zum Kontaktgespräch zu zweit erscheinen.
Unsere beiden Emissäre waren beauftragt, folgende Modalitäten vorzuschlagen:
– Von Sitzung zu Sitzung zwischen West und Ost rotierender Vorsitz,
– Sitzordnung: die Mitglieder der beiden Bündnisse nehmen sich gegenüber Platz,
– Sprachen: Deutsch, Englisch, Französisch, Russisch.
Nach 11.00 Uhr kehrten unsere Emissäre bereits zurück. Sie hatten sich mit ihren östlichen Bevollmächtigten lediglich darauf einigen können, daß die Explorationen um 12.30 Uhr als ein »formloses Plenum« in der Wiener Hofburg eröffnet werden sollen, und daß dafür die vier vorgeschlagenen Verhandlungssprachen zugelassen sind. Offengeblieben waren Vorsitz und Sitzordnung. Die erste Sitzung mußte also ohne Leitung und ohne feste Platzordnung durchgeführt werden. Der Osten hatte insoweit den westlichen Vorschlägen sein Konzept entgegengestellt: Alphabetische Sitzordnung am runden Tisch mit alphabetischer Rotation des Vorsitzes.
Um gleichwohl den Ablauf etwas zu orchestrieren, hatten die Unterhändler vereinbart, daß sich die Delegierten zwar zu diesem ersten Plenum ohne jede Ordnung an einem langen Tisch nebeneinander niederlassen würden; links außen sollten jedoch nebeneinander ein östlicher und ein westlicher Vertreter den Anfang machen und (ohne Worterteilung) nacheinander feststellen, daß sie den Beginn der Gespräche begrüßten und hofften, daß die offenen Fragen bald gelöst werden könnten. Alle übrigen Teilnehmer sollten sich diesem Sprüchlein ihres jeweiligen Bündnismitglieds der Reihe nach anschließen.
Als wir auf dieser Grundlage gegen 12.00 Uhr zur Hofburg aufbrechen

wollten, tauchte eine neue Klippe auf. Der österreichische Außenminister, Dr. Rudolf Kirchschläger, teilte mit, daß er die Konferenzteilnehmer begrüßen und ihnen im Anschluß an die Sitzung einen Empfang geben wolle. Dies war den westlichen Delegationen indessen nicht ganz geheuer; denn bei diesem Prozedere konnte das Gastland unwillkürlich de facto das bewußt offengelassene Vakuum im Vorsitz ausfüllen. Wir ließen daher dem Ballhausplatz die ungalante Botschaft zukommen, wir dankten für den angebotenen Empfang des Außenministers, rieten aber von seiner Begrüßung im Sitzungssaal selbst ab. Das Echo kam unverzüglich: Keine Begrüßung? Kein Empfang! Dies löste wiederum Blitzkonsultationen zwischen den bereits im Aufbruch zur Hofburg befindlichen Delegationen beider Seiten aus. Sie hatten folgenden, um 12.15 Uhr erzielten und von Österreich akzeptierten Kompromiß als Ergebnis: Kirchschläger begrüßt die Teilnehmer im Sitzungssaal, jedoch erst nach der Eröffnungssitzung und nach dem Empfang, und zwar stehend, also nicht etwa vom Rostrum des Vorsitzenden aus.

Als wir nach 12.30 Uhr einigermaßen gehetzt in der Hofburg eintrafen, hatte sich allerdings ein weiteres Hindernis ergeben. Das österreichische Protokoll hatte nicht wahrgenommen, daß es selbst über die Bezeichnung der Verhandlungen keine Ost-West-Verständigung gab. Es hatte daher den Delegierten Ausweise mit der westlichen Abkürzung »MBFR« ausgestellt und in der Hofburg Hinweisschilder mit diesem Kürzel anbringen lassen. Östlicher Protest dagegen führte zur sofortigen Ausgabe neuer Ausweise, aus denen sich nunmehr überhaupt nicht ergab, worum es sich handelte: Neben den österreichischen Staatsfarben wiesen sie lediglich eine Nummer auf.

Im Sitzungssaal ging es den sich etwas argwöhnisch beäugenden westlichen und östlichen Delegierten als erstes darum zu verhindern, daß sich de facto doch das Sitzungskonzept der anderen Seite ergeben würde. Während sich die NATO-Delegierten nebeneinander zu setzen trachteten, kam es den W.P.-Vertretern darauf an, eine möglichst bunte Reihe zu erzielen. Das Ergebnis war auch insofern kein fait accompli, sondern ein Kompromiß. Mehrere NATO-Kollegen saßen nebeneinander, doch es gab kein Sitzen »im Block«.

Nun begannen die exploratorischen Gespräche, indem der bulgarische Delegationsleiter, der verabredungsgemäß ganz links Platz genommen hatte, nach einem verlegenen Räuspern das vorgesehene zweisätzige Sprüchlein auf russisch aufsagte. Wie von ungefähr wiederholte ein westlicher Kollege neben ihm auf englisch diese Formel. Alle übrigen schlossen sich der Reihe nach »ihrem Herrn Vorredner« an. In diesem Moment schlich sich der luxemburgische Delegationsleiter verspätet herein, nahm Platz und sagte, als die Reihe soeben an ihn kam, versehentlich: »Monsieur le Président, ...« Damit löste er ein herzhaftes Ost-West-Gelächter aus, das erste von vielen späteren, und gab dem etwas gespenstischen Vorgang eine menschlichere Dimension.

Der anschließende Empfang gab uns überhaupt erst Gelegenheit, unsere östlichen Kollegen kennenlernen zu können. Sofort wurden die ersten »Bilaterals« vereinbart. Wie sich bald herausstellte, würden solche bilateralen Begegnungen – später auch in der koordinierten Form von »Multi-bilaterals«, d. h. parallel geführter Bilaterals mit identischen Gesprächsunterlagen – auf viele Wochen die einzige offizielle Form der Explorationen bleiben müssen, bis man sich schließlich auf das bei MBFR seither beachtete Verfahren für Plenarsitzungen geeinigt hatte.

Als Minister Kirchschläger nach dem Empfang vereinbarungsgemäß den Sitzungssaal mit den Delegierten betrat, um seine Begrüßungsworte zu sprechen, witterten manche westliche Delegierten erneut die Gefahr der Präjudizierung. Wir stellten nämlich fest, daß einige der östlichen Delegierten die gleichen Plätze wie zuvor einnahmen, was dem zufälligen Charakter der Sitzverteilung im »formlosen Plenum« nicht entsprach. Sollte sich diese Sitzweise verfestigen? Nach kurzer Konsultation im Saal bauten westliche Delegierte dem vor, indem sie sich während der Begrüßung überhaupt nicht setzten. Und so verlas Dr. Kirchschläger, vor dem Rostrum stehend, seine Grußbotschaft vor einem Häuflein sitzender und einem Häuflein stehender Delegierter.

Thus MBFR began ...

Die deutsche Kriegserklärung an die Vereinigten Staaten von 1941

Eberhard Jäckel*

Am Donnerstag, dem 11. Dezember 1941, um 14.18 Uhr, empfing der deutsche Reichsaußenminister Joachim von Ribbentrop in seinem Arbeitszimmer in der Berliner Wilhelmstraße den amerikanischen Geschäftsträger, Botschaftsrat Leland B. Morris, und verlas ihm stehend eine Erklärung, die damit endete, daß sich »Deutschland von heute ab als im Kriegszustand mit den Vereinigten Staaten von Amerika befindlich« betrachte. Die Begegnung dauerte drei Minuten.[1] Um 15 Uhr trat der Großdeutsche Reichstag zusammen und hörte eine Rede Hitlers, in der dieser die Kriegserklärung bekanntgab.[2] Während er sprach, übergab der deutsche Geschäftsträger in Washington, Botschaftsrat Hans Thomsen, um 15.30 Uhr deutscher Sommerzeit (9.30 Uhr Ortszeit) dem Leiter der Europa-Abteilung des Department of State, Ray Atherton, eine Note, die denselben Wortlaut hatte wie die von Ribbentrop verlesene Erklärung.[3] Damit befanden sich die beiden Staaten zum zweiten Mal in ihrer Geschichte im Kriege miteinander. Doch während er 1917 von Amerika erklärt worden war, ging die Erklärung 1941 von Deutschland aus.

Was die deutsche Regierung zu diesem Schritt bewog, ist auch vierzig Jahre später noch immer ungeklärt und umstritten. In der Tat scheint die Frage nicht leicht zu beantworten, warum Deutschland sich, während sein Feldzug gegen die Sowjetunion im Schnee vor Moskau steckenblieb und Britannien nach wie vor unbesiegt war, genau jene Großmacht zum weiteren Gegner machte, deren Eingreifen es im Ersten Weltkrieg erlegen war. Es ist daher zumeist vermutet worden, der Entschluß entziehe sich einer überzeugenden Erklärung, habe den eigenen Interessen der deutschen Füh-

---

* Dr. phil., Professor an der Universität Stuttgart.
1 Aufzeichnung des Gesandten Schmidt vom 11. 12. 1941, in: Akten zur deutschen auswärtigen Politik 1918–1945, Serie D: 1937–1941 (im folgenden abgekürzt: ADAP), Bd. XIII.2 (1970) S. 817; die Erklärung S. 812 f.
2 *Max Domarus* (Hrsg.), Hitler – Reden und Proklamationen 1932–1945, Bd. II (1963) S. 1794 ff.
3 ADAP, aaO., S. 813.

rung nicht entsprochen, sondern sei ein mehr oder weniger unüberlegter Ausdruck von Verzweiflung oder Größenwahn gewesen, ja Hitler habe damit seinen Untergang gleichsam herbeirufen wollen. Welche Gründe auch immer angeführt werden, der Forschungsstand ist, obwohl die überlieferten Quellen seit langem zugänglich sind, von Ratlosigkeit gekennzeichnet.[4]
Da der Entschluß zur Kriegserklärung von Hitler getroffen wurde, muß jede Untersuchung von seinen außenpolitischen Vorstellungen und seiner Einschätzung der Lage im Jahre 1941 ausgehen. Dabei muß vor allem der Hergang der Entschlußbildung so genau wie möglich nachgezeichnet werden. Hitlers Außenpolitik folgte einem schon in den zwanziger Jahren aufgestellten Plan.[5] Ihr oberstes Ziel war ein Eroberungskrieg gegen die Sowjetunion. Die Überlegungen, wie er zu gewinnen sei, galten dabei von Anfang an weniger dem eigentlichen Gegner, der unter einem deutschen Angriff rasch zusammenbrechen würde, als vielmehr den anderen Mächten, die allein den Erfolg gefährden könnten. Es mußte daher eine gegen Deutschland gerichtete Koalition, wie sie im Ersten Weltkrieg bestanden hatte, oder gar ein Krieg an mehreren Fronten verhindert werden. Zu diesem Zweck sollten Italien und Britannien durch Zugeständnisse zur Hinnahme der deutschen Machterweiterung bewogen werden. Frankreich hingegen mußte militärisch ausgeschaltet werden, ehe der Krieg gegen die Sowjetunion begonnen werden konnte. Den Vereinigten Staaten und Japan maß Hitler ursprünglich keine große Bedeutung bei.
Während die Verständigung mit Italien gelang, mißlang sie mit Britannien. Unter diesem Eindruck bezog Hitler erstmals Japan in seine Planungen ein. Es sollte die britische Aufmerksamkeit von Europa nach Ostasien ablenken. Wenn es Deutschland gelänge, so schrieb Ribbentrop in seiner »Notiz für den Führer« vom 2. Januar 1938, im Verein mit Italien und Japan »seine Bündnispolitik so zu gestalten, daß eine deutsche Konstellation einer englischen stärker oder vielleicht ebenbürtig gegenübersteht, wäre es möglich, daß England lieber doch noch einen Ausgleich versuchte«.[6] Als es gleichwohl am 3. September 1939 an der Seite Frankreichs in den Krieg eintrat, hoffte Hitler, es werde einlenken, wenn es seinen Verbündeten verlöre und vom Festland vertrieben werde. Der Westfeldzug von 1940 erhielt so den doppelten Zweck, Frankreich zu schlagen und Britannien zu entmutigen.

---

4 Schon aus Platzmangel wird jedoch im folgenden eine Auseinandersetzung mit abweichenden Forschungsergebnissen und Meinungen grundsätzlich vermieden.
5 Vgl. *Eberhard Jäckel*, Hitlers Weltanschauung (1969, Neuausgabe 1981); *Axel Kuhn*, Hitlers außenpolitisches Programm (1970).
6 ADAP, Bd. I (1950) S. 135.

Obwohl dieses Ziel nur zur Hälfte erreicht wurde, entschloß Hitler sich danach, die Sowjetunion im Mai 1941 anzugreifen und binnen fünf Monaten zu besiegen. Unter den gegebenen Umständen erhielt auch der Ostfeldzug einen doppelten Zweck, nämlich einerseits sogenannten Lebensraum zu erobern und andererseits Britannien endgültig zu entmutigen. »Englands Hoffnung«, so sagte Hitler in einer Besprechung am 31. Juli 1940, »ist Rußland und Amerika. Wenn Hoffnung auf Rußland wegfällt, fällt auch Amerika weg, weil (auf den) Wegfall Rußlands eine Aufwertung Japans in Ostasien in ungeheurem Maß folgt.«[7] Englands letzte Hoffnung sei dann getilgt und auch Amerika werde nicht eingreifen, zumal wenn Japan unter dem Eindruck des deutschen Sieges über die Sowjetunion eine aktive Politik in Ostasien betreibe.

Während der Vorbereitung des Ostfeldzuges galten Hitlers Sorgen ungeachtet seiner Siegesgewißheit wiederum vor allem den anderen Mächten, die Deutschland behindern oder die Sowjetunion unterstützen könnten. Diese Gefahr war um so größer, je länger der Feldzug dauerte. Besonders für den Fall, daß er wider Erwarten im Jahre 1941 nicht beendet werden konnte, waren britische und amerikanische Eingriffe der verschiedensten Art zu befürchten. Tatsächlich unterstützten die Vereinigten Staaten ja die britischen Kriegsanstrengungen in zunehmendem Maße. Beide Mächte konnten aber durch Japan in Ostasien gebunden und von Europa abgelenkt werden.

Diesem Zweck diente der am 27. September 1940 geschlossene Dreimächtepakt zwischen Deutschland, Italien und Japan.[8] Er besagte, daß die drei Staaten sich mit allen Mitteln unterstützen würden, falls einer von den Vereinigten Staaten angegriffen werden sollte. Er garantierte somit, daß Amerika im Falle seines Kriegseintritts einen Zweifrontenkrieg sowohl im Atlantik wie im Pazifik führen mußte oder, anders ausgedrückt, daß Deutschland eine ungeteilte amerikanische Intervention wie im Ersten Weltkrieg nicht zu befürchten brauchte. Der Zweck des Dreimächtepaktes war, die Vereinigten Staaten davon abzuhalten, an der Seite Britanniens in den Krieg einzutreten.

Hitler jedoch genügte diese Abschreckung noch nicht. Er drängte Japan daher, um zusätzliche Sicherheit zu erlangen, die britischen Positionen in Ostasien anzugreifen. »Es müsse Deutschlands Ziel sein«, sagte er am 15. Februar 1941 bei einer Besprechung der Angriffspläne gegen die Sowjet-

---

7 Generaloberst (Franz) *Halder*, Kriegstagebuch, Bd. II (1963) S. 49.
8 ADAP, Bd. XI.1 (1964) S. 175 f.

union, »Japan sobald wie möglich zum aktiven Handeln im Fernen Osten zu veranlassen. (...) Es müsse sich in den Besitz von Singapore und aller Rohstoffgebiete setzen, die es für die Fortsetzung des Krieges, besonders wenn Amerika eingreife, brauche.«[9] In einer Weisung über Zusammenarbeit mit Japan vom 5. März wiederholte er diesen Gedanken mit der Begründung: »Starke englische Kräfte werden dadurch gebunden, das Schwergewicht der Interessen der Vereinigten Staaten von Amerika wird nach dem Pazifik abgelenkt.«[10] Japan indessen ging auf Hitlers Anregung nicht ein. Statt dessen eröffnete es im Frühjahr 1941 Verhandlungen mit den Vereinigten Staaten, die dem japanischen Vordringen in China und Indochina mit verschiedenen Maßnahmen entgegengetreten waren.[11] Kam hier ein Ausgleich zustande, wurde ein japanischer Angriff auf Singapore noch weniger wahrscheinlich und war Amerika wieder ganz für Europa frei, zumal wenn Japan den Dreimächtepakt aufkündigen oder offensichtlich nicht zu seinen Verpflichtungen stehen sollte. In dieser bedrohlichen Lage erweiterte Hitler seine Dreimächtepaktgarantie an Japan und versprach dem japanischen Außenminister Matsuoka Yōsuke bei dessen Besuch in Berlin im März und April 1941, Deutschland werde sowohl in einen japanisch-sowjetischen wie einen japanisch-amerikanischen Konflikt sofort und bedingungslos eingreifen.[12]

In diesen Gesprächen drängten die Deutschen den Japaner nicht nur erneut und unermüdlich zu einem Angriff auf Singapore. Sie deuteten auch mehr oder weniger verhüllt an, daß ein deutsch-sowjetischer Krieg bevorstehe. Auf den ersten Blick mochte es in der Tat verlockend erscheinen, Japan für eine Beteiligung an diesem Krieg zu gewinnen. Würde die Sowjetunion zugleich im Westen und im Osten angegriffen, waren ihre Überlebenschancen noch geringer, als sie ohnehin eingeschätzt wurden. Tatsächlich aber legte Hitler darauf nur einen untergeordneten Wert. Das vorrangige deutsche Ziel war immer noch, daß Japan Britannien in Ostasien angriff und dadurch zugleich auch Amerika abschreckte. Nur weil Japan zu zögern schien, erweiterte Hitler seine Beistandszusagen, um es überhaupt zu einem Kriegseintritt zu bewegen, sei es gegen Britannien, was der wünschenswerteste Fall war, oder gegen die Sowjetunion oder gegen Amerika, was nach wie vor am wenigsten erwünscht erschien.

9 Kriegstagebuch des Oberkommandos der Wehrmacht, Bd. I (1965) S. 328.
10 *Walther Hubatsch* (Hrsg.), Hitlers Weisungen für die Kriegführung 1939–1945 (1962) S. 103 f.
11 Vgl. die neueste Darstellung von *Peter Herde,* Pearl Harbor (1980).
12 Aufzeichnungen des Gesandten Schmidt über die Unterredungen zwischen Hitler und Matsuoka vom 27. 3. und 4. 4.1941, in: ADAP, Bd. XII.1 (1969) S. 317 ff. und 374 ff.

An dieser Rangfolge änderte sich in den nächsten Wochen nichts. Der japanische Botschafter in Berlin, Ōshima Hiroshi, wurde wiederholt auf den bevorstehenden Kriegsbeginn hingewiesen und gewann den Eindruck, wie er am 16. April berichtete, »daß man vielleicht doch wünscht, daß Japan sich direkt an einem Krieg gegen die Sowjetunion beteiligt«.[13] Ähnlich meldete er nach einem Empfang bei Hitler am 3. Juni, er sei zu dem Urteil gekommen, »daß man eine japanische Mitwirkung wünscht«.[14] Man muß jedoch bezweifeln, daß Ōshima Hitler richtig verstand oder verstehen wollte. Richtiger klingt jedenfalls, was er nach einer Unterredung mit Ribbentrop vom 4. Juni berichtete: »Welche Haltung Japan in diesem Falle (eines deutsch-sowjetischen Krieges) einnähme, überließe man selbstverständlich unseren Überlegungen, jedoch würde man deutscherseits eine Mitwirkung Japans im Kampf gegen die Sowjetunion begrüßen, falls sich mit Rücksicht auf die Ausrüstung Schwierigkeiten bei dem Vorstoß nach Süden ergäben.«[15] So notierte sich am 8. Juni auch der Staatssekretär im Auswärtigen Amt, Ernst von Weizsäcker, die deutsche Auffassung: »Nachdem ihm (Ōshima) nun klarer gesagt oder geworden ist, daß die Frage Rußland akut wird, scheint er dafür sorgen zu wollen, daß Japan dann, wenn nicht nach Singapore, wenigstens gegen Wladiwostok geht.«[16]

Wenn nicht Singapore, dann wenigstens Wladiwostok – das war noch immer die Reihenfolge, und an letzter Stelle stand nach wie vor ein Kriegseintritt Amerikas. Japan sollte es nicht angreifen und Deutschland jede Herausforderung vermeiden. Das erklärte Hitler dem Oberbefehlshaber der Kriegsmarine, Großadmiral Erich Raeder, noch einmal am 21. Juni: »Führer wünscht bis Erkennbarwerden Auswirkung ›Barbarossa‹ d. h. für einige Wochen unbedingte Vermeidung jeder Zwischenfallmöglichkeit mit U.S.A.«[17]

Am nächsten Tage, dem 22. Juni 1941, überfiel Deutschland, wegen des Balkanfeldzuges um einige Wochen später als ursprünglich vorgesehen, die Sowjetunion. In der japanischen Führung sprach sich Matsuoka alsbald für

---

13 *Andreas Hillgruber,* Japan und der Fall »Barbarossa«. Japanische Dokumente zu den Gesprächen Hitlers und Ribbentrops mit Botschafter Oshima von Februar bis Juni 1941, in: Wehrwissenschaftliche Rundschau 18 (1968) S. 312 ff.; auch in: Ders., Deutsche Großmacht und Weltpolitik im 19. und 20. Jahrhundert (1977) S. 223 ff. Hier zitiert nach der Erstveröffentlichung S. 329.
14 AaO., S. 335.
15 AaO., S. 332.
16 *Leonidas E. Hill* (Hrsg.), Die Weizsäcker-Papiere 1933–1950 (1974) S. 258.
17 *Gerhard Wagner* (Hrsg.), Lagevorträge des Oberbefehlshabers der Kriegsmarine vor Hitler 1939–1945 (1972) S. 263. – »Barbarossa« war der Deckname für den Angriff auf die Sowjetunion.

eine Beteiligung seines Landes aus, konnte sich aber nicht durchsetzen und trat am 16. Juli zurück.[18] Deutschland hingegen, höchst beunruhigt über die fortgehenden japanisch-amerikanischen Verhandlungen, drängte jetzt mit Nachdruck auf einen Kriegseintritt Japans gegen die Sowjetunion. In diesem Sinne wirkte Ribbentrop auf Ōshima ein und gab am 28. Juni seinem Botschafter in Tōkyō, Eugen Ott, eine entsprechende Weisung: Ein Vorstoß nach Süden mit Richtung auf Singapore sei und bleibe zwar von »großer Bedeutung«. Da Japan hierauf aber zur Zeit noch nicht vorbereitet sei, solle es ohne Zögern gegen Sowjetrußland vorgehen. »Damit würde es auch den Rücken für den Vorstoß nach dem Süden freibekommen.« Und dann folgte wieder die alte deutsche Überlegung: »Es kann damit gerechnet werden, daß die schnelle Niederringung Sowjetrußlands, zumal wenn sich Japan von Osten her daran beteiligt, das beste Mittel sein wird, um die Vereinigten Staaten von der absoluten Sinnlosigkeit eines Eintritts in den Krieg auf seiten des dann völlig isolierten und der mächtigsten Kombination der Erde gegenüberstehenden Englands zu überzeugen.«[19]
Damit wurde deutlich, daß der japanische Kriegseintritt noch immer hauptsächlich zur Abschreckung Amerikas gewünscht wurde und erst in zweiter Linie als Waffenhilfe gegen die Sowjetunion, die Deutschland zu dieser Zeit noch allein niederwerfen zu können glaubte. Diese Einstellung bestätigte sich abermals, als amerikanische Streitkräfte am 7. Juli Island besetzten. Für die deutsche Marine bedeutete dies »stärkste Auswirkung und Beeinträchtigung eigener Kampfführung im Atlantik«.[20] Als Raeder jedoch zwei Tage später von Hitler die »politische Entscheidung« erbat, »ob die Besetzung Islands als Kriegseintritt der USA zu betrachten oder als Provokation aufzufassen sei, die ignoriert werden solle«, erfuhr er, »daß ihm (Hitler) alles daran liege, den Kriegseintritt der USA noch 1–2 Monate hinauszuschieben, da einerseits der Ostfeldzug mit der gesamten Luftwaffe (...) durchgeführt werden müsse und da andrerseits die Wirkung des siegreichen Ostfeldzuges auf die Gesamtlage, wahrscheinlich auch auf die Haltung der USA, ungeheuer groß sein werde«. Er wolle daher »jeden Zwischenfall weiterhin vermieden wissen«.[21]
Japan aber zögerte. Besorgt fragte Ribbentrop am 10. Juli seinen Botschafter in Tōkyō: »Haben Sie den Eindruck, daß man in Japan vielleicht ge-

---

18 *Nobutaka Ike* (Hrsg.), Japan's Decision for War. Records of the 1941 Policy Conferences (1967) S. 60 ff.
19 ADAP, Bd. XIII.1 (1970) S. 34.
20 *Wagner,* aaO., S. 265.
21 AaO., S. 264.

neigt sein könnte, doch eine – allerdings sehr kurzsichtige – Politik zu treiben, die darauf hinausliefe, durch einen Ausgleich mit Amerika dieses auf lange Zeit in einem europäischen Krieg zu fesseln, um, ohne selbst mit Amerika in offenen Konflikt zu kommen, in Ostasien freie Hand zu haben, die chinesischen Dinge in Ordnung zu bringen und sich im Süden weiter auszubreiten?« Um so dringender bat er Ott, »auf den schnellstmöglichen Kriegseintritt Japans gegen Rußland hinzuwirken«.[22] In dieser bedrohlichen Lage schaltete sich Hitler selbst noch einmal ein und empfing Ōshima am 14. Juli in seinem Hauptquartier. »Wenn wir«, so sagte er, »überhaupt die USA aus dem Krieg heraushalten könnten, dann nur durch die Vernichtung Rußlands und dann nur, wenn Japan und Deutschland zugleich und eindeutig auftreten.«[23]

Die Vereinigten Staaten aus dem Krieg herauszuhalten, war noch immer das oberste Ziel der deutschen Japanpolitik. Daran änderte sich auch nichts, als Amerika immer unverhohlener an die Seite Britanniens trat und auch die Sowjetunion unterstützte. Im August trafen Präsident Roosevelt und Premierminister Churchill zusammen und verkündeten gemeinsam die Atlantik-Charta, in der von der »endgültigen Vernichtung der Nazi-Tyrannei« die Rede war. Am 11. September erließ Roosevelt sogar einen Schießbefehl gegen Schiffe der Achsenmächte und erläuterte ihn in einer außerordentlich ernsten Rundfunkansprache. Hitler aber forderte selbst jetzt noch äußerste Zurückhaltung. Als Raeder ihm am 17. September die neue Lage im Atlantik erklärt hatte, verzeichnete er als Ergebnis der Besprechung: »Aufgrund eingehender Darlegung der Gesamtlage (Ende September große Entscheidung im Russenfeldzug) bittet Führer, dahin zu wirken, daß bis etwa Mitte X (Oktober) keine Zwischenfälle im Handelskrieg sich ereignen.« Schon vorbereitete Gegenanweisungen an die deutschen Unterseeboote wurden daraufhin wieder zurückgezogen.[24]

In der deutschen Führung wuchs derweilen das Mißtrauen gegen Japan, das noch immer mit Amerika verhandelte. Hitler wollte auf den japanischen Kriegseintritt nicht mehr »drücken, um nicht den Eindruck zu erwecken, als brauchen wir den Japaner«.[25] Ribbentrop ließ der japanischen Regierung am 13. September sogar die Drohung übermitteln, »daß ein Weitergehen Roosevelts auf dem Wege der Aggression gegen die Achsenmächte zwangsläufig zum Kriegszustand zwischen Deutschland und Italien

---

22 ADAP, aaO., S. 95.
23 Aufzeichnung des Gesandten Hewel, in: ADAP, Bd. XIII.2 (1970) S. 834.
24 *Wagner*, aaO., S. 286.
25 *Halder*, aaO., Bd. III (1964) S. 219.

einerseits und Amerika andererseits führen müsse und daß dies den im Dreimächtepakt vorgesehenen Bündnisfall auslösen und den sofortigen Eintritt Japans in einen solchen Krieg gegen Amerika zur Folge haben würde«. Er verlangte, daß Japan in Washington »eine entsprechende Erklärung übermittele«.[26] Japan sollte also wenigstens zur Verhinderung eines amerikanischen Kriegseintritts beitragen und wurde überdies darauf hingewiesen, daß seine Ausgleichsverhandlungen mit Amerika schon deswegen bald gegenstandslos werden könnten, weil es zu seiner Beistandsverpflichtung nach dem Dreimächtepakt stehen müsse.

Der Monat Oktober verging, ohne daß sich eine Änderung der japanischen Haltung abzeichnete. Botschafter Ott berichtete am 4. von »einer gewissen Ratlosigkeit über die einzuschlagende Politik« und von dem wachsenden Gefühl, »um einen Konflikt mit den Vereinigten Staaten nicht herum zu kommen«.[27] Von dem neuen Kabinett unter Ministerpräsident General Tōjō Hideki, das am 18. sein Amt angetreten hatte, konnte er am 20. wenigstens melden, daß in ihm »die auf eine Verständigung mit Amerika hinarbeitenden Kräfte, namentlich der Wirtschaft, abgeschwächt« seien.[28] Aber noch am 31. mußte er nach einer Unterredung mit dem neuen Außenminister Tōgō Shigenori mitteilen, daß über die von Deutschland am 13. September verlangte verschärfte Warnung an die USA »ein Beschluß noch nicht gefaßt sei«.[29] Die deutsche Regierung schwieg sich aus. Erst am 9. November meldete sich Ribbentrop wieder und ließ seine Einschätzung übermitteln, »Japan könne im Augenblick ohne das Risiko eines bewaffneten amerikanischen Eingreifens jeden Vorstoß im Ostraum wagen«.[30] Während der Begriff »Ostraum« offenließ, ob die Sowjetunion oder die britischen Positionen in Ostasien gemeint waren, ließ die Formulierung im übrigen erkennen, daß die deutsche Seite noch immer eine Einbeziehung Amerikas in den Krieg nicht wünschte.

Dann endlich kamen Zeichen aus Japan. Am 5. November berichtete Botschafter Ott »mit Vorbehalt« von einer »vorsichtigen Fühlungnahme der (japanischen) Marine betreffend eine deutsche Zusage, im Falle eines japanisch-amerikanischen Krieges keinen Sonderfrieden oder Waffenstillstand zu schließen«,[31] und am 18. meldete er, der Chef der Abteilung Fremde Heere im japanischen Generalstab, General Okamoto Kiyofuku, habe,

---

26 ADAP, Bd. XIII.1 (1970) S. 413.
27 ADAP, Bd. XIII.2 (1970) S. 497 und 499.
28 AaO., S. 547.
29 AaO., S. 586.
30 Telegramm an die Botschaft in Tōkyō, aaO. S. 623.
31 AaO., S. 653 und 610 Anm. 4.

»augenscheinlich in höherem Auftrage«, dem deutschen Militärattaché gegenüber »mit der Bitte um Weiterleitung« folgendes zur Sprache gebracht: »Die Entsendung Kurusus[32] stellt einen letzten Versuch dar, das japanisch-amerikanische Verhältnis zu bereinigen. Der japanische Generalstab rechnet nicht damit, daß eine friedliche Regelung möglich sei. Die dann erforderliche japanische Selbsthilfe werde voraussichtlich den Kriegseintritt der USA nach sich ziehen. (...) Der japanische Generalstab sähe die beste gegenseitige Unterstützung darin, daß beide Staaten, Deutschland und Japan, sich verpflichten, einen Waffenstillstand oder Frieden nicht vereinzelt, sondern nur gemeinsam zu schließen.«[33]

Dies war eine eigentümliche Frage. Der japanische Generalstab schien nicht zu wissen, daß Hitler längst die Zusage gegeben hatte, in einen japanisch-amerikanischen Konflikt sofort und bedingungslos einzutreten. Statt nämlich diese Zusage nun abzurufen, bat Japan nur darum, die beiden Staaten sollten ihre Kriege nicht einzeln beenden, und das konnte sich, da Deutschland nicht im Kriege mit Amerika war, nur auf Britannien und die Sowjetunion beziehen. Offenbar suchte Japan eine ähnliche Abschirmung in Europa, wie Deutschland sie seit langem in Ostasien erstrebte.

Das Telegramm Otts mit der Bitte »um grundsätzliche Weisung« ging am frühen Morgen des 19. November in Berlin ein.[34] Am 21. antwortete Ribbentrop, der Botschafter selbst oder der Militärattaché sollten dem General Okamoto mündlich sagen, sie hätten nach Berlin berichtet »und hörten, daß dort der Gedanke, Waffenstillstand und Frieden nur gemeinsam zu schließen für den Fall, daß, ganz gleich aus welchem Grunde, Japan oder Deutschland in einen Krieg mit den USA verwickelt werden, als ein selbstverständlicher empfunden werde und daß man durchaus geneigt wäre, in einer für diesen Fall zu treffenden Vereinbarung Entsprechendes niederzulegen«.[35] Das war, auf eine vorfühlende Frage, eine unverbindliche Antwort. Allerdings hatte Ribbentrop sogleich auch den Fall eines deutsch-amerikanischen Kriegszustandes einbezogen und die Sicherheit einer formalen Vereinbarung verlangt.

Schon am 23. antwortete Ott.[36] Er hatte die Weisung seines Ministers zunächst durch den Militärattaché ausführen lassen, dann aber Okamoto auf dessen Wunsch auch selbst empfangen, und dieser hatte den Dank von Mi-

---

32 Botschafter Kurusu Saburō war Anfang November zu den Verhandlungen nach Washington zusätzlich entsandt worden.
33 ADAP, aaO., S. 653.
34 AaO., S. 652.
35 AaO., S. 660.
36 AaO., S. 665.

nisterpräsident und Kriegsminister Tōjō überbracht. Damit befand man sich auf der höchsten Führungsebene. Okamoto hatte gesagt, er »sei sehr erfreut, noch einmal bestätigt zu finden, daß Deutschland Japan bei einer Auseinandersetzung mit den Vereinigten Staaten nicht im Stich lassen werde«. Dann berichtete Ott weiter: »Er (Okamoto) bitte um Mitteilung, ob nach meiner Auffassung sich demnach Deutschland im Falle einer japanischen Kriegseröffnung gegen die Vereinigten Staaten ebenfalls mit diesen im Kriege befindlich betrachten werden«.
Jetzt waren die Japaner also einen Schritt weiter gegangen. Offenbar ermutigt von der zusagenden Antwort Ribbentrops fragten sie nun nach der deutschen Bereitschaft, in einen japanisch-amerikanischen Krieg einzutreten. Deutlich sprach Okamoto dabei von japanischer Kriegs*eröffnung*, denn der umgekehrte Fall einer amerikanischen Kriegseröffnung war ja durch den Dreimächtepakt gedeckt. Allerdings überging Okamoto mit Stillschweigen, ob auch Japan seinerseits sich verpflichten würde, in einen deutschen Krieg gegen Amerika einzutreten, und er bezog sich wiederum nicht auf die deutsche Garantie vom April, die also auch der japanischen Regierung unbekannt zu sein schien, sondern fragte (das war der Sinn seiner Worte), ob Deutschland auch in einen von Japan ausgelösten Krieg gegen Amerika eintreten werde, obwohl es dazu vertraglich nicht verpflichtet sei. Damit war die entscheidende Frage aufgeworfen und Deutschland einer Möglichkeit gegenübergestellt, die es bisher mit allen Mitteln zu vermeiden gesucht hatte.
Tatsächlich wissen wir, obzwar Ribbentrop es nicht wissen konnte, daß das oberste japanische Führungsorgan, die Verbindungskonferenz zwischen der Regierung und den Streitkräften, am 12. November für den Fall der Unvermeidlichkeit des Krieges beschlossen hatte, Deutschland und Italien in Kenntnis zu setzen und die folgenden Vereinbarungen auszuhandeln: »(a) Beteiligung Deutschlands und Italiens am Krieg gegen die Vereinigten Staaten; (b) keiner der beiden wird Sonderfrieden schließen«.[37] In seiner abtastenden Fühlungnahme hatte Okamoto erst nach (b) und dann nach (a) gefragt. Im japanischen Protokoll folgt dann eine wichtige Anmerkung: »Falls Deutschland verlangt, daß wir am Krieg gegen die Sowjetunion teilnehmen, werden wir antworten, daß wir vorerst nicht beabsichtigen, in diesen Krieg einzutreten. Selbst wenn dies zu einer Lage führen sollte, durch die Deutschland seinen Kriegseintritt gegen die Vereinigten Staaten verzögert, kann man daran nichts ändern.«[38]

37 *Ike,* aaO., S. 241 f.
38 Ebd.

Dies also waren die Gedanken der Japaner. Ribbentrop aber ließ ihre Anfrage nun unbeantwortet und scheint auch mit Hitler nicht besprochen zu haben, welche Haltung Deutschland im Falle eines offenbar bevorstehenden japanisch-amerikanischen Krieges einnehmen solle. Das ist erstaunlich, zumal da Ribbentrop einerseits Hitlers Zusage vom April und andererseits dessen Wunsch kannte, nicht in einen Krieg mit den Vereinigten Staaten verwickelt zu werden. Er hätte auch reichlich Gelegenheit gehabt, den Widerspruch zu klären. Denn Hitler kam am 27. November für drei Tage nach Berlin, um an den Feierlichkeiten aus Anlaß der Verlängerung des Antikominternpaktes teilzunehmen. Gemeinsam empfingen die beiden in diesen Tagen nacheinander die nach Berlin gekommenen Vertreter der Verbündeten. Nichts jedoch deutet daraufhin, daß Hitler die japanische Anfrage bewußt war. Im Gespräch mit dem finnischen Außenminister am 27. bemerkte er statt dessen: »Wenn die USA in den Krieg eintreten, so würde in kürzester Zeit auch Japan im Kriege sein.«[39] Dabei lag die umgekehrte Frage doch näher, ob Deutschland im Kriege mit den USA sein würde, wenn Japan in ihn einträte. Aber Hitler schien seiner alten Linie zu folgen, den Kriegseintritt der USA zu fürchten und vermeiden zu wollen.

Am 28. abends empfing Ribbentrop den japanischen Botschafter Oshima, und nun wird die Quellenlage vollends rätselhaft. Nach der nicht vollständig erhaltenen deutschen Aufzeichnung, die einen großen Teil des Gesprächs, allerdings nicht das Ende wiedergibt, kamen weder Ribbentrop noch Oshima auf die Frage Okamotos zu sprechen.[40] Oshima scheint dazu keinen Auftrag gehabt zu haben. Zwar sprachen die beiden unter mancherlei anderem auch von der Möglichkeit eines japanisch-amerikanischen Krieges, und Ribbentrop riet sogar, da Japan um die Auseinandersetzung mit Amerika nicht herumkommen werde, solle man »die Amerikaner heute ruhig anpacken«. Doch sagte er mit keinem Wort, und Oshima fragte auch nicht danach, wie Deutschland sich in einem solchen Falle verhalten werde. So jedenfalls steht es in der, wie gesagt, nicht ganz vollständig überlieferten deutschen Aufzeichnung. Sehr anders liest sich die Sache in einem angeblichen Telegramm Oshimas vom 29. nach Tōkyō, das freilich nur in einer vom amerikanischen Nachrichtendienst aufgefangenen Fassung vorliegt. Ihm zufolge soll Ribbentrop am Schluß der Unterredung erklärt haben: »Sollte Japan in einen Krieg gegen die Vereinigten Staaten verwickelt werden, würde Deutschland natürlich unmittelbar in den Krieg eintreten. Es gebe absolut keine Möglichkeit, daß Deutschland unter solchen Umständen

---

39 ADAP, aaO., S. 698.
40 Aufzeichnung ohne Unterschrift, aaO., S. 708 ff.

einen Sonderfrieden mit den Vereinigten Staaten schlösse. Dazu sei der Führer entschlossen«.[41]
Damit wäre die Frage Okamotos unzweideutig beantwortet gewesen, und die beiden Staaten hätten mit der Formulierung ihrer Vereinbarungen beginnen können. In Wirklichkeit taten sie dies jedoch keineswegs, und daraus sowie aus einer Reihe von anderen Umständen ergibt sich zwingend, daß das angebliche Telegramm Ōshimas den Tatsachen nicht entspricht.[42] Einerseits sagte Hitler am Tage nach dem Gespräch zwischen Ribbentrop und Ōshima, am 29. November, dem italienischen und dem spanischen Außenminister gegenüber wiederum, er sei »überzeugt, daß bei einem Kriegseintritt Amerikas auch Japan seinerseits gegen Amerika vorgehen werde«,[43] ging also abermals von der der Okamoto-Frage entgegengesetzten Reihenfolge aus. Andererseits sagte der japanische Außenminister Tōgō am 30. in Tōkyō dem deutschen Botschafter Ott, Japan »hoffe, daß gegebenenfalls Deutschland und Italien gemäß dem Dreimächtepakt Japan zur Seite stehen würden«.[44] Wenn er indes Ōshimas Telegramm bekommen hätte, hätte er nicht mehr zu hoffen und sich auf den Dreimächtepakt zu beziehen brauchen, sondern sich auf die deutsche Zusage berufen können.
Vollends unglaubwürdig wird das Ōshima-Telegramm im Lichte der folgenden Ereignisse. Am 29. November hatte die Verbindungskonferenz in Tōkyō beschlossen, die japanischen Botschafter in Berlin und Rom sollten nunmehr, nachdem die Kriegseröffnung feststand (die japanischen Schiffe waren am 26. ausgelaufen, der Termin des Angriffs auf Pearl Harbor war auf den 7. Dezember festgesetzt), angewiesen werden, die nötigen Vereinbarungen über den Kriegseintritt und das Verbot eines Sonderfriedens herbeizuführen.[45] Aus unbekannten Gründen verzögerte sich die Demarche der Botschafter, obwohl größte Eile geboten schien, um einige Tage, und unse-

---

41 Intercepted Diplomatic Messages Sent by the Japanese Governement between July 1 and December 8, 1941. Printed for use of Joint Committee on Investigation of Pearl Harbor Attack, 79th U.S. Congress. Hier zitiert nach: Der Prozeß gegen die Hauptkriegsverbrecher vor dem Internationalen Militärgerichtshof, Nürnberg (1949), Bd. XXXV S. 320 ff.
42 Ein Vergleich der deutschen Aufzeichnung mit dem angeblichen Telegramm erweist auch im übrigen Text beträchtliche Unterschiede. Dafür sind verschiedene Gründe denkbar, die hier jedoch unerörtert bleiben, da sie für unseren Zusammenhang unerheblich sind. Ausnahmsweise sei angemerkt, daß das Telegramm in der bisherigen Forschung durchweg als den Tatsachen entsprechend angesehen wird.
43 Aufzeichnung des Gesandten Schmidt, in: ADAP, aaO., S. 736.
44 Telegramm des Botschafters Ott an das Auswärtige Amt, aaO., S. 738.
45 *Ike*, aaO., S. 260 f.

re Kenntnis wird weiter dadurch beeinträchtigt, daß die deutschen Akten über die Vorgänge dieser Tage nur bruchstückhaft überliefert sind.[46] Sicher ist jedenfalls, daß der japanische Botschafter in Rom sich seines Auftrages am Mittwoch, dem 3. Dezember, um 11.30 Uhr bei Mussolini und Außenminister Graf Galeazzo Ciano entledigte.[47] Es spricht viel dafür, nicht zuletzt protokollarische Rücksicht, daß die Demarche in Berlin zur selben Zeit erfolgte, obwohl Ōshima nach dem Kriege erklärte, er habe sie schon am 2. ausgeführt.[48] Aber diese Unsicherheit ist ohne große Bedeutung. Wichtiger ist, daß seit der Anfrage Okamotos vom 23. November und seit der angeblichen Zusage Ribbentrops vom 28. offenbar noch immer nichts abgesprochen worden war.

Wir halten uns zunächst an die Demarche in Rom, weil sie eindeutig überliefert ist. Botschafter Horikiri Zembei verlas und übergab eine Erklärung seiner Regierung, in der ausgeführt wurde, die Vereinigten Staaten hätten in den Verhandlungen der letzten sechs Monate von Japan den Verzicht auf den Dreimächtepakt verlangt, damit dieses Italien und Deutschland nicht unterstützen würde, wenn Amerika in den europäischen Krieg einträte. Japan habe dies abgelehnt.[49] Dann fügte der Botschafter hinzu, der »Ausbruch eines Konfliktes zwischen Japan und den Vereinigten Staaten und damit auch Großbritannien« sei »nunmehr als möglich und in unmittelbarer Frist bevorstehend anzusehen«, und die japanische Regierung verlange unter Berufung auf die diesbezügliche Klausel des Dreimächtepaktes, »daß die italienische Kriegserklärung unmittelbar folge«. Sie verlange weiter, »daß ein Abkommen gezeichnet werden, auf Grundlage dessen beide Regierungen sich verpflichten, mit den Vereinigten Staaten und auch nicht mit dem britischen Imperium weder einen Waffenstillstand noch einen Sonderfrieden abzuschließen«. Dazu übergab Horikiri einen Textentwurf in französischer Sprache mit folgendem Wortlaut:[50]

> Le Gouvernement Impérial du Japon et le Gouvernement de l'Italie font la déclaration suivante:
> Les deux Gouvernements s'engagent à ne conclure, sans accord parfait entre eux, ni d'armistice ni de paix soit avec les Etats-Unis d'Amérique soit avec l'Empire Britannique, leurs ennemis communs.
> En foi de quoi, les soussignés ont signé la présente Déclaration et y ont apposé leurs cachets.

---

46 Vermutlich als Folge von Aktenvernichtungen kurz vor dem Kriegsende.
47 Telegramm des deutschen Botschafters in Rom, der um 12.30 Uhr von Ciano unterrichtet worden war, an das Auswärtige Amt, in: ADAP, aaO., S. 765 ff.
48 Aussagen vor dem Internationalen Militärgerichtshof für den Fernen Osten, aaO. S. 767.
49 Zum tatsächlichen Verlauf der Verhandlungen vgl. *Herde,* aaO.
50 *Galeazzo Ciano,* L'Europa verso la catastrofe (1948) S. 696.

Fait en deux exemplaires, en langues japonaise et italienne, à ... le ... ème jour du ... ème mois de la seizième année de Shōwa, correspondant au ... mille neuf cent quarante et un (Vingtième année de l'ère fasciste).

Schließlich erklärte der Botschafter, »daß zum gleichen Zeitpunkt entsprechende Verlangen an die Reichsregierung herangebracht würden.« Mussolini erwiderte, er sei zur Unterzeichnung des Abkommens bereit, beabsichtige aber »hinsichtlich dieses Punktes wie auch hinsichtlich der Kriegserklärung (...) sich mit der Reichsregierung zu beraten und seine eigene Aktion mit der ihrigen in Übereinstimmung zu bringen«.

Über die Demarche in Berlin und die Reaktion Ribbentrops sind, wie gesagt, die deutschen Akten nicht erhalten. Es gibt lediglich Aussagen Oshimas aus der Nachkriegszeit, die besagen, Ribbentrop habe am 2. Dezember erklärt, vor Erteilung einer Antwort müsse er Hitler konsultieren, der an der Front sei und den er im Augenblick nicht erreichen könne, und er habe am 3. erneut gesagt, er habe mit Hitler keine Fühlung nehmen können, werde aber versuchen, ihn am nächsten Tage im Führerhauptquartier zu erreichen. Obwohl er selbst mit dem japanischen Vorschlag einverstanden sei und gleiches auch von Hitler annehme, könne eine offizielle Antwort erst nach Zustimmung Hitlers erteilt werden.[51]

Auf den ersten Blick erscheinen auch diese Auskünfte unglaubwürdig. Ganz abgesehen davon, daß Hitlers Entscheidung ja angeblich schon am 28. November getroffen worden war, was sich jetzt erneut als unzutreffend erweist, erscheint es zweifelhaft, daß der deutsche Außenminister in einer so wichtigen Frage seinen Führer zwei Tage lang nicht erreichen konnte. Wahr ist freilich, daß Hitler tatsächlich am 2. Dezember an die südliche Ostfront nach Taganrog geflogen war, daß er am 3. in sein Hauptquartier bei Rastenburg zurückkehren wollte, schlechtes Wetter ihn jedoch daran hinderte, so daß er auf dem Rückflug in Poltawa übernachten mußte und folglich erst am 4. wieder im Führerhauptquartier eintraf.[52] Selbst für die unwahrscheinliche Behauptung Ribbentrops, er habe Hitler in dieser Zeit nicht erreichen können, gibt es einen gewissen Beleg. Hitlers Kammerdiener Heinz Linge, der an dem Flug teilnahm, hat nämlich nach dem Kriege erzählt, Hitler habe in Poltawa, »abgeschnitten von der Außenwelt, ohne Nachrichtenverbindung, eingesperrt in ein altes baufälliges, verwanztes Schloß, Hunderte von Kilometern vom Führerhauptquartier und der

---

51 Wie Anm. 48.
52 Dies ist verschiedentlich belegt, so in einem Bericht des Chefs des Generalstabes der Heeresgruppe Süd, des Generals Georg von Sodenstern, zitiert von: *Guenther Blumentritt,* Von Rundstedt. The Soldier and the Man (1952) S. 114.

Reichskanzlei entfernt, (...) Höllenqualen bei dem Gedanken (erlitten), was sich inzwischen dort abspielen könnte«.[53] Dies erscheint um so glaubwürdiger, als sich in diesen Tagen mit der Krise an der Ostfront eine schwere Krise in der obersten Heeresführung verband.

Vor allem aber bestätigt der weitere Verlauf der Ereignisse, die nun wieder in den deutschen Akten überliefert sind, die zunächst kaum glaublichen Auskünfte Ōshimas und Ribbentrops. Hitler flog, wie gesagt, am 4. Dezember in Poltawa ab und kehrte im Laufe dieses Tages nach Ostpreußen zurück. Dort endlich muß Ribbentrop ihn telefonisch erreicht haben, und jetzt muß die Entscheidung gefallen sein.

Denn um 21.30 Uhr wurde der deutsche Botschafter in Rom, Hans Georg von Mackensen, im Auftrage Ribbentrops aus Berlin angerufen und vorgewarnt, er werde »im Laufe der nächsten Stunden drahtlich einen Auftrag erhalten«, den er noch in der Nacht bei Ciano und gegebenenfalls dem Duce auszuführen habe. Der Auftrag traf um 1.30 Uhr in Rom ein, »und zwar unverziffert«. Als er ganz aufgenommen worden war, begab sich Mackensen um 2.20 Uhr zu Ciano in dessen Wohnung, las ihm, »da bei der Kürze der Zeit eine italienische Übersetzung schriftlich nicht mehr anzufertigen war, den deutschen Text mündlich auf italienisch« vor und erhielt umgehend die italienische Zustimmung, die um 2.45 Uhr nach Berlin mitgeteilt wurde, so daß der japanische Botschafter den von den beiden Achsenmächten gebilligten Text um 4 Uhr erhalten und nach Tōkyō weiterleiten konnte.[54]

Was hier in höchster Eile am Abend des 4. Dezember aufgesetzt und in der Nacht zum 5. vereinbart worden war, war der Entwurf eines Abkommens mit folgendem Wortlaut:[55]

Angesichts des immer stärker in Erscheinung tretenden Willens der Vereinigten Staaten von Amerika und Englands, mit allen ihnen zu Gebote stehenden Machtmitteln eine gerechte Neuordnung zu vereiteln und dem deutschen, dem italienischen und dem japanischen Volke die Lebensmöglichkeiten abzuschneiden, haben sich die Deutsche Regierung, die Italienische Regierung und die Japanische Regierung zur Abwehr dieser die Existenz ihrer Völker bedrohenden Gefahren über folgende Bestimmungen geeinigt:

Artikel 1.

Falls zwischen Japan und den Vereinigten Staaten von Amerika der Kriegszustand eintritt, werden sich Deutschland und Italien sofort auch ihrerseits als im

---

53 Kronzeuge Linge berichtet, United Press und Zeitschrift Revue (1955/56), Folge III, zitiert nach: *Domarus*, aaO. S. 1788. In einer späteren Buchfassung seiner Erinnerungen – *Heinz Linge*, Bis zum Untergang (1980) – ist diese Schilderung nicht enthalten.
54 Aufzeichnung des Botschafters in Rom, in: ADAP, aaO. S. 781 ff.
55 AaO. S. 779 f.

Kriegszustand mit den Vereinigten Staaten befindlich betrachten und diesen Krieg mit allen ihnen zur Verfügung stehenden Machtmitteln führen.
Falls zwischen Deutschland und Italien einerseits und den Vereinigten Staaten von Amerika andererseits der Kriegszustand eintritt, wird sich Japan sofort auch seinerseits als im Kriegszustand mit den Vereinigten Staaten befindlich betrachten und diesen Krieg mit allen ihm zur Verfügung stehenden Machtmitteln führen.

Artikel 2.
Deutschland, Italien und Japan verpflichten sich, im Falle eines gemäß Artikel 1 dieses Abkommens von den drei Mächten gemeinsam gegen die Vereinigten Staaten von Amerika geführten Krieges ohne volles gegenseitiges Einverständnis keinen Waffenstillstand oder Frieden mit den Vereinigten Staaten zu schließen.
Sie übernehmen die gleiche Verpflichtung auch hinsichtlich eines Waffenstillstandes oder Friedens mit England für den Fall, daß zwischen Japan und England der Kriegszustand eintritt.

Artikel 3.
Die drei Regierungen sind darüber einig, daß dieses Abkommen auf das strengste geheim gehalten wird. Sie werden jedoch die von ihnen in Artikel 2 übernommene Verpflichtung in einer noch zu verabredenden Form bekanntgeben, sobald sich Deutschland, Italien und Japan gemeinsam im Kriegszustand mit den Vereinigten Staaten von Amerika oder England oder mit diesen beiden Mächten befinden.

Artikel 4.
Dieses Abkommen tritt sofort mit seiner Unterzeichnung in Kraft und bleibt ebenso lange wie der am 27. September 1940 abgeschlossene Dreimächtepakt in Geltung.

Dieser deutsche Textentwurf war erheblich ausführlicher als der japanische. Vor allem verpflichtete er auch Japan, in einen deutsch-amerikanischen und italienisch-amerikanischen Krieg einzutreten. Das hob Ciano sogleich hervor, indem er sagte: »Absatz 2 des Artikels 1 erschiene ihm sogar eine erfreuliche Erweiterung zu unseren Gunsten«.[56] Im gleichen Sinne notierte sich Weizsäcker am 6. Dezember: »Ich finde, daß wir (zu dem japanischen Verlangen) nicht nein sagen können, im 2. Punkt (Kriegseintritt) aber Reziprozität fordern müssen. Entsprechend ist verhandelt worden. Heute kommen wir wohl zum Abschluß.«[57]

Es ist nicht überliefert, ob das Abkommen formal unterzeichnet oder durch die Ereignisse de facto in Geltung gesetzt worden ist. Am Sonntag, dem 7. Dezember, abends, wurde in Berlin bekannt, daß der japanische Überfall auf Pearl Harbor erfolgt war. Damit waren die deutschen Zweifel zerstreut,

---

56 Wie Anm. 54 S. 781.
57 *Hill*, aaO. S. 278 f.

ob Japan wirklich in den Krieg eintreten würde. Die deutsche Kriegserklärung indessen erfolgte nicht »sofort«. Hitler und Ribbentrop legten vielmehr Wert darauf, zuvor den bekanntzugebenden Nichtsonderfriedensvertrag zu vereinbaren. Das entsprach zwar dem Artikel 3 des Abkommens, verstieß aber im strengen Sinne gegen den Artikel 1, und dieser Widerspruch im Text zeigt noch einmal, daß die deutsche Führung die japanische Kriegseröffnung nicht so rasch erwartet hatte. Jedenfalls mußte nun wiederum in großer Eile das zweite Abkommen ausgehandelt werden.

Am Montag, dem 8. Dezember, übergab Ribbentrop Ōshima einen entsprechenden Entwurf und übermittelte ihn am Abend auch an Ott nach Tōkyō, und zwar mit der Bitte, dort auf eine so zeitige Zustimmung zu drängen, daß die Unterzeichnung in Berlin spätestens am Mittwoch vormittag erfolgen könne. Denn das Abkommen solle »eventuell in einer besonderen Form bekanntgegeben werden«.[58] Dabei handelte es sich um die Reichstagssitzung, zu deren Vorbereitung Hitler am Dienstag morgen nach Berlin kam.[59] Am selben Tage befahl er, alle einschränkenden Bestimmungen für die Seekriegsführung aufzuheben und die USA »nunmehr als feindlich anzusehen«.[60] Die Kriegserklärung war eine beschlossene Sache, und die deutsche Seite fürchtete jetzt, daß ihr die amerikanische Regierung zuvorkäme.[61] Außenminister Tōgō indessen wünschte, das Abkommen durch einige erläuternde Zusätze zu ergänzen, die erst am Dienstag um 22.10 Uhr in Berlin eintrafen.[62] Ribbentrop erklärte sich am Mittwoch damit einverstanden und bat nochmals »mit größtem Nachdruck darauf zu dringen«, daß die Bevollmächtigung Ōshimas zur Unterzeichnung »nunmehr ohne jeden weiteren Verzug erfolgt und jedenfalls spätestens bis Mittwoch mittag deutscher Zeit hier eintrifft«.[63] Inzwischen war nämlich alles vorbereitet und der deutsche Geschäftsträger in Washington bereits angewiesen, die Kriegserklärung am Donnerstag zu übergeben.[64]

---

58 ADAP, aaO. S. 799 f.
59 *Domarus*, aaO. S. 1793.
60 *Wagner*, aaO. S. 327.
61 ADAP, aaO. S. 813 Anm. 6.
62 Telegramm des Botschafters in Tōkyō an das Auswärtige Amt, aaO. S. 807 f. Tōgō wünschte im Artikel 3 die Einfügung des Wortes »auch« nach »werden«, ferner eine nähere Begriffsbestimmung der »gerechten Neuordnung« etwa durch den Zusatz »im Sinne des Dreimächtepakts« und schließlich im Artikel 4 eine Befristung des Abkommens entsprechend dem Dreimächtepakt sowie einen Zusatz, »wonach die Vertragspartner vor dem Ablauf des Vertrages die Fortführung der Zusammenarbeit vereinbaren sollen«. Alle diese Zusätze wurden in den endgültigen Text aufgenommen.
63 Telegramm des Reichsaußenministers an die Botschaft in Tōkyō, aaO. S. 811 f. Ebd., Anm. 3, ein Verweis auf die Vollmacht.
64 AaO. S. 812 f.

Dann endlich erhielt Ōshima seine Vollmacht, und daraufhin konnte der Nichtsonderfriedensvertrag am Donnerstag, dem 11. Dezember, vermutlich unmittelbar vor der Überreichung der Kriegserklärung, von Ribbentrop, dem italienischen Botschafter, Dino Alfieri, und von Ōshima unterzeichnet werden. Noch am selben Nachmittag gab Hitler das Abkommen am Schlusse seiner langen Reichstagsrede bekannt, indem er die Bestimmungen Wort für Wort vorlas. Der amtliche Text erschien im Reichsgesetzblatt und hatte folgenden Wortlaut:[65]

Abkommen zwischen Deutschland, Italien und Japan

In dem unerschütterlichen Entschluß, die Waffen nicht niederzulegen, bis der gemeinsame Krieg gegen die Vereinigten Staaten von Amerika und England zum erfolgreichen Ende geführt worden ist, haben sich die Deutsche Regierung, die Italienische Regierung und die Japanische Regierung über folgende Bestimmungen geeinigt:

Artikel 1
Deutschland, Italien und Japan werden den ihnen von den Vereinigten Staaten von Amerika und England aufgezwungenen Krieg mit allen ihnen zu Gebote stehenden Machtmitteln gemeinsam bis zum siegreichen Ende führen.

Artikel 2
Deutschland, Italien und Japan verpflichten sich, ohne volles gegenseitiges Einverständnis weder mit den Vereinigten Staaten von Amerika noch mit England Waffenstillstand oder Frieden zu schließen.

Artikel 3
Deutschland, Italien und Japan werden auch nach siegreicher Beendigung des Krieges zum Zwecke der Herbeiführung einer gerechten Neuordnung im Sinne des von ihnen am 27. September 1940 abgeschlossenen Dreimächtepakts auf das engste zusammenarbeiten.

Artikel 4
Dieses Abkommen tritt sofort mit seiner Unterzeichnung in Kraft und bleibt ebensolange wie der Dreimächtepakt vom 27. September 1940 in Geltung.
Die Hohen Vertragschließenden Teile werden sich rechtzeitig vor Ablauf dieser Geltungsdauer über die weitere Gestaltung ihrer im Artikel 3 dieses Abkommens vorgesehenen Zusammenarbeit verständigen.

Zu Urkund dessen haben die Unterzeichneten, von ihren Regierungen gehörig bevollmächtigt, dieses Abkommen unterzeichnet und mit ihren Siegeln versehen.

Ausgefertigt in dreifacher Urschrift, in deutscher, italienischer und japanischer Sprache, in Berlin am 11. Dezember 1941 – im XX. Jahre der Faschistischen

---

65 RGBl. 1942 II S. 131 ff. vom 13. 2. 1942. In der vorangestellten Bekanntmachung vom 31. 1. 1942 findet sich die Bezeichnung »Abkommen zwischen Deutschland, Italien und Japan über die gemeinsame Kriegführung gegen die Vereinigten Staaten von Amerika und England«. Die Bezeichnung »Nichtsonderfriedensvertrag« entstand erst später.

Ära – entsprechend dem 11. Tage des 12. Monats des 16. Jahres der Ära Syōwa.

von Ribbentrop
Dino Alfieri
Oshima

Wenn wir jetzt zu unserer Eingangsfrage zurückkehren, warum Deutschland den Vereinigten Staaten am 11. Dezember 1941 den Krieg erklärte, so ist zunächst festzustellen, daß die Antwort auf Vermutungen angewiesen bleibt. Allerdings stehen sie nun auf gesicherterem Boden. Vor allem können sie ausschließen, daß Hitler durch den japanischen Kriegseintritt zu dem Entschluß bewogen wurde, den Vereinigten Staaten den Krieg zu erklären. Es waren vielmehr zwar kurze, aber zielstrebige Vertragsverhandlungen zwischen Deutschland und Japan vorausgegangen, und alle Vermutungen haben sich an den beiden vor der Kriegserklärung geschlossenen Abkommen auszurichten.

Hitler hatte einen Krieg mit Amerika lange zu vermeiden gewünscht, und zwar auch nach Roosevelts Schießbefehl vom 11. September, der einen begreiflichen Vorwand für eine Kriegserklärung hätte liefern können. Wenn die deutsche Note vom 11. Dezember und auch Hitler selbst in seiner Reichstagsrede diesen Befehl ein Vierteljahr später zur Begründung anführten, so kann dies der wahre oder zumindest der einzige Beweggrund nicht gewesen sein. Tatsächlich verhehlte Hitler im übrigen den Zusammenhang mit der japanischen Politik nicht, und sie stand unzweifelhaft im Mittelpunkt der deutschen Entschlußbildung.

In diesem Zusammenhang hatte Hitler, gerade um Amerika aus dem Kriege herauszuhalten, seit dem Frühjahr 1941 ständig gewünscht, daß Japan in ihn einträte, und zwar am besten gegen Britannien und am zweitbesten gegen die Sowjetunion. Nur in der Sorge, daß Japan weder das eine noch das andere täte, hatte Hitler schon im März Matsuoka die Zusage gegeben, Japan auch in einen Krieg gegen Amerika folgen zu wollen. Es könnte daher die einfache Erklärung gegeben werden, daß Hitler konsequent blieb und im Dezember seine Zusage vom März in die Tat umsetzte, und weithin scheint diese Erklärung überzeugen zu können.

Indessen genügt sie nicht ganz. Die Lage war im Dezember eine andere als im März. Inzwischen war klar geworden, daß die Sowjetunion im Jahre 1941 nicht mehr besiegt werden konnte. Lag es angesichts dieser schweren militärischen Krise noch immer im deutschen Interesse, den japanischen Kriegseintritt zu wünschen und ihm eine Kriegserklärung an die Vereinigten Staaten folgen zu lassen? Würde ein japanischer Kriegseintritt, der be-

vorzustehen schien, nicht auch dann eine Entlastung oder zumindest Ablenkung zur Folge haben, wenn Deutschland Amerika nicht den Krieg erklärte? Würde Amerika nicht seine Herausforderungen im Atlantik einstellen oder einschränken müssen, wenn es von Japan angegriffen worden wäre?
Ribbentrop mag so gedacht haben. Sicher ist jedenfalls, daß er die Frage des Generals Okamoto vom 23. November nicht beantwortete, bis die Japaner am 2. oder 3. Dezember dringlich auf sie zurückkamen. Erst dann bemühte er sich um eine Entscheidung Hitlers und erhielt sie mit der wahrscheinlich durch dessen Frontflug verursachten Verzögerung am 4. Dezember. Es bleibt offen, ob er Hitler tatsächlich aus technischen Gründen zunächst nicht erreichen konnte. Aus seinem anfänglichen Ausweichen könnte abgeleitet werden, daß er statt des unsicheren Funkweges ein ausführlicheres Ferngespräch mit dem Führerhauptquartier bevorzugte, um Hitler seine Bedenken darzulegen, daß er den Krieg mit Amerika immer noch oder gerade jetzt vermeiden und insbesondere keine Nichtsonderfriedensverpflichtung eingehen wollte, weil sie auch einen Sonderfrieden mit Britannien ausschloß.[66]
Wie dies auch gewesen sein mag, Hitler entschied am 4. Dezember, auf das japanische Verlangen einzugehen. Allerdings begnügte sich die deutsche Seite nun nicht mit einer einfachen Zusage, mit der Japan zufrieden gewesen wäre, sondern verlangte eine vertragliche Festlegung mit gegenseitiger Verpflichtung. Daran also muß Hitler oder Ribbentrop gelegen gewesen sein, und das zeigt, daß sie noch mit der Möglichkeit rechneten, es könne eher zu einem deutsch-amerikanischen als zu einem japanisch-amerikanischen Kriege kommen. Als dann die Verpflichtung vertraglich festgelegt und der japanische Kriegseintritt erfolgt war, schritt Deutschland nicht sofort zur Kriegserklärung, sondern verlangte jetzt den vorherigen Abschluß des Nichtsonderfriedensvertrages. Ihm muß ein besonderer Wert beigemessen worden sein, der auch in der betonten Hervorhebung durch Hitler in seiner Reichstagsrede zum Ausdruck kam.
Dies scheint nun vor dem Hintergrund von Hitlers allgemeinen Überlegungen eine überzeugende Erklärung seiner Beweggründe gerade auch in der Lage vom Dezember 1941 zu eröffnen. Mit dem Scheitern eines raschen

---

66 Einer von mancherlei Hinweisen auf derartige Überlegungen findet sich in einer Notiz von Weizsäckers vom 21. 10. 1941, *Hill,* aaO. S. 274: »›Wir‹ erwarten von dem neuen Kabinett Tojo nicht viel, hätten sogar beinahe eine gewisse Sorge, wenn es den Krieg mit Rußland eröffnete. Denn: wenn Rußland nun zusammenbricht und England mit uns Frieden machen will, könnte Japan uns nur hinderlich sein.«

Sieges über die Sowjetunion war auch sein ganzes bisheriges Kriegskonzept gescheitert. Der Krieg verwandelte sich aus einer Serie von Blitzfeldzügen in einen Abnutzungskrieg, wie es der Weltkrieg von 1914–1918 gewesen war. Damals war Rußland im vierten Kriegsjahr zusammengebrochen und hatte den Friedensvertrag von Brest-Litowsk schließen müssen, der Deutschland einen gewaltigen Raumgewinn im Osten eingetragen hatte. Trotzdem hatte es den Krieg verloren, und zwar militärisch vor allem infolge des amerikanischen Eingreifens. Es lag nahe, daß Hitler im Dezember 1941 eine ähnliche Entwicklung vorhersah: Rußland war besiegbar, Amerika würde eingreifen. Deutschland aber brauchte den Krieg nicht zu verlieren, wenn Japan in ihn eintrat. Japan konnte Amerika an einem vollen Eingreifen in Europa hindern. Es konnte den Teil der amerikanischen und britischen Streitkräfte binden, die 1918 so knapp den Ausschlag gegeben hatten. Dazu jedoch mußte es in den Krieg eintreten und durfte nicht vorzeitig aus ihm austreten. Diesem Zweck dienten die beiden Abkommen. Das Geschäft bestand darin, daß Japan sich gegen den Preis des deutschen Kriegseintritts verpflichtete, keinen Sonderfrieden zu schließen. Von Hitlers Standpunkt aus war dies keine unvernünftige Überlegung, und es gibt keinen Anlaß, seine Beweggründe in Verzweiflung oder Größenwahn oder gar Lust am Untergang zu suchen. Die Kriegserklärung an die Vereinigten Staaten war ein zweckentsprechender Schritt, den Krieg, der in der Hauptsache ein Eroberungskrieg gegen die Sowjetunion war und blieb, zusammen mit Japan trotz allem gewinnen zu können. Dieser Krieg war wahnsinnig, aber der Wahnsinn hatte immer noch Methode.

Über das Vertrauen als politische Kategorie

*Hartmut Jäckel**

I.

Ist *Vertrauen* eine öffentliche, eine demokratische Tugend? Oder zeichnet demokratischer Bürgersinn sich eher durch das Gegenteil, durch *Mißtrauen* gegenüber der Obrigkeit aus? Anders gefragt: Soll den gewählten Repräsentanten in der pluralistischen Demokratie, soll Parlament und Regierung, Delegierten und Deputierten, Parteivorständen und Betriebsräten, Verbands- und Klassensprechern ein über den Zeitpunkt der Wahl hinausreichendes Quantum Vertrauen mit auf den Weg gegeben werden – oder aber ist, wie gewichtige Stimmen meinen, ein solcher Vertrauensvorschuß der Basis gerade verfehlt und gefährlich, weil er ihre Fähigkeit zur Kontrolle lähmt?
Die Antwort auf diese Frage ist nicht unbedingt so folgenlos, wie es auf den ersten Blick scheinen möchte. Denn sollten wir zu dem Schluß kommen, daß Vertrauen zwischen Wählern und Gewählten im Alltag einer Demokratie keinen legitimen Platz hat, keinen erkennbaren Nutzen stiftet, sondern womöglich gar ein dem Leichtsinn zum Verwechseln ähnlicher Unwert ist, dann haben wir etwas Sonderbares, ja Beklemmendes ermittelt. Zumindest werden wir dann weiterfragen und wissen wollen, weshalb für den Bereich des Politischen das nicht gilt, was allen anderen Spielarten zwischenmenschlicher Beziehungen, die einen wesentlichen Teil unserer Kultur konstituieren, eigentümlich ist. Welches soziale Bezugssystem, welches personale Verhältnis man auch immer betrachtet – das Ferment des Vertrauens ist aus keinem von ihnen wegzudenken, ohne daß es seinen Sinn mehr oder minder vollständig verlöre. Vertrauen als selbstverständlich erwartete und/oder kategorisch geforderte Größe kennzeichnet so unterschiedliche Beziehungen wie die zwischen Kindern und Eltern, Arzt und Patient, Klient und Anwalt, Kunde und Kaufmann, Beichtkind und Beichtvater. Nur destruktiven, etwa auf Haß, Verachtung, Rivalität oder Neid gegründeten zwischenmenschlichen Bezügen ist das Vertrauen fremd; sie ge-

* Dr. iur., LL. M., Professor an der Freien Universität Berlin.

deihen allein im Zeichen des Mißtrauens. Sollte dazu auch der Bereich des Politischen gehören? Sollten politische Repräsentation und die Wahrnehmung öffentlicher Verantwortung dem negativistischen Denken in Feindbildern und Vorurteilen doch stärker verhaftet und enger benachbart sein, als wir bisher anzunehmen bereit waren?

II.

In Parteiprogrammen und Regierungserklärungen, in Parlaments-, Wahl- und Sonntagsreden, in Leitartikeln und Traktaten tritt dieses Wort ebenso selbstbewußt auf wie in ungezählten anderen tagespolitischen Verlautbarungen: *Vertrauen*. Regierende wie Opponierende werden nicht müde, sich auf das Vertrauen der Bürger zu berufen oder um dieses Vertrauen zu werben. Bei den Regierenden macht es dabei nicht einmal einen ins Gewicht fallenden Unterschied, ob sie in der westlichen, der östlichen oder der sogenannten Dritten Welt ihres Amtes walten, ob sie demokratisch legitimierte oder diktatoriale Herrschaftsgewalt ausüben. Kurzum: Kaum ein Politiker im weiten Erdenrund, der zögern würde zu beteuern, wie viel ihm daran liegt, sich vom Vertrauen seiner Anhänger, seiner Wähler oder gar des ganzen Volkes getragen zu wissen und sich dieses Vertrauens auch künftig würdig zu erweisen.

Augenscheinlich haben wir es hier mit einem klassischen *Topos* zu tun, dessen Gebrauchswert und -häufigkeit immer noch zunehmen, seit nahezu alle staatlichen Einrichtungen als geeignete oder notwendige Objekte des Bürgervertrauens entdeckt worden sind.[1] Ebenso unverkennbar ist dieser Topos nach Ursprung und Aussage im demokratischen Gedanken beheimatet, genauer: in der ideengeschichtlichen Tradition eines konkreten (nicht nur formalen) Demokratieverständnisses. Um so erstaunlicher, daß dieser Begriff in der politischen Theorie noch kaum reflektiert und ausgeforscht ist. In den gängigen Hand- und Wörterbüchern, in staatsrechtlichen und politikwissenschaftlichen Abhandlungen wird von ihm allenfalls insoweit Notiz genommen, wie er Eingang in Verfassungstexte gefunden hat.[2] Dieser normative Aspekt ist für unsere Fragestellung jedoch unergiebig. Denn in den Verfassungen pflegt die Vokabel Vertrauen lediglich als Substitut für den

---

1 »Die Arbeit des Verfassungsschutzes braucht das Vertrauen der Bürger« (Bundesinnenminister Gerhart Baum zum 30jährigen Bestehen des Bundesamtes für Verfassungsschutz; Bulletin der Bundesregierung vom 11. Nov. 1980, S. 1002).
2 Vgl. etwa Art. 54 der Weimarer Verfassung sowie Art. 68 Abs. 1 Satz 1 GG.

profanen Begriff der absoluten Parlamentsmehrheit zu dienen, und zwar auch dort, wo ausnahmsweise einmal von dem Vertrauen des *Volkes* die Rede ist.[3]

Hier geht es allein um das Für und Wider der *politisch* verstandenen Notwendigkeit, öffentliches Vertrauen wechselseitig entgegenzubringen und zu erhalten. Der Versuch, über die Anfangsgründe der meist uneingeschränkten Bejahung dieser Notwendigkeit Klarheit zu gewinnen, würde uns weit in die Geschichte zurückführen. Um aber die zeitliche Dimension in Auftritt und Wiederkehr des Vertrauenstopos wenigstens anzudeuten und damit zugleich die örtliche Kontinuität seiner Wirksamkeit zu belegen, seien drei Beispiele angeführt, die jeweils auf einen markanten Schnittpunkt in der neueren deutschen Verfassungsgeschichte verweisen.

Dreimal in den letzten 150 Jahren ist in Deutschland um den Entwurf und die Verabschiedung einer gesamtstaatlich angelegten demokratischen Verfassung gerungen worden: 1848, 1919 und 1948/49.[4] Der Verlauf jeder der verfassungsberatenden oder verfassunggebenden[5] Versammlungen dieser Jahre läßt erkennen, daß ihre Mitglieder sich einer doppelten Aufgabe verpflichtet wußten: nicht nur ein in sich stimmiges Gefüge praktikabler Grundnormen für das geordnete Zusammenleben freier Bürger zu schaffen, sondern zugleich das Vertrauen des Volkes für die von ihnen zu treffenden Entscheidungen und damit für die künftige Staatsordnung zu gewinnen. Daß weder die eine noch die andere Aufgabe versäumt und verfehlt werden darf, hat uns das Schicksal der Verfassung der Paulskirche und das Scheitern des Staates von Weimar nachdrücklich gelehrt. Doch damit wird unseren Beispielen vorgegriffen, die ja gerade etwas Positives bezeugen wollen, – ein waches Gespür für die elementare Kraft und notwendige Präsenz von Bürgervertrauen im demokratischen Verfassungsstaat.

Erstes Beispiel: Als sich am 31. März 1848 die »berathende Versammlung deutscher Abgeordneter und Volksmänner über ein deutsches Parlament« im Kaisersaal des Römers zu Frankfurt am Main konstituiert, bezeichnet es der Leipziger Buchhändler Robert Blum als »heiligsten Beruf« und ge-

---

3 So schreibt Art. 57 Abs. 1 Satz 1 der Verfassung des Freistaats Preußen vom 30. Nov. 1920 vor: »... Staatsminister bedürfen zu ihrer Amtsführung des Vertrauens des Volkes«, um dann fortzufahren: »das dieses durch den Landtag bekundet«. Vgl. dazu auch *Carl Schmitt*, Verfassungslehre, München und Leipzig 1928, S. 250.
4 Der Wert der Länderverfassungen, die nicht selten von erheblicher Bedeutung und auch überregionale Anstöße zu geben geeignet sind, soll damit nicht bestritten und nicht gemindert werden.
5 Nur die im Februar 1919 in Weimar zusammengetretene Deutsche Nationalversammlung, deren Mitglieder unmittelbar durch das Volk gewählt waren und die Volksbeauftragte Friedrich Ebert als den »höchsten und einzigen Souverän in Deutschland« begrüßte, hatte verfassunggebenden Charakter.

meinsames Ziel aller Mitglieder, durch ihr Wirken »das Vertrauen des Volkes auf uns zu stärken«.[6] Und zwei Tage später stellt Blum, an der Richtigkeit eines von der Mehrheit des Vorparlaments unterstützten Antrags zweifelnd, die Frage, ob der Vorschlag geeignet sei, »im Volke dasjenige Vertrauen zu erhalten, welches ... nöthig ist, um nicht zu Unbesonnenheiten, zu Unglück zu gerathen«.[7]

Zweites Beispiel: Sieben Jahrzehnte später, am 4. Juli 1919, äußert sich der sozialdemokratische Abgeordnete Simon Katzenstein in der Weimarer Nationalversammlung ganz ähnlich. Mißtrauen, trägt er vor, sei »wahrhaftig keine demokratische Tugend«, sondern im Gegenteil »im allgemeinen die Eigenschaft des Sklaven ..., der nicht fähig ist, die Dinge selbständig zu entscheiden, und dessen einzige Waffe gewissermaßen der Außenwelt gegenüber und seinen Unterdrückern gegenüber das Mißtrauen ist. So denken wir nicht. Das Wesen der Demokratie soll darin bestehen, daß jeder im Volk mitarbeitet, daß er sich seiner Rechte bewußt ist und daß aus dieser Wahrung seiner Rechte ... das Vertrauen als Blüte hervorwachse«.[8]

Drittes Beispiel: Im Parlamentarischen Rat zu Bonn, in den wohl nüchternsten Debatten, die je aus Anlaß der Stiftung einer neuzeitlichen Staatsverfassung geführt worden sind, vermutet man zu recht eine fast apolitische Scheu, das Risiko großer, unscharfer oder gar pathetischer Worte einzugehen. Dennoch fällt das Bekenntnis zu Rang und Wert des Vertrauens als einer die Demokratie im Lot haltenden Grundsubstanz auch hier nicht unter die aus naheliegenden Motiven lieber gemiedenen Begriffe. Der Abgeordnete Thomas Dehler (FDP) erklärt bündig: »Eine Demokratie ohne Vertrauen, ohne Gläubigkeit kann nicht bestehen.«[9] Sein Kollege August Zinn (SPD) betont in der Zweiten Lesung des Abschnitts über Gerichtsbarkeit und Rechtspflege, wie wichtig es sei, »daß das Volk Vertrauen zur Justiz gewinnt«,[10] und der Abgeordnete Heinrich von Brentano (CDU) war nicht der einzige, der es in der Diskussion um die nur mittelbare Wahl des Bundespräsidenten als notwendig bezeichnete, daß der erste Mann im Staate »auf breitester Basis durch das Vertrauen des gesamten deutschen Volkes erkoren wird«.[11]

---

6 (Wortprotokoll der) Verhandlungen des Deutschen Parlaments. Officielle Ausgabe, Erste Lieferung, Frankfurt a. M. 1848, S. 25.
7 aaO., S. 108.
8 Protokoll der 46. Sitzung, in: Die Deutsche Nationalversammlung 1919/20, hrsg. von *Eduard Heilfron,* Band IV, Berlin o. J., S. 27.
9 Parlamentarischer Rat, Verhandlungen des Hauptausschusses, Bonn 1948/49, S. 400 (32. Sitzung vom 7. Januar 1949).
10 aaO., S. 479 (38. Sitzung vom 13. Januar 1949).
11 aaO., S. 121 (10. Sitzung vom 30. November 1948).

III.

Die Reihe der Anlässe, aus denen das Hohelied des Vertrauens gesungen oder der Enttäuschung über verlorenes Vertrauen Ausdruck gegeben wird, ließe sich, in beliebiger Sortierung der Fälle und Fallgruppen, endlos fortsetzen. Dabei darf diese Übertreibungsformel *par excellence* hier ausnahmsweise einmal ganz wörtlich genommen werden. Denn wo der gerade verfügbare Vorrat an Beispielen und Zitaten aufgebraucht ist, bleibt der Hinweis auf die Presseberichte des folgenden Tages: sie warten mit an Sicherheit grenzender Wahrscheinlichkeit mit neuen Belegen für die fast rituelle Rolle auf, die das Vertrauen auf den großen und kleinen politischen Bühnen dieser Welt spielt und vermutlich von Anbeginn gespielt hat.

Kann man umhin, aus diesem eindrucksvollen Befund den Schluß zu ziehen, daß es sich bei der Anrufung des Vertrauens denn doch um mehr handeln müsse als um die nur verbale Verbeugung vor einem *Topos*, der knapp und griffig demokratische Gesinnung signalisiert? Es ist in der Tat nicht Rhetorik, sondern Beschreibung und Abbildung politischer *Realität*, wenn als gemeinsamer Nenner aller um diesen Topos kreisenden Äußerungen festgehalten wird: »Ohne Zustimmung und Vertrauen des Volkes kann in unserer Zeit nicht mehr regiert werden.«[12] Der Einwand, bis zur Stunde decke sich die Verfassungswirklichkeit außerhalb der westlichen und des glücklicheren Teils der Dritten Welt nur sehr bedingt mit einer solchen Aussage, trifft gewiß zu; er mindert aber ihre nach allen Himmelsrichtungen ausgreifende Stringenz kaum. Denn was könnte die Allgemeinverbindlichkeit dieser Erkenntnis besser unterstreichen als der sie gewissermaßen dialektisch bestätigende Umstand, daß auch ihre Widersacher ihr Tribut zollen. Sie tun das, indem sie das Vorhandensein demokratischer Strukturen in ihren Machtzonen ebenso unverdrossen wie aufwendig fingieren. Die Mühe des Vorgebens und Vortäuschens würde sich nicht machen, wer den Effekt des schönen Scheins, der damit erzielt werden soll, geringschätzt. Tatsächlich legen diktatorisch gelenkte Regime auf eine makellos herausgeputzte demokratische Fassade heute fast immer größeren Wert als auf die Pflege der dahinter verborgenen wahren Empfindungen des bedrängten Bürgers.

In der repräsentativen Demokratie sind Zustimmung und Vertrauen des Volkes in einem öffentlich ausgeschriebenen Wettbewerb, den wir Wahlen

---

12 *Wilhelm Grewe,* Parteienstaat – oder was sonst?, in: Der Monat, Heft 36 (September 1951), S. 577.

nennen, einzuholen und nachzuweisen. Der Wähler erteilt beides ebenso auf Zeit – nämlich für die Dauer der nur ausnahmsweise dehnbaren oder verkürzbaren Legislaturperiode –, wie dies *mutatis mutandis* für die mittelbare Wahl der Träger der vollziehenden Gewalt in Bund, Ländern und Gemeinden gilt.

Daß sich im Wahlakt Zustimmung und Vertrauen manifestieren, wird schwerlich auf Widerspruch stoßen. Weniger leicht fällt es hingegen, die Frage zu beantworten, ob denn Zustimmung und Vertrauen des Wählers kontinuierlich, das heißt auch zwischen den immerhin einige Jahre auseinanderliegenden Wahlakten, benötigt werden, ob wir eine solche Kontinuität nicht zumindest gedanklich unterstellen müssen, wenn das Regieren, dieses der jeweiligen Mehrheit obliegende treuhänderische Ausüben der Staatsgewalt, über den Wahltag hinaus demokratisch legitimiert sein und bleiben soll.

Ich möchte diese Frage, die offenkundig an den Nerv jeder Demokratietheorie rührt und dennoch selten genug erörtert wird,[13] für die Repräsentativverfassung verneinen: Zustimmung und Vertrauen des Volkes kommen im Wahl- und Bestellungsakt der Repräsentanten zum Ausdruck; nur insoweit sind sie unverzichtbar notwendige Attribute der Ausübung von Staatsgewalt.

Was die *Zustimmung* angeht, so kann sie während der laufenden Legislatur- oder Amtsperiode ohnehin weder offiziell eingeholt (sieht man von dem wenig und auch dann nur punktuell beanspruchten Institut des Referendums einmal ab) noch inoffiziell – etwa mit Hilfe von Umfragen – hinreichend genau und authentisch ermittelt werden. Zudem ist es ja gerade das Lebens- und Arbeitsprinzip der repräsentativen Demokratie, daß der Wähler dem Gewählten kein gebundenes, sondern ein freies, in eigener Verantwortung wahrzunehmendes Mandat erteilt. Schließlich ist es ein ganz normaler und in einer lebendigen Demokratie durchaus begrüßenswerter Vorgang, daß die am Wahltag registrierten und zur Grundlage der Regierungsbildung gewordenen Wählerpräferenzen im Laufe der Wahlperiode mannigfachen Schwankungen und Veränderungen ausgesetzt sind. Mehrheitliche Zustimmung kann unversehens in mehrheitliche Ablehnung der Regierungspolitik umschlagen – und umgekehrt. Schon die logische Ein-

---

13 Vgl. dazu *Adolf Arndt,* Die Persönlichkeit in der parlamentarischen Demokratie (1957), Berlin 1958, S. 22 (auch in: *Adolf Arndt,* Geist der Politik. Reden, Berlin 1965, S. 100): »Ist es nicht erstaunlich und erregend, wie wenig Aufmerksamkeit bislang diesem Herzstück aller Politik, dieser Lebensfrage der Freiheit, dieser Nahtstelle zwischen Person und aller Art politischer Gruppenbildung – Partei und Staat –, dem Wesen des *Vertrauens* gewidmet wurde, obwohl schon Confucius lehrte: ›Ohne Vertrauen aber ist es unmöglich, daß ein Staat auch nur einen Tag besteht‹!?«

sicht, daß dieses Wechselspiel beliebig oft wiederholbar ist, sollte es verbieten, die demokratisch legitimierte Ausübung von Staatsgewalt an die Zwangsvorstellung einer in Permanenz vorhandenen Mehrheit von Regierungsanhängern zu knüpfen. Die Idee eines täglich sich erneuernden Zustimmungsplebiszits beruht auf einer zum Erbarmen blassen und unnützen Fiktion.

Mit dem *Vertrauen* verhält es sich ähnlich. Ohne hier den Ablauf und die Beschaffenheit vertrauensbildender Prozesse im einzelnen zu untersuchen, können wir die allgemeine, zumal im Sprachgebrauch lebendige Erfahrung als richtig unterstellen, daß der Wähler mit seiner Wahlentscheidung nicht nur Zustimmung, sondern – sieht man vom Typus des reinen Protestwählers einmal ab – auch Vertrauen bekundet:[14] Vertrauen in die persönliche Integrität ›seines‹ Kandidaten, Vertrauen in die Aufrichtigkeit und Realisierbarkeit der Wahlaussagen ›seiner‹ Partei, Vertrauen nicht zuletzt in die Fähigkeit ihrer Führungsmannschaft, auf dem Boden gemeinsamer Grundüberzeugungen politisch verantwortlich zu handeln und ihre erklärten Ziele durchzusetzen. Wer wollte aber bestreiten, daß auf Stetigkeit und Dauer eines einmal oder auch wiederholt erwiesenen Vertrauens nur bedingt Verlaß ist? Schon wegen der ihm eigentümlichen Beimischung emotionaler und irrationaler Elemente pflegt Vertrauen, politisches Vertrauen entgegen einer gottlob überlebten Floskel eben nicht unerschütterlich zu sein. Wo es nachhaltig schwindet, entstehen Vertrauenskrisen, die einer Regierung oft härter zusetzen und folgenschwerer sind als ein spektakulärer Mißerfolg.

Natürlich ist die exakte Offenlegung solchen Vertrauensschwundes vor dem erneuten Gang an die Wahlurnen ebenso ausgeschlossen wie eine verläßliche Messung des jeweils verbliebenen Grades an Zustimmung. Weil das so ist (und hoffentlich für alle Computer-Zukunft so bleiben wird), muß dieser Vorgang den oder die von ihm – im Doppelsinn des Wortes – betroffenen Politiker auch nicht zu radikalen Konsequenzen wie Richtungswechsel oder Rücktritt nötigen. Das angesammelte Vertrauenskapital schwinden oder gar aufgezehrt zu sehen, wird niemand, der politische Verantwortung trägt, leichtnehmen. Es ist aber legitim, daß er sein Amt, seinen Platz behauptet und den Verlust an Vertrauen bis zum Erlöschen des ihm auf Zeit erteilten Mandats wieder wettzumachen sucht. Unpopuläre Maßnahmen werden in der Demokratie nicht selten unter dieser Prämisse und in

---

14 Antoine de Rivarols (1753–1801) skeptische Bemerkung »Das Volk spendet seine Gunst, niemals sein Vertrauen« weist weniger auf einen Widerspruch in der Sache als auf den Wankelmut der Menge hin, der nach Machiavelli das Wesen der Menschen ausmacht.

dieser Erwartung gewagt und durchgestanden. Insoweit sichert der feste Zeitrahmen einer nur in Ausnahmefällen verkürzbaren[15] Legislaturperiode den Handlungs- und Entfaltungsspielraum, den die Regierung braucht, um eine von ihr für richtig gehaltene Politik ohne überängstliche Rücksicht auf das Schwanken der Wählergunst zu verwirklichen.[16] Zusammenfassend läßt sich sagen: Das sozialpsychologische Phänomen des Vertrauens hat ebenso wie die (staats-)rechtliche Kategorie der Zustimmung auch im Bereich des Politischen seinen angestammten Ort und seinen Sinn.[17] Aus der Sicht des Bürgers spielt Vertrauen bei der Übertragung politischer Macht an gewählte Repräsentanten eine wichtige, womöglich dominierende Rolle. Vertrauen ist hingegen keine *conditio sine qua non* für die Fortdauer eines formal unanfechtbaren Wählerauftrags zur Ausübung von Staatsgewalt. Die in Diktaturen beflissen propagierte These, permanentes Vertrauen des Volkes zu seiner Führung mache die unverzichtbare Grundlage seiner Existenz aus,[18] ist ein scheindemokratischer Unfug. Hinter der selbstgefälligen Berufung auf das Vertrauen der Massen steht in aller Regel eher ein Defizit an Bereitschaft, sich dieses Vertrauens von Zeit zu Zeit in freien Wahlen, im offenen Wettstreit quer- und gegenläufiger Bewegungen zu vergewissern. Wo aber der Test der freien Wahl gescheut wird, hat Vertrauen ohnehin keine legitimierende Kraft.

IV.

So etwa könnte eine zwischen Idee und Realität kritisch vermittelnde Theorie von der Rolle des Vertrauens in der Politik angelegt sein, und so könnte die pragmatische Bejahung dieser Rolle begründet werden. Mancher wird

---

15 Die Möglichkeit, vorzeitige Neuwahlen herbeizuführen, sollte weder aus der Interessenlage des Bürgers noch jener von Parlament und Regierung grundsätzlich ausgeschlossen werden.
16 Mit dieser Stoßfänger-Funktion festigt die nicht zu kurz bemessene Legislaturperiode das parlamentarische System insgesamt; vgl. dazu *Hugo Preuß*, Deutschlands Republikanische Reichsverfassung, 2. erw. Aufl., Berlin 1923, S. 79.
17 Insofern widerspreche ich der namentlich in der neueren Pädagogik vertretenen Ansicht, man könne einem Politiker nicht vertrauen, wenn dieses Wort »noch einen letzten Rest von Sinn behalten« solle (so *Hermann Giesecke,* Didaktik der politischen Bildung, 3. Aufl., München 1968, S. 125). Ich halte eine solche These, die durch Erfahrung und Augenschein widerlegt wird, für verhängnisvoll falsch.
18 Vgl. etwa *Herbert Krüger,* Vertrauen als seelische Grundlage der Volksgemeinschaft, Kriegsvorträge der Universität Heidelberg, Heft 5 (1940), insbes. S. 43. Ähnliche Einstellungen sind seit drei Jahrzehnten in der DDR geläufig, wo immer wieder gezeigt und belegt werden muß, »daß die Masse der DDR-Bürger der SED tiefes Vertrauen entgegenbringt« (so die SEW-Zeitung »Die Wahrheit« vom 28. Nov. 1980).

seinen eigenen, bislang eher unreflektiert eingenommenen Standpunkt in dieser notgedrungen knappen Skizze wiedererkennen; andere mögen immerhin finden, ihr lasse sich ohne wesentlichen Vorbehalt zustimmen. Der Sachverhalt scheint in der Tat eindeutig, der Fall entschieden zu sein: Sich das Vertrauen einer möglichst breiten Öffentlichkeit zu erwerben, es über den Tag und das Jahr hinaus zu bewahren und zu mehren, ist der hier vorgetragenen Philosophie zufolge eine der elementaren Herausforderungen, denen sich der demokratische Politiker stellen und gewachsen zeigen muß. Das, was wir Glaubwürdigkeit nennen, ist im Grunde nichts anderes als der Reflex, der Glanz, den das angesammelte Vertrauen ausstrahlt. Beides kann verspielt, aber es kann auch zurückgewonnen werden. Eben darauf beruhen ja demokratischer Wandel und Wechsel. Die freie Wahl ist letztlich nur das von der Verfassung geeichte Meßinstrument, das den jeweiligen Grad an Zustimmung und Vertrauen für Personen und Parteien anzeigt, in Mandate umsetzt und damit den Prozeß von Machterwerb, Machterhaltung und Machtverlust steuert.

All das mutet fast wie ein Exkurs über das Selbstverständliche an. Aber gerade deshalb ist es mehr als nur ein oberflächlich irritierender Widerspruch, mehr als das berühmte, die klassische Beweisführung würzende Körnchen Salz, wenn da ernstlich und engagiert behauptet wird, die wahre Tugend der Demokratie sei das *Mißtrauen*. Ist das ein Beitrag zur Umwertung aller Werte? Ein Hieb gegen die Politik als der großen Verderberin des Charakters – mit der Folge, daß vertrauenswürdige Politiker so rar sind wie hölzernes Eisen? Oder wird hier einfach der seit Lenin geflügelte Erfahrungssatz »Vertrauen ist gut, Kontrolle ist besser« ein wenig zugespitzt?

Lassen wir zunächst einige Kronzeugen der Vorzüge des Mißtrauens zu uns sprechen, ehe wir die Stichhaltigkeit ihrer Argumente prüfen.

Thomas Jefferson: »Vertrauen ist allemal der Erzeuger des Despotismus. Eine freie Regierung ist auf Argwohn, nicht auf Vertrauen gegründet. Argwohn und nicht Vertrauen führt zu Verfassungsordnungen, um die zu binden, denen wir Macht anvertrauen müssen. Unsere Verfassung hat deshalb die Grenzen festgelegt, bis zu denen – und nicht weiter! – unser Vertrauen gehen darf. In den Fragen der Macht sollte also nicht länger vom Vertrauen auf Menschen die Rede sein...«[19]

Johann Gottfried Seume: »Mit der Furcht fängt die Sklaverei an; aber auch mit Zutrauen und Sorglosigkeit.«[20]

---

19 Zit. nach *Christian Graf von Krockow,* Ist Vertrauen in der Politik dilettantisch?, in Radius, Juni 1973, S. 17.
20 Das Wort findet sich in Seumes Apokryphen unter dem Stichwort »Historisch-Politisches«.

August Bebel: »Ich betrachte das Mißtrauen als eine demokratische Tugend.«[21]

Jeannette Wolff: »Wenn man Demokrat ist, dann muß man mißtrauisch sein; denn Mißtrauen ist nach dem Erleben, das wir in Deutschland gehabt haben, die erste Tugend der Demokraten.«[22]

Adolf Arndt: »(D)as System dieser Verfassung gründet sich auf das demokratische Mißtrauen, daß Staatsorgane nicht davor gefeit sind, ja erfahrungsgemäß dazu neigen können, ihre Kompetenzen zum Nachteil des Bürgers zu überschreiten.«[23]

Karl-Hermann Flach: »Eine wahre Demokratie wird vom Mißtrauen der Bürger gegenüber der Staatsgewalt bestimmt, das selbst von den Trägern dieser Staatsgewalt als notwendig anerkannt wird.«[24]

Das sind klare und unmißverständliche Worte. Sie mit der offenbar antithetischen Auffassung vom Wert und von der Notwendigkeit des Vertrauens in der Politik auf einen Nenner zu bringen, muß von vornherein als aussichtslos erscheinen. Gleichwohl ergibt sich bei näherem Zusehen eine Reihe unvermuteter Zusammenhänge und Brückenschläge.

Daß Mißtrauen eine Tugend sein kann, die der Untugend des blinden Vertrauens, der Vertrauensseligkeit positiv kontrastiert, bedarf keiner Begründung. Diese Erkenntnis ist alt, ja zeitlos, mag der Grad des Ansehens, in dem sie steht, auch kräftigen periodischen Schwankungen ausgesetzt sein. Ist der Zeitgeist aufklärerisch gestimmt und trifft diese Stimmung – als Ursache oder Folge – auf den Niedergang bestehender Herrschaftsstrukturen oder das Verlöschen bisher anerkannter Konventionen und Dogmen, pflegen Kurswert und Potential eines kritisch-mißtrauischen Bewußtseins zu wachsen. Unabhängig davon werden um ihre Rechtsgleichheit ringende Minderheiten der auf die Bewahrung ihrer Privilegien bedachten Mehrheit schwerlich anders als mit Mißtrauen begegnen. In dieser Lage hat sich beispielsweise die SPD unter August Bebel befunden.[25] Ähnliches gilt für die

---

21 Protokoll über die Verhandlungen des Parteitages der Sozialdemokratischen Partei Deutschlands. Abgehalten zu Hamburg vom 3. bis 9. Oktober 1897, Berlin 1897, S. 151.
22 In der »Stahlhelmdebatte« des Deutschen Bundestages am 30. September 1955 (Sten.-Ber., 2. Wahlperiode, 104. Sitzung, S. 5758).
23 Vollstreckbarkeit verfassungswidriger (Steuer-)Gesetze?, in: Der Betriebsberater 1959, S. 533.
24 Macht und Elend der Presse, Mainz 1967, S. 184.
25 Es ist aber bemerkenswert, daß Bebel in seiner Parteitagsrede dem Bekenntnis zum Mißtrauen als einer demokratischen Tugend unmittelbar den Satz folgen läßt: »Ich halte nicht Leute, die sich um das Vertrauen des Volkes bewerben, von vornherein für Schufte« (aaO., S. 151).

in vielen Formen und Verhüllungen zutage tretende Reaktion des ›gebrannten Kindes‹. Wer unter dem Eindruck der noch frischen Erfahrung steht, daß Staats- und Rechtsordnungen bis zum Umschlag in die totale Menschenverachtung pervertieren können, oder wer – wie die deutsche Jüdin Jeannette Wolff – selbst Opfer einer solchen Perversion geworden ist, mag es als ein Stück Überlebenshilfe empfinden, sich mit dem unsichtbaren Schild eines immer wachen Mißtrauens zu wappnen. Aber auch der alltägliche Umgang mit Menschen und Dingen lehrt uns, es aufgrund der wiederkehrenden Wahrnehmung objektiver Gegebenheiten als ratsam zu erachten, der eigenen Gutgläubigkeit Schranken zu setzen. So wird niemand Samuel Butler (1835–1902), dem geistreichen Epigrammatiker der Viktorianischen Zeit, ernstlich widersprechen wollen, wenn er bissig bemerkt: »The most important service rendered by the press and the magazines is that of educating people to approach printed matter with distrust.«[26] Schließlich haben die Anhänger der politischen Opposition wenig Anlaß, der von ihnen nicht gewollten und nicht gewählten Regierung Vertrauen entgegenzubringen; je nach Temperament und Lebensalter[27] mißtrauisch zu sein, ist vielmehr der natürlichste Ausdruck ihrer Gegnerschaft.

Im übrigen spricht manches dafür, daß die Lobpreisung des Mißtrauens in der Publizistik der Bundesrepublik, namentlich während der Adenauer-Ära, zu einem Gutteil dem Bestreben zuzuschreiben ist, einen historischen Nachholbedarf zu decken. Die Orgie des öffentlich eingeforderten, im Übermaß geleisteten und schrecklich mißbrauchten Vertrauens, in die sich die Deutschen zwölf Jahre lang so willig wie willenlos verstrickt sahen, macht die Tendenz zum Umschlag ins Gegenteil, zur Absage an das Vertrauen, jedenfalls plausibel. Hinzu kommt, daß die Diskreditierung des Mißtrauens als achtbare politische Handlungsmaxime hierzulande Tradition hat: Vertrauen zur Obrigkeit als Ausweis der Staatsgesinnung des Untertanen – das ist keine literarische Erfindung. Als Max Scheler, Philosoph und Ethiker von europäischem Rang, 1915 in einer »Kategorientafel des englischen Denkens« auch die angelsächsische *Demokratie* abzuwerten suchte, definierte er sie kurzerhand als »Mißtrauen aller mit allen, um sich gegenseitig hierdurch in Schach zu halten«[28] – in der wohl richtigen An-

---

26 *A. T. Bartholomew,* Further Extracts from the Note-Books of Samuel Butler, London 1934, S. 261.
27 Vgl. dazu *Eduard von Hartmann,* Gedanken über Staat, Politik und Sozialismus, Leipzig 1923, S. 120: »Die Vertrauensseligkeit, mit der die Jugend ins Leben tritt, verliert sich mit jedem Jahrzehnt mehr und weicht endlich dem Mißtrauen des Alters.«
28 *Max Scheler,* Der Genius des Krieges und der deutsche Krieg, Berlin 1915, S. 440.

nahme, sie damit in den Augen deutscher Leser besonders fremdartig und verächtlich erscheinen zu lassen.
Demgegenüber festzuhalten, daß in der freiheitlichen *res publica* auch das Mißtrauen seine Würde und sein Lebensrecht hat, gebieten politische Vernunft und menschliche Erfahrung gleichermaßen. Aber diese Feststellung kann nicht das letzte Wort zu unserem Thema sein.

V.

Es ist nicht eine lediglich schiefe oder falsch akzentuierte, sondern eine ganz und gar unzutreffende Annahme, in der tradierten Demokratietheorie der angelsächsischen Welt werde das Vertrauen ausgespart oder doch zugunsten des kontrollierenden Mißtrauens zurückgesetzt. Jeffersons oben zitiertes Bekenntnis zu der auf Argwohn gegründeten freien Regierung ist ein Bekenntnis zur Freiheit des Bürgers, Argwohn gegen die Regierung zu hegen, ihn ungehindert öffentlich zu äußern und im Rahmen seiner verfassungsmäßigen Rechte in politische Aktion umzusetzen. Jefferson und die Verfasser der »Federalist Papers« wußten bei aller Entschiedenheit in der Anerkennung dieses Bürgerrechts sehr wohl, daß die repräsentative Demokratie ohne Vertrauen weder als Idee denkbar noch als Realität lebensfähig ist. Jefferson: »Let nothing be spared of either reason or passion, to preserve the public confidence entire, as the only rock of our safety.«[29] Und von Hamilton stammt der berühmte Satz: »The institution of delegated power implies that there is a portion of virtue and honor among mankind, which may be a reasonable foundation of confidence.«[30] Madison schließlich hat bemerkt: »As there is a degree of depravity in mankind which requires a certain degree of circumspection and distrust, so there are other qualities in human nature which justify a certain portion of esteem and confidence. Republican government presupposes the existence of these qualities in a higher degree than any other form.«[31]
Ein weiteres kommt hinzu. Vertrauen ist nicht nur in unserer Umgangssprache, sondern auch in der modernen Sozialpsychologie ein eindeutig po-

---

29 Brief Jeffersons an Caesar A. Rodney, den damaligen Attorney General der USA, vom 10. Februar 1810.
30 The Federalist Papers (1788), No. 76. Vgl. dazu *Wilhelm Hennis,* Amtsgedanke und Demokratiebegriff, in: *W. H.,* Politik als praktische Wissenschaft, München 1968, S. 52 f.
31 The Federalist Papers (1788), No. 56.

sitiv besetzter Begriff. Die mit ihm bezeichnete Fähigkeit eines Menschen, sich seiner Umwelt gegenüber angstfrei zu öffnen und mit ihr ›ohne Visier‹ zu kommunizieren, wird als wesentliches Ergebnis einer erfolgreichen Sozialisation in Familie und Schule angesehen. *Urvertrauen* ist in den siebziger Jahren zu einem Schlüsselbegriff von nahezu schicksalbestimmender Kraft geworden: an Erwerb oder Nichterwerb von Urvertrauen in der frühkindlichen Entwicklungsphase soll sich das Lebensglück des Erwachsenen entscheiden.

Von dieser Einschätzung der Rolle des Vertrauens im persönlichen Bereich führt ein gerader Weg zu einem ins Politische erweiterten Qualitätszeugnis. Das lautet dann etwa so: »Wärme und Zuwendung in der Kindheit sind Voraussetzung dafür, daß sich das Kind seiner Umwelt vertrauensvoll zuwendet, also jene ›offene‹ Persönlichkeitsstruktur gewinnt, die *für späteres demokratisches Verhalten unabdingbar* ist.«[32] Folgerichtiges Fazit: »Angst und Mißtrauen sind Feinde der Demokratie.«[33]

Nun ließe sich einwenden, hier sei von der Kategorie des Vertrauens lediglich insoweit die Rede, als sie zur Innenausstattung der demokratischen Persönlichkeit gehöre, nicht aber vom Vertrauen des Bürgers in die verfassungsmäßige Ordnung, des Wählers gegenüber dem Gewählten, des Volkes zu seiner Regierung. Das trifft zu, und doch ist schwerlich zu übersehen, wie eng und unaufhebbar die Wechselbeziehung ist, die zwischen beiden Vertrauensaspekten besteht. Demokratisches Vertrauen bedeutet nicht zuletzt, die Besorgung der eigenen Angelegenheiten delegieren zu können. Selbst ein mit Bürgerversammlungen und Volksentscheiden wohlversorgtes Land wie die Schweiz, deren Staatsrechtler über das repräsentative System noch immer gern ein wenig die Nase rümpfen, ist nur regierbar, weil es auf allen Ebenen eine Fülle solcher Vertrauensübertragungen gibt. Wo immer mehr einzelne sich unfähig fühlen, Vertrauen zu erweisen, wird die Folge eine früher oder später zum Ausbruch drängende öffentliche Vertrauenskrise sein. Eine amerikanische Wissenschaftlerin hat auf diese Gefahr mit großem Ernst aufmerksam gemacht: »Trust is a social good, like air and water. Once it becomes polluted, the process is hard to reverse. The decline of trust is a tragedy for our country.«[34]

---

32 *Sylvia Greiffenhagen,* Wie demokratisch sind die Westdeutschen?, in: Die Aussichten der Republik, hrsg. von der Redaktion der Frankfurter Hefte, Frankfurt a. M. 1980, S. 25.
33 aaO., S. 28.
34 *Sissela Bok,* Interview: »People Feel They Are Being Lied to More By Politicians«, in: U.S. News & World Report, 31. März 1980, S. 37.

Was also tun? Vertrauen und Mißtrauen als sich gegenseitig aufhebende demokratische Zwillingstugenden hinzunehmen, sie argumentativ gegeneinander auszuspielen, in ihnen den dialektischen Reiz einer echten *coincidentia oppositorum* aufzuspüren, – all das wird letztlich den logischen Widerspruch und die mit ihm verbundene sachliche Unschärfe nur vergrößern. Statt dessen kann und sollte, so scheint mir, auf den Begriff des demokratischen Mißtrauens überall dort verzichtet werden, wo in Wahrheit etwas ganz anderes gemeint ist: demokratische Kontrolle, Wachsamkeit, kritisches Bewußtsein und das Verlangen nach öffentlicher Rechenschaft. Heinrich von Kleist hat das Mißtrauen einmal mit dem »spitz geschliffenen Dolch« verglichen. Den Dolch zu führen, und sei es nur bildlich und sei es außerhalb eines verbergenden Gewandes, ist gewiß keine demokratische Tugend. Auf der Hut zu sein und nötigenfalls bereit, übertragenes Vertrauen zurückzunehmen, setzt nicht Mißtrauen, sondern einen klaren Blick und ein kritisches Urteil voraus. Unter den deutschen Politikern, die durch beides ausgezeichnet waren, ist Fritz Erler nicht der geringste. Er hat, wenige Monate vor seinem Tode, »ausdrücklich davor gewarnt, daß wir mit Mißtrauen operieren, statt mit demokratischer Wachsamkeit«, und er hat gefordert, »dafür (zu) sorgen, daß die Demokratie eine breite Vertrauensgrundlage in der Bundesrepublik Deutschland hat«.[35]

Erler ging damit über das hinaus, was Theodor Heuss im September 1949 dem jungen, soeben aus der Taufe gehobenen Staatswesen mit auf den Weg gegeben hat: »Man hat oft und gerne die Formel gebraucht, daß ›das Mißtrauen die Tugend der Demokratie‹ sei. Uns schien dieses gängige Wort nur immer eine halbe Wahrheit zu enthalten – auch ihr Instrumentarium, die Parteien, können ohne Vertrauen nicht leben, und für die Regierungen ist ›das Vertrauen‹ sozusagen für den Start ein unentbehrlicher Rechtsakt. Doch darf jene Sentenz über das Mißtrauen, auch wenn man dieses nicht gerade als ›Tugend‹ nehmen will, in ihrem wesentlichen Gehalt nicht überhört werden.« Dieser gutgemeinte Versuch, den offenen Widerspruch zwischen Vertrauenserwartung und Mißtrauenspostulat durch die Empfehlung zur friedlichen Koexistenz beider Verhaltensweisen zu überbrücken, deckt, was zu klären wäre, letztlich zu. Überdies ergeben zwei halbe Wahrheiten in der Summe nicht immer eine ganze, sondern mitunter ihr Gegenteil. Dessen eingedenk sei an den Schluß dieser Überlegungen das eindeutige Votum gestellt: die Lebenskraft auch der pluralistischen Demokratie erwächst aus *Vertrauen*, dem Vertrauen einer hinreichend großen Zahl kritikfähiger und kritikbereiter Bürger.

---

35 Redebeitrag auf dem Parteitag der Sozialdemokratischen Partei Deutschlands in Dortmund, 3. Juni 1966, Protokoll der Verhandlungen, S. 430.

Rüstungskontrolle – 25 Jahre danach

*Ernst Friedrich Jung**

I.

Der amerikanische Begriff »arms control« ist in der zweiten Hälfte der 50er Jahre, also vor etwa 25 Jahren, entstanden. Das Wort »control« bedeutet in der deutschen Sprache nicht so sehr Überwachung, Kontrolle, als vielmehr Beherrschung, Steuerung. Aber der deutsche Begriff Rüstungskontrolle hat sich nun einmal eingebürgert. Wir müssen darunter ein politisches Konzept verstehen, das die kooperative Rüstungssteuerung zum Inhalt hat. Abrüstung, Umrüstung, Aufrüstung, Rüstungsbeschränkungen, räumliche Verteilung können alle unter den Oberbegriff Rüstungskontrolle fallen. Ziel der angestrebten Steuerung des militärischen Apparats, seiner Potentiale, Technologien und Doktrinen ist es, den Ausbruch von Kriegen weniger wahrscheinlich zu machen, bei ausgebrochenen Kriegen den Schaden zu begrenzen, die Eskalationsgefahr zu verringern, die Rückkehr zum Frieden zu ermöglichen und schließlich die Rüstungsanstrengungen zu begrenzen.[1] Wie Gulliver mit Hunderten von Zwirnsfäden an den Boden gefesselt wird, soll der Krieg mit einem Netz von Rüstungskontrollmaßnahmen verhindert oder jedenfalls möglichst immobilisiert werden.
Wenn dieses Ziel erreicht würde, wäre die Sicherheitslage zwischen Ost und West stabiler, berechenbarer und weniger teuer.
Die Rüstungskontrolle gehört zu den nicht zahlreichen Fällen, in denen eine Theorie durch die Veröffentlichung eines Buches eine – man ist versucht zu sagen – geradezu modische Verbreitung in der ganzen westlichen Welt erfahren hat, nämlich durch eine Sondernummer der Zeitschrift DAEDALUS, des Organs der amerikanischen Akademie der Kunst und Wis-

---

* Dr. iur., Botschafter, Wien. – Der Beitrag, der im Februar 1981 abgeschlossen wurde, stellt die persönliche Auffassung des Autors dar.
1 *W. Grewe*, Spiel der Kräfte in der Weltpolitik, 1970, S. 55, und *E. Forndran*, Ist Rüstungskontrolle noch relevant? Rüstungskontrolle als Instrument der Sicherheitspolitik, in: Rüstungskontrolle und Sicherheit in Europa, hrsg. von *E. Forndran* und *P. J. Friedrich*, 1979, S. 14.

senschaften in Cambridge, Mass., im Herbst 1960.[2] Die Autoren dieses Sammelbandes, darunter Namen wie Robert Bowie, Hubert Humphrey, Herman Kahn, Henry Kissinger, Thomas Schelling, um nur einige zu nennen, haben der Idee, durch zwischenstaatliche Absprachen oder Verhaltensweisen das militärische Potential zu beeinflussen, um das Zusammenleben sicherer zu machen, großen Antrieb gegeben. Grundlage jeder Rüstungskontrollmaßnahme soll das Eigeninteresse der Vertragspartner sein; nicht etwa soll das Versprechen, eine Maßnahme einzuhalten, die Vertrauensbasis bilden. Wenn das Eigeninteresse nicht mehr der Maßnahme entspricht, soll ein Rücktritt möglich sein, dessen negative Folgen für die partnerschaftlichen Beziehungen jedoch wohl abzuwägen wären, damit ein leichtfertiger Rückzug von einem funktionierenden Abkommen schwerfällt.

Obwohl die Theorie neu ist, gibt es eine Menge von Fällen aus der Vergangenheit, die als praktische Beispiele von Rüstungskontrolle angeführt werden können. Hier wären zu nennen: die britisch-amerikanische Vereinbarung über die Benutzung von Sicherungsschiffen auf den Großen Seen von 1817, die Befestigungsverbote Antwerpens (1839), der Aalands-Inseln (1856), Luxemburgs (1867) und der schwedisch-norwegischen Grenzzone (1905). Die erste Haager Friedenskonferenz 1899 über das Verbot einzelner Waffenarten gehört hierher, ebenso wie der Vertrag von Locarno von 1925 über die Demilitarisierung des Rheinlandes und das deutsch-britische Flottenabkommen von 1935.

Unter den Rüstungskontrollvereinbarungen der Nachkriegszeit sind zu nennen: der Antarktisvertrag von 1959, der nukleare Teststop-Vertrag von 1963, der Weltraumvertrag von 1967, der nukleare Nichtverbreitungs-Vertrag von 1968, der Meeresbodenvertrag von 1971, das Übereinkommen über das Verbot bakteriologischer Waffen von 1972, das Übereinkommen gegen umweltändernde Kriegsführung von 1977. Dies sind alles weltweite Abkommen.

Daneben gibt es regionale oder bilaterale Vereinbarungen: das WEU-Vertragswerk von 1954 mit rüstungskontrollpolitischen Bestimmungen zu Lasten der Bundesrepublik Deutschland, die amerikanisch-sowjetische Vereinbarung über den heißen Draht von 1963, der Vertrag von Tlatelolco über die kernwaffenfreie Region von Lateinamerika von 1967, das amerikanisch-sowjetische Abkommen über antiballistische Raketensysteme (ABM) von 1972, SALT I von 1972, die KSZE-Schlußakte von Helsinki

---

2 Darauf fußend: Arms Control, Disarmament and National Security, ed. *D. G. Brennan*, 1961, deutsch: Strategie der Abrüstung, 1962.

mit dem Dokument über vertrauensbildende Maßnahmen von 1975. SALT II ist zwar nach über sechsjährigen Verhandlungen im Jahre 1979 in Wien feierlich unterzeichnet, aber nicht ratifiziert worden; die US-Regierung hat aber erklärt, sie werde nichts unternehmen, was den Zweck des Abkommens vereiteln würde. Über beiderseitige und ausgewogene Truppenverminderungen in Mitteleuropa (MBFR) wird seit 1973 in Wien ununterbrochen verhandelt, ohne daß bisher konkrete, abschließende Ergebnisse vorliegen.

Aber nicht nur die Absprache, sondern auch die Methode des »gegenseitigen Beispiels« kommt als Rüstungskontrollmethode in Frage, da es nationale Entscheidungen gibt, die aus psychologischen Gründen nicht zum Gegenstand völkerrechtlicher Verträge gemacht werden, weil dies eine Mitbestimmung des Partners begründen würde (z. B. gleichzeitige einseitige Moratorien).[3]

II.

Welche Erfahrungen hat man mit Rüstungskontrollregelungen gemacht? Ganz allgemein gilt dafür das, was auch für völkerrechtliche Abkommen generell gilt, nämlich daß eine Regelung um so haltbarer ist, je mehr sie der Interessenlage der beteiligten Partner entspricht. So hielt z. B. die Interessengrundlage für die Demilitarisierung des Rheinlandes nicht lange stand. Auch das deutsch-britische Flottenabkommen von 1935 reflektierte nur eine temporäre Interessenberührung. Nach dem 2. Weltkrieg abgeschlossene Vereinbarungen sind bisher kaum verletzt worden; jedenfalls lassen sich Verletzungen schwer nachweisen.

Wenn man einmal die in den letzten 25 Jahren erreichten Abkommen an den Zielen mißt, die sich die westliche Lehre von der Rüstungskontrolle gesetzt hat, kommt man zu folgenden Ergebnissen.[4]

1. Senkung des Kriegsrisikos durch Verstärkung der Stabilität.

Es ist schwer nachzuweisen, daß sich ohne Rüstungskontrollanstrengungen die militärische Stabilität im globalen Gleichgewicht anders entwickelt hätte. Eine Ausnahme stellt das ABM-Abkommen von 1972 dar. Zwischen

---

3 *W. Grewe*, aaO., S. 491, und *E. Menzel*, Die Technik des gegenseitigen Beispiels, in: Abschreckung und Entspannung, Veröffentlichungen des Instituts für Internationales Recht an der Universität Kiel, 1976, S. 768.

4 Vgl. *Chr. Bertram*, Arms Control and Technological Change – Elements of a New Approach, Adelphi Paper, Nr. 146, International Institute of Strategic Studies, London, 1978.

den beiden Supermächten USA und Sowjetunion hat sich trotz aller Waffenentwicklungen auch ohne Rüstungskontrollmaßnahmen ein Zustand entwickelt, der bisher eine Tendenz zum globalen Gleichgewicht gezeigt hat. Rüstungskontrollmaßnahmen mögen hier und da zum Ergebnis beigetragen haben.

2. Verringerung des Kriegsschadens, falls ein Krieg ausbricht.
Paradoxerweise hat die Entwicklung neuer Waffentechnologien mit größerer Zielgenauigkeit mehr zur Schadensbegrenzung beigetragen als Rüstungskontrollmaßnahmen in Verbindung mit technisch überholten Systemen. Entgegen vielfach geäußerter Ansicht ist Rüstungskontrolle nicht der praktisch wirksame Weg zur Schadensbegrenzung, wenn auch ein nicht zu verachtender (z. B. Verhandlungen bezüglich besonders grausamer Waffen).

3. Verminderung der wirtschaftlichen Rüstungslasten.
Jahr für Jahr sind die Rüstungsausgaben größer geworden und dazu mit steigender Tendenz. Sie haben im Blick auf die Vergangenheit ein geradezu astronomisches Ausmaß erreicht (z. B. Stückpreise von mindestens rd. 1,5 Mio DM für eine neue Feldhaubitze 70, rd. 3,5 Mio DM für einen Panzer Leopard II, rd. 15 Mio DM für einen Phantom-Jäger, rd. 40 Mio DM für ein Tornado-Kampfflugzeug und rd. 47 Mio DM für ein U-Boot Klasse 206).[5] Rüstungskontrollmaßnahmen haben diese Steigerungen nicht verhindern können.

Die Folge ist, daß sich Kritik gegenüber der Rüstungskontrolle äußert. Der Unwille über eine solche Methode wächst zunehmend. Es wird ihr vorgeworfen, daß sie zu ehrgeizig sei und die westliche Politik in eine Sackgasse führe. Sie sei auch illusionistisch, insbesondere mit ihrem Versuch, mit akademischen Überlegungen politische Geschehensabläufe beeinflussen zu wollen. Rüstungskontrollpolitik habe als Ersatz für eine sinnvolle Sicherheitspolitik gedient, statt ein Element solcher Politik zu sein. Trotz – oder gerade wegen – Rüstungskontrollverhandlungen hätten die Sowjets ihre militärische Macht erheblich verstärkt; das Gleichgewicht werde allmählich gefährdet, ja sei es bereits.

---

5 Neue Waffen und Geräte der Bundeswehr, hrsg. vom Bundesministerium der Verteidigung, 1977, und Weißbuch 1979, hrsg. vom Bundesminister der Verteidigung, S. 268.

III.

Diese Kritik verdient es, ernstgenommen zu werden. Drei Aspekte sollen besonders untersucht werden.

1. *Fehlanwendung von Rüstungskontrolle*

Rüstungskontrolle kann sehr wohl mißbraucht werden. Hier einige Beispiele.[6] Daß die Forderung nach sofortiger und vollständiger Abrüstung heutzutage nicht mehr seriös ist, bedarf keiner weiteren Ausführung. Ebenso ist der Ruf nach Rüstungsmoratorien, nach dem Einfrieren von Streitkräften und Waffensystemen dann nicht sachdienlich, wenn er von der überlegenen Partei stammt oder wenn der freeze nicht hinreichend verifiziert werden kann. Vorschläge für prozentuale Verminderungen sind dann nicht diskutabel, wenn sie die defensiven Möglichkeiten des schwächeren Partners stärker einschränken, auch wenn die Verminderungen rein mathematisch gesehen am Kräfteverhältnis nichts ändern. Auch das historische Beispiel des deutsch-britischen Flottenabkommens von 1935 gehört hierzu: Da Hitler, so wie die Dinge damals lagen, die deutsche Kriegsmarine ohnehin nicht auf einen höheren Anteil als 35 % im Vergleich zur Royal Navy bringen konnte, kostete ihn das Abkommen nichts, sondern brachte ihm nur Vorteile: es zerriß endgültig die Siegerallianz von 1918, es legitimierte international seine Aufrüstung, und es brachte ihm Beifall, weil er mit einem freiwilligen Rüstungsverzicht voranging. In Wirklichkeit war die Rüstungsbegrenzung hier nicht friedensfördernd, sondern kriegstreibend.

Das Eingehen auf diversionistische oder mißbräuchliche Vorschläge dieser Art wird heute vom Westen vermieden. Dennoch gibt es Fehlanwendungen von Rüstungskontrolle.

Abkommen, die militärisch oder politisch relativ wenig kosten, verlängern zwar die Reihe protokollierter Dokumente, haben aber militärisch und politisch wenig Gewicht. Natürlich sind »kosmetische« Abkommen um so leichter zu erzielen, je weniger umfangreich und je abgelegener die Vertragsmaterie ist. SALT I und KSZE brauchten Jahre bis zu ihrer Aushandlung und erreichten auch nur eine Einigung auf Teilgebieten; andere große Rüstungskontrollunternehmen, wie SALT II und MBFR, sind ins Stocken geraten.

Abkommen, die einer Seite das Aufwachsen von Waffensystemen erlauben,

---

6 *W. Grewe,* aaO., S. 335 f. und *Gerd Schmückle,* SALT: Sicherheit zwischen Aufrüstung und Rüstungskontrolle, Vortrag Haus Rissen, Hamburg, Oktober 1979.

während sie der anderen Seite die Verpflichtung zu einem Stillstand oder Abbau auferlegen, kann man kaum als ausgewogen bezeichnen. Auch das Modell des Umleitens von Rüstungsausgaben innerhalb des Wehrsektors kann von zweifelhaftem Wert sein: Weil beide Seiten auf einem bestimmten Gebiet bis zur Sättigung gerüstet sind, vereinbaren sie einen Rüstungsstop, um so die freiwerdenden Mittel um so wirkungsvoller für andere Rüstungsprojekte verwenden zu können.

Alle diese Modelle mindern den Ruf der Rüstungskontrolle eher, als daß sie ihn fördern.

2. Nichtbeachtung sowjetischer Konzeptionen

Die Theorie der Rüstungskontrolle ist ein westliches Konzept. Das westliche Kriegsbild beruht auf der Überzeugung, daß ein mit moderner Technologie geführter Krieg so unvorstellbar große Verluste und Schäden verursacht, daß er besser zu vermeiden ist. Das westliche Konzept für militärische Sicherheit baut auf der Strategie der Abschreckung auf, die es gar nicht erst zum Kriege kommen lassen soll. Nur wenn die Abschreckung versagen sollte, setzt die Strategie der Verteidigung ein; das Hauptgewicht liegt aber auf der Wirksammachung der Abschreckung. In dieses Konzept paßt, daß alle Maßnahmen willkommen sind, die unter Voraussetzung der Gegenseitigkeit das Kriegsrisiko senken, Kriegsschäden vermindern und Rüstungsausgaben verringern. Verwundbarkeit und Transparenz sind nicht mehr wie früher unbedingt von Nachteil, sondern können dann Vorteile sein, wenn sie den potentiellen Gegner vom Kriege abhalten, sei es, daß er sich vor einem Erstschlag der anderen Seite sicher fühlen kann, sei es, daß er wegen der verbleibenden Stärke der anderen Seite vor einem Angriff zurückschreckt.

Rüstungskontrollmaßnahmen werden von vielen westlichen Theoretikern als Wert an sich angesehen. Ihre Vereinbarung könne per Saldo nur zum Vorteil beider Seiten gereichen, selbst wenn sich das Kräfteverhältnis im übrigen ändern sollte. Man spricht von der »separability of underlying political issues from arms control issues«.[7] Eine Verknüpfung (linkage) mit anderen politischen Fragen wird bewußt als nicht im eigenen Interesse liegend, da das Zustandekommen der Maßnahme verzögernd oder verhindernd, abgelehnt. Mit cartesianischem Räsonnement wird gefolgert, daß Maßnahmen zur Senkung des Kriegsrisikos, zur Verringerung der Kriegs-

---

7 *A. Mertes,* Sowjetische Kriterien der Sicherheit und Rüstungskontrolle – Konzeptionelle Gegensätze und Unterschiede zum Westen, in: E. Forndran und P. J. Friedrich, aaO., S. 260.

schäden und zur Verminderung der Rüstungsausgaben auch im wohlverstandenen Interesse des politischen Gegners liegen müßten.
Das sowjetische Eigeninteresse wird aber von der Sowjetunion und nur von ihr bestimmt, und das mit Kriterien, die an der politischen Logik der Sowjetunion ausgerichtet sind. Militärische Macht dient nach sowjetischer Ansicht nicht nur zur Abschreckung und Verteidigung (und, wie man hinzufügen muß, dem Gewinnen auch eines mit Kernwaffen geführten Krieges), sondern auch zur Repression potentiell unwilliger Verbündeter sowie zur Einschüchterung und Domestizierung politischer Gegenspieler.[8]
Diese Zweckbestimmung kann mit unzähligen Beispielen belegt werden; man muß dabei nicht bis zu den Drohungen Stalins und Chrustschows zurückgehen. Auch aus der von der Sowjetunion abhängigen DDR gibt es ein interessantes Zeugnis aus dem Munde des gelegentlich überraschend offenen Verteidigungsministers, General Hoffmann, der im Dezember 1975 vor der Parteiakademie der SED unverblümt erklärte, es gebe in der Geschichte kein Beispiel einer siegreichen kommunistischen Revolution, ohne daß die Kanonen des sozialistischen Lagers nicht gesprochen hätten oder daß sie nicht zumindest geladen und gerichtet gewesen wären. Wenn die kommunistischen Kanonen zwar vielleicht nicht abgefeuert, aber zumindest geladen und auf den Klassenfeind gerichtet werden, dann muß man davon ausgehen, daß die militärische Macht im kommunistischen Konzept nicht nur dazu dient, die Heimat gegen einen Angriff von außen zu schützen, sondern auch eine wichtige Rolle in der Förderung des Kommunismus außerhalb des Warschauer Vertragsgebiets spielt, nämlich diejenigen, die dem »historischen Fortschritt des Sozialismus« im Wege stehen, zum mindesten durch das Vorhandensein der militärischen Macht wirkungsvoll einschüchtern soll.[9]
Auch die Sowjetunion (und mit ihr der Warschauer Pakt) wünscht keinen allgemeinen Krieg, schränkt deshalb aber die militärische Macht noch nicht auf das Minimum der Abschreckung und Verteidigung ein. Vielmehr erstrebt sie ein Optimum an Stärke, das auch die anderen Zweckbestimmungen der bewaffneten Macht im »sozialistischen Lager« deckt.
Beabsichtigte und vereinbarte Rüstungskontrollmaßnahmen sind daher immer auch unter diesen Gesichtspunkten zu sehen. Maßnahmen, die den erwähnten Zweckbestimmungen widersprechen, sind für die Sowjetunion nicht akzeptabel, selbst wenn sie dem Westen aus sowjetischer Sicht ansonsten willkommene Beschränkungen auferlegten. Die Geiselfunktion, die

---

8 *A. Mertes,* aaO., S. 264 und *M. Volensky,* in: Profil, Nr. 40, Wien, 29. 9. 80.
9 *W. Pabsch,* Entspannung und Abrüstung, in: NATO-BRIEF, Nr. 5, Brüssel, 1977.

Westeuropa in militärischer Hinsicht für die Sowjetunion aus sowjetischer Sicht spielt und offenbar weiter spielen soll, macht z. B. verständlich, warum sich Moskau einem Abbau seiner Überlegenheit im MRBM-Bereich gegenüber Westeuropa so sehr widersetzt.[10] Sie macht ebenso verständlich, warum sich die Sowjetunion gegen den Abbau der konventionellen Superiorität in Mitteleuropa wehrt. Das Sträuben gegen die Zulassung effektiver Luft- und Bodeninspektionen auf dem Territorium des Warschauer Pakts gehört ebenfalls hierzu.

Die konzeptionellen Unterschiede zwischen westlicher Rüstungskontrolldoktrin und östlichem Sicherheitsbegriff sind bisher immer wieder verkannt worden.

3. *Rüstungskontrolle und militärisches Gleichgewicht*

Die beste Maßnahme, um den mit Rüstungskontrolle verfolgten Zielen näher zu kommen, ist noch immer die Herstellung und Aufrechterhaltung eines annähernden militärischen Kräftegleichgewichts, selbst wenn dies eine erhöhte statt eine verminderte Rüstungsanstrengung erfordern sollte und selbst wenn die Operation der Herstellung des Gleichgewichts große Umsicht im Hinblick auf die Gefahr von Mißdeutungen erheischt. Die Geschichte lehrt, daß eine Kriegsgefahr im allgemeinen höher ist, wenn ein erhebliches Rüstungsungleichgewicht zwischen zwei potentiellen Gegnern bzw. zwischen zwei potentiell gegnerischen Allianzen vorliegt, als wenn das nicht der Fall ist. Günstige Voraussetzungen für Rüstungskontrollregelungen im Ost-West-Rahmen hängen daher ganz wesentlich von der Existenz eines ungefähren Kräftegleichgewichts und des Wissens davon ab. Rüstungskontrollregelungen, die ein fundamentales Ungleichgewicht gleichsam überkleistern sollen, sind artifiziell und erweisen sich schnell als rissig.

Die Auffassung setzt sich mehr und mehr durch, daß spätestens nach dem sowjetischen Einmarsch in Afghanistan Ende Dezember 1979 gewichtige Rüstungskontrollunternehmen wegen der Verschlechterung der Ost-West-Beziehungen, insbesondere wegen des fehlenden Konsensus über den Inhalt

---

10 Vgl. *G. Wettig,* Die Auseinandersetzung um die euro-strategische Nachrüstung der NATO, Sonderveröffentlichung des Bundesinstituts für ost-wissenschaftliche und internationale Studien, Köln, Juli 1980, und *St. Tiedtke,* Militärische Planung und MBFR-Politik der Sowjetunion, in: Osteuropa, 1980, S. 306.

militärischer Stabilität, in die Defensive gedrängt worden sind.[11] Rüstungskontrollverhandlungen, die heute strukturelle Veränderungen und damit mehr als kleine Schritte anstreben, wird keine große Chance gegeben. Die Zeit der Ernüchterung ist gekommen und mit ihr der Glaube, im wesentlichen mit Rüstungskontrollverhandlungen eine Friedensordnung zwischen Ost und West errichten zu können, verloren gegangen.[12] Ebenso wie sich in der Nachkriegszeit das Gleichgewichtskonzept gegenüber der Formel der kollektiven Sicherheit durchgesetzt hat, hat dieses Konzept die Politik der Rüstungskontrolle jetzt auf den ihr gebührenden Platz zurückgedrängt.

Faßt man die Untersuchung der drei herausgegriffenen Aspekte zusammen, so ergibt sich folgendes: Das Abgleiten von Rüstungskontrollverhandlungen auf nicht relevante Gebiete, die Verkennung des Stellenwerts, den die Rüstungskontrolle im politischen Instrumentarium des Ostens spielt, sowie allzu ehrgeizige Versuche, mit Rüstungskontrolle fundamentale Ungleichgewichte zu überbrücken und politische Spannungen zu überwinden, gehören zu den Gründen, die für den Fehlschlag westlicher Projekte und für damit einhergehende westliche Enttäuschungen ursächlich sind. Sie sind der Preis, der für die falsche Anwendung der Methode und für die übertriebene Erwartung in ein Hilfsmittel der Sicherheitspolitik, wie es die Rüstungskontrolle nun einmal darstellt, zu zahlen ist. Er mahnt zur Vorsicht bei der Übernahme wohlklingenden, griffigen Vokabulars aus wie immer gearteten »think tanks«.

IV.

Auf dem Boden eines ungefähren Kräftegleichgewichts haben Rüstungskontrollverhandlungen durchaus ihren Sinn, um das Gleichgewicht verläßlicher zu machen, selbst wenn sie dann im Rahmen gleichgerichteter Interessen einen Konsensus nur zu fixieren haben, statt den Versuch zu machen, das militärische Kräfteverhältnis umzustrukturieren.
Wir müssen uns daher hüten, bei der Bewertung der Rüstungskontrolle 25 Jahre nach Eingang dieses Konzepts in die politische Wissenschaft und in die praktische Ost-West-Politik das Kind mit dem Bade auszuschütten. Es hat erfolgreiche Rüstungskontrollabkommen gegeben; Musterbeispiel ist

---

11 Vgl. *Chr. Bertram*, Rethinking Arms Control, Foreign Affairs, Nr. 2, 1980/81.
12 Vgl. *R. Burt*, A Glass Half Empty, Foreign Policy, Nr. 36, Herbst 1979, S. 33.

der ABM-Vertrag, der der amerikanischen und sowjetischen Volkswirtschaft Milliardensummen erspart hat *und* zur Stabilität beigetragen hat, weil er die Abschreckungskraft der beiderseitigen strategischen Waffen erhalten hat. Auch die Unterscheidung von nuklearen und konventionellen Waffen hat sich seit 1945 als haltbarer bewiesen, als viele befürchtet hatten; die Unterscheidung bildet daher für Rüstungskontrollvorhaben einen unverzichtbaren Ausgangspunkt. Auch kleine Rüstungskontrollabkommen auf relevanten Gebieten können nützlich sein. Wir dürfen Rüstungskontrollverhandlungen von heute nicht mit den sterilen, doktrinär geprägten Abrüstungsverhandlungen der Völkerbundszeit verwechseln. Während die damaligen Verhandlungen realitätsfern waren, sind heute Rüstungskontrollverhandlungen und -abkommen, die diesen Namen verdienen, immer die Kehrseite realer Militärpolitik und Strategie. Wenn heute SALT das strategische Waffenarsenal beschränkt, bedeutet das gleichzeitig eine Beschränkung militärischer Optionen und damit der Strategie.
Folgende Gesichtspunkte sprechen für eine Weiterführung von Rüstungskontrollverhandlungen:
1. Der elementare Wunsch der Völker, insbesondere dort, wo er sich frei artikulieren kann, nämlich in den westlichen Demokratien, die unsinnigen Rüstungsausgaben zu begrenzen, ist ein Motor, der den Regierungen eine Beendigung von Rüstungskontrollverhandlungen unmöglich macht.
2. Der Westen kann es sich nicht leisten, dem Osten die Initiative in der Abrüstungspolitik zu überlassen. Er muß seinerseits aktiv bleiben, den Osten immer wieder beim Wort nehmen, durch Verhandlungen auf die Probe stellen und das Ergebnis, sei es positiv, sei es negativ, der Weltöffentlichkeit zur Meinungsbildung vorlegen.
3. Solange der Frieden in der Welt auf dem Gleichgewicht des Schreckens beruht, also solange es sich um ein instabiles Gleichgewicht handelt, ist es von überragender Bedeutung, Ost-West-Kontaktstellen zu besitzen, die für die Krisenbeherrschung eingesetzt werden können. Hier geht es auch um einen kontinuierlichen Lernprozeß zwischen Ost und West, mit dem dazugehörigen Informationsaustausch. Hier gilt es ebenfalls, Fehlrechnungen und Fehldeutungen auszuschalten, um das Hineinschlittern in einen Krieg zu vermeiden.
4. Die bisherige westliche Auffassung, daß sich Rüstungskontrollverhandlungen überhaupt nicht zur linkage eignen, bedarf einer Revision. Wenn Rüstungskontrolle wirklich im beiderseitigen Interesse liegt, dann muß auch der Verhandlungspartner, je nach dem Grad seines Interesses, einen Preis zahlen. Es ist eine Frage der Taktik, die Natur, den Umfang und die Formulierung des Junktims optimal zu gestalten. Richtpunkte müssen da-

bei einmal die Erhaltung bzw. Erreichung des Kräftegleichgewichts, zum anderen die Vermeidung von Situationen sein, in denen direkt oder indirekt ein einseitiger Vorteil auf Kosten einer Partei erreicht werden könnte.[13]
5. Es ist einleuchtend, daß die freie Verbreitung von Kernwaffen generell friedensgefährdend ist. Rüstungskontrolle wird eine große Rolle bei der Nichtverbreitung von Kernwaffen spielen, wenn sie zu Systemen beiträgt, die den Anreiz zum Erwerb eigener Kernwaffen nicht aufkommen läßt.
6. Rüstungskontrollverhandlungen und -vereinbarungen werden in der Zukunft den Einsatz militärischer Macht nicht verhindern können, aber sie werden einen wenn auch noch so kleinen Beitrag zum beschränkten Gebrauch dieser Macht leisten in einer Zeit, in der die Welt alle denkbaren Barrieren gegen gefährliche Konflikte benötigt. Solange es notwendig sein wird, den Versuch zu machen, militärische Rivalitäten zwischen Ost und West in den Griff zu bekommen und zu steuern, wird es Rüstungskontrolle geben. Der Rüstungskontrollprozeß muß deshalb, auch wenn seine Bedeutung wie bisher überschätzt worden ist und er sich zur Zeit verlangsamt, aufrechterhalten werden.
7. Allerdings müssen wir aus den Erfahrungen lernen und in kleinen Schritten mit dem Blick für das Erreichbare vorgehen. Verhandlungen müssen auf innenpolitische Unterstützung bauen können. Klare, nachprüfbare Kriterien sind vonnöten; verwaschene Anknüpfungspunkte, wie z. B. »Qualität« von Streitkräften, Waffen ohne Definition ihrer Einsatzoptionen, haben außer Ansatz zu bleiben. Erwägungen und Vorschläge sollten dem Gesamtstand der Ost-West-Beziehungen nicht weit vorausgehen. Verhandlungen sollten sich mehr auf die Aufrechterhaltung der Stabilität bzw. die Vermeidung von destabilisierenden Überraschungen konzentrieren als auf Reduzierungen als solche. Hier ist besonders an das Feld der vertrauensbildenden Maßnahmen zu denken.
Wenn man Rüstungskontrollplanungen und -verhandlungen vor dem Hintergrund dieser Folgerungen sieht, dann wird man zufrieden sein müssen, wenn man zu Teilergebnissen kommen kann.

---

13 Vgl. Grundsatzerklärung über die amerikanisch-sowjetischen Beziehungen vom 29. 5. 72, Europa Archiv 1972, S.D 289 ff.

Kirche in Brasilien

*Jörg Kastl**

I. *Einleitung*

Als Papst Johannes Paul I. am 30. Juni 1980 seinen Fuß auf brasilianischen Boden setzte, niederkniete und ihn küßte, besuchte er die nach Zahl der Getauften größte katholische Nationalkirche der Erde. Zwar regen sich neben der katholischen andere religiöse Gemeinschaften und Sekten – in afrobrasilianischen und spiritistischen Kultstätten, in Synagogen, Moscheen, Shintotempeln, in protestantischen Betsälen. Auch die Schar der Atheisten ist gewachsen. Dennoch ist es die katholische Kirche, die Brasiliens Staat und Volk seit der Kolonisation am tiefsten geprägt hat – so wie sie selbst von ihrer tropischen Umwelt gefärbt worden ist. Und diese Kirche ist es heute, die das Leben der brasilianischen Nation wie ein Sauerteig durchdringt, das sie bis noch vor einer Generation entscheidend mitgestaltet hatte. Ihr künftiges Verhalten wird nicht ohne Einfluß auf Brasiliens Zukunft bleiben und mag sich früher oder später auf die katholische Gesamtkirche auswirken.

Die Pilgerschaft des reisenden Papstes Wojtyla vom 30. Juni bis 11. Juli 1980 kreuz und quer durch das Riesenland hat das weltweite Bewußtsein für das Wesen dieser Kirche innerhalb der buntscheckigen Wirklichkeit Brasiliens geweckt. Die Geschichte, das heutige Gefüge, das Verhältnis dieser lediglich als »die Kirche« abgekürzten religiösen Gemeinschaft zum Staat sowie die Licht- und Schattenseiten ihres Handelns, besonders nach dem Papstbesuch, zu schildern und zu werten, mag sich daher lohnen. Die Betrachtung der anderen Kulte ist dabei insoweit vonnöten, als sie den Hauptgegenstand der Abhandlung, die katholische Kirche, erhellt.

II. *Geschichte*

Die Kirche hilft den Portugiesen bei der Eroberung Brasiliens und diese helfen der Kirche bei der Bekehrung neuer Seelen. Der portugiesische Katholi-

* Botschafter, Bonn.

zismus unterscheidet sich von dem anderer Völker freilich darin, daß ihn die Mystik afrikanischer, islamischer, jüdischer Überlieferungen durchtränkt, daß er nicht die italienische Renaissance erfahren hat, daß ihm der Glaubenseifer der Spanier ebenso abgeht wie der Neuerergeist des reformierten Nordens. Die Kirche gibt sich lyrisch lässig. Ketzer haben nicht den Scheiterhaufen zu gewärtigen, sie kommen mit der Taufe davon. Die neue Mischgesellschaft lusitanischer Geschäftemacher und Plantagenherren, unterjochter Indianer, afrikanischer Sklaven und die Kirche fühlt sich eins: sie umarmt den Fremden. Die Kirche nimmt das sich herausbildende Gesellschaftsgefüge als gegeben hin, sie sakralisiert, sie zivilisiert es.

Der Klerus wirkt auf das Kirchenvolk weniger geistig als profan. Noch 1889 gab es in dem »katholischen« Brasilien nur sieben Bistümer und wenige Hundert Priester, die sich an der Küste drängten, während es in den »protestantischen« Vereinigten Staaten damals bereits 84 Bistümer und etwa 8 000 Priester gab. Der Geistliche lehrte den Kindern des Herrenhauses Latein oder spendete den Bewohnern des Sklavenhauses nur die Sakramente. Die Indianer und Neger dagegen waren mit der Taufe allein noch nicht zu Christen geworden. Sie putzten ihre exotischen Riten und Mythen mit christlichen Tarnelementen auf und zogen mit dem synkretistischen Kult die weißen Herren an, so daß es nicht zu einer Verchristlichung der fremden Religionen sondern häufig zu einer Verfremdung der christlichen Religion kam. Doch es sind getrennte Kirchen, in denen zwei katholische Religionen praktiziert werden, der kulturelle Katholizismus der klerikal rechtgläubigen Oberschicht und der abergläubisch volkstümliche der dienenden Masse. Die ethnische Scheidung hält bis in unsere Tage an. Noch 1960 lehnten 17 der 83 männlichen Orden und 54 der 154 weiblichen Orden Schwarze ab.

Die Kirche war unter dem König von Portugal und dem Kaiser von Brasilien Staatskirche. Sie schlugen die Bischöfe vor, der Staat kam für den Unterhalt der Kirche auf. Gleichwohl kamen sich Gläubige und öffentliche Gewalt ins Gehege. Selbsternannte oder vom Volk verehrte Propheten errichteten im Nordosten messianische Gottesstädte und predigten Gleichheit und Brüderlichkeit. Sie wurden niedergemacht. Kaiser Pedro II., ein Freimaurer, wollte sich die Kirche botmäßig machen und verbot die Einreise ausländischer Missionare und die Gründung neuer Orden. Gegen die gallikanische Bevormundung setzte sich der papsttreue Erzbischof von Recife zur Wehr. Seine Festnahme trug 1889 schließlich mit zu dem Sturz des Kaisers bei.

Die republikanische Verfassung von 1891 verfügt die Trennung von Staat und Kirche, verankert die Religionsfreiheit, räumt aber dem römisch-katholischen Ritus eine Sonderstellung ein. Ausländische Missionare füllen wieder die verlassenen Klöster und Pfarrhäuser. Doch trotz der restaurativen Euphorie klagt 1916 der Kardinal von Rio: »Brasilien ist katholisch, aber der Katholizismus ist ohne spürbaren Einfluß auf das Volk oder gar die Intelligenz geblieben.«

Die Entwicklung vom Agrar- zum Industriestaat, die mit dem Zweiten Weltkrieg einsetzt, sich mit dem Bau mächtiger Fabrikzentren und der Erschließung des Hinterlands seit 20 Jahren beschleunigt hat und die noch keineswegs abgeschlossen ist – sie stellt die Kirche vor umwälzende Aufgaben. Die Suche nach Arbeit und Brot reißt Kleinbauern, Pächter, Hintersassen in dem dürren Norden massenweise aus Natur, Familie, Tradition und treibt sie in die hochschießenden Steinwüsten Mittelbrasiliens, wo sie in Stadtrandsiedlungen ein proletarisches Dasein fristen. Die gestaltlose, graue neue Umwelt entfremdet sie den ererbten, dumpf empfundenen Glaubensvorstellungen, denn die zuvor geübte Religiosität der Gelübde, Wallfahrten und des Sakramentenempfangs hält nicht lange vor. Sie erfahren die soziale Heilslehre des Marxismus oder suchen Unterschlupf unter dem Dach der mit der Religionsfreiheit selbstbewußteren afrobrasilianischen oder spiritistischen Kulte und der Pfingstlerbewegung.

»Eine kirchliche Gemeinschaft in der Nachfolge Jesu kann es sich ... nicht leisten, von den Armen und Kleinen verachtet zu werden« (J. B. Metz). Dieser Erkenntnis, die der katholischen Kirche nach dem Einsetzen der industriellen Revolution in der Alten Welt erst spät gekommen war und die zu der Soziallehre der Päpste führte, ihr konnten sich die brasilianischen Priester nicht entziehen, als das Elend der städtischen Arbeitermassen wuchs und das Elend auf dem Lande nicht mehr als gottgegeben hingenommen wurde. Die Sakramentenspende, die Werke paternalistischer Caritas reichen als Trost nicht mehr aus. Das Evangelium wird »als Exorzismus aufgefaßt gegen den Fatalismus, das Schicksal des Einzelnen der Natur, Gott oder der Regierung zu überlassen« (G. P. Süss). Allmählich setzt die Umkehr von der »triumphierenden« zu der »demütigen« Volkskirche ein, von der angepaßten Kirche der Reichen zu der streitbaren der Armen. Der bekannteste Saulus der alten Gesellschaftsordnung, der zum Paulus ihrer grundlegenden Veränderung wurde, ist Dom Helder Camara. Um dem zunächst ratlosen brasilianischen Katholizismus eine sichere Basis und Inspiration zu geben, gründet der damals 43jährige ein Jahrzehnt noch vor dem II. Vatikanum in Rio die erste Nationale Bischofskonferenz. Ihn ermutigt hierzu der Kardinalstaatssekretär Montini, der spätere Papst Paul VI., ihn unterstützt die Katholische Aktion. Von 1954 bis 1964 ernennt der Vatikan 109 neue Bischöfe und 24 Erzbischöfe, welche der Reformgeist der Gesamtkirche treibt. 1955 wird in Rio die Konferenz der Lateinamerikanischen Bischöfe gegründet; unter tonangebender Mitwirkung des brasilianischen Episkopats sucht sie 1969 in Medellin und 1979 in Puebla nach christlichen Antworten auf die Frage einer entchristlichten Welt.

III. *Gefüge*

Das Statistische Jahrbuch des Heiligen Stuhls für 1976 schätzt den Anteil der Katholiken an der brasilianischen Gesamtbevölkerung auf 93,3 %; bei heute etwa 125 Millionen Brasilianern wären dies etwa 112 Millionen. Protestanten und Andersgläubige machen je etwa 4 Millionen aus. Die Dunkelziffer der Candomblé-Jünger und Spiritisten schwankt zwischen 20 und 40 Millionen.
Anhand anderer Statistiken würde das nominal größte katholische Land der Erde nahezu an letzter Stelle stehen. Dies gilt für die Quantität seiner Priester und die Qualität ihrer Ausbildung. Mit insgesamt heute 12 650 Priestern kommt ein Priester auf etwa 9 000 Gläubige (bei uns 1 055). Rechnet man von der Gesamtzahl diejenigen ab, die in Schulen, Diözesankurien, Nationaler Bischofskonferenz oder im Ausland anderen Aufgaben als der Gemeindeseelsorge nachgehen, dann muß in abgelegenen Gegenden oft ein Priester 50 000 Gläubige betreuen.
100 000 zusätzliche Geistliche würden gebraucht, sollte das deutsche Zahlenverhältnis erreicht werden. Aber nicht einmal den heutigen Klerus war Brasilien imstande, zu stellen. Von den 12 650 Geistlichen sind etwa 5 050 Weltpriester, von diesen 21 % Ausländer, und 7 600 Ordensgeistliche, von diesen 52 % Ausländer. Von den etwa 330 Bischöfen sind ein Viertel Ausländer. Unter den Entsendestaaten steht Italien weit vorne, dann kommen mit je der Hälfte des Kontingents die Niederlande und dann wir. Selbst die einheimischen Kleriker stammen häufig aus italienischen und deutschen Bauernfamilien Südbrasiliens. Von den sechs brasilianischen Kardinälen sind drei deutscher Abstammung: Scherer, Arns, Lorscheider. Dessen Vetter, Bischof Ivo Lorscheiter, ist Präsident der Brasilianischen Bischofskonferenz.
Wie die Gesamtkirche verlor auch die brasilianische seit 1960 viele Geistliche. Dieser Aderlaß ist aufgehalten. Doch der Nachwuchs folgt langsam. Im Nordosten gab es 1971 kein Seminar mehr, im ganzen Land nur 86 Ordinierungen. Heute behauptet die Kirche, die Neuberufungen, besonders Spätberufener, nähmen steil zu, doch ein Blick auf die Statistik ernüchtert: während Brasiliens Bevölkerung jährlich um 2,8 % wächst, ist der Priester-

stand von 1970 bis 1978 nur insgesamt um 0,19 % gewachsen, sind die Ordensleute sogar um 6 % weniger geworden.
Warum ist der brasilianische Klerus nicht nachgewachsen? Dies hat sicher mit der Säkularisierung Brasiliens zu tun und damit, daß seine ungemein mobile Gesellschaft ansprechendere Aussichten auf sozialen Aufstieg öffnet als das feudale Brasilien. Doch auch dieses war außerstande, ausreichenden Priesternachwuchs zu stellen – eine Folge der sinnenfrohen Gleichgültigkeit der Einheimischen!
Die Kirche sucht auf doppelte Weise abzuhelfen. Zum einen haben 30 Diözesen im reicheren Süden Patenschaften über Diözesen im Norden übernommen und helfen ihnen mit Spenden und Pfarrern aus. Zum anderen tritt sie dafür ein, daß auch Familienväter zu Priestern geweiht werden dürfen – unter dem heutigen Papst ein noch fruchtloses Unterfangen.
Der Klerus ist nicht nur in seiner Herkunft buntscheckig, er ist es auch in seiner Ausbildung. Die einen haben im Ausland studiert, entweder an Fakultäten, die an den klassischen philosophisch-theologischen Fächern festhalten, oder an solchen, die die Theologie der Befreiung lehren. Die in der Heimat studieren, sind durch die gediegene Schulung in Mittel- oder Südbrasilien gegangen, haben an Universitäten eine vulgärmarxistische Seinsinterpretation oder einen oberflächlichen klerikalen Schliff im Norden empfangen. Es fehlen die Priester, es fehlen mehr und mehr auch die Kirchgänger. 1978 soll in Rio und Sao Paulo nur allerhöchstens ein Zehntel der Großstadtbevölkerung regelmäßig die Sonntagsmesse besucht haben; im Landesinnern, wo noch weniger Seelsorger sind, ist der Kirchgang noch weit schwächer. Dagegen sollen in jenen Großstädten 30 % regelmäßig Candomblé- und spiritistische Riten feiern. Allein in Rio soll es 1968 schon 35 000 afro-brasilianische Kultstätten, im ganzen Land 100 000 gegeben haben. In Sao Paulo sind 90 % Protestanten der Pfingstlerbewegung zugelaufen.
Der Katholizismus hat die Herausforderung durch die Sekten zunächst befehdet. Inzwischen hat er die Arme geöffnet und hofft, er könne, wie häufig in seiner langen Geschichte, die heidnischen oder häretischen Elemente aufsaugen und damit das Kirchenleben bereichern. Einen Hoffnungsstrahl erblickt er in der wachsenden Regsamkeit der postkonziliaren Laienbewegung, die in Diakonie, Gottesdienst und Gemeindearbeit beispringt. Brüderlichkeitskampagnen, von Dom Helder ins Leben gerufen, sollen das Gewissen der Massen aufrütteln. Seit Beginn der sechziger Jahre haben sich auf dem breiten Lande und an den Rändern der Großstädte nahezu 80 000 kirchliche Basisgemeinden gebildet, Kernzellen von 20 bis 30 Familien aus den ärmsten Schichten. Seelsorger gaben zu der Gründung den Anstoß,

doch sie tun dies als Diener des Kirchenvolks, dem sie die spontane Entwicklung von der Basis her überlassen. In der frostigen Konsum- und Industriegesellschaft sollen diese Gemeinschaften, wie dies auch die Sekten vermögen, dem entwurzelten Einzelnen menschliche Nähe vermitteln. Doch im Gegensatz zu jenen, die dem Diesseits den Rücken kehren, wollen diese nicht nur gemeinsam die Bibel lesen oder beten, sie wollen auch ihre gesellschaftlichen Bedingungen in brüderlichem Geist bestätigen, in Frage stellen oder verändern.

Trotz dieser Strukturschwäche beherrscht die Kirche auch heute noch das Erziehungswesen. Von 57 Universitäten waren 1976 elf in kirchlicher Hand, die Hälfte der Höheren Schulen, vier Fernseh- und 68 Radioanstalten, 82 Presseschriften. Eine so kleine und zusammengewürfelte Schar von Gottesdienern bringt es fertig, das gesamte öffentliche Leben Brasiliens mit neuem Schwung zu erfüllen!

IV. *Kirche und Staat*

»Herr, wir bringen Dir die Kraft und den Mut der Kämpfer für die Bedrückten dar, der Hungernden und der nach Gerechtigkeit Dürstenden und deswegen Verfolgten.«

Diesen Choral hatte die offizielle Festgemeinde 1978 in der Kathedrale von Brasilia zum Te Deum anzustimmen, an der Spitze der übrigens protestantische Staatspräsident Geisel und sein Kabinett. Aus dem Choral klingt die volle Dissonanz, in der die Kirche seit der Revolution von 1964 zu der Militärregierung steht. Unter der starken Hand der neuen Herren im Staat wurde im Zeichen der Nationalen Sicherheit gegen aufsässige Politiker und Terroristen Ordnung geschaffen, was zum Bruch der Menschenrechte führte. Im Zeichen des Brasilianischen Wirtschaftsmodells sollte die Entwicklung des Riesenlandes mit steilen Wachstumsraten so gesteigert werden, daß schließlich auch der Masse des Volkes eine Linderung ihrer Not zuteil würde. Die hastige Entwicklung einer modernen Industrie auf Kosten der Landwirtschaft vertiefte aber das Gefälle zwischen den wenigen Reichen, welche sich rascher bereichern, und der Mehrheit der Brasilianer, die wesentlich langsamer ihr Los verbessern. Noch heute ist das Hauptproblem Brasiliens der Hunger, begleitet von Seuchen und Unwissenheit. Gegen diese Ungerechtigkeit zog die Kirche bald zu Felde. Seit 1967 geißelte die Kirche die »Entwicklung ohne Gerechtigkeit«. Heute will sie das gesamte politische, wirtschaftliche und gesellschaftliche System Brasiliens von Grund auf verändern.

Es gibt heute keine Frage des öffentlichen Lebens, zu der der Klerus nicht mutig Stellung bezöge. Seine Ablehnung der Menschenrechtsverletzungen im Namen einer totalitären Nationalen Sicherheit fällt vernehmlich in die Regierungszeit der Präsidenten Costa y Silva und Medici zwischen 1967 und 1974. Die riesigen Wasserkraftwerke bezeichnet er als ein »Mausoleum des Pharao«. Das deutsch-brasilianische Abkommen über die friedliche Nutzung der Kernenergie verurteilt er, weil es die Bedürfnisse des Volkes verfehle. Demonstrationen der Umweltschützer finden seinen Beifall. Dem Überleben der Indianer, welche die Zivilisation immer tiefer in die Urwälder zurücktreibt, gilt eine weitere Hauptsorge. Der Staat will die Ureinwohner durch Emanzipation in die Gesamtbevölkerung eingliedern, die Kirche fordert für sie Selbstbestimmung in eigenen ihnen zuzuweisenden Schutzgebieten. Schließlich stellen sich die Missionare im Hinterland auch vor die Siedler, welche eine herzlose Bodenerschließung durch landfremde Unternehmen von ihrer Scholle jagt. Dabei kommt es oft zu tödlichen Begegnungen.

Am heftigsten und lautesten ist der kirchliche Einsatz in den Industriezentren. Vor den Parlamentswahlen betreibt sie Massenaufklärung für diejenigen, die wahlwürdig seien. Sie gründet den Ausschuß »Gerechtigkeit und Frieden«, in dem katholische Anwälte für politisch Verfolgte eintreten. Bürgerausschüsse, die gegen Preissteigerungen aufbegehren, werden von ihr angeleitet. In den Lohnkämpfen, die seit 1978 einsetzen, stehen Priester und Arbeiter Seite an Seite, sie steuern die Streikkomitees, verwalten Streikfonds, öffnen die Kirchen für illegale Streikversammlungen.

Der Schutz der Familie und des werdenden Lebens verpflichtet den Katholizismus zum Widerstand gegen Scheidung, Geburtenkontrolle, Abtreibung. Die Scheidung wurde 1977 von Präsident Geisel legitimiert, Geburtenkontrolle und Abtreibung sind schwelende Anlässe zum Konflikt.

Die harten Worte der Kirche gegen just jene Errungenschaften, auf die der Staat stolz war – Ordnung statt der Anarchie vor 1964, Fortschritt aus der historischen Rückständigkeit Brasiliens – sie trafen die Machthaber tief. Aus der Sprache der Tadler glaubten sie kommunistische Denkmuster herauslesen zu müssen; die Sicherheitsdienste meinten Querverbindungen zwischen Terroristen und Klöstern entdeckt zu haben; die Kapuzinerpredigten mit denen Dom Helder Camara seine ausländischen Hörer fesselte, schienen das internationale Ansehen des neuen Brasilien zu beflecken. Die Regierung pochte auf die Trennung von Staat und Kirche und neigte dazu, jede kirchliche Handlung, die über den Rahmen ihrer eigentlichen geistlichen Pastoralaufgabe hinausging, als Einmischung verkappter Marxisten zurückzuweisen. In der Tat reagierten manche Missionare aus den Industriestaaten auf das ungewohnte Elend in ihrer neuen Umwelt mit radikalem Protest. Und hat nicht der Kommunistenführer Prestes nach seiner Heimkehr aus Moskau jene Unterstellungen bestätigt, als er sagte: »Die brasilianische Kirche war in der Diktatur der stärkste Alliierte der Kommunistischen Partei im Widerstand«?

Der Generalsekretär der Bischofskonferenz meint heute, das kirchliche Eintreten für die Menschenrechte habe den Staat bewogen, diese sorgfältiger zu beachten. Die »Christlichen Forderungen an eine Politische Ordnung«, eine Denkschrift der Nationalen Bischofskonferenz aus dem Jahre 1977, seien ebenfalls noch auf amtliches Verständnis gestoßen. Erst die gezielte und konkrete Sozialkritik der folgenden Jahre habe den Nerv des Regimes getroffen. Wie gläubige und ungläubige Andersdenkende hatte die Kirche unter staatlicher Unterdrückung zu leiden. Ihre Bilanz nennt von 1968 bis 1979 fünf Tote, 123 Verhaftungen, 34 Fälle von Folterungen, 10 Ausweisungen, 18 Todesdrohungen gegen ihre Bischöfe, 15 gerichtliche Verurteilungen wegen Verstoßes gegen das Gesetz der Nationalen Sicherheit.

Jedes Mal, wenn ein neuer Präsident sein Amt antritt, bemühen sich beide Seiten um Aussöhnung, zuletzt bei Präsident Figueiredos Amtsantritt. Allein die Ruhe hält nicht lange an. 1980 waren die Fronten wieder so verhärtet wie vor einem Jahrzehnt. Ausgelöst hat den Streit der Metallarbeiterstreik im Staate Sao Paulo, in dem sich Kardinal Arns als wortstarker Vorkämpfer der Sache der Arbeiter hervortat. Der Kardinal ist Präsident Figueiredo ein Dorn im Auge. Vor dessen Ernennung hatte er im Deutschen Fernsehen daran erinnert, daß dieser zur Zeit der schlimmsten Unterdrückung Staatssicherheitsbeauftragter in Sao Paulo gewesen war.

Der Streik wurde für illegal erklärt. Die Bischofskonferenz erwiderte, »der Grundsatz der Legalität ist nicht für alle gleich, die Arbeiter wissen von den Bestechungsgeldern, der heimlichen Belastung des Konsumenten durch Preiserhöhung, der Zuwendung öffentlicher Hilfsmittel an Minderheiten, der Schaustellung amtlicher Vergünstigungen. Die Kirche liebt alle aufrichtig, haßt aber Unrecht, Heuchelei und Anmaßung«. Die knappe Replik des Präsidenten: die Konferenz repräsentiere nicht die Gesamtkirche.

Der Staat ist in einer Zwangslage. Die Kirche ist der eigentliche Widersacher, den die Regierung Figueiredo ernstnehmen muß, nicht die parlamentarische Opposition, nicht die Gewerkschaften. Legt sie sich aber mit ihr an, dann läuft sie Gefahr, den widerstandsfähigsten Träger zu schwächen, der das schlingernde Gemeinwesen bislang zusammengehalten hat. Die offene Gegnerschaft gegen die Geistlichkeit kann sich auch rächen. Dies zeigt das Ende des letzten Kaisers. Ferner mag die Regierung das Exempel des Schahs von Iran scheuen. Sie hält sich daher zurück, bekundet ihre katholische Einstellung, läßt Fahnen mit Weihwasser weihen, erklärt eucharistische Kongresse zu Nationalfeiertagen, läßt zur Feier der Revolution Messen zelebrieren. Vielleicht widersteht sie auch nicht der Versuchung, unter der Hand jene Sekten zu fördern, die sich statt mit der Politik der Regierung mit den afrikanischen Göttern unter christlichen Namen beschäftigen oder mit den Geistern der Verstorbenen. Schließlich hat sie auch einen administrativen Hebel zur Hand. Das Ausländergesetz von 1980 müßte, wenn engherzig gegen den Zuzug ausländischer Missionare angewandt, die Kirche, die von diesem weiterhin abhängt, ebenso treffen wie einst unter Kaiser Pedro II.

V. Licht- und Schattenseiten

Bis zum Besuch des Papstes hatte der Umbruch der katholischen Kirche in Brasilien nicht nur Licht- sondern auch Schattenseiten. Dazwischen fiel auf ihr Verhalten auch ein Zwielicht, in dem die Fragen nach dem Erfolg des kirchlichen Engagements offen blieben.

Durch ihre Hinwendung zu den Armen hat sich die Kirche verjüngt. Trotz unzureichender Mannschaft ist sie heute in der öffentlichen Auseinandersetzung über die Zukunft der Nation omnipräsent und wirkt glaubwürdig. Sie hat die Achtung der Arbeiter und der Intelligenz zurückgewonnen. Ihre innere Krise ist überwunden, nach ihrer hastigen Kehrtwendung in den Jahren nach dem II. Vatikanischen Konzil haben sich die radikalen Vertreter des orthodoxen und des sozialsektiererischen Flügels links vom Zentrum eingependelt.

Der Umschwung wirft aber auch die existentielle Frage auf, ob die Kirche nicht zuweilen die soziale Aktion auf Kosten ihrer spirituellen Sendung übertrieben habe, und die pragmatische, ob die soziale Aktion tatsächlich zu »der vollen Entwicklung des Menschen« führen werde. Einst ging es um die Rettung der Seele unter Vernachlässigung des Leibes, heute geht es oft um die Rettung des Leibes unter Vernachlässigung der Seele: »Erstes Ziel der Katechese ist nicht religiöses Wissen, sondern gesellschaftliches Bewußtsein« (G. P. Süss). Wird es dem Seelsorger in der Soutane, der sich in einen Sozialhelfer in Jeans verwandelt hat, gelingen, den Kampf um den Menschen zu gewinnen? In Brasilien überwiegt das Gemüt den Kopf. Die wachsende Ernüchterung des kirchlichen Lebens läßt die Seelen des einfachen Brasilianers kalt, der in eine andere, hellere Welt entrückt werden will. Wird es der Kirche gelingen, die Christen, die in den Bann der Sekten geraten sind, auf die Dauer wieder in ihre Arme zu schließen? Und wird sie diejenigen, für deren leibliches Wohl sie sich einsetzt, auch dann für sich halten können, wenn diese ihre Bedürfnisse in der modernen Konsumgesellschaft mit kirchlicher Hilfe wirklich einmal befriedigt haben werden? In der arabischen Welt, aber auch in den Vereinigten Staaten, wenden sich viele Menschen von materiellen Werten ab und transzendentalen Werten zu. Kirchengemeinschaften, die von ihren Mitgliedern unbeugsam Askese und innere Zucht verlangen, haben heute offenbar den Zulauf aus nachsichtigeren Kirchengemeinschaften. Die Antwort auf jene Frage muß also nicht unbedingt zugunsten der Kirche ausfallen.

Bischof Lorscheiter, der Generalsekretär der Brasilianischen Bischofskonferenz, sagte: »Wir müssen endlich mit dem Manichäismus unserer Zeit Schluß machen, nach dem Sie, wenn Sie gegen den Kapitalismus sind, Kommunist sein müssen, und umgekehrt.« Im Zwielicht war, ob wirklich der »Manichäismus unserer Zeit« als überwunden gelten durfte, d. h. ob die Grenzen zwischen christlichem Eintreten für den Nächsten und dem Kommunismus immer sauber gezogen worden sind. Affinitäten zueinander gibt es. Der Kommunismus, unfähig mit der Wirtschaft der freien Welt gleichzuziehen, kämpft wie die Kirche gegen die Konsumgesellschaft, fordert Austerität um einer besseren Welt willen und will die Krämer aus dem Tempel jagen. In den Basisgemeinden bot sich ein Standort für gemeinsames Handeln.

Mit ihren Stellungnahmen zu allen relevanten Themen der Tagespolitik behauptet die Kirche, den marxistischen Rattenfängern zuvorkommen und den entfremdeten Proletarier für sich gewinnen zu wollen, indem sie den Skandal der auseinanderklaffenden Entwicklung des modernen Brasiliens in seinem Kern zu treffen sucht. Ihre Analyse der wirtschaftlichen Lage deckt sich mit derjenigen der Regierung, nur schiebt sie die Schuld für alle Mißstände entweder dieser oder dem Gottseibeiuns unserer Zeit, der »Trilateralen Kommission«, den Multinationalen oder den »hegemonialen« Industriestaaten insgesamt in die Schuhe. Dabei geht sie wenig zimperlich mit den Tatsachen um. Kardinal Arns forderte von dem Bundeskanzler, dieser solle sich dafür verwenden, daß deutsche Tochterfirmen in Brasilien ihren Arbeitern die gleichen Löhne wie die Mutterfirmen in Deutschland zahlten. Als kürzlich durchsickerte, die Regierung bereite einen Feldzug für Familienplanung vor, schrieb der Erzbischof von Brasilia, ein ehrenwerter Herr der alten Schule: »Die Pille ist das Ergebnis des Drucks der dominierenden Völker und der Wirtschaftsmacht der Multinationalen. Diese wollen uns auf ewig an Zahl gering, arm und abhängig sehen.« Die Kirche macht sich ihre Polemik leicht, indem sie ihren Finger auf alle Wunden der Nation legt, aber es nicht als ihre Aufgabe ansieht, realistische Alternativen anzubieten.

Dafür fehlt ihr auch das Fachwissen. Die Schattenseite der kirchlichen Gesellschaftskritik ist es, daß sie zunächst unerfüllbare Forderungen ungeduldig erzwingen will. Sie drängt in einem Land, dessen Gesamtzustand dem der angehenden Industrienationen vor einem Jahrhundert entspricht, auf Zustände, welche dort heute selbstverständlich sind, sich aber unter erheblichen Opfern in vielen Jahrzehnten entwickelt haben. Die brasilianischen Massen, von Grund auf gläubig, schenken der kirchlichen Forderung nach umgehender Systemveränderung Vertrauen und werden sich, wenn die Systemveränderung, die von der Regierung Unmögliches verlangt, nicht möglichst schon heute verwirklicht wird, gegen die Regierung wenden – und vielleicht gegen die Kirche.

VI. *Die Pastoralmission des Papstes*

Papst Johannes Paul II. steigerte während seiner Pastoralmission in Brasilien das ohnehin hohe Ansehen der Kirche, wies ihr ermutigend und klärend den Heilsweg und stützte sie gegen den Staat. Die Bedeutung des Besuches war für die brasilianische Kirche ein Ereignis von historischem Rang.

Die Leuchtkraft des Papstes bei der Begegnung mit Arm und Reich in 13 Städten, seine volltönende Stimme in den 50 auf portugiesisch gesprochenen Reden und Predigten, seine strenge Würde bei der Feier der Liturgie lockten so viele Menschen auf Straßen und Plätze, in Stadien und Kirchen wie nie zuvor der Besuch eines Staatsmannes. Die Begeisterung der extrovertierten Brasilianer war aber kein Strohfeuer. Der Papst bekräftigte in seiner Botschaft an die Massen, daß die Kirche sich als eine Kirche der Armen verstehe, doch ihr Liebesangebot sich an alle wende. Er bestärkte sie in ihrem Anspruch auf den Genuß der wirtschaftlichen, sozialen und politischen Grundrechte durch einen Jeden. Da Brasilien von sozialer Gerechtigkeit noch weit entfernt ist, drängte er auf rasche, gerechte, friedliche Reformen. Gewalt, Klassenkampf, staatlichen Totalitarismus von rechts und links, die Lieblosigkeit des Materialismus lehnte er als menschenunwürdig ab. Die Verbundenheit zwischen Kirche und Kirchenvolk prägte sich tief ein.

Die Diener der Kirche, Priester und Laien, erinnerte er daran, daß ihr Dienst seinem Wesen nach sittlich und religiös ist. »Der Dienst des Priesters ist nicht der eines Arztes, Sozialhelfers, Politikers oder Gewerkschaftlers, sein Dienst ist geistlich.« Er warnte Bischöfe und die Mitglieder der Basisgemeinden davor, sich politisch mißbrauchen zu lassen oder sich in

Parteienpolitik einzulassen. Er mahnte sie, die Kirche könne nur in äußerer und innerer Zucht ihrer seelsorgerischen Aufgabe gerecht werden.

Die brasilianische Bischofskonferenz, welche Präsident Figueiredo hatte gegen die Gesamtkirche ausspielen wollen, konnte sich bestätigt fühlen, denn der Papst zeigte sich gleich brüderlich gegen die konservativen wie die progressiven Kirchenfürsten. Die brasilianische Kirche ist nicht gespalten, in ihrem Haus ist Raum für alle. Die Autorität des Papstes, in der sich Amt und die Persönlichkeit des Trägers natürlich decken, haben es vermocht, daß sich die Ungeduldigen auf beiden Seiten seither mäßigen.

Das Verhältnis zwischen Kirche und Staat ist schließlich durch den Besuch ebenfalls gefördert worden. Obwohl sich Johannes Paul II. vor den brasilianischen Klerus stellte, unterließ er es nicht, diesen gegenüber dem Staat in seine Grenzen zu verweisen: »Denkt immer daran, Eure Hauptaufgabe ist es, die frohe Botschaft zu verkünden. Zuständigkeit und Hauptaufgabe des Staates ist es, jedem Brasilianer die notwendigen Bedingungen für ein menschenwürdiges Leben zu bieten. Die Lösung zeitlicher Probleme obliegt der Kirche nur subsidiär.« An die staatliche Verantwortung für das Gemeinwohl hat der Papst auch seine Gastgeber bei einem Staatsempfang in Brasilia erinnert. Präsident Figueiredo soll von seinem Gespräch mit ihm bewegt gewesen sein. Wie dem auch sei: nach der Brasilienreise des Papstes weiß der Staat noch deutlicher als zuvor, daß die Kirche in Brasilien eine Macht ist, mit der sie im Mit- wie im Gegeneinander zu rechnen haben wird.

VII. *Schluß*

Das riesige und reiche, das rückständige und vorwärtsdrängende Brasilien lebt heute in ernster innerer und äußerer Bedrängnis. Ratlos steht es vor der Frage, wie die Schwierigkeiten zu lösen sind. An diesem historischen Wendepunkt ist die Stimme der katholischen Kirche, die überfällige Veränderungen in Geist, Gefüge und Wirtschaft der Gesellschaft verlangt, die vertrauenswürdigste. Ihr Impuls ist bei dem Beharren jeder Regierung auf den Sachzwängen und bei der Trägheit der Massen unersetzlich. Sie kann auf eine angeborene Gläubigkeit bauen. Ihr uneigennütziger Einsatz kann die Massen von radikalen Abenteuern abhalten, ihre Ungeduld kann solche aber auch ermutigen. In ihrem Bemühen, durch Einsatz für die Nöte des Diesseits die Seelen des heutigen Brasilianers für sich zu retten, mag die Kirche jene an andere Religionen verlieren, welche die Verzückungen des Jenseits anzubieten haben. Auch mag sich der Geistliche im Kampf um die Sorgen des Alltags als weniger schlagkräftig als der geschulte Agitator er-

weisen. Allein, das brasilianische Volk hat in seiner Geschichte einen bewunderungswürdigen Sinn für das Notwendige bewiesen. Es ist daher nicht auszuschließen, daß es sich unter der geistigen Führung der Kirche seiner gegenwärtigen Bedrängnis rechtzeitig und schmiegsam entwinden wird.
Die brasilianische Kirche kann auf die Gesamtkirche früher oder später von erheblichem Einfluß sein, denn sie stellt schon heute das stärkste Bischofskontingent. Ihre Denkweise ist so dynamisch und unkonventionell wie ihre sich sprunghaft verändernde Umwelt. Darin ähnelt sie Kirchen in der übrigen Dritten Welt. Kraft ihres Gewichts kann sie in der Gesamtkirche einen wertvollen Anstoß für zeitgemäße Neuerungen und eine emotionale Bereicherung geben. Die Gefahr, daß sie einen Irrweg beschritte, hat der Papst bei seinem Besuch in Brasilien vorerst gebannt.

Macht und Zustimmung

Aspekte der nuklearen Verteidigung innerhalb der nordatlantischen Allianz Anfang der sechziger Jahre

*Friedrich J. Kroneck**

I. *Die Fragestellung*

1. *Das Problem*

a. Die Bündnisse von Staaten, die seit dem Zweiten Weltkrieg entstanden sind und über eine festere Bündnisorganisation verfügen, vornehmlich die Nordatlantikpakt-Organisation und der Warschau-Pakt, weisen ein Merkmal auf, das für frühere Bündnisse nicht unbedingt charakteristisch war. Sie konzentrieren sich um eine Großmacht, um eine Weltmacht.[1] Diese Tatsache bringt es mit sich, daß eine besondere Qualität in die Beziehungen der Bündnispartner untereinander eingeführt wird. Diese besondere Qualität besteht darin, daß dem natürlichen machtpolitischen Gewicht der Weltmacht Interessen der kleineren Bündnispartner zugeordnet oder gegenübergestellt sind, die fortlaufend nach ihrem Ausgleich suchen. Selbst innerhalb des Warschau-Pakts, der weitgehend auf einer Art Zwangsmitgliedschaft beruht, ist dieses Phänomen nicht unbekannt. Es ist nicht verwunderlich, daß es innerhalb der Nordatlantikpakt-Organisation, einem angesichts einer als Bedrohung empfundenen Weltlage entstandenen freiwilligen Zusammenschluß von Staaten, erheblich stärker in Erscheinung tritt.[2]

---

* Dr. iur., M.A., Vortragender Legationsrat I. Klasse, Bonn.
1 Dem widerspricht nicht, daß, wie Schieder dies ausdrückt, »der Pluralismus der vielen kleinen und mittleren Mächte ... sich gegenüber den atomar gerüsteten Weltmächten geltend« macht. Vgl. *Theodor Schieder*, »Entwicklungen in der heutigen Situation – vom Historiker gesehen«, Universitas, Stuttgart, Heft 8, 1980, zitiert nach: Presse- und Informationsamt der Bundesregierung, Themen der Zeit, Nr. 500 vom 23. Oktober 1980, S. 1.
2 Vgl. zur Entstehungsgeschichte der NATO die aufschlußreiche Artikelserie in »NATO Review«; *Alexander Rendel*, »The Alliance's Anxious Birth«, No. 3, 1979; *Theodore Achilles*, »US Role in Negotiations That Led to Atlantic Alliance«, No. 4 und 5, 1979; *Sven Henningsen*, »Denmark and the Road to NATO«, No. 6, 1979 und No. 1, 1980; *Alexander Rendel*, »Uncertainty Continues as Atlantic Treaty Nears Completion«, No. 2, 1980; *Claude Delmas*, »France and the Creation of the Atlantic Alliance«, No. 4,

b. Die Untersuchung dieses Phänomens wird sich zunächst kurz mit einem anderen Problem befassen müssen, nämlich mit dem Begriff »Großmacht« oder »Weltmacht«. Was ist heute eine Großmacht, eine Weltmacht? Die berühmte Einteilung Talleyrands in seinen selbstverfaßten Instruktionen zum Wiener Kongreß, die Großmächte als »puissances à intérêts généraux«, die übrigen Staaten hingegen als »états à intérêts limités« bezeichnet, kann in dieser Form in unserer Zeit nicht mehr übernommen werden. Ein Konflikt in Südostasien oder am Persischen Golf kann heute, weil den Weltfrieden insgesamt bedrohend, sehr wohl die Interessen eines kleinen europäischen Staates berühren und ihn zu einer Einfluß*nahme* veranlassen, selbst wenn seine Einfluß*möglichkeiten* begrenzt sind. Andere Differenzierungskriterien, die Wilhelm Grewe eingehend überprüft hat,[3] helfen nicht viel weiter. Unbehelflich ist sicher insbesondere das Kriterium des Besitzes von Nuklearwaffen, wenn daneben nicht auch andere Machtpositionen bestehen. Grewe spricht in diesem Zusammenhang von Nationen, die »einer Illusion nachjagen und sich und anderen auf diese Weise die Fata Morgana einer Großmachtstellung vorgaukeln, die ihnen in der realen Welt bereits entglitten ist«.[4] Man kann in solchen Fällen nicht von Groß- oder Weltmächten sprechen, sondern allenfalls von »niederem Nuklear-Adel«.[5] Eine interessante Aufzählung der Bemühungen de Gaulles, einen französischen Großmachtanspruch nach dem Zweiten Weltkrieg zu begründen, gibt George W. Ball.[6] Vertragliche Kriterien, wie die Aufzählung der fünf ständigen Mitglieder des Sicherheitsrates der Vereinten Nationen und deren besondere Stellung bei Abstimmungen in diesem Gremium[7] bestehen als Definition von Groß- oder Weltmächten ebenfalls nicht vor der weltpolitischen Wirklichkeit. Eine rein juristisch-völkerrechtliche Deduktion des Begriffes der Großmacht versagt genauso vor dem Problem. Das Völkerrecht geht notwendigerweise von der souveränen Gleichheit der Staaten aus. Die Großmachtstellung eines Staates bedeutet hingegen Ungleichheit unter den Staaten! Mosler hat dieses Auseinanderklaffen von völkerrechtlicher Erklärungsmöglichkeit und politischer Wirklichkeit besonders prägnant heraus-

---

1980; *Albano Nognewa,* »The Making of the Alliance: A Portuguese Perspective, No. 5, 1980; *Escott Reid,* »The Miraculous Birth of the North Altantic Alliance«, No. 6, 1980.
3 *Wilhelm G. Grewe,* Spiel der Kräfte in der Weltpolitik, Düsseldorf–Wien 1970, S. 16 ff.
4 *Grewe;* aaO., S. 97.
5 Vgl. *Friedrich J. Kroneck,* Politische Aspekte des Aufbaus eines amerikanischen Raketenabwehrsystems, Europa-Archiv 1967, S. 702.
6 *George W. Ball,* »The Discipline of Power«, Boston–Toronto 1968, S. 126 ff.
7 Artikel 23 und Artikel 27 Abs. 3, Satzung der Vereinten Nationen.

gearbeitet.⁸ Er stellt fest, daß die Begründung der Großmachteigenschaft durch *Zulassung* in den Kreis der gemeinsam führenden Staaten ausgeschlossen ist.⁹ Er stellt vielmehr auf das reale Gewicht eines Staates in der Weltpolitik ab.¹⁰ Als Definition des Begriffes »Großmacht« bietet er an: »Die Fähigkeit, aktiv an der Weltpolitik teilzunehmen: das macht das Wesen der Großmacht aus.«¹¹ Diese Definition geht von den Realitäten aus, berücksichtigt jedoch nicht sämtliche. Potential an Bevölkerung, Gebiet und wirtschaftlichem Vermögen gibt zwar eine potentielle Machtstellung. Macht entsteht aber erst dann, wenn der Wille vorhanden ist, sich dieses Potentials in der Weltpolitik zu bedienen. Potential ohne oder mit Machtwillen verhält sich ungefähr ebenso wie statische zu kinetischer Energie. Ein Beispiel: Wenngleich es kaum vorstellbar ist, daß die Vereinigten Staaten noch einmal zu einer Politik des Isolationismus zurückkehren werden, so mußte die Welt doch erleben, daß diese Weltmacht im Vietnam-Krieg, trotz enormen Personal- und Materialeinsatzes davor zurückzuckte, den Krieg zu ihren Gunsten zu entscheiden. Es mangelte am notwendigen Willen! Diese Entschlußlosigkeit mit übergeordneten Erwägungen, d. h. mit Rücksichtnahme auf die Entspannungsbemühungen mit der Sowjetunion zu begründen, ist nicht glaubhaft, da die Sowjetunion selbst bei der krisenhaften Verschärfung des Vietnam-Krieges, der Bombardierung von Haiphong im April 1972, weiterhin Gesprächsbereitschaft zeigte.¹² Die Vereinigten Staaten hatten temporär und partiell von ihrer Rolle als Weltmacht abgedankt. Die Definition der Weltmacht muß solche Entwicklungen berücksichtigen. Eine Weltmacht kann deshalb nur ein Staat sein, dessen Potenial es ihm erlaubt, es im Weltmaßstab einzusetzen, und der gleichzeitig auch den Willen aufbringt, diesen Einsatz zu wagen.¹³

c. Das Thema und der Ausgangspunkt dieser Untersuchung ist die schon eingangs getroffene Feststellung, daß sich die großen Bündnissysteme unserer Zeit um eine Großmacht gruppieren. Hieraus ergibt sich eine besondere Situation. Das Potential und der Herrschaftswille der Weltmacht sind gehalten, neben den begrenzten Einflußmöglichkeiten der übrigen Bündnis-

---

8 *Hermann Mosler,* Die Großmachtstellung im Völkerrecht, Heidelberg 1949.
9 *Mosler;* aaO., S. 24.
10 *Mosler;* aaO., S. 25.
11 *Mosler;* aaO., S. 21.
12 Vgl. *Henry Kissinger,* The White House Years, Sydney 1979, S. 1121 f.
13 Vgl. *Helmut Schmidt,* »Strategie des Gleichgewichts«, 5. Aufl., Stuttgart 1970, S. 210: »Glaubwürdig und damit abschreckend kann nur eine Androhung sein, zu deren Ausführung der Androhende auch tatsächlich bereit ist.«

partner zu bestehen. Die Weltmacht hat ihre Führungsrolle zu beweisen und auszuüben. In einem Bündnis freier und souveräner Staaten, wie es die Nordatlantikpakt-Organisation ist, die Gegenstand dieser Untersuchung ist, hat sie zugleich aber auch Rücksicht auf die Interessen und die Souveränität der kleineren Bündnisstaaten zu nehmen. Als treffendstes Schlagwort für die Beleuchtung des Verhältnisses zwischen Weltmacht und kleineren Partnern innerhalb eines Bündnisses bietet sich das Begriffspaar »Macht und Zustimmung« an. Diese Formulierung, ursprünglich als »forza e consenso« aus der italienischen Staatsphilosophie kommend, wurde vor einiger Zeit von Wildenmann zum Thema einer interessanten Studie gemacht.[14] Allerdings erstreckt sich seine Untersuchung nicht auf die hier interessierende Frage des Verhältnisses zwischen Weltmacht und übrigen Partnern innerhalb eines Bündnisses. Soweit ersichtlich, ist diese Fragestellung bisher überhaupt wenig auf ihre Grundlagen hin geprüft worden. Man ist vielmehr immer nur an der Forderung oder Versicherung künftiger verstärkter Konsultationen hängengeblieben und hat die Beziehungen innerhalb eines Bündnisses wesentlich hierauf reduziert. Dieser Begriff, häufig zum Selbstzweck erhoben, kommt aus einer zu mechanistischen Betrachtungsweise internationaler Beziehungen und wird leider häufig bis zum Überdruß in Kommuniqués strapaziert.

d. Das Wesen des Verhältnisses von Weltmacht und anderen Staaten innerhalb eines Bündnisses in der heutigen Zeit ist Gegenstand dieser Betrachtung. Ort und Umfang dieses Diskussionsbeitrages fordern jedoch eine gewisse Beschränkung. Die erste Beschränkung liegt darin, daß nur die Nordatlantikpakt-Organisation untersucht wird. Eine Untersuchung des Warschau-Pakts auf dieses Problem hin, sicherlich intellektuell reizvoll, aber zugleich wegen des Informationsdefizits äußerst schwierig, muß hier unterbleiben. Die zweite Beschränkung folgt aus der mit Notwendigkeit zu beobachtenden Methode. Das Thema, obwohl auf eine Theorie des gestellten Problems zielend, muß diese Theorie, sofern sie sich überhaupt aufstellen läßt, aus der politischen Praxis ableiten. Nicht die Theorie bestimmt die Politik: aus den tatsächlichen politischen Gegebenheiten läßt sich allenfalls (?) eine Theorie der Politik aufstellen. Dies bedeutet, daß die Behandlung des vorgegebenen Themas nur induktiv geschehen kann. Es müssen daher, da nicht die gesamte Geschichte der Nordatlantikpakt-Organisation behandelt werden kann, ein besonderes Problem und ein besonderer Zeitraum

---

14 *Rudolf Wildenmann,* Macht und Konsens als Problem der Innen- und Außenpolitik, 1963, 1967.

ausgewählt werden. Das hier ausgewählte Problem ist die Frage der Nuklearwaffen im nordatlantischen Bündnis, wovon ein Teilaspekt seinerzeit als »nukleare Teilhabe« oder »nukleare Mitbestimmung« bezeichnet wurde.[15] Die zeitliche Begrenzung ist die erste Hälfte der sechziger Jahre, ein Zeitraum, in dem die nukleare Frage innerhalb der NATO besondere Bedeutung erlangte. Schließlich wird sich die Betrachtung, um das Phänomen »Macht und Zustimmung« innerhalb des nordatlantischen Bündnisses zu beleuchten, vornehmlich zweier Ereignisse widmen, die, oberflächlich gesehen, nichts miteinander zu tun zu haben scheinen, für dieses Thema jedoch von besonderer Relevanz sind. Diese Ereignisse sind die Cuba-Krise 1962 und die Vorgänge um das (gescheiterte) Projekt einer Nuklearstreitmacht der NATO, MLF (»Multi-lateral Force«) genannt.

2. *Das Vorfeld*

a. In der ersten Hälfte der sechziger Jahre dieses Jahrhunderts sah sich die nordatlantische Allianz einer ganzen Reihe von Problemen, ja sogar Krisen, gegenüber, denen sich ihre Mitglieder, einzeln oder gemeinsam, stellen mußten. War durch den Beitritt der Bundesrepublik Deutschland zur Nordatlantikpakt-Organisation im Jahre 1955 eine Konsolidation hinsichtlich der Mitgliedschaft erzielt worden, so warfen doch schon bald äußere Ereignisse Fragen auf, die das Bündnis, das zunächst als Reaktion auf die als bedrohlich empfundene Politik der Sowjetunion gegenüber den einzelnen Partnerstaaten geschaffen worden war, zu neuen Überlegungen zwang und ihm neue Antworten abverlangte. Die Libanon-Krise, der Suez-Konflikt, die Volksbewegung in Ungarn und nicht zuletzt die Berlin-Krise von 1958 verlangten sowohl von einzelnen Bündnispartnern als auch vom gesamten Bündnis Entscheidungen, an die man beim Abschluß des Vertrages wohl kaum gedacht hatte. Hinzu kam, daß sich das Bündnis auch von innen heraus zu verändern begann. Nachdem General de Gaulle 1958 die französische Regierungsgewalt übernommen hatte, versuchte er zunächst mit seinem Vorschlag zur Schaffung eines Dreier-Direktoriums, bestehend aus den Vereinigten Staaten, Großbritannien und Frankreich, sowohl dem Bündnis praktisch eine neue Struktur und Aufgabenstellung zuzuweisen, als auch für Frankreich eine Sonderstellung festzuschreiben.[16] Dieser Vor-

---

15 Vgl. dazu *Wilhelm G. Grewe,* Rückblenden 1976–1951, Frankfurt/M.–Berlin–Wien 1979, S. 592 ff. und S. 610 ff.
16 Der authentische Text des Vorschlags ist, soweit ersichtlich, bisher nicht veröffentlicht worden. In den »Discours et Messages« von Charles de Gaulle steht in dem diesen Zeitraum einschließenden Band 3 nur im »Aide-Mémoire Chronologique« auf S. XIX un-

schlag stieß bei den Adressaten auf keine Gegenliebe und rief bei den übrigen NATO-Partnern heftige Proteste hervor.[17] Damit war die Grundlage für die allmähliche Distanzierung Frankreichs von der NATO, vornehmlich von deren militärischer Integration, geschaffen. Diese Distanzierung sollte gewichtige Auswirkungen nicht nur auf die militärische, sondern vor allem auf die politische Entwicklung des Bündnisses in den sechziger Jahren haben.[18] Von großer Bedeutung für diese Zeit war auch der Amtsantritt der Regierung Kennedy, die mehr als frühere amerikanische Regierungen mit dem Anspruch auftrat, nun beginne eine neues Zeitalter.

    term 24. September 1958: »Le Général de Gaulle adresse au Président des Etats-Unis, le Général Eisenhower, et au Premier ministre britannique, Harold MacMillan, un mémorandum sur l'adaptation du Pacte Atlantique aux transformations survenues depuis 1949 dans la situation internationale.« (Librairie Plon, 1970.) Der Text des »Memorandums« wird nicht gebracht.
Zum mutmaßlichen Inhalt des Vorschlags von de Gaulle vgl. *George W. Ball,* aaO., S. 128 ff. Interessant ist, daß de Gaulle, nach Angaben von Ball, schon vor dem Direktoriumsvorschlag dem amerikanischen Außenminister Dulles vorgeschlagen hat, den Garantiebereich der NATO auszudehnen, »to cover the Sahara and the Middle East«. *(Ball,* S. 129) War dies Voraussicht?

17 Zu dieser Zeit bestand überdies noch die Institution der sog. »Standing Group« beim Militärausschuß der NATO, die nur aus den militärischen Repräsentanten der Vereinigten Staaten, Großbritanniens und Frankreichs bestand, und allein die Sitzungen des Militärausschusses vorbereitete. Ihre Mitglieder nannten sich in schöner Bescheidenheit die »Principals«. Militärausschuß und »Standing Group« residierten außerdem zunächst lange Jahre in Washington, also weitab vom nominellen politischen Hauptquartier der NATO, bis sie in den sechziger Jahren nach Europa übersiedelten, wo schließlich die »Standing Group«, vornehmlich auf Betreiben der kleineren NATO-Staaten, aufgelöst wurde.

18 De Gaulle hat der Faszination, die für ihn von der Idee einer kleinen und ausgewählten, die Weltpolitik dirigierenden Staatengruppe, natürlich stets unter Einschluß Frankreichs, ausging, mehrfach in seinen späteren Pressekonferenzen Ausdruck gegeben, die vor allem in Bd. 4 seiner »Discours et Messages« widergegeben sind. Um nur einige Beispiele zu nennen: Vorschlag von Abrüstungsregelungen der (damals) vier Atomwaffenstaaten vom 29. Juli 1963 (S. 127); Vorschlag einer Verständigung zwischen Washington, Moskau, London, Peking (damals noch nicht in VN vertreten, aber von Frankreich anerkannt) und Paris über die Rolle der Vereinten Nationen, vom 4. Februar 1965 (S. 337); ausgehend von der Lage in Südostasien Aufzählung der »puissances dont la responsabilité directe et indirecte a été engagée depuis la fin de la guerre mondiale dans les événements du Sud-Est de ce continent, c'est-à-dire: la Chine, la France, l'Amérique, la Russie, l'Angleterre«, 9. September 1965 (S. 386); Weiterführung des Gedankens der fünf »principaux responsables«, die Atomwaffenmächte sind, die Vereinten Nationen gegründet haben und deren Sicherheitsrat als ständige Mitglieder angehören, 9. September 1965 (S. 387); Erwähnung der »cinq puissances mondiales« in der Rede im Sportstadium von Phnom-Penh, 1. September 1966 (Bd. 5, S. 77). Ist es angesichts der Tatsache, daß sich dieser Gedanke der kleinen, ausgewählten Staatengruppe wie ein roter Faden durch eine entscheidende Phase der französischen Nachkriegspolitik zieht, verwunderlich, Äußerungen wie diejenigen des französischen Außenministers Jean François-Poncet vom 26. Februar 1981 vor der Fletcher School of Law and Diplomacy zu vernehmen, die er, neue Verfahrensweisen für die transatlantischen Beziehungen fordernd, wie folgt formulierte: »The basic requirement, in my view, is that they should create the conditions for confidence by limiting the number of participants, keeping talks

b. Gegenüber diesen Ereignissen zeichnete sich ab, daß die Sowjetunion mehr und mehr darauf bedacht war, ihr militärisches Potential zu verstärken und insbesondere eine Nuklearwaffen-Kapazität aufzubauen, die Westeuropa bedrohte. Die Zahl der sowjetischen Mittelstrecken-Raketen, die wegen ihrer Reichweite und ihrer Dislozierung nur auf Westeuropa ausgerichtet sein konnten, wurde damals in der Presse auf rund sechshundert geschätzt. Um dieser Bedrohung gegenüberzutreten, faßte die NATO in ihrer Ministerratssitzung vom 16. bis 19. Dezember 1957 einen Beschluß, der in den Artikeln 18 bis 21 zum Ausdruck kam und einer wörtlichen Erwähnung bedarf:

»18. The Soviet leaders, while preventing a general disarmament agreement, have made it clear that the most modern and destructive weapons, including missiles of all kinds, are being introduced in the Soviet armed forces. In the Soviet view, all European nations except the USSR should, without waiting for general disarmament, renounce nuclear weapons and missiles and rely on arms of the pre-atomic age.

19. As long as the Soviet Union persists in this attitude, we have no alternative but to remain vigilant and to look to our defences. We are therefore resolved to achieve the most effective pattern of NATO military defensive strength, taking into account the most recent developments in weapons and techniques.

20. To this end, NATO has decided to establish stocks of nuclear warheads, which will be readily available for the defence of the Alliance in case of need. In view of the present Soviet policies in the field of new weapons the Council has also decided that intermediate range ballistic missiles will have to be put at the disposal of the Supreme Allied Commander Europe.

21. The development of these stocks and missiles and arrangements for their use will accordingly be decided in conformity with NATO defence plans and in agreement with the states directly concerned. The NATO military authorities have been requested to submit to the Council at an early date their recommendations on the introduction of these weapons in the common defence. The Council in permanent session will consider the various questions involved.«[19]

Mit dieser Entscheidung taucht, zweiundzwanzig Jahre vor dem NATO-Ratsbeschluß des Jahres 1979, ein »Nachrüstungsbeschluß« auf, wenn er damals auch nicht so genannt wurde. Zwar wurde er nie in seiner ursprünglich konzipierten Form, die übrigens auch mehrdeutig war, verwirklicht. Allerdings wurde Ende der fünfziger Jahre eine Anzahl amerikanischer Mittelstreckenraketen in Italien und der Türkei stationiert, die mit nuklea-

---

confidential, maintaining continuity over time, *and taking into account the responsibilities that devolve upon certain powers. Here I am thinking particularly, but not exclusively, of those of France«* (Zitiert nach »Statements from France«, 81/10 vom 26. Febr. 1981, Press and Information Service of the French Embassy, New York; Hervorhebungen vom Verfasser).

19 NATO, Facts about the North Atlantic Treaty Organization, January 1962, S. 282.

ren Sprengköpfen ausgerüstet waren und der Einsatzplanung des alliierten Oberbefehlshabers in Europa, SACEUR, unterstanden. Die Mittelstreckenraketen vom Typ Jupiter waren Flüssigkeitsraketen und würden einem Vergleich mit den seither entwickelten Raketen ähnlicher Reichweite nicht mehr standhalten. Zu ihrer Zeit stellten sie jedoch, insbesondere wegen ihrer Dislozierung, eine nicht unbeachtliche Verstärkung des westlichen militärischen Potentials dar. Helmut Schmidt hat seinerzeit die militärische und politische Bedeutung dieser Jupiter-Raketen näher untersucht.[20] Allerdings waren sie zu diesem Zeitpunkt bereits aus Europa abgezogen gewesen.

II. *Die Ereignisse*

1. *Die Cuba-Krise 1962 und ihre Auswirkung auf die nukleare Verteidigung Westeuropas*

a. Vor dem Hintergrund dieser Entwicklungen trat im Herbst 1962 ein Ereignis ein, das die Welt an den Rand eines nuklearen Krieges zu bringen drohte: der Versuch der Sowjetunion, auf Cuba nukleare Mittelstreckenraketen zu stationieren, die einen großen Teil des Gebietes der Vereinigten Staaten hätten bedrohen können. Über die damaligen Ereignisse ist viel geschrieben und über die sowjetischen Motive viel gerätselt worden. Besonders aufschlußreich hinsichtlich des Ablaufs der Ereignisse sind dazu die Darstellungen von Elie Abel und Robert F. Kennedy,[21] obwohl sie beide nun schon eine Reihe von Jahren zurückliegen. Auf beide Publikationen wird bezüglich der allgemeinen Entwicklung der Krise in den Tagen vom 16. bis 28. Oktober 1962 hingewiesen. Auf sie wird sich auch diese spezielle Untersuchung weitgehend stützen.

b. Was war geschehen? Nachdem die amerikanischen Behörden durch Luftbildaufnahmen am 15. Oktober 1962 zur Gewißheit gekommen waren, daß die Sowjetunion dabei war, Abschußbasen für Mittelstreckenraketen in Cuba aufzubauen, und dieses Beweismaterial am 16. Oktober Präsident

---

20 Vgl. *Helmut Schmidt,* »Verteidigung oder Vergeltung«, 3. Aufl., Stuttgart 1965, S. 95 f., 256.
21 *Elie Abel,* »The Missile Crisis«, Philadelphia-New York 1966; *Robert F. Kennedy,* »Thirteen Days«, New York 1969.

Kennedy vorgelegt worden war,[22] erhob sich für den Präsidenten und seine Berater die schwierige Aufgabe, Gegenmaßnahmen zu überlegen. Von größter Wichtigkeit erschien dabei eine Analyse der möglichen Motive für den sowjetischen Schritt. Es schien schwer faßbar, daß Chruschtschow und die sowjetische Regierung glauben könnten, die Vereinigten Staaten könnten und würden eine solche Bedrohung ihres »weichen Unterleibes« tatenlos hinnehmen. Was konnte sie also zu einem solchen Schritt veranlassen, was hofften sie damit zu erreichen?
Die Meinungen im sogenannten EXCOM (Executive Committee), das sich ad hoc um den Präsidenten als eine Art Krisenstab gebildet hatte, waren unterschiedlich: wollte die Sowjetunion die Voraussetzungen für einen vermehrten Druck auf Berlin schaffen, wollte sie den Abzug der amerikanischen Jupiter-Raketen in der Türkei erreichen, wollte sie insgesamt eine Veränderung des weltstrategischen Gleichgewichts[23] herbeiführen, oder hatte sie noch andere Gründe?[24] Die einzelnen Möglichkeiten wurden durchdacht, Gegenmaßnahmen und mögliche Verhandlungsangebote wurden überlegt. Am weitesten ging dabei der damalige amerikanische UN-Botschafter Adlai Stevenson, der vorschlug, der Sowjetunion den amerikanischen Rückzug von der Marinebasis Guantánamo auf Cuba als Teil einer Demilitarisierung, Neutralisierung und Garantierung der territorialen Integrität Cubas anzubieten und den Abzug der amerikanischen Jupiter-Raketen im Austausch gegen den Abzug der sowjetischen Mittelstreckenraketen auf Cuba in die Verhandlungen einzubringen. Präsident Kennedy lehnte beide Vorschläge ab. Zu den Jupiter-Raketen bemerkte er jedoch, er habe selbst Bedenken gegen deren Verbleib in der Türkei, halte den gegenwärtigen Zeitpunkt für deren Abbau aber aus politischen Gründen nicht für günstig.[25] Es ist interessant, daß diese Überlegungen bereits am 20. Oktober 1962 angestellt wurden, während Chruschtschow erst am 26. Oktober 1962 formell auf den Abzug der Jupiter-Raketen aus der Türkei eingegangen ist. Ob er dies erst in seinem sogenannten »zweiten« Brief vom 26. Oktober 1962 getan hat[26] oder bereits in dem ersten (offenbar mehr emo-

---

22 Unter Hinweis auf absolut zuverlässige Quellen hatte allerdings bereits am 10. Oktober 1962 der republikanische Senator von New York, Kenneth Keating, öffentlich behauptet, die Sowjetunion richte auf Cuba Stellungen für Mittelstreckenraketen ein, eine Nachricht, die von Regierungskreisen lebhaft dementiert wurde, zumal sie der Regierung Kennedy nicht in den gerade laufenden Wahlkampf paßte. Vgl. *Abel*, aaO., S. 12 ff.
23 durch Verkürzung der Vorwarnzeiten bei einem Raketeneinsatz.
24 Vgl. *Abel*, aaO., S. 47 ff.
25 Vgl. *Abel*, aaO., S. 95 f.; *Kennedy*, aaO., S. 49 f.
26 Vgl. *Kennedy*, aaO., S. 196 ff.

tional und persönlich abgefaßten) vom gleichen Tage, ist hier nicht feststellbar, da dieser Brief damals nicht veröffentlicht wurde. Es ist möglich, daß dieses Problem bereits im ersten Brief erwähnt wurde, weil Präsident Kennedy auf Anraten seines Bruders in seinem eigenen Schreiben vom 27. Oktober 1962 auf diesen »ersten« Brief eingegangen ist[27] und ein deutliches Signal für seine Verhandlungsbereitschaft, wenn auch in bezug auf den zweiten Brief, in dieser Richtung gesetzt hat mit der Formulierung:

»The effect of such a settlement on easing world tensions would enable us to work toward a more general arrangement regarding ›other armaments‹, as proposed in your second letter which you made public. I would like to say again that the United States is very much interested in reducing tensions and halting the arms race; and if your letter signifies that you are prepared to discuss a detente affecting NATO and the Warsaw Pact, we are quite prepared to consider with our allies any useful proposals.« [28]

c. Es ist schwer vorstellbar, daß zwischen der Verkündung der amerikanischen »Quarantäne«-Maßnahmen gegen Cuba am 22. Oktober 1962, wovon der sowjetische Botschafter Dobrynin eine Stunde vorher informiert worden war,[29] und dem Briefaustausch Chruschtschow–Kennedy am 26./27. Oktober 1962 keine Kontakte zwischen oder mit Wissen maßgeblicher amerikanischer und sowjetischer Persönlichkeiten stattgefunden haben. Sicher scheint jedenfalls zu sein, daß Robert F. Kennedy nach Absendung von Präsident Kennedys Schreiben an Chruschtschow vom 27. Oktober 1962 mit dem sowjetischen Botschafter Dobrynin zusammengetroffen ist,[30] wobei nach Robert Kennedys Darstellung folgendes Gespräch stattgefunden hat:

»He asked me what offer the United States was making, and I told him of the letter that President Kennedy had just transmitted to Khrushchev. He raised the question of our removing the missiles from Turkey. I said that there could be no quid pro quo or any arrangement made under this kind of threat or pressure, and that in the last analysis this was a decision that would have to be made by NATO. However, I said, President Kennedy had been anxious to remove those missiles from Turkey and Italy for a long period of time. He ordered their removal some time ago, and it was our judgement that, within a short time after this crisis was over, those missiles would be gone.«[31]

27 Vgl. *Kennedy*, aaO., S. 101 ff.; *Abel*, aaO., S. 199.
28 Zitiert nach *Kennedy*, aaO., S. 203.
29 Vgl. *Abel*, aaO., S. 120.
30 Vgl. *Abel*, aaO., S. 201.
31 *Kennedy*, aaO., S. 108 f.

Hier waren also die Forderung und das Eingehen darauf![32]
Die übrigen Ereignisse sind allgemein bekannt: Die Sowjetunion ließ davon ab, den Bau der Raketenbasen auf Cuba zu Ende zu führen, und brachte die bereits dort gelagerten Mittelstreckenraketen wieder zurück. Ohne es in der Öffentlichkeit groß zu verlautbaren, bauten die Vereinigten Staaten in der Folgezeit ihre Jupiter-Raketen in der Türkei und in Italien ab. Im kontinentaleuropäischen NATO-Bereich befanden sich keine Mittelstrecken-Raketen mehr, die geeignet gewesen wären, die Sowjetunion zu erreichen. An dieser Lage hat sich bis heute nichts geändert. Am Ende der Cuba-Krise war also festzustellen, daß die Sowjetunion auf etwas verzichtet hatte, das sie bis dahin ohnehin noch nicht hatte, nämlich Mittelstrecken-Raketen auf Cuba; die Vereinigten Staaten hatten etwas aufgegeben, was sie bisher besaßen, nämlich Mittelstrecken-Raketen in Kontinentaleuropa und Kleinasien.

d. Es ist hier nicht der Ort zu untersuchen, was die Sowjetunion veranlaßt haben konnte, sich auf das Cuba-Abenteuer einzulassen.[33] Sicher war es nicht ihr alleiniges Ziel, damit den Abzug der amerikanischen Jupiter-Raketen zu erreichen. Sie hat dies vermutlich im Ablauf der Ereignisse nur als günstige Gelegenheit mitgenommen. Was hier interessiert, ist eine Analyse des amerikanischen Verhaltens in dieser Angelegenheit und ihre Behandlung in Zusammenhang mit den Bündnispartnern. Die Regierung Kennedy hat zur Erklärung ihres Verhaltens später angegeben, die Jupiter-Raketen seien obsolet und ihr Abbau sei daher schon seit einiger Zeit vorgesehen gewesen. Nicht gesagt wurde dabei, ob »obsolet« hier im militärischen oder im politischen Sinn gemeint war. Bezüglich des militärischen Wertes dieser Raketen sind die Aussagen widersprüchlich. Das »Joint Congressional Committee on Atomic Energy« soll bereits »vor Cuba« den Abbau der Jupiter-Raketen empfohlen haben, da sie unzuverlässig, ungenau, »obsolet« und zu anfällig für Sabotage seien.[34] Helmut Schmidt, der dem militärischen Wert dieser Raketen durchaus kritisch gegenüberstand, sah, vermutlich auf amerikanischen Quellen fußend, Vorteile, »insbesondere ihre höhere Treffsicherheit und die durch die Tatsache ihrer Existenz bedingte

---

32 Vgl. *W. G. Grewe*, »Wie man eine Krise bewältigt«, »Der Spiegel«, 1966, Nr. 14, S. 146.
33 Helmut Schmidt spricht in diesem Zusammenhang von einer gefährlichen Selbstüberschätzung der Sowjetunion; »Strategie des Gleichgewichts«, 5. Aufl., Stuttgart 1970, S. 29.
34 *Abel,* aaO., S. 192.

Erschwerung des Zeitplanungs-Problems für einen Überraschungsschlag des Gegners, der nach Möglichkeit alle Ziele gleichzeitig treffen muß.«[35] Der frühere amerikanische Generalstabschef Maxwell D. Taylor, aus dem Heer stammend, bedauert an der Jupiter-Rakete nur, daß sie der Luftwaffe zugeteilt und deshalb, gleich Flughäfen, auf festen Stützpunkten untergebracht sei, während er eine mobile, dem Heer zugeteilte Version bevorzugt hätte. Darüber hinaus bescheinigte er der Waffe jedoch: »... the Jupiter missile has been carefully tested and developed into a weapon of great accuracy and of high potential value.«[36] Die politisch-strategische Bedeutung der Waffe wurde verhältnismäßig hoch eingeschätzt. In einer Art Übernahme der »Geiseltheorie« spricht Helmut Schmidt von einer »zwangsläufigen Involvierung amerikanischer Raketenstreitkräfte« im Falle eines bewaffneten Konflikts[37] und auch von der psychologischen Notwendigkeit der Installierung dieser Raketen in Europa angesichts der »auch europäischen Augen offenbar werdenden Tatsache der Raketenlücke«, die sich seit 1957 abzuzeichnen begann«.[38] Auf amerikanischer Seite wollte man von diesem Konzept jedoch abrücken. Ohne die Gesamtheit des Raketenpotentials zu verändern, wollte man aus dieser »zwangsläufigen Involvierung« herauskommen. Die Jupiter-Raketen in Italien und der Türkei sollten durch Raketen der Typen »Minuteman« und »Polaris« ersetzt werden, die ersteren in Abschußrampen in den Vereinigten Staaten, die letzteren auf Unterseebooten installiert.[39] Die nukleare Entscheidungsfreiheit der Vereinigten Staaten würde dadurch erhöht und eine Art Automatik des Einsatzes von Nuklearwaffen im Falle des Angriffes auf einen Verbündeten beseitigt werden. Ein Element der nuklearen Abschreckung würde dadurch zwar zwangsläufig geschwächt werden – und wurde in der Folgezeit schließlich auch geschwächt –, aber auf amerikanischer Seite war man offenbar bereit, diese Konsequenz zu akzeptieren. Die Jupiter-Raketen waren, vom amerikanischen Standpunkt aus gesehen, politisch »obsolet« geworden. Es besteht kein Zweifel daran, daß Präsident Kennedy diese Problematik geläufig war. Dies geht klar aus der Schilderung seiner Reaktion auf den Vorschlag Stevensons hervor, der Sowjetunion den Abzug der Jupiter-Raketen anzubieten.

>>As for the Jupiters, the President had his doubts about their continued value and was willing to consider removing them in the right circumstances. But this

---

35 *H. Schmidt*, »Verteidigung oder Vergeltung«, 3. Aufl., Stuttgart 1965, S. 96.
36 *Maxwell D. Taylor*, »The Uncertain Trumpet«, New York 1960, S. 142.
37 *H. Schmidt*, »Verteidigung oder Vergeltung«, 2. Aufl., Stuttgart 1961, S. 95.
38 *H. Schmidt*, »Verteidigung oder Vergeltung«, 3. Aufl., Stuttgart 1965, S. 95.
39 Vgl. *Abel*, aaO., S. 192; *Kennedy*, aaO., S. 94.

was not the time for concessions that could wreck the Western alliance; seeming to conform the suspicion Charles de Gaulle had planted that the United States would sacrifice the interests of its allies to protect its own security«.[40]

Den zugänglichen Quellen zufolge hat Präsident Kennedy bereits kurz nach seinem Amtsantritt die Problematik der in Italien und der Türkei stationierten Jupiter-Raketen überprüfen lassen. Zur NATO-Frühjahrskonferenz 1962[41] soll Außenminister Rusk beauftragt gewesen sein, die Frage des Abzugs der Jupiter-Raketen mit seinen italienischen und türkischen Kollegen zu sondieren. Über die italienische Reaktion ist nichts bekannt. Sie könnte bestenfalls hinhaltend gewesen sein, da zum Zeitpunkt der Konferenz die Wahl eines neuen italienischen Staatspräsidenten in eine Sackgasse geraten war und die italienische Delegation sich wohl kaum zur Entscheidung über eine derart wichtige Frage ermächtigt gehalten hätte. Die türkische Haltung scheint vollkommen ablehnend gewesen zu sein, nicht nur bei Gelegenheit der NATO-Konferenz, sondern auch bei den anschließenden Gesprächen im gleichen Jahr. Präsident Kennedy ist jedoch, wie berichtet wird, bis zur Cuba-Krise unter dem Eindruck gestanden, daß die Jupiter-Raketen-Basen abgebaut worden seien.[42]
Auch nach Cuba scheint ihn die Anwesenheit amerikanischer Truppen in der Türkei noch sehr bewegt zu haben.[43]

e. Es kann letzten Endes dahingestellt bleiben, welchen Grad von militärischer oder politischer Obsoletheit, letztere für die Vereinigten Staaten, die Jupiter-Raketen in Italien und in der Türkei zum Zeitpunkt der Cuba-Krise erreicht hatten. Einige Tatsachen müssen jedoch festgehalten werden:
aa. Der Abzug der Raketen erfolgte aufgrund eines Kompromisses zwischen den Vereinigten Staaten und der Sowjetunion im Zusammenhang mit der Cuba-Krise, wenn auch mit einer gewissen zeitlichen Verschiebung. Diese zeitliche Verschiebung änderte aber nichts am grundsätzlich erreichten Kompromiß. Dies geht aus dem oben zitierten Gespräch zwischen Robert Kennedy und Botschafter Dobrynin klar hervor.
bb. Die Regierung der Vereinigten Staaten war zum Zeitpunkt des Gespräches Robert Kennedy/Dobrynin entschlossen, die Jupiter-Raketen auf jeden Fall abzuziehen, sofern die Sowjetunion in Cuba einlenkte. Der Hinweis von Kennedy auf die Notwendigkeit einer NATO-Entscheidung wur-

---

40 *Abel*, aaO., S. 95.
41 (die übrigens in Athen und nicht, wie von Abel angegeben, in Oslo stattfand).
42 Vgl. *Abel*, aaO., S. 192 f.; *Kennedy*, aaO., S. 94 f.
43 Vgl. *Benjamin C. Bradlee*, »Conversations with Kennedy«, Pocket Book Edition, New York 1976, S. 127.

de von ihm selbst in den nachfolgenden Sätzen widerlegt, die keinen Zweifel an der Entschlossenheit von Präsident Kennedy in dieser Frage ließen.

cc. Dem endgültigen Abzug der Jupiter-Raketen ging keine Erörterung innerhalb der NATO voraus, die ihren Widerhall in der Öffentlichkeit gefunden hätte. Es ist daher fraglich, ob eine solche Erörterung überhaupt jemals stattgefunden hat. Angesichts des offenbar bestehenden türkischen Widerstandes, angesichts der nuklear-strategischen Bedeutung dieser Maßnahme für Europa, angesichts des Mittelstreckenraketen-Beschlusses vom Dezember 1957 und angesichts der Offenheit der Diskussion auch solcher Fragen in den westlichen Medien erscheint es ausgeschlossen, daß solche Erörterungen nicht an die Öffentlichkeit gedrungen wären.[44]

Es ist hier nicht der Ort, eine Beurteilung der amerikanischen Aktionen während der Cuba-Krise vorzunehmen. Dazu müßten andere Überlegungen angestellt werden, wobei nicht vergessen werden darf, daß es den damals verantwortlich Handelnden gelungen ist, ob aus Furcht oder kraft besserer Einsicht, den Ausbruch eines bewaffneten Konfliktes, wenn nicht sogar eines nuklearen Schlagabtausches, zu vermeiden. Es ist dies auch nicht der Ort für eine Spekulation darüber, ob die Cuba-Krise auch ohne »Opferung« der Jupiter-Raketen zu lösen gewesen wäre. Vielleicht war dies eine Maßnahme, die es innerhalb östlicher Führungszirkel erlaubte, das Gesicht zu wahren, was unter Umständen nötiger war als nach außen. Schließlich soll auch nicht abgewogen werden, ob bei diesem »Handel« Leistung und Gegenleistung einander entsprachen. Es ist auch in der politischen Theorie müßig, Gleichungen mit mehreren Unbekannten lösen zu wollen. Was hier jedoch festzuhalten ist, ist folgendes:

Zu der Lösung der Cuba-Krise haben die Vereinigten Staaten das in Europa stationierte Mittelstrecken-Nuklearpotential nicht nur ohne Zustimmung ihrer Bündnispartner zur Disposition gestellt, sondern sie haben es auch, aufgrund ihrer eigenen Entscheidung, abgezogen. Die Großmacht-Weltmacht hat gegen (Türkei) oder ohne den Willen ihrer Bündnispartner gehandelt. Es war ein Fall der Macht ohne Zustimmung!

---

44 Es muß hier festgestellt werden, daß die amerikanische Abzugsentscheidung rein formell den NATO-Beschluß vom Dezember 1957 nicht verletzte, da dieser nur von Mittelstreckenraketen sprach, deren Art und Dislozierung aber offen ließ. Wohl aber kann man sagen, daß der Geist dieser Abmachung verletzt wurde, da durch den Abzug der Jupiter-Raketen bereits vorhandene Mittelstreckenwaffen wieder entfernt wurden.

2. Das Projekt einer Nuklearstreitmacht der NATO (Multilateral Force – MLF)

a. Das Projekt einer nuklearen Streitmacht der NATO wurde, mit Unterbrechungen, vom 11. Oktober 1963 bis 11. Dezember 1965 von einer Arbeitsgruppe, bestehend aus den Botschaftern und Ständigen Vertretern von sieben, teilweise acht, NATO-Staaten in Paris beraten.[45] Die Geschichte und der Ausgang dieser Beratungen sind mehrfach geschildert worden, mit größter politischer Sachkunde von Grewe[46] und unter ausgiebiger Materialkompilation von Robert von Pagenhardt.[47] Die Diskussion der sogenannten »nuklearen Frage« innerhalb der NATO beschränkte sich nun freilich nicht auf eine Streitmacht von fünfundzwanzig Überwasserschiffen mit schätzungsweise zweihundert Polaris- Raketen an Bord,[48] wenngleich diese Projektion am Beginn der Untersuchungen der MLF-Arbeitsgruppe stand, noch begann diese Diskussion mit der Aufnahme der Beratungen dieser Arbeitsgruppe.[49]

Schon vorher waren andere Vorschläge gemacht worden, wie etwa der von Außenminister Herter am Ende der Regierungszeit Eisenhowers während der NATO-Ministerratstagung im Dezember 1960 vorgetragene[50] und die Honorierung dieses Konzepts durch Präsident Kennedy in seiner Rede vor dem kanadischen Parlament in Ottawa am 17. Mai 1961.[51] Diese Einzelheiten interessieren in diesem Zusammenhang jedoch weniger. Wichtiger ist es, die Ursachen darzulegen, die dazu geführt haben, die ganze Materie innerhalb der Allianz in Bewegung zu bringen. Diese sind im wesentlichen drei:

---

45 Teilnehmerstaaten in der Arbeitsgruppe waren Belgien, Bundesrepublik Deutschland, Griechenland, Italien, Türkei, Großbritannien und Vereinigte Staaten, ab Dezember 1963 auch die Niederlande; die Türkei schied im Mai 1965 aus. Der Verfasser war während der gesamten Verhandlungsdauer als Mitarbeiter des deutschen Delegationsleiters, Botschafter Grewe, tätig; vgl. *Grewe,* »Rückblenden«, S. 616.
46 »Rückblenden«, insbes. S. 610 ff.
47 *Robert von Pagenhardt,* »Toward an Atlantic Defence Community: The First Effort 1960–1966«, Dissertation, Stanford University, California, 2 Bände, 1970.
48 *von Pagenhardt,* aaO., Bd. I, S. 192 f.
49 Neben der Bezeichnung »MLF« (Multilateral Force) wurden übrigens auch noch andere Kürzel eingeführt, wie z. B. »IANF« (Inter-Allied Nuclear Force; auf britische Veranlassung) und »ANF« (Allied Nuclear Force). Dem lagen nicht nur Wortspielereien zugrunde, sondern es verbargen sich dahinter fundamentale Abweichungen vom ursprünglichen multilateralen Konzept.
50 *von Pagenhardt,* aaO., Bd. I, S. 72 ff.
51 *von Pagenhardt,* aaO., Bd. I, S. 82. Der Ort dieser Rede führte dazu, daß das Projekt noch längere Zeit nachher unter dem Namen »Ottawa-Force« lief.

- Die Behauptung des Bestehens einer »Raketenlücke« auf seiten des Westens, ein Argument, das sich John F. Kennedy während des Wahlkampfes 1960 besonders zu eigen gemacht hat.[52]
- Das Bestreben der nicht-nuklearen europäischen Allianzpartner, ein Mitspracherecht bei der nuklearen Verteidigung zu bekommen, auch Wunsch nach »nuklearer Teilhabe« genannt.
- Die militärisch und politisch begründete Forderung europäischer Verbündeter, den sowjetischen Mittelstreckenraketen ein westliches nukleares Mittelstreckenpotential entgegenzusetzen. Dieser Wunsch, vom damaligen alliierten Oberbefehlshaber in Europa (Saceur), dem amerikanischen Luftwaffengeneral Lauris Norstad, in sein »MRBM-Requirement« für 1963 aufgenommen[53] und von ihm mit ausgeprägtem Selbstbewußtsein vertreten, führte 1962 zum Zerwürfnis mit Kennedy und zum Rücktritt (Entlassung).[54]

Diese drei Voraussetzungen bildeten die hauptsächliche Grundlage für die nukleare Diskussion dieser Jahre, sowohl auf militärischem als auch auf politischem Gebiet. Den letzten Anstoß für eine aktive Rolle der Vereinigten Staaten bei der tatsächlichen Realisierung dieser Gedanken gaben dann, wie Grewe ausführt, ein entsprechender Beschluß der WEU-Versammlung vom Dezember 1962, das anglo-amerikanische Übereinkommen von Nassau (Bahamas) vom gleichen Monat und die bevorstehende Unterzeichnung des deutsch-französischen Freundschaftsvertrages.[55] Wie kam es aber schließlich doch zum Scheitern des Projekts einer nuklearen Streitmacht der NATO? Haben die Vereinigten Staaten wirklich eine aktivere Rolle übernommen?

b. Am 18. Dezember 1962, zwei Tage nach seinen Gesprächen mit General de Gaulle auf Schloß Rambouillet und wenige Tage nach der Dezember-Ministerratstagung der NATO in diesem Jahr traf der britische Ministerpräsident Macmillan auf Nassau (Bahamas) mit Präsident Kennedy

---

52 Kennedy ist allerdings bald nach seinem Amtsantritt von dieser Meinung abgerückt, was sich auch noch vor Beginn der Cuba-Krise bemerkbar machte; vgl. *Abel*, aaO., S. 12 ff.
53 vgl. *von Pagenhardt*, aaO., Bd. I, S. 74.
54 In der ihm eigenen Ironie hat General de Gaulle für die Persönlichkeit Norstads anläßlich des Abschiedsempfangs im Elysée am 20. Dezember 1962 folgende Worte gefunden: »Oui, mon Général – et tant pis pour votre modestie! – il me faut vous déclarer combien votre personnalité nous a paru attachante et combien, par conséquent, nous éprouvons de regrets à la voir se détacher.«
(»Discours et Messages«, Bd. 4, S. 51).
55 »Rückblenden«, S. 613 f.

zusammen. Großbritannien sah sich einem Problem gegenüber: wollte es ein eigenes Nuklearpotential aufrechterhalten, so mußte es eine Verbesserung seiner V-Bomber-Flotte,[56] die bisher das Rückgrat seiner nuklearen Kapazität bildete, finden oder ein neues Waffensystem einführen. Ursprünglich sollte eine eigene britische Mittelstreckenrakete, »Blue Streak«, die Nachfolge der V-Bomber antreten. Diese Entwicklung wurde jedoch Anfang 1960 eingestellt, da klar wurde, das diese mit flüssigem Treibstoff betriebene Rakete wegen ihrer relativ langen Reaktionszeit schon bei ihrer Einführung sehr verwundbar gewesen wäre. Da die Regierung Eisenhower offensichtlich nicht bereit war, Großbritannien Polaris-U-Boote zu liefern, bot sie eine eigene Entwicklung an, nämlich einen von Flugzeugen abzuschießenden Flugkörper mit über 1 600 km Reichweite, die »Skybolt«.[57] Damit hätte die Einsatzfähigkeit der britischen V-Bomber-Flotte noch um Jahre verlängert werden können. Doch auch dieses Projekt stand unter keinem guten Stern. Technische Schwierigkeiten und erhebliche Kostenüberschreitungen,[58] Entwicklungen also, die, unter dem Verteidigungsminister der Regierung Kennedy, Robert S. McNamara, der das Prinzip der »cost-effectiveness«, auch wenn es politisch keinen Sinn gab, zum Fetisch machte, Anathema waren, führten dazu, das Skybolt-Projekt einzustellen. Wann und wie dies der britischen Seite schließlich klargemacht wurde, läßt sich, soweit ersichtlich, aus den gegenwärtig verfügbaren veröffentlichten Quellen nicht mit Sicherheit feststellen. George Ball jedenfalls behauptet, McNamara habe am 8. November 1962 den britischen Botschafter in Washington, William D. Ormsby-Gore,[59] von der beabsichtigten Einstellung des Skybolt-Projektes unterrichtet.[60] Die britische Reaktion war kritisch. Die Regierung Macmillan bezeichnete die von den Vereinigten Staaten vorgebrachten technischen und finanziellen Schwierigkeiten als Vorwand, um Großbritannien aus dem »nuklearen Club« herauszuhungern. Dieser Verdacht war vielleicht nicht unberechtigt, denn die Monopolisierung der nuklearen Verteidigung des Westens durch die Vereinigten Staaten selbst im Verhältnis zu Großbritannien hatte Geschichte gemacht[61] und

---

56 V-Bomber: »Vulcan« und »Victor«.
57 *George W. Ball,* aaO., S. 100 ff.
58 »Nil novi sub sole«.
59 Später Lord Harlech, ein Jugendfreund von John F. Kennedy.
60 *Ball,* aaO., S. 100.
61 Vgl. Schreiben von Präsident Truman an Ministerpräsident Attlee vom 20. April 1946, in dem er eine engere nukleare Zusammenarbeit mit Großbritannien ablehnt. S. *Ball,* aaO., S. 96.

war gerade auch wieder unter der Regierung Kennedy und dem Verteidigungsminister McNamara, wenn auch verschleiert, Dogma geworden.[62] Dies war der Ausgangspunkt für das Treffen in Nassau.

Es mag dahingestellt bleiben, was während dieses Treffens im einzelnen vorging. Jedenfalls wurde ein Übereinkommen erzielt, das in seinen wichtigsten Ziffern 5.–8. folgendes bestimmte, das seiner Bedeutung wegen hier wörtlich zitiert werden soll:

»5. The Prime Minister then turned to the possibility of provision of the Polaris missile to the United Kingdom by the United States. After careful review, the President and the Prime Minister agreed that a decision on Polaris must be considered in the widest context both of the future defense of the Atlantic Alliance and of the safety of the whole free world. They reached the conclusion that this issue created an opportunity for the development of new and closer arrangements for the organization and control of strategic Western defense and that such arrangements in turn could make a major contribution to political cohesion among the nations of the alliance.

6. The Prime Minister suggested, and the President agreed, that for the immediate future a start could be made by subscribing to NATO some part of the forces already in existence. This could include allocations from United States Strategic Forces, from United Kingdom Bomber Command, and from tactical nuclear forces now held in Europe. Such forces could be assigned as part of a NATO nuclear force and targeted in accordance with NATO plans.

7. Returning to Polaris, the President and the Prime Minister agreed that the purpose of their two Governments with respect to the provision of the Polaris missiles must be the development of a multilateral NATO nuclear force in the closest consultation with other NATO allies. They will use their best endeavours to this end.

8. Accordingly, the President and the Prime Minister agreed that the U.S. will make available on a continuing basis Polaris missiles (less warheads) for British submarines. The U.S. will also study the feasibility of making available certain support facilities for such submarines. The U.K. Government will construct the submarines in which these weapons will be placed and they will also provide the nuclear warheads for the Polaris missiles. British forces developed under this plan will be assigned and targeted in the same way as the forces described in paragraph 6. These forces and at least equal U.S. forces would be made available for inclusion in a NATO multilateral nuclear force. The Prime Minister made it clear that, except where Her Majesty's Government may decide that supreme national interests are at stake, these British forces will be used for the purpose of international defence of the Western Alliance in all circumstances.«

Es ist bekannt, daß die Vereinigten Staaten und Großbritannien an Frankreich die Einladung richteten, dieser Vereinbarung beizutreten. General de Gaulle, der das Abkommen nicht zuletzt im Hinblick auf seine eben geführ-

---

62 Vgl. *Robert Kleiman,* »Atlantic Crisis«, New York 1964, S. 114; *David Halberstam,* »The Best and the Brightest«, Taschenbuchausgabe, Greenwich, Conn., 1973, S. 298 ff.

ten Gespräche mit Macmillan[63] als Brüskierung auffassen mußte,[64] antwortete am 14. Januar 1963 mit seinem Veto gegen den britischen Eintritt in den Gemeinsamen Markt und wurde im übrigen nicht müde zu behaupten, ein Beitritt hätte die Unterstellung der französischen militärischen Nuklearkapazität unter amerikanischem Oberbefehl bedeutet.[65] Da kaum ein Zweifel daran bestehen konnte, daß Frankreich auch die »Supreme National Interests«-Klausel nach Ziffer 8 der Vereinbarung zugestanden bekommen hätte, wirkt dieses Argument nicht überzeugend. Berücksichtigt man ferner das Interesse von de Gaulle an der Mitgliedschaft Frankreichs in kleinen aber hochrangigen Machtzirkeln, so kann man seine abweisende Haltung zu den Vereinbarungen von Nassau nur damit erklären, daß er sich letztlich doch nicht gleichberechtigt sah. Es kam hier wieder der Gedanke des »Special Relationship« zwischen den Vereinigten Staaten und Großbritannien zum Vorschein, der für Frankreich, und nicht nur für Frankreich, so wenig annehmbar war.[66] Damit war die Grundlage für die später vehement ablehnende Haltung Frankreichs gegen die MLF geschaffen. Das Nassau-Abkommen trug aber zusätzlich selbst den Keim in sich, der den Aufbau einer multilateralen NATO-Nuklearstreitmacht verhindern konnte. Nur wenige Analytiker sahen damals, daß das Abkommen nicht nur zwei, sondern eigentlich drei Komponenten hatte. Die meisten Beobachter gingen nämlich davon aus, daß zunächst Ziffer 6 (NATO-Zuteilung bereits bestehender Nuklearstreitkräfte) erfüllt würde, worauf Ziffer 7 (Entwicklung einer multilateralen NATO-Nuklearstreitmacht) zwangsläufig folgen müßte. Übersehen wurde, daß als eigene Komponente die Lieferung von Polaris-Raketen an Großbritannien und deren NATO-Zuteilung (unter Vorbehalt) in Ziffer 8 vorgesehen war, eine Komponente, die bei genauer Analyse für sich selbst Bestand hatte und nicht von dem Zustandekommen einer multilateralen Streitmacht abhängig gemacht war,[67] wenngleich die Vereinigten Staaten auch anfangs vom Nassau-Abkommen als Ganzes ausgehen wollten.[68] Durch das am 6. April 1963 zwischen den Vereinigten

---

63 Es gibt in der Öffentlichkeit bis heute keine Bestätigung, ob das Gespräch einen »nuklearen Teil« hatte oder ob ein solcher überhaupt im »Marschgepäck« der beiden Gesprächspartner war. *Kleiman*, aaO., S. 47 ff., behauptet, daß eine solche Diskussion, ausgelöst von de Gaulle, stattgefunden habe. Außerdem glaubt er Beweise dafür zu haben, daß »Nassau« nicht eine der Ursachen für de Gaulles Veto gewesen sei.
64 *H. Schmidt*, »Strategie des Gleichgewichts«, 5. Aufl., 1970, S. 32.
65 »Discours et Messages«, Bd. 4, S. 66 ff. und S. 71 ff.
66 Vgl. Zum Problem des »Special Relationship«, insbes. *George W. Ball*, aaO., S. 90 ff.
67 Von einer irrigen Lesart ging z. B. 1964 noch *Kleiman* aus, aaO., S. 58 f.
68 *von Pagenhardt*, aaO., Bd. I, S. 182.

Staaten und Großbritannien unterzeichnete Polaris-Kaufabkommen wurde diese Analyse bestätigt.[69] Großbritannien hatte also in Nassau die Möglichkeit der Erhaltung seiner Nuklearkapazität zugesagt bekommen, während es sich weiterhin ohne zu großes Risiko der Aufstellung einer mulitlateralen NATO-Nuklearstreitmacht entziehen konnte. Dies tat es ausgiebig, zwar nicht in frontalen Angriffen, aber durch eine unermüdliche Verzögerungstaktik. Seine Haltung trug wesentlich zum Scheitern der Pläne einer NATO-Nuklearstreitmacht bei.[70]

c. An den Beratungen der MLF-Arbeitsgruppe und damit ihr Interesse an dem Projekt zeigend, nahmen, wie bereits erwähnt, sieben, teilweise acht NATO-Partner teil. Die Bereitschaft, sich endgültig an dem Projekt zu beteiligen oder die Beteiligung von gewissen Bedingungen abhängig zu machen, mag von Land zu Land verschieden gewesen sein.[71] Es ist jedoch nicht zu leugnen, daß die beteiligten Regierungen, mit Ausnahme der britischen, an einem Gelingen des Projekts interessiert waren. Die daran nicht beteiligten NATO-Partner verhielten sich passiv. Dies galt auch zunächst für Frankreich. Die Beratungen der MLF-Arbeitsgruppe und ihrer Untergruppen waren indes zügig weitergegangen. Im Jahre 1964 schienen sich sogar gewisse politische Entscheidungen anzubahnen, so daß man am 22. Juli 1964 beschloß, »to work on plans and language which could be converted into charter form for possible decision in November or December, 1964«.[72] Zur Sache selbst waren die Arbeiten für jeden, der nicht Utopien nachhing, zufriedenstellend verlaufen: Die militärischen Anforderungen schienen erfüllt, die politischen Fragen waren den Realitäten entsprechend lösbar. Im Gegensatz zu allem, was darüber in der Presse erschien, wäre die Frage der Finanzierung der MLF eine der geringsten Sorgen gewesen[73] und hätte, was einen möglichen Beitrag der Bundesrepublik Deutschland anbelangte, nicht 2 % von deren damaligem Verteidigungsetat überschritten. Was die Presseveröffentlichungen zu dem ganzen Komplex betrifft, kann man in Abwandlung des bekannten Wortes von Churchill sagen: Selten wurde von so vielen so wenig Zutreffendes über eine Sache geschrieben![74]

---

69 *von Pagenhardt,* aaO., Bd. I, S. 225.
70 S. *Grewe,* »Rückblenden«, passim; *von Pagenhardt,* aaO., passim.
71 Vgl. *von Pagenhardt,* aaO., passim, insbes. Bd. I, S. 253 ff, 492 ff.
72 *von Pagenhardt,* aaO., Bd. II, S. 639.
73 *von Pagenhardt,* aaO., Bd. II, S. 426 ff.
74 Vgl. auch *Grewe,* »Rückblenden«, S. 628.

So schienen denn die Aussichten für das MLF-Projekt im Jahre 1964 günstig zu sein, zumal sich auch Präsident Johnson dafür zu interessieren begonnen hatte. Am 10. April 1964 fand eine Besprechung in Washington statt, in deren Verlauf der Präsident die Weisung gab, wenn möglich bis zum Ende des Jahres auf ein MLF-Abkommen hinzuwirken.[75] Gegenüber der Öffentlichkeit wollte sich Johnson jedoch noch nicht festlegen und bat daher damals den bei der Besprechung anwesenden NATO-Botschafter Thomas K. Finletter, der überdies einer seiner Parteifreunde und einer der »Königsmacher« innerhalb der Parteiorganisation der Demokraten im Staat New York war, die Presse vorsichtig zu unterrichten. Nach Finletters Erinnerung tat er das mit den Worten: »Tom, you have to protect me for the time being!« Finletter glaubte sich sicher in der Überzeugung, daß Johnson entschlossen war, das MLF-Projekt zu verwirklichen.[76] Die amerikanische Regierung jedoch versäumte eine sorgfältige und verbindliche Unterrichtung des Kongresses und eine glaubhafte öffentliche Festlegung.

d. Trotz des gewissen Zögerns der amerikanischen Regierung war im Laufe des Jahres 1964 klar geworden, daß sich das MLF-Projekt auf einen entscheidenden Punkt zubewegte. Eine Realisierung konnte nicht mehr ausgeschlossen werden; ausgeschlossen werden konnten auch nicht mehr die mit einer Realisierung einhergehenden militärischen und politischen Konsequenzen! Diese Entwicklung brachte Gegenkräfte auf den Plan, die sich bisher weniger militant oder indifferent gezeigt hatten. Die britische Labour Party, die während des Wahlkampfes im Herbst behauptet hatte, sie würde eine eigenständige britische Nuklearkapazität aufgeben, vergaß diese Wahlaussage und ließ bereits knapp eine Woche nach ihrem Wahlsieg im Oktober 1964 über den damaligen Verteidigungskorrespondenten der »Times«, Alun Gwynne-Jones (später als Lord Chalfont Abrüstungsminister), neue Pläne für eine britische Beteiligung an multilateralen nuklearen Regelungen durchsickern.[77] Dabei und in der Folgezeit erwies es sich, daß der britische

---

75 *von Pagenhardt,* aaO., Bd. II, S. 558 ff.
76 The Hon. T. K Finletter, gest. 1980, ein nicht nur vom Verf., sondern auch vom Jubilar verehrter Mann (vgl. »Rückblenden«, S. 615 f.), hat dem Verf. diesen Vorgang in den Jahren 1970/71 in New York bei privaten Zusammentreffen mehrfach geschildert. Der Verf. begeht heute keinen Vertrauensbruch mehr, wenn er öffentlich darüber berichtet, daß Finletter die spätere Kehrtwendung Johnsons auf dem Hintergrund des geschilderten Vorgangs nicht nur als politischen Fehler, sondern auch als persönlichen Vertrauensbruch auffaßte. Obwohl er, so schildert ihn auch Grewe, ein durchaus robuster Parteipolitiker war, konnte er sich innerlich nicht mehr mit Johnson aussöhnen.
77 *von Pagenhardt,* aaO., Bd. II, S. 587 ff.

Enthusiasmus für das MLF-Projekt unter einer Labour-Regierung genauso gering blieb wie unter der konservativen Ägide. Die Verzögerungstaktik blieb die gleiche. Auch die französische Regierung war nunmehr aktiv geworden und ließ, nach den Angaben von Pagenhardts, am 23. Oktober 1964 durch ihren Botschafter in Washington, Hervé Alphand, bei Außenminister Rusk eine Démarche gegen das MLF-Projekt vorbringen. Dieses wurde als Problem bezeichnet, das die NATO und Europa spalten könne. Darüber hinaus soll die französische Diplomatie auch an anderen Plätzen noch gegen eine »American-German nuclear force« gesprochen haben.[78] Gut eineinhalb Jahre nach Unterzeichnung des deutsch-französischen Freundschaftsvertrages war dies ein bemerkenswertes Vorgehen.[79] Die weiteren Ereignisse sind bekannt: Obwohl am Rande der NATO-Ministerratstagung vom 15. bis 17. Dezember 1964 in der deutschen NATO-Vertretung von den Außenministern der Bundesrepublik Deutschland, Großbritanniens, der Niederlande, Italiens und der Vereinigten Staaten ein Treffen ihrer Stellvertreter Ende Januar/Anfang Februar 1965 beschlossen wurde, kam es nicht mehr dazu. Wenige Tage darauf nämlich verbot Präsident Johnson seinen Mitarbeitern mit »National Security Action Memorandum (NSAM) No. 322« eine aktive Betätigung bei den weiteren Beratungen.[80] Damit war das MLF-Projekt gestorben.[81] Wieder begonnene Gespräche der Arbeitsgruppe am 5. Mai 1965 unter Einbeziehung der neuen britischen Vorschläge dauerten bis zum 3. Dezember 1965, an dem sie sich »sine die« vertagte.[82]

e. Bei der Suche nach den Gründen des Mißlingens des MLF-Projekts wird man, wie Grewe, zwischen den vordergründigen und den wirklichen Ursachen unterscheiden müssen. Zu den vordergründigen gehören sicher der französische und der britische Widerstand, zu den wirklichen einmal das nukleare Monopolstreben der Vereinigten Staaten innerhalb der westlichen Allianz, verkörpert durch den damaligen Verteidigungsminister

---

78 *von Pagenhardt,* aaO., Bd. II, S. 580 ff.
79 Vgl. zur französischen und britischen Opposition gegen das MLF-Projekt auch *Grewe,* »Rückblenden«, S. 619 ff.
80 *von Pagenhardt,* aaO., Bd. II, S. 604 ff.
81 Eine persönliche »Rückblende« des Verf.: Vor Antritt des Weihnachtsurlaubs 1964/65 wurde der Verf. vom Jubilar ermahnt, im Januar 1965 wieder rechtzeitig in Paris zu sein, um bei der Vorbereitung der Außenministerstellvertreter-Konferenz mitzuhelfen. Auf die etwas saloppe Bemerkung des Verf., daraus werde doch nichts mehr, meinte der Jubilar: »Na, wenn Sie meinen?!« Dem Verf. war ein längerer Weihnachtsurlaub vergönnt.
82 *von Pagenhardt,* aaO., Bd. II, S. 615.

Robert S. McNamara,[83] sowie der Versuch, auf dem Wege eines Vertrages über das Verbot der Weiterverbreitung von Nuklearwaffen zu einer Entspannung mit der Sowjetunion zu kommen, eine Politik, die mit dem Namen des damaligen Leiters der amerikanischen Abrüstungsbehörde, William J. Foster, verbunden ist. Letztere Bestrebung berücksichtigt natürlich den starken sowjetischen Widerstand gegen das Projekt. Es verwundert nicht, daß McNamara und Foster bei dem oben erwähnten Gespräch am 10. April 1964 zu denjenigen gezählt wurden, die dem MLF-Projekt mit Vorbehalt gegenüberstanden. Auch die Ausweitung des Vietnam-Krieges mag von Einfluß gewesen sein, da man in Washington vielleicht das Gefühl bekam, sich auf ein Spiel mit zu vielen Kugeln einzulassen. Doch ist die Aufzählung der Gründe des Scheiterns in dieser Untersuchung von zweitrangiger Bedeutung. Von Interesse ist, wie sich die Vereinigten Staaten als Weltmacht und Führungsmacht der westlichen Allianz hier verhalten haben. Dies kann in folgender Sequenz dargestellt werden:
– Es bestand unter einem Teil der NATO-Partner der Wunsch nach sogenannter »nuklearer Teilhabe«.
– Die Vereinigten Staaten präsentierten aus ihrer Machtstellung heraus ein Projekt, das diesem Wunsch gerecht werden konnte.
– Es bestand – unter einem gewissen Kreis der Allianzpartner – Zustimmung, dieses Projekt zu verwirklichen.
– Die Vereinigten Staaten gaben ihr Interesse an dem Projekt auf; die Zustimmung der Allianzpartner verpuffte ins Leere. Zustimmung ohne Macht![84]

Man erkennt, daß im »Fall MLF« eine sehr eigenartige Entwicklung vor sich gegangen ist. Einem ursprünglich vorhandenen amerikanischen Impetus, der die Antwort auf das Verlangen einer Reihe von Allianzpartnern darstellte, folgte eine politische Abstinenz der Vereinigten Staaten, die für das Projekt tödlich sein mußte. Gleichgültig, welche der oben erwähnten Gründe man für das amerikanische Umschwenken für ursächlich hält, so läßt sich doch der Eindruck nicht vermeiden, daß die amerikanische Politik versuchte, sich durch Passivität in die Gegenströmung treiben zu lassen.

---

83 *David Halberstam,* »The Best and the Brightest«, Taschb. Greenwich, Conn. 1973, S. 263, beschreibt McNamara einmal kurz wie folgt: »He was intelligent, forceful, courageous, decent, everything in fact, but wise.«
84 Die Desertionen vom MLF-Projekt, z. B. diejenige des damaligen belgischen Außenministers Spaak auf der Ministerratstagung der NATO im Dezember 1964, über die Grewe berichtet (»Rückblenden«, S. 627) ändern nichts an der grundsätzlich vorhanden gewesenen »Zustimmung«. Sie sind als politisch notwendige Überlebensmaßnahmen in einer als aussichtslos angesehenen Lage zu verstehen.

Also vielleicht ein Fall des Machtverzichts trotz Zustimmung? Oder ganz einfach: Zustimmung ohne Macht!

III. *Die Folgerung*

1. *Analyse der Ereignisse*

a. Die Untersuchung zweier bedeutender weltpolitischer Vorgänge Anfang der sechziger Jahre, der spektakulären Cuba-Raketenkrise und der weit weniger spektakulären aber auf längere Sicht außerordentlich bedeutsamen Verhandlungen über eine NATO-Nuklearstreitmacht, hat gezeigt – und was wäre schon anderes zu erwarten gewesen –, daß in beiden Fällen die Haltung der Vereinigten Staaten, als der Groß- und Führungsmacht der westlichen Allianz, von ausschlaggebender Bedeutung war. Dabei tauchten parallele Handlungsarten, aber auch voneinander abweichende Muster auf. In der Cuba-Krise haben die Vereinigten Staaten das Gesetz des Handelns voll für sich in Anspruch genommen. Die amerikanische Regierung, die im übrigen als einzige im Westen über die Machtmittel zur Bewältigung dieser Krise verfügte, hat ihre Beschlüsse stets selbst getroffen, ohne sich von möglichen anderslautenden Meinungen der Verbündeten beeinflussen zu lassen. Zwar wurden die Verbündeten über eine Reihe von Maßnahmen vorher unterrichtet, z. B. über die Verhängung der sogenannten »Quarantäne«. Eine Konsultation im eigentlichen Sinne fand jedoch nicht statt. Trotzdem wird man nicht bei allen im Zusammenhang mit der Krise getroffenen amerikanischen Maßnahmen von einer Machtausübung ohne Zustimmung sprechen können. Erstens bestand für die Durchführung mancher Maßnahmen große Eilbedürftigkeit und die amerikanische Seite durfte sich wohl durch die bekannte Feststellung von Rivarol über die Schwerfälligkeit von Koalitionen entschuldigt fühlen: »Die Verbündeten waren immer um ein Jahr, eine Armee und eine Idee im Rückstand.«[85] Zweitens ist der Satz von »Macht und Zustimmung« innerhalb einer Allianz kein Rechtsgrundsatz, sondern eine Maxime, deren Einhaltung im Verhältnis zwischen einem großen und den kleinen Partnern der Effektivität des Bündnisses dient und seinem Zusammenhalt eine Art innere Legitimität gibt. Drittens darf »Zustimmung« in diesem Zusammenhang auch nicht als Ergebnis eines Abstimmungsprozesses verstanden werden, sondern muß

---

85 Zitiert nach *Grewe*, »Spiel der Kräfte in der Weltpolitik«, aaO., S. 111.

als (auch innerer) Konsens, gleichsam als eine gemeinsame politische Geschäftsgrundlage, gesehen werden. Dieser Konsens lag den meisten amerikanischen Aktionen während der Cuba-Krise zugrunde. Ob dies auch für die »nukleare Gegengabe«, die Jupiter-Raketen, galt, ist mehr als zweifelhaft. Das unmittelbar von ihrem Abzug betroffene NATO-Land war die Türkei, die, wie geschildert, sich dagegen verwahrte. Angesichts des ersten »Nachrüstungsbeschlusses« der NATO vom Dezember 1957 und in Anbetracht der Tatsache, daß zur gleichen Zeit im Bündnis die Frage der »nuklearen Teilhabe« einer der wichtigsten Diskussionspunkte war, konnte von einer »Zustimmung«, auch im Sinne von Konsens, keine Rede sein. Wie jetzt aufgrund der zitierten Veröffentlichungen bekannt ist, wurde der diesbezügliche Beschluß nicht zuletzt von Verteidigungsminister McNamara beeinflußt, der als »the can-do man in the can-do society, in the can-do era« bezeichnet wurde.[86] Das amerikanische Vorgehen beim Abzug der Jupiter-Raketen aus der Türkei dürfte wesentlich dazu beigetragen haben, daß die Türkei zwei Jahre später im Zypern-Konflikt mit Griechenland die Sache in ihre eigenen Hände nahm und sich nicht auf amerikanischen Rat und amerikanische Hilfe verließ. Man kann sagen, daß das amerikanische Verhalten in der Jupiter-Angelegenheit als Teil des Cuba-Kompromisses den Beginn der Erosion der Südflanke der NATO markierte.[87] Diese Zusammenhänge zeigen, wie wichtig »Zustimmung« zur »Macht« ist. Sie zeigen aber zugleich, daß »Macht« auch ohne »Zustimmung« ausgeübt werden kann, allerdings oft mit unerwünschten Folgen.

b. Im Falle des MLF-Projektes standen keine derart aufregenden Ereignisse am Anfang der Gespräche und Verhandlungen, es sei denn, man wolle das aufgeregte Gerede Ende der fünfziger Jahre um die sogenannte »Raketenlücke« zur gleichen Kategorie zählen. Trotzdem konnten die militärischen, vor allem aber die politischen Konsequenzen eines verwirklichten MLF-Projektes nicht wichtig genug genommen werden. Eine erhebliche

---

86 *Halberstam*, aaO., S. 265. Der gleiche Autor beschreibt McNamara in anderem Zusammenhang wie folgt: »This man, whose only real experience had been in dealing with the second largest automotive empire in the world, producing huge Western vehicles, was the last man to understand and measure the problems of a people looking for stand and measure the problems of a people looking for political freedom.« *Ders.*, aaO., S. 264. Auch Helmut Schmidt läßt sich recht kritisch über McNamara aus: »Die Erfahrung, vom amerikanischen Verteidigungsminister McNamara bisweilen wie dessen amerikanische Generale behandelt und mit vollendeten Tatsachen überrumpelt zu werden, machte die Sache nur noch schlimmer.« (»Strategie des Gleichgewichts, 5. Aufl., 1970, S. 32 f.).
87 S. auch *Timothy W. Stanley*, »NATO in Transition: The Future of the Atlantic Alliance«, New York, Washington, London, 1965, S. 191, 296, 326.

Umwandlung des atlantischen Bündnisses wäre die Folge gewesen. Dies wurde gerade von amerikanischen Politikern, Diplomaten und Wissenschaftlern klar erkannt und auch gewollt. Statt vieler seien hier nur die Namen George W. Ball, Thomas K. Finletter und Robert R. Bowie genannt. Die Vereinigten Staaten sind jedoch im letzten Moment zurückgezuckt und haben geglaubt, ihre »Macht« der Entspannung und Abrüstung widmen zu müssen. An die Möglichkeit, den Osten durch eine entsprechende eigene Rüstung zur beiderseitigen Abrüstung zu bewegen, durfte damals nicht mehr gedacht werden. Hand in Hand mit einer mechanistischen Non-Proliferations- und Non-Disseminations-Ideologie, die offenbar von dem Gedanken ausging, es sei schon den Chinesen vor zweitausend Jahren gelungen, die Herstellung von Seide außerhalb des Landes zu verhindern, indem man den Export von Seidenwürmern verbot, schickte man sich an, durch einseitige Handlungen und Aufgabe bisheriger Konzepte eine neue Politik einzuleiten. Diejenigen Partner der Allianz, die die bisherige Politik für vernünftig gehalten und deshalb unterstützt hatten, wurden unsicher und sahen sich nach neuen Möglichkeiten um, nicht etwa im Sinne neuer Partnerschaften, wohl aber im Sinne einer neuen Politik.

2. *Praktische Theorie*

Politik beobachten und Politik verstehen kann man nur, wenn man sie als etwas Dynamisches auffaßt, das sich ständig erneuert, teilweise wiederkehrt, aber nie genau in der gleichen Form, nie genau unter der gleichen Konstellation. Dies macht es so schwierig, politische Theorie zu betreiben. Man sieht sich zwischen unzureichenden starren Meßlatten auf der einen und schwammigen leeren Worten auf der anderen Seite. Trotzdem erscheint es möglich, aus den oben geschilderten Ereignissen einige allgemeine Gedanken abzuleiten, die wenigstens eine Beschreibung der Lage innerhalb einer Allianz mit einer Weltmacht als Partner geben, und die darlegen, ob und wie die Idee von »Macht und Zustimmung« wirken kann.

a. Die angeführten Beispiele zeigen, wie sehr eine Allianz wie die NATO, die als Kondensationskern und Partner eine Weltmacht, nämlich die Vereinigten Staaten hat, von der Führungskraft und dem Führungswillen dieser Macht abhängen. Sie zeigen auch, wie schwer es ist, die Anschauungen und Interessen kleinerer Partner in ein solches Bündnis einzubringen. Kleiman beschreibt dieses Verhältnis mit den folgenden recht pessimistischen Worten:

»A real burden-sharing partnership is impossible between one great power and numerous smaller nations, as in NATO, or on a bilateral basis. In such a relationship, the Giant necessarily calls the time – or fails to lead – and no one else can take its place.«[88]

Es fragt sich, ob das allianzinterne Verhältnis wirklich einer derart kantigen Beschreibung bedarf. Die Schärfen abgelegt, zeigen aber auch die beiden hier untersuchten Ereignisse, daß Kleimans Aussage kaum zu widerlegen ist. Wenn es um die eigenen wichtigen Interessen der Allianzvormacht geht, werden diese den Vorrang haben. Solange die übrigen Partner noch in einem politischen Grundkonsens zur Führungsmacht stehen, werden sie gut daran tun, deren Interessen zu achten, da ein Schaden für diese Interessen auch einen Schaden an ihren eigenen Interessen bedeuten würde. Sie tun daher gut daran, der »Macht« ihre eigene »Zustimmung« zuzuordnen.

b. Es ist in den Nachkriegsjahren oft einmal das Wort aufgetaucht, man müsse die Weltmacht an die Interessen der kleineren Partner »anbinden«. Wenn die vorgeführten Beispiele überhaupt repräsentativ sind, und das wird hier behauptet, dann ist ein solches »Anbinden« gar nicht möglich. Die Weltmacht muß letzten Endes nach ihren eigenen Interessen sehen oder ihre Führungsrolle aufgeben. Und hier kommt wieder der Gedanke von »Macht und Zustimmung« zum Tragen. Je mehr es der Führungsmacht gelingt, »Zustimmung« zu erreichen, desto leichter wird sie ihre Führungsrolle ausfüllen können. Eine solche Interdependenz mit wohlverstandenem Wissen um die Möglichkeiten und Grenzen des beiderseitigen Handelns wäre das Ziel erfolgreicher Allianzpolitik. Den kleineren Allianzpartnern gibt sie »Einfluß« anstelle der für sie nicht erreichbaren »Macht«, die Weltmacht bewahrt sie vor Überreaktion oder Führungsschwäche. »Macht und Zustimmung«: Maxime erfolgreicher Allianzpolitik?

---

88 *Kleiman,* aaO., S. 125.

Verhandeln mit östlichen Vertragspartnern

*Hans Heinrich Mahnke**

Die Verhandlung ist eine der Hauptaufgaben der Diplomatie. Ihrer Natur nach vollzieht sie sich in den verschiedenartigsten Formen und bedient sich der verschiedenartigsten Techniken. Soviel auch schon über sie gesagt und geschrieben worden ist, gibt es doch keine unfehlbaren Regeln dafür, wie man sie erfolgreich abschließt. Jede Verhandlung entwickelt ihre Eigengesetzlichkeit und eigene Dynamik, die es schwermachen, allgemein gültige Regeln aus ihr zu abstrahieren. Doch gibt es einige Grundsätze, die Verhandlungsführer zweckmäßigerweise beachten sollten, es sei denn, Eitelkeit oder Selbstüberschätzung ließen sie darauf verzichten, die Erfahrungen anderer Unterhändler zu berücksichtigen.

Abgesehen von den Memoiren von Staatsmännern und Diplomaten gibt es einige, wenn auch nicht sehr zahlreiche Spezialwerke über die diplomatische Kunst der Verhandlung.[1] Erfahrungen in Verhandlungen mit der UdSSR sind in einigen amerikanischen Veröffentlichungen ausgewertet worden.[2]

---

* Dr. iur., LL. M, Ministerialrat, Bonn.

1 *G. A. Craig:* Techniques of negotiation, in: *I. J. Lederer* (Hrsg.), Russian Foreign Policy. Essays in Historical Perspective (New Haven/London 1962) S. 351 ff.; *derselbe:* Totalitarian approaches to diplomatic negotiations, in: *A. O. Sarkissian* (Hrsg.), Studies in Diplomatic History and Historiography in Honour of *G. P. Gooch* (London 1961) S. 107 ff.; *D. Druckmann:* Human Factors in International Negotiations (Beverly Hills, Calif., 1973); *R. Fisher:* Basic Negotiating Strategy (New York 1969); *F. Ch. Iklé:* Strategie und Taktik des diplomatischen Verhandelns (Gütersloh 1965); *St. D. Kertesz:* American and Soviet negotiating behavior, in: *St. D. Kertesz/M. A. Fitzsimons* (Hrsg.): Diplomacy in a Changing World (Notre Dame, Indiana 1959), S. 133 ff.; *Ch. Lockhart:* Bargaining in International Conflicts (New York 1979); *I. W. Zartmann:* The political analysis of negotiations: How who gets what and when, World Politics 26 (1973/74) S. 385 ff.

2 *Committee on Foreign Affairs:* Soviet Diplomacy and Negotiating Behavior: Emerging New Context for U.S. Diplomacy, Study prepared by the Senior Specialist Division, Congressional Research Service, Library of Congress, 96th Congress, 1st Session, House Document No. 96–238, Special Studies Series on Foreign Affairs Issues, Vol. I (Washington, D.C. 1979). – Vgl. auch *J. C. Campbell:* Negotiations with the Soviets: Some lessons of the war period, Foreign Affairs 34 (1955/56) S. 305 ff.; *R. L. Garthoff:* Negotiating with the Russians: Some lessons from SALT, International Security 1 (1977) S. 3 ff.; *Ph. E. Mosely:* Some Soviet techniques of negotiation, in: *R. Dennett/J. E. Johnson* (Hrsg.): Negotiating with the Russians (1951) S. 271 ff.

Wilhelm W. Grewe hat nicht nur selbst wichtige Verhandlungen geführt und darüber berichtet,[3] sondern auch theoretische wichtige Aspekte der Kunst der Verhandlungsführung analysiert und erläutert.[4]
Die hier vorgelegten Überlegungen erheben keinen Anspruch auf Vollständigkeit oder Originalität. Sie stützen sich auf eigene Erfahrungen bei Verhandlungen mit der DDR und auf die veröffentlichten Erfahrungen westlicher Unterhändler mit kommunistischen Staaten. Motiviert sind sie durch meine Überzeugung, daß es im Umgang mit kommunistischen Unterhändlern gewisse Spezifika gibt, die zweckmäßigerweise beachtet werden sollten. Darüber hinaus möchte ich diese Gelegenheit nutzen, um einige vorschnelle Urteile über die westdeutsche Verhandlungsführung bei den Verhandlungen über die Ostverträge zurechtzurücken und den in seiner Allgemeinheit zu Unrecht erhobenen Vorwurf zu korrigieren, die Ostverträge und der Vertrag über die Grundlagen der Beziehungen zwischen den beiden deutschen Staaten seien unsorgfältig, ja »schlampig« verhandelt worden.[5]

I. *Diplomatie und Verhandlung in marxistisch-leninistischer Sicht*

Die Ausübung des diplomatischen Handwerkes und die Kunst der Verhandlung – beides eng zusammenhängende Begriffe, die eine der wichtigsten außenpolitischen Funktionen des Staates beschreiben[6] – stehen bei den durch die Ideologie des Marxismus-Leninismus bestimmten Staaten Ost- und Zentralmitteleuropas – wie alle übrigen staatlichen Tätigkeiten – unter dem Gebot der Verwirklichung der durch den Klassenkampf bestimmten Ziele der »sozialistischen Weltbewegung«. Das vom *Institut für Inter-*

---

3 *W. G. Grewe:* Rückblenden 1976–1951 (Frankfurt a. M./Berlin/Wien 1979), bes. S. 127 ff. und S. 195 ff.; *derselbe:* Der Deutschland-Vertrag nach zwanzig Jahren, in: Konrad Adenauer und seine Zeit Bd. 1 (Stuttgart 1976) S. 698 ff.
4 *W. G. Grewe:* Spiel der Kräfte in der Weltpolitik (Düsseldorf/Wien 1970) S. 496 ff.; *derselbe:* Der diplomatische Kompromiß, Europa-Archiv 19 (1964), S. 816 ff.; *derselbe:* Die Arten der Behandlung internationaler Konflikte, Einleitung zur deutschen Ausgabe von *F. Ch. Iklé,* Strategie und Taktik des diplomatischen Verhandelns, aaO. (Anm. 1) S. 11 ff.
5 So der Abgeordnete *Reddemann* in der Bundestagsdebatte über den Grundlagenvertrag am 15. Februar 1973, Stenographische Berichte des Deutschen Bundestages – 7. Wahlperiode – S. 638 (C).
6 Die Diplomatie im engeren Sinne wird von Ost und West übereinstimmend als die Kunst definiert, zwischen Staaten Verhandlungen zu führen und Verträge und Abkommen abzuschließen. Vgl. z. B. *I. P. Blischtschenko:* Diplomatenrecht (Berlin-Ost 1975) S. 7 und *Committee on Foreign Affairs:* Soviet Diplomacy and Negotiating Process, aaO. (Anm. 2) S. 4.

nationale Beziehungen an der Akademie für Staats- und Rechtswissenschaft der DDR herausgegebene »Wörterbuch der Außenpolitik und des Völkerrechts« und das vom gleichen Institut herausgegebene »Lehrbuch des Völkerrechts« definieren die Diplomatie als die »offizielle Tätigkeit..., die zum Ziele hat, mit friedlichen Mitteln die Außenpolitik des Staates im Interesse der jeweils herrschenden Klasse zu verwirklichen«. Die Diplomatie wird dabei als eine »ihrem Wesen nach politische Kategorie« definiert, deren Inhalt »wie die gesamte Außenpolitik eines Staates von dessen Klassencharakter bestimmt« werde.[7] Die DDR-Theorie folgt hierin der sowjetischen Theorie, für die etwa die Feststellungen *V. A. Zorins* typisch sind, der die theoretische Grundlage der sowjetischen Diplomatie als das marxistisch-leninistische Verständnis der internationalen Situation, der Gesetze der sozialen Entwicklung, der Gesetze des Klassenkampfes und der Wechselbeziehung interner und internationaler sozialer Kräfte bestimmt hat.[8] Hierin enthalten ist eine Interpretation der internationalen Beziehungen, die die Welt im wesentlichen als in die entgegengesetzten Kräfte des Kommunismus und Kapitalismus geteilt ansieht und die Vorstellung, daß in diesem internationalen Klassenkampf der Sieg des Sozialismus vorbestimmt ist. Die Verhandlung wird hierbei als ein Instrument sozialistischer Diplomatie konzipiert, die – gegründet auf die leninistische Taktik – die Interessengegensätze des Klassenfeindes auszunutzen hat, um die ideologischen und außenpolitischen Ziele des sozialistischen Lagers zu verwirklichen. Dieser inhaltlich-politisch fixierten Zweckbestimmung der Verhandlung steht die wertneutral-abstrakte Vorstellung der Verhandlung westlicher Staaten gegenüber, wie sie sich etwa in der folgenden Definition des *Oxford English Dictionary* äußert: »Diplomacy is the management of international relations by negotiation; the method by which these relations are adjusted and managed by ambassadors and envoys; the business or art of the diplomatist.«[9] Es folgt, daß in der Regel die aggressive Verhandlungstechnik kommunistischer Verhandlungspartner durch ihr marxistisch-leninistisches Vorverständnis vorprogrammiert ist, während demgegenüber westliche Unterhändler auf diese inhärent ideologischen Vorstellungen

---

7 Wörterbuch der Außenpolitik und des Völkerrechts (Berlin-Ost 1980) S. 129; Völkerrecht-Lehrbuch I (Berlin-Ost 1973) S. 404 f.
8 *V. A. Zorin:* Role of the Ministry of Foreign Affairs of the USSR. The Bases of the Diplomatic Service (Moscow 1964). Wiedergegeben in: U.S. Congress. Senate. Committee on Government Operations. Subcommittee on National Security and International Operations. The Soviet Approach to Negotiations: Selected Writings, 91st Congress, 1st Session (Washington D.C., 1969) S. 85.
9 Nach *Nicholson:* Diplomacy (New York 1939) S. 15.

häufig mit erstauntem Unverständnis reagieren. *Dean Acheson* hat die sowjetische Art zu verhandeln, auf der Grundlage seiner langjährigen Erfahrung, aus diesen Gründen als außerhalb westlicher Traditionen angesiedelt gesehen. »In Western tradition negotiation was bargaining to achieve a mutually desired agreement. In Communist doctrine it was war by political means to achieve an end unacceptable to the other side. In both cases it was a means to an end, but in the latter case the ends were, if understood, mutually exclusive.«[10] *H. Nicolson* behauptet sogar, die sowjetische Diplomatie sei überhaupt keine Diplomatie. »It is not diplomacy: it is something else.«[11] Diesen Äußerungen liegt die Überzeugung zugrunde, daß die Staaten marxistisch-leninistischer Prägung die Diplomatie nicht nur als ein Instrument verwenden, um nationale Interessen zu schützen und zu fördern, sondern sie zugleich als eine Waffe in ihrem unermüdlichen Krieg gegen den Kapitalismus verwenden. »Diplomatic negotiations, therefore, cannot aim at real understanding and agreement; and this has profound effects upon their nature and techniques.«[12]

Diese pessimistischen Beurteilungen östlicher Verhandlungsmethoden sollten nun gleichwohl nicht so verstanden werden, daß Verhandlungen mit kommunistischen Staaten nicht zu für beide Seiten fruchtbaren Ergebnissen führen können. Worauf es indessen ankommt, ist die Einsicht, daß Beziehungen mit Staaten marxistisch-leninistischer Prägung – wesentlich stärker als die Beziehungen zu Staaten anderen Typs – auf die harte Realität konvergierender Interessen gegründet werden müssen und die Technik diplomatischer Verhandlungen mit ihnen dies berücksichtigen sollte.[13] Gleichzeitig darf nicht vergessen werden, daß Vereinbarungen durch die bloße Tatsache ihrer Existenz nützlich sein können und daß ihr alleiniger Wert in der Genugtuung bestehen kann, einen aus übergeordneten politischen Gründen unerwünschten Konflikt zu beenden oder eine internationale Krisensituation zu entschärfen. Vereinbarungen dieser Art haben darüber hinaus manchmal auch das Ergebnis eines zusätzlichen, d. h. mit dem eigentlichen

---

10 *Dean Acheson:* Present at the Creation (New York 1969) S. 378.
11 *H. Nicolson:* The Evolution of the Diplomatic Method (London 1954), S. 90.
12 *G. A. Craig:* Totalitarian approaches to diplomatic negotiations, aaO. (Anm. 1) S. 111, mit weiteren Nachweisen. – Von hier aus ist es im übrigen nicht weit bis zu Zweifeln an der sowjetischen Vertragstreue überhaupt. Vgl. z. B. *J. F. Triska/R. M. Slusser:* The Theory, Law and Policy of Soviet Treaties (Stanford, Calif. 1962) S. 399: »... we believe that there are no factors in Soviet theory, law or policy that constitute a guarantee that the Soviet Union will honor its commitments under a given treaty«.
13 *J. F. Triska/R. M. Slusser:* Theory, Law and Policy of Soviet Treaties, aaO. (Anm. 12) S. 403 ff.

Gegenstand der Verhandlungen nicht unmittelbar verbundenen Entgegenkommens der anderen Seite.[14]

II. Völkerrechtliche Aspekte in Verhandlungen

Die Bedeutung des Völkerrechts in den zwischenstaatlichen Beziehungen ist bekanntlich umstritten. Eine einflußreiche Schule der internationalen Politik hebt den Machtcharakter der Außenpolitik hervor.[14a] Anhänger eines modernen Realismus, wie z. B. *G. F. Kennan*,[15] wenden sich gegen den »moralistic-legalistic approach« des herrschenden Völkerrechts und fordern eine diplomatische Praxis, die sich in erster Linie am nationalen Interesse und an Machtkalkulationen orientiert.[16] Indessen übersehen die Anhänger des reinen Machtcharakters der Außenpolitik,[17] daß nicht nur die außenpolitischen Fakten, sondern auch das Völkerrecht selbst eine Realität sind. Das internationale Recht geht von der Wirklichkeit des internationalen Lebens aus[18] und ist damit eine reale Komponente in der Außenpolitik. Internationale Rechtspositionen haben sich stets als Realitäten von großer Wirksamkeit und Dauer erwiesen. Dieser Einsicht trägt auch die UdSSR Rechnung, indem sie zur Konsolidierung ihres außenpolitischen Standortes das Völkerrecht, und im besonderen das internationale Vertragsrecht benutzt.[19]

Und noch ein anderer Gesichtspunkt ist in diesem Zusammenhang von Wichtigkeit: ein immer wieder vorgetragener Rechtsstandpunkt ist ebenfalls eine außenpolitische Realität.[29] Die rechtliche Argumentation ist daher im internationalen Bereich ein wertvolles und unverzichtbares Instrument der Politik,[21] unabhängig von ihrer Durchsetzbarkeit.

14 *I. W. Zartmann:* Political analysis of negotiation, aaO. (Anm. 1) S. 387.
14a *D. Gunst:* Außenpolitik zwischen Macht und Recht (Mainz 1977) S. 10 ff. mit Nachweisen.
15 *G. F. Kennan:* American Diplomacy 1900-1950 (Chicago 1951) S. 91 ff. Cf. *J. L. Brierly:* Die Zukunft des Völkerrechts (Zürich 1947) S. 103.
16 Vgl. auch *H. J. Morgenthau:* Macht und Frieden (Gütersloh 1963).
17 Z. B. *R. Aron:* Frieden und Krieg (Frankfurt a. M. 1963) S. 697, nach dessen Auffassung die ganze Weltgeschichte ein einziges Gespinst von Ungerechtigkeiten genannt werden müßte, wenn nicht das Recht der Kraft höchstes Gesetz sei und nach dessen Überzeugung nur »begriffstrunkene Juristen« die internationale Politik nicht als das bezeichnen, was sie wirklich sei, nämlich als Machtpolitik (ibid. S. 815).
18 *F. Berber:* Lehrbuch des Völkerrechts Bd. I (2. Aufl., München 1975) S. 7.
19 Vgl. *J. F. Triska/R. M. Slusser:* Theory, Law and Policy of Soviet Treaties, aaO. (Anm. 12) S. 175 ff.
20 *W. Künneth:* Macht und Recht (Würzburg 1963) S. 16 f.
21 *H. Kreutzer:* Gibt es zwei deutsche Staaten (Göttingen 1955) S. 28.

Diese Überlegungen haben auch in Verhandlungen, im besonderen mit östlichen Partnern, ihre Bedeutung. Sie führen vor allem zu zwei Folgerungen: zum einen ist davor zu warnen, eigene Rechtspositionen ohne ein angemessenes *quid pro quo* aufzugeben, um auf pragmatische (»undogmatische«) Weise zu vordergründig schnellen Verhandlungserfolgen zu kommen. Zum anderen sollten die Verhandlungen vom Rat erfahrener Völkerrechtsjuristen begleitet werden und die Anregungen und Ratschläge dieser Völkerrechtsberater vom Verhandlungsführer auch gehört werden.

Nun ist die Eignung von Juristen für das diplomatische Geschäft bekanntlich nicht unumstritten. *François de Callières* hat bereits in seinem berühmten Traktat »De la manière de négocier avec les Souverains« (1716) die allgemeine Eignung von Juristen für die Diplomatie in Zweifel gezogen, da ihre Beschäftigung mit Haarspaltereien keine geeignete Vorbereitung für die Befassung mit ernsthaften öffentlichen Angelegenheiten im Bereich der Diplomatie sei.[22] An dieser Bemerkung ist insofern etwas Wahres, als jeder Verhandlungsführer den Typ des Verwaltungsjuristen kennt, der einen internationalen Vertrag mit einer internen Verwaltungsvorschrift verwechselt und in Ressortbesprechungen, die der Verhandlungsvorbereitung dienen, mit kleinlicher Rechthaberei seinem juristischen Vollkommenheitswahn frönt. Indessen zwingen die Bedeutung, die Rechtspositionen häufig gerade in politischen Verträgen haben und der juristische Formalismus, den im besonderen die Staaten des Ostblocks im Bereich des internationalen Vertragswesens entwickeln, sich bei internationalen Verhandlungen des Rats erfahrener Vertragsrechtler zu bedienen. Gerade die Zähigkeit, mit der östliche Verhandlungspartner häufig an juristischen Formalien und Positionen unermüdlich festhalten, zeigt, daß die Bedeutung formaljuristischer Fragen von der anderen Seite erkannt worden ist, und daß ein primär an den Regeln des gesunden Menschenverstandes und am Ziel bestimmter Ergebnisse ausschließlich orientierter Verhandlungsstil unter Umständen dazu führt, die Gefahr bestimmter Formulierungen zu bagatellisieren. Ein erfahrener Vertragsrechtspraktiker, der zweckmäßigerweise der Verhandlungsdelegation beigeordnet werden sollte, wird juristische Fallstricke in der Regel unschwer erkennen. Dies bedeutet selbstverständlich nicht, daß politische Verhandlungen mit östlichen Partnern prinzipiell durch Juristen geführt

---

22 *F. de Callières:* De la manière de négocier avec les Souverains (Paris 1716), engl. Übersetzung (Notre Dame, Indiana 1963). Die betreffende Stelle lautet in der englischen Übersetzung: »... it is none the less true that the occupation of the lawyer, which is to split hairs about nothing, is not a good preparation for the treatment of grave public affairs in the region of diplomacy«.

oder dominiert werden müßten oder daß hier einer Präponderanz eines an juristischen Überlegungen orientierten Verhandlungsstils das Wort geredet werden soll. Oberstes Ziel jeder Verhandlungsführung muß die vertragliche Fixierung vernünftiger politischer Ergebnisse sein. Das Wie, Wann und Wielange der Verhandlung ist die ausschließliche Entscheidung des Verhandlungsführers oder – wenn seine Instruktionen nicht ausreichen – der politischen Führung. Indessen sollte doch vermieden werden, durch Geringschätzung oder Nichtbeachtung bestimmter völkerrechtlicher Aspekte unbewußt Konzessionen zu machen, zu denen der Verhandlungsstand keinen Anlaß gibt.

Bei den innerdeutschen Verhandlungen kommt noch die Tatsache hinzu, daß man es mit Partnern zu tun hat, »die sich nur ungern in der Hartnäckigkeit und Ausdauer übertreffen lassen, mit denen sie ihre Interessen verfolgen, denen kein Vorteil zu gering und nur wenige Mittel zu grob sind« und »die ein scharfes Auge für die Schwächen einer Position haben«.[23] Darüber hinaus berührt fast jede innerdeutsche Verhandlung Probleme der Rechtslage Deutschlands und wirft insofern sehr schwierige Rechtsfragen auf. Beide Seiten ringen hier in der Regel verbissen um bestimmte juristische Positionen, wobei für die Verhandlungsführer der Bundesrepublik bestimmte Positionen – da durch das Urteil des Bundesverfassungsgerichts vom 31. Juli 1973 festgeschrieben[24] – nicht negotiabel sind, wie überhaupt die Möglichkeit der Nachprüfbarkeit zwischenstaatlicher Verträge durch das Bundesverfassungsgericht[25] jeden Verhandlungsführer der Bundesrepublik zu peinlicher Sorgfalt im verfassungsrechtlichen Bereich veranlassen sollte.

III. *Genaue Vertragsbestimmungen*

Die Kritiker der Ostverträge und des Vertrags über die Grundlagen der Beziehungen zwischen beiden deutschen Staaten haben unter anderem auch beanstandet, daß die in diesen Verträgen verwendeten Formulierungen ungenau, verschwommen und doppeldeutig seien und aus diesem Grunde den

---

23 *B. Zündorf:* Die Ostverträge (München 1979) S. 321.
24 BVerfGE 36, S. 1 ff. Vgl. dazu: Der Grundlagenvertrag vor dem Bundesverfassungsgericht – Dokumentation zum Urteil vom 31. Juli 1973 über die Vereinbarkeit des Grundlagenvertrages mit dem Grundgesetz (Karlsruhe 1975).
25 Vgl. auch den Beschluß des Bundesverfassungsgerichts vom 7. Juli 1975 auf die Verfassungsbeschwerden gegen die Verträge von Moskau und Warschau, BVerfGE 40, S. 141 ff.

Vertragspartnern der Bundesrepublik unnötigerweise die Möglichkeit böten, eingegangene Verpflichtungen einseitig zu interpretieren bzw. den Vertragsinhalt in ihrem Sinne auszulegen.[26] Der ehemalige deutsche Botschafter *H. Alardt* hat in seinem kritischen und von Einseitigkeiten nicht freien »Moskauer Tagebuch« darauf hingewiesen, daß die sowjetische Dialektik uns vertraute, eindeutig erscheinende Begriffe ohne weiteres ins Gegenteil zu verkehren vermöge.[27] Warnungen vor unpräzisen Formulierungen,[28] vor ungenauer Abfassung diplomatischer Dokumente[29] und vor fehlender Genauigkeit und hastigen Formulierung endgültiger Texte[30] bei Verhandlungen mit sowjetischen Unterhändlern finden sich auch in den Erfahrungsberichten angelsächsischer Diplomaten. *J. F. Triska* und *R. M. Slusser* betonen als Schlußfolgerung ihrer sorgfältigen Analyse der sowjetischen Vertragstheorie und Praxis für die Zeit von 1917 bis 1962 die Notwendigkeit präziser Formulierungen in jeder Vereinbarung mit den Sowjets. »This means in practice an almost total ban on agreements inherently susceptible to a variety of interpretations.«[31]

Unter völkervertragsrechtlichen Gesichtspunkten hat *W. Kewenig* seine Beurteilung der Ostverträge dahingehend zusammengefaßt, »daß die Ostverträge nur an den Stellen besonders klar und eindeutig sind, an denen es um die Fixierung wesentlicher Forderungen des anderen Vertragspartners geht, die wesentlichen Forderungen der Bundesrepublik dagegen höchstens in verklausulierten – und deshalb einer ungünstigen Interpretation zumindest fähigen – Formulierungen auftauchen«.[32] Die Opposition hat in den

---

26 Vgl. z. B. Stenographische Berichte des Deutschen Bundestages – 7. Wahlperiode – 29. Sitzung am 9. Mai 1973, S. 1448; 30. Sitzung am 10. Mai 1973, S. 1566.
27 *H. Alardt:* Moskauer Tagebuch (Düsseldorf/Wien 1973), S. 72 f.
28 Z. B. *R. P. Browder:* The Origins of Soviet-American Diplomacy (Princeton, N.J. 1953), S. 140 f. zum Roosevelt/Litvinov »gentleman's agreement« über die Fragen der Schulden der vorsowjetischen Provisorischen Regierung Rußlands. Ebenso *Ch. E. Bohlen:* Witness to History 1929–1969 (New York 1973) S. 32 (»carelessly drafted document«).
29 *Committee on Foreign Affairs:* Soviet Diplomacy and negotiating Process, aaO. (Anm. 2) S. 80.
30 *Ch. E. Bohlen:* Witness to History aaO. (Anm. 28) S. 171 f. zur Yalta-Übereinkunft über die politische Zukunft Polens. Ebenso *W. Harriman/E. Abel:* Special Envoy to Churchill and Stalin 1941–1946 (New York 1975) S. 412. Ähnlich zur Yalta-Übereinkunft über den Fernen Osten *H. Feis:* Churchill–Roosevelt–Stalin: The War They Waged and the Peace They Sought (Princeton, N.J. 1957), S. 513.
31 *J. M. Triska/R. M. Slusser:* Theory, Law and Policy of Soviet Treaties, aaO. (Anm. 12) S. 405. Ähnlich *A. H. Dean:* Test Ban and Disarmament: The Path of Negotiation (New York 1966) S. 44 f.
32 *W. Kewenig:* Die Bedeutung des Grundvertrages für das Verhältnis der beiden deutschen Staaten, Europa-Archiv 28 (1973) S. 37 ff., S. 45.

Bundestagsdebatten über den Moskauer und den Warschauer Vertrag[33] sowie den Grundlagenvertrag zwischen den beiden deutschen Staaten[34] ihre Kritik ähnlich formuliert, indem sie die von den Vertragspartnern der Bundesrepublik übernommenen Verpflichtungen ungenau und unpräzise formuliert nannte,[35] sowie vom »Nebel der mehrdeutigen Sprache«[36] und von »doppelbödigen Kompromißformen«, die zum Prinzip erhoben worden seien,[37] sprach.

Bei der Bewertung dieser Kritik ist zu berücksichtigen, daß ein völkerrechtlicher Vertrag ein Gebilde *sui generis* ist.

Er ist nicht mit einem Vertrag des Zivilrechts zu vergleichen, bei dem juristische Genauigkeit unabdingbare Voraussetzung eines guten Vertragsabschlusses ist. Völkerrechtliche Verträge sind in den seltensten Fällen einklagbar und selbst in den Fällen, wo es zu einem Urteil des Internationalen Gerichtshofs kommt, ist - wie der Prozeß über die beklagenswerte Geiselnahme der amerikanischen Diplomaten im Iran zeigt[38] - der rechtliche und moralische Druck des Urteils mehr als gering. Dies bedeutet selbstverständlich nicht, daß es bei völkerrechtlichen Verträgen und Abkommen auf die Genauigkeit der Formulierungen nicht ankommt. Es zeigt aber, daß die Genauigkeit der verwendeten juristischen Formulierungen keinen oder jedenfalls doch nur geringen Einfluß auf die Durchsetzbarkeit völkerrechtlicher Verträge hat.

Im übrigen gibt es viele Gründe, die auch bei völkerrechtlichen Verträgen juristische Genauigkeit nahelegen. Vor allem bei Abkommen mit kommunistischen Verhandlungspartnern, die über eine Reihe völkerrechtlicher Begriffe substantiell andere Auffassungen haben als der Rest der Völker-

---

33 Stenographische Berichte des Deutschen Bundestages - 6. Wahlperiode - 171. Sitzung, 23. Februar 1972, S. 9739 ff.; 172. Sitzung, 24. Februar 1972, S. 9833 ff.; 173. Sitzung, 25. Februar 1972, S. 9941 ff.; 186. Sitzung, 10. Mai 1972, S. 10873 ff.; 187. Sitzung, 17. Mai 1972, S. 10930 ff.
34 Stenographische Berichte des Deutschen Bundestages - 7. Wahlperiode - 14. Sitzung, 15. Februar 1973, S. 534 ff.; 29. Sitzung, 9. Mai 1973, S. 1427 ff.; 30. Sitzung, 10. Mai 1973, S. 1543 ff. und S. 1601 ff.
35 Stenographische Berichte des Deutschen Bundestages - 7. Wahlperiode - 14. Sitzung, S. 554 (B).
36 Stenographische Berichte des Deutschen Bundestages - 7. Wahlperiode - 14. Sitzung, S. 609 (D).
37 Stenographische Berichte des Deutschen Bundestages - 7. Wahlperiode - 14. Sitzung, S. 609 (D).
38 Case concerning United States Diplomatic and Consular Staff in Teheran (United States v. Iran), Judgment of 24 May 1980, International Court of Justice, Reports of Judgments, Advisory Opinions and Orders 1980, S. 1 ff. Vgl. auch *H. E. Folz:* Bemerkungen zur völkerrechtlichen Beurteilung der Vorgänge um die amerikanischen Geiseln im Iran, Festschrift für H. J. Schlochauer (Berlin, New York 1981) S. 271 ff.

rechtsgemeinschaft,[39] empfiehlt es sich, auf detaillierten und präzisen Regelungen zu bestehen, da auf diese Weise ein künftiger Streit über allgemeine Vertragsinhalte vermieden wird. Man muß sich im übrigen vergegenwärtigen, daß die Auseinandersetzungen zwischen östlichen und westlichen Unterhändlern über bestimmte Formulierungen im wesentlichen Ausdruck von Differenzen hinsichtlich des Inhalts und nicht der Form der Übereinkunft sind.[40] Wenn Staaten über den Inhalt einer bestimmten Übereinkunft in der Substanz übereinstimmen, wird es gegen eine detaillierte Beschreibung dieses Inhalts kaum Einwände geben, und ebenso dürfte das Interesse an der Festlegung von Details in diesem Falle nicht allzu groß sein. Auf der anderen Seite legt der zähe Widerstand eines Verhandlungspartners gegen eine präzise Beschreibung des Vertragsinhaltes die Vermutung nahe, daß er dem Abkommen später vielleicht eine andere Ausdeutung geben möchte.

Bei der Formulierung eines völkerrechtlichen Vertrages ist darüber hinaus von Bedeutung, welchem Typ eines Vertrages er zuzurechnen ist, m. a. W. ob es sich um einen Austauschvertrag in dem Sinne handelt, daß die Vertragspartner durch die rechtliche Fixierung des Vertrages selbst oder in unmittelbarer Ausführung dieser Fixierung gegenseitig Vorteile austauschen, oder ob der Vertrag einen instrumentalen Charakter hat, d. h. von den Partnern als Werkzeug zur Beeinflussung zukünftiger Entscheidungen konzipiert ist.[41] Im ersten Fall werden die Verhandlungspartner in der Regel präzise Formulierungen und detaillierte Regelungen wählen, während im zweiten Fall Formulierungen allgemeinen Charakters überwiegen dürften. Allerdings wird in der Staatenpraxis nur selten der eine oder andere Vertragstyp in reiner Form anzutreffen sein. Die Regel sind vielmehr Mischformen, wobei der jeweilige Vertrag zu dem einen oder anderen Typ hin tendiert.

Die Ostverträge werden insgesamt als in erster Linie instrumentale Verträge bezeichnet werden können, ohne indessen Regelungen ausgesprochenen Austauschcharakters zu ermangeln.[42] Demgegenüber haben z. B. das Vier-

---

39 Vgl. *H. H. Mahnke:* Das Problem der Einheit der Völkerrechtsgemeinschaft und die Organisation der internationalen Sicherheit (Berlin-West 1965), S. 37 ff. mit Nachweisen.
40 *F. Ch. Iklé:* Strategie und Taktik des diplomatischen Verhandelns, aaO. (Anm. 1), S. 51.
41 *W. Kewenig:* Die Bedeutung des Grundvertrages für das Verhältnis der beiden deutschen Staaten, aaO. (Anm. 32), S. 46 f.
42 Regelungen mit ausgesprochenem Austauschcharakter im Vertrag über die Grundlagen der Beziehungen zwischen beiden deutschen Staaten sind z. B. die Einigung über den Beitritt beider Staaten zu den Vereinten Nationen, der Briefwechsel über die Arbeitsmöglichkeiten für Journalisten und der Komplex der »menschlichen Erleichterungen« (Briefwechsel und Erläuterungen). Einzelheiten bei *B. Zündorf:* Ostverträge, aaO. (Anm. 23) S. 286 ff., S. 298 f. und S. 300 ff.

mächte-Abkommen über Berlin vom 3. September 1971 und das in Ausführung dieses Abkommens geschlossene Transitabkommen zwischen den beiden deutschen Staaten vom 17. Dezember 1971 vorwiegend Austauschcharakter, obwohl auch sie Bestimmungen instrumentalen Charakters kennen. Schließt man sich der Auffassung an, daß der Grundlagenvertrag ein in erster Linie instrumentaler Vertrag ist, nämlich ein Vertrag, der eine insgesamt aktivere Deutschlandpolitik ermöglichen soll, so sind Formulierungen allgemeiner Natur, die den instrumentalen Rahmen künftiger Entwicklungen bestimmen sollen, durchaus sinnvoll. Mögliche Differenzen über den rechtlichen Gehalt dieser Formulierungen haben daher einen anderen Rang als in Verträgen mit Austauschcharakter. Insofern sind innerdeutsche Meinungsverschiedenheiten über die rechtliche Natur der in Art. 2 erwähnten Menschenrechte[43] und des in Art. 6 enthaltenen Grundsatzes der Nichteinmischung[44] sowie die Schwierigkeiten bei der völkerrechtlichen Konkretisierung des in Art. 1 niedergelegten Prinzips der Entwicklung gutnachbarlicher Beziehungen[45] zwar in keiner Weise als unbedeutend zu werten, aber in bezug auf das Vertragsziel einer Normalisierung der Beziehungen zwischen beiden deutschen Staaten relativiert, d. h. sie erlangen im Rahmen des Vertrages eine primäre Bedeutung nur insoweit, als die Differenzen über ihren Inhalt die künftige Gestaltung der Beziehungen zwischen der Bundesrepublik und der DDR entscheidend beeinflußt.

Gegenüber dem Grundlagenvertrag, der hier prinzipiell als ein instrumentaler Vertrag angesehen wird, sind – wie bereits erwähnt – das Viermächte-Abkommen über Berlin vom 3. September 1971 und das in Übereinstimmung mit ihm abgeschlossene innerdeutsche Transitabkommen vom 17. Dezember 1971[46] als Vereinbarungen zu betrachten, die in erster Linie Austauschcharakter tragen. Beide dienen auf der Grundlage einer gewissen

---

43 Zur west-östlichen Menschenrechtskontroverse vgl. *U. Beyerlin:* Menschenrechte und Intervention, in *B. Simma/E. Blenk-Knocke* (Hrsg.): Zwischen Intervention und Zusammenarbeit (Berlin-West 1979), S. 157 ff.; *H. H. Mahnke:* Menschen- und Grundrechte in beiden deutschen Staaten, Vereinte Nationen 17 (1969) Heft 1, S. 1 ff.; *derselbe:* Menschenrechte und nationales Interesse, Recht in Ost und West 22 (1978), S. 193 ff., S. 196 ff. mit weiteren Nachweisen.
44 Zu den allgemeinen Schwierigkeiten im Problembereich des Einmischungsverbots vgl. die Übersicht von *E. Wehser:* Die Intervention nach gegenwärtigem Völkerrecht, in: Zwischen Intervention und Zusammenarbeit, aaO. (Anm. 43) S. 23 ff.; sowie *U. Scheuner:* Intervention und Interventionsverbot, Vereinte Nationen 28 (1980) S. 149 ff.
45 Vgl. *G. Ress:* Die Rechtslage Deutschlands nach dem Grundlagenvertrag vom 21. Dezember 1972 (Berlin/Heidelberg/New York 1978) S. 229 ff.; *B. Zündorf:* Ostverträge, aaO. (Anm. 23) S. 226 ff.
46 Abgedruckt in: Sonderdruck der Beilage zum Bundesanzeiger Nr. 174 vom 15. September 1972.

Ausgewogenheit der Konzessionen durch die UdSSR und die drei Westmächte – unter Ausklammerung grundsätzlicher Streitfragen wie dem des völker- und staatsrechtlichen Status Berlins und ähnlicher damit in Zusammenhang stehender Streitpunkte – vorwiegend der Regelung praktischer Fragen, nämlich des zivilen Berlin-Verkehrs, der Bindungen von Berlin (West) an die Bundesrepublik, des Gebietstausches, der Einrichtung eines sowjetischen Generalkonsulats in Berlin (West) und der Wahrnehmung der Interessen von Berlin (West) gegenüber dem Ausland. Diese Ausrichtung der Viermächte-Regelung auf die Regelung praktischer Fragen, geht – wie *H. Kissinger* in seinen Memoiren berichtet – auf den Vorschlag *E. Bahrs* zurück, daß beide Seiten davon Abstand nehmen sollten, ihre Positionen juristisch zu rechtfertigen und statt dessen versuchen sollten, ihre praktischen Verantwortlichkeiten und Verpflichtungen darzustellen.[47] In dem Viermächte-Abkommen selbst hat dieser Ansatz in Teil I Ziffer 4 seinen Ausdruck gefunden, in dem die Vier Mächte »ungeachtet der Unterschiede in den Rechtsauffassungen« den *status quo* in Berlin festschreiben. Allerdings hat dieser Ansatz gleichwohl nicht verhindern können, daß es auch in der Folge zu prinzipiellen Auseinandersetzungen zwischen den an der Berlin-Regelung beteiligten Parteien gekommen ist, wie z. B. der Streit über den Geltungsbereich des Viermächte-Abkommens zeigt.[48] Erstreckt sich dieser Streit aber noch auf die unterschiedliche Ausdeutung bestimmter allgemeiner Formulierungen in der Präambel und auf die rechtliche Bedeutung der »Allgemeinen Bestimmungen« (Teil I) des Viermächte-Abkommens, und zeigt er damit zugleich, daß auch das Viermächte-Abkommen kein reiner Austauschvertrag ist, sondern vielmehr auch gewisse – wenn auch unscharf formulierte – Festlegungen grundsätzlicher Art enthält, so zeigen die Mißverständnisse um Art. 16 des Transitabkommens deutlich, welche Schwierigkeiten im Umgang mit östlichen Verhandlungspartnern auftauchen, wenn man gezwungen ist, allgemeine, inhaltlich nicht näher bestimmte Formulierungen in Austauschverträgen zu verwenden. Art. 16 Ziff. 1 des Transitabkommens z. B. definiert u. a. als Mißbrauch, wenn ein Transitreisender »gegen die allgemein üblichen Vorschriften der Deutschen Demokratischen Republik bezüglich der öffentlichen Ordnung verstößt«, indem er Personen aufnimmt. Art. 16 Ziff. 6 verpflichtet ihrerseits die Bun-

---

47 *H. Kissinger:* Memoiren 1968–1973 (München 1979) S. 880.
48 Vgl. hier *K. M. Wilke:* Das Viermächte-Abkommen über Berlin 1971–1976, German Yearbook of International Law 21 (1978) S. 252 ff., S. 254 ff.; *K. Carstens:* Zur Interpretation der Berlin-Regelung von 1971, Festschrift für U. Scheuner (Berlin-West 1973), S. 70 f.; *H. Schiedermair:* Der völkerrechtliche Status Berlins nach dem Viermächte-Abkommen vom 3. September 1971 (Berlin/Heidelberg/New York 1975) S. 42 ff.

desrepublik bei Mißbrauch der Transitwege, »die den allgemein üblichen Vorschriften der Bundesrepublik Deutschland bezüglich der öffentlichen Ordnung entsprechenden Maßnahmen« zu treffen.[49] Es liegt auf der Hand, daß beide deutsche Staaten sehr unterschiedliche Vorstellungen über den Inhalt allgemein üblicher Vorschriften bezüglich der öffentlichen Ordnung haben. Allerdings verweisen Art. 16 Ziff. 1 bzw. Art. 16 Ziff. 6 ausdrücklich darauf, daß es sich bei diesen Vorschriften bezüglich der öffentlichen Ordnung jeweils um die Vorschriften der DDR bzw. der Bundesrepublik handelt, womit für die von der Bundesrepublik erwarteten Maßnahmen zugleich auf die Grenzen ihrer durch das Grundgesetz vorgeschriebenen verfassungsmäßigen Ordnung verwiesen ist. Die terminologische Unklarheit des Art. 16 des Transitabkommens bzw. der in ihm enthaltene Dissens über die rechtlichen Möglichkeiten einer Verhinderung des Transitmißbrauchs durch die Bundesrepublik hat in der Folge zu Auseinandersetzungen u. a. über das Problem der Kriminalisierung der Fluchthilfe durch die Bundesrepublik geführt,[50] wobei die besondere Empörung der DDR Entscheidungen deutscher Gerichte hervorgerufen haben, die sowohl die Gesetzeswidrigkeit als auch die Sittenwidrigkeit der bezahlten Fluchthilfe verneint haben.[51] Differenzen über den rechtlichen Gehalt bestimmter Formulierungen eines Abkommens dürfen im übrigen nicht verwechselt werden mit Bestimmungen eines Abkommens, die *F. Ch. Iklé* »vereinbarte Unbestimmtheiten« oder »vereinbarte Zweideutigkeiten« genannt hat.[52] In diesem Fall wissen die Partner, daß die unbestimmten Formulierungen für jeden von ihnen Verschiedenes bedeuten. Diese Unbestimmtheit in der Sprache wird verwendet, weil die Uneinigkeit über gewisse Punkte, die aus bestimmten Gründen in den Vertrag eingeschlossen werden müssen, verschleiert wer-

---

49 Vgl. auch Art. 17 Ziff. b.
50 In der rechtswissenschaftlichen Literatur der Bundesrepublik wird die Kriminalisierungsfähigkeit der Fluchthilfe überwiegend abgelehnt. So z. B. *F. Ch. Schroeder:* Zur Strafbarkeit der Fluchthilfe, Juristenzeitung 29 (1974) S. 113 ff.; *derselbe:* Die Kriminalisierung der Fluchthilfe ist unzulässig, Zeitschrift für Rechtspolitik 9 (1976) S. 32 ff.; *O. Kimminich:* Fluchthilfe und Flucht aus der DDR in die Bundesrepublik Deutschland (Hamburg 1974) S. 59 ff. – A. *M. P. Klose:* Kriminalisierbarkeit der Fluchthilfe unter staats- und völkerrechtlichen Gesichtspunkten, Zeitschrift für Rechtspolitik 9 (1976) S. 28 ff.
51 BGHZ, Neue Juristische Wochenschrift 1977, S. 2356; Neue Juristische Wochenschrift 1977, S. 2358; Neue Juristische Wochenschrift 1977, S. 2359; Neue Juristische Wochenschrift 1980, S. 1574.
52 *F. Ch. Iklé:* Strategie und Taktik des diplomatischen Verhandelns, aaO. (Anm. 11) S. 53.

den soll, oder wenn man vorgeben muß, daß volle Einigkeit besteht. Die Übergänge zu dem Fall, daß Differenzen über den rechtlichen Gehalt bestimmter Formulierungen in Kauf genommen werden oder sogar voraussetzbar sind, sind auch hier fließend.
Man könnte nun daran denken, die Formulierung in der Präambel des Grundlagenvertrages:
> »und unbeschadet der unterschiedlichen Auffassungen der Bundesrepublik Deutschland und der Deutschen Demokratischen Republik zu grundsätzlichen Fragen, darunter der nationalen Frage«,

als eine solche vereinbarte Unbestimmtheit anzusehen. Dies wäre aber falsch. Die Formulierung ist nämlich, gerade weil sie die »unterschiedlichen Auffassungen« erwähnt, unzweideutig. Sie enthält drei eindeutige Erklärungen, nämlich, die »nationale Frage« existiert für die Bundesrepublik und die DDR, sie ist »grundsätzlicher« Natur und beide Seiten haben zu ihr und anderen »grundsätzlichen Fragen« »unterschiedliche Auffassungen«, die sie auch künftig behalten dürfen (»unbeschadet«).[53] Die in der Präambel des Grundlagenvertrages erwähnte »deutsche Frage« gehört daher nicht in die Kategorie der »vereinbarten Zweideutigkeiten«, sondern in die der ungelösten Streitpunkte.[54] Ein solches »Übereinkommen, nicht übereingekommen zu sein« rückt die Streitpunkte einerseits schärfer ins Blickfeld, isoliert andererseits aber – wie im Falle des Grundlagenvertrages – die strittige nationale Frage und ermöglichte damit erst den Abschluß des Grundlagenvertrages. In Verhandlungen mit einem östlichen Verhandlungspartner wie der DDR scheint mir ein solches Vorgehen mehr als empfehlenswert. Vermeidet es doch nicht nur künftige Auseinandersetzungen über einen Punkt, der für einen Vertragspartner wesentlich ist – da es das staatliche Selbstverständnis der Bundesrepublik betrifft –, sondern macht auch den unbeteiligten Mitgliedern der Staatengemeinschaft unmißverständlich deutlich, daß ein wesentlicher Streitpunkt zwischen Bundesrepublik und DDR ungelöst bleibt[55] und damit weder die östliche, allerdings auch nicht die westliche Haltung zur nationalen Frage Vertragsinhalt ist.[56]

---

53 Einzelheiten bei *B. Zündorf:* Ostverträge, aaO. (Anm. 23) S. 222 ff. und *G. Ress:* Rechtslage Deutschlands, aaO. (Anm. 45) S. 83 ff.
54 Dazu *F. Ch. Iklé:* Strategie und Taktik des diplomatischen Verhandelns, aaO. (Anm. 1) S. 54 ff.
55 Daß das »Offenhalten« der deutschen Frage durch den »Brief zur deutschen Einheit« und andere Dokumente wesentlich unzweideutiger bewirkt wird, spielt in diesem Zusammenhang keine Rolle. Zu diesem Problembereich vgl. statt vieler *G. Ress:* Deutschlands Rechtslage, aaO. (Anm. 45) S. 120 ff.
56 *B. Simma:* Der Grundvertrag und das Recht der völkerrechtlichen Verträge, Archiv für öffentliches Recht 100 (1975) S. 4 ff., S. 16.

IV. *Grundsätzliches Übereinkommen*

Eine stetige Quelle für Streitigkeiten mit östlichen Vertragspartnern sind die sog. Übereinkünfte im Grundsätzlichen. Sie bergen die Gefahr, daß die andere Seite aus der Tatsache der notwendigerweise sehr allgemein gehaltenen Einigung Nutzen dadurch zieht, daß sie die Gelegenheit nutzt, um bei künftigen Gesprächen – die der Konkretisierung der prinzipiellen Einigung dienen sollen – eine andere Auslegung zu vertreten als diejenige, auf die sich die Verhandlungspartner ursprünglich geeinigt hatten. In der angelsächsischen Literatur überwiegen die Warnungen gegen solche »agreements in principle«.[57] *J. R. Deane,* berichtet über seine Erfahrungen in Verhandlungen mit den Sowjets während des 2. Weltkrieges, daß eine prinzipielle Übereinkunft mit ihnen »rein gar nichts« (»exactly nothing«) bedeute.[58] Auch *G. F. Kennan* warnt vor prinzipiellen Übereinkünften mit den Russen. Bei spezifischen Übereinkünften könne man eher ihre Einhaltung durch die Russen erwarten als bei deren allgemeiner Zustimmung zu hohen moralischen Grundsätzen.[59]

Ein Beispiel für die Schwierigkeit prinzipieller Übereinkünfte mit der UdSSR bietet die Auslegung jener Bestimmungen des Viermächte-Abkommens über Berlin vom 3. September 1971, die die Erstreckung von völkerrechtlichen Vereinbarungen der Bundesrepublik auf Berlin vorsehen. Nach Anlage IV des Abkommens können völkerrechtliche Vereinbarungen und Abkommen der Bundesrepublik auf die Westsektoren Berlins ausgedehnt werden, vorausgesetzt, daß die Ausdehnung solcher Vereinbarungen und Abmachungen jeweils ausdrücklich erwähnt wird. Über die Auslegung dieser Bestimmung entwickelte sich zwischen der UdSSR und der Bundesrepublik ein unerquicklicher Streit, bis mit dem deutsch-sowjetischen Handelsabkommen vom 5. Juli 1972[60] ein Durchbruch mittels der sog. Frank-Falin-Formel erzielt zu sein schien.[61] Obwohl diese Klausel in der Folge in

---

57 *Committee on Foreign Affairs:* Soviet Diplomacy and Negotiating Process, aaO. (Anm. 2) S. 140 und S. 231. A'Vgl. auch *R. P. Browder:* Soviet-American Diplomacy, aaO. (Anm. 28) S. 140 f.
58 *J. R. Deane:* The Strange Alliance – The Story of our Efforts at Artime Co-operation with Russia (New York 1946) S. 20. Ebenso *Ph. E. Mosely:* Soviet techniques of negotiation, a.a.O. (Anm. 2) S. 289 f.
59 *G. F. Kennan:* Memoiren 1950–1963 (Frankfurt a. M. 1963) S. 57.
60 BGBl. 1972, II, S. 842.
61 Diese Formel lautet: »Entsprechend dem Viermächte-Abkommen vom 3. September 1971 wird dieses Abkommen in Übereinstimmung mit den festgelegten Verfahren auf Berlin (West) ausgedehnt.« Kritisch zum Wortlaut dieser Klausel *K. Carstens*: Berlin-Regelung von 1971, aaO. (Anm. 47) S. 83, der in der Tatsache, daß die Bundesregierung einer Formel zustimmte, »die die Eigenschaft Westberlins als eines deutschen Lan-

Verträgen mit den Staaten des Ostblocks und der DDR einen festen Platz gewann,[62] ergeben sich in der Verhandlungspraxis gleichwohl immer wieder Schwierigkeiten, da die Ostblockstaaten sich einer automatischen Einbeziehung Westberlins nach wie vor widersetzen und auf einer jeweils gesonderten Aushandlung der Klausel bestehen.[63] Die Feststellung des Bundesverfassungsgerichts in seinem Urteil vom 31. Juli 1973 zum Grundvertrag, daß eine grundgesetzliche Pflicht für die Bundesregierung besteht, bei allen Abkommen und Vereinbarungen mit der DDR, die ihrem Inhalt nach auf Berlin ausgedehnt werden können, auf der Ausdehnung auf Berlin zu bestehen,[64] macht unter diesen Umständen die Verhandlungsposition der Bundesregierung nicht gerade sehr flexibel. Andererseits signalisiert sie der DDR, daß Abkommen nur dann zustandekommen können, wenn die Einbeziehung Berlins sichergestellt ist, und stärkt insofern die Verhandlungsposition der Bundesregierung.

V. Ungelöste Streitfragen

Bei schwierigen Verhandlungen, die ins Grundsätzliche gehen, bleiben häufig bestimmte Probleme ungelöst, obwohl beide Seiten über ihre Wichtigkeit einig sind.[65] So konnte z. B. bei den Verhandlungen über den Grundlagenvertrag keine Einigung über die sog. Vermögensfragen und über die Staatsangehörigkeit erzielt werden. Bei den Vermögensfragen[66] handelt es sich um das rechtliche Schicksal des ehemaligen Reichsvermögens, den Status des früheren deutschen öffentlichen Grundbesitzes im Ausland und um das Problem des privaten Vermögens von Einwohnern der Bundesrepublik und der DDR, das im jeweils anderen Staat belegen ist. Die Staatsangehörigkeitsfrage betrifft die bekannte unterschiedliche Auffassung beider Staaten zur Staatsangehörigkeit.[67] Als sich gegen Ende der Verhandlungen herausstellte, daß der Abschluß des Vertrages ohne Ausklammerung dieser Streitfragen nicht möglich wäre, entschlossen sich beide Seiten, sie offen zu las-

---

des nicht mehr zum Ausdruck bringt«, eine zusätzliche Konzession der Bundesrepublik erblickt, da die Sowjetunion mit der Klausel letzten Endes nur das konzediert habe, »was sie schon 1971 konzediert hatte«.
62 Vgl. *H. Schiedermair:* Völkerrechtlicher Status Berlins, aaO. (Anm. 47) S. 147 ff.
63 *K. M. Wilke:* Viermächte-Abkommen über Berlin 1971–1976, aaO. (Anm. 47) S. 266 f.
64 BVerfGE 36, S. 1 ff., 32 f.
65 Dazu *F. I. Iklé:* Strategie und Taktik des diplomatischen Verhandelns, aaO. (Anm. 1) S. 54 ff.
66 Einzelheiten bei *B. Zündorf:* Ostverträge, aaO. (Anm. 23) S. 249 ff.
67 Einzelheiten bei *B. Zündorf:* Ostverträge, aaO. (Anm. 23) S. 281 ff.

sen, ein bewährtes Mittel bei zwischenstaatlichen Verhandlungen, um langwierige Schwierigkeiten auszusparen. Für die Vermögensfragen wählten Bundesrepublik und DDR die Form eines abgestimmten Protokollvermerks, in dem sie niederlegten, daß »wegen der unterschiedlichen Rechtspositionen zu Vermögensfragen diese durch den Vertrag nicht geregelt werden (konnten)«. Es handelt sich hierbei um ein sich auf den Vertrag beziehendes Abkommen im Sinne von Art. 31 Ziff. 2 Buchstabe a der Wiener Vertragsrechtskonvention vom 23. Mai 1969.[68] In der Staatsangehörigkeitsfrage, die ganz wesentlich das staatliche Selbstverständnis beider Vertragsparteien berührt, war selbst ein abgestimmter Protokollvermerk nicht möglich. Die Bundesrepublik bestand deshalb auf einer Erklärung des Wortlauts, daß »Staatsangehörigkeitsfragen durch den Vertrag nicht geregelt worden (sind)«. Die DDR erklärte, sie gehe davon aus, »daß der Vertrag die Regelung der Staatsangehörigkeitsfragen erleichtern wird«. Beide Seiten stimmten damit jedenfalls darin überein, daß der Grundlagenvertrag selbst keine Regelung des Staatsangehörigkeitsproblems enthält.[69] Dieses »Übereinkommen, nicht übereingekommen zu sein« isolierte auf der Basis des *status quo* den Streit über die deutsche Staatsangehörigkeit immerhin soweit, daß der Abschluß des Grundlagenvertrages möglich wurde.

VI. *Die Zeitfrage*

Bei Verhandlungen mit schwierigen Partnern, und als solche darf man östliche Unterhändler in der Regel ansehen, spielt die Zeitfrage eine nicht unerhebliche Rolle, die Überlegung nämlich, ob man eine Frist für den erfolgreichen Abschluß der Verhandlungen setzen solle, nach deren Ablauf die Verhandlungen abgebrochen werden würden. Dieses »timing« der Verhandlungen ist auf westlicher Seite häufig durch Gesichtspunkte der inneren Politik bestimmt. Als allgemeine Regel wird man den Satz gelten lassen müssen, daß bei Verhandlungen derjenige im Vorteil ist, der sich Zeit lassen kann.[70] Der sowjetische Außenminister der dreißiger Jahre *M. Litvinoff* z. B., der eine enorme Reputation als erfolgreicher Verhandlungsführer genoß, vermittelte stets den Eindruck, »that he had all the time in the world

---

68 Inoffizielle deutsche Übersetzung in: Zeitschrift für ausländisches öffentliches Recht und Völkerrecht 29 (1969) S. 711 ff.
69 *B. Zündorf:* Ostverträge, aaO. (Anm. 23) S. 283.
70 *W. G. Grewe:* Spiel der Kräfte in der Weltpolitik, aaO. (Anm. 4) S. 514.

to wait«.⁷¹ Die Tatsache, genügend Zeit zur Verfügung zu haben, wird in der Regel der Genauigkeit der Ergebnisse und dem beiderseitigen Verständnis vom exakten Inhalt des Erreichten von Nutzen sein. Auch setzt eine solche Verhandlung die Verhandlungsführer nicht dem inneren Druck aus, sich um jeden Preis auf hastige Ergebnisse einigen zu müssen, deren Ungenauigkeit der Ursprung von Mißverständnissen und der Grund späterer Streitigkeiten über die Bedeutung bestimmter Formulierungen sein kann. Allerdings gibt es auch Beispiele, in denen der Zeitdruck hilfreich ist, um überhaupt zu Ergebnissen zu kommen. *W. G. Grewe* nennt als besonders dramatisches Beispiel der bedingten Befristung einer internationalen Verhandlung die Ostasien-Konferenz von 1954, die der französische Ministerpräsident *P. Mendés-France* durch seine Demissionsdrohung bis zum 20. Juli 1954 erfolgreich abschließen konnte.⁷² Auch bei den innerdeutschen Verhandlungen über den Grundlagenvertrag hatte der zeitliche Druck, den die westdeutsche Delegationsleistung im Dezember 1971 auf die DDR-Seite ausübte, das erwünschte Ergebnis einer Einigung über einige, bis zum letzten Augenblick strittige Punkte. Gleichwohl ist es in der Regel für jeden Unterhändler riskant, sich selbst unter Zeitdruck zu setzen. Wenn es auch legitim ist, den Verhandlungspartner durch die Bestimmung eines Zeitlimits zu Entscheidungen zu zwingen, gibt es doch nur in den seltensten Fällen eine Rechtfertigung dafür, sich selbst unter zeitlichen Druck zu setzen.⁷²ᵃ Dieses Verfahren, das häufig zu hastigen Entschlüssen und nicht ausgereiften Vorschlägen und Angeboten führt, bedarf deshalb des Vorliegens besonderer Umstände, um auf diese risikoreiche Art die Verhandlung voranzutreiben.

VII. *Das Problem der Instruktionen*

Jeder Verhandlungsführer sollte von vornherein wissen, was er erreichen soll und und was seine Auftraggeber von ihm erwarten. Wie er es erreicht, ist eine Frage der Verhandlungsstrategie, dessen Fehlen in Verhandlungen mit der UdSSR häufig beklagt worden ist.⁷³ Was er erreichen soll, wird dem

---

71 *Committee on Foreign Affairs:* Soviet Diplomacy and Negotiating Process, aaO. (Anm. 2) S. 75.
72 *W. G. Grewe:* Spiel der Kräfte in der Weltpolitik, aaO. (Anm. 4) S. 514.
72a Cf. *A. H. Deane:* Test Ban and Disarmament, aaO. (Anm. 31) S. 44 ff.: »Overeagerness only plays into Communist hands, ... One cannot negotiate successfully with Soviet representatives against a fixed deadline.«
73 Vgl. z. B. *W. A. Harriman/E. Abel:* Special Envoy to Churchill and Stalin, aaO. (Anm. 30) S. 390 f.; *E. A. Eden:* The Memoirs of Sir Anthony Eden, Earl of Avon: The Rekkoning (Boston 1965) S. 592.

Verhandlungsführer in der Regel in schriftlichen Instruktionen mit auf den Weg gegeben. Zur Notwendigkeit von Instruktionen hat C. *Carstens* angemerkt, die diplomatische Erfahrung lehre, »daß je wichtiger ein Verhandlungskomplex ist, desto genauer die Instruktionen an den Unterhändler vorher schriftlich festgelegt werden müssen, und daß je höher der Unterhändler im Rang steht, er desto fester an die Instruktionen gebunden sein muß«.[74] Im Zusammenhang mit den Verhandlungen über den Moskauer Vertrag vom 12. August 1970 ist es zwischen Regierung und Opposition zu einer Auseinandersetzung darüber gekommen, ob der deutsche Unterhändler *E. Bahr* ohne genau formulierte, vom Kabinett gebilligte schriftliche Instruktionen nach Moskau entsandt worden ist. Diese von der Opposition aufgestellte Behauptung,[75] ist von Regierungsseite – darunter vom Parlamentarischen Staatssekretär im Auswärtigen Amt *K. Moersch* und von Bundesaußenminister *W. Scheel* – bestritten worden.[76] Die detaillierte Untersuchung von *G. Schmid* scheint zu zeigen, daß die Opposition irrt.[77] Indessen kommt es darauf auch gar nicht an, da der Streit zeigt, daß man nur über das »Ob« der Instruktionen in diesem speziellen Fall uneins ist. Über die allgemeine Notwendigkeit von Instruktionen besteht Übereinstimmung.

VIII. *Gegenkontrolle*

Bei schwierigen Verhandlungen erzeugen die Langwierigkeit des Verhandlungsprozesses, die Kompliziertheit der Materie, die weitreichenden politischen Implikationen bestimmter Formulierungen, ja selbst die natürlichen Ermüdungserscheinungen aufgrund eines konzentrierten Verhandlungsstils Situationen, in denen Übersicht und Einsicht in die Folgen bestimmter Formulierungen bei den handelnden Personen verloren zu gehen drohen. Eine Art Gegenkontrolle der Verhandlungssituation durch ein kompetentes Gremium ist daher erforderlich. Für die Verhandlungen über den Deutschland-Vertrag – dem Gegenstück der Ostverträge – hat *W. G. Grewe* ein solches Gremium beschrieben, den sog. Instruktionsausschuß, der ihm, dem Ver-

---

74 C. *Carstens:* Eine Wende in der Deutschlandpolitik. Anmerkungen zum deutsch-sowjetischen Vertrag vom 12. August 1970, Frankfurter Allgemeine Zeitung vom 25. August 1970.
75 Vgl. C. *Carstens:* Wende in der Deutschlandpolitik, aaO. (Anm. 74); *B. Meissner:* Moskau–Bonn. Die Beziehungen zwischen der Sowjetunion und der Bundesrepublik Deutschland 1955–1973, Dokument zur Außenpolitik III/2 (Köln 1975) S. 780.
76 Nachweise bei *G. Schmid:* Entscheidung in Bonn (Köln 1979) S. 37.
77 Ibid. S. 37 f.

handlungsführer, Weisungen für die Verhandlungsführung erteilte.[78] Dieses kleine, sachkundige, nicht auf Kritik oder Polemik, sondern auf loyale Kooperation bedachte Gremium hat jede Formel, jeden Satz, jeden Punkt und jedes Komma laufend überprüft und durchleuchtet. *W. G. Grewe,* der diese Art der Gegenkontrolle seiner Verhandlungsführung als außerordentlich wichtig und wertvoll bezeichnet, knüpft daran die einleuchtende Bemerkung, »daß ein einzelnes Augenpaar nicht ausreicht, um alle in einer Vertragsformulierung versteckten Fallstricke, Abgründe und Sackgassen rasch zu entdecken und zu eliminieren«.[79] Er hält eine solche Kontrolle bei komplizierten und weittragenden Vertragsverhandlungen für ganz unentbehrlich und für unverantwortlich, darauf zu verzichten.

Bei den innerdeutschen Verhandlungen über das Transitabkommen vom 17. Dezember 1971, den Verkehrsvertrag vom 26. Mai 1972[80] und den Grundlagenvertrag vom 21. Dezember 1972 hat eine solche Kontrolle stattgefunden. Die Verhandlungen über alle drei Vereinbarungen wurden durch ein regelmäßig tagendes Gremium von Fachleuten aus verschiedenen Ressorts beratend begleitet, in das allerdings die Verhandlungsdelegation selbst integriert war.

Die Gegenkontrolle, so nützlich und unentbehrlich bei wichtigen Verhandlungen sie ist, kann allerdings nur funktionieren bei voller sachlicher Loyalität und Kooperationswilligkeit aller Beteiligten. Eine besondere Gefahr für eine solche Zusammenarbeit bieten Ressorteifersüchteleien, die darauf zurückgehen, daß ein nach der Kompetenzverteilung zuständiges Ressort sich bei der Entscheidungsfindung nicht oder nur unzureichend beteiligt fühlt und nunmehr im Gewande sachlicher Gegenargumente, in Wirklichkeit aber durch sachfremde Empfindungen motiviert, den Verhandlungsprozeß kompliziert. *H. Kissinger* hat richtig bemerkt: »Es gibt keine Vereinbarung, die nicht von Berufsbeamten, die an ihrem Zustandekommen nicht beteiligt gewesen sind, zu Fall gebracht werden könnte.«[81] Er macht diese Bemerkung übrigens im Zusammenhang mit dem klassischen Fall der völligen Ausschaltung eines ganzen Ressorts, nämlich des amerikanischen

---

78 *W. G. Grewe:* Der Deutschlandvertrag nach zwanzig Jahren, in: Konrad Adenauer und seine Zeit, Bd. 1 (Stuttgart 1976) S. 698 ff., S. 700 ff. – *A. M. Schlesinger:* A Thousand Days, John F. Kennedy in the White House (Boston 1965) S. 907 f., beschreibt ein solches Kontrollgremium für die amerikanisch-sowjetischen Verhandlungen über den Atomtestvertrag, das in diesem Fall sogar aus Präsident Kennedy selbst und sechs seiner engsten Berater bestand.
79 *W. G. Grewe:* Deutschlandvertrag nach zwanzig Jahren, aaO. (Anm. 78) S. 701.
80 BGBl. 1972, II, S. 1449.
81 *H. Kissinger:* Memoiren, aaO. (Anm. 47) S. 884.

State-Departements während der Verhandlungen über das Viermächte-Abkommen über Berlin vom 3. September 1971.[82] Die Gefahr, die von solchen »bürokratischen Krümelkackern« (H. Kissinger) droht, bannt man natürlich am besten dadurch, daß man sie an der Vorbereitung der Verhandlungen beteiligt oder zumindest durch die Nutzung ihrer Fachkompetenz im Kontrollgremium neutralisiert.[83] Immerhin kann es sensible politische Situationen geben, in denen ein solcher Weg nicht gangbar ist.

IX. *Folgerungen*

J. F. Dulles hat einmal geschrieben,
>»Whenever negotiations involve matters of real substance, the Communists go at them in a tough, hard way. They are highly legalistic and seek to devise hidden loopholes through which they can subsequently escape from what seem to be their obligations. They practice inexhaustible patience, withholding what they may be prepared to give until the last moment in the hope that they can get what they want without giving as much as they are ready to give. They astutely take into account any weakness of their opponents such as impatience to get the negotiation over or willingness to treat any ›agreement‹ as a success, without regard to the contents or dependability.«[84]

Dies scheint mir präzis die Grundhaltung zu sein, auf die westliche Unterhändler gegenüber kommunistischen Verhandlungspartnern gefaßt sein sollten. Der Erfolg solcher Verhandlungen wird in der Regel davon abhängen, ob der westliche Unterhändler die erforderliche Geduld und Zähigkeit aufbringt, um die Härte der anderen Seite in Fragen substantieller Natur zu testen. Insgesamt erforderlich scheinen mir genaue Instruktionen für den Verhandlungsführer, die Definition klarer und in sich nicht widersprüchlicher Verhandlungsziele, die Einigung innerhalb der Verhandlungsdelegation auf eine bestimmte Verhandlungstaktik, die Sicherung eines angemessen großen und flexiblen Verhandlungsspielraums, Geduld und Festigkeit während der Verhandlungen, der Verzicht darauf, sich unter Zeitdruck zu

---

82 Einzelheiten ibid. S. 875 ff.
83 Auf die angebliche Ausschaltung des Auswärtigen Amtes bei der Planung und Realisierung der Ostpolitik der ersten Regierung Brandt zielt die Bemerkung von *H. Allardt:* Moskauer Tagebuch, aaO. (Anm. 27) S. 169: »Die zuständigen Gremien und Beamten, die dafür da sind, mit ihren Detailkenntnissen zu Rate gezogen zu werden, waren jedoch auf ausdrückliche Anweisung solange ausgeschaltet, bis ihre Prüfungsergebnisse kaum noch verwertbar waren.« Ähnlich auf S. 356. Dem steht jedoch die detaillierte Beschreibung der Verhandlungen in Moskau in dem sorgfältig recherchierten Buch von *G. Schmid:* Entscheidung in Bonn, aaO. (Anm. 76) S. 34 ff. und S. 59 ff. entgegen.
84 *J. F. Dulles:* The role of negotiation, U.S. Department of State Bulletin 38 (1958) S. 159 ff.

setzen, und schließlich die Formulierung eines genauen und unmißverständlichen Abkommenstextes mit klaren Ergebnissen und präzisen Aussagen. Im übrigen gilt auch heute, wie schon zu Beginn des 19. Jahrhunderts, das Wort von *Charles Maurice Herzog von Talleyrand-Perigord:* »Il faut négocier, négocier et toujours négocier.«

Außen- und Sicherheitspolitik Arm in Arm

Ulrich de Maizière* und *Herbert Trebesch***

»Ein Botschafter tut in der Regel gut daran, sich mit den Politikern des Landes gerade so eng einzulassen, daß er ihr Vertrauen genießt, und dennoch so viel Abstand zu wahren, daß er nicht unter ihren Einfluß gerät.« Diese Berufs- und Lebensregel, die Robert Murphy in seinem Buch »Diplomat unter Kriegern« (Originalausgabe »Diplomat among Warriors«) aufstellt, galt gewiß auch für Professor Wilhelm Grewe. Sie zeigt auch, weshalb es kluge Diplomaten wie er für besser halten, Urteile über Menschen und Ereignisse behutsam zu formulieren, ohne daß es jedoch an der erforderlichen Wahrhaftigkeit, Überzeugungskraft und Standhaftigkeit fehlt. So war und ist Professor Grewe ein unerbittlich klarer und kritischer Beobachter der Weltpolitik. Er war stets bemüht, den Nebel politischen Wunschdenkens, emotionaler Urteile und ungeprüfter Glaubensmeinungen zu zerreißen. Man kann sich vorstellen, daß er sich Bismarcks Äußerung »wenn zwei Mächte einen noch so harmlos erscheinenden Pakt schließen, muß man sich sogleich fragen, wer umgebracht werden soll« zu eigen macht.
Diese Eigenschaften spiegeln sich in seinen Büchern wieder. Drei wichtige Erfahrungen werden dem Leser seiner eindrucksvollen Schriften deutlich: Die Beziehungen zwischen den Staaten und ihren gesellschaftlichen Gruppierungen sind heute so vielfältig und intensiv wie nie zuvor. Sie werden begleitet von einem sprunghaften Ansteigen der internationalen Organisationen und damit der multilateralen Verhandlungen. Und nicht zuletzt nehmen im Rahmen dieser Entwicklungen die Probleme der Sicherheits- und Militärpolitik einen zunehmend wichtigen Platz ein.
Und in der Tat, es gibt kaum eine außenpolitische Entscheidung mehr, die nicht strategische, oft auch militärfachliche Fragen im engeren Sinne zu berücksichtigen hätte. Auf der anderen Seite sind keine militärischen Entscheidungen mehr denkbar, die nicht von den Zielen und Wegen der Außenpolitik bestimmt wären. Allein die nuklearen Waffensysteme mit interkontinentaler Reichweite, größter Treffgenauigkeit und einer die Phantasie

---

* General a. D., Generalinspekteur der Bundeswehr 1966–72, Bonn.
** Vizeadmiral a. D., Bonn.

übersteigenden Wirkung im Ziel entziehen diese der alleinigen militärischen Verfügungsgewalt. Ja, sie überschreiten oft sogar die Kompetenz der Staaten, die sie besitzen oder die zu ihrem Einsatz technisch befähigt wären. Atomwaffen sind politische Waffen geworden. Politiker und Diplomaten benötigen daher ebenso militärtechnische Kenntnisse, wie die führenden Militärs bei ihren Überlegungen den Blick auf die ganze Breite außenpolitischer Probleme richten müssen.

Das war in Deutschland nicht immer so. Im Kriege mit Frankreich 1870/71 beanspruchte der preußische Generalstab unter seinem Chef Helmut von Moltke die Beratung des Königs für die Entscheidungen in der Operationsführung ohne Beteiligung des Ministerpräsidenten Otto von Bismarck. Diesem seien – so war die Meinung der Militärs – wohl Informationen über vollendete Tatsachen und die Gesamtsituation der Armee zu geben, nicht aber über die operativen Planungen. Erst nach harten Auseinandersetzungen konnte sich Bismarck gegen den Generalstab durchsetzen.

Graf v. Schlieffen (Chef des Generalstabes von 1891 bis 1905) ging noch weiter. Der berühmt gewordene Schlieffen-Plan war ein rein militärischer Feldzugsplan, nicht eingebettet in einen umfassenden politischen Kriegsplan. Er berücksichtigte nicht die politischen Konsequenzen des Bruchs der Neutralität Belgiens. Über diese politisch so folgenreiche Absicht hatte Schlieffen den Staatssekretär des Äußeren nur mündlich informiert, wie aus einem handschriftlichen Vermerk hervorgeht. Eine schriftliche Unterrichtung des Auswärtigen Amtes läßt sich nicht nachweisen.

Beide Vorgänge wären in unserer Zeit undenkbar.

Professor Grewe, der über 20 Jahre hinweg einen wesentlichen Anteil an der Formulierung und Gestaltung der deutschen Außenpolitik gehabt hat, hat den Zusammenhang von politischen und militärischen Fragen, ja ihre gegenseitige Abhängigkeit, immer gesehen.

Schon im Frühjahr 1951 wurde ihm die Leitung der Verhandlungen übertragen, deren Ziel die Ablösung des Besatzungsstatuts und die Rückgewinnung der Souveränität für die Bundesrepublik Deutschland waren. Sie standen in einem engen Zusammenhang mit den Verhandlungen über einen deutschen militärischen Beitrag zur gemeinsamen Verteidigung des freien Westens wie auch mit der Fortdauer der Stationierung alliierter Streitkräfte auf dem Territorium der Bundesrepublik Deutschland. Zwar gab es kein formelles Junktim für diese Fragen, doch die enge politische Verquickung lag auf der Hand und war unbestritten. Der von der Bundesregierung seit 1950 geforderte Schutz der Bundesrepublik Deutschland gegenüber der Bedrohung aus dem Osten war nur durch eine Verstärkung der alliierten Truppen in Verbindung mit einem deutschen militärischen Verteidigungsbeitrag zu gewährleisten. Letzterer wiederum setzte die Erlangung der Souveränität der Bundesrepublik Deutschland und die Gleichberechtigung deutscher militärischer Verbände im internationalen Rahmen voraus. Es ist müßig, nachträglich darüber zu spekulieren, welches der beiden Elemente – deutscher Verteidigungsbeitrag oder Souveränität – im politischen Kalkül Adenauers Priorität besessen habe, wie das heute so gerne getan wird. Sie waren nicht voneinander zu trennen. Die tiefe Sorge allerdings, die die verantwortlichen Politiker jener Zeit angesichts der ungesicherten Lage der jungen Bundesrepublik Deutschland bewegte, sollte nicht unterschätzt werden. Von ihr gingen die auslösenden Impulse aus. So führte schon die erste politische Aufgabe, die Grewe in der Bundesrepublik Deutschland übernahm, zu einer Zusammenarbeit mit den militärischen Mitarbeitern der damaligen Dienststelle Blank.

Die enge Verbindung von Außenpolitik und Sicherheit sollte Grewe bis 1971 begleiten, in leitender Position im Auswärtigen Amt, als Botschafter in den USA, vor allem aber in über 8jähriger Amtszeit als Ständiger Vertreter im NATO-Rat in Paris und Brüssel.

Einige Probleme dieser Jahre seien beispielhaft herausgegriffen:

In *Bonn bis 1958* gehörten in seinen Verantwortungsbereich: Die Besorgnisse beim Bekanntwerden des sogenannten Radford-Planes, der Ungarn-Aufstand und die Suez-Krise 1956, die erregte innenpolitische Auseinandersetzung um die Ausstattung der Bundeswehr mit nuklearen Trägersystemen und ihre außenpolitischen Auswirkungen. Während der *Botschafterzeit in den USA 1960 bis 1962* führte die langandauernde Berlin-Krise, die in dem Mauerbau 1961 ihren Höhepunkt fand, Diplomaten und Soldaten bei der Contingency-Planung für Berlin in einer Viermächte-Arbeitsgruppe auf das engste zusammen.

Während der Zeit als *NATO-Botschafter 1962 bis 1971* waren Sicherheits- und Verteidigungsfragen Grewes zentrale Arbeitsbereiche. Kaleidoskopartig löste ein Problem das andere ab. Dazu gehörten das gescheiterte Projekt der seegestützten NATO-Atomstreitmacht (MLF), der Austritt Frankreichs aus der militärischen Organisation des Bündnisses, die Schaffung der Nuklearen Planungsgruppe (NPG) – übrigens eines der erfolgreichsten Gremien der Allianz –, die Neuformulierung der künftigen Aufgaben des Nordatlantischen Bündnisses im sogenannten Harmel-Bericht, die Erarbeitung und Implementierung der Strategie der »flexible response (angemessene Antwort)«, die Tschechen-Krise und die dadurch ausgelöste Planung für die alliierte Verteidigung in den 70er Jahren (Dokument AD 70), die Bildung der EUROGROUP. Von gleicher Bedeutung waren die Bemühungen um Entspannung, Rüstungsbegrenzung und Rüstungskontrolle, wie

z. B. die Begrenzung der strategischen Atomwaffen (SALT), beiderseitige, gleichmäßige und ausgewogene Truppenreduzierungen in Mitteleuropa (die Signale von Reykjavik und Rom, später MBFR), die Vorbereitungen zur Konferenz für Sicherheit und Entspannung in Helsinki (KSZE), auf der erstmalig »vertrauensbildende Maßnahmen« vereinbart wurden. Diese und viele andere Planungen und Beschlüsse tragen auch Grewes Handschrift.
Die langen Jahre als Deutscher Vertreter im NATO-Rat gehören neben den Verhandlungen um den Deutschland-Vertrag sicher zu den fruchtbarsten Jahren in der diplomatischen Tätigkeit von Professor Grewe. Er hat dort die deutschen Interessen als angesehener Diplomat und als Patriot vertreten, wachsam, kenntnisreich und beharrlich. Das richtige Augenmaß für die Möglichkeiten und Grenzen deutscher Politik zeichneten ihn dabei aus. Er wies Bonn immer wieder darauf hin, daß größere Freiheit und ein größerer Anteil an den Entscheidungen mit der Übernahme größerer Verantwortung bezahlt werden müßten und daß zwischen Leistung und Einfluß auch oder gerade in einer Allianz eine Wechselwirkung besteht.
Eine besondere Schwierigkeit seiner Position lag darin, daß er nicht nur dem Außenminister, bei dem er ressortierte, verantwortlich, sondern auch dem Verteidigungsminister zugeordnet war und von beiden Weisungen erhielt. »Niemand kann zweien Herren dienen« sagt ein altes Sprichwort. Grewe aber hat es geschafft. Sicher, es wurde ihm dadurch erleichtert, daß auch beide Ministerien in Bonn in engem Kontakt standen. Weisungen an die NATO-Vertretung wurden in aller Regel vor ihrem Erlaß miteinander abgestimmt. Und dennoch gehörte schon ein großes Maß an Geschicklichkeit und Loyalität dazu, den Auffassungen, Vorstellungen und unterschiedlichen Arbeitsstilen der jeweiligen Minister und ihrer Häuser gerecht zu werden. Namen wie Schröder, Brandt, Scheel, v. Hassel, Helmut Schmidt zeigen die Verschiedenartigkeit der Persönlichkeiten, auf die es sich einzustellen galt. Daß dies gelungen ist, ohne die Unabhängigkeit der eigenen Persönlichkeit und das Gewicht der Ratschläge zu mindern, ist ein Beweis für das Vertrauen, das sich Grewe bei diesen Politikern erworben hat. Die Autoren dieses Beitrages erinnern sich der sachlich gründlichen Vorbereitungen, deren sich die Verteidigungs- und Außenminister bei den halbjährlichen Ministertagungen der Nuklearen Planungsgruppe, des Verteidigungs-Planungs-Ausschusses (DPC) und des NATO-Rates sicher sein konnten. Bemerkenswert waren die ungewöhnlich ehrenden Worte, die Verteidigungsminister Helmut Schmidt dem scheidenden Botschafter Grewe bei einem Abschiedsessen im April 1971 mit auf den Weg gegeben hat.
Aber auch die Regierungschefs hörten aufmerksam zu, wenn Grewe in den Sitzungen des Bundesverteidigungs- bzw. sicherheitsrates der Bundesregie-

rung in nüchterner, zurückhaltender, eindringlicher und gerade dadurch überzeugender Sprache seine klaren und logischen Analysen vortrug und daraus Entscheidungsvorschläge entwickelte. Dabei waren seine Meinungen oft eigenwillig, ja manchen galt er als schwierig. Aber er, der vor allem den Einfluß der Kernwaffen auf die Politik profund durchdacht hatte wie kaum ein anderer, mußte eine dezidierte, wohl auch oft unbequeme Meinung haben, an der vorbeizugehen schwer war.

Es kann daher kaum verwundern, daß Verteidigungsminister Dr. Gerhard Schröder im Jahre 1967 daran dachte, Grewe als Staatssekretär in das Bundesministerium der Verteidigung zu berufen, als der damalige Staatssekretär Karl Carstens in das Bundeskanzleramt wechselte. So reizvoll und bedeutungsvoll die Übernahme dieser Aufgabe gewesen wäre, so richtig war Grewes sorgfältig bedachte Entscheidung, dem Rufe nicht zu folgen. Der Staatssekretär eines Ressorts, das den größten Dienstleistungsbetrieb der Bundesrepublik Deutschland leitet und über einen Haushalt verfügt, der fast 20 % des gesamten Bundeshaushalts ausmacht, ist mit umfangreichen Verwaltungsaufgaben belastet. Grewe hätte diese sicher bewältigt; seine eigentlichen Stärken aber, Außenpolitik und Völkerrecht, hätten in den Schatten treten müssen. Der Bundesregierung war besser gedient, daß sie sich dieses erfahrenen Diplomaten weiterhin für ihre Außen- und Sicherheitspolitik bedienen konnte.

Wenn Professor Grewe in seinem Buche »Rückblenden« die reibungslose und kameradschaftliche Zusammenarbeit mit einer großen Zahl von Offizieren der verbündeten Streitkräfte und der Bundeswehr hervorhebt und dabei erklärt, daß er an diese Zusammenarbeit die besten Erinnerungen habe, dann ist es mehr als ein Austausch von Höflichkeiten, wenn seine Verdienste um das Bündnis und seine Streitkräfte auch von den Soldaten dankbar gewürdigt werden. Die Verfasser dieses Beitrages haben viele Jahre mit Professor Grewe in den verschiedensten verantwortlichen Positionen auf nationaler wie auf internationaler Ebene zusammengewirkt. Sie haben von ihm gelernt und durften ihn beraten. Sie glauben, im Namen der Streitkräfte zu sprechen, wenn sie ihm ihren Respekt und ihre Verbundenheit zum Ausdruck bringen.

Je mehr die Bundesrepublik Deutschland nach dem Beitritt zur NATO in die Bündnisarbeit und in die neuartigen Formen der Integration der Streitkräfte hineinwuchs, desto öfter hat Grewe mahnend geraten, daß die Bundeswehr größere Anstrengungen machen müsse, qualifizierte Offiziere in militärpolitischen Fragen zu schulen, daß andererseits aber auch die Beamten des auswärtigen Dienstes sich vermehrt mit militärstrategischen Fragen befassen müßten. Lehre doch die Erfahrung, daß die zu bewältigende

Denk- und Informationsarbeit ein einzelner nicht mehr leisten könne, da sie die Sicht von verschiedenen Seiten her benötige. Ein solcher Lernprozeß, der auch die Förderung der Fremdsprachenkenntnisse einzubeziehen hatte, war gerade für die Offiziere der Bundeswehr nötig. Denn in den letzten 150 Jahren hatten deutsche Soldaten internationale Erfahrungen nur in sehr begrenztem Umfang erwerben können. Kaum einer der in Spitzenstellungen aufgerückten Offiziere früherer deutscher Streitkräfte hatte in Friedenszeiten eine Verwendung durchlaufen, die ihn dienstlich für längere Zeit ins Ausland geführt oder ihn zum Denken in politischen Kategorien gezwungen hätte. Hier galt es, Versäumtes nachzuholen, wenn wir unsere Position im Bündnis richtig nutzen und den Forderungen der Gegenwart gerecht werden wollten. Große Fortschritte sind dabei erzielt worden.

Aber auch manche unserer Verbündeten haben einen solchen Lernprozeß erlebt, nicht zuletzt die Amerikaner. George F. Kennan behandelt dies in seinen »Memoiren eines Diplomaten«. Er wurde 1946 von Moskau nach Washington versetzt und dem soeben gegründeten National War College als erster Beauftragter für Fragen der Außenpolitik zugeteilt. Er beklagte damals, daß die Befangenheit in militärischen Denkvorstellungen selbst bei den höheren Offizieren weit verbreitet gewesen sei. Andererseits sei auch in der amerikanischen Literatur der letzten 100 Jahre über das Verhältnis von Krieg und Politik fast nichts zu finden gewesen. Das amerikanische Denken habe auf dem Gebiet der Außenpolitik vor allem friedlichen Problemen gegolten, größtenteils solchen des Völkerrechts und der internationalen Wirtschaft. Das Nachdenken über den Krieg dagegen habe man fast ausschließlich den militärischen Stäben und Akademien überlassen, und auch dort sei es im wesentlichen auf die technischen Probleme von Militärstrategie und Taktik ausgerichtet gewesen. Notgedrungen mußte man deshalb auf europäisches Denken früherer Generationen zurückgreifen: auf Machiavelli, Clausewitz, Gallieni und andere. Aber es sei klar gewesen, daß die Gedanken dieser Männer für die Gegenwart nur bedingt galten und daß sie den Erfordernissen der großen amerikanischen Demokratie im Atomzeitalter nicht uneingeschränkt genügen konnten. Man habe sie daher noch einmal durchdenken und für die Vereinigten Staaten eine strategisch-politische Theorie entwickeln müssen, die nicht nur die Möglichkeit zu materieller und militärischer Machtausweitung bot, sondern die Stärke der amerikanischen Nation zugleich zu einer Stütze für Frieden und Stabilität im internationalen Leben machte. Gerade wenn man die Katastrophe eines Atomkrieges verhindern wollte, müsse man Folgerungen aus der Interdependenz zwischen Außen-, Sicherheits- und Wirtschaftspolitik ziehen.

Aus dieser Erkenntnis heraus haben die meisten großen und mittleren NA-

TO-Staaten Verteidigungsakademien (Defense Colleges) eingerichtet, in denen Offiziere und Beamte des diplomatischen Dienstes gemeinsam für mehrere Monate Probleme der Sicherheitspolitik und Verteidigung im nationalen und weltweiten Rahmen studieren. Eine gleiche Zielsetzung verfolgt das bündnisgemeinsame NATO-Defense-College in Rom. Es ist ein ernster Mangel, daß es in der Bundesrepublik Deutschland eine ähnliche Institution noch nicht gibt. Sie wäre vergleichsweise billig im Verhältnis zu dem politischen Nutzen, der daraus erwüchse. Bei uns, wo sich eine militärische Auseinandersetzung auf dem eigenen Territorium abspielen würde, müßten allerdings auch Beamte derjenigen Ressorts des Bundes und der Länder hinzugezogen werden, die für die zivile Verteidigung verantwortlich sind. Eine Persönlichkeit wie Professor Grewe könnte man sich als Leiter einer solchen Akademie gut vorstellen, weil er in seltener Weise Theorie, praktische Erfahrung und Weitsicht miteinander verbindet.
1967 hat der damalige Bundesminister der Verteidigung Dr. Gerhard Schröder im Deutschen Bundestag einmal erklärt: »Ich bleibe bei dem, was ich als Bundesminister des Auswärtigen gesagt habe: Auswärtige Politik und Verteidigungspolitik müssen in der engsten Weise buchstäblich Arm in Arm miteinander gehen ... Aber eines ist Voraussetzung dafür, nämlich, daß wir das Ganze ohne irgendeine Illusion, ohne irgendein Wunschdenken betrachten, vielmehr mit einem klaren Blick für die Tatsachen. Ich glaube daran, daß, wenn man sich erst einmal über die Tatsachen geeinigt hat, die Chance, sich über die Schlußfolgerungen zu einigen, schon sehr viel größer geworden ist«.
Professor Grewe entspricht dieser Auffassung in idealer Weise. Wer ihn am Konferenztisch, sei es in der NATO, in bilateralen Besprechungen, beim Ministervortrag oder auf seinen vielen Reisen erlebt hat, bleibt beeindruckt von dem Einfühlungsvermögen, von der überzeugenden Art zu sprechen und deutsche Interessen zu vertreten, ohne die Notwendigkeit zu ihrer Einpassung in den internationalen Rahmen zu vernachlässigen, und von der Gabe, konstruktive Lösungsvorschläge in strittigen Fragen vorzulegen. Seine Glaubwürdigkeit und sein Gefühl für Maß, der Verzicht auf jedes Pathos, ja auch die Bereitschaft, im richtigen Moment zu schweigen, haben ihn ein hohes Maß nationaler und internationaler Anerkennung, Vertrauen und Freundschaft gewinnen lassen. Seine Kollegen am Tisch des NATO-Rates haben ihn oft bewundert. Der Mut zu klarer Meinung in Verbindung mit Weitsicht und Bescheidenheit machten ihn zu einem unermüdlichen Mahner, der – um mit Karl Jaspers zu sprechen – einen Stein wie ein Sturzbach ständig wälzt; mit den Jahren wird der Stein geschliffen.

Der Krieg in Kambodscha von 1970 bis 1975

*Walther Frhr. v. Marschall**

Vorbemerkung

Als die siegreichen Khmers Rouges am 17. April 1975 in Phnom Penh einrückten und wenige Stunden später mit einer in der neueren Geschichte beispiellosen Austreibung der gesamten Bevölkerung aus der Stadt (einschließlich der Alten, der Behinderten, der Kranken und sogar der Frischoperierten) das fünf Jahre zuvor noch friedliche und glückliche Land der Khmer in ein einziges großes Konzentrations- und Vernichtungslager umzuwandeln begannen,[1] senkte sich ein Vorhang beharrlichen Schweigens über Kambodscha, der seltsam mit der hektischen Aufmerksamkeit kontrastierte, mit der die Vorgänge in diesem Land bis dahin in den internationalen Massenmedien berichtet und kommentiert worden waren.
Keiner der lautstarken Verfechter der Menschenrechte, die je nach einseitiger ideologischer Blickrichtung entweder gegen Chile und Südafrika oder gegen die Sowjetunion und einige Staaten Ost- und Mitteleuropas oder aber gegen My Lai und für Hanoi demonstriert hatten, fühlte sich aufgerufen, von Ereignissen Notiz zu nehmen, die nur noch mit Auschwitz und Buchenwald verglichen werden konnten und gegen ein Regime zu protestieren, das nicht einmal das fundamentalste Recht des Menschen, das Recht auf das eigene Leben, mehr respektierte. Dabei waren Informationen über die Vorgänge innerhalb des »Demokratischen Kampuchea«[2] durchaus zu er-

---

* Dr. iur., Botschafter, Dacca.
1 Von der inzwischen relativ stark angewachsenen Literatur über das Regime der Khmers Rouges seien hier nur drei Titel genannt, an denen allerdings nicht vorübergehen sollte, wer sich ernsthaft mit diesem Thema beschäftigen will: *François Ponchaud,* Cambodge – Année Zéro, Paris (Julliard) 1977; *François Debré,* Cambodge – La Révolution de la Forêt, Paris (Flammarion) 1976 und *Pin Yathai,* L'Utopie Meurtrière – Un Rescapé du Génocide Cambodgien témoigne, Paris (Robert Laffont/Opera Mundi) 1980.
2 Kampuchea (oder wie es auch schon geschrieben wird: Kamputschea) ist nichts anderes als der schon immer gebrauchte Name Kambodschas in der Khmer-Sprache, den die Franzosen mit Cambodge, die Engländer mit Cambodia und die deutsche Sprache mit Kambodscha übersetzten. Wenn das extrem nationalistische Regime der Khmers Rouges verlangte, daß die ganze Welt sich der Bezeichnung Kampuchea bedienen solle, so ist das nichts anderes als wenn wir künftig statt Spanien »Espanja« oder statt Großbritannien »Gret Briten« sagen müßten oder wenn wir unsererseits alle Völker der Welt

237

halten. Die erschreckende Konspiration des Schweigens kann nur damit erklärt werden, daß die internationale Berichterstattung sich derart auf die Kritik an den Vereinigten Staaten fixiert[3] und aus Kontrastgründen deren Gegner völlig unkritisch zu Kämpfern für Recht, Freiheit und Menschenwürde hochstilisiert hatte, daß es ihr nicht mehr möglich war, über den eigenen Schatten zu springen und wahrheitsgemäß über die neuen Zustände zu berichten. Man schwieg – und machte sich dadurch mitschuldig –, weil man vor der Leser- und Hörerschaft, und wohl auch vor sich selbst, nicht zugeben konnte und wollte, daß man in Kambodscha publizistisch eine Gruppe von paranoiden Verbrechern unterstützt hatte, die den Verantwortlichen für die Judenvernichtung und die Konzentrationslager des Dritten Reiches in nichts nachstanden.[4]

Die Berichterstattung über die Ereignisse in Vietnam und über den Nebenkriegsschauplatz Kambodscha war derart von ideologischen Vorurteilen belastet, daß es den Beteiligten – mit wenigen Ausnahmen – nicht mehr gelang, schlicht zu berichten, »was gewesen war«, wobei allerdings auch nicht außer acht gelassen werden darf, daß ihr lesendes, hörendes und sehendes Publikum auch seinerseits kaum noch Bereitschaft zeigte, die Wahrheit zu erfahren, sondern sich vor allem in seinen vorgefaßten Meinungen bestätigt sehen wollte. So führte die allgemeine Parteinahme zu einer sehr einseitigen Auswahl und Präsentation des Nachrichtenstoffes, der die Wahrheit verfälschte und zur Bildung vieler Geschichtslegenden beitrug. Auf diese Weise gelang es einer einflußreichen öffentlichen Meinung zwar,

---

aufforderten, auch in ihren eigenen Sprachen nur noch von »Deutschland« statt von Germany, Allemagne oder Alemania zu sprechen. (Vgl. dazu auch die treffenden Bemerkungen von Prinz Norodom Sihanouk auf S. 227 seines Buches »Chroniques de guerre et d'espoir«, Paris (Hachette/Stock, 1979).

3 Symptomatisch hierfür erscheint mir das in vielem ausgezeichnete Buch von *William Shawcross*, Sideshow, London und New York 1979. Shawcross übt bittere und sehr weitgehend berechtigte Kritik an der Politik Nixons und Kissingers, doch übersieht er dabei völlig die Komponente Nordvietnam und erkennt nicht an, daß viele der schwerwiegenden und moralisch durchaus zu verurteilenden Entscheidungen der amerikanischen Führung von einem vorherigen gleichermaßen verwerflichen und völkerrechtswidrigen Verhalten Hanois provoziert worden waren, über das Shawcross kaum ein Wort verliert. Vgl. dazu auch die bittere Kritik von *Winfried Scharlau* in der »Zeit« Nr. 31 vom 25. 7. 1980, S. 7.

4 Schon vor dem endgültigen Sieg der Khmers Rouges war es möglich gewesen, wesentliches über den wahren Charakter ihres Regimes in Erfahrung zu bringen, nur wurde darüber nicht geschrieben. Eine rühmliche Ausnahme macht die damalige Korrespondentin der »Frankfurter Allgemeinen Zeitung«, Christel Pilz, die in der Frankfurter Allgemeinen Zeitung vom 11. 2. 1975 einen geradezu prophetischen Artikel »In der Hölle der Roten Khmer« veröffentlichte, der sich auf Flüchtlingsaussagen stützte und später durch die Wirklichkeit, die man allerdings noch weitere vier Jahre lang nicht zur Kenntnis nehmen wollte, mehr als bestätigt wurde.

die Vereinigten Staaten zu zwingen, ihr unrühmliches und zum Teil sehr schmutziges Abenteuer in Indochina zu beenden.[5] Aber es geschah nichts, um dem viel Schlimmeren zu wehren, das in der Folge über die Völker Indochinas und insbesondere über das liebenswerte Volk der Khmer hereingebrochen war. Die oft so selbstgerechten Kritiker der Vereinigten Staaten bewiesen damit nur, daß auch sie nur auf ihre eigenen Ziele fixiert, aber in Wirklichkeit ebensowenig an den Menschen Indochinas selbst interessiert waren wie die von ihnen kritisierte amerikanische Führung.

Der Verfasser dieses Beitrages hat in den entscheidenden fünf Jahren, vom August 1969 bis zum Oktober 1974 in Phnom Penh gelebt und glaubt, aus dieser Sicht manche Vorgänge und ihre Hintergründe besser verstanden zu haben als diejenigen, die sie aus der Ferne interpretierten und allenfalls sporadisch zu kurzen Besuchen nach Kambodscha kamen. Wenn er sich auch durchaus bewußt ist, daß auch er von Vorurteilen und vorgefaßten Meinungen nicht frei ist, so glaubt er doch, aus seiner Sicht im Zentrum des Geschehens einige Klischees zurechtrücken und einige Geschichtslegenden zerstören zu können, wobei ihm zugute kommen mag, daß sich heute die Erkenntnis durchgesetzt hat, daß Licht und Schatten, Gut und Böse zwischen Hanoi und Washington doch nicht ganz so einseitig verteilt waren, wie es vielen noch vor fünf Jahren scheinen wollte.

I. *Ursachen und Ausbruch des Krieges*

1. *Der Sturz des Prinzen Sihanouk am 18. März 1970*

Prinz Norodom Sihanouk, der Staatschef Kambodschas, war vermutlich der einzige Politiker in seinem Land, der die großen Zusammenhänge und die Spielregeln der internationalen Politik begriffen hatte und den Stellenwert seines kleinen Staates im Kräftefeld Indochinas realistisch einzuschätzen vermochte. Er hatte frühzeitig erkannt, daß der Einsatz der Vereinigten Staaten in Vietnam nicht von einem klaren Willen zum Sieg bestimmt war, während die Regierung in Hanoi jedes Opfer zu bringen bereit war, um das Land unter ihrer Führung zu vereinigen. Daher zweifelte er nicht daran, daß Nordvietnam schließlich den Krieg gewinnen werde. Obwohl alles andere als ein Kommunist, entschied er sich deshalb für einen Kurs der einseitigen Neutralität zugunsten Hanois und erlaubte den kommunistischen Truppen, auf kambodschanischem Boden geheime Sanktuarien, Ausbil-

---

5 Siehe hierzu vor allem *Shawcross*, aaO. (Anm. 3).

dungslager, Feldlazarette und Waffendepots einzurichten, die damit dem Zugriff ihrer amerikanischen und südvietnamesischen Gegner entzogen waren. Ein großer Teil des Nachschubs für die im Mekong-Delta kämpfenden kommunistischen Verbände wurde über den Meereshafen Sihanoukville und durch das neutrale Kambodscha geleitet. Mit dieser weitsichtigen Politik hoffte Sihanouk, den Nordvietnamesen und dem Vietkong jeden Anreiz zur gewaltsamen Verletzung der kambodschanischen Neutralität zu nehmen und seinem Land für die Zeit nach dem zu erwartenden Sieg Hanois einen gewissen Spielraum zu bewahren.

Auf diese Weise gelang es Sihanouk zwar, Kambodscha aus dem Krieg herauszuhalten, aber er beschwor gleichzeitig eine innenpolitische Gefahr herauf. Die ständige Anwesenheit von 30 000 bis 40 000 nordvietnamesischen Soldaten – verhaßten Erbfeinden der Kambodschaner – in den Grenzgebieten, wo sie sich zahlreiche Übergriffe leisteten und auch Vergeltungsangriffe südvietnamesischer Truppen und amerikanischer Flugzeuge auf sich zogen, führte zu einer wachsenden Unruhe in der Bevölkerung. Gegen Ende des Jahres 1969 hatten die antivietnamesischen Ressentiments derart zugenommen, daß jede interessierte politische Gruppe sie jederzeit bis zum Siedepunkt erhitzen konnte. Prinz Sihanouk, der sich im Januar 1970 zu einem Kuraufenthalt nach Frankreich begeben hatte, war sich dessen bewußt und hatte sich vorgenommen, auf seiner Rückreise im März Moskau und Peking zu besuchen und beide Regierungen zu bitten, Hanoi zu bestimmen, sich in den kambodschanischen Sanktuarien größere Zurückhaltung aufzuerlegen und sie insbesondere nicht noch weiter auszudehnen.

Durch seine kluge und geschickte Außenpolitik und eine hervorragende Öffentlichkeitsarbeit war es Sihanouk gelungen, im Ausland den Eindruck zu erwecken, als sei er der unbestrittene Führer seines Landes und habe die gesamte Bevölkerung hinter sich. Das war aber keineswegs der Fall. Durch seinen autokratischen, feudalen und extrem personalistischen Regierungsstil hatte er sich die studierende Jugend, die Intelligenz und die Technokraten entfremdet, die die Ablösung des traditionellen Feudalregimes durch eine moderne, fortschrittliche Verwaltung wünschten und vom Sturz Sihanouks träumten. Gleichzeitig hatte er große Teile der herrschenden Feudalbourgeoisie und damit die Kreise, die die Nationalversammlung beherrschten, gegen sich aufgebracht, weil er uralte asiatische Spielregeln mißachtet und dem Clan seiner Frau Monique und einigen anderen Gruppen erlaubt hatte, alle einträglichen Pfründe des Staates (wie die Zollverwaltung, die staatlichen Monopolgesellschaften und das für die Vergabe einträglicher Einfuhrlizenzen zuständige Handelsministerium) für sich zu monopolisieren, anstatt darauf zu achten, daß alle wichtigen Gruppen der Gesellschaft turnusmäßig ihren Platz an der Futterkrippe erhielten. Zwar standen die Bauern, die 80 % der Bevölkerung ausmachten und noch fest in den traditionellen Vorstellungen des Gottkönigtums befangen waren, fest hinter Sihanouk, aber diese Bauernschaft besaß kein politisches Bewußtsein und war deshalb, wie sich später deutlich zeigen sollte, als politischer Faktor noch nicht von Gewicht.

Der Staatsstreich vom 18. März 1970 kam daher für den Kenner der innenpolitischen Szene nicht überraschend und enthielt auch kein Element, das auf das subversive Wirken geheimer ausländischer Kräfte hindeuten könnte.[6]

Am 8. März 1970 fanden in der Grenzprovinz Svay Rieng antivietnamesische Demonstrationen statt. Drei Tage später, am 11. März, stürmte eine Volksmenge in Phnom Penh die Botschaften Nordvietnams und des Vietkong. Nach einem siebentägigen faszinierenden politischen Schattenspiel, dessen Ausgang bis zuletzt ungewiß war,[7] erklärten die beiden Häuser des Parlaments in einer feierlichen Sondersitzung einstimmig Staatschef Prinz Norodom Sihanouk für abgesetzt. Sie stützten sich dabei auf Artikel 122 der Verfassung, nach dem der Staatschef von beiden Häusern des Parlaments gewählt wird und argumentierten, daß in Abwesenheit einer Bestimmung über die Absetzbarkeit des Staatsoberhaupts (Verfassungslücke) diejenigen Gremien, denen das Recht der Wahl des Staatschefs zusteht, auch das Recht haben müßten, ihn durch einstimmigen Beschluß abzusetzen, wenn er, wie Sihanouk, die territoriale Unversehrtheit des Staates schwerwiegend verletzt habe, indem er fremden Truppen heimlich gestattet habe, Teile des Staatsgebiets zu okkupieren und von ihnen aus gegen eine dritte Macht Krieg zu führen.

Da das Amt des Staatschefs in der kambodschanischen Verfassung analog dem eines Monarchen konzipiert war, der – auch in einer Wahlmonarchie – seinem Wesen nach nicht absetzbar ist, kann diese Argumentation verfassungsrechtlich

---

[6] Dem Staatsstreich war auf dem 28. Nationalkongreß im Dezember 1969 ein schwerer Zusammenstoß zwischen Prinz Sihanouk und der von ihm selbst am 13. August 1969 eingesetzten Regierung Lon Nol / Sirik Matak vorausgegangen. (Vgl. dazu *Charles Meyer,* Derrière le Sourire Khmer, Paris (Plon) 1971, S. 303–305).

[7] Für eine ausführlichere Schilderung der Ereignisse, insbesondere auch der – bis heute nicht geklärten – Gründe, warum Sihanouk nicht unverzüglich aus Frankreich nach Phnom Penh zurückkehrte, sondern seine geplante Reise nach Moskau und Peking fortsetzte und wahrscheinlich erst damit sein Schicksal besiegelte, siehe meine im Jahrbuch des Royal College of Defence Studies, Seaford House Papers 1975, hrsg. vom Royal College of Defence Studies, Seaford House, 37 Belgrave Square, London S.W.1. auf S. 91–127 (S. 95) veröffentlichte Arbeit »The War in Cambodia – Its Causes and Military Development and the Political History of the Khmer Republic 1970–1975«.

kaum als schlüssig anerkannt werden. Es handelte sich bei diesem Staatsstreich vielmehr um einen revolutionären Akt, der seine nachträgliche Legitimation stets und nur aus seinem Erfolg empfängt.

Binnen weniger Tage wurde deutlich, daß die vom Parlament und der es beherrschenden Feudalbourgeoisie inszenierte Absetzung des Prinzen von der studentischen Jugend, der Intelligenz und den Technokraten sowie auch von großen Teilen der städtischen Bevölkerung mit Beifall aufgenommen wurde. In völliger Verkennung der Motive, die das Parlament bei seiner Entscheidung geleitet hatten, glaubten diese Gruppen, daß mit der Abschaffung der Monarchie und der angekündigten Ausrufung der Republik der Weg zur Schaffung eines modernen demokratischen Staates und einer effizienten und sauberen Verwaltung freigemacht worden sei. Allerdings blieb zunächst eine große Furcht vor der Reaktion der Landbevölkerung, die Sihanouk als Gottkönig verehrte und ihm weiter treu ergeben war und die in seinem Sturz nur einen großen Frevel erblicken konnte, der Unheil über das Land bringen müsse. Doch der befürchtete Bauernaufstand brach nicht los. Außer einigen isolierten Zwischenfällen, in denen meist die Hand cleverer vietnamesischer Agitatoren zu spüren war, ereignete sich nichts. Die Bauern waren zu wenig organisiert und in ihrem politischen Verhalten viel zu passiv, um zu irgendeiner Aktion imstande zu sein. Um die noch zögernden Teile der Bevölkerung ganz hinter die Regierung zu bringen, appellierten Ministerpräsident Lon Nol und sein Stellvertreter Prinz Sirik Matak nachhaltig an den tief eingewurzelten Haß des Volkes gegen die Vietnamesen. Dieser Appell blieb nicht ohne Erfolg, doch indem die Regierenden dieses Thema zu stark anschlugen, riefen sie gefährliche Geister auf den Plan und verbauten sich selbst die Chance, sich rechtzeitig mit den Nordvietnamesen zu arrangieren, die mit weit überlegener militärischer Macht im Land standen.

Ein politisches Geschehen wie der Sturz des Prinzen Sihanouk ist immer ein komplizierter Sachverhalt, in dem eine Reihe von politischen Kräften und Motivationen mitwirken und der daher nicht leicht auf einen einfachen Nenner zu bringen ist. Wenn man gleichwohl versucht, aus den vielfältigen Ursachen und Beweggründen, die zu Sihanouks Sturz führten, einen beherrschenden Faktor herauszukristallisieren, so kommt man unweigerlich zu einer Hauptursache, nämlich der tiefen Unzufriedenheit der maßgeblichen Oberschicht, die die Nationalversammlung und den Senat beherrschte, mit dem persönlichen Regiment des Prinzen und seiner einseitigen Bevorzugung einer kleinen Clique innerhalb der Gesellschaft, durch die sie selbst weitgehend vom Zugang zu den einträglichen staatlichen Pfründen ausgeschlossen worden waren. Wenn um der Klarheit der Analyse willen eine gewisse Vereinfachung erlaubt sein mag, so läßt sich sagen, daß Sihanouk in erster Linie deshalb stürzte, weil die Bourgeoisie[8] in Phnom Penh sich des Zugangs zu den staatlichen Pfründen beraubt sah und wieder zu ihrem Anteil an der finanziellen Nutznießung der staatlichen Machtausübung kommen wollte. Die anderen Faktoren, wie die Unzufriedenheit der intellektuellen Elite mit dem autoritären Herrschaftsstil Sihanouks und der geschickt angeheizte und ausgenutzte Volkszorn über Sihanouks vorgeblichen Ausverkauf Kambodschas an die vietnamesischen Erbfeinde trugen zu seinem Sturz bei und halfen, die neue Situation zu konsolidieren, aber sie waren nicht ausschlaggebend. Entscheidend war allein die Entschlossenheit einer kleinen, aber einflußreichen Gruppe, wieder an die Schaltstellen zu gelangen, an denen sie sich gebührend bereichern konnte.

So war das, was am 18. März 1970 in Phnom Penh geschah, im Grunde nichts anderes als ein eigentlich unbedeutender kleiner Coup in einem noch feudalistisch geprägten Staat, mit dem eine Gruppe der Gesellschaft eine andere von den staatlichen Futterkrippen verdrängte, die von dieser zu lange besetzt gewesen waren. Die übrige Welt, die mit den Verhältnissen in Kambodscha zu wenig vertraut war und sich keinen Begriff von der provinziellen Beschränktheit des Denkens der kambodschanischen Oberschicht machen konnte, hat diese Zusammenhänge nie zu begreifen vermocht und deshalb immer nach dem großen Drahtzieher gesucht, den es zwar nicht gab, den die westlichen Medien aber sogleich in der CIA zu finden glaubten.[9]

Leider pflegen Geschichtslegenden ein äußerst hartnäckiges Leben zu haben. Doch der Sturz Sihanouks im Jahre 1970 stellte sich für den Kenner der innenpolitischen Verhältnisse Kambodschas als ein völlig plausibler und erklärbarer Vorgang dar, in dem keine unbekannten Faktoren verborgen blieben und nicht der geringste Anhaltspunkt dafür zu finden ist, daß fremde Geheimdienste einen wesentlichen oder gar entscheidenden Beitrag leisteten.[10]

---

8 Der Ausdruck »Bourgeoisie« oder auch »Feudalbourgeoisie« wird hier als eine zugegebenermaßen etwas pauschale Sammelbezeichnung für die gesamte Schicht von reichen Familien, korrupten Beamten und Funktionären sowie skrupellosen Geschäftsleuten benutzt, die die einflußreiche Oberschicht in der feudalen und frühkapitalistischen Gesellschaft Kambodschas bildeten und in der einschlägigen Literatur auch oft als »Compradores« bezeichnet werden.

9 Die kommunistische Seite machte sich diese Stimmung sofort zunutze und stimmte wider besseres Wissen in den Chor der Ankläger der CIA mit ein. In privaten Gesprächen machten Ostblockdiplomaten in Phnom Penh sich gelegentlich schonungslos über den »naiven Glauben« vieler westlicher Intellektueller an die Omnipotenz der CIA lustig, fügten dann aber stets hinzu, daß sie selbstverständlich kein Interesse daran hätten, diese ihnen nützliche Legende zu zerstören.

10 Selbst der nicht gerade amerikafreundliche »Le Monde« schrieb in einem zusammenfassenden Rückblick auf die Ereignisse in Kambodscha am 18. 4. 1975 (S. 3): »Le jeu des

Sicherlich ist es richtig, daß die Vereinigten Staaten in den Jahren bis 1968 eine Änderung der Verhältnisse in Kambodscha gern gesehen hätten und damals wahrscheinlich auch gewisse Fühler zu Persönlichkeiten wie Lon Nol und Sirik Matak ausgestreckt hatten. Doch im Jahre 1970, als die innenpolitischen Verhältnisse in Amerika sich total geändert hatten und die Vereinigten Staaten sich aus Vietnam zurückzuziehen begannen, hatten sie keinerlei Interesse daran, sich in Kambodscha einen neuen Kriegsschauplatz mit unübersehbaren neuen Dimensionen zu eröffnen. Die außerordentliche Zurückhaltung der Vereinigten Staaten, die in Kambodscha geschaffene Lage militärisch zu nutzen und ihr wochenlanges Abwarten selbst nach dem Beginn der nordvietnamesischen Aggression gegen Kambodscha sind ein Beweis dafür.

Die kambodschanische Oberschicht, die Sihanouk stürzte und sich damit des einzigen politischen Kopfes in ihrem Lande beraubte, hat ihrerseits nie begriffen, daß ihr durchaus provinziell gedachter Staatsstreich weitreichende Folgen für den Vietnam-Krieg haben und damit weltpolitische Implikationen nach sich ziehen mußte, die schließlich den Untergang ihres Staates und die Auslöschung eines großen Teils ihres Volkes bewirkten.

Aus dieser Deutung der Ereignisse vom März 1970 erhellt auch, warum sich nach der Proklamation der Republik Khmer in Kambodscha nichts änderte. Da das einzige Streben der die Republik – wie vorher in etwas anderer personeller Zusammensetzung das Königreich – beherrschenden Oberschicht darin bestand, sich ohne Rücksicht auf Land und Volk persönlich zu bereichern, dachten die herrschenden Kreise in Phnom Penh gar nicht daran, Staat und Gesellschaft zu reformieren und auch nur die geringsten persönlichen Opfer für die Verteidigung des Landes gegen den Angriff Hanois zu bringen. Dieselben Motive, die den Sturz Sihanouks bewirkt hatten, führten schließlich folgerichtig zum Zusammenbruch der Republik Khmer im April 1975. Die anfängliche Begeisterung der studentischen Jugend und der geistigen Elite sollte bald in bittere Resignation umschlagen. Und eine weitere Tragik des Geschehens lag darin, daß es keine Persönlichkeit gab, die fähig gewesen wäre, Sihanouk in der Führung der Außenpolitik zu ersetzen und das geniale Gleichgewicht aufrechtzuerhalten, mit dem er seinem Land den Frieden bewahrt hatte. Es waren die Skrupellosigkeit der vietnamesischen Kommunisten und die geradezu kriminelle außenpolitische Dummheit der neuen Führung unter Lon Nol, deren Zusammentreffen das friedliche kambodschanische Volk ins tiefste Unglück stürzten.

services secrets étrangers – ceux des Etats-Unis en particulier – dans les préparatifs du putsch de 1970 n'est pas clairement démontré.« Im Ergebnis ebenso *Shawcross* aaO., (Anm. 3), S. 112 ff.

2. *Der Ausbruch des Krieges*

Am 13. März 1970, während der gespannten Tage, die dem endgültigen Sturz Sihanouks vorausgingen, richtete die Regierung Lon Nol ein Ultimatum an Nordvietnam und den Vietkong, bis zum 15. März »bei Morgengrauen« ihre Truppen aus den Sanktuarien in Kambodscha zurückzuziehen. Kambodscha hatte jedes Recht und als neutraler Staat sogar die völkerrechtliche Pflicht, einen Kriegführenden aufzufordern, seine Streitkräfte aus dem neutralen Territorium zurückzuziehen. Deshalb kann dieses Ultimatum unter keinen Umständen als eine Provokation betrachtet werden. Da die fortdauernde Nutzung der kambodschanischen Sanktuarien aber für die nordvietnamesische Führung kriegsentscheidend und ihre Bereitschaft, sich über die Regeln des Völkerrechts hinwegzusetzen, bekannt war, stellte das Ultimatum vom 13. März angesichts der gegebenen militärischen Kräfteverhältnisse eine kapitale politische Dummheit dar. Denn es war in keiner Weise durch eine vorherige Fühlungnahme mit den Vereinigten Staaten abgesichert, die sich zunächst auch nicht gewillt zeigten, Kambodscha zu Hilfe zu kommen, als sich die voraussehbaren Folgen dieser törichten Aktion einstellten. Die kambodschanische Führung war das Opfer ihrer eigenen antivietnamesischen Propaganda geworden, mit der sie den Sturz des Prinzen Sihanouk innenpolitisch abgesichert hatte. Anstatt sich mit den vietnamesischen Kommunisten zu arrangieren, hatte sie den Weg der Konfrontation eingeschlagen, offenbar in dem naiven Glauben, daß die Vereinigten Staaten Kambodscha mit fliegenden Fahnen zu Hilfe eilen würden. Niemand hatte von den tiefgreifenden innenpolitischen Änderungen Notiz genommen, die zwischen 1967 und 1970 in den USA stattgefunden und zu einer völligen Neuorientierung der amerikanischen Indochina-Politik geführt hatten.

Zunächst blieb alles noch ruhig. Im Bewußtsein ihrer immensen militärischen Überlegenheit blieben die Nordvietnamesen Gewehr bei Fuß stehen und führten Verhandlungen mit der Regierung Lon Nol, die aber bald ergebnislos abgebrochen wurden. Sie rechneten offensichtlich auch ihrerseits mit dem allgemein erwarteten Bauernaufstand zugunsten Sihanouks, der die Regierung Lon Nol hinwegfegen würde. Als dieser Aufstand aber nicht stattfand, entschieden sie sich zum Handeln. Vor sich die Amerikaner und Südvietnamesen und hinter sich eine zwar schwache, aber plötzlich zum Gegner gewordene kambodschanische Armee, mußten sie zumindest ihre Sanktuarien erheblich erweitern, um sie nicht zu Fallen werden zu lassen, in denen sie eingekesselt werden konnten. Als sie feststellten, daß die Khmer-Truppen überhaupt kein Gegner für sie waren und daß Amerikaner und

Südvietnamesen keine Anstalten machten, zugunsten der Kambodschaner einzugreifen, entschlossen sie sich offensichtlich, Kambodscha ganz unter ihre Kontrolle zu bringen und in Phnom Penh wieder eine ihnen freundlich gesinnte Regierung einzusetzen.

In den letzten Märztagen 1970 traten die nordvietnamesischen Truppen aus ihren Sanktuarien entlang der vietnamesisch-kambodschanischen Grenze zum Angriff an. Schon zwei Wochen später war der gesamte Nordosten Kambodschas mit den Provinzen Rattanakiri, Mondolkiri, Stung Treng, Kratie und dem Ostteil der Provinz Kompong Cham fest in ihrer Hand. Am 18. April befanden kommunistische Verbände sich bereits 40 km vor Phnom Penh und am 3. Mai fiel der wichtige Mekong-Übergang Neak Luong in ihre Hand.

Währenddessen hatten die amerikanischen und südvietnamesischen Truppen strikte Weisung, sich nicht in die Kämpfe einzumischen und den Streitkräften Lon Nols keinerlei Unterstützung zu leisten. Unter dem Druck der amerikanischen öffentlichen Meinung und den wachsamen Augen zahlreicher ausgeschwärmter amerikanischer Korrespondenten kam es zu geradezu absurden Situationen, in denen kambodschanische und amerikanische Truppen in Sichtweite voneinander denselben Feind bekämpften, ohne daß die geringste Kooperation zwischen ihnen stattfand.[11] Wie viele Soldaten dank dieser wohl beispiellosen Kriegführung, die den unentschiedenen Kampf zwischen »Falken« und »Tauben« in Amerika widerspiegelte, unnötig ihr Leben lassen mußten, wird sich wohl nie feststellen lassen.

Kambodscha, das eindeutig Opfer einer nordvietnamesischen Aggression geworden war, appellierte an die gesamte Welt, ihm gegen den Aggressor zu Hilfe zu kommen. Es wandte sich in Noten an alle Staaten, zu denen es diplomatische Beziehungen unterhielt, einschließlich der Sowjetunion und

---

11 Das Geschehen war zum Teil so absurd, daß es schwierig gewesen wäre, satiram non scribere, wenn es nicht so viel menschliche Tragik enthalten und so viele unnötige Opfer gefordert hätte. Während Prinz Sihanouk nur wenigen ausgesuchten und ihm ergebenen Journalisten die Einreise in sein Land gestattet hatte, hob die Regierung Lon Nol nach seinem Sturz dieses Einreiseverbot sofort auf und stelle insoweit die volle Pressefreiheit wieder her. Wenige Tage später war Phnom Penh voll von westlichen Journalisten, die sich in ihrer Kritik an der Regierung Lon Nol überschlugen und dann zur vietnamesischen Grenze ausschwärmten, um die Kampfhandlungen zu beobachten und sicherzustellen, daß kein amerikanischer Kommandeur die Ungeheuerlichkeit beginge, seine Operationen mit denen der Truppen Lon Nols zu koordinieren, um so den gemeinsamen Gegner wirkungsvoller bekämpfen und die eigenen Verluste niedriger halten zu können. Viele dieser Journalisten wiederum wurden bei ihrer für die Kommunisten zweifellos vorteilhaften – aber von diesen wohl nicht ganz begriffenen – Tätigkeit von den von ihnen bewunderten Vietkong gefangen genommen und als »Agenten der CIA« erbarmungslos niedergemacht.

der Volksrepublik China, und bat um militärischen Beistand. Am 22. April 1970 richtete der Ständige Vertreter Kambodschas bei den Vereinten Nationen einen Brief an den Sicherheitsrat und ersuchte die Weltorganisation, angesichts der klaren Verletzung der UN-Charta entsprechende Schritte zu unternehmen. Alle diese Appelle verhallten ungehört. Die Aggression wurde von der Weltöffentlichkeit nicht zur Kenntnis genommen.[12]

Eine auf die spätere Verstrickung der Vereinigten Staaten fixierte Berichterstattung und Geschichtsschreibung hat diese Anfänge des Krieges in Kambodscha niemals richtig zu sehen und zu würdigen vermocht. Doch die später von der Welt fast ausnahmslos übernommene Geschichtslegende, daß die Vereinigten Staaten Kambodscha in den Vietnam-Krieg hineingezogen hätten, stimmt einfach mit den historischen Tatsachen nicht überein. Es war Nordvietnam, das Kambodscha mit Krieg überzog, weil es nicht auf die weitere Nutzung seiner Sanktuarien in diesem Land verzichten wollte, während Amerika Gewehr bei Fuß stehen blieb. Erst vier Wochen nach dem Angriff Hanois, als die Niederlage Kambodschas sich bereits abzuzeichnen begann, waren die Vereinigten Staaten bereit, die ersten Hilfslieferungen nach Phnom Penh zu schicken.[13]

Prinz Sihanouk war auf dem Wege von Moskau nach Peking, als ihm die Nachricht von seinem Sturz überbracht wurde. Es wird berichtet, daß er

---

12 Es ist nicht ganz leicht zu begreifen, daß diese eindeutige Aggression Hanois gegen Kambodscha, die vier Wochen vor jedem amerikanischen Eingreifen begann, von der Welt überhaupt nicht zur Kenntnis genommen wurde und der Hilferuf Kambodschas an die Vereinten Nationen unbeantwortet blieb, während die zweite Aggression Vietnams gegen Kambodscha im Jahre 1979 – obwohl sie nicht einmal, wie die erste Aggression, ein friedliches und glückliches Land in einen grausamen Krieg stürzte, sondern objektiv eher den Tatbestand einer humanitären Intervention erfüllte – eine solche allgemeine Entrüstung hervorrief, daß es in den Augen der großen Mehrzahl der Mitgliedstaaten der Vereinten Nationen sogar gerechtfertigt erschien, das Regime Pol Pot, das für den größten Massenmord und die massivsten Menschenrechtsverletzungen seit dem Ende des Dritten Reiches verantwortlich ist, politisch nachhaltig zu unterstützen. Es ist nicht ganz ersichtlich, welche Maßstäbe bei diesen beiden Entscheidungen, 1970 und 1979, zugrundegelegt wurden.

13 Die Geschichtslegende, Amerika habe Kambodscha in den Vietnam-Krieg hineingezogen, wurde selbst von so seriösen Zeitungen wie »Christ und Welt« und »Die Zeit« verbreitet. Sie liegt auch den von Rudolf Augstein in seinem jüngsten Disput mit Henry Kissinger vertretenen Ansichten zugrunde (vgl. Spiegel-Buch: *Ariane Barth – Tiziano Terzani*, Holocaust in Kambodscha, Hamburg 1980, S. 107–125), aber sie steht ganz einfach in Widerspruch zu nachprüfbaren Tatsachen und ist etwa ebenso richtig, wie es die Behauptung wäre, Amerika habe durch die Invasion in der Normandie im Juni 1944 Frankreich in den Zweiten Weltkrieg hineingezogen. Auch das – richtige – Postulat Augsteins, man dürfe »einer inneren Revolution nicht durch Krieg von außen begegnen« (aaO., S. 121), trifft auf das Kambodscha des Jahres 1970 nicht zu, in dem zu dieser Zeit kein Bürgerkrieg herrschte, sondern das von einem ausländischen Aggressor mit Krieg überzogen worden war.

kurze Zeit erwog, aufzugeben und sich ins Exil nach Frankreich zurückzuziehen, daß dann aber der von den Chinesen eiligst nach Peking gerufene nordvietnamesische Regierungschef Pham Van Dong ihn in einem langen Gespräch, das am 21. März 1970 stattfand, umzustimmen vermochte.[14] Sihanouks folgenschwere Entscheidung, um seinen Thron zu kämpfen, gab dem Eingreifen nordvietnamesischer Truppen einen Anschein von Legalität.

Eine staats- und völkerrechtliche Analyse wird hier allerdings ein großes Fragezeichen setzen müssen. In Phnom Penh hatte ein erfolgreicher Staatsstreich stattgefunden und Sihanouk war als Staatsoberhaupt abgesetzt worden. Dies war ein rein interner Vorgang innerhalb des kambodschanischen Staates. Aus ihm war kein Bürgerkrieg entstanden (dieser existierte vorerst nur in der kommunistischen Propaganda und wurde erst Jahre später infolge der Mißwirtschaft Lon Nols Wirklichkeit), in den fremde Mächte auf seiten der legitimen Partei hätten eingreifen dürfen. Der abgesetzte Staatschef allein, hinter dem zu dieser Zeit keine kämpfende Bürgerkriegspartei stand, war nicht berechtigt, einen fremden Staat zu veranlassen, sein Land anzugreifen, um seinen Thron wiederherzustellen. Der vietnamesische Angriff war daher eine völkerrechtlich unzulässige Intervention, die den Tatbestand der Aggression erfüllte.

Am 23. März 1970 kündigte Sihanouk von Peking aus die Bildung einer Vereinigten Nationalen Front von Kambodscha (Front Uni National du Kampuchea = FUNK) und einer Exilregierung (Gouvernement Royal d'Union Nationale du Kampuchea = GRUNK) an und forderte das kambodschanische Volk auf, der Regierung Lon Nols Widerstand zu leisten.[15] Dieser Appell hatte keinen Erfolg. Die Bevölkerung Kambodschas blieb ruhig. Doch Sihanouk entfremdete sich mit diesem Aufruf viele der besten Patrioten und politisch nachdenklichen Menschen in seinem Land. Viele von ihnen beobachteten mit großer Sorge den gefährlichen Kurs der Regierung Lon Nol. Sie hatten Sihanouk trotz seiner innenpolitischen Fehler immer als Patrioten angesehen, und es wirkte wie ein Schock auf sie, daß er, anstatt sich mit seinem Sturz abzufinden, den sie für unwiderruflich hielten, nun aus verletzter Eitelkeit, aus Rachsucht und aus selbstsüchtigen Motiven heraus bereit war, mit den Todfeinden des kambodschanischen Volkes gemeinsame Sache zu machen und ihnen die Möglichkeit zu geben, Kambodscha mit einem Anschein von Legalität mit Krieg zu überziehen und es in ihre Gewalt zu bringen.

---

14 Anders allerdings die von Sihanouk selbst gegebene Darstellung (*Norodom Sihanouk* and *Wilfred Burchett,* My War with the C.I.A., Penguin Books, S. 27 ff.).
15 Text bei *Charles Meyer* aaO., (Anm. 6), S. 376 f. Der Wortlaut der Erklärungen vom 21. März und vom 15. April 1970 ist bei *Jean-Claude Pomonti* und *Serge Thion,* Des Courtisans aux Partisans, Essai sur la Crise Cambodgienne, Paris (Gallimard) 1971, S. 346–349 abgedruckt.

Am 25. April 1970 trafen an einem unbekannten Ort in Südchina der Regierungschef von Nordvietnam, Prinz Sihanouk als Präsident des FUNK und die Führer des Pathet Lao und des Vietkong zusammen und erklärten ihre gegenseitige Unterstützung im Kampf der drei indochinesischen Völker gegen den amerikanischen Imperialismus und für die Freiheit und Unabhängigkeit ihrer drei Länder.[16] Diese Erklärung sollte die rechtliche Basis für die fortgesetzte nordvietnamesische Intervention in Kambodscha abgeben. Da die Absetzung Sihanouks jedoch erfolgreich gewesen war und keinen Bürgerkrieg ausgelöst hatte, konnte Sihanouk gar nicht mehr für Kambodscha sprechen. In Kambodscha wurde er mehr und mehr als der Mann angesehen, der nur, um seinen persönlichen Ehrgeiz und seine Rachegefühle zu befriedigen, sein Volk ins Unglück zu stürzen bereit war. Seine von Peking aus gegebenen Erklärungen trugen zunächst wesentlich dazu bei, die Stellung Lon Nols zu stärken und das kambodschanische Volk hinter ihm zu einen.

II. *Die beiden ersten Kriegsjahre (1970–1972)*

1. *Die Rolle der Vereinigten Staaten*

Der Sturz Sihanouks durch die Bourgeoisie hatte die volle Unterstützung der Intellektuellen und Technokraten im ganzen Land gefunden und war von der Bevölkerung Phnom Penhs begrüßt worden. Die Bauernschaft, die zweifellos monarchistisch gesinnt geblieben war, hatte gleichwohl den neuen Stand der Dinge akzeptiert und keinen Widerstand geleistet. Und selbst diejenigen, die etwas weiter zu sehen vermochten als die neuen Machthaber und deshalb über die langfristigen Folgen des Sturzes Sihanouks und des törichten Ultimatums an Hanoi besorgt waren, stellten sich in ihrer Mehrzahl hinter Lon Nol und Sirik Matak, als sie erkannten, daß Sihanouk seinen Rachegefühlen nachgegeben und sich bereitgefunden hatte, die vietnamesischen Kommunisten bei ihrem Feldzug gegen Kambodscha zu unterstützen.

Als das kambodschanische Volk in den ersten Apriltagen 1970 zu begreifen begann, daß die verhaßten vietnamesischen Nachbarn einen Aggressionskrieg gegen ihr Vaterland begonnen hatten, rollte eine Welle der nationalen Begeisterung durch das ganze Land. Die gesamte Nation stellte sich hinter Lon Nol, dem plötzlich die Rolle der Vaterfigur zufiel, von der jeder-

---

16 Text bei *Pomoti-Thion* aaO., (Anm. 15), S. 350–357.

mann Vorbild und Führung erwartete. Studenten und andere Jugendliche meldeten sich zu Tausenden freiwillig zum Militärdienst und wurden nach wenigen Tagen Ausbildung in die Schlacht geworfen, wo sie mit einer an Langemarck erinnernden Begeisterung kämpften und oft ebenso sinnlos geopfert wurden. Man muß diese Tage des Frühjahrs 1970 selbst in Phnom Penh erlebt haben, um zu begreifen, warum man damals das kambodschanische Volk kaum anders als den Modellfall einer kleinen, von einem übermächtigen Nachbarn angegriffenen und um ihr Selbstbestimmungsrecht und die Bewahrung ihrer Freiheit ringenden Nation sehen und nicht verstehen konnte, warum nicht nur die Vereinten Nationen nicht, sondern nicht einmal die Vereinigten Staaten bereit waren, diesem kleinen tapferen Volk zu Hilfe zu kommen und es gegen den Aggressor zu verteidigen. Und man muß auch in dieser Zeit selbst in Phnom Penh gewesen sein, um voll und ganz ermessen zu können, in welchem Maß dieses Volk von seiner Führungsschicht betrogen wurde, die nur an ihren eigenen Vorteil und an ihre Bereicherung dachte und nicht bereit war, auch nur die geringsten eigenen Opfer zu bringen, wodurch sie schließlich die Niederlage ihres Landes herbeiführte.

Zwei Wochen nach dem Beginn ihres Angriffs hatten die Nordvietnamesen den ganzen Nordosten Kambodschas besetzt und standen vor den Toren von Phnom Penh. Die kleine, schlecht ausgerüstete und schlecht ausgebildete kambodschanische Armee konnte ihnen keinen nennenswerten Widerstand entgegensetzen. Die Munition ging zur Neige und schien nicht mehr länger als bis Ende April zu reichen. Die Regierung appellierte an die Welt um Hilfe, fand aber keinerlei Echo. In Phnom Penh begann man sich zu fragen, ob die Vereinigten Staaten tatsächlich den Fall Kambodschas und seine Umwandlung in eine kompakte kommunistische Basis hinnehmen würden, was die Verteidigung des Mekong-Deltas und Saigons praktisch unmöglich machen würde. Doch das Weiße Haus, unter dem Druck der öffentlichen Meinung Amerikas, zögerte, sich einen neuen Kriegsschauplatz aufzuladen und einer Ausdehnung des Vietnamkrieges zuzustimmen, aus dem sich zurückzuziehen es gerade bemüht war.

Erst vier Wochen nachdem Hanoi seinen Krieg gegen Kambodscha begonnen hatte, entschloß sich Washington, der kambodschanischen Regierung Beutewaffen und -munition aus Vietnam zur Verfügung zu stellen und 2 000 aus der kambodschanischen Minderheit in Vietnam (den sog. Khmer Krom) stammende Soldaten nach Phnom Penh einzufliegen. In der Nacht zum 23. April 1970 landeten die ersten Maschinen in Phnom Penh.[17] Kam-

17 Siehe den Bericht von *Fred Emery* in der »Times« vom 24. 4. 1970.

bodscha hatte die erste Unterstützung gegen die nordvietnamesische Aggression bekommen, deren Opfer es vier Wochen zuvor geworden war.

Leider ist das Urteil der Weltöffentlichkeit durch die spektakuläre, aber im Grunde relativ bedeutungslose amerikanische Aktion gegen die Sanktuarien im vietnamesisch-kambodschanischen Grenzgebiet von den eigentlichen und relevanten Ereignissen in Kambodscha abgelenkt und dadurch erheblich getrübt worden. Diese Aktion, die – nicht zuletzt infolge ihrer ungeschickten Präsentation durch die amerikanische Regierung – zu Unrecht als ein amerikanischer »Angriff« auf Kambodscha angesehen wurde, führte zu einer geradezu hysterischen Reaktion in Amerika selbst und hatte daher zweifellos eine große und folgenschwere Bedeutung für das weitere amerikanische Engagement in Indochina überhaupt. Im verzweifelten Kampf der Kambodschaner gegen die vietnamesischen Eindringlinge brachte sie mit ihrer strikten Begrenzung auf 21 Meilen (rd. 33 km) Tiefe und einen Zeitraum von zwei Monaten (30. 4. bis 30. 6. 1970) keine Entlastung, sondern führte nur dazu, die kommunistischen Verbände noch schneller und noch tiefer in kambodschanisches Gebiet hineinzutreiben. Die amerikanische Aktion betraf nur solche Teile des kambodschanischen Staatsgebiets, die längst von Nordvietnam besetzt waren und in denen schon lange keine kambodschanischen Hoheitsgewalt mehr ausgeübt werden konnte. Die Vereinigten Staaten nahmen damit nur das inhärente Recht jedes Kriegführenden wahr, sich gegen feindliche Übergriffe von neutralem Gebiet aus dann selbst zu wehren, wenn der Neutrale nicht willens oder nicht imstande ist, sie zu unterbinden.

Von wirklicher Bedeutung für das Geschehen in Kambodscha war die grundlegende Entscheidung der amerikanischen Regierung, dem Lande nunmehr finanzielle und materielle Hilfe zu leisten. Diese Entscheidung bewahrte die Regierung Lon Nol vor der unmittelbar bevorstehenden Niederlage und sollte weitreichende Folgen haben. Bis zum Ende des Krieges schickten die Amerikaner jedoch niemals eigene Truppen oder auch nur militärische Berater nach Kambodscha. Sie beschränkten sich auf die Leistung materieller und finanzieller Hilfe, die allerdings einen immer größeren Umfang annahm.

Im Rückblick mag man diese amerikanische Entscheidung bedauern und argumentieren, daß eine schnelle Niederlage im Jahr 1970 dem kambodschanischen Volk viel Blutvergießen und viele Opfer erspart hätte. Man darf jedoch nicht vergessen, daß in der Sicht des Frühjahrs 1970 Kambodscha das eindeutige Opfer einer fremden Aggression geworden war und es nur gerecht und billig erschien, einem kleinen tapferen Volks beizustehen, das sich verzweifelt gegen einen übermächtigen Aggressor wehrte und um die Bewahrung seiner Freiheit und seines Selbstbestimmungsrechts kämpfte. Denn es gab zu diesem Zeitpunkt keinen Bürgerkrieg in Kambodscha. Ein solcher existierte nur in der kommunistischen Propaganda.

Doch die Amerikaner sollten bald alle Fehler wiederholen, die sie in Vietnam gemacht hatten. Es fehlte nicht an warnenden Stimmen, die darauf hinwiesen, daß die kambodschanische Armee nicht mit komplizierten Waffensystemen umgehen könne, sondern daß sie in erster Linie mit einfachen und für die Anti-Guerilla-Kriegführung geeigneten Waffen ausgerüstet werden müsse; daß sie nicht daran gewöhnt werden dürfe, mit gepanzerten Fahrzeugen von befestigten Straßen aus zu operieren, sondern dazu gebracht werden müsse, in den Dschungel zu gehen und in den Reisfeldern zu kämpfen, wo der Feind zu finden war; und daß sie nicht dazu erzogen werden dürfe, sich zu sehr auf ständige Artillerie- und Luftunterstützung zu verlassen. Doch die Vernunft setzte sich nicht durch. Die administrative Unbeweglichkeit der amerikanischen Militärbürokratie und vielfältige finanzielle Interessen, auf amerikanischer wie auf kambodschanischer Seite, erwiesen sich als stärker. Die kambodschanische Armee wurde nicht für einen aktiven Anti-Guerilla-Kampf ausgerüstet und ausgebildet. Statt dessen entwickelte sie sich zu einer schwerfälligen Kriegsmaschine, die zwar die Hauptstraßen schützen und Provinzhauptstädte verteidigen, aber niemals einen Partisanenkrieg gewinnen und das offene Land wieder unter ihre Kontrolle bringen konnte.

Eine zweite tragische Konsequenz der amerikanischen Hilfe war, daß sie zwar reichlich gegeben wurde, aber nicht von der Beratung und Kontrolle begleitet war, die für ihr Wirksamwerden unerläßlich gewesen wäre. Unter dem Druck einer schlecht informierten und emotional reagierenden öffentlichen Meinung in den Vereinigten Staaten hatte der Kongreß der amerikanischen Regierung untersagt, neben der finanziellen und materiellen Hilfe auch die erforderliche Anzahl von Beratern nach Kambodscha zu entsenden, um diese Hilfe sinnvoll einzusetzen. Denn das Land verfügte nicht nur nicht über die notwendigen Techniker, sondern seine noch feudalistisch geprägte Verwaltung ermangelte auch der erforderlichen administrativen Fähigkeiten und vor allem der verantwortlichen und selbstlosen Staatsgesinnung, um mit einem derart gewaltigen Zustrom an Geld und Material fertig zu werden. Da eine effektive Kontrolle durch die Amerikaner fehlte, verschwand ein hoher Prozentsatz der reichlich fließenden Mittel in unkontrollierbaren Kanälen und steigerte dadurch die Korruption zu bisher nicht gekannten Ausmaßen. Während der Kuchen, den die einzelnen Gruppen unter sich verteilen konnten, früher relativ klein gewesen war und die Korruption als Element des öffentlichen Lebens sich daher in gewissen Grenzen gehalten hatte, bewirkten die amerikanischen Milliarden eine allmähliche Zersetzung der kambodschanischen Feudalgesellschaft von oben nach unten, die entscheidend zum Niedergang dieser Gesellschaft und der schließlich völligen Niederlage der Republik Khmer beitrug.

Amerika trug seine inneren Konflikte zwischen »Falken« und »Tauben«

auf dem Rücken der Völker Indochinas aus und war nicht bereit einzusehen, daß man, wenn man Hilfe leistet, damit auch gewisse Verantwortlichkeiten übernehmen muß. Amerika hatte weder den Willen, den Kampf des kambodschanischen Volkes gegen die nordvietnamesische Aggression mit letzter Konsequenz zu unterstützen, noch den Mut, die Khmers ihrem Schicksal zu überlassen. So blieb die amerikanische Hilfe stets halbherzig. Sie reichte nicht aus, um den Krieg siegreich zu beenden, war aber andererseits groß genug, um eine schnelle Niederlage zu verhindern. Sie führte letzten Endes nur dazu, daß die Agonie um Jahre verlängert und unvorstellbares Leid über das kambodschanische Volk gebracht wurde, aber sie verweigerte die Möglichkeit, den Krieg schnell zu beenden und den Frieden wiederherzustellen. Nicht das amerikanische Engagement als solches, sondern seine Halbherzigkeit war es, die den Vereinigten Staaten zum Vorwurf gemacht werden muß.

2. *Die militärische und politische Entwicklung bis 1972*

Vier Wochen nach dem nordvietnamesischen Angriff stand Kambodscha vor dem Zusammenbruch. Die amerikanische Hilfe und ein vorübergehendes unmittelbares Eingreifen südvietnamesischer Truppen, das nach 1971 nicht mehr wiederholt wurde, konnten die Lage wieder stabilisieren. Die unmittelbare Bedrohung der Hauptstadt wurde beseitigt und der Mekong und andere wichtige Verbindungswege wurden wieder geöffnet. Doch die Kommunisten kontrollierten weiterhin große Teile des flachen Landes und praktisch den gesamten Norden, wo ihnen mit der Besetzung des Tempelbezirks von Angkor am 5. Juni 1970 ein großer psychologischer Erfolg gelang.
Im September 1970 eröffnete die kambodschanische Armee ihre erste Gegenoffensive im Bereich des großen Sees Tonle Sap, die zwar bald stecken blieb, aber doch die Zuversicht vermittelte, das Blatt militärisch wieder wenden zu können. Andere, wenn auch begrenzte Erfolge im Frühjahr 1971 trugen weiter zur Stärkung des Selbstvertrauens bei.
Im August 1971 befahl Lon Nol die große Offensive »Chenla II«, mit der die Nationalstraße Nr. 6 nach Kompong Thom und Siemreap wieder geöffnet und die Ausgangsbasis für die Rückeroberung der Nordwestprovinzen geschaffen werden sollte. Nach gewissen Anfangserfolgen, die als bedeutende militärische Siege gefeiert wurden, kam der bittere Rückschlag. Ende Oktober traten die Nordvietnamesen zum Gegenangriff an und warfen die Regierungstruppen wieder auf ihre Ausgangsstellungen zurück, wobei sie ihnen schwere Verluste zufügten.

Militärisch war das Unternehmen »Chenla II« nicht mehr als eine verlorene Schlacht. Doch psychologisch stellte es das kambodschanische »Stalingrad« und damit einen Wendepunkt des Krieges dar. Die Moral der Truppe hatte einen Schlag erlitten, von dem sich die Streitkräfte nicht mehr erholen sollten und das Vertrauen in die Vaterfigur Lon Nol war nachhaltig erschüttert worden. Denn Lon Nol, der im Februar 1971 einen Schlaganfall erlitten hatte, hatte die gesamte Operation von seinem Palast in Phnom Penh aus selbst geleitet, ohne sich jemals persönlich an die Front zu begeben. Über die Köpfe der verantwortlichen militärischen Führer hinweg und oftmals ohne deren Wissen hatte er detaillierte Befehle bis hinunter zur Kompanieebene erteilt und damit erheblich zur allgemeinen Konfusion beigetragen. Die Hauptverantwortung für die Niederlage wurde ihm daher zu Recht persönlich angelastet.

Am 9. Oktober 1970 wurde die Republik Khmer proklamiert und Cheng Heng, der bisherige Präsident der Nationalversammlung, eine unbedeutende Figur, zum Provisorischen Staatsoberhaupt gewählt. Sehr bald wurde deutlich, daß die Proklamation der Republik weder ein neues Kapitel aufgeschlagen noch irgendeine politische oder gesellschaftliche Änderung bewirkt hatte. Die alte Feudal-Bourgeoisie,[18] die niemals eine Revolution oder eine Erneuerung der Gesellschaft im Sinn gehabt, sondern Sihanouk aus ausschließlich »feudalen« Gründen gestürzt hatte, behielt das Heft in der Hand und dachte nicht daran, Entwicklungen zuzulassen, die ihre Privilegien hätten beeinträchtigen können. Sihanouk war gestürzt, aber das System war geblieben. Diejenigen Gruppen der Gesellschaft, die an Sihanouks Sturz mitgewirkt hatten, weil sie glaubten, für ein neues Kambodscha zu kämpfen, wurden zunehmend desillusioniert und die Begeisterung, mit der die Jugend im Frühjahr 1970 zu den Waffen geeilt war, machte einer großen Enttäuschung Platz, die zu weitgehender Apathie führte. Obgleich das Volk die Kommunisten fürchtete und keineswegs unter ihre Gewalt kom-

---

18 Vgl. Anm. 8. Der Verfasser ist sich bewußt, daß in der europäischen Sozial- und Verfassungsgeschichte die Begriffe Feudalgesellschaft und Bourgeoisie als ein Gegensatzpaar verstanden und zur Charakterisierung zweier klar voneinander unterschiedener Gesellschaftsklassen verschiedener historischer Entwicklungsstufen verwandt werden. Wenn hier gleichwohl von einer »Feudal-Bourgeoisie« gesprochen wird, so geschieht das, um das typisch asiatische Phänomen einer sich unter westlichen Einflüssen auflösenden alten Feudalschicht zu beschreiben, die in ihren wirtschaftlichen Aktivitäten und vielen anderen Verhaltensweisen zur Bourgeoisie geworden, aber in ihrer sozialen Mentalität und in ihren Beziehungen zu anderen Schichten und Gruppen der Gesellschaft feudal geprägt geblieben ist und weiterhin alle ihr früher zustehenden Rechte und Privilegien beansprucht, ohne jedoch noch die früher damit selbstverständlich verbundenen Verpflichtungen gegenüber ihren »Hintersassen« zu erfüllen.

men wollte, konnte es sich doch nicht mehr mit einem Krieg identifizieren, der offensichtlich nur geführt wurde, um der feudal-bourgeoisen Oberschicht ständig neue Möglichkeiten zu geben, um sich schamlos zu bereichern, während die breite Masse entsetzlich litt. So erstarben der Idealismus und die Begeisterung des Jahres 1970, und die Bevölkerung brachte immer weniger Bereitschaft auf, für einen Krieg Opfer zu bringen, der nicht mehr um ihretwillen geführt wurde und mit dessen Zielen sie sich nicht mehr identifizieren konnte.

Als der Krieg begann und das Volk einen Führer brauchte, hatte General Lon Nol zunächst Sihanouk als Vater-Figur abgelöst. Auch der Schlaganfall, den er am 8. Februar 1971 erlitt und der ihn teilweise lähmte, hatte das in ihn gesetzte Vertrauen nicht zu erschüttern vermocht. Als er im April 1971 von der Behandlung in Hawaii zurückkehrte und sein Amt als Regierungschef aus Gesundheitsgründen niederlegte, wurde er nach einer Regierungskrise von zwei Wochen zurückgeholt, weil die Politiker sich nicht auf einen anderen Kandidaten einigen konnten. Er wurde zum »Marschall der Republik« ernannt und errang eine solche Machtposition, daß es nicht mehr gelang, ihn abzusetzen, obwohl es immer deutlicher wurde, daß er das Land ins Unglück führte. Er entwickelte eine zunehmende Paranoia, ergab sich dem Mystizismus und sah sich als eine Art »Gott-Präsident«, unfehlbar, in der Reihe der »Gott-Könige« von Angkor. Er installierte sich in Sihanouks Chamcar-Mon-Palast und ahmte dort den Hofstaat seines Vorgängers nach, ohne jedoch im geringsten dessen Persönlichkeit gleichzukommen. Um ihn herum entstand eine Camarilla von inkompetenten und korrupten Höflingen, die einen großen und unheilvollen Einfluß ausübten. Diese Entwicklung vollzog sich jedoch in kleinen Schritten und so allmählich, daß sie erst klar genug erkannt wurde, als es schon zu spät war, um sie noch ändern zu können.[19]

III. Das Lon-Nol-Regime

1. Die politische Entwicklung

Im Frühjahr 1972, zwei Jahre nach dem Sturz des Prinzen Sihanouk und dem Ausbruch des Krieges hatte die innenpolitische Situation in Kambodscha sich völlig verändert. Die anfänglich überall anzutreffende Begeiste-

---

19 Für eine etwas ausführlichere Darstellung der militärischen und politischen Entwicklung siehe meine oben (Anm. 7) erwähnte Arbeit »The War in Cambodia«, S. 106–111.

rung und Opferbereitschaft und der Wille zur Selbstverteidigung hatten einer allgemeinen Malaise Platz gemacht. Die wirtschaftliche Lage war verzweifelt und die Lasten des Krieges waren überall spürbar geworden, aber diese Lasten waren höchst ungleich verteilt. Sie wurden allein von den armen Bevölkerungsschichten getragen, während die Oberschicht sich in der schamlosesten Weise bereicherte und auch dafür sorgte, daß ihre eigenen Söhne vom Militärdienst befreit blieben und keine Gefahr liefen, an der Front ihr Leben zu verlieren.[20] Die immer mehr zu beobachtende Unruhe kam jedoch nicht aus der breiten Masse, die sich passiv verhielt und schweigend litt, sondern aus den Kreisen der Studenten und Intellektuellen, die ebenfalls nur wenig unter den Lasten des Krieges litten, aber darüber verärgert waren, daß ihnen, obwohl sie aktiv am Sturz Sihanouks mitgewirkt hatten, der Zugang zur Macht und damit zu den großen Pfründen der Korruption versagt geblieben war. Ihre Unruhe, die sich in häufigen Demonstrationen äußerte, richtete sich jedoch zunächst gegen Prinz Sirik Matak, der als die Inkarnation des alten Feudalismus angesehen wurde, und nicht gegen Lon Nol. Lon Nol ließ Sirik Matak fallen und nahm dessen Rücktrittsgesuch an. Damit wurde klar, daß das Land nicht nur seinen einzigen fähigen Administrator verloren hatte, sondern auch, daß der innenpolitische Burgfrieden, der angesichts des Krieges bisher geherrscht hatte, bitteren internen Fehden gewichen war.

In der schweren innenpolitischen Krise, die durch Sirik Mataks Rücktritt im März 1972 ausgelöst wurde, erklärte das Provisorische Staatsoberhaupt, Cheng Heng, unter immensem politischem Druck Lon Nols am 10. März 1972 ebenfalls seinen Rücktritt und übertrug sein Amt dem Regierungschef, Marschall Lon Nol. Dieser löste am nächsten Tag die Verfassunggebende Versammlung mit der Begründung auf, daß sie den ihr vorliegenden Entwurf einer Präsidialverfassung im Sinne einer Parlamentarischen Regierungsform abgeändert habe und damit vom Willen des Volkes abgewichen sei. Er setzte sodann eine Verfassungskommission unter Leitung des Dekans der Juristischen Fakultät der Universität Phnom Penh ein, die in kurzer Zeit einen den Wünschen Lon Nols entsprechenden Entwurf

---

20 Als unter starkem amerikanischem Druck im Jahr 1973 die allgemeine Wehrpflicht eingeführt wurde (die aber an der Wirklichkeit, daß nur die Armen an die Front geschickt wurden, nichts änderte), kam es zu Studentendemonstrationen, in denen die Studenten ganz offen und ohne jede Skrupel forderten, daß sie nicht an die Front geschickt werden dürften, wo ihr Leben gefährdet sein könnte. Dies müsse den Angehörigen der unteren Schichten vorbehalten bleiben, während sie selbst zu wertvoll seien und das Land es sich nicht leisten könne, beim späteren Wiederaufbau ihre Intelligenz möglicherweise entbehren zu müssen.

einer Präsidialverfassung vorlegte, der am 30. April 1972 dem kambodschanischen Volk zum Referendum vorgelegt wurde. Obwohl die Regierung sich nicht die Mühe gemacht hatte, für die Verbreitung des neuen Verfassungsentwurfs zu sorgen oder ihn gar den Wahlberechtigten zu erläutern, stimmten diese ihm gleichwohl gehorsam mit großer Mehrheit zu, so daß er im Mai 1972 in Kraft treten konnte.
Am 14. März 1972 hatte Lon Nol sich durch ein Verfassungsdekret selbst zum Präsidenten der Republik ernannt. Als nach dem Inkrafttreten der Verfassung für den 4. Juni 1972 eine Präsidentenwahl angekündigt wurde, mußte er zu seiner Überraschung und großen Empörung feststellen, daß zwei Opponenten gewagt hatten, gegen ihn anzutreten: Der populäre frühere Präsident der Nationalversammlung, In Tam, und der Rektor der Universität Phnom Penh, Keo An. Es kann kaum einem Zweifel unterliegen, daß die offiziellen Wahlergebnisse, die Lon Nol 55 %, In Tam 24 % und Keo An 21 % der Stimmen gaben, erheblich gefälscht waren. Sicherlich erhielt Lon Nol nicht die absolute Mehrheit, und viele Beobachter nahmen sogar an, daß In Tam in Wirklichkeit die meisten Stimmen erhalten hatte. Doch da nur das offizielle Resultat zählte, war Lon Nol zum Präsidenten gewählt worden.
Von einer skrupellosen und durch und durch korrupten Camarilla umgeben, riß Lon Nol in der Folgezeit immer mehr absolute Macht an sich. Nachdem er Sirik Matak ausgebootet und durch den Betrug bei den Präsidentenwahlen sich In Tam entfremdet hatte, hatte er auch unwiderruflich die Koalition der politischen Kräfte zerstört, die sich zum Sturz Sihanouks zusammengetan und seitdem durch ihre Zusammenarbeit eine gewisse innenpolitische Stabilität garantiert hatten. Von nun an waren die Parteien bitter untereinander verfeindet und nicht mehr gewillt, ihre politischen Kräfte zur Rettung des Landes zu vereinen. Das Lon-Nol-Regime, das seine Macht mit allen Mitteln des Wahlbetrugs und der Einschüchterungen zu konsolidieren suchte, konnte sich nicht mehr auf den grundlegenden Konsensus der führenden politischen Kräfte und schon gar nicht des gesamten Volkes berufen.
Der Sommer 1972, in dem Lon Nol und seine Entourage ihre Macht über Kambodscha etablierten, markiert den Beginn eines stetigen politischen und militärischen Niedergangs, der seine Ursache in einem totalen Niedergang der Kampfmoral und des Durchhaltewillens der gesamten Nation hatte, deren Vertrauen in ihre Führung nachhaltig zerstört worden war. Der endgültige Zusammenbruch konnte nun nur noch eine Frage der Zeit sein. In seiner zunehmenden Paranoia, die ihm aber nicht die Fähigkeit zu äußerst geschickter Partei- und Machterhaltungspolitik geraubt hatte, stilisier-

te Lon Nol sich mehr und mehr als »Gott-Präsident« und erlaubte seiner Umgebung ein unvorstellbares Maß an Korruption, die das Land von oben nach unten vergiftete und auch die letzte Widerstandskraft und den letzten Widerstandswillen zerstörte. Soldaten, deren Löhnung und Reisrationen von ihren Offizieren unterschlagen werden und die wissen, daß die Munition, mit der sie beschossen werden, von ihren eigenen Vorgesetzten gegen bare Dollars an den Feind verkauft worden ist, müssen den Willen zum Kampf verlieren; und andererseits ist eine Guerilla-Armee, die ihren gesamten Nachschubbedarf bei korrupten Generälen und Beamten der Regierungsseite einkaufen kann, schwer zu besiegen.
Im April 1973 hatte das Lon-Nol-Regime das Land bereits so weit heruntergewirtschaftet, daß der Präsident an die Führer der Opposition, seine früheren Partner Sirik Matak, In Tam und Cheng Heng appellieren mußte, ihm bei der Überwindung der Krise zu helfen. Um ihren Bedingungen Rechnung zu tragen, wurde ein Hoher Politischer Rat gebildet, dem praktisch alle Befugnisse des Präsidenten übertragen wurden und der mit Mehrheit entscheiden konnte. Da die drei Partner in diesem Rat zu erbitterten Feinden Lon Nols geworden waren, schöpfte man die Hoffnung, daß sie die ihnen plötzlich zugewachsene Macht nützen würden, um dem unheilvollen Kurs in den Abgrund zu steuern und Lon Nol auszuschalten. Doch anstatt sich im Interesse des Landes vereint gegen Lon Nol zu stellen, begannen sie sofort, untereinander zu streiten und gaben dem Präsidenten auf diese Weise Gelegenheit, sie gegeneinander auszuspielen. Sie versäumten die Chance, das Land zu retten. Nachdem Lon Nol einige Monate später seine politische Macht wieder gefestigt hatte, sank der Hohe Politische Rat zu einem rein formalen Bestätigungsorgan der politischen Entscheidungen des Präsidenten ab, bis er schließlich aufgelöst wurde.
Noch einmal tauchte eine Hoffnung auf, als unter starkem amerikanischem Druck Außenminister Long Boret, ein fähiger, mutiger und relativ wenig korrupter Mann, am 26. Dezember 1973 zum Premierminister ernannt wurde. Alle seine Vorgänger seit dem März 1972, Son Ngoc Than, Hang Thun Hak und In Tam (als Mitglied des Hohen Politischen Rates) waren ausgezeichnete Männer gewesen, waren aber an der unmöglichen Aufgabe eines Premierministers gescheitert, dem die Verfassung keine eigene Machtposition eingeräumt hatte, sondern der alle seine Befugnisse von einem Präsidenten ableitete, der jede Entscheidung selbst traf und dem Premierminister, der sie ausführen mußte, nur die Rolle des Sündenbocks ließ, wenn die meist schlechten Entscheidungen negative Wirkungen zeitigten. Als Long Boret das Amt des Premierministers übernommen und auch einige führende Mitglieder der Opposition in sein Kabinett aufgenommen hatte,

sah es so aus, als könne er mit amerikanischer Unterstützung der erste starke Premierminister werden, das Zentrum der Macht nach und nach aus dem Präsidentenpalais in sein eigenes Amt verlagern und den negativen Einfluß der Camarilla des Präsidenten ausschalten.

Doch auch diese Hoffnung erfüllte sich nicht. Als Long Boret sein Amt antrat, befand Lon Nol sich in einer Phase physischer Erschöpfung und seelischer Depression, die ihn etwa zwei Monate lang inaktiv bleiben ließ. Sobald er sich erholt hatte und die Zügel wieder fest in die Hand nehmen konnte, reduzierte er den Premierminister erneut zum reinen Befehlsempfänger. Hierbei wurde er von vielen Politikern unterstützt, die zwar durchaus die unheilvolle Rolle Lon Nols durchschauten, aber gleichzeitig Long Boret sein Amt neideten und nur an die Förderung ihrer eigenen politischen Ambitionen dachten. Die kambodschanische Führungsschicht war nicht in der Lage, sich aus sich selbst heraus zu erneuern, das Wohlergehen ihres Landes und Volkes über ihre eigenen kleinlichen und kurzsichtigen persönlichen Interessen zu stellen und überhaupt zu erkennen, in welcher tödlichen Gefahr ihr Vaterland sich befand.

Immerhin hatte sich seit 1973 bei allen weitsichtigen und nachdenklichen Kambodschanern die Überzeugung durchgesetzt, daß die allgemeine Mißstimmung im Lande, die es seinem Untergang entgegenführte, so eng mit der Persönlichkeit Lon Nols verbunden sei, daß die Katastrophe nur dann noch abgewendet werden könne, wenn der Präsident entfernt und klare Signale gesetzt würden, daß die Führung entschlossen sei, mit der Korruption aufzuräumen und unfähige Offiziere und Beamte durch ehrliche und fähige Männer zu ersetzen. Die Mißstimmung ging so weit, daß einzelne Minister ernsthaft mit ausländischen Diplomaten darüber zu sprechen begannen, wie man den Präsidenten am besten eliminieren könne. Zweimal, am 17. März und am 19. November 1973, warfen Piloten der Luftwaffe Bomben auf den Palast ihres Präsidenten, um ihn auf diese Weise auszuschalten. Beide Versuche schlugen fehl und bestärkten Lon Nol nur in seinem Glauben, daß die Vorsehung ihn dazu ausersehen habe, Kambodscha zu retten und in Anknüpfung an die Tradition der Könige von Angkor ein neues großes Reich der Khmer-Mon-Rasse zu errichten.

Die einzige Institution, die Lon Nol hätte zwingen können, zurückzutreten und das Land zu verlassen, bevor es endgültig zu spät war, war die amerikanische Botschaft, die mit der Möglichkeit, dem Land die lebensnotwendige militärische und finanzielle Hilfe zu gewähren oder zu versagen, den Schlüssel zu allen Machtpositionen in ihren Händen hielt. Doch dort fürchtete man, daß die führenden Politiker sich nach einem Abgang Lon Nols nicht leicht auf einen neuen Führer würden einigen können und daß eine längere Periode der Instabilität und der inneren Machtkämpfe eintreten würde, die Kambodscha sich in diesem Augenblick unmöglich leisten könne. Diese amerikanischen Befürchtungen waren bestimmt nicht unbegründet. Doch die Amerikaner sahen nicht, daß Lon Nol inzwischen in einem derartigen Maße zum persönlichen Symbol der gesamten Malaise geworden war, daß an ihm festzuhalten nichts anderes bedeutete, als unvermeidlich den langsamen, aber sicheren Weg zum Abgrund weiterzugehen, und daß nur eine drastische Maßnahme, wie seine Absetzung, trotz aller Risiken, die sie zweifellos in sich barg, überhaupt noch eine Chance bieten konnte, das kambodschanische Volk und die Armee mit neuer Hoffnung und einem neuen Widerstandswillen zu erfüllen und das drohende Unheil noch abzuwenden. Aber je länger man wartete, desto geringer wurden die Chancen, das Schicksal noch zu wenden. Als Lon Nol schließlich am 1. April 1975 Phnom Penh verließ, war es zu spät und das Verhängnis nicht mehr aufzuhalten.[21] Zu diesem Zeitpunkt wäre es nur ein Akt der Gerechtigkeit gewesen, Lon Nol das rettende Flugzeug zu verweigern, mit dem er feige flüchtete, und ihn zu zwingen, bei seinem Volk zu bleiben und dessen in hohem Maße von ihm selbst verschuldetes furchtbares Schicksal zu teilen.

2. Die militärischen Operationen

Von 1972 an verschlechterte die militärische Lage sich stetig. Der Krieg, der als reine nordvietnamesische Aggression begonnen hatte, verwandelte sich nach und nach in einen Bürgerkrieg, doch anders als bei der »Vietnamisierung« in Südvietnam spielte sich die »Khmerisierung« hier ausschließlich auf der kommunistischen Seite ab.
Im Frühsommer 1972 wurde die Straßenverbindung nach Saigon endgültig unterbrochen und im restlichen Verlauf des Jahres fiel fast das gesamte Gebiet östlich des Mekong mit Ausnahme der beiden Provinzhauptstädte Svay Rieng und Prey Veng in kommunistische Hand. Der verbliebene Nachschubweg auf dem Mekong wurde immer verwundbarer, und nur noch schwerbewaffnete Konvois konnten nach Phnom Penh gelangen. Im Jahr 1973 gingen große Teile des Südens (Provinzen Takeo und Kandal) verloren. Die Nationalstraße Nr. 5 wurde unterbrochen, doch konnte die

---

21 Nach dem Fall von Phnom Penh wurde bekannt, daß Lon Nol selbst am 1. April 1975 nur in seinen Rücktritt und seine Abreise eingewilligt hatte, nachdem die kambodschanische Regierung ihm eine Bestechungssumme von 1 Mio. US-Dollar ausbezahlt hatte. In Phnom Penh war man naiv genug zu glauben, sogar noch zu diesem Zeitpunkt mit den Kommunisten einen günstigen Frieden aushandeln zu können, wenn man nur Lon Nol abserviert habe.

kleine, unter ihrem hervorragenden Admiral Vong Sarendy sehr tapfer kämpfende kambodschanische Kriegsmarine die parallele Flußverbindung auf dem Tonle-Sap-Fluß noch bis Ende 1974 offen halten, so daß Phnom Penh weiterhin aus der Reisprovinz Battambang versorgt werden konnte. Die Straßenverbindung nach dem Tiefseehafen Kompong Som, die niemals sehr sicher gewesen war, wurde im Februar 1974 endgültig unterbrochen.
Nach dem sogenannten »Waffenstillstand« in Vietnam vom 27. Januar 1973 verkündete Lon Nol in einer feierlichen Sitzung der beiden Häuser des Parlaments, daß die kambodschanischen Streitkräfte am 29. Januar 1973 um 7 Uhr alle offensiven Operationen einstellen und nur noch in Selbstverteidigung kämpfen würden. Die Kommunisten beantworteten diese Erklärung mit einer Verstärkung ihrer eigenen Offensiv-Operationen, was wiederum zu einer erheblichen Verstärkung der amerikanischen Luftunterstützung führte. Als diese gemäß einer Anordnung des amerikanischen Kongresses am 15. August 1973 eingestellt werden mußte, hatte ihr Wegfall entgegen allgemeiner Erwartung kaum einen Einfluß auf die militärischen Operationen. Es ist unwahrscheinlich, daß eine Fortsetzung der amerikanischen Luftunterstützung irgendetwas am Ausgang des Krieges geändert haben würde. Dieser ging nicht aus Mangel an Feuerkraft der kambodschanischen Regierungstruppen verloren, sondern infolge der totalen Demoralisierung von Volk und Armee, die auf das völlige Versagen des Lon-Nol-Regimes zurückzuführen war.
Das kambodschanische Oberkommando und die amerikanische Botschaft in Phnom Penh, die mehr und mehr vor den Realitäten die Augen verschloß und sich in ein imaginäres Wunschdenken flüchtete, das wohl auch den Erwartungen des Weißen Hauses entsprach, schöpften immer wieder aus kleinen lokalen und temporären militärischen Erfolgen neue Hoffnung, wie der vorübergehenden Öffnung verschiedener Straßenverbindungen, die jedoch meist nach kurzer Zeit wieder unterbrochen wurden, oder der erfolgreichen Verteidigung einiger eingeschlossener Provinzstädte, wobei einzelne kambodschanische Verbände mit bewundernswerter Tapferkeit kämpften. Doch sie übersahen über diesen lokalen Erfolgen vollständig, daß das Land selbst nach und nach verloren ging und die Hauptstadt bereits fast ganz isoliert war. Im Januar 1974 war Phnom Penh selbst zum ersten Mal akut bedroht und wäre möglicherweise bereits gefallen, wenn die Khmers Rouges, die diese Offensive offensichtlich ohne vietnamesische Berater durchgeführt hatten, nicht eine Reihe von entscheidenden Fehlern begangen hätten.[22] Am Ende der Trockenzeit 1973-74 standen nur noch

---

22 Siehe dazu etwas ausführlicher meine oben (Anm. 7) erwähnte Arbeit im Jahrbuch des Royal College of Defence Studies (S. 118).

die Provinz Battambang und der äußerste Nordwesten des Landes einigermaßen unter Regierungskontrolle; die Regierung hielt sich darüber hinaus noch in den meisten Provinzhauptstädten, die jedoch fast ausnahmslos eingeschlossen waren und aus der Luft versorgt werden mußten; und schließlich waren alle Straßenverbindungen nach Phnom Penh unterbrochen, so daß die Hauptstadt nur noch über den immer verwundbarer werdenden Wasserweg auf dem Mekong mit der Außenwelt verbunden war.[23]
Mit dem Einsetzen des Monsuns 1974 ebbte die Kampftätigkeit, wie in jedem Jahr, wieder ab. Die Kommunisten hatten alle Ausgangsstellungen für ihre große Schlußoffensive in der nächsten Trockenzeit bezogen, auf die sie sich intensiv vorbereiteten, während die Regierungstruppen, großenteils unter der Führung inkompetenter und korrupter Offiziere stehend, sich auf ihren vermeintlichen Lorbeeren ausruhten. Sie bereiteten weder sich selbst auf die kommenden Kämpfe vor noch versuchten sie ernsthaft, die feindlichen Vorbereitungen für die nächste Offensive zu stören.

3. *Von nordvietnamesischer Aggression zum kambodschanischen Bürgerkrieg*

Nun muß ein Blick auf die andere Seite geworfen werden. Was waren die Khmers Rouges und wie hatte sich ihre Bewegung entwickelt?[24]
Der Name »Khmers Rouges« war von Prinz Sihanouk geprägt worden, um die eher inkohärenten verschiedenen Partisanengruppen zu bezeichnen, die in entlegenen Teilen Kambodschas operierten und insgesamt wohl niemals mehr als 2 000 bis 3 000 Mitglieder umfaßten. Sie stellten vor 1970 nicht mehr als eine Belästigung dar. Diese Gruppen reichten von linientreuen Kommunisten, die enge Verbindungen zur nordvietnamesischen Armee und dem Vietkong unterhielten, über linksintellektuelle Nationalisten, die das Feudalregime Sihanouks durch eine sozialistische, aber

---

23 Wenn diese wichtige Nachschubroute bis zum Ende des Jahres 1974 nicht viel stärker beeinträchtigt worden war, so lag das wahrscheinlich weniger an einer diesbezüglichen militärischen Unfähigkeit der Kommunisten, als vielmehr daran, daß diese selbst kein Interesse hatten, den Mekong zu schließen, auf dem die Konvois auch einen großen Teil ihres eigenen Nachschubs brachten. Denn es war ein offenes Geheimnis, daß die Nordvietnamesen und Khmers Rouges einen großen Teil ihrer Lebensmittel, Arzneimittel und Ausrüstungsgegenstände, ja auch Waffen und Munition bei chinesischen Geschäftsleuten in Phnom Penh einkauften, die für diesen einträglichen Handel wiederum die Deckung hoher und höchster Armee- und Regierungskreise genossen, die dafür erhebliche Kommissionen kassierten.
24 Zur Geschichte der kommunistischen Partei Kambodschas und der Khmers Rouges siehe vor allem *François Debré*, Cambodge – La Révolution de la Forêt, Paris (Flammarion) 1976.

demokratische Republik ersetzen wollten, bis hin zu reinen Räuberbanden. Sihanouk hatte sie gnadenlos verfolgen lassen, und man hätte erwarten können, daß die Nationalisten unter ihnen sich nach seinem Sturz der neuen Republik anschließen würden. Doch sie hatten sehr schnell erkannt, daß die Ereignisse von 1970 keine Veränderungen bewirkt hatten und daß die Republik Khmer nichts mit den Idealen zu tun hatte, für die sie in den Dschungel gegangen waren. So setzten sie ihren Kampf fort und arbeiteten, wenn auch nur widerwillig und in unterschiedlicher Intensität, mit den Nordvietnamesen zusammen, die nun einen richtigen Krieg gegen die Republik Khmer führten.

Nach und nach erhielten diese zunächst noch kleinen Partisanengruppen Zulauf, zuerst von Bauern, deren Dörfer von den südvietnamesischen Truppen zerstört worden waren, die Lon Nol im Jahre 1970 vorübergehend zu Hilfe gerufen hatte, um die militärische Lage zu stabilisieren; sie waren in den von ihnen »befreiten« Gebieten wie die schlimmsten Eroberer aufgetreten und hatten die Bevölkerung der Sache Lon Nols endgültig entfremdet. Später gingen mehr und mehr junge Leute und Intellektuelle ins Maquis, deren Hoffnungen auf einen gesellschaftlichen Neuanfang zutiefst enttäuscht worden waren und die sich deshalb von Lon Nol abwandten, um mit den Khmers Rouges für eine bessere und – wie sie glaubten – demokratischere Zukunft ihres Landes zu kämpfen. Schließlich, als der Idealismus und Elan des Jahres 1970 immer mehr verloren gingen, erhielten die Khmers Rouges Zulauf von den vielen Unzufriedenen, die Opfer der sich unaufhörlich steigernden Mißwirtschaft und Korruption des Lon-Nol-Regimes geworden waren oder unter den Übergriffen seiner Truppen gelitten hatten, deren Sold und Verpflegung häufig unterschlagen wurden und die sich dann durch Plünderung der Dörfer und Drangsalierung der Landbevölkerung schadlos hielten. Andere, die in den von den Nordvietnamesen besetzten Gebieten lebten, schlossen sich aus Treue zu Sihanouk den Khmers Rouges an, ohne zu erkennen, daß diese gar nicht die Absicht hatten, Sihanouk wieder in seine Rechte einzusetzen.

Alle diese unterschiedlichen und lange Zeit ziemlich inkohärent operierenden Elemente wurden schließlich durch die wirksame und entschlossene Arbeit einer Gruppe von etwa 2 000 in Hanoi ausgebildeten kambodschanischen Kommunisten zu einer einheitlichen und schlagkräftigen Bewegung zusammengeschweißt. Im Jahre 1954, nach dem Ende des ersten Indochina-Krieges, hatten die Vietminh etwa 2 000 junge Kambodschaner mit sich nach Nordvietnam genommen und dort intensiv ausgebildet und auf ihre künftige Rolle vorbereitet. Ihre Stunde schlug sechzehn Jahre später, im Jahr 1970. Aus den Aussagen von Gefangenen und Überläufern weiß man, daß viele von ihnen, als sie jetzt nach Kambodscha zurückkehrten, entsetzt darüber waren, daß die Nordvietnamesen dort, wie in einer Kolonie, das alleinige Sagen beanspruchten. Einige von ihnen liefen zur anderen Seite über, doch der Rest, der mit den Vietnamesen weiterkämpfte, war fest entschlossen, sich so bald wie möglich von der vietnamesischen Bevormundung freizumachen und einen kambodschanischen kommunistischen Staat zu gründen, der kein Satellit Hanois sein sollte.

Über der gesamten Bewegung der Khmers Rouges lag jedoch ein solcher Schleier der Geheimhaltung, daß während des ganzen Krieges kaum etwas Zuverlässiges über sie, ihre Organisation und ihre Führung bekannt wurde. Eines lag allerdings von Anfang an offen zutage, obwohl die meisten ausländischen Kommentatoren, die von der farbigen Persönlichkeit Sihanouks geblendet waren, es nicht zu erkennen vermochten: Die Partisanenbewegung innerhalb Kambodschas verfolgte völlig andere Ziele als die Exilregierung des Prinzen Sihanouk in Peking, die nach und nach von immer mehr Staaten anerkannt worden war. Die Partisanenbewegung hatte sich zwar nominell unter die Führung Sihanouks gestellt, um die Unterstützung der königstreuen Bauern zu gewinnen und von dem großen internationalen Prestige des Prinzen zu profitieren. Doch die Khmers Rouges hatten niemals vergessen, daß Sihanouk ihr erbittertster Feind gewesen war und sie gnadenlos verfolgt hatte. Deshalb nahmen sie jetzt keinerlei Weisungen aus Peking entgegen und waren auch fest entschlossen, den Prinzen niemals mehr eine politische Rolle in Kambodscha spielen zu lassen. Sie wußten auch nur zu gut, daß sie ihre zunehmenden Erfolge nicht den Appellen Sihanouks aus Peking, sondern allein der zunehmenden Desintegration der Republik verdankten, die die Folge von deren eigener Unzulänglichkeit und des völligen sachlichen und moralischen Versagens des Lon-Nol-Regimes war. Die Khmers Rouges hatten daher keinerlei Veranlassung, sich in irgendeiner Weise der Pekinger Exilregierung verpflichtet zu fühlen. Wenn die Guerillas in Kambodscha als »Partisanen Sihanouks« bezeichnet wurden, wie das in der westlichen, vor allem der französischen Presse weithin geschah, so wurde daraus nur deutlich, daß die Mehrzahl der Journalisten noch nicht begriffen hatte, was in Kambodscha tatsächlich vor sich ging.[25]

25 Nach der Einnahme von Phnom Penh am 17. April 1975 verstrichen fast fünf Monate, bis die Khmers Rouges ihrem nominellen Führer zum ersten Mal erlaubten, Phnom Penh zu besuchen. Nach seiner Ankunft am 9. September 1975 wurde er in seiner Bewegungsfreiheit drastisch beschränkt; bereits nach drei Wochen reiste er wieder nach Peking zurück. Erst nach abermals drei Monaten, Ende Dezember 1975, wurde ihm die endgültige Rückkehr gestattet. Am 4. April 1976 gab Radio Phnom Penh seinen Rück-

Die Nordvietnamesen, die weite Teile Kambodschas besetzt hielten, mischten sich kaum in die inneren Verhältnisse des Landes ein und ließen das dörfliche Leben möglichst unverändert weitergehen. Sie waren nach Kräften bemüht, sich die Bevölkerung nicht zu Feinden zu machen, während das Lon Nol Regime mit seiner Kluft zwischen einer kleinen skrupellosen Oberschicht, die sich schamlos bereicherte und der Masse des Volkes, die die Nöte des Krieges allein tragen mußte und sich darüber hinaus allen Arten von Ausbeutung und Ungerechtigkeit ausgesetzt sah, auf die Bauern nicht attraktiv wirken konnte. Diese blieben daher passiv und neigten in den ersten Kriegsjahren eher den Kommunisten zu. Diejenigen, die in die Städte und in die von der Regierung kontrollierten Gebiete flohen, taten das nur, um den Bombardements der kambodschanischen und später auch der amerikanischen Luftwaffe zu entgehen, die zunehmend Furcht und Schrecken zu verbreiten begannen.

In diesem Meinungsklima gewährten die Nordvietnamesen den notwendigen äußeren Schutz, unter dem die Khmers Rouges sich mit ihrer Hilfe zu einer beachtlichen militärischen Kraft entwickeln konnten, die in den Jahren 1972 und 1973 nach und nach die Vietnamesen ersetzte und den Kampf übernahm. So wurde aus der ursprünglichen nordvietnamesischen Aggression ein echter kambodschanischer Bürgerkrieg. Die Nordvietnamesen zogen das Gros ihrer Truppen allmählich auf die Ostseite des Mekong zurück und beließen nur diejenigen Kräfte im restlichen Kambodscha, die sie zum Schutz ihrer eigenen Nachschublinien und als Berater der Khmers Rouges brauchten.

Die Khmers Rouges wurden zu keiner Zeit zu einer Massenbewegung. Sie blieben eine kleine Elitetruppe von wahrscheinlich nicht mehr als 60 000 Mann, doch sie verfügten über eine Disziplin und Entschlossenheit, die den Regierungskräften gänzlich abging. Nachdem sie ihre Armee aufgebaut und in den von ihnen kontrollierten Gebieten eine Verwaltung eingerichtet hatten, änderte sich das Leben dort in drastischer Weise.[26] Während die Vietnamesen alles beim alten gelassen und sich nicht eingemischt hatten, wandelten die Khmers Rouges die Dörfer vollständig um und errichteten ein gnadenloses und radikales kommunistisches Regime. Anders als in

---

tritt bekannt. Er lebte dann praktisch unter Hausarrest, bis ihm im Januar 1979, wenige Stunden vor dem Einmarsch vietnamesischer Truppen in Phnom Penh, die Ausreise nach Peking gestattet wurde.

26 Siehe dazu *Christel Pilz,* aaO., (Anm. 4) und die anschauliche, sehr sachlich geschriebene Schilderung von *Pin Yathai,* L'Utopie Meurtrière – Un Rescapé du Génocide Cambodgien témoigne, Paris 1980.

Vietnam hatte es in Kambodscha keinen Großgrundbesitz und keine Pächter gegeben; jeder Bauer hatte sein eigenes Land besessen. Die Khmers Rouges entfremdeten sich die Bevölkerung durch die Kollektivierung des Bodens, die Einrichtung zentraler Reisdepots und sogar kommunaler Küchen, in denen die Menschen zu essen gezwungen waren anstatt sich selbst im Familienkreis kochen zu dürfen. Junge Leute wurden in Arbeitslagern zusammengefaßt oder zwangsweise zur Armee rekrutiert. Darüber hinaus verletzten die Khmers Rouges in gröbster Weise die Gefühle des tiefreligiösen Volkes, als sie die buddhistischen Pagoden schlossen und die Mönche zwangen, selber zu arbeiten. Die Stimmung des Volkes, das bisher passiv gewesen war, schlug in offene Feindschaft gegen die Kommunisten um.

Dies wurde zum ersten Mal in der Trockenzeit 1973-74 deutlich, als die Khmers Rouges einen ersten massiven Versuch machten, Phnom Penh einzunehmen und zu diesem Zweck alle verfügbaren Truppen um die Hauptstadt konzentrierten. Als das flache Land von kommunistischen Truppen entblößt war, flohen die Bauern zu Tausenden in die von der Regierung kontrollierten Provinzstädte, obwohl sie wußten, daß dort ein erbärmliches Leben in Flüchtlingslagern auf sie wartete. Eine neue Welle patriotischen Idealismus' ging durch das ganze Land, dieses Mal nicht antivietnamesisch wie 1970, sondern eindeutig antikommunistisch ausgerichtet. Noch einmal hätte die Regierung der Republik eine Chance gehabt, das Volk hinter sich zu bringen und weiteste Unterstützung im Kampf gegen die verhaßten Kommunisten zu finden. Doch das Lon-Nol-Regime war so tief korrumpiert, daß es nicht mehr die Kraft aufbrachte, sich glaubwürdig an die Spitze dieser Volksbewegung zu stellen und ihr Kraft und Elan zu verleihen. Die herrschende Klasse war so sehr darin verstrickt, sich selbst zu bereichern und ihren kleinen egoistischen Interessen und Ambitionen nachzugehen, daß die Bereitschaft des Volkes, Opfer zu bringen und den Kampf aufzunehmen, endgültig von der Korruption und Unfähigkeit ihrer Führer erstickt wurde. Die Menschen sanken bald wieder in ihre frühere Passivität zurück und erwarteten in dieser Haltung den kaum mehr zweifelhaften Ausgang eines Krieges, mit dem sie sich nicht mehr zu identifizieren vermochten.

4. *Kräfte, Strömungen und Fronten auf beiden Seiten*

Nachdem Sihanouk in Peking seine Exilregierung gebildet hatte, wurde er im Westen allgemein als der Führer der Khmers Rouges angesehen. Dies traf jedoch, wie wir gesehen haben, in keiner Weise zu.

Als der Prinz im März 1970 wenige Stunden nach seinem Sturz in Peking eintraf, war den chinesischen Führern sofort klar, daß er zu einem wesentlichen Aktivposten in ihrer Rechnung werden konnte und daher dazu gebracht werden müsse, nicht zu resignieren und sich nach Frankreich zurückzuziehen, sondern den Kampf gegen Lon Nol und damit auch gegen die Amerikaner in Vietnam aufzunehmen. Indem Sihanouk sein Volk zum Widerstand gegen Lon Nol aufrief, nahm er der nordvietnamesischen Aggression gegen Kambodscha in den Augen der Welt einen Teil ihrer Rechtswidrigkeit und verlieh ihr einen Anschein von Legalität. Um Sihanouks Reaktion und seine Motive voll zu verstehen, muß man sich vergegenwärtigen, daß er sich, bei all seiner Modernität, letzten Endes immer als der Gottkönig seines Volkes in der Tradition Angkors gesehen hatte. Sein Sturz hatte ihn deshalb im innersten Mark getroffen und er konnte es den von ihm zutiefst verachteten kleinen Politikern in Phnom Penh nicht verzeihen, daß sie ihn von seinem Thron gestoßen hatten. Ein Gott hatte Gesicht verloren und war fest entschlossen, diesen Frevel zu rächen, egal was es sein Land, sein Volk und gar ihn selbst kosten werde. Aus diesem Grund ging er eine Vernunftehe mit den Khmers Rouges ein, die er bis dahin erbittert bekämpft hatte. Jetzt brauchte er die Kommunisten als Arm seiner Rache. Für diese war das Zweckbündnis gleichermaßen vorteilhaft. Es brachte ihnen die Sympathien der königstreuen Landbevölkerung und darüber hinaus internationale Anerkennung und Unterstützung ein. Doch die Khmers Rouges betrachteten Sihanouk weiterhin als die Inkarnation eines feudalistischen Regimes, das sie abzuschaffen entschlossen waren. Deshalb würden sie ihm niemals erlauben, wieder eine Rolle in Kambodscha zu spielen.
So barg dieser Krieg viele merkwürdige Widersprüche in sich. Sihanouk war von der Feudalbourgeoisie in Phnom Penh, d. h. von demjenigen Teil dieser Feudalbourgeoisie gestürzt worden, der wiederum an die Pfründen und Futterkrippen des Staates gelangen wollte, von denen er sich zu lange ausgeschlossen gefühlt hatte. Diese Gruppe fand die Unterstützung der Intellektuellen, der Technokraten und eines großen Teils der jungen Generation, die an eine echte Revolution glaubten und die Gesellschaft verändern wollten und die sich enttäuscht abwandten, als ihnen klar wurde, daß die neue Republik lediglich unter anderem Namen das alte System fortsetzte. So hatten die progressiven Gruppen in Phnom Penh im Grunde viel mehr mit den nationalistischen Kräften innerhalb der Khmers Rouges gemeinsam als mit dem Lon-Nol-Regime. Anderseits hatte die herrschende Schicht in Phnom Penh, die sich so schamlos bereichert hatte, viel weniger von der Rückkehr des Prinzen zu fürchten als von einer Machtübernahme

durch die Khmers Rouges.[27] Sihanouk seinerseits war der nominelle Führer seiner größten Feinde und da diese ihm niemals die Rückkehr an die Macht erlauben würden, lag seine einzige Chance darin, mit der herrschenden Feudalbourgeoisie in Phnom Penh wieder Frieden zu schließen. Aus einer Reihe seiner in Peking gegebenen Interviews geht deutlich hervor, daß er sich – im Gegensatz zur westlichen Presse – immer darüber im klaren war, daß es nach einem militärischen Sieg der Khmers Rouges für ihn keine politische Zukunft mehr geben würde.

In den Jahren 1972 und 1973, bevor die Khmers Rouges sich unter kommunistischer Führung konsolidiert hatten und solange die nationalistischen Kräfte in der Bewegung noch nicht ganz zurückgedrängt worden waren, hatte es eine Reihe von Kontakten mit nationalistischen Guerilla-Führern gegeben, die die zunehmende Stärke der Kommunisten in ihrer Bewegung mit Sorge beobachteten und ihre Bereitschaft andeuteten, sich mit Phnom Penh auszusöhnen und eine echte demokratische Republik aufbauen zu helfen. Wenn auch eine Übereinkunft dieser Gruppen mit der republikanischen Regierung den Krieg nicht beendet haben würde, so hätte sie doch die Khmers Rouges sehr geschwächt, weil sie sie auf ihren kommunistischen Kern reduziert und damit der – damals noch vorhandenen – Unterstützung durch die Bevölkerung beraubt haben würde. Doch die regierende Schicht in Phnom Penh, die nicht bereit war, die von den progressiven nationalistischen Kräften geforderten Bedingungen eines echten demokratischen Wandels zu akzeptieren, ging auf diese Fühler nicht ein.

Nachdem die Kommunisten innerhalb der Partisanenbewegung ihre Macht endgültig konsolidiert hatten, lag die einzige Chance, den Krieg durch Verhandlungen zu beenden und das kambodschanische Volk vor dem furchtbaren Unheil der roten Machtübernahme zu bewahren, in einem Arrangement zwischen Sihanouk und Phnom Penh, das Sihanouk die Rückkehr und Übernahme der Regierungsgewalt vor der Eroberung der Hauptstadt durch die Khmers Rouges ermöglicht hätte.

Mit einem militärischen Sieg der Khmers Rouges mußte Sihanouk alle Aussichten auf eine politische Zukunft verlieren. Doch er hätte sich in einer hervorragenden Verhandlungsposition befunden, wenn er auf einen Appell aus Phnom Penh dorthin hätte zurückkehren, die Regierungsgewalt übernehmen und dann als der nominelle Führer der Khmers Rouges, aber gleichzeitig auch neuer Oberbefehlshaber der von den Amerikanern ge-

---

27 Natürlich mit Ausnahme der wenigen Exponenten dieser Gruppe, die prominent an Sihanouks Sturz mitgewirkt hatten und deshalb nicht auf Pardon von ihm hoffen konnten.

stützten und noch nicht besiegten Regierungsarmee die Modalitäten eines Waffenstillstands und die künftige Verfassung hätte aushandeln können. Die Khmers Rouges hätten ihren Kampf kaum gegen Sihanouk fortsetzen können, sondern seine Rückkehr zur Macht vorerst, wenn auch zähneknirschend, hinnehmen müssen. Von Phnom Penh aus gesehen schien ein solcher Schritt durchaus nicht undurchführbar zu sein. Die herrschende Feudalbourgeoisie, die den Sieg der Khmers Rouges vor Augen sah, würde gern ihren Kotau vor Sihanouk gemacht und sich, wenn auch für einen hohen Preis, wieder mit ihm arrangiert haben. Für die progressiven nichtkommunistischen Gruppen mußte Sihanouk neben Lon Nol auf der einen und den nun eindeutig von radikal-kommunistischen Kräften beherrschten Khmers Rouges auf der anderen Seite als das geringste Übel erscheinen; die städtischen Massen schließlich, die 1970 den Sturz des Prinzen bejubelt hatten, sehnten ihn angesichts der Realitäten des Krieges längst wieder herbei, da er für sie den Frieden und die gute alte Zeit verkörperte. Voraussetzung einer solchen Lösung wäre allerdings die Entfernung Lon Nols und einiger anderer Persönlichkeiten gewesen, was nicht ohne massive amerikanische Intervention möglich schien.

Ob die vielfältigen in diese Richtung weisenden Überlegungen und Spekulationen, die in der zweiten Hälfte des Jahres 1973 einsetzten und in Phnom Penh einen ständigen Gesprächsstoff bildeten,[28] wirklich zu einer Ausarbeitung eines für alle maßgeblichen Akteure akzeptablen Aktionsplans hätten führen können, muß dahingestellt bleiben.[29] Die Amerikaner hätten bereit gewesen sein müssen, gegen ungewisse Zusagen massiv in die kambodschanische Innenpolitik einzugreifen und Lon Nol notfalls mit Gewalt zum Rücktritt und Verlassen Kambodschas zu zwingen, Sihanouk hätte sehr weit über den Schatten seines verletzten gottköniglichen Stolzes springen müssen, um ein derartiges Angebot zur Rückkehr nach Phnom Penh anzunehmen, und schließlich ist es kaum vorstellbar, daß ein solcher Plan ohne zumindest die stillschweigende Zustimmung Pekings hätte durchgeführt werden können, das seinerseits wiederum auf die Khmers Rouges Rücksicht nehmen mußte und nicht als Verräter der kommunistischen Sache erscheinen durfte.

---

28 Siehe dazu meine oben (Anm. 7) zitierte Arbeit, S. 123 f.
29 Einige, jedoch sicherlich noch bruchstückhafte Kenntnisse über das, was sich hinter den Kulissen abspielte, verdanken wir *William Shawcross*, aaO. (Anm. 3), S. 335 ff.

IV. Das Ende

Die militärischen Führer der Republik Khmer tanzten auf Sylvester-Bällen in Phnom Penh, als die Khmers Rouges in den frühen Morgenstunden des 1. Januar 1975 ihre letzte große Offensive eröffneten. Sie traf die Regierungstruppen völlig unvorbereitet. Diesmal wiederholten die Kommunisten nicht ihren Fehler vom Vorjahr, als sie Phnom Penh frontal angegriffen hatten, während die Nachschubwege der Hauptstadt noch intakt waren. Schon nach einer Woche hatten sie den Mekong gesperrt und kurz darauf auch die Route über den Tonle-Sap-Fluß und die Nationalstraße Nr. 5 unterbrochen. Nur noch einmal erreichen einige versprengte Schiffe eines erfolgreich angegriffenen Mekong-Konvois Phnom Penh, dann gab es keine Land- oder Wasserverbindung zur Außenwelt mehr. Die Stadt konnte nur noch durch die Luft versorgt werden, was sich immer schwieriger gestaltete, da der einzige Flughafen bald in die Reichweite kommunistischer Raketen und später auch der Artillerie kam. Gleichwohl gelang es den Amerikanern, eine Luftbrücke einzurichten, die bis zum bitteren Ende funktionierte und die Versorgung mit dem Wichtigsten gewährleistete. Doch der Kampf wurde für die Regierungstruppen immer ungleicher.

Beim Beginn der kommunistischen Offensive befand sich das politische Phnom Penh immer noch in der durch den New Yorker Abstimmungserfolg vom November 1974 geschaffenen euphorischen Stimmung, weil es noch einmal gelungen war, den Sitz der Republik in den Vereinten Nationen gegen die Ansprüche der Pekinger Exilregierung zu verteidigen. Es gab viel irregeleiteten Optimismus und Wunschdenken über die Möglichkeiten von Verhandlungen mit der anderen Seite, deren militärische Stärke und noch mehr deren eisernen und kompromißlosen Siegeswillen man grob fahrlässig unterschätzte. Niemand wollte erkennen, daß die Khmers Rouges niemals daran gedacht hatten, zu verhandeln und einen Kompromiß einzugehen und daß sie angesichts des von der korrupten und unfähigen Führungsschicht verschuldeten immer weiteren Absinkens der Kampfmoral und des Widerstandswillens auch keinerlei Anlaß haben konnten, auf den totalen Sieg zu verzichten, der ihnen jetzt greifbar nah vor Augen lag. Es bedurfte mehrerer Wochen der immer fühlbarer werdenden militärischen Niederlagen und der zusätzlichen Nachricht aus Washington, daß der Kongreß keine Gelder für Vietnam und Kambodscha mehr zu bewilligen bereit war, um der kambodschanischen Führung die Augen zu öffnen und sie erkennen zu lassen, daß der Krieg verloren war. Am 1. April 1975 ging Präsident Lon Nol ins amerikanische Exil, viel zu spät, um einer alternativen Entwicklung noch eine Chance zu geben, die dem kambodschanischen Volk entsetzliches Leid hätte ersparen können, aber nicht zu spät für ihn selbst, um seine eigene Haut zu retten und sich in ein luxuriöses Exil in Hawaii zurückzuziehen.[30] Andere führende Persönlichkeiten, wie Sirik Matak und Lon Non, zeigten mehr Würde und blieben, den sicheren Tod vor Augen, in Phnom Penh.[31] Premierminister Long Boret, der Lon Nol aus dem Land geleitete und anschließend in Bangkok vergeblich versucht hatte, mit der anderen Seite Verbindung aufzunehmen und eine ordnungsgemäße Kapitulation vorzubereiten, kehrte nach Phnom Penh zurück und führte sein Amt bis zum bitteren Schluß zu Ende. Er wurde, ebenso wie Sirik Matak, Lon Non und ungezählte andere, nach dem Einmarsch der Khmers Rouges umgebracht.

Als am 12. April 1975 die amerikanische Botschaft geschlossen und die Botschaftsangehörigen per Hubschrauber ausgeflogen wurden, konnte kein Zweifel mehr daran bestehen, daß das Ende unmittelbar bevorstand. Am 17. April 1975 fiel Phnom Penh kampflos in die Hände der Khmers Rouges. Wenige Stunden später ordneten diese die ausnahmslose und in ihrer Grausamkeit in der neueren Geschichte beispiellose Evakuierung der gesamten Bevölkerung aus der Stadt an. Damit begann ein Schreckensregime, dem in den folgenden vier Jahren bis zu seiner gewaltsamen Beendigung durch eine erneute vietnamesische Aggression nach glaubwürdigen Schätzungen drei der sieben Millionen Kambodschaner zum Opfer fielen. Dies hat die in den Vereinten Nationen zusammengeschlossene Staatengemeinschaft allerdings nicht davon abgehalten, dieses Regime weiterhin mehrheitlich als die rechtmäßige Vertretung des kambodschanischen Volkes anzuerkennen. Die Mehrheit der Staaten, darunter auch viele derjeni-

---

30 Siehe dazu oben Anm. 21.
31 In diesem Zusammenhang verdient der in den Hearings vor dem Committee on International Relations des 49. US Congress und seinem Special Subcommittee on Investigations über die Vietnam-Cambodia Emergency 1975 am 5. Mai 1976 von Botschafter John Gunther Dean vorgelegte (aus dem französischen Original ins Englische übersetzte) an ihn gerichtete Abschiedsbrief Prinz Sirik Mataks vom 12. April 1975 zitiert zu werden, der in dem Bericht über die Committee Hearings, U.S. Government Printing Office, Washington 1976, S. 627 abgedruckt ist: »Dear Excellency and Friend: I thank you very sincerely for your letter and for your offer to transport me towards freedom. I cannot, alas, leave in such a cowardly fashion. As for you and in particular for your great country, I never believed for a moment that you would have this sentiment of abandoning a people which has chosen liberty. You have refused us your protection and we can do nothing about it. You leave and my wish is that you and your country will find happiness under the sky. But mark it well that, if I shall die here on the spot and in my country that I love, it is too bad because we all are born and must die one day. I have only committed this mistake of believing in you, the Americans. Please accept, Excellency, my dear friend, my faithful and friendly sentiments.«

gen, die sonst lautstark und scheinbar kompromißlos für die Menschenrechte eintreten, wollte damit zum Ausdruck bringen, daß ihnen die Aggression Vietnams, die sie im Jahre 1970 ohne ein Wort der Entrüstung hingenommen hatten, im Jahre 1979 noch verdammenswürdiger erschien als das Genozid, das Pol Pot und seine Henkersknechte an ihrem eigenen Volk begangen hatten.

Die kambodschanische Tragödie hatte mit der ersten vietnamesischen Aggression begonnen. Die Republik Khmer hätte gleichwohl eine Überlebenschance gehabt, weil das Volk sich nach dem Einfall der Nordvietnamesen um seine Führung geschart und seinen festen Willen bekundet hatte, sich auch unter großen Opfern gegen die Eindringlinge und gegen die Ideologie, die diese ihm aufzwingen wollten, zu wehren. Es ist die historische und unverzeihliche Schuld der kambodschanischen Oberschicht, daß sie es in dieser Stunde versäumte, dem Volk mit gutem Beispiel voranzugehen und statt dessen ihre selbstsüchtigen Eigeninteressen über das Wohl des Ganzen stellte. Der britische Korrespondent Mark Frankland schrieb wenige Tage vor dem Zusammenbruch Südvietnams in einem Bericht aus Saigon: »We are now seeing the collapse of a middle class that has never been willing to pay the full price of the war, even though that war was to save their own skin.«[32] Dieser Satz trifft noch mehr auf die kambodschanische Oberschicht zu. Indem die Angehörigen dieser Klasse an nichts anderes dachten, als sich schamlos zu bereichern und nicht bereit waren, auch nur das geringste persönliche Opfer in diesem Krieg zu bringen, erstickten sie den Widerstandswillen des Volkes und ließen es dazu kommen, daß die ursprüngliche Aggression von außen sich allmählich in einen Bürgerkrieg verwandelte. Das einfache Volk und die Truppe, die allein die ganze Not und Last des Krieges tragen mußten, konnten diesen Krieg nicht mehr als eine Sache betrachten, die in ihrem eigenen Interesse geführt wurde. Sie verloren daher den Willen, sich zu verteidigen und versanken in völliger Apathie. Der Zusammenbruch der Republik Khmer war nicht die Folge eines Mangels an Menschen oder Material, sondern allein und ausschließlich das Ergebnis fehlenden Willens zum Kampf und zum Widerstand.

Dieser Staat war zum Untergang verurteilt, weil die alte Feudalschicht unfähig war, die Zeichen der Zeit zu erkennen und einen Lebensstil fortsetzte, der mit der neuen Wirklichkeit nicht mehr zu vereinbaren war. Sie klammerte sich an ihre alten Privilegien, ohne aber die mit diesen untrennbar verbundenen Fürsorgepflichten noch wahrzunehmen und war in ihrer erschreckenden Kurzsichtigkeit nicht imstande zu begreifen, daß sie durch

---

32 The Observer vom 20. 4. 1975, S. 6.

ihr Verhalten unvermeidlich ihren eigenen Untergang und den ihres Volkes herbeiführte. Was sich in Kambodscha, ja in ganz Indochina abspielte, muß wohl als Teil eines schmerzhaften, aber unvermeidbaren historischen Prozesses begriffen werden, der mit den Vorgängen verglichen werden mag, die zum Untergang der Feudalgesellschaften der Anciens Régimes in Europa führten und nach 1789 unseren Kontinent tiefgreifend veränderten. Während in Europa vor zweihundert Jahren aber ein von den Ideen der Demokratie und der Rechtsstaatlichkeit erfülltes Bürgertum bereitstand, um das alte Feudalsystem abzulösen, scheint es die Tragödie Südostasiens zu sein, daß die dortigen Gesellschaften offenbar nicht fähig sind, die Kräfte der Erneuerung aus sich selbst hervorzubringen und daß es auch keine andere, demokratische, Alternative zu ihnen zu geben scheint als einen Kommunismus, der in seinem Rigorismus und in seiner Vergötzung des kollektiven Zwangs den lebensfrohen und individualistischen Völkern dieser Region in keiner Weise angemessen ist und sie niemals glücklich machen wird.

Präsident Lon Nol wurde zum Symbol und zur Verkörperung all der schlechten Eigenschaften, die zum Zusammenbruch der Republik Khmer führten. Indem er auch an den korruptesten, unfähigsten und inkompetentesten Persönlichkeiten in seiner Umgebung und innerhalb der Verwaltung und der Armee festhielt, trug er wesentlich dazu bei, daß das gesamte öffentliche Leben bis in seine letzten Verästelungen korrumpiert und vergiftet wurde. Und indem er sich mit letzter Hartnäckigkeit an sein Amt klammerte und damit alle Hoffnungen auf einen rechtzeitigen Kurswechsel begrub, trägt er auch die letzte und größte Verantwortung für die Niederlage und die anschließenden furchtbaren Leiden des kambodschanischen Volkes. Niemand hat seine verhängnisvolle Rolle besser beschrieben als Sim Var, einer der großen und knorrigen alten Männer Kambodschas, der seine absolute innere Unabhängigkeit und seinen persönlichen Mut sowohl gegenüber Sihanouk als auch gegenüber Lon Nol bewiesen hatte, der ihn später ins Exil schickte. Am 15. Mai 1974, als das unvermeidliche Ende bereits abzusehen war, schickte Sim Var aus Paris ein Telegramm an Lon Nol, dessen Text heimlich in Phnom Penh zirkulierte und das wohl das beste und treffendste Stück politischer Prosa darstellt, das über Lon Nol und sein Regime geschrieben worden ist:

»Des échecs militaires successifs depuis débacle votre fameuse opération Chenla II auraient dû dès 1971 ouvrir vos yeux sur votre incapacité redresser situation militaire. Mais aveuglé par votre folie grandeur vous avez en 1972 arraché pouvoir du peuple avec appui vos hommes sans être toujours capable jusqu'à maintenant redresser cette situation laquelle au contraire se détériore chaque jour davantage malgré honneurs et profits dont vous avez comblé vos hommes. Qu'avez-vous donc fait de ce pouvoir que pourtant aurait dû vous permettre préserver peuple des souffrances inouies infligées d'un côté par troupes khmers rouges et nordvietnamiennes et d'autre côté par certains de vos officiers qui n'ont pas craint se bâtir fortunes insolentes sur dos victimes guerre? Il est donc grand temps en tirer conséquences en rendant pouvoir au peuple avant qu'il ne soit trop tard pour permettre ce dernier désigner leader ou régime de son libre choix, car votre chute inévitable pourrait entraîner avec elle non seulement fin votre caricature de République, mais ce qui est plus grave encore, mort certaine de notre pauvre pays. En étant seul responsable devant nation vous serez inévitablement condamné par histoire si vous perdez guerre bien que votre cause soit juste.«

Diesem Verdikt ist nichts hinzuzufügen.

Die besonderen Wesenszüge und Entwicklungstendenzen der sowjetischen Außenpolitik

*Boris Meissner**

I. *Der ambivalente Charakter der Sowjetunion und ihrer außenpolitischen Zielsetzung*

Das Staatensystem ist seit dem Zweiten Weltkrieg tiefgehenden Wandlungen unterworfen worden, die sich sowohl auf die Struktur des gesamten Systems, als auch auf das Kräfteverhältnis zwischen den einzelnen Mächten bezogen.[1] Eine größere Stabilität der internationalen Beziehungen und die Schaffung einer dauerhaften Friedensordnung ist dadurch nicht erreicht worden.
Diese Entwicklung ist wesentlich dadurch bedingt worden, daß mit der Sowjetunion eine Universalmacht besonderer Art zu einem entscheidenden Faktor der Weltpolitik geworden ist.
Die Sowjetunion ist nicht nur als eine neue Inkarnation des Russischen Reiches anzusehen. Sie bildet zugleich die Basis einer kommunistischen Weltbewegung, deren Zielsetzung auf der orthodoxen Auslegung der marxistisch-leninistischen Ideologie beruht, die auch der totalitären Form der Einparteiherrschaft im Innern zugrunde liegt.
Die KPdSU als Kern der Sowjetmacht weist so ein Zwiegesicht auf. Auf der einen Seite ist sie die allein herrschende Staatspartei, der aufgrund der Bundesverfassung der UdSSR von 1977 die Festlegung der innen- und außenpolitischen Linie des Sowjetstaates zufällt.[2] Das bedeutet, daß die politischen Grundentscheidungen in den Führungsgremien der Partei getroffen

---
* Dr. iur., Diplom-Volkswirt, Legationsrat I. Klasse a. D., Professor und Direktor des Instituts für Ostrecht, Universität Köln.
Dem Beitrag liegt der Vortrag des Verfassers vor der Gesellschaft für Auslandskunde, München, vom 31. März 1981 zugrunde.
1 Auf die Wandlungen des Staatensystems im Zeichen des »Kalten Krieges« und der »Entspannung« ist *Wilhelm Grewe* in seinem Buch »Spiel der Kräfte. Theorie und Praxis der internationalen Beziehungen«, Düsseldorf–Wien 1970 und in mehreren Abhandlungen näher eingegangen. Vgl. *W. Grewe:* Machtvergleiche in der Weltpolitik, Kräfterelationen und Modelle der Konfliktvermeidung, in: *H. Kohl* (Hrsg.): Der neue Realismus, Düsseldorf 1980, S. 69 ff.; *Derselbe:* Die Vereinigten Staaten und die Sowjetunion im Wandel der Weltpolitik, Osteuropa, 30. (1980) S. 283 ff.
2 Vgl. *B. Meissner:* Die Auswärtige Gewalt unter der neuen Verfassung der UdSSR, Jahrbuch für Ostrecht XIX/2, 1978, S. 9 ff.

werden und daß daher das Übergewicht bei der Ausübung der Auswärtigen Gewalt dem Politbüro zukommt.
Auf der anderen Seite bildet die KPdSU das Zentrum der orthodox-kommunistischen Weltbewegung und damit den Mittelpunkt einer kommunistischen »Weltkirche«. Entsprechend dem dualistischen Aufbau des Einparteistaats werden daher internationale Beziehungen nicht nur auf der staatlichen, sondern auch parteilichen und damit auch gesellschaftlichen Ebene unterschieden.
Eine gewisse historische Parallele zu dieser eigenartigen Konstruktion, welche die Sowjetunion deutlich von einer normalen Großmacht unterscheidet, bildet das ehemalige Osmanische Reich, das auf der Verbindung des türkischen Sultanats mit dem islamischen Kalifat beruhte. Es ist daher nicht verwunderlich, daß die Sowjetunion mit ihrem weltrevolutionären Missionsanliegen mit dem Islam verglichen worden ist.[3]
Der Sowjetunion geht es in erster Linie nicht um die Erhaltung und Vervollkommnung des bestehenden Staatensystems, sondern um seine Umformung und schließliche Beseitigung. Das Endziel, das die KPdSU mit Hilfe des Sowjetstaates aufgrund der Weltrevolution, die heute meist als ein langwieriger weltrevolutionärer Prozeß charakterisiert wird, anstrebt, ist die »klassenlose Gesellschaft«, die nur im Weltumfange errichtet werden kann. Das vorgeschaltete Fernziel bildet der »sozialistische Weltstaat«, der nach dem Vorbild der Sowjetunion aufgebaut werden soll.[4] In diesem Sinne ist in der Deklaration bei der Errichtung der Sowjetunion Ende 1922, die später die Präambel der ersten Bundesverfassung der UdSSR von 1923/24 bildete, von der Vereinigung aller Werktätigen in einer »sozialistischen Weltrepublik der Sowjets« gesprochen worden. Infolgedessen ist auch beim Namen des sowjetischen Bundesstaates von der anfänglich erwogenen Begrenzung auf Europa und Asien abgesehen worden.[5]
Als Vorstufe zum »sozialistischen Weltstaat«, der ein einheitliches »sozialistisches Weltrecht« zur Folge hätte, wird ein weltweites sozialistisches Staatensystem angesehen, in dem ein »sozialistisches Völkerrecht« und nicht mehr das allgemeine Völkerrecht, welches die Sowjetunion als ein Völkerrecht der »friedlichen Koexistenz« interpretiert, gelten soll.[6]

3 Vgl. *E. Kordt:* Koexistenz als politisches Phänomen, Moderne Welt 1 (1959), S. 32 ff.
4 Vgl. *E. R. Goodman:* The Soviet Design for a World State, New York 1960.
5 Vgl. *B. Meissner:* Entstehung, Fortentwicklung und ideologische Grundlagen des sowjetischen Bundesstaates, in: *F.-Chr. Schroeder, B. Meissner* (Hrsg.): Bundesstaat und Nationalitätenrecht der Sowjetunion, Berlin 1975, S. 33 ff.
6 Vgl. *Th. Schweisfurth:* Sozialistisches Völkerrecht?, Darstellung–Analyse–Wertung der sowjetmarxistischen Theorie vom Völkerrecht »neuen Typs«, Berlin–Heidelberg–New York 1979.

Ein »sozialistischer Weltstaat« in der von den Sowjets angestrebten Form, würde für die KPdSU faktisch die Weltherrschaft bedeuten. Das geltende Parteiprogramm der KPdSU, das unter Chruschtschow 1961 angenommen wurde, weist der Partei auch nach dem in der Ideologie vorgesehenen Absterben des Staates und des von ihm gesetzten Rechts politische Funktionen zu. An der Ausübung der Weltherrschaft durch die kommunistische Weltpartei würde sich demnach auch nach dem Übergang von dem »sozialistischen Weltstaat« zu einer »kommunistischen Weltgesellschaft« nichts ändern.

Die Weltherrschaft in einer umfassenden Form dürfte auch vom sowjetischen Standpunkt eine Utopie sein. Dagegen wird eine Welthegemonie, d. h. eine weltweite Vorherrschaft der Sowjetunion, offenbar von einem Teil der sowjetischen Führungselite, die eine globale »Politik der Stärke« befürwortet, als ein erstrebenswertes und zugleich realistisches Fernziel angesehen.

Das Ziel einer Welthegemonie und die ihm zugrundeliegende ideologische Rechtfertigung läßt erkennen, daß die sowjetische Außenpolitik, soweit sie expansiver Natur ist, nicht einfach als eine Fortsetzung der imperialistischen Politik des Russischen Reiches angesehen werden kann, wie dieses öfters geschieht.[7] Die Unterschiede überwiegen jedoch bei weitem.[8] Das zaristische Rußland war als eine konservative Großmacht an der Erhaltung des bestehenden Staatensystems interessiert. Eine universelle Herrschaft hat es niemals angestrebt.

Am ehesten läßt sich eine bestimmte Kontinuität mit dem zaristischen Rußland bei der national-imperialen Zielsetzung der sowjetischen Außenpolitik feststellen, soweit sich diese auf den eurasischen Bereich beschränkt. Aber auch in diesem Falle lassen sich wesentliche Unterschiede feststellen.

Die national-imperiale Zielsetzung, die einer regional begrenzten kontinentalen Außenpolitik zugrunde liegt, findet im Sowjetpatriotismus ihre ideologische Begründung, dem ein allrussischer Nationalismus zugrunde liegt.[9] Bei diesem Nationalismus handelt es sich nicht nur um ein überspitztes Na-

---

7 So geht z. B. *Heinz Pächter:* Weltmacht Rußland. Außenpolitische Strategie in drei Jahrhunderten, Oldenburg 1968, von einer ungebrochenen Kontinuität der zaristischen und sowjetischen Außenpolitik aus.
8 Vgl. *B. Meissner:* Triebkräfte und Faktoren der sowjetischen Außenpolitik, in: *B. Meissner, G. Rhode* (Hrsg.): Grundfragen sowjetischer Außenpolitik, Stuttgart 1970, S. 9 ff.
9 Vgl. *F. C. Barghoorn:* Soviet Russian Nationalism, New York 1956; *B. Meissner:* Sowjetunion und Selbstbestimmungsrecht, Köln 1962, S. 109 ff.; *S. Enders Wimbuch:* The Russian Nationalist Backlash, in: »Survey«, Vol. 24, 1979, No. 3 (108), S. 36 ff.

tionalgefühl der Großrussen als der führenden Nation. Es verbindet sich zugleich mit der Vorstellung eines großräumigen Imperiums, das von den ostslawischen Völkern getragen wird, wobei der Achse Moskau–Kiew eine besondere Bedeutung zukommt. Wir haben es sowohl mit einem ethnischen, als auch imperialen Nationalismus zu tun, der als eine der beiden entscheidenden geistig-ideologischen Triebkräfte der sowjetischen Außenpolitik anzusehen ist.

Auch die Außenpolitik des zaristischen Rußland ist seit der Russifizierungspolitik im Inneren und im Zeichen des Panslawismus durch einen allrussischen Nationalismus bestimmt worden. Dieser war seinem Wesen nach ein »romantischer Nationalismus«, der sich seiner Begrenzung bewußt war. In diesem Sinne hat sich das zaristische Rußland nicht nur als Führungsmacht der slawischen Völker, sondern auch als Schutzmacht der orthodoxen Christenheit empfunden. In der Sowjetunion liegt dagegen neben einer mehr realistischen Erscheinungsform des Nationalismus ein »integraler Nationalismus« vor,[10] bei dem nicht nur der universelle Charakter, sondern auch die Bereitschaft zu einer überspitzten Machtpolitik überwiegt. Die unterschiedliche Wesensart ergibt sich einerseits aus der Verbindung mit dem weltrevolutionären Element, andererseits aus der weiter fortbestehenden totalitären Form der Einparteiherrschaft.

Es liegt somit auch beim nationalistischen Element nur eine relative und begrenzte Kontinuität vor, was angesichts der außenpolitischen Praxis der Stalin-Ära oft verkannt wird.

Eine Übereinstimmung zwischen der Sowjetunion und dem zaristischen Rußland scheint auf den ersten Blick in den Auswirkungen der inneren Herrschaftsstruktur, die durch eine zentrale Machtkonzentration und eine autokratische Entscheidungsgewalt gekennzeichnet ist, auf die Gestaltung der Außenpolitik zu bestehen. Aber auch in diesem Fall macht sich, von der völlig andersartigen Klassenstruktur ganz abgesehen, ein entscheidender Unterschied bemerkbar.

Für das zaristische Rußland war in seiner Endphase ein freieres autoritäres Regime kennzeichnend, das seit den Reformen Kaiser Alexanders II. und erst recht aufgrund der Verfassung von 1906 rechtsstaatliche Züge aufwies. Die Sowjetunion wird dagegen seit Stalin durch ein totalitäres Regime bestimmt, das unter seinen Nachfolgern nur eine geringfügige Auflockerung erfahren hat.

---

10 Zum Unterschied zwischen einem »romantischen« und einem »integralen« Nationalismus vgl. *E. Lemberg:* Geschichte des Nationalismus in Europa, Stuttgart 1950.

Für die totalitäre Herrschaftsform ist der enge Zusammenhang zwischen der Innen- und Außenpolitik und die weitgehende Identität von innen- und außenpolitischer Machtentfaltung kennzeichnend. Dem Bestreben, die ganze Gesellschaft zu durchdringen und ihre einzelnen Teile einer umfassenden Kontrolle und Planung durch die autokratische Partei- und Staatsführung zu unterwerfen, entspricht bei einer totalitären Großmacht die letztlich grenzenlos gedachte Ausweitung des Herrschaftsbereichs nach außen. Dabei werden nicht nur die inneren Kräfte in weitgehendem Maße auf die äußere Expansion abgelenkt, sondern auch die totalitäre Herrschaftsform und das totalitäre Gesellschaftsmodell beim Ausdehnungsprozeß der Außenwelt aufgezwungen.[11] Dies ist bei der Sowjetisierung der drei baltischen Freistaaten Estland, Lettland, Litauen 1940 sowie der ostmittel- und südosteuropäischen Länder, unter Einschluß der sowjetischen Besatzungszone in Deutschland, ab 1944/45 der Fall gewesen.

Der Konzentration und Monopolisierung der Macht im Inneren entspricht außerdem die erhöhte Bereitschaft, die außenpolitischen Ziele mit Hilfe der Gewalt durchzusetzen, wenn damit kein zu großes Risiko verbunden ist.

In der totalitären Form des Einparteiregimes kommt der absolute Herrschaftsanspruch einer vielgestaltigen Bürokratie zum Ausdruck, welche die soziologische Basis einer Führungsschicht bildet, die sich in ihrer Zusammensetzung entscheidend von der politischen Elite im zaristischen Rußland unterscheidet.[12] Bei dieser engen Verknüpfung von Herrschaftsform und Klassenstruktur fällt der außenpolitischen Abschirmung des Einparteisystems in seiner totalitären Ausprägung und damit der Erhaltung der unbeschränkten Herrschaft der überwiegend großrussischen Hochbürokratie eine zentrale Rolle zu. Der »inneren Sicherheit« kommt damit in der Sowjetunion ein wesentlich höherer Prioritätsgrad als im zaristischen Rußland zu.

Die sowjetische Außenpolitik hat sich in ihrer ideologischen Grundstruk-

---

11 Vgl. *K. D. Bracher:* Zum Primat der Außenpolitik, in: *U. Nerlich* (Hrsg.): Krieg und Frieden in der modernen Staatenwelt, Bd. II, Gütersloh 1966, S. 148. Mit Recht weist *Bracher* (aaO., S. 150) darauf hin, daß die totalitäre Diktatur ständige totalitäre Innenpolitik nach außen, totalitäre Außenpolitik nach innen transportiert. Zum vorwiegend totalitären Charakter des sowjetkommunistischen Einparteistaates vgl. *B. Meissner:* Das Sowjetsystem und seine Wandlungsmöglichkeiten, Bern 1976, S. 24 ff.
12 Auf diesen Unterschied weist *R. Pipes:* Soviet Foreign Policy: Background and Prospects, in: »Survey«, Vol. 17, 1971, No. 4 (81) hin. Zu den besonderen Wesenszügen der sowjetischen Bürokratie und der politischen Elite vgl. *B. Meissner, G. Brunner, R. Löwenthal* (Hrsg.): Einparteisystem und bürokratische Herrschaft in der Sowjetunion, Köln 1978, S. 65 ff., 109 ff. Vgl. hierzu auch *M. S. Voslensky:* Nomenklatura. Die herrschende Klasse in der Sowjetunion, Wien 1980.

tur, von einer Modifizierung der Koexistenz- und Kriegslehre abgesehen, auch im Zeichen der »Entspannung« nicht verändert. Sie stellt weiterhin die Verschmelzung einer nationalistisch bestimmten imperialen Machtpolitik und eines weltrevolutionären Expansionsstrebens dar. Verändert hat sich die Stellung der Sowjetunion innerhalb des Staatensystems durch ihren Aufstieg zu einer Weltmacht. Als eine militärische Supermacht besitzt sie jetzt die notwendigen Mittel, um eine weltweite Machtpolitik zu betreiben. Weltrevolutionäre Aktionen dienen dabei dazu, die Erreichung konkreter machtpolitischer Ziele zu fördern.

Der Aufstieg der Sowjetunion zu einer Weltmacht hat sich in drei Etappen vollzogen. Die Ausgangsbasis bildete der Machtzuwachs infolge des Zweiten Weltkrieges, der von Stalin in der Konfrontation mit den Vereinigten Staaten gefestigt wurde.

Die entscheidende qualitative Veränderung des Kräfteverhältnisses zugunsten der Sowjetunion ist unter Chruschtschow durch den Besitz der Wasserstoffbombe und von interkontinentalen Raketenwaffen erfolgt. Die militärische Basis der sowjetischen Weltmachtstellung ist unter Breshnew im Zeichen der »Entspannung« durch eine forcierte Aufrüstung weiter gestärkt worden. Dabei hat die Vergrößerung des Potentials an strategischen Raketenwaffen ohne Vernachlässigung der konventionellen Streitkräfte und der Ausbau der Flotte die Voraussetzung für eine globale Machtausweitung geschaffen.

Als Folge dieser Entwicklung ist seit Chruschtschow ein wesentlicher Wandel in der sowjetischen Außenpolitik festzustellen gewesen. Diese hat zwar ihren ursprünglichen kontinentalen Charakter nicht ganz eingebüßt, ist aber in stärkerem Maße eine Weltpolitik geworden. Diese Tendenz hat sich unter Breshnew weiter verstärkt. Gleichzeitig ist ein wachsendes Weltmachtbewußtsein festzustellen.

Die sowjetische Interventionspolitik unter Chruschtschow und Breshnew[13] ist ebenso wie das Ausgreifen der Sowjetunion in die Weite des afroasiatischen Raumes, ohne Rücksicht auf die zwischen Ost und West vereinbarten Spielregeln der Entspannung erfolgt.

Dieses Verhalten hat gezeigt, daß die Sowjetunion noch nicht als eine saturierte Großmacht anzusehen ist. Ihr Expansionsdrang hat trotz der stärkeren Verankerung im globalen Staatensystem und der größeren weltwirtschaftlichen Verflechtung nicht wesentlich nachgelassen. Die bestehende

---

13 Vgl. *B. Meissner:* Die Stellung der Sowjetunion zur Intervention und der Fall Afghanistan, »Beiträge zur Konfliktforschung«, 1980, Nr. 2, S. 40 ff.

internationale Ordnung wird von ihr unverändert als ein Übergangssystem angesehen, das im Sinne ihrer weitreichenden Zielvorstellungen umgestaltet werden soll.

II. *Die ideologische Grundstruktur der sowjetischen Entspannungskonzeption*

Die Auswirkungen der Ideologie auf die sowjetische Außenpolitik werden besonders deutlich, wenn man die sowjetische Einstellung zur Entspannung näher betrachtet. Im Unterschied zum Westen verfügt die Sowjetunion über eine geschlossene Entspannungskonzeption, die sich aus einer ganz bestimmten Auffassung von einer »friedlichen Koexistenz« ergibt, bei der die klassenkämpferisch-revolutionären und imperialistischen Züge überwiegen.

Die Sowjets gehen erstens von einer längeren, aber befristeten Dauer der »friedlichen Koexistenz« aus, deren Grundsätze sie nur bereit sind, auf Beziehungen zwischen Staaten mit entgegengesetzter oder unterschiedlicher Gesellschaftsordnung anzuwenden. Sie fassen sie letzten Endes als einen Waffenstillstand, als einen »Frieden auf Zeit« auf, dessen Dauer je nach Kräfteverhältnis in einer bestimmten Region verschieden sein kann. Dabei wird im Zeichen eines »Kampfes für den Frieden« auch die Anwendung von kriegerischer und nichtkriegerischer Gewalt unterhalb der Ebene internationaler Kriege als zulässig angesehen, um durch einen »Umbau der internationalen Beziehungen« ein Übergewicht des »sozialistischen Weltsystems«, das als »Hauptkraft der Weltrevolution« bezeichnet wird, unter Führung der Sowjetunion herbeizuführen. Ein paralleles friedliches Nebeneinanderbestehen auf der Grundlage des bestehenden Status quo, der nur mit friedlichen Mitteln verändert werden könnte, wird ausdrücklich verworfen. Von sowjetischer Seite wird immer wieder darauf hingewiesen, daß die »friedliche Koexistenz« und damit die Entspannung nicht dazu bestimmt ist, den Status quo zu erhalten. Der sowjetische Koexistenzspezialist W. N. Jegorow schreibt:[14] »Friedliche Koexistenz bedeutet weder die Erhaltung des sozialen und politischen Status quo noch Abschwächung des ideologischen Kampfes. Sie trägt zur Entwicklung des Klassenkampfes in den kapitalistischen Ländern und zum Aufschwung der nationalen Befreiungsbewegungen bei«.

---

14 *W. N. Jegorow:* Friedliche Koexistenz und revolutionärer Prozeß, Berlin (Ost) 1972, S. 216 f.

Daß die »friedliche Koexistenz« keinen endgültigen Friedenszustand bedeutet, wird auch von Sadoroshnyj, der sich mit dem völkerrechtlichen Aspekt der friedlichen Koexistenz eingehend befaßt hat, besonders betont:[15] »In diesem Zusammenhang ist es notwendig, noch einmal zu unterstreichen, daß die friedliche Koexistenz sich durchaus nicht mit der Doktrin des ›totalen Friedens‹ assoziiert, die ihrem Wesen nach nichts anderes ist als eine Verschleierung der Forderung nach Beibehaltung des Status quo.«
Die Sowjets lehnen zweitens die Anwendung der »friedlichen Koexistenz« auf den Bereich der geistig-ideologischen Bewußtseinsformen ab. Der »ideologische Kampf« wird im Rahmen der Entspannung als das Hauptmittel angesehen, um eine Änderung des Status quo zugunsten des »Weltsozialismus« herbeizuführen. Er ist zugleich ein Mittel, um durch eine scharfe ideologische Abgrenzung einer Veränderung des Status quo in entgegengesetzter Richtung zu verhindern. Der ideologische Kampf, der somit eine offensive und defensive Funktion zu erfüllen hat, wird bis zum erhofften Endsieg »ohne Waffenstillstand« ununterbrochen und kompromißlos geführt. Eine Chancengleichheit für den Gegner im Sinne eines geistigen Wettkampfes und damit die Möglichkeit eines ungestörten Austausches von Ideen und Meinungen wird abgelehnt. Vielmehr wird die These vertreten, daß sich mit dem Fortschreiten der Entspannung der ideologische Kampf, der von Breshnew auf dem XXIV. Parteitag als »ideologischer Krieg« charakterisiert worden ist, verschärft. Oberst I. A. Selesnew, ein sowjetischer Experte für die psychologische Kriegsführung schreibt:[16]
»Zwischen der kommunistischen und bürgerlichen Ideologie wird gegenwärtig ein unerbittlicher, kompromißloser Kampf geführt. Die Kenntnis und die richtige Anwendung der Gesetzmäßigkeiten des Krieges sowie die Beherrschung der Grundsätze und Regeln der Kriegskunst stellen die Voraussetzung für einen Sieg im Krieg dar. Entscheidend setzt auch der Sieg der kommunistischen Ideologie die Kenntnis der Gesetzmäßigkeiten des ideologischen Kampfes und die Beherrschung der Mittel und Methoden der Propaganda voraus ...
Eine Besonderheit der ideologischen Front besteht darin, daß die ideologischen Kämpfe in allen ihren Abschnitten niemals schwächer werden ...
Auf dem Gebiete der Ideologie gibt es nicht und wird es niemals eine friedliche Koexistenz geben. Zwischen dem Kapitalismus und Sozialismus kann es keinen ideologischen Waffenstillstand geben...«

---

15 *G. P. Zadorožnyj:* Mirnoe sosuščestvovanie i meždunarodnoe pravo (Friedliche Koexistenz und Völkerrecht), Moskau 1964, S. 437.
16 *I. A. Seleznev:* Krieg und ideologischer Kampf, Moskau 1964 (Gekürzte deutsche Übersetzung), Bern o. J., S. 1.

Die ideologische Konfrontation wird demnach in der Entspannung nicht abgebaut, sondern verstärkt sich.

Die »friedliche Koexistenz« bezieht sich drittens nicht auf die Beziehungen der »sozialistischen Staaten« sowie der herrschenden oder nicht an der Macht befindlichen Kommunistischen Parteien untereinander, da sie nach sowjetischer Auffassung durch das Prinzip des »proletarisch-sozialistischen Internationalismus« bestimmt sind. In diesem Prinzip findet der hegemonische Anspruch der KPdSU und des Sowjetstaates im Rahmen des »sozialistischen Weltsystems« und der engeren »sozialistischen Gemeinschaft« seinen ideologischen Ausdruck.

Der Internationalismus-Begriff ist aus sowjetischer Sicht gleichsam als die Kehrseite der »friedlichen Koexistenz« anzusehen. Der »proletarische Internationalismus«, der für die kommunistischen Parteien und für die von ihnen abhängigen gesellschaftlichen Organisationen verbindlich ist, wird dabei als Kern des »sozialistischen Internationalismus« angesehen, der den Beziehungen auf der Staatsebene zugrunde liegt.[17]

Unter den Grundsätzen des »proletarisch-sozialistischen Internationalismus« kommt dem Grundsatz der »brüderlichen« oder »kameradschaftlichen« gegenseitigen Hilfe eine besondere Bedeutung zu, da er zur Rechtfertigung von bewaffneten Interventionen der Sowjetmacht diente. Die sowjetische Interventionspraxis läßt dabei zwei Arten von Interventionen erkennen, die als Ausdruck »brüderlicher Hilfe« auf der Grundlage des proletarischen oder sozialistischen Internationalismus gelten. Die eine Interventionsart ist auf die kommunistische Machtergreifung in einem bisher nichtkommunistischen Land gerichtet gewesen, wie dies besonders deutlich bei den baltischen Staaten 1940 und den meisten europäischen Volksdemokratien infolge der durch den Zweiten Weltkrieg geschaffene Lage der Fall war. Die zweite Interventionsart dient der Erhaltung eines orthodox-kommunistischen Systems sowjetischen Typs. Eine sozialistische Staats- und Gesellschaftsordnung, die auf der »Diktatur des Proletariats« beruht, ist von Susslow in Verbindung mit der bewaffneten Intervention der Sowjetunion in Ungarn 1956 als »irreversibel« bezeichnet worden.

Unter Breshnew ist in zweierlei Hinsicht eine Verstärkung des interventionistischen Gehalts des Prinzips des »proletarisch-sozialistischen Internatio-

---

17 Auf den engen Zusammenhang zwischen beiden Prinzipien aus sowjetischer Sicht weist *Jegorow* hin. Er schreibt: »Der proletarische Internationalismus als das allgemeinste, das bestimmende Prinzip findet seinen konkreten Ausdruck in den Prinzipien des sozialistischen Internationalismus und der friedlichen Koexistenz.« Vgl. *V. N. Egorov:* Proletarskij internacionalizm v dejstvii (Der proletarische Internationalismus in Aktion), »Naučnyj kommunizm« (Wissenschaftlicher Kommunismus), 1977, Nr. 5, S. 94.

nalismus« eingetreten. Erstens hat in Verbindung mit der bewaffneten Intervention der Sowjetunion und ihrer Gefolgsstaaten in der Tschechoslowakei 1968 eine wesentliche Ausweitung der bisherigen sowjetischen Internationalismuskonzeption stattgefunden, die in der »Breshnew-Doktrin« zum Ausdruck gekommen ist.[18] Danach wird neben dem Ausscheiden aus der »sozialistischen Gemeinschaft«, d. h. dem sowjetischen Hegemonialverband, jede wesentliche Abweichung vom sowjetischen Modell eines Staatssozialismus, das durch eine totalitäre Form der Einparteiherrschaft und eine Zentralplanwirtschaft gekennzeichnet ist, ausgeschlossen. Zweitens wird die Geltung des Prinzips des »proletarisch-sozialistischen Internationalismus« im weiteren Bereich des sozialistischen Weltsystems und damit im Weltumfange beansprucht.[19] Auf diese Weise werden auch Interventionen zur Erhaltung eines prosowjetischen Regimes in Staaten mit »sozialistischer Orientierung«, d. h. außerhalb des engeren sowjetischen Hegemonialverbands, wie das Beispiel Afghanistan zeigt, gerechtfertigt.

III. *Die Parallelität der kontinentalen und globalen Außenpolitik der Sowjetunion im Rahmen »selektiver Entspannung«*

Die sowjetische Entspannungskonzeption, die auf einer ganz bestimmten Auffassung von der »friedlichen Koexistenz« beruht, läßt nur eine selektive Form der Entspannung zu, d. h. sie geht von einer Teilbarkeit der Entspannung aus. Sie ist damit der im Westen bestehenden Vorstellung von der Unteilbarkeit der Entspannung diametral entgegengesetzt. Selektiv ist die Entspannung in räumlicher Hinsicht und damit in der Vertikalen, da sie den sowjetischen Hegemonialbereich einem Sonderrecht unterwirft, das die Sowjetunion auf ihren Einflußbereich in der »Dritten Welt« auszudehnen versucht. Selektiv ist die Entspannung auch im stärkeren oder schwächeren Maß auf den einzelnen Ebenen und damit in der Horizontalen, je nachdem, ob es sich um den politischen, ideologischen oder wirtschaftlichen Bereich handelt. Auf der ideologischen Ebene überwiegen die klassenkämpferisch-revolutionären, auf der wirtschaftlichen Ebene die konkurrierenden und

---

18 Vgl. *B. Meissner:* Die »Breshnew-Doktrin«. Das Prinzip des »proletarisch-sozialistischen Internationalismus« und die Theorie von den »verschiedenen Wegen zum Sozialismus«, Köln 1969.
19 Vgl. Kurs Meždunarodnogo prava v šesti tomach (Lehrgang des Völkerrechts in sechs Bänden), Bd. 6, Moskau 1973, S. 39 f.; *V. M. Suršalov:* Meždunarodnye pravovye otnošenija (Internationale Rechtsbeziehungen), Moskau 1971, S. 37 ff.

kooperativen Züge der friedlichen Koexistenz, während der Mischungsgrad zwischen den beiden Aspekten auf der politischen Ebene je nach dem Kräfteverhältnis oder taktischen Erwägungen verschieden ist.
Der Abschirmung des eigenen Macht- und Interessenbereichs stehen die Bemühungen der Sowjets gegenüber, den eigenen Einfluß mit unterschiedlichen Schwerpunkten auf die übrige Welt auszudehnen. In bestimmten Regionen, wie zum Beispiel Europa, wird aus den früher erwähnten Erwägungen von dem bestehenden Status quo im Sinne eines Waffenstillstandes von langer Dauer ausgegangen, in anderen wird die Expansion zielbewußt fortgesetzt. Dies gilt vor allem für die Dritte Welt. Dabei werden trotz des völkerrechtlich verbindlichen allgemeinen Gewaltverbots und eines sehr weitgefaßten Interventionsverbots die Unterstützung von »nationalen Befreiungskriegen«[20] und »Bürger-Befreiungskriegen«[21] sowie verschiedene Formen der nichtkriegerischen Gewaltanwendung, darunter auch die bewaffnete, d. h. militärische Intervention, als zulässige Mittel angesehen, um weitere Veränderungen im weltpolitischen Kräfteverhältnis zugunsten des »Sozialismus« und damit der Sowjetmacht zu bewirken.
Trotz der ideologischen Geschlossenheit der sowjetischen Entspannungskonzeption läßt die Begrenzung auf eine selektive Form der Entspannung durchaus abweichende außenpolitische Strategien zu, die sich aus unterschiedlichen mittelfristigen Zielvorstellungen ergeben. Sie werden von der Sowjetunion parallel angewandt, so daß von einer außenpolitischen Doppelstrategie gesprochen werden kann.
Einer kontinentalen eurasischen Großraumpolitik steht eine in ferne Räume ausgreifende Weltpolitik, die gleichsam ein weltrevolutionäres Unterfutter aufweist, gegenüber. Die eine Strategie geht von einer bestimmten räumlichen Beschränkung aus und konzentriert sich auf die Sowjetunion und Osteuropa. Sie strebt eine Konsolidierung und Stärkung der Sowjetmacht durch eine beschleunigte Integration des engeren sowjetischen Hegemonialbereichs an. Die andere Strategie ist durch das Weltmachtstreben der Sowjetunion, das auf eine Vergrößerung des sowjetischen Einflußbereichs gerichtet ist, bestimmt. Sie dient dazu, die Voraussetzungen für eine weltweite Machtpolitik unter Ausnutzung revolutionärer Situationen zu schaf-

---

20 Vgl. *G. Ginsburgs:* »Wars of Nation Liberation« and the Modern Law of Nations – The Soviet Thesis, in: The Soviet Impact of International Law, »Law and Contemporary Problems«, Vol. 29, 1964, No. 4, S. 910 ff.
21 Vgl. *H. Dahm:* Die sowjetischen Streitkräfte und der Wandel in der Militärdoktrin und Wehrpolitik der Sowjetunion, in: *B. Meissner* (Red.): Elemente des Wandels in der östlichen Welt, »Moderne Welt«, Jahrbuch f. Ost-West-Fragen 1979, S. 308 ff.

fen. Sie geht damit über eine staatliche und nationale Interessenpolitik, auch wenn diese weitgesteckte integrationspolitische Ziele verfolgt, hinaus.
In zwei zentralen Begriffen kommen die Unterschiede zwischen diesen beiden Strategien zum Ausdruck. Von der Kreml-Führung wird ihr engerer und weiterer Macht- und Einflußbereich bald als »sozialistische Gemeinschaft« bald als »sozialistisches Weltsystem« bezeichnet. Diese beiden Begriffe, die meist nicht klar voneinander abgegrenzt werden, lassen erkennen, daß das Verhältnis zwischen dem »Kapitalismus« und »Sozialismus« aus sowjetischer Sicht unter zwei Blickwinkeln betrachtet werden kann. Auf der einem Seite sieht man in ihnen zwei Lager, d. h. räumlich fest begrenzte Bereiche, zwischen denen trotz aller ideologischen Feindschaft ein geregeltes Zusammenleben und damit auch ein höherer Grad von Zusammenarbeit möglich ist. Auf der anderen Seite erblickt man in ihnen zwei sich überschneidende und miteinander ringende Weltsysteme, deren permanenter Kampfzustand nur wenig Platz für Zusammenarbeit und Krisenbewältigung bietet.

Das bereits erwähnte Prinzip des »proletarisch-sozialistischen Internationalismus« erfüllt als verbindendes Glied zwischen den beiden unterschiedlichen Konzepten einen doppelten Zweck. Einerseits bildet es in der verschärften Form der »Breshnew-Doktrin« die ideologische Grundlage der »sozialistischen Gemeinschaft«, andererseits dient es zur ideologischen Begründung und Rechtfertigung von Maßnahmen, die auf die Ausdehnung des »sozialistischen Weltsystems« gerichtet sind.

Von Breshnew ist auf dem XXIV. Parteitag 1971, dem XXV. Parteitag 1976 und dem XXVI. Parteitag 1981 im Sinne der ersten Strategie der Vorrang der Blockbeziehungen und damit des kontinentalen Aspekts der sowjetischen Außenpolitik besonders hervorgehoben worden.[22] Die beschleunigte Integration des engeren sowjetischen Hegemonialverbands ist von ihm dabei als das vordringliche Ziel der sowjetischen Außenpolitik bezeichnet worden.

Seit der bewaffneten Intervention in der Tschechoslowakei 1968 ist die militärisch-politische Integration in der Warschauer Paktorganisation und die wirtschaftliche Integration im Rat für gegenseitige Wirtschaftshilfe von der Kreml-Führung zielbewußt vorangetrieben worden.

Es war vor allem die Angst vor der Infektion der sowjetischen Gesellschaft und vor allem der sowjetischen Intelligenz durch reformkommunistisches

---

22 Vgl. *B. Meissner:* Die Außenpolitik auf dem Parteitag der KPdSU, »Außenpolitik«, 22 (1971), S. 334 ff.; 27 (1976), S. 135 f.; 32 (1981), S. 132 ff.

und damit rechtsstaatliches und demokratisches Gedankengut, d. h. die Gefährdung der »inneren Sicherheit« der Sowjetunion, die das Hauptmotiv dieser Intervention bildete. Daneben haben militär-strategische Erwägungen, die auf eine bessere Sicherung der Grenze am Böhmerwald hinausliefen, eine wesentliche Rolle gespielt.
Nach der Intervention ist die Führungsstruktur der Warschauer Paktorganisation durch die Schaffung eines ständigen Komitees der Verteidigungsminister, eines Militärrates und eines Komitees zur Koordinierung der Waffentechnik ausgebaut worden.[23] Nach dem XXV. Parteitag ist ein ständiges Komitee der Außenminister errichtet und das Vereinigte Sekretariat reorganisiert und als Organ des Warschauer Paktes verselbständigt worden.
Das sowjetische Übergewicht in der Warschauer Paktorganisation ist auch weiterhin dadurch gewährleistet, daß nicht nur der Oberbefehlshaber der Vereinten Streitkräfte, sondern auch der Stabschef und der Generalsekretär Sowjetrussen sind. Ferner sind eine Reihe von Maßnahmen zur Verbesserung der Waffenausstattung und der Ausbildung geschaffen worden. Während die DDR an den sowjetischen Bemühungen um eine verstärkte militärisch-politische Integration besonders aktiven Anteil nahm, hat Rumänien eine völlig abweichende Haltung eingenommen. Aus Besorgnis um seine Souveränität hat es die Unterstellung eines Teils seiner Streitkräfte unter das Vereinte Kommando abgelehnt, Manöver auf seinem eigenen Staatsgebiet nicht zugelassen und auch die Bewilligung von Mitteln für eine verstärkte Aufrüstung verweigert.
Eine wichtige Funktion bei der politisch-militärischen Integration in Osteuropa fällt den zweiseitigen Verträgen über Freundschaft, Zusammenarbeit und gegenseitigen Beistand zu, die in erster Linie Beistandspakte und damit Bündnisverträge darstellen. Die militärische Bedeutung der Bündnisverträge ist vor allem darin zu sehen, daß sie eine automatische Beistandsleistung im Falle eines Angriffs vorsehen und bei den neueren Verträgen regional auf den Bereich Europas, wie im Falle des Warschauer Paktes, nicht beschränkt sind.
Mit dem Bündnisvertrag zwischen der UdSSR und ČSSR vom 6. Mai 1970 sind die bilateralen Pakte in eine dritte Phase eingetreten, die durch die »Breshnew-Doktrin« charakterisiert ist.[24] Die erste Generation der zwei-

---

23 Vgl. *J. Hacker:* Der Warschauer Pakt, in: *D. Geyer, B. Meissner* (Hrsg.): Sowjetunion. Völkerrechtstheorie und Vertragspolitik (Osteuropa-Handbuch), Köln–Wien 1976, S. 93 ff.
24 Vgl. *B. Meissner:* Entwicklungsphasen des Ostpakt-Systems in Ost- und Mitteleuropa, Recht in Ost und West, 25 (1981), S. 7 ff.

seitigen Bündnisverträge bestand aus Sicherheitspakten, die zweite Generation wies zugleich den Charakter von Integrationsverträgen auf. Die dritte Generation bilden Verträge, mit denen eine noch stärkere rechtliche Bindung verbunden ist, so daß man sie als Blockverträge bezeichnen kann.
Zu dem Modellvertrag vom 6. Mai 1970 sind nach Abschluß der KSZE-Schlußakte fünf weitere Verträge im europäischen Bereich hinzugetreten, die interessanterweise alle von der DDR abgeschlossen worden sind, die für die Sowjetunion teilweise eine Vertreterfunktion wahrgenommen hat.
Offenbar haben sich bei dem Versuch der Sowjetunion, auch mit den anderen Gefolgsstaaten solche Verträge abzuschließen, Schwierigkeiten ergeben.
Auf diese Weise bestehen zur Zeit im europäischen Bereich zwei Systeme der bilateralen Bündnisverträge nebeneinander. In Verbindung mit der Lage in Polen erscheint ein erneuter sowjetischer Versuch zur Erweiterung des Systems der Blockverträge denkbar.
Das mit der politischen Integration angestrebte Ziel wird aus dem Bündnisvertrag zwischen der UdSSR und DDR vom 7. Oktober 1975, der gleichsam die Vorstufe eines Konföderationsvertrages darstellt, besonders deutlich. Er ist auf die beschleunigte Annäherung der Nationen und nicht nur der Staaten gerichtet, d. h. die staatliche Vereinigung mit der Sowjetunion soll im Endergebnis zu der von sowjetischer Seite angestrebten sozialistischen Einheitsnation mit russischer Verkehrssprache führen.
Die wirtschaftliche Integration ist auf der Grundlage des 1971 angenommenen »Komplexprogrammes« des Rates für gegenseitige Wirtschaftshilfe nach dem XXV. Parteitag weiter vorangetrieben worden.[25] Die von sowjetischer Seite erstrebte umfassende wirtschaftliche Integration ist durch das Komplexprogramm aus zwei Gründen nur in begrenztem Maße gefördert worden. Erstens lag es daran, daß das Komplexprogramm einen Kompromiß zwischen den Anhängern einer großräumigen Planwirtschaft und den Befürwortern der ökonomischen Unabhängigkeit unter den RGW-Staaten bildete und daher die Bildung übernationaler Organe nicht zuließ. Zweitens ist es durch die Probleme bedingt gewesen, die mit der ungleichmäßigen wirtschaftlichen Entwicklung und den Sonderinteressen der Partnerstaaten der Sowjetunion zusammenhingen.
In organisatorischer Hinsicht ist die Zahl der Ständigen Kommissionen und Internationalen Organisationen weiter vergrößert worden. Das zentrale

---

25 Vgl. *A. Uschakow:* Der Rat für gegenseitige Wirtschaftshilfe, in: *D. Geyer, B. Meissner:* Sowjetunion. Völkerrechtstheorie und Vertragspolitik, aaO., S. 185 ff.

Sekretariat in Moskau wurde wesentlich ausgebaut und ein besonderes Komitee für die Zusammenarbeit auf dem Gebiete der Planungstätigkeit geschaffen. Außerdem sind in verstärktem Maße gemischte Betriebe gegründet worden. Infolge des Widerstandes Rumäniens gelang es der Sowjetunion 1978 nicht, eine stärkere finanzielle Beteiligung der rohstoffarmen ostmitteleuropäischen Länder, die vor allem vom Erdöl abhängig sind, an der Erschließung und Nutzung der sowjetischen Rohstoffvorkommen zu erreichen.

Nach der Mongolei sind 1972 Kuba und 1978 Vietnam Mitglieder des Rates für gegenseitige Wirtschaftshilfe geworden, der damit den Charakter einer interkontinentalen Organisation gewonnen hat.

Durch die wirtschaftliche und politische Krise in Polen ist seit dem Herbst 1980 für die sowjetische Hegemonialmacht eine besonders schwierige Lage entstanden.[26] Polen stellte bisher schon infolge der besonderen Stellung der katholischen Kirche, dem weit überwiegenden Privatbesitz der Bauern und dem größeren Freiheitsraum für die Intellektuellen einen Sonderfall im sowjetischen Hegemonialverband dar. Mit dem freien Gewerkschaftsbund »Solidarität« ist eine Organisation hinzugetreten, der nicht nur eine wirtschaftliche, sondern auch als Gegengewicht zur kommunistischen Partei eine politische Bedeutung zukommt. Verschiedene Reformpläne, die in Polen erwogen werden, würden bei einer veränderten Vorstellung von der »führenden Rolle der Partei« auf die Schaffung eines konstitutionellen Einparteistaates hinauslaufen. Das gleiche Ziel, wenn auch auf anderen Wegen ist auch von den tschechoslowakischen Reformern 1968 angestrebt worden. Die Kernfrage ist, ob die Kreml-Führung inzwischen eingesehen hat, daß eine solche Form des kommunistischen Einparteistaates nicht unbedingt eine Gefährdung ihrer inneren Sicherheit zu bedeuten braucht, vor allem, wenn sie selbst die Kraft hätte, durch Wiederbelebung des Liberalisierungsprozesses aus der Zeit Chruschtschows den Übergang von einem vorwiegend totalitären zu einem freieren autoritären Einparteisystem zu vollziehen. Die Folgen einer bewaffneten Intervention in Polen könnten für die innere Sicherheit der Sowjetunion wesentlich gefährlicher sein, als die Duldung eines abweichenden Modells in einem Land, das von seiner geographischen Lage her nicht die gleichen militärischen Probleme aufwirft wie seinerzeit die Tschechoslowakei. Die Auswirkungen einer totalen Besetzung Polens würden nicht nur die wirtschaftlichen Schwierigkeiten

---

26 Vgl. *Chr. Royen:* Der polnische Sommer 1980 – Zwischenbilanz und Ausblick, Europa-Archiv, 35 (1980), S. 735 ff.

Polens wesentlich vergrößern, sondern auch den von der Sowjetunion in Gang gesetzten großräumigen Integrationsprozeß auf Jahre zurückwerfen. Die Tagung des Politischen Beratenden Ausschusses des Warschauer Paktes am 5. Dezember 1980 in Moskau läßt erkennen, daß sich die Kreml-Führung der Folgen, die eine bewaffnete Intervention in Polen für die Sowjetunion und ihre Stellung in der Welt bedeutet, voll bewußt ist und daher bereit zu sein scheint, das Verhältnis von Kosten und Nutzen diesmal genauer abzuwägen, als das bei der Tschechoslowakei der Fall war. Es ist nur zu hoffen, daß im Prozeß der Krisenbewältigung die Emotionen, die auf beiden Seiten bestehen und in sehr starkem Maße historisch bedingt sind, in Schranken gehalten werden können.

Seit dem XXIV. Parteitag 1971 ist auch der globale Aspekt der sowjetischen Außenpolitik stärker sichtbar geworden. Das »Friedensprogramm«, das von Breshnew auf dem Parteitag aufgestellt wurde, war hauptsächlich im Sinne der zweiten Strategie konzipiert. Mit der späteren Modifizierung dieses Programms ist deutlich eine Verstärkung seiner offensiven Züge verbunden gewesen. Aus dem »Friedenskampfprogramm«, das von Breshnew auf dem XXV. Parteitag verkündet wurde, ging hervor, daß sich die Sowjetunion in ihrer Außenpolitik – von der Möglichkeit einer einvernehmlichen Regelung im Raum des Indischen Ozeans abgesehen – keinen geographischen Beschränkungen, insbesondere im afroasiatischen Bereich, zu unterwerfen gedachte. Auf dem XXVI. Parteitag hat eine bestimmte Ergänzung und Modifizierung dieses »Friedenskampfprogramms« stattgefunden, die den sowjetischen Wunsch nach einer Atempause und damit einer neuen Entspannungsphase erkennen läßt.

Der expansive Charakter der globalen sowjetischen Außenpolitik ist in zunehmendem Maße in ihrer Vertrags- und Interventionspolitik außerhalb ihres eigenen engeren Machtbereiches und in den Formen ihrer verstärkten Aufrüstung zum Ausdruck gekommen.

Die Sowjetunion ist seit dem XXIV. Parteitag bestrebt gewesen, ihr eigenes Bündnissystem mit Schwerpunkt Osteuropa durch ein System von politischen Kooperationsverträgen zu ergänzen, das ihr einen verstärkten Einfluß im afroasiatischen Bereich sichert.[27] Die neuartigen Verträge über Freundschaft und Zusammenarbeit, auf die Breshnew auf dem XXVI. Parteitag näher einging, waren von der Sowjetunion als bündnisähnliche Verträge konzipiert worden. Sie sollten als Ententeverträge ein besonderes Verhältnis zwischen der Sowjetunion und den einzelnen afroasiatischen Entwicklungsländern herstellen. Eine engere Bindung an die Sowjetunion liegt

---

27 Vgl. *B. Meissner:* Spezifische Wandlungen im Ostpakt-System, »Außenpolitik«, 30 (1979), S. 289 ff.

vor allem bei den politischen Kooperationsverträgen vor, die eine qualifizierte Konsultationsklausel enthalten und Militärhilfe vorsehen. Noch stärker wirkt sich diese Bindung bei einem Vertrag aus, in dem die Zugehörigkeit zur »sozialistischen Gemeinschaft« aufgrund des »sozialistischen Internationalismus« ausdrücklich festgelegt ist. Dies ist vorläufig nur bei Vietnam der Fall, dürfte aber auch für Kuba und Laos, trotz des Fehlens eines entsprechenden Vertrages gelten.

Von den ersten Kooperationsverträgen, die von der Sowjetunion Anfang der siebziger Jahre abgeschlossen wurden, sind die Verträge mit Indien (9. 8. 1971) und dem Irak (9. 4. 1972) übriggeblieben, während die Verträge mit Ägypten (27. 5. 1971), Somalia (11. 7. 1974) von diesen Ländern gekündigt wurden. Dafür ist es den Sowjets mit Hilfe der Kubaner seit 1975 gelungen, ihren afrikanischen Einflußbereich wesentlich zu erweitern und durch den Abschluß von Kooperationsverträgen mit Angola (8. 10. 1976), Moçambique (31. 3. 1977) und Äthiopien (20. 11. 1978) zu festigen. Die Sowjetunion versuchte danach stärker in Asien Fuß zu fassen. An die Verträge mit Vietnam (3. 11. 1978) und Afghanistan (5. 12. 1978) schlossen sich die Verträge mit dem Süd-Jemen (25. 10. 1979), Syrien (8. 10. 1980) und dann VR Kongo (13. 5. 1981) an. In ihnen finden sich die gleichen Bestimmungen, die auch für die anderen politischen Kooperationsverträge – von dem besonderen Charakter des Indien-Vertrages abgesehen – kennzeichnend sind. Zu ihnen gehört vor allem die Bereitschaft zur Zusammenarbeit auf militärischem Gebiet und die qualifizierte Konsultation, die neben einem Meinungsaustausch eine Koordination der beiderseitigen Positionen zwecks Beseitigung einer Friedensbedrohung oder zur Wiederherstellung des verletzten Friedens vorsieht.

Eine Ergänzung zu diesem politischen Paktsystem bildete die bereits erwähnte Zugehörigkeit von Vietnam und Kuba zum Rat für gegenseitige Wirtschaftshilfe.

Die Bemühungen der Sowjetunion, ihren Einfluß in Afrika und Asien zu verstärken und über Kuba hinaus im karibischen Raum Fuß zu fassen, sind in erster Linie gegen die amerikanische Weltmacht gerichtet gewesen. Die Verlagerung des Schwerpunkts der sowjetischen Aktivitäten von Afrika nach Asien und vor allem die Unterstützung der Hegemoniebestrebungen Vietnams in Südostasien waren dagegen – vom Nahen Osten abgesehen – auch als eine gegen die Volksrepublik China gerichtete Politik anzusehen. Die bewaffnete Intervention der Sowjetunion in Afghanistan[28] war ein Ver-

---

28 Vgl. *H. Vogel:* Die sowjetische Intervention in Afghanistan, Baden-Baden 1980; *Meissner,* Die sowjetische Stellung zur Intervention und der Fall Afghanistan, aaO., S. 45 ff.

such, die sowjetische Ausgangsposition im Hinblick auf die weitere Fortführung der globalen Außenpolitik unter Ausnutzung der unsicheren Lage im Mittleren Osten wesentlich zu verbessern. Den Ausschlag bei der Interventionsentscheidung dürfte innerhalb der Kreml-Führung die Überlegung gegeben haben, daß Afghanistan eine geographische Drehscheibe darstellt, die Optionen für eine expansive Politik nach verschiedenen Seiten ermöglicht. Die Beherrschung Afghanistans erleichtert die Einmischung im Iran, ermöglicht eine Umklammerung Sinkiangs und bildet eine ideale Basis für einen Vorstoß bis zum Persischen Golf und zum Indischen Ozean, falls dieses nach sowjetischer Ansicht erwünscht sein sollte.

Das Besondere an dem Fall Afghanistan ist vor allem darin zu sehen, daß es sich bei dieser bewaffneten Intervention um den ersten unmittelbaren Einsatz starker sowjetischer Streitkräfte außerhalb des engeren sowjetischen Hegemonialbereichs nach dem Zweiten Weltkrieg handelt. Dieser massive Einsatz erfolgte ohne Rücksicht auf die Geschäftsgrundlage der Entspannung seit 1969 und die völkerrechtlichen Verpflichtungen, welche die Sowjetunion auf sich genommen hatte. Die Intervention galt dabei einem ungebundenen, blockfreien Land, das nicht zu einer international anerkannten sowjetischen Interessensphäre gehörte.

Die Sowjetunion hat vergebens versucht, ihr agressives Vorgehen durch Berufung auf den Artikel 4 des sowjetisch-afghanischen Kooperationsvertrages zu rechtfertigen. Die qualifizierte Konsultationsklausel, die sich in den meisten politischen Kooperationsverträgen findet, ist keine Beistandsklausel. Aus der Konsultationsverpflichtung des Vertrages läßt sich weder eine Ausnahme von dem ius cogens-Grundsatz des allgemeinen Gewaltverbots, noch die Verpflichtung zu einer automatischen Beistandsleistung wie im Falle der osteuropäischen Bündnisverträge ablesen. Auch andere Rechtfertigungsgründe, die von der Sowjetunion geltend gemacht worden sind, halten einer genauen Prüfung nicht stand.

Eine abwägende Betrachtung der möglichen Motive, die der bewaffneten Intervention in Afghanistan zugrunde gelegen haben, läßt im Unterschied zur Intervention in der Tschechoslowakei 1968 deutlich erkennen, daß im Fall Afghanistan außenpolitische und militärische Gesichtspunkte im Verhältnis zu innenpolitischen Beweggründen weit überwogen haben. Vor allem dürfte die Befürchtung, daß die islamische Erneuerungsbewegung auf die islamischen Völker der Sowjetunion übergreifen könnte, kaum von Bedeutung gewesen sein. Erstens liegt eine akute Ansteckungsgefahr, da die sowjetischen Moslems überwiegend Schiiten sind, nicht vor. Zweitens wäre sie in der Zukunft eher vom Iran und nicht von Afghanistan aus zu befürchten, zumal die Aserbajdshaner im südlichen Kaukasus Schiiten sind.

Eher könnte die militärische Besetzung Afghanistans, wenn sie lange anhält, ungünstige Auswirkungen im zentralasiatischen Teil der Sowjetunion haben.
Mit der bewaffneten Intervention in diesem geostrategisch besonders wichtigen Raum haben sich offenbar die Anhänger einer »globalen Politik der Stärke« gegenüber den Befürwortern einer regional begrenzten Außenpolitik durchgesetzt. Das gleiche gilt für den Beschluß, eine Flotte von nukleargetriebenen Kreuzern, d. h. schwerbewaffneten Schlachtschiffen, neben den bereits vorhandenen oder im Bau befindlichen Flugzeugträgern aufzubauen. Auf diese Weise sollen die sowjetischen Streitkräfte, die bereits über die größte nukleargetriebene U-Boot-Flotte verfügen, offenbar befähigt werden, im Kriegsfall die lebenswichtigen Transportlinien der westlichen Industriestaaten und Japans, die alle über die Weltmeere laufen, zu unterbrechen. Außerdem würden auf diese Weise globale Interventionen über weite Entfernungen ermöglicht.
Die bewaffnete Intervention in Afghanistan hat erneut bestätigt, daß sich der expansive Charakter der sowjetischen Außenpolitik trotz aller Veränderungen in der weltpolitischen Lage nicht entscheidend gewandelt hat und daß der Ost-West-Konflikt und mit ihm die bipolare Mächtekonstellation weiter erhalten geblieben ist. Auf der anderen Seite hat sich gezeigt, daß die überwiegende Mehrheit der Staaten der Welt nicht bereit gewesen ist, ein solches aggressives Vorgehen gegen ein blockfreies Land, dessen Neutralität von der Sowjetunion vertraglich anerkannt worden ist, einfach hinzunehmen.
Die Intervention in Afghanistan hat daher eine spürbare weltpolitische Isolierung der Sowjetunion zur Folge gehabt, die von Breshnew auf der Plenartagung des Zentralkomitees der KPdSU im Juni 1980 mittelbar zugegeben wurde. In diesem Zusammenhang sprach er von der komplizierten innen- und außenpolitischen Lage, in der sich die Sowjetunion befinden würde. In seinen Ausführungen, ebenso wie im Bericht des sowjetischen Außenministers Gromyko »Über die internationale Lage und die Außenpolitik der UdSSR« wurde die Bereitschaft, die bisherige sowjetische Außenpolitik einer Kurskorrektur zu unterziehen, erkennbar. Diese Bereitschaft, die auch im entsprechenden ZK-Bericht zum Ausdruck kam, ist wesentlich durch die zunehmenden wirtschaftlichen Schwierigkeiten der Sowjetunion bedingt gewesen. Sie ist durch die Ereignisse in Polen und durch den Führungswechsel in Washington noch verstärkt worden.
Die ideologische Begründung für die Kurskorrektur ergab sich aus dem strategisch-taktischen Denken, in dem die führenden Oligarchen im Kreml unter Stalin erzogen worden sind. Für sie bildet die Weltrevolution, ebenso

wie globale Machtpolitik der Sowjetunion, die mit ihr verbunden ist, einen langfristigen Prozeß, bei dem sich Zeiten der revolutionären Flut mit solchen der revolutionären Ebbe abwechseln.
In der Zeit der revolutionären Flut sind die Chancen für eine Expansion, ohne Rücksicht auf die mit dem »Weltkapitalismus«, d. h. dem ideologischen »Klassenfeind«, getroffenen Vereinbarungen wahrzunehmen. In der Zeit der revolutionären Ebbe, die für den Bestand des »Weltsozialismus« gefährlich ist, hat man sich zurückzuhalten und das Kriegsrisiko möglichst gering zu halten. Im Sinne dieser Vorstellung ist von Breshnew in einem Prawda-Interview vom 31. Juli 1980 von »Flut und Ebbe« in der Entspannungspolitik gesprochen worden.
Offenbar ist die Kreml-Führung seit der Jubiläumstagung der Warschauer Paktstaaten im Mai 1980 davon ausgegangen, daß sich eine »Gezeitenwende« ankündigte, die eine Anpassung der sowjetischen Außenpolitik an die Bedingungen einer »Ebbe-Zeit« notwendig machte. Diese Ansicht hat auf dem Wege zum XXVI. Parteitag weiter an Gewicht gewonnen.
Viele Vorschläge, die in der Deklaration des Politischen Beratenden Ausschusses des Warschauer Paktes vom 15. Mai 1980 und im ZK-Bericht vom 23. Juni 1980, gemacht worden sind, finden sich auch im außenpolitischen Teil des Referats, das Breshnew am 23. Februar 1981 auf dem XXVI. Parteikongreß der KPdSU vortrug (Prawda vom 24. 2. 1981). Das Referat enthielt den »Rechenschaftsbericht des Zentralkomitees der KPdSU und die nächsten Aufgaben der Partei in der Innen- und Außenpolitik«.
Die stärkere Betonung lag bei seinen Ausführungen auf der außenpolitischen Abschirmung des inneren Aufbaus in der Sowjetunion und einer realistischen Fortführung der Integration im sowjetischen Hegemonialbereich. Sie ist damit mehr im Sinne der regional begrenzten kontinentalen Strategie gemeint gewesen, während bei der globalen Strategie eine bestimmte Beschränkung feststellbar war, die den Hauptnachdruck auf die Sicherung der bisher erzielten Erfolge abstellte. Bemerkenswert ist, daß Laos in diesem Zusammenhang bereits als fester Bestandteil der »sozialistischen Gemeinschaft«, d. h. des sowjetischen Hegemonialverbandes betrachtet wird.
Im Unterschied zum XXV. Parteitag fehlt die stärkere Hervorhebung des weltrevolutionären Elements. Auf das Prinzip des »proletarisch-sozialistischen Internationalismus« wird nur am Rande eingegangen. Das Weltmachtbewußtsein ist zwar im Breshnew-Referat spürbar. Es wird aber nicht so demonstrativ nach außen wie bisher zum Ausdruck gebracht.
Die außenpolitische Kurskorrektur, die im Breshnew-Referat schärfere Konturen gewonnen hat, ist vor allem in der Bereitschaft der Kreml-Füh-

rung zu sehen, den SALT-Prozeß fortzusetzen und die Möglichkeit von vertrauensbildenden Maßnahmen, die den europäischen Teil der Sowjetunion bis zum Ural unter der Voraussetzung einer bestimmten westlichen Gegenleistung erfassen sollen, zu erwägen.
Unklar ist vorläufig, ob die Sowjetunion ohne die Vorbedingung eines als »Moratorium« bezeichneten Stationierungsstopps für Mittelstreckenraketenwaffen in Europa in Verhandlungen über die Verminderung ihres eurostrategischen Übergewichts, das vor allem durch die große Zahl der SS-20-Raketen bedingt ist, eintreten wird.
Breshnew betonte, daß die Sowjetunion »normale Beziehungen« zu den USA wünsche und bezeichnete die »friedliche Zusammenarbeit« in Europa, wobei er Frankreich und die Bundesrepublik Deutschland besonders hervorhob, »im großen und ganzen« als »nicht schlecht«.
Er erklärte, daß die Sowjetunion »keine militärische Überlegenheit über die andere Seite« hätte. Sie würde es aber auch »nicht gestatten, daß die andere Seite Überlegenheit über uns erreicht«.
Die weiteren Ausführungen des sowjetischen Partei- und Staatschefs, in denen auch eine Gipfelkonferenz mit dem neuen amerikanischen Präsidenten Reagan angeregt wurde, liefen darauf hinaus, daß die Sowjetunion ihren Anspruch auf Parität mit den Vereinigten Staaten ohne irgend welche Abstriche aufrechtzuerhalten gedachte. Mit diesem Bestreben, eine Art Kondominium der Supermächte unter Aufrechterhaltung des sowjetischen militärischen Übergewichts in Europa festzuschreiben, waren Pläne zur Schaffung von »Friedenszonen«, die zur Neutralisierung bestimmter Regionen führen sollten, verbunden. Der bereits 1976 gemachte Vorschlag einer Friedenszone im Indischen Ozean wurde durch Vorschläge von Friedenszonen in Südostasien und im Mittelmeer ergänzt. Als ein ferneres Ziel wurde von Breshnew die Schaffung einer solchen Friedenszone in »ganz Europa« genannt. Damit kam das Bestreben der Sowjetunion, Westeuropa zu neutralisieren und von den Vereinigten Staaten abzukoppeln, deutlich zum Ausdruck.
Eine bestimmte Kurskorrektur konnte auch in einer gewissen Wiederbelebung der Theorie von den »verschiedenen Wegen zum Sozialismus« gesehen werden. Sie könnte eventuell eine friedliche Lösung der Polen-Krise, die vom Standpunkt Breshnews weiter in der Schwebe ist, erleichtern. Allerdings wird erst die kommende Entwicklung zeigen, ob diese taktische Wendung, ebenso wie das verbale Zurücktreten des weltrevolutionären Elements im Breshnew-Referat ernst gemeint sind. Die Diskriminierung, welcher der Vertreter der italienischen KP, Pajetta, in Moskau ausgesetzt war, und die Art und Weise, in der Castro auf dem XXVI. Parteitag gefeiert wurde, sprechen eher dagegen.

Obgleich die Kurskorrektur, welche die Wiederaufnahme des Ost-West-Dialogs ermöglichen könnte, nur sehr begrenzter Natur ist, scheint sie in einigen Punkten trotzdem einer bestimmten Richtung in der Kreml-Führung zu weit gegangen zu sein. Der außenpolitische Teil des Breshnew-Referats, in dem die außenpolitische Generallinie für die nächste Zeit festgelegt wird, trägt mehr die Handschrift der engeren Mitarbeiter und wissenschaftlichen Berater des Generalsekreärs als diejenige des Außenministers oder der führenden Parteiideologen.

Die härtere Linie ist in jedem Falle weiter da. Sie ist in der Gedenkrede Marschall Ustinows anläßlich des Gründungstages der Roten Armee am Vorabend des XXVI. Parteitages und auch in der jüngsten militärstrategischen Diskussion in der Sowjetunion zum Ausdruck gekommen.

IV. *Die Schranken expansiver sowjetischer Außenpolitik*

Den Erfolgen der Sowjetunion in ihrer globalen Außenpolitik, bei der sie sich auf ihre wachsende militärische Stärke stützte, stehen eine Reihe von Rückschlägen gegenüber, die sie in den letzten Jahren hinnehmen mußte. Zu ihnen gehörte der Abschluß des Friedens- und Freundschaftsvertrages zwischen der Volksrepublik China mit Japan, der mit der Kündigung des sowjetisch-chinesischen Bündnisvertrages von 1950 verbunden war, die Annäherung zwischen Peking und Washington, die Friedensregelung zwischen Ägypten und Israel, das verstärkte amerikanische Engagement im Bereich des Persischen Golfs und Indischen Ozeans, bestimmte Fortschritte in der Integration Westeuropas und der Nachrüstungsbeschluß der NATO.

Außerdem hat die Entwicklung der letzten Jahre eine Reihe weiterer Schranken einer expansiven sowjetischen Außenpolitik erkennen lassen. Zu ihnen gehört vor allem die Diskrepanz, die zwischen der Stellung der Sowjetunion als einer militärischen Supermacht und ihrem im Verhältnis zu den Vereinigten Staaten viel zu geringen wirtschaftlichen Potential besteht.[29] Die sowjetische Wirtschaft kann zwar trotz ständig abnehmenden Wachstums den Anforderungen, die mit der Integration Osteuropas verbunden sind, entsprechen. Für die volle Wahrnehmung eines Weltmachtan-

---

29 Auf diese Diskrepanz zwischen den globalpolitischen Aspirationen und den innenpolitischen Problemen, insbesondere den wirtschaftlichen Schwierigkeiten hat *C. Gasteyger* in einem Aufsatz »Die Sowjetunion als Weltmacht«, Schweizer Monatshefte, 60 (1980), S. 803 ff., zutreffend hingewiesen.

spruchs ist aber die vorhandene wirtschaftliche Basis der Sowjetunion viel zu schmal. Daher sind auch die Schwierigkeiten, die sich aus der gleichzeitigen Durchführung einer kontinentalen und globalen Außenpolitik ergeben, in der letzten Zeit deutlicher hervorgetreten. Bei einer weiteren Verstärkung der Kluft zwischen militärischer Macht und wirtschaftlicher Leistungsfähigkeit müssen die Widersprüche, die mit der Doppelstrategie der Sowjetunion verbunden sind, noch wesentlich zunehmen.

Die beiden Zielsetzungen, die mit der Doppelstrategie von sowjetischer Seite angestrebt werden, waren bisher schon nur schwer miteinander zu verbinden. Die Ausdehnung des Rates für gegenseitige Wirtschaftshilfe um Kuba und Vietnam und seine Umwandlung in eine interkontinentale Wirtschaftsgemeinschaft muß bei den schwierigen wirtschaftlichen Problemen dieser Entwicklungsländer die Integrationsfähigkeit des RGW verringern. In jedem Fall wird die Verwirklichung des »Komplexprogramms« des RGW, welcher der Schaffung einer von Moskau gelenkten Großraumwirtschaft dienen sollte, wesentlich erschwert. Die sowjetische Wirtschaftskraft wird dadurch zu sehr beansprucht und die Sowjetunion damit trotz des entsprechenden politisch-militärischen Machtzuwachses in wirtschaftlicher Hinsicht geschwächt. Auch das verstärkte Engagement in der Dritten Welt trotz der Begrenzung auf bestimmte Länderschwerpunkte bedeutet bei den zunehmenden inneren wirtschaftlichen Schwierigkeiten der Sowjetunion eine zu starke Strapazierung ihres bedeutenden, aber im Verhältnis zu den Vereinigten Staaten begrenzten Wirtschaftspotentials.

Die Kosten, die mit der expansiven globalen Außenpolitik der Sowjetunion verbunden gewesen sind, haben ihre wirtschaftliche Expansion im Innern wesentlich behindert und ihre Integrationskraft im Rahmen ihres engeren Hegemonialverbandes geschwächt. Die Fortsetzung einer solchen Politik, ebenso wie die Folgen einer möglichen Intervention in Polen, würden einen verstärkten Rüstungswettlauf mit den Vereinigten Staaten und ihren Verbündeten verursachen, der mit den wirtschaftlichen Schwierigkeiten auch die sozialen Spannungen in der Sowjetunion wesentlich erhöhen würde.

Eine Wende könnte nur eine Politik bringen, die auf einen Abbau des weltpolitischen Überengagements und eine Auflockerung im eigenen engeren Machtbereich gerichtet ist. Sie würde in der Koexistenz mit den westlichen Staaten den eindeutigen Vorrang von Wettbewerb und Zusammenarbeit vor weltrevolutionären und imperialistischen Ambitionen erfordern.

Eine eingehende Analyse der inneren Lage der Sowjetunion[30] läßt erken-

---

30 Vgl. *B. Meissner:* Die Sowjetunion vor dem XXVI. Parteikongreß der KPdSU, Europa-Archiv, 36 (1981), S. 77 ff.

nen, daß der äußeren Machtentfaltung der sowjetischen Supermacht durch eine Reihe von inneren Faktoren deutliche Grenzen gesetzt sind. Die weitere Entwicklung der Weltpolitik wird entscheidend davon abhängen, welche Konsequenz die gegenwärtige und eine künftige Kreml-Führung aus dieser inneren Begrenzung der Macht ziehen wird. Sie kann in der Bereitschaft zu einer stärkeren Selbstbeschränkung, sie kann aber auch in einem verstärkten globalen Expansionsstreben zum Ausdruck kommen. Das westliche Bündnis könnte diese Entscheidung wesentlich beeinflussen, wenn es für seine Außenpolitik ein Konzept entwickeln würde, das in der Lage wäre, beiden Möglichkeiten Rechnung zu tragen.[31]

---

31 Die Notwendigkeit, ein neues Konzept westlicher Politik zu entwerfen, ist von *Wilhelm, Grewe* in einem Beitrag »Konfliktverhütung statt Entspannung« in der »Frankfurter Allgemeinen Zeitung« vom 9. 1. 1981 besonders betont worden.

Die stumme Stimme

Versuch einer deutschen Stellungnahme zur Außenministerkonferenz London 1947

*Ulrich Sahm**

Nach 1945 versuchten die vier Siegermächte, einen Friedensvertrag mit Deutschland zustandezubringen. Im Laufe zahlloser Konferenzen wurde jedoch immer deutlicher, daß sich die Alliierten schon über die Frage, was Deutschland sei, oder was es sein sollte, nicht einig werden konnten. So gab es in den vier Besatzungszonen unter den Militärbefehlshabern ihnen verantwortliche deutsche Verwaltungsbehörden, Länderregierungen und kommunale Behörden, es gab den Zonenbeirat für die britische, den Länderrat in der amerikanischen Zone, es gab auch Parteien und Gewerkschaften, aber es fehlte eine übergeordnete Instanz für ganz Deutschland, die zu einem Friedensvertrag hätte gehört werden oder mit der ein Friedensvertrag hätte ausgehandelt oder abgeschlossen werden können.
Nach dem ergebnislosen Verlauf der Moskauer Außenministerkonferenz vom März/April 1947, bei der man sich lediglich darauf geeinigt hatte, im November 1947 eine weitere Konferenz in London abzuhalten, drohte der endgültige Bruch zwischen den Alliierten, bei deren Verhandlungen es letztlich um mehr ging als um Deutschland und die Deutschen. Der französische Außenminister Bidault sprach dies am 21. Juni 1947 klar aus: »Nach Abschluß der Moskauer Konferenz erhebt sich die dramatische Frage: Wird es möglich sein, die Einigkeit der Welt zu erhalten?« Und der britische Außenminister Bevin erklärte im Unterhaus: »Ich betrachte die Londoner Konferenz im November als die wahrscheinlich lebenswichtigste der Weltgeschichte, nachdem die Probleme jetzt klar vor uns liegen.« Die Londoner Außenministerkonferenz war zur »Konferenz der letzten Chance« geworden.
Aus dem Wunsch heraus, bei allem machtpolitischen Tauziehen den moralischen Aspekt der alliierten Verantwortung für Deutschland ins Bewußtsein zu rufen und den deutschen Vorstellungen und Forderungen bei der Londoner Konferenz Gehör zu verschaffen, entstand auch die im folgenden anhand von Tagebuchaufzeichnungen und Ausschnitten aus Briefen dargestellte Aktion. Zur Zeit dieser Aktion war der Verfasser 29 Jahre alt und Hilfsreferent im Verwaltungsamt für Wirtschaft in der britischen Zone in Minden.

* Dr. iur., Botschafter, Genf.

Tagebuch
Sonntag, 21. 9. [Celle] Während Festgottesdienst mit Predigt von Lilje kam Idee eines Appells an Westmächte durch berufene Vertreter der deutschen Menschen in den Westzonen. Sprach gleich mit Lilje darüber, der grundsätzlich positiv eingestellt war.
Montag, 22. 9. Vormittags bei Landesbischof Lilje in Hannover. Er ist für meinen Plan eines Appells an Westmächte vor Londoner Konferenz durch Gremium, das mal Grundlage politischen Willenskörpers werden kann.
Dienstag, 23. 9. [Minden] Abends [F. W. Frhr. v.] Fürstenberg [stellv. Abteilungsleiter] über meinen Plan unterrichtet. Er ist einverstanden, hilft mit Auto.
Donnerstag, 25. 9. Rundreise beginnt.
Celle: [Oberlandesgerichtspräsident Frhr. v.] Hodenberg positiv. Verweist auf analoge Aktion betreffend Kriegsgefangene, bei der es erheblich politische und formale Schwierigkeiten gegeben habe. Insbesondere SPD. Schumacher habe überhaupt nicht geantwortet, Kopf Zuständigkeitsbedenken gehabt.
Lüneburg: Botho [v. Wussow] warnt, allzu früh an Politiker heranzugehen. Mögliche Enttäuschungen.
Hamburg: Prof. Rudolf von Laun, griesgrämiger Professor, sehr resigniert, abwartend, mißtrauisch. Will Sache prüfen; grundsätzlich bereit, den Wortlaut zu verfassen, wenn er von genügendem Kreis dazu aufgefordert wird. Politiker hält er auch für schwierig, empfiehlt jedoch auf jeden Fall Beteiligung der Gewerkschaften. Termin unbestimmt, da er auf Eingebung und rechten Augenblick warten müsse. – Reiner Völkerrechtler, der die Idee nicht erkennt und daher auch nur rechtliche Forderungen (aber auch solche, keine Bitte) stellen will, nicht Menschlichkeit oder Gerechtigkeit allein.
[Herbert] Blankenhorn, Zonenbeirat, den ich nur theoretisch befragte, reiner Außenpolitiker; ganz skeptisch, glaubt nur an Erfolg bei Einzelgesprächen von Mensch zu Mensch. Schon zu viele Denkschriften usw. abgegeben.
Marion Dönhoff verständnisvoll; glaubt aber, daß Außenminister gar nicht verstehen würden, was wir wollten, da sie ja glaubten, uns gerecht und menschlich zu behandeln (sh. Exodus-Fall). Hamburg insgesamt enttäuschend. Sind sie dort wegen und durch die Trümmer stärker desillusioniert?
Freitag, 26. 9. 17.30–18.45 Uhr bei Professor Heisenberg, Göttingen. Dem Plan gegenüber verständnisvoll abwägend, legt Hauptgewicht auf richtigen Zeitpunkt und inhaltliche Gestaltung. Hält vorherige Fühlungnahme mit anderer Seite (Gollancz) für zweckmäßig. Jedes Politische sei zu

vermeiden, schon »Anhörung« setze voraus, daß jemand da ist, den man sprechen läßt. Westmächte hätten das Steuer betr. Deutschland bereits herumgelegt. Wir hungern langsam spürbar. »Ich will nicht, daß es Deutschland, sondern daß es den Deutschen besser geht.« Westmächte müssen sich auf größere Einheit »Mitteleuropa« einstellen. Wir sollten den Alliierten nicht zu viel Verantwortung aus der Hand nehmen wollen. Sie müssen selbst sehen, wie schwer es ist, ein Land wie Deutschland (geographisch) zu regieren. USA werde Politik gegenüber Rußland versteifen. Bis spätestens 1950 müsse USA Atomkontrolle in Rußland in der Hand haben, auf Weg über UNO oder Krieg; USA würden Risiko des Krieges auf sich nehmen, um nicht Gefahr zu laufen, in Kriegsfall zu späterem Zeitpunkt alle Großstädte zu verlieren. Atomwaffe sei in der Lage, Stadt wie New York völlig zu zerstören. Heisenberg hält russisches Nachgeben für möglich, unter Wahrung des Gesichts Anschluß der Zone. – Will Plan mit englischem Schwager bei CCG [Control Commission for Germany], Gollancz-Kreis und Professor Rein besprechen.
Montag, 29. 9. [Minden] Mittags bei Fürstenberg. Längeres Gespräch mit amerikanischem Völkerrechtler Colonel Smith. Äußerte sich sehr scharf gegen das von Westalliierten in Deutschland begangene Unrecht (Rußland sowieso). Jeder Verstoß gegen Haager Konvention in letzten zwei Jahren werde heute schon bereut.

Brief an Landesbischof D. Hanns Lilje, Hannover, 30. 9. 1947

In der Zeit seit meinem Besuch bei Ihnen habe ich auf meiner dreitägigen Autoreise eine Anzahl Herren über den Ihnen von mir vorgetragenen Plan gesprochen. Es waren dies die Herren
    Oberlandesgerichtspräsident von Hodenberg
    Professor von Laun – Hamburg
    Professor Heisenberg – Göttingen.
Außerdem habe ich die Idee mit verschiedenen anderen Personen meines Bekanntenkreises besprochen.
Aus diesen Gesprächen konnte ich grundsätzliche Zustimmung zu diesem Plan entnehmen. Allgemein kam zum Ausdruck, daß zunächst von einem Versuch, die Politiker und leitenden Staatsmänner zu erfassen, abgesehen werden müsse; es erschien richtiger, sich zunächst eine genügende Anzahl von »Bundesgenossen« zu sammeln, um notfalls, bei den mit Sicherheit zu erwartenden Schwierigkeiten bei den Politikern auch ohne diese den Plan durchzuführen. Als Hauptsache erschien selbstverständlich die Formulierung des zu überreichenden Schreibens. Eine endgültige Vorstellung über

den Inhalt habe ich noch nicht gewonnen, doch klärt sich das Bild bei jeder neuen Besprechung. Professor von Laun, den ich um die endgültige Formulierung gebeten hatte, war etwas mißtrauisch (mir als ihm Unbekannten), erklärte sich aber grundsätzlich bereit, falls eine größere Anzahl von maßgebenden Persönlichkeiten ihn darum ersuchen würden.

Professor Heisenberg legte Wert darauf, die Stimmung auf der Gegenseite für eine derartige Aktion zu erforschen, um insbesondere Anhaltspunkte für die günstigste Gestaltung des Inhalts und die Wahl des rechten Zeitpunktes zu bekommen. Er wollte für diesen Zweck verwandtschaftliche Beziehungen zum Gollancz-Kreis ausnützen, ohne im einzelnen auf den Plan einzugehen. Darf ich in diesem Zusammenhang Sie, Herr Bischof, bitten, eventuell gelegentlich Ihres bevorstehenden Besuches in England bei den Ihnen geeigneten Persönlichkeiten entsprechend die dortige Meinung zu erforschen.

Ich beabsichtige in dieser Woche Nordwestdeutschland zu bereisen und die Rektoren und Oberlandgerichtspräsidenten in diesem Gebiet aufzusuchen. Gleichzeitig will ich versuchen, Fühlung mit Kreisen um Kardinal Frings aufzunehmen, um auch die Stellungnahme der Katholischen Kirche festzustellen. Sollte das Ergebnis der Besprechung in Nordwestdeutschland endgültig positiv sein, werde ich nächste Woche die entsprechenden Stellen in Süddeutschland aufsuchen. Zunächst werde ich grundsätzlich nur die kirchlichen Kreise, Rektoren und Gerichtspräsidenten für den Plan zu gewinnen suchen. Wegen einer Beteiligung der Politiker werde ich vorsichtig bei Bekannten vorfühlen.

Tagebuch
Mittwoch, 1. 10. Nachmittags Oldenburg, 2 Stunden bei Bischof Stählin. Trug ihm meinen Plan vor, dem er sofort rückhaltlos zustimmte. Ausgesprochen gegen Beteiligung der Staatsmänner und Politiker, da dadurch Kirchenführer in schiefe Stellung gerieten. Unmittelbarer Erfolg oder Nutzen sei nicht zu erwarten, doch manches müsse gesagt werden, gleich, ob etwas dabei herausspringt. So müsse der Pastor predigen und der Dichter dichten, auch wenn niemand es hört oder liest. Wichtig sei, bei geistigen Führern das Bewußtsein ihrer politischen Verantwortung zu wecken. Verpflichtung dazu jedoch nicht aus Politischem, sondern aus Moralischem erwachsend. Ablehnung der Parteien allgemein. Außenpolitisch dürfte Antibolschewismus nicht in Anti-Russisch ausarten. Augenblickliche akute Gefahr für christliche Welt aus dem Osten. Aber ungewiß, ob nicht in 10 Jahren die gleiche Gefahr, die in dem System des totalen Staates liege, aus dem Westen kommen könne. – Stählin, klein, untersetzt, mehr wie ein Arzt aus-

sehend, sehr energisch und wahrscheinlich eigensinnig, nicht unbedingt Freund von Lilje, auch nicht so bedeutend. Sprach von Gerstenmaier sehr positiv (der »Außenpolitiker der Kirche«, – »mir ist einer, der mit Recht selbstbewußt ist, lieber als einer, der mit Recht bescheiden ist«.). Gab mir Empfehlungsschreiben an Erzbischof von Paderborn mit.
Donnerstag, 2. 10. Universität Münster Rektor Prof. Lehnartz positiv. Quer durch Ruhrgebiet-Westfalen zu Freiherr v. Lüninck nach Wasserschloß Ansbach bei Engelskirchen, östlich von Köln. Langes nächtliches Gespräch über den Plan. Lüninck will selbst zu Kardinal Frings gehen. Bedenken gegen OLG-Präsidenten, da diese unendliches Unrecht duldeten und deckten.
Freitag, 3. 10. Nach Gießen. Rektor Prof. Czermak macht mit unter zwei Bedingungen:
a) Kenntnis des Textes,
b) daß alle Rektoren unterschreiben.
In Marburg Rektor verreist. Paderborn Erzbischof verreist. Abends Minden.

Brief des Oberlandesgerichtspräsidenten in Celle, Dr. Freiherr v. Hodenberg, vom 3. Oktober 1947

Bei Gelegenheit der Juristentagung in Bad Godesberg hat sich leider nicht die Zeit gefunden, mit einer größeren Anzahl von Herren über Ihren Plan Rücksprache zu nehmen. Die Tage waren derartig mit Vorträgen und Aussprachen besetzt, daß mir ruhige Rücksprachen mit den anderen Oberlandesgerichtspräsidenten leider nicht möglich waren. Ich habe aber mit Herrn Ministerpräsidenten a. D. Professor Dr. Geiler eingehend gesprochen, der ja in der amerikanischen Zone einen besonders weitgehenden Einfluß auf Angehörige aller Parteien hat. Er war von Ihrem Plan persönlich sehr eingenommen und teilte mir folgendes mit: Am 10. und 11. d. Mts. tagt in Heidelberg die sogenannte Aktionsgruppe Heidelberg, an der Herr Professor Alfred Weber maßgeblich beteiligt ist. Es handelt sich um etwa 150 Personen. Professor Alfred Weber hat die Absicht, der Tagung die Fassung einer Resolution vorzuschlagen, die sich mit außenpolitischen Fragen, etwa im Sinne der Richtung Ihrer Vorschläge, befaßt. Wenn auch naturgemäß das dort versammelte Gremium in keiner Weise zu vergleichen ist mit dem Kreis der Persönlichkeiten, den Sie für Ihre Entschließung vorgesehen hatten, so werden Sie dort doch sicherlich eine Reihe von Persönlichkeiten treffen, die Sie für Ihre Gedanken interessieren könnten. Vielleicht findet sich auch die Möglichkeit, die Weiterverfolgung Ihres Gedankens mit den dortigen Beschlüssen in Einklang zu bringen.

Brief an den Oberlandesgerichtspräsidenten Dr. Freiherr von Hodenberg, Celle, vom 8. 10. 1947

Es ist mir leider nicht möglich, an der Tagung der Aktionsgruppe Heidelberg teilzunehmen. So dankbar ich für die Anregung bin, so glaube ich doch nicht, daß es bei dieser großen Versammlung möglich sein wird, in Ruhe mit einzelnen Herren zu sprechen. Auch dürfte die Gelegenheit insofern nicht ganz günstig sein, als die Mitglieder der Aktionsgruppe in erster Linie auf ihre eigene Resolution eingestellt sein und für andere ähnliche Pläne kein allzu großes Interesse haben werden. Jedoch bin ich ganz besonders dankbar für die Einführung, die mir durch Ihr Gespräch bei Herrn Dr. Geiler gegeben ist, da ich auf jeden Fall vorhatte, ihn aufzusuchen. Ich werde morgen nach München fahren und unterwegs die entsprechenden Stellen in Fulda, Erlangen, Würzburg usw. besuchen. Nach Klärung in München werde ich evtl. über Freiburg nach Stuttgart und Heidelberg fahren.

Nach dem bisherigen Erfolg in Norddeutschland glaube ich annehmen zu können, daß ich auch in Süddeutschland grundsätzliche Zustimmung finden werde. Ich war kürzlich bei Herrn Bischof Stählin, der mich sehr lebhaft unterstützte. Ferner gewann ich den ehemaligen Oberpäsidenten der Rheinprovinz, Freiherrn von Lüninck, der persönlich mit Kardinal Frings sprechen will.

Nach Abschluß der Reise nach Süddeutschland hoffe ich Ihnen weiter berichten zu können. Insbesondere beabsichtige ich dann Klarheit über die Formulierung zu bekommen, über die ich möglicherweise mit Herrn Professor Thielicke – Tübingen – sprechen will.

Tagebuch
Donnerstag, 9. 10.   Geplante Abreise fällt aus, da Wagen beschädigt.
Freitag, 10. 10.   Morgens früh ab Minden nach Süden.
Sonnabend, 11. 10.   Mittags in Bamberg bei OLG-Präsident Dr. Dehler, der positiv zum Plan steht.
Erlangen Rektor verpaßt.
Nachmittag München Pater Augustinus Rösch (Häftling aus Lehrter Straße, Kreisauer Kreis), gewaltiger, eindrucksvoller Kopf, dessen Klugheit und überwältigende, durchdringende Kenntnisse schon beim Ansehen zum Ausdruck kommen. Über einzelne: Faulhaber sehr alt, manchmal bei körperlicher Schwäche schwer entschlußfähig; aus natürlicher Höflichkeit

Frings den Vortritt lassen. Weihbischof Neuhäusler von Freising nicht sehr bedeutend. Erzbischof von Würzburg sehr engstirnig und stur, würde aber bei Empfehlung von Frings und Faulhaber mitmachen. Sehr gegen Niemöllers Schuldbekenntnis.

Zum Plan: Erst abwaren, was Lüninck bei Frings erreicht, dann Frings bitten, falls positiv, an Faulhaber zu schreiben. Rösch will in München weitere Schritte unternehmen, um Sache zur Durchführung zu bringen. Für Text schlägt er Reinhold Schneider vor, der auch mit Erzbischof Gröber von Freiburg sprechen soll. Gröber sei Künstler, ebenso impulsiv und Stimmungen unterworfen, malt, dichtet und photographiert. Bei ihm sei es wesentlich, den günstigsten Augenblick zu fassen, da bei mangelnder Disposition Mißerfolg möglich. Wenn Gröber aber dafür sei, werde er der stärkste Motor sein. Von besonderer Bedeutung sei, daß die Aktion durch gleichlaufende Appelle der ausländischen Kirchen und sonstiger Kreise unterstützt werde. So wäre ein entsprechender Aufruf [des Bischofs] von Chichester und den englischen Kirchenfürsten (durch Lilje) anzuregen. Von besonderer Wichtigkeit aber sei es, daß man den Papst von dem deutschen Plan unterrichtet und ihn bittet, ebenfalls zur Konferenz der Außenminister an alle Kirchenfürsten in Europa ein entsprechendes Schreiben zu richten, in dem auf erfolgte Appelle zur Wahrung von Gerechtigkeit hingewiesen wird. Rösch glaubt, daß die deutschen Kreise, die täglichen Zugang zum Papst hätten, einen solchen Gedanken fördernd unterstützen würden. Rösch überlegte bereits, welche Person als Bote nach Rom in Frage käme, und will diesen Gedanken nach Klärung der Ansicht von Frings weiter bearbeiten.

Ich wies darauf hin, daß die deutsche Aktion jedoch unabhängig davon geschehen müsse, was R. auch als richtig ansah. Es entsteht sonst die Gefahr, daß eine einseitig katholische Angelegenheit daraus wird.

Sonntag, 12. 10. Morgens nach München. 1½ Stunden bei Landesbischof Meiser. Ein älterer Mann, mit weißem Haar und weißem Schnurrbart, sehr viel redend (fast zu viel), freundlich, aber im Grundsätzlichen vorsichtig. Erkannte den Plan als wesentlich an, empfahl bei Formulierung einen Berufsdiplomaten hinzuzuziehen, da man unendlich vorsichtig sein müsse. Erwog zunächst die Beteiligung der Ministerpräsidenten, wobei er insbesondere auf Ehard hinwies, der doch weitgehendes Vertrauen genieße, schloß sich dann jedoch meinen Einwendungen an, daß 1. diese Politiker nicht ausschließlich ihrem Gewissen verantwortlich seien, und 2. durch politische Einflüsse leicht auch die Bischöfe in schwierige Stellung gerieten. – Es treffe zwar zu, daß die nicht-kirchlichen, geistigen deutschen Führer im Dritten Reich weitgehend versagt hätten, doch sprächen sie jetzt doch manch offenes Wort, so kürzlich bei einer »round table conference« mit Amerikanern. Es sei zweifelhaft, ob gegen die materialistische Welt mit idealistischen Dingen anzukommen sei.

Rektor der Universität, Professor Dr. Wenzel, Philosoph, vorsichtig, aber herzlich zustimmend.

Dann lange bei Dr. med. Spanier, Vorsitzender der jüdischen Kultusgemeinde. Echter Münchener, sehr gemütlich und warmherzig, fühlte ganz ohne Haß als Deutscher. Er war mir von Rösch, Meiser und Rektor Wenzel empfohlen worden als der maßgebende Mann in der jüdischen Religionsgemeinschaft.

Dr. Spanier begegnete mir mit vollendeter Freundlichkeit und Güte. Ende 60, war er mit seiner Frau seit 1942 in Theresienstadt, aus dem er lebend wieder herausgekommen ist. In dieser ehemaligen österreichischen Festung, in der früher einschließlich Garnison 4 000–5 000 Menschen wohnten, lebten zeitweise bis zu 70 000 Juden in eigener Verwaltung unter Führung eines Ältestenrates, dessen Vorsitzende nach und nach umgebracht wurden. Von Gaskammern nie etwas erfahren, da Transporte immer getarnt (Palästina, besseres Lager), und nie jemand zurückkehrte. Es treffe zu, daß der Großteil des deutschen Volkes ebenfalls nichts von allen diesen Dingen gewußt habe, doch hätten viele Offiziere und Soldaten doch von den Massenermordungen der Juden in Rußland gewußt oder erfahren. Hinsichtlich meines Planes war S. durchaus positiv eingestellt. Als einziger deutscher Rabbiner käme Aaron Ohrelstein in Frage, der zum Oberrabbiner des jüdischen Gemeindeverbandes von Bayern gewählt worden sei. Dieser sei zwar aus Polen, habe aber lange in Breslau gelebt und hätte Verständnis für Zusammengehen mit den christlichen Kirchen. Er, Spanier selbst, habe dies kürzlich bei einer Rede auch betont. Religion bestehe letztlich in der Forderung der sittlichen Ideale, und in diesem Streben nach Menschlichkeit sei die jüdische Religion die älteste und ursprüngliche: aus ihr sei dann ja auch die christliche Religion hervorgegangen. Spanier will die Angelegenheit mit Ohrelstein besprechen, und ich soll den fertigen Entwurf an ihn übersenden. Versuch, OLG-Präsident Welsch zu sprechen, ergebnislos.

Montag, 13. 10.   Von München nach Freiburg.

Dienstag, 14. 10.   Zunächst bei Prof. Erik Wolf in der Universität. Dann Reinhold Schneider. Nachmittags lange bei Prof. Gerhard Ritter. In Universität mit Dr. Welte, Sekretär von Erzbischof Gröber, gesprochen, der Erzbischof verständigen und Bescheid an Rösch geben will.

Mittwoch, 15. 10.   Früh bei OLG-Präsident Wössner, Zustimmend, aber sehr ängstlich und formal.

Bei strömendem Regen durch Nordschwarzwald nach Stuttgart. Im [Evangelischen] Hilfswerk mit Georg Federer und Bia Yorck gesprochen. Landesbischof Wurm sehr gütig und freundlich, völlig zustimmend und jede Unterstützung zusagend.
Donnerstag, 16. 10. Über Karlsruhe nach Heidelberg, Universitätsrektor Kunkel. Dann Wiesbaden Prof. Geiler.
Freitag, 17. 10. Morgens nach Frankfurt. Zunächst bei OLG-Präsident Moers, dann Universitätsrektor Hallstein, der sehr zurückhaltend war: Die Rektoren hielten sich von jeder politischen Stellungnahme zurück, um nicht einige Zeit später zu Revisionen gezwungen zu sein. Nach dem schlechten Ruf, den sie im Dritten Reich erworben hätten, seien sie jetzt sehr vorsichtig. (Der Mann sieht nicht, daß gerade dies der Anlaß für den schlechten Ruf ist.) Bei jüdischer Gemeinde wirres Durcheinander, erhielt schließlich Adresse vom Oberrabbiner in Berlin. Nachts an Minden. Todmüde und verhungert.

Brief des Erzbischöflichen Sekretärs, Dr. B. Welte, Freiburg, vom 17. 10. 1947

Seine Exzellenz, der Herr Erzbischof, begrüßt den Plan, den ich ihm gestern vortragen konnte; er ist grundsätzlich bereit zur Unterzeichnung, will aber natürlich die endgültige Gestalt des Textes und der Sache überhaupt abwarten, um sich dann zu entscheiden. Ich zweifle nicht daran, daß die Entscheidung positiv sein wird. Ich wollte Ihnen dies in Kürze mitteilen, P. Rösch unterrichte ich gleichzeitig.

Brief an Reinhold Schneider vom 18. 10. 1947

Von meiner Reise zurückgekehrt, ist es mir ein aufrichtiges Bedürfnis, Ihnen noch einmal meinen wärmsten Dank zu sagen für das große Wohlwollen und Entgegenkommen, das Sie mir und meinem Plan entgegengebracht haben. Bei den weiteren Besprechungen, die ich nach meinem Besuch bei Ihnen gehabt habe, kam immer wieder zum Ausdruck, wie sehr Ihr Einverständnis und Ihre Bereitwilligkeit zur Anfertigung des Entwurfs der Sache dienlich und nützlich sei, und daß dadurch eine wesentliche Förderung des Gedankens erreicht sei. Ich hoffe von Herzen, daß Ihr Gesundheitszustand es Ihnen erlauben wird, den Entwurf anzufertigen.
Wenn ich im folgenden noch einiges zu dem beabsichtigten Aufruf sage, so bitte ich Sie, dies nicht falsch aufzufassen. Ich möchte Ihnen nur noch einige Gedanken mitteilen, die mich überhaupt veranlaßt haben, den Versuch zu wagen, einen derartigen Plan in die Wirklichkeit umzusetzen.

Um nicht den Eindruck billiger Schmeichelei zu erwecken, habe ich es bei dem Gespräch mit Ihnen unterlassen, auf die große Bedeutung hinzuweisen, die Ihr Buch »Las Casas vor Karl V.« für das Entstehen des Gedankens gehabt hat. Ich hatte es kürzlich zum ersten Mal in die Hände bekommen und war tief beeindruckt von der Parallelität der Situation; ich hoffte, daß heute ein ähnlicher Mann aufstehen würde, um den Mächtigen der Welt ihre Verantwortung vor Gott vorzuhalten. Ein Mann mit der gleichen Reinheit des Wollens und der gleichen Überzeugungskraft. Las Casas war, wie die Deutschen und die Männer, die heute den Appell an die Westmächte richten sollen, nicht frei von tiefer Schuld und Sünde, und gerade dies gab ihm das Recht und die innere Verpflichtung, seine Stimme zu erheben und gerade aus dem Bewußtsein der eigenen Schuld heraus andere zu mahnen, nicht den gleichen Weg des Unrechts wider Gottes Gesetz zu gehen. Es ist im Sinne des Gleichnisses vom Lazarus, daß wir wie Las Casas den Mächtigen helfen, »Mose und die Propheten zu hören«.

Zu Ihrer Information möchte ich noch einmal darauf hinweisen, daß der Appell gerichtet werden soll an die Außenminister von England, der USA und Frankreich zu der am 24. November beginnenden Londoner Konferenz. Möglicherweise wird eine Veröffentlichung in der deutschen Presse nicht stattfinden, sondern der Appell soll in Form eines unmittelbaren persönlichen Briefes an die genannten Männer gerichtet werden. Doch ist hierüber die letzte Entscheidung noch nicht gefallen; den Entwurf bitte ich jedoch in dem Sinne zu verfassen, daß die 3 Männer persönlich angesprochen werden sollen. Die Unterzeichnung soll stattfinden durch sämtliche Kardinäle und Bischöfe der katholischen Kirche, durch die Bischöfe der evangelischen Kirche und die beiden Oberrabbiner in Berlin und München sowie durch die Universitätsrektoren und Oberlandesgerichtspräsidenten der drei Westzonen und evtl. von Berlin. Außer von den Kardinälen und Bischöfen der katholischen Kirche habe ich von maßgebenden Männern all der genannten Gruppen die grundsätzliche Zustimmung erhalten, so daß bei einer Einigung über den Wortlaut wirklich ein gemeinsames Auftreten des gesamten führenden geistlichen und geistigen Deutschlands erreicht wird.

Brief an Pastor Martin Niemöller, vom 18. 10. 1947

Bei der bevorstehenden Londoner Konferenz der Außenminister werden aller Voraussicht nach die Entscheidungen über Deutschland wieder ausschließlich nach machtpolitischen und Prestige-Gesichtspunkten getroffen werden. Eine Anhörung von Deutschen ist nicht beabsichtigt. Gesichtspunkte der Gerechtigkeit und der Menschlichkeit dürften nach den bisherigen Erfahrungen nicht als Grundlage für die zu treffenden Entscheidungen dienen. Die Forderungen der Atlantik-Charta finden auf Deutsche keine Anwendung. Unter diesen Umständen erscheint es erforderlich, daß noch einmal an die Außenminister appelliert wird, vom Wege der Gerechtigkeit und Menschlichkeit nicht abzuweichen. Ein derartiger Appell aus deutschem Munde darf nicht aus nationalistischen Beweggründen erfolgen und soll nicht der pharisäische Ausdruck eines Besserwissens sein. Er soll vielmehr unter voller Anerkennung unserer eigenen Schuld vor Gott eine Warnung und eine Mahnung sein, nicht von Gottes Geboten abzuweichen. Wir Deutschen haben in Kenntnis dessen, was geschieht, wenn man vom Wege des Rechts und der Menschlichkeit abgeht, das Recht und die Pflicht, auf diese Folgen hinzuweisen. Es soll den Mächtigen dieser Welt ihre Verantwortung vor Gott gezeigt werden, im Sinne des Gleichnisses vom Lazarus sollen sie gemahnt werden, »Mose und die Propheten« zu hören.

Um jede politische Tendenz und Auswertung zu vermeiden, soll dieser Appell nicht ausgehen von Staatsmännern und Politikern, die ohnehin im Ausland wie im Inland nur geringes Ansehen besitzen, sondern lediglich von Männern, die ausschließlich ihrem Gewissen verantwortlich sind. Die geistlichen und geistigen führenden deutschen Männer sollen um Gerechtigkeit für die deutschen Menschen bitten, da diese keinen anderen Fürsprecher haben. Durch eine derartige Aktion sollen rein geistige Kräfte wirken, die vielleicht und wahrscheinlich keine unmittelbaren materiellen Erfolge zeitigen werden, jedoch eben als geistige Kräfte nie wirkungslos im tieferen Sinn sein können.

In Weiterführung des ursprünglichen Gedankens hat Pater Roesch angeregt, daß die evangelischen Kirchen in England und den USA sowie der Vatikan von diesem Vorhaben unterrichtet und gebeten werden, von sich aus ähnliche Mahnungen und Appelle an die Außenminister zu richten, um den einheitlichen Wunsch der christlichen und geistigen Kräfte in der Welt nach Gerechtigkeit und Menschlichkeit – nicht nur für die Deutschen zum Ausdruck zu bringen. Pater Roesch hat zugesagt, daß er von sich aus für eine derartige Verständigung des Vatikans Sorge tragen wird. Wenn ich Ihnen heute dieses alles mitteile, so ist es neben dem Wunsch, vorbehaltlich der endgültigen Formulierung auch ihre grundsätzliche Zustimmung zu dem Vorhaben zu erreichen, vor allem die Bitte zu prüfen, ob Sie durch Ihre Verbindungen mit den evangelischen Kirchen des Auslandes in der Lage sind, eine entsprechende Mitteilung und Anregung an diese Kirchen gehen zu lassen. Ich bin überzeugt, daß eine derartige geschlossene Aktion völlig unpolitischen und selbstlosen Charakters letztlich ihre Wirkung nicht verfehlen kann.

Brief an Freiherrn von Lüninck, vom 18. 10. 1947

Wie Sie aus meinem Telegramm entnommen haben, habe ich in München mit Pater Roesch Verbindung aufgenommen. Er war sehr für den Gedanken eingenommen und hat sich bereit erklärt, die weitere Bearbeitung für Süddeutschland zu übernehmen, soweit es die katholischen Bischöfe betrifft. Er hielt jedoch eine Fühlungnahme mit Kardinal Faulhaber erst dann für zweckmäßig, wenn er Klarheit über die Stellungnahme von Kardinal Frings bekommt. Ich hoffe, daß Sie inzwischen Gelegenheit gefunden haben, mit dem Kardinal über die Angelegenheit zu sprechen, und wäre Ihnen außerordentlich dankbar, wenn Sie neben Pater Roesch auch mich das Ergebnis wissen lassen würden.
Der ehemalige Ministerpräsident von Hessen, Prof. Geiler, den ich auch sprach, berichtete von einem ähnlichen Schritt von seiten sämtlicher Parteien und sonstiger angesehener Persönlichkeiten des öffentlichen Lebens. Wir waren aber einig, daß die beiden Aktionen sich nicht überschneiden und beide ihren eigenen Wert haben. Die von ihm ins Auge gefaßte Möglichkeit einer Zusammenfassung beider Aktionen bejahte ich unter Vorbehalt endgültiger Entscheidung unter der Bedingung, daß die Linksradikalen dabei nicht beteiligt würden.

Brief an Pater Augustinus Rösch, vom 18. 10. 1947

Nach dem Ergebnis der Besprechungen erscheint es angebracht, daß hinsichtlich der Kirchen die entsprechenden Herren aus allen vier Zonen und von Berlin den Aufruf unterzeichnen, während man bei den Rektoren und Oberlandesgerichtspräsidenten auf die Mitwirkung der Herren aus der russischen Zone wird verzichten müssen, da diese nicht als völlig frei in ihren Handlungen und Entscheidungen anzusehen sind. Ich befürchte lediglich, daß die technischen Schwierigkeiten es fraglich erscheinen lassen, daß sämtliche Unterschriften zum erforderlichen Zeitpunkt eintreffen werden. Dies hängt aber wohl in erster Linie davon ab, wann Reinhold Schneider den Entwurf fertiggestellt haben wird und wann eine Einigung darüber erreicht sein wird.

Brief von Reinhold Schneider, Freiburg, vom 15. 10. 1947

Hier sende ich den Entwurf, nachdem Ihre Ausführungen mich davon überzeugten, daß ich mich dem Versuch nicht entziehen soll. Es ist klar, daß ich nicht unterzeichne, – da ja an Männer ganz anderer Stellung gedacht ist; aber ich stehe zu meinem Wort, solange dieses ohne Änderung beibehalten wird. Zur Verfügung kann ich es allerdings nur unter der Voraussetzung stellen, daß Ihnen die einheitliche Zusammenfassung gelingt, von der Sie mir gesprochen haben. Die Beteiligung einiger weniger hätte keinen Wert.

Noch einmal: es ist nur ein Entwurf, der gerne vor besserem zurücktritt.

[Entwurf]

Die unterzeichneten Männer gehorchen einem Gebot ihre Gewissens, indem sie sich vor Beginn einer voraussichtlich entscheidungsschweren Konferenz an die verantwortlichen Außenminister wenden. Oft ist seit dem Mai 1945 im Ausland, auch von wohlmeinenden Männern, der Vorwurf erhoben worden, daß das deutsche Volk keine einheitliche sittlich-politische Haltung zeige, die Vertrauen einflößen und rechtfertigen könne. Wir beantworten in diesem Augenblick diesen Vorwurf nicht. Gewiß ist nur, daß die Aussicht auf eine solche Haltung unter der Fortdauer des gegenwärtigen Zustandes, unter der Enttäuschung einfach menschlicher, allzu berechtigter Hoffnungen von Tag zu Tag geringer werden muß. Wann nun soll sich eine solche Haltung zeigen, wenn nicht in dem Augenblick, da über die Lebensbedingungen und Daseinsformen des deutschen Volkes weitreichende Beschlüsse gefaßt werden sollen? Wir bitten darum, vertrauenswürdige, kundige Männer, Deutsche in Angelegenheiten des deutschen Volkes, anzuhören.

Die Versuchung liegt nahe, in einem gewissen einseitigen Sinne von der Not Deutschlands zu sprechen. Wir bemühen uns ernstlich, sie zurückzuweisen. So inständig wir die Linderung dieser Not wünschen und wünschen müssen, so sehr sie uns bedrückt, so vergessen wir doch nicht, was andere Völker an Verfolgung, Unrecht und Not erduldet haben und noch erdulden, und daß die gegenwärtige Not Deutschlands im Zusammenhang mit der Verantwortung für dieses Leiden der andern steht. Mehr noch als um die Überwindung der Not geht es um den Frieden. Zu ihm wollen wir beitragen an unserer Stelle. Seinetwegen suchen wir Gehör. Der Friede läßt sich allein gründen auf die allumfassende, unverrückbare Ordnung des Rechts, der Sitte, der verantwortlichen Freiheit eines jeden. Wir wissen, wieviel an dieser Ordnung in Deutschland und von Deutschland aus gesündigt worden ist. Die Genugtuung, die dafür erbracht werden muß, könnte von materiellen Werten nicht erschöpft werden. Sie muß eine geistig-sittliche Leistung sein: das inständige Streben, die Ideen und Kräfte zu überwinden, die zur schuldbeschwerten Katastrophe Europas geführt haben; sie kann nur in einem anderen, geläuterten Sein, Denken, Handeln gefunden werden. Darum ist es unser erstes Anliegen, daß die guten Kräfte unseres Volkes gerettet, gestärkt, ermutigt, zum Wirken in verantwortlicher Freiheit berufen werden. Solche Kräfte lassen sich von außen nicht ersetzen, nicht hereintragen, wohl aber erhalten und steigern. Es hätte keinen Sinn, von Verantwortung, Verfehlung, Wiedergutmachung zu sprechen, ohne Anerkennung eines unzerreißbaren, auf unveräußerlicher Menschenwürde ruhenden Zusammenhanges. Wir wünschen nichts so sehr, als daß dieser Weltzusammenhang als bestimmende, entscheidende Wirklichkeit, die Verantwortlichkeit Aller für Alles, die Gewissensverantwortung vor der Welt, als ein Anteil am Weltgewissen einem jeden Deutschen auf eine sein ganzes Leben und Trachten durchherrschende Weise zu eigen würde. Das kann ohne ein Zeichen von außen, ohne eine gewisse Art von Großmut, die sich in der Bereitschaft, zu hören und zu verstehen, anzuerkennen, zu helfen, zeigen würde, nicht geschehen. Sie ist das Vorrecht der Sieger. Indem wir uns rücksichtslos unter unser Gewissen gegenüber Gott und der gesamten Welt stellen, erlangen wir vielleicht das Recht, auf diese Großmut zu hoffen.

Wir sehen die guten, zur Arbeit an der Läuterung und sittlichen Festigung berufenen Kräfte in der wachsenden Gefahr, entmutigt und aufgerieben zu werden. Wer wird ihnen glauben, wenn der Zusammenhang, in den sie führen möchten, nicht sichtbar, wirksam wird? Es ist allein der Geist lebendigverantwortlichen, wahren Frieden unbedingt erstrebenden Zusammenwirkens, der Geist des Angewiesenseins Aller auf Alle, der helfen kann. Er muß einen jeden Bezirk des Glaubens, Denkens, der Politik und Wirtschaft durchdringen. Wir wissen und haben es tief erfahren, daß kein Volk aus sich selbst genesen kann: es bedarf der Mithilfe Aller; keines kann in sich selber die Gesetze der Ordnung, des Friedens finden und begründen, sondern nur im Verhältnis zu anderen Völkern. Dieser Zusammenhang kann wohl übergangen und mißachtet, aber nicht aufgehoben werden. Es müßten aber Alle die Freiheit finden, in ihm nicht nur zu denken und zu hoffen, sondern zu handeln. Es ist unser fester Glaube – gerade der Glaube unserer Erfahrungen –, daß der Menschheit in diesem Augenblick die Möglichkeit einer bedeutungsvollen Wende zum Besseren, zu einer vertieften Gemeinschaft aufgegangen ist. Wir sind überzeugt, daß diese Einsicht nirgendwo ernster genommen werden muß als in Deutschland. Wir tun es, indem wir Verantwortung fordern. Noch sind die Verpflichtungen an Glaube, Recht und Sitte lebendig, die nicht entbehrt werden können und die den Anfang eines Vertrauens rechtfertigen, sie sind vielleicht der Ertrag der Opfer echten Menschentums, die auch unser Volk aufgebracht hat. Ohne eine Art von Überwindung wird nach allem, was zwischen den Völkern geschehen ist, der Anfang des Vertrauens nicht möglich sein. Aber ohne diese Überwindung kann keine Hilfe geleistet, die Welt nicht wahrhaft befriedet, die allverbindliche Ordnung nicht gegründet werden. Sie wird nicht hergestellt werden unter Ausschluß eines Volkes, nicht ohne Anerkennung seiner Verpflichtung, für sich selber einzustehen vor Allen und um Aller willen. Vielleicht sind die Völker noch jetzt einander näher als sie je gewesen sind: es könnte ein Geschenk ihrer Not, ihres Leidens und selbst der Verfehlung sein. Vielleicht bedarf es nur des Mutes und der Zuversicht zum Anfang echten Vertrauens, um diese Nähe fruchtbar zu machen in einer neuen Epoche der Geschichte.

Unrecht wäre es, diese verheißungsvolle Möglichkeit zu verkennen, diese Hoffnung zu verschweigen. Ebenso unrecht wäre es, sich den brennenden Gefahren dieser Stunde zu verschließen. Die Wiederherstellung menschlicher Würde und neue unerhörte Erniedrigung stehen zur Wahl. Vertrauen allein erhöht und erhält den Menschen im Menschentum; Mißtrauen verdirbt. Das innere Geschick Deutschlands und seine entsetzliche Auswirkung auf die Welt haben bewiesen, was die Leugnung der Verantwortlichkeit bedeutet. Wir können und dürfen uns niemals damit abfinden, daß diese Erfahrung eine vergebliche werde. Man prüfe, wem man vertrauen will, aber mit der Bereitschaft, zu vertrauen. Gegen alle Gefahren, die den Menschen, den Frieden, das Recht bestürmen, gegen den Mißbrauch der Macht, eine vom Menschen sich lösende politische Tendenz ist keine andere irdische Hilfe als der Mensch in seiner eigentlichen Stärke: es ist der Mensch in seiner von Gott geschaffenen Freiheit, mit seiner ihm auferlegten Würde und in seinem Glauben an Gott. Nur Menschen, die in dieser Art gebunden und bereit sind, dem Rechte und dem Frieden ein jedes Opfer zu bringen und sich selber zu opfern, können helfen. Auch die beste Absicht und Einsicht eines Staatsmannes kann nicht darauf verzichten, nach Menschen dieser Art unermüdlich, mit unzerstörbarer Zuversicht zu suchen und sie zu befragen und anzuhören, wenn es sich darum handelt, die Umstände zu bestimmen, unter denen künftig ein großes Volk leben, arbeiten, seinen Beitrag zum Ganzen leisten soll. Auch wird ohne ihre Mitwirkung die Gefahr fortschreitender Zerrüttung unveräußerlicher Kräfte schwerlich gebrochen werden. Und diese Gefahr wird so lange alle Völker bedrohen, wie auch nur ein einziges Volk nicht in den vollen Ernst seiner Verantwortung, seines Einsatzes zurückgeführt und dem Weltgewissen verpflichtet worden ist.

Ohne Warnung, ohne die Versicherung opfermutiger Bereitschaft können wir den Verfall der Kräfte nicht ansehen, von denen wir glauben, daß sie noch im Stande wären, in ernster, geduldiger, zuversichtlicher Arbeit die innere Wandlung Deutschlands zu bewirken, die von einsichtigen Staatsmännern aller Völker erwartet wird als Grundstein echten Friedens.

Brief von Reinhold Schneider, Freiburg, vom 20. 10. 1947

Hoffentlich haben Sie den Entwurf erhalten. Falls er Ihnen verwendbar scheint, fügen Sie doch bitte noch, in besonderem Absatz, diese Schlußworte an:

»Hilfe ist dringend geboten. Aber der ganzen Not wird nur werktätiger Friede begegnen, mit der ermutigten, nicht der gebrochenen Arbeitskraft unseres Volkes.«

[Der Entwurf von Reinhold Schneider wurde in den Tagen vom 20.-22. Oktober an die Beteiligten mit der Bitte um Stellungnahme übersandt.]

Brief an Bischof Lilje, vom 21. 10. 1947

Das wesentlichste Ergebnis aller Besprechungen war, daß es sich um einen rein geistig-sittlichen und letztlich religiösen Appell an das Gewissen der betreffenden Außenminister handeln soll, wobei jede nationalistische oder politische Färbung vermieden werden soll. Daraus ergibt sich folgerichtig, daß eine Beteiligung der deutschen Staatsmänner, Parteiführer, Gewerkschaftler usw. nicht in Frage kommt. Diese Lösung erwies sich dann auch als richtig, da der ehemalige Ministerpräsident von Hessen, Professor Geiler, mit dem ich auch sprach, zur Zeit dabei ist, eine gesamtdeutsche Demonstration in Form eines Aufrufes aller Parteien, Ministerpräsidenten usw. von ganz Deutschland an die Außenministerkonferenz zu veranlassen. Wir waren uns darüber einig, daß eine Überschneidung der beiden Aktionen gerade wegen ihres ganz verschiedenen Gehaltes nicht zu befürchten ist.

Brief von Reinhold Schneider, Freiburg, vom 23. 10. 1947

Vielen Dank für Ihren so freundlichen Brief. Ich hoffe, daß Sie inzwischen meine beiden Briefe bekommen haben und wäre sehr froh, wenn ich Ihrer Sache damit einen Dienst tun könnte. Übrigens halte ich es für unerläßlich, daß die Landesregierungen rechtzeitig verständigt werden, nicht um mit ihnen zu handeln, sondern parallel.

Ich danke Ihnen noch sehr für das, was Sie von meiner Arbeit sagen. Das Los des Las Casas will allerdings immer wieder aufgenommen werden: es gehört zur Erdentragik, daß der Ankläger seines Volkes es vielleicht am ernstesten und besten mit ihm meint. Im übrigen gilt immer das Wort des Heiligen Franziskus: so zu leben, daß der Vorwurf dieses Lebens die Gottlosen im Gewissen trifft. Das ist die unerhört schwere Aufgabe des Christen.

Brief von Prof. Dr. von Laun, Hamburg, vom 24. 10. 1947

Es freut mich, daß Sie Erfolg gehabt haben: Dagegen glaube ich nicht, daß ein Schreiben von der Art des Entwurfs verfaßt werden sollte, den Sie Ihrem Brief beigelegt haben. Erstens ist es meines Erachtens viel zu lang, es würde von den entscheidenden Ministern niemals gelesen werden, sondern nur von ihren Referenten, die ihnen dann in ein paar Worten über den Inhalt berichten würden. Zweitens enthält die Schrift keine einzige konkrete Forderung oder Bitte. Denken Sie sich bitte einmal in die Lage der erwähnten Referenten. Was soll geantwortet werden, wenn der Minister fragt: Was wollen die Deutschen? und eine präzise Antwort in drei oder vier Sätzen erwartet? Drittens ist eine Art Schuldbekenntnis abgelegt. Das dürfen wir m. E. keinesfalls, denn wir sprechen vor allem im Namen von vielen Millionen absolut Unschuldiger, der unterdrückten Opposition, der Kinder und Jugendlichen, der zukünftigen Generationen, und auch von Millionen ehemaliger Nazis, die es nur gewesen sind, weil sie den Lügen geglaubt haben, deren einziges Verschulden also Leichtgläubigkeit war. Keinesfalls dürfen wir die barbarische Theorie von der Kollektivschuld unterstützen.
Sobald der Rummel des Semesteranfangs vorbei ist, können wir, wenn Sie wollen, noch darüber korrespondieren.

Brief von Botho von Wussow, Lüneburg, vom 24. 10. 1947

Ich sprach vergangenen Mittwoch mit Pater Rösch, leider nur kurz, aber dafür sehr konzentriert. Er sagte mir, Erzbischof Gröber habe ihm geschrieben und ihm zu seinem Brief gesagt, daß er mit Deinem Plan einverstanden sei und mitmachen werde. Dann sagte Rösch, daß es recht bedauerlich sei, daß Lüninck noch nichts von Kardinal Frings erreicht habe. Er schlug vor, Du solltest doch nochmal zu Lüninck fahren, denn die Sache sei sehr dringend. Ich gab ihm die Kopie Deines Briefes an Lüninck, die er sehr aufmerksam durchlas. Ich hatte den Eindruck, daß er eine Verbindung Deines Planes mit Geilers Plan ablehnte. Er befürchtete offensichtlich, daß eine Verquickung bei den katholischen Stellen Schwierigkeiten erzeugen würde. Dann war Rösch der Ansicht, daß der Appell an die Außenminister nicht direkt vom Papst in Rom unterstützt werden könnte. Er sagte: »Der Heilige Vater kann ja wirklich nicht an jemanden wie Molotow schreiben.« Ich sah das auch ein. Nun schlug Rösch vor, Du solltest zu Pater Ivo Zeiger gehen und ihm von Deinem Plan erzählen. Pater Zeiger ist in Cronberg bei Frankfurt und leitet dort eine Art von Päpstlicher Nuntiatur. Wenn irgend möglich, solltest Du Dir aber vorher das Einverständnis von Frings holen. Wir kamen dann zu der Ansicht, daß der Appell des Papstes an das Weltgewissen äußerlich ganz von Deinem Appell an die Außenminister getrennt werden müsse, aus den oben angegebenen Gründen.

Telegramm von Josef Kardinal Frings, Köln, vom 24. 10. 1947

Bei grundsätzlicher Bereitschaft zur Mitarbeit erscheint mir der vorgelegte Entwurf zu unklar unbestimmt darum ungeeignet erwarte neuen schlichteren Text verweise auf das Hirtenwort der westdeutschen Bischöfe vom 5. Februar 1947 – Josef Kardinal Frings.
[Dieses Telegramm wurde an Reinhold Schneider weitergeleitet.]

Brief von Prof. Dr. Karl Geiler, Wiesbaden, vom 25. 10. 1947

Was nun den Inhalt des Entwurfes anbelangt, so ist er sicher sehr eindrucksvoll. Ich meine aber, er müßte doch noch von einer Redaktionskommission der verschiedenen beteiligten Kreise überarbeitet werden, zumal auch die Formulierungen stellenweise etwas unklar sind.
Bedenken habe ich gegen den Inhalt des ersten Absatzes. Er ist mir, indem er ausführt, daß die Aussicht auf eine einheitliche sittlich-politische Haltung von Tag zu Tag geringer werde, zu negativ. Ich meine, es müßte hier zunächst positiv festgestellt werden, daß der weitaus größte Teil des deutschen Volkes unter dem Eindruck des furchtbaren Erlebens von dem machtpolitischen Denken und der Gewaltpolitik innerlich abgerückt ist und aufrichtige Sehnsucht nach Ordnung und Frieden hat. Dann könnte vielleicht im Anschluß daran gesagt werden, gerade, um diese innere Haltung nicht zu gefährden, daß das deutsche Volk nicht der Verzweiflung und der völligen Hoffnungslosigkeit ausgesetzt werden darf. Dabei könnte auch ausgeführt werden, daß das deutsche Volk gerade aus seiner Friedensliebe heraus bereit ist, mit allen geistigen Kräften sich in den Dienst einer Weltfriedensorganisation zu stellen und alle Bestrebungen zu unterstützen, welche zu einer Weltrechtsordnung führen.

Im übrigen müßte wohl das Schreiben auf ein Doppeltes gerichtet sein: Nämlich einmal, was ja in dem Entwurf auch zum Ausdruck kommt, auf eine Anhörung von Vertretern des deutschen Volkes bei der Gestaltung seiner Zukunft, und sodann ein Appell dahin, daß dem deutschen Volk eine Behandlung zuteil wird, die es nicht völliger Hoffnungslosigkeit preisgibt, und die ihm zugleich auch wieder eine stärkere Selbständigkeit in der Gestaltung des politischen und wirtschaftlichen Lebens gibt.

Brief von Prof. Dr. H. Rein, Göttingen, vom 27. 10. 1947

Herr Professor Heisenberg überbrachte mir Ihren Vorschlag zu einem Aufruf der geistig und geistlich führenden Deutschen an die Außenminister. Ich habe den Entwurf von Herrn R. Schneider mit Interesse und Sorgfalt gelesen. Ich stehe völlig zu diesem Plan. Nach meiner Kenntnis der Angelsachsen aber muß ich sagen, daß ich sehr fürchte, die Sprache des Entwurfes wird diesen völlig unverständlich bleiben. Sie ist zu abstrakt, zu typisch deutsch, zu kompliziert, Sie werden das auch feststellen beim Versuch, den Aufruf nun ins Englische zu übertragen. Auch scheint er mir zu lang und schließlich scheint es mir notwendig, einen handgreiflichen Vorschlag zu betonen: nämlich Deutsche vor der Konferenz oder bei der Konferenz anzuhören. Wenn man dann allerdings unsere bisherigen Parteileute anhören würde, so fürchte ich kaum ein günstiges Ergebnis.

Brief von Freiherrn von Lüninck, Alsbach, vom 28. 10. 1947

Nachdem erst Herr Kardinal Frings, dann ich verreist war, ist jetzt endlich eine mündliche Rücksprache möglich gewesen und ich habe Herrn Kardinal Ihre Pläne und Ihre Gedanken eingehend vortragen können.
Eminenz steht dem Grundgedanken in keiner Weise ablehnend gegenüber, sondern ist grundsätzlich bereit, an einem solchen Schritt mitzuwirken. Seine endgültige Entscheidung ist jedoch naturgemäß von der Formulierung des Schriftstückes abhängig. In der Hinsicht erachtet es Herr Kardinal Frings für notwendig, daß das betreffende Schriftstück sich darauf beschränkt, die naturrechtlichen unverlierbaren Ansprüche des deutschen Volkes und seiner Glieder zu formulieren und sich möglichst von jedweden politischen und wirtschaftlichen Forderungen, die nicht ihre zwingende Begründung im Naturrecht finden, so zweckmäßig sie auch sonst sein mögen, fernhält.
Diese Grundeinstellung entspricht ja auch durchaus dem, was mündlich zwischen uns besprochen war. Die Auswertung eines solchen grundsätz-

lichen Schrittes seitens der berufenen Repräsentanten des geistigen und sittlichen Lebens der deutschen Nation in konkrete Forderungen der Zweckmäßigkeit und Wirtschaftlichkeit muß dann durch die Träger des politischen Lebens in Deutschland erfolgen. Aus dieser Erwägung heraus halte ich persönlich eine Verbindung des Vorgehens der erstgenannten Gruppe mit Vertretern der Parteien und des politischen Lebens nicht für zweckmäßig, denn beide haben m. E. ganz verschiedene Aufgaben zu erfüllen.

Ob Herr Reinhold Schneider die bestgeeignete Persönlichkeit zur Formulierung einer solchen grundsätzlichen kleinen Denkschrift ist, bleibt abzuwarten. Es wäre nicht erwünscht, wenn er sich in wenig faßbaren, allgemeinen und mehr poetischen und rhetorischen Wendungen ergehen würde. Ich halte es für notwendig, daß die Denkschrift recht kurz sei und sich ganz konkret auf die Forderungen des göttlichen und menschlichen Rechts, der Sittlichkeit und der Menschlichkeit konzentriert.

Herr Kardinal Frings erwartet also, daß ihm zunächst der Entwurf einer solchen Denkschrift zugeht, er wird ihn prüfen und wenn er ihn billigt, wird er ihn selbst unterzeichnen und den übrigen Bischöfen mit einer entsprechenden Empfehlung zur Unterschrift übermitteln.

Telegramm an Reinhold Schneider, Freiburg, vom 30. 10. 1947

Landesbischof Lilje bittet um Berücksichtigung und Abstimmung mit Resolution Bad Boll die Ihnen durch Professor Ritter zugehen wird.

Brief von Dr. Freiherr von Hodenberg, Celle, vom 30. 10. 1947

Nach meinen bisherigen Erfahrungen besteht die größte Schwierigkeit in der Fertigstellung eines Entwurfs, der nachher nicht von allen Seiten Beanstandungen erfährt. Ob der mir von Ihnen übersandte Entwurf von Reinhold Schneider auch nur als Grundlage für eine solche Fassung dienen kann, ist mir persönlich, wie ich nicht leugne, recht zweifelhaft. Er ist auf der einen Seite nach meiner Ansicht zu lang, auf der anderen Seite selbst unter dem Gesichtspunkt eines rein geistig-sittlichen Appells vielleicht reichlich akademisch gehalten. Insbesondere bin ich auch der Meinung, daß solche Aufrufe eine gewisse Gliederung enthalten müssen, aus der die hauptsächlichen Forderungen oder Gesichtspunkte in irgendeiner besonders einprägsam oder eindrucksvollen Form gleichsam hervorleuchten, so daß sie als Hauptgesichtspunkte dem Leser besonders einprägsam bleiben. Bei dem Entwurf Schneiders aber handelt es sich um eine seiner geistigen Persönlichkeit durchaus angemessene, fortlaufende Erörterung, die dem

Wesen eines solchen Appells, wie ich meine, nicht gerecht wird. Ich darf annehmen, daß die Herren, die sich mit der Überarbeitung des Entwurfs befassen, auch von sich aus auf diese Bedenken stoßen werden.

Telegramm von Reinhold Schneider, Freiburg, vom 30. 10. 1947

Mitarbeit meinerseits wie erwartet aussichtslos ziehe Entwurf definitiv zurück – Reinhold Schneider

Tagebuch,
Freitag, 31. 10. Reinhold Schneider telegraphiert ab; anscheinend mit Kritik von Frings nicht einverstanden. Die Aufgabe dadurch wesentlich erschwert, da in kurzer Zeit schwer ein geeigneter Verfasser zu finden sein wird.

Brief von Landesbischof D. Wurm, Stuttgart, vom 1. 11. 1947

Mit bestem Dank bestätige ich den Empfang Ihres Briefes vom 20. Oktober und des beigelegten Entwurfs. Inhaltlich und grundsätzlich bin ich mit diesem Wort ganz einverstanden, aber formell und stilistisch scheint es mir nicht glücklich zu sein mit seiner schwerflüssigen Sprache. Könnte nicht eine neue einfachere Fassung versucht werden?

Brief an Prof. D. Helmut Thielicke, Tübingen, vom 3. 11. 1947

Wenn ich mich mit solcher Ausführlichkeit an Sie, sehr verehrter Herr Professor, wende, so veranlaßt mich dazu der Gedanke, ob Sie sich wohl dazu bereit erklären würden, einen Entwurf für einen derartigen Appell zu verfassen. Der frühere Oberpräsident Hermann Freiherr von Lüninck hat Ihren Namen dafür in Vorschlag gebracht, und ich folge diesem Vorschlag mit Freude, da ich aus der Kenntnis eines Teiles Ihrer Schriften heraus die Überzeugung gewonnen habe, daß in einem von Ihnen verfertigten Entwurf der Gedanke nach Form und Inhalt einen wirksamen und würdigen Ausdruck finden wird. Ich halte es – unabhängig von einem möglichen Erfolg oder Mißerfolg – für sehr wesentlich, daß durch einen solchen Aufruf bestätigt und vor der Geschichte niedergelegt wird, daß und wie im deutschen Menschen und in seinen geistigen und geistlichen Führern über allen Zwang und alle Trümmer hinweg das Gefühl für Menschenwürde und Menschenrecht und nicht zuletzt das Bewußtsein einer Verantwortung vor Gott lebendig ist und ausstrahlt.

Sehr störend für die Verwirklichung des Planes ist der kurze Zeitraum, der bis zum Beginn der Konferenz (25. 11.) zur Verfügung steht. Auch bei größter Eile wird es nicht gelingen, den Entwurf endgültig fertigzustellen und alle Unterschriften zu beschaffen und zum Beginn der Konferenz den Außenministern zukommen zu lassen. Da sich die Konferenz jedoch voraussichtlich über einige Wochen erstrecken wird, dürfte die unbedingte Einhaltung des Termins des Konferenzbeginns nicht notwendig sein.
Es ist vorgesehen, daß nach Vorliegen des Entwurfs ein kleines Gremium, bestehend aus je einem Vertreter der verschiedenen Gruppen, zusammentreten soll, um über die endgültige Fassung zu beraten und zu beschließen und mögliche Differenzen in den verschiedenen Auffassungen zu überwinden. Falls Sie, Herr Professor, die Güte haben würden, die Anfertigung eines ersten Entwurfes zu übernehmen, würden natürlich nach Möglichkeit Ihre Wünsche wegen Zeit und Ort einer solchen Besprechung berücksichtigt werden. Es war wegen der Reiseschwierigkeiten sonst daran gedacht, hier erreichbare Herren darum zu bitten, und zwar Landesbischof Lilje, Oberlandesgerichtspräsident von Hodenberg, Celle, Professor Rein, Göttingen und einen noch von Kardinal Frings zu benennenden Vertreter der katholischen Kirche.

Brief an Botho v. Wussow, Lüneburg, vom 3. 11. 1947

Es ist weit über Mitternacht hinaus, aber ich will Dir doch schnell danken für Deinen mir sehr wichtigen Brief und Dein Gedenken überhaupt. Heute hatte ich ein langes telephonisches Gespräch mit Roesch und Lüninck, wobei ich bei Roesch wieder ganz stark die große Güte, Menschlichkeit und Klugheit spürte, selbst über so weite Entfernungen hin wie von Minden bis München.
Anlaß war, daß Frings mir – auf einen unmittelbaren Brief von mir mit dem Schneiderschen Entwurf – telegraphierte, daß der Entwurf zu unklar usw. sei und er Vorlage eines neuen schlichteren Textes erbäte. Dies schickte ich an R. S. weiter in der Hoffnung, daß der Kardinal doch wirken würde. Dem war aber nicht so; er telegraphierte zurück »Mitarbeit meinerseits wie erwartet aussichtslos ziehe Entwurf definitiv zurück«. Das war ein kleiner Schlag.
Hinsichtlich Aktion Papst habe ich bei Roesch Mißverständnis aufgeklärt; habe niemals unmittelbare Aktion an Außenminister in Erwägung gezogen, überhaupt jeden Zusammenhang mit meiner Sache für unzweckmäßig und unmöglich gehalten.
Hatte dann noch mit Roesch am Telephon theologische Unterhaltung über

Naturrecht in katholischer und evangelischer Sicht. Wenn nur nicht die guten Theologen wegen dogmatischer Spitzfindigkeiten das große Ganze aus den Augen verlieren (ich meine hier nicht Roesch, der steht möglicherweise darüber).

Brief an Prof. Dr. Geiler, Wiesbaden, vom 3. 11. 1947

Hinsichtlich der Erwägung, ob eventuell eine Zusammenfassung Ihrer Aktion mit meinem Plan möglich und zweckmäßig sei, habe ich von mehreren Seiten doch schwerwiegende Bedenken mitgeteilt erhalten. Es wird auf die Notwendigkeit *beider* Aktionen hingewiesen, von denen jede jedoch ihre eigene, von der anderen wesentlich unterschiedene Bedeutung habe.

Brief an Pater Augustinus Roesch, München, vom 3. 11. 1947

Anschließend an mein heutiges Telephongespräch mit Ihnen sprach ich mit Freiherrn von Lüninck. Er riet dringend davon ab, den Herrn Kardinal Frings zu bitten, von sich aus die Anfertigung eines Entwurfes zu veranlassen. Der Kardinal habe seine Zustimmung unter der Voraussetzung erteilt, daß ihm ein Entwurf vorgelegt werde, wie er es ja auch in seinem Telegramm an mich zum Ausdruck gebracht hat. Es erschien Herrn von Lüninck unter diesen Umständen als unzweckmäßig und vielleicht sogar unhöflich, wenn man nun von dem Herrn Kardinal auch noch verlange, daß er seinerseits für die Fertigung des Entwurfes sorgen solle. Ich konnte mich der Berechtigung dieser Ausführungen nicht verschließen, insbesondere, da ja Herr von Lüninck selbst mit Seiner Eminenz gesprochen hatte, und habe daher, da die Zeit drängt und schnell gehandelt werden muß, nunmehr doch Herrn Professor Thielicke in Tübingen um die Anfertigung eines Entwurfes gebeten. Ich kann mir nicht denken, daß nicht über alle Schwierigkeiten hinweg trotz dogmatischer und sonstiger Bedenken eine Einigung auf einen Text erreicht werden kann. Allerdings halte ich es für möglich, daß sich an der »Schuldfrage« die Geister scheiden werden; insbesondere die weltlichen Herren stoßen sich schon jetzt daran. Ich halte es für unabläßlich, daß wir gerade aus unserer Schuld heraus die anderen warnen, nicht auch ebenso schuldig zu werden.

Telegramm von Professor Dr. Helmut Thielicke, Tübingen, vom 6. 11. 1947

Bereitschaft zum Entwurf – Helmut Thielicke

Brief von Reinhold Schneider, Freiburg, vom November 1947

Von Herzen wünsche ich, daß Ihr so wichtiges Unternehmen doch durchgeführt werden könne. Aber ich kann nichts weiter tun. Weniges hätte mir die innere Verfassung unseres Volkes – und gerade der führenden Schichten – so scharf vergegenwärtigen können, wie die beiden Telegramme. Ich kenne weder das Hirtenwort noch die Erklärung von Bad Boll; beide mögen treffend und wohlformuliert sein. Aber glaubt man denn wirklich, die andere Konfession werde ein solches Dokument unterschreiben? Ist es denn nicht möglich, aus dem gemeinsamen christlichen Gewissen zu sprechen zum Gewissen der Welt?
Sie haben eine gute Sache ergriffen. Zunächst kann es sich doch nur darum handeln, eine Sprache zu finden, die beantwortet wird. Aber –

Tagebuch
Freitag, 14. 11. Von Besigheim (Tagung der Preisbildungsstellen) über Stuttgart nach Tübingen. Nachmittags und abends bei Prof. Thielicke, der leider allzu langen und deswegen kaum brauchbaren Entwurf lieferte. Ausführliche Gespräche über Naturrecht und Zeitprobleme. Thielicke sehr impulsiv, temperamentvoll, weltlich umfassend belesen, scharf im Urteil.

Entwurf von Prof. Dr. Helmut Thielicke, Tübingen

Wenn wir uns gedrungen sehen, als Repräsentanten jener Schicht in Deutschland, die nicht politisch, sondern für die geistigen und religiösen Bereiche unseres Volkes verantwortlich ist, ein Wort an die maßgebenden Vertreter der ... zu richten, so tun wir das nicht, weil es uns dabei um realpolitische Zwecksetzungen im engeren Sinne ginge, sondern weil wir unter einer moralischen Nötigung stehen, die unserem Gewissen entstammt.
Wir sind uns dessen bewußt, daß jeder Versuch, von deutscher Seite so etwas wie einen moralischen Appell an die Siegermächte zu wagen, eine delikate Seite besitzt und daß uns das Argument, wir seien nach den Ereignissen unserer jüngsten Vergangenheit nicht zum Reden befugt, an einer schmerzlichen Stelle treffen müßte.
Trotzdem gibt es gewisse Grundrechte der Menschlichkeit, die zu vertreten auch unsere Aufgabe ist. Die Rechtsprechung aller Zeiten weiß davon, daß die richterliche und anklagende Instanz von sich aus und allein nicht in der Lage ist, das Recht zu finden, sondern daß auch die Betroffenen gehört werden müssen. Das perspektivische Bild der Zusammenhänge, das sich

von ihrem Standorte aus ergibt, sieht oft im Entscheidenden anders aus wie das Bild, das von außenher mit bestem Willen zu gewinnen ist. Darum meinen wir sprechen und jenes andere Bild vertreten zu müssen.
Wir denken dabei zugleich an die vielen und erfreulichen Verlautbarungen führender Staatsmänner der Siegermächte, denen wir entnehmen dürfen, daß man Gerechtigkeit und nicht Rache möchte und daß man den »Willen zur Macht«, der Deutschland selber und die Welt ins Unglück stürzte, nicht ohne den bändigenden und maß-setzenden Willen zum Recht betonen will. Die Staatsmänner der Siegermächte haben es an markanten Stellen der jüngsten Geschichte zum Ausdruck gebracht, daß sie etwas wissen von jenen Bindungen des menschlichen Lebens und der Völkerfamilie überhaupt, deren Preisgabe die eigentliche Ursache der von uns ausgegangenen und über uns gekommenen Krisen ist und deren Wiedergutmachung das unerläßliche Fundament für eine Genesung der Welt sein muß.
An diese feierlichen Kundgebungen appellieren wir kraft unseres Auftrages am Geiste und nehmen die Zusicherungen in Anspruch, daß weder unser noch ein anderes Land Mittel einer Machtpolitik, sondern Glied einer Völkergemeinschaft sein soll. Wir nehmen ferner die Zusicherungen in Anspruch, daß das eine oder andere Glied dieser Völkergemeinschaft auch dann nicht preisgegeben werden soll, wenn zerstörerische Wirkungen auf den Gesamtorganismus von ihm ausgingen, sondern daß es darum geht, auch solche gefährdeten Glieder ihrer wahren und sinnhaften Stellung im Ganzen wieder zuzuführen und ihnen die Möglichkeit der Wiedergenesung zu geben.
(Der große Wert, den die Besatzungsmächte auf die innere Erneuerung unseres Volkes und damit zusammenhängend auf die Frage der Erziehung und Umerziehung legten, zeigt uns, daß sie die Wurzeln des unter uns ausgebrochenen Unheils in inneren und geistigen Bereichen sehen.) Wir halten uns deshalb für befugt und verpflichtet, ein Wort über die innere Lage unseres Volkes zu sagen, wie sie sich in den zwei Jahren nach dem Zusammenbruch und unter der Herrschaft der Besatzungsmächte entwickelt hat.
Positiv darf zunächst und vor allem dazu bemerkt werden, daß der weitaus größte Teil des Volkes – bei weitgehendem Einschluß ehemaliger Nationalsozialisten – unter dem tiefen Eindruck der furchtbaren Katastrophe innerlich vom machtpolitischen Denken und Handeln abrückte und von einer ehrlichen Sehnsucht nach Ordnung und Frieden erfüllt war. Man würde diese Umkehr sicherlich falsch deuten, wenn man in ihr nur einen moralischen Kollaps angesichts der äußeren Erfolglosigkeit sähe. Vielleicht konnte es für die breiten Schichten unseres Volkes nur mit Hilfe jener totalen Erfolglosigkeit zu einer Krise des machtpolitischen Erfolgdenkens kom-

men, vielleicht konnte nur so die Frage nach den eigentlichen und echten Wertmaßstäben entbunden werden. Diese Ausschau nach den Möglichkeiten einer Neu-Orientierung äußerte sich zugleich in einer deutlichen und vom ganzen Volke gestellten Frage an die Siegermächte, welche hilfreichen Ideen sie für eine Wiedergeburt mitzubringen hätten. Diese Frage nach den Idealen der Menschlichkeit, des Rechtes und der Demokratie wurde mit heißem Herzen und in stürmischer Erwartung gestellt. Durch den Äther und selbst durch die entstellende Propaganda des Dritten Reiches waren Stimmen genug an unser Ohr gedrungen, die im Namen jener Ideale das unter uns ausgebrochene Unheil verurteilten und ihm die Prognose stellten, daß diesem Hochmut der Fall folgen müsse. Deshalb nahm der überwiegende Teil unseres Volkes die Niederlage nicht als Ergebnis der physischen Übermacht, sondern als ein Gottesgericht entgegen, in dem sich jene Ideale als geschichtsmächtig und ordnungstiftend und Ideologien der Schreckensherrschaft als ohnmächtig und chaotisch herausgestellt hatten.
Diese Haltung des deutschen Volkes bot den Siegermächten eine unerhörte Chance. Wir stellen mit Trauer und Sorge fest, daß diese Chance nicht genutzt, sondern weithin verspielt wurde. Wir sagen das nicht mit pharisäischem Unterton. Wir wissen, wie groß die Schwierigkeiten einer Besatzungsmacht sein mußten, die ein Trümmerfeld zu übernehmen hatte.
Wir wissen auch, daß eine gewisse Enttäuschung unvermeidlich sein mußte, weil das Übermaß der Niederlage und der inneren Hilflosigkeit – psychologisch verständlich – ein Übermaß an Erwartung gegenüber den Siegermächten gezeitigt hatte, dem keine Macht der Erde hätte Genüge tun können – auch dann nicht, wenn der so oft geäußerte gute Wille offensichtlicher in Erscheinung getreten wäre, als es vielfach geschah.
Trotzdem glauben wir, daß entscheidende Fehler begangen wurden, die verhängnisvoll wirkten und die offen auszusprechen unseres Amtes ist.
Eine ganze Reihe von Maßnahmen haben in unserem Volke den Eindruck erweckt, daß es auch in Zukunft keine Möglichkeit besitzen soll, als vollwertiges Glied in die Völkerfamilie zurückzukehren.
Zu diesen Maßnahmen rechnen wir:
1. Die Form (selbstverständlich nicht das Prinzip) der Entnazifizierung. Da zahlreiche und bis ins Einzelne gehende Korrekturvorschläge von deutscher Seite dazu vorliegen, gehen wir unsererseits nicht auf Empfehlungen ein, sondern stellen nur die entscheidenden Gesichtspunkte heraus. Diese lassen sich von einem einzigen Faktum aus entfalten. Die Richtlinien der Entnazifizierung gehen weithin von rein formalen Gesichtspunkten (Parteimitgliedschaft usw.) aus und sehen darum logischerweise eine Bestrafung

der in diesen Formalia sich äußernden oder scheinbar sich äußernden Gesinnung vor. Die durch jenen Formalismus bedingte Pauschalanklage zwingt einen großen Teil des deutschen Volkes fortgesetzt Unterlagen und Argumente der Selbstverteidigung herbeizuschaffen.
In dieser grundsätzlich falschen Anlage des Entnazifizierungsgesetzes sehen wir das schwerste und bedrohlichste Problem der deutschen Gegenwart, und wir stehen nicht an, daß es noch gewichtiger und bedrohlicher ist als die bedrängende Ernährungsfrage. Es ist im Bereich der inneren Nöte das deutsche Kardinal-Problem Nr. 1.
Die Mentalität der permanenten Selbstverteidigung, in die große Teile unseres Volkes dadurch gestürzt sind, neutralisiert jeden für eine Erneuerung so gewichtigen und auch von den Siegermächten mit Recht angestrebten Vorgang: daß die Schuldigen und Mitläufer von gestern ihr Irren und Verfehlen einsehen, und zu einem entschlossenen Bruch mit der Vergangenheit bewegt werden. Sie werden künstlich zu der widersinnigen Bemühung genötigt, das Unrecht von einst zu legitimieren und damit das geistige Milieu erzeugen zu helfen, in dem Widerstandsbewegungen zu gedeihen pflegen.
Auf diese Weise hat die uns überrollende Welle der Sinnlosigkeit und des neuen Unrechts jene positiven Ansätze zur Einkehr und zur Revision der Vergangenheit weithin hinweggerissen. Vielleicht ist ein Beispiel aus der Psychiatrie für diesen geistigen Vorgang erlaubt: Das Schuldproblem und damit auch das Umkehrproblem ist, ehe es in den Herzen bewältigt und bereinigt werden könnte, durch jene gewaltsamen Maßnahmen von außen her »weggeschockt« worden.
Wer heute das Schuldproblem öffentlich behandelt, gilt als Verräter und Saboteur jener erzwungenen Front der Selbstverteidigung. Wer es noch vorgestern anschnitt – in den letzten Zeiten der Schreckensherrschaft und gleich nachher – stieß auf wache Ohren und bereite Herzen. Der Schock ist keine Bereinigung.
2. Die politischen Internierungslager vereinigen wirkliche Verbrecher mit solchen, die z. T. völlig unschuldig in automatischer Haft unter z. T. menschenunwürdigen Zuständen gehalten werden. Sie sind wegen dieser flagranten Ungerechtigkeit eine Brutstätte der Verbitterung und tragen künstlich dazu bei, den Nazigeist nicht nur zu konservieren, sondern auch zu radikalisieren – selbst bei denen, die ihm zur Zeit seines staatlichen Machtbesitzes widerstanden haben. Das macht – ebenso wie gewisse Formen in der Behandlung der Kriegsgefangenen (besonders im Osten) – alle Versuche, im Namen der Demokratie das Ideal der Humanität zu proklamieren und die Unmenschlichkeit der Konzentrationslager zum Gegenstand des

Abscheus und damit zum Anlaß der Umkehr zu machen, illusorisch. Gewaltprinzip und Sklaverei werden als Formen politischen Handelns – unfreiwillig und entgegen der ursprünglichen Erziehungstendenz in die Vorstellungswelt vor allem der Jugend eingehämmert. Und gerade sie, die in einer Atmosphäre der Gewalt und Unmenschlichkeit heranwuchs, brauchte doch große Beispiele, brauchte den Tatbeweis, daß die Welt mit anderen Mitteln zu regieren ist. Ohne diese Demonstration des Ideals versinkt sie weiterhin in Skepsis und Nihilismus. Und woran sie selbst innerlich stirbt, müßte als Herd der Vergiftung auch andern zum Schicksal werden und damit die Rolle des Unheils, die wir zu spielen begonnen haben, verewigen.

3. In Nürnberg und andern Ortes sitzen die Sieger über die Besiegten zu Gericht. Nach der Meinung von Victor Gollancz (»Save Europa now«) und auch nach unserer Meinung wäre Nürnberg nur dann ein Tribunal der Menschheit, wenn Vertreter aller Nationen, auch der Neutralen und der Deutschen, auf dem Richterstuhle gesessen hätten und säßen. Denn, so folgert Gollancz, »wenn in einem Streit 10 Millionen Menschen einer Meinung und nur ein halbes Dutzend einer andern wären, so könnten nach westeuropäischen Rechtsauffassungen nicht die 10 Millionen in diesem Disput die Entscheidung fällen, sondern nur ein Unparteiischer, andernfalls sei es nicht mehr Rechtsprechung«.

Wir sprechen den alliierten Richtern über die Kriegsverbrecher das subjektive Streben nach reeller Rechtfindung keineswegs a limine ab, so viel es an Einzelkritik anzumelden gäbe; wir halten aber die Rechtsfindung in einem derart zusammengesetzten Gremium für objektiv unmöglich, weil die Richter zugleich Anwälte einer Partei und also befangen sind und weil darum eine Scheidung von Macht und Recht prinzipiell und auch bei bestem Willen verunmöglicht wird. Die oft bemängelte Unpopularität der Nürnberger Gerichte innerhalb der deutschen Öffentlichkeit ist auf diesen Eindruck zurückzuführen, daß das zu bestrafende Delikt – nämlich der so verhängnisvoll praktizierte Vorrang der Macht vor dem Rechte – zugleich eine Hypothek bildet, welche die Rechtsprechung selber belastet. Die Kriegsverbrecherprozesse haben sich jedenfalls durch die Zusammensetzung ihrer Tribunale einer Situation ausgesetzt, deren Eigengesetzlichkeit über den zweifellos vorhandenen subjektiven Rechtswillen der beteiligten Richter notwendig triumphieren muß.

Wenn sich die Mehrheit des deutschen Volkes mit dem (selbstverständlich vergröbernden) Urteil, das sei »Heuchelei«, von dieser Rechtsprechung distanziert – auch in solchen Fällen, wo sie selbst genauso oder strenger geurteilt haben würde –, dann ist damit dieser Eindruck wiedergegeben, daß der Primat der Macht vor dem Recht bei den Nazis unverhüllt, aber darum wenigstens auch ehrlich zum Ausdruck gekommen sei, während er bei den Alliierten Gerichten von der Fassade eines Rechtsgebarens verhüllt werde. Darum hat dieses Gericht nicht befreiend, sondern verhärtend gewirkt.

4. Die Demontagen haben nicht nur wirtschaftliche Besorgnisse ausgelöst – die darzustellen nicht unseres Amtes ist –, sondern vor allem den Geist eines moralisch zerrütteten Mißtrauens heraufbeschworen. Denn es konnte nicht übersehen werden, daß jene Maßnahmen auch lebenswichtige Betriebe der deutschen Friedenswirtschaft umfassen. Darum kommen wir nicht von dem Eindruck los, daß berechtigte Reparationsforderungen nicht selten von dem Interesse verdrängt werden, eine unerwünschte Konkurrenz auszuschalten und daß folglich das Recht von dem Willen zur Macht gebeugt wird.

Wir haben im Vorangehenden nur Beispiele gewählt für Maßnahmen, die wir jedenfalls bezüglich des Modus ihrer Anwendung als verhängnisvolle Fehlgriffe bezeichnen müssen. Es liegt uns nicht an ihrer Vollständigkeit, auch nicht an ihrer wirtschaftlich-materiellen Bedeutung, sondern an ihrem symptomatischen Charakter.

Sie werden nämlich in unserem überempfindlich und überskeptisch gewordenen Volke weithin gedeutet als Ausdruck eines Verhaltens, das sich wohl dem Grade nach, aber nicht im Prinzip unterscheidet von Idee und Praxis der nazistischen Gewaltherrschaft, die den Primat der Macht vor dem Recht proklamierte.

Es ist das von uns selbst erfahrene, erlittene und geübte Geheimnis der Verführung, das in dem Besitz großer Macht liegt, daß der Ohnmächtige leicht zum bloßen »Objekt« degradiert wird und damit jene Würde verliert, die Immanuel Kant als die spezifisch menschliche bezeichnet, wenn er sagt: dieser Würde entspreche es, daß die menschliche Person niemals Mittel zum Zweck (also bloßes Objekt), sondern selber Zweck sei.

Wir befürchten deshalb, daß entgegen den feierlich verkündeten Idealen und Vorhaben der Siegermächte das machtpolitische Prinzip weiterregieren könnte und daß die Anbetung der blinden Macht darum weiter unter denen geschürt wird, die vor kurzem noch ihre verblendeten Träger waren, während sie jetzt ihre Opfer geworden sind.

Die geistige Verhärtung wird dadurch noch schlimmer, daß die verflossenen Machthaber die Verewigung dieses Prinzips voraussagten, um damit nicht nur ihre eigene Praxis zu legalisieren, sondern auch die Ideale und Versprechungen der Alliierten zu verunglimpfen und unglaubwürdig zu machen. Die zunehmende Vergiftung der Seelen in unserem Volke zeigt sich in der immer wieder gehörten These, daß die Nazis mit ihrer Prognose

eben doch recht behalten hätten und darum wohl selbst auf dem richtigen Wege gewesen seien, nur habe ihnen eben die Macht gefehlt, um die Wahl zwischen den einzigen Möglichkeiten, die es in dieser Welt der brutalen Macht gäbe, zu unseren Gunsten zu entscheiden: die Wahl nämlich zwischen der Möglichkeit, Amboß und der anderen Möglichkeit, Hammer zu sein.
So verhängnisvoll falsch diese Schlußfolgerung ist, so häufig wird sie geübt und so sehr legt sie sich dem unkritischen Durchschnittsmenschen nahe, wenn er sich wehrlos der Permanenz des Unrechts und der Gewalt ausgeliefert sieht.
Darum bitten wir die verantwortlichen Träger der ... sie möchten unserem Volke ein Beispiel geben, das es aus Skepsis und Nihilismus herausruft;
sie möchten ihm zeigen, daß es nicht bloßer »Amboß« ist, weil man auf der anderen Seite nicht bloßer »Hammer« sein will und daß also die Wahrung des Rechtsprinzips jene furchtbare Alternative als nicht existent erweist,
sie möchten die Giftstoffe des Glaubens an die bloße Macht und damit die Verzweiflung der Ohnmächtigen aus der Welt schaffen, sie möchten durch eine tatkräftige Korrektur des Entnazifizierungsverfahrens den Fluch der Selbstverteidigung und der Verhärtung von unserem Volke nehmen;
sie möchten die Würde des Menschenbildes, das bei uns am meisten geschändet war, dadurch wiederherstellen, daß sie Deutschland nicht zum bloßen Objekt der Machtpolitik machen, sondern es befähigen helfen, ein erneuertes Glied der Völkerfamilie zu werden. Sie möchten diese Absicht auch dadurch konkret bezeugen, daß sie die Vertreter Deutschlands verantwortlich zu Verhandlungen heranziehen, damit es dieses Schicksal in Sühne und Neubau selbständig vollziehen und darin jener Menschenrechte teilhaftig werde, deren verantwortlicher Besitz und verantwortliche Übung das Fundament aller Erneuerungen ist.
Die Verzweiflung ist ein Giftstoff, der nicht nur das unmittelbare Opfer tötet, sondern auch als eine Macht des Fluches die Reihen derer infiziert, in deren Mitte das Opfer lebt. Und weil wir nicht im Namen der Politik, sondern im Namen des Geistes sprechen, in dem doch alle Erneuerung beschlossen liegt, können wir nicht anders, als über das Schicksal unseres Volkes hinaus zu weisen und das Bild unserer ganzen Welt zu beschwören, die im Geiste bedroht ist und vom Geiste her ihre Verheißung empfängt.
Die Bedrohung heißt: Verewigung des Machtprinzips. Und die Verheißung bedeutet: daß man des Bildes vom Menschen eingedenk sei, damit es unter der Schicht von Schuld und Verfehlung hervorgezogen und ans Licht gebracht werde.

Weil es um diese Hintergründe der Politik geht und weil wir aufgrund vieler Vermutungen zu wissen glauben, daß die maßgebenden Vertreter der Siegermächte darum wissen, meinen wir als Vertreter des Geisteslebens in Deutschland reden zu sollen und reden zu dürfen.

Tagebuch
Sonntag, 16. 11. Nach Kronberg zu Pater Zeiger, dem Vertreter des Papstes in Deutschland. Schlanker, mittelgroßer Mann in eleganter Soutane, wunderbarer schmaler Kopf mit vergeistigten Zügen, sofort das wesentliche erkennend. Etwas störend die »Camel«. War skeptisch hinsichtlich Zeiteinhaltung zur Londoner Konferenz. Will Plan, dem er sehr zustimmt, da wichtig und neu, nach Rom melden. Glaubt nicht, daß alle Weltkirchen reagieren würden, z. B. Franzosen, Belgier; Hirtenbrief des amerikanischen Bischofs Muench sei in Frankreich und französischer Zone verboten. – Abends in Bad Soden, wo ich im Hotel nun selbst einen Entwurf für ein Schreiben an die Außenminister ausarbeite.
Wichtigkeit der Aktion zeigt sich insbesondere nach Fehlschlag der Friedensburg-Konferenz wegen Weigerung der SPD, mit SED zusammenzuarbeiten.
Dienstag, 18. 11. [Minden] Telephoniere den ganzen Tag mit Bischöfen usw. Die Sitzung am 22. in Celle kommt zustande, voraussichtlich mit Bischof von Hildesheim, Lilje, Rein und Hodenberg. Der Entwurf von mir wird geschrieben und an die Teilnehmer der Sitzung verschickt.

Entwurf von U.S. (Anlage zu den Briefen vom 18. 10.)
Wir, die unterzeichneten Männer, allein getrieben von unserem Gewissen und bestimmt durch die schwere Last der Verantwortung für unser Volk, bitten die Mächtigen dieser Welt um Gehör.
Wir glauben als Repräsentanten der religiösen und geistigen Kräfte des deutschen Volkes zu einem solchen Wort verpflichtet zu sein, da wir in dem Bewußtsein unserer und unseres Volkes Mitverantwortung für das beispiellose Elend, das über die Welt und über uns gekommen ist, beitragen wollen zur Wiederherstellung des wahren Friedens.
Dieser Frieden kann nur beruhen auf der Achtung der göttlichen Rechte des Menschen und der Gemeinschaft innerlich gesunder Völker.
Die Staatsmänner der Alliierten haben wiederholt zu erkennen gegeben, daß die Gebote Gottes und die Gesetze der Menschlichkeit Grundlage ihres Handelns sein sollen. Sie haben zum Ausdruck gebracht, daß nicht Rache, sondern Gerechtigkeit das maßgebende Prinzip ihrer Politik gegenüber unserem Volke sein soll.

In ernster Sorge müssen wir jedoch darauf hinweisen, daß vielfach der Eindruck entstehen muß, daß diese Grundprinzipien bei der alliierten Politik gegenüber den Deutschen nicht immer eingehalten werden. Wir befürchten, daß entgegen den feierlich verkündeten Idealen und Vorhaben der Alliierten das machtpolitische Prinzip weiterregieren könnte, und daß die Anbetung der blinden Macht dann weiter unter denen geschürt wird, die vor kurzem noch ihre verblendeten Träger waren, während sie sich jetzt für ihre Opfer halten.

Dadurch wird eine durchgreifende innere Gesundung des deutschen Volkes gefährdet. Aber allein aus solcher Gesundung erwächst das gegenseitige Vertrauen, das für die Schaffung des wahren Friedens erforderlich ist.

Damit auch die deutschen Menschen Träger dieses wahren Friedens werden können, bitten wir die maßgebenden Staatsmänner und ihre ausführenden Organe, im Bewußtsein ihrer Verantwortung vor Gott und der Welt den Deutschen Hoffnung zu schenken,

indem sie dem deutschen Volk ein Beispiel geben, das es aus Mißtrauen und Nihilismus herausruft;

indem sie die Großmut zeigen, die vornehmstes Recht des Siegers ist;

indem sie den Deutschen die Freiheit von Furcht verschaffen: von Furcht vor der ungewissen drohenden Zukunft, von Furcht vor einem Leben in Verzweiflung und äußerster Not, von Furcht vor einem neuen Krieg, vor neuer Vergewaltigung des Geistes, vor Terror und Haß;

indem sie den Deutschen die Freiheit von Hunger gewähren, unter dem am meisten die leiden, die am unschuldigsten sind: die Kinder und Mütter und jene, die ehrlich arbeiten.

Tagebuch
Donnerstag, 20. 11. [Minden] Prof. Rein ruft an und ist für konkretere Fassung des Briefes. Man müsse bestimmte Wünsche äußern. Grundsätzlich steht er völlig für den Plan ein.
Sonnabend, 22. 11. Früh nach Celle. Sitzung mit Lilje, Hodenberg, Generalvikar Offenstein und OLG-Rat Erdsieck von 11 bis ½3 Uhr. Lilje eigenen Entwurf, recht profan und nicht sehr originell. Alles beugt sich vor Hochwürden trotz vorheriger Bedenken. Konnte selbst nicht gegen an, so daß entsprechender Entwurf zustande kam. Mittag bei Hodenberg mit Lilje, der von seinem kürzlichen Englandbesuch berichtete. Positiv. Vernunft kehrt dort ein, nicht aus Liebe zu uns, sondern da zweckmäßiger. Lilje hat schlechte Berater, wie er selbst zugibt, in politischen Fragen.
Montag, 24. 11. Zurück nach Minden. Abends lange Begleitbriefe für Übersendung des Textes geschrieben.

Text des Aufrufes in Fassung vom 22. 11. 1947
In dem geschichtlichen Augenblick, in dem die Zukunft Deutschlands zur Entscheidung steht, erheben wir als Männer der Kirche, der Wissenschaft und der Rechtsordnung, in unseren Gewissen getrieben von der Verantwortung für unser Volk, die auch unsere Verantwortung für Europa ist, mahnend und bittend unsere Stimme:
Gebt unserem Volke und damit der Welt einen dauerhaften Frieden, aus dem die Gesundung der Völker und die Heilung Europas erwachsen kann!
Auch wenn der Besiegte das Recht gebeugt hat, so bleibt dennoch der Sieger an die Gerechtigkeit und das Gebot Gottes gebunden. Laßt es darum nicht einen Frieden der Vergeltung sein, aus dem nur neuer Haß erwachsen kann, sondern einen Frieden der Gerechtigkeit.
Gebt uns zugleich einen Frieden der wirtschaftlichen und politischen Vernunft! Bleibt die deutsche Wirtschaft zerstört, wird dem deutschen Menschen die Möglichkeit auch fürderhin versagt, durch redliche Arbeit sein Leben zu erhalten, kommt unser Volk nicht durch eine lebensfähige, einheitliche politische Ordnung zur Ruhe, so bleibt es ein Herd des Unfriedens für Europa und die Welt.
Vor allem aber nehmt dem deutschen Volke die Furcht und die Verzweiflung!
Nehmt ihm die Angst, es sei zum politischen Zerfall und zur wirtschaftlichen Vernichtung verurteilt!
Laßt erkennbar werden, daß nicht Mißtrauen oder Vergeltung, Furcht oder Selbstsucht den Eingang in einen neuen Abschnitt der Geschichte bestimmen sollen, sondern der Wille zur Gerechtigkeit und zur Versöhnung und der Mut zu jener Menschlichkeit, die das wertvollste Erbgut unserer gemeinsamen christlichen Überlieferung sind.

Konrad Adenauer, Rede vor dem Zonenbeirat in Hamburg am 24. 11. 1947
Morgen, am 25. November, tritt die Londoner Konferenz zusammen. Diese Konferenz ist in erster Linie einberufen, um über deutsche Schicksalsfragen zu entscheiden. Deutschland ist nicht vertreten auf dieser Konferenz.

Brief des Bischöflichen Generalvikars in Hildesheim, Dr. Offenstein, an Kardinal Joseph Frings, Erzbischof von Köln, vom 24. 11. 1947

Ew. Eminenz
beehre ich mich, den nachfolgenden Bericht über die Besprechung vom 22. 11. 1947 im Oberlandesgericht in Celle ehrerbietigst zu überreichen.

Anwesend waren Oberlandesgerichtspräsident Frhr. von Hodenberg nebst einem weiteren höheren Beamten des Oberlandesgerichts, Landesbischof Lilje aus Hannover, Dr. Sahm und der unterzeichnete Generalvikar Dr. Offenstein. Der Rektor der Universität Göttingen Professor Rein hatte sich entschuldigen lassen. Es sei ihm unmöglich zu kommen, da er keinen Wagen zur Verfügung habe. Er erklärte sich aber einverstanden, wenn keine grundlegenden Änderungen vorgenommen würden.
Solche grundlegenden Änderungen wurden nicht vorgenommen, jedoch war man der Überzeugung, daß der von Herrn Dr. Sahm vorgelegte Entwurf sich kürzer und wirkungsvoller gestalten ließe. Aus gemeinsamer Arbeit ergab sich dann der anliegende Text.
Das in Absatz 2 des Sahmschen Entwurfs enthaltene Schuldbekenntnis wurde als inopportun ganz fortgelassen.
Man war sich einig darüber, daß es nicht ratsam sei, konkrete wirtschaftliche oder politische Einzelpostulate aufzustellen, da sonst eine Einigung sämtlicher Herren, die um die Unterschrift angegangen werden sollen, kaum zu erzielen wäre.
Nach längerer Aussprache hielt man es allgemein für ratsam aus den drei Sparten Kirche, Wissenschaft und Justiz sämtliche in Frage kommenden Herren sowohl der Ostzone als auch der drei Westzonen um ihre Unterschrift zu bitten, nämlich sämtliche katholischen und evangelischen Bischöfe, zwei Oberrabbiner, sämtliche Rektoren der Universitäten und sämtliche Oberlandesgerichtspräsidenten. Anderenfalls würde, so befürchtete man, der Schritt als einseitig westlerisch orientiert von vornherein an Stoßkraft verlieren. Aus dem gleichen Grunde hielt man es auch für angebracht, die Adresse an die Außenminister aller vier Großmächte also auch an den russischen Minister zu richten.
Über das weitere Verfahren wird Herr Dr. Sahm Ew. Eminenz seine Vorschläge machen. Die Zuleitung der Adresse an die Empfänger glaubte er am besten durch das Büro Lord Pakenham vornehmen zu sollen. Die Aufforderung zur Unterschrift dürfte innerhalb der einzelnen Sparten jeweils durch eine Spitze vorzunehmen sein, also die der katholischen Bischöfe durch Ew. Eminenz.

Brief an den Sekretär des Erzbischofs von Köln, Dr. Berndorf, vom 24. 11. 1947

In der Anlage erlaube ich mir, Ihnen 50 Exemplare des Entwurfs für das Schreiben zur Londoner Konferenz zu übersenden; außerdem füge ich einige Anmerkungen bei, aus denen Sie alles Nähere entnehmen können. Darf

ich Sie bitten, Seiner Eminenz von dem Entwurf Kenntnis zu geben und ihn zu bitten, seine Zustimmung zu geben, daß in seinem Namen die Herren Kardinäle und Bischöfe der katholischen Kirche in Deutschland zur Unterzeichnung aufgefordert werden. Ich darf wohl annehmen, daß das weitere dann von Ihnen veranlaßt wird. Ich wäre außerordentlich dankbar, wenn ich mit der Zustimmung von Eminenz und Ihrer Unterstützung rechnen dürfte.
Zu dem Entwurf selbst möchte ich Sie und, wenn Sie es für richtig halten, auch seine Eminenz wissen lassen, daß ich persönlich nicht voll damit einverstanden bin, da er für mein Empfinden etwas zu allgemein und zu nüchtern gehalten ist. Er gibt nicht ganz das wieder, was ich ursprünglich beabsichtigt hatte, nämlich einen rein religiös-geistigen Appell aus dem Gewissen an das Gewissen. In diesem Sinne glaubte ich auch die Ansicht und Stellungnahme Seiner Eminenz auffassen zu können, wie sie in dem Gespräch mit Frhr. von Lüninck, das dieser mir mitteilte, zum Ausdruck kamen. Da ich jedoch einmal nur Motor der ganzen Angelegenheit sein wollte und die endgültige Fassung auf jeden Fall den Herren überlassen wollte, die es letztlich unterschreiben sollen, ich andererseits als der jüngste und unwesentlichste Teilnehmer an der Besprechung in Celle nicht allzu sehr widersprechen konnte und wollte, ist es nun zu dieser Fassung gekommen. Im Interesse des Zustandekommens des Appells überhaupt glaube ich aber doch, daß der Entwurf durchaus brauchbar ist und unbedenklich von den vorgesehenen Herren unterschrieben werden kann und wird. Mir ist es im Augenblick wichtiger, daß dieser Kreis von Männern sich zu einem gemeinsamen Wort zusammenfindet. Diese Tatsache an sich wird ihre Wirkung sicher nicht verfehlen, gleich, was sie nun aussprechen. Vor allem wissen die Empfänger ja auch nicht, daß andere Gedanken mitgespielt haben bei dem Zustandekommen der Aktion, so daß eventuelle Mängel von diesen gar nicht bemerkt werden können.
Übrigens möchte ich noch erwähnen, daß entgegen meinen früheren Absichten, das Schreiben nur an die Außenminister der Westmächte zu richten, beschlossen wurde, es auch an den russischen Außenminister zu senden.

Brief an Botho v. Wussow, Lüneburg, vom 25. 11. 1947

Heute ist nun der Entwurf in über 100 Exemplaren an alle Welt herausgegangen, gleichzeitig mit dem Beginn der Konferenz. Zu der Sitzung in Celle am Sonnabend, auf der der endgültige Text fertiggestellt werden sollte, waren außer Hodenberg und Lilje nur noch der Generalvikar von Hildes-

heim – als Vertreter von Frings – und ich erschienen. Prof. Rein und der Bischof hatten leider absagen müssen. Als Lilje erschien, zog er einen eigenen Entwurf aus der Tasche, den er auf der Autofahrt von Hannover nach Celle schnell verfaßt hatte. Als er ihn im Nebenzimmer diktierte, waren wir übrigen uns an sich klar, daß der Entwurf etwas banal sei und ebenso von jeder Partei oder sonstigen politischen Stelle verfaßt worden sein könnte. Er enthielt eigentlich nur Sätze, wie man sie täglich in der Zeitung lesen konnte. Man beschloß daher, meinen Entwurf den weiteren Besprechungen zugrunde zu legen. Als Hochwürden dann jedoch wieder hereinkamen und ohne weiteres über seinen Entwurf sprach, wurden die anderen Herren schwach und wagten nicht mehr zu widersprechen. Wenn ich auch meinen eigenen Entwurf keineswegs für vollkommen hielt und halte, so schien er mir doch eher das wiederzugeben, was ich ursprünglich im Sinne hatte und wie es vor allem auch von Roesch, Lüninck und Frings aufgefaßt war. Doch war es mir als jüngstem und an der Unterzeichnung nicht Beteiligten nicht möglich, dem mit dem erforderlichen Nachdruck Ausdruck zu geben; es hätte auch zu sehr so ausgesehen, als ob ich auf jeden Fall meinen eigenen Entwurf durchsetzen wollte, was ich vermeiden wollte. Ich machte noch einen letzten Versuch, indem ich Lünincks Brief mit der Stellungnahme von Frings vorlas, doch nützte es nichts. Man verstand es wohl auch nicht ganz. Der Generalvikar war ein etwas müder alter Herr, der mit allem einverstanden war, was die übrigen hohen Herren sagten. So kam nun in 3½stündiger Besprechung der anliegende Entwurf zustande. Er wurde inzwischen vervielfältigt und heute von mir an Frings, Wurm, Rein und Hodenberg zur Weitersendung an die entsprechenden Gruppen versandt. An die beiden Oberrabbiner habe ich selbst geschrieben.
Es wurde weiter beschlossen, daß auch sämtliche entsprechenden Leute der Ostzone zur Unterzeichnung aufgefordert werden sollten, und daß das Schreiben auch an Molotow geschickt werden soll. Hierfür waren allgemeine politische Erwägungen maßgebend, denen ich mich nicht verschließen konnte. Im übrigen fielen meine ursprünglichen Bedenken ja bei der jetzt vorliegenden Fassung fort. Ich hoffe, daß nun recht bald die telegraphischen Stellungnahmen eingehen werden, so daß der Schrieb vielleicht doch noch einigermaßen rechtzeitig kommt, wenigstens solange die Konferenz noch im Gange ist. Vielleicht ist es sogar gar nicht so schlecht, wenn der Brief zu einem Zeitpunkt kommt, zu dem in London gerade ein deadlock eingetreten ist.
Ich habe Abschriften des Entwurfs an Roesch und Zeiger geschickt und hoffe, daß vielleicht trotz allem der Gedanke von Roesch zur Durchführung gelangen wird, wenn auch evtl. erst zu Weihnachten. Niemöller hat

sich schon an den Generalsekretär der Ökumene, Visser't Hooft in Genf gewandt und ist also auch tätig. Lilje hat in England nichts unternommen, er hatte es offensichtlich vergessen; im übrigen habe ich seinen Adlatus, einen Dr. Rupp, im Verdacht, daß er ihm meine Briefe gar nicht vorgelegt hat, da er sie nicht für so wichtig hielt. Lilje hatte jedenfalls keine Ahnung von Schneider und den übrigen Vorgängen. Das ist wohl auch mit ein Grund für die Form seines Entwurfes.

Tagebuch
Dienstag, 25. 11. [Frankfurt] Beginn der Londoner Konferenz. Hoffentlich kommt meine Aktion noch zum Zuge. Alle bisherigen deutschen Versuche zu einer Stellungnahme sind fehlgeschlagen. Eiserner Vorhang geht mitten durch die an sich schon verhärteten Herzen.
Dienstag, 16. 12. Vormittags bei Mr. Morton wegen Weiterleitung des Aufrufes nach London. Teilt mit, daß Konferenz aufgeplatzt sei.

Brief an Pater Augustinus Rösch, München, vom 13. 01. 1948

Inzwischen ist ja die mit so vielen Hoffnungen begonnene Aktion zu einem ruhmlosen Ende gekommen. Ich hatte an sich eine durchaus eindrucksvolle Anzahl von Unterschriften – rund 80 – aus allen 4 Zonen zusammen, als die Konferenz das an sich ja nicht ganz unerwartete Ende fand. Da es m. E. bedauerlich gewesen wäre, wenn diese wirklich einmalige Tatsache eines Zusammenfindens so vieler Namen aus doch verhältnismäßig verschiedenen Lagern ganz Deutschlands völlig unbeachtet geblieben wäre, übergab ich die Erklärung mit sämtlichen Unterschriften als allgemeinen Weihnachtsaufruf der Presse.

Das Ende einer Republik

10. Juli 1940 in Vichy

*Roman Schnur**

Die Rede von *Otto Wels* im Reichstag bei der Beratung des Ermächtigungsgesetzes am 23. März 1933 gehört zu den eindrucksvollsten Dokumenten der neueren deutschen Geschichte.[1] Die III. Republik Frankreichs war am Ende weniger eindrucksvoll. Damit ist nicht die Art und Weise gemeint, in welcher die III. Republik die deutschen Emigranten nach dem Ausbruch des II. Weltkrieges behandelt hat, sondern der Stil, in dem diese Republik endete, in Vichy am 10. Juli 1940. (Die Republik, die der deutschen Republik jenes zum Überleben nötige außenpolitische Entgegenkommen verweigerte, das sie später *Hitler* gewährte.) Am 10. Juli 1940 beschloß die Nationalversammlung (Abgeordnetenkammer und Senat): »Article unique: L'Assemblée nationale donne tous pouvoirs au gouvernement de la République, sous l'autorité et la signature du maréchal Pétain, à l'effet de promulguer en un ou plusieurs actes, une nouvelle Constitution de l'Etat français. Cette Constitution devra garantir les droits du Travail, de la Famille et de la Patrie. Elle sera ratifiée par les Assemblées créées par elle.« Auch hier handelt es sich um ein Ermächtigungsgesetz, also um ein Gesetz, das die *Regierung* ermächtigt, eine neue *Verfassung* (oder mehrere Verfassungsgesetze) zu erlassen; auch wenn diese der Annahme durch jene Vertretungskörperschaften bedürfen soll, welche die neue Verfassung zu schaffen hat. Die Parallele zum deutschen Ermächtigungsgesetz vom 24. März 1933 bietet sich jedenfalls grundsätzlich an.[2] Gegen einen solchen Ver-

---

* Dr. iur., Professor an der Universität Tübingen.
  1 Verhandlungen des Reichstags, VIII. Wahlperiode 1933, Bd. 457, Stenographische Berichte, Berlin 1934, S. 32 ff.
  2 Von staatsrechtlicher Seite dazu grundlegend *H. Schneider*, Das Ermächtigungsgesetz vom 24. März 1933. Bericht über das Zustandekommen und die Anwendung des Gesetzes, Vierteljahreshefte für Zeitgeschichte 1 (1953), S. 197–221.
  Zwei seltsame Koinzidenzen sind bisher kaum aufgefallen, 1. daß die Weimarer Republik das Ende in der Krolloper erlebte, die III. Republik im Casino de Vichy, 2. daß in beiden Fällen nach 1945 ein Politiker, der dem Ermächtigungsgesetz zugestimmt hatte, Staatspräsident wurde, nämlich hier *Heuss* und dort *Coty*.

gleich spricht nicht, daß Frankreich militärisch geschlagen war. Das Gesetz vom 10. Juli beruhte nicht auf einem Diktat des Siegers. Der Waffenstillstand war bereits geschlossen (22. 6.), Vichy lag im *nicht*-besetzten Teil Frankreichs. Unter diesem rein *außen*politischen Aspekt war die Assemblée Nationale 1940 in Vichy eigenständiger als der Parlamentarische Rat 1948/49 in Bonn. Daß die schwere militärische Niederlage für *dieses* Ende der Republik von Belang war, ist unbestreitbar. Für die *rechtliche* Qualität des Ermächtigungsgesetzes vom 10. 7. 40 ist das belanglos.

Die Tatsache, daß innerhalb von nur 7 Jahren zwei große Republiken auf solche Weise abgedankt haben, scheint in ihrer *gesamteuropäischen* Bedeutung in Vergessenheit zu geraten. Die beiden Ermächtigungsgesetze sind jedoch zu bedeutsam, als daß sie lediglich als nationale »Betriebsunfälle« erörtert werden könnten. Sie stellen Marksteine (oder: Mahnmale) eines wichtigen Teils der Geschichte dar.[3]

I.

Die damaligen Ereignisse in Deutschland könnten heute sogar den Eindruck erwecken, als habe es sich um etwas spezifisch Deutsches gehandelt, um etwas, von dem vor allem das Gegenteil, das »Französische«, verschont geblieben sei. Tatsächlich aber gab es eine weitverbreitete Krise des parlamentarischen Regierungssystems.[4]
1. Wir erwähnen vorab, daß von den Siegermächten des Weltkrieges Italien schon bald nach den Friedensschlüssen in jene Krise geriet, für die *Mussolini* mit dem fascio einen Ausweg anbot, wenngleich unter Beibehaltung der Monarchie. Auch gerieten etliche »Nachfolgestaaten«, insbeson-

---

[3] Im folgenden können einschlägige Materialien und Studien nur im begrenzten Umfang zitiert werden. Deshalb sollen vor allem die jeweils neuesten Publikationen angeführt werden, aus denen sich die Hinweise auf älteres Schrifttum ergeben. Neuere französische Studien über unser Thema sind auffallend selten. Als allgemeine Darstellung: *E. Berl*, La fin de la IIIe République – 10 Juillet 1940, Paris 1968. Betreffend die deutschen Vorstellungen: *E. Jäckel*, Frankreich in Hitlers Europa. Die deutsche Frankreichpolitik im Zweiten Weltkrieg, Stuttgart 1966. Darstellung unter verfassungsgeschichtlichem Aspekt: *J. Petot*, Les grands étapes du régime républicain français (1792–1969), Paris 1970. Unentbehrlich für die Zeit bis 1938 bleiben die Berichte in: Jahrbuch für öffentliches Recht.

[4] Statt vieler siehe *K. J. Newman*, Zerstörung und Selbstzerstörung der Demokratie: Europa 1918–1938, Köln 1965. Eine zeitgenössische positivrechtlich-vergleichende Untersuchung: *G. Burdeau*, Le régime parlementaire dans les Constitutions européennes d'après-guerre, Paris 1932. Mehr kritisch: *J. Barthélemy*, La crise de la démocratie contemporaine, Paris 1931, auch wichtig wegen der späteren politischen Aktivitäten des namhaften Staatsrechtslehrers.

dere diejenigen Österreich-Ungarns, in beträchtliche innenpolitische Probleme, die auch das parlamentarische System in Mitleidenschaft zogen. Diese Probleme wurden durch den Umstand verschärft, daß es sich meistens um völlig neue Gebilde handelte, um Staaten, deren Bedarf an Integrationskraft besonders hoch war. Das galt nicht zuletzt wegen der mitunter großen Probleme von Minderheiten. Die Belastungen, die dies alles für das parlamentarische System mit sich bringen mußte, waren also von Beginn an, bereits lange vor der Weltwirtschaftskrise, sehr hoch. Demgemäß stellten sich in etlichen dieser Staaten Krisen ein, so in Polen, so in Österreich, auch in Jugoslawien, Ungarn, Rumänien, und schließlich zeigte auch die Tschechoslowakei große Probleme (bezüglich der Slowaken und der Deutschen, auch anderer Minderheiten, z. B. der Polen). Das führte zwar nicht in allen Fällen zur Abschaffung des parlamentarischen Systems, wohl aber zu vielen Umbauten bis dahin, daß von einer parlamentarischen Regierungsweise kaum noch die Rede sein konnte.

Insbesondere das Entstehen von sog. negativen Mehrheiten trug zu diesen Krisen bei. Die eben erwähnte Situation brachte es mit sich, daß die negativen Mehrheiten in manchen Fällen nicht nur »sozialer«, sondern, zugleich das »Soziale« durchkreuzend, »nationaler« Art waren, z. B. Parteien starker nationaler Minderheiten. Ein beliebter Ausweg aus der drohenden Regierungsunfähigkeit bestand darin, daß das Parlament die Exekutive zum Erlaß von sog. gesetzesvertretenden Verordnungen ermächtigte.[5] Damit entstand die Frage, wann die Quantität solcher »Notmaßnahmen« in die Qualität des »Verfassungswandels« umschlagen würde. Daß in manchen Staaten insoweit die Grenzen fließend blieben, vermag die Feststellung nicht zu verhindern, daß der Übergang zu einer anderen Staatsform mitunter nur eine graduelle Maßnahme war. Die weitere Frage, wohin dieser Übergang führte, interessiert im Detail hier nicht mehr. Nur so viel sei gesagt: nicht selten in Regime, die immerhin noch einiges an Rechtsstaatlichkeit behielten. An der Feststellung, daß die Krise des parlamentarischen Regierungssystems weit verbreitet war, vermag das nichts zu ändern. Schließlich sei noch bemerkt, daß auch Staaten, die mit dem Weltkrieg wenig zu tun hatten, ebenfalls solche Krisen erlebten, so Portugal und Spa-

---

5 Wichtig *C. Schmitt*, Vergleichender Überblick über die neueste Entwicklung des Problems der gesetzgeberischen Ermächtigungen (Legislative Delegationen), Zeitschrift für ausländisches öffentliches Recht und Völkerrecht 6 (1936), S. 252 ff. (Französische Übers. in: Recueil d'Etudes en l'honneur d'Edouard Lambert, Lyon 1938, S. 200 ff.). Immer noch nützlich der vergleichende Sammelband: Die Übertragung rechtsetzender Gewalt im Rechtsstaat, Frankfurt 1952.

nien. Damit zeigt sich, daß die Gemengelage der Krisen*ursachen* zu vielfältig ist, als daß sie sich mit wenigen Sätzen beschreiben ließe.
2. Sogar in Frankreich zeigte die Republik nach 1918 Schwächen, die bald zu Krisen des parlamentarischen Regierungssystems führten.
a) Wir meinen hier nicht die häufigen Umbildungen von Kabinetten in der Zeit vor 1914. Die Bedeutung dieses ziemlich raschen Wechsels von Regierungen ist lange überschätzt worden. Ausdrücke wie »stabilité dans l'instabilité« treffen die Vorgänge jener Zeit besser als »Krise des parlamentarischen Regierungssystems«.[6] Man weiß inzwischen, daß häufige Regierungswechsel bzw. Wechsel von Ministern weniger tiefgehende Gründe haben können, so etwa ständige Rivalitäten von Cliquen (sogar von einzelnen Personen) innerhalb eines stabilen Rahmens. So wird man auch die recht häufigen Wechsel von Ministern in der V. Republik zu verstehen haben, insbesondere zur Zeit gaullistischer Regierung.[7] Von Krisenerscheinungen in der III. Republik Frankreichs wird man deshalb erst für die Zeit nach dem Weltkrieg reden können. Selbstverständlich gab es auch vor 1914 in Frankreich Kräfte, die der Demokratie, jedenfalls der mit parlamentarischer Regierungsweise, teils feindselig, teils sehr reserviert gegenüberstanden. Für die Auslösung veritabler Krisen reicht das erfahrungsgemäß nicht aus. Die entscheidende Frage geht dahin, ob Situationen entstehen, die jenen Kräften Verstärkung bringen oder ob sich daneben neue antiparlamentarische Kräfte bilden. Erst dann kann es zu negativen Mehrheiten kommen.
Ein parlamentarisches System, das nicht von einem gouvernement de l'exécutif, sondern von einem gouvernement d'assemblée ausgeht, muß eher in Krisen geraten.[8] Das gouvernement d'assemblée mag einer »stationären« Gesellschaft angemessen sein, wo es nicht viele Aufgaben für den Staat und damit für den »regierenden Gesetzgeber« gibt. Erhöht sich, wie nach 1919, schlagartig der Bedarf an staatlicher Aktivität, so ergeben sich Schwierigkeiten. Das zeigt die Entwicklung in Frankreich: 1920 verabschiedete das Parlament bei weitem nicht die Hälfte der von der Regierung eingebrachten Gesetzentwürfe (210 zu 478). Die Wahlen von 1924 brachten einen Ruck nach links (cartel de gauches). 1928 schlug das Pendel in die andere Richtung, 1932 versuchten es die Wähler wieder mit einer

---

6 So auch die Ausführungen von *A. Mathiot* im Sammelband: Centenaire de la IIIe République. Actes du colloque de Rennes 15/17 Mai 1975, Paris 1975, S. 163 f.
7 Dazu aus nächster Anschauung *A. Peyrefitte*, Le Mal Français, Paris 1976, S. 293 f.
8 Darüber z. B. *Mathiot*, *Georgel* und *Dupuis* in ihren Beiträgen zum Band: Centenaire etc., aaO. Vorher monographisch: *P. Bastid*, Le gouvernement d'Assemblée, Paris 1956.

Linkskoalition. Sie fuhr sich jedoch, weil nicht stark bzw. geschlossen genug, bald fest. Als es am 6. Februar 1934 in Paris zu Straßenschlachten (mit Toten) kommt, muß man als »Retter der Nation« den früheren Staatspräsidenten *Doumergue* zum Président du Conseil machen.[9] *Pierre Laval* hielt sich etwas länger, bis die Wahlen von 1936 einen enormen Ruck nach links auslösten. Es bildete sich die »Volksfront«, d. h. eine Regierung ohne Kommunisten, jedoch mit parlamentarischer Unterstützung der KPF. Aber auch das hält nicht lange vor; im April 1938 wird ein Kabinett wieder unter *Daladier* gebildet. Der Krieg verhinderte die fälligen Wahlen; am 21. 3. 1940 übernimmt *P. Reynaud* die Présidence du Conseil, mit General *de Gaulle* als Unterstaatssekretär (vergleichbar dem Staatsminister). Am Ende der militärischen Katastrophe, am 16. Juni, wird Marschall *Pétain* Regierungschef.

b) Die Schwächen des Gesetzgebers beruhten anfangs nicht auf *radikalen* negativen Mehrheiten. Sie haben, was für die Folge eine wichtige Feststellung ist, systeminterne Gründe. So rügte man eine Überforderung des politischen Personals, sogar ein Absinken der Qualität.[10] Statt fachlicher Kontrolle des Wesentlichen häufen sich die Gesetzentwürfe und Abänderungsanträge aus der Mitte des Parlaments, überwiegend orientiert an lokalen bzw. wahlklientelhaften Zielen. Bei der Austeilung staatlicher Hilfen und Wohltaten sei man zu großzügig gewesen, zur Kraft für die Bereitstellung der Mittel bzw. zum Einsammeln der Wahlgeschenke habe es nicht gereicht.[11]

Die Regierungen verfügten gemäß dem Prinzip des gouvernement d'assemblée nicht über Eigenständigkeit gegenüber dem Parlament. Abgesehen davon, daß es keine plebiszitären Elemente gab, mit denen die Regierung bzw. der Präsident der Republik hätte vor das Volk treten können, bestand keine organisatorische Hemmung für den Sturz einer Regierung. Bereits 1934 meinte Reynaud, das Parlament könne mit den Ministern Katz und Maus spielen.[12] Trotz brüchiger Parteikoalitionen besaß das Parlament mit den ständigen Ausschüssen viel Macht, so viel immerhin, daß man sie als

---

9 Umfassend, wenn auch mit Vorsicht zu lesen wegen der starken Wertungen: *S. Berstein*, Le 6 Février 1934, Paris 1975. Vgl. auch *K. Braunias*, Staatskrise und Staatsreform in Frankreich, Jahrbuch für öffentliches Recht 23 (1936), S. 105 ff., sowie *J. Gicquel* in: *J. Gicquel/L. Sfez*, Problèmes de la réforme de l'Etat en France depuis 1934, Paris 1965, S. 73 ff.
10 *Petot*, aaO., S. 486 ff.
11 Ebenda, S. 488. Vgl. auch die sachliche Kritik bei *G. Burdeau*, Cours de Droit Constitutionnel, Paris 1942, S. 150 ff.
12 *P. Reynaud*, La réforme de l'Etat, Rev. pol. et parl., 1934, S. 4 f.

»Nebenregierungen« betrachtete.[13] Von einer hinreichenden Leitung der Regierung konnte nicht die Rede sein. Der Président du Conseil hatte keine Instrumente der Gesamtleitung.[14] Erst 1917 erhält die Présidence ein Verwaltungssekretariat. Folglich mußte der Regierungschef ein wichtiges Ministerium leiten, wollte er mehr Macht haben, und dies wiederum ging auf Kosten entweder der Présidence oder des betreffenden Ressorts.

Die Gesetzgebung konnte schließlich nur noch durch gesetzesvertretende Verordnungen der Exekutive aufrechterhalten werden (décret-loi).[15] Zwar enthielt die Verfassung von 1875 kein ausdrückliches Verbot der Delegation der rechtsetzenden Gewalt auf die Regierung; aber es war vor 1914 feste Rechtsprechung des Conseil d'Etat und herrschende Lehre, daß die Verfassung es dem Gesetzgeber nicht gestatte, die rechtsetzende Gewalt zu übertragen. Sogar während des Weltkrieges hielt das Parlament an dieser Meinung fest, bis es im Februar 1918 der Regierung *Clemenceau* gestattete, mit décret-loi zu arbeiten.[16] Im März 1924 erhielt die Regierung *Poincaré* ebenfalls eine Ermächtigung, die nächste Regierung Poincaré eine solche im August 1926. Damit setzte sie eine Verwaltungsreform durch:[17] Wohl das erste Zeichen dafür, daß entscheidungsscheue Abgeordnete im Verzicht auf ihre Kompetenz auch einen Vorzug zu erkennen vermögen – der erste Schritt zur Abdankung, und zwar *ohne* die Präsenz radikaler negativer Mehrheiten. Dann häuften sich die Ermächtigungen an die Exekutive. Auch wenn das Parlament zunächst bemüht war, die Ermächtigungen zu umreißen, um damit jener Auslegung der Verfassung zu folgen, die *begrenzte* Ermächtigungen zuließ, so wurden diese Sicherungen immer schwächer. Schließlich wurde vom 30. 6. 1937 bis zum Ausbruch des Krie-

---

13 Damals schon klar *M. Leroy*, Les tendances du pouvoir et de la liberté en France au XXe siècle, Paris 1937.
14 Zur geschichtlichen Entwicklung *J. Massot*, Le Chef du Gouvernement en France, Paris 1979, S. 28 ff. Vgl. auch *F. de Baecque*, Qui gouverne la France?, Paris 1976, S. 32 ff.
15 Wichtig noch immer der Bericht von *H. Ballreich* in: Die Übertragung rechtsetzender Gewalt, aaO., S. 325 ff. Neueren Datums ist *R. Klisch*, Gesetz und Verordnung in der Verfassung der 5. französischen Republik vom 4. Oktober 1958, Berlin 1971, S. 18 ff. Die Theoriediskussion bei *Cr. A. L. Rasenack*, Gesetz und Verordnung in Frankreich seit 1789, Berlin 1967. Eine umfassende ältere französische Arbeit ist *M. Mignon*, La pratique des décrets-lois devant la doctrine et la jurisprudence, Paris 1938. Vorzüglich die Arbeit des Rumänen *D. Rusu*, Les décrets-lois dans le régime constitutionnel de 1875, Thèse Droit Bordeaux 1942. Vergleichend die Darstellung des Schweden *H. Tingsten*, Les pleins pouvoirs. L'expansion des pouvoirs gouvernementaux pendant et après la Grande Guerre, Paris 1934.
16 Dazu *Rusu*, aaO., S. 57 ff.
17 Einzelheiten jetzt bei *St. Rials*, Administration et Organisation, Paris 1977, S. 208 ff.

ges von den 26 Monaten 13 hindurch nur mit décrets-lois regiert.[18] Die Parallele zur Handhabung des Notverordnungsrechts gemäß Art. 48 WRV seit der Regierung *Brüning* bietet sich an. (Daß das Gesetz vom 8. 12. 1939 der Regierung eine fast unbegrenzte Befugnis zur Rechtsetzung übertrug, ist für unser Thema nicht *unbedingt* belangvoll, weil es sich um Maßnahmen in einem »modernen« Krieg handelt. Auch ein handlungsfähiges Parlament hätte das beschließen können.)
Sowohl der Conseil d'Etat als auch die Rechtslehre haben versucht, dieser Praxis bejahend Herr zu werden, wenngleich mit sehr unterschiedlichen Begründungen.[19] Überwiegend wurde auf die »Notsituation« abgestellt, um die Ausnahme vom verfassungsgesetzlich festgelegten Grundsatz der Gewaltentrennung zu rechtfertigen. Damit wird das Problem in die Frage verlagert, *wann* ein solcher Notstand vorliege: Liegt er auch dann vor, wenn das Parlament *ohne* äußere oder innere Bedrohung handlungsunfähig ist? Bejaht man diese Frage, so geht man vom »Notstand« über zur »Staatsräson«. Doch verloren solche Erklärungen an Überzeugung, als sich die Ermächtigungen an die Exekutive häuften und ihre Begrenzungen immer undeutlicher wurden.
3. Diese Erschütterungen des parlamentarischen Systems haben zu einem anhaltenden Verlust an Vertrauen in seine Leistungsfähigkeit geführt, zumal Skandale wie der Stavisky-Skandal das Vertrauen breiter Bevölkerungsschichten unterminierten.
a) Waren bis dahin die Kommunisten eine auch parlamentarisch schwache Kraft, so errangen sie bei den Wahlen des Jahres 1936 anstelle von bisher 8 nunmehr 72 Sitze. Das brachte die Sozialisten in die Versuchung, ihre Vorstellungen in einer »Volksfront« gemeinsam mit den Kommunisten durchzusetzen.[20] Es war der Versuch des Ausbruchs einer systemtreuen Partei nach links, weil sie andere Auswege versperrt glaubte. Daß die sozialen Reformen die französische Militärmacht gegenüber dem rasch aufrüstenden Deutschen Reich noch mehr zurückwerfen mußten, war offenkundig. Dadurch wurde selbst in diesen politischen Kreisen den Versicherungen Hitlers gegenüber Frankreich weithin Glauben geschenkt.
Die rechten antiparlamentarischen Kräfte fühlten sich durch die Lage der Republik in ihrer Haltung bestärkt.[21] Wichtiger aber noch war das Entste-

---

18 *Ballreich*, aaO., S. 333 Anm. 23.
19 Näheres bei *Ballreich*, aaO., S. 326 ff.
20 Programm bei *Braunias*, aaO., S. 117/118.
21 Aus der umfangreichen Literatur über die Action française etwa *E. Nolte*, Der Faschismus in seiner Epoche. Action française – Italienischer Faschismus – Nationalsozialismus, 5. Aufl., München 1979, S. 61 ff.; *Eugene Weber*, Action française – Royalism

hen neuer, ungewohnter Formierungen.[22] Vornehmlich handelte es sich um Jüngere, die eine durchgehende allgemeine Erneuerung des Landes verlangten. Bezeichnenderweise fiel der Ausdruck »Non-Konformisten«.[23] Selbst wenn bisweilen die Unterschiede z. B. zum italienischen Faschismus undeutlich wurden, wird man von einer eigenständigen Ausprägung nicht-traditioneller Rechten bzw. Linken reden dürfen. Die Bildung des Parti Populaire Francais (PPF) durch den ehemaligen kommunistischen Politiker *Jacques Doriot* zeigte das deutlich, auch wenn der Partei keine anhaltenden Erfolge beschieden waren.[24]

Die etablierten Strukturen der Führungen auch der politischen Mitte und der Rechten ließen eine positive Auswirkung dieser Bewegungen nicht zu. Entweder kam es zu Resignation, oder die Betreffenden wurden antiparlamentarisch, lockerten die Loyalität zum System. All dies verschlechterte die Situation der Republik zusätzlich, weil die seit 1934 erhöhten, ab 1936 noch verschärften sozialen Spannungen den »Fundamentalkonsens« erheblich beschädigt hatten. Eine bürgerkriegsähnliche Atmosphäre ist von vielen Zeitgenossen gespürt worden. Für die Außenpolitik hatte dies zur Folge, daß die Einheit der nationalen Interessen zunehmend hinter internationale Konstellationen zurücktrat.[25] Der Spanische Bürgerkrieg wirkte noch verschärfend. Die nicht-linken und antitraditionellen Jungen gerieten in die Lage, gegenüber einem nicht mehr republikanischen Deutschen

and Reaction in 20th century France, Stanford 1962. Über andere traditionelle rechte Gruppierungen *Braunias*, aaO., S. 88 ff.

22 Gegen die zunehmende Gewaltanwendung richtete sich das Gesetz vom 10. 1. 1936, Journal Officiel, 12. 1. 1936, S. 522. Die Kammermehrheit wollte es gegen rechtsradikale Organisationen richten, im Senat wurde dieser Vorstoß abgemildert. Text in deutsch bei *Braunias*, aaO., S. 121.

23 Darüber materialreich *J. Touchard*, L'esprit des années 1930: Une tentative de renouvellement de la pensée politique française depuis 1789, Paris 1960, S. 89 ff.; *J.-L. Loubet del Bayle*, Les non-conformistes des années 30. Une tentative de renouvellement de la pensée politique française, Paris 1969; Revue européenne des sciences sociales – Cahiers Vilfredo Pareto, t.XII, 1974, no 31: Sur l'oeuvre d'Henri Man. Aufschlußreich auch Memoiren von Personen aus diesem Kreis, so *B. de Jouvenel* und *E. Berl*. Dazu meine Bemerkungen in der Zeitschrift: Der Staat 20 (1981), S. 249 ff.

24 Über Doriot, der später führender »Kollaborateur« wurde, *D. Wolf*, die Doriot-Bewegung. Ein Beitrag zur Geschichte des französischen Faschismus, Stuttgart 1967, S. 235 ff. In dieser Richtung engagierte sich auch ein namhafter Schriftsteller, *Pierre Drieu La Rochelle*, der ebenfalls führender »Kollaborateur« wurde. Darüber jüngstens *R. J. Soucy*, Drieu La Rochelle – Fascist Intellectual, Stanford 1979, *P. Andreu/F. Grover*, Drieu La Rochelle, Paris 1979, und *M. Reboussin*, Drieu La Rochelle et le mirage de la politique, Paris 1980.

25 Statt vieler *de Jouvenel*, Un voyageur, S. 174 und *R. Aron*, De l'armistice à l'insurrection nationale, Paris 1945, S. 17. Das sollte sich später in Vichy auswirken, vgl. *G. Warner*, Pierre Laval and the eclipse of France, London 1968.

Reich die Schäden des Versailler Vertrages und seiner Folgen reparieren zu wollen; manche sympathisierten sogar mit dem (unverstandenen) »Neuen« in Deutschland.[26]

b) Es gab auch etliche literarische Ansätze zu einer Reform des Staates. Während den politischen Versuchen zu Reformen kein Erfolg beschieden war,[27] kann sich das Volumen an beachtlichen Reformideen sehen lassen.[28] Allerdings waren viele Vorschläge von namhaften Staatsrechtslehrern eher timide. So glaubte *Barthélemy*, Änderungen der Geschäftsordnungen könnten bereits viel bewirken.[29] Andererseits sollte, wie schon früher, eine Verwaltungsreform die politischen Übel beseitigen.[30] Die vielen Ausführungen zur Staatsreform darzustellen, würde hier zu weit führen; viele Vorschläge zielten auf eine Stärkung der Exekutive. Jedenfalls war ihnen einstweilen kein politischer Erfolg beschieden.[31] Allerdings soll erwähnt werden, daß es auch Vorschläge »bonapartistischer« Richtung gab, jener spezifisch französischen Ausprägung von Diktatur bzw. falls auf Dauer angelegt, von autoritärer Republik. *Hervé* verlangte 1935 in einer kaum beachteten Schrift, Pétain die Macht zu übertragen. Pétain distanzierte sich von solchen Forderungen.[32]

---

26 Bericht eines Zeugen: *de Jouvenel*, aaO., S. 200 ff. Manche dieser Jungen, häufig aus der Ära Briand-Stresemann kommend, wurden später »Kollaborateur«, andere gingen in die résistance, andere zu de Gaulle, andere hielten sich zurück. Jedenfalls spielte *O. Abetz*, nach 1940 als Botschafter in Paris, der bereits vor 1933 für die deutsch-französische Verständigung tätig war, eine wichtige Rolle, vgl. nur *de Jouvenel*, aaO.

27 Dazu etwa *Petot*, aaO., S. 501 ff. Hier sind vor allem die Bemühungen von *A. Tardieu* zu erwähnen, der zwischen 1929 und 1932 dreimal Président du Conseil war. Er hat sich auch stark publizistisch betätigt. Über ihn etwa *L. Aubert et al.*, André Tardieu, Paris 1957, mit Bibliographie.

28 Das Schrifttum ist kaum zu überblicken. Als Einweisung etwa *Gicquel*, Le problème de la réforme de l'Etat, aaO.; sowie die Ausführungen bei *Braunias*, aaO., S. 86 ff., sowie ebenda, S. 1 ff., die Darlegungen von *R. Capitant*. Capitant hatte 1934 veröffentlicht: La Réforme du Parlementarisme, Paris. Hier ist auch zu erwähnen der Band »Réformes de l'Etat« der Annales du Droit et des Sciences Sociales 2 (1934), no. 2–3, mit Studien namhafter Rechtslehrer. Es wurde sogar ein »Comité technique pour la réforme de l'Etat« gebildet, das fast nur aus Rechtsprofessoren und Mitgliedern des Conseil d'Etat bestand und vom Senator *Jacques Bardoux*, dem Großvater des früheren Staatspräsidenten *Giscard d'Estaing* geleitet wurde. Daraus entstand der Sammelband: *J. Bardoux*, ed., La Réforme de l'Etat, Paris 1936.

29 Vgl. *Petot*, aaO., S. 496.

30 Vgl. *A. Lanza*, Les projets de réforme administrative en France (de 1919 à nos jours), Paris 1968, S. 61 ff.

31 *Einstweilen* – ein Teil der aktiv beteiligten Personen versuchte nach dem 10. 7. 40 ihre alten Themen wieder aufzugreifen und umzusetzen.

32 *G. Hervé*, C'est Pétain qu'il nous faut, Paris 1935. Nur die große Révision Constitutionnelle könne Frankreich retten; ohne Hitler und Mussolini oder Napoleon nachzuäffen, müsse Frankreich seinen Weg gehen, doch das mindeste sei die Schaffung einer »République autoritaire à base professionnelle«, wo es keine politischen »factions«

Die innere Situation Frankreichs, die sich unvermeidbar auf seine außen- und militärpolitische Lage auswirkte, mußte die Reifung von Hitlers Entschlüssen beschleunigen.

II.

Bereits vor dem Ausbruch des Zweiten Weltkrieges gab es Vorgänge von verfassungsrechtlicher Bedeutung, die für den Beschluß der Nationalversammlung vom 10. Juli 1940 von direktem Belang sind. Bevor wir auf die Ereignisse in Vichy eingehen, soll daher die Problematik skizziert werden, die sich aus der Einstellung von Regierung und Parlament zur Kommunistischen Partei Frankreichs ergab.[33]
1. Nach dem Abschluß des Paktes zwischen der Sowjetunion und dem Deutschen Reich, der für die Auslösung des Angriffs auf Polen entscheidend war, stand Frankreich vor der Frage, wie es sich zu jener Partei verhalten solle, die sich direkt auf Moskau, den Bündnispartner Hitlers, berief. Vorgänge um kommunistische Politiker verstärkten die Neigung weiter Kreise, Maßnahmen gegen die KPF zu unternehmen. Das décret-loi vom 26. 9. 1939 verbot jedwede Aktivität zugunsten der III. Internationalen und der von ihr kontrollierten Organisationen. Ferner wurde die KPF aufgelöst, einschließlich der Nebenorganisationen.[34] Doch wollte man es dabei nicht belassen, vor allem gab es auf allen Stufen politischer Repräsentation die *Mandatsträger* der KPF. In der Kammer hatte sich die Fraktion der KPF aufgelöst und in eine »Groupe ouvriers et paysans français« umgebildet. Die Regierung ordnete jedoch vor dem Pariser Militärgericht eine Untersuchung gegen diese neue Fraktion an, in deren Verlauf es zwischen dem 5. und dem 10. Oktober zu Festnahmen kommunistischer Deputierter kam.[35]
Von Deputierten wurde ein Gesetzentwurf eingebracht, der auf den Verlust der Mandate aller kommunistischen Mandatsträger in Frankreich abzielte. Man wollte, im Gegensatz zum Verbot der KPF mittels décret-loi am 26. 9., den Mandatsverlust in Form des Gesetzes beschließen. Offenbar war

---

mehr gebe Übrigens war Pétain 1934 Kriegsminister im Kabinett *Doumergue*, vgl. etwa *P. Pellissier*, Philippe Pétain, Paris 1980, S. 171 ff. Zu Hervé vgl. *H. Taÿ*, Le régime présidentiel et la France, Paris 1967, S. 99 ff.
33 Gute Darstellung des Ablaufs bei *E. Bonnefous*, Histoire politique de la 3e République, t.7, Paris 1967, ferner *G. Rossi-Landi*, La drôle de guerre. La vie politique en France, 2 septembre 1939–10 mai 1940, Paris 1971, S. 133 ff. Über des Autors Einschätzung der KPF kann man gewiß streiten.
34 Journal Officiel vom 26. 9. 1939, S. 11770.
35 Vgl. *Bonnefous*, aaO., S. 125.

man sich des rechtlichen Unterschiedes zwischen den beiden Entscheidungen bewußt.[36] Immerhin wurde festgelegt, daß ein Mandatsträger sich »von Moskau lossagen« konnte. Die Frist dafür wurde rückwirkend festgelegt, auf den 26. Oktober 1939. Die Kammer nahm am 16. Januar 1940 das Gesetz mit 521 zu 2 Stimmen an. Der Senat sprach sich mit 292 Stimmen einstimmig für das Gesetz aus, das am 21. 1. verkündet wurde.[37]
Das Gesetz bestimmte ferner, daß der Verlust des Mandats in gesetzgebenden Körperschaften auf Antrag der Regierung durch den Senat bzw. die Kammer auszusprechen sei, in allen anderen Fällen auf Antrag des Préfet durch den conseil de préfecture. Die Mandatsträger, die in Anwendung des Dekrets vom 26. 9. für Taten verurteilt wurden, die nach dem Mandatsverzicht oder nach der Lossagung von Moskau begangen wurden, sollen das Mandat mit der Rechtskraft der Verurteilung verlieren. Die Kammer stellte am 20. 2. einstimmig (492 Stimmen) den Mandatsverlust der von 72 verbliebenen 60 kommunistischen Deputierten fest, der Senat schloß den einzigen kommunistischen Senator einstimmig am 29. Februar aus. Damit waren die beiden Häuser »gereinigt«. Vorher aber, noch vor dem Ausbruch des Krieges, hatte ein décret-loi vom 29. Juli die Legislaturperiode, die am 1. 6. 1940 hätte enden sollen, um zwei Jahre verlängert.[38] Ein weiteres décret-loi vom 18. 11. 39 verlegte alle Wahlen auf die Zeit nach dem Ende der Feindseligkeiten.[39]

2. Wohl nur der unerwartete Angriff der Deutschen am 10. Mai verhinderte den Sturz des Kabinetts Reynaud. Am 16. Juni demissionierte Reynaud. Präsident *Lebrun* beauftragte Marschall Pétain mit der Bildung der neuen Regierung, wohl wissend, daß dieser wie die anderen hohen Militärs einen baldigen Waffenstillstand wollte.[40] Von den 16 Ministern und 2 Unterstaatssekretären (also Staatsministern) des Kabinetts Pétain hatten 11 bereits der Regierung Reynaud angehört. 7 Minister waren Parlamentarier (Sozialisten, Radikalsoziale und PSF), 5 waren Generäle und 4 »Technokraten«. *R. Schuman* wurde Unterstaatssekretär für die Flüchtlinge,[41] *R.*

---

36 *Bonnefous*, aaO., S. 126, berichtet aus den unveröffentlichten Tagebüchern eines radikalsozialistischen Deputierten über den Entwurf: »Sans doute, on peut en discuter la légalité. Mais nous sommes en guerre et la proposition du Gouvernement est une mesure de salut public.« Das bedarf keiner Erläuterung.
37 Journal Officiel vom 21. 1. 1940, S. 602.
38 Journal Officiel vom 30. 7. 1939, S. 9606.
39 Journal Officiel vom 28. 11. 1939, S. 13460.
40 Das Folgende nach *Berl*, aaO., sowie *H. Michel*, Vichy – Année 40, Paris 1966, S. 36 ff., und *Bonnefous*, t.VII, aaO., S. 228 ff.
41 Irrtümlich bei *Michel*, aaO., S. 36 »Schumann« geschrieben. Vor dem Sondergericht nach der Libération wurde Schuman nicht angeklagt; vielmehr wurde das Ermittlungsverfahren eingestellt.

Alibert, ein namhafter Jurist, dem Regierungschef beigegeben.[42] Laval gehörte dem Kabinett noch nicht an, weil man ihm nur das Justizressort, nicht aber das begehrte Außenamt angeboten hatte.
Während Pétain in einer Erklärung vom 17. Juni die Bereitschaft zum Waffenstillstand erläuterte, rief de Gaulle am 18. 6. über BBC zur Fortführung des Kampfes auf. Der Waffenstillstand wurde am 22. 6. unterzeichnet,[43] als sich die Regierung in Bordeaux aufhielt. Laval wurde am 23. 6. als Sonderminister ins Kabinett berufen, am 27. 6. dann Stellvertreter Pétains. Nach einem kurzen Aufenthalt in Clermont-Ferrand ging die Regierung nach Vichy (ab 1. 7.). Für den weiteren Ablauf der Ereignisse nicht unwichtig war der Überfall britischer Einheiten auf einen Teil der französischen Flotte am 3. 7. vor Oran (Mers-el-Kebir), mit fast 1 300 Toten und Vermißten.[44] Vor allem der Englandhaß Lavals wurde dadurch noch verschärft, was seine Position aufwerten mußte.
3. Jetzt zeichneten sich konkrete Pläne für eine Verfassungsänderung größeren Stils ab. Bereits am 30. 6. hatte Laval im »kleinen« Kabinett diese Absicht erwähnt, war jedoch auf Ablehnung gestoßen. Er hatte vorgeschlagen, die Nationalversammlung unverzüglich einzuberufen, damit sie Pétain beauftrage, eine neue Verfassung zu entwerfen. Man hielt aber eine Zustimmung des Parlaments für unmöglich.[45] Am 2. Juli wurde das Thema erneut

---

42 Raphaël Alibert, wohl Monarchist, war Mitglied des Conseil d'Etat gewesen und später in die Großindustrie gegangen. Sein Buch »Le contrôle juridictionnel de l'administration au moyen du recours pour excès de pouvoir« (Paris 1926) galt als Standardwerk. Er kannte Pétain seit 1930. 1941 bis 1942 war er Justizminister. Näheres über ihn und andere Persönlichkeiten des Vichy-Regimes bei *Y. Durand,* Vichy 1940–1944, Paris 1972, S. 158 ff. Nachfolger Aliberts bei Pétain wurde *Lucien Romier,* schon früher einer der engsten Berater Pétains. Romier war als Historiker bekannt geworden, wurde dann Journalist, war zuletzt leitender Redakteur beim »Figaro«. Über ihn *Chr. Roussel,* Lucien Romier, Paris 1979.
Über Alibert gibt es interessante Bemerkungen im Buch des deutschen Journalisten (und Frankreichkenners) *Max Clauss,* Zwischen Paris und Vichy, Berlin 1942, S. 47 f. Der »juristische Vater« der Vichy-Verfassung habe ihm wiederholt gesagt, er habe das Beispiel des Juden *Hugo Preuß* vor Augen, als Urbeispiel jener Demokratie, die mit Stumpf und Stil auch in Frankreich ausgerottet werden solle. (Preuß war bekanntlich der »juristische Vater« der Weimarer Reichsverfassung.) Er war einer der Hauptbetreiber der Einrichtung einer »Cour Suprême de justice« in Riom, die über die Verantwortlichen der Niederlage befinden sollte. Darüber jetzt *H. Michel,* Le Procès de Riom, Paris 1979.
43 Text z. B. bei *Clauss,* aaO., S. 157 ff.
44 Dazu *Bonnefous,* aaO., S. 259 ff.
45 Vgl. *E. Beau de Loménie,* Les responsabilités des dynasties bourgeoises, t.V, Paris 1973, S. 624 ff.; *J. Montigny,* Toute la vérité sur un mois dramatique de notre histoire, Clermont-Ferrand 1940, ist ebenso mit Vorsicht auszuwerten wie *M. Martin du Gard,* La chronique de Vichy 1940–1944, Paris 1948, S. 47 ff. Zuverlässiger: *Cl. Gounelle,* Le dossier Laval, Paris 1969. Wie deutsche wissenschaftliche Berichterstattung damals

im »kleinen« Kabinett erörtert, in Anwesenheit engster Berater. Pétain war aufgeschlossener, Kriegsminister *Weygand* widersprach.[46] Die Ansichten gingen von einer Ausnahme-Bevollmächtigung des Regierungschefs (in klassischem Sinne) bis zur Absicht vor allem Lavals und Aliberts, unverzüglich eine neue Verfassung zu schaffen. Es stand außer Zweifel, daß dies einer Abdankung der III. Republik gleichkomme. Pétain trat für eine Verfassungsänderung ein.

a) In der Kabinettssitzung vom 4. 7., die sich mit dem Überfall von Oran befassen sollte, legte Laval den Entwurf für eine Verfassungsänderung vor.[47] Es gab Widerspruch, doch ließ Laval es nicht zur Diskussion kommen. Gleiches geschah, als er einige Senatoren traf, die er über Mers-el-Kebir unterrichten sollte. Man wird darauf hinweisen müssen, daß Laval sich im Kabinett zwar durchgesetzt hatte, aber nicht alle Kollegen für das Vorhaben waren. Einige Minister erwarteten, Laval werde im Parlament eine Niederlage erleiden (so daß man ihn loswerde), andere, wie Weygand, hielten nichts von *dieser* Prozedur, um zu einer neuen Verfassung zu kommen (eine Belastung für sie), wiewohl die Mehrheit der Minister meinte, grundsätzlich müsse nun etwas Neues stattfinden. Eben dies ließ manche Minister zweifeln, ob ausgerechnet Laval für die neue Politik der richtige Mann sei. Laval jedoch scheint von Anfang an davon überzeugt gewesen zu sein, er werde diesen Plan der Verfassungsänderung in der vorgesehenen, ganz »legalen« Weise zum Erfolg bringen können.[48] Wenn dem so war, dann hat er eben seine »Kollegen« von früher besser gekannt als die meisten Kabinettsmitglieder.

Natürlich ist es schwer, die Beweggründe von Lavals Aktion zu erklären. Man darf annehmen, daß auch starke Rachegefühle im Spiel waren. Darauf lassen Äußerungen schließen, die er Jahre vorher, nach seinen Mißerfolgen, gemacht hatte.[49] Er hatte geglaubt, der Mann für Reformen zur

---

aussehen konnte: *E. W. Eschmann*, Frankreichs inner- und außenpolitische Entwicklung vom Waffenstillstand bis zum 31. Dezember 1940, Jahrbuch für Politik und Auslandskunde 1941, S. 132 ff.

46 Weygand hatte dem Kabinett eine allgemeine Stellungnahme vorgelegt, abgedruckt bei *Berl*, aaO., S. 282 f., und *Bonnefous*, aaO., S. 415. Dazu *Weygand* selbst in seinen: Mémoires – Rappelé au service, Paris 1950, S. 298 ff.

47 Text bei *Bonnefous*, aaO., S. 269: »Article unique. – L'Assemblée nationale donne tous pouvoirs au Gouvernement de la République, sous la signature et l'autorité du maréchal Pétain, président du Conseil, à l'effet de promulguer par un ou plusieurs actes la nouvelle Constitution de l'Etat français.
Cette Constitution devra garantir les droits du Travail, de la Famille et de la Patrie. Elle sera ratifiée par les Assemblées qu'elle aura créées.«

48 Vgl. etwa *Beau de Loménie*, aaO., S. 629 f.

49 In zwei Gesprächen mit B. de Jouvenel im Winter 1938, siehe *de Jouvenel*, Un voyageur, aaO., S. 344 ff.

rechten Zeit zu sein – man hatte ihn nicht gewollt; er hatte mit Mussolini gegen Hitler gehen wollen, um diesen zu isolieren und ihn so auf deutsche Innenpolitik zu begrenzen – starke Kräfte in Frankreich und die britische Politik waren dagegen, und nun standen Hitlers Armeen im Lande. Für die Wirkung von Rachegefühlen spricht viel; sie war stärker als »ideologischer« Einfluß, und die eigentlichen Anhänger des »Vichy-Regimes« (innenpolitisch gemeint) haben auch alles daran gesetzt, Laval zu entmachten.[50]

b) Lavals Entwurf, der noch kein Dokument der Regierung war, wurde gleichwohl sofort diskutiert. Am 5. Juli verfaßten 25 Senatoren (»anciens combattants«, d. h. »Frontkämpfer«) eine Vorlage, die dem Regierungschef persönlich übergeben werden sollte. Sie wollten damit Lavals Vorhaben verhindern.[51] Petain sollten sehr wohl Vollmachten übertragen werden, jedoch im Rahmen der geltenden Verfassung. Eine Delegation kam zu Pétain (am 6. 7.); dieser stellte die baldige Einberufung des Parlaments in Aussicht und verlangte einen ausgearbeiteten Gegenentwurf. Am 7. Juli traf sich diese Gruppe, um den von *Paul-Boncour* hergestellten Entwurf zu beraten.[52] Laval wohnte der Sitzung bei und wollte die Senatoren von seinen Plänen überzeugen. Das gelang ihm nicht, und so legten sie sich auf den Gegenentwurf fest. Er wurde Pétain noch am 7. 7. übergeben.[53] Der Regierungschef billigte ihn, verwies aber darauf, daß sie noch Laval überzeugen müßten, der in dieser Sache »l'avocat du Gouvernement« sei.[54] Dieser lehnte wiederum ab und drohte mit dem Rücktritt: Laval wollte eben nicht die Annahme der neuen Verfassung in einer »normalen« Lage, sondern hier und heute, während diese Senatoren jede Festlegung verhindern wollten. Man könnte auch sagen, daß sie eine kommissarische Diktatur anstrebten (in Kriegszeiten, in teilweise besetztem Land), während Laval auf eine souveräne Diktatur aus war.

Es gab auch noch andere Aktivitäten von Parlamentariern. Am 5. 7. versammelten sich die Deputierten (inoffiziell) im Großen Saal des Casinos, um die Lage zu erörtern, im Beisein Lavals. Nicht alle sprachen gegen seine Pläne, so warb u. a. ein Sozialist (Spinasse) um Vertrauen für Laval. Laval

---

50 Über Lavals Sturz am 13. Dezember 1940 und das Weitere etwa *Jäckel,* aaO., 140 ff.; *Warner,* aaO., S. 246 ff.; *J. O. Paxton,* Vichy France. Old Guard and New Order, 1940–1944, London 1972, S. 92 ff.
51 Text bei *Bonnefous,* aaO., S. 270.
52 Text bei *Bonnefous,* aaO., S. 271; *Berl,* aaO., S. 302/303; *Beau de Loménie,* aaO., S. 643. Inzwischen hatten 35 Senatoren den Entwurf unterzeichnet.
53 Siehe *Beau de Loménie,* aaO., S. 633 ff.
54 Vgl. *Bonnefous,* aaO., S. 271.

rechtfertigte sein Vorgehen unter sowohl außen- als auch innenpolitischen Aspekten. Danach führte er seine Bemühungen um einzelne Deputierte und Senatoren fort.[55] Allerdings stieß er dabei auf die Bemühungen eines Rivalen, nämlich *P.-E. Flandins,* einer ebenfalls prominenten Figur der III. Republik.[56] Es gehe *jetzt* nicht um eine neue Verfassung, sondern um Politik gegenüber den Deutschen. Lebrun solle abdanken, das Parlament dann Pétain zum Präsidenten wählen und ihm später die nötigen Vollmachten übertragen. Viele Parlamentarier stimmten zu. Flandin ging zu Pétain, der ebenfalls zustimmte. Lebrun aber lehnte ab und berief sich auf die Rechtslage; falls Laval im Parlament scheitere, werde er eine neue Regierung bilden. Ein weiterer Gegenstoß ging vom rad.-soz. Deputierten *V. Badie* aus. Er gewann am 7. 7. mehr als vierzig Parlamentarier zu einer Motion, die dem Premier Pétain der Umstände wegen Ausnahmebefugnisse zusprach, hingegen die geplante Verfassungsänderung ablehnte.[57] *Jeanneney,* der Präsident des Senats, der die für den 10. Juli festgelegte Sitzung der Nationalversammlung zu leiten hatte, versprach, Badie das Wort zu erteilen.[58]

c) Laval verstärkte seine Bemühungen am 8. und am 9. Juli. Im Ministerrat am 8. Juli setzte sich Laval erneut durch, allerdings hatte nur ein Minister widersprochen. Der Entwurf wurde einstimmig angenommen; doch unterzeichnete der Justizminister *Frémicourt* (vorher Präsident des Obersten Gerichtshofs, i. e. Cour de cassation) den Entwurf nicht. Nachmittags trug Laval in einer Informationssitzung der Deputierten erstmals offiziell den Entwurf vor, lehnte aber eine Diskussion ab. Laval konnte den Erfolg seiner individuellen Bemühungen sehen, denn der Widerspruch wurde übertönt. Mehr Widerspruch fand Laval bei den Senatoren. Gleichwohl hält Lebrun in seinen »Erinnerungen« fest, jeder habe das Gefühl, es sei alles schon gelaufen.[59]

Am 9. Juli berieten Senat und Kammer getrennt.[60] In der Kammer gab es

---

55 Einzelheiten bei *Beau de Loménie,* aaO., S. 632 ff.
56 Siehe etwa *Bonnefous,* aaO., S. 276 f.; *Michel,* Vichy, aaO., S. 62 f.; *Berl,* aaO., S. 220 ff.
57 Text der Motion bei *Berl,* aaO., S. 296, und *Bonnefous,* aaO., S. 277.
58 *Bonnefous,* aaO., S. 278.
59 Ebd., S. 279.
60 Nach Art. 8 Loi du 25 février 1875 relative à l'organisation des pouvoirs publics (eines der Verfassungsgesetze, welche die »Verfassung von 1875« ausmachen) mußten beide Häuser getrennt beraten und mit absoluter Mehrheit beschließen (auch auf Antrag des Staatspräsidenten), daß man eine Verfassungsänderung vornehmen werde. Das verfassungsändernde Gesetz vom 14. 8. 1884 bestimmte, daß die republikanische Regierungsform nicht Gegenstand eines Antrags auf Verfassungsänderung sein könne. Auf diese Vorschrift ist zurückzukommen. (Zitiert nach der von *J. Godechot* besorgten

bereits viele Befürworter. Der Präsident der Kammer, *E. Herriot,* sprach sich nicht gegen die Vorlage des Entwurfs aus.[61] Es ging darum, ob in der Nationalversammlung am folgenden Tag über eine Verfassungsänderung beraten werden sollte. Dies wurde mit 395 gegen 3 Stimmen beschlossen. Im Senat sprach sich nur 1 Stimme dagegen aus.[62]

d) Am 10. Juli gab es vormittags zunächst eine Novität in der Geschichte des Parlamentarismus. Die Regierung hatte auf eine Sitzung der Nationalversammlung gedrängt,[63] die dazu dienen sollte, die auf 14.00 Uhr anberaumte eigentliche Sitzung vorzubereiten. Jeanneney weigerte sich, der Sitzung einen amtlichen Anstrich zu geben und lehnte den Vorsitz ab.[64] Sein 1. Stellvertreter, *Valadier,* übernahm den Vorsitz; er erklärte jedoch, dies in seiner Eigenschaft als normales Senatsmitglied zu tun. Zunächst erläuterte *Taurines* den Standpunkt der Gruppe der »sénateurs anciens combattants«. Laval versicherte, das Parlament werde bestehen bleiben, bis andere »assemblées« geschaffen sein würden.

Wohl nicht willkommen war Laval die Absicht von *G. Bergery,* eine ausführliche Erklärung (motion) von 69 Parlamentariern zu verlesen, die seit einigen Tagen kursierte.[65] Sie enthielt schwere Vorwürfe an die alten Par-

    Ausgabe: Les Constitutions de la France depuis 1789, Paris 1970, Garnier-Flammarion.)
    Es sei auch auf den sachlichen Bericht eines Augenzeugen der Sitzungen vom 9. und 10. 7. hingewiesen: *A. Demaison,* La fin d'un régime, Revue des Deux Mondes, vom 1. 8. 40, t. 58, S. 214 ff.

61 Die Rede Herriots bei *Berl,* aaO., S. 303. Daraus: »Nous aurons à nous réformer, à rendre plus austère une République que nous avions faite trop facile, mais dont les principes gardent toute leur vertu. Nous avons à refaire la France. Le destin de cette oeuvre dépend de l'exemple de sagesse que nous allons donner.« Das war wohl kein direkter Aufruf, den Entwurf der Regierung anzunehmen, aber man konnte es so verstehen; freilich außerhalb der konkreten Umstände auch anders. Herriot ließ eben alle Möglichkeiten offen.

62 Rückblickend lag es nahe, bereits hier gegen die Vorlage der Regierung im Hinblick auf die geltende Fassung des Art. 8 Bedenken zu äußern. Doch ist, wie noch näher zu erörtern sein wird, die Wendung »forme républicaine du Gouvernement« sehr undeutlich. Man hatte zwar 1884 erkannt, daß man der Verfassungsänderung Grenzen setzen müsse, doch war das insoweit »Situationsjurisprudenz«, als sich diese Absicht konkret gegen die Restauration der *Monarchie* richtete.

63 Zu diesem merkwürdigen Vorgang etwa *Berl,* aaO., S. 204 ff.

64 Siehe *Bonnefous,* aaO., S. 279 f. Große Auszüge des Protokolls bei *Berl,* aaO., S. 304 ff. Wichtig sind vor allem die Reden Flandins und Lavals. Von Flandin sagt der frühere hohe Beamte und spätere Vichy-Minister Peyrouton, er als einziger habe zu Ehren der III. Republik geredet. (*M. Peyrouton,* Du service public à la prison commune – Souvenirs, Paris 1950, S. 100.)

65 Text bei *Berl,* aaO., S. 283 ff. Bergery war eine der schillernden Figuren der III. Republik. 1924 war er Kabinettschef des Premiers Herriot, später Deputierter. Von April–Juli 1941 Botschafter in Moskau, von 1942–1944 in Ankara.

teien und Regierungen, rief zur raschen »collaboration« mit dem Sieger auf und verlangte eine neue Ordnung, »autoritaire, national et social«. Hier war ein Programm von »Vichy« vorweggenommen, wurde wohl mehr gesagt, als es den Erwartungen Lavals und der Deutschen entsprach.[66] Vielleicht deshalb erreichte Laval, daß die Motion nur als Anlage zum Sitzungsprotokoll gelten sollte. Pétain wohnte weder dieser Sitzung der Nationalversammlung bei noch jener, die um 14 Uhr im Casino de Vichy beginnen sollte.[67]
3. Der Nationalversammlung lag für die Sitzung am Nachmittag der Entwurf der Regierung vom 8. Juli vor.[68] Laval vertrat die Vorlage. Zunächst gab es wichtige Verfahrensfragen: Herriot teilte den telegraphischen Protest jener Parlamentarier mit, die auf dem Dampfer »Massilia« von Bordeaux nach Nordafrika gefahren waren und nicht nach Vichy kommen konnten.[69] Laval erklärte, die Waffenstillstandskommission in Wiesbaden habe auf die Bitte um Transport dieser Politiker nicht reagiert. Anschließend bestimmte man das Verfahren für die Beratung, wie es die letzte Nationalversammlung festgelegt hatte. Der frühere Präsident der Kammer, *Bouisson*, erreichte jedoch die Übernahme der Geschäftsordnung der *Kammer*, wonach auf Verlangen der Regierung ihren Vorlagen bei Abstimmungen der Vorrang zu geben sei. Damit wurde aus einem Not-Mittel, das bei entscheidungsschwachen Parlamenten eine Blockierung der Regierungsvorlagen durch Gegenanträge verhindern sollte, das Instrument der endgültigen Abdankung der Republik, weil damit der Gegenentwurf der 35 Senatoren praktisch erledigt war.[70]
Noch bedeutsamer war die Frage, mit welcher Mehrheit abzustimmen sei. Gemäß der Verfassung sollte die »majorité absolue des membres composant l'Assemblée nationale« entscheiden.[71] Jeanneney stellte fest, daß man darunter bei den Verfassungsänderungen von 1879, 1884 und 1926 die gesetzliche Mitgliederzahl verstanden habe. Das würde ausmachen: Kammer 618, Senat 314, insgesamt 932. Die Mehrheit: 467. Dagegen erhoben sich

---

66 *Bonnefous*, aaO., S. 281.
67 Lémery, später Sozialminister unter Pétain, berichtet, dieser habe ihm erklärt, *er* habe nichts gefordert, es sei alles die Absicht Lavals gewesen. Er habe es abgelehnt, sich mit einer Botschaft an die Nationalversammlung zu wenden und Laval lediglich mitgeteilt, daß er dessen Vorhaben nicht mißbillige. (*H. Lémery*, D'une République à l'autre, Paris 1964, S. 245.)
68 Abdruck des Sitzungsprotokolls bei *Berl*, aaO., S. 343 ff.
69 Zu dieser Angelegenheit etwa *Berl*, aaO., S. 149 ff.
70 Dazu *Bonnefous*, aaO., S. 282.
71 Art. 8 des Gesetzes vom 25. Februar 1875. Eine gründliche ältere Erörterung des Problems bei *G. Arnoult*, De la Révision des Constitutions, Paris 1895, S. 243 ff.

Proteste. Vor allem wollte man die Zahl der kommunistischen Parlamentarier abziehen, denen man die Mandate aberkannt hatte. Sen. *E. Mireaux* wies darauf hin, daß man bei der Auslegung des Art. 8 bedenken müsse, in welchen außergewöhnlichen Umständen die Nationalversammlung jetzt zu beschließen habe. Abgesehen davon, daß der Mandatsverlust durch *Gesetz* eingetreten sei, fehlten die Abgeordneten auf der »Massilia« und diejenigen in Kriegsgefangenschaft. Solche Abwesenheiten könne man nicht mit der Abwesenheit bei Beschlüssen unter normalen Situationen vergleichen. Laval unterstützte diese Auslegung. Ohnehin gehe es nicht um die Feststellung der Beschlußfähigkeit, sondern um die der Mehrheit. Jeanneney legte Mireaux' Forderung so aus, man solle Art. 8 dahin ändern, daß es sich um die Mehrheit der Mitglieder »actuellement en exercice« handele. Daher gehe es um 546 Deputierte und 304 Senatoren im Amt, also um 850 Mitglieder (Mehrheit: 426).

Laval und Mireaux stellten klar, daß sie aus dem erwähnten Grunde nur die Mehrheit der *anwesenden* Mitglieder für zulässig hielten. Sen. *Boivin-Champeaux* aber stellte den Antrag, Art. 8 so auszulegen, daß nur die *abgegebenen* Stimmen zu zählen seien. Dieser Antrag wurde angenommen. Dann trug Laval die Regierungsvorlage vor. Er wies darauf hin, daß der Entwurf im letzten Satz von der gedruckten Vorlage abweiche: »... par les Assemblées qu'elle aura créées.« Zahlreiche Stimmen forderten die sofortige Abstimmung. Man bildete einen Sonderausschuß, der die Mitglieder der je in der Kammer und im Senat zuständigen Ausschüsse umfaßte. Der Gegenentwurf der sénateurs anciens combattants sollte vor diesem Ausschuß erörtert werden. Die Sitzung wurde von 14.50 bis 17.15 Uhr unterbrochen. Boivin-Champeaux trug den Vorschlag des Ausschusses vor: Annahme des Regierungsentwurfs.[72] Er führte aus, Laval habe versprochen, man werde umgehend beschließen, daß die beiden Häuser bis zum »fonctionnement des institutions nouvelles« bestehen blieben. Damit bleibe das Parlament auch für die neue Regierung »à la fois une force et un soutien«. Sein letzter Satz: »Le parlamentarisme tel que nous l'avons connu va peut-être mourir; les parlementaires demeurent au service de la nation.« Die Mehrheit lehnte eine Fortsetzung der allgemeinen Aussprache ab. Eine Erklärung zur Stimmabgabe wurde von der Nationalversammlung ebenfalls abgelehnt. Dann wurde abgestimmt und die Sitzung zum Zweck der Auszählung von 17.45 bis 18.55 Uhr unterbrochen. Das Ergebnis: Abgegeben wurden 649

---

72 Die Schrift von *J. Boivin-Champeaux,* La loi du 10 juillet 1940, Paris 1944, war mir leider nicht zugänglich.

Stimmen, die absolute Mehrheit davon 325, für: 569, gegen: 80.[73] Die 20 Stimmenthaltungen wurden nicht gezählt (dabei waren u. a.Herriot und Queuille). Nach der Feststellung der Annahme ergriff Laval das Wort, um im Namen des Marschalls für Frankreich zu danken (heftiger Beifall). Das Protokoll vermerkt den Ruf von *Marcel Astier:* Vive la République, quand même. Dann zahlreiche Stimmen: Vive la France! Um 19.00 Uhr ist die Sitzung beendet. Im Journal Officiel vom 11. Juli wird das Gesetz von Lebrun ordnungsgemäß verkündet, mit Pétains Gegenzeichnung.[74] Es folgt die Verkündung des Beschlusses, mit dem Lebrun am 10. Juli die außerordentliche Sitzung des Senats und der Abgeordnetenkammer geschlossen hatte.[75]

III.

Die Rechtslage nach dem 10. Juli 1940 einerseits und das Entstehen der Bewegung France libre um de Gaulle andererseits haben nach der Libération viele Probleme aufgeworfen.[76] Ging es früher um die rechtliche Erörterung der Vorgänge seit dem 10. 7. 40, so kam es nach der Libération dar-

---

73 Zu diesen »80« gehörten u. a. Astier, Auriol, Badie, Blum, de Chambrun, Gouin, Moch, Odin, Paul-Boncour, Philip und Ramadier. Ein Bericht bei *J. Odin,* Les Quatre-Vingts, Paris 1946 (Odin war Senator).
74 Journal Officiel vom 11. 7. 1940, S. 4513.
75 Die weitere Entwicklung interessiert hier nicht. Den Parlamentariern wurden die Diäten bis zum 12. 8. 1941 ausbezahlt. Das Gesetz vom 10. 7. 40 und die Actes constitutionnelles des Vichy-Regimes in: Von der Dritten zur Vierten Republik, Bern 1950, auch als Anhang zum Sammelband: Le Gouvernement de Vichy 1940–1942, Paris 1972. Allgemeine Darstellungen außer den bereits zitierten etwa: *H. Amouroux,* Quarante millions de pétainistes – juin 1940–juin 1941, Paris 1977 (mit weiteren Bänden); *M. Dank,* The French against the French: Collaboration and Resistance, Philadelphia 1974; *R. Tournoux,* Pétain et la France – La Seconde Guerre mondiale, Paris 1980; *P. Ory,* Les Collaborateurs 1940–1945, Paris 1976. Nützlich auch: Le Dossier de Vichy, pr.p.J. de Launay, Paris 1967; Abdruck vieler Rechtsvorschriften seit dem 10. 7. 40 bei *P. Marc-Vincent,* La France nouvelle, t.1, Paris 1940. Auf Anregung von Flandin rief Pétain am 24. 1. 41 durch Gesetz den Conseil national (192 Mitglieder) ins Leben. Barthélemy wurde beauftragt, die neue Verfassung zu entwerfen. Eine Kommission des Conseil national beriet ebenfalls darüber. Wichtige Materialien in Le Dossier de Vichy, aaO.; Text des Verfassungsentwurfs bei *Godechot,* aaO., S. 343 ff. Das Gesetz über den Conseil national in: Le Gouvernement de Vichy 1940–1942, aaO., S. 319 ff. Zum Verfassungsentwurf etwa *Petot,* aaO., S. 566 ff. Bericht eines Zeugen: *X. Vallat,* Le nez de Cléopâtre. Souvenirs d'un homme de droite, 1918–1945, Paris 1957, S. 277 ff.
76 Zur Entwicklung der »continuité républicaine«: *G. Burdeau,* Cours de Droit Constitutionnel, 4. Aufl., Paris 1946, S. 207 ff.; *J. Laferrière,* Manuel de Droit constitutionnel, 2. Aufl., Paris 1947, S. 861 ff.

355

auf an, wie man nunmehr rechtsverbindlich zum »Vichy-System« Stellung nehmen werde. Wir wollen dies zuerst behandeln, weil der andere Problemkreis ständig aufgegebenes Thema der Wissenschaft ist.
1. Hier ist zunächst wichtig eine Maßnahme des Gouvernement provisoire de la République, nämlich die ordonnance vom 8. August 1944, relative au rétablissement de la légalité républicaine sur le territoire continental.[77] Diese ordonnance sollte Gesetzeskraft haben (Art. 11). In Art. 1 wird gesagt, daß die Republik »en droit... n'a pas cessé d'exister«. In Art. 2 wurde bestimmt, daß nichtig und ohne jede Rechtswirkung sein sollen »tous les actes législatifs ou réglementaires, ainsi que les arrêtés pris pour leur exécution«, die seit dem *16. Juni 1940* verkündet wurden. Diese Nichtigkeit aber muß ausdrücklich festgestellt werden.[78] Art. 3 stellt als nichtig fest vor allem das Gesetz vom 10. 7. 40, alle »actes constitutionnels«, alle Entscheidungen von Ausnahmegerichten, alle Akte bezüglich der Zwangsarbeit für den Feind, diejenigen bezüglich der associations dites secrètes und der Qualifikation der Juden (sowie verkündungstechnische Details). Es wird weiterhin die Geltung von Vorschriften geregelt, die im Anhang zur ordonnance aufgeführt sind. Nach Art. 7 bleiben die »actes de l'autorité de fait, se disant ›Gouvernement de l'Etat français‹«, deren Nichtigkeit nicht festgestellt ist, vorläufig in Kraft. Die Feststellung der Nichtigkeit durch weitere ordonnances soll unverzüglich erfolgen. In Art. 9 wird bestimmt, daß die *Verwaltungs*akte seit dem 16. Juni 40 rückwirkend vorläufig gültig sind.
Hier ist das Datum des 16. 6. auffallend, des Tages, an dem das Kabinett Reynaud zurücktrat (mit ihm fiel de Gaulle) und Pétain die Regierung bildete, die auf den Waffenstillstand aus war.[79] *Burdeau* hob 1946 hervor, daß damit nicht das legale *Ende* eines Regimes das Datum bestimme (10. Juli), sondern der *Beginn einer Revolution,* weil de Gaulle und seine Gefolgsleute glaubten, gegen die Bereitschaft zum Waffenstillstand gebe es das Recht zur Revolution.[80] Das ist ein juristisch kühner und politisch sehr riskanter Standpunkt (Deutsche denken an »Novemberverbrecher«), aber

---

77 Abdruck des Textes nebst Begründung und einer kurzen Anmerkung von *G. Berlia* in Revue du Droit Public 60 (1944), S. 315 ff.
78 Vgl. damit Art. 123 Abs. 1 GG. Der deutsche Verfassungsgeber konnte gegenüber dem NS-Regime unbefangener entscheiden und dadurch Schwierigkeiten vermeiden, in die die ordonnance vom 8. 8. 44 unvermeidlich geraten mußte. Allerdings hat das GG eine Verfassungsgerichtsbarkeit eingeführt, was man beim Vergleich nicht übersehen darf.
79 Zum Folgenden vor allem *G. Vedel,* Manuel élémentaire de droit constitutionnel, Paris 1949, S. 273 ff.
80 *Burdeau,* aaO., S. 220, im Text *kursiv.*

1944 wurde er in Frankreich geltendes Recht. Für die Annahme, am 16. Juni 40 habe für die ord. v. 8. 8. 44 eine Revolution begonnen, spricht auch der Umstand, daß eine Nichtigerklärung der erwähnten Akte von 1940 ff. es nahegelegt hätte, durch die provisorische Regierung 44 Senat und Kammer bzw. die Nationalversammlung auf dem status quo ante einzuberufen.[81] Das ist nicht geschehen. So spricht alles dafür, daß Burdeaus Auslegung den Absichten de Gaulles entsprach. Für ihn und damit für die ord. v. 8. 8. 44 ist der 16. *Juni* entscheidend, alles weitere ist Folge davon, kann keinen *eigenen* Grund der Legalität oder Illegalität mehr haben: Ein Strich schon des provisorischen Gesetzgebers und alle Diskussionen über das Gesetz vom 10. Juli 40 sind Makulatur.

In der Tat ist eine rechtliche Erörterung des Ermächtigungsgesetzes nur dann noch sinnvoll, wenn man annimmt, daß die ord. v. 8. 8. 44 ihrerseits gegen höheres Recht insoweit verstößt, als die Nichtigerklärung sich auf den 16. Juni statt auf den 10. Juli bezieht. Daß die Grundannahme der ord. v. 8. 8. 44 so wenig diskutiert wurde, obwohl sie rechtlich alles andere als zweifelsfrei war, läßt sich nur damit erklären, daß sie »integrierend« wirkte: Man konnte den 10. Juli 40 und das Folgende vergessen, die innenpolitischen Aspekte traten zurück zugunsten der militärisch-außenpolitischen, die sich auf »Nazi-Deutschland« bezogen. Alles dies konnte einigen, wem konnte denn auch schon vorgeworfen werden, er hätte nach dem 16. Juni 40 weiterkämpfen können?

2. Die Erörterung jener Fragen, die sich aus dem Gesetz vom 10. Juli ergeben, dürfte heute unbefangener ablaufen.

a) Das französische Schrifttum schon *vor* der Libération machte es sich mit der Würdigung dieses Gesetzes durchweg nicht leicht. Neben soliden Äußerungen, die sich auf dem Boden des »Neuen« bewegten, gab es kritische, bis hin zu solchen, die von der Zensur zurückgehalten wurden.[82] Das ist auch auf deutscher Seite gesehen worden.[83]

---

81 Das hätte nahegelegen, wäre jedoch nicht zwingend gewesen. Für de Gaulle kam das grundsätzlich nicht in Frage. Er übernahm am 16. Juni die Macht bis zur Herstellung einer *neuen* normalen Lage. Das hätte eine *kommissarische* Diktatur sein müssen. Tatsächlich aber beschloß das Gouvernement provisoire de la République Maßnahmen (z. B. allgemeine Verstaatlichungen), die man nicht mehr damit decken kann. Dazu schon früh *M. Duverger,* Contribution à l'étude de la légimité des gouvernements de fait (à propos du Gouvernement provisoire de la République), Revue du Droit Public 61 (1945), S. 73 ff. Allgemein zu de Gaulles verfassungspolitischen Vorstellungen: *J.-L. Debré,* Les idées constitutionnelles du Général de Gaulle, Paris 1974.

82 So die juristische Dissertation Toulouse 1941 von *P. Souques,* L'acte constitutionnel no 3 du 11 juillet 1940. (Es ging um das Fortbestehen des Parlaments.)

83 Vgl. *W. Schätzel,* Französisches Schrifttum zum Etat Français, Zeitschrift für öffentliches Recht 22 (1942), S. 383 ff.

b) Die Meinung, die Politiker der III. Republik hätten so sehr das Bestehende heruntergewirtschaftet, daß Neues vonnöten sei, war damals weit verbreitet. Wenn die Zeugnisse nicht trügen, ist die gegenteilige Auffassung von den Tatsachen weit entfernt.[84] (Auch im Ausland wurde die Rechtmäßigkeit des neuen Regimes kaum bestritten.) Darüber aber, *wie* das Neue aussehen solle, bestanden sehr unterschiedliche Vorstellungen.[85]
Die Äußerung Burdeaus aus dem Jahre 1946, das Regime von Vichy sei zwar legal, aber nicht legitim gewesen, weil die Franzosen jenem demokratischen Ideal treu geblieben seien, das vom neuen Regime verworfen worden war, läßt sich wohl nur mit dem Zeitpunkt dieser Meinung erklären. Das gilt auch für Burdeaus These, die Besetzung des Landes habe die volonté nationale daran gehindert, sich auszudrücken.[86] Es kann an dieser Stelle die Frage offen bleiben, ob die weitere Entwicklung des Regimes belangvolle Konsequenzen für die Rechtslage gehabt haben konnte (Näheres später). Hier geht es um die Frage, wie das Gesetz vom 10. Juli 1940 verfassungsrechtlich zu würdigen ist.
3. Das gilt zunächst für die *förmliche Seite* des in Vichy gewählten Verfahrens.
a) Die Vorschriften über die Einberufung der Nationalversammlung sind offenbar eingehalten worden, jedenfalls insoweit, als das unter den gegebenen Umständen möglich war.
b) Problematisch hingegen ist die Art und Weise der Abstimmung. Allerdings entfällt diese Problematik, wenn man davon ausgeht, daß die Zahl von 569 Ja-Stimmen weit über der absoluten Mehrheit der gesetzlichen Mitgliederzahl der Nationalversammlung (im strengen Sinne) lag: 467 Stimmen, und daß vom Ergebnis der Abstimmung her betrachtet Fehler in der Berechnung geheilt sind. Folgt man dem nicht, so dürfte die damals festgelegte Zahl der Stimmen (ohne die Enthaltungen) problematisch sein.

---

84 Siehe nur *Peyrefitte*, aaO., S. 373, und *de Jouvenel,* aaO., S. 465, ferner Äußerungen wie die von *D. Halévy*, Trois épreuves: 1814/1871/1940, Paris 1940, und (aus dem Nachlaß des ermordeten) *M. Bloch,* L'étrange défaite. Témoignage écrit en 1940, nouvelle édition, Paris 1957. In der angesehenen Revue des Deux Mondes schrieb *A. Chaumeix,* ihr Chefredakteur und Mitglied der Académie Française, Frankreich habe das Regime ohne Bedauern fallen lassen, »avec une indifférence absolue, avec satisfaction même.« (t.58, Heft vom 15. Juli 1940, S. 134.)
85 Vgl. nur die Erinnerungen des hohen Gewerkschafters, der von 1940–42 Minister war: *R. Belin,* Du Secrétariat de la C.G.T. au Gouvernement de Vichy, Paris 1978.
86 *Burdeau,* aaO., S. 219. Dagegen lese man »Examen de Conscience« des namhaften *R. d'Harcourt,* Revue des Deux Mondes, t.58, vom 1. August 1940, S. 137 ff. Es ist ein wichtiges Dokument.

Falls man sich überhaupt auf die außergewöhnlichen Umstände berufen durfte, so konnte damit das gewählte Vorgehen nicht gedeckt werden.[87]
Da die Verfassung *gesetzliche* Mitgliederzahl vorsieht, konnte es nur darum gehen, ob die *Mandatsverluste* davon abzuziehen seien. Das Gesetz vom 21. 1. 40 war nicht ohne rechtliche Bedenken. Die Verfassung sah den Mandatsverlust dieser Art nicht vor, schloß ihn aber auch nicht aus. Die Zulässigkeit eines *Partei*verbotes (décret-loi vom 26. 9. 39) mußte nicht zwangsläufig zur Rechtmäßigkeit des *Mandats*verlustes führen. Hält man auch dieses für rechtlich möglich, dann wird man die Zahl der so verlorenen Mandate von der gesetzlichen Mitgliederzahl abziehen müssen, weil sonst der Mandatsverlust die Mehrheitsbildung erschwert.[88]
Noch schwieriger ist die Frage, ob jene Stimmen abzuziehen sind, die aus objektiven Gründen nicht abgegeben werden konnten. Nun gilt dies nicht in normalen Fällen. Hier aber wurden einzelne Parlamentarier nicht erreicht, waren andere in Gefangenschaft usw. Schon deshalb war nicht festzustellen, ob die Fehlenden absichtlich fern blieben oder nicht. Die Begrenzung nur auf die Anwesenden war daher nicht unbedenklich. Daß die Verfassungen von 1946 (Art. 94) und 1958 (Art. 89) Verfassungsänderungen verbieten, wenn das Land teilweise oder ganz besetzt ist, steht auf einem anderen Blatt, nämlich dem, auf dem man die Lehren von 1940 ziehen wollte. Wie dem auch sei: Wenn man angesichts des Abstimmungsergebnisses Verfahrensfehler nicht durchschlagen läßt, war das Verfahren am 10. Juli rechtmäßig.
4. Deshalb ist nun die Frage nach der *inhaltlichen* Rechtmäßigkeit des Gesetzes vom 10. 7. 1940 zu stellen. Diese Frage ist die am meisten erörterte.[89] Es ist die große Frage, wie der Beschluß vom 10. 7. zu werten ist:

---

87 Vgl. etwa *Burdeau*, aaO., S. 202 f.; *Vedel*, aaO., S. 276. Bisweilen wird auch mit der Drohung eines Militärputsches durch Laval argumentiert. Zu solchen Argumenten für den deutschen Fall *Schneider*, aaO., S. 219.
Kirchheimer meint, das Verhältnis von Freiwilligkeit und Zwang sei 1940 kaum viel ungünstiger gewesen als 1958 bei der Überleitung von der IV. auf die V. Republik (sozusagen als späte Rache Pétains an de Gaulle, R. S.), vgl. *O. Kirchheimer*, Politische Justiz, Neuwied 1965, S. 464.
Im Juni 1958 haben sich Pétainisten über die Parallele mokiert, vgl. *P. Novick*, The Resistance versus Vichy. The Purge of Collaborators in Liberated France, London 1968, S. 194 Anm. 17.
88 *Burdeau*, aaO., S. 202, erwähnt auch die durch Tod oder Niederlegung freigewordenen Mandate. Das ist fragwürdiger, weil solche Lagen »normal« eintreten können.
89 Bereits hier soll die gründlichste Erörterung angeführt werden: *G. Liet-Veaux*, Essai d'une Théorie Juridique de Révolutions – La Continuité du Droit interne, Paris 1943. Pétain sah es simpler: »Le peuple français par ses représentants, réunis en Assemblée nationale . . . m'a confié le pouvoir.« *(Pétain*, Quatre années au pouvoir, Paris 1949, S. 18.)

Übertragung der verfassungsgebenden Gewalt auf die Regierung oder was sonst? Vorab soll betont werden, daß die Ermächtigung gewisse Grenzen enthielt, weil die neue Verfassung die »droits du Travail, de la Famille et de la Patrie« zu gewährleisten hatte und auch die Schaffung von »Assemblées« festlegte, was immer man unter diesen Bezeichnungen verstehen mochte.

a) Die Ansicht, es habe sich um die Übertragung der verfassunggebenden Gewalt gehandelt, hat einige Anhänger gefunden. Danach konnte die Nationalversammlung aber die ihr von der Verfassung übertragene Kompetenz zur Verfassungsänderung *nicht* weiter übertragen.[90] Um eine Ermächtigung zur Verfassungsänderung habe es sich gehandelt, nicht zur Schaffung einer gänzlich neuen Verfassung. Das Gesetz habe nämlich Art. 8 beachtet, wonach die Form der Republik berücksichtigt werden müsse, und das sei für die Ermächtigung anzuerkennen. Der Streit, der sich um diese Frage entzündete, war unvermeidbar, wenn als Schranke der Verfassungsänderung nur die *Form* der Republik gilt,[91] nicht aber weitere Teile der Verfassung wie z. B. in Art. 79 Abs. 3 GG. Geht man dann »positivistisch« vor und wird *M. Haurious* Theorie vom »bloc des idées incontestables« nicht herrschende Meinung, so ist diese Würdigung der Ermächtigung nicht zu beanstanden.[92] Die Frage ist nur, ob eine solche Übertragung überhaupt zulässig war. *R. Bonnard* und *Burdeau* bejahen dies mit dem Hinweis, die Nationalversammlung habe die Regelung der Verfassungsänderung eben durch eine solche zugunsten der Regierung geändert, also eine Verfassungsänderung beschlossen, wonach für Verfassungsänderungen nunmehr die Regierung zuständig sei.[93] Doch wird man einwenden können, diese Befugnis habe der Nationalversammlung nicht zugestanden, weil man zwischen Verfassungsgebung und Verfassungsänderung unterscheiden müsse und die Änderung der Verfassungsänderung nicht in den Bereich der nur ändernden Gewalt falle.[94]

An dieser Diskussion wird erneut deutlich, wie wichtig es ist, bei unklarem Verfassungstext die Prämissen der Erörterung offenzulegen: Wer deutlich

---

90 So *Laferrière, aaO., S. 833 ff.*
91 So wohl zu Recht *Vedel*, aaO., S. 278. Mehr gibt der Text von 1875 nicht her.
92 Vgl. *M. Hauriou*, Précis de Droit constitutionnel, Paris 1923, S. 296 ff., und dazu *C. Schmitt*, Legalität und Legitimität (1932), in: *ders.*, Verfassungsrechtliche Aufsätze, Berlin 1958, S.311.
93 *R. Bonnard*, Les actes constitutionnels de 1940, Revue du Droit Public 58 (1942), S. 46 ff., 149 ff. und 325 ff. (auch selbständig Paris 1942); *Burdeau*, aaO., S. 204; *Vedel*, aaO., S. 277. Vedel bemerkt sogar, die Praxis der décrets-lois sei rechtlich dubioser gewesen.
94 So *Liet-Veaux*, aaO., S. 102 ff.

zwischen Verfassungsgebung und Verfassungsänderung unterscheidet, zieht der Änderung engere Grenzen. Wer annimmt, eine Verfassung habe einen durch Auslegung zu ermittelnden Kern, der durch Änderungen nicht berührt werden darf, zieht ebenfalls engere Grenzen. Die »rein positivistische« oder jene Betrachtung, die auch insoweit zum Parlamentsabsolutismus neigte (immerhin nur absolute Mehrheit, keine höher qualifizierte), muß bei der Wertung des Gesetzes vom 10. 7. 40 großzügig verfahren.

Wer hier strenger dachte, konnte noch den Ausweg suchen, in der »Ermächtigung« eine »déconstitutionnalisation« zu sehen.[95] Er bot sich an – einen bestehenden Ausweg verlängernd, nämlich eine Lehre der Anerkennung der décrets-lois.[96] Die Nationalversammlung habe mittelst ihrer Befugnis zu Verfassungsänderungen bestimmte Materien tiefer gestuft; es sei also nicht um eine unzulässige Übertragung der verfassungsändernden Gewalt von der Nationalversammlung auf die Regierung gegangen. *Berlia* bemerkt, daß dieser Unterschied der Meinungen bedeutsam sei, weil es für den Fall, daß der Marschall die ihm übertragene Befugnis nicht ausüben könne, zu unterschiedlichen Folgen komme: In dem einen Fall gehe die Befugnis an die Nationalversammlung zurück, im anderen nicht.[97]

b) Man konnte auch den Weg gehen, alle Versuche, eine »glatte« Kontinuität darzutun, abzulehnen, um von einer »révolution constitutionnelle« zu reden: Nach dem Verfassungsrecht der III. Republik sei das Gesetz vom 10. 7. 40 rechtswidrig gewesen; doch habe die »révolution constitutionnelle« die Rechtmäßigkeit dieses Aktes und alles weiteren hergestellt.[98] Eine solche Argumentation hat den Nachteil, daß diese Rechtsgeltung vom *Erfolg* abhängt. Die ord. v. 8. 8. 44 legte rückwirkend die erfolgreichere Revolution verbindlich fest, die vom 16. Juni 40, die jene vom 10. Juli 40 als solche überhaupt nicht zur Kenntnis nimmt. *Vedel* will diese Sackgassen vermeiden und darlegen, das legal instaurierte Regime von Vichy sei *nach* dem 10. Juli auf den Weg des Unrechts geraten. Er bezieht sich vor allem darauf, daß kein acte constitutionnel gemäß dem Verfahren des Gesetzes vom 10. 7. erlassen worden sei. (Stets ohne ratification durch die Nation.)[99] In diesem Zusammenhang wird deutlich, wie unklar das Gesetz war. Ließ der Text des deutschen Ermächtigungsgesetzes insoweit kaum Zweifel (Verfas-

---

95 Vgl. etwa *Liet-Veaux*, aaO., S. 188 ff., und *Berlia*, aaO., S. 48 ff.
96 Vgl. *Ballreich*, aaO., S. 337 ff.
97 *Berlia*, aaO., S. 47.
98 *Liet-Veaux*, aaO., S. 395 ff., geht diesen Weg. Sowohl Bonnard als auch Liet-Veaux berufen sich auf *C. Schmitts* Ausführungen in »Legalität und Legitimität«, wovon seit 1936 eine französische (Teil-)Übersetzung vorlag (Légalité, légimité, Paris).
99 *Vedel*, aaO., S. 277 ff.

sungsänderungen als kommissarische Diktatur – ein Vorwand), so war das in Vichy anders. Anders insofern, als man sagen konnte, jene nicht als dauerhaft angesehenen Änderungen der Verfassung von 1875 bedürften *nicht* der Annahme durch die Nation. Doch wären dadurch allenfalls einige wenige der actes constitutionnels gedeckt worden.[100] Es überwog die Absicht, nicht nur vorübergehende Verfassungslösungen anzustreben. Vedel sagt zu Recht, es sei schwer, den Zeitpunkt zu bestimmen, von dem an die Vichy-Regierung zum Usurpator geworden sei.[101] Man wird zusätzlich bemerken dürfen, daß erst nach dem 10. Juli das Wort von der Révolution aufkam (»Révolution nationale«).[102] Damit ist allerdings noch nicht gesagt, daß mit dem Übergang der Vichy-Regierung zum »usurpatorischen Regime« die gesetzten rechtsnormativen Akte deswegen nichtig wurden. Hier kann es andere Gründe für die Rechtsgeltung geben.

Doch wird man bemerken dürfen, daß es sich um eine »Usurpation« handelt, die auf einer *undeutlichen* Ermächtigung beruhte. Wenn man sozusagen fahrlässigerweise (man hätte es erkennen können) oder gar mit dolus eventualis so weit eine solche Regierung (mit Laval als Vizepremier und Alibert bei Pétain) ermächtigt, ist es dann, objektiv betrachtet, eine Usurpation? Über das, was da in realem Sinne *möglich* war, hatten offenbar nicht wenige Zeitgenossen ziemlich klare Vorstellungen.[103]

Es ist, auch wegen des derzeitigen Standes der staatstheoretischen Diskussion, schwerlich möglich, klar Stellung zu beziehen. Darauf kann es einem ausländischen Betrachter ohnehin nicht ankommen. Es hat jedoch den Anschein, als könnte Vedels Würdigung der damaligen Lage am ehesten über-

---

100 Immerhin hatte es im acte constitutionnel no 3 vom 11. 7. 40 geheißen, daß Senat und Kammer bis zur Bildung der künftigen Häuser bestehen bleiben und bis zu neuer Einberufung durch den Staatschef vertagt werden. Über die Verletzung solcher Schranken im deutschen Fall vgl. *Schneider,* aaO., S. 209 ff.
101 *Vedel,* aaO., S. 281.
102 *A. Fabre-Luce,* Journal de la France I, Paris 1941, meint S. 403, Frankreich »vient de faire une révolution sans révolutionnaires«. Das ist geistreich, aber auch ungenau. *A. de Monzie,* Minister in der III. Republik, spricht von révolution nationale, sagt aber auch: »La France n'est plus une république, mais une régence.« (Ci-devant, Paris 1941, S. 263.)
103 Z. B. *Aron,* aaO., S. 36 ff. (»intellectuels réactionnaires«, womit 1940 nicht etwa Déat, Doriot etc. gemeint waren); *A. Fabre-Luce,* Journal de la France II, Brüssel 1942, S. 16. E. Berl, der die Ansprachen Pétains vom 20. und 23. Juni entworfen hatte, zog sich in Vichy *sofort* zurück; er sei gegen die Révolution nationale gewesen (also vor dem 10. 7.), vgl. *E. Berl,* Interrogatoire, Paris 1976, S. 87 ff. Vgl. allgemein *R. Rémond,* La droite en France. De la première Restauration à la Ve République, 3. Aufl., Paris 1968, S. 245 ff. Man kann sich auf damalige Zeugnisse berufen und muß nicht in die Polemik eintreten, die das Buch von *B.-H. Lévy,* L'idéologie française, Paris 1981, ausgelöst hat.

zeugen. Wenn nicht alle Zeichen trügen, entspricht sie auch der Entwicklung in den Einstellungen der meisten Franzosen.

IV.

Die Darstellung dürfte gezeigt haben, wieviele Unterschiede es zwischen den Vorgängen in Deutschland und in Frankreich gab. Auf sie kann hier nicht eingegangen werden, doch sind sie eingehender Untersuchung und Erörterung gewiß wert. Abschließend soll vielmehr eine Gemeinsamkeit erwähnt werden, die von allgemeiner Bedeutung ist:
1. Geht man davon aus, daß in beiden Fällen die betreffenden Verfassungen, wie sie von der herrschenden Meinung damals verstanden wurden, solche Ermächtigungen zuließen, dann hätte es sich sowohl bei der Verfassung der III. Republik als auch bei jener von Weimar um Verfassungen gehandelt, die trotz einiger Vorbehalte ihre »Revolution« selbst vorsahen. Es wäre dies ein sozusagen fast unbeschränkter Systemwandel; Begrenzungen von Änderungen sind eher verbaler Natur. Deshalb läßt sich später kaum beurteilen, ob zu dem eingetretenen Systemwandel ermächtigt worden war.[104]
In einem solchen Falle kann man die juristischen Lehren von der Bedeutung der Revolutionen kaum anwenden. Diese gehen, soweit ersichtlich, nämlich nicht davon aus, daß die »Revolution« »legal« stattfindet, in einem von dem Abzulösenden vorgesehenen Verfahren. Eben diese Prozedur warf 1933 wie 1940 ungewohnte rechtliche Probleme auf. Vor allem denjenigen Staatsrechtslehrern, die solche Einladung zur Verfassungsbeseitigung für rechtlich unzulässig hielten, kann man nachträglich kaum vorwerfen, sie hätten beizeiten rechtliche Lösungen bezüglich der Folgen solcher »Ermächtigungen« bereitstellen müssen. Das war doch wohl vornehmlich Sache derjenigen, deren Meinung zur herrschenden geworden war. Daß dies *nach* der »Ermächtigung« (d. h. der »legalen Revolution«) schwerfallen kann, soll nicht bestritten werden, im Gegenteil, bei einigem Realismus war damit zu rechnen, daß die Ermächtigung zu Zensur und viel Schlimmerem führt, daß dann »Kritik« unmöglich wird.

---

104 Das Grundgesetz hat in Art. 79 Abs. 3 GG eine wichtige Lehre gezogen. Die Autoren, die heute das Fundament der Verfassung von links aus anbohren wollen, indem sie die Beseitigung dieser Vorschrift für zulässig halten, scheinen nicht zu merken, daß diese Argumentation bereits der, übrigens erfolgreichen, Zerstörung von rechts aus dienlich war.

2. Hält man hingegen die Ermächtigungen von 1933 und von 1940 nicht für legal, so hat eine »juristische Revolution« *vorher* stattgefunden. Dann haben die zuständigen Organe des »Alten« ihre Kompetenzen überschritten. Das »Neue« verhielt sich in dieser Sicht sozusagen nur folgerichtig; nach der »Revolution« trat die »Normalität« ein. Dies wäre die Erklärung des »Alten«, es sei am Ende, habe aber noch die Kraft, dem Not-wendenden »Neuen« die Macht zu übergeben, auch wenn die Verfassung solche Übergabe nicht vorsehe. Im Interesse der Nation aber sei *dieser* Übergang der Macht vom »Alten« auf das »Neue« notwendig.

Es wäre wohl fraglich, wollte man – abgesehen von der »juristischen Revolution« – darin eine Revolution im herkömmlichen Sinne sehen. Eher handelt es sich um eine Abdankung.[105] Da in Deutschland wie in Frankreich *Republiken* abdankten, fällt es heute schwer, den Sachverhalt so zu benennen, wie er es verdient.

Freilich bestehen auch insoweit Unterschiede, als in Deutschland eine nach heutigem Verständnis verfassungsfeindliche Partei bei der »Ermächtigung« den Ausschlag gab, während in Vichy eine große Mehrheit von Verfassungstreuen bestand. Allerdings waren für die beiden Völker auch die Folgen des verfassungsrechtlichen Verhängnisses unterschiedlich.

An Versailles und den Folgen führt kein Weg vorbei. Es gab in der Geschichte wohl keine verhängnisvollere Art des Sieges.

---

105 Das ist auch von wichtigen »unverdächtigen« Zeugen so gesagt worden, vgl. nur *Halévy,* aaO., S. 135 f. (die Parlamentarier exekutierten sich selbst, hätten aus Scham vor der Schande geschwiegen usw.); *Aron,* aaO., S. 16 (Republik gab sich selbst auf); *M. Waline,* Manuel élémentaire de droit administratif, 4. Aufl., Paris 1946, S. 27, schreibt, die Ermächtigung vom 10. 7. sei nicht ohne Vorläufer gewesen, sie sei systematisch gewollt gewesen, denn das Parlament hätte sich »normal« versammeln können. Sehr scharf der Staatsrechtler *E. Giraud,* La reconstruction politique de la France, Paris 1946, S. 199: ». . . les politiciens quittaient la République comme une maison de commerce qui a fait faillite et qui, de ce fait, n'offre plus d'intérêt.« Giraud, der vor 1939 den Niedergang der Republik scharf kritisiert hatte, sagt auch, man solle weniger den Beamten des Vichy-Regimes nachstellen, den Parlamentariern, die am 10. 7. 40 die Ermächtigung beschlossen hätten . . .
Leider ist mir erst nach der Drucklegung zugänglich geworden: *P. M. Gordon,* Collaborationism in France during the Second World War, Ithaca 1980.

Adenauer und Rußland

*Hans-Peter Schwarz**

I.

»Von Bismarck bis Rapallo«, weiß Henry Kissinger in seinen Memoiren zu berichten, »bestand das Wesen der nationalistischen Außenpolitik Deutschlands darin, frei zwischen Ost und West zu manövrieren ...«[1] Natürlich ist dies eine stark simplifizierende Feststellung, und Kissinger wäre wahrscheinlich der erste, der dies einräumen würde, wollte man ihn darauf aufmerksam machen. Dennoch beleuchtet sie eine ständige Befürchtung, die bei den westlichen Nachbarn Deutschlands immer wieder auftritt, wenn sie das komplizierte Geflecht der deutsch-russischen Beziehungen betrachten. Zu dieser Befürchtung bestand nicht nur zu den Zeiten der Weimarer Republik und im Dritten Reich Anlaß. Sie erklärt auch viel von der westlichen Außenpolitik in den fünfziger Jahren, sie hatte sich – wie sich aus den Reaktionen Kissingers oder Präsident Pompidous auf Brandts »neue Ostpolitik« ablesen ließ – selbst Ende der sechziger und Anfang der siebziger Jahre noch nicht gelegt und sie wird auch heute wieder offen artikuliert.
Die Erinnerung an Rapallo, an die geheime Zusammenarbeit zwischen Reichswehr und Roter Armee und schließlich – als Gipfel von allem – an den Hitler-Stalin-Pakt von 1939 läßt eben bis heute nicht vergessen, daß es eine bemerkenswert ausgeprägte Tradition opportunistischer Zusammenarbeit zwischen Deutschland und der Sowjetunion gibt – ganz ungeachtet aller wohlbekannten ideologischen Gegensätze.
Auch in dem Jahrzehnt, das auf den Zweiten Weltkrieg folgte, schien eine Außenpolitik freien Manövrierens zwischen dem sowjetischen Rußland und den westlichen Demokratien manchen Deutschen ähnlich attraktiv wie sie dies in den Tagen von Poincaré oder von Chamberlain gewesen ist. Die

---

* Dr. phil., Professor an der Universität Köln.
1 *Henry Kissinger:* The White House Years, London 1979, S. 97.

Gründe für eine Rückkehr zur Tradition geschickter Schaukelpolitik schienen sogar noch zwingender als sie dies in den zwanziger und dreißiger Jahren gewesen sind.

Wie man in vielen Leitartikeln der fünfziger Jahre lesen konnte, war die Überzeugung weitverbreitet, daß Moskau den Schlüssel zur Wiedervereinigung in der Hand halte. Man konnte sogar da und dort Spekulationen über eine begrenzte oder auch auf lange Sicht angelegte deutsch-sowjetische Entente hören, die wenigstens zu einer partiellen Rückführung der verlorenen Ostprovinzen zu einem wiedervereinigten Deutschland führen sollte.

Doch zur großen Überraschung Europas war die offizielle deutsche Außenpolitik unter Adenauer klug oder furchtsam genug, allen derartigen Versuchungen zu widerstehen. Herauszufinden, warum die Deutschen eigentlich diesen Verlockungen widerstanden haben, ist eine der interessantesten und wichtigsten Fragen europäischer Diplomatiegeschichte in den fünfziger und sechziger Jahren.

Natürlich waren die Gründe dafür so komplex, wie sie immer sind, wenn es um politische Grundsatz- und Einzelfallentscheidungen geht. Und wie die Faktoren, die im Spiel waren, zu gewichten sind, ist auch in der Forschung noch umstritten und dürfte dies auf lange Zeit hinaus bleiben.

Es gibt drei generelle Ansätze für eine Analyse der deutschen Außenpolitik während der fünfziger Jahre.

Man kann – erstens – von der Prämisse ausgehen, daß die Außenpolitik einer Industriegesellschaft das Resultat der mächtigsten Interessen in dieser Gesellschaft darstellt. So gesehen wäre der Kanzler bei seiner Entscheidung gegen die Tradition der Schaukelpolitik nur eine Art Repräsentant der vorherrschenden innenpolitischen Kräfte gewesen. Man kann diese seit Mitte der sechziger Jahre bei linksliberalen, para-marxistischen und neo-marxistischen Historikern so beliebte Deutung der Außenpolitik den »innenpolitischen« Ansatz nennen.

Ein zweiter Ansatz geht von der Annahme aus, daß die Außenpolitik eines »penetrierten Systems« von der Art Westdeutschlands in den fünfziger Jahren mehr oder weniger durch die Struktur des internationalen Systems und die Sachzwänge bedingt war, die sich daraus ergeben haben. Politische Wissenschaftler pflegen dieses Konzept gern den »systemischen« Ansatz für ein Verständnis der Außenpolitik zu nennen.

Ein dritter Ansatz – der personalistische – kann auf das interessante Phänomen verweisen, daß nach einer zumindest in den fünfziger und sechziger Jahren weitverbreiteten Auffassung die Geschichte der deutschen Außenpolitik seit Mitte des 19. Jahrhunderts immer wieder von großen oder zumindest schicksalhaften Einzelpersönlichkeiten bestimmt worden ist. Das galt für die Reichsgründung durch Bismarck. Es gilt für Hitler, der das Bismarck-Reich durch seinen bedenkenlosen Griff nach der europäischen Hegemonie zerstört hat. Es mag auch für die Neuorientierung deutscher Außenpolitik durch Adenauer gelten.

Natürlich hat jeder der drei Ansätze seine Vorzüge und kann dazu beitragen, bestimmte Aspekte der deutschen Außenpolitik zu verstehen. Im folgenden wird indessen die These zu entfalten sein, daß zumindest bei der deutschen Rußlandpolitik in den fünfziger Jahren der entscheidende Faktor wahrscheinlich der personale Faktor – also die Persönlichkeit des Kanzlers – gewesen ist.

Nichtsdestoweniger mag es nützlich sein, zuerst einen Blick auf den »innenpolitischen« und den »systemischen« Ansatz zu werfen.

Zu den wichtigsten politischen Grundeinstellungen in breiten Schichten der Gesellschaft Westdeutschlands und Berlins in den Jahren nach 1945 gehörte eine ausgeprägte Angst vor Rußland. Vieles hat dazu beigetragen: die Erfahrungen des Rußlandkrieges, insbesondere die schrecklichen Erlebnisse während des russischen Einmarsches 1944 und 1945, die russische Politik in der Sowjetischen Besatzungszone, die Frage der deutschen Kriegsgefangenen in Rußland, die sowjetische Politik in der Wiedervereinigungsfrage, aber auch die allgemeine Furcht vor dem kommunistischen Totalitarismus und dem russischen Expansionswillen. Die Furcht vor der Sowjetunion einte alle bedeutenden Parteien mit Ausnahme der Kommunisten und ihrer fellow-traveller.

Doch dies hieß nicht, daß alle politischen Gruppen, die zählten, auch hinsichtlich der internationalen Position eines wiedervereinigten, nicht-kommunistischen Deutschland miteinander übereinstimmten. Sicher, eine Sowjetisierung war das Letzte, was die nicht-kommunistischen Führungsgruppen und die Massen in der Bundesrepublik wünschten. Aber das bedeutete noch nicht den Verzicht darauf, einen eigenen, von sowjetischer Hegemonie wie von westlicher Blockbildung gleicherweise freien Platz zwischen den Fronten des Kalten Krieges zu suchen. Waren die Deutschen wirklich unwiderruflich dazu verurteilt, aufgrund ihrer innenpolitischen Grundentscheidung für Demokratie und freie Wirtschaft auch die außenpolitische Grundentscheidung für eine konsequent gegen die Sowjetunion gerichtete Allianz zu treffen? Das politische Lager, das sich für eine bedingungslose Integration in die Gemeinschaft der westlichen Demokratien einsetzte, stieß seit Frühjahr 1952 in immer stärkerem Maß auf die Kritik gewichtiger Gruppen und einzelner, die beim Blick auf ein wiedervereinigtes Deutschland eine blockfreie, unabhängige Außenpolitik vorsahen. Manche Befürworter einer Blockfreiheitspolitik waren sich dabei bewußt, daß sie an ältere, bis auf die Bismarckzeit zurückreichende Traditionen der deutschen Außenpolitik anknüpften.

Tatsächlich herrschte in den fünfziger Jahren kein allgemeiner Konsensus über das Erfordernis einer expliziten und dauerhaft anti-russischen Politik. Diese Auffassung könnte durch eine stärker ins einzelne gehende Analyse der Gruppierungen im Deutschen Bundestag, der Strömungen in der öffentlichen Meinung und der großen Organisationen in der Gesellschaft im einzelnen erhärtet werden. Somit wäre aber auch die These schwer zu belegen, daß der Kanzler in den fünfziger Jahren nicht viel mehr als der bloße Repräsentant einer grundsätzlich anti-russischen Außenpolitik gewesen sei, die von der öffentlichen Meinung oder von einer Kombination innenpolitischer Kräfte diktiert wurde.

Man wird freilich auch bezweifeln müssen, ob der an zweiter Stelle genannte »systemische« Ansatz, der von den Sachzwängen des internationalen Systems ausgeht, die westdeutsche Rußlandpolitik der fünfziger Jahre voll erklären kann. Sowohl in der zeitgenössischen Publizistik wie auch später bei den wissenschaftlichen Analytikern wurde und wird vielfach die Auffassung vertreten, daß Westdeutschland in der Periode des Kalten Krieges gar keine andere Option als die bedingungslose Hinwendung zum Westen offengestanden habe. Die Einflüsse und Pressionen von seiten der Westmächte waren ja in der Tat vielfältig, und der pro-westliche Kurs der Adenauer-Regierung schien ein Gebot der praktischen Vernunft.

Diese systemische Deutung der deutschen Nachkriegspolitik gegenüber Rußland läßt sich nicht leicht abweisen. Tatsächlich ist die Bundesrepublik als ein völlig abhängiger Staat ins Licht der Geschichte getreten. Von 1949 bis 1955 ist sie eine Art Protektorat der drei westlichen Deutschlandmächte gewesen. Ihre Diplomatie war anfänglich nicht existent und unterlag bis zum Mai 1955 mehr oder weniger strengen Restriktionen, was naturgemäß besonders wichtige Konsequenzen im Bereich des Verhältnisses zum Osten hatte. Diplomatische Beziehungen kamen nicht in Frage. Selbst Direktkontakte westdeutscher Diplomaten mit osteuropäischen Kollegen in Drittländern mußten vermieden werden, um bei den Westmächten keinen Verdacht zu erwecken.

Diese ungünstige Situation änderte sich zwar 1955, aber auch nur langsam. Die bekannten westlichen Vorbehaltsrechte aus dem Deutschlandvertrag engten den Spielraum für jeden möglichen deutschen Versuch einer autonomeren, aktiven Rußlandpolitik stark ein.

In der zweiten Hälfte der fünfziger Jahre sah Bonn *ein*, wenn nicht *das* überragende kurzfristige Ziel seiner Außenpolitik im ungestörten Aufbau deutscher Streitkräfte. Die Motive für diese Priorität waren mindestens

ebenso stark politischer wie militärstrategischer Natur. So hatte Adenauer im Jahr 1956 vor dem Vorstand seiner Partei eine Äußerung von John Foster Dulles zu bedenken gegeben: »Ein Staat ohne Streitkräfte ist ein Protektorat, aber kein souveräner Staat.« Eben diese Vollsouveränität wünschte der immer mißtrauische Kanzler nunmehr gegenüber den Westalliierten möglichst rasch zu erreichen. Das riskante Unternehmen des Aufbaus der Bundeswehr konnte aber nur mit der vollen Unterstützung und unter dem Schutz der Westmächte gegen den Widerstand der Sowjetunion erfolgen. Dieser Umstand gab den USA, Großbritannien und Frankreich zusätzliche Hebel in die Hand, um Bonns Rußlandpolitik zu beeinflussen. Und am Ende der fünfziger Jahre, als manche Deutsche die Zeit für gekommen hielten, die wiedergewonnene Macht Deutschlands – wie sich die Bundesrepublik damals zumindest im Ausland gerne nennen ließ – im Sinn einer entschiedeneren, auch die Sowjetunion ins Spiel bringenden Wiedervereinigungspolitik einzusetzen, starteten die Sowjets ihren Druck auf Berlin. So mußte sich jetzt fast jedermann in Bonn davon überzeugen lassen, daß der Platz Deutschlands für eine nicht absehbare Zukunft im westlichen Lager zu verbleiben habe. Selbst die Sozialdemokraten nahmen nun ihre große Kehrtwendung hin auf die Außenpolitik des Kanzlers vor, und als die Berlin-Krise im Frühjahr 1963 zu Ende ging, war auch die Adenauer-Ära an ihrem Ende angelangt.
Es finden sich daher Argumente genug, die die These von der Systembedingtheit der westdeutschen Außenpolitik und damit auch der deutschen Rußlandpolitik hinlänglich stützen.
Doch bei näherem Zusehen verliert diese These von einer unentrinnbaren systemischen Determiniertheit der deutschen Nachkriegs-Außenpolitik einiges von ihrer Überzeugungskraft. Faßt man nämlich die wichtigen Weichenstellungen der europäischen Diplomatiegeschichte in den fünfziger Jahren schärfer ins Auge, dann läßt sich doch argumentieren, daß ein Kanzler der Bundesrepublik trotz der offenkundigen Schwächen der deutschen Position gewisse Chancen gehabt hätte, wenn er wirklich entschlossen gewesen wäre, westdeutsche Politik im Interesse der Wiedervereinigung vorsichtig in Richtung eines mittleren Grundes zwischen Ost und West zu steuern. Und nimmt man gar an, daß sich Adenauer selbst mit seiner ganzen Energie, politischen Souveränität und Gerissenheit seit 1951 diesem Ziel verschrieben hätte, so gibt es immerhin Anlaß zur Vermutung, daß er damit doch recht weit gekommen wäre.
Es ist nicht möglich, im Rahmen eines knappen Essays in die Details zu gehen. Zweifellos bestanden in den Jahren zwischen 1951 bis 1955 in Frankreich, aber zu einem gewissen Maß auch in Großbritannien, Ten-

denzen, die eine Bundesregierung hätte ausnutzen können, sofern sie sich zu einer Wiedervereinigungspolitik um jeden oder fast jeden Preis entschlossen gehabt hätte. Während des Jahres 1951 gab es in Paris vergleichsweise starke Kräfte, die auf eine neue Runde von Viermächteverhandlungen über Deutschland drängten. Die Deutschen hätten hier anknüpfen können. Selbst wenn sich die Bundesrepublik vorerst nicht hätte durchsetzen können, würden die westlichen Regierungen doch einige Schwierigkeiten gehabt haben, die deutsche Bevölkerung von der Unzweckmäßigkeit sofortiger Viermächteverhandlungen zu überzeugen, für die sich der Kanzler deutlich ausgesprochen gehabt hätte. Entsprechende Strömungen im Westen wären dadurch verstärkt worden. Im Jahr 1951 waren sowohl die Verhandlungen über die Neuregelung der deutsch-alliierten Beziehungen wie die über die Europäische Verteidigungsgemeinschaft erst in einem vorläufigen Stadium. Noch wäre es möglich gewesen, diese Linie ohne allzu großen Gewichtsverlust zugunsten eines neuen Anlaufs zu einer Viermächte-Regelung zu verlassen.

Das galt ganz besonders für die Situation im Frühjahr 1952, als die Sowjets ihre berühmten Vorschläge machten. Jetzt wurden auch die Sozialdemokraten, die bisher den anti-sowjetischen Kurs voll mitgetragen hatten, tief nachdenklich, erst recht der Gesamtdeutsche Minister Jakob Kaiser, der nun kaum überhörbar sofortige Verhandlungen forderte, um herauszufinden, ob es die Sowjets ernst meinten. Wahrscheinlich hätte sich in diesen Monaten auch die deutsche öffentliche Meinung einem Kanzler angeschlossen, der dasselbe verlangt hätte. Und es ist schwer vorstellbar, wie Amerikaner und Briten eine entschlossene deutsche Forderung nach Verhandlungen kurz vor oder nach der Unterzeichnung des Deutschlandvertrags und des EVG-Vertrags hätten abweisen können.

Während der langen Reise der Westverträge bis zur Ratifizierung durch die Jahre 1952, 1953 und 1954 hätte es erneut eine Reihe von Gelegenheiten gegeben, das ganze Unternehmen aufzuhalten, um einige vorsichtige Schritte in Richtung auf den Osten zu tun. Da die Sozialdemokraten und Frankreich die Hauptschwierigkeiten auf dem Weg zur Ratifikation auftürmten, hätte ein dazu entschlossener Kanzler sogar eine gewisse Möglichkeit gehabt, seine Politik zu verändern, ohne anfänglich seine Reputation als unbedingt pro-westlicher deutscher Staatsmann zu gefährden.

Ähnliche Möglichkeiten eröffneten sich noch einmal nach dem Scheitern der EVG in der französischen Nationalversammlung im August 1954 und zuletzt im Frühjahr 1955 nach der Unterzeichnung des Österreichischen Staatsvertrages.

Ganz gewiß wäre eine abrupte Rückkehr zur Tradition deutscher Gleichgewichtspolitik damals unmöglich gewesen. Die Bundesrepublik war viel zu schwach dafür. Nichtsdestoweniger hätte eine vorsichtige Umorientierung nicht völlig ausgeschlossen werden können.

Mitte 1955 hat sich die Sowjetunion dann zwar deutlich auf die Zwei-Staaten-Doktrin festgelegt. Immerhin läßt sich argumentieren, daß nach der Aufnahme der deutsch-sowjetischen Beziehungen im Herbst 1955 doch noch gewisse Möglichkeiten bestanden hätten, durch einen modifizierten Kurs auch die Sowjetunion von ihrer verhärteten Linie abzubringen. Erst der Beginn der Berlin-Krise hat jeden, wenigstens theoretisch denkbaren Bewegungsspielraum hoffnungslos eingeengt.

Nun kann man völlig zu Recht argumentieren, daß ein Bundeskanzler Adenauer dann, wenn er sich tatsächlich darauf hätte einlassen wollen, die Linie einer unbedingten Integration in die westliche Staatengemeinschaft mehr oder weniger deutlich zu verlassen, nur bewirkt hätte, daß die Bundesrepublik zwischen allen Stühlen saß. Vielleicht hätte ein derartiger Kurs ganz Deutschland die Freiheit gekostet oder zumindest die Stabilität Mittel- und Westeuropas gefährdet. Aber schließlich wäre ein zum riskanten Spiel entschlossener deutscher Staatschef nicht der erste deutsche Politiker im 20. Jahrhundert gewesen, der das europäische Gleichgewichtssystem zum Einsturz brachte. Völlig verfestigt war das europäische Staatensystem bis in die zweite Hälfte der fünfziger Jahre hinein jedenfalls noch nicht. Insofern wird man der These von der unabänderlichen »systemischen« Determiniertheit der westdeutschen Außenpolitik gehörige Vorbehalte entgegenbringen müssen.

Bekanntlich tat Adenauers Regierung aber genau das Entgegengesetzte zu den eben skizzierten Möglichkeiten. Statt stillschweigend und vorsichtig auf eine Position hinzusteuern, die irgendwo zwischen den Fronten des Kalten Krieges gelegen hätte, setzte Adenauer die ganze Kraft seiner Führungsfähigkeit und das reiche Instrumentarium seiner taktischen Begabung ein, eben eine solche Entwicklung um jeden Preis zu verhindern. Vielen seiner Zeitgenossen kam dies wie ein deutsches Wunder vor, und vielleicht ist es wirklich eines gewesen. Jedenfalls werden sich künftige Historiker immer wieder darüber wundern, wie und warum es dazu gekommen ist.

Es gibt also gute Gründe, auch den dritten, eben erwähnten Ansatz zu versuchen und die deutsche Rußlandpolitik in der Ära Adenauer mit personalistischer Fragestellung zu analysieren. Wenn es tatsächlich wahr ist, daß weder innenpolitischer Druck noch die Sachzwänge des internationalen Systems den damaligen Kurs der deutschen Außenpolitik voll erklären können, dann müssen wir unsere Hauptaufmerksamkeit auf die Politik des Bundeskanzlers richten.

Sowohl in der Innenpolitik wie in der Außenpolitik gab es beträchtliche Gegensätze nicht nur zwischen den Regierungsparteien, sondern auch im Innern der Bundesregierung. Wichtige Gruppierungen begannen je länger je mehr an der Richtigkeit der einseitig anti-russischen und pro-westlichen Außenpolitik Adenauers zu zweifeln. Seit 1955 setzten sich schließlich in der FDP jene Politiker durch, die öffentlich dafür eintraten, einen vermittelnden deutschen außenpolitischen Kurs zu steuern, wenn dadurch die Wiedervereinigung erreichbar wäre. Hinter den Kulissen wurden sie auch von einigen Politikern in der CDU dabei ermuntert. Aber selbst 1954 und 1955 war das innere Widerstreben gegen die neue, konsequent anti-russische und entschlossen pro-westliche Politik da und dort schon verspürbar. Während der riskantesten Periode seiner Außenpolitik in den frühen fünfziger Jahren war sich Adenauer ständig bewußt, daß er in dem vorherrschenden Klima nationalpolitischer Erwartungen einen Tiger ritt.

Doch eben wenn man sich dieser Meinungsunterschiede und vielfach latenten Strömungen im Regierungslager bewußt ist, wird deutlich, in wie starkem Maß Adenauer die Außenpolitik jener Jahre bestimmt hat. Tatsächlich hatten die Befürworter einer anderen Grundlinie bei ihrem offenen oder verschwiegenen Widerstreben gegen diesen großen Meister der politischen Taktik keine Chance. Nicht einmal die Freien Demokraten waren 1954 und 1955 in der Lage, wesentliche Grundlinien seiner Außenpolitik zu verändern. Als sie es unter Führung von Thomas Dehler tatsächlich versuchten, nahm der Kanzler das Risiko eines Koalitionsbruchs in Kauf und setzte sich mit seiner Rußlandpolitik weiter durch.

Natürlich konnte auch Adenauer die Stimmung in der öffentlichen Meinung, innerhalb der Unionsparteien und bei den Koalitionspartnern nicht außer acht lassen. Schließlich war die Bundesrepublik in den fünfziger Jahren eine Demokratie und kein autoritärer Staat. Dennoch gelang es ihm trotz sichtlicher Widerstände, die nicht nur von seiten der Opposition kamen, sowohl die Koalition wie die großen Verbände, die öffentliche Meinung und nicht zuletzt die Wähler immer wieder für die Unterstützung seiner Außenpolitik zu gewinnen.

Die geringsten Widerstände kamen aus der Bundesregierung. Hinsichtlich der Rußlandpolitik bestand zwar auch dort kein völliger Konsens. Das Aufbegehren Jakob Kaisers, das in den frühen fünfziger Jahren verschiedentlich zu heftigen Disputen im Kabinett führte, ist bekannt. Aber es gelang dem Kanzler, ihn zu isolieren. Und im ganzen war das Kabinett besser manipulierbar als die Bundestagsfraktionen der Koalition. Die Außenpolitik der Regierung war eben damals doch weitgehend die des Kanzlers. So-

wohl die Zeitgenossen wie die heutigen Forscher kommen wieder und wieder zu derselben Schlußfolgerung.
Auf welche institutionellen Gegebenheiten sich Adenauer dabei stützen konnte, ist bekannt. Bis 1955 war er sein eigener Außenminister, und danach gelang es ihm unter Einsatz erheblicher Härte, Außenminister von Brentano und damit das Auswärtige Amt von Anfang an zu domestizieren. Wenn bestimmte Personen im Auswärtigen Amt in der Folgezeit versuchten, hinter dem Rücken des Kanzlers vorsichtig die Weichen auf eine Modifikation der Ostpolitik zu stellen und dafür auch die Unterstützung des Bundesaußenministers zu gewinnen, so zögerte Adenauer nie, erforderlichenfalls seine Diplomaten und von Brentano in Verlegenheit zu bringen, sobald er Verdacht gefaßt hatte, daß wichtige Dinge seiner Kontrolle entgleiten könnten.
Aus all dem kann man den Schluß ziehen, daß die deutsche Rußlandpolitik in den fünfziger Jahren tatsächlich entscheidend das Werk des Kanzlers gewesen ist. Wenn wir also versuchen möchten, die offenkundigen oder verschwiegenen Motive zu erfassen, die der damaligen deutschen Rußlandpolitik zugrundelagen, so muß sich die Aufmerksamkeit in erster Linie auf die Befürchtungen, die Erwartungen, die Vorurteile, die Erkenntnisse und die Strategien dieser einzigartigen Persönlichkeit richten.

II.

Viele Zeitgenossen, doch auch einige Wissenschaftler haben bei ihrem Versuch, Adenauers Ostpolitik zu verstehen, in der rheinländischen Perspektive des früheren Oberbürgermeisters von Köln deren Hauptmotiv zu erkennen geglaubt. War er nicht im katholischen Milieu des Rheinlandes groß geworden? Hatte er sich nicht in seiner Eigenschaft als Oberbürgermeister von Köln von 1917 bis 1933 ausschließlich mit den Beziehungen zu den Westmächten befaßt? Lag es deshalb für ihn nicht nahe, in der Konstellation der Jahre nach 1945 auffällige Parallelen zur Lage in den zwanziger Jahren zu erkennen und daraus die Richtigkeit seines damals verfestigten außenpolitischen Weltbildes abzuleiten?
Rudolf Augstein, der Adenauer so erbarmungslos bekämpft hat, zugleich aber von seiner Gestalt fasziniert war, hat ihn sehr früh als Rheinbundpolitiker gebrandmarkt. Nach Augsteins Auffassung war dieser Großbürger aus dem Rheinland herkunftsmäßig und vom politischen Intellekt her überhaupt nicht fähig, auch die osteuropäische Dimension deutscher Außenpo-

litik zu verstehen. Die Kommunistenangst des rheinischen Bourgeois, katholisch-abendländische Grundüberzeugungen des Katholiken und eine grundlegende geopolitische Orientierung auf die Länder des alten Karolingerreiches hätten sich gegenseitig verstärkt und die gebieterischen Notwendigkeiten aktiver deutscher Ostpolitik beiseite schieben lassen. Diese Sicht Adenauerscher Politik hat die seitherige Bewertung der Rußlandpolitik des Kanzlers stark beeinflußt.

In diesem Zusammenhang ist häufig vermutet worden, daß Adenauer am Schicksal der vorwiegend protestantischen Ostzone mehr oder weniger desinteressiert gewesen sei. Viele zeitgenössische Kritiker haben in seiner Forderung nach Wiedervereinigung und nach Rückgabe der abgetrennten Ostprovinzen nicht mehr als innenpolitische Taktik sehen wollen.

Diese rheinländische Deutung der Adenauerschen Außenpolitik weist ganz gewiß auf wichtige Motive hin. Es ist sicher richtig, daß die Antennen Adenauers für Geschichte und Kultur der Landschaften am Rhein, an der Mosel und an der Seine besser entwickelt waren als sein Verständnis für die Bedeutung Ostmitteleuropas, Osteuropas oder des Balkans. Während seines Kampfes für den Schuman-Plan und die Europäische Verteidigungsgemeinschaft hat der Kanzler auch des öfteren von karolingischer Rhetorik Gebrauch gemacht und sich der Unterstützung durch abendländische Publizisten und politische Gruppierungen willig bedient.

Ohnehin hat ihn seine gründliche Kenntnis der wirtschaftlichen Zusammenhänge an Rhein und Ruhr davon überzeugt, daß die Wirtschaft dieses Gebiets, die auch nach 1945 als Herz der deutschen Volkswirtschaft verstanden werden mußte, wenigstens teilweise auf die Wirtschaft der Benelux-Staaten, Lothringens und der Saar hin ausgerichtet war. Seit den zwanziger Jahren hatte er sich dafür eingesetzt, die Montan-Industrie an Rhein und Ruhr, an Mosel und Saar und im Maas-Tal in eine »enge organische Verflechtung« zu bringen.

Und angesichts des französischen Drängens auf internationale Kontrolle der Ruhrindustrie war es sowohl nach dem Ersten wie nach dem Zweiten Weltkrieg selbstverständlich, daß ein westdeutscher Politiker einer definitiven Beilegung der säkularen deutsch-französischen Feindschaft einen vorrangigen Stellenwert einräumen mußte. Nichtsdestoweniger ist die Schlußfolgerung voreilig, daß diese vorrangige Beschäftigung mit den Problemen des deutschen Westens logischerweise zur Vernachlässigung der östlichen Dimensionen deutscher Außenpolitik habe führen müssen.

Die Behauptung, Adenauer habe tiefe emotionale Vorbehalte gegen den deutschen Osten, speziell auch gegen Berlin, gehabt, dürfte ins Reich der Legenden gehören. Als Präsident des Preußischen Staatsrats hat er es lange

Jahre genossen, sich in Berlin aufzuhalten. Allerdings mußte er dort in der letzten Phase der Weimarer Republik die Erfahrung machen, daß die Bevölkerung der Reichshauptstadt in sehr viel stärkerem Maß als die des Rheinlands der nationalsozialistischen Propaganda erlegen ist. Dies erklärt einige seiner späteren scharfen Bemerkungen über die heidnische Stadt Berlin. Erst während der Berliner Blockade hat sich seine Einstellung gegenüber Berlin wieder zum Besseren gewandelt, und als Kanzler hat er sich im ganzen als Freund Berlins erwiesen.

Auch seine angeblich tiefe, aus dem rheinischen Milieu zu erklärende Abneigung gegen die altpreußischen Provinzen und deren Kultur war mehr Dichtung als Wahrheit. Tatsächlich war sein Verhältnis zum preußischen Staat, zu dessen Führungsschichten und zu dessen Ideologie ähnlich vielschichtig wie das der rheinischen Bourgeoisie insgesamt. Natürlich war man sich in Köln und Düsseldorf der Gegensätze zwischen den agrarischen Interessen des preußischen Ostens und der kommerziellen Interessen der preußischen Rheinlande wohl bewußt. Die ostelbische Feudalgesellschaft und das rheinische Bürgertum hatten nicht allzuviel gemeinsam. Hinzu kamen die bekannten konfessionellen Gegensätze.

Andererseits wußten aber die Rheinländer sehr gut, daß der scharfe Kurs Berlins im seinerzeitigen Kulturkampf zu einem Gutteil dem liberalen protestantischen Bürgertum anzulasten war und nicht so sehr dem preußischen Staat. Und gerade die Forschung der letzten Jahrzehnte weist wieder und wieder darauf hin, in wie starkem Maß sich schon in der Bismarckschen Spätzeit, erst recht im Wilhelminischen Kaiserreich das industriell und kommerziell orientierte Großbürgertum des Rheinlands mit dem preußischen Feudalismus verbunden hat. Doch wie immer man auch gewisse innenpolitische Vorbehalte des rheinisch-katholischen Bürgertums gegen die protestantischen Führungsschichten Preußens bewertet, so dürfte doch feststehen, daß an ihrer Reichstreue nicht zu zweifeln war. Die deutsche Nationalidee fand während des ganzen 19. Jahrhunderts bis weit ins 20. hinein im Rheinland begeisterten Widerhall. Und obwohl es Frankreich nach dem Ersten Weltkrieg gelang, einige opportunistische Gruppen zu einer autonomistischen Politik zu verlocken, erwies sich der rheinische Separatismus im großen und ganzen als eine höchst artifizielle Angelegenheit. Zwar ließen sich einige zweitrangige Figuren von Frankreich verführen oder bestechen, und gewiß fehlte es auch nicht an Amtsträgern, die unter dem Druck französischer Militärherrschaft nach dem Ersten und nach dem Zweiten Weltkrieg ein lebenspraktisches Maß an Flexibilität entwickelten. Doch das konnte die Tatsache nicht verdecken, daß die gebildeten Schichten, die Kirchen, die Gewerkschaften und der Mann auf der Straße jene Grundeinstellung beibehielten, die man damals als »reichstreu« bezeichnete.

Auch der mehr oder weniger radikale Föderalismus, der sich nach 1945 in den Westzonen ausbreitete, hatte seine eigentlichen Zentren vorwiegend in Süd- und Südwestdeutschland, weniger aber in dem unter britischer Besatzungsverwaltung stehenden Rheinland.

Man wird gut tun, die Einstellung Adenauers gegenüber Preußen auf dem Hintergrund dieser allgemeinen Tendenzen zu sehen. Gewiß fehlte es bei ihm nicht an zeitweiligen Vorbehalten gegen die preußische Innenpolitik. Es war auch ganz natürlich, daß der Oberbürgermeister Kölns den Interessen seiner Stadt und seiner Region den Vorrang gab. Aber vieles, was über eine vorwiegend von anti-preußischen Stimmungen getragene Außenpolitik des Rheinländers Adenauer geschrieben wurde, muß doch mit ziemlicher Reserve betrachtet werden. Alles spricht dafür, daß er sowohl im Bismarckreich wie während der Weimarer Republik und noch nach 1945 ähnlich national dachte wie seine Landsleute. Die außenpolitischen Aktivitäten des Oberbürgermeisters Adenauer in der Zeit der Rheinlandbesetzung erlauben es nicht, allzu weitgehende Schlüsse auf die Gesamtheit seines außenpolitischen Weltbildes zu ziehen. Auch eine Reihe von anti-preußischen Bemerkungen und Aktivitäten der allerersten Nachkriegsjahre sollte nicht überbewertet werden. Sie müssen nicht zuletzt als Ausdruck seiner Sorge vor der Sowjetunion und auch als Reflex der Auseinandersetzung mit der Berliner CDU-Führung um Jakob Kaiser verstanden werden.

Trotz aller Separatismusvorwürfe, die sich als ziemlich haltlos erwiesen haben, kann man davon ausgehen, daß er das Deutsche Reich für die natürliche Ordnung der Dinge hielt und nicht etwa eine Westpolitik betrieb, weil er – wie eine Reihe radikalföderalistischer Gruppen nach 1945 – das Bismarckreich prinzipiell ablehnte. Nach dem Zusammenbruch des Jahres 1945 war er sich zwar durchaus nicht darüber im klaren, ob es nochmals möglich sein würde, die Einheit des Reiches wieder herzustellen, aber er blieb davon überzeugt, daß dies versucht werden müsse.

Ein 73jähriger, der unter Bismarck zur Schule ging, der im Wilhelminischen Preußen studiert hat und Karriere machte, der im Zentrum des politischen Lebens der Weimarer Republik stand, der Aufstieg und Zusammenbruch der Hitlerschen Außenpolitik genau beobachtete, war sich aber auch über die geopolitischen Grundgegebenheiten deutscher Außenpolitik hinlänglich im klaren. Wenn also die Legende vom anti-preußischen, halbseparatistischen, rheinländischen und katholischen Politiker Adenauer nicht aufrecht erhalten werden kann, dann ist es auch viel schwieriger, ihn als einen Deutschen hinzustellen, der am Osten völlig desinteressiert und des-

halb unfähig gewesen sei, eine positive Rußlandpolitik zu entwickeln, nachdem er im Jahre 1949 die Kanzlerschaft der Bundesrepublik übernommen hatte. Wer seine Rußlandpolitik richtig begreifen will, tut also gut, der rheinischen Komponente kein unangemessen großes Gewicht beizumessen.
Als er sich nach 1945 für eine entschieden anti-russische Politik aussprach, resultierte das nicht aus einem Mangel an Verständnis für die östliche Dimension deutscher Außenpolitik. Seine Außenpolitik war nicht durch Vernachlässigung des russischen Faktors gekennzeichnet, sondern eher durch das Gegenteil. Tatsächlich war Rußland für ihn eine Art negatives Zentrum des europäischen Nachkriegssystems. Zweifellos war der Anti-Kommunismus dabei ein entscheidendes Motiv. Abscheu des Katholiken gegen den bolschewistischen Atheismus, Empörung über den in der Sowjetischen Besatzungszone neu installierten Totalitarismus und Kommunistenfurcht des Besitzbürgers gingen dabei bruchlos ineinander über. Für Adenauers genuine Furcht vor dem kommunistischen Expansionsstreben gibt es hinlänglich viele Zeugnisse. Zweifellos bildete sie ein Kernelement sowohl seiner Ost- wie seiner Westpolitik. Die überragende Sorge vor der Sowjetunion entsprang wesentlich den Erfahrungen der vierziger Jahre und war insofern das Ergebnis einer durchaus zeitgemäßen Konstellationsanalyse.
Man sollte indessen nicht ganz übersehen, daß diese in der Zeit nach dem Zweiten Weltkrieg durchaus realistische Sorge vor der Sowjetunion zugleich ein Rußlandbild zum Ausdruck brachte, das im deutschen Bürgertum seit den letzten Jahrzehnten des 19. Jahrhunderts zunehmende Verbreitung gefunden und die öffentliche Meinung im ganzen sehr viel stärker geprägt hat, als die für bestimmte preußische Konservative so wichtige Erinnerung an das preußisch-russische Sonderverhältnis, für das der Mythos von Tauroggen stand.
Schon zu Zeiten des Kaiserreichs erschien Rußland weiten Teilen der deutschen öffentlichen Meinung als ein Staat von enormem wirtschaftlichen und militärischen Potential. Der zaristische Expansionsdrang in Asien, auf dem Balkan und letzten Endes auch gegenüber Zentraleuropa schien unersättlich. Die absolutistische innere Ordnung des Zarenreichs wirkte skandalös und abstoßend. Der Enthusiasmus der deutschen Massen, der zu Beginn des Ersten Weltkriegs aufflammte, galt daher nicht zuletzt auch der Tatsache, daß es ein Krieg gegen Rußland war.
Die anti-russischen Einstellungen, die sich im deutschen Bürgertum (doch auch bei den Sozialdemokraten) vorfanden, verbanden sich nach der russischen Revolution mit anti-kommunistischen Stereotypen. Die deutschen Erfahrungen im Zweiten Weltkrieg und danach waren ganz dazu angetan, das alte Schreckbild der unwiderstehlichen russischen Dampfwalze zu be-

stätigen, die Freiheit und Zivilisation des alten Europa niederzuwalzen drohte.

Wie stark Adenauer bereits vor 1945 im Bann dieses weit in die zaristische Zeit zurückgehenden Klischees stand, läßt sich gegenwärtig noch nicht genau ausmachen. Viele Äußerungen aus den Jahren nach 1945 lassen aber vermuten, daß sich sein Rußlandbild bereits verfestigt hatte, als der Erste Weltkrieg ausbrach. Zur Bestätigung seiner tiefverwurzelten Klischeevorstellungen pflegte sich der Bundeskanzler dabei gelegentlich auch auf ziemlich apokryphe Autoritäten zu berufen wie etwa auf das Buch von Dieter Friede »Das russische Perpetuum mobile«, das 1959 erschien und in dem der Autor den Nachweis zu führen suchte, daß Rußland seit den Zeiten Peters des Großen eine expansionistische Macht gewesen sei. Auch Präsident Kennedy erhielt vom Kanzler die Empfehlung, sich doch mit diesem Buch zu befassen.

Bekannt ist auch die suggestive, durch eine Karte verstärkte Darstellung im ersten Band der »Erinnerungen«, in der die Sowjetunion als wesensmäßig expansionistische, auf Unterdrückung eingestellte und mit allen Mitteln des Vertragsbruchs arbeitende Macht dargestellt wird. Wer die Reden vor allem der frühen fünfziger Jahre liest, findet dieselben Ideen breit ausgemalt, und zwar immer auch schon unter Verweis auf die zaristische Expansions- und Unterdrückungspolitik der russischen Zaren.

Am Rande nur sei erwähnt, daß es auch andere deutsche Rußlandbilder gab. Der altpreußischen Tradition, aber auch den anti-polnischen Stimmungen während der zwanziger Jahre entsprach es, weniger von den Gefahren als von den positiven Möglichkeiten deutsch-russischer Zusammenarbeit auszugehen. Daneben gab es eine weitere Denkschule, die ursprünglich stark von deutsch-baltischer Publizistik bestimmt wurde, in die aber auch liberale Überzeugungen einflossen sowie die während des Ersten Weltkriegs gemachten Erfahrungen mit russischer Schwäche. Demzufolge war Rußland weniger eine Dampfwalze als vielmehr ein »Koloß auf tönernen Füßen«.

Aber Adenauer hielt es für ein Gebot des Realismus, sich angesichts der so evidenten Gegebenheiten der späten vierziger und fünfziger Jahre eher an das altbekannte Schreckbild zu halten. Adenauers Ostpolitik war daher im Innersten defensiv, wenn auch nicht pessimistisch. Rußland war und blieb für ihn – in den Worten von Raymond Aron – das letzte klassische europäische Empire. Der Kanzler war durchgehend davon überzeugt, daß sich die sowjetische Hegemonie über den ganzen Kontinent ausbreiten würde, wenn sie nicht durch die Vereinigten Staaten und ein vereintes Westeuropa in Schach gehalten würde. Zwar hat er auch dann und wann, vor allem in

seiner Spätzeit, bemerkt, die Sowjetunion lasse einen Willen zum Frieden erkennen. Aber sein Mißtrauen blieb durchgehend bestimmend und glich in vielem dem Bild, das Paul Valéry Ende des 19. Jahrhunderts von Deutschland gemalt hat: ein mächtiger, disziplinierter, autoritärer Staat, erfüllt vom eisernen Willen zur »conquête méthodique«.
Auch die Antwort, mit der der Kanzler dieser Bedrohung entgegentrat, hatte ihre Wurzeln in der Vorkriegsgeschichte: feste Bündnisse mit den Gegnern Rußlands, um dessen Expansion zu verhindern.
In diesem Zusammenhang erweist sich auch Adenauers unablässiges Werben um eine deutsch-französische Verständigung als Teil seiner Rußlandpolitik. Unzählige Male hat er zur Rechtfertigung seiner durch ein gehöriges Maß an Vorleistungen gekennzeichneten Frankreichpolitik auf die russisch-französische Entente verwiesen, gegen deren Zustandekommen Bismarck alle Hebel seiner Diplomatie in Bewegung gesetzt hatte. Die Nachgiebigkeit gegenüber dem französischen Sicherheitsverlangen und gegenüber der französischen Saarpolitik zur Zeit der Verhandlungen über die Westverträge, aber auch die diplomatisch und innenpolitisch so kostspielige Entente mit de Gaulle hatten ihr Hauptziel darin, um jeden Preis zu verhindern, daß sich Frankreich und Rußland wieder im Zusammenwirken gegen Deutschland fanden.
Wie bei so vielen seiner Generation wirkte auch bei Adenauer das Trauma der »Einkreisung« nach, verstärkt durch das zweimalige Erlebnis eines Zweifrontenkrieges. Und da die neue Konstellation des Kalten Krieges ohnehin zu einer Zweiteilung Europas geführt hatte, bestand nach seiner Auffassung die einzig sinnvolle Schlußfolgerung aus den diplomatischen und militärischen Katastrophen der neueren und neuesten deutschen Geschichte in einem auf lange Sicht angelegten engen Zusammengehen Deutschlands mit den westlichen Demokratien. Deutschlands – denn es kann gar kein Zweifel daran bestehen, daß Adenauer in den Jahren 1951 und 1952, als die Wiedervereinigung noch nicht aussichtslos erschien, eine endgültige Sicherung vor der Sowjetunion nur dann für möglich hielt, wenn sich auch das wiedervereinigte Deutschland unverbrüchlich an die westlichen Demokratien anschloß. Die Aussichten, daß es kurzfristig zu einer Wiedervereinigung kommen könnte, hat er allerdings schon in den frühen fünfziger Jahren ziemlich skeptisch beurteilt.
Adenauers Sorge vor einer Einigung zwischen der Sowjetunion und den Westmächten auf Kosten deutscher – bundesdeutscher wie gesamtdeutscher – Interessen galt allerdings nicht nur Frankreich. So wie Bismarck seinen »cauchemar des coalitions« hatte, wurde er von einer Art »Potsdam-Komplex« geplagt. Seit Churchills großer Friedensrede vom 15. Mai

1953, in dem dieser eine Ost-West-Gipfelkonferenz vorschlug, doch auch zu Zeiten der Premierminister Eden und Macmillan, verfolgte er die britische Ostpolitik mit höchst mißtrauischer Aufmerksamkeit. Und seit 1955 und 1956, verstärkt noch zu Zeiten der Kennedy-Administration, mißtraute er auch den Amerikanern. Im ganzen hielt er nicht die Aufteilung Europas in zwei Blöcke für das Natürliche, sondern eher die polyzentristische, für Deutschland so gefährliche Staatenwelt seiner Jugend und seiner Mannesjahre.

In geschichtlicher Perspektive ist hier der Hinweis am Platz, daß dieses vom Kanzler verfolgte Konzept fester Allianzen zur Eindämmung der sowjetischen Expansion gleichfalls tiefe Wurzeln im deutschen außenpolitischen Denken hatte. Man sollte nicht vergessen, daß manche deutsche Liberale, doch auch einige Sozialdemokraten, vor dem Ersten Weltkrieg schon eine Entente, wenn nicht gar eine Allianz mit dem liberalen und zugleich anti-russischen England befürwortet haben.

Ein anderes Konzept permanenter Allianz, unterstützt durch eine Freihandelszone, war die Idee von »Mitteleuropa«. Auch sie war dazu bestimmt, die Schwächen der ungünstigen geostrategischen Lage Deutschlands durch den Aufbau eines mächtigen mitteleuropäischen Blocks auszubalancieren. Der Erste Weltkrieg hat allerdings gezeigt, daß selbst diese Kombination zu schwach war. Kein Wunder, daß in den zwanziger Jahren deshalb auch in Deutschland die Idee »Paneuropas« da und dort attraktiv erschien. Graf Coudenhove-Kalergis Konzept eines mächtigen anti-bolschewistischen, doch auch von Großbritannien und den USA abgesetzten Kontinentalblocks bezog allerdings auch Frankreich mit ein. Obwohl auch das alte Mitteleuropa-Konzept noch in der Weimarer Republik und danach weiter verfolgt wurde, gab es Einzelne und Gruppen, die in der Paneuropa-Idee eine erweiterte und überzeugendere Konzeption europäischer Blockpolitik erkannten und befürworteten. Zu ihnen hat wohl auch der Oberbürgermeister Adenauer gehört. Es gibt eine Reihe von Zeugnissen, denen zufolge er für die Ideen des ungarischen Grafen Sympathien entwickelt hat. Seine Antwort auf die Frage, wie man Frankreich in diese Kombination hineinbringen könnte, bestand in den vagen Ideen einer »organischen Verflechtung« der westeuropäischen Wirtschaft mit derjenigen des deutschen Westens.

So gesehen war Adenauers Rußland- und Europapolitik der späten vierziger und der fünfziger Jahre keine Abweichung von bestimmten deutschen Denktraditionen, sondern eher die Renaissance eines alten Konzepts, das der Bismarckschen Gleichgewichtspolitik mehr oder weniger entgegengesetzt war: Eine kontinentale Kombination militärischer Stärke und wirtschaftlicher Überlegenheit sollte Rußland in Schach halten und die erneute

Isolierung Deutschlands verhindern. Natürlich wußte der Kanzler, daß unter den Bedingungen der Epoche nach dem Zweiten Weltkrieg ein Kontinentalblock der westeuropäischen Demokratien zu schwach war. Aus diesem Grunde war er bemüht, die Amerikaner und die Briten um jeden Preis in die Kombination miteinzubeziehen.

Wie aber konnten in einem Europa, das von Erinnerungen an die deutsche Gefahr besessen war, die Tendenzen zu einer ost-westlichen Einigung auf Kosten Deutschlands besänftigt werden? Es gab, so sah er es von Anfang an, dafür nur einen Weg: Verzicht auf jede Politik, die das westliche Mißtrauen vor einer deutsch-sowjetischen Annäherung erneut wecken konnte. Der deutschen Sorge vor einer Einkreisung aufgrund eines Zusammengehens Rußlands mit den westlichen Demokratien entsprach die westliche Sorge vor einem neuen Rapallo oder gar vor einem deutsch-sowjetischen Zusammenspiel, wie es von 1939 bis 1941 die kontinentaleuropäischen Demokratien zerstört und Großbritannien an den Rand des Abgrunds gebracht hatte.

Nur wenn sich Bonn als völlig verläßlicher, seine eigene Ostpolitik gewissenhaft mit den Alliierten abstimmender Partner bewährte, konnte es nach Meinung des Bundeskanzlers beanspruchen, daß sich auch die anderen Westmächte bereit zeigten, ihre eigene Ostpolitik mit Bonn und auf die deutschen Interessen abzustimmen. Nur dann ließ es sich verhindern, daß Moskau das wechselseitige Mißtrauen zwischen den Deutschen und den Westmächten gegeneinander ausspielte und zur Zerstörung der westlichen Allianz nutzte.

Dies war auch ein Hauptgrund für Adenauers Zurückhaltung gegenüber einer Vielzahl westlicher Entspannungsinitiativen, die seit 1951 von einzelnen Regierungen ausgingen oder von bestimmten Parteien propagiert wurden. Selbst er hat zwar, wie noch zu zeigen sein wird, allein in der Entspannungspolitik den Weg zur Lösung der deutschen Frage gesehen. Aber da die Sowjetunion während der ganzen fünfziger und sechziger Jahre bemüht war, Entspannungspolitik in erster Linie dazu zu nutzen, ihre jeweiligen deutschlandpolitischen Ziele durchzusetzen, lebte er in ständiger Sorge, daß gerade die Entspannung zu einer Isolierung der Bundesrepublik oder doch zu einer Aufsplitterung der westlichen Gemeinschaft führen könne.

Ganz besonders gefährlich schien die Lage bis zum Jahr 1955. Zumindest Frankreich zögerte, der Bundesrepublik die volle Souveränität zu übertragen und – als Teil der Souveränität – das Recht auf eigene Streitkräfte einzuräumen. Auch um die größere Selbstsicherheit der Amerikaner und der Briten wäre es wahrscheinlich rasch geschehen gewesen, wenn sie in dieser

prekären Periode begründeten Verdacht auf deutsche Schaukelpolitik gefaßt hätten.
Als aber die Bundesrepublik endlich souverän war, mußte sie erst recht bemüht sein, das Mißtrauen gegenüber der nunmehr möglichen aktiveren deutschen Ostpolitik zu zerstreuen. Schon die Aufnahme diplomatischer Beziehungen zur Sowjetunion im September 1955 gab monatelang zu größten Besorgnissen Anlaß. Bonn war auch weiterhin vom guten Willen der Verbündeten abhängig. Der Aufbau eigener Streitkräfte nahm mehr als ein halbes Jahrzehnt in Anspruch. Berlin war ein ständiger Gefahrenherd, und die Bemühungen der Sowjetunion, ihre Zweistaatentheorie durchzusetzen und damit das gesamte westdeutsche Wiedervereinigungskonzept zum Einsturz zu bringen, zwangen nach Meinung Adenauers zum Verzicht auf jeden Versuch eigenständiger oder gar aktivistischer Ostpolitik.
Im ganzen kann man sagen: Adenauer hütete sich, die russische Karte deutscher Politik voll ins Spiel zu bringen, weil er von einer Intensivierung der deutsch-sowjetischen Beziehungen sehr viel mehr Risiken als Vorteile erwartete. Bismarck und seine Nachfolger im Kaiserreich, die Außenminister der Weimarer Republik und erst recht Adolf Hitler konnten immerhin mit den verschiedensten Überlegungen Rußland voll ins Spiel ihrer Diplomatie einbeziehen. Auch dieses Spiel war riskant, mochte aber immerhin Gewinn abwerfen. Im Fall der Bundesrepublik, die keine mitteleuropäische Großmacht mehr war, sondern als westalliiertes Protektorat begann, wäre das Risiko einer Außenpolitik, die auch den sowjetischen Erwartungen zu entsprechen suchte, unkalkulierbar groß, der mögliche Nutzen aber höchst unsicher gewesen.

III.

Doch auch die Adenauersche Ostpolitik hat sich nicht in der Absage an die Tradition der Gleichgewichtspolitik und in der Option für einen anti-sowjetischen Westblock erschöpft.
Daneben lief – viel weniger stark akzentuiert, zurückhaltender formuliert, aber doch deutlich sichtbar – eine zweite Linie: der Dialog mit Moskau. Auch der Bundeskanzler suchte eben doch wieder so etwas wie einen Draht in die russische Hauptstadt zu legen und ganz vorsichtig zu nutzen. Schon bei den Verhandlungen über den Generalvertrag eröffnete Adenauer den Hohen Kommissaren, die Bundesrepublik werde nach Erlangung der Souveränität auch zur Sowjetunion Beziehungen aufnehmen. Dem Kabinett und dem Vorstand seiner Partei kündete er dies gleichfalls als die natürlich-

ste Sache der Welt an, lange bevor die berühmte sowjetische Einladung vom Juli 1955 vorlag – eine Einladung übrigens, auf die Adenauer seit April 1955 wartete, so daß für eine Abstimmung der deutschen Haltung mit John Foster Dulles Zeit genug blieb.
In der Tat kam es in diesem Zusammenhang zu den bekannten Meinungsverschiedenheiten zwischen Adenauer auf der einen Seite und dem Auswärtigen Amt auf der anderen, das auf die problematischen Implikationen diplomatischer Beziehungen zu einer Großmacht hinwies, die auch die DDR als Staat anerkannt hatte und sich weigerte, dem Selbstbestimmungsrecht der Deutschen zu entsprechen.
Adenauer verlegte sich im Vorfeld der Moskauer Konferenz aufs Lavieren. Aber wenn ihn etwas in seiner Entschlossenheit bestärkte, möglichst bald auch mit den Sowjets in Direktkontakt zu kommen, dann der Genfer Gipfel von 1955, bei dem die Regierungschefs der vier Großmächte über Deutschland und die Zukunft Europas sprachen, ohne daß der Bundeskanzler dabei war. Bekanntlich herrschte in den westlichen Außenministerien und in der öffentlichen Meinung Frankreichs, Großbritanniens und der USA gar keine Begeisterung, als sich der Kanzler bei den Moskauer Verhandlungen dann dafür entschied, unverzüglich diplomatische Beziehungen mit der Sowjetunion aufzunehmen. Immerhin hatten ihm Eisenhower und Dulles plein pouvoir gegeben. Aber zweifellos würden es die Westmächte lieber gesehen haben, wenn die Beziehungen zur Sowjetunion wie zuvor noch eine Zeitlang über die Drei Mächte gelaufen wären. Noch in der ersten Hälfte der sechziger Jahre suchte Präsident de Gaulle den Bundeskanzler mit der Idee zu locken, Frankreich könne als eine Art Sprecher der deutschen Wiedervereinigungsinteressen in Moskau aktiv werden.
Selbstverständlich wußte der Bundeskanzler genau, daß ein Direktkontakt zur Sowjetunion auch das Gewicht Bonns gegenüber den Westmächten erheblich verstärkte. Wie wichtig dies war, wurde seit 1955 in zwei Bereichen deutlich, in denen die westlichen Kabinette weiter wie in der Besatzungszeit ohne direkte Präsenz Bonns über vitale deutsche Interessen verhandelten: bei den Ost-West-Abrüstungsverhandlungen und in der Berlin-Frage. Hier besaßen und nutzten sie noch Reservatrechte wie in den Zeiten der Hohen Kommissare. Entsprechend schwierig war es daher in den verschiedensten Fällen, die Auffassungen der Bundesregierung zur Geltung zu bringen. Der Kanzler wußte allerdings nach Aufnahme der diplomatischen Beziehungen zu Moskau genau, daß er an den äußersten Rand dessen gegangen war, was er sich damals den westlichen Siegermächten gegenüber leisten konnte.
Die auffällige Inaktivität der deutschen Ostpolitik, die das ganze stark bewegte Jahr 1956 hindurch anhielt, hatte viele gute Gründe. Einer der ge-

wichtigsten aber war das Bestreben des Kanzlers, die Sorgen in den westlichen Kabinetten erst einmal abklingen zu lassen. Aus diesem Grund kam auch das handelspolitische Instrumentarium Bonns noch nicht zum Einsatz. Erhard und bestimmte am Ostgeschäft interessierte Industriekreise hatten schon vor der Moskaureise gedrängt, das bereits damals beträchtliche wirtschaftliche Gewicht der Bundesrepublik bei dieser Gelegenheit ins Spiel zu bringen, nicht zuletzt auch im Interesse einer Lösung des Wiedervereinigungsproblems und der Berlin-Frage. Aber der Kanzler hatte abgewinkt. Er entsandte auch Hans Kroll, den es schon damals kräftig nach Moskau zog, um im Sinn der großen deutschen Moskauer Botschafter erneut deutsch-russische Politik zu machen, erst einmal nach Tokio und ließ die Beziehungen nur sehr langsam anlaufen. Die Verhandlungen über ein deutsch-sowjetisches Handelsabkommen begannen erst 1957, und es dauerte ein weiteres Jahr, bis Adenauer im Mai 1958 Kroll nach Moskau entsandte.

Ganz offenkundig hat der Kanzler aber seit dem Jahr 1957 einen Anlauf genommen, mit der Sowjetunion einen produktiven, auch bilateralen Dialog anzuknüpfen. Dafür gab es viele Gründe. Der Hauptgrund aber war der: die Bundesrepublik, die inzwischen schon auf dem besten Weg war, eine europäische Großmacht zu werden, konnte eine Sowjetunion, die im Zeichen des Ost-West-Dialogs wieder voll in das europäische Konzert zurückgekehrt war, nicht aus ihrer Diplomatie aussparen, wollte sie nicht riskieren, daß vieles an ihr vorbeilief. Adenauer hat das voll verstanden und sich entsprechend verhalten. Dialog mit der Sowjetunion hieß für ihn allerdings nicht Rückkehr zur »Schaukelpolitik«, die er immer noch als direkten Weg zur Hölle ansah. Wohl aber bedeutete es, daß Moskau auf dem Parkett der Bonner Diplomatie und Bonn in Moskau voll präsent war. Es bedeutete Ausweitung des Handels, allgemeinen Dialog und Bemühung um atmosphärische Verbesserung. Die westliche Furcht, eine souverän gewordene Bundesrepublik werde nun in die Phase Zwei ihrer Außenpolitik eintreten und erneut auf die Linie der Gleichgewichtspolitik zurückkehren, erfüllte sich nicht. Die Ziele der Adenauerschen Rußlandpolitik blieben vergleichsweise bescheiden.

Erstens: er versuchte den Draht nach Moskau zu nutzen, um den Status der Bundesrepublik gegenüber den Westmächten zu verbessern. In diesem Zusammenhang war er – wie schon ausgeführt – vor allem entschlossen, die negativen Auswirkungen westlicher Entspannungspolitik auszubalancieren, indem er seinen Alliierten ständig vor Augen führte, daß notfalls auch für Westdeutschland Möglichkeiten bestanden, sich mit der Sowjetunion zu akkomodieren.

Zweitens: er versuchte Moskau davon zu überzeugen, daß seine Westpolitik, insbesondere die Politik der westeuropäischen Integration, defensiver Natur sei. In dieser Hinsicht war er ganz und gar nicht erfolgreich. Die Sowjetunion konnte und wollte ihm dies nicht abnehmen. Adenauers Versuch, die Beziehungen zur Sowjetunion als Instrument zur Absicherung seiner Westpolitik – insbesondere auf dem Feld der deutschen Wiederaufrüstung – zu nutzen, erwies sich weitgehend als Fehlschlag.
Drittens: als erfolglos erwiesen sich auch seine größtenteils insgeheim unternommenen Bemühungen, die Wunden der Teilung durch bestimmte Ost-West-Vereinbarungen über die innerdeutschen Beziehungen zu heilen – und zwar auf eine Weise, die eine Anerkennung der DDR und der polnischen Westgrenze vermieden hätte. Auch dieser Versuch war zum Scheitern verurteilt. Möglicherweise hatte Adenauer damit deshalb keinen Erfolg, weil er auf keinen Fall Bereitschaft zeigte, sich dabei von den Westmächten zu entfernen. Vielleicht war Westdeutschlands Widerstand gegen eine Legalisierung der Teilung und eine mögliche Anerkennung der DDR so oder so langfristig zum Scheitern verurteilt. Allem Anschein nach ist auch die Sowjetunion nicht bereit gewesen, mit der Bundesrepublik ein großes Spiel mit hohen Einsätzen zu spielen. Beide Seiten gingen wohl von der Annahme aus, daß es sich bei den Auseinandersetzungen über die Teilung Deutschlands um eine Art Abnützungskrieg handelte. Und beide verhielten sich entsprechend.
Viertens: daneben verfolgte der Kanzler einige Sonderziele – Repatriierung der deutschen Kriegsgefangenen und Zivilinternierten sowie Herstellung beiderseits nützlicher Wirtschaftsbeziehungen. Diese Bemühungen waren relativ erfolgreich, und am Ende der Adenauer-Ära hatte sich auf diesen und anderen Feldern bereits eine gewisse Erwärmung des Klimas ergeben.
Man kann nur darüber spekulieren, was aus den Adenauerschen Bemühungen um eine Verbesserung der deutsch-sowjetischen Beziehungen ohne die von Chruschtschow ausgelöste Berlin-Krise geworden wäre, die den Dialog fast bis zum Ende der Adenauer-Ära kaum vorankommen ließ.
Aus russischer Sicht stand einer Normalisierung vor allem zweierlei entgegen: das weitere Festhalten Bonns an seinen deutschlandpolitischen Positionen und die Ausrüstung der Bundeswehr mit atomaren Trägerwaffen, für die auf der NATO-Konferenz im Dezember 1957 die Weichen gestellt wurden. Man kann also mit einiger Berechtigung sagen, daß so, wie die Dinge damals standen, mehr als ein Modus vivendi auf der Basis scharfer deutschlandpolitischer und machtpolitischer Gegensätze nicht möglich gewesen wäre, selbst wenn Chruschtschow nicht die Berlin-Krise vom Zaun gebrochen hätte.

An dieser Stelle ist zu fragen, welche langfristigen Vorstellungen sich der Kanzler von der Entwicklung der deutsch-sowjetischen Beziehungen gemacht hat. Sie hingen naturgemäß eng mit seinen Zukunftvorstellungen zur deutschen Frage zusammen. Hier zeigt sich eine ziemliche Kontinuität der Auffassungen, in etwa beginnend mit dem Jahr 1952 bis zum Ende der Kanzlerschaft. Es erstaunt vielleicht etwas, wenn man diesen durchgehenden Ansatz als Entspannungskonzept bezeichnet. Aber auch der Kanzler hat dafür diese Terminologie verwandt. Was ist darunter zu verstehen?
Das Gemeinte läßt sich durch geraffte Wiedergabe von Teilen eines Gesprächs verdeutlichen, das Adenauer am 3. Juni 1952 mit zwei britischen Journalisten geführt hat: mit dem Chefredakteur der »Times« und mit dem Leiter des Ressorts Geschichte dieses Blattes. Am 3. Juni 1952 – der Deutschlandvertrag war eben in Bonn unterzeichnet worden, der Kalte Krieg noch in vollem Gang, Stalin in Moskau noch am Leben, die Entspannungsinitiativen von Churchill, von Eisenhower und der Nachfolger Stalins noch in einiger Ferne. Adenauer entfaltete bei diesem Hintergrundsgespräch erst seine bekannten Forderungen, der Westen müsse einig und stark werden, um eine weitere sowjetische Expansion zu verhindern. Als ihn aber dann die Besucher fragten, wie er sich denn eigentlich die Wiedervereinigung Deutschlands vorstelle, wies er darauf hin, daß man die Frage ja nicht nur aus der engen deutschen Perspektive betrachten dürfe. Schließlich sei Deutschland nur ein Glied in der großen Kette der weltweiten Ost-West-Auseinandersetzung, und eine Wiedervereinigung hätte natürlich auch tiefgreifende Auswirkungen auf die übrigen Satelliten der Sowjetunion. Daher auch deren Zögern. Man könne die Wiedervereinigungsfrage somit nur in langfristiger Perspektive lösen.
Und nun entwickelte der Kanzler seine Grundüberzeugung. Er glaube, »daß Rußland sich angesichts der Stärke des Westens auf seine eigenen innenpolitischen Probleme besinnen würde« und sich nach innen wenden müsse. »Bald«, so das Dolmetscherprotokoll, »werde sie an ihren eigenen gewaltigen innenpolitischen Problemen nicht mehr vorbeigehen können und sich ihnen um so bereitwilliger zuwenden, wenn sie sähe, daß aufgrund der Konsolidierung des Westens eine Eroberung Europas nicht mehr möglich sei. Dann sei auch der Zeitpunkt gekommen, wo man Verhandlungen mit der Sowjetunion aufnehmen könne.« Die Besucher erlaubten sich, einige Skepsis verlauten zu lassen, die ja, wie sich inzwischen gezeigt hat, nicht ganz unbegründet war. Das Protokoll vermerkt: »Auf Mr. Casey's Frage, ob dieser Zeitpunkt in 25 oder 100 Jahren eintreten würde, entgegnete der Kanzler, seiner Auffassung nach in etwa fünf bis zehn Jahren. Bis 1955 sei Amerika stark und Europa begrenzt stark ... Es käme auf den richtigen

Zeitpunkt an, der nicht zu früh und auch nicht zu spät gewählt werden müsse, denn es sei auch wichtig, der Sowjetunion die Furcht vor dem Westen zu nehmen.«[2] Soweit im Frühjahr 1952 der »Kälteste der Kalten Krieger«, wie er von der kritischen Publizistik noch lange danach bewertet wurde.

Aber wie sollte man Moskau dazu veranlassen? Auch später hat Adenauer auf diese Frage immer wieder eine Reihe von Argumenten genannt.

Erstens: eine Theorie russischer Frustration. Wenn der Westen einig und stark bleibe, werde Moskau zur Schlußfolgerung kommen, daß es in Europa keine weiteren Fortschritte machen, sondern zu einer Verhandlungslösung bereit sein müsse.

Zweitens: die Theorie der Abrüstung. Sie beruhte auf der Überzeugung, daß die Sowjetunion auf lange Sicht den Rüstungswettlauf nicht durchhalten könne und deshalb langfristige Vereinbarungen mit dem Westen treffen müsse. Dann wäre es an der Zeit, auch über die territoriale Neuordnung Europas zu sprechen.

Drittens: die Krisentheorie. Adenauer war durchgehend mehr oder weniger stark davon überzeugt, daß sich die Sowjetunion erheblichen ökonomischen Krisen gegenübersehen würde. Wenn der Westen in dieser Lage wirtschaftliche Hilfe in Aussicht stellte, könnte er vielleicht dafür politische Konzessionen herausschlagen.

Viertens: eine Theorie allgemeiner Entspannung. Da der Kanzler während seines langen Lebens das Auf und Ab der internationalen Beziehungen zur Genüge kennengelernt hatte, zweifelte er daran, ob die scharfen Spannungen zwischen dem Ostblock und dem Westblock wirklich auf Dauer anhalten würden. Früher oder später würden neue Feinde aufs Feld treten oder noch unvorhergesehene Entwicklungen die früheren Auseinandersetzungen obsolet erscheinen lassen. Auch die sowjetische Führung, so glaubte er, würde dem Wind des Wandels nicht auf Dauer widerstehen können. In diesem Zusammenhang spekulierte er seit 1954 auf den sowjetisch-chinesischen Gegensatz.

Es ist unschwer zu erkennen, daß auch diesem Entspannungskonzept letztlich doch die Erwartung zugrunde lag, irgendwann werde die Sowjetunion in eine Schwächeperiode geraten. Insofern sind eben auch diese mehr oder weniger subtilen Kalküle langfristig doch eine in die Zukunft transponierte Modifikation der »Politik der Stärke« gewesen, selbst wenn der Kanzler

---

2 Entspannung und Wiedervereinigung. Deutschlandpolitische Vorstellungen Konrad Adenauers 1955 bis 1958, herausgegeben von *Hans-Peter Schwarz* (= Rhöndorfer Gespräche, Bd. 2), Stuttgart u. Zürich 1979, S. 17 f.

davon ausging, daß eine Änderung der russischen Deutschlandpolitik ohne Konfrontation aufgrund von Einsicht der sowjetischen Führung erfolgen müsse. Tatsächlich aber erlebte der Kanzler in den Jahren 1958 bis 1962 nicht einen Zerfall des Ostblocks, sondern eine neue expansive Periode sowjetischer Politik. Wie Adenauer damals auch in der Deutschlandfrage zwischen der Entschlossenheit zu zähem Festhalten an den Grundsatzpositionen und Überlegungen für taktische Kompromisse schwankte, kann hier nicht erörtert werden. Jedenfalls wäre es ihm selbstmörderisch erschienen, sich durch unkoordinierte Rußlandpolitik aus der westlichen Allianz zu entfernen. So hat er auch in dieser Phase keine Möglichkeit gesehen, den endgültigen Test auf seine Ideen ost-westlichen Dialogs im Zeichen einer langfristigen Entspannungspolitik zu machen.

Eine große Rolle spielte in diesem Zusammenhang seine Einstellung zur regionalen Rüstungskontrolle. Während er sich aus den verschiedensten Gründen für eine nuklearstrategische Rüstungskontrollpolitik einsetzte, sah er in Bemühungen um eine regionale Rüstungskontrolle nur Nachteile für die Bundesrepublik und suchte diese deshalb zu vermeiden. Einem amerikanischen Besucher gegenüber, der ihn 1959 auf eine Rüstungskontrollzone in Mitteleuropa ansprach, erwiderte er: solange er lebe, werde er das zu verhindern wissen. Das dürfte sein letztes Wort in dieser auch für die damaligen Ost-West-Beziehungen nicht unwichtigen Frage gewesen sein. Anders als die Generation deutscher Außenpolitiker, die nach ihm kam, sah er darin auch ein Statusproblem. Seine Westpolitik zielte unter anderem darauf ab, für die Bundesrepublik zumindest prinzipiell, vielleicht eines Tages auch faktisch, den ähnlichen Rang wie die Großmächte Frankreich und Großbritannien zu erringen. Mit einem von den Großmächten garantierten mitteleuropäischen Sicherheitsregime war dieses Ziel nicht zu erreichen. Die Bundesrepublik wäre dann auf alle Zeiten eine zweitrangige Macht geblieben. In diesem Punkt stand er, trotz seiner europäischen Orientierung, bewußt oder unbewußt sehr viel stärker in der vom Großmachtdenken beeinflußten Reichstradition, als er sich selbst eingestehen wollte und als zu seinen Lebzeiten erkannt worden ist.

Er wollte eine Bundesrepublik aufbauen, die vom Potential und vom Status her den gleichfalls geschrumpften Weltmächten Großbritannien und Frankreich ebenbürtig war. Mit Rüstungskontrolle in Zentraleuropa war dieses Ziel nicht zu erreichen. Allerdings glaubte er auch genau zu wissen, daß für alle drei Staaten die Zeit autonomer Sicherheitspolitik und autonomer Außenwirtschaftspolitik vorbei war.

Und so wie bereits Bismarck und seine Nachfolger angesichts der begrenzten wirtschaftlichen und militärischen Möglichkeiten Deutschlands unter anderem die Mitteleuropa-Konzeption erwogen, um dem Druck Rußlands zu widerstehen, hat er auch in seiner Spätzeit aus der relativen Ohnmacht der ehemaligen europäischen Großmächte einen Ausweg im europäischen Zusammenschluß gesucht. Dies erschien ihm trotz aller Schwierigkeiten und Enttäuschungen aussichtsreicher als jeder Versuch, die durch Hitlers Krieg verspielte Großmachtstellung durch Manövrieren zwischen West und Ost halbwegs wiederherzustellen. In den späten fünfziger Jahren schwand auch Adenauers Hoffnung, das Deutsche Reich wiederherstellen zu können, immer mehr. Dennoch war er nicht bereit, mit der bisherigen Politik so resolut zu brechen, wie das dann Willy Brandt seit 1969 getan hat.

Versucht man, seine Position im Gang der deutschen Geschichte zwischen Bismarck und Brandt zu bestimmen, so ist ein gewisses Paradox gar nicht zu übersehen. Anders als Bismarck hat sich Adenauer konsequent für ein anti-russisches Konzept entschieden und dabei alle Möglichkeiten traditioneller deutscher Gleichgewichtspolitik verworfen. Doch hat er bis zum Schluß an der Idee eines wiedervereinigten Deutschen Reiches festgehalten. Brandt hingegen war entschlossen oder nachgiebig genug, sich auf die russische Zweistaatendoktrin einzulassen und damit auch auf das Konzept eines westdeutschen Kernstaates zu verzichten. Aber eben dadurch beseitigte er auch eine Reihe von Hindernissen, die eine Rückkehr zu einer gewissen Schaukelpolitik zwischen Ost und West verhinderten.

Welchen Gebrauch die künftige Bonner Außenpolitik von diesen Möglichkeiten machen wird, läßt sich nicht absehen. Wollte sie es erneut mit einem Kurs der Mittellage versuchen, so wäre Adenauers entschlossene Option gegen Rußland und für eine dauernde Allianz mit den westlichen Demokratien nurmehr ein vorübergehendes Zwischenspiel im langen Auf und Ab deutscher Rußlandpolitik. Die Antwort auf diese Frage liegt in der Zukunft, und niemand kann mit Sicherheit voraussagen, ob diese Zukunft nahe oder fern ist oder ob sie schon begonnen hat.

Die Rolle der Bundesrepublik Deutschland in den Vereinten Nationen

*Rüdiger Freiherr von Wechmar**

Die Beziehungen der Staaten untereinander haben seit dem Zweiten Weltkrieg einen grundlegenden Wandel erfahren. Wir sind längst eingetreten in das Zeitalter der multilateralen Diplomatie. – Eine Studie über den britischen Auswärtigen Dienst hat vor kurzem ermittelt, daß auch an bilateralen Botschaften Großbritanniens schon heute 75 % der Tagesarbeit multilateralen Themen gewidmet ist. – Bei uns dürfte das nicht viel anders sein.
Die Entscheidung, den Vereinten Nationen beizutreten, war in der Bundesrepublik Deutschland lange umstritten. Heute – nach siebenjähriger Vollmitgliedschaft – läßt sich sagen: sie hat sich bewährt. Draußen vor der Tür zu bleiben, sich ins Abseits zu begeben, hätte bedeutet, auf wesentliche Möglichkeiten zu verzichten, die Weltpolitik mitzugestalten. Erinnert sei hier z. B. an zwei unserer eigenen Initiativen: die Konvention gegen Geiselnahme und die Namibia-Verhandlungen, die wir gemeinsam mit den übrigen westlichen Mitgliedern des Sicherheitsrates durchgeführt haben.
Trotz aller Detailkritik am Erscheinungsbild und an der Arbeitsweise der UNO wird die Weltorganisation auch in der Bundesrepublik insgesamt positiv bewertet. Die Mitarbeit der Bundesrepublik wird – wie nicht zuletzt die beiden großen Bundestagsdebatten Juni 1977 und März 1978 gezeigt haben – als ein Teil unserer Außenpolitik angesehen, auf den nicht mehr verzichtet werden kann.
Die Bundesregierung räumt der Mitarbeit in der Weltorganisation einen hohen Platz in ihrer Außenpolitik ein. Im Beitritt der Bundesrepublik am 18. September 1973 sieht sie eine zusätzliche Dimension ihrer Außenpolitik. In der Geschichte der internationalen Diplomatie ist es sicherlich ein Novum, daß sich z. B. die Botschafter der Neun am Sitz der UNO in New York im Rahmen ihrer intensiven Konsultationen immer häufiger in umfangreichen, gemeinsamen Berichten an ihre Regierungen wenden, die in Grundsatzfragen – wie etwa der Bewertung des Verlaufs einer Generalversammlung oder in politischen Analysen –, die nationale Berichterstattung

---

* Botschafter, Ständiger Vertreter der Bundesrepublik Deutschland bei den Vereinten Nationen, Präsident der 35. Generalversammlung der Vereinten Nationen, New York.

der neun Botschafter ergänzen. Die Notwendigkeit, sich mit den übrigen 145 Mitgliedstaaten auseinanderzusetzen, die Position der neun EG-Staaten deutlich zu machen, löst einen heilsamen Zwang aus: Sie verlangt von den Regierungen nicht nur national, sondern gemeinschaftlich zu Konflikten oder noch ungelösten Problemen Stellung zu nehmen, und beschleunigt auf diese Weise den Prozeß in Richtung auf eine künftige gemeinsame europäische Außenpolitik, die hier in New York immer konkretere Formen annimmt.

Die 1973 erworbene Vollmitgliedschaft der Bundesrepublik Deutschland in den Vereinten Nationen hat uns zusätzliche Verantwortung auferlegt. Wir haben damals eine neue Rolle übernommen. In den Vereinten Nationen werden wir an unserer Leistung und an unserem Ansehen gemessen. Als Aufgabe ihrer Mitarbeit in der Weltorganisation sieht es die Bundesregierung auch an, »ihre Interessen umfassend wahrzunehmen und für die Verwirklichung der Grundsätze der deutschen Außenpolitik einzutreten«. Als Maxime ihrer Außenpolitik nennt sie in diesem Zusammenhang »aktive und umfassende Sicherung des Friedens«. Auf folgende Grundsätze legt sie dabei besonderen Wert:
- Stärkung der Selbständigkeit und Unabhängigkeit aller Staaten, verbunden mit der ausdrücklichen Ablehnung der Einrichtung von Macht- und Einflußzonen in der Dritten Welt,
- Schaffung stabiler internationaler Strukturen der Zusammenarbeit,
- Mitwirkung bei der Beilegung oder Eindämmung von akuten Krisen und Konflikten,
- Förderung der Neugestaltung der weltweiten Wirtschaftsbeziehungen im Geiste der Partnerschaft und Solidarität,
- Durchsetzung des Selbstbestimmungsrechts und der Menschenrechte unter Einschluß der individuellen Rechte der Menschen.

Die Methoden, die angewandt werden, um diese Ziele zu erreichen, skizziert die Bundesregierung ganz klar: Die Anwendung oder Androhung von Gewalt, auch beim Verfolgen dieser legitimen Interessen, werden eindeutig abgelehnt. Daß diese Methoden innerhalb der Vereinten Nationen auch von anderen gesehen, geschätzt und anerkannt werden, läßt sich – neben vielen anderen – auch an der Tatsache ablesen, daß unsere Stimme inzwischen Gewicht hat, daß unser politischer Einfluß weit über den Pflichtbeitrag hinausgeht, den wir zum Haushalt der Vereinten Nationen entrichten. Es gibt kein wichtiges Gremium, keine Sonderorganisation, keinen Ausschuß und keine Expertenkonferenz von Bedeutung, in der die Bundesrepublik Deutschland nicht vertreten ist. Schon im zweiten Jahr unserer Vollmitgliedschaft stellten wir einen der Vizepräsidenten der Generalversammlung; kurz darauf übernahmen wir den Vorsitz im wichtigen 3. Ausschuß der Generalversammlung, der soziale Probleme und Fragen der Menschenrechte behandelt. In den Jahren 1977 und 1978 gehörten wir dem Weltsicherheitsrat an, dessen Präsidentschaft uns zweimal zufiel. Wir sind in doppelt so vielen Sonderorganisationen wie die DDR. – Und last not least stellte die Bundesrepublik 1980/81 den Präsidenten der 35. Generalversammlung.

Die Bundesrepublik Deutschland versteht sich in den Vereinten Nationen nicht als Einzelgänger. Eingebettet in die westliche Gruppe traditioneller und historisch gewachsener Demokratien fällt ihr Verantwortung und Gewicht vor allem durch ihre zuverlässige Arbeit im Kreise der Mitgliedstaaten der Europäischen Gemeinschaft zu, die als geschlossene Gruppe mit großem Einfluß nicht nur bei der Beratung aktueller politischer Themen, sondern z. B. auch im Nord-Süd-Dialog, d. h. im Verhältnis zur Dritten Welt, eine zentrale Rolle spielt. Die EG-Neun sind unter tatkräftiger Mitwirkung der Bundesrepublik Deutschland in den Vereinten Nationen zu einem bestimmenden Faktor geworden, der eine Schlüsselfunktion übernommen hat. Im Ausgleich zwischen den Industrienationen und den Entwicklungsländern kommt ihr von Jahr zu Jahr wachsende Bedeutung zu. In der Konsequenz hat dies dazu geführt, daß in New York, wie wohl an keinem anderen Platz der Welt, die Europäische Gemeinschaft in vielen Fällen nicht nur mit einer Stimme spricht, sondern auch in ihren Abstimmungen ein Höchstmaß an Geschlossenheit zeigen kann.

Häufig wird beklagt, daß in den Vereinten Nationen alle Staaten, ob klein oder groß, wichtig oder unbedeutend, über gleiches Stimmrecht – nämlich eine einzige Stimme – verfügen. Unsere Auffassung von Souveränität und Gleichberechtigung sowie unsere eigenen Erfahrungen in anderen Gremien, im Ministerrat der NATO zum Beispiel, wo Luxemburg das gleiche Stimmrecht hat wie Großbritannien und Frankreich, sollte uns eigentlich diese von den Vätern der VN-Charta sorgsam überlegte Entscheidung verständlich machen. Genau wie in allen modernen Parlamenten gilt auch hier: ein Vertreter – eine Stimme, unabhängig von Reichtum, Stärke etc. Eine politische Gewichtung tritt bei strittigen Abstimmungen ohnehin ein, denn eine noch so schöne Resolution verliert viel von ihrem Wert, wenn bedeutende Mitgliedstaaten negativ votieren, weil sie keine Möglichkeit für die konkrete Verwirklichung sehen.

Lassen Sie mich an einigen Problemkreisen konkret aufzeigen, welche Rolle wir in den Vereinten Nationen einnehmen können, welche Chancen und Grenzen unserer Mitwirkung gegeben sind. Im Deutschen Bundestag wurde z. B. diskutiert, inwieweit die VN-Mitgliedschaft die Möglichkeit verbessert hat, die »Interessen der Bundesrepublik Deutschlands und Berlins wahrzunehmen« – eine Frage, die historisch eng mit der Diskussion seinerzeit über die volle deutsche Mitarbeit in den Vereinten Nationen verknüpft ist. Durch gleichzeitige Aufnahme beider deutscher Staaten ist die besondere Lage in Deutschland nicht präjudiziert. Wir haben vor den Vereinten Nationen deutlich gemacht – und dies wird weiterhin geschehen –, daß die deutsche Frage offenbleibt. Wir nehmen die Interessen von Berlin (West), soweit nicht Fragen der Sicherheit und des Status berührt sind, voll wahr und werden dabei von den Schutzmächten unterstützt. Der Besuch von Generalsekretär Waldheim in Berlin Ende März 1979 gehört in diesen Zusammenhang. Wir bekräftigen vor den Vereinten Nationen, daß es das politische Ziel der Bundesrepublik Deutschland bleibt, auf einen Zustand des Friedens in Europa hinzuwirken, in dem das deutsche Volk in freier Selbstbestimmung seine Einheit wiedererlangt. Jedoch die Weltorganisation als Tribüne zu benutzen, um die deutsche Frage zu lösen, halten wir für wenig sinnvoll. Dies ist – jedenfalls zum gegenwärtigen Zeitpunkt – nicht möglich. Die Ständige Vertretung in New York hat es sich jedoch zur Aufgabe gemacht, in geduldiger, zäher und oft mühseliger Aufklärungsarbeit bei Mitgliedern anderer Missionen – besonders bei Vertretern aus der Dritten Welt – die Kenntnis über und das Verständnis für unser zentrales nationales Problem zu erweitern – hinter den Kulissen und damit wirkungsvoller als es durch geräuschvolle und damit unvermeidlich demonstrative Aktionen geschehen könnte. Zudem können wir die Augen nicht vor der Tatsache verschließen, daß z. Zt. den meisten Entwicklungsländern die Lösung anderer Probleme wichtiger erscheint.

Hingegen treten wir mit Nachdruck für die Verwirklichung der Selbstbestimmung und der Menschenrechte in allen Teilen der Welt ein. Die Vereinten Nationen haben gerade in den Jahren seit unserer Vollmitgliedschaft eine Reihe von wichtigen Entscheidungen getroffen, die uns den leider noch weit entfernten Zielen wenigstens etwas näher bringen. Nach dem Ersten Weltkrieg z. B. weigerte sich noch die Mehrheit der Staaten, auch nur die Idee der Menschenrechte in die Satzung des Völkerbunds zu verankern. Inzwischen sind Selbstbestimmung – so unterschiedlich der Begriff auch verstanden werden mag – und Menschenrechte beherrschendes Thema der Weltpolitik. Heute hängt das Ansehen eines Staates *auch* davon ab, wie er mit den Menschenrechten umgeht.

Die Bundesrepublik Deutschland ist selbstverständlich Mitglied der VN-Menschenrechtskommission, und sie spielt im Dritten Ausschuß der Generalversammlung, der sich mit sozialen Fragen und Problemen der Menschenrechte beschäftigt, allein und im Rahmen der EG-Neun eine wichtige

Rolle. In diesem Ausschuß hatten wir im Jahre 1976 den Vorsitz. Sachkundige Vertreter aus der Bundesrepublik Deutschland gehören den Fachausschüssen an, die im Anschluß an die beiden Menschenrechtspakte geschaffen wurden. Den rund 30 Mitgliedstaaten der Vereinten Nationen aus der westlichen demokratischen Welt und ihren Vertretern in New York ist schon lange klar, daß u. a. durch ein Bezugssystem ineinander übergreifender Institutionen, durch nachhaltige Forderung der Verwirklichung der Menschenrechte in der *ganzen* Welt auch Fortschritte in Einzelfällen in bestimmten Staaten oder Regionen zu erreichen sein werden.

Die Bundesrepublik Deutschland war unter den ersten, die freiwillig einen Länderbericht im Menschenrechtsausschuß der Vereinten Nationen über die Verwirklichung der politischen und bürgerlichen Rechte in unserem Land unterbreitet haben. Die ständig zunehmende Beschäftigung der Vereinten Nationen mit den Menschenrechten wird auch die DDR und die anderen Staaten Osteuropas früher oder später in ein System einbinden, dem sie sich auf die Dauer gar nicht werden entziehen können. Eine solche Entwicklung scheint wirkungsvoller als die Vorlage einer Klageschrift, die von den Mitgliedstaaten angesichts der gegenwärtigen Mehrheiten – auch mit einem vorläufigen Freispruch beantwortet werden könnte.

Zu den positiven Ergebnissen unserer Arbeit in den Vereinten Nationen gehört auch unsere Initiative zum Abschluß einer weltweiten Konvention gegen Geiselnahme. Schon nach wenigen Jahren ist es uns damit gelungen, etwas Wesentliches für die Menschenrechte und im Kampf gegen Terrorismus, für den Schutz des Lebens von Unschuldigen zu tun. Wer sich erinnert, daß zwanzig Jahre nötig waren, um die beiden Menschenrechtspakte der Vereinten Nationen auszuarbeiten, der wird ermessen können, in welch relativ kurzer Zeit wir einen wichtigen Baustein in das internationale System zur Sicherung von Menschenrechten fügen konnten.

In der Sicherung des Friedens – durch friedliche Beilegung von Streitigkeiten sowie durch friedenserhaltende Maßnahmen sieht die Bundesrepublik Deutschland eine besonders wichtige Aufgabe. Die VN-Friedenstruppen spielen in diesem Zusammenhang eine wichtige Rolle. Auf Initiative der Bundesrepublik Deutschland hatte die Generalversammlung im Herbst 1979 beschlossen, das Instrument Friedenstruppen auf eine solide Grundlage zu stellen und für ihren Einsatz bessere Voraussetzungen zu schaffen.

Zur Zeit laufen eine Reihe friedenserhaltender Aktionen der Vereinten Nationen, darunter einige, ohne die das Wiederaufleben blutiger Kampfhandlungen wahrscheinlich oder sogar unvermeidbar wäre. Der Friedensvertrag zwischen Ägypten und Israel ist seinerseits vielschichtig und z. T. umstritten. Trotzdem darf man nicht übersehen, daß er sein Zustandekommen auch der Anwesenheit von Friedenstruppen auf der Sinai-Halbinsel und damit den Vereinten Nationen verdankt.

Die Vereinbarung von Camp David zeigt im übrigen, daß Verhandlungspartner, selbst wenn sie außerhalb der Vereinten Nationen einen Vertrag abschließen, immer dann damit nach New York zurückkehren, wenn die Abmachung mehr als bilaterale Bedeutung hat.

Die vom Sicherheitsrat beschlossenen VN-Friedenstruppen sollten jedoch nicht Ersatz, sondern die praktische Voraussetzung für eine friedliche Streitlösung sein. Die Bundesrepublik Deutschland ist aus den bekannten verfassungsrechtlichen Gründen nicht zur personellen Beteiligung an bewaffneten VN-Einheiten in der Lage. Sie hat aber schon 1975 bei UNEF II am Transport von Truppen mitgewirkt und sich 1978 durch Transportleistungen und Ausrüstung aktiv am Aufbau von UNIFIL beteiligt. Friedensstreitkräfte sind natürlich kein Allheilmittel. Sie zeigen jedoch, daß die Vereinten Nationen über wirksame Maßnahmen der Friedensbewahrung und -wiederherstellung nicht nur reden, sondern solche Maßnahmen auch verwirklichen.

Ein großes Maß an Verantwortung für Frieden und Sicherheit in der Welt liegt nach der VN-Charta beim Sicherheitsrat. Befürchtungen, unsere Mitgliedschaft würde sich u. U. negativ auf unsere bilateralen Beziehungen zu den einzelnen Staaten auswirken, haben sich nicht bestätigt. Wir mögen insofern von den Umständen begünstigt gewesen sein, als es in den Jahren unserer Mitgliedschaft (1977/78) nicht zu einer großen, umstürzenden Nahostkrise kam und sich die entscheidende Frage, wie auf ein Scheitern der Namibia-Initiative zu reagieren wäre, bis zum Jahresende 1978 nicht stellte. Auch war die durchweg konfrontationsfreie Atmosphäre, wie sie sich am sinnfälligsten im fast völligen Fehlen von Vetos zeigte, während der zwei Jahre unserer Mitgliedschaft vorteilhaft. Aber selbst bei weniger günstigen Umständen wäre die Entscheidung, für den Sicherheitsrat zu kandidieren, richtig gewesen. Aus New Yorker Sicht hat unsere Mitgliedschaft im Sicherheitsrat die bilateralen Beziehungen zu anderen Staaten sehr positiv beeinflußt. Ein Mitglied des Rats hat unter den Mitgliedstaaten der Vereinten Nationen eine besonders hervorgehobene Rolle als politischer Gesprächspartner. Zu den von uns mitgetragenen, zum Teil auch initiativ betriebenen Entscheidungen des Sicherheitsrates gehören außer denen zur Zypernfrage, zum Nahen Osten, zu Simbabwe, zu Südafrika vor allem die Beschlüsse zu Namibia. Die Namibia-Initiative hat uns in New York in einen ständigen, intensiven Dialog mit einer Vielzahl afrikanischer Staaten gebracht.

Die Zusammenarbeit mit den Ländern der Dritten Welt in den Vereinten

Nationen wird immer bedeutender. Für die Bundesregierung ist die Gestaltung der Beziehungen zur Dritten Welt »ein Kernstück ihrer Außenpolitik«. Dabei kann sie für sich durchaus in Anspruch nehmen, am Abbau der Konfrontationen in der Weltorganisation mitgewirkt zu haben, die aufgrund der Forderung der Länder der Dritten Welt aufgetreten waren. Sie tritt für den Ausgleich der Interessen und partnerschaftliche Zusammenarbeit ein und sucht das Streben der Staaten der Dritten Welt nach politischer und wirtschaftlicher Unabhängigkeit zu fördern. Es ist nicht zu übersehen, daß viele Länder der Dritten Welt vor allem das Forum der UNO benutzen, um international auf ihre nationalen Probleme aufmerksam zu machen.
Die Verhandlungsgremien der Vereinten Nationen sind der eigentliche Schauplatz der Dritte-Welt-Politik, nämlich des Bemühens, die wirtschaftliche Entwicklung der nichtindustrialisierten Staaten zu beschleunigen und die Kluft zwischen Nord und Süd zu verringern. Es ist interessant festzustellen, daß die Entwicklungsländer den ursprünglich geographisch auf den Begriff Nord-Süd-Dialog begrenzten Meinungsaustausch inzwischen selbst in den Begriff »Globalverhandlungen« überführen – auf diese Weise werden die sozialistischen Staatshandelsländer einbezogen, die sich bislang weder zur Nord- noch zur Südgruppe zugehörig fühlen wollten.
Den Globalverhandlungen wohnt – dies ist leicht zu sehen – ein natürlicher Konflikt inne, der zwischen den Industriestaaten einerseits und den Ländern der Dritten Welt andererseits im Laufe der vergangenen 30 Jahre entstanden ist: Viele Entwicklungsländer sind bekanntlich erst nach Ende des Zweiten Weltkrieges aus der Kolonialherrschaft entlassen und selbständige Staaten geworden. Sie durchlaufen einen schmerzlichen Prozeß der inneren und äußeren Anpassung an die in der Weltwirtschaft vorgegeben gewesenen Bedingungen. In diesem Prozeß geht es für uns um eine marktkonforme Reform der Weltwirtschaft, deren Ziel es ist, die weltwirtschaftlichen Bedingungen für eine Beschleunigung der Entwicklung zu verbessern und die Entwicklungsländer nicht nur formell gleichberechtigt, sondern mehr und mehr auch mit materieller Chancengleichheit in die Weltwirtschaftsordnung zu integrieren. Die Globalverhandlungen stellen eine der entscheidenden außenpolitischen und außenwirtschaftlichen Aufgaben unserer Zeit dar. Wir nutzen sie mit vollem Ernst, um eine Ordnung der Zusammenarbeit aufzubauen, in der zwei Ziele erreicht werden: stabiles Wachstum in den Industrieländern und beschleunigtes, überproportionales Wachstum in den Entwicklungsländern.
Mit den geplanten Globalverhandlungen werden wir in die 3. Phase eines Vorhabens eintreten, das vor 6 Jahren mit dem Vorschlag der Entwick-

lungsländer begann, die Wirtschaftsbeziehungen zwischen Industrienationen und den Ländern der Dritten Welt zu restrukturieren und den Erfordernissen der 80er Jahre anzupassen. Damals legten die Entwicklungsländer ein konkretes Programm vor, das den bekannten Mehrheitsbeschlüssen der Generalversammlung der Vereinten Nationen für die Schaffung einer Neuen Weltwirtschaftsordnung ihren Niederschlag fand. Die meisten Industriestaaten hatten 1974 und 1975 dem sehr weitreichenden und stark planwirtschaftlich ausgerichteten Vorschlag einer solchen neuen Weltwirtschaftsordnung ihre Zustimmung verweigert.

Die zweite Phase der Auseinandersetzungen zwischen Industrie- und Entwicklungsländern war von z. T. erbitterter Konfrontation gekennzeichnet. In Sonderorganisationen der Vereinten Nationen, wie z. B. UNCTAD oder UNIDO, aber auch auf den ergebnislosen Konferenzen über wirtschaftliche und industrielle Zusammenarbeit in Paris und in Manila versteiften sich die Positionen. Schrille Töne auf beiden Seiten verschlechterten das Klima. Die sozialistischen Staatshandelsländer Osteuropas blieben weitgehend unbeteiligte Zaungäste, die ihre eigenen Interessen als Industrienationen hinter dem ideologisch motivierten Beifall für die Dritte Welt zurückstellten. Ende der 70er Jahre wurde eine zunehmende Diversifizierung der wirtschaftlichen Ausgangspositionen bei den Entwicklungsländern deutlich. Schwellenländer, wie Brasilien, Mexiko, Singapur u. a., aber auch die meisten der ölexportierenden Staaten der Dritten Welt machten es den Sprechern der Gruppe 77 – dem internationalen Verhandlungsorgan der Entwicklungsländer – schwerer, die z. T. utopischen und oft auch radikalen Forderungen eines Mehrheitsblocks der Dritten Welt in den Vereinten Nationen mit ihren eigenen Interessen und Erfordernissen in Einklang zu bringen. Ein vorsichtiges Umdenken wurde erkennbar.

Heute – zu Beginn der dritten Phase, der intensiven Vorbereitungszeit der Globalverhandlungen – ist es besonders wichtig, zu sehen, was wir in dieser Phase mit einbringen: Für die Reform der Weltwirtschaftsordnung läßt sich die Bundesregierung von den Vorstellungen einer Reform auf weltoffener und marktwirtschaftlicher Grundlage unter Berücksichtigung des Grundsatzes der internationalen Solidarität und des Schutzes des schwächeren Teils leiten. Sie sieht in dieser Reform den besten Weg, um berechtigten Interessen der Entwicklungsländer an einem größeren Anteil am Weltwirtschaftswachstum und nach mehr Mitsprache am weltwirtschaftlichen gerecht zu werden. Das Ziel, im Rahmen der Vereinten Nationen zu einem Abbau des Nord-Süd-Gefälles zu kommen, kann nur in vernünftigen Reformen des bestehenden Weltwirtschaftssystems bestehen. Als vernünftige Reformen sehen wir an:

- im Rohstoffbereich ein System zur Exporterlösstabilisierung (orientiert am Muster der Lomé-Konventionen)
- Erleichterung der Verschuldungssituation der ärmsten Länder
- weitere Liberalisierung des Welthandels, insbesondere durch Öffnung der Märkte der Industriestaaten
- gezielte Förderung der Industrialisierung in Entwicklungsländern
- Maßnahmen zur Verbesserung des Weltwährungssystems
- Sicherung der Grundbedürfnisse der Dritten Welt und Beitrag zur Strukturverbesserung im Sinne einer arbeitsteiligen Weltwirtschaft.

Um diese Ziele zu erreichen, erweist sich der Zwang zur Zusammenarbeit von Industrieländern und Ländern der Dritten Welt als unumgänglich. Durch die Reform soll jene Entwicklung möglich gemacht werden, die die Funktionsfähigkeit des liberalen Weltwirtschaftssystems erhält und gleichzeitig die berechtigten Forderungen der Entwicklungsländer konstruktiv in diesem Weltwirtschaftssystem verwirklicht. Den Ländern der Dritten Welt soll es ermöglicht werden, die Überwindung des Rückstandes zu erreichen, ohne daß die Grundstrukturen des bisherigen Weltwirtschaftssystems angetastet werden.

Die für 1981 geplanten Globalverhandlungen in New York werden sich mit fünf Hauptkomplexen zu beschäftigen haben. In einer durch Konsens, d. h. also auch mit unserer Zustimmung im Herbst 1979 verabschiedeten Resolution der UNO-Generalversammlung, sind diese fünf Themen genau umschrieben. Es handelt sich um die Bereiche: Rohstoffe, Handel, Entwicklung, Energie sowie Währungs- und Finanzfragen. Neu ist in dieser Liste der Bereich Energie. Im Rahmen der Vereinten Nationen war, u. a. wegen des bisherigen Widerstands der ölexportierenden Länder, das vitale Thema noch nie in Angriff genommen worden. Ein Versuch Generalsekretär Waldheims vor drei Jahren, eine Diskussion über Energiefragen in Gang zu bringen, war am Widerstand u. a. der OPEC-Länder gescheitert. Jetzt ist es insbesondere den energieabhängigen, also ölimportierenden Ländern der Gruppe der 77 gelungen, die Ölstaaten dazu zu bewegen, einer Energiediskussion zuzustimmen. – Es gibt natürlich Meinungsverschiedenheiten, wie über diese fünf Hauptkapitel verhandelt werden soll.

Neben den unvermeidlichen Meinungsverschiedenheiten über die Substanz der Globalverhandlungen sind auch noch Kontroversen über das Verfahren zu beseitigen. Ein Ausgleich muß gefunden werden: das Interesse der Industrienationen besteht darin, die Integrität der Sonderorganisationen, u. a. der Weltbank und des IWF, funktionsfähig und glaubwürdig gewahrt zu sehen; das Interesse der Entwicklungsländer liegt in dem Anliegen, die Reformen, die für diese Institutionen vorgesehen sind, den heutigen Gegebenheiten anzupassen.

Eine besondere Lösung muß auch noch für das bisher noch nicht im VN-System angesiedelte Thema Energie gefunden werden, wobei man sich entweder die Befassung der Globalrunde selbst oder eines neuen Gremiums das noch geschaffen werden müßte, vorstellen könnte.

Die kommenden Verhandlungen, die vermutlich länger als die bisher geplanten neun Monate dauern werden, sind einerseits eine Herausforderung an die Industrienationen – nach den Vorstellungen der Dritten Welt wegen der Veränderungen der internationalen Wirtschaftsbeziehungen – andererseits aber auch eine Chance, den Industriestaaten nicht nur langfristige Absatzmärkte für ihre Produkte zu sichern, sondern auch einen geordneten und vorausbestimmbaren Zufluß an Rohstoffen zu gewährleisten. Hinzu kommt die notwendige politische Überlegung, daß eine Stützung der Entwicklung, u. a. also der Industrialisierung der Entwicklungsländer durch westliche Industrienationen, die wirtschaftliche Unabhängigkeit der Entwicklungsländer stärken und damit den künftigen Einfluß der Sowjetunion und ihrer Verbündeten in der Dritten Welt schmälern hilft.

Für die Bundesregierung und die übrigen westlichen Staaten ist eine beschleunigte und ausgewogene Industrialisierung möglichst vieler Entwicklungsländer auch im eigenen wirtschaftlichen Interesse wichtig. Leistungsfähige Volkswirtschaften in der Dritten Welt sind eine wesentliche Voraussetzung für eine dynamische und sich dann auch selbst tragende wirtschaftliche und soziale Entwicklung dieser Staaten. Hinzu kommt die unübersehbare menschliche Komponente: in den ärmsten Entwicklungsländern leiden auch heute noch über 600 Millionen Menschen an Hunger. Die Bundesregierung hat neben vielen anderen Bemühungen auch die eigenen Anstrengungen der Entwicklungsländer in den vergangenen Jahren erheblich unterstützt, ihren wirtschaftlichen Fortschritt zu fördern.

Neben der bilateralen Entwicklungshilfe und den von der Bundesrepublik Deutschland geförderten Programmen im Rahmen des VN-Systems – ich denke hier u. a. an die Weltbank, UNDP, aber auch UNICEF und die Welternährungsorganisation, kommt den entwicklungspolitisch relevanten Investitionen von Unternehmern eine besondere Bedeutung zu. Die Zusammenarbeit deutscher Industriebetriebe mit privaten und staatlichen Unternehmen in Entwicklungsländern setzt natürlich ein angemessenes Kooperationsklima voraus, für das insbesondere eine weitgehende Sicherung von Investitionen eine Voraussetzung ist.

Für die geplanten Globalverhandlungen sind in diesem Zusammenhang nun folgende Erwartungen schon heute zulässig: Bei dem für die Entwick-

lungsländer so wichtigen Thema Ernährung und Landwirtschaft wird es zwischen der Gruppe der 77 und den Verhandlungsführern der Industrienationen vermutlich kaum wesentliche Meinungsverschiedenheiten geben. Auch beim Komplex Rohstoffe besteht weitgehende Übereinstimmung über die Punkte, die behandelt werden müssen. Schwierigkeiten sind mit Sicherheit für den Bereich »Verbesserung und Sicherung der Kaufkraft der Erlöse aus Rohstoffexporten der Entwicklungsländer« (Gruppe der 77) zu erwarten – eine zentrale Frage, die auch bei den Themen Energie und Handel im Entwurf der Tagesordnung der Entwicklungsländer für den Globaldialog angesprochen wird. Es handelt sich – verkürzt gesagt – um das Thema Indexierung, das schon oft eine schwierige Rolle gespielt hat.
Schwierigkeiten wird auch die Tatsache bereiten, daß die fünf Hauptkomplexe nicht voneinander abgeschottet behandelt werden können. Rohstoffe und Handel, Entwicklungs- und Währungsfragen, finanzielle Probleme und Energie (u. a. Preise) sind so eng miteinander verbunden, daß eine saubere Trennung zumindest im fortgeschrittenen Stadium kaum möglich sein wird. Ein komplizierteres Kapitel wird mit Sicherheit der Bereich Währung und Finanzen bleiben, weil hier die Gruppe der 77 mit der Forderung nach einer Reform des internationalen Währungssystems strukturelle Veränderungen verlangt, die für die westlichen Industriestaaten in dem gewünschten Ausmaß inakzeptabel sind.
Zu einer wirklich globalen Diskussion, die sich nicht in Polemik verliert, gehört allerdings auch der Appell an die Sowjetunion und ihre Verbündeten, weit stärker als bisher entwicklungspolitische Bemühungen zu unternehmen. Sie müssen in den Verhandlungsprozeß mit einbezogen werden, ebenso wie auch die Volksrepublik China.
Wenn sich bei den Regierungen der Industrie- und der Entwicklungsländer die Überzeugung durchsetzt, daß die Zeit zum gemeinsamen Handeln gekommen ist, sind qualitative Veränderungen in den letzten beiden Jahrzehnten dieses Jahrhunderts möglich. Dazu muß uns ein gründliches Neuüberdenken von anderen Arten von Beziehungen gelingen, die allen Staaten zugute kommt. Ich meine, daß man die Hoffnung nicht aufgeben darf, vom Menschen geschaffene Probleme auch von Menschen zu lösen. Das erfordert Verständnis und Engagement, einen Sinn für das, was möglich ist, sowie ein Gefühl für die Interessen beider Seiten, selbst wenn diese nicht voll deckungsgleich sind. Das verlangt auch Mut und eine Vision von der Zukunft, ohne die große Aufgaben noch nirgendwo gelöst werden konnten.

Das Nordatlantische Bündnis – Kontinuität und Wandel

*Hans-Georg Wieck**

I.

Im Jahre 1955 trat die Bundesrepublik Deutschland dem Nordatlantischen Bündnis bei. Bundeskanzler Adenauer erklärte am 9. Mai 1955 auf dem Ministertreffen des Nordatlantischen Rates:[1]
»Die Ziele der Nordatlantikpaktorganisation, insbesondere ihre rein defensive Aufgabenstellung, entsprechen angesichts der politischen Spannungen in der Welt den natürlichen Interessen des deutschen Volkes, das sich nach den schrecklichen Erfahrungen zweier Weltkriege wie kaum ein anderes Volk nach Sicherheit und Frieden sehnt...
Ich sehe in der Verwirklichung der Verträge, die die Bundesrepublik Deutschland mit den Staaten der freien Welt beschlossen hat, ich sehe in dem Eintritt der Bundesrepublik in den Nordatlantikpakt einen Ausdruck der Notwendigkeit, den engen Nationalismus zu überwinden, der in den vergangenen Jahrzehnten die Wurzel unseres Unglückes war. Wir müssen den gesellschaftlichen Fortschritt der technischen Entwicklung anpassen, um die durch diese Entwicklung freigewordenen Kräfte in eine Ordnung einzufügen und ihnen ihre zerstörende Wirkung zu nehmen. Deshalb kann die Organisation einer gemeinsamen Verteidigung nur eines der Ziele des Nordatlantikpaktes sein. Ich halte es deshalb für eine der wichtigsten Bestimmungen des Nordatlantikpaktes, wenn in der Präambel und in Artikel 2 des Vertrages zur Förderung der allgemeinen Wohlfahrt der Völker und zur Bewahrung ihres gemeinsamen Kulturerbes eine Zusammenarbeit in wirtschaftlichen und kulturellen Fragen gefordert wird. Seien Sie versichert, daß es ein besonderes Anliegen der Bundesregierung sein wird, auf diesen Gebieten mit aller Kraft mitzuwirken.«
Der Beitritt zur NATO war Teil einer umfassenden Regelung der internationalen Beziehungen der Bundesrepublik Deutschland, die notwendig und möglich wurde, nachdem die Bemühungen der Siegermächte, die Voraussetzungen für gesamtdeutsche Wahlen zu schaffen und einen Friedens-

---
* Dr. iur., Botschafter, Ständiger Vertreter bei der NATO, Brüssel.
1 zitiert nach: *Herbert Blankenhorn:* »Verständnis und Verständigung«, 1980, S. 215.

vertrag für Deutschland vorzubereiten, fehlgeschlagen waren. Die sicherheitspolitischen Bedürfnisse der Bundesrepublik Deutschland sowie die der westlichen europäischen Länder konnten nur in einem transatlantischen Verteidigungsarrangement unter Führung der Vereinigten Staaten von Amerika hinreichend gewahrt werden. Der Deutschlandvertrag regelte einen Teil der eigentlich einem Friedensvertrag vorbehaltenen Themen, die Beziehungen zu den Westmächten sowie die Handhabung der verbleibenden alliierten Rechte in Deutschland. Die Westeuropäische Union (WEU) schuf einen, wenn auch sehr lockeren europäischen Verband in sicherheitspolitischen Angelegenheiten. Die römischen Verträge hatten den Grundstein zur europäischen Einigung gelegt. Unter Berücksichtigung der nicht zu lösenden Gegensätze der Siegermächte in bezug auf Deutschland wurde der inzwischen eingeleitete wirtschaftliche, politische und soziale Aufbau Nachkriegsdeutschlands ergänzt durch außenpolitische Festlegungen, die sich aus der Interessenlage der Bundesrepublik Deutschland ergaben, ihre innere demokratische Entwicklung nach außen absicherten, die Normalisierung ihrer Beziehungen zu ihren europäischen Nachbarn auf eine feste und konstruktive Grundlage stellten und die Sicherheits-Bedürfnisse durch Teilnahme an der dauerhaften Verbindung der Vereinigten Staaten und Kanadas mit dem europäischen Festlande befriedigten. Die Verteidigungsanstrengungen der Bundesrepublik Deutschland wurden mit denen anderer Länder harmonisiert. Das Kontrollelement gegenüber denkbaren negativen Entwicklungen fehlte in diesen Regelungen nicht. Mißtrauen konnte nicht von einem auf den anderen Tag beiseite gelegt werden. Unbestritten blieb, daß die deutsche Frage, also die der Wiederherstellung eines wiedervereinigten Deutschlands oder deutschen Staatsverbandes diesseits und jenseits der Elbe eine Aufgabe der Zukunft blieb.
Dies war die Welt von 1955 – zehn Jahre nach dem Ende des Zweiten Weltkrieges. Die nach mehreren Jahren diplomatischen Ringens gefundenen Regelungen im internationalen Bereich waren vor allem unter dem Eindruck des fortbestehenden sowjetischen Druckes auf Zentral-, West- und Süd-Europa zustande gekommen. Fast alle friedensvertraglichen Regelungen in Ost-/Mittel-Europa hatten zu einseitigen Orientierungen dieser Staaten nach Moskau hin – unter Druck und Gewaltanwendung – geführt.

II.

Wie ist heute – im Jahre 1981, also 26 Jahre nach unserem Beitritt zum Nordatlantischen Bündnis – und vor dem Hintergrund der damaligen Erörterungen, der damals gehegten Erwartungen, Befürchtungen und Hoffnungen – unsere Mitgliedschaft in diesem Bündnis zu beurteilen? Welche Bedeutung hat das Bündnis heute für die Bewahrung des Friedens und die Gestaltung der internationalen Staatengemeinschaft? Bevor ich aus der Sicht des eben beginnenden Jahres 1981 Antworten zu formulieren versuche, möchte ich als Zwischenbilanz die Einschätzungen wiedergeben, die zwei meiner Vorgänger in diesem Amte des Ständigen Vertreters im Nordatlantikrat, Herbert Blankenhorn (NATO-Botschafter 1955 bis 1958) und Wilhelm Grewe (1962 bis 1971), dem diese Festschrift gewidmet ist, über ihre Zeit abgaben. Blankenhorn stellte in seinem Buch unter dem 3. Februar 1956 fest:[2]

»Im Kreis der mir befreundeten Ständigen Delegierten herrscht Besorgnis – in der Nuancierung verschieden – über die zunehmende Passivität des Bündnisses. Die NATO habe wohl ihre ursprüngliche Aufgabe, ein militärisches Gleichgewicht gegen den Ostblock zu bilden, schlecht und recht erfüllt. An den militärischen Fragen werde nun weitergearbeitet, allerdings in unverkennbarer Lustlosigkeit wegen der schleppenden Arbeit der Standing Group, die in den Fragen der Anpassung der Strategie an die modernen Erfordernisse der atomaren Kriegführung nur zögernd vorankomme. Auf der anderen Seite sind die Gesprächspartner beunruhigt wegen der erhöhten politischen und wirtschaftlichen Aktivität der Sowjets in Asien und im Vorderen Orient. Unbestreitbar habe die Sowjetunion ihre Stellung in Indien, Kaschmir, Afghanistan und Burma verbessert. Sie habe auch im Mittelmeerraum und Nordafrika Fuß gefaßt. Man vermisse auch nur die geringste Reaktion der NATO.
Ich teile diese Sorgen. Schon seit einigen Monaten beschäftigen mich diese Fragen.«
und
»Die Arbeit des NATO-Rats verdiente stärkere Förderung durch die Regierungen. Die Mitglieder des Rats – Botschafter der fünfzehn Staaten – zeichnen sich durch große Bereitschaft zu loyaler Zusammenarbeit aus. Auf dem Gebiet der militärischen Verteidigung ist der Gedankenaustausch nützlich, auf politischem Gebiet fehlt es oft an den Stellungnahmen der führenden Länder. Man hat gelegentlich den Eindruck, daß sie sich des Rats als Instrument der außenpolitischen Zusammenarbeit nicht zu bedienen wissen, oder auch sich seiner nicht bedienen wollen. Für uns Deutsche ist

---

2 zitiert nach *Blankenhorn* »Verständnis ist Verständigung«, 1980, S. 246 ff.

der Rat von Wert, weil wir hier unter Freunden unsere Auffassungen freimütig darlegen und – vorausgesetzt, daß sich der Gedanke einer verstärkten politischen Konsultation durchsetzt – auf die Willensbildung der Allianz im ganzen einwirken können.«
schließlich unter dem 2. Mai 1956:
»Wir werden kaum erwarten können, daß sich die Hoffnungen auf erhöhte Aktivität auf politischem und wirtschaftlichem Gebiet in der NATO erfüllen. Man hat zwar allerlei Erwartungen hinsichtlich einer Neugestaltung der NATO geweckt. Erklärungen, wie die von Außenminister Dulles, von Gronchi, Pineau und Pearson haben zu manchen Kombinationen geführt. Leider hat aber keines der westlichen Länder ein konkretes Programm aufzuweisen, am wenigsten die großen Staaten, deren Uneinigkeit hinsichtlich der weiteren Entwicklung der NATO deutlich ist. England will unter keinen Umständen dem Artikel 2 des Vertrages eine praktische Bedeutung beimessen. Es hat sich darauf beschränkt, den Generalsekretär der NATO mit der Abfassung eines Kompendiums zu betrauen, in welchem die außermilitärischen Aktivitäten der atlantischen Partnerstaaten ausführlich dargestellt werden sollen, um den Beweis zu erbringen, daß man eigentlich einen Ausbau der NATO unter dem Gesichtspunkt des Artikels 2 nicht benötige. Ähnlich ist die französische Haltung. Wenn Herr Dulles in einer Rede vor der Associated Press eine Anpassung der NATO an die Bedürfnisse kommender Generationen ankündigt, so stehen dahinter keine konkreten Vorstellungen. Die Rede enthält dagegen eine Reihe von Beschränkungen der Aktivität der NATO, indem die Konsultation der Regierungen und Ständigen Vertreter sich ausschließlich auf den von der NATO zu schützenden geographischen Raum und seine Probleme konzentrieren und in die Zuständigkeit anderer regionaler Zusammenschlüsse nicht übergreifen solle. Ich fürchte, es wird, wie schon so oft, auch auf der kommenden Ministertagung im Mai bei allgemein gehaltenen Erklärungen bleiben, und der Impuls, den das Bündnis gerade in diesen Tagen so nötig hat, wird ausbleiben. Man kann internationalen Konferenzen nur dann einen Gehalt geben, wenn vorher zwei oder drei der führenden verantwortlichen Persönlichkeiten in einen intensiven Gedankenaustausch treten und Vorschläge vorbereiten, die eine Diskussionsgrundlage für die Gesamtheit der Konferenzteilnehmer bieten. Sonst bleibt es bei Deklamationen, die die Welt nun schon seit Jahren gewöhnt ist und die nur den Eindruck erwecken, als ob es den Partnern auf eine echte Zusammenarbeit letzten Endes nicht ankomme.«
Wenige Monate später heißt es bei ihm unter dem 2. Mai 1956:
»Der NATO-Ministerrat, der am 4. und 5. Mai in Paris tagte, hat Meinungsverschiedenheiten, Uneinigkeit und unzulängliche Konzeptionen des

Westens nur notdürftig vor der öffentlichen Meinung verbergen können. Zentrale Fragen waren: Wie soll die neue sowjetische Taktik bewertet, wie auf die Erfolge der sowjetischen Politik im Mittleren Osten reagiert, was soll an dem atlantischen Bündnis in der Zukunft geändert werden; man hat sich auf allgemein gehaltene Erklärungen beschränkt, die zwar mit einer gewissen Deutlichkeit die nach wie vor ungeminderten Gefahren erkennen lassen, die aber, was den konstruktiven Teil der Reaktion des Westens auf die Aktivität des Ostens angeht, einer durchdachten Konzeption entbehren.«

»Zur Reform der NATO – politische und wirtschaftspolitische Konsultationen – bewegte man sich in Allgemeinheiten und verblieb schließlich bei der Berufung von Martino (Italien), Lange (Norwegen) und Pearson (Kanada), die als die ›drei Weisen‹ auf einer kommenden Ministertagung Vorschläge vortragen sollen. Ich glaube, außer Pearson, der die Nachfolge Lord Ismays als Generalsekretär der NATO anstrebt, hat keiner der beiden anderen – Lange und Martino – allzu große Lust, in die Probleme einzusteigen. Eines der wichtigsten Probleme bleibt, ob man der NATO eine Art Streitschlichtung übertragen soll. Soll die dornige Zypernfrage, soll Algerien Gegenstand solcher Konsultationen sein? Dies erscheint fraglich, wenn man die ablehnende Haltung Frankreichs und Großbritanniens kennt. Der einzige, der diese NATO-Ratstagung mit einer gewissen Befriedigung verläßt, ist Martino, der nach langwierigen Erörterungen den italienischen Vorschlag durchgesetzt hat, aufgrund dessen der Ständige NATO-Rat wirtschaftspolitische Probleme erörtern kann, wobei er sich eines Sachverständigengremiums bedient. In einem Land, in dem es so viele ungelöste soziale und wirtschaftliche Probleme gibt wie in Italien, muß die Regierung – und so muß Martinos Vorschlag verstanden werden – zeigen, daß sie einer Allianz angehört, die ihre Aufgaben und Ziele nicht ausschließlich auf militärischem Gebiet sieht.«

Grewe[3] nennt für die Zeit seiner Amtsführung als wichtigste Fragen der Erörterung die der konventionellen und atomaren Bewaffnung sowie die Bestimmung des Ausmaßes, in dem alle Mitgliedstaaten in die nukleare Mitbestimmung einbezogen werden könnten. Darüber hinaus greift er, ausgelöst durch die innenpolitische Entwicklung in Griechenland im Jahre 1967. sehr breit die Frage auf, ob die Allianz eine ordnungspolitische Funktion bei der Durchsetzung der demokratischen Staatsform in den Mitgliedstaaten selbst im Falle einer Gefährdung dieser Ordnung durch innenpolitische Entwicklungen habe. Er schreibt dazu:[3]

---

3 zitiert nach *Wilhelm Grewe,* »Rückblenden«, 1979, S. 594 ff.

»Wie weit ist die NATO ein ideologisch fundiertes Bündnis demokratischer Nationen mit freiheitlicher Verfassung, dessen wesentlicher Zweck in der Verteidigung dieser Ordnung gegen Bedrohungen durch expansive antidemokratische Kräfte besteht?

Wie weit ist die NATO über den Zweck eines Verteidigungsbündnisses gegen äußere Bedrohungen hinaus fähig und berufen, allen gemeinsamen Fragen der inneren Gesellschaftsordnung in Angriff zu nehmen und zu ihrer Bewältigung durch Zusammenarbeit und Reformvorschläge beizutragen?

Wie weit sind regionale Gruppierungen innerhalb dieser solidarischen Bündnisgemeinschaft denkbar und mit ihrer Einheit und Geschlossenheit vereinbar?

Von diesen drei Fragen war die erste die bei weitem wichtigste und zugleich auch die heikelste, die mehrfach zu kritischen Zuspitzungen im Schoße der Allianz führte.

Im Gründungsjahr 1949 hegte niemand einen Zweifel, daß sich dieses Bündnis gegen eine ganz bestimmte konkrete Bedrohung Westeuropas richtete: gegen eine weitere gewaltsame Ausbreitung des Sowjetkommunismus nach Westen. Damit sollen sowohl die Integrität des nationalen Gebiets der Mitgliedstaaten als auch ihre freiheitliche und demokratische Staats- und Gesellschaftsordnung geschützt werden – und zwar gegen jene Macht, deren national-imperialistischer und zugleich ideologisch motivierter weltrevolutionärer Ausdehnungsdrang beide Schutzobjekte bedrohte. In diesem Sinne sprach die Präambel des Nordatlantik-Vertrages von der Entschlossenheit der Mitgliedstaaten, ›die Freiheit, das gemeinsame Erbe und die Zivilisation ihrer Völker, die auf den Grundsätzen der Demokratie, der Freiheit der Person und der Herrschaft des Rechts beruhen, zu gewährleisten‹ als auch »ihre Bemühungen für die gemeinsame Verteidigung und für die Erhaltung des Friedens und der Sicherheit zu vereinigen‹.«

»Diese Zielsetzung bedeutete nicht und ist auch von der überwiegenden Mehrheit der Mitgliedstaaten niemals dahin verstanden worden, daß die NATO eine Neuauflage der Heiligen Allianz darstellte, der es obliegen sollte, die Aufrechterhaltung des demokratischen Prinzips sicherzustellen – so wie man zu Metternichs Zeiten die Aufrechterhaltung des ›monarchischen Prinzips‹ und die Abwehr revolutionärer demokratischer Bestrebungen zur Hauptaufgabe der Heiligen Allianz gemacht hatte und dieser Zielsetzung durch bewaffnete Interventionen in mehreren Mitgliedstaaten (Neapel 1820, Spanien 1822) nachgekommen war. Daher hatte man auch keinen Augenblick gezögert, Portugal in den Kreis der Unterzeichnerstaaten von 1949 einzubeziehen, obgleich es keinen Zweifel darüber geben konnte, daß

dieses Land unter dem Regime Salazars gewiß keine Demokratie im Sinne der Präambel des Vertrages war.
Diese Situation änderte sich seit dem griechischen Militärputsch im April 1967. Seit diesem Zeitpunkt fühlten sich die Regierungen einiger Mitgliedstaaten (insbesondere Dänemarks und Norwegens) berufen, im NATO-Rat und vor allem in den Sitzungen auf Ministerebene auf eine Wiederherstellung der Demokratie in Griechenland zu drängen.«
Bedeutung hat bei Grewe auch die Frage der Rolle der Allianz auf anderen als auf sicherheitspolitischen Gebieten. So stellt er fest:
»Die NATO hat sich zu keiner Zeit auf rein militärische Aufgaben beschränkt. Politische Zusammenarbeit wurde stets groß geschrieben, sie wurde insbesondere nach der Annahme des Harmel-Berichts von 1967 intensiviert. Die wirtschaftliche Zusammenarbeit hielt sich deswegen in Grenzen, weil hierfür in Gestalt der OECD eine besondere, für diese Aufgaben besser geeignete und ausgerüstete Organisation zur Verfügung stand. Auch die kulturelle Zusammenarbeit beschränkte sich auf bescheidene Ansätze. Im Jahre 1969 wurde jedoch, einer amerikanischen Initiative folgend, eine Ausweitung des Aufgabengebietes beschlossen. Der Rat setzte einen Ausschuß für die Probleme der modernen Gesellschaft (Committee on the Challenge of Modern Society = CCMS) ein, der sich mit den gemeinsamen Umweltproblemen befassen sollte, ›die das Wohlergehen und den Fortschritt der modernen Gesellschaft gefährden könnten‹ (Ziffer 7 des Kommuniqués der Ministerratskonferenz vom 5. Dezember 1969). Im Laufe des Jahres 1970 kamen die Arbeiten dieses Ausschusses und mehrerer von ihm eingesetzter Untergruppen in Gang. Das Arbeitsprogramm, das der Ausschuß dem Rat vorgeschlagen und nach Billigung in Angriff genommen hatte, spiegelte eine Konzeption wider, die sich in einer von der ursprünglich vorgesehenen abweichenden Namengebung ausdrückte: Statt ihn ›Ausschuß für Umweltprobleme‹ zu nennen, kam man nämlich später überein, ›diesen Begriff dahingehend auszuweiten, daß er sich auf mehr als nur die physische Umwelt des Menschen, Verschmutzung, Lärm usw. erstreckt, und auch soziale Fragen einschließt, die sich in der modernen Gesellschaft stellen ... Die Bezeichnung spiegelt den Wunsch wider, alle Probleme einzuschließen, seien sie sozialer, technologischer und wissenschaftlicher Natur, die sich direkt oder indirekt aus der technologischen Entwicklung ergeben‹.«
Beide Autoren beklagen bei gleichzeitiger Unterstreichung der weltpolitischen Bedeutung der Allianz die von Zeit zu Zeit immer wieder zutage tretenden Mängel der Konsultation und inhaltlichen Abstimmung der Außenpolitik im Allianzrahmen.

III.

Nun zu meinen Thesen, die sich nicht nur an den jüngsten Entwicklungen und an den weltpolitischen Perspektiven orientieren, sondern auch von den Aufgaben leiten lassen, die wir heute als zentrale Themen der Allianz zu sehen haben:

1. *Grundaufgabe des Bündnisses*

Das Bündnis hat seine Hauptaufgabe, die Unabhängigkeit seiner Mitglieder zu erhalten, bisher erfüllt. Die Notwendigkeit des Fortbestandes des Bündnisses wird von keinem in Frage gestellt. Das Bündnis hat diese wichtigste seiner Aufgaben erfüllen können, weil die ständige Verbindung der Sicherheitsinteressen der westlichen Führungsmacht und Weltmacht USA mit Europa das notwendige Gegengewicht zu der nach Vorherrschaft in Europa tendierenden sowjetischen Weltmacht geschaffen hat. Die Sowjetunion versteht sich als Zentrum – wenn darin auch nicht unbestritten – der kommunistischen Ideologie. Sie erhebt den Anspruch, die Interessen aller Staaten und aller Völker im Sinne des historischen Sieges des Sozialismus legitimer und adäquater zu vertreten als irgendeine andere Macht auf Erden. Sie ist eine Weltmacht, die in Europa verankert ist und darauf letzthin den Anspruch auf Mitbestimmung in europäischen Angelegenheiten gründet.
Die USA, nach 1945 unbestrittene erste, ja damals faktisch einzige Weltmacht, sind heute für die Aufrechterhaltung der Unabhängigkeit Europas von gleicher Bedeutung wie 1949 und 1955.
Neben das Spannungsfeld Ost-West sind als selbständige Faktoren der Weltpolitik China, der Nord-Südkonflikt mit seinen vielfältigen regionalen und geistigen Verästelungen und die Verselbständigung von Regionalmächten getreten. Die Welt ist komplizierter geworden als sie zuvor war. Neue Gefahrenherde sind neben die schon bestehenden getreten.

2. *Die Stellung der Vereinigten Staaten von Amerika in der Welt und im Bündnis*

Die Position der USA in der Welt hat sich erheblich verändert. Sie haben die Stellung als absolute Weltmacht eingebüßt. Die USA sind heute Weltmacht in Konkurrenzsituation. Die Autarkie im Rohstoff- und Energie-Bereich gehört der Vergangenheit an. Die Philosophie des »American Way of Life«, die Annahme eines unendlichen Fortschritts und der unbegrenzten Vermehrung des Wohlstandes ist an ihre Grenzen gestoßen. Die Behauptung der Stellung als Weltmacht zur Wahrung der Interessen der Vereinigten Staaten in einer sich ändernden, nicht mehr im gleichen Maße wie bisher von amerikanischen Denkvorstellungen geprägten Staatenwelt ist kräftezehrend. Die Sicherheit der Vereinigten Staaten beruht heute nicht mehr allein auf dem Potential der USA, sondern auch auf der Effektivität von Bündnissen. Die USA ohne ihre Verbündeten – das ist eine Vorstellung, die für die USA heute vielleicht noch denkbar ist, aber morgen wird das schon nicht mehr gehen.

Die Vereinigten Staaten sind heute auf dem Wege von einer Führungsmacht, die aufgrund absoluter materieller Überlegenheit führen konnte – eben weil sie praktisch unangreifbar waren – zu einer Führungsmacht, die verletzlich ist. Sie besitzt eine relative Überlegenheit und braucht um ihrer selbst willen Verbündete – wie beispielsweise das Österreich zu Zeiten Metternichs im 19. Jahrhundert. Die Herstellung eines relativen Gleichgewichts der Kräfte im weltpolitischen Maßstab und in jeder regionalen Konstellation eine Optimierung ihrer Interessenlage ist gleichwohl bedeutend.

Man muß sich fragen, ob die Veränderungen der Stellung der Vereinigten Staaten in der Handhabung des Nordatlantischen Bündnisses Niederschlag gefunden haben oder finden müssen.

Die Vereinigten Staaten, als Führungsmacht der westlichen Welt bleiben wesentlicher Faktor einer Völker- und Staatengemeinschaft, die zwar stark von westlichen Vorstellungen, also auch ihren Zielen geprägt ist, in der aber auch die besonderen Interessen von Ländern der Dritten Welt anerkannt und berücksichtigt werden müssen. Ob das gelingen wird, ist vielleicht bei dem Zustand des Patt, des Gleichgewichts im Ost-West-Verhältnis von entscheidender Bedeutung für die Sicherung des Friedens in einer pluralistischen, nicht monolytischen Welt.

3. *Die Stellung der europäischen Bündnispartner*

Vor dem Hintergrund ihrer gewachsenen politischen Institutionen, ihrer zivilisatorischen Leistungen und ihrer geographisch exponierten Lage sind die europäischen Verbündeten in den drei Jahrzehnten der Existenz des Bündnisses zu wichtigen, unverzichtbaren Bestandteilen der Allianz herangewachsen. Sie sind stabile Faktoren des Bündnisses und wichtige Elemente im Ost-West-Kräfteverhältnis. Gleichzeitig wurden sie politisch selbstbewußter, als dies in den fünfziger Jahren der Fall war. Mit der Europäischen Gemeinschaft und der auf sie gegründeten Politischen Konsultation treten sie auch initiativ bei der Bewältigung internationaler Fragen politischer und wirtschaftlicher Natur auf.

Bei der Entwicklung des Ost-West-Verhältnisses, wie es dann in der Schlußakte von Helsinki seinen Niederschlag fand, und in der Weiterentwicklung der Allianz von einem ausschließlich verteidigungspolitisch orientierten Bündnis zu einer auch außenpolitisch aktiv und konstruktiv tätigen Allianz (Sicherheit durch Verteidigung und Kooperation) haben sie wichtige Beiträge im Interesse einer stabilen Entwicklung des Ost-West-Verhältnisses geleistet. Brachte der SALT-Prozeß eine Stabilisierung, wenn auch nur in Grenzen, in das Verhältnis der beiden Weltmächte, d. h. auch der Führungsmächte der beiden Bündnisse zueinander, so ermöglichte die Schlußakte von Helsinki die Stabilisierung des Verhältnisses zwischen den Staaten des gespaltenen Europa und eine erhebliche Entfaltung der Beziehungen jedes einzelnen Bündnispartners zur sowjetischen Weltmacht. Die alles erfassende Konfrontation wurde aufgegliedert in konfrontatorische Elemente und solche der Zusammenarbeit, einer Kooperation allerdings, die von beiden Seiten mit teilweise unterschiedlichen Zielsetzungen betrieben wird. Das Bündnis hatte mit der Annahme des Harmel-Berichts im Jahre 1967, d. h. der Doppelstrategie, durch Verteidigung und Zusammenarbeit die Sicherheit zu erreichen, eine neue vielschichtige politische Doktrin entwickelt. Wichtige Bestandteile dieser Doppelstrategie waren und sind die Herstellung und Bewahrung des Gleichgewichts der Kräfte, die Fähigkeit zum Krisenmanagement und zum Dialog sowie die Bewältigung von Innerallianz-Problemen, die sich aus dem unterschiedlichen Gewicht der Allianzpartner und bei parallelen, wenn auch unabhängigen Beziehungen zu der Führungsmacht des Warschauer Pakts und seinen Mitgliedern ergeben.

Die Einhaltung der Schlußakte von Helsinki und die Beachtung des Grundsatzes, daß die Entspannung nicht teilbar ist, sind in diesem Gesamtkonzept von erheblicher Bedeutung.

Die Allianz muß auch die Fähigkeit entwickeln, weitere europäische Staaten gegebenenfalls in das Bündnis aufzunehmen. Von der Mitgliedschaft im Bündnis geht eine Stabilisierung der außenpolitischen Lage jedes Mitgliedstaats aus, die durch kein nur zweiseitiges Bündnis erreicht werden kann.

4. *Stellung der Sowjetunion*

Die Sowjetunion hat ihren Elan bei der Verstärkung ihres militärischen Potentials nicht verloren. Sie ist in den letzten Jahren im Vergleich zu den Vereinigten Staaten – besonders auf militärischem Gebiet – so stark geworden, daß manche das Gleichgewicht der Kräfte nicht nur auf einzelnen, sondern auf fast allen Gebieten, jedenfalls in den nächsten Jahren nicht mehr als ge-

währleistet ansehen. Andererseits haben sich die globalen Verhältnisse zuungunsten der Sowjetunion entwickelt. Stärker denn je empfindet sie eine weltweite Einkreisung und den Druck der Technologie sowie die Grenzen des eigenen wirtschaftlichen Wachstums. In zunehmendem Maße sieht sie die Eigenbelastung in den wirtschaftlichen Beziehungen mit den RGW-Ländern. In Polen haben sich die Optionen für die Sowjetunion zur Durchsetzung ihrer Linie vermindert. Sind dies schon Zeichen für die Grenzen der unbehinderten Vorherrschaft der Sowjetunion in Osteuropa?
Erinnern wir uns schließlich daran, daß die Sowjetunion ihren eigenen Zugang zur Dritten Welt durch die Kombination der eigenen sozial-revolutionären Thesen mit antiwestlichen Tendenzen in diesen Ländern und mit der Entwicklung des Konzeptes des Sozialistischen Weltsystems gefunden hat. Sie stützt sich konkret auf ideologische Minderheiten, Waffenlieferungen und systematische Kaderausbildung. Die Sowjetunion schafft besondere Beziehungen vertraglicher Art dort, wo dies möglich ist, die gegebenfalls eine militärische Sicherung des prosowjetischen Kurses dieser Länder rechtfertigen sollen.
Es wird deutlich, daß der Platz der Länder der Dritten Welt in diesem Ringen von entscheidender Bedeutung werden kann. Die sowjetische Intervention in Afghanistan hat in den Augen vieler Länder der Dritten Welt – vor allem auch in der islamisch geprägten Staatenwelt – die imperialistische Komponente der sowjetischen Politik zutage treten lassen.

5. *Die Bilanz*

Ein Vergleich zwischen der internationalen Lage von 1955 und 1980 zeigt, ein wie großer Wandel in der weltpolitischen Situation und in der internationalen Stellung der beiden Weltmächte eingetreten ist. Und doch ist die Grundbeziehung, auf die sich die Bildung des Bündnisses im Jahre 1949 und seine Erweiterung 1955 stützte, nicht verändert worden – wohl aber sind es die Gewichtungen und die Verknüpfungen mit anderen Teilen der Welt.
Die Allianz ist die entscheidende Voraussetzung für jeden Erfolg bei den Bemühungen, in Europa unter Hinnahme der bestehenden gesamtstrategischen Verhältnisse im Ost-West-Verhältnis, eine Normalisierung der zwischenstaatlichen Beziehungen und eine erneute kulturelle Verknüpfung zwischen den Völkern zu schaffen, die in historischer und zivilisatorischer Hinsicht ein gemeinsames Erbe haben, das stärker ist als Einschnitte durch Terror, Gewalt und Krieg. Das Bemühen um diese Verbindungen stellte in gewissem Maße den Grundwillen der Völker dar, mit dem die »Notwendig-

keiten« der ideologischen und strategischen Verhältnisse im Weltmaßstab rechnen müssen. Es sind Bedürfnisse von Völkern, die in geschichtlicher Gemeinsamkeit, wie stark auch die Rivalitäten gewesen sein mögen, aufgewachsen sind. Dies Streben ist tief in der europäischen Wirklichkeit verankert. Dem entspricht das langfristige politische Ziel, den Völkern in Osteuropa ungeachtet der bestehenden strategischen Verhältnisse auf dem Wege über die Normalisierung und die Kooperation zu helfen, ihre nationale Identität in Übereinstimmung mit ihren tradierten geistigen Werten wiederzufinden, und das nicht passende, enge System der Vergesellschaftung des einzelnen Menschen, wie Moskau es anwendet, zu relativieren.

Das Instrument der Ost-West-Beziehung – Entspannungspolitik – ist nur anwendbar, wenn das Prinzip des Gleichgewichts im militärischen Bereich akzeptiert und in die Wirklichkeit umgesetzt wird. Das Gleichgewicht muß immer wieder erneuert werden, da ja der Gleichstand nicht statisch fixiert werden kann, sondern einem Schwebezustand gleichkommt, auf den verschiedene Faktoren einwirken: Technologie, strategische Orientierung von Schlüsselländern, innere Stabilität von Bündnissen und Ländern. Also bedarf es bei der Annahme des Gleichgewichts als Mittel der Friedenssicherung auch immer der Kommunikation und des Dialogs. Fehlt dieser Dialog, wird die Tendenz zur Herstellung der militärischen Übelegenheit immer wieder durchbrechen. Aber auch der Dialog kann nicht alle Risiken entschärfen.

Ein Beispiel für die sicherheitspolitischen Implikationen von Vorgängen zunächst unmilitärischen Charakters ist die jüngste Entwicklung in Polen, die für die Sowjetunion eine strategische, zumindest eine eurostrategische Komponente hat.

Andere Entwicklungen, die 1955 angestrebt oder für möglich gehalten wurden, sind nicht eingetreten, bzw. nicht in dem erwarteten oder erhofften Umfange: Die politische Einigung Europas ist nicht in dem Maße verwirklicht worden, wie es notwendig wäre, um dem atlantischen Bündnis neben dem nordamerikanischen Pfeiler einen westeuropäischen Pfeiler geben zu können, der sich auf einen geschlossenen politischen Willen und entsprechende staatliche Organe gründet.

Damit ist aber eine der wichtigsten und aktuellsten Fragen der Allianz angesprochen – die Gestaltung der Allianz und der Entscheidungsgänge in der Allianz vor dem Hintergrunde und unter Berücksichtigung des Umstandes, daß die Partner mit so unterschiedlichen Gewichten, in den allgemeinen und besonderen Aspekten der Außenpolitik auch mit durchaus unterschiedlichen Interessen an die Lösung der gemeinsamen Aufgaben und Zielsetzungen herangehen. Die Wirkung von Allianzentscheidungen ist in

jedem Lande angesichts unterschiedlicher Faktoren anders. Ein großes Maß an Subtilität ist erforderlich, um diesen Besonderheiten entsprechen zu können. Die Sicherheitsinteressen der Vereinigten Staaten werden nicht allein durch die in der Allianz wirkenden Faktoren bestimmt. Gleichwohl haben nationale amerikanische Entscheidungen auf diesem Gebiet Wirkungen im Allianz-Rahmen. Ein Teil der Spannungen, die im Bündnis bestehen, ist darauf zurückzuführen, daß die Lösung anstehender Fragen die Besonderheiten der beteiligten Länder nicht in ausreichender Weise in Rechnung stellt, und daß oft ausschließlich auf militärisch faßbare Resultate abgestellt wird. Das kann zu falschen Ergebnissen führen. Die Strapazierung der innenpolitischen Situation eines Partnerlandes durch nicht abgestimmte Entscheidungen eines anderen Partnerlandes schwächen die Allianz.
Die Erfahrung lehrt, daß es verschiedene Grade der Intensität und des Ausmaßes der Gemeinsamkeiten der Bündnispartner gibt. Die Grundbedürfnisse und Zielsetzungen sind gleich: Unabhängigkeit, Erhaltung eines militärischen Gleichgewichtes sowie Verfügbarkeit ausreichender Möglichkeiten für das Krisenmanagement Ost–West. Unterschiede bilden sich schon in den Beziehungen der Partner zu dem Hauptkontrahenten des Warschauer Pakts und zu seinen einzelnen Gliedern, Unterschiede, die in Krisenzeiten sicherlich zurückzudrängen sind, sich aber nie völlig aufheben lassen. Unterschiede gibt es sowohl in den Interessen als auch in der Form der Wahrnehmung dieser Interessen im Ost-West-Verhältnis und gegenüber Ländern der Dritten Welt, z. B. im Nahen und Mittleren Osten, in der Region des Persischen Golfes. Es hat solche Unterschiede in der ganzen Geschichte der Allianz gegeben. Das sind nicht erst Phänomene der siebziger oder der achtziger Jahre. In der Phase der Auflösung des Kolonialsystems haben die USA und die europäischen Kolonial-Mächte gegensätzliche Interessen verfolgt. Ja, in der Suez-Krise, als die sowjetische Führung Paris und London mit Atomwaffen bedrohte, standen die Vereinigten Staaten beiseite. Das war 1956. Sie erklärten, daß damit der casus belli nicht gegeben sein würde. Ungeachtet paralleler Interessen haben die Vereinigten Staaten und die europäischen Partner in den vergangenen Jahrzehnten gegenüber und in Iran keine gemeinsame Linie gefunden. Man kann auch darauf hinweisen, daß die Vereinigten Staaten und die europäischen Partner in durchaus unterschiedlicher Weise an die Zusammenarbeit mit dritten Ländern auf dem Gebiete der friedlichen Nutzung der Atomenergie herangehen, oder aber die Entwicklung in Süd-Amerika bewerten. So sollte man nicht resignieren, wenn man feststellt, daß die USA und die europäischen Partner nicht in allen internationalen Fragen eine gemeinsame Linie vertreten. Aber die negativen Auswirkungen solcher unvermeidbaren Situationen sollten so gering

wie möglich gehalten werden. Und das setzt das Funktionieren des internen Allianz-Dialogs voraus.

Unbestritten ist, daß unterschiedliche Interessen in anderen Teilen der Welt in weltpolitisch relevanten Fragen, oder auf wirtschaftlichem Gebiete und im Währungsbereich die Kohäsion der Allianz belasten. Die Einsicht in diese Schwächen und Gefahren sollte die Bereitschaft zu intensiveren Konsultationen fördern. Änderungen der Organisation oder der benutzten Mechanismen sind weniger geboten als vielmehr die Intensivierung des Dialogs und größerer Realismus, d. h. Fähigkeit zum Kompromiß, Verzicht auf Alleingänge. Das gilt auch für die Bewältigung spezifischer Allianz-Themen – vor allem bei den nationalen Verteidigungsanstrengungen, der Entwicklung des jeweiligen Verhältnisses zur Sowjetunion und zu den osteuropäischen Ländern.

Für die Politik der Allianz nach innen und außen gilt somit folgendes:

(1) Die Bewahrung der Unabhängigkeit gegenüber denkbaren Pressionen und folgende Gewaltanwendung erfordert dauerhafte, enge militärpolitische und sicherheitspolitische Zusammenarbeit im Bündnis.

(2) Die Politik des Gleichgewichts erfordert eigene militärische Anstrengungen und die Bereitschaft zur Rüstungskontrolle.

(3) Die Politik der friedlichen Lösung internationaler Konflikte erfordert die Bereitschaft zur partiellen Kooperation.

(4) Der Politik der Verständigung entspricht die Bereitschaft und das Ziel, mit den Völkern in Osteuropa zu einem normalen Verhältnis der Nachbarschaft zu kommen.

(5) Der kontinuierliche Ausbau des sowjetischen Militärpotentials wird zu einer weiteren Rüstungsrunde führen können. Regionale Ungleichgewichte sind destabilisierende Faktoren für das Gesamtgleichgewicht (insbesondere bei konventionellen Waffen und im Mittelstreckenbereich).

(6) Die Sowjetunion benützt heute vornehmlich die Dritte Welt als Austragungsort für ihren Wettbewerb mit dem Westen bei gleichzeitigem Bemühen, Entspannung als Instrument in Europa beizubehalten.

(7) Die Abhängigkeit der Bündnisländer von Energie und Rohstoffversorgung aus anderen Teilen der Welt hat mit der Gefährdung dieser Versorgung eine neue Dimension der Sicherheitspolitik geschaffen.

(8) Die wirtschaftliche und die soziale Stabilität der Mitglieder des Bündnisses ist ein wichtiger Faktor der Sicherheit.

IV.

Das Bündnis hat immer dann seine Aufgabe erfüllen können, wenn man es in seiner ureigensten Aufgabe gefordert hat: die Unabhängigkeit seiner Mitglieder zu schützen und zu bewahren, und als stabilisierender Faktor des Weltfriedens im internationalen Staatenverband zu wirken.
(1) Es kann in diesem Bündnis keine Integration um der Integration selbst geben, sondern nur insoweit, als es für die Aufgabenstellung – Abschreckung und Verteidigung – notwendig ist.
(2) Die Allianz kann auch keine *ordnungspolitische* Funktion in dritten Gebieten oder in Allianzländern selbst ausüben. Sie trägt durch ihre Existenz zur Stabilisierung, bzw. zu deren Wiedergewinnung bei.
(3) Die Allianz hat mit dem Nordatlantischen Rat, der laufend auf der Ebene der Ständigen Vertreter zusammentritt, eine wichtige und beachtliche Plattform für eine unauffällige, effektive Abstimmung der Partner in internationalen Fragen, die die Interessen eines oder mehrerer Beteiligten berühren.
Ich bin sicher, daß die Möglichkeiten der Allianz in dieser Beziehung noch nicht einmal optimal genutzt werden.

V.

Nun muß noch ein Wort zur heutigen Stellung Deutschlands im Bündnis gesagt werden:
Der Beitritt zur Allianz, – eine Lösung, die ja nach dem Scheitern der Europäischen Verteidigungsgemeinschaft im damaligen politischen Konzept für Europa nur die zweitbeste war – bedeutete die Einbeziehung der Bundesrepublik Deutschland in das gegen den sowjetischen Druck geschützte Territorium West-Europas. Es bedeutete die Herstellung hinreichender geographischer und demographischer Voraussetzungen für die Verteidigung der anderen westeuropäischen Länder.
Die Allianz wurde die Grundlage nicht nur der äußeren Sicherheit, sondern auch die Voraussetzung für eine die Sicherheit der Bundesrepublik Deutschland und die anderer Länder nicht in Frage stellende Politik der Normalisierung nach Osteuropa hin, der Politik des Dialoges und des Krisenmanagements.
Die Bundesrepublik Deutschland hat ein wesentliches Interesse daran, den Allianzrahmen und die Glaubwürdigkeit der Abschreckung sowie der Verteidigungsfähigkeit zu erhalten. Das ist aber nicht nur eine Frage des mate-

riellen Beitrags, sondern auch des politischen Beitrags, den wir konstruktiv in diesem Bündnis souveräner Staaten in einer sich gegenüber 1955 stark verändernden Welt leisten – auf politischem, auf wirtschaftlichem und auf militärischem Gebiet.

Wirtschaft und Politik

*Casimir Prinz Wittgenstein**

Wirtschaft und Politik als zwei Welten anzusehen, wäre ein verhängnisvoller Irrtum, dem leider manche Politiker und manche Wirtschaftler verfallen. Wirtschaft und Politik sind unlösbar miteinander verbunden. Wenn Napoleon sagte: »Die Politik ist das Schicksal«, so hat nicht nur Politik das Schicksal auch der Wirtschaft bestimmt, sondern auch die Wirtschaft das politische Schicksal einer Nation. Alle großen politischen Umwälzungen, alle Revolutionen, die Staat und Gesellschaft wandelten, hatten und haben auch wirtschaftliche Urgründe, Ursachen. Die wirtschaftliche Katastrophe der Weimarer Republik brachte die politische, die nationalsozialistische Diktatur. Der Aufgang der neuen Demokratie in Deutschland geschah im Zeichen des »Wirtschaftswunders«, von dem nur die heute mit spöttischem Zungenschlag reden, die den Hunger, die Not, die Armut im Ruinendeutschland nicht erlebt haben. Welch politischer Sprengstoff Inflation ist, sieht jeder.
In der Europäischen Gemeinschaft, deren Regierungschefs sich zwar über Afghanistan, doch nicht über die Agrarpreise und die Fischereirechte einigen können, bedroht wirtschaftliche Gegensätzlichkeit die politische Gemeinschaft oder anders ausgedrückt, nationale Politik gefährdet wirtschaftliche Gemeinsamkeit. Das Erdgasgeschäft mit der Sowjetunion ist eine sehr politische Wirtschaftsfrage und die politischen Perspektiven unserer wirtschaftlichen Beziehungen zu Saudi-Arabien sind überdeutlich. Die Mitbestimmungsregelung wurde hochpolitisches Problem für die Koalition in Bonn und greift tief in den Wirtschaftsablauf ein. Die Renten, die Steuern sind heiße politische Eisen.
Der Wirtschaftler, der erklärt, Politik gehe ihn nichts an, interessiere ihn nicht, ist so wirklichkeitsfremd wie der Politiker, der erklärt, er verstehe nichts von Wirtschaft und diese habe sich der Politik zu fügen.
Wirtschaftler und Politiker leben in der Symbiose von Politik und Wirtschaft, auch wenn viele dies nicht wahrhaben wollen. Der Wirtschaft kann

---

* Stellvertretender Vorsitzender des Vorstandes der Metallgesellschaft AG, Frankfurt a. M.

es nicht gutgehen, wenn es in der Politik schlecht geht und schlechte wirtschaftliche Zustände schaffen schlimme politische. Wie der Politiker keine wirtschaftliche, darf der Wirtschaftler keine politische Scheuklappen tragen. Politischer Unverstand in der Wirtschaft ist so schädlich wie wirtschaftlicher Unverstand in der Politik. Von verhängnisvoller politischer Naivität waren Männer wie Thyssen und Hugenberg, beide erprobte Männer der Wirtschaft, als sie Hitler förderten, Hugenberg zudem in höchster politischer Aktivität. Wenn Politiker wirtschaftliche Notwendigkeiten mißachten, klagen wir von der Wirtschaft zu Recht. Doch die Wirtschaftler müssen ihrerseits die politischen Zwänge im Auge haben, die für Regierungs- und Parlamentsentscheidungen gelten können, auch wenn sie oft für die Wirtschaft zwangvoll sind. Gerade wer wirtschaftliches Verständnis der Politiker für unerläßlich erklärt, muß von den Wirtschaftlern das politische Gespür fordern, in den großen politischen Fragen. Es ist schlecht, wenn wirtschaftlicher Vernunft politische Unvernunft entgegensteht. Wie die Politiker in wirtschaftlicher, stehen die Wirtschaftler in politischer Verantwortung – leider allgemein viel zu wenig beachtet. In dieser hat die Wirtschaft legitimen Platz in der Politik, in den Parteien und in den Parlamenten. Das Kapitel »Der Wirtschaftler im Parlament« ist so vielfältig wie die Wirtschaft. Es umfaßt den Landwirt, den Handwerksmeister, den Fabrikanten mit kleinerem Unternehmen, den Konzernmanager, Wirtschaftsverbandsfunktionäre wie Gewerkschaftsfunktionäre. Die Gewerkschaften würden sich sehr dagegen verwahren, nicht zur Wirtschaft zu gehören, nurmehr politische Organisationen zu sein.
Während viele Gewerkschaftsvorsitzende Mitglied des Bundestages sind, sind Präsidenten großer Unternehmerverbände im Bundestag Seltenheit und der große Unternehmer ist keineswegs nur in der sozialdemokratischen Fraktion wie der Unternehmer Rosenthal, sondern auch in den anderen Fraktionen die große Ausnahme.
Wenn wir einmal von »big labour« und »big business« sprechen wollen, so ist big labour sehr stark, big business sehr schwach im Bundestag vertreten. Und wer von der Gewerkschaftsmacht in der SPD spricht, hat recht, Unrecht dagegen der, welcher von der Unternehmermacht in der CDU/CSU redet. In keiner CDU/CSU-Bundesregierung ist jemals ein großer Unternehmer Bundesminister gewesen. Daß Erhard, der die Wirtschaftspolitik prägte, nicht aus der Chefetage von big business kam, weiß jeder, und als Kanzler Adenauer gern Hermann J. Abs zu seinem Außenminister berufen hätte, widersprach ihm die CDU/CSU-Fraktion entschieden, nicht wegen Abs ad personam, sondern aus Abneigung gegen einen großen Wirtschaftsführer in ihrer Regierung, der ihr den Verdacht zuziehe, die Partei

des großen Unternehmertums zu sein. Daß sie es sei, ist eine so falsche Behauptung wie die Annahme, die große mächtige Wirtschaft sei der große Geldgeber der Union. Daß das nicht stimmt, kann ich als CDU-Landesschatzmeister guten Gewissens sagen. Die Spendenzahlen aus der Wirtschaft haben in den vergangenen Jahren ein sehr anderes Bild geboten.
Ohne Frage sind Zuwendungen aus der Wirtschaft an die Parteikassen ein leidiges Problem. Doch wenn die Parteien ihren verfassungsmäßigen Auftrag erfüllen wollen, an der politischen Willensbildung der Bürger mitzuwirken, müssen sie große Organisationen sein, die erhebliches Geld kosten, und Wahlkämpfe, ihre Bewährungsproben, sind teuer.
Hier allerdings stellt sich die Frage, ob die Parteien nicht in ihren Aufwendungen für die Wahlen überborden.
Müssen in Wahlkampfwochen die Parteiprominenten nicht nur hundert-, sondern tausendfach plakatiert werden? Sie sollten den Bürgern doch genügend bekannt sein und ihre Porträts auf den Plakatsäulen werden so wenig angesehen wie die Parteiflugschriften, welche die Briefkästen verstopfen, kaum gelesen werden. Wer die Wirtschaft übertriebener Werbung anklagt, muß die politischen Parteien solcher Sünde in ihrer Wahlpropaganda bezichtigen, die dann nach jeder großen Wahl die Parteien auf einem Schuldenberg sitzen läßt, der ihre Schatzmeister sehr entgegen ihrem Namen zu Schuldenmeistern macht. Und es ist ein großer Trugschluß, daß um so mehr Millionen von Wählern gewonnen werden, je mehr Millionen für die Wahl aufgewandt werden. Die aufwendigste Wahlwerbung hilft nichts, wenn der Partei Wählerwind ins Gesicht bläst.
Es ist ein Ammenmärchen, daß wirtschaftliche Geldmacht die große politische Macht bringe. Wobei jeder, der von Wirtschaftsmacht in der Politik spricht, auch von der Wirtschaftsfinanzkraft der Gewerkschaften reden muß, deren wirtschaftliche Konzerne sehr stattlich sind, die viele Repräsentanten im Parlament haben, während die Unternehmerschaft in allen ihren Entscheidungen unterrepräsentiert ist. Der Landwirt auf eigenem Hof, der nach Bonn geht, muß sich ebenso wie der Handwerksmeister, der Fabrikant sorgen, daß der Betrieb schrumpft, wenn er ihn nurmehr mit halber Hand oder ganz zur linken Hand betreuen kann und in den Chefetagen großer Unternehmen bestehen immer Bedenken, auf die volle Arbeitskraft eines aus der Führungsmannschaft verzichten zu müssen, wenn dieser Abgeordneter wird.
Die Bundesverfassungsgerichte haben höchstrichterlich das Bundestagsmandat zum »full time job« erklärt. Das Honoratiorenparlament früherer Zeiten ist längst verschwunden. Der Parlamentarier von heute hat einen überfüllten Terminkalender, sein freies Wochenende bleibt sein Wunsch-

traum. Im Scheinwerferlicht der Öffentlichkeit steht zwar nur die Plenarsitzung, doch große, harte Arbeit bringen die Ausschußberatungen hinter verschlossenen Türen, in denen die Gesetzesvorlagen bis auf Punkt und Komma diskutiert werden, weil ein Halbsatz schon eines einzigen Gesetzesparagraphen sehr viele Bürger betreffen kann.

Der Müßiggänger, der mit wenig Arbeit viel Geld aus der Parlamentskasse erhält, ist der Abgeordnete nicht, wenn auch dieses Bild des Parlamentariers immer wieder gern gezeichnet wird. Er hat ein großes, vielfältiges Arbeitspensum im Parlament, in seinem Wahlkreis, und stehen Wahlen an, kann er nur wehmütig an den Reichstagsabgeordneten vor hundert Jahren denken, der sich entrüstet beklagte, wenigstens zwei Wahlreden halten zu müssen. Gleichzeitig Unternehmer – und alle Selbständigen sind Unternehmer – oder in verantwortlicher Position der Wirtschaft Tätiger und Parlamentarier zu sein, ist fast unmöglich. So schwierig, daß es solche Parlamentarier nur wenige gibt, während die Parlamente sich mehr und mehr mit Beamten und Angestellten aus dem öffentlichen Dienst füllen. Der Bundestag ist fast zur Hälfte, manches Landesparlament in Mehrheit schon »Beamtenparlament«.

Aber immer wieder wird die Wirtschaft angeklagt, viel Macht in den Parlamenten haben zu wollen und zu haben, in diesen Entscheidungszentren der Politik. Sie hat sie nicht, sonst würden nicht so viele politische Entscheidungen in den Parlamenten im Widerspruch zur wirtschaftlichen Vernunft getroffen werden. Zum Schaden der Wirtschaft und zum Schaden der Politik.

Die Politiker, die so gern die wirtschaftliche Unvernunft ihrer Beschlüsse mit der Erklärung abtun, man müsse diese ebenso politisch sehen, sind politisch kurzsichtig und wenig geneigt, auch wirtschaftlich zu denken.

Ihre politisch, das heißt wahlpolitisch gesehenen Gesetze schaden ihnen nach den Wahlen, wenn sie alsbald mit dem verschämten Wort Novellierung dahin korrigiert werden müssen – »mehr oder weniger außer Kraft gesetzt werden« –, weil sie finanziell nicht machbar sind. Daß die in vielen Jahren blühender Wirtschaft prall gefüllten Kassen der Arbeitslosenversicherung »politisch gesehen« mit ausufernden Ausbildungsförderungen geleert wurden, so daß diese keine Reserven mehr hatte – beim Anbruch der Arbeitslosigkeit – und sie mit mehr und mehr Milliarden die Bundeskasse belastet, ist ein heißes politisches Problem geworden. Die Bundesregierung stände nicht in solcher Not der Staatsfinanzen, hätte sie das, was sie ihr großes Reformwerk heißt, nicht nur wählerpolitisch gesehen. Sie muß erkennen, daß die Politik eines Füllhorns, das mit Schulden schon gefüllt ist, nicht nur wirtschaftlicher Fehlschluß, sondern auch politischer Trugschluß wird.

Ob es um Kernkraftwerke, um Rentenreform, den Bundeshaushalt geht, geht es immer *zugleich* um wirtschaftliche und politische Fragen und es geht schief, wenn diese nur politisch gesehen werden. Zu guter Politik gehört wirtschaftlicher Sachverstand. Fehlt dieser den politischen Entscheidungen, so werden nicht nur wirtschaftliche, sondern auch politische Fehlentscheidungen getroffen, die politisch gefährlich sind. Die Politiker, die in wahlpolitischer Sicht unsere Staatsschuld von Jahr zu Jahr um viele Milliarden anwachsen ließen, sehen jetzt, daß dieser Schuldenberg nicht nur ein wirtschaftlicher, sondern auch ein politischer Sündenfall wurde in der unlösbaren Verbindung von Wirtschaft und Politik.

In enger guter Verbundenheit ist der politische und der wirtschaftliche Aufstieg der Bundesrepublik geschehen, untrennbar miteinander verbunden. Heute nun hören wir aus sozialistischem Mund, die Macht der Wirtschaft in der Politik habe diesen Aufbau zu kapitalistischer reaktionärer Restauration gemacht, statt zu sozialistischem Fortschritt. Aber in der sozialen Marktwirtschaft leben die meisten Bürger besser als ihre Väter und Großväter. Wie es mit dem »sozialistischen Fortschritt« steht, sehen wir in den Ländern des Ostens (COMECON). Gute Wirtschaftspolitik garantiert wie soziale Sicherheit die Stabilität der Demokratie. Beide werden gefährdet, wenn die Politiker bei ihren Beschlüssen Kostenrechnung klein schreiben, Kostenrechnungen, die die Wirtschaftler stets schärfstens beachten. In der Politik wirtschaftlich denken heißt auch politisch denken und an Wirtschaftlern in der Politik sollte es mehr geben.

Leider sehr wenige Männer aus der Wirtschaft sind in der sehr umfangreichen Liste der Bundesminister verzeichnet, und der »Genosse Generaldirektor«, der frühere Finanzminister Möller, wurde sein Ministeramt sehr bald müde. Wenige Unternehmer nur finden sich leider im Abgeordnetenverzeichnis des Bundestages.

Ein Unternehmerstaat ist die Bundesrepublik wahrlich nicht. Zum Gewerkschaftsstaat jedoch kann sie mehr und mehr werden. Die Mitbestimmung der Wirtschaft in der Politik ist keine paritätische etwa von big business und big labour und sie wird sehr parteipolitisch, wenn der Vorsitzende des Deutschen Gewerkschaftsbundes auf sozialdemokratischen Parteitagen Arm in Arm mit dem SPD-Vorsitzenden auftritt.

Wer könnte sich vorstellen, daß der Präsident des Bundesverbandes der Deutschen Industrie gleicherart auf einem CDU-Parteitag neben den CDU-Vorsitzenden treten würde. Täte er es, so wäre des Aufschreis über Unternehmermacht in der Politik kein Ende, während die politische Gewerkschaftsmacht größer wird, ja so stark ist, daß es heißt, jede Regierung bedürfe der Zustimmung der Gewerkschaften. Wer von übergroßer Macht

423

der Wirtschaft in der Politik spricht, muß alleine von der Gewerkschaftsmacht reden.

Vorrang in der Verbindung von Wirtschaft und Politik darf die Wirtschaft nicht haben, aber sie hat legitimen Platz in der Politik, notwendiges Mitspracherecht in politischer Verantwortung. Nur wirtschaftlich sehen dürfen die Unternehmer in der Politik nicht. Die Wirtschaftspolitik hat ihre politischen Zwänge wie alle Politik ihre wirtschaftlichen hat. Wirtschaft und Politik sind, wie es die Geschichte zeigt, untrennbar miteinander verbunden und dieses Miteinander muß weiter gefördert und intensiviert werden.

Recht und Staat

Aurelius Augustinus' Friedensbegriff als Konzept einer modernen Theorie des Friedens

Hans Buchheim*

Die zeitgenössische Friedensforschung ist weitgehend in der Vorstellung befangen, Frieden sei ein bestimmter sozialer Zustand, charakterisiert durch die Verwirklichung gewisser hoher humaner Werte. Dementsprechend geht man mit Selbstverständlichkeit davon aus, daß dieser Zustand durch richtiges Verhalten und geeignete Verfahren herbeigeführt oder hergestellt, wenn auch nicht – wie allgemein betont wird – vollendet werden könne. Ein typisches Beispiel für diese Auffassung ist die Definition, Frieden sei ein in Wahrheit, Gerechtigkeit, Liebe und Freiheit hervorzubringender Zustand dynamischer Ordnung oder geordneter Entwicklung; eine fortschreitende Vereinigung gleicher Prinzipien, Rechtsnormen und Institutionen mit dem Ziel, daß überall die fundamentalen Grundsätze der Menschenrechte gelten und die Würde des Menschen anerkannt wird.[1] Abgesehen davon, daß mit Bestimmungen dieser Art gar nicht erst der Versuch gemacht wird, zunächst einen wertfreien Begriff des Friedens zu gewinnen, haben sie mindestens zwei unüberwindliche Schwierigkeiten zur Folge.
Erstens handelt es sich um Scheindefinitionen, denn »Frieden« wird hier praktisch nur als Synonym für einzelne Güter und erwünschte Verhältnisse des menschlichen Zusammenlebens gesetzt. Man erklärt nicht, was Frieden ist, sondern zeichnet diejenigen Werte und Gegebenheiten, die man für die wesentlichsten der Humanität hält, mit dem Wort »Frieden« aus. Da für

---

* Dr. phil., Professor an der Universität Mainz.
1 *Wolfgang Ockenfels:* Die Dynamik des Friedens. – In: *Heinrich B. Streithofen, Wolfgang Ockenfels:* Diskussion um den Frieden. – Stuttgart 1974, S. 69, 114.

die Auswahl dieser Werte ein objektives Kriterium nicht zur Verfügung steht, ist sie völlig beliebig. Die einen nennen Gleichheit, Mitbestimmung und Selbstbestimmung; andere halten Sicherung der materiellen Bedürfnisse, ein ausgewogenes Verhältnis von Mensch und Umwelt sowie Verständigung zwischen den Generationen für erforderlich; wieder andere Emanzipation, Befreiung von Ausbeutung und Abschaffung jeglicher Herrschaft von Menschen über Menschen.[2] Eine Folge dieser Identifikation mit Werten ist, daß der Begriff »Frieden« nach den verschiedensten Richtungen hin ideologisch aufgeladen wird; und jede Seite übt – unwillkürlich oder gezielt – unter Berufung auf die allgemeine Pflicht, für den Frieden zu wirken, auf die Mitmenschen moralischen Druck aus, sich an der jeweils mit ihm gleichgesetzten Wertedoktrin zu orientieren. Da es im Grunde gar nicht mehr um den Frieden, sondern darum geht, ungute Zustände zu überwinden und bestimmte erwünschte gesellschaftliche Verhältnisse herbeizuführen, ergibt sich leicht die Konsequenz, daß dies gerade nicht erreichbar sei, wenn man Frieden hält; denn dann bleibe alles beim alten. Infolgedessen *kämpft* man für das, was man als Frieden definiert, und fühlt sich berechtigt, notfalls auch Gewalt anzuwenden. Wird Frieden als dauernd verpflichtende, jedoch niemals endgültig erfüllbare Aufgabe verstanden, dann ist in seinem Namen Rastlosigkeit geboten.

Eine zweite Schwierigkeit ergibt sich daraus, daß dem mit der Verwirklichung bestimmter Wertvorstellungen gleichgesetzten Begriff von Frieden die auch in der Friedensforschung nicht in Zweifel gezogene Erfahrung gegenübersteht, daß Frieden der Gegensatz von Krieg ist. Demnach wäre Frieden nicht erst nach einem mehr oder weniger großen Fortschritt der Humanität erreicht, sondern er tritt in dem Augenblick ein, in dem der Krieg beendet wird. Um dem Dilemma zwischen Friedenserfahrung und Friedensbewertung zu entgehen, hat man den Begriff aufgespalten und unterscheidet zwischen einem »negativen« Frieden, der lediglich »Nicht-Krieg« bzw. »Abwesenheit von Gewalt«[3] sei, und einem »positiven« Frieden, der voraussetze, daß bestimmte Werte verwirklicht sind. Daß damit das Problem nicht gelöst, sondern nur verschoben wird, zeigt sich daran, daß man sich weder auf eine Definition des »positiven« Friedens zu eini-

---

2 Diese Beispiele sind entnommen aus: *Johannes Esser:* Zur Theorie und Praxis der Friedenspädagogik. – Wuppertal 1973.
3 Es ist im Rahmen dieses Beitrags nicht möglich, auch den Begriff der Gewaltsamkeit (violentia) zu erörtern. Deshalb sei wenigstens angemerkt, daß es problematisch ist, »Gewalt«, also eine Verhaltensweise oder ein Mittel sozialer Interaktion, und »Krieg«, bei dem es sich um einen sozialen Zustand handelt, unterschiedslos als Gegenbegriffe zum »Frieden« zu verwenden.

gen vermag, noch imstande ist, das Verhältnis zwischen ihm und dem »negativen« Frieden zufriedenstellend zu bestimmen. – Der »negative« Frieden wird in der Literatur durchwegs geringschätzig behandelt, weil er weder den Minimalansprüchen menschenwürdigen Daseins genüge, noch als positive Leistung der Gestaltung sozialen Lebens gelten könne. Es bleibt jedoch noch zu prüfen, ob positive Sozialgestaltung wirklich erst mit dem Ende von Krieg einsetzt und dann gewissermaßen »bei Null« beginnt, oder ob nicht vielmehr das Ablassen von Gewaltsamkeit bereits Ergebnis rationaler und moralischer Leistungen ist. Man denke z. B. an die Durchsetzung des Allgemeinen Landfriedens und die Einführung des Völkerrechts oder auch an den Aufwand diplomatischer Kunst, den es zuweilen erfordert, um die Beendigung eines Krieges möglich zu machen.

Sucht man nach einer Bestimmung des Begriffs »Frieden«, die von den Schwierigkeiten und Mängeln der zeitgenössischen Definitionsversuche frei ist, so findet man besonders bemerkenswerte, weil das Problem grundlegend anders angehende Ausführungen in Augustinus' »Civitas Dei«. Er faßt in einem Exkurs über den irdischen Frieden[4] diesen weder bloß als Gegenteil von Krieg oder Gewaltsamkeit auf, noch als einen durch bestimmte humane Werte ausgezeichneten sozialen Zustand; sondern Frieden ist bei Augustinus die Grundlage der Existenz jedes einzelnen Dinges, jedes Lebewesens und jeder sozialen Gemeinschaft. Alles, was existiert, existiert zunächst in Frieden und will deshalb auch seinen Frieden haben. Sogar die Räuber wollen mit ihren Kumpanen in Frieden leben, um den Frieden der anderen um so wirksamer und sicherer anzugreifen.[5] Selbst der Erzbösewicht Kakos wollte in seiner Höhle, deren Boden stets vom frischen Blut seiner Opfer dampfte, nichts anderes als Frieden; und auch mit seinen eigenen Leibe wünschte er Frieden zu haben.[6] Auch wenn etwas verkehrt ist, muß es doch notwendig mit irgendeinem Teil der Dinge, aus denen es besteht, in Frieden bleiben, denn andernfalls wäre es überhaupt ein Nichts.[7] Dieser Frieden, ohne den ein Ding oder Lebewesen also gar nicht existiert,

---

4 *Aurelius Augustinus:* De Civitate Dei, lib. XIX, cap. 12–14. Die Textstellen werden in Anlehnung an die Übersetzung von *Wilhelm Thimme* (1955 und 1978 im Artemis-Verlag, Zürich) zitiert.
5 Cap. 12. »Proinde latrones ipsi, ut vehementius et tutius infesti sint paci ceterorum, pacem volunt habere sociorum.«
6 Cap. 12. »In ipsa sua spelunca solitaria ... nihil aliud quam pacem volebat ... Cum corpore denique suo pacem habere cupiebat, et quantum habebat, tantum bene illi erat.«
7 Cap. 12. »Quod autem perversum est, etiam hoc necesse est ut in aliqua et ex aliqua et cum aliqua rerum parte pacatum sit, in quibus est vel ex quibus constat; alioquin nihil esset omnino.«

ist »die Ruhe seiner Ordnung, die nicht gestört ist«;⁸ das heißt modern ausgedrückt: Frieden ist die für ein Ding oder Lebewesen jeweils spezifische Struktur, durch die es in seiner Eigenart existiert. Dieser Frieden kann gestört und beeinträchtigt, aber niemals zerstört werden, es sei denn durch die Vernichtung des Dinges bzw. den Tod des Lebewesens.⁹

Frieden ist mithin nach Augustinus die Übereinstimmung eines Dinges oder Lebewesens mit sich selbst. Soweit sie gestört ist, wird das als Schmerz empfunden, der das Verlangen erzeugt, die Störung zu überwinden und die Ruhe der Ordnung wieder herzustellen. Wenn jemand leidet, so liegt in dem Teil, an dem er leidet, eine Störung des Friedens vor; dort dagegen bleibt der Frieden erhalten, wo weder Schmerz brennt, noch das Gefüge selbst sich auflöst.¹⁰ Die Störung des Friedens kann sehr stark sein, aber ein Minimum an Frieden muß immer bleiben, weil Leben sonst nicht möglich wäre: Es gibt zwar ein Leben ohne Schmerz, aber es kann keinen Schmerz ohne Leben geben.¹¹ Wie die Lebewesen zu erkennen geben, daß sie den Frieden ihres Leibes lieben, indem sie den Schmerz fliehen, so zeigen sie durch ihre Flucht vor dem Tode deutlich an, wie sehr sie auch den Frieden lieben, durch den Seele und Leib zusammengehalten werden.¹²

Die nicht gestörte Ruhe der Ordnung, die den Frieden ausmacht, ist bei Augustinus nicht eine »gute Ordnung« von sittlicher Qualität, die herbeizuführen eine moralische Pflicht wäre, sondern sie ist die Struktur, die ein jedes Ding und Lebewesen von Natur aus bzw. als seine Natur besitzt – auch der Mensch. Zwar ist der Frieden als »Grundlage des Existierens« ein Wert für alles Existierende, aber gerade deshalb ist er auch für uns Menschen nicht ein Wert, den wir erst realisieren müßten, sondern ist unwillkürlich und immer schon gegeben; bzw. suchen wir ihn, weil wir ihn wegen unserer Natur suchen müssen. Da es sich also nicht um einen sittlichen Wert handelt, kann für Augustinus auch der ungerechte Frieden

---

8 Cap. 13. Tranquillitas ordinis, ubi perturbatio nulla est.
9 Daß Frieden bei Augustinus als »Struktur« eines Dinges oder Lebewesens aufgefaßt wird, ist besonders deutlich in der Passage, die sich an den Anm. 7 zitierten Satz anschließt, sowie in dem Anm. 10 zitierten Satz, wo das Wort »Gefüge« (conpago) verwendet wird.
10 Cap. 13. »Cum autem dolent, ex qua parte dolent, pacis perturbatio facta est; in illa vero adhuc pax est, in qua nec dolor urit nec conpago ipsa dissolvitur.«
11 Cap. 13. »Sicut ergo est quaedam vita sine dolore, dolor autem sine aliqua vita esse non potest.«
12 Cap. 14. »Sicut enim pacem corporis amare se ostendunt animantia, cum fugiunt dolorem, ... ita mortem fugiendo satis indicant, quantum diligant pacem, qua sibi conciliantur anima et corpus.«

Frieden sein.[13] Ein Übeltäter, sagt er an anderer Stelle, hält mit denen, die er nicht töten kann und vor denen er verbergen will, was er tut, »eine Art schattenhaften Frieden« aufrecht.[14] Da schließlich der Frieden identisch mit seinem Leben und der Struktur seiner Existenz ist, kommt er dem Menschen überhaupt nur dann zum Bewußtsein, wenn er gestört wird, und dieses Bewußtwerden geschieht auch nur indirekt, nämlich im Empfinden des Schmerzes, den die Störung verursacht. Dementsprechend ist das Streben nach Frieden praktisch nichts als das Bestreben, von dem Schmerz wieder befreit zu sein. Sobald das erreicht ist, ist der Frieden wiederhergestellt. Nach der Terminologie der heutigen Friedensforschung wäre dieser Frieden offenkundig nur ein »negativer« – obgleich er positiver Inbegriff nicht gestörten Existierens ist.

Zwei eng miteinander zusammenhängende Probleme, die uns heute besonders interessieren und große praktische Bedeutung haben, streift Augustinus in seinem Exkurs über den irdischen Frieden nur mit wenigen, wenn auch wichtigen, Bemerkungen. Erstens unterscheidet sich ja die Existenzweise des Menschen insofern wesentlich von der aller übrigen Lebewesen, als er Person ist. Mithin erhebt sich die Frage, was denn Frieden als »Grundlage des Existierens« bedeutet, wenn sich das speziell auf personale Existenz bezieht. Was ist in diesem Fall die »Ruhe der Ordnung, die nicht gestört ist«? Zweitens ist gerade in unserer Zeit der Frieden nicht, wie bei Augustinus, als Problem der Ontologie der Dinge und Lebewesen aktuell, sondern vor allem als Problem des menschlichen Zusammenlebens, insbesondere des weltweiten Zusammenlebens der Völker. Auch wenn man nicht meint, der Frieden sei ein Zustand, der hergestellt werden müsse, sondern ihn mit Augustinus als originär gegeben betrachtet, bleibt doch die Aufgabe, dafür zu sorgen, daß er nicht gestört oder womöglich zerstört wird, was einer Selbstvernichtung der Menschheit gleichkäme. Dieser heute aktuellen Sorge um den Frieden entsprechend, richtet sich das theoretische Interesse mehr auf seine sozialontologische Seite. Dabei wird hier unter »Sozialontologie« die Beschäftigung mit den Grundgegebenheiten der menschlichen Sozialität verstanden: mit den Elementen sozialer Realität, der Weise ihrer Ausbildung sowie ihren Produkten (wie z. B. Gewohnheiten, Institutionen

---

13 Cap. 12. »Odit ergo iustam pacem Dei et amat iniquam pacem suam.« – Vgl. auch: »Nam quid est aliud victoria nisi subiectio repugnantium? quod cum factum fuerit, pax erit.« – Ebenso zu vergleichen das Verhalten des Kakos: »rapiebat necabat vorabat et quamvis immanis ac ferus paci tamen suae vitae ac salutis inmaniter ac ferociter consulebat.«
14 Cap. 12. Auch ein allen anderen überlegener Übeltäter: »cum eis certe, quos occidere non potest et quos vult latere quod facit, qualemcumque umbram pacis tenet.«

und positive Normen). Je mehr wir über die Spezifika des gesellschaftlichen Seins Klarheit gewinnen, desto eher sind wir auch imstande, das Notwendige und Richtige zur Erhaltung des Friedens zu tun. – Es wird sich zeigen, daß die sozialontologische Betrachtungsweise auch für das erste der beiden genannten Probleme die entscheidende ist, denn es ist die Interaktion mit ihresgleichen, welche für die Person die »Grundlage ihres Existierens« bildet.

Verwendet man Augustinus' Friedensbegriff als Konzept einer modernen Theorie des Friedens und konzentriert man sich dabei auf die sozialontologische Seite der Problematik, so steht im Mittelpunkt also die Frage, was Frieden als Grundlage der personalen Existenz bzw. als »Struktur« des menschlichen Zusammenlebens ist. Einige wichtige Hinweise findet man – wie gesagt – schon bei Augustinus selbst; so vor allem seine Bemerkung, daß der Mensch gewissermaßen durch die Gesetze seiner Natur veranlaßt sei, Gesellschaft zu suchen und, soviel an ihm liegt, mit allen Menschen Frieden zu halten.[15] Augustinus setzt hier »inire societatem« und »obtinere pacem« parallel: der Mensch braucht von Natur aus beides, und man kann den Zusammenhang so verstehen, daß Frieden ein Moment oder notwendiger Bestandteil aller personalen Beziehungen ist.

Ein weiterer sozialontologisch wichtiger Satz in Augustinus' Exkurs lautet:[16] »Wie es also zwar ein Leben ohne Schmerz geben kann, aber keinen Schmerz ohne Leben, so gibt es auch einen Frieden ohne irgendwelchen Krieg, aber niemals kann es einen Krieg ohne irgendwelchen Frieden geben; versteht sich: nicht sofern Krieg ist, sondern sofern der Krieg von denen oder inmitten derer geführt wird, die irgendwelche Naturen sind. Denn diese könnten keinesfalls existieren, wenn nicht auf der Grundlage eines irgendwie beschaffenen Friedens.« Krieg und Frieden sind hier nicht zwei gegensätzliche Zustände, von denen der eine verschwinden müßte, wenn der andere eintritt, sondern Frieden ist personale Existenz, die bestehen bleibt, auch wenn sie gestört wird, also z. B. der soziale Zustand »Krieg« eintritt. Krieg könnte es gar nicht geben, wenn nicht Personen existierten (und sich insoweit noch im Frieden befänden), die die Störung ver-

---

15 Cap. 12. »Quanto magis homo fertur quodam modo naturae suae legibus ad ineundam societatem pacemque cum hominibus, quantum in ipso est, omnibus obtinendam.«
16 Cap. 13. »Sicut ergo est quaedam vita sine dolore, dolor autem sine aliqua vita esse non potest: sic est quaedam pax sine ullo bello, bellum vero esse sine aliqua pace non potest; non secundum id, quod bellum est, sed secundum id, quod ab eis vel in eis geritur, quae aliquae naturae sunt; quod nullo modo essent, si non qualicumque pace subsisterent.« – Im letzten Satzteil ist wieder deutlich ausgesprochen, daß der Frieden »Grundlage des Existierens« ist.

ursachen bzw. davon betroffen werden. Offen bleiben muß allerdings, ob Augustinus an dieser Stelle den auch im Krieg gegebenen Frieden ontologisch in dem Sinn versteht, daß sich jeder Beteiligte mit sich selbst in Übereinstimmung befindet, oder – im Sinne des vorher interpretierten Zitats – sozialontologisch. In diesem Fall wäre es die Feststellung, daß Menschen, auch wenn sie gegeneinander Krieg führen, in sozialer Beziehung und insoweit in einem Verhältnis des Friedens zueinander bleiben. Da Krieg immer auch soziale Beziehung ist und jeder sozialen Beziehung ein Moment des Friedens innewohnt, gibt es »niemals einen Krieg ohne irgendwelchen Frieden«. Ob man es aber ontologisch oder sozialontologisch versteht: Beide Male ist Frieden ein Moment, also notwendiger »Bestandteil« personaler Interaktion, der weder erst hergestellt werden muß, noch jemals verloren gehen kann.

Als Oberbegriff, der alle Spielarten sozialer Beziehungen umfaßt und auf das ihnen Gemeinsame abhebt, hat sich in den Sozialwissenschaften die Bezeichnung »Interaktion« eingebürgert. Drücken wir damit Augustinus' Feststellung aus, daß der Mensch gewissermaßen durch die Gesetze seiner Natur veranlaßt sei, Gesellschaft zu suchen, so lautet sie: der Mensch lebt im Modus der Interaktion. Das aber heißt, daß er nicht zunächst lebt und sich dann von Fall zu Fall an Interaktionen beteiligt, sondern daß sein Leben in der ständigen Teilnahme an Interaktion verläuft. – Damit personale Interaktion zustande kommt, bedarf es ursprünglich weder eines den Beteiligten gemeinsamen Zweckes noch eines Minimalkonsenses über inhaltlichen Sinn. Denn immer wenn Personen einander begegnen, nehmen sie unwillkürlich aufeinander Bezug und stehen damit bereits in Interaktion. In dieser unwillkürlichen Bezugnahme gewinnt die aller Sozialität vorausliegende Gegebenheit, daß der Mensch auf das Zusammenleben mit seinesgleichen angelegt und angewiesen ist, soziale Realität. Sie aktualisiert sich als ein »intentionaler Konsens«, der die erste gemeinsame Grundlage der Interaktion bildet.[17]

In der Praxis ist die einzelne Interaktion an einem von den Beteiligten gemeinsam gemeinten und verfolgten Sinn orientiert; außerdem betreibt jeder von ihnen mit seiner Teilnahme noch seine eigenen Zwecke. Doch hat die einzelne Interaktion nicht nur diese subjektive Seite, sondern sie ist stets auch ein objektiver Vorgang, und dieser ist der Modus, in dem einerseits soziale Realität bzw. Gesellschaft entsteht, andererseits sich jeder Beteiligte –

---

17 Hierzu, wie zu den sozialontologischen Grundlagen des Friedens im allgemeinen vgl.: *Hans Buchheim:* Theorie der Politik. – München 1981.

ohne es zu beabsichtigen oder auch nur sich dessen bewußt zu werden – in seiner individuellen Besonderheit als Person ausbildet. Die Entwicklung von Gesellschaft und die Ausbildung der Person sind also ständige unwillkürliche Auswirkung jeglicher ausdrücklich geführten subjektiven Interaktion, bzw. Momente der Interaktion als objektivem Vorgang. Man kann diese »objektive Interaktion« weder wollen oder »herstellen« noch nicht wollen oder abschaffen.

Zwar bildet sich der einzelne Mensch als Person nicht nur in diesem Wege der Interaktion mit seinesgleichen unwillkürlich aus, sondern auch indem er sein Selbst ausdrücklich zum Objekt eigener Gestaltung macht. Sofern er aber im Modus der Interaktion lebt, ist sie »Grundlage seines Existierens« als Person und damit Frieden nach dem Begriff von Augustinus. Allerdings handelt es sich dabei nicht um den Frieden, der ontologisch mit der Struktur des Menschen als Lebewesen gegeben ist, sondern – sozialontologisch – ist Interaktion die Struktur, durch die er zusätzlich als personales Wesen lebt. Und da die Ausbildung der Person im Modus von Interaktion unwillkürlich erfolgt, hat der Frieden im sozialontologischen Sinn seinen Ort nicht in der einzelnen subjektiven Interaktion, an der man ausdrücklich teilnimmt, in die man aus eigenem Entschluß eintreten und aus der man auch wieder ausscheiden kann. Er besteht vielmehr in der objektiven Interaktion, in der sich der Mensch, solange er lebt, befindet, ohne dies ausdrücklich zu wollen und zu wissen. Interaktion als objektiver Vorgang ist die »Grundlage seines Existierens« als Person, ganz gleich, was er in den subjektiven Interaktionen von Fall zu Fall tut bzw. was ihm widerfährt. – Das also ist die »nicht gestörte Ruhe der Ordnung« im Falle speziell der personalen Existenz des Menschen: die objektive Interaktion als Modus der unwillkürlichen Ausbildung der Person.

Der Mensch kann den Willen haben und es in der Interaktion darauf anlegen, einen anderen in dessen Ausbildung als Person zu negieren und zu ruinieren. Er tut das, indem er dem Betreffenden z. B. absichtlich Schaden zufügt, ihn kränkt, bloßstellt, mißhandelt etc.; er macht, was der andere erreicht hat, mit Absicht zunichte und zerstört, was dieser aufgebaut hat; er bringt den anderen in eine antinomische Situation, in der dieser schuldig werden muß, wie immer er sich auch entscheide. Mit einem Wort: er führt, um einen anderen in seiner Ausbildung als Person zu ruinieren, die Interaktion destruktiv. Die Destruktion kann entweder unmittelbar gegen das Person-Sein des anderen gerichtet sein oder aber gegen die Interaktion als solche. Auch dies trifft letztlich den anderen, da er ja in seiner Ausbildung als Person von der Interaktion abhängig ist. Wer sich destruktiv verhält, nimmt nicht lediglich in Kauf, daß beim Verfolgen der eigenen Belange als

Nebenwirkung anderen Schaden entsteht, sondern es ist seine eigentliche Absicht, einem bestimmten Menschen in einer Weise Schaden zuzufügen, daß er ihn in seiner personalen Existenz trifft. Um das zu erreichen, ist er sogar bereit, selbst Nachteile hinzunehmen und mit eigenen Belangen einen Preis zu zahlen. Den Betroffenen auf der anderen Seite schmerzen nicht nur die konkreten Wirkungen der Destruktion, die er erleidet oder noch befürchten muß, sondern schmerzlich empfindet er auch, daß er in seiner personalen Existenz getroffen werden soll – und zwar schon dann, wenn er die Absicht des anderen, destruktiv zu sein, bemerkt. Diese Absicht ist der Inhalt des Begriffs »Feindschaft«.

Da aber die Ausbildung der Person im Modus der objektiven Interaktion unwillkürlich erfolgt, kann sie bzw. kann die objektive Interaktion von der destruktiven Führung der subjektiven Interaktion nicht erreicht werden. Denn erstens ist grundsätzlich gegenüber allem, was unwillkürlich bewirkt wird, ausdrückliche und gezielte Einwirkung machtlos. Zweitens hat die Destruktion, da sie nur im Wege von Interaktion betrieben werden kann, eben damit unweigerlich das zur Folge, was sie negiert, nämlich zur Ausbildung des Person-Seins dessen beizutragen, gegen den sie sich richtet. Dagegen aber vermag die destruktive Interaktion die objektive Interaktion und die Ausbildung der Person zu desavouieren; das heißt, daß sie das, was sie bewirkt, obgleich sie es bewirkt, ausdrücklich negiert.[18] Also ist die in der subjektiven Interaktion angestrebte Destruktion der Ausbildung der Person faktisch – nämlich in der objektiven Interaktion – deren Desavouierung. Die Ausdrücklichkeit der Desavouierung aber bringt dem Betroffenen zum Bewußtsein, was normalerweise ungewußt bleibt: daß die objektive Interaktion die »Grundlage seines Existierens« als Person bzw. die Struktur seines Lebens als personales Wesen ist. Und zwar geschieht das Bewußtwerden indirekt in der negativen Weise, daß sich die Grundlage als in Frage gestellte und bedrohte erweist. Im Schmerz, den ihm das bereitet, wird der Betroffene dieser Grundlage gewahr und er erfährt auf diese Weise den Frieden als entbehrtes Gut. Wenn sein Feind von der Destruktion abläßt, oder wenn es gelingt, ihn davon abzubringen, findet auch die Desavouierung der objektiven Interaktion ihr Ende, und damit ist der Frieden wieder hergestellt.

Es kommt hinzu, daß die ausdrückliche Negierung und Desavouierung der

---

[18] Das Wort »desavouieren« erscheint für das, was hier gemeint ist, besonders geeignet, weil es in unserem Sprachgebrauch ein Verhalten bezeichnet, das sich für den Betroffenen destruktiv auswirkt, ohne daß ihm aktiv etwas zuleide getan würde. Jemanden desavouieren heißt, ihm die Dignität entziehen, ihm die Glaub- und Vertrauenswürdigkeit nehmen.

Ausbildung der Person den Betroffenen herausfordert, sich ausdrücklich dazu zu verhalten. Das kann entweder in der Weise geschehen, wie er die Interaktion weiterführt; er kann aber auch in dem Bereich reagieren, in dem er sein Selbst zum Objekt ausdrücklicher Gestaltung macht. Durch diese Vermittlung wird es dann u. U. möglich, daß die Destruktion nicht lediglich Desavouierung der Ausbildung der Person bleibt, sondern diese wirklich in Mitleidenschaft zieht. Das geschieht z. B. dadurch, daß der Betroffene seinem Leiden unter der Desavouierung nachgibt. Er kann allerdings auch – umgekehrt – Gewinn aus der Desavouierung ziehen, indem er z. B. menschenunwürdige Behandlung zum Anlaß nimmt, sich in seiner Menschenwürde zu bewähren. – Diese Vermittlung und ihre Möglichkeiten liegen jedoch außerhalb des Problembereichs des Friedens.

Wenn die Interaktion als objektiver Vorgang und Modus der unwillkürlichen Ausbildung von Person und Gesellschaft Frieden im Sinne von Augustinus ist, dann bietet sich für deren Desavouierung der Begriff »Unfrieden« an. Abgesehen davon, daß dies sowieso der adäquate Gegenbegriff ist, paßt er zu allen Arten der die Desavouierung bewirkenden Destruktion, von denen Kriegführung und Gewaltsamkeit nur zwei unter zahlreichen anderen sind. Unfrieden ist sozialontologisch aber nicht die destruktiv geführte subjektive Interaktion, sondern die daraus resultierende Desavouierung der objektiven Interaktion, mithin der Ausbildung der Person dessen, gegen den sich die Destruktion richtet. Lebenspraktisch fallen allerdings das wegen ihrer Desavouierung schmerzliche Bewußtwerden der objektiven Interaktion, mithin des Friedens als entbehrtes Gut einerseits und das unmittelbare Leiden unter der destruktiv geführten subjektiven Interaktion andererseits in ein und derselben Erfahrung zusammen.

Wie bei Augustinus der Frieden als Übereinstimmung eines Dinges, eines Lebewesens oder einer sozialen Gemeinschaft mit sich selbst zwar mehr oder weniger gestört, jedoch niemals völlig aufgehoben werden kann (es sei denn durch Zerstörung bzw. Tod), so ist es auch nicht möglich, den Frieden, den die objektive Interaktion als soziale Struktur der personalen Existenz darstellt, völlig aufzuheben. Denn obgleich das destruktive Wollen oder die Feindschaft die Ausbildung der Person ausdrücklich negiert, vermag sie diese doch nicht aufzuheben, sondern höchstens – vermittelt durch die Reaktionen des Betroffenen – zu stören. Zwar kann, wenn Unfriede »herrscht«, Frieden nicht »herrschen«, aber er bleibt – wenn auch verleugnet – mitten in der Destruktion als objektive Interaktion bestehen. Unfrieden kann nicht total sein, sondern er behält das Moment des Friedens immer in sich, weil er nichts Eigenständiges, sondern lediglich eine Desavouierung oder Störung des Friedens ist, dieser aber nur unter der Voraussetzung desavouiert und gestört werden kann, daß es ihn gibt. Daher bietet auch der ärgste Unfrieden noch Ansatzpunkte zur Wiederherstellung des Friedens, genauer gesagt: dazu, daß Frieden nicht nur noch vorhanden ist, sondern wieder »herrschend« wird. Wie bei Augustinus der absolute Gegensatz zum Frieden eines Dinges oder Lebewesens deren Zerstörung oder Tod, so ist der absolute Gegensatz zum Frieden als »Grundlage des Existierens« einer subjektiven Interaktion nicht absoluter Unfrieden, sondern der Tod der Beteiligten. Endgültige Destruktion gibt es nicht im Wege von, sondern nur als Alternative zu Interaktion.

Frieden ist nicht die nicht-destruktiv geführte subjektive, sondern die unwillkürlich stattfindende objektive Interaktion, sofern sie als Modus der Ausbildung der Person und sozialen Welt nicht desavouiert und gestört ist. Unfrieden besteht in dieser Desavouierung und Störung. Das heißt aber, daß Unfrieden sozialontologisch nicht die gleiche Qualität wie Frieden hat. Dieser ist als objektive Entwicklung der menschlichen Sozialität eine fundamentale Gegebenheit, jener dagegen ist lediglich deren Desavouierung oder Störung und vermag die Ausbildung der Person in ihrer Substanz nicht zu erreichen. Obgleich Unfrieden der adäquate Gegenbegriff zum Frieden ist, bildet er doch nicht in dem Sinne dessen Gegenteil, daß, wenn der eine eintritt, der andere verschwände.

Eine der spezifischen Schwierigkeiten, unter denen Theorie und Praxis des Friedens leiden, entsteht daraus, daß Frieden und Unfrieden lebenspraktisch als etwas anderes erfahren werden, als sie sozialontologisch sind. Denn dem Anschein nach handelt es sich um zwei Zustände subjektiver Interaktion, die sich durch bestimmte Eigentümlichkeiten voneinander sowie von allen möglichen anderen sozialen Zuständen unterscheiden. Daraus wiederum erwächst die Vorstellung, den vermeinten Friedenszustand könne es mal geben, ein andermal nicht geben; er ließe sich herbeiführen, herstellen oder beseitigen; und er sei eine besonders vollkommene Weise personaler Interaktion. In Wirklichkeit jedoch ist Frieden das immer gegebene Substrat aller Sozialität, das selbst nicht Gegenstand ausdrücklichen Wollens oder subjektiver Interaktion sein kann. Sofern dieses Substrat, weil es desavouiert oder gestört wird, indirekt zum Bewußtsein kommt, geschieht das im Zusammenhang mit dem unmittelbaren Erleiden von Destruktion; deshalb kann man vereinfachend, jedoch ungenau auch sagen, »Frieden« sei die subjektive Interaktion unter dem Aspekt möglicher oder stattfindender Destruktion: Wer leidet, weil die Interaktion destruktiv geführt wird, für den ist »Frieden« eben diese Interaktion, sofern er sich entweder vorstellt, daß die Destruktion beendet wäre, oder sofern er erlebt, daß sie vorbei ist. Wer sich in einer nicht-destruktiven Interaktion befindet, für den ist diese

»Frieden«, sofern er an die Möglichkeit denkt, daß sie destruktiv werden könnte. – Ein Gut ist der Frieden, nicht weil die Interaktion in dieser oder jener bestimmten Weise stattfindet, sondern weil Interaktion als solche ein Gut darstellt, nämlich etwas für die Person existentiell Notwendiges. Das Eigentümliche der objektiven Interation und damit des Friedens im Vergleich zur subjektiven Interaktion kann man sich verdeutlichen, wenn man anhand des augustinischen Friedensbegriffs das analoge Verhältnis betrachtet, das zwischen der unwillkürlichen Ausbildung der Person und dem besteht, was man als »Selbstverwirklichung« zu bezeichnen pflegt. Seine Selbstverwirklichung betreibt der einzelne bewußt, indem er sein Selbst ausdrücklich zum Gegenstand eigener Gestaltung macht. Dabei geht er von den Vorstellungen aus, die er nach Maßgabe sozial gegebener Kriterien von sich selbst hat, um auf das zu zielen, was er nach eben diesen Kriterien sein möchte oder meint, sein zu sollen. Dagegen vollzieht sich seine Ausbildung als Person unwillkürlich im Bereich seiner von Augustinus (ontologisch) als »Frieden« bezeichneten Übereinstimmung mit sich selbst. Diese Übereinstimmung ist ihm nicht als Aufgabe gestellt, sondern als Element seiner Existenz originär gegeben; sie kann nicht verloren gehen sondern lediglich gestört werden. Wie es für sie nach der negativen Seite keine Alternative außer dem Tod gibt, so gibt es nach der positiven Seite keine Steigerung oder Verbesserung, die über ihr Nichtgestört-sein hinausginge. Die Übereinstimmung der Person mit sich selbst und die Ausbildung der Person in dieser Übereinstimmung ist als solche ein Gut, nicht aber wegen einzelner Momente, in denen sie besteht. Sie ist ein Gut, was man hat, nicht eines, was man sich erwerben muß.

Seine Ausbildung als Person kann der einzelne nicht – wie die Selbstverwirklichung – zum Gegenstand bewußter Gestaltung machen, weil sie damit erstens ihr Spezifikum verlöre, ein unwillkürlicher objektiver Vorgang zu sein; und weil es zweitens da nichts zu tun gibt, außer eventuelle Störungen zu überwinden oder der Möglichkeit von Störung vorzubeugen. Wenn es jemand trotzdem unternähme, seine Ausbildung als Person ausdrücklich zu betreiben, so würde sich das Moment personaler Existenz, das er in den Griff zu bekommen versuchte, unter der Hand in einen Gegenstand seiner Lebenspraxis und damit der Selbstverwirklichung bzw. subjektiven Interaktion verwandeln. Leben – so kann man auch sagen – kann nicht Absicht oder Zweck des Lebenden sein, aber der Mensch lebt, indem er einzelne Absichten verfolgt, sich bestimmte Zwecke setzt, gemeinten Sinn erfüllt oder zur Geltung bringt etc. Auch die Sicherung des Lebens kann Gegenstand der Lebenspraxis sein (und ist praktisch sogar ein wichtiger Lebensinhalt), nicht dagegen das Leben selbst.

All dieses über die unwillkürliche Ausbildung der einzelnen Person Gesagte gilt nun auch für die Interaktion als unwillkürlichem objektivem Vorgang und damit für den Frieden im sozialontologischen Sinn. Die objektive Interaktion als Modus der Ausbildung der Person ist nicht eine Aufgabe, die gelöst werden muß, sondern etwas jederzeit Gegebenes; Frieden kann man nicht zum ausdrücklich gesetzten und verfolgten Sinn der subjektiven Interaktion machen, sondern diese setzt Frieden voraus und schließt ihn ein bzw. läßt sie sich – wie bereits gesagt – unter bestimmtem Aspekt als Frieden auffassen. Nach der negativen Seite hin kann die objektive Interaktion gestört, aber nicht zerstört werden, es sei denn durch den Tod der Beteiligten. Nach der positiven Seite hin kann es als Gegensatz zur gewollten Destruktion keine gewollt „konstruktive" Interaktion geben, deren Ziel wäre, den anderen in seiner Ausbildung als Person zu fördern. Es gibt vielmehr nur den Verzicht auf Destruktion und das heißt: den anderen in seiner personalen Existenz akzeptieren; damit ist die Desavouierung und Störung der objektiven Interaktion beendet, und deren Qualität läßt sich darüber hinaus nicht steigern. Denn niemand kann die konstruktiven, gleichwohl jedoch unwillkürlich sich vollziehenden Auswirkungen der objektiven Interaktion auf die Ausbildung der Person ausdrücklich und gezielt beeinflussen. Die Alternative zur destruktiven Interaktion ist also einfach Interaktion, und diese ist auf ihrer objektiven Seite Frieden. »Frieden halten« ist einfach Verzicht auf Destruktion und bedarf darüber hinaus keiner »konstruktiven« Anstrengung. Möglich (und auch notwendig) ist allerdings, den Frieden gegen Störung zu sichern. D. h.: Wir können Frieden zwar nicht herstellen, wohl aber Anstrengungen machen, um ihn zu wahren und die Möglichkeit des Unfriedens zurückzudämmen. Schließlich ist die objektive Interaktion als solche ein Gut, unabhängig davon, wie erfreulich oder kümmerlich es um die subjektive Interaktion der Beteiligten bestellt ist.

Darin liegt eine zweite spezifische Schwierigkeit beim praktischen Umgang mit dem Frieden, wie auch bei den theoretischen Erörterungen über ihn, daß wir ihn zwar als erstrebtes Gut erfahren, daß er jedoch eigentlich etwas unwillkürlich und immer Gegebenes ist; daß wir infolgedessen dieses erstrebte Gut weder herstellen, noch zum Gegenstand bewußter Ausgestaltung machen können. Wie die einzelne Person zwar ihre Selbstverwirklichung zum Gegenstand ihrer Lebenspraxis machen kann, nicht aber die mit der eigenen Existenz gegebene Übereinstimmung mit sich selbst; wie sie sich aber in dieser bei allem, was sie tut und leistet, unwillkürlich ausbildet, so tragen die Beteiligten jeder Interaktion, indem sie diese subjektiv führen und deren Aufgaben zu lösen sich bemühen, zur objektiven Interaktion, mithin zu ihrer Ausbildung als Personen und zur Entwicklung der sozialen

Welt unwillkürlich bei. Und je weiter sich auf diese Weise die Wahrscheinlichkeit destruktiver Interaktion verringert, um so mehr wird der immer schon gegebene Frieden vertieft. Gerade weil er Substrat aller Sozialität ist, muß im Bezugsrahmen der subjektiven Interaktion seine Vertiefung unwillkürlich anfallendes Nebenprodukt sein und bleiben. Wer meint, den Frieden selbst zum Zweck der Interaktion und Gegenstand ausdrücklicher Gestaltung machen zu können, verfehlt ihn gerade; während er sich einbildet, in diesem Sinn den Frieden zu fördern, heftet er dessen Begriff in Wahrheit einem – im Grunde beliebigen – Interaktionszweck an. – Wenn Personen ihre Interaktion vernachlässigen oder deren Probleme mehr oder weniger unbewältigt lassen, dann herrscht deswegen noch kein Unfrieden, da dieser erst mit gewollter Destruktion eintritt, wohl aber verliert der Frieden gewissermaßen an Tiefe, weil sich die Wahrscheinlichkeit, daß einzelne Beteiligte zur Destruktion neigen, erhöht.

Wohl kann man wegen dieser Zusammenhänge jede nicht-destruktive bzw. jede gelungene Interaktion als »Beitrag zum Frieden« deklarieren, doch stellt man den Frieden damit unter einen für ihn unspezifischen Aspekt. Denn er ist gerade nicht Gegenstand solcher Interaktionen, sondern unwillkürlicher Effekt von Interaktion überhaupt; bzw. ist die *Vertiefung* des Friedens unwillkürlicher Effekt *gelungener* Interaktion. So sind die Leistungen, die »für den Frieden« faktisch erbracht werden, weder direkt noch explizit auf ihn gerichtet, sondern sie *ergeben* sich, wo immer Interaktion stattfindet bzw. gelingt. Unter anderem Blickwinkel gesehen bedeutet das: wenn eine Interaktion nicht-destruktv, mithin friedlich verläuft, so beruht das zwar unmittelbar auf dem Verzicht der Beteiligten auf Destruktion, im Grunde aber kommt eine Neigung zur Destruktion deshalb nicht auf, weil die Beteiligten ihre Interaktion bewältigen, also durchaus positive Leistungen der Gestaltung ihrer sozialen Beziehungen erbringen. Daher ist es falsch zu glauben, beim Verzicht auf Destruktion hätten die Beteiligten nichts geleistet als diesen Verzicht, und der Frieden sei mithin nur ein »negativer«.

Das Entscheidende, was wir dauernd »für den Frieden« tun, geschieht also weder ausdrücklich noch unmittelbar für ihn; wir setzen uns in diesen Fällen den Frieden auch gar nicht zum Zweck, ja er ist nicht einmal in unserem Bewußtsein. – Das einzige, was man in der subjektiven Interaktion ausdrücklich und unmittelbar für den Frieden tun kann, ist Destruktion unterlassen bzw. stattfindende Destruktion beenden. – Ausdrücklich, jedoch nur mittelbar kann der Frieden schließlich in zwei Fällen Gegenstand subjektiver Interaktion sein. Der erste Fall ist gegeben, wenn sich in einer destruktiv geführten Interaktion die Beteiligten bemühen, die Voraussetzungen für eine Beendigung der Destruktion zu schaffen und damit die Desavouierung und Störung der objektiven Interaktion zu überwinden. Das geschieht dadurch, daß man die in der destruktiven Interaktion niemals fehlenden Momente und Möglichkeiten nicht-destruktiver Interaktion nutzt bzw. entwickelt. Frieden kann also zwar nicht hergestellt, wohl aber wiederhergestellt werden, indem man ihn aus dem Status des nur noch Vorhandenseins wieder zur »Herrschaft« bringt. Zweitens kann man Vorkehrungen treffen, die prinzipiell immer bestehende Möglichkeit destruktiver Interaktion zurückzudämmen. Das geschieht im wesentlichen durch Setzung für diesen Zweck geeigneter Normen sowie durch technisch-organisatorische Sicherheitsmaßnahmen gegen mögliche Gewaltsamkeit. Diese speziellen Vorkehrungen in der subjektiven Interaktion haben allerdings insofern auch ihre problematische Seite, als sie nichts zur Bewältigung der Aufgaben beitragen, die sich mit jeder Interaktion eigentlich stellen. Es ist daher nicht auszuschließen, daß man in dem Bemühen, den Frieden »sicherer zu machen«, die eigentlichen Interaktionsprobleme vernachlässigt und damit die Neigung zu Destruktion und die Wahrscheinlichkeit von Unfrieden unwillkürlich wachsen läßt. Von einem gewissen Punkt an verringert sich demnach die Sicherheit, wenn man die Interaktion einseitig an dem Bemühen orientiert, die Sicherheit zu erhöhen. Die Unterscheidung von »negativem« und »positivem« Frieden ist überhaupt im Kern verfehlt und irreführend. Denn wie es auf der einen Seite durchaus positiven rationalen Handelns bedarf, um Gewaltsamkeit auszuschalten oder einen Kriegszustand zu überwinden, so kann auf der anderen Seite das, was den Frieden betrifft, gerade nicht so ausdrücklich auf Frieden gezielt getan werden, wie das, was ihn stört. Und vom auch im Unfrieden noch vorhandenen Frieden über den wieder herrschenden Frieden bis zur weiteren Vertiefung des Friedens erstreckt sich ein Kontinuum, auf dem nicht an irgendeiner Stelle die Qualität dessen, was Frieden eigentlich ist, sich änderte.

Bei der Anwendung von Augustinus' Friedensbegriff auf die »Grundlage des Existierens« speziell der Person und damit auf die personale Interaktion hat sich ergeben, daß Frieden die objektive Seite dieser Interaktion ist: die weder gewollte noch gewußte Ausbildung der Beteiligten als Personen, sofern sie nicht desavouiert wird. Das ist die »nicht gestörte Ruhe der Ordnung« speziell der personalen Existenz, ihre »Struktur«, oder wenigstens ein Moment ihrer Struktur, das bleibt, wie immer die subjektiven Interaktionen verlaufen mögen. Lebenspraktisch wird die subjektive Interaktion bzw. wird menschliches Zusammenleben immer dann als Frieden erfahren und so genannt, wenn man sie unter dem Aspekt stattfindender oder möglicher Destruktion sieht. – Fragt man nun aufgrund dieses Ergebnisses, was Frieden im Bereich bzw. als Aufgabe der Politik sei, so lautet die erste sehr einfache Antwort: In der Politik herrscht Frieden, soweit die politische Interaktion nicht destruktiv geführt wird. Was man für den Frieden tun kann, ist auch hier: Destruktion unterlassen; sich bemühen, stattfindende Destruktion zu überwinden oder die Möglichkeit von Destruktion zurückzudämmen; die einzelnen politischen Aufgaben und Probleme so behandeln, daß die Neigung zu Feindschaft und Destruktion bzw. die Wahrscheinlichkeit von Unfrieden zumindest nicht zunimmt. Keinesfalls kann dagegen Frieden das Ziel sein, das Politik sich setzt und unmittelbar ansteuert, oder ein Zustand, der durch die Erfüllung bestimmter politischer Forderungen herstellbar wäre. Politik »dient« dem Frieden, indem sie ihre einzelnen Aufgaben bewältigt, nicht dagegen dadurch, daß sie ihn selbst zu ihrem Zweck erklärt.

Innerhalb des Staates ist Frieden insofern von vornherein gegeben, als der den Mitgliedern der betreffenden Gesellschaft gemeinsame Wille, eine handlungsfähige Einheit zu bilden sowie unter einer gemeinsamen politischen und rechtlichen Ordnung zu leben, eine prinzipielle Absage an destruktive Interaktion einschließt. Dieser innere Frieden vertieft sich dann in dem Maße, in dem es von Fall zu Fall gelingt, Probleme des öffentlichen Zusammenlebens zu bewältigen und damit die Neigung zu Feindschaft und Destruktion bzw. die Wahrscheinlichkeit von Unfrieden zu verringern. Außerdem trifft man rechtliche und technisch-organisatorische, aber auch politische Vorkehrungen, um die Möglichkeit von Unfrieden zurückzudämmen, also Sicherheit gegen Gewaltsamkeit, destruktiven Zwang etc. zu schaffen. Solche Vorkehrungen, so notwendig und nützlich sie im einzelnen sein mögen, tragen allerdings nicht zur Lösung der eigentlichen Probleme des politischen Lebens bei; deshalb gilt es darauf zu achten, daß man diese über dem Streben nach Sicherheit nicht vernachlässigt. Andernfalls könnte das, was man auf der einen Seite durch Zurückdämmung der Möglichkeit von Unfrieden gewinnt, auf der anderen Seite wieder verloren gehen, weil unbewältigte Aufgaben des öffentlichen Zusammenlebens die Neigung zu Feindschaft und Destruktion zunehmen lassen.

Während zwischen Einzelpersonen Unfrieden schon eintritt, wenn der Wille zur Destruktion sich kundtut, bleibt im Staat der Frieden so lange ungestört, als dieser Wille durch institutionelle Vorkehrungen, insbesondere durch eine jederzeit durchsetzbare Rechtsordnung gehindert ist, sich zu realisieren. Denn Feindseligkeit vermag die objektive Interaktion insoweit nicht zu desavouieren, als die Betroffenen sich sicher fühlen dürfen, daß sie keine Wirkungen zu zeitigen vermag. Diese objektive Friedensgarantie ist eine der spezifischen Leistungen des Staates. Sie erlaubt es seinen Bürgern auch, zur Wahrnehmung ihrer Interessen untereinander Konflikte zu riskieren, ohne daß deswegen der einzelne Gefahr liefe, Opfer von Gewaltsamkeit zu werden.

Konflikt ist kein Unfrieden. Er entsteht im Prinzip mit jeder Interaktion, da stets mehr oder weniger unterschiedliche oder auch gegensätzliche Belange und Absichten aufeinandertreffen. Insofern jede Interaktion Probleme mit sich bringt, die gelöst werden müssen, enthält sie auch Konfliktstoff. Konflikte verschärfen sich, wenn einzelne ihren Nutzen auch auf Kosten anderer suchen und zum eigenen Vorteil deren Nachteil und Schaden in Kauf nehmen. Aber selbst wenn jemand die Absichten eines anderen zu vereiteln sucht, ist das noch kein Unfrieden, solange er es im Interesse der eigenen Zwecke tut und nicht mit der Absicht, den, der den Schaden hat, in seiner personalen Existenz zu treffen. Wo dieser Wille zur Destruktion, wo also Feindschaft fehlt, bleibt zumindest im Prinzip die Bereitschaft, dem anderen die Möglichkeit, seine Belange zu wahren, zu belassen.

Konflikt ist also kontroverse, nicht jedoch destruktive Interaktion. Man darf weder ihn als eine mildere Form von Unfrieden verstehen, noch diesen als eine Variante des Konflikts, so als seien nur das Ausmaß der Differenzen unterschiedlich und infolgedessen die Interessengegensätze größer oder geringer; oder als würden die Auseinandersetzungen in dem einen Fall härter geführt als im anderen. Der Unterschied zwischen Konflikt und Unfrieden ist kein gradueller, sondern ein qualitativer. Wohl erhöht jeder Konflikt die Wahrscheinlichkeit, daß Unfrieden ausbricht. Es ist dann aber nicht der Konflikt, der sich zum Unfrieden steigerte, sondern die Interaktion selbst schlägt ins Destruktive um, ohne daß sich am Konfliktstoff und an der Konfliktsituation etwas änderte. Um in diesen Fällen den Frieden wiederherzustellen, gibt es zwei Möglichkeiten: Erstens kann man den Konfliktstoff und damit den ursprünglichen Anlaß für den Unfrieden ausräumen. Es ist jedoch keineswegs sicher, daß auf diese Weise die einmal entstandene Feindschaft wirklich überwunden wird; im Gegenteil: es ist eher wahrscheinlich, daß sie, und damit der Unfrieden, den Anlaß ihrer Entstehung überdauern. Der bessere Weg ist daher der zweite, die Feindschaft abzubauen. Damit ist zwar der Konflikt noch nicht ausgetragen oder gelöst, aber man gewinnt die Möglichkeit, ihn in Frieden beizulegen, notfalls auch mit ihm in Frieden zu leben.

Da jeglicher Konflikt bei den Beteiligten die Neigung zu Feindseligkeit und Destruktion und damit die Wahrscheinlichkeit von Unfrieden erhöht, soll sich jedermann im Interesse des Friedens bemühen, es möglichst nicht zu akuten Konflikten kommen zu lassen, eine Verschärfung von Konflikten zu vermeiden und bestehende Konflikte zu überwinden oder wenigstens zu mildern. Dem steht jedoch entgegen, daß erlaubt sein muß, zur Verteidigung berechtigter Interessen es auf einen Konflikt ankommen zu lassen, ja daß es geboten sein kann, um des Rechtes oder sittlicher Güter willen auch einen Konflikt nicht zu scheuen. Daß man nötige Konflikte wagen und austragen kann, ohne deswegen die Wahrscheinlichkeit des Unfriedens zu erhöhen, wird – wie bereits gesagt – durch die objektive Friedensgarantie des Staates ermöglicht. Es ist ein Zeichen dafür, daß Frieden herrscht, wenn auch der Schwache, um sein Recht zu wahren, den Konflikt mit einem Mächtigen riskieren kann, weil er darauf bauen darf, daß unter dem Schutz des Staates der Streit eine gewaltlose und möglichst gerechte Lösung findet.[19] Die Bedeutung der objektiven Friedensgarantie, für die sich auch im internationalen Bereich mutatis mutandis Parallelen finden, zeigt, daß die Politik für das Leben in Frieden notwendige Leistungen erbringt, die durch das, was Friedensgesinnung und moralische Anstrengungen der Menschen als einzelne bewirken können, prinzipiell nicht zu ersetzen sind, wie sehr auch das Potential individueller Moralität und moralisch orientierter Tatbereitschaft gesteigert würde. Daher macht alle Friedenserziehung das politische Kalkül und die politische Institution als Mittel zur Friedenserhaltung nicht überflüssig. Soweit sie aber die Möglichkeiten des einzelnen, Konfliktpotential zu verringern, einseitig betont und womöglich die Ratio des politischen Kalküls und der politischen Institution als fragwürdig hinstellt, nährt sie gefährliche Illusionen. Wenn man das, was »für den Frieden« getan werden muß, auf individuelle Konfliktbewältigung reduziert, bedeutet das zudem, den Frieden in der Welt mit einer Welt ohne Konflikte gleichzusetzen. Das kann es jedoch nicht geben, während eine Welt ohne politische Feindschaft zumindest denkbar ist.

Da der Staat handlungsfähiges Subjekt, aber nicht Person ist, ist er nicht auf Interaktion mit seinesgleichen angelegt und angewiesen. So existiert der Staat – sozialontologisch gesehen – autark, und die Interaktion zwischen Staaten kann als objektiver Vorgang nicht Modus einer unwillkürlichen Ausbildung der Beteiligten als Personen sein. Außerdem sind Staaten, da bei ihnen Existenz und Interaktion nicht untrennbar zusammengehören, in der Lage, gegeneinander Destruktion zu treiben, ohne damit die »Grundlage ihres Existierens« zu desavouieren und zu stören. Das alles bedeutet, daß es zwischen diesen nicht-personalen Subjekten selbst weder Frieden noch Unfrieden im Sinne der sozialontologischen bzw. interaktionstheoreti-

---

19 Im Hinblick darauf bezeichnet Dolf Sternberger den Frieden treffend als »institutionalisierten Streit« (zuerst in: *D. Sternberger:* Begriff des Politischen. Der Friede als Grund und das Merkmal und die Norm des Politischen. – Frankfurt/Main 1961, S. 23).

schen Weiterentwicklung von Augustinus' ontologischem Friedensbegriff gibt. Vielmehr kann im zwischenstaatlichen Bereich von Frieden und Unfrieden als für Menschen relevante und erfahrbare Realität nur insoweit die Rede sein, als die Interaktion der Staaten sich auf die personale Existenz ihrer Bürger, auf deren Ausbildung als Personen auswirkt.
In Anbetracht dieser Zusammenhänge gibt es Unfrieden zwischen Staaten allein in dem einen Fall, daß sie ihre destruktive Interaktion gewaltsam, also daß sie Krieg führen. Denn Gewaltsamkeit richtet sich notwendigerweise gegen Personen und beeinträchtigt zwangsläufig deren »Grundlagen ihres Existierens«. In allen anderen Fällen mag destruktive Interaktion zwischen Staaten deren Bürgern viele Nachteile bringen und großen Schaden zufügen, aber sie versetzt sie nicht in Unfrieden, da sich die Feindseligkeit dann ja nicht gegen die Menschen als einzelne richtet und die Destruktion nicht deren personale Existenz desavouiert. Der »Kalte Krieg« und die Auferlegung eines »Diktatfriedens« sind Beispiele solcher destruktiver Interaktion zwischen Staaten, bei denen die beteiligten und betroffenen Menschen in ihrer personalen Existenz »in Frieden gelassen« bleiben. – Friedensschlüsse zwischen Staaten sind sanktionierte Vereinbarungen, auf gewaltsame Destruktion zu verzichten, verbunden mit einer mehr oder weniger weitgehenden Ordnung ihrer Beziehungen. Letzteres unterscheidet die Friedensverträge von bloßen Sicherheitsvereinbarungen. Weil aber für die beteiligten Menschen beides Frieden im sozialontologischen Sinn bedeutet, besteht eine verbreitete Neigung, sich mit Sicherheitsabreden als Ersatz für Friedensschlüsse abzufinden.
Krieg und Frieden sind eigentlich inkommensurable Gegebenheiten, denn Krieg ist destruktive subjektive Interaktion zwischen Staaten, also nichtpersonalen Subjekten; Frieden dagegen ist die objektive Seite personaler Interaktion, sofern die Ausbildung der Beteiligten als Personen nicht desavouiert wird. Außerdem ist Krieg nur eine Möglichkeit des Unfriedens unter anderen. Daß Krieg und Frieden einander im Grunde nicht entsprechen, äußert sich z.B. in der ebenso charakteristischen wie bemerkenswerten Tatsache, daß die Menschen, die die destruktive Interaktion zwischen Staaten mit Mitteln der Gewaltsamkeit exekutieren, persönlich vom Willen zur Destruktion, also von gegenseitiger Feindseligkeit frei sein können. Der »hostis« muß keineswegs »inimicus« sein. – Trotz allem werden Krieg und Frieden seit eh und je insofern zu Recht als Gegensatzpaar aufgefaßt, als Krieg für die betroffenen Menschen als einzelne in jedem Fall und unentrinnbar Unfrieden bedeutet. Sie werden durch die Gewaltsamkeit der Auseinandersetzung in der »Grundlage ihres Existierens« als Personen getroffen und sind außerstande, durch eine eigene Entscheidung gegen De-

struktion bzw. durch Verzicht auf Feindseligkeit der Gewaltsamkeit ein Ende zu setzen.

Dem entspricht, daß das Ende des Krieges für die betroffenen Menschen Frieden ist, ungeachtet dessen, daß auch dann die Destruktion zwischen Staaten auf andere Weise andauern und zwischen den Bürgern des einzelnen Staates auf vielerlei Weise Unfrieden herrschen oder einbrechen kann. Der Krieg, schreibt Thomas Hobbes, besteht nicht nur in Schlachten oder Kampfhandlungen, sondern in einem Zeitabschnitt, in dem der Wille dazu ausreichend bekannt ist: »So besteht die Natur des Krieges nicht nur in aktuellen Kämpfen, sondern in der gewußten Disponiertheit dafür (»in the known disposition there to«), während der ganzen Zeit, in der man sich des Gegenteils nicht sicher ist. Alle andere Zeit ist Frieden.«[20] Daß dieser Frieden kein »negativer« ist, der irgendetwas zu wünschen übrig ließe, kann jedermann bestätigen, der das Ende eines Krieges erlebt hat. Er weiß, daß Frieden niemals intensiver erfahren und als Glück empfunden wird, als am Tag der »Einstellung der Kampfhandlungen«. Darauf richtete sich die Friedenssehnsucht, solange der Krieg dauerte und man sich keinen Augenblick vor Gewaltsamkeit sicher fühlen konnte. Und niemand kommt, wenn diese Sicherheit mit einem Male da ist, auf den Gedanken, Friede herrsche erst, wenn die gesellschaftlichen Verhältnisse irgendwelchen idealen Anforderungen genügten.

20 Leviathan I, 13.

Intervention im Bürgerkrieg

*Karl Doehring**

I. *Einleitung*

Die nachfolgende Betrachtung hat eine Resolution des Institut de Droit International (IDI) zum Gegenstand, die in Wiesbaden im Jahre 1975 verabschiedet wurde; sie ist überschrieben: Le principe de non-intervention dans les guerres civiles (Annuaire, Institut de Droit International, Vol. 56, Session de Wiesbaden 1975, S. 544 ff.).[1] Nur eine sehr knappe, wenn auch gerade ausreichende Mehrheit der Mitglieder des IDI hat seinerzeit in favorem votiert, wobei auch nicht unerwähnt bleiben soll, daß viele Mitglieder des IDI von ihrem Stimmrecht nicht Gebrauch machten. Das Thema der Resolution betrifft eine der wohl umstrittensten, gleichzeitig aber auch aktuellsten Fragen des geltenden Völkerrechts. Die kontroversen Auffassungen kamen in den vorausgehenden Debatten deutlich zum Ausdruck, und den Kenner der Materie kann es nicht erstaunen, daß Einmütigkeit nicht herstellbar war. Das IDI hat sich von jeher zum Ziel gesetzt, sowohl die Völkerrechtsordnung de lege lata aufzuzeigen als auch de lege ferenda Empfehlungen zur Fortentwicklung einzelner Prinzipien und Institutionen des Völkerrechts zu geben. Es mag sein, daß den Resolutionen des IDI in früherer Zeit mehr Bedeutung zugemessen wurde, als das heute der Fall ist. Man hatte angenommen, daß diese Akademie des Völkerrechts auf die Rechtsentwicklung ausschlaggebenden Einfluß gewinnen könne, insbesondere in einer Zeit, in welcher weitere Hilfsmittel zur Rechtsfeststellung nur in geringem Maße zur Verfügung standen. Seit Einrichtung des Ständigen Internationalen Gerichtshofs und vor allem seit der Gründung der International Law Commission als eines Ausschusses der Vereinten Nationen mag der Gewichtigkeit der Empfehlungen des IDI geringere Bedeutung zugemessen worden sein. Das gilt aber doch nur in einem mehr formellen Sinne, denn viele Mitglieder des IDI gehören heute als Richter dem Internationa-

---

* Dr. iur., Professor an der Universität Heidelberg, Direktor am Max-Planck- Institut für ausländisches öffentliches Recht und Völkerrecht.
1 Die im Text erwähnten Namen bezeichnen die Mitglieder des IDI, deren Ausführungen im Annuaire aaO. durch die Angabe der Seitenzahlen aufzufinden sind.

len Gerichtshof an, und andere wieder sind Mitglieder der International Law Commission. Diese Personalunionen lassen es weiterhin gerechtfertigt erscheinen, auch den Empfehlungen des IDI rechtsfeststellende und rechtsfortbildende Bedeutung zuzumessen.

Wenn daher die oben genannte Resolution ein Thema des Völkerrechts betrifft, dessen Umstrittenheit von besonderer Evidenz ist, kann ihr Ergebnis durchaus Wirkungen erzeugen. Wenn etwa bei der Bildung von völkerrechtlichem Gewohnheitsrecht das Element der Rechtsüberzeugung des Nachweises bedarf, können Resolutionen des IDI lückenfüllend eingeordnet werden. Immer selbstverständlich bleibt zu untersuchen, ob eine derartige Resolution als rechtsfortbildend gedacht ist oder ob die Beteiligten sich bemühten, geltendes Recht festzustellen. Im erstgenannten Fall sollte im Hinblick auf die Bestätigung von Gewohnheitsrecht besonders vorsichtig verfahren werden.

Es soll nicht der gesamte Inhalt der hier behandelten Resolution analysiert, kritisiert oder zustimmend gewürdigt werden, sondern nur einige besonders bedeutsam erscheinende Aspekte seien aufgezeigt.

Die Resolution definiert in einem ersten Artikel den Begriff des Bürgerkrieges. In ihrem zweiten Artikel empfiehlt sie die Einhaltung des Grundsatzes, daß jeder dritte Staat sich der Einmischung in einen Bürgerkrieg zu enthalten habe. Hierbei wird sowohl eine Generalklausel verwendet als auch hingewiesen auf Besonderheiten von Einzelfällen, die enumerativ gefaßt werden. Man ist erinnert an die Resolution der Generalversammlung der Vereinten Nationen, mit der die gleiche Methode im Hinblick auf die Aggressionsdefinition verwendet wurde.[2] Der dritte Artikel läßt Ausnahmen vom Interventionsverbot zu, und zwar im Hinblick auf humanitäre Hilfe und die Fortsetzung technischer und wirtschaftlicher Unterstützung; auch wird darauf hingewiesen, daß es nicht verboten sein könne, das staatliche Verhalten gegebenenfalls nach den Richtlinien der Vereinten Nationen auszurichten. Durch Artikel 4 wird nochmals die Zulässigkeit humanitärer Hilfe betont, und Artikel 5 soll den Staaten Eingriffsmöglichkeiten dann eröffnen, wenn andere Staaten widerrechtlich sich auf einer Seite der Bürgerkriegsparteien helfend betätigen. Die nachfolgende Betrachtung soll vorwiegend zwei Problemkreisen gewidmet sein, nämlich zunächst der Untersuchung des Begriffs Bürgerkrieg und dann der Frage, ob die militärische Hilfeleistung für eine sich im Bürgerkrieg befindende, aber noch etablierte Regierung auch dann unzulässig sein soll, wenn diese Regierung ausdrücklich um eine derartige Hilfe ersucht. Beide Problemkreise hängen selbstver-

---

2 Res. 3314 (XXIX) v. 14. 12. 1974, GAOR 29th Sess., Suppl. 31 (A/9631).

ständlich eng miteinander zusammen, wenn auch die zweite Frage diejenige ist, deren Beantwortung am nachhaltigsten auf das Zusammenleben souveräner Staaten Einfluß haben würde.

II. *Definition des Bürgerkrieges*

Der völkerrechtliche Begriff des Bürgerkrieges bedarf der Definition im wesentlichen für zwei Aspekte. Einmal geht es um die Frage der Anwendung des humanitären Kriegsrechts auch in internen bewaffneten Auseinandersetzungen. Diese Begriffsbestimmung für Zwecke des ius in bello interessiert nicht für die Frage der Auslegung der Resolution des IDI. Der zweite Gesichtspunkt jedoch hat unmittelbaren Bezug auf die Fragen, die im folgenden zu behandeln sind, denn bei ihm geht es um die Abgrenzung des Bürgerkrieges vom internationalen Krieg im Hinblick auf Verbote der Intervention dritter Staaten. Das Ziel der Resolution, wie es sich deutlich aus ihrer Präambel ergibt, ist es, eine solche Intervention soweit als irgendmöglich auszuschalten. Zur Begründung dieses Ziels ist darauf hingewiesen, daß jede Intervention im Bürgerkrieg geeignet sei, auch einen internationalen bewaffneten Konflikt auszulösen. Dieser Gefahr insbesondere soll begegnet werden.

Die Definition der Resolution des IDI bezeichnet den Bürgerkrieg als einen bewaffneten Konflikt nicht-internationalen Charakters, ausgetragen auf dem Gebiet nur eines Staates. Zur näheren Erläuterung werden die Fälle aufgezeigt, in denen eine oder mehrere Gruppen von Aufständischen die etablierte Regierung angreifen, um das politische, wirtschaftliche und auch soziale Regime zu stürzen oder auch um die Autonomie eines Teiles des Staates und seines Staatsgebietes herzustellen, bzw. die Sezession eines Staatsteiles zu erreichen. Dagegen sollen nicht unter die Begriffsbestimmung und damit unter die Regeln der Resolution die Fälle eingeordnet werden, in denen es um die Bekämpfung lokaler Unruhen geht, in denen bewaffnete Kämpfe zwischen Streitkräften stattfinden, die durch eine internationale Demarkationslinie getrennt sind und in denen der Vorgang der Dekolonisierung eine wesentliche Rolle spielt. Der Erwähnung des über eine international anerkannte Demarkationslinie ausgreifenden Kampfes hätte es nicht bedurft, nachdem die Resolution den internationalen Konflikt ausschalten wollte. Auf die besonders schwierige Frage der Dekolonisierung ist noch zurückzukommen.

Es kann nicht erstaunen, daß diese Definition heftig umstritten war, was sich insbesondere durch Hinweise auf das Selbstbestimmungsrecht aus-

drückte. Dennoch erscheint die Formulierung recht gut gelungen, denn bei genauerer Interpretation ergibt sich, daß auf das Selbstbestimmungsrecht ausreichend Rücksicht genommen wurde. Die Herstellung der Autonomie einer Aufstandsgruppe auf einem Teilgebiet des Staates und auch die Sezession aus diesem Staat können zwar Ausdruck des durch die UN-Charta und der Menschenrechtspakte der UN zum Rechtssatz erklärten Selbstbestimmungsrechts sein, aber das muß nicht immer der Fall sein. Autonomiebestrebungen und solche zur Erreichung der Sezession können auch durchaus auf anderen Motiven als denjenigen der Ausübung des Selbstbestimmungsrechts beruhen, d. h. auf solchen rein politischer Machtbestrebungen. Die Ausübung des Selbstbestimmungsrechts macht den Vorgang nach weit verbreiteter Auffassung zu einem internationalen Konflikt (Courek, S. 124, 148 f., 420; v. d. Heydte, S. 421; Sperduti, S. 428), denn die Beachtung dieses Rechts sei eine völkerrechtliche Verpflichtung; der reine Machtkampf zur Machtübernahme aus Gründen, die mit spezifischer Gruppenunterdrückung nichts mehr zu tun haben, läßt den Vorgang als eine innere Angelegenheit des betroffenen Staates erscheinen. Der internationale bewaffnete Konflikt aber ist bei der Definition der Resolution ausdrücklich ausgenommen und damit für viele Betrachter auch der Fall des Selbstbestimmungsrechts, während die rein machtpolitische Autonomiebestrebung und der Kampf um die Regierungsgewalt in den Bürgerkriegsbegriff einbezogen bleiben. Zur Klärung der auch in den Debatten des IDI so umstrittenen Frage nach der Abgrenzung des Bürgerkrieges von einem spezifischen Kampf um das Selbstbestimmungsrecht sei noch auf das Folgende hingewiesen. Die Ausübung des Selbstbestimmungsrechts ist nicht auf die Übernahme der gesamten Staatsgewalt gerichtet, denn dieser Vorgang wäre als innerstaatliche Revolution zu bezeichnen, als der Versuch also, die Regierungsstruktur eines bestehenden Staates zu verändern. So wäre z. B. die Übernahme der Macht in Südafrika durch die schwarze Bevölkerung nicht die Ausübung des Selbstbestimmungsrechts, sondern eine Veränderung der Regierungsstruktur dieses Staates, mag auch das Motiv in dem Gefühl der Unterdrückung von Bevölkerungsgruppen zu sehen sein und mag man auch einen Kampf mit dieser Zielsetzung als »Befreiungskrieg« bezeichnen. Es geht in diesen Fällen aber nicht um die Befreiung einer Gruppe, sondern um ihre Herrschaftsbeteiligung oder auch Vorherrschaft.
Wenn man der Auffassung folgt, daß die Ausübung des Selbstbestimmungsrechts den Bürgerkrieg internationalisiert,[3] dann liegt per definitio-

---

3 *A. Verdross – B. Simma,* Universelles Völkerrecht, 1976, S. 250.

nem der Resolution des IDI in diesem Fall der Tatbestand des Bürgerkrieges als »non interétatique« nicht vor. Natürlich kann auch der Kampf um Gruppenschutz innerhalb eines Staates als Ausübung des Selbstbestimmungsrechts gelten; aber auch dann wäre aus den angegebenen Gründen ein internationaler Konflikt anzunehmen und nicht ein Bürgerkrieg im Sinne der Resolutionsdefinition.

Erheblich mehr Unklarheiten bereitet die Herausnahme des Vorganges der Dekolonisierung aus der Resolution. Ein solcher Vorgang kann dann als Ausübung des Selbstbestimmungsrechts gelten, wenn die Sezession einer Gruppe gewollt ist; auch dann wäre eine Internationalisierung dieses Vorganges anzunehmen, und die Herausnahme der Dekolonisierung aus der Begriffsbestimmung ist folgerichtig. Die Dekolonisierung ist aber dann nicht als Ausübung des Selbstbestimmungsrechts zu qualifizieren, wenn man hierunter auch den Vorgang subsumiert, bei dem es um den Versuch der gesamten Machtübernahme oder zumindest der Machtteilnahme im Gesamtstaat durch eine rassisch unterdrückte Gruppe geht. Dann aber bleibt dieser Dekolonisierungsvorgang eine interne Auseinandersetzung in dem betreffenden Staat und seine innere Angelegenheit. Dieser zweite Fall entspricht durchaus der zunächst von der Resolution betonten Intention der Beschränkung des Bürgerkrieges auf interne Kämpfe, wird dann aber doch wieder durch eine Art Generalklausel, die schlechthin und undifferenziert auf Dekolonisierung verweist, aus der Regelung herausgenommen. Da die Resolution nur den Bürgerkrieg bzw. das Interventionsverbot im Bürgerkrieg betreffen will, bleibt so der Hinweis auf die Dekolonisierung unklar. Es ist bedauerlich, daß der Begriff der Dekolonisierung verwendet wird, denn einmal ist festzustellen, daß diese Vorgänge nahezu abgeschlossen sind und zum anderen ist dieser Begriff noch unklarer und unschärfer[4] als derjenige des Selbstbestimmungsrechts, wie das schon aufgezeigt wurde. Noch unpräziser wäre allerdings die Herausnahme des »Befreiungskrieges« gewesen.

Sieht man von der soeben behandelten Frage und Unklarheit ab, ergibt sich, daß die Resolution im Hinblick auf die gewählte Definition des Bürgerkrieges und für die Belange des Interventionsproblems befriedigend ist. Allerdings hat dieses, im Sinne der Abstraktion gelungene Ergebnis doch nicht verhindern können, daß das Selbstbestimmungsrecht im Hinblick auf

---

4 Auch die Res. 1514 (XV) v. 14. 12. 1960, GAOR 15th Sess., Suppl. 16 (A/4684), gibt keine ausreichende Auskunft, wenn von »Kolonialismus in allen Erscheinungsformen« die Rede ist.

Interventionsverbote auch weiterhin Verwirrung stiftete, was in der Diskussion um den zweiten Artikel der Resolution bedeutsam wurde. Da auch durch Anerkennung der Aufständischen der zunächst interne Bürgerkrieg zu einem internationalen Krieg sich wandeln kann,[5] hätte es nahegelegen, auch diesen Fall bei der Formulierung der Definition des Bürgerkrieges ausdrücklich auszuklammern. (Auf die Frage der vorzeitigen Anerkennung weist O'Connell, S. 139, hin.) Sinngemäß ist das wohl auch der Fall, da von »conflit armé de caractère non-étatique« die Rede ist. Wenn also die Resolution sich auf interne Bürgerkriege beschränken will, verliert sie ihre Bedeutung bei Eintritt jeder Art der Internationalisierung. In vielen Fällen wird sie also bedeutungslos bleiben, vor allem aber kann ihr durch einseitigen Akt eines Anerkennenden die Wirkung nahezu jederzeit genommen werden. Die Resolution verbietet nämlich nur die Intervention, nicht aber die Anerkennung der Aufständischen als Kriegführende.

Abschließend zu dieser ersten Betrachtung über die Definition des Bürgerkrieges müssen im Hinblick auf die Internationalisierung des Konflikts durch Ausübung des Selbstbestimmungsrechts noch einige Hinweise gegeben werden. Man kann wohl davon ausgehen, daß hier ein objektiver Begriff des Selbstbestimmungsrechts gemeint sein muß. Wäre es anders, dann würde auch die rein einseitige Behauptung einer Gruppe von Aufständischen, sie hätten zu den Waffen gegriffen, weil sie ihr Selbstbestimmungsrecht ausüben wollten, jede Abgrenzung unmöglich machen. Für diese Abgrenzung im Sinne objektiven Rechts kann man auf diejenigen Merkmale zurückgreifen, über die weitgehend Einmütigkeit zu herrschen scheint. Diese Merkmale beziehen sich einmal auf die Inhaberschaft dieses Rechts und zum anderen auf seinen Inhalt, d. h. auf die Frage, was der Inhaber dieses Rechts fordern kann. Da auch in den Auseinandersetzungen im IDI das Selbstbestimmungsrecht immer wieder als Argument und als notwendiges Abgrenzungskriterium genannt wurde, da aber andererseits niemand seiner Auffassung vom Selbstbestimmungsrecht eine entsprechende Definition zugrunde legte, sei hier in aller Kürze eine Definition vorgeschlagen, wobei die bekannte Kontroverse darüber, ob das Selbstbestimmungsrecht ein Individual- bzw. Menschenrecht sei, oder ob es nur als Gruppenrecht zu gelten habe, außer acht gelassen werden soll. Es wird dabei nicht übersehen, daß die Einfügung des Selbstbestimmungsrechts in den jeweils ersten

---

5 Vgl. z. B. *J. H. Schmidt,* Bürgerkrieg und Völkerrecht, Wörterbuch des Völkerrechts, Bd. 1, 1960, S. 261 f.; *G. Dahm,* Völkerrecht, Bd. 1, 1958, S. 183.

Artikel der beiden Menschenrechtspakte der Vereinten Nationen[6] vordergründig ein Individualrecht nachzuweisen scheint, doch kann wohl davon ausgegangen werden, daß hierbei politische Emotionen zu dieser Redaktion beigetragen haben; sie widerspricht in dieser Art der wohl überwiegenden Auffassung, nach welcher es sich bei dem Selbstbestimmungsrecht nur um ein Gruppenrecht handeln kann. Zur Definition sei das Folgende bemerkt.[7] Das Staatsvolk eines souveränen Staates kämpft dann um sein Selbstbestimmungsrecht, wenn es sich gegen Fremdherrschaft wendet. Im übrigen geht es um Gruppenschutz. Die Gruppe muß Unterscheidungsmerkmale gegenüber der Masse des Staatsvolkes, in dem sie lebt und dessen Staatsangehörigkeit sie besitzt, in evidentem Maße aufweisen; diese Unterscheidungsmerkmale können nicht abschließend aufgezählt werden, aber bisher bezogen sie sich in etwa auf Kultur, Volkszugehörigkeit im ethnischen Sinne, Rasse, Religion und Sprache. Zu den notwendigen Gruppenmerkmalen gehören ausreichende Homogenität bezüglich der genannten Kriterien und der manifestierte Wille, diese Eigenarten zu erhalten. Die Gruppe muß ein abgrenzbares Territorium bewohnen oder doch bewohnt haben, und ihre Zerstreuung, falls sie durchgeführt wurde, muß schon als Reaktion auf ihre Homogenität angesehen werden können. Selbstbestimmungsrechte für eine solche Gruppe entstehen dann, wenn die etablierte Staatsgewalt versucht, diese Homogenität zu vernichten. Das Ausmaß des Rechts im Rahmen der Reaktion der Gruppe bestimmt sich nach dem Ausmaß der Bedrohung ihrer Homogenität. Die Gruppe wird es hinnehmen müssen, wenn die etablierte Staatsgewalt nicht alle ihre Wünsche respektiert, denn die staatsbürgerlichen Pflichten können auch zur Einschränkung der Freiheit auf diesem Gebiet führen. Der Gruppe entsteht ein Abwehrrecht, wenn zur Unterdrückung ihrer Homogenität eine unerträgliche Diskriminierung durch die Staatsgewalt vorgenommen wird. Die Stärke der Diskriminierung bestimmt das Maß des Abwehrrechts. Der bewaffnete Kampf um die Selbstbestimmung kann dann als angemessene Reaktion bezeichnet werden, wenn auch die humanitäre Intervention dritter Staaten zur Verhinderung absolut geschützter Menschenrechte gerechtfertigt wäre. Der Kampf kann dann geführt werden mit dem Ziel der Sezession aus dem bestehenden

---

6 International Covenant on Economic, Social and Cultural Rights, Art. 1, GAOR, Res. 2200 A (XXI) v. 16. 12. 1966; International Covenant on Civil and Political Rights, GAOR, Res. 2200 A (XXI) v. 16. 12. 1966.
7 Die hier gegebene Definition folgt meinen früheren Definitionsversuchen in: Das Selbstbestimmungsrecht der Völker als Grundsatz des Völkerrechts, Berichte der Deutschen Gesellschaft für Völkerrecht, Heft 14, 1974.

Staat, der Herstellung geschützter Autonomie innerhalb dieses Staates, der Errichtung eines eigenen Staates oder des Anschlusses an einen anderen Staat.

Diese Merkmale wurden hier nochmals erläutert, damit die Hinweise auf die Internationalisierung des Bürgerkrieges Gestalt gewinnen. Eine solche Internationalisierung – um das nochmals zu wiederholen – findet nur statt, wenn die Gruppenmerkmale objektivierbar sind und kann nicht auf einer einseitigen und rein subjektiven Absichtserklärung beruhen. Es geht also um eine Tatsachenfrage, und solange diese nicht in positivem Sinne zu Gunsten des Selbstbestimmungsrechts geklärt ist, bleibt die Auseinandersetzung ein interner Bürgerkrieg. So sollte auch die Resolution des IDI aufgefaßt werden.

III. *Das Interventionsverbot*

Die Resolution des IDI erklärt durch ihren Artikel 2, daß jede Intervention dritter Staaten in den so definierten Bürgerkriegszustand zu unterbleiben habe. Es werden dann spezielle Lagen geschildert, für die diese Regel gelten soll, und es werden in Artikel 3 bis 5 auch Ausnahmen genannt, auf die zurückzukommen ist. Festzuhalten bleibt zunächst nur, daß das Interventionsverbot grundsätzlich umfassend sein soll. Hiernach soll ein dritter Staat auch gehindert sein, einer etablierten Regierung auf deren Ersuchen Hilfe bei der Bekämpfung eines Aufstandes zu gewähren. Diese Bestimmung wurde in den Diskussionen nachhaltig sowohl kritisiert (Rousseau, S. 126, 142; O'Connell, S. 122, 139; Doehring, S. 424; Bindschedler, S. 454) als auch unterstützt (Courek, S. 124; Miaja de la Muela, S. 137; Skubiszewski, S. 125, 143 f., 419; Ago, S. 154; Schachter, S. 418), und sie bildete das Zentrum einer grundlegenden Kontroverse. Man berief sich sowohl darauf, daß sie das bisher bestehende Recht abzuwandeln versuche, als auch darauf, daß sie einer schon gefestigten neueren Rechtsauffassung folge.[8] Objektiv gesehen konnte nur eine Antwort richtig sein, es sei denn, man hätte in dieser Bestimmung nur eine Empfehlung de lege ferenda sehen wollen. Das war aber nicht der Fall (Schachter, S. 418; Skubiszewski, S. 419 mit Einschränkung).

---

8 Vgl. dazu *Menzel-Ipsen,* Völkerrecht, 2. Aufl. 1979, wo auf S. 200 die Beteiligung am Bürgerkrieg auf Einladung der Regierung »heute überwiegend als unzulässige Einmischung« angesehen wird *(E. Wehser),* während auf S. 456 die heute überwiegende Auffassung eine solche Intervention für zulässig hält *(R. Thode).*

Es ist wohl selbstverständlich, daß hinter den Äußerungen durchaus auch allgemein politische und rechtspolitische Motive zu sehen sind. Insbesondere dann, wenn es schwerfällt, objektives Recht zu entdecken, sind solche Motive die Grundlage gerechtfertigter Argumentationen, denn in ungeklärten Rechtslagen ist finales Denken durchaus ein zulässiges Mittel auch des Juristen.
Diejenigen, die Hilfeleistungen auch dann ablehnen, wenn die etablierte Regierung um Derartiges ersucht, mögen daran gedacht haben, daß die gegenteilige Ansicht bei Interventionen im Ostblock zu Vorgängen wie in Ungarn 1956 und der Tschechoslowakei im Jahre 1968 führen können; auch die Situation Afghanistans kann als ein Beispiel gelten. Insbesondere Amerikaner mögen dazu neigen, auf die Vorwürfe, die gegenüber den USA aufgrund des Vietnam-Krieges erhoben wurden, in dieser Weise zu reagieren. Die entgegengesetzte Auffassung kann politisch dadurch motiviert sein, daß man an die Hilflosigkeit einer etablierten Regierung gegenüber massiven Subversionen aus dritten Staaten denkt, die sich nicht nur in der Anwendung von Waffengewalt ausdrücken müssen, sondern auch durch ideologische und ähnliche Einflußnahme. Politisch motiviert kann auch die Annahme sein, daß Hilfeersuchen nicht nur im wohlverstandenen eigenen Interesse des betroffenen Staates, sondern auch eines Staatenblocks erfolgen könnten, ebenso auch der Gedanke, daß ein Ersuchen fingiert sein kann. Im Hintergrund politischer Überlegungen mag weiter die Befürchtung stehen, daß vom Hilfeersuchen bis zur nichtangeforderten aber »wohlmeinenden« Hilfe nur ein einziger Schritt führen kann und so der Übergang zu einer allgemeinen Anerkennung der Breschnjew-Doktrin möglich wäre. Diejenigen, die ein Hilfeersuchen für erheblich halten, mögen wiederum daran gedacht haben, daß gerade ein schwacher, friedliebender und auf Abwehr nicht eingestellter Staat (Doehring, S. 424) insbesondere dann der Hilfe bedürfe, wenn er gemeinsame Interessen einer werthomogenen Staatengemeinschaft verteidige. Alle diese allgemein politischen, machtpolitischen und rechtspolitischen Überlegungen sind selbstverständlich auch maßgebend für die Bildung internationaler Rechtssätze und sollen deshalb nicht unterbewertet werden. Sie können aber nur dann ausschlaggebendes Gewicht gewinnen, wenn nicht doch bestehendes Recht festgestellt werden kann. Um diese Frage soll es im folgenden gehen.
Eines der Argumente, mit denen das strikte Hilfsverbot begründet wurde und also auch das Ersuchen des hilfsbedürftigen Staates für unbeachtlich erklärt wurde, stützte sich auf die Überlegung, daß eine Regierung, die in einer solchen Lage der Hilfe anderer Staaten bedürfe, damit ihren Mangel an Legitimität nachweise (Courek, S. 148 f.); das Volk wolle eine solche

Regierung nicht mehr. Diese Argumentation jedoch ist leicht zu widerlegen. Einmal ist fraglich, ob der Kampf gegen die Regierung von einer Gruppe von Aufständischen ausgeht, die sich ihrerseits auf den Volkswillen berufen und damit Legitimität in Anspruch nehmen kann; es gibt keine Verfahren für derartige Feststellungen, und die größte Brutalität kann erfahrungsgemäß mit der Behauptung der Legitimität auftreten. Vor allem aber ist mit guten Gründen in der Völkerrechtsordnung die Legitimität der Regierung nicht als Kriterium für die Inhaberschaft der Souveränität verwendet worden (Bindschedler, S. 423); lediglich die Anerkennung oder Nichtanerkennung der Regierung – aber nicht des Staates – gewinnen in diesem Zusammenhang Bedeutung. Die Friedensfunktion des Völkerrechts hat die Frage der Legitimität einer Regierung den inneren Angelegenheiten der Staaten zugeordnet.[9] Die Feststellung, eine Regierung sei in einen Bürgerkrieg verwickelt und deshalb dürfe ihr nicht von außen geholfen werden, käme einer anderen Feststellung gleich, nämlich derjenigen, daß einer Regierung wegen einer Bürgerkriegskrise die Anerkennung mangels Legitimität entzogen werden müsse und nicht nur dürfe.[10] Eine solche Folgerung entspricht nicht dem überkommenen Völkerrecht, und die Begründung eines solchen Rechtssatzes de lege ferenda würde die Völkerrechtsordnung einer jedenfalls bisher als unerträglich empfundenen Belastung aussetzen.

Ein weiteres Argument, mit dem jede und also auch die erbetene Hilfe durch die etablierte Regierung als rechtswidrig bezeichnet wurde, stützt sich auf das Gewaltverbot der UN-Charta und seine übrigen Ausprägungen (Schachter, S. 418; Courek, S. 420; ähnlich Skubiszewski, S. 419). Das internationale Gewaltverbot betrifft jedoch den Fall des Bürgerkrieges nicht, denn die inneren Angelegenheiten eines Staates sind im Grundsatz dem Mechanismus der UN-Charta entzogen (Art. 2 Abs. 7), es sei denn, eine allgemeine Friedensbedrohung sei zu besorgen oder die Gefährdung der Menschenrechte nimmt ein solches Ausmaß an, daß die Internationalisierung des Konflikts die Folge ist. Es bedarf zur Rechtfertigung der Gewaltanwendung durch die Regierung im internen Bürgerkrieg auch nicht der Berufung auf das Selbstverteidigungsrecht, wie es in Art. 51 der UN-

---

9 So ist auch bei *G. Tunkin*, Völkerrechtstheorie, 1972, S. 59 ausgeführt: »Der Klassenkampf in einem Staat ist eine innere Angelegenheit und kann nicht durch das Völkerrecht geregelt werden«. Selbst die sowjetische Lehre läßt also zumindest theoretisch die marxistische »Legitimität« im Falle der Koexistenz von Staaten verschiedener Gesellschaftsordnungen nicht als Aufhebung der Respektierung innerer Angelegenheiten gelten.
10 Zu den Grenzen des Ermessens bei der Anerkennung *W. Wengler*, Völkerrecht, 1964, S. 790.

Charta enthalten ist. Der Grund dafür, warum die Resolution des IDI gemäß überkommener Auffassung die Hilfeleistung an Aufständische und also gegen die Regierung als unzulässig erklärt, ist zwar dann im internationalen Gewaltverbot zu sehen, wenn diese Hilfe zu einer Art mittelbaren Täterschaft führt, beruht aber in erster Linie doch auf dem Gebot zur Respektierung innerer Angelegenheiten. Auch die Definition des Begriffs der Aggression, wie sie von der Generalversammlung der Vereinten Nationen vorgenommen wurde,[11] gibt nichts dafür her, daß erbetene Hilfe für eine Regierung im Bürgerkrieg dem Gewaltverbot widersprechen würde, wobei wiederum der Kampf um das Selbstbestimmungsrecht als ein zur Internationalisierung führender Vorgang hier unbeachtet bleiben soll, da es nach sinngemäßer Interpretation der Resolution als ausgenommen gelten muß. Was für die Aggressionsdefinition anzunehmen ist, gilt in gleicher Weise für die Deklaration über die Grundsätze des Völkerrechts für freundschaftliche Beziehungen und Zusammenarbeit zwischen den Staaten gemäß der Charta der Vereinten Nationen,[12] denn auch diese Empfehlung betrifft nur internationale und nicht interne Konflikte; sie spricht sogar in Art. 3 c von dem Tatbestand, daß Streitkräfte eines Staates sich im Hoheitsgebiet eines anderen Staates mit dessen Zustimmung befinden.

Der Auffassung, es gehöre zu den bisher unbestrittenen Rechten eines souveränen Staates, im Bürgerkrieg Hilfe dritter Staaten heranzuziehen (Rousseau, S. 126, 142; O'Connell, S. 122, 139; Bindschedler, S. 454),[13] wurde immer wieder entgegengehalten, daß nur die Ablehnung jeder Intervention das Selbstbestimmungsrecht von Aufständischen sichere (Courek, S. 148; Schachter, S. 455). Es wurde auch behauptet, daß eine Unterscheidung zwischen einem Konflikt zur Inanspruchnahme des Selbstbestimmungsrechts und einer Art von Bürgerkrieg gar nicht getroffen werden könne (Schindler, S. 429, im Hinblick auf »Befreiungskriege«). Diese Argumentation hält nur dann stand, wenn entweder die einseitige Erklärung der Aufständischen, ihr Kampf gelte dem Selbstbestimmungsrecht, voraussetzungslos und bindend hingenommen wird, oder aber, wenn man jeden Aufstand undifferenziert als Ausdruck des Selbstbestimmungsrechts oder

---

11 Vgl. Fn. 2.
12 Res. 2625 (XXV) v. 24. 10. 1970, GAOR 25th Sess., Suppl. 28 (A/8020).
13 *A. Verdross – B. Simma*, aaO., S. 250; *H. Kelsen – R. W. Tucker*, Principles of International Law, 2. Aufl. 1967, S. 28 f.; *F. Berber*, Lehrbuch des Völkerrechts, Bd. 1, 1975, S. 242; *D. P. O'Connell*, International Law, vol. 1, 1965, S. 326; *I. Seidl-Hohenveldern*, Völkerrecht, 4. Aufl. 1980, Ziff. 1316, erklärt die Frage für umstritten. Mit diesen Zitaten soll nur ein kleiner Ausschnitt aus der nahezu unübersehbaren Literatur zu dieser Frage gegeben werden.

als »Befreiungskampf« wertet. Doch beide Prämissen erscheinen unzulässig, denn sie lassen eine Unterscheidung zwischen internationalem Krieg und internem Bürgerkrieg nicht mehr zu. Ob man den Standpunkt vertritt, daß diese Unterscheidung ihren Sinn in der neueren Entwicklung der Staatenbeziehungen verloren habe, mag dahingestellt bleiben, obwohl sie der Charta der Vereinten Nationen und den oben genannten Definitionsversuchen von Aggression und freundschaftlichen Beziehungen schon bei deren Verbalinterpretation widerspricht. Die Resolution des IDI jedenfalls geht von dieser Unterscheidung aus und wäre ohne sie weder schlüssig noch verständlich.

Es erhob sich dann die Frage, welches Rechtssubjekt durch Hilfeleistung eines dritten Staates auf Ersuchen der etablierten Regierung in seinen Rechten verletzt sein könne (Doehring, S. 453). Der sich im Bürgerkrieg befindende Staat scheidet als verletztes Rechtssubjekt aus, denn volenti non fit iniuria. Die Aufständischen kommen solange als Rechtssubjekt nicht in Betracht, als sie nicht als Kriegführende anerkannt sind und auch nicht im objektiven Sinne einen Kampf für das Selbstbestimmungsrecht führen. In beiden Fällen aber soll es sich gerade nach Auffassung derjenigen, die ein striktes Interventionsverbot fordern, um eine Internationalisierung des Konflikts handeln, um eine Lage also, die von der Resolution des IDI gerade nicht gemeint ist. Die Antwort auf diese Frage lautete, daß das rechtlich geschützte Interesse der Staatengemeinschaft betroffen sein könne (Schindler, S. 453 f.). Doch diese Auskunft ist unbefriedigend, denn innere Angelegenheiten eines Staates sollen nach der Charta der Vereinten Nationen einem internationalen Interesse grundsätzlich entzogen sein. In diesem Zusammenhang wurde auch das Problem erörtert, wie denn bei Akzeptierung eines so strikten Interventionsverbotes schon bestehende oder zukünftig gewollte Garantieverträge zu bewerten seien (O'Connell, S. 139; Rosenne, S. 466). Man denke etwa an die Garantie der Verfassung Zyperns. Eine befriedigende Antwort erging nicht und konnte auch kaum erwartet werden (Skubiszewski, S. 419). Sollte das strikte Interventionsverbot als ius cogens superveniens betrachtet werden, müßte man diese Garantieverträge als nichtig qualifizieren; doch ihr Ziel war und ist es gerade, die Gewalt auszuschalten, und ihre Berechtigung wurde und wird nicht zuletzt mit dem Interesse der Staatengemeinschaft begründet. Würde man solchen Verträgen aber Bestand zuerkennen, dann wäre das von der Resolution gemeinte Interventionsverbot nicht zwingendes, sondern abdingbares Recht und verlöre auf diese Weise wiederum seine Bedeutung bzw. würde sinnlos. Von besonderem Interesse ist die Ausnahme vom Interventionsverbot im Bürgerkrieg, die von der Resolution in ihrem Art. 3 c aufgezeigt wird. Hilfe darf danach geleistet werden, wenn diese auf einer Entscheidung der Vereinten Nationen in Übereinstimmung mit der UN-Charta beruht. Dieser Ausnahmeregelung hätte es nicht bedurft, denn sie bezieht sich wiederum auf den Fall einer Internationalisierung des Konflikts, mag diese auf Friedensbedrohung oder auf dem Gebot des Menschenrechtsschutzes beruhen. Die Vereinten Nationen sind nach ihrer Charta gerade nicht zuständig, in rein interne Konflikte einzugreifen.[14]

Abschließend sei noch auf eine Empfehlung der Resolution hingewiesen, die besondere Probleme erzeugt und die letztlich Ziel und Motiv eines strikten Interventionsverbotes im beschriebenen Sinne aufhebt oder gar in ihr Gegenteil verkehren kann. In Art. 5 der Resolution ist ausgeführt, daß dann, wenn eine Partei des Bürgerkrieges – Regierung oder Aufständische – Hilfe von dritten Staaten erhält, der anderen Partei ebenfalls Hilfe gewährt werden kann, wobei diese gegebenenfalls mit Entscheidungen der Vereinten Nationen und mit dem allgemeinen Völkerrecht in Übereinstimmung zu stehen hätte. Eine Unterscheidung zwischen etablierter Regierung und Aufständischen wird bei dieser Art der Gegenseitigkeit nicht getroffen. Diese Regel kann zur Folge haben, daß dann, wenn der etablierten Regierung auf ihren Wunsch Hilfe geleistet wird, widerrechtlich also im Sinne der Resolution, ein dritter Staat nunmehr auch den Aufständischen Hilfe gewähren darf. Eine Regelung, die zur Einschränkung der Intervention führen soll, weitet sich aber auf diese Weise aus. Sinnvoll und folgerichtig wäre bestenfalls gewesen, die Zulässigkeit der Hilfe für die etablierte Regierung davon abhängig zu machen, ob ein dritter Staat den Aufständischen Hilfe leistet, aber nicht umgekehrt.

Betrachtet man so diese Resolution in ihrer Gesamtheit, drängt sich der Gedanke auf, daß die bisher wohl überwiegende Auffassung, wonach ein Staat im intern bleibenden Bürgerkrieg die Hilfe eines anderen Staates zulässig erbitten kann, eher zur Aufrechterhaltung der Friedensziele des Völkerrechts geeignet ist als die aufgezeigte Empfehlung. Solange die Völkerrechtsgemeinschaft aus souveränen Staaten gebildet ist und der Wandel von einer Koordinationsordnung zu einer Subordinationsordnung im Völkerrecht nicht mit allen Konsequenzen vollzogen wurde oder werden kann, sollte mit Verboten und Geboten dieser Art vorsichtiger umgegangen werden. Für die Belange der Intervention im Bürgerkrieg sollte daran festgehalten werden, daß die Regierung eines souveränen Staates aus Rechtsgründen nicht gehindert sein sollte, Hilfe anderer Staaten in Anspruch zu neh-

---

14 *A. Verdross – B. Simma*, aaO., S. 237, stellen die Unanwendbarkeit der UN-Charta im Bürgerkrieg fest, solange die Aufständischen nicht als Kriegführende anerkannt sind.

men. Dem Interesse der Staatengemeinschaft wäre vollauf entsprochen, wenn es gelingt, angebliche und insofern fingierte Hilfeersuchen zu »entlarven«, denn derartige internationale Unwahrheiten bedeuten die stärkste Gefahr für den Weltfrieden, und ihre Aufklärung ist das wohl wichtigste Mittel zur Verhinderung der Ausweitung eines internen Bürgerkrieges.

Management kollektiver Sozialkonflikte als unternehmerische Aufgabe

*Gerhard Frühe**

I. *Umfang der Betrachtung*[1]

Der Rahmen dieser Darstellung ergibt sich aus folgendem Verständnis der Begriffe
- »Sozialkonflikt« als konkreter, objektiver oder subjektiver Widerstreit von Mitarbeiterinteressen zum Unternehmensziel oder zur Unternehmensführung
- »kollektiv« als organisiertes Interesse einer Mehr- oder Vielzahl von Mitarbeitern
- »Management« als gezielte Einflußnahme der Unternehmensführung zum Erreichen des Unternehmensziels, besonders zum Erhalt oder zur Wiederherstellung der Funktionsfähigkeit des Unternehmens
- »Unternehmerische Aufgabe« als legitimiertes Handeln für einen organisierten Verbund personeller und sachlicher Mittel zur Deckung von Marktbedürfnissen in gesellschaftskonformer Weise zum Nutzen von Eigentümer und Belegschaft.

Diese Definitionen erheben keinen Anspruch auf allgemeine Gültigkeit; sie sind final auf das Thema dieses Beitrags zu verstehen, insbesondere besteht nicht die Absicht, der Flut allgemeiner Konflikttheorien[2] eine neue hinzuzufügen. Für die anstehende Betrachtung mag es sich aber als nützlich erweisen, insoweit Galtung[3] folgend und auf die Kollektivebene projiziert, zwei Konfliktklassen zu unterscheiden:
Den Konflikt innerhalb des Systems Unternehmung (intraorganisational) und zwischen Systemen (interorganisational).

---

*Mitglied des Vorstandes der Deutschen Lufthansa AG, Köln.
1 Der Beitrag behandelt im wesentlichen die Situation in der Bundesrepublik Deutschland mit dem hier gegebenen Instrumentarium. Die grundsätzlichen Überlegungen lassen sich aber auch auf das Konfliktmanagement in anderen Staaten anwenden, wie dem Verfasser als Verantwortlichem für die Personalführung eines Unternehmens mit Aktivitäten in 71 Rechts- und Gesellschaftsordnungen bekannt ist.
2 Vgl. die Bemerkung bei *Esser* aaO., S. 14 ff.
3 *Galtung* aaO., S. 348 ff.

II. Der Konflikt

1. Von der Natur des Konfliktes

Seiner Natur nach ist der Konflikt nicht amoralisch.
So ist er bereits auch in der Zielsetzung unternehmerischen Handelns angelegt. Im allgemeinen stehen die Interessen von Kapitalgebern, Verbrauchern und Mitarbeitern im Wettbewerb um Anteile der Wertschöpfung des Unternehmens. Gesellschaft und Staat sind meist auch nicht nur interessierte Zaungäste, sondern komplizieren als zusätzliche Anspruchsteller den Zielkonflikt des Unternehmens.
Was aber für die unternehmerische Zielsetzung gilt, stellt sich beim Setzen von Teilzielen, vor allem aber für das Management des Zielerreichens en gros et en detail.
Das konfliktfreie Unternehmen ist also schon von daher eine Utopie.
Trotzdem teile ich weder die Auffassung von Karl Marx noch mancher neuerer Soziologen,[4] daß der Sozialkonflikt die Voraussetzung gesellschaftlichen Fortschritts schlechthin bzw. eine wünschenswerte Bedingung sei, das Unternehmen dynamisch und innovativ zu halten.
Solche Thesen erinnern fatal an das Stereotyp vom »Krieg als Vater aller Dinge« in einer Zeit, in der die Friedensforschung den Frieden als a priori werthaft begründetes Ziel wiederentdeckt hat. Es ist vielmehr eine vorrangige unternehmerische Aufgabe, Konfliktursachen zu vermeiden bzw. zu beseitigen.
Das heißt, dieser Haltung sogenanntes »traditionelles Managementdenken und -handeln« und damit angeblich untrennbar verbundene »Vernachlässigung von Konflikt- und Spannungsproblemen« vorzuwerfen, geht fehl.[5]
Hätte nämlich die Schule, die ein auf Harmonie zielgerichtetes Management verteufelt, recht, müßten beim Fehlen von Konflikten solche bewußt herbeigeführt werden.[6] Der Präventivkonflikt ist für mich eine absurde Vorstellung. Es liegt daher in der in unseren Tagen verbreiteten Fehleinschätzung, wonach Wertvorstellungen wie etwa ein konfliktfreies Unternehmen abgelehnt werden, weil sie im Idealzustand nicht erreicht werden können. Dies scheint mir so, als ob man das Faustrecht postuliere, weil eine vollkommen erfüllte staatliche Rechtsordnung Utopie bleibt oder man auf Völ-

---

4 Stellvertretend *Krüger*, aaO., S. 14 ff.
5 *Rüttinger*, aaO., S. 52 ff. *Krüger*, aaO., S. 13.
6 So wohl *Rüttinger*, aaO., S. 50, wenn er bezweifelt, ob eine Organisation perfekt ist, wenn sie alle Konflikte zu verhindern sucht.

kerrecht, speziell Völkerkriegsrecht verzichte, weil Staatenkonflikte, wie die Historie zeigt, unvermeidlich sind.
Ziel verantwortlichen unternehmerischen Handelns ist also nicht, soziale Konflikte zu etablieren, um vermeintliche menschliche Bedürfnisse nach »Persönlichkeitsentfaltung« und »Erfolgserlebnis«[7] zu befriedigen, sondern im Gegenteil Bedingungen zu schaffen, die Konflikte so weit als möglich auszuschließen. Dies scheint mir übringens einer der größten denkbaren Beiträge zur Humanisierung der Arbeit zu sein; denn Konflikte am Arbeitsplatz stören generell nicht nur den Arbeitsablauf, sondern beeinträchtigen in erster Linie das »Wohlbefinden«[8] des einzelnen Arbeitnehmers am Arbeitsplatz und stehen damit im Widerspruch zum Mitarbeiterinteresse.

2. Die Elemente des Konfliktes

Es sind: Die Konfliktträger, der Konfliktgegenstand und die Konfliktursache.

a. Konfliktträgerschaft

Es ist dies in jedem Fall die Unternehmensführung einerseits und »Repräsentationen organisierter Interessen«,[9] soweit sie einen direkten Bezug zum Sozialfeld des Unternehmens haben, andererseits.
Im intraorganisationalen Kollektivkonflikt bestehen Divergenzen des Managements vor allem zu
- Betriebsräten
- Personalvertretungen
- Sprecherausschüssen leitender Angestellter
- Zweckverbindungen von Mitarbeitern und Pensionären
- Betriebsgruppen von Parteien oft außerhalb des demokratischen Spektrums
- Spontangruppen, soweit ein Minimum an Organisation vorhanden und eine gewisse Konsistenz mindestens beabsichtigt ist.

Gemeinsam ist diesen Organisationen ihre Position zwischen Individuum und Unternehmen.

---

7 *Rüttinger*, aaO., S. 54.
8 Wohlbefinden ist die Zielvorstellung beispielsweise der Vorschrift des § 90 BetrVerfG, vgl. *Fitting-Auffarth-Kaiser*, aaO., S. 835.
9 *Kaiser*, aaO., S. 29 sieht das Gemeinsame aller Interessenorganisationen in ihrer Lozierung zwischen Individuum und Staat.

An der interorganisationalen Auseinandersetzung sind besonders beteiligt:
- Arbeitgeberverbände und Berufsverbände der Unternehmer
- Gewerkschaften mit nationaler und internationaler Organisation
- andere Berufsverbände, die Mitarbeiterinteressen vertreten
- parteipolitisch orientierte Arbeitnehmerformationen.

Sie alle verbindet die Plazierung im Raume zwischen Staat und Unternehmen einerseits und die Mitgliedschaft von individuellen Mitarbeitern oder Organen des Unternehmens andererseits.

Es ist grundsätzlich nicht Gegenstand dieser Betrachtung, auf diejenigen Konflikte einzugehen, die im Mitarbeiter selbst angelegt sind, die zwischen einzelnen Mitarbeitern oder zwischen solchen und ihren direkten Vorgesetzten auftreten.

Zu ihrer Lösung steht die breite Palette des Instrumentariums der individuellen Personalführung bereit. Dabei darf allerdings nicht übersehen werden, daß auch solche Konflikte ihre Bedeutung in der kollektiven Auseinandersetzung haben können. Insbesondere ist die konkrete Kenntnis bestehender individueller Konflikte wichtig für die Einschätzung der auf der Gegenseite des Kollektivkonflikts handelnden Personen und für die Möglichkeiten der Meinungsgewinnung in der Mitarbeiterschaft.

b. *Der Konfliktgegenstand*

Er ergibt sich im allgemeinen aus Forderungen, die ein Kollektiv organisierten Interesses artikuliert und die unmittelbar oder mittelbar an die Adresse des Unternehmens gerichtet sind.

Forderungen und Konfliktgegenstand müssen aber nicht in jedem Fall identisch sein. Taktische und strategische Überlegungen können zu Forderungen führen, deren Bedienung den zugrunde liegenden Konflikt nicht lösen kann, da sie den Konfliktgegenstand verschleiern und häufig auch verschleiern sollen. Anlaß für ein derartiges Vorgehen ist oft, daß die den Konflikt aufzeigende Forderung entweder im Widerspruch zur geltenden Rechtsordnung zu stehen scheint,[10] oder für diese in der Betriebs- bzw. öffentlichen Meinung[11] kein Verständnis erwartet wird.

Man wird aber eine Mitwirkungspflicht des Anspruchstellers insoweit anzunehmen haben, als einer Verschleierung des Konfliktgegenstandes gegen-

---

10 Vergleiche den derzeitigen weltweiten Konfilkt um die 2-Mann-Cockpitauslegung in Flugzeugen, besonders seine Ausprägung in Deutschland.
11 Z. B. Verschleierung hoher Vergütungsforderungen durch schwer kalkulierbare und schwer verständliche Nebenforderungen bei Tarifverhandlungen.

über dem Adressaten und den späteren Schlichtungsinstanzen zumindest Grenzen gezogen sind. Das gilt vor allem im Bereich der Tarifautonomie und der Unternehmens- bzw. Betriebsverfassung. Hier ist sedes materiae nicht nur das allgemeine Gebot von Treu und Glauben, vielmehr bestehen konkrete Obligationen. Zwischen den Tarifpartnern folgen sie aus der gegenseitigen Existenzbedingtheit[12] und der Zurückhaltung der Staatsgewalt in dem den Koalitionen eingeräumten bzw. übertragenen Raum. Im Bereich der Betriebs- und Unternehmensverfassung ist diese Aufklärungspflicht unmittelbar aus § 2 Abs. 1 BetrVerfG bzw. §§ 116, 93 Aktiengesetz in Verbindung mit § 25 Mitbestimmungsgesetz abzuleiten.

Der Konfliktgegenstand kann als Forderungsziel grundsätzlich jederzeit geltend gemacht, auch erweitert und verändert werden. Einschränkungen hinsichtlich des Zeitpunktes der Durchsetzung ergeben sich aber eindeutig im Bereich der Tarifautonomie und der Betriebsverfassung. Was von der Friedenspflicht eines Tarifvertrages erfaßt ist, kann grundsätzlich erst nach deren Beendigung kämpfend geltend gemacht werden. Themata, die eine Betriebsvereinbarung abschließend regeln, können erst nach dem Ende einer Nachwirkung streitig reklamiert werden.

c. *Die Konfliktursache*

Der das Unternehmen betreffende Konflikt kann ganz außerhalb oder außerhalb der unmittelbaren Einflußsphäre des Unternehmens seine Ursache haben[13] oder innerhalb des Unternehmens angesiedelt sein.[14]

Im intraorganisationalen Bereich ergeben sich Konfliktursachen sowohl aus den Unternehmenszielsetzungen als auch aus den zur Zielverwirklichung eingesetzten Mitteln.

Im Zielbereich ist die Ursache eines Konfliktes häufig angesiedelt
- in der Rücksichtnahme auf volkswirtschaftliche oder gesellschaftliche Ansprüche, z. B. Investitionen in den Umweltschutz statt zur Humanisierung der Arbeit,
- in der Verteilung der Anteile am wirtschaftlichen Ergebnis auf die Produktionsfaktoren, z. B. Verhältnis des Return of Investment zum Personalaufwand,

---

12 Zur gegenseitigen Abhängigkeit der Sozialpartner auch *Kaiser,* aaO., S. 195.
13 Beispielsweise seien genannt: Auswirkung von Arbeitskampfmaßnahmen auf Zulieferbetriebe oder auf Betriebe, die auf Zulieferung angewiesen sind; gewerkschaftliche Boykottmaßnahmen gegenüber Reedern in der Auswirkung auf Seehafenbetriebe; Go-slow-Aktion der Flugsicherung mit ihrem Einfluß auf Luftverkehrsgesellschaften.
14 Z. B. der Streit bei Mannesmann um die Anwendung der Montan-Mitbestimmungsvorschriften.

– innerhalb des Produktionsfaktors Arbeit bei der Festlegung des Personalaufwandes für einzelne Mitarbeitergruppen.

Die Wahl der Mittel setzt Konfliktursachen vor allem in den Feldern:
- Nutzung technologischen Fortschritts für Automatisierung und Mechanisierung,
- Maßnahmen zur Marktanpassung, die Betriebsstillegung, Massenentlassung oder Kurzarbeit zur Folge haben,
- Standortveränderungen, vor allem Produktionsverlegung ins Ausland und »Ausflaggen«,
- Umgestaltung der Organisationsstruktur mit Veränderungen von betrieblichen Autoritäts-, Kommunikations- und Informationsstrukturen,
- Änderungen der Schicht-, Dienst- oder Urlaubsplangestaltung mit damit verbundenen Eingriffen in den persönlichen Bereich,
- personelle Einzelmaßnahmen mit Signalcharakter.

Die Konfliktursache kann sich auch aus einem Interessenwiderstreit zwischen intra- oder interorganisationalen Instanzen ergeben.

Konfliktgegenstand und Konfliktursache sind oft nicht identisch. Das offenbart sich deutlicher bei außerhalb der Unternehmenssphäre angesiedelten Ursachen wie die Entscheidung des Konfliktes um die betriebliche Mitbestimmung bei der sogenannten »kalten Aussperrung« zeigt.[15] Dabei ist Konfliktursache ein außerhalb geführter Arbeitskampf, der das Unternehmen zur Kurzarbeit veranlaßt; Konfliktgegenstand sind die Modalitäten der Kurzarbeit. Ein anderes Beispiel sind unterschiedliche Forderungsstrukturen verschiedener vertragschließender Gewerkschaften. Die Konfliktursache ist dabei die Rivalität zweier Konfliktträger.

Aber auch bei innerhalb des Unternehmens angesiedelten Konfliktursachen müssen diese und der Konfliktgegenstand nicht identisch sein.

Forderungen nach einer Vielzahl sozialer Zusatzleistungen vor Betriebsratswahlen zeigen dies häufig auf: Forderungen, auf die man nach den Wahlen nicht mehr zurückkommt, weil sie ausschließlich persönlicher Profilierung für die Wahl dienten.

Der Konfliktgegenstand kann auch interorganisational, die Ursache intraorganisationaler Natur sein und umgekehrt.

Abstrakt kann man grundsätzlich sagen: Konfliktgegenstand ist der geltend gemachte oder der verschleierte Anspruch, Konfliktursache der Grund für den objektiv gegebenen oder subjektiv empfundenen Widerstreit eines Mitarbeiterinteresses, organisiert als Gruppen- oder als Gesamtinteresse zur Unternehmensführung.

---

15 BAG AZ I/ABR 2/79 u. 76/79 nach HB 23. 12. 80.

In jedem Fall erfordert die Konfliktlösung die Beseitigung der Konfliktursache.

III. *Vermeiden und Lösen von Konflikten*

Es ist weder möglich, für jeden denkbaren potentiellen Konflikt ein Vermeidensrezept, noch für jeden eingetretenen Konflikt eine Patentlösung aufzuzeigen.

1. *Allgemein*

Im Bereich der Prävention gilt es, jede unternehmerische Absicht vor ihrer Umsetzung dahin zu überprüfen, ob sie Konfliktursachen neu setzt oder vorhandene verschärft. Wenn bei Abwägung aller Umstände solches unvermeidlich ist, muß nach dem voraussichtlichen Konfliktgegenstand und der zu erwartenden Konfliktträgerschaft gefragt werden.
Rechtzeitige Identifikation des potentiellen Konfliktträgers gibt die Chance, durch Kommunikation den Konfliktgegenstand bereits im Vorfeld zu minimieren und damit möglicherweise bedienbar zu gestalten.
Bereits eingetretene Konflikte zu lösen, fordert ein umgekehrtes Vorgehen. Hier steht die Frage nach dem Konfliktträger zeitlich vor der Aufklärung des Konfliktgegenstandes und seiner Ursache.
Den Konfliktträger zu identifizieren ist dabei nicht immer einfach. Das gilt insbesondere bei Koalitionen der Trägerschaft, also zum Beispiel zwischen Gewerkschaft und Berufsverband.[16] Vor allem aber wird es schwierig bei einem Zusammenspiel von intra- und interorganisationalen Konfliktträgern.[17]
Aber auch der Rückschluß von Konfliktträgern via Konfliktgegenstand auf die Konfliktursache bereitet Schwierigkeiten. Diese treten vor allem dann auf, wenn der Konfliktträger nicht repräsentativ für den Konfliktgegenstand ist. Dies ist der Fall, wenn Mehrheitsverhältnisse in der Repräsentation nicht mehr dem akuten Mehrheitswillen der Vertretenen entsprechen, diese Repräsentation aber durch Gesetz legitimierter Konfliktträger bleibt.

---

16 Z. B. Verband der Flugleiter (VDF) und Deutsche Angestellten-Gewerkschaft (DAG) 1973 in der Auseinandersetzung um Arbeitsbedingungen des Flugsicherungspersonals. Vereinigung Cockpit e. V. und DAG 1980 in der Auseinandersetzung um das Crew Complement auf Flugzeugen.
17 Z. B. Gewerkschaft und Betriebsrat.

Die Mittel im kollektiven Sozialkonflikt sind vor allem: Verhandlung, Untersuchung, Vermittlung, Vergleich, Schlichtung, richterliche Erledigung und Arbeitskampf. Dies entspricht mit Ausnahme des letzteren nahezu der Aufzählung in Art. 33 der UNO-Satzung,[18] wie überhaupt eine Reihe von Parallelen zwischen Praxis und Arbeitsrecht kollektiver Sozialkonflikte und der völkerrechtlichen Konfliktlösung sichtbar sind.

Diese Mittel sind darauf hin zu überprüfen, inwieweit sie – institutionalisiert oder nicht – zum Vermeiden und zum Lösen von Konflikten durch Verhinderung der Entstehung bzw. der Beseitigung von Konfliktursachen tauglich sind.

2. *Die Konfliktsteuerung*

a. Ist der Konflikt eingetreten und in seinen Faktoren so vollständig wie möglich identifiziert, stellt sich die Frage nach dem Ob und dem Wie einer Lösung.

Die Frage nach dem Ob scheint prima facie rhetorischer Natur zu sein. Es gibt ihn aber, den unlösbaren und den gewollt ungelösten Dauerkonflikt. Er ist häufiger dort etabliert, wo eine zahlen- oder machtmäßige Minderheit Forderungen erhebt, die negiert werden können, ohne die Zielsetzungen des Unternehmens entscheidend zu vereiteln. Als Beispiel mögen manche Ansprüche leitender Angestellter im Unternehmen dienen, denen die Machtmittel kollektiver unmittelbarer Interessendurchsetzung fehlen oder wenn eine Minderheit ohne gewerkschaftliche Alternative nicht imstande ist, berechtigte Anliegen innerhalb einer Großgewerkschaft gegenüber der Arbeitgeberseite überhaupt zu plazieren.

Immer aber sollten solche Konfliktgegenstände laufend darauf hin überprüft werden, ob sie ohne Schaden bedienbar sind, denn die Konfliktverträglichkeit hat Grenzen und kann sich mit Zeitablauf verändern.

Die Frage nach dem Wie ist die Konsequenz der Entscheidung, den Konflikt überhaupt lösen zu wollen. Es ist zu prüfen, ob mit ganzer oder teilweiser Erfüllung des Konfliktgegenstandes ein Anliegen bedient wird, das
- gemessen an der Gesamtlage im Unternehmen personal-politisch noch gerechtfertigt erscheint,
- geeignet ist, die Begünstigten besser mit dem Unternehmensziel zu identifizieren,
- ohne Präjudiz oder negative Auswirkung auf andere Gruppen ist,

---

18 *Berber*, Bd. III, aaO., S. 30.

– ohne Gefährdung des Unternehmensziels finanzierbar erscheint.
Liegt der Konfliktgegenstand im Bereich der Tarifautonomie, sind zusätzliche Betrachtungen wie folgt anzustellen:
– Ist der Streikgegenstand streikfähig in rechtlicher und tatsächlicher Sicht. Letzteres meint die Wahrscheinlichkeit gerade für die gestellte Forderung, kampfwillige Mehrheiten zu finden.
– Bestehen volkswirtschaftliche Risiken aus seiner Signalwirkung.
– Werden Essentialia der Arbeitgebersolidarität verletzt.
– Begünstigt die öffentliche Meinung die Ansprüche.
– Ergeben sich Auswirkungen auf konkurrierende Gewerkschaften.
Führen diese Prüfungen zu einem positiven Ergebnis, ist mit ernstem Willen eine Einigung auf den erkannten Zielwert anzustreben. Hat die Prüfung ein negatives Resultat, ist die Verhandlung anzustreben, diesmal mit dem Ziele, die Forderungsseite mit Argumenten zur Aufgabe des Anspruchs zu bewegen.

b. Entscheidende Bedeutung für den Erfolg von Lösungsversuchen hat die Wahl des richtigen Instrumentariums.
Darüber entscheidet grundsätzlich nicht, wer sich als Konfliktträger geriert, sondern die Natur des Konfliktgegenstandes. Die Okkupation von Positionen, die von Gesetzes wegen der Betriebsverfassung zugewiesen sind, durch interorganisationale Konfliktträger einerseits, die Inanspruchnahme von Konfliktgegenständen, die der Tarifautonomie zugewiesen sind, durch andere als Gewerkschaften und Arbeitgeber andererseits sind so selten nicht.

aa. Betriebsverfassungskonflikte

Ist ein Konfliktgegenstand seiner Natur nach der Betriebsverfassung zugeordnet, stehen die im Betriebsverfassungsgesetz bzw. Arbeitsgerichtsgesetz festgelegten Verhandlungsplattformen und Schlichtungsmöglichkeiten zur Verfügung.
Sie sind dadurch charakterisiert, daß nicht für die Behandlung aller Konfliktgegenstände und -ursachen ein Machtgleichgewicht der Konfliktträger vorgesehen ist. Die Abstufung entspricht der Klassifizierung nach Unterrichtung, Anhörung, Mitwirkung und Mitbestimmung. Nur im Bereiche der Mitbestimmung erfordern die Entscheidungen des Arbeitgebers die Zustimmung des Betriebsverfassungsorgans und entscheiden im Streitfall Dritte, nämlich die Einigungsstelle oder das Arbeitsgericht. In den anderen Fällen beschränkt sich das Recht des Konfliktträgers auf Anhörungs-, Überwachungs- und Beratungsrecht. Es wäre jedoch verfehlt, diesen etwa eine ge-

ringe Bedeutung beizumessen. »Einmal dienen diese Rechte teilweise als Grundlage für eine weitergehende Beteiligung. Außerdem erfordert das Gebot der vertrauensvollen Zusammenarbeit, daß Arbeitgeber und Betriebsrat in jedem Falle einer Meinungsverschiedenheit rechtzeitig verhandeln mit dem ehrlichen Willen, zu einer Einigung zu kommen«.[19]

Auf die Nutzung der vorgenannten Möglichkeiten ist auch und gerade dann zu drängen, wenn der Konfliktträger nicht als Organ der Betriebsverfassung identifiziert ist.

Die im Bereich der Betriebsverfassung auftretenden Konflikte sind grundsätzlich autoritärer Letztentscheidung unterworfen, was den Arbeitskampf ausschließt.[20] In den Fällen der Mitbestimmung schließt dies allerdings ein Risiko dahingehend ein, daß Außenstehende, manchmal ein einzelner, wie der Vorsitzende einer Einigungsstelle oder ein Arbeitsgericht, unternehmerische Entscheidungen zu fällen haben. Immerhin hat diese Spielart, nämlich die Konfliktlösung, durch autoritäre Entscheidung zu einer deutlichen Reduzierung der Arbeitskämpfe im Vergleich zur Lage in Rechtsordnungen geführt, in denen alle kollektiven Sozialkonflikte kampffähig gestellt sind.

Im übrigen zeigt die Praxis, daß die Masse der Konflikte solcher Art im Vorfeld von Einigungsstelle und Gericht durch Vereinbarung gelöst wird. Letztlich besteht bei der Entscheidung durch Außenstehende eine gute Chance, mit Autorität gegenüber jedermann – soweit die Begründungen der Entscheidungen einigermaßen überzeugen können – die Konfliktursache zu beseitigen. Dabei hilft die Mitwirkung von den Konfliktträgern nahestehenden Personen als Mitglieder von Einigungsstelle oder als Arbeitsrichter an der Entscheidungsfindung. Es dient der Konfliktlösung und verbessert die Chance der Befriedung, wenn es gelingt, von den Betriebsverfassungsorganen möglichst das umfaßendste (Gesamt-/Konzernbetriebsrat) als Konfliktträger und Lösungspartner zur Verfügung zu haben. Leider tendieren Literatur und Rechtsprechung zu einer sehr engen Auslegung des § 50 I BetrVerfG mit der m. E. unzutreffenden Vermutung für die Zuständigkeit des Einzelbetriebsrats.[22] Diese Auffassung erschwert die Konfliktlösung gerade in den für Kollektivkonflikte besonders anfälligen Großunternehmen.

Mit großer Zurückhaltung muß in diesem Felde die einen konkreten Kon-

---

19 *Fitting-Auffarth-Kaiser*, S. 84.
20 § 74 II BetrVerfG.
21 Vgl. zu völkerrechtlichen Parallelen die Ausführung von *Berber*, Bd. III, aaO., S. 30.
22 Vgl. für viele *Fitting-Auffarth-Kaiser*, aaO., S. 553.

flikt betreffende direkte Einflußnahme der Unternehmensführung auf die Mitarbeiterschaft behandelt werden, darf doch nicht die generelle Fähigkeit einer gewählten Repräsentation als legitimer Konfliktträger und betrieblicher Partner grundsätzlich in Frage gestellt werden.

bb. Tarifkonflikte

Kommt die Prüfung zum Ergebnis, daß der Konfliktgegenstand im Bereich der Tarifautonomie angesiedelt ist, muß für den weiteren Fortgang vor allem beachtet werden, daß hier die letzte Streitentscheidung grundsätzlich nur durch Vereinbarung gefunden werden kann. Ausnahmen gibt es allenfalls bei Verletzungen von Rechtsgrundsätzen des als Richterrecht etablierten Arbeitskampfrechtes. Das bedeutet, daß erst als ultima ratio, wie früher auf den preußischen Kanonen zu lesen, der Arbeitskampf steht. Immer aber ist auch zu beachten, daß nach dem Arbeitskampf die Konfliktträger weiter existieren, ja nach dem Recht der Bundesrepublik (Art. 9 Abs. 3 GG) weiter zu existieren haben.

Führt die Prüfung der Konfliktelemente zum Ergebnis, daß die Forderung unter Berücksichtigung aller bereits genannten Voraussetzungen grundsätzlich bedienbar erscheint, sollte eine Lösung am Tarifverhandlungstisch ohne Eskalation des Konfliktes möglich sein. Erscheint die Forderung aber ohne Gefährdung des Unternehmenszieles oder legitimer Interessen in der Gesellschaft nicht erfüllbar, ist in der Verhandlung eine auf das tragbare Maß reduzierte, gegebenenfalls anders strukturierte Forderung anzustreben.

Ist die Verhandlungsphase von Warnstreiks begleitet, ist diesen mit aller Konsequenz entgegenzutreten, wenn sie den engen Rahmen des hierzulande dafür rechtlich Zulässigen, insbesondere die Sozialadäquanz überschreiten. Das gilt auch für den Einsatz des üblichen Instrumentariums bei Arbeitskämpfen, wie Gehaltsentzug für die Zeit des Streiks oder die Nichtannahme angebotener Arbeitsleistung durch Streikunbeteiligte.

Existiert ein Schlichtungsabkommen, ist dessen Procedere durchzuführen. Notfalls muß ad hoc eine Schlichtung herbeigeführt werden, die möglichst alle Konfliktgegenstände und alle Konfliktträger umfaßt. Insbesondere bei dem Vorhandensein rivalisierender Gewerkschaften kommt diese Aufgabe der Quadratur des Zirkels nah; häufig beinhaltet sie schon eine Teilentscheidung über die Substanz des Streites.[23] Dem Schlichter sind die Argu-

---

23 Vgl. zum völkerrechtlichen Interessenausgleich durch Vereinbarung, *Berber*, Bd. 3, S. 30.

mente der Unternehmensführung in vollständiger Form aufbereitet darzulegen. Das gleiche gilt für Öffentlichkeit und Betriebsöffentlichkeit. Dabei kann gegenüber letzterer vor allem aber gegenüber der konflikttragenden Gruppe detaillierter argumentiert werden, da dort eine bessere Kenntnis der Zusammenhänge erwartet werden kann.
Grundsätzlich ist Sachlichkeit für die Unternehmensführung in all ihren Äußerungen Gebot, Polemik schädlich, auch wenn die Gegenseite sie mit Erfolg einsetzen sollte.
Ruft ein Tarifpartner zur Urabstimmung auf, ist die Informationsarbeit nach innen und außen zur höchsten Intensität zu führen. Zwar wird es in dieser Phase der Unternehmensführung selten mehr gelingen, die zur Urabstimmung Aufgerufenen von einem ausreichend positiven Votum für den Arbeitskampf abzuhalten. Ob der Arbeitskampf aber noch durch Verhandlungen vermieden oder schließlich mit einem tragbaren Kompromiß beendet werden kann, dafür ist die Einschätzung des Konfliktes durch die Medien von gravierender Bedeutung.
Der Streik ist die Konfliktphase, die das Unternehmen existentiell treffen kann. Dies gilt für den Schaden sowohl aus Produktionsausfall und Marktverlust als auch aus Ineffizienz nach Kampfende wegen nicht abzubauender Feindbilder im Unternehmen. Gleichzeitig ist aber der von einer Gewerkschaft unter Einhaltung bestimmter Regeln geführte Arbeitskampf ein legitimes Mittel unserer Rechtsordnung. Die Entscheidung, entweder das Unternehmensziel verfehlende Forderungen kampflos zu akzeptieren, oder einen Streik in Kauf zu nehmen, stellt die Unternehmensführung jeweils vor eine Gewissensfrage. Der Zwang, kurzfristig in der Jahresbilanz Erfolg vorzuweisen, verweist prima facie darauf, den Arbeitskampf zu vermeiden. Sogenannte »gute« Gründe werden in diesem Moment von vielen Leuten zuhauf angeboten. Über dem wirtschaftlichen Ergebnis steht aber die langfristige Existenzsicherung des Unternehmens auf der Basis nachhaltiger Realisierung seiner Ziele. Wenn die Streikforderungen diesen entgegenstehen, muß die Unternehmensführung einen Arbeitskonflikt tragen. Natürlich fällt die Entscheidung leichter, wenn die Entschlußfassung in einem Verbande getroffen wird und der Konflikt zumindest auch einen Teil der Konkurrenz trifft. Gemildert wird die Situation in einem gewissen Umfang dadurch, daß das Übermaßverbot des Arbeitskampfes, zuletzt in den drei Entscheidungen des Bundesarbeitsgerichts vom 10. 6. 1980 zum Thema Aussperrung herausgestellt, die Existenzvernichtung des Partners als rechtswidrig kennzeichnet. Trotzdem können Folgen eines Arbeitskampfes oder ein Tarifabschluß unter der Wucht eines Arbeitskampfes das Ende eines Unternehmens bedeuten. Häufiger jedoch sind persönliche Konsequenzen für alle

oder einzelne Mitglieder der Unternehmensführung. Auch für die auf ihrer Seite beteiligten Mitarbeiter sind negative Folgen nicht auszuschließen. In jedem Fall aber ist von seiten der Unternehmensführung der Arbeitskampf mit sichtbarem Engagement zu führen, wenngleich auch immer im Hinblick auf eine konfliktfreie Zukunft.

Jeder Streik muß beendet werden. Dabei ist die Wahl des richtigen Zeitpunktes von Bedeutung. Wenn in der Anfangsphase eine Chance für ein zielkonformes Ergebnis besteht, ist auf eine schnelle Beendigung im allgemeinen innerhalb von ca. 10 Tagen hinzuwirken. Fehlt es an einer solchen Chance, tritt die Kampfdauer in ihrer Bedeutung hinter den Zeitbedarf zurück, den ein sorgfältig erarbeitetes Ergebnis, das die Konfliktursache aus der Welt schafft, erfordert. Unter Umständen ist die Einschaltung eines Schlichters auszuhandeln. Dabei kommt seiner Auswahl entscheidende Bedeutung zu. In erster Linie muß er Autorität bei allen Konfliktträgern, aber auch bei den sonst Betroffenen haben. Denkbar sind sowohl Persönlichkeiten, die Ansehen in anderen Lebensbereichen, wie z. B. in der Wissenschaft oder Politik gewonnen haben, oder die kraft Position dem Arbeitsleben besonders nahestehen (Leiter von Arbeitsbehörden, Arbeitsrichter, amtlich bestellte Schlichter). Nützlich ist, wenn der Ausgewählte schon erfolgreich in der Schlichterfunktion tätig war. Bei Politikern ist im Hinblick auf die Wahrung der Tarifautonomie von aktiv in der Exekutive Tätigen grundsätzlich abzusehen.

cc. Konflikte außerhalb Betriebsverfassung und Tarifautonomie

Ist der Konfliktträger weder Organ der Betriebsverfassung noch Partner im Bereich der Tarifautonomie, ist der Konflikt im allgemeinen ohne Kompromiß durchzustehen. Ein anderes Verhalten gefährdet die Zukunft des Unternehmens, da es für die legitimierten Partner kaum hinnehmbar sein dürfte. Dies gilt insbesondere im Verhältnis zu Organisatoren wilder Streiks, im Verhalten gegenüber Berufsverbänden in Feldern, die Tarifpartner für sich reklamieren und schließlich im Umgang mit parteipolitischen Arbeitnehmerorganisationen.

3. *Die Aufarbeitung des Konfliktes*

Zur Steuerung des Konfliktes nach Beseitigung der Ursache durch Erledigung des Gegenstandes mit dem Träger gehört die Aufarbeitung innerhalb des Unternehmens mit dem Konfliktträger, bei den sonst Betroffenen und der Öffentlichkeit. Im Unternehmen müssen konflikttragende und -ablehnende Mitarbeitergruppen versöhnt werden. Es sollte hier grundsätzlich keine Sieger oder Besiegte geben; es sei denn, ein Gruppeninteresse war so eindeutig gegen das Wohl des Unternehmens gerichtet, daß seine Zurückweisung deutlich bleiben muß. Aus den Erfahrungen und Erkenntnissen des Konfliktes sind gegebenenfalls Führungs- und Organisationsstrukturen, auch Trainingsinhalte zu ändern. Eine streiktragende Gewerkschaft bedarf in ihrer Integrationsfähigkeit für unterschiedliche Mitarbeiterinteressen möglicherweise der Unterstützung. Die Kundschaft ist überzeugend von den Konsequenzen der Konfliktlösung zu informieren, den Medien muß auf der Basis des bislang Verlauteten die Konfliktlösung detailliert dargestellt werden.

IV. *Zusammenfassung*

Vor allem steht die Aufgabe, Konfliktursachen zu vermeiden. Konfliktsteuerung erfordert von der Unternehmensführung
- eine rückhaltlose Aufklärung des Konfliktes nach Ursache, Gegenstand und Trägerschaft,
- den Willen, den Konflikt friedlich zu lösen, gegebenenfalls eigene Fehlleistungen zu korrigieren,
- alle vorhandenen Mittel zum Interessenausgleich einzusetzen, mit Fantasie auch neue zu schaffen,
- den Mut, einen Konflikt auch mit Kampf auszutragen, wenn sonst das Unternehmensziel verfehlt würde.

Literatur

1. *Berber:* Lehrbuch des Völkerrechts, Bd. I–III, 1960–64.
2. *W. M. Esser:* Individuelles Konfliktverhalten in Organisationen, 1975.
3. *Fitting-Auffarth-Kaiser:* Betriebsverfassungsgesetz, Kommentar, 11. Auflage, 1974.
4. *Fitting-Wlotzke-Wißmann:* Mitbestimmungsgesetz, Kommentar, 1976.
5. *Galtung:* Institutionalized Conflict Resolution. Journal of Peace Research, S. 348 ff.
6. *Kaiser:* Repräsentation organisierter Interessen, 1956.
7. *Krüger:* Konfliktsteuerung als Führungsaufgabe, 1973.
8. *Rüttinger:* Konflikt und Konfliktlösung, 1977.
9. *Schaub:* Arbeitsrechtshandbuch, 1980.

Kanzlerregime, Militärgewalt und Parteienmacht in Weltkrieg und Revolution

*Ernst Rudolf Huber**

Der Realzustand jedes Verfassungsstaats ist durch das Vorhandensein einer Mehrzahl politischer Gewalten bestimmt, die einander in Widerstreit entgegengesetzt und die zugleich im Zusammenwirken verbunden sind. Zum klassischen Modell des Verfassungsstaats gehören die drei im Gleichgewicht stehenden Grundgewalten: Exekutive, Legislative und Justiz; das zwischen ihnen entwickelte Balance- und Kontrollsystem gilt als die Bürgschaft für Freiheit und Recht. Über dem autoritativen Ansehen dieses Dreiteilungs-Modells wird leicht vergessen, daß in der Realität der Verhältnisse des neuzeitlichen Verfassungsstaats eine Vielzahl anderer Machtfaktoren wirksam sind: überlieferte Gewalten wie Aristokratie, Bürokratie, Armee und Klerus – neu aufsteigende Gewalten wie Parteien und Verbände treten konkurrierend, überlagernd, unterwandernd neben die legitimen Grundgewalten des klassischen Musters. Unter Umständen bemächtigen die apokryphen Nebengewalten sich der einen oder anderen der nach normativem Recht an höchster Stelle stehenden Organe, um, in deren Namen handelnd, die wirklichen Machthaber in Staat und Gesellschaft zu werden. Der gewaltenteilende Verfassungsstaat nimmt in der Realität dann die Züge des Beamtenstaats, des Militärstaats, des Parteienstaats oder des Gewerkschaftsstaats an. Die Absicht der folgenden Erwägungen ist nicht, eine abstrakte Theorie des Verhältnisses der reinen, normativen Verfassungsmodelle und der realen, existentiellen Verfassungszustände zu entwickeln. Versucht sei vielmehr, die Frage nach dem existentiellen Gewaltengefüge einer modernen Nation an einem konkreten verfassungshistorischen Fall gleichsam demonstrativ zu erörtern, nämlich am Widerstreit und Zusammenspiel der drei Machtfaktoren: Kanzlergewalt, Militärgewalt und Parteiengewalt in der Verfassungslage des ausgehenden Wilhelminischen Reichs und der beginnenden Weimarer Republik.

---

* Dr. iur., Professor (em.) an der Universität Göttingen. – Grundlage dieses Beitrags ist eine Vorlage für die Akademie der Wissenschaften in Göttingen (Sitzung vom 10. November 1978); in erweiterter Fassung in der Siemens-Stiftung in München vorgetragen am 18. April 1979.

I.

Unter *Kanzlerregime* soll verstanden werden das auf der Grundlage der Bismarckschen Reichsverfassung in fester Tradition entwickelte Regierungssystem des deutschen Konstitutionalismus: nicht der Kaiser, auch nicht die Gesamtheit der im Bundesrat vertretenen »verbündeten Regierungen«, auch nicht das »Reichskabinett«, das es als kollegiales Organ damals nicht gab, sondern der Reichskanzler war der Träger der Regierungsgewalt des Reichs. Er war der einzige Reichsminister; er war nicht nur die politische Spitze der Reichsleitung, sondern auch der Chef aller obersten Reichsämter (des Auswärtigen Amts, des Reichsamts des Innern usf.). Die leitenden Beamten der obersten Reichsressorts, die Staatssekretäre, waren seine Untergebenen. Der Kaiser allein entschied über die Ernennung und Entlassung des Reichskanzlers; vom Vertrauen der Reichstagsmehrheit war dieser unabhängig. Der Reichskanzler war in aller Regel zugleich preußischer Ministerpräsident; er nahm maßgeblich teil an der Regierungsmacht des weitaus größten deutschen Einzelstaats. Auch war der Reichskanzler der Vorsitzende des Bundesrats, in dem er zugleich die preußischen Stimmen, rund ein Drittel der Gesamtzahl, führte; es war für ihn relativ leicht, die zur Mehrheit im Bundesrat fehlenden wenigen Landesstimmen hinzuzugewinnen. Diese Kumulation von Kompetenzen erhob das Kanzleramt des deutschen Konstitutionalismus weit über die heutige Kanzlerposition. Insbesondere war diese Ämterverbindung praktisch ein Bollwerk gegen den Übergang vom konstitutionellen zum parlamentarischen Regierungssystem. Ein Reichskanzler, der seinen politischen Rückhalt in solcher Weise am Kaisertum, an der preußischen Staatsleitung und im Bundesrat zugleich besaß, war Inhaber einer Machtfülle, die gewiß keine »Kanzlerdiktatur« war, deren Suprematie im realen Gewaltengefüge des Reichs aber durch das Wort »Kanzlerregime« als einigermaßen zutreffend gekennzeichnet erscheinen mag.

Bei Kriegsbeginn 1914 war in allen kriegsbeteiligten Staaten die verstärkte Konzentration der Staatsmacht notwendig; die klassische Gewaltentrennung wurde überall zugunsten der Exekutive beschränkt. In Deutschland kam es zu dieser gesteigerten Gewaltenkonzentration schon am 4. August 1914 durch das vom Reichstag einstimmig, also unter voller Mitwirkung der damals stärksten Fraktion, der Sozialdemokratie, verabschiedete Ermächtigungsgesetz – das erste aus einer langen Kette verfassungsdurchbrechender parlamentsbeschlossener Delegationen der Legislativgewalt an die Exekutivgewalt, die ihm folgen sollten. Mit dem Ermächtigungsgesetz vom 4. August 1914 stattete der ordentliche Gesetzgeber die Reichsexekutive mit der Vollmacht aus, an Stelle der Reichslegislative für die Dauer des Kriegs auf allen Sachgebieten Verordnungen mit Gesetzeskraft zu erlassen. Gewiß überantwortete die Reichslegislative mit dieser Blankovollmacht die Gesetzgebungsgewalt nicht unmittelbar dem Reichskanzler; sie räumte sie vielmehr dem Bundesrat ein. Da aber der Reichskanzler kraft der erwähnten Ämterkumulation über die preußischen Bundesratsstimmen verfügte und diese sich leicht durch Stimmenzuzug aus dem Kreis der übrigen Länder zur Mehrheit aufstocken ließen, besaß er praktisch eben doch die Bestimmungsmacht über die dem Bundesrat delegierte kriegsrechtliche Legislativgewalt. So wirkte das Ermächtigungsgesetz sich de facto als eine enorme Verstärkung des Kanzlerregimes aus. Man würde heute, in entsprechender Lage, nicht zögern zu sagen, ein Gesetz, das in dieser Art die Legislativ- und die Exekutivgewalt unter Durchbrechung des Grundsatzes der Gewaltenteilung in der Hand des obersten Exekutivorgans vereinigt, sei eine verfassungswidrige Selbstentmachtung des Parlaments; es erhebe den Träger der Kanzlergewalt unter Bruch der verfassungsstaatlichen Grundordnung in eine quasi-diktatorische Position.

II.

Von »Kanzlerdiktatur« hat während des Ersten Weltkriegs allerdings niemand gesprochen; dagegen war das Wort: »Militärdiktatur« bald in jedermanns Mund. Die damit gemeinte, in der Kriegszeit hervortretende außerordentliche Machtstellung der Militärinstanzen hatte ihre Verfassungsgrundlage in der dem deutschen Konstitutionalismus eigentümlichen Unabhängigkeit der militärischen Kommandogewalt. Nach der alten Reichsverfassung kam den ausschließlich dem Kaiser unterstellten Kommandobehörden diese Unabhängigkeit sowohl gegenüber der Regierungsgewalt, insbesondere dem Reichskanzler, als auch gegenüber der parlamentarischen Gewalt, insbesondere den Parteien, zu. In »Kommandosachen« gab es keine Weisungsgewalt und keine Mitverantwortung des Reichskanzlers und ebensowenig eine Kontroll- oder gar eine Entscheidungsgewalt des Reichstags.

Die nach dem Ausbruch des Weltkriegs auf der Grundlage der verfassungsrechtlichen Unabhängigkeit der Kommandobehörden voll aktualisierte kriegsrechtliche Militärgewalt umfaßte zwei unterschiedliche Erscheinungen. Auf der einen Seite hieß »Militärdiktatur« die am 31. Juli 1914 beim Eintritt drohender Kriegsgefahr für Kriegsdauer kraft der Reichsverfassung vom Kaiser – in Bayern gesondert kraft eines bei der Reichsgründung vertraglich zugestandenen Vorbehalts vom König – verfügte »Verhängung des Belagerungszustands«. Dieser löste vor allem den Übergang der vollziehenden Gewalt auf die Militärbefehlshaber, in erster Linie auf die kommandierenden Generale der heimischen Armeekorpsbezirke (der Generalkommandos), aus. Im einzelnen bedeutete dies, von einigen bayerischen Besonderheiten abgesehen, folgendes: Die Militärbefehlshaber konnten im Belagerungszustand zur Wahrung der öffentlichen Sicherheit und Ordnung die sieben wichtigsten Grundrechte suspendieren; sie konnten zur Verfolgung ziviler Straftaten außerordentliche Kriegsgerichte einsetzen; sie konnten die Brief- und Pressezensur wie die Überwachung des Vereins- und Versammlungswesens einführen; sie konnten Personen, die als Gefährdung der Reichssicherheit erschienen, der Schutzhaft oder anderen Aufenthaltsbeschränkungen unterwerfen; sie konnten die Rechts- und Lebensverhältnisse für Kriegsdauer durch gesetzvertretende Verordnungen regeln; sie konnten die Arbeitspflicht anordnen und politische Streiks unterdrücken. Überhaupt gehörte zu den Aufgaben der im Staatsinnern tätigen Militärbefehlshaber die Regelung der Wirtschafts- und Sozialverhältnisse in ihren Bezirken. Im Lauf des Kriegs übernahm einen Teil dieser Aufgaben das im Kriegsministerium geschaffene, mit umfassenden wirtschafts- und sozialrechtlichen Befugnissen ausgestattete »Kriegsamt«. Die Militärbefehlshaber wie das Kriegsamt nahmen sich auch des Schutzes der Arbeitnehmerschaft, vor allem durch Verbesserung der Lohn- und sonstigen Arbeitsverhältnisse, tatkräftig an; eine Anzahl sozialreformerischer Maßnahmen von bleibender Wirkung waren das Werk der kriegsrechtlichen Militärgewalt. Im ganzen entstand im Landesinnern ein das volle zivile Leben überziehendes Militärregime, das der Abwehr von Gefahrzuständen jeglicher Art, der Inpflichtnahme der individuellen Kräfte für die gemeinsame Aufgabe der Reichsverteidigung, aber auch der Daseinsvorsorge für alle diente.

Zum andern aber hieß »Militärdiktatur« die politische Machtposition, die seit Ende August 1916 die neuberufene dritte Oberste Heeresleitung Hindenburg-Ludendorff gewann. Während die Ausnahmegewalt der Militärbefehlshaber auf verfassungsrechtlicher Grundlage ruhte, entstand die politische Machtposition der an sich nur für die Leitung der militärischen Operationen zuständigen Obersten Heeresleitung außerhalb jeder verfassungsmäßigen oder gesetzlichen Kompetenz; ihr Fundament war allein das ihr aus allen Volksschichten und aus allen großen Parteirichtungen spontan zugewachsene, gleichsam plebiszitäre Vertrauen. Entgegen dem klassischen Grundsatz der Clausewitzschen Militärtheorie, daß auch im Krieg die Kriegführung ein Mittel der Politik bleibe, verwandelte die alles überragen-

de Autorität der Obersten Heeresleitung die Politik in ein Mittel der Kriegführung.
Schon die konstitutionell legitimierte Macht der Militärbefehlshaber war mit der politischen Führungsgewalt des Reichskanzlers schwer in Einklang zu halten. Die extra-konstitutionelle Suprematie der Obersten Heeresleitung aber trat mit der Kanzlergewalt fortschreitend in offene Rivalität. Nur einige Beispiele seien genannt: In den inneren Konflikt über die deutsche Kriegsziel- und Friedenspolitik griff die Oberste Heeresleitung bestimmend ein; bei der Eröffnung des uneingeschränkten U-Boot-Kriegs, der den amerikanischen Kriegseintritt mit Sicherheit zur Folge haben mußte, setzte die Oberste Heeresleitung sich gegen den Reichskanzler *Bethmann Hollweg* und den Vizekanzler *Helfferich* durch; zum Sturz Bethmann Hollwegs im Juli 1917 trug die Oberste Heeresleitung maßgeblich bei; der Sturz des Staatssekretärs des Auswärtigen *v. Kühlmann* im Juli 1918 wie der Sturz des Reichskanzlers *Graf Hertling* Ende September 1918 war ihr Werk; das Waffenstillstandsersuchen an *Wilson* (am 3. Oktober 1918) rang die Oberste Heeresleitung dem neuernannten Reichskanzler, dem *Prinzen Max von Baden,* gegen dessen erbitterten Widerspruch ab. Einige dieser durch die Präponderanz der Obersten Heeresleitung zustandegebrachten Entscheidungen, wie vor allem die Eröffnung des uneingeschränkten U-Boot-Handelskriegs auch gegen die neutrale Schiffahrt, waren verhängnisvoll. Andere der widerstrebenden politischen Gewalt von der Obersten Heeresleitung aufgezwungene Entscheidungen, wie das (von Uneinsichtigen auch heute noch gelegentlich als »übereilt« getadelte) Waffenstillstandsersuchen entsprangen dem besseren Einblick, der höheren Entschlußkraft und stärkeren Verantwortungsbereitschaft der militärischen Führung. Doch kommt es für die Frage nach der realen Verfassung des Reichs in dieser Zeit nicht essentiell auf die Richtigkeit oder Unrichtigkeit, auf den Wert oder Unwert der auf die angedeutete Weise gefällten Entscheidungen an. Für die konkrete Verfassungslage wesentlich war die an diesen Beispielen sichtbar werdende Verlagerung der politischen Entscheidungsmacht auf die zur hegemonialen Funktion aufgestiegene militärische Führung. Die Verdrängung des Kanzlerregimes durch die supralegale Autorität der Militärgewalt war eine strukturelle Umkehr im realen Gewaltengefüge des Reichs, ein Wandel der »konkreten Verfassungslage« des Reichs durch die überlegene Kraft der Verfassungswirklichkeit.
Vor dieser überverfassungsmäßigen Autorität der Obersten Heeresleitung trat auch das, in seinem Ansehen ohnedies nach den Kaiserkrisen von 1908 und 1913 erschütterte Kaisertum in den Schatten zurück. Bei keiner der großen Entscheidungen der Kriegszeit, für die der Kaiser den Namen her-

gab – so bei der Entscheidung für die den Krieg auslösenden ultimativen Schritte, bei der Entscheidung über den Einfall in Belgien, bei der Entscheidung über den uneingeschränkten U-Boot-Krieg, bei der Entscheidung für den Frieden von Brest-Litowsk, bei der Entscheidung für die deutsche Westoffensive im Frühjahr und bei der Entscheidung für das Waffenstillstandsersuchen an Wilson im Herbst 1918 – folgte der Kaiser einem eigenen Willensentschluß. Wo er scheinbar entschied, war er das Vollzugsorgan überlegenen fremden Willens. In der Verfassungswirklichkeit war das Kaisertum der ihm nach konstitutionellem Staatsrecht in Konfliktslagen zustehenden höchsten Entscheidungsmacht enthoben – lange vor seinem Sturz.

III.

Dagegen nahm im Krieg, zugleich mit der verstärkten Machtposition des Reichskanzlers und der Militärgewalt, auch die Macht des Reichstags – genauer die Macht der in ihm führenden Parteien – ständig zu. Das wird zwar oft geleugnet. Nach dem landläufigen Urteil gilt gerade die Ohnmacht des Parlaments und der Parteien als das Essentiale der deutschen Verfassungszustände bis 1914 und erst recht darüber hinaus. In Wahrheit hatten die das Parlament konstituierenden Parteien schon im Verfassungssystem des Bismarckreichs die Stellung realer Verfassungsfaktoren inne. Während des Kriegs erlangten sie, ungeachtet der durch die Zustimmung zum Ermächtigungsgesetz vom 4. August 1914 zunächst scheinbar vollzogenen Selbstentmachtung, ein ständig wachsendes Gewicht. Wie jeder andere der kriegsbeteiligten Staaten konnte das Reich den notwendigen Einsatz der nationalen Kräfte nur unter dem bereitwilligen Beistand der öffentlichen Meinung erreichen. Die Hauptorgane der öffentlichen Meinung aber waren, als die spontane allgemeine Akklamation der Augusttage 1914 verklungen war, eben die politischen Parteien – bei uns nicht minder als in jedem anderen Land. Um die Nation im Krieg zu führen, waren die Parteien für die Regierung wie für die militärische Leitung ein unentbehrliches Medium. So zielte insbesondere die vom Reichskanzler *Bethmann Hollweg* im Krieg proklamierte Politik der »inneren Neuorientierung« auf die verstärkte Heranziehung des Parlaments, das hieß: der Parteien, zu den Regierungsaufgaben und zur Regierungsverantwortung. Die Demokratisierung des preußischen Wahlrechts, die Integration der Sozialdemokratie, der Gewerkschaften, überhaupt der Arbeiterschaft in den bestehenden Staat galten nicht nur der öffentlichen Meinung, sondern auch den Trägern der Regierungsgewalt als eine elementare Daseinsnotwendigkeit – nicht nur für die Selbstbehauptung der Nation im Krieg, sondern auch für deren Entwicklung im künftigen Frieden.

Bot so auf der einen Seite die Staatsführung den Parteien, vor allem der bisherigen Opposition, die Hand zur Zusammenarbeit, so traten umgekehrt die Parteien von rechts bis links, nach einer kurzen Atempause, verschärft ein in den Kampf um die Macht. Das Instrument, dessen sich die Parteien dabei auf der parlamentarischen Ebene bedienten, war das Recht des Reichstags zur Bewilligung der Kriegskredite, also der außerordentlichen finanziellen Mittel, die für die Kriegführung erforderlich waren. Dieses Recht des Reichstags zur Kreditbewilligung blieb während des ganzen Kriegs unangetastet, ebenso auch das Recht des Reichstags zum Beschluß der Steuergesetze und zur Entscheidung über den Reichshaushalt. Am parlamentarischen Recht der Kriegsfinanzierung durch Anleihen und Steuern fand die Kriegsdiktatur der zivilen wie der militärischen Exekutivgewalt ihre unübersteigbare Schranke. Die Kriegsfinanzierung war von Anfang an und blieb während der ganzen Dauer des Kriegs die Domäne der politischen Parteien. Zu keiner Zeit erwogen die Träger der Regierungs- und der Militärgewalt, ihre Ausnahmebefugnisse auf den Bereich der Finanzgewalt zu erstrecken, etwa durch die Proklamation eines »Haushaltsnotstands« oder eines allgemeinen Finanznotstands (eines Mittels, wie es die Weimarer Republik, gestützt auf die damalige Staatsrechtslehre, in ihren letzten Krisenjahren in Anspruch nahm). In der konstitutionellen Ära des Reichs blieben auch in extremen Notlagen die Finanzzuständigkeiten des Parlaments unangetastet. Aus der Finanzgewalt der Parteien gewann der Trialismus: Kanzlerregime, Militärgewalt und Parteienmacht in der Kriegsverfassung seinen dritten Faktor.

Von den zwölf Kriegskreditgesetzen, je drei pro Kriegsjahr, wurde das erste am 4. August 1914, das letzte am 13. Juli 1918 im Reichstag beschlossen, das erste unter der einhelligen Zustimmung des Hauses, auch das letzte noch unter der Zustimmung aller bürgerlichen Parteien wie der Mehrheitssozialisten. Ohne diese in finanzrechtliche Formen gekleidete, alle vier Monate wiederholte, somit permanente Akklamation der Parteien hätte der Weltkrieg weder begonnen noch fortgeführt werden können. Die regelmäßig wiederkehrenden Kreditbewilligungen waren die Form des Vertrauensvotums in der sich nun Schritt für Schritt vom konstitutionellen zum parlamentarischen System wandelnden Realität des deutschen Verfassungslebens. Entscheidend war dabei, daß das Instrument der Kreditbewilligung den Parteien als Hebel für die fortschreitende Expansion ihrer Macht weit über die verfassungsrechtlichen Kompetenzen des Reichstags hinaus diente. Da der Reichskanzler in die Notwendigkeit versetzt war, im Reichstag eine möglichst breite Majorität, vor allem auch die Zustimmung der Mehrheitssozialisten, für die Kriegsfinanzierung zu gewinnen, erlangten die Parteien ein zuverlässig wirksames Pressionsmittel, um der Exekutive Zugeständnisse vielfältiger Art, insbesondere im Bereich der dem Parlament staatsrechtlich weithin verschlossenen militärischen und auswärtigen Angelegenheiten, abzuringen. So dehnten die Parteien die parlamentarische Kontrolle in erheblichem Maß auf die Handhabung des Belagerungszustands aus; auch erreichten sie einen wachsenden Einfluß auf die Führung der auswärtigen Politik, so vor allem auf die Kriegsziel- und Friedenspolitik.

Vermöge des Druckmittels der Kreditbewilligung unterwarf der im Reichstag im Juli 1917 gebildete Mitte-Links-Block (Zentrum-Linksliberale-Mehrheitssozialisten) die Reichsleitung vor allem der vielumstrittenen Friedensresolution: dem parlamentarischen Bekenntnis zu einem Frieden ohne erzwungene Gebietsänderungen und Entschädigungen. Den der Friedensresolution aus diplomatisch-taktischen Gründen widerstrebenden Kanzler *Bethmann Hollweg* brachte die Julimehrheit gemeinsam mit der Obersten Heeresleitung (wenn auch beide aus entgegengesetzten Motiven handelten) zu Fall. Den neuen Reichskanzler *Michaelis,* der sich der Friedensresolution nur unter dem berühmten Vorbehalt: »wie ich sie auffasse« beugte, kostete diese Brüskierung der Juli-Parteien drei Monate später die Kanzlerschaft. Der dritte Kriegskanzler *Graf Hertling* fand sich vor seiner Ernennung zur förmlichen Anerkennung der Friedensresolution gegenüber der Julimehrheit des Reichstags bereit. Und mehr als das: entgegen der Verfassungsregel, daß Friedensverträge der Zustimmung des Reichstags nicht bedurften, setzte sich beim Abschluß der Ostfriedensverträge von 1918 (der Verträge von Brest-Litowsk und Bukarest) in der Verfassungspraxis das Zustimmungsrecht des Reichstags durch. Dem unauffällig beharrlichen Reichskanzler *Graf Hertling* gelang es dabei allerdings, die Juli-Parteien im Reichstag für die Ratifizierung zu gewinnen, obwohl die Verträge von Brest-Litowsk und Bukarest gewiß alles andere als Friedensschlüsse im Sinn der Friedensresolution von 1917 – nämlich Friedensabkommen ohne erzwungene Gebietsveränderungen und Entschädigungen – waren.

IV.

Die Schlüsselstellung, die die Mehrheitssozialisten in der Konstellation der parlamentarischen Kräfte besaßen, beruhte weniger auf ihrer zahlenmäßigen Stärke, die ohnedies 1916/17 durch den Abfall des linkssozialistischen Flügels, der »Unabhängigen«, gesunken war. Die mehrheitssozialistische Stellung beruhte vielmehr auf der von der Partei während des Weltkriegs eingenommenen Doppelrolle: sie war eine Oppositionspartei, deren Beistand der Regierung, zumal in kritischen Lagen, unentbehrlich war. Kraft der aus dieser Schlüsselstellung entwickelten Doppelstrategie war es den Mehrheitssozialisten möglich, einerseits mit den benachbarten bürgerlichen Parteien – dem Zentrum und den Linksliberalen – eine Mehrheitskoalition einzugehen (so offen seit dem gemeinsamen Beschluß der Friedensresolution im Juli 1917), andererseits aber doch als »Oppositionspartei« die Fühlung mit den nach links ausgebrochenen Unabhängigen nicht ganz aufzugeben. Die sich für die deutsche Sozialdemokratie seit ihrem Wahlsieg von 1912 immer wieder, auch später in Weimar, stellende Frage »Koalition oder Opposition?« beantworteten die Mehrheitssozialisten im Krieg mit der Strategie des »Sowohl-als-auch«. Vorherrschend war in der mehrheitssozialistischen Führung allerdings während der Jahre 1917/18 das Bestreben, die von der radikalen Linken bekämpfte »Politik des 4. August« fortzusetzen, die Partei also auf dem Kurs einer sozialen Reformpartei statt dem einer revolutionären Klassenkampfpartei zu steuern.

Eben dieser revisionistische, nur notdürftig durch das Beharren auf der Parole des »Klassenkampfs« verhüllte Kurs der deutschen Sozialdemokratie war die Basis des Dreiparteienbündnisses, das die Mehrheitssozialisten mit den beiden bürgerlichen Partnern im Juli 1917 eingingen. Im »Interfraktionellen Ausschuß« schuf die Parteien-Trias sich damals ein Führungsgremium oligarchischen Charakters, das als eine Art Kontrollorgan rivalisierend neben die Reichsregierung trat. Allerdings war der Ausschuß durch vielfältige, schwer überbrückbare, innere Gegensätze in seiner Aktionsfähigkeit gehemmt. Vor allem fehlte es an einem herausragenden Parteiführer, der den Ausschuß zum »Schattenkabinett« oder gar zu einer Art »Gegenregierung« hätte erheben können. Aus sachlichen Divergenzen wie aus personellen Mängeln war die Juli-Koalition zwar stark in der Negation, aber ungeeignet zur konstruktiven Tat.

Sie war fähig, Reichskanzler zu stürzen, dagegen unfähig, einen Kanzleranwärter aus ihrer Mitte zu präsentieren. Ein Sozialdemokrat wie *Ebert* wäre für die bürgerlichen Parteien des Dreier-Blocks damals als Reichskanzler nicht akzeptabel gewesen; vor allem aber hätten die Mehrheitssozialisten selber es vor dem militärischen Zusammenbruch abgelehnt, den Reichskanzler zu stellen und damit die offene Verantwortung, sei es für die Fortsetzung des Kriegs, sei es für seinen Abbruch unter Bedingungen zu übernehmen, die in den Augen der Öffentlichkeit einer Kapitulation gleichgekommen wären. So bewegten sich in den Kabinettskrisen von 1917/18 die Kanzlervorschläge der drei Parteien, auch die der Mehrheitssozialisten, stets im Bereich der traditionellen Führungsschichten: Adel, Diplomatie, Bürokratie, Generalität. Selbst in der Oktoberkrise 1918 fiel den Juliparteien nichts anderes ein, als einen deutschen Fürsten und preußischen General, den badischen Thronfolger *Prinz Max,* als Reichskanzler zu nominieren. Das langwährende Dilemma der deutschen Parteien, zwar die Macht zum Regierungssturz, nicht aber die Kraft zur Übernahme der Regierungsverantwortung durch einen qualifizierten Kanzleranwärter aus ihrem eigenen Führungsbereich zu besitzen, trat gerade im Augenblick des vollen Siegs des parlamentarischen Prinzips bestürzend hervor.

V.

Auf die Einzelheiten des wechselvollen, dramatischen Machtkampfs, der zwischen den drei rivalisierenden Machtfaktoren: Kanzlerregime, Militärgewalt und Parteien-Oligarchie vom Sommer 1917 bis zum Herbst 1918 an der inneren Front stattfand, ist hier nicht einzugehen. Nur zweierlei sei hervorgehoben, um die Unentschiedenheit der Kampflage an der Verfassungsfront deutlich zu machen. Einmal lag es in der Natur einer solchen Dreikräfte-Rivalität, daß jeweils zwei Machtfaktoren sich zu verbinden suchten, um den dritten zurückzudrängen. Es gab Bündnisse zwischen der Militär- und der Zivilgewalt gegen den Machtanspruch der Parteien; es gab Zeiten des taktischen Zusammenspiels der Militärgewalt mit dem Dreiparteienblock der Juli-Mehrheit gegen das Kanzlerregime; es gab schließlich Zeiten der Kooperation der Zivilgewalt mit den Mehrheitsparteien gegen die sogenannte »Militärdiktatur«. Zum anderen spiegelte sich im wiederholten Wechsel des Machtvorrangs zwischen den drei rivalisierenden Kräften der Wechsel der militärischen Lage unmittelbar wider. Dem Tiefpunkt der Kriegslage im Sommer 1917 entsprach ein erster Höhepunkt der Parteienmacht. Die Besserung der Kriegslage, die mit der Bolschewisierung Rußlands, dem Friedensschluß von Brest-Litowsk und den Anfangserfolgen der deutschen Westoffensive eintrat, war begleitet vom strategischen Rückzug der Parteien aus dem inneren Kampf um die Macht. Der Mißerfolg der deutschen Offensive und die beginnende militärische Katastrophe brachten den Dreiparteienblock wieder in Front.
Mit dem von der Obersten Heeresleitung durchgesetzten deutschen Waffenstillstandsersuchen und dem gleichfalls von der Obersten Heeresleitung und dem Auswärtigen Amt erwirkten Parlamentarisierungserlaß des Kai-

sers vom 30. September 1918 trat die entscheidende Wende der Kampflage auch an der Verfassungsfront ein. Unter der Kanzlerschaft des von den Parteien vorgeschlagenen *Prinzen Max von Baden* errang nun der die parlamentarische Mehrheit besitzende Dreiparteienblock die staatspolitische Hegemonie. Die vier Wochen später, am 26. Oktober 1918, durch den neuen Reichskanzler im Zusammenwirken mit der Parteien-Trias erwirkte Entlassung des ersten Generalquartiermeisters *Ludendorff* galt als das Symbol der politischen Entmachtung der militärischen Führung. Der innere Kampf um die Macht war, bei kontinuierlicher Fortentwicklung der Dinge, zugunsten des parlamentarisch-demokratischen Parteienstaats entschieden.

VI.

Aber eben diese »kontinuierliche Fortentwicklung der Dinge« zum parlamentarisch-demokratischen Parteienstaat wurde durch den gewaltsamen Vorstoß und schnellen Sieg der revolutionären Bewegung am 9. November 1918 jäh unterbrochen. Von den dramatischen Ereignissen dieser nun mehr als sechzig Jahre zurückliegenden verfassungspolitischen Wende seien drei entscheidende Vorgänge in die Erinnerung gerufen.

Dem im Großen Hauptquartier in Spa weilenden Kaiser hatte *Prinz Max* dringend zum Thronverzicht geraten, weil nur so die Monarchie als Institution sich werde erhalten lassen. Als die erwartete Abdankungserklärung auch am Morgen des 9. November ausblieb, entschloß der Reichskanzler sich, angesichts der in der Reichshauptstadt um sich greifenden revolutionären Unruhen, zu einem äußersten Rettungsversuch. Am Mittag des 9. November ließ er, ohne autorisiert zu sein, den Thronverzicht des Kaisers bekanntgeben; unmittelbar darauf übertrug er, ebenso ohne jede verfassungsrechtliche Vollmacht, die Kanzlerschaft nach vorausgegangener Absprache auf den Führer der Mehrheitssozialisten *Ebert*. Man kann beides zusammen nur einen »Staatsstreich« nennen: einen außerverfassungsmäßigen, supralegalen Akt, legitimiert allein durch die Notwendigkeit, die Nation vor dem Bürgerkrieg und die Staatseinheit vor dem drohenden Zerfall zu bewahren, legitimiert in noch höherem Maß durch das Ziel, die Voraussetzungen für eine vom freien Mehrheitswillen der Staatsbürgerschaft getragene verfassungsrechtliche Neugestaltung zu schaffen. *Ein Bruch des formellen Staatsrechts zur Rettung des substantiellen Verfaßtseins der Nation* – das war die letzte Tat des Kanzlerregimes der konstitutionellen Epoche. Der Sache nach richtete der letzte Akt des letzten kaiserlichen

Reichskanzlers sich darauf, das Kanzleramt durch die Übertragung auf den stärksten unter den Führern des Dreiparteienblocks mit dem demokratisch-parteienstaatlichen Prinzip zu verbinden. Die Fusion von Kanzlerregime und Parteienmacht sollte das Fundament der verfassungsrechtlichen Erneuerung sein.

Die im Großen Hauptquartier um den Kaiser versammelten Spitzen der Militärgewalt verurteilten zwar die vom *Prinzen Max* geübte Eigenmacht. Der Sache nach aber handelten sie in ähnlichem Sinn. Noch am Vortag hatten *Hindenburg* und Ludendorffs Nachfolger, der Erste Generalquartiermeister *Groener*, dem Thronverzicht des Kaisers entschieden widersprochen; sie hatten erwogen, intakte Truppenverbände des Feldheeres den Rückmarsch in die Heimat antreten zu lassen, um, treu ihrem Fahneneid, das Kaisertum gegen die drohende Revolution zu verteidigen. Dann aber gaben sie am 9. November, noch vor dem Bekanntwerden der Berliner Ereignisse, den Kaiser preis. In einer von *Groener* veranlaßten Befragung einer Anzahl eigens zu diesem Zweck nach Spa berufenen Frontkommandeure ergab sich, auf eine knappe Formel gebracht, daß das Feldheer nicht mehr zum äußersten Einsatz für den Kaiser bereit sei; in den erregten Erörterungen nannte der Erste Generalquartiermeister den Fahneneid eine »bloße Idee«. Die Armee selber besiegelte durch das Votum der Frontoffiziere und das Urteil ihrer obersten Führung das Ende des Kaisertums. Dem Rat *Hindenburgs* und *Groeners* folgend, entschloß der Kaiser sich zum Übertritt nach Holland.

Noch vor der Grenzüberschreitung aber vollzog der oberste Kriegsherr einen entscheidenden Staatsakt. Er übertrug seine verfassungsrechtlich von der politischen Gewalt getrennte, damit der Verfügungsmacht des gegenwärtigen wie jedes früheren Reichskanzlers schlechthin enthobene Kommandogewalt in aller Form dem Chef der Obersten Heeresleitung. Durch diese kaiserliche Delegation der Kommandogewalt rückte *Hindenburg* in die von ihrem bisherigen Inhaber durch den Übertritt ins Ausland geräumte Stelle des Kriegsherrn, des obersten Befehlshabers des Feldheeres, ein. Den in Berlin inzwischen zum Sieg gelangten revolutionären Kräften war zwar die Kanzlergewalt zugefallen; die höchste Militärgewalt aber hatte der Kaiser vor der Preisgabe seines Amts nicht nur jedem Eingriff des sich seiner Kompetenzen entledigenden Reichskanzlers, sondern auch jedem unmittelbaren Zugriff der revolutionären Gewalten entzogen. Auch das war, wenn man so will, ein *Coup d'Etat*. Denn staatsrechtlich konnte der Kaiser seine Kompetenzen nicht in solcher Weise an einen selbstgewählten Platzhalter abtreten. Doch erlangte dieser letzte Akt des gestürzten Monarchen, dieser echte Gegen-Schlag, volle reale Wirksamkeit. Der weitere Ablauf des revolutionären Prozesses ist nur aus der vom Kaiser in letzter Stunde herbeigeführten Fortdauer der im konstitutionellen Staatsrecht angelegten Trennung von höchster Regierungsgewalt und höchster Militärgewalt verständlich. Der Kaiser übertrug im Scheiden aus seinem Amt den überlieferten Dualismus von politischer und militärischer Macht in die Verfassungswirklichkeit der deutschen Revolution.

VII.

In Berlin hatten am Mittag des 9. November einerseits die Mehrheitssozialisten durch *Ebert* die Kanzlerschaft aus der Hand des bisherigen Reichskanzlers übernommen und damit den Weg einer quasi-legalen Überleitung der alten in die neuen Machtverhältnisse eingeschlagen. Andererseits aber hatte kurz darauf der zweite führende Mehrheitssozialist *Scheidemann* über den Kopf des neuen Inhabers der Kanzlerschaft hinweg die Republik proklamiert; der Weg der Legalität war damit vollends verlassen. Die Mehrheitssozialisten waren durch *Scheidemanns* zwar von *Ebert* mißbilligten, doch unwiderruflichen Akt auf den revolutionären Kurs der radikalen Linken, der USPD und des Spartakus-Bundes, eingeschwenkt. Am 10. November besiegelten die beiden großen sozialistischen Parteien, unter Ausschluß der dem Kommunismus zugewandten Spartakus-Gruppe, ihr nun auf den vollen Umsturz zielendes Bündnis. Sie richteten gemeinsam die revolutionäre Macht der Arbeiter- und Soldatenräte und der von diesen durch Akklamation gekürten Zentralgewalt des sechsköpfigen Rats der Volksbeauftragten auf. Im paritätisch von Mehrheitssozialisten und Unabhängigen besetzten Rat der Volksbeauftragten mußte *Ebert* sich mit dem Unabhängigen *Haase* in den Vorsitz teilen.
Für das von *Ebert* am Vortag aus der Hand des *Prinzen Max* übernommene hegemoniale Amt des »Reichskanzlers« gab es innerhalb des von den revolutionären Räten getragenen, auf die Gleichordnung der beiden Parteien gegründeten neuen obersten Reichsorgans an sich keinen Raum. Gleichwohl hielt *Ebert* von Anbeginn an beharrlich am Primat der auf vorrevolutionärer Basis ruhenden Kanzlerschaft neben dem ihm von den Räten übertragenen halbscheitigen Vorsitz im Rat der Volksbeauftragten fest. Mit dem sicheren Instinkt für Imponderabilien leitete der Führer der Mehrheitssozialisten das »Kanzlerregime« in den neuen Machtzustand über. In kritischen Lagen bezeichnete *Ebert* sich immer wieder als »Reichskanzler«, ohne daß seine radikalrevolutionären Partner dies zu hindern

vermochten. Auch das war ein Stück der mehrheitssozialistischen »Doppelstrategie« – je nach der Lage konnten die führenden Mehrheitssozialisten sich auf die vorrevolutionäre Basis der ihrem Vorsitzenden übertragenen Kanzlergewalt oder auf die revolutionäre Basis der von dem Proletariat aufgerichteten Rätemacht berufen.

Die feste Brücke, auf der die das revolutionäre Rätesystem überkreuzende und schließlich überwindende vorrevolutionäre Kanzlerschaft *Eberts* ruhte, war das Bündnis, das der interimistische Reichskanzler auf eigene Faust in der Nacht vom 9. zum 10. November, also noch vor der Einsetzung des Rats der Volksbeauftragten, mit dem Ersten Generalquartiermeister *Groener* über die geheime, aus der Reichskanzlei ins Große Hauptquartier führende Drahtverbindung geschlossen hatte. In dieser fernmündlichen Absprache kam mitten im revolutionären Prozeß eine epochemachende Vereinbarung zwischen dem übergeleiteten Kanzlerregime und der überlieferten Militärgewalt zustande. Die vom Kaiser wenige Stunden zuvor mit der höchsten militärischen Macht ausgestattete Oberste Heeresleitung erkannte durch *Groener* den im Reichsinnern vollzogenen Machtwechsel an; sie sagte dem neuen »Reichskanzler« ihren Beistand zur Wiederherstellung und Wahrung der öffentlichen Sicherheit und Ordnung zu; sie erklärte ihren Verzicht auf jede gegenrevolutionäre Aktion. Umgekehrt bestätigte *Ebert* als »Reichskanzler« die Oberste Heeresleitung in der uneingeschränkten Befehlsgewalt über das Feldheer; er verhieß der Militärgewalt die Unterstützung der Zivilgewalt für die Wahrung der Hierarchie und Disziplin der nach dem erstrebten Waffenstillstand in geschlossener und geordneter Formation in die Heimat zurückzuführenden Fronttruppen; auch für die in die Heimatgarnisonen zurückgekehrten Feldtruppenteile galt das Ebert-Groenersche Abkommen bis zur Demobilmachung fort. Im Großen Hauptquartier erkannte *Hindenburg,* in Berlin erkannte der Rat der Volksbeauftragten nach seiner Konstituierung am 10. November diese Abmachung als verbindlich an.

Das *Bündnis Ebert-Groener* wurde kraft dieser Legalisierung durch die beiderseitigen obersten Machtorgane ein wesentliches Moment der vorläufigen Grundverfassung der vom 9. November 1918 bis zur Wahl der Nationalversammlung am 19. Januar 1919 dauernden revolutionären Übergangszeit. Noch bevor die Räte sich konstituiert, noch bevor die politischen Parteien sich reorganisiert, noch bevor die Verbände und andere gesellschaftliche Faktoren sich aus dem ersten Schock des Umsturzes zu neuem Handeln aufgerafft hatten, schuf das Bündnis zwischen dem Reichskanzler und der Armee ein entscheidendes Stück neuer realer Verfassung. Es bedarf kaum eines Kommentars, was dieses Bündnis zwischen der revolutionären Zivilgewalt und der traditionellen Militärgewalt in der Übergangslage 1918/19 bedeutete. Die neue Regierungsgewalt erlangte den militärischen Rückhalt, dessen sie in den inneren Auseinandersetzungen, in die sie schnell geriet, bedurfte; die Militärgewalt behielt die Unabhängigkeit eines autonomen Machtorgans auch nach dem vollzogenen Umsturz. Die alte Armee übernahm den Schutz der Republik in den gefährdeten Grenzgebieten des deutschen Ostens wie in den vom radikalen Umsturz bedrohten Gebieten des Landesinnern. Dem von der Rätebewegung geforderten Aufbau einer Armee des bewaffneten Proletariats schob das Bündnis Ebert-Groener einen Riegel vor. Die alte Armee wurde durch das Ebert-Groener-Abkommen der Grundstock des neuen Heeres der Republik. Gewiß war dieses Bündnis der alten Militärgewalt mit der neuen Regierungsgewalt nur ein bis zur Verabschiedung der kommenden Verfassung dauerndes Provisorium. Aber, wie so oft, erwies das scheinbar Vorläufige seine beständige Kraft.

VIII.

Das Bündnis Zivilgewalt – Militärgewalt vom 9./10. November 1918 war nicht die einzige Rückverbindung zu überlieferten Machtfaktoren, mit deren Hilfe der Reichskanzler *Ebert* seine Position gegen die radikal-revolutionäre Rätebewegung sicherte. Zu den weiteren Rückkopplungen gehörte die Übernahme der alten Beamtenschaft in den Dienst der Republik, ein Vorgang, an dessen Bedeutung hier nur gleichsam im Vorbeigehen erinnert sei. Zu den kontinuitätswahrenden Rückverbindungen gehörte in besonderem Maß die Fortdauer des überlieferten Parteiensystems und des überlieferten Verbändesystems. In der Novemberrevolution behielten die politischen Parteien aller Richtungen, auch die geschlagenen, in die Opposition versetzten Konservativen, die volle Freiheit der Existenz, der Reorganisation, der Wirksamkeit. Ebenso behaupteten einerseits die Unternehmerorganisationen, andererseits die Gewerkschaften aller Richtungen, also auch die nichtsozialistischen, den bürgerlichen Parteien nahestehenden, christlichen und Hirsch-Dunckerschen Arbeitnehmerverbände, ihre volle Aktionsfreiheit. Und vor allem: das während des Weltkriegs zwischen Unternehmerverbänden und Gewerkschaften begründete Sozialbündnis setzte sich in der Revolution in der Form der »Zentralarbeitsgemeinschaft« fort, einer von Unternehmern und Gewerkschaften errichteten, vom Rat der Volksbeauftragten sanktionierten paritätischen Organisation, die sich des wirtschaftlichen Wiederaufbaus tatkräftig und erfolgreich annahm. In einem Rätestaat gibt es keinen Freiraum für Parteien und Verbände; im monokratischen Rätesystem ist jeder Pluralismus, wie er zum Wesen des Parteien- und Verbändesystems gehört, ausgeschlossen. Durchweg wird heute nicht genügend beachtet, was für die viel beredete und meist getadelte Wahrung der Kontinuität in der Novemberrevolution gerade die Erhaltung der überlieferten Vielfalt, Freiheit und Macht der Parteien und Verbände im Übergang vom alten zum neuen Verfassungszustand des Reichs bedeutete.

So wurde denn in der Revolution neben der fortbestehenden Regierungs- und Militärgewalt auch bewahrt, was sich als »Parteienmacht« in langer Entwicklung gebildet und im Krieg gefestigt hatte. Die Mehrheitssozialisten in der neuen Regierung waren weit davon entfernt, die Revolution zur Liquidation der bürgerlichen Parteien benutzen zu wollen, so sehr dies in der Konsequenz radikalrevolutionären Denkens gelegen hätte. Vielmehr setzte die Sozialdemokratie auch nach der Revolution das Zusammenwirken mit den beiden bürgerlichen Parteien des Juli-Dreiparteienblocks fort; es blieb bei der mehrheitssozialistischen Doppelstrategie. In dem dem Rat der Volksbeauftragten zwar unterstellten, aber doch weithin selbständig handelnden Regierungsapparat des Reichs, den insgesamt vierzehn obersten Reichsämtern, wie die Reichszentralbehörden immer noch hießen, blieb die sozialdemokratisch-bürgerliche Koalition der vorrevolutionären Zeit auch nach der Revolution bestehen. In diesem vierzehnköpfigen »Reichskabinett der Staatssekretäre« standen als Ressortchefs nebeneinander sieben Fachkräfte der alten Bürokratie und der alten Wehrmacht (letztere an der Spitze des preußischen Kriegsministeriums und des Reichsmarineamts) und sieben Politiker; unter diesen wiederum befanden sich vier Vertreter der bürgerlichen Parteien (Liberale und Zentrum), zwei Mehrheitssozialisten und ein Unabhängiger. Das Auswärtige Amt leiteten Angehörige der alten Diplomatie, erst *Solf,* dann *Brockdorff-Rantzau;* das Reichsamt des Innern, also das Verfassungsministerium, dem vor allem die Vorbereitung der neuen Reichsverfassung oblag, leitete der linksliberale Staatsrechtler *Hugo Preuß,* auch er weniger der Exponent einer Partei als der Exponent einer sich staatspolitisch verstehenden Fachwissenschaft. Das Regierungssystem des »halben« Parlamentarismus von 1917/18 blieb im Regierungsapparat der revolutionären Übergangszeit vermöge der Teilhabe einerseits der hohen Bürokratie und militärischen Führung, andererseits der die alte Juli-Koalition repräsentierenden Parteien-Trias unverändert bestehen. Die Aufnahme eines einzigen Unabhängigen in die Regierungs-Zentrale der Staatssekretäre war ein bescheidenes Zugeständnis an den radikal-revolutionären Flügel. Dieser Konzessions-Unabhängige, wie man ihn vielleicht nennen darf, der Staatssekretär des Reichsernährungsamts *Wurm,* blieb auch nach dem Bruch zwischen den Mehrheitssozialisten und den Unabhängigen in seinem Amt, – so festgefügt war das »Kabinett der Staatssekretäre« in der Sachbezogenheit der von ihm ausgeübten staatsleitenden Funktion.

IX.

In den Übergangswirren der drei Revolutionsmonate November 1918 bis Januar 1919 behaupteten sich, ungeachtet allen Umbruchs, die Kräfte des die deutsche Identität wahrenden Beharrens, nämlich vor allem die drei Faktoren, die das konkrete Machtgefüge während des Kriegs bestimmt hatten: zum einen die Kanzlergewalt, verkörpert in Eberts dominierender Stellung im Rat der Volksbeauftragten; zum anderen die Militärgewalt, verkörpert in der durch die geordnete Rückführung des Feldheeres zu neuem Ansehen gelangten Obersten Heeresleitung und neben ihr im Kriegsministerium und im Reichsmarineamt; schließlich die Parteiengewalt, die sich in ihrer autonomen Vielfalt gegenüber dem Rätesystem zu reorganisieren und schließlich durchzusetzen verstand. Das gemeinsame Hauptwerk *Eberts,* der Obersten Heeresleitung und des erneuerten Mehrparteiensystems war die Entscheidung für die Wahl einer verfassunggebenden Nationalversammlung. Gegen die radikal-revolutionäre Linke, die den sozialistischen Rätestaat forderte und statt freier Wahlen die Berufung eines Räteparlaments mit gebundenem Mandat durchzusetzen suchte, sicherten der Regierungsapparat, der sich eng an *Ebert* anschloß, die Oberste Heeresleitung, die ultimativ die Berufung der Nationalversammlung verlangte, und die bürgerlichen Parteien, die für den Fall der Verzögerung dieser Wahlen mit der Wiedereinberufung des alten (niemals formell aufgelösten) Reichstags drohten, die Entscheidung für die allgemeine, gleiche und unmittelbare Volkswahl des souveränen Nationalparlaments als des Garanten deutscher Einheit und Freiheit. Mitte Dezember 1918 trat auch der Allgemeine deutsche Rätekongreß, in dem die gewerkschaftlich orientierte Mehrheit gegen die die Rätediktatur propagierende Minderheit obsiegte, der Entscheidung für freie Wahlen bei. Ende Dezember 1918 schieden darauf die Unabhängigen unter Protest gegen den mehrheitssozialistischen »Verrat an der Revolution« aus dem Rat der Volksbeauftragten aus. Nachdem es der von *Ebert* geführten Regierungsgewalt mit Hilfe der Anfang Dezember in Berlin eingerückten, im Januar 1919 unter *Noskes* Oberbefehl gestellten Felddivisionen gelungen war, den Aufstand der Unabhängigen und des Spartakus-Bundes niederzuschlagen, konnten die Wahlen zur Nationalversammlung am 19. Januar 1919 geordnet stattfinden. Diese Wahlen führten zur vernichtenden Niederlage der Radikalen. Zugleich stellten die Wahlen die

Dreiparteien-Mehrheit des alten Reichstags wieder her: die Juli-Koalition von 1917 wurde zur Februar-Koalition von 1919, zur »Weimarer Koalition«. Mehrheitssozialisten, Linksliberale und Zentrum, die Parteien der Friedensresolution von 1917, bildeten 1919 die erste Regierung der Republik. Gerade auch diese Beständigkeit des alten parlamentarischen Mehrheitsbündnisses, der Dreiparteien-Oligarchie der anderthalb letzten Kriegsjahre, gehört zu den Momenten deutscher Kontinuität, die in der Verfassungswende von 1918/19 über den revolutionären Umbruch hinweg die Dauer im Wechsel, die permanente Identität des Staats im Wandel der Staatsform verbürgten.

Heute will eine verbreitete Ansicht auch diese Wahrung der deutschen Identität und Kontinuität im Verfassungsumbruch von 1918/19 als ein Stück deutscher »Daseinsverfehlung« verurteilt wissen. Sie bedient sich der These, die Momente der Dauer im Wechsel hätten 1918/19 verhindert, daß es zum wirklichen Umsturz kam; der November 1918 habe am Ende nur den Schein einer »Revolution« bedeutet. Doch zeigt ein Blick auf die Geschichte der Umsturzbewegungen, daß zwei Arten von Revolutionen zu unterscheiden sind: einmal die *totale Revolution,* die – nach dem Typus der russischen Oktoberrevolution – alle Momente der staatlich-gesellschaftlichen Identität und Kontinuität vernichtet, um auf der in jeder Hinsicht veränderten Machtgrundlage ein neues Herrschafts- und Sozialsystem zu errichten; zum anderen die *partielle Revolution* – in der – wie vor allem in der klassischen französischen Revolution – trotz fundamentaler Änderungen der Staatsform doch ein Teil der überlieferten Strukturen, gewiß in einer den neuen Gesamtumständen angepaßten Weise, erhalten bleibt. Die Frage, nach welchen Kriterien ein Verfassungsumsturz dem einen oder dem anderen Modell zuzuordnen ist, mag im einzelnen hier offen bleiben. Wesentlich ist, daß auch bei einem Teilumsturz, wenn er »Revolution« genannt werden soll, bestimmte Fundamentaleinrichtungen der bisherigen Verfassung, zumal solche, die sich auf dem Weg der legalen Reform nicht hätten aufheben lassen, durch Gewaltvorgänge zerstört werden, und zwar so, daß ihre Wiederherstellung in der Realität weder durch Akte einer »legalen« Verfassungsreform noch durch Akte einer gewaltsamen Gegenrevolution möglich wäre. Diese Vorbedingungen des Begriffs der Revolution aber waren im deutschen Novemberumsturz erfüllt. Mindestens drei Fundamentaleinrichtungen der überlieferten konstitutionellen Verfassung – das Kaisertum, die Landesmonarchien und mit diesen der echte (»föderative«) Bundesstaat – waren durch Gewaltakte beseitigt. Durch legale Verfassungsänderungen hätten diese Institutionen sich auch in der Reichskrise von 1918 nicht aufheben lassen, weil sich im Bundesrat, falls seine Zusammensetzung nicht vorher gewaltsam verändert worden wäre, gegen einen solchen »kalten« Umsturz der Staatsverhältnisse unter allen Umständen das Veto von 14 Stimmen erhoben hätte, das jede Verfassungsänderung ausschloß. Nach dem vollzogenen gewaltsamen Umsturz aber war eine legale Restauration dieser zerstörten Fundamentaleinrichtungen des alten Systems ausgeschlossen; selbst an eine legale Rückkehr vom (unechten) »unitarischen« zum (echten) »föderativen« Bundesstaat war nach dem Novemberumsturz in keiner Phase der weiteren Entwicklung zu denken. Diese gewaltsamen irreversiblen Änderungen waren tiefe Eingriffe in die Grundstruktur der alten Verfassung; sie waren eine wirkliche Revolution. Aber sie waren nur ein partieller Umsturz, eben weil sich daneben starke Momente der Identität und Kontinuität im existentiellen Verfaßtsein der Nation zu behaupten vermochten.

So komme ich abschließend zu meiner These. Die Kräfte der Kontinuität, von denen die Rede war, haben im Umsturz des November 1918 den Übergang weiter Teile Deutschlands in das System der totalitären Rätediktatur verhindert und so die deutsche Freiheit gerettet. Sie haben die im Fall des Siegs der Rätebewegung sichere Teilung Deutschlands in einen ost- und norddeutschen Rätestaat und einen auf das Prinzip der Demokratie gegründeten west- und süddeutschen Verfassungsstaat abgewendet und so die deutsche Einheit erhalten. Sie haben zum Wiederaufbau des Reichs in der Form der Weimarer Republik entscheidend beigetragen, das heißt zum Aufbau eines Staats mit einer Verfassung, die eine Gewähr der nationalen Existenz, eine Gewähr der staatsbürgerlichen Gleichheit, Freiheit und Selbstbestimmung, eine Gewähr der rechts- und sozialstaatlichen Sicherheit als Chance bot. Die Gründe, aus denen dieser Staat mit der in ihm enthaltenen existentiellen Chance am Ende dann doch einer anderen als der ursprünglich drohenden Art der totalitären Diktatur anheimfiel, sind komplexer Natur. Doch liegt diese uns Ältere immer wieder bewegende Frage außerhalb des Problemfeldes, das hier im kursorischen Rückblick aufzuhellen meine Absicht war.

Statut Juridique des Ouvrages Communs au Fleuve Sénégal

*Joseph H. Kaiser**

Durch gemeinsamen Beschluß der Außenminister von Mali, Mauretanien und Senegal wurde ich aufgefordert, der zwischenstaatlichen Einrichtung dieser drei Staaten, der Organisation pour la Mise en Valeur du Fleuve Senegal (OMVS), als »Consultant« zur Verfügung zu stehen. Der 1978 und 1979 in den drei Hauptstädten, vor allem in Dakar am Sitz der OMVS, ausgeübten Beratertätigkeit lag ein Exposé zugrunde, das gekürzt in der ursprünglichen französischen Fassung nachstehend veröffentlicht wird. Ich widme die Publikation dem in zwischenstaatlichen Angelegenheiten besonders erfahrenen Jubilar mit dem Dank für Gespräche in Freiburg, Paris und Tokio, die dem eigenen Bemühen um vertiefte Kenntnis einiger zwischenstaatlicher Probleme hilfreich waren.

Au soussigné Consultant il a été demandé de donner son avis sur le projet de convention relative au statut juridique des ouvrages communs selon le terme de référence »notamment sur les points suivants:
– *Propriété commune ou copropriété:* problèmes posés par l'adoption de la notion du droit privé de propriété commune ou copropriété en droit international public, conséquences découlant du régime de copropriété pour les Etats copropriétaires, critères de définition des ouvrages communs: critères conventionnels ou autres critères?
– *Principes d'égalité et d'équité:* les préciser relativement aux droits et obligations des Etats copropriétaires dans le cas de l'OMVS.
– *Garantie solidaire:* son application en droit international public.
– *Responsabilité:* responsabilité de l'OMVS du fait des dommages causés par les travaux de réalisation des ouvrages communs et la constitution des lacs de retenue.
– *Agences de gestion:* nature juridique (entreprise publique, entreprise mixte), personnalité juridique (compétence, capacité patrimoniale, capacité fonctionnelle, . . .), degré d'autonomie, mécanismes de tutelle, compatibilité des privilèges de juridiction avec les principes de gestion commerciale?

---

* Dr. iur., Dr. rer.pol. h. c., Professor an der Universität Freiburg i. Br.
Für freundliche Druckerlaubnis danke ich dem Gouverneur der OMVS in Dakar.

– *Dénonciation:* liens juridiques entre la convention relative au statut juridique des ouvrages communs et les autres conventions (convention relative au statut du Fleuve Sénégal, convention portant création de l'OMVS) en cas de dénonciation.«

I. *Observation Preliminaire*

1. *Personnalité Juridique et Pouvoirs de l'OMVS*

La République de MALI, la République Islamique de MAURITANIE et la République du SENEGAL – Etats membres de l'Organisation pour la Mise en Valeur du Fleuve Sénégal (OMVS) – ont doté l'OMVS d'une personnalité juridique limitée: l'OMVS ne peut utiliser les pouvoirs qui lui attribuent les traités que dans le but pour lequel chacun d'eux lui est conféré. Chacun de ses actes doit avoir pour but non seulement l'objectif général – la Mise en Valeur du Fleuve Sénégal – mais, en outre, dans le cadre de cet objectif général, l'objectif spécifique qu'assignent à cet acte particulier les dispositions du ou des traités en vertu desquels il est pris.
Aux termes de l'Article I, paragraphe 3 de la Convention portant création de l'OMVS de 1975, l'OMVS a le pouvoir de recevoir des dotations, de souscrire des emprunts et de faire appel à l'assistance technique.
La fonction de l'OMVS »Maître de l'Oeuvre« implique aussi des autres compétences, notamment de contracter et d'ester en justice. Pour faire respecter ses contrats, l'OMVS doit avoir le pouvoir de saisir les cours de chaque Etat membre et aussi de Tiers Etats – comme chaque partie contractante peut saisir une cour d'un Etat membre (selon ses règles procédurales) si elle estime que l'OMVS a manqué à une des obligations qui lui incombent en vertu d'un contrat.
Il est recommandé de constituer expressis verbis des pouvoirs correspondants de l'OMVS.

2. *Relations entre les Etats Membres et l'OMVS*

Sous le régime de la Convention portant création de l'OMVS celle-ci n'a guère une autonomie quelconque vis-à-vis des Etats membres. L'OMVS ne dispose pas des compétences autonomes par rapport aux Etats membres.
Les accords en vigueur et les documents d'étude manifestent une prudence louable en ce qui concerne l'institutionalisation de la coopération des trois Etats dans la région du Fleuve Sénégal. Ce n'est pas seulement pour éviter

une bureaucratisation excessive et coûteuse; une sage prudence, seule, permet d'envisager un développement stable et bien balancé.

Sur la base des textes constitutifs et des projets de Convention, l'OMVS doit être considéré comme un organisme de coopération, au sens strict.

Si un Etat membre manque à une des obligations qui lui incombe en vertu des accords concernant l'OMVS il commit un délit par rapport aux autres Etats membres. Ce sont eux qui ont le droit de réagir selon les règles correspondantes établies dans ces accords, ou, en général, selon le droit international public.

Dès lors, la règle de principe s'impose:

l'OMVS ne peut pas faire valoir des droits propres en relation avec les Etats membres – ce sont toujours les autres Etats membres qui sont appelés d'appliquer des sanctions. En cas d'un manquement d'obligation d'un des Etats membres, cette règle s'applique à tous les sujets qui ont été réglés dans les accords, par exemple financer le budget de l'OMVS, accorder à elle des immunités et privilèges, reconnaître à l'OMVS et aux agences de gestion les droits d'appui et des passages qui sont nécessaires à l'exploitation et l'entretien des ouvrages communs.

En ce qui concerne les relations avec Tiers Etats ou avec des organismes internationaux, l'OMVS ne peut pas, par moyen d'un propre pouvoir, engager ou obliger les Etats membres par exemple en matière des garanties données par ces Etats aux Sources de financement. Ce sont toujours les Etats membres qui doivent se substituer à l'OMVS.

Hors de ses compétences très limitées qui ont été définies dans les traités instituant l'OMVS et définissant ses fonctions, l'OMVS peut négocier avec les Tiers Etats et les organismes internationaux seulement sur la base d'un mandat exprès, délivré par les Représentants des Etats.

Peut-être cet état des choses est temporaire: on pourrait envisager une construction différente notamment plus intégrée. Mais l'absence d'un pouvoir autonome de l'OMVS vers les Etats membres est un élément constitutif de sa personnalité juridique.

3. *L'OMVS: Un organisme de coopération strictement économique*

Une entreprise de tel ordre et de tel volume comme celle de la Mise en Valeur du Fleuve Sénégal implique incontestablement des éléments politiques qui ne doivent pas être négligés. C'est une raison pour laquelle je recommande de procéder avec une sage prudence. Les autres raisons sont d'ordre économique.

Son orientation stricte vers des buts économiques est un des grands avantages de l'OMVS. Comme on n'a pas à se laisser emporter par des ambitions politiques ou idéologiques, l'OMVS n'est pas exposé aux tensions de même catégorie: politiques, idéologiques etc., qui pourraient empêcher une coopération efficace. Ainsi l'OMVS a toutes les chances de survivre aux diversifications idéologiques et aux changements de gouvernement dans les Etats membres.

De toute évidence, à l'échelon supérieur, la Conférence des Chefs d'Etat et de Gouvernement ainsi que le Conseil des Ministres conservent un caractère politique. Mais il est souhaitable que le caractère économique et technique de l'OMVS soit garanti et respecté. Sur le niveau des organismes techniques – par exemple des agences chargées de la gestion des ouvrages d'un intérêt commun – les employés devraient être protégés de toute influence politique directe. Néanmoins chaque fonctionnaire et employé de l'OMVS et des ouvrages communs reste sous l'autorité de son gouvernement. Le droit de travail de chaque Etat membre est appliqué à ses ressortissants. C'est pourquoi la question d'un statut juridique des fonctionnaires comme droit interne de l'OMVS ne se pose pas.

II. *Propriété Commune*

1. *La signification de la propriété commune*

a. *La notion juridique*

Propriété commune et copropriété sont des facteurs complémentaires d'une situation juridique qui est caractérisée par le fait que la copropriété forme une partie d'une propriété commune, dans l'indivision.

On s'est longuement étendu sur le sens qu'il convient d'attribuer à la notion de propriété commune, particulièrement en droit international public. Selon nous, il faut la comprendre en le sens défini par les règles générales de droit privé. Quoi qu'il en soit, il est clair, que le droit international public ne contient pas une notion originale de propriété commune ou de copropriété. L'opinion la plus communément admise parmi les juristes caractérise le droit international avant tout par ces manques; le droit international est un droit primitif, les internationalistes eux-mêmes l'admettent très communément.

Nous ne voyons rien, ni dans les principes du droit international public, ni dans les conventions conclues entre les Etats membres de l'OMVS, qui puisse être compris comme constituant une notion propre d'une propriété commune ou de copropriété.

Mais il y a la un fait dont il faut bien se rendre compte. L'effet de droit que tend à produire la manifestation de la volonté souveraine, contenue dans les conventions conclues par les trois Etats, se produit par la seule émission de cette volonté: une situation juridique nouvelle se trouve établie dont il convient d'analyser les caractères: cette situation n'est pas de nature civile, elle est de nature de droit international public, et cela entraîne des conséquences dans le droit interne des Parties contractantes et sur le niveau interétatique.

b. *Domaine public et domaine privé de l'Etat concerné*

Le Conseil des Ministres dans sa résolution n°19/CN/MN du 29 mai 1974 a décidé que les ouvrages d'intérêt commun appartiendront en commun aux trois Etats membres de l'OMVS.

Les arguments contre la constitution des ces ouvrages d'intérêt commun comme propriété commune nous semble être axés sur le fait que les ouvrages communs vont être installés sur le domaine public soit fluvio maritime soit terrestre d'un ou de deux Etats, et que la propriété du domaine public ne peut être transférée à des Etats tiers en commun, sans risque de poser des problèmes constitutionnels de cession de territoire national. Ceci dépend de ce que sont précisément la nature et l'étendu du domaine public.

On peut ajouter que même la propriété du domaine privé de l'Etat – elle comprend selon la plupart des droits nationaux par exemple les forêts nationales, certaines fermes, certaines sources minérales etc. – tombe dans le domaine public le moment elle est cédée en propriété commune des trois Etats pour le but des ouvrages communs qui sont des services publics.

Il me semble que la réponse aux questions soulevées par cette argumentation doit être négative.

Le domaine public n'est pas identique avec la souveraineté territoriale de l'Etat qui n'est pas abandonnée par la cession de certains domaines publics en propriété commune, avec deux autres Etats comme copropriétaires. Au contraire, chaque Etat garde sa souveraineté territoriale dans les frontières données avec tous les droits et obligations qui en découlent, p.e. la défense nationale, la sécurité publique etc. La propriété commune ne s'explique pas comme phénomène extraterritorial mais plutôt comme sujet de certaines immunités et privilèges, comme exemption de toute perquisition, réquisition, confiscation etc.

2. Conséquences pour la garantie solidaire

Le propriétaire d'un terrain acquiert la propriété des choses qui y sont implantées.

Ces valeurs peuvent servir aux Etats copropriétaires comme espèce de garantie pour les prêts mis à leur disposition par les bailleurs de fonds. Une hypothèque sur les ouvrages communs, acceptée par les bailleurs de fonds, peut substituer une partie de la garantie solidaire. Une telle hypothèque pourrait diminuer la dette extérieure individuelle de chaque Etat (dans le paragraphe C du présent avis il a été fait certaines observations à ce propos).

Si la garantie solidaire est mise en jeu et si, en vertu de la garantie solidaire, un des bailleurs de fonds s'adresse à un des Etats garants pour en exiger le règlement des sommes dues par l'emprunteur, l'Etat garant concerné peut recouvrir la créance en se tournant vers les autres Etats garants.

Il est recommandé que par une disposition de la convention relative au régime juridique des ouvrages d'intérêt commun, un privilège soit constitué en faveur de l'Etat garant qui en conséquence de sa garantie a exécuté les obligations financières et pécuniaires découlant pour l'emprunteur du contrat de financement: le droit à l'indemnité, à son choix, à réaliser par une compensation en nature sur sa quotepart de la propriété commune.

3. Critères de définition des ouvrages communs

Les critères et les compétences de désigner une propriété comme propriété commune et un projet comme ouvrage d'intérêt commun se définissent par les objectifs généraux convenus dans le traité instituant l'OMVS et dans les autres conventions concrétisant ces buts (je me réfère au I^{ier} paragraphe de mon observation préliminaire du présent avis).

Il convient de désigner chaque ouvrage commun, comme prévu, dans la convention relative au statut juridique des ouvrages communs.

En ce qui concerne les instruments juridiques pour concrétiser cette disposition de la convention, leur choix dépend du droit constitutionnel des Etats membres de l'OMVS. Il peut être assumé que les constitutions des trois Etats n'exigent pas un traité formel pour délimiter les terres à transformer en propriété commune et les autres détails. Selon leur importance, une Résolution ou Décision arrêtée par la Conférence des Chefs d'Etat et de Gouvernement ou par le Conseil des Ministres aura l'effet de droit.

III. Principes d'Egalité et d'Équité

1. L'égalité

Le principe d'égalité souveraine des Etats est un principe général de droit international public. Expressis verbis il a été reconnu dans l'article 2 aliéna 1 de la Charte des Nations Unies. Le principe est valable et applicable parmi les Etats sans qu'il soit adopté dans un contrat conclu entr'eux.
Conforme au principe d'égalité est toute la différence des droits et des obligations des Etats, soit établie par un instrument conventionnel, soit justifiée comme conséquence logique des données différentes de la réalité politique, économique, géographique etc.
Le principe d'égalité impose aux Etats l'obligation de respecter les actes respectifs de leur pouvoir public (»acts of state«) selon la règle déjà établie par Bartolus: »Par in parem non habet imperium«. Ça n'empêche pas les Etats de limiter leur souveraineté en assurant par une action commune la Mise en Valeur du Fleuve Sénégal, renforcer l'unité de Bassin du Fleuve et constituer un ensemble de leurs ressources pour la réalisation de ces buts. Par leurs engagements contractuels les trois Etats sont obligés de faciliter à l'OMVS l'accomplissement de sa mission et de s'abstenir de toutes mesures susceptibles de mettre en péril la réalisation de ces buts.
Dans le cadre de l'OMVS, du principe de l'égalité découle le principe de participation équitable dans l'utilisation des eaux du Fleuve. Il est entendu que ce principe peut être qualifié par l'utilisation inégale des territoires des Etats membres de l'OMVS, par une répartition inégale des coûts et des charges etc.

2. L'équité

La Cour Internationale de Justice est autorisée par l'article 38 aliéna 2 de son Statut »si les Parties sont d'accord, de statuer ex aequo et bono«. La procédure »ex aequo et bono« en droit international conduit à une solution juridique, pas politique. La Cour Internationale de Justice a déclaré le principe de l'équité comme inhérent aux dispositions du droit international: ». . . considerations lying not outside but within the rules, and in this field it is precisely a rule of law that calls for the application of equitable principles«.
Néanmoins le principe d'équité ne peut pas être appliqué que dans le cadre de l'ordre juridique existant. La situation juridique comme créé par les Conventions et par le droit secondaire – Décision et Résolution des organes

délibérantes de l'OMVS – forme le cadre principal de l'application de l'équité.
La première fonction de l'équité est l'adoucissement de la rigueur du droit, son adaptation aux circonstances particulières.
La deuxième fonction de l'équité est complémentaire au droit positif: combler ses lacunes. Mais le silence du droit international conventionnel ou coutumier ne peut pas être qualifié comme des lacunes, car il confirme implicitement la liberté d'action des Etats. C'est pourquoi on doit se demander d'abord si la question ne tombe pas dans le domaine réservé aux Etats. Seulement si la réponse est négative, on se trouve en présence d'une vraie lacune que le juge doit combler en applicant le principe d'équité.

IV. *Garantie Solidaire*

1. *Sûretés*

L'examen de l'éligibilité des projets et l'octroi des prêts s'effectuent suivant les modalités, conditions et procédures prévues par les Statuts de l'organisme de financement, et qui sont en pratique analogues aux règles suivies par les autres instituts internationaux de financement à long terme.
Lorsqu'un prêt est consenti à une entité juridique autre qu'un Etat, l'organisme de financement ordonne l'octroi de ce prêt, soit à une garantie de l'Etat ou des Etats sur le territoire duquel ou desquels le projet sera réalisé, soit à d'autres garanties suffisantes.
Dans tous les cas, les bailleurs de fonds considèrent la situation économique et financière des Etats concernés et tiennent compte de tous les facteurs qui peuvent garantir le service du prêt. La capacité d'endettement n'est qu'un seul de ces facteurs.
Tous les prêteurs sont obligés d'assortir leurs prêts de sûretés appropriées, avant tout les organismes dont les ressources sont constituées par des fonds empruntés sur les marchés des capitaux: pour maintenir leur propre »credit standing« et obtenir les meilleures conditions possibles pour leurs emprunts, aussi dans l'intérêt de leurs emprunteurs.

2. *Constitution et Contenu des Régimes juridiques d'une garantie solidaire*

Par une garantie solidaire les Garants se constituent caution solidaire envers le prêteur pour l'exécution ponctuelle et intégrale de toutes les obligations financières et pécuniaires découlant pour l'emprunteur du contrat de financement, y compris tous paiements des intérêts, commissions, charges, frais et de toutes les sommes dont l'emprunteur pourrait se trouver redevable envers le prêteur en vertu du contrat de financement.

C'est pourquoi souvent la garantie est constituée pour un montant plus élevé que le crédit ouvert, p.e. 125 % du crédit.

En vertu d'une garantie solidaire, le prêteur a la faculté de s'adresser, à son choix, à un des Garants pour en exiger le règlement intégral de la totalité des sommes dues par l'emprunteur lors de la mise en jeu de la garantie.

Une garantie solidaire implique l'engagement des Garants à prendre, de concert de l'un avec l'autre, les dispositions requises pour que soit rendu possible et facilité la réalisation du projet, comme elle a été écrite dans le contrat de financement (conclu entre le prêteur et l'emprunteur).

La garantie implique certaines obligations d'information envers l'autre Partie contractante: Le Garant doit informer le prêteur des modifications qu'il serait envisagé d'apporter à son rôle dans le processus de réalisation du projet; le prêteur a le droit de donner son avis concernant les mesures envisagées par le Garant. Dans la mesure que la réalisation du projet dépend d'un Garant, il est obligé à informer le prêteur sur chaque modification qui serait apportée au plan de la réalisation du projet.

Le prêteur doit informer les Garants des modifications qu'il aura apporté au contrat de financement conclu avec l'emprunteur; ces modifications doivent être soumises à l'approbation des Garants si elles sont de nature à nuire à leurs intérêts en qualité des Garants. Enfin le prêteur doit informer les Garants de tous les faits ou des circonstances de nature à compromettre le remboursement ou le service des intérêts de la créance garantie.

La garantie est mise en jeu dès lors que l'emprunteur n'exécute pas tout ou partie des obligations garanties. Le prêteur n'est pas obligé d'engager d'abord des poursuites contre l'emprunteur. Le paiement par le ou les Garants est exigible immédiatement après la garantie à été mise en jeu.

Il est recommandé que le contrat de garantie définit le Régime juridique de la garantie: Le contrat doit déterminer auquel droit national la formation et la validité du contrat et les relations juridiques entre les Parties contractantes soient soumises. Dans ce contexte, on doit déterminer aussi le lieu d'exécution et les juridictions compétentes en cas de litiges relatifs au contrat de garantie. Il est recommandé que les Parties contractantes reconnaissent expressis verbis les décisions arrêtées par les juridictions compétentes comme définitives. La domiciliation des paiements est réglée d'une manière analogue.

3. *Alternatives*

Une garantie solidaire contractée avec un prêteur ne peut être modifiée que par accord avec le même prêteur.

a. *Contrat de financement entre un Etat et un bailleur de fonds*

C'est une alternative juridiquement assez simple, sous l'hypothèse que le prêteur accepte un seul Etat comme garant: Le prêteur conclut le contrat de financement avec un seul Etat membre de l'OMVS, qui met le prêt à la disposition de l'organisation.

b. *Sûretés réelles*

Au lieu de cautionnements les Garants peuvent fournir d'autres garanties, considérées par les bailleurs de fonds comme suffisantes, comme des sûretés réelles (biens ou revenus déterminés des Garants).
Comme les prêts souvent sont versés au fur et à mesure de l'avancement des projets financés par ces prêts, on pourrait envisager la transformation graduelle d'une garantie solidaire en hypothèque sur les immeubles réalisés. Une garantie solidaire peut être réduite en proportion (sans préjudice de l'obligation intégrale des Garants).
Toutefois les bailleurs de fonds tendent de se protéger contre tout évènement ou mesure qui pourrait affecter les sûretés. Ils se réservent la faculté de déclarer un prêt exigible de plein droit, en tout ou en partie, si un tel évènement ou mesure se réalise.

c. *Cadre de la Convention de Lomé*

De la part de prêteur la question de la garantie se présente d'une manière différente en cas il conclut le contrat de financement pour le compte et aux risques d'une autre institution (cf. les interventions de la Banque Européenne d'Investissement dans le cadre de la Convention de Lomé: la Banque est chargée de mettre en œuvre une forme d'aide financière particulièrement adaptée au financement de certains projets: opérations sur les ressources du Fonds Européen de Développement).
La première réalisation industrielle à caractère régional en Afrique de l'Ouest, le projet Cimao – Société des Ciments de l'Afrique de l'Ouest, société d'économie mixte régie par un Traité international du 12 décembre 1975 entre la République de Côte d'Ivoire, la République du Ghana et la République Togolaise – a été conçue sur la base d'une garantie solidaire des

trois Etats concernés: garantie solidaire en faveur de la Banque Européenne d'Investissement qui a conclu plusieurs opérations de crédit avec les trois Etats et avec la Société Cimao dans le cadre de la Convention de Lomé. Les trois Etats détiennent, à parts égals, 92 % du Capital de la Société Cimao.

V. *Responsabilite de l'OMVS*

1. *Responsabilité contractuelle*

Il est généralement reconnu que la responsabilité contractuelle est régie par la loi applicable au contrat en cause. En cas cette loi a été précisément définie, la responsabilité contractuelle ne pose pas des problèmes difficiles.
Il est recommandé d'insister de préciser dans les contrats aussi les juridictions compétentes, d'envisager l'arbitrage etc. (Ce sujet peut être approfondi).

2. *Responsabilité non-contractuelle*

Le principe semble être clair: l'OMVS doit réparer les dommages causés par ses organes ou par ses agents dans l'exercice de leurs fonctions. La responsabilité directe de l'OMVS ne peut pas être niée. Selon quelle règle un organisme international doit réparer les dommages causés par lui, est ouvert aux spéculations juridiques inextricables.

a. *Faute de service*

Un dommage causé par un organe de l'OMVS est en effet nécessairement celui qui trouve sa cause dans une faute de service, dans le sens du droit français, c'est-à-dire une faute non-détachable du service et donc éventuellement anonyme et impersonnelle. »On considère que, hors le cas de faute personnelle, l'agent même fautif, même passible d'une peine disciplinaire, est un rouage de l'administration et n'a pas de responsabilité propre« (G. Vedel, Droit administratif, IIIe éd., Paris 1964, p. 264).

b. *Faute personnelle*

Il y a faute personnelle quand le fait incriminé ne présente aucun lien avec le service. Selon la jurisprudence française un agent est déclaré personnellement responsable envers la victime d'un dommage ou envers l'administration elle-même. Lorsque la faute a été commise par l'agent dans le service ou à l'occasion de celui-ci et si elle n'est pas dépourvue de tout lien avec le service, selon la jurisprudence du Conseil d'Etat, la responsabilité de la puissance publique vis-à-vis de la victime coexiste avec celle de l'agent.

Les lois allemandes, dès 1909, établirent la responsabilité directe de la puissance publique résultant d'une faute de ses agents. Selon la Loi fondamentale de 1949, la responsabilité incombe en principe au pouvoir public lorsqu'un fonctionnaire viole ses obligations de fonction envers les tiers. L'action récursoire demeure réservée en cas de faute intentionnelle ou de négligence grossière.

Selon le Traité instituant la Communauté Economique Européenne la Communauté doit réparer »conformément aux principes généraux communs aux droits des Etats membres, les dommages causés par ses institutions ou par ses agents dans l'exercice de leurs fonctions« (art. 215 al. 2). Cette disposition ne distingue pas entre faute de service et faute personnelle, dont on a conclu que la Communauté est responsable pour les deux, nonobstant la responsabilité personnelle des agents envers la Communauté; elle est réglée dans les dispositions fixant leur statut; les lacunes dans ces dispositions sont considérables et sont comblées par la Cour de Justice conformément aux principes généraux communs aux droits des Etats membres.

Pour l'OMVS il est recommandé que le Haut-Commissariat soit compétent pour accorder une réparation en cas de préjudices causés par une faute de service ou par une faute personnelle d'un agent dans l'exercice de ses fonctions; c'est-à-dire le Haut-Commissariat peut mettre une indemnité équitable à la charge de l'OMVS si la partie lésée n' a pas obtenu une réparation de la part de l'agent.

c. *Responsabilité en dehors de toute faute*

Les principes généraux qui ont été analysés n'excluent pas que le Haut-Commissariat accorde une indemnisation en raison d'un dommage résultant d'un fait en dehors de toute faute.

d. *Engagement des Etats membres de l'OMVS*

Il est recommandé que les Etats s'engagent de mettre les moyens nécessaires à l'OMVS pour leur permettre de remplir ses obligations résultant de ses responsabilités.

VI. *Agences de Gestion*

Le cadre de cet avis ne permet pas d'approfondir tous les détails qui posent des problèmes. Quelques-uns de ces détails sont de nature politique et appellent à une décision par une instance délibérante de l'organisation, aux intentions de laquelle un Consultant étranger ne doit pas prévenir.

1. *Nature juridique*

Leur relation assez étroite avec l'OMVS et leurs fonctions comme service public sont des caractéristiques qui pourraient être comprises comme élément d'une entreprise publique. Néanmoins il n'exclut pas la construction des agences de gestion comme entreprise mixte.

2. *Personnalité juridique*

La nature juridique ne détermine pas tout à fait la personnalité juridique. Elle peut être conçue p.e. selon le modèle des sociétés par actions. Cette construction ne fait pas obstacle au caractère de l'entreprise publique.

Le modèle des sociétés par actions présente de grands avantages: Le quota des représentants de chaque Etat membre de l'OMVS peut être calculé précisément comme aussi les droits de vote, la société par actions selon le droit français et allemand permet l'autonomie nécessaire de l'agence de gestion et implique un mécanisme de décision très approprié. Une gestion quasi-commerciale est tout à fait compatible avec les privilèges de juridiction, immunités etc.

La gestion des bassins fluviaux internationaux est considérée par un groupe d'experts spécialisés dans les aspects juridiques et institutionnels des Nations Unies comme un domaine »naturel« ou fertil pour l'emploi de sociétés. »Cette formule mérite au moins examen. Le principal avantage d'une autorité assumée par une société intergouvernementale ou multinationale est d'être dans une large mesure à l'abri des vicissitudes provoquées par les changements de gouvernement ... et de confier la gestion d'importantes entreprises techniques à long terme à des hommes d'Etat-experts ... assujettis aux procédures de comptabilité industrielle et à d'autres vérifications de l'efficacité et des résultats, que seul permet un contexte d'entreprise distinct« (Gestion des Ressources en Eau Internationales: Aspects institutionnels et juridiques, Ressources Naturelles/Série Eau no. 1, Nations Unies, New York, 1976 – Doc. ST/ESA/5 – p. 67).

VII. *Dénonciation*

Une dénonciation par un des Etats membres de l'OMVS poserait des problèmes très graves pour l'existence de l'OMVS; elle impliquerait des conséquences considérables pour les autres Etats membres. Il est évident qu'une possibilité assez facile de dénonciation touche aussi les intentions des bailleurs de fonds. Une dénonciation à court terme et facile à déclarer est incompatible avec la nature de l'OMVS.

Considérant les implications politiques, un Consultant étranger ne peut guère suggérer un régime de dénonciation tout à fait différent (que lui semble très souhaitable) sans être mieux informé sur les données politiques concernant les possibilités de rendre une dénonciation plus difficile et de statuer plus clairement les effets pour l'Etat qui veut se retirer de l'OMVS ainsi que pour les autres Etats membres de l'organisation qui continuent y adhérer.

A l'opinion du Consultant la dénonciation devrait et pourrait être largement substituée par des mécanismes beaucoup plus détaillés d'un règlement des différends.

Le dernier point du terme de référence ne concerne que les liens juridiques entre la convention relative au statut juridique des ouvrages communs et les autres conventions.

En effet, si un Etat dénonce le Traité instituant l'OMVS, en même temps il doit se retirer des autres accords desquels le sus-mentionné Traité est la base. A l'autre côté un Etat membre qui veut dénoncer un certain accord sans quitter l'OMVS devrait avoir la possibilité de choisir le mal mineur au lieu de quitter l'OMVS tout à fait.

Pour ces raisons il est recommandé de régler la possibilité de dénonciation dans chaque convention d'une manière assez détaillée.

Schematische Parteiengleichheit als Grundbedingung der modernen Demokratie

*Klaus Kröger**

I. *Einleitung*

Vor fast genau dreißig Jahren hat sich *Wilhelm Grewe* in seinem vielbeachteten Aufsatz »Parteienstaat – oder was sonst?«[1] mit den Argumenten derer auseinandergesetzt, die die politischen Parteien als Träger politischer Willensbildung im heutigen demokratischen Staat in Frage stellen oder gar ablehnen. Wer diesen Beitrag heute wieder liest, wird dessen Aktualität und langfristige Bedeutung kaum bestreiten können: Die Parteienverdrossenheit ist in der Bundesrepublik offenbar ein Problem geblieben, das zu gewissen Zeiten sogar in der Inflationsblüte gestanden hat, dessen Ursachen, Erscheinungsformen und Wirkungen gewechselt haben, das jedenfalls bis jetzt nicht recht bewältigt worden ist.

In den letzten beiden Jahrzehnten wurde dieses Phänomen in der Bundesrepublik durch zunehmende »*Oligarchisierung*« innerhalb der einflußreichen Parteien und durch deren wachsende »*Etatisierung*« besonders akzentuiert, was als einer der ersten der Basler Philosoph *Karl Jaspers* in seiner provokativen Schrift »Wohin treibt die Bundesrepublik«[2] vehement attackiert hat: Ohne die Notwendigkeit der politischen Mitwirkung der Parteien zu bestreiten, kritisierte er deren Entwicklung zu »volksfremden Staatsorganen« und ihre Entartung zu »selbstherrlichen Oligarchen«.[3] Trotz mancher Übertreibungen und Verzeichnungen hat er die Erscheinungsformen des modernen Parteienstaates scharfsichtig erkannt: Die Tendenz zu innerer Abkapselung der Führungseliten in den Parteien und zur Monopolisierung der Entscheidungen, die Versuchung der einflußreichen Parteien zu allzu großzügigem Umgang mit der ihnen anvertrauten Staatsmacht, die Bestrebungen der etablierten Parteien, die Konkurrenz kleinerer und neu

---

* Dr. iur., Professor an der Universität Gießen.
1 In: Der Monat 3 (1951), S. 563 ff.
2 München 1966.
3 Ebd., insbes. S. 130 ff.

sich bildender Parteien von vornherein zu minimalisieren oder gar auszuschalten. Diese Entwicklung hat in den siebziger Jahren zu innerparteilicher Aktivierung und Mobilisierung geführt sowie zu konkreten Reformüberlegungen, voran zu den Vorschlägen der *Enquetekommission Verfassungsreform des Deutschen Bundestages,*[4] wie den »Oligarchisierungstendenzen« entgegengewirkt werden könnte. Das ist hier jedoch nicht weiter zu verfolgen. – Daß den »*Etatisierungstendenzen*« weit weniger begegnet worden ist, überrascht nur auf den ersten Blick. Hier haben es die etablierten Parteien verstanden, ihre Vorzugsstellung gegenüber kleineren und neu gegründeten Parteien gesetzlich abzusichern: Angefangen von den Regelungen im *Bundeswahlgesetz*[5] bis hin zu den Bestimmungen des *Parteiengesetzes.*[6] Allen diesen Regelungen, auf die noch zurückzukommen sein wird, liegt die Rechtsauffassung einer *proportionalen* Gleichheit der Parteien zugrunde, welche als eine nicht unwesentliche Ursache heutiger Parteienverdrossenheit zu kritischer Überprüfung herausfordert. Entspricht nicht eine streng *schematische* Parteiengleichheit weit mehr der parlamentarischen Demokratie der Gegenwart? Und ist nicht jede unterschiedliche Behandlung der politischen Parteien durch die öffentliche Hand ein Widerspruch zu einer echten, das heißt dem freien Wettbewerb gerecht werdenden Chancengleichheit aller Parteien?

II. *Der Umschlag von der schematischen zur proportionalen Gleichheit der Parteien in der Bundesrepublik*

Es ist heute geradezu ein Gemeinplatz, daß die Chancengleichheit der politischen Parteien ein Grundelement der freiheitlichen demokratischen Ordnung ist. Weit weniger bekannt ist, daß der Begriff »Chancengleichheit« oder »Gleichheit der politischen Parteien«, dem hier der Vorzug gegeben wird,[7] noch nicht alt ist, und noch weniger, daß das heute vorherrschende Begriffsverständnis sich erst allmählich entwickelt hat.

---

4 Beratungen und Empfehlungen zur Verfassungsreform Teil I, Kap. 1 und 2, in: Bundestags-DruckS 7/5924; gesondert herausgegeben vom Presse- und Informationszentrum des Deutschen Bundestages in der Reihe »Zur Sache« Nr. 3/76, S. 45 ff.; 72 ff.
5 Vgl. die Bestimmungen der §§ 18 II, 20 II, 27 I sowie 6 IV des Bundeswahlgesetzes vom 7. V. 1956 (BGBl. I, S. 383).
6 Siehe insbesondere die Regelungen der §§ 2, 5, 18 ff. des Parteiengesetzes vom 24. VII. 1967 (BGBl. I, S. 773).
7 Der Begriff »Chancengleichheit« ist in den letzten Jahren zu einer vielseitigen Vokabel geworden – zu den einzelnen Ausprägungen vgl. jetzt: *Michael Kloepfer,* Gleichheit als

1. Als einer der ersten spricht *Carl Schmitt*,[8] beeinflußt von *Max Weber*, von der »absolut gleichen Chance politischer Machtgewinnung« und der Unvereinbarkeit dieses Grundsatzes »mit jeder Begünstigung faktischen Besitzes der einmal erworbenen staatlichen Macht«. Seine Schülerin *Johanna Kendziora* hat in ihrer Dissertation näher dargelegt, daß freie Werbung als Grundelement der politischen Partei (im Sinne *Max Webers*) und rechtliche Privilegierung einzelner (namentlich der großen und starken) Parteien einander ausschließen.[9] Zeitlich früher hat *Hermann Heller* als Grundlage des demokratischen Rechtsstaats der Gegenwart die »Freiheit und Gleichheit der politischen Werbung« angesehen, »die für alle Gruppen und Parteien rechtlich gleiche Möglichkeit, ihre Ideen und Interessen politisch durchzusetzen«.[10]
Gemeinsam ist allen drei Autoren das Verständnis der Gleichheit als *schematische* Gleichheit aller politischen Parteien. Und in diesem Sinne ist die Parteiengleichheit auch in der frühen staatsrechtlichen Literatur der Bundesrepublik verstanden worden: *Ernst Forsthoff* geht davon aus, daß mit der Freiheit der Gründung »sinngemäß auch die Gleichheit der Wettbewerbschancen zwischen neu gegründeten und Altparteien als gewährleistet gelten« muß.[11] Und *Gerhard Leibholz*[12] spricht – anknüpfend an die Auffassung *Carl Schmitts* – vom »Prinzip der Offenhaltung der gleichen Chancen« für alle Parteien.
2. Eine Wende im Verständnis der Parteiengleichheit setzt erst mit der Rechtsprechung des *Bundesverfassungsgerichts* ein, das die Gleichheit der Parteien nunmehr in erster Linie aus dem Gleichheitssatz des Art. 3 GG[13] – verstanden vor allem als Willkürverbot – herleitet und mit dem Grundsatz

---

Verfassungsfrage, Berlin 1980, S. 36 ff. – daß hier statt dessen von »*Parteiengleichheit*« gesprochen wird.
8 Legalität und Legitimität (1932), jetzt abgedruckt in: Verfassungsrechtliche Aufsätze des Verfassers, 2. Aufl., Berlin 1973, S. 283 ff. (289; 292).
9 Der Begriff der politischen Partei im System des politischen Liberalismus, Dissertation der Handelshochschule Berlin 1933 (veröffentlicht: 1935), insbes. S. 46 ff.
10 Europa und der Faschismus, Berlin – Leipzig 1929, S. 95 f.
11 In: *E. Forsthoff* – *K. Loewenstein* – *E. Matz*, Die politischen Parteien im Verfassungsrecht, Tübingen 1950, S. 12; in gleichem Sinne: *derselbe*, Urteilsrezension, in: Archiv des öffentlichen Rechts, Bd. 76 (1950/51), S. 369 ff. (376).
12 Verfassungsrechtliche Stellung und innere Ordnung der Parteien ..., in: Verhandlungen des 38. Deutschen Juristentags, 1951, S. C 2 ff. (28); ferner *derselbe*, Der Parteienstaat des Bonner Grundgesetzes, in: Recht – Staat – Wirtschaft, Bd. III (1951), S. 99 ff. (121).
13 Vereinzelt ist auch im Schrifttum bereits auf den Art. 3 GG rekurriert worden: vgl. z. B. *Hermann v. Mangoldt*, Die Wahltaktik der schleswig-holsteinischen Landesregierung und das Lüneburger Oberverwaltungsgericht, in: Die öffentliche Verwaltung 1950, S. 569 ff. (571 f.).

der Wahlrechtsgleichheit (Art. 28 I 2; 38 I 1 GG) in Verbindung bringt. Zwar klingt das Prinzip der Gleichheit der Wettbewerbschancen in den frühen Entscheidungen[14] noch an, tritt aber zunehmend in den Hintergrund und verliert seine eigenständige Bedeutung.[15]
Entscheidend ist in diesem Zusammenhang, daß sich mit dieser Veränderung auch der Umschlag von der schematischen hin zu einer proportionalen Gleichheit der Parteien vollzieht. Der Wandel bahnt sich in den frühen Wahlrechtsentscheidungen des Bundesverfassungsgerichts an[16] und erstreckt sich über die Judikatur zur mittelbaren Parteienfinanzierung[17] bis hin zur Rechtsprechung über die Wahlpropaganda durch den Rundfunk.[18] Es ist hier nicht der Ort, diese Entwicklung im einzelnen nachzuzeichnen.[19] Für die Zwecke dieser Darstellung genügt es, den beginnenden Umschwung an typischen Belegstellen aus der Wahlrechtsjudikatur und die Verfestigung und Ausdehnung dieser Rechtsprechung in späteren Entscheidungen[20] beispielhaft zu verdeutlichen:

a) Das *Bundesverfassungsgericht* geht in seinem Urteil vom 1. VIII. 1953 (*BVerfGE 3, 19*) noch von der ursprünglichen Vorstellung aus, daß die Parteien bei der Zulassung zur Wahl gleiche Wettbewerbschancen haben und, soweit irgend möglich, mit gleichen Aussichten in den Wahlkampf eintreten müssen und daß ihnen der Zutritt zum Wahlvorgang nicht sachwidrig erschwert wird.[21] Relativiert wird diese Aussage jedoch bereits im folgenden Satz:

»Es ist nichts dagegen einzuwenden, wenn der Gesetzgeber sicherstellen will, daß nur echte politische Parteien und keine Zufallsbildungen von kurzer Lebensdauer sich um die Stimmen der Wähler bewerben. Bestimmungen, die hierauf abzielen, wirken der Stimmenzersplitterung entgegen und dienen im Ergebnis der Bildung staatspolitisch erwünschter Mehrheits- und Regierungsverhältnisse. ... Es ist ... nicht zu beanstanden, wenn der Gesetzgeber von den Parteien den Nachweis fordert, daß sie Ausdruck eines ernsthaften, in nicht geringem Umfang im Volke vorhandenen politischen Willens sind. Dabei liegt es nahe, diesen Nachweis als erbracht anzusehen, wenn die Partei bisher bereits parlamenta-

---

14 BVerfGE 1, S. 208 (255); 3, S. 19 (26).
15 BVerfGE 3, S. 383; 4, S. 31; 375; 5, S. 77; 6, S. 84; 6, S. 99 und so fort.
16 Besonders aufschlußreich: BVerfGE 3, S. 19; 83.
17 Vgl. besonders: BVerfGE 8, S. 51.
18 Hier vor allem: BVerfGE 14, S. 121.
19 Eine detaillierte und akribische Untersuchung der Wahl- und Parteienrechtsjudikatur des Bundesverfassungsgerichts (bis 1973) hat *Hanns-Rudolf Lipphardt* (Die Gleichheit der politischen Parteien vor der öffentlichen Gewalt, Berlin 1975) vorgelegt.
20 BVerfGE 7, S. 99 und 14, S. 121.
21 BVerfGE 3, S. 19 (26 f.).

risch vertreten war. Neue Parteien müssen dies auf andere Art beweisen. Sache des Gesetzgebers ist es zu entscheiden, welche von mehreren denkbaren Möglichkeiten er hier wählen will. Die Differenzierung in den Anforderungen an die alten und an die neuen Parteien darf jedoch ein gewisses Maß nicht überschreiten...«[22]

Hier ist offenkundig die Vorstellung *schematischer* Gleichheit *aller* Parteien bei der Zulassung zur Wahl und beim Zutritt zum Wahlvorgang aufgegeben. Dies tritt noch klarer in dem Urteil des *Bundesverfassungsgerichts* vom 3. VI. 1954 zutage (*BVerfGE 3, 383*):

»Das Prinzip der Freiheit bei der Zulassung zur Wahl erleidet ... Einschränkungen, weil seine vollständige Durchführung die Gefahr einer Stimmenzersplitterung heraufbeschwören und Mehrheits- und Regierungsbildungen erschweren oder unmöglich machen würde. Hieraus folgt zugleich, daß Zulassungsbedingungen – soweit sie nicht überwiegend formale Bedeutung haben – grundsätzlich nur solchen Parteien auferlegt werden dürfen, bei denen Zweifel bestehen können, ob sie nach ihrer zahlenmäßigen Bedeutung und Beständigkeit in dem jeweils in Betracht kommenden politischen Raum geeignet sind, bei der Bildung funktionsfähiger Mehrheiten und Regierungen mitzuwirken.«[23]

b) Es ist interessant zu sehen, wie die in der Wahlrechtsjudikatur des *Bundesverfassungsgerichts* vertretene Auffassung auf den weit ausgefächerten Bereich der »*Wahlvorbereitung*« erstreckt wird, zu dem das Gericht sowohl die Zulassung von Wahlvorschlägen als auch die Wahlpropaganda im Rundfunk und die Werbung der Parteien um steuerlich abzugsfähige Spenden rechnet.[24] Besonders deutlich wird diese Erstreckung in den Entscheidungen über den gleichen Zugang der Parteien zum Rundfunk zum Zwecke der *Wahlpropaganda*. In seinem Beschluß vom 3. IX. 1957 (*BVerfGE 7, 99*) geht das Verfassungsgericht zwar davon aus, daß auf dem Gebiet der Wahlpropaganda durch den Rundfunk grundsätzlich eine Differenzierung zwischen den Parteien verfassungswidrig sei.[25] Aber es rastet sogleich ganz unvermittelt auf bekannte Gedankengänge ein:

»Auf das Propagandamittel des Rundfunks können naturgemäß nur solche Parteien Anspruch erheben, für die Stimmen bei der Wahl abgegeben werden können. Daraus ergibt sich, daß im allgemeinen nur solche Parteien bei der Zuteilung von Sendezeiten zu berücksichtigen sind, für die Landeswahllisten im Sendebereich der Rundfunkanstalt zugelassen sind.

Die Anwendung des Grundsatzes der gleichen Wettbewerbschancen der Parteien im Bereich der Wahlpropaganda durch den Rundfunk erfordert nicht, daß alle Parteien in gleichem Umfang zu Wort kommen müssen. Insofern erscheint es zulässig, die den einzelnen Parteien zuzuteilenden Sendezeiten nach der Be-

---

22 Ebd. S. 27.
23 BVerfGE 3, S. 383 (392 f.).
24 Besonders prägnant: BVerfGE 8, S. 51 (64); 14, S. 121 (132 f.).
25 BVerfGE 7, S. 99 (108).

deutung der Parteien verschieden zu bemessen. Dabei mag auch die bisherige Vertretung der Parteien in den Parlamenten berücksichtigt werden; jedoch muß auch neuen Parteien *angemessene* Redezeit gewährt werden.«[26]

Noch eindeutiger und zugleich entschiedener äußert sich das *Bundesverfassungsgericht* in seinem Beschluß vom 30. V. 1962 (*BVerfGE 14, 121*). Es hebt hervor, daß der *Gleichheitssatz* nicht nur im Bereich des Wahlrechts, sondern auch in dem der Wahlvorbereitung »streng formal zu verstehen« sei;[27] wenige Absätze weiter heißt es wörtlich:

»Die öffentliche Gewalt muß, wenn sie in den Bereich der politischen Willensbildung bei Wahlen (unter Einschluß der »Wahlvorbereitung« – Zusatz des Verfassers) in einer Weise eingreift, daß dadurch die Chancengleichheit der politischen Parteien verändert werden kann, sich gegenwärtig halten, daß ihrem Ermessen in diesem Bereich besonders enge Grenzen gezogen sind und daß ihr jede verschiedene Behandlung der Parteien verfassungskräftig versagt ist, die sich nicht durch einen besonderen zwingenden Grund rechtfertigen läßt.«[28]

Für die öffentlich-rechtlichen Rundfunkanstalten bedeute dies, daß sie »aus besonders wichtigen Gründen« bei der Zuteilung von Sendezeiten an die politischen Parteien »differenzieren« könnten.[29] Berücksichtigt werden müßten nur solche Parteien, für die Landeslisten im Sendebereich der Rundfunkanstalt zugelassen seien.[30] Als »besonders wichtigen Grund« für eine differenzierte Sendezuteilung nennt das Gericht die Begegnung der »Gefahr einer übermäßigen Parteienzersplitterung«.[31] Wenig später führt das Gericht weiter aus:

»... Eine neue oder eine kleine, bisher im Parlament nicht vertretene Partei hat in der Regel keine Aussicht, auf Anhieb wesentliche Wahlerfolge zu erringen. Sie ist häufig von vornherein dazu verurteilt, eine kleine Minderheit zu bleiben ... Die Bildung von möglicherweise zahlreichen neuen Parteien gefährdet die Funktionsfähigkeit von Parlament und Regierung. Das verfassungsrechtlich legitime Ziel, den Charakter der Wahl als des entscheidenden Integrationsvorganges bei der politischen Willensbildung des Volkes zu sichern, erscheint daher auch in diesem Bereich – ähnlich wie dies bei dem Unterschriftenquorum und der Sperrklausel der Fall ist – als ein wichtiger Grund, der es erlaubt, innerhalb eines eng umgrenzten Rahmens von der formalen Chancengleichheit abzuweichen. Dem kann dadurch Rechnung getragen werden, daß die besondere Bedeutung der Parteien, durch deren Gegen- und Miteinanderwirken die bisherige Entwicklung entscheidend geprägt worden ist und deren mehr oder minder großer Einfluß auf die staatliche Willensbildung voraussichtlich die weitere Entwick-

---

26 BVerfGE 7, S. 99 (108) – Hervorhebung im Originaltext.
27 BVerfGE 14, S. 121 (132) unter Berufung auf BVerfGE 8, S. 51 (68).
28 BVerfGE 14, S. 121 (133), ebenfalls unter Berufung auf BVerfGE 8, S. 51 (64 f.).
29 BVerfGE 14, S. 121 (134).
30 BVerfGE 14, S. 121 (134) unter Berufung auf BVerfGE 7, S. 99 (108).
31 BVerfGE 14, S. 121 (135).

lung bestimmen wird, der Aktivbürgerschaft auch bei der Wahlwerbung im Rundfunk durch eine Abstufung der Sendezeiten vor Augen geführt und vergegenwärtigt wird.«[32]

Das Zitat belegt unzweifelhaft, daß sich der Wandel von der schematischen zur proportionalen Gleichheit der Parteien in der Rechtsprechung des Bundesverfassungsgerichts verfestigt hat. Auch in seiner späteren Judikatur hat das Gericht an dieser Grundauffassung bis heute festgehalten.[33] Im verfassungsrechtlichen Schrifttum hat sich diese Ansicht ebenfalls weitgehend durchgesetzt, worauf hier nur hingewiesen werden kann.[34]

III. *Rückbesinnung auf die schematische Parteiengleichheit*

1. Der Wandel zur proportionalen Parteiengleichheit hat vor allem eine Verkrustung und Erstarrung des vielberufenen modernen Parteienstaates bewirkt. Mit dieser Feststellung soll freilich nicht der Parteienstaat als solcher in Frage gestellt werden. *Wilhelm Grewe* hat schon vor drei Jahrzehnten in dem eingangs erwähnten Aufsatz dargelegt, daß der Parteienstaat heute ohne Alternative ist,[35] und *Gerhard Leibholz* hat seine Entstehung und seine Eigentümlichkeiten eindringlich beschrieben.[36] Das ist heute weithin außer Streit.

Kritik ist hingegen zu üben an der durch das Verständnis der Parteiengleichheit als proportionaler Gleichheit begünstigten *Depravation* des Parteienstaates zu einem *»closed-shop-Parteienstaat«*, in welchem die etablierten Parteien zwar nicht die staatliche Macht oligopolistisch beherrschen, wohl aber kleineren und neu gegründeten Parteien den Zugang zu dem Zentrum institutionalisierter Willensbildung, dem Parlament, erheblich erschweren, wenn nicht versperren. *Carl Schmitt* hat bereits vor fünfzig

---

32 BVerfGE 14, S. 121 (136).
33 Vgl. jüngstens das Spendenurteil des Bundesverfassungsgerichts vom 24. VII. 1979: BVerfGE 52, S. 63 (mit weiteren Nachweisen aus der Rechtsprechung des Bundesverfassungsgerichts).
34 Siehe statt weiterer Nachweise: *Konrad Hesse*, Grundzüge des Verfassungsrechts der Bundesrepublik, Karlsruhe (12. Aufl.) 1980, S. 72 f.; *Wilhelm Henke*, Das Recht der politischen Parteien, Göttingen (2. Aufl.) 1972, S. 209 ff.; 241 ff.; *Heinz-Christian Jülich*, Chancengleichheit der Parteien, Berlin 1967, S. 64 ff.; 69 ff.; 95 ff.; *Karl-Heinz Seifert*, Die politischen Parteien im Recht der Bundesrepublik, Köln 1975, S. 131 ff., besonders S. 137 ff.
35 Vgl. den Nachweis oben in Anm. 1.
36 Strukturwandel der modernen Demokratie, Karlsruhe 1952, wieder abgedruckt in der mehrfach aufgelegten Aufsatzsammlung *Gerhard Leibholz'*, Strukturprobleme der modernen Demokratie, Karlsruhe 1958, S. 78 ff.

Jahren davon gesprochen, daß die mit staatlichen Befugnissen bewehrten politischen Parteien bestrebt sind, den »gouvernementalen status quo« zu sichern.[37]

So verständlich dieses Bestreben auch sein mag, so gefährlich sind alle Versuche, es in die Tat umzusetzen. Den etablierten Parteien ist es in der Bundesrepublik unter dem Flankenschutz der Rechtsprechung des Bundesverfassungsgerichts zur Parteiengleichheit gelungen, sich durch institutionelle Sicherungen der lästigen Mitwirkung kleinerer und neu gegründeter Parteien im Parlament dauerhaft zu erwehren: Als regelrechte Schleuse, die den Zugang zum Parlament reguliert, fungiert die *Fünfprozentklausel* nach § 6 IV des Bundeswahlgesetzes (BWG). Eine Partei, die diese Hürde bei der Bundestagswahl nehmen will, muß bei einer Wahlbürgerschaft von 42,8 Millionen und einer Wahlbeteiligung von 100 % immerhin 2,14 Millionen Zweitstimmen erringen. Verfehlt sie dieses Ziel nur knapp, läßt sich gewiß nicht sagen, sie habe nur eine unbedeutende Minderheit hinter sich. Die Variante der *Dreimandatsklausel* in 6 IV S. 1 BWG ist für eine kleinere Partei ohne Unterstützung durch eine größere eher noch schwerer zu erfüllen. Als weitere Behinderung erweist sich das *Unterschriftenquorum* für Kreiswahlvorschläge (§ 20 II S. 2 BWG) und für Landeslisten (§ 27 I S. 2 BWG), das eine Partei zu erbringen hat, die im Bundestag oder einem Landtag seit deren letzter Wahl nicht aufgrund eigener Wahlvorschläge ununterbrochen mit mindestens fünf Abgeordneten vertreten war (§ 18 II BWG).[38]

Das Netz der Erschwerungen für eine kleinere Partei ist auch auf den Bereich der *Wahlvorbereitung* und darüber hinaus auf das gesamte öffentliche Wirken außerhalb der Wahl ausgedehnt worden. Zum Richtmaß staatlicher Leistungen oder Gewährungen ist die auf den Grundsatz proportionaler Parteiengleichheit gestützte Regelung des *§ 5 Parteiengesetz* (PartG) geworden, in der *Fritz Ossenbühl* zu Recht nicht mehr eine Gleichbehandlungs-, sondern eine »Differenzierungsklausel« gesehen hat:[39]

(1) »Wenn ein Träger öffentlicher Gewalt den Parteien Einrichtungen zur Verfügung stellt oder andere öffentliche Leistungen gewährt, sollen alle Parteien gleichbehandelt werden. Der Umfang der Gewährung kann nach der Bedeutung

---

37 *Carl Schmitt*, Hugo Preuß – Sein Staatsbegriff und seine Stellung in der deutschen Staatslehre, Tübingen 1930, S. 6.
38 Demgegenüber erweist sich das Erfordernis der »Anerkennung« einer kleineren, bisher in einem Parlament nicht vertretenen Partei durch den Bundeswahlausschuß gemäß § 18 II und III BWG als reine Formvorschrift.
39 *Fritz Ossenbühl*, Rechtliche Probleme der Zulassung zu öffentlichen Stadthallen, in: Deutsches Verwaltungsblatt 1973, S. 289 ff. (299).

der Parteien bis zu dem für die Erreichung ihres Zwecks erforderlichen Mindestmaß abgestuft werden. Die Bedeutung der Parteien bemißt sich insbesondere auch nach den Ergebnissen vorausgegangener Wahlen zu Volksvertretungen. Für eine Partei, die im Bundestag in Fraktionsstärke vertreten ist, muß der Umfang der Gewährung mindestens halb so groß wie für jede andere Partei sein.
(2) Für die Gewährung öffentlicher Leistungen in Zusammenhang mit einer Wahl gilt Absatz 1 während der Dauer des Wahlkampfes nur für Parteien, die Wahlvorschläge eingereicht haben.
(3) Öffentliche Leistungen nach Absatz 1 können an bestimmte sachliche, von allen Parteien zu erfüllende Voraussetzungen gebunden werden.
(4) ...«

Die großen Ermessensspielräume, die diese Regelung der öffentlichen Hand bei der Gewährung von staatlichen Leistungen an die verschiedenen politischen Parteien einräumt, sind eine Quelle nicht abreißender Streitigkeiten, welche die Gerichte auch weiterhin beschäftigen werden: Was heißt und wonach bemißt sich die »Bedeutung einer Partei« außer nach den Ergebnissen vorausgegangener Wahlen? Und welche dafür gefundenen Kriterien rangieren vor welchen? Wie läßt sich das »erforderliche Mindestmaß« feststellen, bis zu dem der Umfang einer staatlichen Gewährung abgestuft werden kann? Und was ist das »für die Erreichung ihres Zwecks erforderliche Mindestmaß«? Ist die öffentliche Hand berechtigt, dabei nach Gutdünken zu verfahren? Fragen, Fragen und kein Ende, auf die verläßliche Antworten aus dem Gesetzestext kaum zu ermitteln sind. Der Differenzierung bei der Gewährung öffentlicher Leistungen an die verschiedenen Parteien sind offenbar Tür und Tor geöffnet.

Erschwerungen für das Wirken kleinerer Parteien enthalten schließlich die Bestimmungen über die *Wahlkampfkostenerstattung* (§§ 18 ff. PartG), die ebenfalls auf dem Grundsatz proportionaler Parteiengleichheit basieren. Die Einzelheiten dieser Regelungen können hier indes auf sich beruhen.

2. Dieser unter dem Schirm proportionaler Parteiengleichheit entstandene »closed-shop-Parteienstaat« verfehlt einen »wesentlichen Sinn der parlamentarischen Demokratie, den Staat durch Öffnung für die im Volke wirksamen politischen Kräfte lebendig und in Einklang mit ihnen zu erhalten«.[40]

Die Vielfalt unterschiedlicher, teils sogar gegensätzlicher politischer Bestrebungen und Willensrichtungen in der Aktivbürgerschaft – von *Konrad Hesse* als reale Grundvoraussetzung heutiger Demokratie hervorgehoben[41]

---

40 *Ernst Forsthoff*, Der Staat der Industriegesellschaft, München 1971, S. 89.
41 *K. Hesse*, (Anm. 34), S. 55.

– beruht auf dem freien Wettbewerb der politischen Kräfte, auf ihrer Freiheit zu der vom Staat unbeeinflußten Entfaltung ihrer Vorstellungen und Zielsetzungen im gesellschaftlichen Bereich. Daß sich dabei faktische Ungleichheiten ergeben, ist eine unvermeidliche Folge jeden freiheitlichen Wettbewerbs. Erst die Ebene institutionalisierter staatlicher Willensbildung steht, wie aus Art. 33 I, 38 I GG zu entnehmen ist, unter dem Postulat strikter Gleichheit: schematischer Wahlrechtsgleichheit und schematischer Parteiengleichheit. *Josef Isensee*[42] hat daher – gestützt auf Überlegungen *Joseph H. Kaisers*[43] – die Gleichheit als das Rechtsprinzip des demokratischen Staates, und die Freiheit als das der Gesellschaft bezeichnet.

Aus dieser Sicht ist es den staatlichen Organen verwehrt, den *freien Wettbewerb* der politischen Parteien zu beeinflussen oder gar zu beeinträchtigen. Die Entscheidung, ob und inwieweit sich eine Partei an einer Wahl beteiligen will, ist allein von ihr zu beantworten und darf nicht von staatlichen »Zulassungsbedingungen« abhängig gemacht werden. Und ob sie in das Parlament einzieht, darüber befindet ausschließlich die Wählerschaft; gesetzliche Zugangssperren haben keine Berechtigung. Es liegt in der Konsequenz dieser Sicht, daß die öffentliche Hand, soweit sie den Parteien ihre Einrichtungen zur Verfügung stellt oder andere Leistungen gewährt, dem Grundsatz strikter Gleichbehandlung unterliegt. Jeder Versuch, die einzelnen politischen Parteien gemäß ihrer faktischen »Bedeutung«[44] – was immer das sein mag – unterschiedlich zu behandeln, bedeutet nicht nur eine Verzerrung des freien Wettbewerbs und eine Parteinahme der öffentlichen Hand zugunsten der etablierten Parteien, sondern ist zugleich ein Verstoß gegen das Prinzip der für alle denkbaren Richtungen und Bewegungen unbedingt gleichen Chance, zur Mehrheit zu werden.[45]

Die fortdauernden Behinderungen und Beeinträchtigungen im heutigen »closed-shop-Parteienstaat« beschwören nicht geringe *Gefahren* für die moderne parlamentarische Demokratie herauf,[46] auf die *Ernst Forsthoff* eindringlich aufmerksam gemacht hat:[47] Zum einen die der Unterwanderung von etablierten Parteien durch relativ kleine, in sich geschlossene Kadergruppen, die angesichts der vergleichsweise niedrigen Mitgliederzah-

---

42 *J. Isensee,* Subsidiaritätsprinzip und Verfassungsrecht, Berlin 1968, S. 152.
43 *J. H. Kaiser,* Die Repräsentation organisierter Interessen, Berlin (2. unveränderte Aufl.) 1978, passim, besonders S. 360.
44 Siehe dazu die oben zitierten Entscheidungen (Ziff. II 2 dieser Darstellung).
45 Zuerst entwickelt von *Carl Schmitt* (Anm. 8), S. 285.
46 Das verkennt vor allem *Hans Meyer,* Wahlsystem und Verfassungsordnung, Frankfurt 1973, S. 227 f.
47 *E. Forsthoff* (Anm. 40), S. 90.

len der Parteien durchaus in den bestehenden Parteien zu Einfluß gelangen können. – »Die andere, radikale Möglichkeit ist die, statt an den Gitterstäben des etablierten parlamentarisch-demokratischen Systems zu rütteln, die politische Aktivität auf eine andere Ebene, die gesellschaftliche, zu verlegen – die außerparlamentarische Opposition. Da aber auf dieser Ebene kein Ansatz für eine konstruktive Politik zu gewinnen ist, kann die politische Aktivität solcher Gruppen nur utopisch sein und ist in der ständigen Gefahr, sich im Terror zu erschöpfen.« Mögen sich auch die Erscheinungsformen antiparlamentarischen Protestes gewandelt haben, sie sind kaum weniger gefährlich als die der ausgehenden sechziger Jahre.

3. Eine Aufweichung der Verkrustung und Erstarrung im heutigen Parteienstaat erscheint notwendiger denn je. Sie setzt eine Rückbesinnung auf die dem Parteienstaat allein angemessene *schematische* Parteiengleichheit voraus. In der Judikatur und im Schrifttum wird indessen bei grundsätzlicher Anerkennung des Prinzips schematischer Parteiengleichheit[48] immer wieder ins Feld geführt, daß aus »besonderem zwingenden Grund« – so die Formel des *Bundesverfassungsgerichts*[49] – Ausnahmen von der strikten Gleichheit gerechtfertigt seien. Gerade diese Argumentation begegnet erheblichen Bedenken, auf die im Rahmen dieses kurzen Beitrags notgedrungen nur summarisch eingegangen werden kann:

a) Die Durchbrechungen des Grundsatzes schematischer Gleichheit im *Wahlrecht* – insbesondere durch die Fünfprozentklausel und das Unterschriftenquorum – werden in der Regel damit begründet, daß nur sie *stabile Parlaments- und Regierungsverhältnisse* ermöglichen würden. Als heuristisches Prinzip zum Verständnis des parlamentarischen Regierungssystems spricht vieles für diese Annahme. Aber bei näherem Zusehen zeigt sich, daß das Grundgesetz nicht unbedingt stabile Parlaments- und Regierungsverhältnisse voraussetzt, wie unzweideutig aus den Regelungen der Art. 63 IV, 67, 68, 81 GG zu entnehmen ist. Es ist daher zu bezweifeln, ob die behauptete Stabilität Vorrang vor dem Verfassungsgrundsatz der schematischen Parteiengleichheit beanspruchen kann.

Im übrigen ist die vom *Bundesverfassungsgericht* geforderte »Funktionsfähigkeit von Parlament und Regierung«[50] weniger auf die Sperrklausel und das Unterschriftenquorum als vielmehr auf die Beständigkeit unseres *Parteiensystems* zurückzuführen, das vor allem das Ergebnis eines vielschichtigen Konzentrationsprozesses in der Nachkriegszeit ist. Die überkommenen

---

48 Statt weiterer Nachweise: Konrad Hesse (Anm. 34), S. 72.
49 Vgl. die Belegstellen oben in Anm. 28.
50 Siehe BVerfGE 6, S. 104 (112; 116); vgl. ferner oben Anm. 32.

Disparitäten weltanschaulicher, religiöser, landsmannschaftlicher oder sonstiger regionaler Art, die Unterschiede zwischen Stadt und Land, Einheimischen und Zugewanderten sowie das Gefälle wirtschafts- und sozialpolitischer Zielsetzungen sind in nicht geringem Maße nivelliert worden.[51] Das im Sozialstaat sich ausbreitende Bedürfnis nach Einheitlichkeit der Lebensverhältnisse und das Schwinden größerer Alternativen in der Politik nach der Wiederaufbauphase haben in der Bundesrepublik ein übriges zu diesem Einebnungsprozeß beigetragen. Daher dürften die Befürchtungen, daß eine konsequente Rückkehr zum Grundsatz schematischer Parteiengleichheit unvermeidlich zu Parlaments- und Regierungsverhältnissen führen würde, die denen in Italien und Belgien ähneln könnten, auf kaum haltbaren Vermutungen beruhen.

Und auch die verbreitete Annahme, die Sperrklausel im Bundeswahlgesetz sei geeignet, Weimarer parlamentarischen Verhältnissen vorzubeugen, erscheint wenig überzeugend. Annahmen haben stets nur begrenzte Aussagekraft; das gilt natürlich auch für Gegenhypothesen. Immerhin ist die jüngst errechnete hypothetische Verteilung der Reichstagssitze nach den Wahlergebnissen von 1919 bis 1933 unter Zugrundelegung einer angenommenen, der Regelung des § 6 IV BWG entsprechenden Sperrklausel nicht ohne Interesse. Sie zeigt, daß sich zwar die Zahl der im Reichstag vertretenen Parteien von neun bis fünfzehn auf nur sechs bis neun verringert hätte, daß aber im übrigen die parlamentarischen Machtverhältnisse gleich geblieben oder für die Regierungskoalition allenfalls geringfügig günstiger geworden wären.[52]

Noch problematischer als die Durchbrechungen des Grundsatzes schematischer Parteiengleichheit bei der Durchführung von Wahlen sind diejenigen, die sich auf den vorgelagerten Bereich der *Wahlvorbereitung* erstrecken. Gewiß stehen Wahlen und ihre Vorbereitung in einem engen Zusammenhang; das muß aber noch nicht bedeuten, daß sie – wie das *Bundesverfassungsgericht* meint[53] – eine Einheit darstellen und bei der rechtlichen Bewertung nicht getrennt werden dürfen. Erweisen sich schon die Behinderungen kleinerer und neu gegründeter Parteien bei der Erneuerung des zentralen Organs institutionalisierter staatlicher Willensbildung, des Parlaments, als nicht gerechtfertigt, so gilt dies um so mehr im Bereich freien gesell-

---

51 Darauf macht jetzt *Klaus v. Beyme* aufmerksam: Das politische System der Bundesrepublik Deutschland, München 1979, S. 64 ff.
52 *Michael Antoni*, Grundgesetz und Sperrklausel, in: Zeitschrift für Parlamentsfragen 1980, S. 93 ff. (105 ff.).
53 BVerfGE 4, S. 375 (387).

schaftlichen Wettbewerbs der politischen Kräfte. Hier ist überhaupt nicht einzusehen, weshalb bei Gewährungen und Leistungen der öffentlichen Hand kleinere Parteien benachteiligt werden dürfen. So ist es zum Beispiel eine seltsame Vorstellung, daß die unterschiedliche *faktische* Bedeutung der einzelnen politischen Parteien nach Ansicht des *Bundesverfassungsgerichts* »der Aktivbürgerschaft auch bei der Wahlwerbung im Rundfunk durch eine Abstufung der Sendezeiten vor Augen geführt und vergegenwärtigt« werden darf.[54] Ist es den Bürgern wirklich nicht zuzutrauen, die für ihre Stimmabgabe notwendige Einschätzung der miteinander konkurrierenden politischen Parteien selbst vorzunehmen? Hier wird die Argumentation des Gerichts vollends brüchig.

b) Die Durchbrechung des Prinzips schematischer Parteiengleichheit wird in der Rechtsprechung und im Schrifttum mit »funktionalen« Erwägungen gerechtfertigt, die auch *methodischen* Bedenken begegnen. So ist zum Beispiel die »Funktionsfähigkeit von Parlament und Regierung«[55] ein sehr dehn- und wandelbarer Begriff, der zudem von dem jeweiligen Interpreten je nach Beurteilung der Gegebenheiten recht verschieden ausgelegt werden kann. Auch die »Bedeutung der politischen Parteien«,[56] welche als Differenzierungsmaßstab bei staatlichen Leistungen und Gewährungen eine Rolle spielt, stellt auf Faktizitäten ab, die durchaus unterschiedlich bewertet werden können. *Helmut Lecheler* hat jüngstens auf die Problematik solcher »funktionaler« Betrachtung aufmerksam gemacht und gerügt, daß diese den Unterschied zwischen legitimer systematischer Interpretation von Rechtsbegriffen und illegitimer unmittelbarer Einbeziehung faktisch bestimmter Funktionen einer Norm in ihre rechtliche Interpretation verwischt.[57] »Sie droht die Verbindung zwischen Recht und Wirklichkeit zu einer festen gesetzmäßigen Abhängigkeit zu verbiegen und dabei das Recht der Wirklichkeit grundsätzlich unterzuordnen.«

Auch unter diesem Gesichtspunkt gilt es, der für die parlamentarische Demokratie der Gegenwart grundlegenden schematischen Parteiengleichheit die ihr gebührende Geltung zu verschaffen.

---

54 Siehe den Nachweis oben in Anm. 32.
55 Vgl. die Belege oben in Anm. 32 und 50.
56 Siehe die Nachweise oben in Anm. 23, 26 und 32.
57 *H. Lecheler,* »Funktion« als Rechtsbegriff, in: Neue Juristische Wochenschrift 1979, S. 2273 ff. (2277).

Transnationale Ausstrahlungen deutscher Grundrechte?

– Erörtert am Beispiel des grenzüberschreitenden Umweltschutzes –

*Thomas Oppermann**

Die Wirkungskraft deutscher Grundrechte über die Grenzen hinaus ins Ausland gehört zu den bislang weniger erforschten Bereichen der Grundrechtstheorie und -dogmatik. *Meinhard Schröder* hat kürzlich in ähnlichem Zusammenhang mit Recht davon gesprochen, daß man sich bei Untersuchungen in diesem Bereich noch nicht auf eine gesicherte Dogmatik und Rechtsprechung stützen könne.[1] Die aus politischen Motiven ebenso wie infolge technologischer u. ä. »Sachzwänge« trotz vieler Rückschläge zunehmende Kooperation und Integration der Bundesrepublik Deutschland mit ihren ausländischen Nachbarstaaten in mittlerweile alle Himmelsrichtungen bringt jedoch allmählich häufiger Sachverhalte hervor, bei denen grenzüberschreitende Effekte deutscher Grundrechte relevant werden. *Schröder* hat dies anhand transnationalen behördlichen Datenaustausches und -schutzes beispielhaft verdeutlicht, wobei sein Interesse in erster Linie dem Grundrechtsschutz Deutscher in Deutschland bzw. im Ausland bei grenzüberschreitenden Sachverhalten galt. Hier soll die Thematik unter dem etwas anderen, in gewissem Sinne noch weiterreichenden Blickwinkel behandelt werden, nämlich, ob und gegebenenfalls wie weit transnationale »Ausstrahlungen« deutscher Grundrechte zugunsten des grenznah im benachbarten Ausland ansässigen Ausländers denkbar erscheinen. In der Staatenpraxis der Bundesrepublik wird diese Problematik insbesondere bei der Ausgestaltung des grenzüberschreitenden Umweltschutzes relevant. Das in Grenznähe zu errichtende deutsche Kernkraftwerk oder ein Flughafen nahe der Grenze, dessen Lärmproduktion ins Ausland hineinwirkt, sind Prototypen solcher Lebenssachverhalte. Die Bundesrepublik ist vor

---

* Dr. iur., Dr. h. c., Professor an der Universität Tübingen.
1 *M. Schröder*, Zur Wirkkraft der Grundrechte bei Sachverhalten mit grenzüberschreitenden Elementen, FS Schlochauer 1981, S. 137 ff.

allem im Rahmen der OECD seit einigen Jahren gewisse völkerrechtliche Engagements eingegangen, den Status des individuellen ausländischen Grenznachbarn zu derartigen umweltrelevanten Projekten (also beispielsweise des gegenüber dem Kaiserstuhl auf der anderen Rheinseite ansässigen Elsässers, der sich durch das geplante Kernkraftwerk Wyhl potentiell bedroht fühlt) im Hinblick auf Informationsrechte, Planungsbeteiligung und Zugang zum deutschen Verwaltungsverfahren und letztlich Verwaltungsrechtsschutz an denjenigen des deutschen Anliegers anzugleichen.[2] In diesem Zusammenhang spielt die Frage eine wesentliche Rolle, inwieweit dem (bei näherer Betrachtung recht flexiblen) völkerrechtlichen Obligo über eine Anwendbarkeit der deutschen Grundrechte zugunsten des ausländischen Grenznachbarn eine wesentliche Aufwertung zuteil werden kann. Stünde dem ausländischen Grenznachbarn beispielsweise verfahrensmäßig das Petitionsrecht des Art. 17 GG, das rechtliche Gehör im Sinne von Art. 103 GG, die Rechtsschutzgarantie gemäß Art. 19 Abs. 4 GG oder materialiter das Recht auf Leben und körperliche Unversehrtheit nach Art. 2 Abs. 2 GG zu Gebote,[3] wäre nicht nur sein individueller Locus standi in umweltrelevanten Verfahren abgesichert, sondern die Bundesrepublik wohl auch verpflichtet, ihr einschlägiges einfachgesetzliches Recht entsprechend »grenzausländeroffen« zu gestalten. Aus der Optik einer solchen modernen Fragestellung erweist sich das bislang im Windschatten des wissenschaftlichen Interesses gestandene Problem transnationaler Grundrechtsausstrahlungen unversehens als von bemerkenswertem praktischen Interesse. Seine Erörterung in einem *Wilhelm G. Grewe* ehrenden Sinne erscheint einem Verfasser nur allzu sinnvoll, der als Student der frühen fünfziger Jahre über den damaligen Freiburger Ordinarius des Öffentlichen Rechts und gleichzeitigen Bonner Mitgestalter einer entschlossenen (auch verfassungsrechtlichen) Öffnung unseres jungen Staatswesens gegenüber den (zunächst westlichen) Nachbarn inneren Zugang zu dieser vielleicht wesentlichsten qualitativen Veränderung deutschen staats- und völkerrechtlichen Denkens nach 1945 gewann.

---

2 Vgl. insbesondere die OECD-Empfehlung ([77] 28) vom 23. 5. 1977, Dokument (77) 28 Final. Deutsche Übersetzung in »Umwelt«, Informationen des Bundesministers des Innern zur Umweltpolitik und zum Umweltschutz vom 26. 9. 1977, Nr. 58, S. 36 ff.
3 Innerstaatlich steht die »Umweltrelevanz« dieser Grundrechte insbesondere seit den grundlegenden Entscheidungen des Bundesverfassungsgerichts BVerfGE 49, S. 89 ff. (»Kalkar«) und 53, S. 20 ff. (»Mülheim-Kärlich«) fest, wobei gerade die engen Zusammenhänge zwischen der Beachtung von Verfahrensregeln und dem Grundrechtsschutz wesentlich vertieft worden sind.

I. Zur grundsätzlichen Problematik der Grundrechtsanwendung auf ausländische Grenznachbarn

Unstreitig ist, daß die deutschen Grundrechte, Rechtsschutzgarantien usf., sofern es sich nicht um sog. »Deutschengrundrechte« handelt, auch für Ausländer gelten, die sich im Bundesgebiet aufhalten.[4] Ob derartige subjektiv-öffentliche Rechtspositionen des GG dagegen »Ausstrahlungswirkungen« zugunsten von Ausländern über den Geltungsbereich des GG hinaus zu entfalten vermögen, ist bislang weithin ungeklärt. Auf jeden Fall ist die Geltung der deutschen Grundrechte außerhalb des Bundesgebietes für Ausländer alles andere als selbstverständlich.

Grundsätzlich denkbar ist zunächst die Erstreckung des Grundrechtsschutzes im Wege der Personalhoheit der Bundesrepublik Deutschland auf Deutsche, die sich außerhalb des Bundesgebietes aufhalten.[5] Ein solcher Schutz wird virulent, wenn diese Personen im Ausland mit der deutschen Staatsgewalt (Botschaften, Konsulate) in Berührung kommen. Art. 20 Abs. 3 iVm. Art 1 Abs. 3 GG bindet insoweit die Ausübung deutscher Hoheitsgewalt an die ihr inhärenten rechtsstaatlichen Sicherungen, einerlei, ob sie im Inland oder im Ausland ausgeübt wird.[6]

Ein Grundrechtsschutz des Ausländers im Ausland im Sinne des GG kann im Bereich der sog. »Jedermann«-Grundrechte menschenrechtlich gemeinter Provenienz (arg. Art. 1 Abs. 2 GG) jedenfalls dann eingreifen, wenn der Ausländer seinerseits mit der deutschen Staatsgewalt im eben erwähnten Sinne in Berührung kommt. Auch dem Ausländer im Ausland gegenüber vermag die deutsche Behörde die Bindung an die Grundrechte nicht einfach abzustreifen.

Darüber hinaus, also im Sinne genereller »Grundrechtsausstrahlungen« zugunsten von Ausländern im Ausland, auch im Grenzgebiet, wird die Begründung schwieriger. Das Bundesverfassungsgericht hat sich seinerseits

---

4 Vgl. statt aller *Maunz/Dürig/Herzog/Scholz*, Grundgesetz, zu Art. 16, Randnummer 27.
5 Dazu etwa *Bleckmann*, Allgemeine Grundrechtslehren, 1979, S. 47 f. – Außer Betracht dieser Untersuchung bleibt der besondere Fall des DDR-Deutschen. Er ist Inhaber des deutschen Staatsangehörigkeitsrechtes aus Art. 116 GG, aber faktisch an der Wahrnehmung der sich auf diesem Wege für ihn eröffnenden Grundrechtspositionen gehindert, solange er sich in der DDR aufhält. Erst im Falle des Kontaktes mit der bundesdeutschen Staatsgewalt leben diese Rechte auf.
6 Seit BVerfGE 6, S. 290 ff. (295) in ständiger Rechtsprechung anerkannt. In der Literatur etwa *Bernhardt*, Bundesverfassungsgericht und völkerrechtliche Verträge, FS Bundesverfassungsgericht, 1976, Bd. II, S. 154 ff.; *Schröder* (Anm. 1), S. 138 mit weiteren Nachweisen.

insoweit nur sporadisch und eher beiläufig geäußert. In den einschlägigen Entscheidungen standen regelmäßig im Inland belegene schützenswerte Interessen des Ausländers zur Debatte oder es bestand ein rechtlicher Anknüpfungspunkt im deutschen Recht.[7] Fälle, in denen Grundrechtsschutz für Ausländer ohne Kontakt zu inländischen Sachverhalten zur Sprache gekommen wäre, scheinen vom Bundesverfassungsgericht noch nicht entschieden worden zu sein. Das ist nicht erstaunlich. Mehr oder weniger bringt es die fast selbstverständliche Beachtung des Territorialitätsprinzips mit sich, daß Konstellationen gar nicht erst vor die Gerichte kommen, in denen der Ausländer nicht wenigstens durch gewisse Sonderlagen im Sinne der o. g. Entscheidungen in einem irgendwie gearteten »Kontakt« mit der deutschen Staatsgewalt stand.

Unter Berücksichtigung dieser Grundsätze ließe sich im grenzüberschreitenden Umweltschutz ein gewisses Maß an Grundrechtsschutz zugunsten ausländischer Grenznachbarn wohl am ehesten denken, wenn deutsche Genehmigungsbehörden eines umweltrelevanten Projektes den Genehmigungsbescheid u. ä. auch den ausländischen Grenznachbarn zustellen würden. Über den diplomatischen Verkehr zwischen den Staaten wäre dies durchaus möglich.[8] Bei einem solchen direkten Kontakt mit der deutschen Hoheitsgewalt könnte sich diese auch gegenüber dem Ausländer nur als (u. a. grundrechtlich) »verfaßte« Gewalt äußern, also unter Garantie der verfassungsmäßigen Individualpositionen, soweit diese nicht deutschen Staatsangehörigen vorbehalten sind bzw. aus der Natur der Sache nur strikt territorialitätsbezogen verstanden werden können. In der praktischen Ausgestaltung ergäben sich freilich auch in solcher Eingrenzung immer wieder Schwierigkeiten für die volle Gleichstellung des ausländischen Nachbarn. Beispielsweise könnte ein im innerstaatlichen Verfahren vollzogener Einwendungsausschluß nach § 14 Bundesimmissionsschutzgesetz im Ausland nach allgemeiner Ansicht keine Rechtswirkungen zeitigen.[9] Selbst bei freiwilliger Bereitschaft der deutschen Staatsgewalt ergeben sich aus der Souveränität immer wieder grundlegende völkerrechtliche Schranken gegenüber ihrem transnationalen Wirken.

Die eben unterstellte Situation einer solchen freiwilligen Bereitschaft ist

---

7 BVerfGE 18, S. 399 ff. (403); 31, S. 58 ff. (74 ff.); 51, S. 1 ff. (30). Es ging hier beispielsweise um Beschlagnahmen durch ein deutsches Gericht, um die Eheschließung eines Ausländers in der Bundesrepublik oder um die Sozialversicherung ehemals auf deutschem Staatsgebiet beschäftigter Ausländer.
8 Dazu auch *Weber*, Beteiligung und Rechtsschutz ausländischer Nachbarn im atomrechtlichen Genehmigungsverfahren, Deutsches Verwaltungsblatt 1980, S. 330 ff. (335).
9 Näherer Nachweis bei *Weber*, aaO. (Anm. 8).

aber in der Regel immer noch seltene Ausnahme. Normalerweise wird der ausländische Grenznachbar nicht formal in deutsche Verfahren, z. B. durch Zustellung eines Genehmigungsbescheids, einbezogen. Üblicherweise läuft das umweltrechtliche Genehmigungsverfahren im Inland an dem Grenznachbarn vorbei. Er wird faktisch nur tangiert, wenn ein zu genehmigendes Werk die Gefahr einer Umweltbeeinträchtigung jenseits der Grenze heraufbeschwört oder wenn später nach der Errichtung die befürchteten Beeinträchtigungen eintreten.

Da die deutsche Genehmigungsbehörde den ausländischen Grenznachbarn nicht als Adressaten ihres Verwaltungshandelns betrachtet, kommt er allenfalls dann mit denkbaren Ansprüchen ins Spiel, wenn er sich von sich aus »meldet«.[10]

An diesem Punkt ergibt sich somit die grundlegende Frage, ob die deutsche Verwaltung nach der geltenden innerstaatlichen Verfassungslage, insbesondere wegen der Grundrechte, verpflichtet ist, die Interessen ausländischer Grenznachbarn in ihren Verfahren wie bei Inländern zu berücksichtigen und – korrespondierend dazu – ob dem ausländischen Grenznachbarn ein Rechtsanspruch auf Berücksichtigung dieser Interessen bis zur Beteiligung an Verwaltungsverfahren und Verwaltungsrechtsschutz zukommt.

II. *Zum territorial/personalen Geltungsbereich des Grundgesetzes als primäre Schranke transnationaler Grundrechtsausstrahlungen*

»Natürlich« betrachtet, legt sich im Falle des ausländischen Grenznachbarn wegen der geringen Entfernung denkbarer geschützter Interessen im grenznahen Ausland zu der Gefahrenquelle[11] der Gedanke an Gewährung von Verfahrensbeteiligung und Rechtsschutz nahe, zumal die geschützten

---

10 Zu dieser Eventualität *Küppers,* Die Stellung ausländischer Nachbarn bei Genehmigung gefährlicher Anlagen im Inland, Deutsches Verwaltungsblatt 1978, S. 686 ff.
11 Darüber, wie weit das ausländische »Grenzgebiet« geographisch jeweils reicht, besteht umweltschutzrechtlich kein genereller Konsens. Er ist auch praktisch unmöglich, da die grenznachbarliche Betroffenheit je nach der Art des Umweltrisikos (Flugzeuglärm, Strahlengefahren usf.) unterschiedlich ist. Im allgemeinen wird im internationalen Umweltschutzrecht oftmals mit einer Formel »weniger als 100 km« gearbeitet, die sich in der Praxis jedoch z. B. im Falle von Kernkraftwerken nicht selten auf Entfernungen von 20–30 km, gelegentlich auf noch geringere Distanzen reduziert. Zu dem noch recht unübersichtlichen Streitstand etwa *Maus,* Nachbarschutz und staatliche Souveränität bei grenzüberschreitenden Umweltbeeinträchtigungen, Analysen und Prognosen, 1979, S. 28 ff.; OECD-Sekretariat, Environmental Protection Problems in Frontier Regions, 1979, S. 33; *Dyong,* Umweltbeeinträchtigende Betriebe in den Grenzbereichen, Städte- und Gemeindebund 1980, S. 227 ff. – *Weber* aaO. (Anm. 8) spricht sich sogar für eine 100-km-Zone aus.

Interessen diesseits und jenseits der Staatsgrenze einander regelmäßig entsprechen und es sich zumeist um gleichgeartete Sachverhalte handelt. Dennoch kann das Bestehen einer Staatsgrenze nicht einfach ignoriert werden. Sie trennt nicht formal und willkürlich einen an sich einheitlichen Zusammenhang, sondern stellt zugleich die Markierung dar, an der sich unterschiedlich ausgestaltete Kultur-, Sozial- und Rechtsordnungen scheiden. Die grenzüberschreitend einheitliche Beurteilung einer Sachlage und ein einheitlicher Standard des Rechtsschutzes diesseits und jenseits der Grenze ist gerade unter Umweltgesichtspunkten aber auch sonst oftmals wünschbar. Andererseits wirft die Hypothese einer solchen transterritorialen »Ausstrahlungswirkung« ganz offensichtlich grundsätzliche staats- und völkerrechtliche Probleme auf. Inwieweit das Grundgesetz bei einer die grenzüberschreitenden Aspekte des Umweltschutzes voll mitbedenkenden, modernen Interpretation Anhaltspunkte für einen subjektiv-öffentlichen »Status proceduralis et processualis« des ausländischen Grenznachbarn bietet, bleibt daher sorgfältig abzuwägen.

Über seinen Geltungsbereich trifft das Grundgesetz bekanntlich nur sehr unvollständige und nicht sehr klare Angaben. Zur territorialen Reichweite der Grundrechte wird noch viel weniger positiv ausgesagt.

Art. 23 GG definiert den räumlichen Geltungsbereich der Verfassung zunächst in Gestalt einer Addition der Gebiete der deutschen Bundesländer, wobei in sinngemäßer Auslegung stillschweigend vom heutigen Stand der Länderzusammensetzung auszugehen ist. Der heutige Gebietsstand der Länder ist mit dem Bundesgebiet identisch.[12] Ungeachtet seiner grundsätzlich gebietsbezogenen Geltung kennt das Grundgesetz, insbesondere was die Grundrechte anbelangt, aber zusätzliche personenbezogene Aspekte wie z. B. die Geltung auch für Deutsche außerhalb des Bundesgebietes. Eine massive transterritoriale Ausstrahlungswirkung aus besonderen Gründen stellt in diesem Zusammenhang die Definition der deutschen Staatsangehörigkeit in Art. 116 GG dar, die bekanntlich mit der grundsätzlichen Einbeziehung der Deutschen in der DDR weit über den Geltungsbereich des Grundgesetzes im Sinne des Art. 23 hinausgreift.[13] Der Personalitätsgrundsatz findet im Grundgesetz unübersehbare Berücksichtigungen, ohne daß er ausdrücklich genannt würde. Dies wird in etwas anderem Zusammenhang auch bei Auslegung des Art. 25 Satz 1 GG sichtbar, wonach

12 Statt aller *Model/Müller*, Grundgesetz für die Bundesrepublik Deutschland, 9. Aufl. 1981, Art. 23, Anm. 1.
13 Zur weiter gegebenen Legalität und Legitimität dieser wesentlichen Entscheidung des GG jüngst etwa *Scheuner*, Die deutsche einheitliche Staatsangehörigkeit: ein fortdauerndes Problem der deutschen Teilung, Europa-Archiv 1979, S. 345 ff.

»Bewohner des Bundesgebietes« und somit Adressaten der Rechte und Pflichten dieser Bestimmung auch Ausländer und Staatenlose sein können.[14] Grundrechtsschutz wird, wie schon erwähnt, außerhalb des Bundesgebietes dann gewährt, wenn Ausländer mit deutschen Behörden im Ausland in Kontakt kommen und dabei die im Grundgesetz mitenthaltenen Menschenrechts-Grundrechte verletzt werden.[15]
Wenngleich diese verschiedenen Fallgestaltungen in einer Gesamtschau als Beweis für eine prinzipiell denkbare »grenzüberschreitende« Geltung von Grundrechten herangezogen werden können, darf doch nicht übersehen werden, daß es sich dabei nicht um den Regelfall des Grundrechtsschutzes im Inland handelt, sondern um Ausnahmefälle, die zum Teil ihren Ursprung aus dem Völkerrecht ableiten. So beruht z. B. die Tätigkeit der Botschaften und Konsulate auf Bestimmungen des Völkerrechts, ähnliches gilt für die Polizeigewalt von Schiffs- und Flugkapitänen an Bord deutscher Schiffe und Luftfahrzeuge im Ausland. Diese besonderen Fallgestaltungen sind nicht ohne weiteres mit der Lage des ausländischen Grenznachbarn vergleichbar. Es fehlt bei ihm der direkte Kontakt mit Behörden eines fremden Staates. Art. 23 GG in Verbindung mit dem Territorialitätsprinzip als allgemeinem Rechtsgrundsatz enthält daher als dogmatischer Ausgangspunkt zunächst einmal ein starkes Indiz für einen im Zweifel regelmäßig auf das Inland beschränkten Grundrechtsschutz. Eine ähnliche Schlußfolgerung zieht auch *Isensee*, wenn er für den Grundrechtsschutz von Ausländern – dort bezogen auf das eigentliche Ausländerrecht – sog. »Gebietskontakt« verlangt.[16] Man könnte dann freilich fragen, ob die Grenznähe im hier behandelten umweltrelevanten Sinne, aber auch sonst, nicht so etwas wie den ersten Ansatz eines solchen »Kontaktes« bedeutet.

III. *Zur Güterabwägung für und gegen transnationale Grundrechtsausstrahlungen zugunsten ausländischer Grenznachbarn*

Die Aussagen zum territorial/personalen Geltungsbereich des GG, so gewichtig sie auch sein mögen, stellen in der Gesamtschau nur einen Teil der notwendigen Güterabwägung dar, die im Sinne des Gedankens der »Ein-

---

14 Vgl. etwa *Stern*, Das Staatsrecht der Bundesrepublik Deutschland, Bd. I, 1977, S. 358.
15 Näher dazu *Bleckmann*, Die Völkerrechtsfreundlichkeit der deutschen Rechtsordnung, Die Öffentliche Verwaltung, 1979, S. 310 ff. (312).
16 *Isensee*, Die staatsrechtliche Stellung der Ausländer in der Bundesrepublik Deutschland, Veröffentlichungen der Vereinigung deutscher Staatsrechtslehrer 32 (1974), S. 49 ff. (62 ff.).

heit der Verfassung als eines logisch-teleologischen Sinngebildes«[17] vorgenommen werden muß, will man zur Frage transterritorialer Ausstrahlungen deutscher Grundrechte zugunsten ausländischer Grenznachbarn zu einigermaßen plausiblen vorläufigen Schlußfolgerungen kommen. Erst aus einer Gegenüberstellung und Gewichtung der wesentlichen Argumente im einen oder anderen Sinne kann eine abschließende Wertung zu diesem Fragenkomplex erfolgen.

1. *Argumente zugunsten transnationaler Grundrechtsausstrahlungen*

Zweifellos sind gewichtige verfassungsrechtliche Gründe benennbar, die für eine Ausdehnung deutschen Grundrechtsschutzes auf ausländische Grenznachbarn unter dem Grundgesetz sprechen.[18]

a. An erster Stelle ist hier der Appell an jene fundamentale »Völkerrechtsfreundlichkeit« des Grundgesetzes aufzunehmen, wie sie von *Klaus Vogel* erstmals 1964 zusammenfassend dogmatisch herausgearbeitet wurde.[19] Der diese These immanent zugrundeliegende Gedanke der »offenen Staatlichkeit« könnte im Sinne einer Gesamtentscheidung des Grundgesetzes[20] auch und gerade im Bereiche des Umweltschutzes prinzipiell eine nachbarfreundliche Rechtsauslegung und damit u. a. eine Ausdehnung des über die Grundrechte realisierbaren Rechtsschutzangebotes nahelegen.

b. Weiterhin bleibt zu beachten, daß die für den grenzüberschreitenden Umweltschutz besonders relevanten Grundrechtspositionen materialer und verfahrensmäßiger Art durchweg als sog. Menschenrechte (»Jedermannsrechte«) ausgestaltet sind. Hieraus könnte man einen gewissen Fingerzeig zugunsten einer im Zweifel extensiven Deutung ihres Geltungsbereiches entnehmen. Diese Beobachtung gilt gleichermaßen für Art. 2 Abs. 2 GG (Recht auf Leben und körperliche Integrität) und den Eigentumsschutz (Art. 14 GG) wie für die bereits erwähnten prozeduralen Rechte der Art. 17 GG (Petitionsrecht) und Art. 103 GG (Rechtliches Gehör).

17 Im Sinne der bekannten, vom Bundesverfassungsgericht seit BVerfGE 19, S. 206 ff. (220) in ständiger Rechtsprechung entwickelten Konzeption.
18 In dieser Richtung Bemühungen etwa bei *Bleckmann* aaO. (Anm. 15), S. 317 oder bei *Fröhler/Zehetner*, Rechtsschutzprobleme bei grenzüberschreitenden Umweltbeeinträchtigungen, Bd. II, 1980, S. 66 ff., 84 ff., 91.
19 *Vogel*, Die Verfassungsentscheidung des GG für eine internationale Zusammenarbeit, 1964. Wieder aufgegriffen und weiterentwickelt bei *Bleckmann* aaO. (Anm. 15), aber etwa auch von BVerfGE 31, S. 58 ff. (75).
20 Im Sinne der klassischen Herausarbeitung bei *Carl Schmitt*, Verfassungslehre 1928, S. 20 ff.

c. Ferner ist auch die Rechtsschutzgarantie des Art. 19 Abs. 4 GG (»Wird *jemand* ...«) menschenrechtlich ausgestaltet. Eine Einschränkung könnte jedoch hier darin liegen, daß Art. 19 Abs. 4 GG keine materiellen Rechte verleiht, sondern das auswärtige Bestehen solcher Rechte voraussetzt. Dies folgt aus der Formulierung »in seinen Rechten«. Es ist nicht eindeutig zu entnehmen, ob es sich dabei nur um Rechte handeln darf, die von der deutschen Rechtsordnung gewährt werden, oder ob eine faktische Beeinträchtigung irgendwelcher im Ausland begründeten und belegenen Rechtspositionen durch die deutsche Staatsgewalt ausreicht.[21]

d. Abgesehen von Art. 23 GG schweigt das Grundgesetz im einzelnen, was den räumlichen Geltungsbereich der Verfassung anbelangt. Insbesondere für die Grundrechte gibt es keine explizite territoriale Beschränkung ihres Wirkungsbereiches. Während Art. 19 Abs. 3 GG den Grundrechtsschutz auf »inländische« *juristische* Personen beschränkt, also auf juristische Personen mit Sitz im Inland,[22] fehlt eine entsprechende ausdrückliche Einschränkung hinsichtlich der natürlichen Personen.

2. *Gesichtspunkte, die gegen transnationale Grundrechtsausstrahlungen sprechen*

Andererseits ist nicht zu verkennen, daß sehr respektable verfassungsrechtliche Erwägungen gegen eine generelle Pflicht zur Gewährung von Grundrechtsschutz für ausländische Grenznachbarn sprechen.

a. Die allgemeine Völkerrechtsfreundlichkeit unserer Verfassungsordnung und das Postulat der »offenen Staatlichkeit« des Grundgesetzes führen, wie bei einer so allgemeinen Aussage unvermeidlich, nicht zwangsläufig zu einer spezifischen Forderung wie nach Gewährung von subjektiv-öffentlichen Ansprüchen auf Schutz der Grundrechte auch bei ausländischen Grenznachbarn. Es sind durchaus auch andere Wege zur adäquaten Behandlung solcher Interessenlagen denkbar. Eine Pflicht zur Berücksichtigung ausländischer Interessen kann beispielsweise durch objektivrechtlich vorgeschriebene Einbeziehung ausländischer Sachverhalte in die Prüfung

---

21 Großzügig insoweit *Fröhler/Zehetner* aaO. (Anm. 18), S. 86, 88 ff.
22 Da seit BVerfGE 21, S. 209 für den Inlandscharakter einer juristischen Person maßgeblich auf den Sitz der Gesellschaft abgestellt wird, kann insoweit an transnationale Ausstrahlungen deutscher Grundrechte nicht gedacht werden. Unser Thema beschränkt sich auf die natürlichen Personen.

seitens der deutschen Verwaltungsbehörden geschehen, etwa mit der grundsätzlichen Fragestellung, ob solche inländischen Vorhaben Auswirkungen im Ausland haben können. Soweit dazu Informationen über die nachbarlichen Verhältnisse im anderen Staat nötig sind, können diese in institutionalisierten oder noch zu institutionalisierenden Prozeduren auf Staats- oder Behördenebene eingeholt werden, ohne daß es dazu notwendigerweise der Einschaltung der individuell betroffenen Grenznachbarn bedarf. Wie die völkerrechtliche Lage zeigt,[23] würde die Bundesrepublik auch mit einem solchen Vorgehen den Anforderungen des geltenden Völkerrechts in vollem Umfang entsprechen und so dem Prinzip der Völkerrechtsfreundlichkeit Genüge tun.

b. Es fragt sich ferner, ob durch eine extensive, generelle Ausdehnung des Grundrechtsschutzes auf ausländische Grenznachbarn nicht in gewissem Sinne in die politische Zuständigkeit der jeweils zuständigen verfassungsmäßigen Organe des Bundes bei der Gestaltung der auswärtigen Beziehungen unzulässig eingegriffen würde. Eine einseitige »Hingabe« des deutschen Grundrechtsschutzes an die ausländische Grenzbevölkerung durch eine stringente und endgültige eigene Verfassungsauslegung ohne vergleichbare Gegenleistungen des Nachbarstaates brächte schwerwiegende Nachteile für die eigene Bevölkerung mit sich. Die Bundesrepublik würde sich zugleich im Vorgriff auf spätere bi- oder multilaterale Abmachungen im Umweltschutz selbst binden und des wichtigsten Mittels berauben, vergleichbare »Öffnungen« ausländischer Staatsordnungen zugunsten der deutschen Grenzbevölkerung in Umweltfragen zu erreichen. Diese insoweit eher rechtspolitische Argumentation berührt aber auch die in Art. 32, 59 vorausgesetzte grundsätzliche Handlungsfreiheit der verfassungsmäßig zuständigen Staatsorgane. Es ist bekannt und beruht auf seit dem 19. Jahrhundert anerkannten Verfassungsnormen, daß bei wesentlichen völkerrechtlichen Bindungen, wie sie völkerrechtliche Verträge oftmals darstellen, wegen der schwerwiegenden innen- und außenpolitischen Folgen vom Grundgesetz (Art. 59 Abs. 2) neben der Aktion der Bundesregierung eine Beteiligung der Gesetzgebungsorgane vorgeschrieben ist.[24] Eine Ausdeh-

---

23 Näher dargelegt bei *Brownlie, A Survey of International Customary Rules of Environmental Protection, in: Teclaff/Utton,* International Environmental Law, 1975, S. 1 ff.
24 Der Bogen spannt sich insoweit von Art. 11 Abs. 3 RV 1871 über Art. 45 Abs. 3 WRV bis zu Art. 59 Abs. 2 GG.
Im modernen Verständnis des Parlamentsvorbehalts kann man Art. 59 Abs. 2 GG als eine Ausformung der sog. »Wesentlichkeitstheorie« in dem Sinne deuten, daß dem Parlament die souveräne Entscheidungsfreiheit über die dauerhaft-fundamentalen Engage-

nung des Grundrechtsschutzes auf ausländische Grenznachbarn durch einseitig selbstverpflichtende Rechtsauslegungen würde diesen außenpolitisch oft erwünschten Handlungsspielraum von Regierung und Parlament in überraschender und weitreichender Weise beschneiden und so mindestens die Frage aufwerfen, ob hier nicht das innere Verfassungsgleichgewicht zwischen berechtigten Individualinteressen und der um das Gemeinwohl willen erforderlichen Handlungsfähigkeit der Staatsorgane nach außen unzulässig gestört worden ist.[25]

c. Das Postulat der Völkerrechtsfreundlichkeit des Grundgesetzes kann schließlich auch nicht so weit tragen, daß einer ausländischen Rechtsordnung durch eine transnationale Ausdehnung des Grundrechtsschutzes die deutsche Wertordnung generell »aufgedrängt« werden kann. Bei einer einseitigen Gewährleistung des Grundrechtsschutzes bestünde die Gefahr, daß der fremde Staat, der über einen andersartigen Grundrechtsschutz verfügt, sich in seiner Integrität gestört fühlt. Dies kann nicht Sinn und Zweck von Art. 25 GG sein. Diese Überlegung ist zwar im Maße der in Westeuropa bis zu einem gewissen Grade herrschenden Homogenität im Grundrechtsschutz relativiert. Immerhin spricht auch die nur virtuelle Gefahr eines »Oktroi« deutscher Wertvorstellungen auf fremde Rechtsordnungen dafür, einen an sich wünschenswerten Rechtsschutz im grenzüberschreitenden Umweltbereich vorzugsweise auf konkrete zwischenstaatliche Abmachungen zu gründen und einer einseitigen »Dekretierung« durch eine kühn Neuland betretende Verfassungsauslegung wegen der Friktionen mit der nachbarlich-ausländischen Souveränität zurückhaltend gegenüberzustehen.[26] Das Bundesverfassungsgericht hat allerdings in solchen Fällen einen Oktroi deutscher Wertvorstellungen gegenüber dem Ausland durch einen erweiternden Geltungsanspruch der Grundrechte verneint, in denen ausländisches Recht am Maßstab der Grundrechte durch inländische Gerichte überprüft wurde und der konkret zu beurteilende Sachverhalt »eine mehr oder weniger starke Inlandsbeziehung« aufwies.[27] Diese Situation ist hier aber nicht gegeben. Eine nur indirekt-faktische Beeinträchtigung von Grenznachbarn stellt noch keine »starke« Inlandsbeziehung dar. Vor

---

ments des Staates auch im Bereiche der Auswärtigen Gewalt gebührt. Seinerzeit noch zurückhaltender *Grewe,* Die Auswärtige Gewalt der Bundesrepublik, Veröffentlichungen der Vereinigung deutscher Staatsrechtslehrer 12 (1954), S. 129 ff.

25 In diesem Sinne viel Bedenkenswertes bei *H. Krüger,* Verfassungsgebung im Hinblick auf die Auswärtige Lage, FS Werner Weber 1974, S. 241 ff.
26 In diesem Sinne auch BVerfGE 18, S. 112 ff. (117) und ganz strikt *Isensee* aaO. (Anm. 16), S. 63 f.
27 Vgl. BVerfGE 31, S. 74 f.

allem geht es aber bei der Frage des verfahrensrechtlichen Status des ausländischen Grenznachbarn gar nicht um die Überprüfung fremden Rechts anhand der Grundrechte, sondern um die Frage der evtl. Verschaffung einer sonst nicht bestehenden inländischen Rechtsposition an Ausländer durch Ausdehnung des Geltungsbereiches der Grundrechte.

d. Im Falle einer einseitigen Gewährung deutschen grundrechtlichen Schutzes an ausländische Grenznachbarn wäre zudem zu bedenken, daß die Vornahme von Hoheitsakten, wie z. B. Verfahrenshandlungen im Rahmen eines Gerichtsverfahrens, grundsätzlich völkerrechtswidrig ist, wenn sie auf fremdem Territorium ohne ausdrückliche Zulassung durch den jeweiligen Nachbarstaat ausgeübt wird. Bei einer Ausdehnung des Grundrechtsschutzes jenseits der deutschen Grenzen wären aber gewisse Verfahrenshandlungen gegenüber des Grenznachbarn im Ausland unumgänglich (Zustellungen, Ladungen, Augenscheinseinnahme, möglicherweise Zeugenvernehmungen im Ausland usw.). Selbst wenn einige solcher Verfahrensbehandlungen im Wege der Amtshilfe von Behörden des Nachbarstaates oder durch Maßnahmen auf eigenem Staatsgebiet (etwa durch einen Zustellungsbevollmächtigten) ersetzbar sein sollten, bliebe doch die prekäre Situation bestehen, daß sich sowohl der Betroffene wie die belegenen Interessen auf fremdem Hoheitsgebiet befinden und ohne freiwillige dritte Hilfe das Postulat des transnationalen Grundrechtsschutzes gar nicht einlösbar wäre. Auch derartige praktische Perspektiven lassen den Gedanken einer generellen einseitigen Grundrechtserstreckung über die bundesdeutschen Grenzen hinaus derzeit als »überzogen« erscheinen und verweisen nachdrücklich auf die Alternative der vertraglich vereinbarten Gewährleistung entsprechenden Schutzes.

e. Auch die Schlußfolgerungen aus Art. 19 Abs. 4 GG zugunsten transnationaler Grundrechtsausstrahlung erweisen sich bei näherer Betrachtung als brüchig. Die allgemeine Rechtsschutzgarantie gilt zwar für jedermann. Notwendig ist aber die Verletzung »eigener Rechte« des Klägers. *Fröhler/Zehetner*[28] sehen zwar darin kein Hindernis gegen transterritoriale Grundrechtserstreckungen, da der Grenznachbar kraft seiner eigenen Rechtsordnung über schützenswerte Rechte verfüge, die mithin auch unter den Begriff der »Rechte« in Art. 19 Abs. 4 GG gebracht werden könnten. Der ausländische Grenznachbar wird aber bei der Durchführung umwelt-

---

28 AaO. (Anm. 18), S. 84 ff.

relevanter Verfahren in Deutschland regelmäßig gar nicht unmittelbar durch die deutsche öffentliche Gewalt in seinen Rechten beeinträchtigt. Es liegen vielmehr lediglich gewisse faktische Auswirkungen solcher Verfahren auf ihn und seine »Grenzpositionen« vor. Die Rechte des ausländischen Grenznachbarn leiten sich aus seiner eigenen, fremden Rechtsordnung ab. Deren Rechte sind »seine« Rechte. Sie können durch die Tätigkeit der deutschen öffentlichen Gewalt allenfalls faktisch tangiert werden. Art. 19 Abs. 4 GG in solchen Zusammenhängen zugunsten des Ausländers anwenden zu wollen, würde eine einseitige Übersteigerung individuellen Rechtsschutzdenkens zu Lasten der nach dem Souveränitätsgedanken gebotenen Rücksichtnahme auf die Autonomie der jeweiligen ausländisch-nachbarlichen Rechtsordnung bedeuten.

f. Ein weiterer schwerwiegender Einwand gegen eine schon de constitutione lata gemeinte Einbeziehung ausländischer Grenznachbarn in den deutschen Grundrechtsschutz liegt in der damit gegebenen eklatanten Mißachtung des Gegenseitigkeitsprinzips.

Zwar besteht im Grundgesetz – anders als z. B. in der französischen Verfassung[29] – kein grundsätzlicher, expliziter Gegenseitigkeitsvorbehalt bei der Gewährung von Rechten an Ausländer. Dieses Schweigen kann aber nicht mit dem Hinweis auf die prinzipielle völkerrechtsfreundliche Haltung des Grundgesetzes so extensiv ausgedeutet werden, als existiere ein solcher Vorbehalt im Rahmen der bundesdeutschen Rechtsordnung gar nicht.[30] Das prinzipielle Mitbedenken der Gegenseitigkeit bei auslandsbezogenen Auswirkungen der deutschen Staatsgewalt legt sich vielmehr aus einer Berücksichtigung der in Art. 3 GG auf Verfassungsebene sowie völkerrechtlich im Prinzip der Staatengleichheit fundamental angesprochenen Gleichheitsgebote nahe und ist in diesem Sinne immer wieder als legitimes Instrument zur Erringung eines »angemessen gleichen« Status der deutschen Staatsangehörigen im internationalen Rahmen anerkannt worden.[31] Eine

---

29 Art. 55 der Französischen Verfassung vom 28. 9. 1958. Bereits Art. 11 des Code Civil stellte hinsichtlich der Rechte, die ein Ausländer in Frankreich genießt, auf die Gegenseitigkeit ab.
30 BVerfGE 30, S. 409 f. (413) hat sehr einleuchtend die Bedeutung des Gegenseitigkeitsprinzips als notwendiges Instrument angemessener Statuserlangung zugunsten der eigenen Staatsangehörigen entwickelt. Konkrete Gegenseitigkeitsvorbehalte existieren in der deutschen Rechtsordnung z. B. in § 7 Reichsbeamtenhaftpflichtgesetz und in § 12 Untersuchungshaftentschädigungsgesetz.
31 Zur völkerrechtlichen Bedeutung des Reziprozitätsgedankens etwa *Simma*, Das Reziprozitätselement in der Entstehung von Völkergewohnheitsrecht, 1970; *Decaux*, La Réciprocité en Droit International, 1980.

Beteiligung ausländischer Grenznachbarn in umweltrelevanten Verfahren in der Bundesrepublik und der Schutz ihrer Grundrechte durch die deutsche Rechtsordnung ohne die Gesichertheit eines vergleichbaren Status deutscher Grenzanlieger in den jeweiligen Verfahren von Nachbarländern würde eine bemerkenswerte »Inländerdiskriminierung« darstellen. Zumindest im Sinne eines gewichtigen Abwägungsgesichtspunktes müßte eine solche Vernachlässigung der Gegenseitigkeit dafür sprechen, bei einer im übrigen jedenfalls zumindest ausgewogenen Argumentationslage diejenige Interpretationsmöglichkeit zu wählen, bei der sich eine sonst oftmals ergebende, fühlbare Benachteiligung der eigenen Staatsangehörigen vermeiden läßt.

IV. *Schlußfolgerungen*

Im Ergebnis spricht die Gesamtabwägung der Argumente für und gegen die Annahme eines verfassungskräftig gegebenen transnationalen Grundrechtsschutzes ausländischer Grenznachbarn wohl heute noch ziemlich eindeutig gegen derartige Ansprüche. Vor allem die Gesichtspunkte der notwendigen Beachtung ausländischer Gebiets- und Personalsouveränität sowie andererseits der Vermeidung wesentlicher Diskriminierungen der eigenen Staats- und Gebietsangehörigen im Verhältnis zum Grenzausländer sprechen wesentlich dagegen, durch eine sehr einseitig akzentuierende Auslegung des Grundgesetzes einen Rechtszustand als vermeintlich zwangsläufig anzusehen, der nach seinem Sachverhalt vielmehr geradezu daraufhin angelegt zu sein scheint, im Wege zwischenstaatlicher Vereinbarung unter allseitiger Interessenwahrung ausgewogen geregelt zu werden.

Damit ist natürlich nicht gesagt, daß einseitig im Sinne von »Vorleistungen« vorgenommene Berücksichtigungen der Interessen ausländischer Grenznachbarn durch deutsche Behörden schlechthin untersagt wären. Mit *Bleckmann*[32] mag man gewisse völkerrechtliche Pflichten zum Mitbedenken grenznachbarlicher Interessen von Anliegern des Nachbarstaates als grundsätzlich innerhalb des Standards des heutigen internationalen Nachbarrechts liegend ansehen und kann so staatliche Pflichten zur Bereinigung selbstgeschaffener umweltgefährdender Situationen anerkennen. Das ist aber etwas anderes als die These einer durch Verfassungsinterpretation sich ergebenden, absolut und einseitig geschützten Grundrechtsposition des ausländischen Grenznachbarn. Hierfür bietet das Grundgesetz keine hinreichenden Anhaltspunkte.

32 AaO. (Anm. 15), S. 312 ff.

Eine solche Zurückhaltung gegenüber transnationalen Verfassungsausstrahlungen mit dem gleichzeitigen Verweis auf die sich nach nachbarvölkerrechtlichen Verhaltenspflichten nahelegende vertragliche Kooperation oder auch einseitige Mitberücksichtigung der Interessen ausländischer Grenznachbarn durch die deutschen Behörden erscheint allenfalls auf den ersten Blick als ein »mageres« Ergebnis. Auch in Zeiten gesteigerter Staatenzusammenarbeit oder gar von Integrationsbemühungen wie in Westeuropa bleibt ein Anspruch nationalen Verfassungsrechts, über seine normalen territorial/personalen Geltungsgrenzen hinweg den Ausländer im Ausland seiner Anwendung unterwerfen zu wollen, ein gewagtes Unterfangen – auch im Falle der Gewährung von »Wohltaten«. Zur Überwindung des Hindernisses der ausländischen Gebiets- und Personalhoheit bleibt die Zulassung derartiger Ansprüche durch den Nachbarstaat bis auf weiteres unabdingbar. Sie könnte sich nur über Gewohnheit – die in diesem Umfang nicht nachweisbar ist – oder in ausdrücklich-voluntativen Formen offenbaren. Man wird füglich bezweifeln dürfen, daß auch im heutigen »aufgeklärteren« Zeitalter des Souveränitätsdenkens auch nur westliche Nachbarn der Bundesrepublik Deutschland bereit sein könnten, die zwingende Geltung deutschen Verfassungsrechts mit genereller Wirkung für ihre Grenzbevölkerung anzuerkennen. Was sich im Interesse zeitgemäßer umweltrelevanter Staatenkooperation nahelegt, ist daher der Weg des Abschlusses einschlägiger Vereinbarungen zwischen der Bundesrepublik Deutschland und ihren Nachbarn auf der Basis der Gegenseitigkeit oder auch einseitige »Offerten« der deutschen Behörden im Sinne erklärter Bereitschaft, solche ausländischen Grenznachbarn, die ihre Interessen geltend machen möchten und daran von ihrem Heimatstaat zumindest nicht gehindert werden, in die Verfahren miteinzubeziehen.[33] Läßt der ausländische Staat seine Bürger insoweit gewähren, ergeben sich aus dem Territorialitätsprinzip keine stringenten gegenteiligen Handlungsanweisungen, die derartigen Verfahrenserweiterungen im Wege stehen. Eine »freiwillige«, d. h. nicht von der deutschen Verfassung erzwungene Beteiligung des ausländischen Grenznachbarn am Verfahren und Rechtsschutz innerhalb der Bundesrepublik bleibt der deutschen Staatsgewalt völkerrechtlich unbenommen.[34]

---

33 So hat insbesondere das Saarland seit 1980 französisch-luxemburgischen Grenznachbarn durch Veröffentlichung umweltbelastender Genehmigungsanträge auch in diesen beiden Staaten Gelegenheit gegeben, etwaige Einwendungen gegen das Vorhaben schriftlich an die saarländische Genehmigungsbehörde zu richten, vgl. *Hügel*, Thema: Grenzüberschreitender Umweltschutz, Das Rathaus, Mai 1980, Nr. 5, S. 390 f.
34 In ähnlicher Richtung bereits *Heiz*, Das fremde öffentliche Recht im internationalen Kollisionsrecht, 1959, S. 35 f.; als eine Art selbstverständlich denkbaren »Reflex« der

Ist aber ein ausländischer Grenznachbar einmal auf solch »freiwilliger« Basis am Verfahren beteiligt, wächst ihm eine dem inländischen Verfahrensbeteiligten vergleichbare Verfahrensposition zu. Wie durch eine »List der Vernunft« greift dann insbesondere auch der Grundrechtsschutz zu seinen Gunsten ein, auf den er grundsätzlich keinen Anspruch gehabt hatte. Ist das Verfahren unter ausdrücklicher Beteiligung des Grenzausländers eröffnet worden, kann er in ihm anschließend wohl nicht schlechter gestellt werden als die inländischen Verfahrensbeteiligten. Dies ergibt sich insbesondere aus Art. 3 Abs. 3 GG, da es in diesem Stadium dann nicht mehr um die Staatsangehörigkeit als an sich zulässiges Differenzierungskriterium geht, sondern um die grundsätzlich »gleiche« Nachbarposition, hinsichtlich deren es nach einmal erfolgter Zulassung zum Verfahren keine Rolle mehr spielen darf, ob sie diesseits oder jenseits der Staatsgrenze belegen ist.[35] Wer will, mag in diesem Sinne von einer begrenzten transnationalen Ausstrahlungskraft des deutschen Grundrechtsschutzes sprechen, die im grundsätzlichen Einklang mit dem Willen des ausländischen Nachbarstaates erfolgt.

V. *Entwicklungsperspektiven transnationalen Grundrechtsschutzes*

Sollte solch freiwillige Partizipation des Grenzausländers an Rechtspositionen benachbarter ausländischer Verfassungen – nicht nur des Grundgesetzes – und zugleich entsprechende vertragliche Abmachungen künftig in breitem Stil Schule machen, mag es de lege ferenda über die Bildung von Gewohnheiten auch nicht ausgeschlossen erscheinen, sich eine verstärkte Transnationalisierung bestimmter »menschenrechtlicher« Grundrechtspositionen über die nationalen Grenzen hinweg vorzustellen, dann aber nicht nur einseitig aus der deutschen Verfassungsordnung heraus. Sicherlich ist es noch »a long way to Tipperary« bis dahin.
Daß sich die Grundrechtstheorie in Deutschland und anderwärts mit der Fragestellung transnationalen Grundrechtsschutzes ernsthaft zu beschäftigen beginnt und in besonders sensiblen Bereichen wie dem grenzüberschreitenden Umweltschutz erste praktische Ansätze zu verzeichnen sind, kann

---

nationalen Rechtsschutzmöglichkeiten über die Grenze hinaus faßt *Weber* aaO. (Anm. 8), S. 331, diese Konstellation auf.
35 Hinsichtlich Art. 3 Abs. 1 GG hat BVerfGE 51, S. 1 ff. (22) solche Konsequenzen jüngst klar ausgesprochen, vgl. auch *Schröder* aaO. (Anm. 1), S. 140. Aber auch Art. 3 Abs. 3 GG (»Heimat«) erscheint in solchen Zusammenhängen aktivierungsfähig.

jedoch als ein hoffnungsvolles Zeichen dafür begriffen werden, daß Zusammenarbeit und »Öffnung« der Staaten mindestens in Westeuropa nicht mehr nur allgemeine Postulate bleiben, sondern sich hier und dort in die kleine Münze erfreulich »bürgernaher« Nutzanwendungen umzusetzen beginnen.

Über Stil und Sprache der Bundesgesetze

*Hans Schneider**

Stil und Sprache der Diplomatie haben sich gewandelt. Darüber hat der Jubilar, dem diese Festschrift gewidmet ist, anregende und feinsinnige Betrachtungen angestellt. Was *Wilhelm Grewe* in bezug auf die internationale Diplomatie festgestellt hat,[1] läßt sich auch in unserer nationalen Gesetzgebung beobachten. Stil und Sprache der Gesetze haben sich mit und seit dem Ersten Weltkrieg verändert.

I.

Die Gesetzgebung des modernen Wirtschaftsstaates mit Massenbevölkerung hat sich in einer Weise entwickelt, die sie von der Gesetzgebung früherer Jahrhunderte deutlich abhebt.
In der Gesetzgebung des 16. und 17. Jahrhunderts treten die zahlreichen Polizeiverordnungen hervor, in denen bis ins Kleinste das Verhalten der Bevölkerung – selbst ihre Kleidung, ihre Eßgewohnheiten – festgelegt wurde.[2] Im 18. Jahrhundert entwickelte sich im Zeichen des Vernunftrechts eine Gesetzgebung zur Beförderung der irdischen Glückseligkeit der Untertanen, wozu auch die Ordnung und die planvolle Pflege des Wirtschaftslebens gehörte. Frucht der Aufklärung waren große Gesetzgebungswerke, als deren bedeutendste gelten: in Preußen das Allgemeine Landrecht von 1794, in Österreich das Allgemeine Bürgerliche Gesetzbuch von 1811 und in Bayern das Strafgesetzbuch von 1813. Die Sprache dieser ausgreifenden und auf Vollständigkeit angelegten Gesetze ist auf Gemeinverständlichkeit angelegt, die barocken Schnörkel fehlen. Der landesherrliche Stil strenger Befehlsgebung ist einem wohlwollenden Ton väterlicher Fürsorge gewichen.

---

* Dr. iur., Professor (em.) an der Universität Heidelberg.
1 Spiel der Kräfte in der Weltpolitik (1970) S. 429 f.
2 Dazu *G. R. Schmelzeisen*: Polizeiordnungen und Privatrecht (1955).

Im 19. Jahrhundert entwickelt sich zuerst im Code Napoleon (Code Civil), der in überarbeiteter Gestaltung als Badisches Landrecht im Großherzogtum Baden von 1809 bis zum Inkrafttreten des deutschen BGB gegolten hat, dann in der preußischen Gesetzgebung ein abstrakter und straffer Gesetzesstil mit festen Begriffen und Prinzipien in systematischer Anordnung. Im Bürgerlichen Gesetzbuch hat diese spezifisch fachjuristische Art der Gesetzesgestaltung ihren Höhepunkt erreicht.

Mit und nach dem Ersten Weltkrieg dringen Ermächtigungs- und Maßnahme-Gesetze vor. Die meisten Gesetze und Rechtsverordnungen erweisen sich als Maßnahmen, die zur Behebung aktueller Mißstände oder zur Verhütung drohender Fehlentwicklungen gezielt eingesetzt werden, wobei nicht ein vorgestelltes System gerechter und dauerhafter Ordnung, sondern das jeweils gerade Zweckmäßige und Praktikable die Richtschnur bildet. Damit gewinnt die Gesetz- und Verordnunggebung einen Zug zur Improvisation. Der Verlust an Rechtsgehalt wird durch einleuchtend erscheinende Zweckmäßigkeitserwägungen ersetzt. Solchen Ad-hoc-Regelungen ist naturgemäß keine Dauerhaftigkeit beschieden, sie bedürfen ständiger Anpassung an die rasch wechselnden Verhältnisse. Das führt zu einer permanenten Novellierung, die häufig mit einer paketweisen Änderung von Vorschriften aus anderen Bereichen verbunden werden muß (sogen. flankierende Maßnahmen). Der schnelle Wechsel im Normenbestand wird jedem Juristen augenfällig, wenn er halbjährlich die Nachlieferung zu seiner Loseblattausgabe der Gesetzestexte einsortiert. Kein Student kann heute mit dem Exemplar des Strafgesetzbuchs zur Referendarprüfung antreten, das er sich im ersten Semester gekauft hat.

Die in kurzen Abständen aufeinanderfolgenden Änderungen (z. B. des Bundesbaugesetzes) – wobei jeweils neue und unterschiedlich bemessene Übergangsvorschriften Verwendung finden – machen aus so manchem Gesetz einen Film mit wechselndem Szenarium. Schwer zu durchschauen sind z. B. die unmittelbar aufeinanderfolgenden Änderungen, die das Einkommensteuergesetz in der zu Ende gehenden 8. Legislaturperiode durch drei Gesetze erfahren hat.[3] In jedem dieser Gesetze hat § 2 EStG eine Korrektur erfahren: binnen einer Woche hat sich das EStG dreimal geändert. Das ist noch nicht einmal die Spitzenleistung. Den absoluten, nämlich unübertroffenen Rekord an kurzer Änderungszeit hat zuerst das Bundesministerium für Verkehr erreicht: am 13. März 1979 hat der Staatssekretär dieses

---

3 SteuerentlastungsG 1981 v. 16. 8. 1980 (BGBl. I S. 1381), Gesetz zur Änderung und Vereinfachung des EStG v. 18. 8. 1980 (BGBl. I S. 1537) und Gesetz zur Änderung des EStG v. 20. 8. 1980 (BGBl. I S. 1545).

Ministeriums zwei gleichzeitig in Kraft tretende Rechtsverordnungen zur Luftverkehrs-Zulassungs-Ordnung unterschrieben, von denen die eine die andere ändert.[4] Beide Verordnungen sind nicht einmal durch eine logische Sekunde voneinander getrennt. Auf Anfrage hat mir der Staatssekretär erklärt, die aus europäischen Gründen erforderliche erneute Änderung hätte nicht mehr in die erste Verordnung eingebaut werden können, weil der Entwurf schon die Zustimmung des Bundesrates gefunden hatte. Das klingt plausibel, ändert aber nichts daran, daß der Leser vom Ergebnis verwirrt bleibt und den Respekt vor solcher Normsetzung verliert.
Ähnliches hat sich beim 6. Gesetz zur Änderung des Bundesausbildungsförderungsgesetzes (in einem Wort geschrieben!) vom 16. Juli 1979[5] ergeben. In Art. 1 dieser Novelle wird das BAföG in zahlreichen Punkten geändert, in Art. 2 werden diese Änderungen wiederum geändert, allerdings mit Wirkung zu einem späteren Zeitpunkt. Diese Technik erklärt sich aus dem Bestreben, die Änderungen so zu fassen, daß der Vollzug durch Rechenanlagen glatt bewerkstelligt werden kann. Die Rechenanlagen laufen ja schon seit Jahren nach dem Programm des geltenden Gesetzestextes, und dieses Programm wird durch die Novellen nur stufenweise fortgeschrieben, nicht im Ganzen neu erstellt. Die EDV-Anlagen errechnen die BAföG-»Renten« für die verschiedenen Bewilligungszeiträume nacheinander in Schritten, die der jeweiligen Gesetzesfassung entsprechen. Ähnliches spielt sich bei den Rentenanpassungsvorschriften nahezu jährlich ab. Deswegen werden die Anpassungsvorschriften von Mal zu Mal immer länger,[6] weil die Berechnungen dem laufenden Programm der EDV-Anlagen angehängt werden, was notwendig ist, um Millionen von Rentenbescheiden zügig verarbeiten zu können. So zwingt die Rücksicht auf die Maschine zu einer dem menschlichen Leser unverständlichen Gestaltung der Rechtsnormen.
Gewiß ist auch die Bundesrepublik Deutschland zu bedeutenden Gesetzgebungsakten fähig gewesen (BundesbauG, FernstraßenG, WasserhaushaltsG, VerwGO, VerwVerfahrensG, AGB-Gesetz, KartellG, RichterG, OwiG, Strafrechtsreform, Ehe- und Güterrecht, Sozialgesetzbuch). Aber diese Gesetze – oftmals in Raten zustandegekommen oder mehrfach abgeändert – bestimmen nicht den Gesamteindruck, den uns die heutige Gesetzesmacherei bietet. Er wird durch die große Zahl der kurzlebigen und aus Zweckmäßigkeitsgründen erlassenen Vorschriften bestimmt. Dazu kommt, daß diese Maßnahme-Gesetzgebung mit einem normativen Aufwand ver-

---

4 Verordnungen v. 13. 3. 1979 (BGBl. I S. 291 und 307).
5 BGBl. I S. 1037.
6 §§ 2–6 des Art. 1 des 21. RAnpG v. 25. 7. 1978 (BGBl. I S. 1089).

bunden zu sein pflegt, der einer besseren Sache würdig wäre. Man vergleiche einmal die knappen und verständlichen Bestimmungen der sogenannten Notverordnungen von 1931/32, in denen Beamtengehälter und Renten gekürzt wurden, mit dem Umfang der heutigen Vorschriften über Besoldungserhöhungen und Rentenanpassungen. Von Mal zu Mal fallen solche Regelungen länger und komplizierter aus.

II.

C. F. von *Savigny* hat bekanntlich seinem Zeitalter die Kraft und Fähigkeit abgesprochen, ein nationales Gesetzbuch zu schaffen, wie dies der Heidelberger Rechtslehrer *Thibaut* gefordert hatte. Selbst wenn es gelänge, den zu gestaltenden Stoff zu bearbeiten und zu durchdringen, so fehle den Deutschen doch die Fähigkeit zur legislatorischen Darstellung: die durchgebildete Sprache und die erforderliche logische Kunst. »Ich frage jeden« – so schrieb 1814 der Freund und Schwager *Clemens von Bretanos,* der Verehrer *Herders,* der Zeitgenosse von *Schiller, Goethe* und *Kleist* –, »der für würdigen, angemessenen Ausdruck Sinn hat, und der die Sprache nicht als eine gemeine Gerätschaft, sondern als Kunstmittel betrachtet, ob wir eine Sprache haben, in welcher ein Gesetzbuch geschrieben werden könnte.«
Die von *Savigny* damals empfundene »große, vielleicht unübersteigbare Schwierigkeit in der gegenwärtigen Stufe der deutschen Sprache ... welche überhaupt nicht juristisch, und am wenigsten für Gesetzgebung ausgebildet« sei, hat ihn übrigens später dazu bestimmt, die Fassung nahezu aller preußischen Gesetze von 1825 bis 1847 selbst in die Hand zu nehmen. So hat der scharfe Kritiker, der 1814 übertriebene, ja ungerechte Urteile über die legislatorischen Fähigkeiten seiner Zeit voreilig fällte, später über drei Jahrzehnte hindurch die Form und Technik der preußischen Gesetzgebung maßgeblich beeinflußt.[7] Er hat als Gesetzesredaktor die Kunst strenger Begriffsbildung, abstrakter Fassung, klarer Gliederung, gleichförmiger Gestaltung der Rechtssätze zu hoher Vollendung entwickelt und jene knappe, begriffsscharfe Gesetzessprache und jene typische Gesetzestechnik eingeführt, die im Bürgerlichen Gesetzbuch ihren Triumph feiert.
Was würde *Savigny* an unserer heutigen Gesetzgebungssprache auffallen? Die Sprache unserer Gesetze ist nüchtern, eintönig, vergleichs- und bild-

---

[7] Dazu Näheres bei *Hans Schneider:* Der preußische Staatsrat von 1817 bis 1918 (1952) S. 144 f., 150 f.

arm. Sie ist sachlich in dem Sinne, daß die Ausdrucksweise dem Stoff entspricht. Erhabenheit und Würde strahlen unsere Gesetze nicht aus. Aber vielleicht ist dies nur der Eindruck respektloser Zeitgenossen. Als *Savigny* behauptete, er kenne aus dem 18. Jahrhundert »kein deutsches Gesetz, welches in Ernst und Kraft des Ausdrucks mit der Peinlichen Gerichtsordnung Karls V. verglichen werden könnte«, antwortete ihm *Anselm Feuerbach*:[8] »Wenn einmal unsere Gesetzbücher ein paar Jahrhunderte alt sind, so werden sie unseren Nachkommen wahrscheinlich eben so ehrwürdig und gravitätisch klingen, wie uns jetzt die Karolina.« Mit dieser Zuversicht können wir uns freilich kaum trösten, weil unsere heutigen Gesetze nach 100 Jahren kaum noch den Gegenstand einer Lektüre bilden werden. Die Juristen bedienen sich dann nur noch einer digitalisierten Datei, der Groß-Rechenanlage und eines Bildschirms.

Die sachliche Ausdrucksweise unserer Bundesgesetze leidet freilich auch an den Sprachkrankheiten unserer Zeit: vor allem an der Häufung der Hauptworte, die sich überdies in der deutschen Sprache beliebig lang verbinden lassen (Landesverwaltungsverfahrensgesetz, Berufsausbildungsförderungsgesetz, Sportbootführerscheinverordnung, Agrarberichterstattungsgesetz).[9]

Besonders störend wirkt diese einfallslose Substantivitis, wenn den vielen Hauptworten ein mattes Tätigkeitswort folgt. Die Gesetzesverfasser scheuen sich offensichtlich vor kräftigen Tätigkeitsworten. Sie bevorzugen ferner passive Verbformen; das ist eine Eigentümlichkeit der Amtssprache, deren sich die Ministerialreferenten auch bedienen, wenn sie Rechtsvorschriften entwerfen. Dergleichen mag zur Versachlichung beitragen, weil der Text nicht die tätige Person (Behörde, Stelle) in den Mittelpunkt der Aussage stellt, sondern das Geschehen als solches. Der Handelnde (und damit dessen Verantwortlichkeit) tritt in den Hintergrund, ganz im Gegensatz zu den leserzugewandten Aktivkonstruktionen, deren sich Werbetexter bedienen, wirkt das Passiv »täterabgewandt«.

Der Satzbau, dessen sich die Verfasser von Gesetz- und Verordnungsentwürfen befleißigen, entspricht durchweg den Regeln der Grammatik, wirkt aber nicht selten unübersichtlich, weil präzisierende Einschiebsel zwischen

---

8 »Einige Worte über historische Rechtsgelehrsamkeit und einheimische deutsche Gesetzgebung« (Bamberg und Leipzig 1816). Wiedergegeben in dem von *Jacques Stern* herausgegebenen Sammelband »Thibaut und Savigny« (Berlin 1914) S. 201.
9 Einen Rekord erreicht die amtliche *Kurz*überschrift einer Rechtsverordnung v. 2. 7. 1980 (BGBl. I S. 827): »Berufsgrundbildungsjahr-Anrechnungs-Verordnung Hauswirtschaft«.

Artikel und Hauptwort[10] und die Stellung des Verbums am Satzende das Verständnis erschweren. Dies ist auch der Fall, wenn nach einer Inversion (»Wird ein Gegenstand eingezogen, so ...«) das Wort »so« fehlt. Bei mehrfacher Umkehr wirkt dies besonders störend. (»Ist der Empfänger nicht anzutreffen, liegt eine Postvollmacht nicht vor oder kann die Zustellung aus anderen Gründen nicht ausgeführt werden, ist die Sendung zurückzuschicken oder ...«) Diese Sünde kommt in baden-württembergischen Rechtsvorschriften häufig vor. Im BGB fehlt das verständnisfördernde »so« niemals. Auch bei den jüngsten Änderungen (Gleichberechtigung 1957, Mieterschutz 1960, elterliches Sorgerecht 1979) ist diese Übung beibehalten worden. Die Abgabenordnung (1977), ein sprachlich wohlgestaltetes großes Gesetz, folgt diesem Brauch: »Betreibt ein Gläubiger die Versteigerung, so wird für alle beteiligten Gläubiger versteigert« (§ 308 II AO). Ebenso ist bei der Strafrechtsreform verfahren worden.

Bandwurm-Sätze befremden den Nichtjuristen immer wieder, erklären sich aber aus dem Bestreben, die Aussagen genau zu fassen – insbesondere wenn es um Geld geht (Steuerrecht, Sozialversicherung). Zuweilen sind dafür auch andere Gründe ausschlaggebend. So ist mit jedem Rentenanpassungsgesetz die Anpassungsvorschrift[11] immer länger geworden, weil das Programm der Großrechenanlagen, deren sich die Versicherungsträger bedienen müssen, so leicht fortgeschrieben werden kann. Die in einem spaltenlangen Paragraphen (zuweilen sogar einem ebenso langen Absatz) enthaltene Regelung (Grundsatz-Ausnahme – Ausnahme von der Ausnahme –, erneute Ausnahmeregelung davon) folgt den gedanklichen Schritten, die beim Programmieren einer Rechenanlage eingehalten werden müssen. Das Bestreben, automationsgeeignete Rechtsnormen zu schaffen,[12] verengt die Gestaltungsfreiheit in bedenklicher Weise. Generalklauseln sind dem verarbeitenden Computer unbekömmlich; Befreiungen und Ausnahmen müssen an programmierbare Tatbestände geknüpft werden. Ermessensspielraum darf nicht eingeplant werden. Für Härteausgleich und Billigkeitsentscheid ist in der Rechenanlage kein Platz.

---

10 Z. B. »die nach § 36 Abs. 2 Nr. 3 anzurechnende oder nach §§ 36 b bis 36 e dieses Gesetzes oder nach § 52 des Körperschaftsteuergesetzes zu vergütende Körperschaftsteuer« (aus § 20 EStG 1977).
11 Vgl. z. B. Art. 1 §§ 2 und 3 des 21. RAnpG v. 25. 7. 1978 (BGBl. I S. 1089).
12 Vgl. die »Grundsätze für die Gestaltung automationsgeeigneter Rechts- und Verwaltungsvorschriften« des Bundes. Vom 22. 11. 1973 (GMBl. S. 555). In Baden-Württemberg sprechen die von der Landesregierung erlassenen ähnlichen Grundsätze vom 1. 6. 1977 (GABl. B.-W. S. 671) sogar von der »automations*gerechten*« Gestaltung von Rechtsvorschriften.

Auf die Kunst des Weglassens alles Unbedeutenden versteht sich der moderne Gesetz- und Verordnunggeber nicht. Der Perfektionsdrang – jetzt durch das rechtsstaatliche Bestimmtheitsgebot von Verfassungs wegen gefördert – führt den Gesetzgeber häufig dazu, mehr zu sagen als notwendig ist. Offenbar schätzt der moderne Gesetzgeber die Fähigkeit der Richter und Verwaltungsbeamten, aus einem knappen Text sich selbst die Folgerungen zu ziehen, gering ein. Aber je weniger ein Text vom Richter fordert, um so mehr verkümmert dessen Interpretationskunst. Freilich ist nicht zu verkennen, daß in weiten Bereichen nicht mehr Juristen, sondern Rechtspfleger und Inspektoren die Gesetze handhaben und auslegen.

Der Fremdwortsucht, der unsere geistvollen Schriftsteller gern und die modernen Sprachwissenschaftler[13] besonders reichlich huldigen, ist der deutsche Gesetzgeber seltener zum Opfer gefallen. Aber eine Zunahme der (in der Reichsgesetzgebung bewußt gemiedenen) Fremdworte in neuen Bundesgesetzen fällt auf. An die gesetzliche Unterscheidung von »Immissionen« und »Emissionen«, an »Mikrozensus«, »Repräsentativstatistik« und »Subventionsbetrug« hat sich die Öffentlichkeit schon gewöhnt. Warum es notwendig war, im Zuge der Strafrechtsreform die Verbrechen und Vergehen »gegen die Sittlichkeit« gerade in Straftaten »gegen die sexuelle Selbstbestimmung« umzutaufen, ist schwer zu begreifen. Es handelt sich um die Konstruktion eines neuen Schutzgutes (Grundrechts?) unter Verbannung ethischen Beigeschmacks: das war modisch, aber wenigstens haushalt-neutral. Für »Sozialtherapeutische Anstalt« (§ 65 StGB 1975), »Logopädie« (1980), »humanitäre Hilfsaktion«, für die »Denaturierungsprämie« (für Weizen und Zucker), und das »Transsexuellengesetz (TSG)« (1980) – um nur einige Beispiele aus neuester Zeit zu nennen – hätten sich leicht deutsche Worte finden oder erfinden lassen. Hier fehlt es an Einfallskraft und vor allem am Mut zu neuen deutschen Wortbildungen, wie ihn die Postverwaltung über 100 Jahre bewiesen hat.

Die Bestimmtheit des Ausdrucks wird seit langem aufgeweicht durch die häufige Verwendung von vagen Wendungen. Nachdem schon 1932 *J. W.*

---

13 Die Untersuchungen von Sprachwissenschaftlern und Philosophen der logistischen Richtung zur Wort-Zeichen-Bedeutung (Semantik) haben bisher für die sprachliche Gestaltung der Gesetze nichts abgeworfen.
Der theoretische Zug und der hohe Grad der Abstraktion, welcher semantischen Arbeiten eigen zu sein pflegt, macht diese Untersuchungen für denjenigen, der dieser Zunft nicht angehört, schwer genießbar, geschweige denn schmackhaft. Kostproben bieten die Beiträge von *Aarnio* und *Kalinowski* in dem Sammelband »Rechtstheorie«, Beiheft 1 zur Z. f. Logik usw. des Rechts, herausgegeben v. *Krawietz u. a.* (Berlin 1979). Es ist seltsam, daß gerade Semantiker und Linguisten sich anderen so schwer verständlich machen können. Wer zuviel von einer Sache (hier der Sprache) versteht, kann sie schließlich nicht mehr handhaben.

Hedemann vor einer »Flucht in die Generalklausel« gewarnt hat, ist die Zahl und der Anwendungsbereich von Generalklauseln im Zeichen des Sozialstaates beständig gewachsen. In zahlreichen Gesetzen wimmelt es vor solchen Wendungen wie »Unzumutbarkeit«, »wesentliche Härte«, »außergewöhnliche Belastung«. Die Kündigungsschutzvorschriften im Arbeitsrecht werden, was unbestimmte Rechtsbegriffe angeht, noch weit übertroffen durch die in das BGB aufgenommenen neuen Kündigungsvorschriften in bezug auf Wohnraum. Nach § 556a BGB (eingefügt im Jahre 1960) kann der Mieter die Fortsetzung des Mietverhältnisses verlangen, wenn die vertragsmäßige Beendigung des Mietverhältnisses für den Mieter oder seine Familie »eine Härte bedeuten würde, die auch unter Würdigung der berechtigten Interessen des Vermieters nicht zu rechtfertigen ist«. Es kommt u. a. darauf an, ob »angemessener Ersatzwohnraum zu zumutbaren Bedingungen« beschafft werden kann. Auf seiten des Vermieters kommt es darauf an, ob ihm »nicht zuzumuten (ist), das Mietverhältnis nach den bisher geltenden Vertragsbedingungen fortzusetzen«.

Selbst in dem auf besondere Präzision verpflichteten Strafrecht haben sich weiche Wendungen eingeschlichen. Im Jugendgerichtsgesetz hat der soziale und pädagogische Eifer die Bestimmtheit der Ausdrucksweise zurückgedrängt. Müßten unsere Gesetzesverfasser ihren Entwurf zugleich in einer anderen Sprache präsentieren (wie Bundesgesetze in der Schweiz in deutscher, französischer und italienischer Sprache), so würde so manche weiche Stelle aus der deutschen Vorlage verschwinden. Der Übersetzungstest wäre auch sonst empfehlenswert und erzieherisch.

Nicht selten wählt heute der Bundesgesetzgeber Ausdrücke und Wendungen, die dem Zeitgeist gefällig erscheinen. Die Dinge werden nicht beim herkömmlichen Namen genannt, sondern mit neuen Aufschriften versehen. Die »Armenpflege« ist längst von der »Fürsorge« zur »Sozialhilfe« verwandelt. Von der »sexuellen Selbstbestimmung« war schon die Rede. Zuchthaus, Gefängnis und Haft sind aus dem Strafrecht verschwunden, das StGB verwendet das farblose Wort »Freiheitsstrafe«. Die früher mit Strafe bedrohten Übertretungen sind durchweg in Ordnungswidrigkeiten verwandelt worden, wobei die Grenze zwischen Straftat und Ordnungswidrigkeit häufig nur nach der Schuldform (nicht nach dem zu schützenden Rechtsgut) gezogen wird. Lehrlinge, Schüler und Studenten werden nicht mehr als solche bezeichnet, sondern mit dem Wort »Auszubildender« zusammengefaßt (im Jargon »Azubis« genannt). Ebenso verschwanden die Meister und Lehrer unter den »Ausbildenden« und »Ausbildern«. Die elterliche Gewalt ist in eine »elterliche Sorgepflicht« umgegossen worden. Das Wort »Gewalt« – eine harmlose Ableitung von walten – scheint der

Gesetzgeber heutzutage bewußt zu meiden. Die Verwandlung des Kriegsministers (bis 1918) in einen Wehrminister und dann in den Verteidigungsminister ließe sich bis zum Minister für Friedenssicherung fortsetzen.
Auf hochtrabende Vorsprüche, wie sie bei nationalsozialistischen Gesetzen vorkamen und heute in Gesetzen der Deutschen Demokratischen Republik anzutreffen sind, verzichtet der Bundesgesetzgeber seit langem. Er stellt neuerdings bei wichtigen Gesetzen einen Leitparagraphen an die Spitze, in welchem der Zweck und das Ziel der Regelung in nüchternen Worten angegeben ist.
Beklagt wird, daß die Sprache unserer Gesetze so schwer verständlich sei. Da die Gesetze jedermann betreffen, der den Tatbestand erfüllt, an den die Rechtsregel eine Folge knüpft, verlangt man, daß die Gesetze auch jedermann verständlich sein müßten. Dem genügt die moderne Gesetzgebung meistens nicht. Aber ist diese Forderung überhaupt berechtigt?
Jeder Gesetzgeber muß sich auf die Auslegungsregeln einstellen, die erfahrungsgemäß bei der Interpretation der Gesetze von Behörden und vor allem von den Gerichten angewandt werden. Der englische Gesetzgeber berücksichtigt z. B. von vornherein, daß englische Richter am Text zu kleben pflegen, Gesetzesmaterialien außer Betracht lassen und sich an precedents gebunden fühlen. Es ist klar, daß diese Umstände die Gestaltung eines englischen Status wesentlich beeinflussen. Es gibt auch bei uns nicht nur das einsame Ringen des Richters mit dem Gesetzestext, sondern ebenso einen stillen Kampf des Gesetzgebers mit der Findigkeit und dem Zweifelsdrang der Juristen. So stellt sich auch der deutsche Gesetzgeber auf die zu erwartende Methode der Rechtsanwendung ein. Solange der Gesetzgeber darauf vertrauen kann, daß z. B. die Beamten, die ein Verwaltungsgesetz verantwortlich vollziehen, durchschnittlich qualifizierte Juristen sind, kann er sich einen Stil leisten, der über das Niveau von Sekretären hinausgeht. Wenn die Gesetzesverfasser weiter damit rechnen dürfen, daß jeder Jurist sich im Rahmen unserer herkömmlichen und bewährten Interpretationsregeln (grammatikalische, logische, historische und systematische Methode) halten wird, so stellt er seine Ausdrucksweise darauf ein. Wenn er aber die Erfahrung macht, daß neue und unsichere Lesarten um sich greifen – etwa eine soziologische Betrachtungsweise –, so wird er Mittel und Wege suchen, um seinem Gesetz eine Gestalt zu geben, die es gegen solche Operationsmethoden wenigstens zeitweise sichern.
Für die Gesetzesverfasser ist eine weitere Erfahrung bestimmend. Die Sprache eines Gesetzes muß sich nach dem vorgestellten Adressatenkreis richten. Ich will nicht so weit gehen wie der Rechtsphilosoph *Binder*, der die interessante These aufgestellt hat, ein Gesetz richte sich grundsätzlich nur

an die Magistrate, nämlich an die Beamten und Richter.[14] Aber ich meine, daß der Gesetzgeber seinen Erzeugnissen eine Gestalt zu geben hat, die dem vorausgesetzten Verständnis derjenigen entspricht, die praktisch das Gesetz handhaben oder vollziehen. Ein Jagdgesetz bedient sich der Sondersprache des Weidmannes, ein Berggesetz verwendet Ausdrücke der Bergmannssprache, die Handwerksordnung solche der Handwerker, eine Seemannsordnung die des Seemanns, das Weingesetz die Sprache der Winzer und der Lebensmittelchemiker, das Arzneimittelgesetz die Sprache der Apotheker usw. Prozeßordnungen bevorzugen das Juristendeutsch, Steuergesetze beziehen die Sondersprache der Wirtschaft ein. Je spezieller der Gegenstand einer Regelung ist (z. B. im Lebensmittelrecht, im Lärmschutz und bei der Bestimmung der Gerätesicherheit), um so stärker bedient sich der Gesetz- und Verordnungsgeber der Sonderfachsprache des angesprochenen Kreises von Spezialisten.

Die Verständlichkeit eines Gesetzes wächst, bei denen, die es wirklich angeht, in dem Maße, nach dem sich der Gesetzgeber gerade ihrer Sondersprache bedient. Das geht nicht selten bis zur Ersetzung der Worte durch mathematische, chemische, physikalische Formeln und Symbole. So gelingt die Abgrenzung der Lärmschutzbereiche für Flughäfen nur noch durch die Angabe von 1 000 Zahlen, mit welchen Kurvenpunkte im Gauß-Krügerschen Koordinatensystem festgelegt werden.

Diese Sprachlosigkeit sucht der Gesetzgeber in zunehmendem Maß dadurch zu vermeiden, daß er auf technische Normen Bezug nimmt, welche ein Kreis von Fachleuten in dem Kommissionen des Deutschen Instituts für Normung (DIN e. V.), des Verbandes Deutscher Elektrotechniker (VDE e. V.), oder anderer privater oder amtlicher Stellen (z. B. der Deutschen Lebensmittelbuch-Kommission) ausgearbeitet werden. Der Gesetzgeber beschränkt sich etwa auf das Gebot, die »allgemein anerkannten Regeln der Baukunst« einzuhalten (§ 3 der LandesbauO) oder das Verbot schädlicher Umweltauswirkungen, die »nach dem Stand der Technik« vermeidbar sind (§ 22 Abs. 1 Nr. 1, § 41 Abs. 1 BImSchG). Die in bezug genommenen Maßstäbe werden durch Tausende von DIN-Normen und Musterblätter für die Praxis festgelegt und amtlich anerkannt. Über die verfassungsrechtliche Zulässigkeit solcher Bezugnahmen soll an dieser Stelle nicht geurteilt werden.

Hier ist nur festzustellen, daß diese sich immer mehr ausbreitende Praxis, auf technische Verfahren und Maßstäbe zu verweisen, dem Charakter unserer Rechtssetzung einen neuen Zug einfügt.

---

14 *Julius Binder:* Der Adressat der Rechtsnorm und seine Verpflichtung (1927).

Die Neigung unserer Gesetze und Rechtsverordnungen, sich der Sonderfachsprachen zu bedienen, beruht nicht nur auf dem deutschen Drang zur Perfektion, sondern auch darauf, daß für die Regelung fachgebundener Spezialitäten bei den Politikern eine breite Zustimmung leicht zu finden ist. Was beim Zustandekommen großer Verfahrensgesetze (VwGO, AO, VerwVerfG) zu beobachten ist, zeigt sich auch hier: in unpolitischen Bereichen ist die Normsetzung zu erstaunlichen Leistungen fähig. Daß die Fülle solcher Regelungen dann doch ein politisches Gewicht gewinnt, merkt die breite Öffentlichkeit erst viel später. Die mehr als 150 in den Jahren 1970–1980 erlassenen Rechtsverordnungen,[15] in denen ganz ausführlich der Ausbildungsweg und die Prüfungsgebiete für ebenso viele Berufe von Handwerkern und Facharbeitern geregelt worden sind, ergeben ein so dichtes Netz an Erfordernissen zur Berufswahl, daß die in Art. 12 GG verkündete Freiheit der Berufswahl in einem weiten Bereich praktisch dahin ist, weil niemand den Tariflohn beanspruchen kann, der nicht zuvor die entsprechende Ausbildung durchlaufen und die Abschlußprüfung bestanden hat. Dieses Ergebnis, von dem auch die Staatsrechtswissenschaft noch nicht Kenntnis genommen hat, besitzt nicht bloß verfassungsrechtliche, sondern auch gesellschaftspolitische Tragweite.

III.

Ob der erwähnte Wandel in Stil und Sprache der modernen Gesetzgebung einen Niedergang anzeigt, hängt von dem Standpunkt des Beurteilers ab. *Karl Loewenstein* hat die Ansicht geäußert, »daß die englische Gesetzgebungstechnik sich auf einem im allgemeinen von anderen Ländern selten erreichten hohen Niveau bewegt«.[16] Im Verhältnis zu den Leistungen amerikanischer Gesetzgebung mag diese Beurteilung des s. Zt. in Amherst (Mass.) lehrenden Autors zutreffend sein. Juristen in den westlichen Ländern des europäischen Kontinents werden weniger günstige Eindrücke von den Erzeugnissen des britischen Gesetzgebers gewinnen, wenn sie sich damit näher befassen. Was *Hans-Otto De Boor* 1934 über englische Gesetze schrieb,[17] empfindet der deutsche Jurist noch heute bei der Lektüre

---

15 Sie sind in dem vom Bundesminister der Justiz alljährlich veröffentlichten »Fundstellennachweis A« des Bundesrechts unter Gliederungsnummer 7110-1 bis 6 und 800-21 aufgeführt.
16 Staatsrecht und Staatspraxis von Großbritannien, Bd. 1 (1967) S. 345.
17 Die Methode des englischen Rechts und die deutsche Rechtsreform, Berlin 1934, S. 30 f.

moderner englischer Statuten: den »Eindruck mittelalterlicher Schwerfälligkeit«. Das liegt zu einem Teil an mangelnder Abstraktheit des Ausdrucks. Die Statuten bedienen sich umständlicher Legaldefinitionen, die nicht selten in eine sweeping clause einmünden, mit der ähnliche Tatbestände oder Rechtslagen erfaßt werden.

Andererseits möchte ich mir den Standpunkt von *J. Esser* nicht zu eigen machen, der den Erzeugnissen moderner bundesdeutscher Gesetzgebung ein vorzügliches Zeugnis ausgestellt hat.[18] Ich erblicke vielmehr in dem Wandel des Stils und der Sprache bundesdeutscher Gesetzgebung nur den Ausdruck einer allgemeinen Wandlung der staatlichen und gesellschaftlichen Verhältnisse. Der moderne Industriestaat, dessen Ausformung *Ernst Forsthoff* fasziniert hat, steht anderen Situationen gegenüber als das Königreich Preußen und das Deutsche Reich bis zum Ersten Weltkrieg. Der auf sozialen Ausgleich bedachte Staat des technischen Zeitalters betrachtet andere Dinge als wesentlich, die im 19. Jahrhundert überhaupt nicht oder nur am Rande den Gegenstand gesetzlicher Regelung gebildet haben. Der moderne Gesetzgeber kann sich den Gegenstand seiner Regelungsbefugnis oft nicht frei aussuchen und ist in der Art und Weise der Ordnung des meist komplizierten und komplexen Bereichs vielfachen Zwängen unterworfen und der Notwendigkeit verhaftet, seine filigranhaften Regelungen ständig den rasch wechselnden Gegebenheiten und Befugnissen anzupassen. Das macht die Gesetzgebung zu einer Folge von Abhilfen. Unstetigkeit hat Dauerhaftigkeit verdrängt. Nicht die Kodifikation, sondern die Improvisation bestimmt den Stil unserer Gesetze.

---

18 *Esser* (Gesetzesrationalität im Kodifikationszeitalter und heute – Heft 470 der Reihe »Recht und Staat«, 1977 S. 25) führt in diesem Zusammenhang als Beispiel einer gelungenen »zweckbezogenen Kodifikation« das Strafvollzugsgesetz vom 16. 3. 1976 (BGBl. I S. 581) an. Ich halte dieses (noch vor seinem Inkrafttreten abgeänderte) Gesetz für ein Erzeugnis von unrealistischem Wunschdenken, von Augenwischerei vor der Öffentlichkeit und vor dem BVerfG, das den Erlaß eines Strafvollzugsgesetzes angemahnt hatte (BVerfGE 33, S. 13 und 40, S. 276). Das Gesetz enthält eine gebrochene Zielsetzung des Strafvollzugs (§ 2), eine Reihe von Programmsätzen und erstreckt sein ratenweises Inkrafttreten bis zu 10 Jahren. Das ist kein Fall seriöser Gesetzgebung. Dem entspricht auch die nachlässige Durchsicht bei der Drucklegung: eine Serie von Berichtigungen folgte (BGBl. 1976 I S. 2088 und 1977 I S. 436).

Übereinkommen zwischen den EG-Staaten: Völkerrecht oder Gemeinschaftsrecht?

Ivo E. Schwartz*

I. Einleitung

Die Tätigkeit der Europäischen Wirtschaftsgemeinschaft (EWG) umfaßt die Angleichung der innerstaatlichen Rechtsvorschriften, soweit dies für das ordnungsmäßige Funktionieren des Gemeinsamen Marktes erforderlich ist (Art. 3 Buchst. h).[1] Diese ihr zugewiesene Aufgabe nimmt die Gemeinschaft durch eigene Organe wahr: Kommission, Europäisches Parlament, Rat, Gerichtshof (Art. 4 Abs. 1 S. 1). Sie handeln nach Maßgabe der ihnen im EWG-Vertrag zugewiesenen Befugnisse (Art. 4 Abs. 1 S. 2). Im Bereich der Rechtsangleichung bestehen diese Befugnisse nach den 16 Zuweisungsnormen des Vertrages[2] darin, daß der Rat auf Vorschlag der Kommission, nach Anhörung des Parlaments und unter der rechtlichen Kontrolle des Gerichtshofes Richtlinien zur Angleichung von innerstaatlichen Rechtsvorschriften erläßt.[3] Diese Richtlinien sind an alle Mitglied-

---

* Dr. iur., LL. M., Direktor bei der Kommission der Europäischen Gemeinschaften, Brüssel.
1 Artikel ohne weitere Angabe sind solche des Vertrages zur Gründung der Europäischen Wirtschaftsgemeinschaft (EWGV).
2 Art. 43 Abs. 2 (Landwirtschaftsrecht), 49, 51 (Arbeits- und Sozialrecht), 54 Abs. 3 Buchst. g (Gesellschaftsrecht, Mitbestimmung), 56 Abs. 2, 66 (Ausländerrecht), 57 Abs. 1 (Anerkennung der Diplome), 57 Abs. 2, 66 (Banken- und Versicherungsrecht, Gewerberecht, Handwerksrecht, Recht der freien Berufe), 69 (Kapitalverkehrsrecht), 70 (Devisenrecht), 75 (Verkehrsrecht), 99 (Recht der Umsatzsteuer, der Verbrauchssteuern und der sonstigen indirekten Steuern), 100 (Generalklausel), 101 (wettbewerbsverfälschende Vorschriften), 103 Abs. 3 und 4 (konjunktur-, stabilitäts- und versorgungsrelevante Vorschriften), 113 (Außenhandelsrecht), 235 (Sonderermächtigung zur Schließung von Befugnislücken).
3 Eine Ausnahme ist Art. 27 S. 2, welcher der Kommission die Befugnis zuweist, Empfehlungen an die Mitgliedstaaten über die Angleichung ihres Zollrechts zu richten. Die Vorschrift verlangt nicht wie Art. 20 und 220 Verhandlungen der Mitgliedstaaten untereinander, sondern dürfte nach dem Sprachgebrauch der Worte »Die Mitgliedstaaten« im Vertrag jeden von ihnen zur autonomen Angleichung verpflichten: »Die Mitgliedstaaten nehmen ... eine Angleichung ... vor.« (Satz 1). Die Vorschrift hat wenig Bedeutung erlangt. Die Angleichung des Zollrechts erfolgt im wesentlichen nach Art. 100 durch Richtlinien.

551

staaten gerichtet. Sie sind hinsichtlich ihres Inhalts verbindlich. Sie überlassen jedoch jedem Mitgliedstaat die Art der Umsetzung in sein innerstaatliches Recht (vgl. Art. 189 Abs. 3). Über 300 solcher Richtlinien sind bisher ergangen.

Neben der Befugnis zur Rechtsangleichung durch Richtlinien hat der Rat nach sechs der aufgezählten Zuweisungsnormen[4] die weiterreichende Befugnis, Verordnungen zur Herstellung von Rechtseinheit zu erlassen. Verordnungen gelten unmittelbar (d. h. ohne zwischengeschalteten staatlichen Akt) als »Gesetze« der Gemeinschaft (also nicht als innerstaatliches Recht) in jedem Mitgliedstaat (vgl. Art. 189 Abs. 2). Sie ersetzen innerstaatliche Vorschriften, treten neben sie oder regeln neue Bereiche autonom.

Für vier Materien greift der EWG-Vertrag in einer seiner Schlußbestimmungen hilfsweise auf eine dritte Methode zurück: Verhandlungen unter den Mitgliedstaaten zur Vereinheitlichung des innerstaatlichen Rechts. Artikel 220 bestimmt nämlich: »Soweit erforderlich, leiten die Mitgliedstaaten untereinander Verhandlungen ein, um zugunsten ihrer Staatsangehörigen folgendes sicherzustellen ...«. Dann werden die zu verwirklichenden Ziele und die Rechtsgebiete aufgezählt: der nichtdiskriminierende Schutz der Personen und ihrer Rechte, die Beseitigung der Doppelbesteuerung, die grenzüberschreitende Anerkennung, Sitzverlegung und Verschmelzung von Gesellschaften, die Vereinfachung der Förmlichkeiten für die grenzüberschreitende Anerkennung und Vollstreckung von richterlichen Entscheidungen. Als multilaterales Instrument hierfür steht den Mitgliedstaaten allein der ratifizierungsbedürftige Staatsvertrag zur Verfügung. Den Gegenständen und Zielen des Artikels 220 erschien die Kategorie des Übereinkommens angemessen.

II. *Das Problem und seine Bedeutung*

Da Artikel 220 die Ermächtigungen der Gemeinschaftsorgane zur Rechtsangleichung insofern ergänzt (»soweit erforderlich«, Charakter als Schlußvorschrift), als er ein gemeinschaftsrechtliches Gebot an die Mitgliedstaaten richtet, das klassische Instrument des Staatsvertrages bestimmten Zielen des EWG-Vertrages dienstbar zu machen, wird immer wieder gefragt, ob es sich bei den hiernach geschlossenen und noch zu schließenden Übereinー

---

4 Art. 43 Abs. 2, 49, 51, 75, 113, 235.

kommen (allein) um Völkerrecht handelt oder (zugleich) um Gemeinschaftsrecht. Die gleiche Frage wird für solche Übereinkommen unter den Mitgliedstaaten zur Vereinheitlichung ihres bestehenden Rechts oder zur Schaffung neuen einheitlichen Rechts gestellt, die zwar ohne rechtliche Verpflichtung zu ihrem Abschluß, also außerhalb von Artikel 220 geschlossen wurden, die aber ebenfalls bezwecken, im EWG-Vertrag niedergelegte Ziele der Gemeinschaft zu verwirklichen.

Die Rechtsnatur solcher Übereinkommen hat erhebliche praktische Bedeutung. Wären sie Gemeinschaftsrecht, gäbe es keine Erklärung von Vorbehalten durch einzelne Mitgliedstaaten, welche die Geltung bestimmter Vorschriften in ihrem Gebiet ausschließen. Es gäbe keine Kündigung, Aufhebung, Derogation durch einzelne Mitgliedstaaten. Es gäbe keine Nichtanwendung von Übereinkommen in einem oder mehreren Mitgliedstaaten wegen mangelnder Gegenseitigkeit der Anwendung durch einen anderen Mitgliedstaat, wegen Verstoßes gegen die innerstaatliche öffentliche Ordnung im Sinne des internationalen Privatrechts oder wegen Vorranges abweichenden innerstaatlichen Rechts. Es gäbe auch keine Rechtszersplitterung, Ungleichheit in der Rechtsanwendung und Rechtsunsicherheit aufgrund unterschiedlicher Auslegung von Übereinkommen durch die zehn beteiligten innerstaatlichen Gerichtsbarkeiten. Denn automatisch würde der Gerichtshof der Europäischen Gemeinschaften (EuGH) im Wege der Vorabentscheidung die einheitliche Auslegung und Anwendung des neuen Rechts durch die Gerichte aller Mitgliedstaaten gewährleisten (Art. 177). Wäre Übereinkommensrecht Gemeinschaftsrecht, gäbe es außerdem einen gemeinsamen Rechtsschutz für die Betroffenen, die Mitgliedstaaten und die Organe der Gemeinschaft. Denn einmal würde der Gerichtshof im Wege der Vorabentscheidung über die Gültigkeit des Übereinkommens im Sinne der Rechtmäßigkeit seines Zustandekommens und seiner Vereinbarkeit mit dem EWG-Vertrag entscheiden (Art. 177). Zum anderen würde er hierüber aufgrund von Nichtigkeitsklagen der Mitgliedstaaten, der Organe und einzelner wachen (Art. 173). Nur wenn es sich um Gemeinschaftsrecht handelte, gäbe es schließlich eine wirksame Sanktion zur Durchsetzung von Übereinkommen in den Mitgliedstaaten. Denn zum Zuge käme das zweistufige Verfahren vor Kommission und Gerichtshof wegen Verletzung einer Verpflichtung aus dem EWG-Vertrag (Art. 169, 170, 171).

Angesichts der erheblichen und noch wachsenden Zahl der in den Europäischen Gemeinschaften (EG) vereinigten Staaten und Rechtssysteme erlangen alle diese das Gemeinschaftsrecht im Vergleich zum Völkervertragsrecht auszeichnenden Eigenschaften und Wirkungen zunehmende Bedeutung. Denn erst sie gewährleisten die zeitliche, räumliche, inhaltliche und institutionelle Einheit sowie die volle Wirksamkeit des geschaffenen Rechts, die Gleichmäßigkeit der Anwendung und die Einheitlichkeit der Auslegung des angeglichenen innerstaatlichen Rechts überall in der Gemeinschaft und damit das ordnungsmäßige Funktionieren des Gemeinsamen Marktes.

III. *Verbindungen zwischen Übereinkommen und Gemeinschaft*

Bisher haben die Mitgliedstaaten vier Übereinkommen zur Vereinheitlichung ihres bestehenden Rechts oder zur Schaffung neuen einheitlichen Rechts geschlossen.[5] Sie betreffen ihr internationales Verfahrensrecht in Zivil- und Handelssachen,[6] ihr internationales Gesellschaftsrecht,[7] ihr internationales Vertragsrecht[8] und ein neues gemeinsames Patentrecht.[9] Ein fünftes Übereinkommen über das internationale Konkursrecht ist im Entwurf fertiggestellt,[10] an einem sechsten über die Verschmelzung von Aktiengesellschaften verschiedener Mitgliedstaaten wird noch gearbeitet.[11]
Die beiden zuerst und zuletzt genannten Übereinkommen führen nach ihren Präambeln Artikel 220 aus. Alle sechs Übereinkommen sollen dazu beitragen, bestimmte im EWG-Vertrag einschließlich seines Artikels 220

---

5 Das »Übereinkommen über gegenseitige Unterstützung der Zollverwaltungen« der Mitgliedstaaten, unterzeichnet am 7. September 1967 zu Neapel, in Kraft getreten in den einzelnen Staaten zwischen 1970 und 1974, BGBl. 1969 II S. 66, bleibt hier außer Betracht, weil es im wesentlichen der Anwendung, nicht der Vereinheitlichung des Zollrechts dient. Es ist mit Recht nicht auf Art. 27 gestützt (siehe oben N. 3).
6 »Übereinkommen über die gerichtliche Zuständigkeit und die Vollstreckung gerichtlicher Entscheidungen in Zivil- und Handelssachen«, unterzeichnet am 27. September 1968 zu Brüssel, in Kraft getreten am 1. Februar 1973, ABl. der EG Nr. L 299, S. 32 vom 31. 12. 72, zitiert EuGVÜ.
7 »Übereinkommen über die gegenseitige Anerkennung von Gesellschaften und juristischen Personen«, unterzeichnet am 29. Februar 1968 zu Brüssel, BullEG Nr. 2-1969, Beilage S. 5, noch nicht in Kraft getreten, zitiert EuAnerkÜ.
8 »Übereinkommen über das auf vertragliche Schuldverhältnisse anzuwendende Recht«, aufgelegt zur Unterzeichnung und unterzeichnet von 6 Mitgliedstaaten am 19. Juni 1980 zu Rom, ABl. Nr. L 266, S. 1 vom 9. 10. 80, noch nicht in Kraft getreten, zitiert EuIPRÜ.
9 »Übereinkommen über das europäische Patent für den Gemeinsamen Markt (Gemeinschaftspatentübereinkommen)«, unterzeichnet am 15. Dezember 1975 zu Luxemburg, ABl. Nr. L 17, S. 1 vom 26. 1. 76, noch nicht in Kraft getreten, zitiert EuGemPatÜ.
10 »Entwurf eines Übereinkommens über den Konkurs, Vergleiche und ähnliche Verfahren« vom 23. Juni 1980, Dokument Nr. III/D/72/80 der Kommission der EG, Generaldirektion Binnenmarkt und gewerbliche Wirtschaft, Direktion Rechtsangleichung, Niederlassungs- und Dienstleistungsfreiheit (hektographiert), zitiert E EuKonkÜ.
11 »Entwurf eines Übereinkommens über die internationale Verschmelzung von Aktiengesellschaften«, BullEG, Beilage 13/73 = RabelsZ 39 (1975) S. 539, zitiert E EuFusionsÜ. Dieser Text ist aufgrund der Verhandlungen seit 1973 teilweise überholt.

niedergelegte Ziele der Gemeinschaft zu verwirklichen. Diese Ziele werden in den Präambeln wiederholt. In der Präambel zum Gemeinschaftspatentübereinkommen stellen die Mitgliedstaaten zusätzlich fest, »daß die Schaffung eines ... gemeinschaftlichen Patentsystems ... untrennbar von der Verwirklichung der Ziele des Vertrages und daher mit der rechtlichen Ordnung der Gemeinschaft verbunden ist«.

Weitere für die Rechtsnatur der Übereinkommen relevante Elemente sind folgende. Keines der Übereinkommen wäre ausgearbeitet worden, wenn es die Gemeinschaft nicht gäbe. Artikel 220 präzisiert, daß Vertragspartner »die Mitgliedstaaten untereinander« sind, also nicht auch Drittstaaten sein können. Dies folgt auch daraus, daß die dort bezeichneten Ziele lediglich »zugunsten ihrer Staatsangehörigen« zu verwirklichen sind, also nur der Staatsangehörigen der Mitgliedstaaten. Ausgehandelt wurden die Übereinkommen auf Initiative, unter Beteiligung und im Rahmen der Fazilitäten der Kommission der EG. Unterzeichnet wurden sie durch die »im Rat der Europäischen Gemeinschaften vereinigten Bevollmächtigten«[12] der »Hohen Vertragsparteien des Vertrages zur Gründung der Europäischen Wirtschaftsgemeinschaft« (so die Präambeln). Veröffentlicht wurden die Übereinkommen im Teil »Rechtsvorschriften« (abgekürzt »L«) des Amtsblattes der EG, und zwar unter der Rubrik »Rat« mit der Jahresangabe und Bezifferung als Rechtsakt der EWG (z. B. »72/454 EWG«).[13] Die Ratifikationsurkunden werden beim Generalsekretär des Rates der EG hinterlegt.[14] Ihm obliegen gewisse Notifizierungen gegenüber den Unterzeichnerstaaten.[15] Das Übereinkommen tritt regelmäßig erst in Kraft, nachdem alle Unterzeichnerstaaten ihre Ratifikationsurkunde hinterlegt haben.[16]

Übereinkommen gelten räumlich im wesentlichen für dieselben Gebiete wie der EWG-Vertrag.[17] Sie sind meist auf unbegrenzte Zeit geschlossen.[18]

---

12 Eine Ausnahme macht das EuIPRÜ, dessen Präambel diesen Passus nicht enthält.
13 Eine Ausnahme macht bisher das EuAnerkÜ von 1968.
14 Art. 61 S. 2 EuGVÜ; Art. 13 S. 2 EuAnerkÜ; Art. 94 S. 2 EuGemPatÜ; Art. 28 Abs. 2 EuIPRÜ; Art. 80 Abs. 1 S. 2 E EuKonkÜ; Art. 63 E EuFusionsÜ.
15 Art. 64 EuGVÜ; Art. 16 EuAnerkÜ; Art. 103 EuGemPatÜ; Art. 31 EuIPRÜ; Art. 83 E EuKonkÜ; Art. 66 E EuFusionsÜ.
16 Art. 62 EuGVÜ; Art. 14 EuAnerkÜ; Art. 98 EuGemPatÜ; Art. 80 Abs. 2 E EuKonkÜ; Art. 64 E EuFusionsÜ. Eine Ausnahme macht das EuIPRÜ, für dessen Inkrafttreten (in den betreffenden Mitgliedstaaten) sieben Ratifizierungen ausreichen, Art. 29 Abs. 1.
17 Art. 60 EuGVÜ; Art. 12 EuAnerkÜ; Art. 97 EuGemPatÜ; Art. 27 EuIPRÜ; Art. 79 E EuKonkÜ; Art. 62 E EuFusionsÜ.
18 Art. 66 EuGVÜ; Art. 17 EuAnerkÜ; Art. 99 EuGemPatÜ; Art. 85 E EuKonkÜ; Art. 67 E EuFusionsÜ. Das EuIPRÜ ist zunächst auf zehn Jahre geschlossen, Art. 30.

Revisionskonferenzen beruft der Präsident des Rates der EG ein.[19] Die Übereinkommen verlangen teilweise ausdrücklich den Beitritt von Staaten, die Mitglieder der EWG werden,[20] und beschränken ihn teilweise ausdrücklich auf diese Staaten.[21] Die Übereinkommen sind in den Sprachen des EWG-Vertrages abgefaßt, wobei jeder Wortlaut gleichermaßen verbindlich ist.[22] Vor allem ist in bisher drei Fällen dem Gerichtshof eine Befugnis zur Auslegung des Übereinkommens im Wege der Vorabentscheidung zugewiesen worden. Sie entspricht in zwei Fällen im wesentlichen dem Vorbild des Artikels 177, in einem weiteren bleibt sie dahinter zurück. In zwei Fällen wurden dem Gerichtshof weitere, nicht im EWG-Vertrag vorgezeichnete Zuständigkeiten eingeräumt. Alle diese Befugniszuweisungen erfolgen entweder durch nachträglichen Abschluß eines ratifizierungsbedürftigen Protokolls[23] oder gleich im Übereinkommen selbst.[24] Soweit dort nichts anderes bestimmt ist, werden die für die Vorabentscheidung anzuwendenden Vorschriften des EWG-Vertrages, des ihm beigefügten Protokolls über die Satzung des Gerichtshofs und seiner Verfahrensordnung für anwendbar erklärt.[25]

IV. *Stand der Meinungen*

Angesichts dieser Verbindungen mit dem EWG-Vertrag, mit seinen Zielen, mit seinen Materien (namentlich der Inländerbehandlung im Bereich der Staatsangehörigkeit im wirtschaftlichen, beruflichen und sozialen Bereich,

---

19 Art. 67 S. 2 EuGVÜ; Art. 18 S. 2 EuAnerkÜ; Art. 100 S. 1 EuGemPatÜ; Art. 26 EuIPRÜ; Art. 86 S. 2 E EuKonkÜ; Art. 68 S. 2 E EuFusionsÜ.
20 Art. 63 EuGVÜ; Art. 95 Abs. 3 EuGemPatÜ; Art. 82 E EuKonkÜ. Anders das EuAnerkÜ, das EuIPRÜ und der E EuFusionsÜ.
21 Art. 95 Abs. 1, Art. 96 EuGemPatÜ. Das EuIPRÜ enthält keine derartige Beschränkung. Für die aufgrund der Verpflichtung des Art. 220 EWGV geschlossenen und zu schließenden Übereinkommen ergibt sich die Beschränkung wie erwähnt aus dem Wortlaut und dem Zweck des Art. 220.
22 Art. 68 EuGVÜ; Art. 19 EuAnerkÜ; Art. 102 EuGemPatÜ; Art. 33 EuIPRÜ; Art. 85 E EuKonkÜ; Art. 69 E EuFusionsÜ.
23 Protokolle betreffend die Auslegung des EuGVÜ bzw. des EuAnerkÜ durch den Gerichtshof der EG, unterzeichnet am 3. Juni 1971 zu Luxemburg, ersteres in Kraft getreten am 1. September 1975, ABl. Nr. L 204, S. 28 vom 2. 8. 75, letzteres noch nicht, BullEG 7-1971, Beilage 4/71, S. 5. Zum EuIPRÜ siehe die Gemeinsame Erklärung der neun Mitgliedstaaten, unterzeichnet von sechs Regierungen am 19. Juni 1980 zu Rom, ABl. Nr. L 266, S. 17 vom 9. 10. 80.
24 Art. 73 EuGemPatÜ; Art. 70-72 E EuKonkÜ; Art. 57-58 E EuFusionsÜ.
25 Art. 5 Protokoll zum EuGVÜ; Art. 3 Protokoll zum EuAnerkÜ; Art. 5 EuGemPatÜ; Art. 74 E EuKonkÜ; Art. 59 E EuFusionsÜ.

der Steuern, der Gesellschaften, des freien Verkehrs von Personen und Sachen), mit Organen und Verfahren der Gemeinschaft sind namentlich die im Rahmen des Artikels 220 geschlossenen Übereinkommen bezeichnet worden als »im Zusammenhang mit dem römischen Vertrag abgeschlossen«,[26] als »Übereinkommen europäischen Charakters«,[27] als »Ausführungsübereinkommen zum EWG-Vertrag«,[28] als »Nebenvertrag neben dem EWG-Vertrag« oder als »europäisches Recht«,[29] als »Gemeinschaftsübereinkommen«,[30] als »part of a Community legal order«,[31] als »eine der Quellen des Rechts der Europäischen Gemeinschaften«,[32] als »Gemeinschaftsrecht besonderer Art«,[33] als »Gemeinschaftsrecht im weiteren Sinne«,[34] als »neuer Zweig des Gemeinschaftsrechts«.[35]

---

26 *Hallstein*, Angleichung des Privat- und Prozeßrechts in der EWG, Rabels Zeitschrift für ausländisches und internationales Privatrecht 28 (1964) S. 211 (219).
27 *Pipkorn* in: *Beutler, Bieber, Pipkorn, Streil*, Die Europäische Gemeinschaft – Rechtsordnung und Politik –, Baden-Baden 1979, S. 174–175.
28 *Schermers*, Besluiten van de vertegenwoordigers der lid-Staten; Gemeenschapsrecht?, Sociaal Economische Wetgeving 14 (1966), S. 545 (553); *Pescatore*, L'ordre juridique des Communautés européennes, Etude des sources du droit communautaire, 3. Aufl. Liège 1975, S. 142.
29 *Sanders*, Vorentwurf eines Statuts für europäische Aktiengesellschaften, in: Kommission der EG, Kollektion Studien, Reihe Wettbewerb Nr. 6, Brüssel 1967, S. 13 und 14; *Pescatore*, International Law and Community Law – A Comparative Analysis, Common Market Law Review 7 (1970) S. 167 (180); *Jeantet*, Un droit européen des conflits de compétence judiciaire et de l'exécution des décisions en matière civile.et commerciale, Cahiers de droit européen 1972, S. 375; *Spellenberg*, Das Europäische Gerichtsstands- und Vollstreckungsübereinkommen als Kern eines europäischen Zivilprozeßrechts, Europarecht 1980, S. 329 (347).
30 *Ficker*, Europäische Aktiengesellschaft und internationale Fusion, in: Recht und Steuer der internationalen Unternehmensverbindungen, Düsseldorf 1972, S. 220 (222); *Ipsen*, Europäisches Gemeinschaftsrecht, Tübingen 1972, § 39/12, S. 698; *Hauschild*, L'importance des conventions communautaires pour la création d'un droit communautaire, Revue trimestrielle de droit européen 1975, S. 4–7; *McClellan*, La convention sur le brevet communautaire, Cahiers de droit européen 1978, S. 202 (205, 218).
31 *Bebr*, Acts of Representatives of the Governments of the Member States, Sociaal Economische Wetgeving 14 (1966), S. 529 (545); *Hauschild* (oben N. 30) S. 7.
32 *Kaiser*, Die im Rat vereinigten Vertreter der Regierungen der Mitgliedstaaten, in: Fs Ophüls, Karlsruhe 1965, S. 107 (124).
33 *Schwartz*, Zur Konzeption der Rechtsangleichung in der Europäischen Wirtschaftsgemeinschaft, in: Fs Hallstein, Frankfurt am Main 1966, S. 474 (504–505) mit Hinweis in N. 64 darauf, daß bedeutsame Unterschiede zum primären und sekundären Gemeinschaftsrecht bestehen blieben. = De la conception du rapprochement des législations dans la Communauté économique européenne, Revue trimestrielle de droit européen 1967, S. 238 (261).
34 *Much*, Rechtliche Grundsatzfragen zur Erweiterung der Europäischen Gemeinschaften, Europarecht 1972, S. 324 (331); *Leleux*, Jurisprudence relative à l'application de la convention du 27 septembre 1968 . . ., Cahiers de droit européen 1977, S. 144 (146).
35 *Rasmussen*, A New Generation of Community Law?, Common Market Law Review 15 (1978) S. 249 (261).

Bedeuten diese Kennzeichnungen, daß es sich bei Übereinkommen unter den Mitgliedstaaten zur Verwirklichung von Zielen der Gemeinschaft um originäres (primäres), dem EWG-Vertrag gleichstehendes Recht der Gemeinschaft handelt oder zumindest um von ihm abgeleitetes (sekundäres) Recht der Gemeinschaft mit dem ihm eigenen, bereits zum Teil (unter II) bezeichneten Attributen? Die Meinungen gehen ungewöhnlich weit auseinander. Aber auch wegen ihrer inhaltlichen Vielfalt bedürfen sie einer systematischen Übersicht.

1. *Übereinkommen sind Gemeinschaftsrecht*

Nach *Wagner*[36] ist Gemeinschaftsrecht nicht nur, was in den von den Gemeinschaftsverträgen vorgesehenen Formen geschaffen wird. Ein und derselbe integrierte Bereich lasse sich nicht danach trennen, wie er integriert wurde. Mitgliedstaaten und Gemeinschaftsorgane mischten die supranationalen und die zwischenstaatlichen Formen in erheblicher Weise. Aber auch in rein zwischenstaatlicher Form zustande gekommene Beschlüsse gehörten zu den Rechtsquellen der Gemeinschaft, und Gemeinschaftsrecht werde auf sie angewandt.

Nach *von Simson*[37] muß jede Einigung der Staaten über die Gemeinschaften betreffende Rechtssätze als Quelle des Gemeinschaftsrechts gelten. Ähnlich meint *Zuleeg*:[38] Ob völkerrechtliche Verträge zwischen den Mitgliedstaaten dem Gemeinschaftsrecht zuzurechnen sind, hänge davon ab, ob sie die in den Gründungsverträgen behandelten Materien betreffen und sich dem Gemeinschaftsrecht ihrem Sinn und Zweck nach einfügen lassen. Das sei eindeutig zu bejahen, wenn der Abschluß von Staatsverträgen im Gründungsvertrag selbst vorgesehen ist. Den wichtigsten Anwendungsfall bilde Artikel 220. Auch nach *Boulouis* und *Chevallier*[39] bilden Übereinkommen, die in Ausführung der EG-Verträge ausgehandelt werden, in dem Maße eine Quelle des Gemeinschaftsrechts, als sie diese zu vervollständigen bestimmt sind. Übereinkommen in Ausführung von Artikel 220 unterlägen der Rechtmäßigkeitskontrolle des Gerichtshofs nach Artikel 173,

---

36 *Wagner*, Grundbegriffe des Beschlußrechts der EG, Köln 1965, S. 15.
37 *von Simson*, Zur rechtlichen Gestalt der europäischen Integration, Zeitschrift für das gesamte Handelsrecht 130 (1968), S. 63 (69).
38 *Zuleeg*, Das Recht der Europäischen Gemeinschaften im innerstaatlichen Bereich, Köln 1969, S. 26-27.
39 *Boulouis, Chevallier*, Grand arrêts de la cour de justice des communautés européennes, Bd. 1, 2. Aufl. Paris 1978, S. 71-72.

nicht aber ohne weiteres auch seiner Auslegung im Wege der Vorabentscheidung nach Artikel 177.

Nach *Zweigert*[40] kann ebenfalls »nicht zweifelhaft sein«, daß die unter den Mitgliedstaaten zu Integrationszwecken abzuschließenden völkerrechtlichen Übereinkommen dem Gemeinschaftsrecht zuzuordnen seien. Der Gerichtshof sei nach Artikel 177 auch zur Auslegung solcher Übereinkommen zwischen den Mitgliedstaaten berufen, die dem Zweck einer im Interesse eines Funktionierens des Gemeinsamen Marktes unternommenen Rechtsangleichung dienten.

von Caemmerer[41] kennzeichnet das Recht der EG-Verträge und der aufgrund ihrer erlassenen Verordnungen als eine unmittelbar in den Staaten der Gemeinschaft wirkende Rechtsordnung, die einheitlich in dem Gebiet der zu den EG gehörigen Staaten gilt. »Wo eine Ermächtigung zur Schaffung von Gemeinschaftsrecht im Wege der Verordnung nicht vorliegt, kann solches Gemeinschaftsrecht doch im Wege internationaler Konventionen geschaffen werden.«

Alder[42] meint, Übereinkommen, die der Zielsetzung des Gemeinschaftsrechts untergeordnet sind, hätten an der derogatorischen Kraft des Gemeinschaftsrechts gegenüber widersprechendem einzelstaatlichem Recht teil, wenn sie Normen enthalten, die ihrem Inhalt nach geeignet sind, unmittelbare Rechtsbeziehungen zwischen den einzelnen und den Mitgliedstaaten zu schaffen.

Nach *H. C. Ficker*[43] schaffen Gemeinschaftsübereinkommen direkt anwendbares Gemeinschaftsrecht wie eine Verordnung im Sinne von Artikel 189 Absatz 2. Sie sind nicht Übereinkommen nach klassischem Völkerrecht. Denn sie könnten nur zwischen allen Mitgliedstaaten geschlossen werden. Sie stünden Drittstaaten nicht offen. Sie würden im Rat gezeichnet, einem Gemeinschaftsorgan. Sie unterlägen ebenso wie das nach Artikel 189 geschaffene Gemeinschaftsrecht gemäß zweier Protokolle der Vorabentscheidung des Gerichtshofs. Wäre das Übereinkommensrecht nicht

---

40 *Zweigert,* Das große Werk Ipsens über europäisches Gemeinschaftsrecht, Europarecht 1972, S. 308 (309, 310); *derselbe,* Grundsatzfragen der europäischen Rechtsangleichung, ihre Schöpfung und Sicherung, in: Fs Dölle, Bd. 2, 1963, S. 401 (415).
41 *von Caemmerer,* Rechtsvereinheitlichung und internationales Privatrecht, in: Fs Hallstein, Frankfurt am Main 1966, S. 63 (93).
42 *Alder,* Koordination und Integration als Rechtsprinzipien, Ein Beitrag zum Problem der derogatorischen Kraft des europäischen Gemeinschaftsrechts gegenüber einzelstaatlichem Recht, Bruges 1969, S. 332.
43 *Ficker,* Die Rechtsentwicklung innerhalb der Europäischen Gemeinschaften und ihre Auswirkungen auf die EFTA-Staaten, Zeitschrift für Rechtsvergleichung 14 (1973) S. 161 (166–167).

Gemeinschaftsrecht, sondern je nach herrschender völkerrechtlicher Theorie vorrangiges internationales Vertragsrecht und transformiertes nationales Recht, könnte die einheitliche Auslegung dem Gerichtshof nicht zugewiesen werden. Denn wie sollte er verbindlich über innerstaatliches Recht z. B. da befinden, wo die Transformationstheorie gilt? Bei Übereinkommen nach Artikel 220 sei überdies Grundlage eine bindende Vorschrift des EWG-Vertrages, nicht der freie Wille der vertragschließenden Parteien.[44]

Cathala[45] meint, die Begründung der Zuständigkeit des Gerichtshofs für die Auslegung von Übereinkommen durch besondere Protokolle oder im Übereinkommen selbst erlaube es, den zwischen den Mitgliedstaaten im Rahmen von Vorschriften in den Gründungsverträgen abgeschlossenen Übereinkommen den Charakter von Gemeinschaftsrecht zuzubilligen. Die fortbestehenden Unterschiede zwischen Gemeinschaftsrecht stricto sensu und Übereinkommen verlören dann viel an Gewicht. Dabei handele es sich darum, daß Übereinkommen nicht zu den Akten des Artikels 189 zählten und die Kommission kein Vorschlagsrecht habe. Indessen zeige die Praxis die Bedeutung der Rolle der Kommission bei der Ausarbeitung von Übereinkommen. Es sei auch zweifelhaft, ob die Unterscheidung zwischen der Unterzeichnung durch die im Rat vereinigten Bevollmächtigten der Staaten und durch den Rat wirklich aufrechterhalten werden müsse. Es sei zweckmäßig, eines Tages dem Übereinkommen einen Platz unter den Rechtsakten des Gemeinschaftsrechts einzuräumen.

Nach *Schlosser*[46] erlangen Übereinkommen spätestens zu dem Zeitpunkt den Rang primären Gemeinschaftsrechts, in dem Vorschriften über seine Auslegung durch den Gerichtshof in Kraft treten. Spätestens von da an breche es früher und später in Kraft tretendes einfaches Bundesrecht. Es sei eine Selbstverständlichkeit, daß das Primärrecht der EG durch weitere Staatsverträge der Mitgliedstaaten erweitert werden könnte, sofern sie »nur aus der Funktion des Gemeinsamen Marktes heraus erwachsen und in seiner Durchführung in die Organstruktur der Gemeinschaft eingegliedert« sind. Dies ergebe sich aus Umständen wie der Verpflichtung nach Artikel

---

44 *Ficker* (oben N. 30) S. 222-223.
45 *Cathala*, L'interprétation uniforme des conventions conclues entre Etats membres de la C.E.E. en matière de droit privé, Recueil Dalloz Sirey 1972, Chronique, S. 31, 34.
46 *Schlosser*, Neues Primärrecht der Europäischen Gemeinschaften, Neue Juristische Wochenschrift 1975, S. 2132 (2133). Vgl. auch *Nicolaysen*, Europäisches Gemeinschaftsrecht, Stuttgart, Berlin, Köln, Mainz 1979, S. 167: Das Gemeinschaftspatentübereinkommen »ist in seiner juristischen Qualität den Gemeinschaftsverträgen selbst vergleichbar«.

220, der Initiative und der Einschaltung der Kommission, der Unterzeichnung durch die im Rat vereinigten Bevollmächtigten, der Hinterlegung beim Ratssekretariat und vor allem der Übertragung von Hoheitsrechten auf zwischenstaatliche Einrichtungen im Sinne von Artikel 24 des Grundgesetzes. Für Rechtsnormen, welche eines administrativen Vollzugs nicht zugänglich sind, reiche es aus, daß dem Gerichtshof die Kompetenz zu ihrer die Mitgliedstaaten und deren Gerichte bindenden Auslegung zukommt. Die Vorschriften des Vollstreckungsübereinkommens und ähnlicher Übereinkommen seien solche Rechtsnormen.

Nach *Bleckmann*[47] stellen die Übereinkommen »wegen der vertraglich vorgesehenen Zuständigkeit des EuGH, des Abschlusses im Rahmen der Europäischen Gemeinschaft, der Verfolgung der Ziele der europäischen Verträge u. a. m. Europäisches Gemeinschaftsrecht dar, das nicht einer bestimmten Gemeinschaft, sondern nur der umfassenden Rechtsordnung der Europäischen Gemeinschaft zugeordnet werden kann.«

Rasmussen[48] schreibt, die völkerrechtliche Qualifizierung eines Übereinkommens könne sich wesentlich ändern, wenn dem Gerichtshof die Befugnis zu seiner einheitlichen Auslegung zugewiesen wird. In diesem Fall genüge der einfache Verweis auf seine Herkunft nicht. Die entscheidende Frage sei dann, wie der Gerichtshof das neue Recht in seiner Rechtsprechung qualifiziere. Dies hänge vom Inhalt der befugniszuweisenden Normen ab. Artikel 5 Absatz 1 des Protokolls über die Zuweisung der Zuständigkeit an den Gerichtshof zur Auslegung des Vollstreckungsübereinkommens[49] bestimme: »Soweit dieses Protokoll nichts anderes bestimmt, gelten die Vorschriften des Vertrags zur Gründung der Europäischen Wirtschaftsgemeinschaft ..., die anzuwenden sind, wenn der Gerichtshof im Wege der Vorabentscheidung zu entscheiden hat, auch für das Verfahren zur Auslegung des Übereinkommens ...« Diese Verweisung decke auch Artikel 164 des EWG-Vertrages (»Der Gerichtshof sichert die Wahrung des Rechts bei der Auslegung und Anwendung dieses Vertrages.«). Der Gerichtshof sei daher ermächtigt, seine Auslegungsmethoden und seine Rechtsquellen nach den gleichen Grundsätzen zu bestimmen, denen er nach Artikel 177 folge. Man könne also annehmen, daß das Übereinkommensrecht ein neuer Zweig des Gemeinschaftsrechts werde, »a ›second generation‹ of Community Law«. Es werde wahrscheinlich weder Völkerrecht noch innerstaat-

---

47 *Bleckmann*, Die Einheit der Europäischen Gemeinschaftsrechtsordnung – Einheit oder Mehrheit der Europäischen Gemeinschaften, Europarecht 1978, S. 95 (104).
48 *Rasmussen* (oben N. 35) S. 257–266.
49 Oben N. 23.

liches Recht werden. Die in dem Aufsatz geprüfte bisherige Praxis des Gerichtshofs bestätige diese Annahme wahrscheinlich.

2. *Übereinkommen sind teils Völkerrecht, teils Gemeinschaftsrecht*

Kaiser bezieht Übereinkommen nach Artikel 220 und solche auf dem Gebiet des Wirtschaftsrechts in seine Erörterung der Rechtsakte der im Rat vereinigten Vertreter der Regierungen der Mitgliedstaaten ein,[50] ohne zwischen den verschiedenen Kategorien solcher Rechtsakte nach ihrer verfahrensmäßigen, institutionellen, sachlichen und rechtlichen Gemeinschaftsnähe zu differenzieren. Als zwischenstaatliche Konferenz von Regierungsvertretern sei das Gremium der im Rat vereinigten Vertreter der Regierungen nach Völkerrecht zu beurteilen, insbesondere hinsichtlich seines Verfahrens und der Natur seiner Beschlüsse. Dementsprechend leiteten sich die Befugnisse jedes seiner Mitglieder in erster Linie aus dem heimischen Recht her. Da »im Rat vereinigt«, könnten die Regierungsvertreter jedoch nicht von ihren Funktionen »im Rat« und von den sich aus dem Gemeinschaftsrecht ergebenden Bindungen und Zielsetzungen absehen. An der Eigenständigkeit der vom Rat zu unterscheidenden Konferenz der Regierungsvertreter sei nicht zu zweifeln. Ebenso kennzeichnend sei jedoch die anscheinend unüberwindbare Tendenz, dieses Gremium in eine möglichst enge Verbindung zum Rat zu bringen. Diese Neigung werde gewiß genährt durch die Identität der Konferenz- und der Ratsmitglieder und durch den engen zeitlichen Zusammenhang solcher Beschlüsse mit Ratssitzungen. Man dürfe jedoch darin auch einen Hinweis auf den sachlichen Zusammenhang zwischen Ratsfunktionen und solchen Konferenz-Beschlüssen sehen. Es gehe aber nicht an, deshalb den Unterschied zwischen dem Gremium der vereinigten Regierungsvertreter und dem Rat sowie zwischen den Rechtsakten beider Beschlußorgane zu verwischen. Gewiß hätten die Beratungen des Rats häufig den Charakter einer zwischenstaatlichen Konferenz. Befugnisse und Verfahren des Rats seien jedoch andere als die des Gremiums der vereinigten Regierungsvertreter.[51]

Für die Bestimmung der Rechtsnatur der Abkommen kann nach *Kaiser* die große institutionelle und sachliche Nähe zu den Organen der Gemeinschaft und zum Integrationsprozeß, dem »telos« der Gemeinschaften, nicht allein ausschlaggebend sein. Internationale Gerichte seien bei der Qualifikation

---

50 *Kaiser* (oben N. 32) S. 122–123.
51 *Kaiser* (oben N. 32) S. 107, 116.

des eingeschlagenen Verfahrens und der gewonnenen Ergebnisse immer von einer Prüfung der juristischen Eigenart der beteiligten Rechtssubjekte ausgegangen. Demnach sei ausschlaggebend, in welcher Eigenschaft die im Rat vereinigten Regierungsvertreter handeln. Sie nähmen in dieser Funktion keine den Gemeinschaften übertragenen Hoheitsbefugnisse wahr. Daraus folge jedoch nicht zwingend, daß dieses Gremium und seine Beschlüsse hinreichend qualifiziert seien, wenn man sie außerhalb des Gemeinschaftsrechts ansiedle und die Abkommen nur als solche völkerrechtlicher Natur ansehe. Ihre Geltung entstamme zwar allein dem Konsens der Regierungsvertreter in der Rechtsform eines völkerrechtlichen Vertrages, der insoweit nach völkerrechtlichen Grundsätzen zu beurteilen sei. Der im Intensitätsgrad jeweils verschiedene, aus dem Willen der Regierungsvertreter im Einzelfall zu folgernde Gemeinschaftsbezug verdränge aber teilweise die Regeln des allgemeinen Völkerrechts im Hinblick auf das Verfahren, die Auslegung und die Bindungswirkung. Um das Ausmaß der Bindungswirkung gegenüber den Staaten zu bestimmen, sei von der völkerrechtlichen Seite dieser janusköpfigen Abkommen auszugehen. Die Regierungsvertreter könnten jedoch nicht in eindeutige Gesetzgebungszuständigkeiten ihrer heimischen Parlamente eingreifen. Hier liege die Grenze der Bindungswirkung solcher Abkommen.[52]

Später hat *Kaiser* seine Auffassung wie folgt zusammengefaßt:[53] »Die Beschlüsse der ›im Rat vereinigten Vertreter der Regierungen der Mitgliedstaaten‹ sind, soweit sie sich materiell im Rahmen der Verträge halten, Gemeinschaftsrecht, andernfalls Völkerrecht und zu ihrer Gültigkeit an die sich aus staatlichem Verfassungsrecht ergebende Vertretungsmacht gebunden.«

Nach *Bebr*[54] sind Übereinkommen nach ihrem Ursprung Völkerrecht. Da sie aber Ziele der Gemeinschaft verfolgen und auf die eine oder andere Weise mit der Rechtsordnung der Gemeinschaft verbunden seien, könnten sie als Teil einer Rechtsordnung der Gemeinschaft angesehen werden. Dies scheine zumindest impliziter durch ein Urteil des Gerichtshofs[55] bestätigt zu werden, in dem eine Bestimmung eines Protokolls zu dem Abkommen vom 2. März 1960 über den Gemeinsamen Zolltarif betreffend die Waren der Liste G in Anhang I des EWG-Vertrages ausgelegt wird. Dieses Ab-

---

52 *Kaiser* (oben N. 32) S. 119–120, 121, 123.
53 *Kaiser*, Bewahrung und Veränderung demokratischer und rechtsstaatlicher Verfassungsstruktur in den internationalen Gemeinschaften, Veröffentlichungen der Vereinigung deutscher Staatsrechtslehrer 23 (1966) S. 1 (31).
54 *Bebr* (oben N. 31) S. 545.
55 EuGH 17. 6. 1965 – 32/64 »Seide« – Slg. 1965, S. 496 (507–508).

kommen mit Protokollen hatten die Mitgliedstaaten gemäß der in Artikel 20 des EWG-Vertrages vorgesehenen Verpflichtung abgeschlossen.[56] Es handelte sich also nicht um die Auslegung eines Rechtsaktes eines Organs der Gemeinschaft im Sinne von Artikel 189. Die Klage war auf Artikel 173 gestützt.

Ipsen behandelt Übereinkommen zur Rechtsvereinheitlichung nicht wie viele Autoren bei den Rechtsakten der im Rat vereinigten Vertreter der Regierungen der Mitgliedstaaten, sondern gesondert.[57] Der Abschluß von Übereinkommen nach Artikel 220 stehe den Mitgliedstaaten zweifellos kraft ihrer völkerrechtlichen Vertragsschließungskompetenz zu. Insoweit kämen ihnen gemeinschaftsrechtliche Besonderheiten oder Qualitäten nicht zu. Andererseits verweise Artikel 220 die Mitgliedstaaten auf diesen Angleichungsweg, und daß das von ihnen verfolgte Angleichungsziel sich nicht nur anläßlich ihrer gemeinsamen Mitgliedschaft stelle, sondern selbst ein solches der Gemeinschaft sei, präge ihre Übereinkommen gemeinschaftsrechtlich.[58] Denn – und hier beruft sich *Ipsen* auf den *Verfasser*[59] – materiell ergänzten Übereinkommen nach Artikel 220 den EWG-Vertrag, was in Artikel 220 zum Ausdruck komme; sie würden nur geschlossen, weil und soweit es die Errichtung und das Funktionieren des Gemeinsamen Marktes erfordern; sie dienten den Zielen des EWG-Vertrages und ihrer Verwirklichung; sie würden zwischen denselben Staaten geschlossen wie der EWG-Vertrag; sie hätten die gleiche räumliche und die gleiche allgemeine und unmittelbare Geltung wie der EWG-Vertrag; sie würden im Rahmen der Organe der EG ausgehandelt und unterzeichnet.

Auch *Hauschild*[60] weist auf die Besonderheiten gemeinschaftlicher Übereinkommen hinsichtlich ihrer Ziele, ihrer Vorbereitung, ihrer Inkraftsetzung und ihrer Anwendung hin. Ziel dieser Übereinkommen sei die Förderung der europäischen Integration durch einheitliche Rechtsregeln auf den Gebieten, auf denen es ganz oder teilweise an der Zuständigkeit der Organe der Gemeinschaft fehle. Die gemeinschaftlichen Übereinkommen trügen damit zur Schließung von Lücken in den Verträgen bei. Sie müßten daher als Verlängerungen der Verträge und als Instrumente zur Vervollständigung der gemeinschaftlichen Rechtsordnung angesehen werden. Eine totale

---

56 ABl. Nr. 80 C vom 20. 12. 1960, S. 1825, 1855, 1867/60.
57 Siehe *Ipsen* (oben N. 30) einerseits § 22/2-13 (S. 468–474), andererseits § 39/12 (S. 695–698).
58 *Ipsen* (oben N. 30) S. 698.
59 *Schwartz* (oben N. 33) S. 504.
60 *Hauschild* (oben N. 30) S. 6–7.

Assimilierung der Gemeinschaftsübereinkommen an das Gemeinschaftsrecht könne jedoch wegen der Verfassungen mehrerer Mitgliedstaaten zweifelhaft erscheinen, welche Vorrang nur den Verträgen über die Errichtung der EG, dem durch ihre Organe geschaffenen Gemeinschaftsrecht sowie den allgemeinen Grundsätzen des Völkerrechts einräumten, nicht aber sonstigen internationalen Verträgen.

Nach *Limpens-Meinertzhagen*[61] unterscheidet sich das Gemeinschaftsübereinkommen von der Verordnung wie der Richtlinie durch das Verfahren seiner Ausarbeitung und Inkraftsetzung. Insoweit behalte es seinen Charakter als internationale Quelle von Gemeinschaftsrecht. Es vervollständige das Gemeinschaftsrecht. Wegen des Verfahrens seiner Ausarbeitung und seiner Auslegung stehe es auf halbem Wege zwischen dem Gemeinschaftsrecht und dem internationalen Privatrecht (gemeint ist nach dem Zusammenhang wohl: Völkerrecht). Nach seiner Zielsetzung sei das Gemeinschaftsübereinkommen eindeutig gemeinschaftlich.

3. *Übereinkommen sind Völkerrecht*

Pescatore hat zunächst ohne nähere Auseinandersetzung mit dem Problem gemeint, Übereinkommen nach Artikel 220 seien förmliche Bestandteile des Systems des EWG-Vertrages, weil sie ausdrücklich im Vertrag vorgesehen seien.[62] Später hat er ausgeführt,[63] solche Übereinkommen seien in gewisser Weise Fremdkörper innerhalb des allgemeinen Systems von Quellen des Gemeinschaftsrechts.

Die Aushandlung des ersten dieser ergänzenden Übereinkommen habe bald die Gefahr für die Einheit des europäischen Rechtssystems durch neue Normen gezeigt, welche wegen ihres internationalen Ursprungs nicht dem System institutioneller und vor allem rechtlicher Garantien unterlägen, welche der EWG-Vertrag vorsieht. Was geschaffen werde, sei in Wirklichkeit ein neuer Körper europäischen Rechts, glücklicherweise von zweitrangiger Bedeutung, welchem die Garantien der Einheitlichkeit und der Wirksamkeit fehlten, welche im Falle des eigentlichen Gemeinschaftsrechts aus dem in-

---

61 *Limpens-Meinertzhagen*, La coordination ou l'unification du droit par voie de convention entre les Etats membres, in: *De Ripainsel-Landy, Gérard, Limpens-Meinertzhagen, Louis, Soldatos, Vander Elst, Vandersanden*, Les instruments du rapprochement des législations dans la CEE, Bruxelles 1976, S. 153 (168, 183).
62 *Pescatore,* Remarques sur la nature juridique des »décisions des représentants des Etats membres réunis au sein du Conseil«, Sociaal Economische Wetgeving 14 (1966) S. 579 (580 mit Fußnote 1).
63 *Pescatore* (oben N. 29) S. 180, 181.

stitutionellen System der Gemeinschaften folgen. Allgemein ausgedrückt hätten sich die Methoden und Grundsätze des Völkerrechts als ungeeignet erwiesen für die Lösung von Problemen, welche aus dem Operieren eines Systems entstehen, das auf den Grundsätzen der Solidarität und der Integration beruhe. Eine Folge dieser Tatsache sei, daß die Einführung der Konzeptionen und Methoden des Völkerrechts in die Gemeinschaftsordnung – wie der Gebrauch der Verfahren der traditionellen Diplomatie anstelle der Diskussion in den gemeinsamen Institutionen – eine echte Bedrohung für das Fortbestehen der Charakteristika darstelle, welche die Originalität und Stärke des Gemeinschaftsrechts ausmachen.

An anderer Stelle[64] hat *Pescatore* die Frage aufgeworfen, ob ein internationales Übereinkommen, selbst wenn es nur in Anwendung oder Ausführung des EWG-Vertrages (hier des Art. 220) geschlossen sei, als dem EWG-Vertrag äquivalent angesehen werden könne, weil es von denselben Parteien wie der EWG-Vertrag vereinbart worden ist. Indessen könne ein solches ergänzendes oder ausführendes Übereinkommen zum Instrument einer kalten Revision des Vertrages außerhalb des dafür vorgesehenen regulären Verfahrens werden. Die Annahme einer solchen Äquivalenz sei daher nicht ohne Gefahr für die Gemeinschaften. Ihr könne nur vorgebeugt werden durch die Aufstellung einer Hierarchie zwischen dem Gründungsvertrag und dem hinzukommenden Vertragsrecht. Diese ergebe sich aus der Überlegung, daß die Mitgliedstaaten, wenn sie ein Übereinkommen zur Verwirklichung von Zielen der Gemeinschaft schließen, ohne das förmliche Revisionsverfahren einzuhalten, nicht beabsichtigten, die Bestimmungen des Gründungsvertrages zu ändern. Das Übereinkommen müsse also notwendig so ausgelegt werden, daß es mit den Bestimmungen des EWG-Vertrages vereinbar ist und in keiner Weise dessen Anwendung beeinträchtige. Allerdings unterlägen solche Übereinkommen nicht der Zuständigkeit des Gerichtshofs nach Artikel 177 und seien auch nicht integrierender Bestandteil des EWG-Vertrages im rechtlichen Sinn des Begriffes (Art. 240). Ob das Verfahren wegen Verletzung einer Verpflichtung aus dem EWG-Vertrag (Art. 169, 170, 171) sich auf Verpflichtungen aus Übereinkommen erstrecke, sei fraglich.

Nach *Jeantet*[65] darf die Identität bestimmter grundsätzlicher Vorschriften,

---

64 *Pescatore* (oben N. 28) S. 143–145; ähnlich schon *derselbe* (oben N. 62) S. 584–585; vgl. auch *derselbe,* Les répartitions de compétences entre la Communauté et ses Etats membres, in: La Communauté et ses Etats membres, Colloque organisé à l'Université de Liège, Liège, La Haye 1973, S. 61 (68–70).
65 *Jeantet* (oben N. 29) S. 380–383.

die unmittelbare Anwendbarkeit von Übereinkommensnormen (nicht im Sinne von Geltung ohne staatlichen Anwendungsbefehl, sondern von Selbstgenügsamkeit), die Einheitlichkeit ihrer Auslegung und die Verwandtschaft gewisser anderer Normen nicht dahin führen, das Übereinkommen und das Protokoll als in den EWG-Vertrag im Sinne von zusätzlichen Artikeln integriert anzusehen. Zwischen Übereinkommen sowie Protokoll einerseits und EWG-Vertrag andererseits bestehe eine Unabhängigkeit, die von der Autonomie dieser rechtlichen Instrumente komme, einer Autonomie, die allerdings nicht ohne einige Kontakte untereinander sei, vor allem hinsichtlich des Protokolls. Artikel 220 stelle zwar eine Verbindung zu ihnen her, sehe aber keine Erweiterung oder Erstreckung des Vertrages auf die dort bezeichneten Materien vor, sondern Übereinkommen, die ihm gewissermaßen angehängt seien. Übereinkommen und Protokoll seien in jeder Hinsicht rechtlich autonom. Weiter fehle eine institutionelle Struktur mit Befugnissen des Rats, der Kommission und des Gerichtshofs zur Kontrolle der ordnungsgemäßen Anwendung des Überkommens und des Protokolls durch die Vertragsstaaten (Art. 155, 169, 171).

Auch *Kovar*[66] hält die Einfügung von Übereinkommen zwischen den Mitgliedstaaten, darunter der nach Artikel 220 geschlossenen, sowie der Beschlüsse der im Rat vereinigten Vertreter der Regierungen der Mitgliedstaaten in die gemeinschaftliche Rechtsordnung für sehr schwer, verlangt ihre Vereinbarkeit mit den Gründungsverträgen und stellt die These auf, ein internationales Übereinkommen könne nur dann geeignet sein, einen Platz unter den Quellen des Gemeinschaftsrechts einzunehmen, wenn es die Gemeinschaften binde. Für Übereinkommen der Mitgliedstaaten zur Rechtsvereinheitlichung ist dies nicht der Fall.

Cerexhe[67] stellt eine Liste der für und gegen die Zugehörigkeit der Übereinkommen zum Gemeinschaftsrecht sprechenden Argumente auf und kommt zu dem Ergebnis, die Übereinkommen müßten in ihrem Wesensgehalt als Verträge des Völkerrechts angesehen werden, selbst wenn sie nach ihrem Gegenstand und nach den Modalitäten ihres Abschlusses Analogien mit den Akten des Gemeinschaftsrechts böten. Daher sei Artikel 173 (die Nichtigkeitsklage) nicht auf sie anwendbar: der dort in Absatz 1 Satz 2 verwendete Begriff der Verletzung »einer bei seiner [des EWG-Vertrages] Durchführung anzuwendenden Rechtsnorm« müsse im Lichte von Satz 1

---

66 *Kovar*, Les accords liant les Communautés européennes et l'ordre juridique communautaire: à propos d'une jurisprudence récente de la Cour de justice, Revue du marché commun 1974, S. 345 (346, 348).
67 *Cerexhe*, Le droit européen, Les institutions, Leuven 1979, S. 251–252.

ausgelegt werden, wonach der Gerichtshof nur »überwacht die Rechtmäßigkeit des Handelns des Rates und der Kommission«. Ebensowenig erlaube die Verletzung von Verpflichtungen aus einem Übereinkommen durch einen Mitgliedstaat eine Kommissionsklage oder eine Staatenklage vor dem Gerichtshof nach den Artikeln 169, 170, 171.

Nach *Erich Bülow*[68] sind die Beschlüsse der im Rat vereinigten Vertreter der Regierungen der Mitgliedstaaten nicht Organbeschlüsse, sondern völkerrechtliche Vereinbarungen zwischen den Mitgliedstaaten. »Sie werden nicht zur Durchführung oder Ergänzung der Verträge, sondern bei Gelegenheit ihrer Erfüllung abgeschlossen. Soweit die Beschlüsse die Mitgliedstaaten rechtlich binden sollen und wollen, treten neben die vertraglichen Verpflichtungen neue selbständige völkerrechtliche Verpflichtungen der Mitgliedstaaten.« Die Jurisdiktionsgewalt des Gerichtshofs erstrecke sich grundsätzlich nicht auf diese Verpflichtungen. Die Beschlüsse seien daher grundsätzlich kein Gemeinschaftsrecht. Übereinkommen zwischen den Mitgliedstaaten zur Rechtsvereinheitlichung will *Bülow* erst recht als Völkerrecht eingestuft wissen.[69]

Nach *Demaret*[70] handelt es sich bei Übereinkommen (hier über das Gemeinschaftspatent) nicht um eine Quelle des Gemeinschaftsrechts. Es sei nicht Bestandteil des EWG-Vertrages, weil man nicht dem Verfahren des Artikels 236 zur Änderung des Vertrages gefolgt sei. Das Übereinkommen stelle auch nicht ein dem EWG-Vertrag im gegenseitigen Einvernehmen der Mitgliedstaaten beigefügtes Protokoll dar, welches nach Artikel 239 Bestandteil des Vertrages ist. Schließlich leite das Übereinkommen sich nicht von einer Handlung eines Organs der Gemeinschaft im Sinne von Artikel 177 Buchstabe b ab. Es sei nichts anderes als ein klassischer internationaler Staatsvertrag unter den Mitgliedstaaten. Daraus folge, daß es den EWG-Vertrag weder ändern noch ergänzen könne.

Die meisten *anderen Autoren* vertreten ebenfalls die Meinung, es handele sich bei Übereinkommen zur Rechtsvereinheitlichung und insbesondere in Ausführung von Artikel 220 nicht um Gemeinschaftsrecht, sondern um Völkerrecht.[71]

---

68 *Bülow*, Das Verhältnis des Rechts der EG zum nationalen Recht, in: Aktuelle Fragen des europäischen Gemeinschaftsrechts, Stuttgart 1965, S. 28 (31–32).
69 aaO. S. 30 oben sowie eindeutig *derselbe*, Überlegungen zur Weiterentwicklung des Rechts der Gemeinschaftsgerichtsbarkeit, Europarecht 1980, S. 307 (317–318).
70 *Demaret*, Le brevet communautaire après Centrafarm, un instrument dépassé ou inachevé?, Revue trimestrielle du droit européen 1977, S. 1 (6).
71 *Rabe*, Das Verordnungsrecht der EWG, Hamburg 1963, S. 37; *Hallstein*, (oben N. 26) S. 219–221, 227–228; *Arthur Bülow*, Vereinheitlichtes internationales Zivilprozeß-

V. *Praxis*

1. *Europäisches Parlament*

Das Europäische Parlament hat in seiner »Entschließung über die Rechtsakte der Gesamtheit der Mitgliedstaaten der Gemeinschaft und die in den Verträgen nicht vorgesehenen Rechtsakte des Rates« vom 8. Mai 1969,[72] die sich auch auf Übereinkommen zur Rechtsvereinheitlichung bezieht,[73] unter anderem festgestellt:

> »d) Unabhängig von ihrem Gegenstand, dem Verfahren bei ihrer Ausarbeitung oder ihrer Bezeichnung sind diese Beschlüsse keine Rechtsakte der Gemeinschaftsorgane, sondern internationale Übereinkünfte, deren Gültigkeit den Regeln unterliegt, die vom nationalen Recht für derartige Vereinbarungen vorgesehen sind.
> e) Jedoch stehen diese Beschlüsse in einem engen Bezug zur Rechtsordnung der Gemeinschaften, da sie der Durchführung der Gemeinschaftsverträge dienen, im allgemeinen eine Grundlage in den Verträgen oder in Bestimmungen des abgeleiteten Gemeinschaftsrechts haben, unter Mitwirkung der Gemeinschaftsorgane – besonders der Kommission – vorbereitet und häufig auch durchgeführt und ›im Rat‹ bzw. ›im Rahmen des Rates‹ gefaßt werden.

recht in der EWG, Rabels Zeitschrift für ausländisches und internationales Privatrecht 29 (1965) S. 473 (474); *Houin*, Le régime juridique des sociétés dans la C.E.E., Revue trimestrielle du droit européen 1965, S. 11 (20); *Capotorti*, Diskussionsbeitrag, in: La società commerciale europea, Atti del convegno di Napoli, maggio 1967, Napoli 1968, S. 43 (45–46, 147); *Morand*, La législation dans les C. E., Paris 1968, S. 66–68, 74–75 (anders im Verhältnis zu den betroffenen Einzelnen, S. 76–77), *Habscheid*, Rechtsstreit und Vollstreckung (EWG-Übereinkommen über Zuständigkeit und Vollstreckung – EWG Konkursentwurf – Ordre-public-Fragen), in: Angleichung des Rechts der Wirtschaft in Europa, Köln 1971, S. 649 (652); *Eric Stein*, Harmonization of European Company Laws, New York 1971, S. 404; *Arnold*, Das Protokoll über die Auslegung des GVÜ durch den EuGH, Neue Juristische Wochenschrift 1972, S. 977; *Oppermann*, EG und Europarecht, Juristenzeitung 1973, S. 41 (42–43); *Geimer*, Anerkennung gerichtlicher Entscheidungen nach dem EWG-Übereinkommen vom 27. 9. 1968, Recht der internationalen Wirtschaft/Außenwirtschaftsdienst 1976, S. 139 (140); *Constantinesco*, Das Recht der Europäischen Gemeinschaften, Bd. 1 Das institutionelle Recht, Baden-Baden 1977, S. 543; *Louis*, L'ordre juridique communautaire, Bruxelles 1979, S. 61 Nr. 83; *Pipkorn* (oben N. 27) S. 161, 173–175; *Focsaneanu*, Compétence judiciaire, reconnaissance et exécution des décisions civiles et commerciales dans la C.E.E. (IV), Revue du marché commun 1980, S. 91 (93 no. 100) hinsichtlich des Auslegungsprotokolls; *Spellenberg* (oben N. 29) S. 347; *Schweitzer, Hummer*, Europarecht, Das institutionelle Recht der EG. Das materielle Recht der EWG, Frankfurt am Main 1980, S. 40.

[72] ABl. Nr. C. 63 S. 18 (19) vom 28. 5. 69.
[73] Bericht dazu: Abg. *Burger*, Bericht im Namen des Rechtsausschusses über die Rechtsakte der Gesamtheit der Mitgliedstaaten der Gemeinschaft und die in den Verträgen nicht vorgesehenen Rechtsakte des Rates, Europäisches Parlament, Sitzungsdokumente 1968–1969, Dok. 215 vom 12. März 1969, S. 32.

f) Daher stehen diese Beschlüsse in einem Grenzgebiet zwischen Völkerrecht und Gemeinschaftsrecht; auf sie sind zum Teil die Regeln des Völkerrechts, zum Teil aber auch die Bestimmungen des Gemeinschaftsrechts anzuwenden.
...
5. [Das Europäische Parlament] verweist auf die enge Verbindung der Beschlüsse der Regierungsvertreter mit der gemeinschaftlichen Rechtsordnung und erklärt es für unerläßlich, daß die Kommission wie bisher eng an der Vorbereitung und Ausarbeitung dieser Beschlüsse beteiligt ist und so weit wie möglich auch mit deren Durchführung beauftragt wird;
6. fordert die Veröffentlichung aller Beschlüsse der Regierungsvertreter im Amtsblatt der Europäischen Gemeinschaften;
7. hebt hervor, daß sich die Ausübung seiner Befugnisse auch auf die Beschlüsse der Regierungsvertreter erstreckt, und unterstreicht, daß die Kommission ihm auch insoweit verantwortlich ist, als sie sich an der Ausarbeitung und Durchführung dieser Beschlüsse beteiligt;
8. spricht den Wunsch aus, künftig zu den Entwürfen der Beschlüsse der Regierungsvertreter angehört zu werden; ...«

Diesen Forderungen ist bisher in der Praxis im Hinblick auf Übereinkommen zur Rechtsvereinheitlichung nur hinsichtlich Ziffer 6 entsprochen worden.

In der Begründung zu dieser Entschließung führt der Abgeordnete *Burger* im Namen des Rechtsausschusses des Parlaments unter anderem aus:[74] Die Beschlüsse (einschließlich von Übereinkommen nach Art. 220) seien keine Rechtsakte der Gemeinschaft. Letztere seien in den Verträgen erschöpfend aufgezählt; außerhalb der vertraglich vorgesehenen Rechtsformen könne kein gemeinschaftliches Recht gesetzt werden. Außerdem seien die im Rat vereinigten Regierungsvertreter kein Organ der Gemeinschaft; die von ihnen ausgehenden Rechtsakte könnten demnach auch keine Beschlüsse der Gemeinschaft sein. Diese Beschlüsse seien vielmehr Vereinbarungen, welche die Regierungen unter sich träfen. Sie seien also internationale Verträge. Sie bezögen ihre Wirksamkeit wie alle internationalen Verträge aus der gegenseitigen Verpflichtung der vertragschließenden Parteien. Die Regeln der Verträge für das Zustandekommen gemeinschaftlicher Rechtsakte gälten daher nicht. Dies gelte besonders für die Bestimmungen über das Vorschlagsrecht der Kommission, die Anhörung des Parlaments und über die Abstimmungsregeln im Rat. Da es sich um internationale Verträge handele, stelle sich das Problem der Ratifikation. Jeder Mitgliedstaat habe beim Abschluß derartiger Abkommen die Vorschriften seines internen Verfassungsrechts zu beachten. Das Ob und Wie der parlamentarischen Zustimmung regele das interne Verfassungsrecht jedes Mitgliedstaates. Die

---

74 *Burger* (vorige N.) S. 9–11.

Beschlüsse der im Rat vereinigten Regierungsvertreter seien internationale Verträge, die nach den Regeln abgeschlossen und in Kraft gesetzt würden, die auch sonst für internationale Verträge gelten.
Dennoch gehörten diese Beschlüsse wegen ihres engen Gemeinschaftsbezugs nicht ausschließlich in den Bereich des Völkerrechts. Sie verfolgten Ziele der Gemeinschaft und regelten die Durchführung von Vertragsbestimmungen. Sie hätten im allgemeinen eine Grundlage in den Verträgen. Dies bedeute nicht, daß sie ihre rechtliche Wirksamkeit aus den Gemeinschaftsverträgen bezögen. Es bedeute aber: ohne die Verträge gäbe es die Beschlüsse der Regierungsvertreter nicht. Ein weiterer gemeinschaftlicher Faktor liege in der engen Mitwirkung der Gemeinschaftsorgane am Zustandekommen der Beschlüsse.
Burger kommt zu dem Ergebnis, daß diese Rechtsakte zwischen Völkerrecht und Gemeinschaftsrecht stehen. Formulierungen im Schrifttum (zitiert werden *Kaiser, Behr, Pescatore),* diese Beschlüsse gehörten zu den Rechtsquellen der Gemeinschaft, zur gemeinschaftlichen Rechtsordnung oder seien ihr integrierender Teil, könnten und sollten nach dem Willen ihrer Autoren keine völlige Gleichstellung solcher Beschlüsse mit dem eigentlichen Gemeinschaftsrecht bedeuten. Es müsse vielmehr von Fall zu Fall entschieden werden, inwieweit aus dem Hineinragen der Beschlüsse der Regierungsvertreter in die gemeinschaftliche Rechtsordnung rechtliche Konsequenzen zu ziehen seien.

2. *Kommission*

In ihrem Zweiten Gesamtbericht über die Tätigkeit der Gemeinschaften im Jahre 1968 äußert sich die Kommission über das Vollstreckungs- und das Anerkennungsübereinkommen wie folgt:[75]

>»Zwar sind diese Abkommen kein Bestandteil des EWG-Vertrages, und es wäre wohl etwas kühn zu behaupten, daß die gerichtlichen Verfahren, die zu dessen Einhaltung und einheitlichen Auslegung dienen, schlechthin auf jene anwendbar wären. Es ist jedoch bemerkenswert festzustellen, daß die Mitgliedstaaten, indem sie diese Abkommen unterzeichneten, sich bereit erklärt haben, die Möglichkeit zu prüfen, gewisse Zuständigkeiten auf den Gerichtshof der Europäischen Gemeinschaften zu übertragen. Auch ist bezeichnend, daß sie dabei davon ausgegangen sind, daß der Beitritt neuer Mitglieder zur Europäischen Wirtschaftsgemeinschaft vorbehaltlich der notwendigen Anpassungsmaßnahmen mit einer Beteiligung an derartigen Abkommen einhergehen müßte.

75 Kommission der EG, Zweiter Gesamtbericht über die Tätigkeit der Gemeinschaften 1968, Brüssel, Luxemburg 1969, S. 474–475.

Ein solches neues Recht, das in so verschiedenartige Formen gekleidet ist und unter so mannigfaltigen Aspekten auftritt, läßt sich nicht leicht qualifizieren, wenn man von den herkömmlichen Einteilungen ausgeht mit dem Gegensatz beispielsweise zwischen dem öffentlichen Recht und dem Privatrecht oder dem nationalen und dem internationalen Recht. Es kommt im übrigen nicht so sehr darauf an, derartige Streitfragen zu vertiefen, als vielmehr anhand der unmittelbaren Erfordernisse des durch die drei Verträge zur Gründung der Europäischen Gemeinschaften verwirklichten wirtschaftlichen Integrationswerks die charakteristischen Merkmale des Gemeinschaftsrechts aufzuzeigen.«

Diese sieht die Kommission in der unmittelbaren Anwendbarkeit des Rechts, in seinem Vorrang vor den innerstaatlichen Rechten, in seiner einheitlichen Anwendung durch den Gerichtshof nach Artikel 177, in seiner Quelle (Rechtsakt eines Organs) und im gemeinschaftlichen Rechtsschutz des einzelnen (Art. 173).[76]

In einer Ansprache des seinerzeit unter anderem für die Rechtsangleichung zuständigen Mitglieds der Kommission *von der Groeben* vor dem Europäischen Parlament am 27. November 1969 werden Übereinkommen zur Rechtsvereinheitlichung ohne Diskussion zum Gemeinschaftsrecht gerechnet.[77] 1976 hat die Kommission erklärt:[78] »Das Gemeinschaftspatentübereinkommen ist eine internationale Vereinbarung, die zwischen den Mitgliedstaaten geschlossen wurde, gehört jedoch zum Bereich der Gemeinschaftsrechtsordnung.« Etwas später präzisiert sie:[79] »Dieses ... Übereinkommen ist nicht von der Gemeinschaft oder im Wege eines im EWG-Vertrag vorgesehenen Verfahrens, sondern von den Mitgliedstaaten durch ihre im Rat der Europäischen Gemeinschaften vereinigten Bevollmächtigten abgeschlossen worden.«

3. *Gerichtshof*

Ob Übereinkommen zwischen den Mitgliedstaaten zur Rechtsvereinheitlichung Völkerrecht oder Gemeinschaftsrecht sind, hatte der Gerichtshof bisher nicht zu entscheiden. Das einzige Übereinkommen dieser Art, das er bis jetzt auszulegen hat, ist das Vollstreckungsübereinkommen.[80] In der

---

76 aaO. S. 475–487.
77 Verhandlungen des EP, ABl. Anhang Nr. 119 vom November 1969, S. 155 (158–159) = Die Politik der Kommission auf dem Gebiet der Rechtsangleichung, Veröffentlichungsstellen der EG 8289/2/1/1970, S. 10, 11 = Neue Juristische Wochenschrift 1970, S. 359 (362).
78 Antwort auf die Schriftliche Anfrage Nr. 182/76, ABl. Nr. C 226 S. 10 vom 27. 9. 76.
79 Antwort auf die Schriftliche Anfrage Nr. 225/76, ABl. Nr. C 226 S. 14 vom 27. 9. 76.
80 Siehe N. 23.

Rechtssache Tessili/Dunlop[81] hat er unter der Überschrift »Zur Auslegung des Übereinkommens im allgemeinen« aus der in Artikel 220 enthaltenen Verpflichtung der Mitgliedstaaten, tätig zu werden, aus der Zielsetzung des Artikels 220 (Verwirklichung eines gemeinsamen Marktes), aus dem Charakter des Übereinkommens als »in Ausführung von Artikel 220 geschlossen«, aus seine Zielen und seinem Inhalt folgenden Grundsatz abgeleitet (Hervorhebung vom Verfasser): »Bei der Auslegung des Übereinkommens muß deshalb sowohl seinem Regelungsgehalt und seinen Zielsetzungen als auch seinem *Zusammenhang mit dem [EWG-]Vertrag* Rechnung getragen werden.«[82] Anerkannt wird also eine Verbindung (die französische Fassung lautet »lien«) mit dem originären Gemeinschaftsrecht.

Die Frage, ob die Begriffe des Übereinkommens autonom – und damit allen Mitgliedstaaten gemeinsam – oder nach den anwendbaren Sachnormen des innerstaatlichen Rechts auszulegen sind, beantwortet er sodann wie folgt (Hervorhebung vom Verfasser): »Keiner dieser beiden Möglichkeiten gebührt unter Ausschluß der anderen der Vorrang, da eine sachgerechte Entscheidung nur für jede Bestimmung des Übereinkommens gesondert getroffen werden kann; hierbei ist jedoch *dessen volle Wirksamkeit unter dem Gesichtspunkt der Ziele des Artikels 220 des Vertrages* sicherzustellen.«[83] Im ersten Eurocontrol-Urteil[84] kommt der Gerichtshof aufgrund des Wortlauts und des Zweckes des Artikels 1 des Übereinkommens zu dem Ergebnis, daß der dort verwendete Begriff der »Zivil- und Handelssachen« »als autonomer Begriff anzusehen [ist], bei dessen Auslegung die Zielsetzungen und die Systematik des Übereinkommens sowie die allgemeinen Rechtsgrundsätze, die sich aus der Gesamtheit der innerstaatlichen Rechtsordnungen ergeben, berücksichtigt werden müssen«. Erläuternd fügt er im zweiten Eurocontrol-Urteil[85] hinzu (Hervorhebung vom Verfasser): »Dieser Auslegung liegt das Bestreben zugrunde, *im Rahmen des Gemeinschaftsrechts* sicherzustellen, daß sich aus dem Übereinkommen für die Vertragsstaaten und die betroffenen Personen gleiche und einheitliche Rechte und Pflichten ergeben. Der Grundsatz der *Rechtssicherheit in der Gemeinschaftsrechtsordnung* und die *Ziele des Übereinkommens gemäß* dem ihm zugrundeliegenden *Artikel 220* des Vertrages erfordern eine in allen Mitgliedstaaten einheitliche Anwendung der Rechtsbegriffe und recht-

---

81 EuGH 6. 10. 1976 – 12/76 – Slg. 1976, S. 1473 (1484 Rdziff. 9).
82 aaO. S. 1485.
83 aaO. S. 1485 Rdziff. 11.
84 EuGH 14. 10. 1976 – 29/76 LTU/Eurocontrol – Slg. 1976, S. 1541 (1550 Rdziff. 3).
85 EuGH 14. 7. 1977 – 9 und 10/77 Bavaria und Germanair/Eurocontrol – Slg. 1977, S. 1517 (1525–1526 Rdziff. 4).

lichen Qualifizierungen, die der Gerichtshof im Rahmen des Übereinkommens entwickelt.«

Diese Formulierungen scheinen einen Schritt weiter zu gehen. Sie werfen die Frage auf, ob Übereinkommensrecht allein durch autonome, das heißt einheitliche Auslegung seitens des Gerichtshofs Gemeinschaftsrecht werden kann. Indessen gibt es in dem Übereinkommen auch Begriffe, welche nach Auffassung des Gerichtshofs nicht autonom auszulegen sind.[86] Zweitens gibt es auch im Gemeinschaftsrecht Begriffe, die nicht autonom auszulegen sind (z. B. der Begriff »Gesellschaft« in Artikel 58).

Schließlich bedeutet die autonome Auslegung von Übereinkommensrecht noch nicht die Übernahme der »gemeinschaftsspezifischen Auslegungstechnik«,[87] das heißt der besonderen, vom Gerichtshof entwickelten Methoden zur Auslegung des originären und abgeleiteten Gemeinschaftsrechts. So stammt der oben aus der Tessili-Entscheidung zitierte Wirksamkeits- oder Effektivitätsgrundsatz nicht aus dem Gemeinschaftsrecht, sondern er »ist dem Völkerrecht entlehnt«.[88] Etwas anderes gilt für die vom Gerichtshof entwickelte systematische und teleologische Auslegung von Normen des Gemeinschaftsrechts.[89] Um festzustellen, ob er diese Methoden auch bei der Auslegung des Übereinkommens anwendet, bedürfte es einer näheren Analyse seiner bisher ergangenen etwa 25 Urteile. Das ist hier nicht möglich.[90] Nach Generalanwalt *Reischl*[91] »ist es sicher nicht angezeigt, für das Übereinkommen Auslegungsgrundsätze gelten zu lassen, wie sie sonst bei klassischen völkerrechtlichen Abkommen ihre Berechtigung haben mögen«. Die Argumentation, völkerrechtliche Verträge seien

---

86 Siehe z. B. die Gesamtwertung der Rechtsprechung in bezug auf diese Frage von *Focsaneanu*, Compétence judiciaire, reconnaissance et exécution des décisions civiles et commerciales dans la C.E.E. (V), Revue du marché commun 1980, S. 201 (211).
87 *Oppermann*, Zur Einführung: Das Rechtsschutzsystem des EWG-Vertrags, Juristische Schulung 1980, S. 782 (783); *Bleckmann*, Europarecht, Das Recht der EWG, Köln, Berlin, Bonn, München 1976, S. 72–76. Allgemein zur Auslegung internationaler Übereinkommen zur Rechtsvereintheitlichung *Kropholler*, Internationales Einheitsrecht, Tübingen 1975, S. 258–292.
88 *Kutscher*, Thesen zu den Methoden der Auslegung des Gemeinschaftsrechts, aus der Sicht eines Richters, in: EuGH, Begegnung von Justiz und Hochschule am 28. und 29. September 1976, Berichte, Luxemburg 1976, I-1 (I-43).
89 Vgl. *Kutscher* aaO. I-31–I-45.
90 Siehe über die ersten Urteile *Rasmussen* (oben N. 35) S. 260–266; neuerdings *Martiny*, Autonome und einheitliche Auslegung im Europäischen Internationalen Zivilprozeßrecht, Rabels Zeitschrift für ausländisches und internationales Privatrecht 45 (1981) S. 427, insbesondere S. 437.
91 EuGH 15. 9. 1976, Schlußanträge – 29/76 – Slg. 1976, S. 1533 (1559). Ähnlich schon *Jeantet* (oben N. 29) S. 388–389.

im Zweifel eng und so auszulegen, daß sie zu einer möglichst geringen Berührung der Hoheitsgewalt der Vertragsstaaten führten, »übersieht, daß das Abkommen eine wichtige Funktion im Rahmen der Wirtschaftsgemeinschaft hat....«.[92] Ist der Gerichtshof diesem Rat gefolgt, bliebe gleichwohl zweifelhaft, ob allein aufgrund besonderer Auslegungsmethoden eines Organs der Gemeinschaft aus Völkervertragsrecht Gemeinschaftsrecht werden kann.

Indessen ist der Gerichtshof kürzlich in seiner Sanicentral-Entscheidung[93] noch einen Schritt weiter gegangen, indem er durch Auslegung des Übereinkommens seinen Vorrang vor später ergangenem innerstaatlichem Recht bejaht: Es »ist festzustellen, daß das Übereinkommen die Festlegung der innergemeinschaftlichen Zuständigkeit der Gerichte der Vertragsstaaten in Zivilsachen zum Ziel hat und daß daher die insoweit auf die zu entscheidenden Rechtsstreitigkeiten an sich anwendbaren innerstaatlichen Verfahrensvorschriften in den durch das Übereinkommen geregelten Bereichen hinter dessen Bestimmungen zurücktreten«. Der Gerichtshof folgt damit Generalanwalt *Capotorti*,[94] der folgendes ausgeführt hatte: »Wie ist die Rechtslage, wenn bestimmte, nach Inkrafttreten des Übereinkommens erlassene Rechtsvorschriften eines Mitgliedstaats zum Übereinkommen in Widerspruch stehen? Unabhängig vom Problem des Vorrangs internationaler Übereinkommen gegenüber dem Recht eines Mitgliedstaats – der von einigen nationalen Verfassungen bejaht wird, während sich andere dazu nicht äußern – bin ich der Auffassung, daß die Berücksichtigung des Zusammenhangs zwischen Gemeinschaftsrecht und Übereinkommen nach Artikel 220 des Vertrages von Rom sowie der dem Gerichtshof übertragenen Aufgabe der einheitlichen Auslegung genügen, um diese Frage dahin zu beantworten, daß die Vorschriften des Übereinkommens Vorrang gegenüber dem – auch späteren – innerstaatlichen Recht eines Mitgliedstaats haben müssen... Mit anderen Worten hat die vom Gerichtshof in der Frage der Beziehungen zwischen dem Gemeinschaftsrecht und dem Recht der Mitgliedstaaten wiederholt eingenommene Haltung auch für das in Artikel 220 EWG-Vertrag vorgesehene Übereinkommen zu gelten, dessen einheitliche Auslegung sicherzustellen der Gerichtshof berufen ist.«

---

92 aaO. S. 1558–1559.
93 EuGH 13. 11. 1979 – 25/79 Sanicentral/Collin – Slg. 1979, S. 3423 (3429 Rdziff. 5).
94 EuGH 24. 10. 1979, Schlußanträge – 25/79 – Slg. 1979, S. 3431 (3434–3435). Über die einschlägige ältere Rechtsprechung der innerstaatlichen Gerichte berichten *Leleux* (oben N. 34) S. 145–146 und *Rasmussen* (oben N. 35) S. 274–276.

So kann man sagen, daß der Gerichtshof, wenn ihm ein Übereinkommen zur Auslegung anvertraut wird, das in Ausführung von Artikel 220 geschlossen wurde, die Tendenz hat, es zwar nicht als Gemeinschaftsrecht anzusehen, es aber doch wie Gemeinschaftsrecht auszulegen, es also dem Gemeinschaftsrecht in einer seiner wichtigsten Wirkungen zu assimilieren.

4. *Rat*

Eindeutig hat sich der Rat ausgesprochen:[95] »Das Gemeinschaftspatentübereinkommen, das am 15. Dezember 1975 in Luxemburg von den im Rat vereinigten Bevollmächtigten der neun Mitgliedstaaten der Europäischen Gemeinschaften unterzeichnet worden ist, ist ein multilaterales Übereinkommen zwischen Staaten. Es stellt keinen Akt des Gemeinschaftsrechts dar, obgleich sein Ziel darin besteht, die Erfüllung der Aufgaben der Europäischen Wirtschaftsgemeinschaft zu erleichtern.«
Der Rat hat außerdem erkennen lassen, daß nach dem EWG-Vertrag keine Verpflichtung bestehe, dem Gerichtshof Befugnisse zur Auslegung von Übereinkommen unter den Mitgliedstaaten zuzuweisen, und daß dafür gegebenenfalls auch eine andere Institution in Betracht komme:[96] »Was die zwischen den Mitgliedstaaten der Gemeinschaften geschlossenen internationalen Übereinkommen anbelangt, so bietet sich grundsätzlich der Gerichtshof der Europäischen Gemeinschaften als besonders berufene Institution zur Gewährleistung einer einheitlichen Auslegung an.«

VI. *Praxis der Mitgliedstaaten*

Zu prüfen bleibt die Praxis der Mitgliedstaaten. Dabei empfiehlt es sich, systematisch vorzugehen und Übereinkommen unter den Mitgliedstaaten zur Rechtsvereinheitlichung unter sechs Gesichtspunkten mit dem EWG-Vertrag sowie mit Verordnungen und Richtlinien der Gemeinschaft zur Rechtseinheit bzw. zur Rechtsangleichung zu vergleichen: nach ihrer Zielsetzung und Funktion, nach ihrer rechtlichen Quelle und dem Grund ihrer Geltung, nach dem Verfahren ihrer Entstehung, nach ihren eigenen Aussagen, nach der Regelung des Beitritts zu ihnen und nach ihren rechtlichen Wirkungen.

---

95 Antwort auf die Schriftliche Anfrage Nr. 224/76, ABl. Nr. C 269 S. 3 vom 15. 11. 76.
96 Antwort auf die Schriftliche Anfrage Nr. 639/72, ABl. Nr. C 47 S. 17 (18) vom 26. 6. 73.

Erst wenn Antworten auch auf diese Fragen vorliegen, läßt sich abwägen, ob es möglich ist, praktische Bedeutung und rechtliche Konsequenzen hat, Übereinkommen zwischen den Mitgliedstaaten zur Rechtsvereinheitlichung dem Recht der Gemeinschaft zuzuordnen. Es erscheint verfehlt, sich abstrahierend vom EWG-Vertrag sowie von der Verfassungswirklichkeit der Gemeinschaft und der Mitgliedstaaten für den Charakter des Übereinkommensrechts als Gemeinschaftsrecht zu entscheiden, ohne daraus ähnliche Folgerungen ziehen zu können, wie sie für das EWG-Vertragsrecht sowie das Verordnungs- und Richtlinienrecht gelten und eben deshalb seinen besonderen Charakter als Gemeinschaftsrecht ausmachen.

1. *Zielsetzung und Funktion der Übereinkommen*

Bei den in Ausführung von Artikel 220 geschlossenen Übereinkommen besteht insoweit kein Zweifel. Nach seinem Wortlaut und der Rechtsprechung des Gerichtshofs[97] sind sie »dazu bestimmt ..., auf den verschiedenen in dieser Bestimmung genannten Gebieten die Verwirklichung eines gemeinsamen Marktes zu erleichtern«. Diese auf die Gemeinschaft bezogene Zwecksetzung bringt auch die jeweilige Präambel der Übereinkommen zum Ausdruck.[98] Ihre Funktion besteht darin, Artikel 220 und damit den EWG-Vertrag »auszuführen«, »durchzuführen«.[99]

Das IPR-Übereinkommen könnte (und müßte) sich ebenfalls auf Artikel 220 berufen, weil es bezweckt, den kollisionsrechtlichen »Schutz der Personen« innerhalb der Gemeinschaft einheitlich »sicherzustellen« (Art. 220 erster Unterabsatz). Seine Präambel tut dies jedoch nicht ausdrücklich, wenn die Mitgliedstaaten auch deutlich erklären: »In dem Wunsche, einheitliche Normen für die Bestimmung des auf vertragliche Schuldverhältnisse anzuwendenden Rechts zu schaffen«, und das Übereinkommen »In dem Bestreben« geschlossen haben, die durch das Vollstreckungsübereinkommen »bereits begonnene Rechtsvereinheitlichung auf dem Gebiet des internationalen Privatrechts fortzusetzen«.

Das Gemeinschaftspatentübereinkommen ist zwar nicht in Ausführung des besonderen Bereichs- und Zielkatalogs des Artikels 220 geschlossen, aber dennoch »In dem Bestreben, ... die Ziele des Vertrages zur Gründung der Europäischen Wirtschaftsgemeinschaft zu verwirklichen«. Nach der Präambel sollen durch die Schaffung eines gemeinschaftlichen Patentsystems

---

97 EuGH 6. 10. 1976 – 12/76 Tessili/Dunlop – Slg. 1976, S. 1473 (1484 Rdziff. 9).
98 EuGVÜ; EuAnerkÜ; E EuKonkÜ; E EuFusionsÜ.
99 So die Präambeln aaO.

insbesondere bestimmte Verfälschungen des Wettbewerbs und Hindernisse für den freien Warenverkehr beseitigt werden. Die »Schaffung eines solchen gemeinschaftlichen Patentsystems [ist] deshalb untrennbar von der Verwirklichung der Ziele des Vertrages und daher mit der rechtlichen Ordnung der Gemeinschaft verbunden«.

Die Ziele der erörterten Übereinkommen sind also jeweils Ziele der Gemeinschaft. Die Funktion der Übereinkommen besteht in der Durchführung oder Verwirklichung dieser Gemeinschaftsziele. Ihre Verbindung mit dem Recht der Gemeinschaft liegt in dieser Verwirklichung von im EWG-Vertrag festgelegten Zielen der Gemeinschaft. Die Verbindung ist also funktionell, nicht institutionell.

2. Rechtsquelle und Geltungsgrund der Übereinkommen

Ursprung der Verordnungen und Richtlinien ist der EWG-Vertrag. In ihm haben sie ihre rechtliche Grundlage: Er enthält die Ermächtigungen für ihren Erlaß, indem er Organe einsetzt und ihnen rechtsetzende Befugnisse zuweist. Durch Ausübung dieser Befugnisse entstehen die Verordnungen und Richtlinien.

Ursprung der Übereinkommen ist ebenfalls der EWG-Vertrag, aber nicht im gleichen Sinne. In ihm finden sie nicht ihre rechtliche Grundlage, sondern lediglich ihre Rechtfertigung und ihre Zielsetzung (siehe zuvor unter 1).

a. Übereinkommen außerhalb Artikel 220 EWG-Vertrag

Dies ist offensichtlich für diejenigen Übereinkommen zur Rechtsvereinheitlichung, welche außerhalb des Anwendungsbereichs des Artikels 220 geschlossen werden. Ihr rechtlicher Ursprung liegt außerhalb des EWG-Vertrages. Letzterer ermächtigt nicht zu ihrem Abschluß. Eben deshalb stellt sich bei ihnen die Frage, ob sie anstelle von Verordnungen oder Richtlinien geschlossen werden dürfen, zu deren Erlaß der EWG-Vertrag die Organe der Gemeinschaft ermächtigt. Die Frage ist m. E. zu verneinen.[100] So wird

---

100 Eingehende Begründung bei *Schwartz* in: *von der Groeben, von Boeckh, Thiesing,* Kommentar zum EWG-Vertrag, Bd. 2, 2. Aufl. Baden-Baden 1974, Art. 220 Anm. VIII (S. 643–650); sowie bei *derselbe,* Die Rechtsetzungsbefugnisse der EWG ..., Europarecht 1976, Sonderheft S. 27 = Le pouvoir normatif de la Communauté ..., Revue du marché commun 1976, S. 280 = Law-making Powers in the E.E.C., International and Comparative Law Quarterly 27 (1978) S. 614. Vgl. auch *Constantinesco* (oben N. 71) S. 547. *Pipkorn* (oben N. 27) S. 175 hält solche Übereinkommen so lange

die Vereinbarkeit des Gemeinschaftspatentübereinkommens mit dem EWG-Vertrag angezweifelt, weil er keine Ermächtigung für ihren Abschluß vorsieht und die von Artikel 220 gezogenen Grenzen überschritten seien.[101]

b. *Übereinkommen innerhalb Artikel 220 EWG-Vertrag*

Schwieriger zu beantworten ist die Frage nach der Rechtsquelle von Übereinkommen, die im Anwendungsbereich des Artikels 220 geschlossen werden. Denn diese Vorschrift enthält eine Ermächtigung (und darüber hinaus eine Verpflichtung[102]), tätig zu werden. Aber sie besteht nicht darin, den Organen der Gemeinschaft Befugnisse zum Erlaß von Verordnungen oder Richtlinien zuzuweisen, sondern darin, den Mitgliedstaaten zur Sicherstellung genau umschriebener Ziele des Vertrages zu gestatten, ihre jeweilige staatsrechtliche Befugnis auszuüben, »Verhandlungen untereinander einzuleiten«, deren Ergebnis Übereinkommen sein können. Abweichend von den einleitend (unter I, N. 2 und 4) aufgeführten sonstigen Ermächtigungen und Verpflichtungen des EWG-Vertrages – nach denen nicht länger die Mitgliedstaaten ihr Recht durch völkerrechtliche Verträge vereinheitlichen, sondern die Gemeinschaft durch Verordnungen und Richtlinien – gestattet Artikel 220 »soweit erforderlich«, das heißt, soweit diese Befugnisse der Organe der Gemeinschaft ausnahmsweise nicht zur Erreichung seiner spezifischen Ziele ausreichen sollten,[103] den Mitgliedstaaten auch künftig, im Wege staatsvertraglicher Übereinkünfte vorzugehen.

Die Quelle dieses Übereinkommensrechts ist also nicht Artikel 220 mit seiner gemeinschaftsrechtlichen Ermächtigung und Verpflichtung zur gemeinsamen Ausübung ausschließlich innerstaatlicher Rechtsetzungsbefugnisse, sondern allein deren Ausübung. Artikel 220 fügt dieser unabhängig und vor ihm bestehenden Kompetenz der Staaten zur Rechtsvereinheitlichung nichts hinzu, sondern stellt sie für die in ihm bezeichneten konkreten Ziele

---

für zulässig, als »die Gemeinschaftsorgane von den ihnen auf dem zu regelnden Gebiet zustehenden Befugnissen noch keinen entgegenstehenden Gebrauch gemacht haben«. Später können sie »durch Akte der Gemeinschaftsorgane verdrängt werden«.

101 *Sanson-Hermitte*, Psychoanalyse en trois mouvements pour l'article 43 de la Convention de Luxembourg, Clunet 1978, S. 38 (59).
102 »Nach Artikel 220 EWG-Vertrag sind die Mitgliedstaaten verpflichtet, soweit erforderlich, untereinander Verhandlungen einzuleiten...«. EuGH 6. 10. 1976 – 12/76 Tessili/Dunlop – Slg. 1976, S. 1473 (1484 Rdziff. 9).
103 *Schwartz* in: *von der Groeben, von Boeckh, Thiesing,* (oben N. 100) Art. 220 Anm. III mit Nachweisen; *Focsaneanu*, Compétence judiciaire, reconnaissance et exécution des décisions civiles et commerciales dans la C.E.E. (I), Revue du marché commun 1979, S. 516 (517); *Pipkorn*, Die Angleichung des europäischen Gesellschafts- und Unternehmensrechts, Wirtschaft und Recht 1980, S. 85 (99).

für den Fall in den Dienst der Gemeinschaft, daß sie mit Verordnungen und Richtlinien nicht verwirklicht werden können. Dies ist der Sinn des Artikels 220 nach seinem Wortlaut, nach seinem Platz in den »Allgemeinen und Schlußbestimmungen« sowie nach dem System der Handlungsermächtigungen des Vertrages zur Rechtseinheit und Rechtsangleichung.

Dementsprechend haben die Mitgliedstaaten keines der in den Anwendungsbereich dieser Vorschrift fallenden Übereinkommen auf Artikel 220 gestützt. Vielmehr heißt es in der Präambel jeweils: »Die Hohen Vertragsparteien des [EWG-]Vertrages ... – in dem Wunsche, Artikel 220 auszuführen ... – haben beschlossen, dieses Übereinkommen zu schließen.«[104] Geltungsgrund auch dieser Übereinkommen ist also allein die gemeinsame Ausübung der Vertragsschließungsbefugnis der Mitgliedstaaten. Wie die übrigen erörterten Übereinkommen verdanken sie ihre rechtliche Wirkung allein dem Willen der Mitgliedstaaten, der außerhalb des vom EWG-Vertrag vorgesehenen Rechtsetzungsverfahrens zum Ausdruck kommt.

c. *Übereinkommen als Ergänzungen des EWG-Vertrages*

Mit der soeben zitierten Formel haben die Mitgliedstaaten zugleich ausdrücklich klargestellt, daß sie die Übereinkommen nicht in Ergänzung, sondern zur Durchführung des EWG-Vertrages geschlossen haben. In der Tat entspricht allein diese Auslegung dem Inhalt und dem dargelegten Sinn des Artikels 220. Danach stehen die Übereinkommen zur Rechtsvereinheitlichung ebensowenig neben dem EWG-Vertrag wie die aufgrund der Organermächtigungen erlassenen Verordnungen und Richtlinien. Vielmehr dienen jene wie diese der Verwirklichung bestimmter Ziele des Vertrages, also seiner Ausführung. Zur Vertragsergänzung ermächtigt Artikel 220 nicht. Der Gerichtshof hat diese Auslegung bestätigt[105] (Hervorhebung vom Verfasser): »Das Übereinkommen ist in *Ausführung* von Artikel 220 geschlossen worden ...«.

d. *Übereinkommen als Änderungen des EWG-Vertrages*

Nach dem zuvor (unter c) Ausgeführten handelt es sich bei den hier erörterten Übereinkommen auch nicht um Änderungen des EWG-Vertrages. »Änderungen des Vertrages sind – vorbehaltlich etwaiger Sondervorschrif-

---

104 Präambel EuGVÜ, E EuKonkÜ; fast wortgleich die Präambeln zum EuAnerkÜ und zum E EuFusionsÜ, welche den Ausdruck »durchzuführen« verwenden.
105 EuGH 6. 10. 1976 – 12/76 Tessili/Dunlop – Slg. 1976, S. 1473 (1484 Rdziff. 9).

ten – nur im Wege des Änderungsverfahrens nach Artikel 236 möglich.«[106] Nach diesem Verfahren müssen die Organe der Gemeinschaft und der Mitgliedstaaten zur Vertragsrevision zusammenwirken.[107] Das durch die Änderung geschaffene Recht wird Bestandteil des EWG-Vertrages, also ebenfalls originäres Gemeinschaftsrecht.[108]
Bisher gibt es zwei Fälle, in denen die Kommission Entwürfe, die ursprünglich als Übereinkommen zwischen den Mitgliedstaaten zur Rechtsvereinheitlichung geplant waren, in Entwürfe zur Änderung des EWG-Vertrages umgestaltet und nach Artikel 236 dem Rat vorgelegt hat.[109] Die übrigen Übereinkommen zur Rechtsvereinheitlichung haben ihren Ursprung nicht in Artikel 236, sondern sind allein auf die Befugnis der Mitgliedstaaten gestützt, Verträge miteinander zu schließen. Dies ergibt sich aus den bereits zitierten Präambeln der vier in Durchführung von Artikel 220 geschlossenen bzw. geplanten Übereinkommen sowie aus den entsprechenden Passagen der Präambeln der beiden anderen Übereinkommen.[110] Aus diesen Gründen sind diese Übereinkommen nicht originäres (primäres) Gemeinschaftsrecht.

e. *Übereinkommen als Bestandteile des EWG-Vertrages*

Die Übereinkommen und die Protokolle, durch welche dem Gerichtshof bestimmte Zuständigkeiten zur Auslegung der Übereinkommen zugewiesen werden,[111] sind auch nicht dadurch mit dem EWG-Vertrag rechtlich verknüpft worden, daß sie ihm als Protokolle beigefügt wurden. Artikel 239 bestimmt nämlich: »Die diesem Vertrag im gegenseitigen Einvernehmen der Mitgliedstaaten beigefügten Protokolle sind Bestandteil dieses Vertrages.« Da Artikel 239 einen geschlossenen Kreis von Protokollen erfaßt,

---

106 EuGH 8. 4. 1976 – 43/75 Defrenne/Sabena – Slg. 1976, S. 455 (478 Rdziff. 58).
107 Artikel 236 lautet: »Die Regierung jedes Mitgliedstaats oder die Kommission kann dem Rat Entwürfe zur Änderung dieses Vertrages vorlegen.
Gibt der Rat nach Anhörung der Versammlung und gegebenenfalls der Kommission eine Stellungnahme zugunsten des Zusammentritts einer Konferenz von Vertretern der Regierungen der Mitgliedstaaten ab, so wird diese vom Präsidenten des Rates einberufen, um die an diesem Vertrag vorzunehmenden Änderungen zu vereinbaren.
Die Änderungen treten in Kraft, nachdem sie von allen Mitgliedstaaten gemäß ihren verfassungsrechtlichen Vorschriften ratifiziert worden sind.«
108 H. M., z. B. *Constantinesco* (oben N. 71) S. 539.
109 Sie betreffen den strafrechtlichen Schutz der finanziellen Interessen der Gemeinschaften sowie das Strafrecht für Beamte der EG, ABl. Nr. C 222 S. 2 vom 22. 9. 76.
110 EuGemPatÜ: »Die Hohen Vertragsparteien ... haben beschlossen, dieses Übereinkommen zu schließen«; EuIPRÜ: »... sind wie folgt übereingekommen«.
111 Oben N. 23.

können ihm weitere Protokolle (und Übereinkommen in Form von Protokollen) nur unter Einhaltung des in Artikel 236 vorgesehenen Abschlußverfahrens unterstellt werden. Dabei kann entweder der Anwendungsbereich des Artikels 239 ausdrücklich erweitert oder bestimmt werden, daß das neue Protokoll Bestandteil des EWG-Vertrages wird.[112] Keiner dieser Wege wurde beschritten. Wie die Übereinkommen verwenden auch die beiden Protokolle die gegenüber dem EWG-Vertrag autonome Formel: »Die Hohen Vertragsparteien des [EWG-]Vertrages ... – haben beschlossen, ein Protokoll zu schließen, durch das dem Gerichtshof ... bestimmte Zuständigkeiten ... übertragen werden ...«.

3. *Setzung von Übereinkommensrecht*

a. *Abschluß*

Der Unabhängigkeit der Rechtsquelle dieser Übereinkommen zwischen den Mitgliedstaaten vom Recht der Gemeinschaft entspricht die Unabhängigkeit ihres Abschlusses vom Rechtsetzungsverfahren der Gemeinschaft. Verordnungen und Richtlinien entstehen durch Zusammenwirken von ständigen Organen der Gemeinschaft: Kommission (Vorschlag), Europäisches Parlament (Anhörung), Rat (Erlaß). Die hier erörterten Übereinkommen werden nicht vom Rat erlassen und in seinem Namen von seinem Präsident unterzeichnet, sondern vertraglich vereinbart: »Die Hohen Vertragsparteien des Vertrages zur Gründung der Europäischen Wirtschaftsgemeinschaft« sind durch die »im Rat vereinigten Bevollmächtigten« der Staatsoberhäupter »nach Austausch ihrer in guter und gehöriger Form befundenen Vollmachten wie folgt übereingekommen«.[113]

Aus diesen Formeln erhellt klar der vom Recht der Gemeinschaft unabhängige Charakter dieser Übereinkommen als Völkervertragsrecht. Zwischen Sitzungen des Rates und »im Rahmen des Rates« wird auch in der Praxis sorgfältig unterschieden. Aus dem Rat, dessen Mitglieder nicht nur ihre Regierungen vertreten, sondern zugleich als Mitglieder eines ständigen Organs der Gemeinschaft verantwortlich für diese handeln und entscheiden, wird eine vorübergehend zusammentretende Regierungskonferenz am

---

112 *Hilf* in: *von der Groeben, von Boeckh, Thiesing,* Kommentar zum EWG-Vertrag, Bd. 2, 2. Aufl. Baden-Baden 1974, Art. 239, Anm. 1–5 und 11.
113 Präambeln EuGVÜ, EuAnerkÜ, EuGemPatÜ, E EuKonkÜ, E EuFusionsÜ; ähnlich die beiden Protokolle. Ebenfalls im Rahmen des Rates geschlossen wurde das EuIPRÜ, die Präambel verschweigt dies jedoch.

Sitz des Rates (jedoch nicht notwendig und nicht immer)[114] mit der technischen Unterstützung seines Generalsekretariats. Aus der Kommission als der dem Europäischen Parlament verantwortlichen (Art. 144) und alleinigen Vorschlagsinstanz wird ein Berater ohne Rechte und Stimme. Ganz ausgeschaltet bleibt das Europäische Parlament, welches bei Verordnungen und Richtlinien vor ihrem Erlaß ständig wachsenden Einfluß auf Kommission und Rat ausübt. An seine Stelle tritt bei Übereinkommen nach ihrer Unterzeichnung – durch die sie völkerrechtlich verbindlich werden – die (außer im Falle der Zurückweisung) im wesentlichen formale, weil keine Änderungen ermöglichende Zustimmung der zehn innerstaatlichen Parlamente. Mit einem Satz: Der Unterschied zwischen dem gemeinschaftlichen und dem zwischenstaatlichen Rechtsetzungsverfahren besteht darin, daß letzteres nicht den institutionellen Bestimmungen des EWG-Vertrages unterworfen ist. Die Organe der Gemeinschaft besitzen keine Befugnisse, und auch das Ausmaß der ihnen tatsächlich eingeräumten Mitwirkung ist gering.[115]

Nach alledem sind Übereinkommen »Ausdruck einer rein intergouvernementalen Prozedur, auch wenn sie der EWG dienen«.[116] Es wird Recht zwischen Völkern (Staaten) vereinbart, nicht von der Gemeinschaft gesetzt. Übereinkommensrecht gilt zwischen den Mitgliedstaaten aufgrund ihrer gemeinsam ausgeübten innerstaatlichen Vertragsschließungsbefugnis. Geltungsgrund für Verordnungen und Richtlinien ist dagegen die Ausübung einer einem Organ der Gemeinschaft im EWG-Vertrag zugewiesenen Befugnis, autonomes eigenes Recht zu setzen, das eben deshalb weder Völkervertragsrecht noch innerstaatliches, sondern Gemeinschaftsrecht ist. Abgeleitetes Gemeinschaftsrecht ist durch Institutionen, nicht durch Verträge gesetztes Recht und hat damit eine andere Rechtsnatur als das Völkerrecht einschließlich der Übereinkommen zur Ausführung von Artikel 220.[117]

---

114 Das EuIPRÜ wurde im Rahmen einer Sitzung des Rates in Rom beschlossen, zur Unterzeichnung aufgelegt und zunächst nur von sieben Mitgliedstaaten unterzeichnet.
115 Eingehende Darstellung dieser und weiterer Unterschiede bei *Schwartz*, Wege zur EG-Rechtsvereinheitlichung: Verordnungen der Europäischen Gemeinschaft oder Übereinkommen unter den Mitgliedstaaten?, in: Fs von Caemmerer, Tübingen 1978, S. 1067 (1072–1078, 1089–1090) = Voies d'uniformisation du droit dans la C.E...., Clunet 1978, S. 751 (756–762, 767–768).
116 *Constantinesco* (oben N. 71) S. 543.
117 *Pescatore*, The Law of Integration, Leiden 1974, S. 65–69 unter Berufung auf EuGH 18. 2. 1970 – 38/69 Kommission/Italien – Slg. 1970, S. 47 (57 Rdziff. 10/11).

b. *Vorbehalte, Vorbehaltsklauseln*

Der unterschiedliche Charakter von Übereinkommen und abgeleitetem Gemeinschaftsrecht zeigt sich besonders deutlich im Hinblick auf die Zulässigkeit von Vorbehalten und Vorbehaltsklauseln. Der Vorbehalt ist eine einseitige völkerrechtliche Erklärung eines Staates, mit der er beabsichtigt, die Wirkungen eines Übereinkommens in bezug auf sich zu modifizieren.[117a] Das Völkerrecht steht Vorbehalten grundsätzlich nicht entgegen, sofern das Übereinkommen Vorbehalte nicht ausschließt oder nur bestimmte Vorbehalte zuläßt. Umstritten sind die völkerrechtlichen Grenzen von Vorbehalten (Vereinbarkeit mit Gegenstand und Zweck des Übereinkommens?) und ihre Wirkungen (Wirksamkeit erst bei Annahme durch die übrigen Parteien?, Folgen eines Widerspruchs).[117b] Die Vorbehaltsklausel ist eine vertragliche Bestimmung, durch die Vorbehalte bestimmten Inhalts zugelassen werden. Fünf der hier erörterten sechs Übereinkommen enthalten solche Vorbehaltsklauseln (siehe unten VIII. 3). Sie schränken die Geltung des Übereinkommens für diejenigen Staaten ein, die von ihnen Gebrauch machen. Diese Vorbehaltsklauseln wurden oder werden von den Mitgliedstaaten in ihrer Eigenschaft als Völkerrechtssubjekte ausgehandelt. Die dort umschriebenen Vorbehalte dürfen völkerrechtlich wirksam erklärt werden.

Beides ist ausgeschlossen bei Verordnungen und Richtlinien der Gemeinschaft. Denn diese werden nicht zwischen den Mitgliedstaaten vertraglich vereinbart, sondern von einem Organ der Gemeinschaft kraft ihm zugewiesener autonomer Gesetzgebungsbefugnis erlassen (oben VI. 3. a). Sie wären unvereinbar mit der Zugehörigkeit der Mitgliedstaaten zur Europäischen Gemeinschaft. Verordnungen und Richtlinien eröffnen daher den Mitgliedstaaten keine Möglichkeit, Vorbehalte zu in ihnen enthaltenen Vorschriften zu erklären oder gemeinsam zuzulassen.

Diesen im Gegensatz zum Völkervertragsrecht unabdingbaren, auf der Gleichheit der Mitgliedstaaten vor dem Gemeinschaftsrecht sowie auf ihrer Pflicht zur Solidarität beruhenden Charakter des von den Organen der Gemeinschaft erlassenen Rechts hat der Gerichtshof wie folgt begründet:[117c] »Nach Artikel 43 Absatz 2 Unterabsatz 3 des Vertrages sind Ratsverordnungen wirksam ergangen, wenn die in dieser Bestimmung genann-

---

117a *Peter Müller*, Die Vorbehalte in Übereinkommen zur Privatrechtsvereinheitlichung, Tübingen 1979, S. 4–5, 14–18, 44.
117b *Peter Müller* aaO. S. 22–60.
117c EuGH 7. 2. 1973 – 39/72 »Prämien« – Slg. 1973, S. 101 (114 Rdziff. 20–22).

ten Voraussetzungen erfüllt sind. Die Verordnung ist nach Artikel 189 für die Mitgliedstaaten ›in allen ihren Teilen‹ verbindlich. Deshalb geht es nicht an, daß ein Mitgliedstaat die Bestimmungen einer Verordnung der Gemeinschaft unvollständig anwendet oder unter ihnen eine Auswahl trifft, so daß er bestimmte Regelungen des Gemeinschaftsrechts, denen er sich widersetzt hat oder die nach seiner Auffassung gewissen nationalen Interessen zuwiderlaufen, vereitelt. Namentlich wenn es sich um die Durchführung einer wirtschaftspolitischen Maßnahme ... handelt, gefährdet der Mitgliedstaat, der es unterläßt, gleichzeitig mit den anderen Mitgliedstaaten in den geforderten Fristen die ihm obliegenden Bestimmungen zu treffen, die Wirksamkeit der gemeinsam beschlossenen Maßnahme ... [D]ie allgemeine Geltung der von den Gemeinschaftsorganen erlassenen Normen [kann] nicht durch Vorbehalte oder Einwendungen der Mitgliedstaaten bei der Ausarbeitung relativiert werden ... Auch berechtigen Schwierigkeiten beim Vollzug eines Rechtsakts der Gemeinschaft einen Mitgliedstaat nicht dazu, sich einseitig von der Beachtung seiner Verpflichtung loszusagen. Das institutionelle System der Gemeinschaft hätte dem betroffenen Mitgliedstaat die nötigen Mittel an die Hand gegeben, um zu erreichen, daß seinen Schwierigkeiten bei Wahrung der Prinzipien des Gemeinsamen Marktes und der berechtigten Interessen der übrigen Mitgliedstaaten in angemessener Weise Rechnung getragen worden wäre.«

c. *Einführung in das innerstaatliche Recht*

Auch innerstaatlich behandeln die Mitgliedstaaten Übereinkommen nicht wie originäres oder abgeleitetes Recht der Gemeinschaft, sondern als normales Völkervertragsrecht.
Der deutsche Bundesminister der Justiz ordnet sie als das Gemeinschaftsrecht umgebende »zusätzliche völkerrechtliche Verträge« ein und macht lediglich in der Bezeichnung dieser Übereinkommen eine Konzession, nicht auch hinsichtlich ihrer rechtlichen Wirkungen.[118]

---

118 *Vogel,* Die Europäischen Gemeinschaften auf dem Weg zur Rechtsunion, Neue Juristische Wochenschrift 1977, S. 977 (979): Das »etablierte Gemeinschaftsrecht« umgebe sich »zunehmend mit einem Kranz zusätzlicher völkerrechtlicher Verträge ... Handelt es sich um geschlossene Übereinkommen der EG-Mitgliedstaaten, so erweitern sie, ohne Gemeinschaftsrecht im engeren Sinne zu sein, den gemeinschaftlichen Wirkungskreis und können, vor allem wenn sie durch Begründung einer Auslegungskompetenz des EuGH institutionell mit der EG verknüpft werden, als Gemeinschaftsrecht im weiteren Sinne bezeichnet werden, ohne allerdings den Vorrang des eigentlichen EG-Rechts zu teilen«.

Besonders klar scheint die Rechtslage im Vereinigten Königreich zu sein. Dort ist die Frage, was als Gemeinschaftsrecht anzusehen ist, ausdrücklich geregelt. Nach Section 1(2) in Verbindung mit Schedule 1 des European Communities Act 1972 gehören das Vollstreckungs- und das Anerkennungsübereinkommen von 1968 nicht zu den dort aufgezählten, neben die Gemeinschaftsverträge (Communities Treaties) tretenden Verträge (Ancillary Treaties). Es tritt daher namentlich nicht die Wirkung ein, daß diese Übereinkommen, soweit sie nach Gemeinschaftsrecht unmittelbar anwendbar sind, als Gemeinschaftsrecht vor britischen Gerichten angerufen werden können (Section 2(1)). Die genannten Übereinkommen und das Gemeinschaftspatentübereinkommen von 1975 sind auch nicht durch Rechtsverordnung (Order in Council) nach Section 1(3) des Act zu solchen Nebenverträgen und damit zu Gemeinschaftsrecht erklärt worden.[119]

Nirgends werden Übereinkommen auch wie Verordnungen oder Richtlinien behandelt. Überall bedürfen sie nach ihren eigenen Vorschriften[120] wie nach dem jeweiligen Verfassungsrecht der innerstaatlichen Ratifizierung. Genauer: Jeder Mitgliedstaat verlangt die Zustimmung seines Parlaments zu dem Übereinkommen, seine innerstaatliche Verbindlichmachung durch das Parlament (außer Frankreich, Luxemburg und Niederlande), die Verkündung des Übereinkommens, seine Ratifikation durch das Staatsoberhaupt und die Hinterlegung der Ratifikationsurkunde durch die Regierung.[121] Vorher kann das Übereinkommen nicht in Kraft treten.[122] Demgegenüber richtet sich das Inkrafttreten von Verordnungen, da sie unmittelbar in jedem Mitgliedstaat gelten (Art. 189 Abs. 2), allein nach dem EWG-Vertrag (Art. 191 Abs. 1). Richtlinien, deren Wirksamkeit gegenüber den Mitgliedstaaten sich ebenfalls nach dem EWG-Vertrag richtet (Art. 191 Abs. 2), werden nicht nach den Verfassungsbestimmungen der Mitgliedstaaten über die Einführung völkerrechtlicher Verträge in innerstaatliches Recht

---

119 *Maresceau,* The Effect of Community Agreements in the United Kingdom under the European Communities Act 1972, International and Comparative Law Quarterly 28 (1979) S. 241, 243, 248.
120 Die Ratifizierung des jeweiligen Übereinkommens verlangen Art. 61 S. 1 EuGVÜ; Art. 13 S. 1 EuAnerkÜ; Art. 94 S. 1 EuGemPatÜ; Art. 28 Abs. 2 S. 1 EuIPRÜ; Art. 80 Abs. 1 S. 1 E EuKonkÜ; Art 63 S. 1 E EuFusionsÜ.
121 Siehe näher *Schwartz* (oben N. 115) S. 1077–1078 bzw. 760–761. Für Griechenland gilt für Übereinkommen der hier erörterten Art das gleiche: siehe Art. 28 Abs. 1 und Art. 36 Abs. 2 seiner Verfassung von 1975 sowie *Fatouros,* International Law in the New Greek Constitution, American Journal of International Law 70 (1976) S. 492, 494 (englische Übersetzung der Artikel), S. 496–498; *Dagtoglou,* Allgemeines Verwaltungsrecht (in griechisch), Athen 1977, S. 79 f.
122 Art. 62 EuGVÜ; Art. 4 EuAnerkÜ; Art. 98 EuGemPatÜ; Art. 29 EuIPRÜ; Art. 80 Abs. 2 E EuKonkÜ; Art. 64 E EuFusionsÜ.

umgesetzt, sondern nach eigenen Vorschriften mit nach Inhalt und Verfahren anderen Erfordernissen.[123]

4. *Selbstgewollte Rechtsnatur der Übereinkommen*

Mehrere Übereinkommen enthalten ausdrückliche Vorschriften über ihr Verhältnis zum EWG-Vertrag[124] oder zu den von den Organen der Gemeinschaft aufgrund des EWG-Vertrages erlassenen Rechtsakten sowie zu dem in Ausführung dieser Akte (nämlich von Richtlinien) angeglichenen innerstaatlichen Recht.[125] Danach genießen das originäre bzw. das abgeleitete Recht der Gemeinschaft sowie das vor oder nach Inkrafttreten des Übereinkommens angeglichene innerstaatliche Recht Vorrang vor dem Recht des Übereinkommens.

Hieraus folgt, daß die Mitgliedstaaten ihre untereinander geschlossenen Übereinkommen weder als originäres (primäres) noch als abgeleitetes (sekundäres) Recht der Gemeinschaft ansehen und behandelt wissen wollen. Vielmehr sehen sie es selbst als »ein den Vertragsstaaten gemeinsames Recht« an, das »durch dieses Übereinkommen ... geschaffen« wird.[126] Es handelt sich also um vom Gemeinschaftsrecht unabhängiges, durch »staatsvertragliche Vereinbarung unter den Mitgliedstaaten«,[127] das heißt autonom geschaffenes und autonom fortbestehendes Recht. Es ist zwar »untrennbar von der Verwirklichung der Ziele des Vertrages und *daher* mit der rechtlichen Ordnung der Gemeinschaft *verbunden*« (Hervorhebung vom Verfasser).[128] Es gehört aber nicht zu ihr, ist nicht ein Teil von ihr und besitzt deshalb nicht ohne weiteres seine besonderen rechtlichen Eigenschaften hinsichtlich Geltung, Anwendung, Rang, Durchsetzung, Rechtsschutz usw. (siehe unten VIII). Die erörterten Übereinkommen verwirklichen also zwar Ziele der Gemeinschaft, nicht aber ihre Rechtsordnung, zu der außer ihrem originären Recht nur das von ihren Organen gesetzte und

---

123 Vgl. *Constantinesco* (oben N. 71) S. 621–622 mit Nachweisen.
124 Art. 93 EuGemPatÜ.
125 Art. 57 Abs. 2 EuGVÜ i.d.F. von Art. 25 des Übereinkommens über den Beitritt Dänemarks, Irlands und des Vereinigten Königreichs zum EuGVÜ sowie zum Protokoll über seine Auslegung durch den Gerichtshof, unterzeichnet am 9. Oktober 1978 zu Brüssel, noch nicht in Kraft getreten, ABl. Nr. L 304 S. 9 vom 30. 10. 78, zitiert als Beitrittsübereinkommen zum EuGVÜ; Art. 20 EuIPRÜ.
126 Art. 1 Abs. 1 EuGemPatÜ, der lautet: »Durch dieses Übereinkommen wird ein den Vertragsstaaten gemeinsames Recht der Erfindungspatente geschaffen.«
127 So *Schlosser,* der Berichterstatter der Arbeitsgruppe, die das Übereinkommen ausgearbeitet hat, in seinem Bericht zu dem Beitrittsübereinkommen zum EuGVÜ; ABl. Nr. C 59 S. 71 (142 Rdnr. 247) vom 5. 3. 80.
128 So die fünfte Begründungserwägung der Präambel zum EuGemPatÜ.

daher von ihm abgeleitete Recht gehört. Übereinkommen begründen demgegenüber eine eigene, nicht der Gemeinschaft zugehörige oder von ihr hergeleitete, sondern »den Vertragsstaaten gemeinsame« Rechtsordnung.

VII. *Beitritt zu Übereinkommen und Beitritt zur Gemeinschaft*

Besonders aufschlußreich für die Rechtsnatur der Übereinkommen unter den Mitgliedstaaten ist ihre rechtliche Behandlung anläßlich des Beitritts Dänemarks, Irlands sowie des Vereinigten Königreichs im Jahre 1972 und Griechenlands im Jahre 1979 zu den Gemeinschaften. Denn hier hat die gemeinsame Auffassung der Mitgliedstaaten, der beitretenden Länder, des Rates und der Kommission zweimal Ausdruck gefunden in verbindlichen Vorschriften des Völkervertragsrechts, die zugleich originäres Gemeinschaftsrecht sind.

Nach Artikel 2 der Beitrittsakte 1972[129] und (gleichlautend) der Beitrittsakte 1979[130] »sind die ursprünglichen Verträge und die Rechtsakte der Organe der Gemeinschaften für die neuen Mitgliedstaaten verbindlich und gelten in diesen Staaten in Übereinstimmung mit den genannten Verträgen und dieser Akte«. Der Ausdruck »ursprüngliche Verträge« bezieht sich nach Artikel 1 der jeweiligen Akte auf die drei Verträge zur Gründung der Gemeinschaften (EGKS, EWG, EURATOM) »mit den Änderungen oder Ergänzungen, die durch vor dem Beitritt in Kraft getretene Verträge oder andere Rechtsakte vorgenommen worden sind«. Übereinkommen zwischen den Mitgliedstaaten zur Rechtsvereinheitlichung gehören dazu nicht, weil sie die Gründungsverträge im rechtlichen Sinne der beiden Worte weder ändern noch ergänzen: die Übereinkommen sind nicht nach dem Verfahren des Artikels 236 vereinbart worden (oben VI. 2. d) und sie enthalten auch keinerlei Hinweis darauf, daß sie den EWG-Vertrag ergänzen wollen (oben VI. 2. c).

---

129 »Akte über die Beitrittsbedingungen und die Anpassungen der Verträge«, beigefügt dem Vertrag zwischen den Mitgliedstaaten der EG und Dänemark, Irland, Norwegen sowie dem Vereinigten Königreich über deren Beitritt zur EWG und zur Europäischen Atomgemeinschaft (EURATOM) vom 22. Januar 1972, ABl. Sonderausgabe Nr. L 73 S. 14 vom 27. 3. 72.

130 »Akte über die Bedingungen des Beitritts der Republik Griechenland und die Anpassungen der Verträge«, beigefügt dem Vertrag zwischen den Mitgliedstaaten der EG und Griechenland über dessen Beitritt zur EWG und zur EURATOM vom 28. Mai 1979, ABl. Nr. L 291 S. 17 vom 19. 11. 79.

Artikel 3 der jeweiligen Akte bestätigt diese Auslegung von Artikel 1 der Akte. Nach Artikel 3 Absatz 1 Satz 1 treten die (der) neue(n) Mitgliedstaat(en) »durch diese Akte den Beschlüssen und Vereinbarungen der im Rat vereinigten Vertreter der Regierungen der Mitgliedstaaten bei«.

Nach Satz 2 »verpflichten(t) sich« die (der) neue(n) Mitgliedstaat(en), den »sonstigen von den ... Mitgliedstaaten für das Funktionieren der Gemeinschaften oder in Verbindung mit deren Tätigkeit geschlossenen Übereinkünften« beizutreten. Nach dieser Bestimmung muß Griechenland dem Gemeinschaftspatentübereinkommen von 1975 und (nach Unterzeichnung durch das Vereinigte Königreich und Dänemark) dem IPR-Übereinkommen von 1980 beitreten.

In Absatz 2 desselben Artikels 3 schließlich wird jeweils jeder neue Mitgliedstaat verpflichtet, den in Artikel 220 vorgesehenen und unterzeichneten Übereinkommen und Protokollen über ihre Auslegung beizutreten.

Artikel 3 der jeweiligen Akte geht also davon aus, daß für die Beschlüsse, Vereinbarungen, Übereinkünfte und Übereinkommen eine automatische Erstreckung auf neue Mitgliedstaaten, wie sie in Artikel 2 der Akte vorgesehen ist, nicht möglich ist. Denn sie sind weder Bestandteil der »ursprünglichen Verträge« noch »Rechtsakte der Organe der Gemeinschaften«. Der Beitritt zu den Gemeinschaften als Mitglied und zu den Gründungsverträgen als Vertragspartei, wie ihn Artikel 1 Absatz 1 des jeweiligen Vertrages über den Beitritt[131] vorsieht, konnte jene Beschlüsse, Vereinbarungen, Übereinkünfte und Übereinkommen daher nicht automatisch erfassen.[132] Vielmehr erschien den Vertragschließenden ein gesonderter Beitritt zu diesen Beschlüsse, Vereinbarungen, Übereinkünften und Übereinkommen erforderlich.

Artikel 3 Absatz 1 Satz 1 sieht dementsprechend den Beitritt zu den Beschlüssen und Vereinbarungen ausdrücklich vor als »durch diese Akte« erfolgend.

Für die »sonstigen Übereinkünfte« hat dieser Beitritt »unmittelbar nach dem Beitritt« zu den Gemeinschaften zu erfolgen, ohne daß Anpassungen vorgesehen sind, Artikel 3 Absatz 1 Satz 2.

Hinsichtlich der in Artikel 220 vorgesehenen und unterzeichneten Übereinkommen – also des Vollstreckungs- und des Anerkennungsübereinkommens – sowie der Protokolle über die Auslegung dieser Übereinkommen durch den Gerichtshof verpflichten(t) sich die (der) neue(n) Mitgliedstaa-

---

131 ABl. (oben N. 129) Nr. L 73 S. 7; ABl. (oben N. 130) Nr. L 291 S. 12.
132 Ähnlich *Much* (oben N. 34) S. 331.

t(en) in Artikel 3 Absatz 2, »beizutreten und zu diesem Zweck mit den ursprünglichen (derzeitigen) Mitgliedstaaten Verhandlungen im Hinblick auf die erforderlichen Anpassungen aufzunehmen«.
Neben die vorgesehene Verpflichtung zum Beitritt tritt hier die Gewährung zeitlichen Aufschubs der Erfüllung dieser Verpflichtung und die Einwilligung der ursprünglichen (derzeitigen) Mitgliedstaaten, die erforderlichen Anpassungen mit dem (den) neuen Mitgliedstaat(en) auszuhandeln. Aus dem gleichzeitigen Beitritt ohne Anpassung zu den Beschlüssen und Vereinbarungen der im Rat vereinigten Regierungsvertreter wird die Verpflichtung zum späteren, zeitlich unbestimmten Beitritt zu den beiden erst noch in Regierungsverhandlungen festzulegenden, also zu ändernden Übereinkommen und Protokollen zur Rechtsvereinheitlichung. Die Beschlüsse und Vereinbarungen werden also »anders, im Ergebnis strenger«,[133] wesentlich gemeinschaftsnäher behandelt als die in Artikel 220 vorgesehenen Übereinkommen. Die in Artikel 3 Absatz 1 Satz 2 in Bezug genommenen »Übereinkünfte« stehen in der Mitte: der Beitritt zu ihnen soll »unmittelbar nach dem Beitritt« erfolgen, und Anpassungen sind nicht vorgesehen. Für das Gemeinschaftspatentübereinkommen erstaunt diese Lösung: sie ist strenger als die für die im EWG-Vertrag vorgesehenen Übereinkommen.
Deutlicher als in Artikel 2 und 3 der Akte konnten die Vertragschließenden nicht zwischen dem Recht der Gründungsverträge sowie dem daraus abgeleiteten Recht einerseits und dem Recht der Beschlüsse und Vereinbarungen der im Rat vereinigten Regierungsvertreter sowie dem Recht der Übereinkommen zwischen den Mitgliedstaaten zur Rechtsvereinheitlichung andererseits differenzieren. Sie hätten Artikel 3 nicht vereinbaren brauchen und nicht vereinbaren können, wenn sie die Übereinkommen zum Gemeinschaftsrecht gerechnet hätten. Wären sie letzterer Meinung gewesen, so hätten sie in der Beitrittsakte nicht das gesamte Recht der Gemeinschaften zum Zeitpunkt des Beitritts automatisch auf die neuen Mitgliedstaaten erstreckt, sondern einen kleinen Teil davon ohne ersichtlichen Grund ausgenommen. Außerdem würde in diesem Falle die spätere Erstreckung sich nicht auf unverändertes Recht beziehen, sondern im Rahmen von Absatz 2 Gegenstand von nicht näher festgelegten Anpassungen dieses »Gemeinschaftsrechts« sein. Damit wären die ursprünglichen Mitgliedstaaten von dem Grundsatz der sofortigen und unveränderten Übernahme des gesamten bestehenden Rechts der Gemeinschaften durch die neuen Mitgliedstaaten vorbehaltlich der in den Beitrittsverhandlungen vereinbarten und in der

---

133 *Much* (oben N. 34) S. 331.

Beitrittsakte im einzelnen festgelegten Anpassungen abgewichen, und damit von einer der Bedingungen für den Beitritt. Diese Bedingung ist in Artikel 2 der Akte zum Rechtssatz erhoben worden.

Die Tatsache, daß die Akte selbst Gemeinschaftsrecht darstellt (Art. 1 Abs. 1 und 3 des jeweiligen Vertrages über den Beitritt),[134] ändert nichts am rechtlichen Charakter der in Artikel 3 der jeweiligen Akte behandelten Rechtsakte,[135] verwandelt sie also nicht etwa in Gemeinschaftsrecht. Er bestätigt ihren Charakter als Rechtsnormen und konsolidiert ihren Bestand,[136] mehr nicht.

Insgesamt dürfte aus der besonderen Regelung des Artikels 3 der beiden Beitrittsakte und dem Vergleich mit Artikel 2 zu schließen sein, daß die vertragschließenden Staaten nicht der Auffassung waren, daß es sich bei den Übereinkommen zwischen den Mitgliedstaaten zur Rechtsvereinheitlichung – selbst wenn sie auf die gemeinschaftsrechtliche Verpflichtung des Artikels 220 zurückgehen – um Gemeinschaftsrecht handele. Damit sind die beiden Beitrittsakte nichts anderes als die rechtliche Bestätigung der Staatenpraxis der sechs ursprünglichen und sodann der neun Mitglieder der Gemeinschaft von 1958 bis 1979.

VIII. *Rechtswirkungen der Übereinkommen*

Der wohl wichtigste Maßstab für die Beantwortung der Frage, ob Übereinkommen nicht nur Völkerrecht, sondern auch Gemeinschaftsrecht sind, dürften die Eigenschaften sein, die Übereinkommensrecht im Vergleich mit originärem und abgeleitetem Gemeinschaftsrecht hat. Besitzt es im wesentlichen dieselben rechtlichen Besonderheiten oder Wirkungen?

1. *Einheitliche zeitliche Geltung*

Verordnungen und Richtlinien gelten wie der EWG-Vertrag (Art. 240) auf unbegrenzte Dauer, sofern sie nicht einen vorübergehenden Zweck verfolgen. Sie können wie der EWG-Vertrag[137] nicht von einzelnen Mitgliedstaa-

---

134 Ebenso z. B. *Nass*, Der Beitrittsvertrag, Europarecht 1972, S. 103 (108); *Kapteyn, VerLoren van Themaat*, Introduction to the Law of the European Communities after the Accession of New Member States, London, Deventer, Alphen aan den Rijn 1973, S. 376.
135 *Kapteyn, VerLoren van Themaat* (vorige N.) S. 378–380.
136 *Pescatore* (oben N. 28) S. 129–130.
137 Näher *Constantinesco* (oben N. 71) S. 655, 179–183.

ten gekündigt oder aufgehoben werden. Ihre Verbindlichkeit kann nur durch eine neue Verordnung oder Richtlinie beendet werden, die von denselben Organen ausgeht wie der erste Akt.

Übereinkommen haben diese Wirkungen nicht. Sie gelten für die Dauer, für die sie geschlossen sind, selbst wenn sie einen bleibenden Zweck verfolgen. So ist das IPR-Übereinkommen zunächst auf zehn Jahre befristet, seine Dauer verlängert sich stillschweigend jeweils um fünf Jahre, soweit es nicht gekündigt ist. Die Kündigung hat nur Wirkung gegenüber dem kündigenden Staat.[138] Bereits die erste Kündigung beendet daher nicht nur die einheitliche zeitliche, sondern auch die einheitliche räumliche Geltung des Übereinkommens. Jede weitere Kündigung ändert beide Geltungsbereiche erneut.

Die übrigen behandelten Übereinkommen sind ausdrücklich auf unbeschränkte Zeit geschlossen oder geplant.[139] Indessen ist zweifelhaft, ob nicht gleichwohl zumindest dann nach allgemeinen Grundsätzen eine Kündigung möglich ist, wenn die im jeweiligen Übereinkommen vorgesehene, auf Antrag jedes Mitgliedstaates einzuberufende Revisionskonferenz erfolglos bleibt.[140]

2. *Einheitliche räumliche Geltung*

Der territoriale Geltungsbereich von Verordnungen und Richtlinien entspricht automatisch dem des EWG-Vertrages; nicht so der von Übereinkommen zur Rechtsvereinheitlichung. Sie legen ihren Geltungsbereich jeweils autonom fest, und zwar weder in voller Übereinstimmung mit dem primären Gemeinschaftsrecht, insbesondere Artikel 227, noch untereinander.[141] Ändert sich der räumliche Geltungsbereich des EWG-Vertrages und des auf ihn gestützten Rechts, so hat dies keine rechtliche Wirkung für die Übereinkommen. Sie bedürfen der gesonderten Revision durch eine Staatenkonferenz.[142]

Verordnungen treten zu einem festgelegten, vorher bekannten Zeitpunkt in

---

138 Art. 30 EuIRPÜ. Hierzu kritisch die Stellungnahme der Kommission nach Art. 155 vom 17. März 1980, ABl. Nr. L 94 S. 39 (40 Ziffer IV) vom 11. 4. 80.
139 Art. 66 EuGVÜ; Art. 17 EuAnerkÜ; Art. 99 EuGemPatÜ; Art. 67 E EuFusionsÜ; Art. 85 E EuKonkÜ.
140 Bejahend *Jeantet* (oben N. 29) S. 382.
141 Siehe und vergleiche Art. 60 EuGVÜ, Art. 12 EuAnerkÜ, Art. 97 EuGemPatÜ, Art. 79 E EuKonkÜ, Art. 62 E EuFusionsÜ.
142 Art. 27, 32 des Beitrittsübereinkommens zum EuGVÜ (oben N. 125), ABl. Nr. L 304 S. 13 vom 30. 10. 78.

Kraft (Art. 191 Abs. 1). Richtlinien zur Rechtsangleichung werden für alle Mitgliedstaaten durch Bekanntgabe wirksam, und zwar wiederum gleichzeitig (Art. 191 Abs. 2). Übereinkommen unterliegen nicht diesen rechtlichen Wirkungen. Sie bestimmen von Fall zu Fall selbst, für welches Gebiet sie wann in Kraft treten. Es muß also nicht das gesamte Gebiet der Gemeinschaft sein. Außerdem bleibt das Datum unbestimmt, weil es von den Ratifizierungen abhängt. Die bis 1975 geschlossenen Übereinkommen treten erst in Kraft, nachdem alle Mitgliedstaaten ihre Ratifikationsurkunde hinterlegt haben, also gleichzeitig für das gesamte Gebiet der Gemeinschaft.[143] Zwei neuere Übereinkommen treten bereits in Kraft, nachdem sieben Mitgliedstaaten hinterlegt haben, aber nur für dieses Teilgebiet der Gemeinschaft. Für jeden Unterzeichnerstaat, der später ratifiziert, tritt das Übereinkommen jeweils nach Hinterlegung seiner Urkunde in Kraft.[144] Einheitlich gelten diese Übereinkommen also weder räumlich noch zeitlich. Die Rechtsvereinheitlichung durch Übereinkommen in der Gemeinschaft der Zehn gestattet vielmehr, daß gleichzeitig vier verschiedene Rechtsräume ohne Frist nebeneinander fortbestehen.

3. *Einheitliche materielle Geltung*

Eine weitere Beeinträchtigung der einheitlichen räumlichen Geltung von Übereinkommen stellen die von einem oder mehreren Mitgliedstaaten erklärten Vorbehalte dar (vgl. oben VI. 3. b). Vor allem aber führen Vorbehalte zu erneuter Verschiedenheit meist wichtiger Aspekte des gerade vereinheitlichten Rechts. Fünf der hier erörterten Übereinkommen enthalten entweder Vorbehaltsklauseln, welche den Mitgliedstaaten gestatten, den sachlichen Anwendungsbereich des Übereinkommens für ihr Gebiet einzuschränken, oder solche, nach denen sie den Inhalt bestimmter Vorschriften für ihr Gebiet ändern können, oder Ermächtigungen beider Art.[145]
Die Wirkungen von Vorbehalten können wie folgt zusammengefaßt werden:[146] Generell stellen Vorbehalte Aufweichungspunkte dar; sie öffnen

---

143 Art. 62 EuGVÜ a.F.; Art. 14 EuAnerkÜ; Art. 98 EuGemPatÜ; ebenso Art. 80 Abs. 2 E EuKonkÜ; Art. 64 E EuFusionsÜ.
144 Art. 39 des Beitrittsübereinkommens zum EuGVÜ (oben N. 125): zu den sieben ersten Staaten müssen die sechs ursprünglichen Mitgliedstaaten gehören. Weiter Art. 29 EuIPRÜ. Kritisch hierzu die Kommission in ihrer Stellungnahme (oben N. 138) aaO.
145 Vorbehaltsklauseln der ersten Art enthalten Art. 3 i.V.m. 15 EuAnerkÜ; Art. 89 EuGemPatÜ; Art. 21 i.V.m. 65 E EuFusionsÜ. Vorbehalte der zweiten Art enthalten Art. 4 i.V.m. 15 EuAnerkÜ; Art. 88, 90 EuGemPatÜ; Art. 22 EuIPRÜ; Art. 81 Abs. 4 E EuKonkÜ.
146 *Peter Müller* (oben N. 117a) S. 67–73.

Teilbereiche, in die der alte, vorvertragliche Zustand eindringt. Dieses Neben- und Durcheinander von alter und neuer Regelung birgt Gefahren und bewirkt Undurchsichtigkeit. Vorbehalte erschweren den internationalen Rechtsverkehr und erhöhen die rechtlichen Risiken der betroffenen Privatrechtssubjekte. Vorbehalte beeinträchtigen die Voraussehbarkeit des Rechts, die Rechtssicherheit und die internationale Entscheidungsharmonie. Die Durchsetzbarkeit von Urteilen entfällt häufig dann, wenn sie auf Vorschriften des Übereinkommens beruhen, welche der Staat, in dessen Machtbereich z. B. vollstreckt werden soll, durch Vorbehalt ausgeklammert hat.

Demgegenüber gelten Verordnungen und Richtlinien in allen Mitgliedstaaten mit dem gleichen sachlichen Anwendungsbereich und gesetzgeberischen Inhalt, das heißt einheitlich. Vorbehalte und Vorbehaltsklauseln gibt es nicht (oben VI. 3. b).

4. *Unmittelbare Geltung*

Die wohl wichtigste rechtliche Wirkung der Verordnung besteht darin, daß sie »unmittelbar in jedem Mitgliedstaat« gilt (Art. 189 Abs. 2). Dies bedeutet, daß sie »in Kraft tritt und zugunsten oder zu Lasten der Rechtssubjekte Anwendung findet, ohne daß es irgendwelcher Maßnahmen zur Umwandlung in nationales Recht bedarf«.[147] Die Verordnung gilt also als solche allein kraft Hoheitsaktes der Gemeinschaft. Demgegenüber gelten Übereinkommen in keinem Mitgliedstaat unmittelbar, sondern sie erlangen innerstaatliche Wirksamkeit erst und allein aufgrund eines innerstaatlichen Rechtsetzungsaktes oder Rechtsanwendungsbefehls jedes einzelnen Mitgliedstaates.

Dieser Hoheitsakt verschafft ihnen in Belgien, Dänemark, Deutschland, Griechenland, Irland, Italien und im Vereinigten Königreich Geltung als Landesrecht, in Frankreich, Luxemburg und den Niederlanden als Völkerrecht. Verordnungen gelten demgegenüber in allen Mitgliedstaaten weder als Völkerrecht noch als innerstaatliches Recht, sondern als Gemeinschaftsrecht.[148]

Die Richtlinie gilt wie das Übereinkommen nicht unmittelbar *in* jedem Mitgliedstaat, also nicht für den einzelnen, sondern *für* jeden Mitgliedstaat.

---

147 EuGH 10. Oktober 1973 – 34/73 Variola/Italien – Slg. 1973, S. 981 (990 Rdziff. 10).
148 Eingehend über diese Fragen mit Nachweisen *Schwartz* (oben N. 115) S. 1091–1094, 1095–1096 bzw. 769–772, 773–774. Für Griechenland siehe Art. 28 Abs. 1 S. 1 seiner Verfassung sowie *Fatouros* (oben N. 121) S. 497–498.

»Die Richtlinie ist für jeden Mitgliedstaat, an den sie gerichtet ist, hinsichtlich des zu erreichenden Ziels verbindlich, überläßt jedoch den innerstaatlichen Stellen die Wahl der Form und der Mittel.« (Art. 189 Abs. 3). Die Richtlinie adressiert jeden Mitgliedstaat als Mitglied der Gemeinschaft, das Übereinkommen als Subjekt des Völkerrechts. Die Richtlinie gilt für jeden Mitgliedstaat als Rechtsakt eines Organs der Gemeinschaft, das heißt als staatengerichtetes Gemeinschaftsrecht. Das Übereinkommen gilt für jeden Mitgliedstaat als Vertrag zwischen Staaten, das heißt als Völkerrecht. Auf das innerstaatliche Recht wirkt die Richtlinie ähnlich wie das Übereinkommen mittelbar ein.[149] Ihre Adressaten, die Mitgliedstaaten, sind verpflichtet, das in ihr bezeichnete »Ziel« im Sinne von Ergebnis (»résultat«), das heißt praktisch ihren Inhalt in das jeweilige eigene Recht umzusetzen. Erforderlich ist also ein innerstaatlicher Ausführungsakt (Gesetz, Verordnung, Dekret). Die Substanz dieses Rechts bleibt mithin gemeinschaftlich, seine Form wird einzelstaatlich. Während umgeformtes Richtlinienrecht stets als innerstaatliches Recht gilt, gilt Übereinkommensrecht wie erwähnt je nach der herrschenden Methode seiner Einführung in einigen Staaten als innerstaatliches Recht, in den übrigen als Völkerrecht.

5. *Einheitliche Anwendung*

Der EWG-Vertrag und die auf ihn gestützten Verordnungen erlauben dem innerstaatlichen Richter nicht, sie im Einzelfall unter Berufung auf seine innerstaatliche *öffentliche Ordnung* nicht anzuwenden. Sie gelten »unmittelbar in jedem Mitgliedstaat« als Gemeinschaftsrecht und sind »in allen ihren Teilen verbindlich« (Art. 189 Abs. 2).[150] Ebensowenig gestatten Richtlinien den Mitgliedstaaten, bei der Umsetzung in innerstaatliches Recht den Einwand des Verstoßes gegen den innerstaatlichen ordre public zuzulassen. Die Richtlinie ist »für jeden Mitgliedstaat ... hinsichtlich des zu erreichenden Ziels verbindlich« (Art. 189 Abs. 3), sie verlangt in allen Mitgliedstaaten gleiche Wirkungen im Sinne von Ergebnissen. Im Gegensatz hierzu finden Übereinkommen nicht automatisch einheitlich Anwendung, sondern sie können den Richter ermächtigen, Übereinkommensrecht unangewendet zu lassen, wenn seine Anwendung der innerstaatlichen öffentlichen Ordnung widersprechen würde. Mit Ausnahme des Gemeinschaftspatentübereinkommens, wo sich die Frage nicht stellt, enthalten die bisher geschlossenen Übereinkommen solche Ermächtigungen[151] oder Re-

---

149 Näher *Constantinesco* (oben N. 71) S. 549–554.
150 Siehe näher mit Nachweisen *Schwartz* (oben N. 115) S. 1096–1097 bzw. 774–775.

gelungen, welche den innerstaatlichen ordre public gleichzeitig einzugrenzen suchen.[152]

Eine andere Rechtswirkung von EWG-Vertrag, Verordnungen und Richtlinien ist es, daß der Grundsatz der *Gegenseitigkeit* ihrer Anwendung durch die übrigen Mitgliedstaaten nicht gilt. Demgegenüber anerkennt das Völkervertragsrecht und das Recht einzelner Mitgliedstaaten, daß ein Vertrag nicht angewendet zu werden braucht, wenn die andere Partei ihn nicht anwendet.[153] Übereinkommen unterliegen also im Gegensatz zum EWG-Vertrag, zu Verordnungen und Richtlinien auch insoweit nicht dem Gebot der Anwendung überall in der Gemeinschaft. Keines der erörterten Übereinkommen schließt die Anwendung des Grundsatzes der Reziprozität aus.

Schließlich genießen der EWG-Vertrag und die Verordnungen im Falle eines Konflikts mit abweichendem innerstaatlichen Recht in allen Mitgliedstaaten grundsätzlich *Vorrang*.[154] Nach der Rechtsprechung des Gerichtshofs bedeutet dies,[155] daß »die Vertragsbestimmungen und die unmittelbar geltenden Rechtsakte der Gemeinschaftsorgane in ihrem Verhältnis zum internen Recht der Mitgliedstaaten nicht nur zur Folge [haben], daß allein durch ihr Inkrafttreten jede entgegenstehende Bestimmung des geltenden staatlichen Rechts ohne weiteres unanwendbar wird, sondern auch – da diese Bestimmungen und Rechtsakte vorrangiger Bestandteil der im Gebiet eines jeden Mitgliedstaats bestehenden Rechtsordnung sind –, daß ein wirksames Zustandekommen neuer staatlicher Gesetzgebungsakte insoweit verhindert wird, als diese mit Gemeinschaftsnormen unvereinbar wären«.

Das innerstaatlich für anwendbar erklärte Übereinkommensrecht genießt grundsätzlich Vorrang in Belgien, Frankreich, Griechenland, Luxemburg und den Niederlanden. In Dänemark, Deutschland, Irland, Italien und im Vereinigten Königreich hat transformiertes Übereinkommensrecht hingegen gleichen Rang wie einfaches innerstaatliches Gesetzesrecht. Es genießt also im Konfliktsfall nicht Vorrang. Vielmehr entscheiden die Gerichte dieser Mitgliedstaaten Konfliktsfälle nach einem Grundsatz ihres innerstaatlichen Rechts, wonach späteres Recht gleichen Ranges dem früheren vorgeht.

---

151 Art. 9 EuAnerkÜ; Art. 16 EuIPRÜ.
152 Art. 27, 34 EuGVÜ.
153 Näheres mit Nachweisen bei *Schwartz* (oben N. 115) S. 1101–1103 bzw. 778–779. Eine andere Gegenseitigkeit als die französische verlangt die griechische Verfassung, Art. 28 Abs. 1 S. 2: »The application of the rules of international law and of international conventions to aliens is always subject to the conditions of reciprocity.« (Übersetzung von *Fatouros* (oben N. 121) S. 494).
154 Eingehend *Constantinesco* (oben N. 71) S. 686–801.
155 EuGH 9. 3. 1978 – 106/77 Simmenthal II – Slg. 1978, S. 629 (644 Rdziff. 17).

Übereinkommensrecht kann also in diesen Staaten durch späteres Gesetzesrecht abgeändert oder aufgehoben werden. In den zuerst genannten Ländern ist dies wegen des höheren Rangs von Übereinkommensrecht gegenüber innerstaatlichem Gesetzesrecht nicht möglich; Übereinkommen werden aber möglichst zugunsten des nationalen Gesetzes ausgelegt.[156]
Innerstaatlich anwendbares Übereinkommensrecht kann jedoch dann in allen Mitgliedstaaten Vorrang erlangen, wenn dem Gerichtshof die Auslegung des Übereinkommens zugewiesen wird und er auf diese Weise zu dem Ergebnis kommt, daß die fragliche Vorschrift Vorrang hat. Dies ist in der bereits (unter V. 3) erörterten Entscheidung Sanicentral/Collin[157] erstmalig geschehen. Wenn der Gerichtshof nämlich Übereinkommensrecht in letzter Instanz auslegt, ist er auch zuständig zu entscheiden, was in dessen Anwendungsbereich gehört und was nicht. Es ist mit anderen Worten das Übereinkommensrecht in der Auslegung des Gerichtshofs, das auch über seine Anwendung im Verhältnis zum nationalen Recht entscheidet und damit über seinen Vorrang.[158] Die Lage ist insoweit nicht anders als für das unmittelbar geltende Gemeinschaftsrecht.
Bemerkenswert ist jedoch, daß das Übereinkommensrecht innerstaatlich gerade nicht unmittelbar, sondern erst aufgrund innerstaatlichen Anwendungsbefehls gilt, und zwar wie erwähnt in einigen Mitgliedstaaten als Völkerrecht, in den übrigen als Landesrecht. Im letzteren Fall legt der Gerichtshof also innerstaatliches Recht aus, im ersteren innerstaatlich für anwendbar erklärtes Völkerrecht. Eine solche Befugnis besitzt er nach dem EWG-Vertrag nicht gegenüber innerstaatlichem Recht, das umgesetztes Richtlinienrecht ist. Insoweit ist die einheitliche Anwendung von Übereinkommensrecht besser gewährleistet.
Da die Richtlinie selbst grundsätzlich nicht unmittelbar gilt, sondern nur für jeden Mitgliedstaat, kann sie nicht im Einzelfall mit einer innerstaatlichen Norm kollidieren. Die Frage ihres Vorrangs stellt sich deshalb ebensowenig wie bei dem nicht unmittelbar, sondern nur für jeden Mitgliedstaat geltenden Übereinkommen. Kollisionen können wie erörtert erst auf der jeweils darunter liegenden Stufe zwischen dem umgesetzten und dem sonstigen innerstaatlichen Recht auftreten. Das Gemeinschaftsrecht bietet

---

156 Näheres bei *Schwartz* (oben N. 115) S. 1098–1101 bzw. 775–778; eingehend *Constantinesco* (oben N. 71) S. 686–801. Für Griechenland siehe Art. 28 Abs. 1 S. 1 der Verfassung und *Fatouros* (oben N. 121) S. 501–503 mit Nachw. sowie *Dagtoglou* (oben N. 121) S. 80.
157 Oben N. 93 und Text dazu.
158 *Jeantet* (oben N. 29) S. 388.

weder eine Kollisionsnorm noch ein geeignetes Verfahren zur Lösung solcher Konflikte an.[159]

6. *Einheitliche Durchsetzung*

Für die Anwendung des EWG-Vertrages, der Verordnungen und der Richtlinien durch die Mitgliedstaaten hat die Kommission Sorge zu tragen (vgl. Art. 155 Unterabsatz 1). Bei Verstößen schreitet sie in einem förmlichen Verfahren ein; wird ihrer mit Gründen versehenen Stellungnahme nicht stattgegeben, kann sie den Gerichtshof anrufen, dessen Urteil der Mitgliedstaat Folge zu leisten hat (Art. 169, 171). Durch diese Bestimmungen ist Kommission und Gerichtshof die Aufgabe zugewiesen, die Einhaltung des originären und des davon abgeleiteten Rechts zu sichern. Das schließt die Befugnis ein, über ihren Inhalt und ihre Tragweite zu entscheiden.

Für Übereinkommen unter den Mitgliedstaaten gelten diese in der Praxis sehr wichtigen Vorschriften nicht. Artikel 155 spricht nur von der »Anwendung dieses Vertrages sowie der von den Organen aufgrund dieses Vertrages getroffenen Bestimmungen«. Welches die Organe der Gemeinschaft sind, definiert Artikel 4. Dort wird der Rat genannt, nicht auch Konferenzen der Mitgliedstaaten, selbst wenn ihre Vertreter »im Rahmen des Rates« zusammentreten. Sie treten dann lediglich im Rat, nicht als Rat zusammen, also gerade nicht als Organ der Gemeinschaft. Nach Artikel 155 sind daher Übereinkommen weder primäres noch sekundäres Recht der Gemeinschaft. Artikel 169 spricht von einem Verstoß »gegen eine Verpflichtung aus diesem Vertrag«, worunter auch die von den Organen aufgrund des EWG-Vertrages getroffenen Bestimmungen fallen, nicht jedoch Verpflichtungen aus Übereinkommen.

Artikel 220 ändert daran nichts. Er begründet lediglich die nach Artikel 155, 169, 171 durchsetzbare Verpflichtung jedes Mitgliedstaates, mit den übrigen Mitgliedstaaten zwecks Verwirklichung der in Artikel 220 bezeichneten Ziele zu verhandeln. Kommt ein Übereinkommen zustande, ist es nicht von einem Organ der Gemeinschaft getroffen, sondern autonom vereinbart.

Da die Mitgliedstaaten in ihre Übereinkommen keine den genannten Artikeln entsprechenden Vorschriften aufgenommen haben, ist Übereinkommensrecht ungleich schwächer bewehrt als EWG-Vertrags-, Verordnungs- und Richlinienrecht. Es gibt keine Durchsetzung von Übereinkommensrecht gegenüber säumigen oder vertragsbrüchigen Mitgliedstaaten durch

---

159 *Constantinesco* (oben N. 71) S. 665.

unabhängige Instanzen. Die Mitgliedstaaten bleiben vor den Folgen übereinkommensrechtlicher Pflichtverletzungen immun. Wie die Praxis gezeigt hat, führt in sehr vielen Fällen erst die rechtsdurchsetzende Tätigkeit der Kommission zur einheitlichen Durchführung und damit Anwendung des gemeinsamen Rechts überall in der Gemeinschaft.

Nicht selten muß die Kommission in zweiter und letzter Instanz den Gerichtshof anrufen. Nach Artikel 164 »sichert [er] die Wahrung des Rechts bei der Auslegung und Anwendung dieses Vertrages« und damit auch der von den Organen aufgrund des EWG-Vertrages getroffenen Bestimmungen. Für Übereinkommen unter den Mitgliedstaaten gilt diese Vorschrift weder automatisch noch ist sie in eines der Übereinkommen übernommen worden.

Auch ein zweites Verfahren zur Durchsetzung von Vertrags-, Verordnungs- und Richtlinienrecht ist auf die Übereinkommen nicht erstreckt worden. Nach Artikel 170 kann jeder Mitgliedstaat, wenn er der Auffassung ist, daß ein anderer Mitgliedstaat gegen eine Verpflichtung aus dem Vertrag verstoßen hat, die Kommission damit befassen. Diese erläßt nach Durchführung eines kontradiktorischen Verfahrens binnen drei Monaten eine mit Gründen versehene Stellungnahme. Anschließend kann der Mitgliedstaat den Gerichtshof anrufen, dessen Urteil der andere Mitgliedstaat Folge zu leisten hat (Art. 171).

Unter den Übereinkommen sieht nur das Gemeinschaftspatentübereinkommen ein verwandtes Verfahren vor.[160] Zunächst ist zu versuchen, Streitigkeiten zwischen Mitgliedstaaten über die Auslegung oder Anwendung des Übereinkommens durch Verhandlungen zwischen diesen Staaten beizulegen. Scheitert dies, wird die Streitigkeit auf Ersuchen eines beteiligten Staates dem engeren Ausschuß des Verwaltungsrats der Europäischen Patentorganisation (hierzu unten VIII. 9) unterbreitet. Dieser bemüht sich, eine Einigung zwischen diesen Staaten herbeizuführen. Scheitert dies innerhalb von sechs Monaten, kann jeder beteiligte Staat den Gerichtshof befassen, dessen Urteil der verstoßende Staat Folge zu leisten hat.

7. *Einheitliche Gültigkeit*

»Der Gerichtshof überwacht die Rechtmäßigkeit des Handelns des Rates und der Kommission« (Art. 173 Abs. 1 S. 1). Zu diesem Zweck ist er für Nichtigkeitsklagen zuständig, die ein Mitgliedstaat, der Rat oder die Kom-

---

160 Art. 101 EuGemPatÜ.

mission insbesondere wegen Unzuständigkeit, Verletzung des EWG-Vertrages oder einer bei seiner Durchführung anzuwendenden Rechtsnorm erhebt (S. 2). Absatz 2 erstreckt diesen Rechtsschutz unter engen Voraussetzungen auf natürliche und juristische Personen.
Zusätzlichen Rechtsschutz für den Bürger gewährt ein weiteres Verfahren. Danach entscheidet der Gerichtshof im Wege der Vorabentscheidung »über die Gültigkeit« im Sinne von Rechtmäßigkeit »der Handlungen der Organe der Gemeinschaft« (Artikel 177 Abs. 1 Buchst. b).
Unter die Begriffe »der Handlungen der Organe der Gemeinschaft« bzw. »des Handelns des Rates und der Kommission« fallen die von ihnen erlassenen Verordnungen und Richtlinien. Übereinkommen zur Rechtsvereinheitlichung unter den Mitgliedstaaten fallen nicht darunter. Denn sie werden nicht vom Rat als Organ der Gemeinschaft erlassen, sondern von den im Rat vereinigten Vertretern der Regierungen der Mitgliedstaaten als Konferenz dieser Staaten vereinbart.[161] Artikel 173 und 177 zählen also Übereinkommen nicht zum abgeleiteten Recht der Gemeinschaft.
Dieser Auslegung entspricht die ständige Praxis der Mitgliedstaaten, welche Zuständigkeiten des Gerichtshofs zur Wahrung des Rechts bei der Anwendung und Auslegung solcher Übereinkommen nur aufgrund ausdrücklich zu vereinbarender Zuweisung bejahen.
Bisher haben die Mitgliedstaaten sich einer Überwachung der Rechtmäßigkeit ihres gemeinsamen Handelns bei Übereinkommen am Maßstab des originären und abgeleiteten Rechts der Gemeinschaft, der allgemeinen Rechtsgrundsätze einschließlich der gemeinsamen Grundrechte sowie der die Gemeinschaft bindenden Quellen des allgemeinen Völkerrechts[162] nicht unterworfen. Das primäre und das sekundäre Gemeinschaftsrecht besitzen insoweit gegenüber staatsvertraglicher Beeinträchtigung eine wenig – nur durch das Verfahren der Artikel 169 und 170 – geschützte Flanke, auch wenn das Gemeinschaftsrecht nicht zur Disposition solcher Übereinkommen steht, weil es keine Durchlässigkeitsnorm zu ihren Gunsten enthält, und sogar umgekehrt einzelne Übereinkommen den Vorrang des Gemeinschaftsrechts ausdrücklich bestätigen (oben VI. 4.).
Anders als bei Verordnungen und Richtlinien gibt es hinsichtlich der Gültigkeit von Übereinkommen nur innerstaatliche Rechtswahrung. Diese ist von Mitgliedstaat zu Mitgliedstaat unterschiedlich ausgestaltet. Außerdem

---

161 Näheres mit Nachweisen *Schwartz* (oben N. 115) S. 1106–1110 bzw. 783–786.
162 *Oppermann* (oben N. 87) S. 789 und *derselbe,* Zur Einführung: Europäisches Gemeinschaftsrecht, Juristische Schulung 1974, S. 484 (485–486, 488–489) mit Rspr.

können Gerichte verschiedener Staaten zu einander widersprechenden Ergebnissen kommen. Übereinkommensrecht kann im Gegensatz zu Verordnungs- und Richtlinienrecht von Mitgliedstaat zu Mitgliedstaat unterschiedliche Gültigkeit haben.

8. *Einheitliche Auslegung*

Der Gerichtshof entscheidet im Wege der Vorabentscheidung über die Auslegung »dieses Vertrages« (Art. 177 Abs. 1 Buchst. a), zu dem die Übereinkommen nicht gehören (oben VI. 2. e) sowie »der Handlungen der Organe der Gemeinschaft« (Art. 177 Abs. 1 Buchst. b). Nach dem zuvor (unter VIII. 7) Gesagten gehören zu letzteren die Verordnungen und Richtlinien des Rates, nicht aber auch Übereinkommen der Mitgliedstaaten. Sie stellen mithin auch insoweit weder sekundäres noch primäres Recht der Gemeinschaft dar. Ihre einheitliche Auslegung ist daher nicht automatisch gewährleistet, sondern nur dann und in dem Maße, in welchem dem Gerichtshof solche Befugnisse in dem Übereinkommen[163] oder nachträglich durch ein Protokoll[164] zugewiesen werden.

Die Mitgliedstaaten sind also nicht verpflichtet, überhaupt einen gemeinsamen Rechtsschutz vorzusehen. So haben sie das IPR-Übereinkommen unterzeichnet, obwohl seit jeher zweifelhaft gewesen ist, ob die Verhandlungen über ein Auslegungsprotokoll zu einem positiven Ergebnis führen werden.[165] Hierzu ist mit dem Gerichtshof festzustellen:[166] »Artikel 177 ist von entscheidender Bedeutung dafür, daß das vom Vertrag geschaffene Recht wirklich gemeinsames Recht bleibt; er soll gewährleisten, daß dieses Recht in allen Mitgliedstaaten der Gemeinschaft immer die gleiche Wirkung hat. Auf diese Weise soll er unterschiedliche Auslegungen des Gemeinschaftsrechts verhindern, das die nationalen Gerichte anzuwenden haben; doch zielt er auch darauf ab, diese Anwendung selbst zu gewährleisten, da er

---

163 Art. 5, 73 EuGemPatÜ; Art. 70–74 E EuKonkÜ; Art. 57–60 E EuFusionsÜ.
164 Protokoll betreffend die Auslegung des EuGVÜ, unterzeichnet am 3. Juni 1971 zu Luxemburg, in Kraft getreten für die sechs ursprünglichen Mitgliedstaaten am 1. September 1975, ABl. Nr. L 204 S. 28 vom 2. 8. 75; geändert durch Art. 29–33 des Beitrittsübereinkommens von 1978 zum EuGVÜ und zum Protokoll (oben N. 125), ABl. Nr. L 304 S. 10–11 und 97 vom 30. 10. 78. Protokoll betreffend die Auslegung des EuAnerkÜ, unterzeichnet am 3. Juni 1971 zu Luxemburg, Bull. EG, Beilage 4/71, S. 5, noch nicht in Kraft getreten.
165 Zur Unerläßlichkeit einer Befugnis des EuGH zur Vorabentscheidung über die Auslegung gerade dieses Übereinkommens siehe die Stellungnahme der Kommission (oben N. 138) aaO.
166 EuGH 16. 1. 1974 – 166/73 »Rheinmühlen« – Slg. 1974, S. 33 (38 Rdziff. 2).

dem nationalen Richter die Möglichkeit gibt, die Schwierigkeiten auszuräumen, die sich aus der Notwendigkeit ergeben können, dem Gemeinschaftsrecht im Rahmen der Rechtsordnungen der Mitgliedstaaten zur vollen Geltung zu verhelfen.«

Die Mitgliedstaaten sind zweitens nicht gezwungen, den gemeinsamen Rechtsschutz einem Organ oder einer Einrichtung der EG anzuvertrauen. Wie bereits (unter V. 4) erwähnt, »bietet sich« nach Auffassung des Rates der Gerichtshof lediglich »grundsätzlich . . . als besonders berufene Instanz zur Gewährleistung einer einheitlichen Auslegung an«.[167] Tatsächlich verhandeln die Mitgliedstaaten seit 1977 darüber, ob die dem Gerichtshof im Gemeinschaftspatentübereinkommen von 1975 zugewiesenen Befugnisse zur Auslegung und zur Entscheidung über Rechtsbeschwerden[168] ihm wieder (ganz oder teilweise) entzogen und ersetzt werden sollen durch Befugnisse, die einem neu zu errichtenden internationalen Patentgericht zugewiesen würden. Gedacht wird bisher überwiegend nicht an die Schaffung eines neuen Organs oder einer neuen Einrichtung der Gemeinschaft nach den hierfür im EWG-Vertrag vorgesehenen Verfahren (Organ: Art. 236 i.V.m. 239, Einrichtung: Art. 235), sondern an ein außerhalb der Gemeinschaft durch Protokoll zum Gemeinschaftspatentübereinkommen zu errichtendes, »den Mitgliedstaaten gemeinsames Berufungsgericht für Gemeinschaftspatente«.[169]

Drittens sind die Mitgliedstaaten hinsichtlich Art, Umfang und Ausgestaltung des europäischen Rechtsschutzes bei Übereinkommen nicht an die Regelungen des EWG-Vertrages gebunden, sondern frei. So enthält das Gemeinschaftspatentübereinkommen eine Artikel 177 wörtlich nachgebildete Vorschrift. Außerdem wurde dem Gerichtshof die Zuständigkeit für Rechtsbeschwerden gegen Entscheidungen der Nichtigkeitskammern des Europäischen Patentamts zugewiesen. Im Auslegungsprotokoll zum Anerkennungsübereinkommen wurde Artikel 177 ebenfalls fast wörtlich übernommen. Das Auslegungsprotokoll zum Vollstreckungsübereinkommen übernimmt demgegenüber Artikel 177 nur mit erheblichen Einschränkungen. Auch für die Auslegung von Übereinkommen gilt, was der Gerichtshof in dem bereits zitierten Teil seines Rheinmühlen-Urteils ausgeführt und

---

167 Antwort auf die Schriftliche Anfrage Nr. 639/72, ABl. Nr. C 47 S. 17 (18) vom 26. 6. 73.
168 Art. 73, 63 EuGemPatÜ.
169 Sekretariat des Interimsausschusses für das Gemeinschaftspatent, Gemeinschaftspatent: derzeitige Lage, Amtsblatt des Europäischen Patentamtes 1978, S. 392 (395); *Stauder*, Auf dem Weg zu einem europäischen Patentgericht, Gewerblicher Rechtsschutz und Urheberrecht, Auslands- und internationaler Teil 1979, S. 173 (176, 180).

woraus er folgenden Schluß gezogen hat:[170] »Jede Lücke in dem so geschaffenen System würde daher sogar die Wirksamkeit der Vertragsvorschriften und des abgeleiteten Gemeinschaftsrechts in Frage stellen. In diesem Sinne sind die Vorschriften des Artikels 177 zu würdigen, nach denen jedes nationale Gericht ohne Unterschied den Gerichtshof um Vorabentscheidung ersuchen kann, wenn es dessen Entscheidung zum Erlaß seines Urteils für erforderlich hält.«

9. *Einheitliche Institutionen, Durchführung und Fortentwicklung*

Verordnungen und Richtlinien partizipieren nicht nur automatisch an den im EWG-Vertrag vorgesehenen Verfahren zur Durchsetzung und Wahrung des Rechts durch Kommission und Gerichtshof (oben VIII. 6, VIII. 7, VIII. 8), sondern sie haben den organisatorischen Aufbau, die Zuständigkeiten der Organe und die Finanzordnung der EG – kurz das gesamte primäre Gemeinschaftsrecht – ähnlich wie eine Verfassung zu respektieren.
Bei ihren Übereinkommen zur Rechtsvereinheitlichung haben die Mitgliedstaaten für die Anwendung oder Erstreckung der institutionellen Vorschriften und Verfahren der Gemeinschaft weder eine rechtliche Verpflichtung noch eine politische Veranlassung gesehen. Sie sind zum Teil in Bereichen tätig geworden, in denen auch die Gemeinschaft tätig werden könnte. Wenn sie tätig wurden, haben sie bewußt davon abgesehen, der Kommission, dem Europäischen Parlament und dem Rat sowie neuen, nachgeordneten Einrichtungen der Gemeinschaft eine »rôle fédérateur«[171] zuzuweisen.
Der Kommission wurde nicht die Aufgabe übertragen, für die Anwendung der Übereinkommen durch die Mitgliedstaaten Sorge zu tragen,[172] Vorschläge oder Entwürfe für ihre Änderung zu machen[173] und sie, soweit erforderlich, durchzuführen.[174] Insbesondere fällt auf, daß das für Änderungen des EWG-Vertrages in seinem Artikel 236 vorgesehene Verfahren in keines der Übereinkommen übernommen wurde.[175] Damit sind auch Rat

---

170 Oben N. 166 aaO.
171 *Jeantet* (oben N. 29) S. 381.
172 Vgl. Art. 155 erster Unterabsatz. In Art. 101 EuGemPatÜ wurde eine ähnliche Aufgabe statt dessen dem engeren Ausschuß des Verwaltungsrats der Europäischen Patentorganisation übertragen.
173 Vgl. Art. 155 dritter Unterabsatz und Art. 236. Ausnahmen enthalten Art. 24 Abs. 3 S. 3 EuGemPatÜ (Spätere neue Finanzierungsregelung durch Beschluß des Rates auf Vorschlag der Kommission) und 86 Abs. 4, 5 EuGemPatÜ (Beendigung der Übergangszeit für die Wahlmöglichkeit Gemeinschaftspatent – europäisches Patent durch Beschluß des Rates auf Vorschlag der Kommission).
174 Vgl. Art. 155 vierter Unterabsatz.
175 Wortlaut der Vorschrift in N. 107.

(Stellungnahme) und Europäisches Parlament (Anhörung) von der Mitwirkung bei der Fortentwicklung des Übereinkommensrechts ausgeschlossen. Für die Durchführung des Gemeinschaftspatentübereinkommens »werden besondere, den Vertragsstaaten gemeinsame Organe gebildet«, und zwar »im Europäischen Patentamt«.[176] Dieses ist nicht eine neue Einrichtung der Gemeinschaft, sondern Organ einer 1973 geschaffenen neuen internationalen Organisation von derzeit elf Staaten, der »Europäischen Patentorganisation« mit Sitz in München.[177] Auch die besonderen Organe – eine Patentverwaltungsabteilung, Nichtigkeitsabteilungen und quasi-richterliche Nichtigkeitskammern[178] – sind nicht zugleich Einrichtungen der Gemeinschaft oder sonst mit ihr verbunden, sondern Dienststellen des Patentamtes, deren Leitung dem Präsidenten des Patentamtes obliegt.[179] Ihr Personal gehört zu dessen Personal und unterliegt dessen Personalstatut, das von dem der EG verschieden ist.

Die Tätigkeit der besonderen Organe des Patentamtes wird von einem »engeren Ausschuß des Verwaltungsrats der Europäischen Patentorganisation« überwacht.[180] Zwar entsendet die Kommission zwei Vertreter in den engeren Ausschuß; sie besitzen aber kein Stimmrecht und können ihm nicht vorsitzen.[181] Dem engeren Ausschuß des Verwaltungsrats sind auch streitschlichtende[182] und rechtsetzende Befugnisse zugewiesen, etwa zum Erlaß der Finanzordnung und der Gebührenordnung sowie zur Änderung der Ausführungsordnung zum Gemeinschaftspatentübereinkommen.[183] Schließlich ist er Haushaltsbehörde,[184] nicht das Europäische Parlament und der Rat. Die Einnahmen und Ausgaben im Zusammenhang mit der Durchführung des Übereinkommens sind Teil des Haushalts der Europäischen Patentorganisation,[185] nicht der Gemeinschaft. Die jenen Teil betreffende Rechnungsprüfung obliegt den Rechnungsprüfern der Europäischen Patentorganisation,[186] nicht dem Rechnungshof der EG.

176 Art. 4 S. 1 EuGemPatÜ.
177 Art 4, 6 des »Übereinkommens über die Erteilung europäischer Patente (Europäisches Patentübereinkommen)«, unterzeichnet am 5. Oktober 1973 zu München von 16 europäischen Staaten, darunter den 10 Mitgliedstaaten der EG, in Kraft getreten am 7. Oktober 1977, veröffentlicht in: Europäisches Patentamt, Europäisches Patentübereinkommen, München Mai 1979, S. 24, 26, zitiert EPÜ.
178 Art. 7–13 EuGemPatÜ.
179 Art. 143 Abs. 2 EPÜ.
180 Art. 4 S. 2 EuGemPatÜ.
181 Art. 15, 16, 21 EuGemPatÜ.
182 Art. 101 EuGemPatÜ.
183 Art. 20 EuGemPatÜ.
184 Art. 25 EuGemPatÜ.
185 Art. 146, 147 EPÜ; Art. 24, 25 EuGemPatÜ.
186 Art. 25 Buchst. c EuGemPatÜ; Art. 49 EPÜ.

Zusammenfassend ist festzustellen, daß weder das Übereinkommen noch seine Durchführung den Vorschriften des EWG-Vertrages unterliegen. Im Gegenteil: die Mitgliedstaaten haben das gemeinschaftliche Patentsystem – obwohl es nach der Präambel ausschließlich Ziele des EWG-Vertrages anstrebt und verwirklicht – nicht nur weder legislativ noch administrativ, weder finanziell noch personell mit der Gemeinschaft verknüpft, sondern es darüber hinaus weitgehend in eine andere, gesamteuropäisch konzipierte Spezialorganisation integriert. Die »Verbindung mit der rechtlichen Ordnung der Gemeinschaft« besteht im wesentlichen in den drei dem Gerichtshof zugewiesenen Zuständigkeiten (Entscheidung über die Rechtsbeschwerde, die einheitliche Auslegung und die Verletzung des Übereinkommens durch einen Vertragsstaat) sowie darin, daß das »gemeinschaftliche Patentsystem ... untrennbar von der Verwirklichung der Ziele des [EWG-]Vertrages« ist; »daher« die Verbindung, wie die Präambel zutreffend formuliert.

IX. *Schluß*

Überblickt man das Ganze, läßt sich folgendes feststellen:
Die Übereinkommen zwischen den Mitgliedstaaten zur Rechtsvereinheitlichung und die Protokolle über ihre Auslegung durch den Gerichtshof sind nicht Bestandteile des EWG-Vertrages (oben VI. 2. e). Sie ändern ihn nicht (VI. 2. d). Sie ergänzen ihn nicht (VI. 2. c). Die Beitrittsakte von 1972 und die von 1979 rechnen sie nicht zu den drei ursprünglichen EG-Verträgen »mit den Änderungen oder Ergänzungen, die durch vor dem Beitritt in Kraft getretene Verträge oder andere Rechtsakte vorgenommen sind« (Art. 2 der beiden Akte). Vielmehr halten sie einen vom Beitritt zu den EG-Verträgen gesonderten, späteren Beitritt zu den Übereinkommen und Protokollen für erforderlich (oben VII). Diese selbst sehen sich nicht als Recht der Gemeinschaft, sondern als »ein den Vertragsstaaten gemeinsames Recht« an, das dem Gemeinschaftsrecht im Konfliktfall nachgeht (VI. 4). Sie gliedern sich bewußt nicht in die organisatorische Struktur der Gemeinschaften ein. Deren Organen Kommission, Rat, Parlament und deren Einrichtungen Wirtschafts- und Sozialausschuß, Rechnungshof sind keine Befugnisse zur Durchsetzung von Übereinkommen gegenüber den Vertragsstaaten (VIII. 6), zu ihrer legislativen, administrativen und finanziellen Durchführung sowie zu ihrer Änderung und Fortentwicklung zugewiesen (VIII. 9). Lediglich dem Gerichtshof sind bestimmte Befugnisse übertragen, jedoch nicht hinsichtlich aller Übereinkommen, begrenzt auf die Auslegung des

Übereinkommens (sowie in einem Fall auf die Entscheidung über Rechtsbeschwerden und Staatenklagen) und teilweise mit Abweichungen vom EWG-Vertrag (VIII. 6, VIII. 7, VIII. 8). Die Übereinkommen und Protokolle gelten in den Mitgliedstaaten nicht wie der EWG-Vertrag als Gemeinschaftsrecht, sondern entweder als innerstaatliches Recht oder als innerstaatlich für anwendbar erklärtes Völkerrecht (VI. 3. c, VIII. 4).

Aus diesen Gründen sind die Übereinkommen und Protokolle weder nach dem positiven Recht der Mitgliedstaaten noch nach ihrem eigenen Willen und Inhalt noch aus der Sicht des EWG-Vertrages und der beiden Beitrittsakte originäres (primäres) Recht der Gemeinschaft.

Da die Übereinkommen und Protokolle den EWG-Vertrag in bestimmten Punkten ausführen und einzelnen seiner Ziele dienen (III, VI. 1), war weiter zu prüfen, ob sie als vom EWG-Vertrag abgeleitetes (sekundäres) Recht der Gemeinschaft angesehen werden können. Insoweit läßt sich folgendes feststellen.

Rechtsquelle der Übereinkommen und Protokolle ist nicht die Gemeinschaft, sondern die Gesamtheit der Mitgliedstaaten. Sie haben ihren rechtlichen Ursprung in einem multilateralen Vertrag zwischen Staaten, nicht im einseitigen Rechtsetzungsakt eines Organs der Gemeinschaft. Die Übereinkommen und Protokolle stammen von einer anderen Rechtsetzungsgewalt als die Verordnungen und Richtlinien der Gemeinschaft. Grund für die Geltung von Übereinkommen und Protokollen *zwischen den Mitgliedstaaten* ist nicht wie bei Verordnungen und Richtlinien ein Befehl des EWG-Vertrages, sondern der Abschluß eines Vertrages zwischen Staaten (VI. 2. a, VI. 2. b). Die Übereinkommen und Protokolle sind nicht vom EWG-Vertrag abgeleitetes Organrecht, sondern autonomes Vertragsrecht (VI. 3. a). Grund für die Geltung der Übereinkommen und Protokolle *gegenüber dem einzelnen* ist nicht wie bei Verordnungen ein Befehl des EWG-Vertrages, sondern ein innerstaatlicher Hoheitsakt jedes Mitgliedstaates (VI. 3. c, VIII. 4). Die Übereinkommen und Protokolle definieren sich selbst nicht als von der Gemeinschaft abgeleitetes Recht, sondern als gemeinsames Recht der Vertragsstaaten (VI. 4). Die Beitrittsakte von 1972 und 1979 rechnen die Übereinkommen und Protokolle nicht zu den Rechtsakten der Organe der Gemeinschaften. Sie erstrecken deren Geltung nicht wie die der Verordnungen und Richtlinien auf die beitretenden Staaten. Vielmehr sehen sie einen gesonderten, späteren Beitritt zu den Übereinkommen und Protokollen vor (VII), und zwar ohne die für den Beitritt zur EWG in Artikel 237 vorgeschriebene Beteiligung von Rat und Kommission. Die Übereinkommen und Protokolle zwischen den Mitgliedstaaten haben schließlich andere rechtliche Eigenschaften und Wirkungen als die Verordnungen und Richtlinien der Gemeinschaft. Sie unterscheiden sich von Verordnungen dadurch, daß sie persönlich und sachlich lediglich mittelbar gelten (VIII. 4). Von Verordnungen und Richtlinien unterscheiden sie sich in ihrer zeitlichen Geltung (einschließlich Kündbarkeit und Aufhebung, VIII. 1), in ihrer räumlichen Geltung (VIII. 2), in ihrer materiellen Geltung (VIII. 3), in der Einheitlichkeit ihrer Anwendung im Einzelfall (Vorbehalt des innerstaatlichen ordre public, Gegenseitigkeit, Vorrang späterer innerstaatlicher Gesetze in fünf Mitgliedstaaten, VIII. 5), in ihrer Durchsetzung gegenüber den Staaten (VIII. 6), im Rechtsschutz zugunsten der Vertragsstaaten und der Bürger (VIII. 7), in ihrer Auslegung durch die Gerichte (VIII. 8), in ihrer behördlichen Durchführung und in ihrer gesetzgeberischen Weiterentwicklung, kurz in ihrer institutionellen Verknüpfung mit der Gemeinschaft (VIII. 9). Aus diesen Gründen sind die erörterten Übereinkommen und Protokolle weder nach ihren rechtlichen Wirkungen noch nach ihrer Intention, weder aus der Sicht des EWG-Vertrages und der beiden Beitrittsakte noch aus der der Mitgliedstaaten und ihres Rechts abgeleitetes (sekundäres) Recht der Gemeinschaft. Daß Übereinkommensrecht durch außerhalb des Verfahrens zur Änderung des EWG-Vertrages vereinbarte und ratifizierte Zuweisung von Rechtsanwendungsbefugnissen an den Gerichtshof in einzelnen Beziehungen ähnliche Wirkungen erlangen kann wie sie die Verordnung ohne weiteres aufgrund des EWG-Vertrages besitzt – einheitliche Auslegung, Anwendung gemeinschaftsspezifischer Auslegungsmethoden und Vorrang vor später erlassenem Landesrecht (V. 3) –, vermag es ebensowenig in primäres oder abgeleitetes Recht der Gemeinschaft zu verwandeln wie seine sonstigen Verbindungen zur Gemeinschaft (III). Vielmehr bestätigen diese besonderen Zuweisungen den Charakter der Übereinkommen als selbständiges Staatenvertragsrecht, das innerstaatlich nicht als Gemeinschaftsrecht gilt, sondern als Landesrecht oder als innerstaatlich anzuwendendes Völkerrecht (VI. 3. c, VIII. 4).

Weltnuklearordnung und Staatengleichheit

*Wolfgang Graf Vitzthum**

I.

»Auf der Suche nach einer Welt-Nuklearordnung«,[1] die die Ambivalenz der Kernenergie, ihre zugleich zivile wie militärische Verwendbarkeit, durch ein gleichermaßen proliferationsfeindliches wie distributionsfreundliches Ordnungsgefüge entschärft, schlug die Völkergemeinschaft nach Errichtung der Internationalen Atomenergie-Organisation (IAEO, 1956) und Abschluß des Vertrages über die Nichtverbreitung von Kernwaffen (NVV, 1968) zwei unterschiedliche Richtungen ein. Einerseits beschloß die Fünfzehn-Staaten-Gruppe der Nuklearlieferländer in Verhandlungen in London »Richtlinien für den Nuklearexport« (1976/78), und der US-Kongreß verabschiedete, ebenfalls als einseitigen Akt, den kontroversen »Nuclear Non-Proliferation Act« (NNPA, 1978). Andererseits beteiligen sich nicht weniger als 66 Staaten, darunter praktisch alle kerntechnologisch relevanten bzw. interessierten Länder, an dem gemeinsamen technisch-analytischen Konzertierungsbemühen »Internationale Bewertung des Kernbrennstoffkreislaufs« (INFCE, 1977/80). Um die internationale Verbreitung von Atomwaffen (Proliferation) zu verhindern, die Verbreitung der friedlichen nuklearen Tätigkeit (Distribution) damit aber nicht zugleich zu behindern, wählten die nuklearpolitisch engagierten Staaten in der zweiten Hälfte der siebziger Jahre demnach zunächst einen unilateralen (»Richtlinien«, NNPA), sodann, in Reaktion darauf, einen multilateralen (INFCE) Lösungsansatz.
Hinter dieser prozeduralen Differenz verbirgt sich ein materialer Dissens. Während sich die Völkergemeinschaft über das Ziel einer globalen Nuklearordnung – Gewährleistung ziviler Distribution ohne militärische Proliferation – und über die hohe Regelungsbedürftigkeit des internationalen Austausches von Kernmaterial und Ausrüstungen[2] weitgehend einig ist,

---
* Dr. iur., LL. M., Professor an der Universität Tübingen.
1 So der Titel des bekannten Beitrages von *K. Kaiser*, Europa-Archiv 33 (1978), S. 153 ff.
2 Vgl. dazu die vorzügliche Bonner Dissertation von *Norbert J. Prill*, Völkerrechtliche Aspekte der internationalen Verbreitung ziviler Kernenergienutzung, Berlin 1980. –

bestehen Meinungsverschiedenheiten darüber, wie ein derartiges, auch Teile der friedlichen nuklearen Tätigkeit reglementierendes Regime realisiert und implementiert werden soll. Die Alternativen dafür sind:
- Statusprivilegierung der Lieferländer, d. h. spezielle Pflichtenbindung der Empfangsstaaten (u. U. gekoppelt – so im Fall der »Richtlinien«, die allerdings nicht gegenüber Kernwaffenstaaten gelten – mit Verpflichtungen der Lieferländer untereinander) oder
- Kooperation unter rechtlich Gleichen, also uniforme Souveränitätseinschränkung aller Rechtsträger – einschließlich der Kernwaffenstaaten und der dem NVV-System bisher noch entfremdeten nuklearen Schwellenländer – zugunsten multinationaler Kontrolle und Lenkung.

Jenes erstgenannte Konzept folgt offensichtlich einem sonderstatusorientierten, (kollektiv-)hegemonialen Ordnungskonzept, dieses einer gleichheitsinspirierten, kooperativen Regimevorstellung.³ Als Unterscheidungskriterium der Ordnungsmodelle bietet sich insofern ihr Verhältnis zum Prinzip

---

Zum nachfolgenden zentralen Begriff »Proliferation«: Er bezeichnet den durch eine Regierung erfolgenden Mißbrauch von Anlagen, Kenntnissen oder Materialien des Kernbrennstoffkreislaufs für Erwerb, Herstellung oder Lagerung von Kernwaffen. Mit »Abzweigung« werden alle Aktivitäten einer Regierung oder einer subnationalen Gruppe bezeichnet, die dazu dienen, Anlagen des Kernbrennstoffkreislaufs zum Bau von Kernwaffen zu mißbrauchen. – Zum technischen Hintergrund: Alle Kernbrennstoffkreisläufe besitzen ein inhärentes Proliferationsrisiko. Der Once-through- oder Wegwerfzyklus beim thermischen Reaktor weist gegenüber geschlossenen Zyklen mit (hoch-)angereichertem Uran oder freigesetztem Plutonium allerdings mehr Barrieren gegen die Proliferation auf. Von allen Wegen zu Kernsprengkörpern dürfte zudem der über die Erzeugung (Urananreicherung) oder Extrahierung (Aufarbeitung bestrahlter Brennelemente zur Wiedergewinnung des enthaltenen Urans und Plutoniums) des spaltbaren Materials im Zuge der zivilen Nutzung der Kernenergie die mit Abstand finanziell aufwendigste und zeitraubendste Lösung sein; andere Wege (etwa über den Betrieb geeigneter Forschungsreaktoren) führen erheblich billiger und schneller zum Ziel. Die dafür ggfs. erforderlichen technologischen Kenntnisse sind weit verbreitet.

3 Zur Terminologie: Es ließe sich auch an das Begriffspaar »subordinativ/koordinativ« denken. Indes ist eine koordinative Ordnung eine solche, in der *irgendeine* Wechselbeziehung zwischen den Rechtsträgern besteht; diese Termini wären insofern für den hier zu beschreibenden Ordnungszusammenhang inhaltsarm. Der Begriff »hierarchisch« wiederum hat einen primär innerorganisatorischen Vorstellungsinhalt. »Autoritär« schließlich bezeichnet in erster Linie einen (Führungs-)Stil. Mit dem Gegensatzpaar »hegemonial/gleichheitsorientiert« verbinden sich demgegenüber – und darauf kommt es nachfolgend an – Organisationsformen, Ordnungsvorstellungen. – Zur Definition: Eine »hegemoniale« Ordnung liegt vor, wenn die Rechtsträger normalerweise – allgemein oder in bezug auf einen bestimmten Gegenstand, dauerhaft oder temporär – im Verhältnis der Über- und Unterordnung zueinander stehen. »Kooperativ« ist eine Ordnung, deren Subjekte gleichgeordnet (»Partner«) sind. Strategien zur Aufrichtung einer hegemonialen Ordnung mag man, je nach Bereich, »imperialistisch«, »monopolistisch«, »oligopolistisch« oder »kartellartig« nennen. »Egalitär« ist eine auf politische oder wirtschaftlich-soziale (schematische) Gleichheit gerichtete, gleichheitsherstellende Ordnung.

der Staatengleichheit an. Damit erweist sich die fortbestehende Fruchtbarkeit der von *Wilhelm G. Grewe* bereits im Jahre 1964 für die Rüstungskontrolle in den Vordergrund gestellten Gleichheitskategorie.⁴
Nachfolgend sind zunächst die Begriffe »internationale Nuklearordnung« und »Staatengleichheit« zu erläutern. Das erfolgt anhand der Entwicklung des überkommenen Nuklearvölkerrechts (II). Die mit den Adjektiven »hegemonial« bzw. »kooperativ« benannten Ordnungskonzepte können dann in ihrem jeweiligen Kontext vertieft werden. Unter Heranziehung des Gleichheitsprinzips sollen dazu zunächst die Londoner Richtlinien sowie der US-amerikanische NNPA (III), sodann die INFCE-Beratungen (IV) überprüft werden. Danach wird die Frage nach dem Vorliegen ausreichender Gleichheitsumstände untersucht, also das Problem einer möglichen Gleichheitsunfähigkeit des derzeitigen internationalen Systems, jedenfalls für den Nuklearsektor (V). Abschließend wird, vor einem rechtspolitischen Ausblick (VII), Parallelen zu egalitären Weltordnungsvorgängen auf anderen, nicht-nuklearen Sektoren nachgegangen (VI). Dieser Versuch, die spezielle internationale Nukleardiskussion in den Kontext der generellen rechtspolitischen Auseinandersetzung im Nord-Süd-Verhältnis zu stellen, wird für den Nuklearbereich die Skepsis gegenüber hegemonialen Modellen verstärken.

Insgesamt kann unser Überblick nur wenig über die Verwirklichungschancen und -risiken der Alternativkonzepte für eine Weltnuklearordnung aussagen. Zu unklar sind noch die normativen Komponenten der jeweiligen Ansätze, zu diffus erscheint bisher der empirische Befund. Es wird deshalb auch nicht die Frage untersucht, ob die *universalistischen* Ordnungsversuche der Heterogenität und Regionalität der Nuklearprobleme gerecht werden können. Die nachfolgende Skizze mag indes zu Beginn der achtziger Jahre den Blick für die miteinander konkurrierenden hegemonialen und kooperativen Entwicklungstendenzen des Nuklearvölkerrechts schärfen, Ten-

---

4 Die Gleichheit der Staaten in der Rüstungskontrolle, in: *K. Carstens/H. Peters* (Hrsg.), Festschrift für Jahrreiss, Köln u. a. 1964, S. 57 ff. In seinem »Spiel der Kräfte in der Weltpolitik«, Düsseldorf/Wien 1970, hält *Grewe* an dem Gleichheitskriterium fest, etwa durch die Ausdrücke »diskriminierend« (S. 35), Waffenbesitz »als Schutz gegen Bevormundung durch eine Hegemonialmacht« (S. 97), »die Monopolstellung (genauer gesagt das ›Oligopol‹) der Kernwaffenbesitzer« (S. 99; vgl. auch S. 100 f.). In seinen »Rückblenden«, Frankfurt/M. u. a. 1979, S. 689 ff. verwendet der Jubilar das Gleichheitskriterium bereits in der Überschrift des einschlägigen Kapitels: »Herabstufung der Bundesrepublik: Atomsperrvertrag«. Ebd., S. 697, spricht er vom NVV als einem »notwendigerweise diskriminierenden«, »ungleichen Vertrag« (S. 707), der als »Instrument der Supermächte« (S. 700) die übrigen Staaten »in einen minderen Status versetzt« habe (S. 702). Wie immer man die NV-Politik bewertet – sie ist unzweifelhaft ein wesentliches Element aller Rüstungskontrollbemühungen.

denzen, die offensichtlich über das abgeschlossene Jahrzehnt hinauswirken,⁵ und die der internationalen Gemeinschaft, zumal nach der israelischen Zerstörung des irakischen Reaktors bei Bagdad im Juni 1981, schon bald eine Präferenzentscheidung abnötigen könnten. Jenseits der rechtstechnischen Aspekte, die in der Praxis notwendigerweise im Vordergrund stehen, mag damit das Augenmerk auch wieder auf die völkerrechts- und ordnungspolitische Dimension des Problems gelenkt werden, das der Januskopf der Kernspaltung, also die duale Verwendbarkeit der Kernenergie aufwirft.

II.

Die Bemühungen um eine internationale Nuklearordnung zum Zwecke des »Einhegens« der militärischen und des »Pflegens« der zivilen Kernenergienutzung schienen bereits einmal, vor fünfunddreißig Jahren, vom Vorsatz bestimmt, die Staatengleichheit auf diesem Sektor durch allseitige und einheitliche Souveränitätsbegrenzung zu respektieren. Wenn dieses gleichheitsorientierte Ordnungskonzept, wie hier, mit der Abkehr von einer liberalen und der Hinwendung zu einer restriktiven Nutzungsordnung verbunden ist, läuft es letztlich auf die internationale Steuerung und Überwachung der Kernenergieverwendung hinaus.

In diese Richtung zielten Initiativen der damals (1946) einzigen Nuklearmacht der Welt: der rüstungskontrollpolitisch motivierte *Baruch*-Plan sowie der auf ihm aufbauende *Acheson-Lilienthal*-Report.⁶ Beiden Vorstö-

---

5 Die sich an INFCE anschließenden multilateralen Beratungen, etwa über ein Internationales Plutoniumlager-Regime, haben sich in das IAEO-Committee on Assurances of Supply hinein verlagert. Andererseits bewegt sich auch im bilateralen Rahmen einiges, wie etwa das ägyptisch-französische Nuklearabkommen vom 12. Februar 1981 zeigt. Gemäß diesem Abkommen wird Frankreich Ägypten mit Kernkraftwerken und dem nötigen Brennstoff beliefern, vgl. Neue Zürcher Zeitung vom 15./16. 2. 1981. Die USA und Ägypten haben jüngst ein ähnliches Abkommen über die Lieferung von Atomreaktoren und *leicht* angereichertem Uran abgeschlossen, vgl. Frankfurter Allgemeine Zeitung vom 1. 7. 1981. Diese Lieferung wäre nichtverbreitungspolitisch weniger bedenklich als die Lieferung von Forschungsreaktoren, die *hoch* angereichertes Uran verwenden (wie der Osirak Reaktor bei Bagdad). – Zu neueren und möglichen künftigen Entwicklungen vgl. *J. N. Nye*, Défense et illustration du régime de la non-prolifération, politique étrangère 4 (1980), S. 925 ff. (936 ff.)
6 Nach *Grewe*, Gleichheit (Anm. 4), S. 70 hatten sich die USA damals »von einem konsequenten Gleichheitsprinzip inspirieren lassen«. Zwischen 1946 und 1953 blockierten die USA auf der Grundlage ihres Atomic Energy Act von 1946 dann die internationale Zusammenarbeit im nuklearen Bereich (1949: erste Kernexplosion der UdSSR; in den Jahren 1952, 1960 und 1964 folgten Großbritannien, Frankreich und China). Mit Präsident *Eisenhowers* Atoms for Peace-Programm öffneten sich die USA im Dezember 1953 der Zusammenarbeit mit allen Staaten, solange diese sich den von Washington ge-

ßen ging es im Kern darum, einer zu gründenden International Atomic Development Authority hinsichtlich – in heutiger Terminologie – aller »sensitiven« Materialien und Anlagen[7] »die ausschließliche Kompetenz unter Verdrängung aller staatlichen Zuständigkeiten« zu übertragen.[8]
In der relativ schwachen Regelungs- und Durchsetzungskompetenz der zehn Jahre später in Wien errichteten IAEO fanden sich dann nur noch Spurenelemente dieses Internationalisierungsansatzes. So sollte die IAEO zwar auf die internationale Verbreitung der zivilen Kernenergienutzung hinwirken; von den umfassenden regulativen und operativen Aufgaben des hochfliegenden *Baruch*-Modells aber war nicht mehr die Rede. Die Wiener Behörde wurde vielmehr im wesentlichen auf das Mittel einer nur beobachtenden Kontrolle der friedlichen Nutzung beschränkt (vgl. Art. XII IAEO-Statut). Das Maß an »Supranationalität«, das die Mitgliedstaaten diesem System von Sicherungskontrollen (Safeguards) zugestanden, blieb marginal. Die Parallele zur Havanna-Charta liegt auf der Hand: Für ihren Sektor ebenfalls als Baustein einer umfassenden Nachkriegsweltordnung konzipiert, wurde sie nur als Torso in der Gestalt des GATT Realität. Die Möglichkeiten der IAEO im Bereich der technischen Hilfe, an der vor allem die Entwicklungsländer partizipieren möchten, sind zwar nicht unbedeutend; im Kontrollbereich konnte die IAEO aber nicht mehr bewirken. Denn zunächst ist immer eine Grundverpflichtung der Mitgliedstaaten erforderlich, die Kontrollen auch anzunehmen.[9] Zudem setzen privatrechtliche Interessen der Wirksamkeit der IAEO-Kontrolle Grenzen.

wünschten Kontrollen unterwarfen. Bei dieser »Konzeption von Kooperation und Kontrolle blieb es bis zum Jahre 1976«, *R. Dolzer*, Frankfurter Allgemeine Zeitung vom 30. 4. 1980. Vgl. auch *J. C. Woodliffe*, The Non-Proliferation Treaty Revisited, Netherlands International Law Review 27 (1980), S. 39 ff. (40 ff.).

7 Hierbei geht es um waffengrädige (-geeignete) Materialien wie Plutonium und hoch angereichertes Material sowie um die zu ihrer Herstellung benötigten Anlagen (also solche zur Anreicherung und Wiederaufarbeitung). Zum »technical background« s. *Woodliffe* (Anm. 6), S. 42 ff.
8 *Prill* (Anm. 2), S. 40; vgl. auch ebd., S. 16 ff., 39.
9 Zur IAEO vgl. *B. Goldschmidt*, Le complexe atomique, Paris 1980; *H. Grümm,* Die Rolle der IAEO in der internationalen Sicherheitsüberwachung, in: Deutsches Atomforum (Hrsg.), Sicherheitsüberwachung und Nichtverbreitung, Bonn 1979, S. 24 ff.; *I. Seidl-Hohenveldern*, Das Recht der Internationalen Organisationen einschließlich der Supranationalen Gemeinschaften, 3. Aufl., Köln u. a. 1979, S. 97 f., 367 f.; IAEO, The Annual Report for 1979, Doc. GC (XXIV)/627, 1980; *Chr. Loeck*, Internationale Nuklearorganisationen und die Nichtverbreitung von Kernwaffen, in: *L. Wilker* (Hrsg.), Nuklearpolitik im Zielkonflikt, Köln 1980, S. 107 ff. (112 ff.). – Trotz aller Kritik an der IAEO, vor allem an ihrer fehlenden Universalität, ist nicht zu übersehen, daß die IAEO i.V.m. dem NVV ein historisch recht einmaliges Ergebnis darstellt, ist doch auf diese Weise die Akzeptanz einer internationalen Kontrolle erreicht worden. Die IAEO hat mithin zumindest gezeigt, daß ein größeres internationales Kontrollsystem aufgebaut und betrieben werden kann. Im Bereich der NVV-Länder und in Ländern, die bilateral

Die in den sechziger Jahren durch die Vermehrung der Atomwaffen- und der Nuklearindustriemächte verstärkten proliferationsbezogenen Befürchtungen und distributionsgerichteten Hoffnungen führten zu keiner Renaissance des frühen Kooperations- und Internationalisierungsmodells. Mit dem »*Treaty on the Non-Proliferation of Nuclear Weapons*« (kurz: Nichtverbreitungs-Vertrag = NVV) von 1968 wandten sich die Vertragsstaaten vielmehr der entgegengesetzten Ordnungsvorstellung zu. Die als friedensgefährdend angesehene horizontale Proliferation[10] der Nuklearwaffen unter immer mehr Nationen sollte nun durch Verfestigung des Atomwaffenmonopols verhindert werden. Das Mittel dazu war die rechtliche Überhöhung der faktischen Vormachtstellung der Kernwaffenstaaten, die Oberherrschaft der Nuklearmächte.

Die diesem System inhärente Statusprivilegierung der Mächte, die am 1. Januar 1967 Atomwaffen besaßen, war auf den *militärischen* Bereich beschränkt. An das »»souveräne Recht der Vertragsstaaten auf eigene Entwicklung der *zivilen* Kernenergienutzung und zur Unterstützung anderer Staaten dabei, jeweils auch im sensitiven Bereich«,[11] wurde (noch) nicht

zu Kontrollen verpflichtet wurden, funktioniert die IAEO-Kontrolle als Warnsystem. Daneben erfüllt die IAEO die Funktionen der Förderung und der Legitimation *(E. Häckel)* der zivilen Kernenergienutzung.

10 Vgl. bereits die NVV-Präambel. – Der NVV hat indes nicht nur den Geburtsfehler, daß die Nuklearmächte Frankreich und China ihn nicht unterzeichnet haben. Der NVV konnte vielmehr auch nicht verhindern, daß zwischen den »erklärten« Atommächten (USA, UdSSR, Großbritannien und die beiden NVV-Outsider) und den Habenichtsen eine Grauzone von potentiellen Atommächten entstand. In ihr sind zwar auch die Bundesrepublik Deutschland, Japan und Kanada angesiedelt, da sie trotz hochentwickelter Nukleartechnik eindeutig auf atomare Bewaffnung verzichten, wohl aber derzeit ca. 11 Nationen der Dritten Welt (Indien, Pakistan, Südkorea, Taiwan, Südafrika, Israel, Irak, Argentinien, Brasilien usw.), die unangenehmen Nachbarn eines Tages »mit der Bombe« drohen könnten. Einige von ihnen haben offensichtlich den Ausbau nuklearer Unabhängigkeit und Waffenfähigkeit beschlossen. – Indien etwa war und ist kein NVV-Land, Argentinien und Brasilien haben nur das Tlatelolco-Abkommen unterzeichnet. Libyen, Korea, Ägypten und Irak sind NVV-Mitglieder. Andere Staaten sind auch z. Z. kontrolliert durch ein Mosaik von Abkommen mit der IAEO, s. IAEO-Jahresbericht 1979, Rdnr. 164; zwar haben sich diese Staaten, soweit sie nicht Tlatelolco-Unterzeichner sind, zumindest die juristische Kernwaffenoption offengehalten, doch sind sie durch den Bezug von Nuklearmaterial hinreichend eingebunden. Letzteres gilt insbesondere von Argentinien und Brasilien; in diesen Ländern sind alle wesentlichen nuklearen Tätigkeiten z. Z. erfaßt. »Indien hat es in der Hand, sich offen auf den Weg zum Nuklearwaffenstaat zu begeben – und dann eines Tages am Vorstandstisch der Nichtverbreitungspolitik zu sitzen« (*R. Held*, Frankfurter Allgemeine Zeitung vom 14. 8. 1980). – Angesichts der Abwesenheit wichtiger nuklearer Schwellenmächte ist der NVV gelegentlich als Fehlschlag bezeichnet worden. Ratifiziert hätten ihn vor allem diejenigen, die vor keiner konkreten Entscheidung gestanden hätten. Wegen seines diskriminierenden Charakters sei er nicht wirklich international akzeptiert. – Zur Politik der Schwellenmächte *H. Haftdorn*, Krise des internationalen Nuklearsystems, aus politik und zeitgeschichte B 5/79 (3. 2. 1979), S. B 5 ff. (18 ff.).

11 *Prill* (Anm. 2), S. 72.

Hand angelegt. Die fortbestehende liberale Ordnung für die Nutzung der Kernkraft zu friedlichen Zwecken war statuspolitisch zugleich eine Ordnung (formaler) Gleichheit.

Die Diskriminierung im militärischen Bereich wurde für die Nichtkernwaffenstaaten nur durch die Rechte auf die friedliche Nutzung (Art. IV NVV) akzeptabel. Insofern ist der durch Art. IV NVV verbürgte Zugang auch zu sensitiver Technologie (Anreicherung und Wiederaufbereitung) das Herzstück des NVV-Kompromisses. Die Härte der Kernwaffenverweigerung für die Nichtnuklearen sollte zudem u. a. dadurch gemildert wurden, daß auch den Atomwaffenmächten gewisse Beschränkungen – bei ihnen zum Zwecke vertikaler Nonproliferation[12] – auferlegt wurden (Art. VI NVV). Von einem durch Art. IV und VI NVV erreichten Gleichgewicht des NVV-Regimes, von einer Staatengleichberechtigung auf dem *Gesamt*gebiet des Kernenergieeinsatzes also, konnte indes keine Rede sein. Der NVV war und ist vielmehr Ausdruck eines »autoritär-hierarchische(n)«[13] Ordnungsmodells. Er versucht, eine Ungleichheit unter den Nationen einzufrieren. Die obere Etage der Weltordnung bleibt den Atomwaffenmächten reserviert.

12 Als »vertikale Proliferation« bezeichnet man das Wettrüsten der Atomwaffenmächte, »das Aufsteigen der Rüstungen in absurde Höhen der nuklearen Fürchterlichkeit« *(Held,* Frankfurter Allgemeine Zeitung vom 17. 7. 1981). Es wird durch den NVV nicht wirksam behindert. Die in seinem Art. VI statuierten Verhandlungspflichten wurden von den Adressaten bisher jedenfalls nicht erfüllt. Das Resultat dieser Situation ist erschreckend: Derzeit gibt es auf der Welt 40–50 000 Atomwaffen. Pro Kopf der Erdbevölkerung beträgt das nukleare Vernichtungspotential rund 3 t TNT (Frankfurter Allgemeine Zeitung vom 4. 2. 1981). – Gab es insofern auch keine Abrüstungsmaßnahmen, so sind doch als Rüstungsbegrenzungsschritte ABM-Vertrag und Salt I zu nennen. Das nicht ratifizierte Salt-II-Abkommen wird vorläufig wohl stillschweigend eingehalten. Seine Präambel bezieht sich auf (USA- und UdSSR-) »obligations under Art. VI of the NPT«.

13 *Grewe,* Spiel (Anm. 4), S. 393; *ders.,* Gleichheit (Anm. 4), S. 81 spricht von einer »in dieser Privilegierung der Zuerstgekommenen liegenden Willkür«; *S. Brucan,* The Dialectic of World Politics, New York/London 1978, S. 50 ff.; *Haftendorn* (Anm. 10), S. 25 (»Einseitigkeit der Beschränkungen«, »Ungleichgewicht des Vertrages«). – Die nachstehende Untersuchung beschränkt sich darauf, völker*rechtliche* Ordnungsvorstellungen zu skizzieren. Sie behandelt insofern nicht die von *Grewe* wiederholt angezweifelte politische Effektivität des NVV-Systems (s. o. Anm. 10). Auf die Frage, ob wir hier Zeuge eines langsamen Dammbruchs sind, oder ob der NVV die Proliferation nicht doch in einer Reihe von Fällen (bisher) hat verhindern können, wird nachfolgend deshalb nicht eingegangen. Skeptisch bereits *M. A. Kaplan,* The Nuclear Non-Proliferation Treaty, Journal of Public Law 18 (1969), S. 1 ff. (11). Auch im INFCE-Kontext ließen einige Schwellenmächte keinen Zweifel an ihrer generellen Ablehnung des bestehenden NVV-Systems. Zum »discrimination«-Aspekt des NVV vgl. SIPRI, Postures for Non-Proliferation, London 1979, S. 5 ff.; *L. P. Bloomfield,* Nuclear Spread and World Order, Foreign Affairs 53 (1974/75), S. 743 ff. (744 f.). Zu Art. IV des NVV vgl. *R. Dolzer,* International Nuclear Cooperation: Obligations, Conditions and Options, Indian Journal of International Law 20 (1980), S. 366 ff. (372 ff.).

Gewiß, das sich in den Zeiten des Kalten Krieges und des Supermächte-Bilateralismus herauskristallisierende Nuklearvölkerrecht enthielt nicht nur die Elemente IAEO bzw. NVV. Erinnert sei nur an das sich verdichtende Geflecht bilateraler[14] und regionaler[15] Abkommen und an die zahlreichen Institutionen und Transaktionen auf dem Gebiet der Kernenergieverwendung zu friedlichen, aber auch zu militärischen Zwecken.[16] Es kann auch nicht oft genug hervorgehoben werden, daß der NVV, der seine Hauptstoßrichtung im militärischen Bereich entfaltete, hinsichtlich der friedlichen nuklearen Tätigkeit ein pointiert reglementierungsfreies Regime[17] errichtete: Zulassung auch der sensitiven zivilen Nutzungs- und Distributionsfor-

---

14 Überblick über Kooperationsabkommen bei *Prill* (Anm. 2), S. 122 ff., 131 ff., 140 ff. Sie enthalten i.d.R. die Verpflichtung, bilaterale Sicherheitskontroll-Abkommen mit der IAEO abzuschließen. Die Einbeziehung der IAEO in bi- und trilaterale Abkommen war auch durch die Verpflichtung in Art. III NVV ausgelöst worden, relevantes Material nur dann zu liefern, wenn der Empfänger IAEO-Kontrollen akzeptiert. – Aktuelle Kooperationsbeispiele sind die Abkommen der Bundesrepublik Deutschland mit Brasilien und Argentinien. Hier wird im Verhältnis zu Nichtparteien des NVV der Versuch unternommen, Schwellenländer durch Kooperation an den NVV heranzuführen, bzw. den in Art. VI NVV liegenden Dissens für den Bereich der friedlichen Nutzung der Kernenergie aufzulösen. Argentinien könnte z. B. sagen, daß es dem NVV erst beitreten werde, wenn die Supermächte ihre Verpflichtungen aus Art. VI NVV erfüllten; es könnte sich ferner auf den Standpunkt stellen, daß es aus diesem Grunde keine aus dem NVV abzuleitenden Verpflichtungen in bezug auf die friedliche Nutzung der Kernenergie einzugehen bereit sei.
15 Beispiel: Euratom-Vertrag vom 25. 3. 1957. Dazu *F. Oboussier,* Die Sicherstellung des nuklearen Brennstoffkreislaufes – eine europäische Aufgabe?, in: Arbeitskreis Europäische Integration e. V. (Hrsg.), Die Kernenergie als Problem europäischer Politik, Baden-Baden 1980, S. 35 ff.
16 Beispiel: Vertrag von Tlatelolco über das Verbot von Kernwaffen in Lateinamerika vom 14. 2. 1967, 634 UNTS 281. Dazu *R. Platzöder,* Der Vertrag von Tlatelolco, Ebenhausen (SWP-AZ 1071) 1972. Der Vertrag, der eine wachsende politische Bedeutung (auch als Modell) besitzt, tritt erst in Kraft wenn ihn *alle* Länder Lateinamerikas ratifiziert haben; das ist wegen Kuba unwahrscheinlich. Der Vertrag kann allerdings von einem Land *einseitig* für sich in Kraft gesetzt werden. Eine derartige einseitige Erklärung hat etwa Brasilien noch nicht abgegeben. Nach dem Vertrag sind »friedliche« Explosionen erlaubt (politisch ein sehr schwieriger Punkt) – einer der zahlreichen Aspekte, in denen sich Tlatelolco vom NVV unterscheidet.
17 Dieses System ist sogar mit gewissen »sozialen Komponenten« versehen. So darf unter dem NVV-Regime nicht nur ein Staat einen anderen im Bereich ziviler Kernenergienutzung unterstützen (Art. III Abs. 2, IV Abs. 2 NVV); es wird vielmehr auch eine gewisse Wohlverhaltenspflicht hinsichtlich transnationalen Austausches niedergelegt (Art. IV Abs. 2, Präambel Abs. 7). Von »sozialer Komponente« im (insoweit vergleichbaren) Bereich der Rohstofflieferungssicherheit spricht *U. Scheuner,* Diskussionsbeitrag, in: *W. A. Kewenig* (Hrsg.), Völkerrecht und internationale wirtschaftliche Zusammenarbeit, Berlin 1978, S. 180. – Der NVV kennt lediglich die Unterscheidung zwischen militärischer und ziviler Nutzung. Nirgendwo finden sich Anhaltspunkte dafür, daß potentiell proliferationsträchtige zivile Nutzungsformen anders zu behandeln sind als andere Formen der friedlichen Verwendung.

men für alle Länder, die dem NVV angehören (vgl. Art. IV), IAEO-Kontrolle als einzige Kautel gegen schleichenden Atomwaffenerwerb.[18] Aber dies alles ändert nichts am nuklear-völkerrechtlichen Gesamtbefund jener letztlich nicht vom Austauschkonzept geprägten Epoche. Als zentrale internationale Vereinbarung über die Kernenergieverwendung legalisierte der NVV den faktischen Vorrang der Atomwaffenstaaten und fixierte die Staatenungleichheit im Hinblick auf Nuklearrüstung und die Herstellung von Kernsprengkörpern. Trotz fortbestehender Freiheit und Gleichheit im zivilen Nutzungs- und Distributionsbereich *konstituierte der NVV* damit *insgesamt eine hegemoniale Nuklearordnung*. Seine Ratifizierung durch den US-Senat im Jahre 1969 und die Eröffnung der Nuklearabrüstungsverhandlungen markierte zugleich den Beginn der Ost-West-Entspannungspolitik.

III.

Die Ratifikation des NVV durch die Bundesrepublik Deutschland am 20. Februar 1974[19] fiel, wie sich rückschauender Betrachtung erschließt,[20] zeitlich nahezu zusammen mit der unterirdischen Explosion eines »friedlichen« Kernsprengkörpers in Indien am 18. Mai 1974 und der u. a. dadurch mittelbar aufgedeckten Krise des NVV-Systems. Diese Entwicklung leitete die Abkehr der USA vom liberalen NVV-Distributionskonzept ein. Insofern war 1974 ein nuklearpolitisches Schaltjahr.
Die unter der *Ford*-Präsidentschaft einsetzende »noch unsystematische Suche nach international annehmbaren Methoden zur Einschränkung ›gefährlicher‹ ziviler Nutzungen der Kernenergie«[21] konzentrierte sich zuneh-

---

18 Immerhin setzt aber jeder Export nun Sicherungskontrollen im Empfängerland voraus. Art. III Abs. 2 NVV enthält die Verpflichtung, nur zu liefern, wenn der Empfänger Safeguards akzeptiert. Der NVV ermöglicht nun eine jeweils umfassende Kontrolle des gesamten Brennstoffkreislaufs (genauer: des Materials im Brennstoffkreislauf) in den NVV-Mitgliedstaaten. Aufgabe der Safeguards ist die Kontrolle der sensitiven Anlagen und Materialien mit dem Ziel, Abzweigung zu entdecken und damit letztlich von ihr abzuschrecken. *Verhindern* können Sicherungskontrollen die Abzweigung nicht. Man kann aber wohl davon ausgehen, daß sowohl signifikante Materialabzweigungen als auch ein Umfunktionieren von Anlagen (etwa von solchen der Urananreicherung) durch diese Sicherungskontrollen entdeckt werden würden.
19 Dazu *W. Graf Vitzthum*, Atomsperrvertrag und Verifikationsabkommen, in: *ders.* (Hrsg.), Rechtliche und ökonomische Probleme der Energie- und Rohstoffversorgung der Bundesrepublik Deutschland, (Hochschule der Bundeswehr) München 1979, S. 215 ff.
20 Ebd., S. 217 f., 219 ff., 241 ff.
21 So die Überschrift des einschlägigen Kapitels bei *Prill* (Anm. 2), S. 86. – Indien, das wie Pakistan dem NVV ferngeblieben ist, akzeptiert IAEO-Kontrollen i.V.m. Lieferabkom-

mend darauf, bereits das Entstehen der objektiven Mißbrauchsvoraussetzungen im Bereich friedlicher Kernenergieverwendung, also alle waffentechnisch nutzbaren Aktivitäten von Nichtatomwaffenstaaten, zu unterbinden.[22] Es ging den USA weniger darum, Verletzungen des Safeguards-Systems vorzubeugen, als darum, sicherzustellen, daß eine nukleare Exportpolitik betrieben wird, die ausschließlich auf die Lieferung von Leichtwasserreaktoren für die Stromerzeugung abgestellt ist, die also eine technische Optionsmöglichkeit über die friedliche Nutzung der Kernenergie hinaus kaum entstehen läßt. Ziel dieser Nichtverbreitungspolitik ist es im Endergebnis, zu verhindern, daß ein Nichtkernwaffenstaat technisch »*Nuclear Weapon Capability*« gewinnt und damit über die für die Etablierung eines politischen Mitspracherechts erforderliche Option verfügt. Einer solchen Politik muß die Hochanreicherung als noch problematischer erscheinen als das Anfallen von Reaktorplutonium, weil die Nutzung für strategische Kernwaffen bei letzterem, wenn es aus stromerzeugenden Leichtwasserreaktoren kommt, begrenzter ist.

Angesichts der z. T. wenig konsistenten Haltung der *Carter*-Regierung[23] ergriff schließlich die vormachtbewußtere US-Legislative die Initiative. Sie versuchte, das sich herausbildende neue Ordnungskonzept der Exekutive – Verhinderung sensitiver nationaler Atomwaffenfähigkeit zwecks Abwendung jeglichen Risikos internationaler Plutoniumdistribution – mit dem *NNPA*-Instrument nun einseitig gegenüber den Empfängern von US-Nuklearlieferungen und den sonstigen Kooperationspartnern der USA im Nuklearbereich durchzusetzen.[24]

men, d. h. anlagenspezifische Kontrollen. Full scope safeguards dagegen lehnt Indien als diskriminierend ab. Indien, das somit dem Argument der Selbstachtung das Übergewicht gibt, ist immerhin Mitglied des Limited Test Ban Treaty.

22 Die US-Besorgnisse bezogen und beziehen sich auf eine nukleare Welt, in der eine größere Anzahl von Staaten faktisch (nicht: rechtlich) über eine technische Optionsmöglichkeit über die friedliche Nutzung der Kernenergie hinaus verfügt. Die Frage, ob diese Staaten die technische Option dann auch politisch-militärisch nutzen würden, ist von zweitrangiger Bedeutung – die Option als solche wäre schon mit einer nicht unerheblichen Gleichgewichtsveränderung verbunden. Zur Illustration stelle man sich Verhandlungen über die Implementierung des Art. VI NVV vor, an denen außer den Supermächten eine Anzahl nuklearer Schwellenländer, ausgestattet mit dieser Option, teilnähmen.

23 Vgl. *H. Haftendorn*, Die Nuklearpolitik der Vereinigten Staaten zwischen Autonomie und Interdependenz, in: *Wilker* (Anm. 9), S. 13 ff. (17 ff.). Den Kernpunkt der US-Nuklearpolitik seit 1976 bildeten Einwendungen gegen die Wiederaufarbeitung und den Schnellen Brüter. – 1976/77 forcierte Präsident *Carter* mit einem geradezu irrationalen, gegen alles Atomare gerichteten Eifer eine neue restriktive Linie. Damit entstand dann der bekannte Nuklearkonflikt der USA mit anderen Industrieländern (und einigen Schwellen- und Entwicklungsländern). Daraus resultierte auf dem Wirtschaftsgipfel vom Mai 1977 der Beschluß, INFCE als den Versuch einer gemeinsamen Studie über Versorgungssicherheits- und NVV-Aspekte zu veranstalten.

24 Dazu *Kaiser* (Anm. 1), S. 155 ff.; *Haftendorn* (Anm. 23), S. 22 ff., 29 ff. – Der NNPA

Dieses Hochhalten des Unilateralismus ist derzeit auch bei anderen internationalen Regelungsvorgängen zu beobachten. Es widerspricht dem Verfahrens-Credo einer immer norm- und normreformhungriger werdenden Völkergemeinschaft, die sich grundsätzlich dem Völkerbund- und UN-Konzept »Friedlicher Wandel durch völkerrechtliche Rechtsetzung«[25] verschrieben hat. Die Tatsache, daß der US-Kongreß trotz der verbreiteten Suche nach konsensualen Lösungen auf das klassisch-anarchische Schema national bestimmter, einseitiger Rechtsetzung und -nahme zurückgriff, nährt den Verdacht, daß sich hinter der nationalen Mittelwahl eine internationale Divergenz über das »management of change« verbirgt. Und in der Tat: Die Mehrzahl der industrialisierten Nichtatomwaffenstaaten verweigerte sich – und verweigert sich auch heute noch – dem US-»Versuch eines totalen nuklearen Revisionismus«.[26]

Nach dem Grund für diese Ablehnung ist nicht lange zu suchen. Die zum NNPA geronnene neue Nondistributionsvorstellung[27] projiziert die Rüstungskontroll-Zweiteilung Kernwaffenstaaten/Nichtkernwaffenstaaten partiell in den *zivilen* Bereich. Die USA akzeptieren nun nur noch ein kooperatives Ordnungssystem, das qua seiner nuklearen Nutzung im Kern vor allem auf den Leichtwasserreaktor für Stromerzeugung abgestellt ist und das insofern keine wesentliche technische Optionsmöglichkeit über die friedliche Nutzung der Kernenergie hinaus aufweist. Es geht den USA weniger um eine safeguardmäßige Verpflichtung von Empfängerländern (Safeguards werden nach wie vor als *ein* wirksames Instrument der

---

sieht grundsätzlich vor, daß Uran nur noch an solche Staaten geliefert werden darf, die die IAEO-Kontrollen (in bezug auf den gesamten Brennstoffkreislauf) akzeptiert haben. Von diesem Grundsatz kann abgewichen werden, wenn der Präsident entscheidet, daß ein Festhalten daran »die US-Nichtverbreitungspolitik ernsthaft hindern oder in sonstiger Weise die gemeinsamen Anliegen der Verteidigung und Sicherheit« gefährden würde (gegen Ausnahmeentscheidungen des Präsidenten besteht ein Vetorecht des Kongresses, das dieser mittels gemeinsamer Entschließung von Repräsentantenhaus und Senat ausüben kann). Grundsätzliche Unterschiede zwischen Kongreß und Weißem Haus bestanden 1978 nicht. – Zu völkerrechtlichen Problemen des NNPA (kritisch) *Dolzer* (Anm. 13), S. 378 ff. Die USA dürften im übrigen mittlerweile gemerkt haben, daß sie bei Insistieren auf dem NNPA Gefahr laufen, einige ihrer besten Verbündeten vor den Kopf zu stoßen. Insofern mag es zu einer differenzierteren Anwendung des Gesetzes kommen.

25 So der Titel *meines* Beitrages in: *J. Delbrück* (Hrsg.), Völkerrecht und Kriegsverhütung, Berlin 1979, S. 123 ff.

26 *Kaiser* (Anm. 1), S. 155. – Die UdSSR hielt und hält sich zwar im Schatten amerikanischer NV-Politik; nirgendwo in ihrem Einflußgebiet läßt sich indes ein Verstoß gegen den NVV feststellen, vgl. *Held* (Anm. 12).

27 Zur zeitlichen Reihenfolge: Zunächst wurde INFCE einberufen, mit dem allgemeinen understanding: Stillhalten während der Konferenzzeit, keine Gefährdung laufender Programme und bestehender Abkommen über die friedliche Nutzung der Kernenergie. Kurz danach wurde gleichwohl der NNPA verabschiedet. Der NNPA läßt sich nun mit zentralen INFCE-Ergebnissen kaum vereinbaren.

Mißbrauchsverhütung angesehen), als um die technische Unfähigkeit von Empfängerländern (bzw. zumindest um deren negatives »political commitment«), Kernsprengungen für »friedliche« Zwecke vorzunehmen. Für eine solche Konzeption kann es letztlich keinen qualitativen Unterschied zwischen Exportländern für zivilgenutzte Nukleartechnologie und Kernwaffenstaaten geben. Denn die Lieferländer können Drittstaaten objektiv zur Kernwaffenkapazität verhelfen. Insofern ist Regelungsobjekt des NNPA die Vorphase der Kernwaffenfrage, das technische Potential, während der NVV nur das technische (End-)Produkt in den Griff zu bekommen suchte.

Im Ergebnis stellt der NNPA eine einseitige, restriktive Neuinterpretation des Art. IV NVV dar. Er komplettiert die vom NVV zehn Jahre zuvor fixierte waffentechnische Abkehr vom Staatengleichheitsprinzip nun für den sensitiven Bereich der friedlichen nuklearen Tätigkeit. Insofern ist der NNPA ein Ordnungsmodell »durchaus hierarchischen, wenn nicht *hegemonialen Zuschnitts*«.[28]

---

28 *Prill* (Anm. 2), S. 99. Zur US-Praxis unter dem NNPA-Regime ebd., S. 121 ff., 159 ff., 165 ff. Zu künftigen Alternativen *J. A. Yager* (ed.), Nonproliferation and U.S. Foreign Policy, Washington, D. C. 1980, S. 309 ff., 407 ff. – Der NNPA ist weiterhin in Kraft. Auch im neuen US-Kongreß sind noch zahlreiche Abgeordnete, die sich mit ihm identifizieren. Die *Reagan*-Administration kann ihn im Alleingang nicht korrigieren, selbst wenn sie – wofür es Indizien gibt – von seinem Konzept »USA als nuklearer Ordnungshüter der Menschheit« abrücken möchte. Vgl. auch The Comptroller General of the U.S., Evaluation of Selected Features of U.S. Nuclear Non-Proliferation Law and Policy, Washington, D. C. 1980 (Doc.No.EMD-81-9). Das Ziel zu verhindern, daß ein Nichtkernwaffenstaat technisch die »Nuclear Weapon Capability« erlangt, stellt mittlerweile zwar eine NV-politische Grundlinie der USA dar, die auch von der neuen US-Administration verfolgt werden dürfte. Doch dürfte Präsident *Reagan*, anders als Präsident *Carter*, die nukleare Zusammenarbeit nicht zum fast ausschließlichen tertium comperationis der bilateralen Beziehungen machen. Das lehrt der Fall Pakistan. Aufgrund der Vermutung eines nuklearen Alleingangs hatte die *Carter*-Administration gegenüber Pakistan das *Symington* Amendment angewandt und jede militärische und wirtschaftliche Hilfe eingestellt. Durch den Einmarsch der Sowjets in Afghanistan hat sich die Situation in dieser Region entscheidend verändert. Es stellte sich heraus, daß die von den USA übernommene nukleare Gralshüterfunktion einen kontraproduzenten Effekt auf die globalhegemonialen Interessen der USA hatte. Die *Reagan*-Administration scheint hieraus eine Lehre gezogen zu haben. Mit Ländern, die sie als NV-politisch nicht einbindungsfähig ansieht (Indien/Pakistan, Israel/Irak), möchten die USA offenbar in keine nuklearen Beziehungen eintreten. Im Falle Tarapurs etwa mögen die USA deshalb daran denken, sich aus ihren Verpflichtungen durch ein »amicable disengagement« zu lösen, um ihre Beziehungen zu Indien künftig frei von nuklearen, nicht abwendbaren Belastungen zu halten. Insofern kann das Bekenntnis zu einem hegemonialen (Ost-West-) Ordnungsprinzip die Teilnahme an der nuklearen (Nord-Süd-)Zusammenarbeit ausschließen. Hier mag die Zukunft ein wesentlichen Unterschied zwischen der *Carter*- und der *Reagan*-Administration liegen: Die USA dürften die bisherige Strenge ihrer NV-Politik künftig gelegentlich strategischen Prioritäten opfern. Die Integrität der NV-Politik wird dies kaum stärken, vgl. *Held* (Anm. 12).

Nahezu synchron mit dem Entstehen des NNPA hatten die Nuklearexportländer – von Art. III Abs. 2 NVV ausgehend und auf Anregung der USA – in vertraulichen Beratungen in der britischen Hauptstadt die 1978 veröffentlichten »*Guidelines for nuclear transfers*«[29] entwickelt. Diese Londoner Richtlinien wichen zwar insofern vom später realisierten NNPA-Konzept ab, als eine Weitergabe auch von sensitiven Anlagen, Ausrüstungen oder Technologien prinzipiell zulässig bleibt – insofern setzten sich französische Vorstellungen durch; der Zugang der Importstaaten wird aber nicht nur durch deren Hinnahme von einschneidenden Sicherungsmaßnahmen konditioniert;[30] er verbleibt vielmehr auch im Ermessen der nun eine restriktive Ermessensausübung verabredenden Exportstaaten. Allen Kooperations- und Einbindungsvorsätzen mancher Mitglieder des »Londoner Clubs« zum Trotz – für unterindustrialisierte Empfängerländer hat diese industriestaatliche Konzertierung und Selbstbeschränkung bei der Verbreitung ziviler Kernenergienutzung einen imperialen Beigeschmack.

Zugegeben, die »Guidelines« sind kein Vertrag. Sie tragen zu Gleichbehandlung, Gleichberechtigung und Wettbewerbsneutralität innerhalb der heterogenen Gruppe der technologischen beati possidentes bei. Weltweit gesehen ist der Londoner Ansatz indes nicht gleichheits-, sondern *sonderstatusorientiert*. Er stipuliert kein internationales Austauschschema, das Export- und Importländer (und das heißt, cum grano salis, Industrie- bzw. Entwicklungsländer) im Prinzip gleich behandelt. Besäßen die Entscheidungen des kartellähnlichen »Londoner Clubs« mehr als nur »politically bin-

---

29 Deutscher Text der Richtlinien: Europa-Archiv 33 (1978), S.D. 171. Zu ihnen: *S. Courteix,* Exportations nucléaires et non-prolifératon, Paris 1978, S. 45 ff.; *G. Meyer-Wöbse,* Rechtsfragen des Exports von Kernanlagen in Nichtkernwaffenstaaten, Köln u. a. 1979, S. 57 ff.; *G. Hildenbrand,* Kernenergie, Nuklearexport und Exportbestimmungen, Energiewirtschaft 1978, S. 99 ff. (101 ff.). – Die Richtlinien, an deren Erarbeitung sich nolens volens auch Bonn beteiligte (»wir wollen uns der Verantwortung nicht entziehen«), wurden zeitlich vor dem NNPA verabschiedet (Januar 1976). Die USA waren von ihnen enttäuscht. Die *Carter*-Administration konnte nach ihrer Wahl die von ihr beabsichtigten Änderungen (z. B. full scope safeguards) nicht mehr durchsetzen. Nach dem »Scheitern« der Guidelines-Verhandlungen verabschiedete der US-Kongreß dann den NNPA. – Insofern weisen Richtlinien und NNPA gewisse politische und rechtliche Unterschiede auf. Erstere reflektieren einen Konsens von 15 Staaten, bei Nuklearexporten auf der Grundlage gemeinsam vereinbarten Verhaltens und Verfahrens vorzugeben. Der NNPA ist demgegenüber ein national bestimmter, einseitiger Rechtsakt, der über die Richtlinien hinausgeht.
30 Vgl. *Courteix* (Anm. 29), S. 54 ff.; *Meyer-Wöbse* (Anm. 29), S. 59.

ding«-Charakter,[31] so verdiente ein von ihnen geprägtes globales Nuklearregime das Verdikt »diskriminierend«.[32] Auch diese Etappe auf dem Weg zu einer neuen Nuklearordnung gehört deshalb letztlich in den Kontext (kollektiv-)hegemonialer Vorstellungen. Der internationalen NV-Politik hat sie einen weiteren Stoß versetzt.

IV.

Die eingangs umrissenen, in ihrer Konsequenz überwiegend gleichheitsorientierten Internationalisierungskonzepte der Nachkriegszeit waren in den darauffolgenden Jahrzehnten nie ganz verschüttet.[33] Erst während der *Carter*-Administration wurden sie indes wieder stärker beachtet.[34] Im Zusammenhang mit der »*International Nuclear Fuel Cycle Evaluation*« (1977/80), zu der die USA im Jahre 1977 eingeladen hatten, rückten dann u. a. »institutional arrangements for reducing proliferation risks«[35] in den Vordergrund des Interesses. Mehr als die Hälfte aller INCFE-Arbeitsgruppen hatte auch regionale oder internationale Lösungsmodelle zu studieren.[36]

31 Vgl. *R. Frhr. von Preuschen,* Nichtverbreitungspolitik und Nuklearexport, Recht der Internationalen Wirtschaft 23 (1977), S. 741 ff. (743); *Graf Vitzthum* (Anm. 19), S. 241 (nur politisch-moralische Selbstbindung).
32 Die Richtlinien kommen »einem Diktat der technologisch entwickelten Länder gleich«, *Haftendorn* (Anm. 10), S. 75. Vgl. auch *E. Häckel,* Kernenergie und Kernwaffenverbreitung: der Fall Pakistan, Europa-Archiv 36 (1981), S. 303 ff. (307). – Die Gruppenbildung verlief im »Guidelines«-Kontext anders als beim NNPA: OECD vs. Gruppe der 77 dort, USA vs. EG und Gruppe der 77 hier. – Auf die Frage nach der Vereinbarkeit der Richtlinien mit dem NVV kann in diesem Zusammenhang nicht eingegangen werden. Wahrscheinlich sind sie in Art. IV NVV im wesentlichen einordnungsfähig.
33 Selbst der NVV enthielt solche Ansätze, insbesondere in Art. V (internationales Management für »friedliche« Kernexplosionen).
34 S. o. Anm. 23. Auch der NNPA enthielt Kooperations-, ja Internationalisierungsansätze. Sein ehrgeiziges Konzept einer Internationalen Brennstoffbehörde, die zugleich mehrere Schritte des Brennstoffkreislaufs abdecken soll, stieß bei INFCE allerdings nicht auf großes Interesse.
35 Deputy Under Secretary *Nye,* Dept, of State Bull. 76, S. 553 (30. 5. 1977). – Die US-Haltung zu INFCE war zwiespältig. Einerseits sahen sich die USA gedrängt, die Kritik am NNPA aufzufangen und zu kanalisieren, andererseits hofften sie (weitgehend zu Unrecht, wie sich zeigen sollte), daß bei INFCE ihre eigenen Vorstellungen zum Tragen kommen würden. – Wiederaufarbeitung, Rückführung von Plutonium und Notwendigkeit sowie Zeitplan für Brutreaktoren waren Schlüsselfragen im INFCE-Forum.
36 Vgl. im einzelnen *Ch. Patermann,* Halbzeit bei INFCE, atomwirtschaft 24 (1979), S. 173 ff.; *M. Popp,* Die internationalen Bemühungen zur Verbesserung der Nichtverbreitungsmaßnahmen, in: Deutsches Atomforum (Anm. 9), S. 284 ff.; *P. Witt,* Die internationale Bewertung des Kernbrennstoffkreislaufs (INFCE), Europa-Archiv 35 (1980), S. 257 ff.; BT-Drs. 8/3968 vom 30. 9. 80. – INFCE kann wohl nur bedingt in die Gegenüberstellung des Ordnungskonzepts »hegemonial/kooperativ« eingeführt werden. Primär war INFCE eine *technische* Studie über die Proliferationsresistenz des Brenn-

U. a. ging es bei diesem INCFE-Thema um eine Internationalisierung der Anreicherung, Wiederaufarbeitung und Plutonium-Lagerung. Die Wirklichkeitsnähe einer solchen, schwierigste materiell- und organisationsrechtliche Probleme aufwerfenden Perspektive ist keineswegs hoch.[37] Bemerkenswerterweise enthält aber die IAEO-Satzung selbst in Art. XII Abs. A Ziff. 5 hinsichtlich eines Spezialaspektes, der internationalen Lagerung (nicht: Kontrolle) von Überschußplutonium, einen ausbaufähigen Ansatzpunkt. Schon im Hinblick auf die internationale[38] und u. U. auch im Hinblick auf die nationale Akzeptanz einer »Plutoniumwirtschaft« ist er wohl auch ausbaubedürftig. Im Laufe der Zeit mag dieser Ansatz zudem eine gewisse Eigendynamik entfalten. Lagerung von Überschußplutonium unter IAEO-Auspizien und Betreiben der Lager durch die beteiligten Staaten (nur das Hinein und Hinaus und das gelagerte Material unterlägen der IAEO-Kontrolle) – dies mag langfristig, zumindest superlangfristig keine utopische Vorstellung mehr sein. Würden dann als Lagerländer nicht nur Atom-

---

stoffkreislaufs. Es ging um die Frage von abgehärteten Brennstoffzyklen und technischen Mitteln zur Proliferationsminderung. Die einzig politische Aussage von INFCE ging dahin, daß der militärische Gebrauch zivilgenutzter Kernenergie eine politische Entscheidung ist.

37 Vgl. *R. Dolzer* u. a., Institutionelle Aspekte des nuklearen Brennstoffkreislaufs, (Spezielle Berichte der Kernforschungsanlage) Jülich 1980, S. 58 ff.; SIPRI, Internationalization to Prevent the Spread of Nuclear Weapons, London 1980 (propagiert die schrittweise Einrichtung eines möglichst umfassenden internationalen Brennstoffregimes; die Realisierungschancen des zu hoch gegriffenen Konzepts werden nicht abgewogen); *R. W. Fox/M. Willrich*, International Custody of Plutonium Stocks, New York/London 1978; *G. I. Rochlin*, Plutonium, Power, and Politics, Berkeley u. a. 1979, S. 189 ff. – Die wichtigsten Probleme sind: Definition von »excess plutonium«, d. h. von Plutonium, das nach der Brennelementaufarbeitung nicht unmittelbar für die Weiterverarbeitung im Rahmen eines Rückführprogramms benötigt wird; Rückgabekonditionen; institutionelle Ausgestaltung des Gremiums, das über »excess« und Rückgabe entscheidet. Vgl. auch den Überblick bei *Dolzer* (Anm. 13), S. 38 ff.
38 Dieser Internationalisierungsansatz spielte auch im deutsch-brasilianischen Nuklearabkommen von 1975 eine Rolle. Wenn ihn die IAEO nicht verwirklicht, müssen dies Brasilien und Urenco nach den Bestimmungen des Abkommens im Eigenverfahren durchführen. Insofern würde der Internationalisierungsansatz zwar nicht *in*, wohl aber *mit* einer Internationalen Organisation (der IAEO) verwirklicht. – Das Abkommen, das über die Anforderungen der Richtlinien hinausgeht, ist abgedruckt in Europa-Archiv 30 (1975), S. D 485 ff. Zu ihm *Kaiser* (Anm. 1), S. 156 f.; *N. Gall*, Atoms for Brazil, Dangers for All, Foreign Policy 23 (1976), S. 155 ff. Die *Ford*-Administration hatte ihm zugestimmt, Präsident *Carter* war davon abgerückt und versuchte darüber hinaus, Euratom und speziell Bonn unter Druck zu setzen. INFCE ist auch vor diesem Hintergrund zu sehen. Die US-Vorbehalte gegenüber dem Brasilien-Geschäft wurden durch INFCE nicht unterstützt.

waffenstaaten ausgewählt,[39] könnte eine derartige Internationalisierungsmaßnahme der Nuklearordnung ein Element höherer Gleichheitsorientierung einfügen.

Das gilt erst recht für die Internationalisierungs- oder Regionalisierungskonzepte, bei denen die Aspekte der Proliferations- und der Versorgungssicherheit prinzipiell gleichwertig nebeneinander stehen. Hier geht es u. a. um die »Garantie rechtzeitiger Versorgung im Falle von Lieferverzögerungen oder -einstellungen«.[40] Diesbezüglich gab es bei INFCE, ja bereits im NNPA, Vorüberlegungen zur Errichtung einer Internationalen Kernbrennstoffbank (also eines Reserve-Vorratslagers), insbesondere für Staaten mit kleinen Nuklearprogrammen.[41] Gedacht wurde auch an ein »Safety Net«-Modell für mittlere Programme (nationale Vorratshaltung, aber internationale Verteilung), das die Versorgungssicherheit in den Vordergrund stellt.

39 Vgl. *H.R. Marschall* jr., Section 104 of the Nuclear Non-Proliferation Act of 1978, Journal of International Law and Politics 2 (1979) S. 399 ff. – Hinsichtlich der Realisierungschance einer (auch nur Teil-)Internationalisierung sei etwa an *de Gaulles* Auffassung erinnert, spaltbares Material sei ein so besonderer Stoff, daß er unter nationaler Kontrolle bleiben müsse. Es dürfte insofern wenig wahrscheinlich sein, daß etwa eine Internationale Brennstoffbank in einem Nichtkernwaffenstaat angesiedelt werden würde, ja daß dieses hochfliegende supranationale Projekt überhaupt in ein greifbares Stadium eintritt. Die Verwirklichungschancen dürften besser sein, wenn die IAEO kein materielles Verfügungsrecht erhielte, sondern auf eine formelle Prüfung (ohne Ermessen) hinsichtlich des Vorliegens der Antragsvoraussetzungen beschränkt – d. h. entsprechend eng programmiert (»Arbeitsprogramme«) – würde. – Zur Euratom-Versorgungsagentur (EAG) s. Art. 72, 80 Euratom-Vertrag. Man hat in der EAG z. T. einen Mini-*Baruch*-Plan gesehen – zu Unrecht, wie die Praxis zeigte. Auf diese Fragen sowie die etwaige Revision von Kapitel VII des Vertrages (»Überwachung der Sicherheit«) wird hier nicht eingegangen.
40 So der Auftrag einer der acht INFCE-Arbeitsgruppen. Vgl. auch Uranium Institute, Prior-Consent and Security of Supply in International Nuclear Trade, London 1980.
41 Die offenbar vor allem von den USA gewünschten Beratungen über die International Nuclear Fuel Bank erfolgen nun möglicherweise im IAEO-Committee on Assurances of Supply. Eine »sanction of non-participation« (*W. Friedmann*) würde nach Realisierung des Bank-Projekts ggf. die Staaten treffen, die ihre NVV-Verpflichtungen verletzten. Andererseits wäre auch die »sanction of participation« zu bedenken, wäre doch eine solche Brennstoffbank aus Nonproliferationsgesichtspunkten besonders sinnvoll, wenn die »Aktionäre« bei Inanspruchnahme der Bank auf eigene sensitive Anlagen verzichteten. Probleme werfen schließlich die Fragen auf, wie es mit der Belieferung von Schnellen Brütern und der Eigenversorgung der Kernwaffenstaaten steht. Hier könnte die Gefahr eines Umschlages der Internationalisierungs- in Oligopolisierungsmodelle drohen. Vgl. *Hildenbrand* (Anm. 29), S. 112: »Die Einrichtung einer internationalen Brennstoffbehörde kann als zusätzliche Quelle für Versorgungs- und Entsorgungsfälle durchaus Vorteile bieten, als alleinige Lösung ist sie schwer vorstellbar und würde das Ende eines freien Marktes auf dem Gebiet der Kernenergie bedeuten.«

Hinsichtlich der schwierigen Festlegung der Kriterien, bei deren Vorliegen nach dem Netzwerk-Versorgungspool eine Brennstofflieferung stattzufinden hätte, ließe sich an das Öl-Zuteilungsschema der Internationalen Energie-Agentur bzw. des Internationalen Energieprogramms der OECD-Länder vom 18. November 1974 denken. Die verteilungs- und organisationsrechtlichen Probleme insgesamt (Bedarfsberechnung, Quoten, Preise, Finanzierung, Stimmregelung, Informationspflichten, Streitschlichtung), in die zudem noch die NNPA-Regeln hineingreifen würden, wären indes kaum geringer als etwa die der Errichtung einer Internationalen Meeresbodenbehörde.[42] Insofern ist es kaum überraschend, daß den Modellen »Regionales Brennstoffkreislaufzentrum« (IAEO-Bericht 1977) und »Internationale Brennstoffbank« (seit 1977 diskutiert) auf absehbare Zeit noch weniger Chancen eingeräumt werden als dem Modell eines »Internationalen Plutonium-Lagersystem«. Daran dürfte auch die von den Entwicklungsländern geforderte, nunmehr für 1983 vorgesehene UN-Nuklearkonferenz nichts ändern.

Jeder proliferationshemmende und fair ausgestaltete Schritt in Richtung auf eine geringere Abhängigkeit der Empfangsstaaten von den Nuklearlieferländern wäre ein Schritt in Richtung auf mehr Gleichrangigkeit. Nicht einige wenige Staaten wären die zum Amt der Proliferationsverhütung primär Berufenen, etwa weil sie für sich selbst (NNPA) oder wechselseitig (Londoner Richtlinien) den Status besonderer Stabilität und Verantwortlichkeit reklamieren und sich damit aus faktischen Gründen einstweilen durchsetzen können.[43] An der Problemlösung wären vielmehr alle Länder beteiligt, die militärischen und zivilen Nukleargroßmächte, die zivilen Nuklearkleinstaaten und der »Rest der Welt«. Bei einer Ausgestaltung der internationalen Modelle, die nicht im Ergebnis hegemonial wäre, müßten alle Staaten Begrenzungen ihres souveränen Rechts auf Entwicklung und internationale Verbreitung ziviler Kernenergienutzung hinnehmen. Dies wären dann jedoch Begrenzungen, die diesem Recht allgemein eigentümlich sein und die Rechtsträger unterschiedslos und einheitlich bei seiner Ausübung binden würden.

---

42 Zu ihr *W. Graf Vitzthum,* Die Bemühungen um ein Régime des Tiefseebodens, Zeitschrift für ausländisches öffentliches Recht und Völkerrecht 38 (1978), S. 745 ff. (779 ff.). – Zum Netzwerk-Modell *Patermann* (Anm. 36), S. 173 ff.

43 Eine faktische Vorrangstellung haben a) Uran-Lieferländer, d. h. im westlichen Bereich hauptsächlich USA, Kanada, Australien, Südafrika (das Kartell der Uranproduzenten – und hierzu gehören die USA als Anreicherer – beansprucht die Privilegierung von Kernwaffenstaaten, indem es versucht, über die rohstoffbezogene Abhängigkeit Empfängerländer zu zwingen, dem NVV beizutreten; das ist etwa die Politik Australiens; die USA und Kanada versuchen auf diese Weise, bei Empfängerländern full scope safeguards oder NVV-like full scope safeguards durchzusetzen); b) Staaten, die über Anreicherungs-

V.

Vor dem Hintergrund des vorstehend skizzierten nuklearvölkerrechtlichen Jahrzehnts zwischen NVV und INCFE kann nun die Eingangsthese verifiziert werden, wonach das *Gleichheitsprinzip* nach wie vor die maßgebliche Analysekategorie darstellt. Danach soll die Frage behandelt werden, ob sich im Hinblick auf die achtziger Jahre mehr Gleichheitsumstände als bisher abzeichnen, also mehr Bedingungen sine quibus non einer souveränen Staatengleichheit im Nuklearkontext. Anders formuliert: Sind hinsichtlich der militärischen wie zivilen Aspekte der Kernenergienutzung Indizien dafür ersichtlich, daß sich die internationale Gemeinschaft künftig einer stärker gleichheitsorientierten Nuklearordnung zuwenden wird – und zuwenden kann (Gleichheitsfähigkeit) –, ohne das Nonproliferationsziel zu gefährden? Oder wird es, ja muß es vorerst bei der sich in den siebziger Jahren herauskristallisierenden Kombination von Elementen faktischer Ungleichheit und (jedenfalls im Bereich friedlicher Nukleartätigkeit) rechtlicher Gleichheit bleiben? Hat die jüngste nuklearvölkerrechtliche Entwicklung die Zweiteilung der Welt in Kernwaffenstaaten und Nichtkernwaffenstaaten gemildert oder die NVV-inhärenten Haupt- und Nebendiskriminierungen wenigstens aus dem Bewußtsein der Nichtprivilegierten verdrängt?

Für den *Rüstungskontroll*bereich muß diese Frage verneint werden. Hier blieb die Ungleichheit bestehen. Der nicht verstummende Ruf vieler Nichtkernwaffenstaaten nach nuklearen Abrüstungs-[44] oder wenigstens nach

---

technologie und -kapazität verfügen, d. h. USA, Frankreich, UdSSR (fast 50 % des in der Bundesrepublik eingesetzten Urans wird in der UdSSR »lohnangereichert«); die Troika Großbritannien, Niederlande, Bundesrepublik Deutschland verfügt ebenfalls über konkurrenzfähige Anreicherungskapazität. – Nach *C. F. von Weizsäcker,* Wege in der Gefahr, München 1979, S. 203 ff. (209) beruhte die restriktive US-Haltung nicht auf Konkurrenzneid: »Ich habe in vielen Gesprächen mit Amerikanern die tiefe *politische* Sorge wahrgenommen«. Indes ist dies ein vielschichtiges Problem. – Zur »Macht als Amt« vgl. *W. von Simson,* Die Verteidigung des Friedens, München 1975, S. 153 ff. Vgl. auch *Kaiser* (Anm. 1), S. 171. Daß höhere Technologie auch mit größerer Verantwortung verbunden ist, war ein bei INFCE verwendetes Argument Bonns, vgl. Frankfurter Allgemeine Zeitung vom 1. März 1980.

44 Es geht um über ABM- und Salt-Abkommen hinauswirkende Maßnahmen, etwa die Beendigung der Kernsprengkörpertests der Atommächte. Darüber hinaus verlangen insbesondere die nichtindustrialisierten Nichtkernwaffenstaaten nach wie vor größere Schritte zur Bekämpfung der vertikalen Proliferation. Von diesen Schritten machen sie bekanntlich z. T. ihre Bereitschaft abhängig, am primär gegen die horizontale Proliferation gerichteten NVV-System mitzuwirken. Die Atomwaffenmächte argumentieren umgekehrt. Sie bezeichnen die horizontale Nichtproliferation als eine Vorbedingung für ein dauerhaftes Abkommen gegen die vertikale Proliferation.

eindeutigen Sicherheitsgarantiezusagen der Privilegierten,[45] nach Lösung des Problems »friedlicher« Kernenergieexplosionen im Rahmen eines umfassenden Teststoppabkommens[46] und nach Unterstellung der friedlichen Nuklearaktivitäten auch der Bevorrechtigten unter IAEO-Kontrolle[47] macht das deutlich. Gleiches belegt der insoweit z. T. stürmische Verlauf zweier NVV-Überprüfungskonferenzen.[48] Die Ungleichheit im waffentechnischen Bereich nährt also auch weiterhin das Mißtrauen vieler Nichtkernwaffenstaaten. Die Nichterfüllung der Verpflichtung zur nuklearen Abrüstung seitens der Kernwaffenstaaten (Art. VI NVV) benutzen Nichtunterzeichner des NVV wie Indien zudem gezielt als Argument und z. T. wohl auch als Vorwand gegen ihren Beitritt zum NVV.

Es bleibt abzuwarten, ob sich das NVV-Konzept insofern langfristig gegen die Kraft des Staatengleichheitspostulats wird behaupten können. Jedenfalls sind keine Anzeichen dafür ersichtlich, daß wichtige Mitglieder der Völkergemeinschaft hinsichtlich des militärischen Bereichs bereits zu einem prinzipiellen Eingehen auf das Gleichheitsprinzip bereit sind oder sich dazu schon in der Lage fühlen.

---

45 Grundsätzlich: *B. Kohler*, Der Vertrag über die Nichtverbreitung von Kernwaffen und das Problem der Sicherheitsgarantien, Frankfurt/M. 1972, S. 79 ff., 165 ff. Der ersten NVV-Überprüfungskonferenz (1975) diente Nuclear Proliferation Problems (SIPRI-Symposium 1973), Cambridge (Mass.) u. a. 1974. Die Konferenzergebnisse resümiert World Armaments and Disarmament (SIPRI Yearbook 1976), Cambridge (Mass.) u. a. 1976, S. 3 ff. (Kritik am Atomabkommen Bundesrepublik-Brasilien ebd., S. 366–369). Der israelische Angriff auf die irakischen Reaktorbauten gibt dem Schutzverlangen der Nichtnuklearen eine neue Dringlichkeit.
46 Seit 1977 laufen darüber trilaterale Verhandlungen zwischen den NVV-Kernwaffenstaaten UdSSR, USA und Großbritannien, doch fehlt es nach wie vor insbesondere an einer Einigung über einen Verifikationsartikel. Im Frühjahr 1981 befaßte sich auch der UN-Abrüstungsausschuß mit dem umfassenden Teststopp (Februar) und der nuklearen Abrüstung, einschließlich der Sicherung nicht-nuklearer Staaten (März). Das Testproblem wird nun bereits seit 25 Jahren »analysiert«.
47 Vgl. *Graf Vitzthum* (Anm. 19), S. 228 ff.; U.S. Congress (Committee on Foreign Relations, U.S. Senate), The International Atomic Energy Agency: Application of Safeguards in the United Staates, Washington, D. C. 1979, S. 5, 9 f., 33 ff. Die USA haben mittlerweile (wie zuvor schon Großbritannien und Frankreich) zugestimmt, durch die IAEO in ihren (kommerziellen) Nuklearanlagen Kontrollen vornehmen zu lassen, Frankfurter Allgemeine Zeitung vom 5. Juli 1980. Die USA gehen dabei allerdings sehr behutsam vor. Tatsächliche Kontrollen werden nur in wenigen Anlagen erfolgen. Die Berichtpflicht wird u. U. weitergehend sein, so daß der Vorwurf, hier würden »potemkinsche Dörfer« aufgebaut, wohl zu hart wäre.
48 Die 1. NVV-Überprüfungskonferenz befaßte sich u. a. mit »friedlichen« Kernexplosionen, vgl. Schlußerklärung vom 30. Mai 1975, NPT/CONF/30/Rev.1 (Review of Article V). Zu dieser Konferenz SIPRI (Anm. 13), S. 130 ff.; Europa-Archiv 30 (1975), S. D 529 ff. Die 2. Überprüfungskonferenz (August/September 1980) konnte sich wegen der Abrüstungsfrage nicht auf eine substantielle Schlußerklärung einigen, vgl. Vereinte Nationen 1980, S. 179 f. Eine 3. Überprüfungskonferenz soll 1985 stattfinden.

Gewiß, auch in einer kooperativen Ordnung läßt sich Beherrschbarkeit sichern, etwa durch Vereinbarung, Kontrolle und Durchsetzung fester Spielregeln für die Partner der Ordnung. Die dazu erforderlichen Dezentralisations- und Gleichheitsumstände (etwa Supermächte-Entspannung, internationaler Gemeinschaftsgeist, übereinstimmende Gefahrenperzeption, Abflachung des Nord-Süd-Gefälles, Abflauen regionaler Spannungen, global anerkannte Wert- und Menschenrechtsordnung) dürften indes heute so wenig vorliegen wie vor zehn oder zwanzig Jahren. Atomwaffen in der Hand von Staaten, die, etwa wegen Desintegration ihrer inneren Souveränität, kaum willens-, geschweige denn verantwortungsfähig sind, erscheinen, nimmt man die These »Hegemonie oder Chaos« ernst, immer noch als eine größere Gefahr als die derzeitige waffentechnische Pentarchie.

Diese Lage macht die Zentralisierung von Entscheidungszuständigkeit und damit letztlich *Gleichheitsopfer* erforderlich, wenn die Gefahr eines Atomkrieges verringert werden soll. Militärische Nonproliferation, als Überlebensbedingung der Menschheit, setzt bis auf weiteres zentralisierte Kontrolle der Atomwaffen, also ein gewisses Maß hegemonialer Ordnung voraus. Insofern liegt in der Nichtverbreitungspolitik zwangsläufig eine Diskriminierung. Um den Preis einer Verletzung der Staatengleichheit soll sie mit überwiegend friedlichen Mitteln (Kernwaffenmonopol) Frieden erhalten.

Gilt gleiches für den Einsatz der Kernkraft zu *friedlichen* Zwecken? Die Gleichheitsfrage trifft, wie an den Beispielen Londoner Richtlinien, NNPA und INCFE gezeigt, auch hier den Nerv. Es läßt sich derzeit kaum sagen, inwieweit die Bedingungen (noch oder mittlerweile) vorliegen, aufgrund derer sich die Völkergemeinschaft bisher eine weitgehend liberale, dezentrale und kooperative Distributionsordnung »leisten« zu können glaubte. Sicher, die friedliche nukleare Tätigkeit bedarf hinsichtlich ihrer sensitiven Teile auch künftig starker Einschränkungen und Kontrollen (Euratom, IAEO, Tlatelolco usw.), um den indirekten Erwerb von Atomwaffen zu verhindern. Aber die Frage ist noch nicht entschieden, ob diese unentbehrlichen Restriktionen durch uniforme oder durch gleichheitswidrige Souveränitätseinschränkungen verwirklicht werden können.[49]

---

49 *Prill* (Anm. 2), S. 215 ist zwar der Auffassung, »daß die die Staatengleichberechtigung durch uniforme Souveränitätseinschränkung respektierende Internationalisierung eher konsensfähig sein wird als das diskriminierende Konkurrenzmodell«; der Realitätsgehalt der gleichheitsorientierten, letztlich wohl supranationalen Ordnungsperspektive kann kurzfristig indes nur als äußerst niedrig eingeschätzt werden. Vieles deutet darauf

Das Nichtverbreitungsziel ist die Inkaufnahme von Nachteilen wert, die auch hinsichtlich der friedlichen nuklearen Tätigkeit notfalls an die Substanz der souveränen Gleichheit der Staaten gehen. Gegebenenfalls erforderliche Sonderopfer werden aber erst dann konsensfähig und damit effektiv proliferationsverhindernd sein, wenn bezüglich des zivilen Nutzungsbereichs ernsthafte Anstrengungen unternommen worden sind, das kooperative Modell wenigstens in Ansätzen zu verwirklichen und die Belastungen auf Nichtkernwaffenstaaten *und* Kernwaffenstaaten sowie auf Lieferländer *und* Empfängerländer zu verteilen.

Die Gefahr einer gleichheitsorientierten Ordnungsbemühung ist nicht so sehr, daß sie sich in rechtstechnischen Regelungs- und Durchsetzungsproblemen verlieren und auflösen könnte. Allzu klar wären die Folgen. Die Gefahr ist vielmehr, daß eine partnerschaftliche Weltordnung für Teilbereiche der friedlichen Kernenergieverwendung von vornherein als nicht einmal diskussionswürdig abgetan wird.[50]

---

hin, daß die anstehenden Probleme über Kooperations- und Überwachungspflichten, die nicht alle Rechtsträger gleich belasten werden, gelöst werden, also nicht über eine unterschiedslos und einheitlich bindende (gar in sich geschlossene, kodifizierte) Ordnung oder gar Organisation (etwa eine »Super-IAEO«). Die Beweislast dafür, daß das Nonproliferationsziel auch im zivilen Nutzungsbereich derzeit nur durch Rückgriff auf ein *reines* Hegemoniemodell zu erreichen ist (und nicht z. B. zumindest durch Verschränkung oligopolistischer und kooperativer Elemente), liegt jedoch bei denen, die dafür eine mangelnde Gleichheitsfähigkeit der Staatengemeinschaft ins Feld führen. – Andererseits ist nicht zu übersehen, daß sich die vorhandene Ungleichheit nur sehr langsam und nicht völlig abbauen läßt. Selbst wenn die Nicht-Nuklearstaaten ihre eigene Nukleartechnologie entwickelten, ja selbst wenn sie dabei von Nuklearstaaten massiv unterstützt würden, wird es Jahrzehnte dauern, bis die meisten Nicht-Nuklearstaaten zu Nuklearstaaten geworden sind. Auch nach Abschluß dieser Entwicklung wird es noch Staaten geben, denen die Möglichkeit (vielleicht auch der Wille) fehlt, Nuklearstaat zu werden. – Eine weitere Quelle von Ungleichheit ist die Akzeptanz oder Nichtakzeptanz der Nukleartechnologie im jeweiligen Staat. Im Fall der Bundesrepublik Deutschland etwa hat die mangelnde Akzeptanz bereits zum Zurückfallen im internationalen Vergleich geführt. Langfristig könnte hier, solange die Beherrschung der Kerntechnologie als allgemeine Meßlatte für den Umgang mit Spitzentechnologie angesehen wird, unsere Reputation als Exporteur von Spitzentechnologien auf dem Spiel stehen.

50 *Grewe*, Rückblenden (Anm. 4), S. 314 f. dürfte zu den »realistischen Skeptikern« zu rechnen sein. Hinsichtlich der (Nicht-)Teilnahme einzelner Kernwaffenstaaten an internationalen Modellen und wichtiger Schwellenmächte am NVV-System haben die Skeptiker bisher Recht behalten. Aber sind, angesichts der Gefahren eines Atomkrieges und der Schubkräfte der Geschichte, die Alternativen – die paläoliberale NVV-Distributionsordnung oder die neo-klassischen Hegemonieprojekte (NNPA, Richtlinien) – »realistischer«?

VI.

Ein abschließender Hinweis verstärkt die Skepsis gegenüber einem hegemonialen Distributionsregime. Er bezieht sich auf neuere Forderungen vieler unterindustrialisierter Länder nach materialer Gleichbehandlung, auch im Bereich friedlicher Kernenergienutzung.[51] Letztlich geht es hier um das Postulat eines willkür- und weitgehend gegenleistungsfreien Zugangs zum einschlägigen Haben, Wissen und Können der OECD-Länder und der sozialistisch regierten Industrienationen. Eine so verstandene »free access«-Forderung dürfte bisher weder im allgemeinen Völkerrecht, noch im NVV eine realisierbare Basis gefunden haben.[52] Es ist indes nicht zu übersehen, daß der Grundsatz der Staatengleichheit in den meisten dieser Zugangsansprüche eine über die negative (formale) Gleichheit hinauswirkende positive (materiale) Neudeutung von prinzipieller Tragweite erfährt. Die hier auf den »Grundsatz der Gleichberechtigung der Völker« und »der souveränen Gleichheit« der Staaten (Art. 1 bzw. 2 UN-Charta) gestützte Ergänzung der überkommenen Abwehrrechte durch Teilhabe- und Leistungsansprüche läßt die Gleichheitsfrage zur zentralen analytischen Kategorie gerade für ein ziviles Nutzungsregime werden.

Der Versuch, eine auch material gleichheitsorientierte (oder, interessenbezogener formuliert: eine mit ökonomischen Partizipationsrechten angereicherte), letztlich egalitäre Ordnung zu schaffen, läßt den Nuklearsektor Anschluß gewinnen an aktuelle Weltordnungsbemühungen bezüglich anderer Regelungsbereiche (transnationale wirtschaftliche Betätigungen, staatsfreie Räume, natürliche, technische und wissenschaftliche Ressourcen usw.).[53] Dieser im Titelbegriff »Weltnuklearordnung« bereits angedeutete Brücken-

---

51 Zu »technology« als »common heritage of mankind« vgl. *W. Morehouse* (ed.), Science, Technology and the Social Order, New Brunswiek, N. J. 1979. – Im Kernenergiebereich werden diese Fragen vor allem im auf Konsens eingeschworenen IAEO-Versorgungssicherheitsausschuß behandelt, der derzeit wohl wichtigsten Gruppierung für die Diskussion von Nichtverbreitungsproblematik und Versorgungssicherheit. Sie werden 1983 im Mittelpunkt der Nuklearkonferenz stehen, bei der es im wesentlichen um den Zugang der Dritten Welt zur Kernenergie (vor allem der -Technologie) geht, vgl. UN Gen.Ass.Doc.A/35/L. 11/Rev.1, 26. Nov. 1980 (»U.N. Conference for the Promotion of International Co-operation in the Peaceful Uses of Nuclear Energy«).
52 *Prill* (Anm. 2), S. 34 ff., 37 ff., 41 ff., 52, 58, 69 ff. sowie 72: »Es besteht kein materielles Gleichbehandlungsgebot.« Die Frage, ob *Prill* dabei die Zusicherung der Kernwaffenstaaten im Rahmen des NVV-Systems nicht unterbewertet, kann hier nicht vertieft werden.
53 Überblick bei *W. Graf Vitzthum*, The Search for Sectoral World Orders, in: *ders.* (Hrsg.), Aspekte der Seerechtsentwicklung, (Hochschule der Bundeswehr) München 1980, S. 273 ff. (306 ff.). – Zur Terminologie vgl. den etwa in der EG und der OECD üblichen Begriff der »sektoralen Politiken«.

schlag dürfte dem Gleichheitsmotiv eine vermehrte Spreng- und u. U. Durchschlagskraft geben. Er könnte mit hegemonialen Ordnungsversuchen hinsichtlich der friedlichen nuklearen Tätigkeit künftig in besonderem Maße kollidieren: Die internationale Nuklearordnung steht und fällt mit der Fähigkeit der Nuklearländer, effektiven Zugang zur zivilen Nutzung (und Kontrolle) der Kernenergie zu verschaffen. Da dieses spezielle Gefüge des Nuklearvölkerrechts insofern von jener allgemeinen *Suche nach sektoral umfassenden Weltordnungen* mitgeprägt sein wird, sei jene Suche kurz erläutert.

Mit »sectoral world ordering« läßt sich eine neuere Entwicklungstendenz des Völkerrechts bezeichnen, die im Bemühen der unterindustrialisierten Mehrheit der Völkergemeinschaft ihren Ausdruck findet, die liberale weltwirtschaftliche Ordnung der Nachkriegszeit[54] durch eine dirigistische »neue internationale Wirtschaftsordnung« zu ersetzen.[55] Angesichts des westlichen Widerstands gegenüber derart flächendeckenden Reformbemühungen kam es zu deren Sektoralisierung, Spezialisierung und z. T. auch (etwa Lomé I, II) Regionalisierung. Die jeweils auf (vermeintlich) technische Spezialmaterien (Seerecht, IWF-Reform, Neuverhandlungen des Pariser Abkommens zum internationalen Patent- und Urheberrecht usw.) reduzierte Problemkomplexität erlaubt es den Reforminteressierten, den Reformunwilligen gegebenenfalls bereits auf dem einen Teilgebiet erreichte Verhandlungsfortschritte auf einem anderen Sektor als Berufungsfall entgegenzuhalten. Hinter der Sektoralisierung steht insofern eine Strategie. Im Verfahren selbst liegt Substanz.

Die sektoralen, einander häufig überschneidenden Neuordnungsversuche haben ihren Ursprung und fortbestehenden Schwerpunkt im Bereich der

---

54 Zu ihren Elementen gehörten u. a: Weltbankgruppe und Internationaler Währungsfonds (IWF), GATT (der Versuch scheiterte, dem internationalen Recht des Handels durch Gründung der International Trade Organization einen institutionellen Kern zu geben), Internationales Rohstoff-, Energie-, Berg-, Investitions- und Konzessionsrecht, Patent- und Urheberschutz, Kommunikations-, Schiffahrts- und Fischereifreiheit, internationaler Verkehrs- und Transportwettbewerb.
55 Die grundlegenden einschlägigen UN-Verlautbarungen sind bekanntlich A/Res. 3201 (S-VI) und 3202 (S-VI) vom 1. 5. 1974 sowie A/Res. 3281 (XXIX) vom 12. 12. 1974. Auf die Hinhaltetaktik der Industrieländer und die Blockbildung der Entwicklungsländer kann hier nicht eingegangen werden. Nach *R. J. Langhammer/B. Stecher,* Der Nord-Süd-Konflikt, Würzburg/Wien 1980 verletzen die Industrieländer selbst wesentliche Grundsätze des Nachkriegssystems zum Nachteil der Entwicklungsländer. Vgl. auch *R. A. Mortimer,* The Third World Coalition in International Politics, New York 1980, S. 43 ff.; *E. Frey-Wouters,* The European Community and the Third World, New York 1980, S. 216 ff.; *K. Haq,* Dialogue for a New Order, New York u. a. 1980, S. 63 ff.

internationalen Wirtschafts- und Handelsbeziehungen.[56] Im übrigen gruppieren sie sich um die Teilbereiche internationale Währungs- und Finanzordnung (bzw. Reform der hier existierenden internationalen Institutionen),[57] Seerecht (einschließlich Meeresberg-, Fischerei- und Schiffahrtsrecht),[58] internationales Rohstoff- und Energierecht,[59] internationales Kommunikationswesen,[60] Wissenschaft und Technologie,[61] Nahrung, Umwelt

---

56 Zu diesem heute zentralen Bereich des internationalen Wirtschaftsrechts *P. Fischer,* Das Internationale Wirtschaftsrecht, German Yearbook of International Law 19 (1976), S. 143 ff. (163 ff.). Die wichtigsten internationalen Institutionen sind hier bekanntlich GATT, UNCTAD, UNIDO. Zu aktuellen Entwicklungen *R. S. McNamara,* Recent Trends in International Trade and the Tokyo Round of Negotiations, in: *Haq* (Anm. 55), S. 63 ff.

57 Institutionen: Weltbank mit IFC und IDA, UNDP, IWF. Zu Reformforderungen vgl. *F. Mansour,* Restructuring of the World Bank?, in: *Haq* (Anm. 55), S. 106 ff. – Nicht nur bei der Weltbankgruppe, sondern bei den UN selbst liegen Abweichungen vom egalitären Ordnungskonzept vor. Erinnert sei an die Feindstaatklauseln, die den Prinzipien der Souveränität und Gleichheit widersprechen sowie vor allem an die Privilegien der fünf Großmächte (sie besaßen diesen Status zudem z. T. nur ausgangs des Zweiten Weltkrieges), die sich keineswegs auf die ständige Mitgliedschaft im Sicherheitsrat und auf das Vetorecht beschränken.

58 Vgl. *W. Graf Vitzthum,* Neue Weltwirtschaftsordnung und neue Weltmeeresordnung, Europa-Archiv 33 (1978), S. 455 ff.; *H. J. Stöcker,* Die »Freiheit der Meere« und die Dritte Seerechtskonferenz der Vereinten Nationen, in: *H. P. Ipsen/K. H. Necker* (Hrsg.), Recht über See. Festschrift für R. Stödter, Hamburg 1979, S. 315 ff. Der UN-Verhaltenskodex für Linienkonferenzen (1975) ist in unserem Zusammenhang besonders interessant. Vgl. dazu bereits UNCTAD, Shipping in the seventies, New York 1972, S. 29 ff., 33 ff.

59 Vgl. *Fischer* (Anm. 56), S. 160 ff. (System der Rohstoffabkommen und -kartelle); *Langhammer/Stecher* (Anm. 55). Institutionen: OPEC, IEA, UNCTAD (»Integriertes Rohstoffprogramm«; das »Common Fund«-Abkommen vom Juni 1980 wird, so hofft UNCTAD, im März 1982 in Kraft treten). Neben der Wirtschaftsordnungspolitik allgemein stellt die internationale Rohstoffpolitik den Angelpunkt der Forderungen nach einer neuen Weltwirtschaftsordnung dar.

60 Zum UNESCO-Konzept einer dirigistischen »Neuen Ordnung« des Informationswesens, die z. T. direkt mit einer neuen Weltwirtschaftsordnung verknüpft wird »Ungleichheiten im Informationsfluß nach und aus den Entwicklungsländern« (also das auch hier konstatierte Nord-Süd-Gefälle) berichtigen soll, vgl. *B. Simma,* Grenzüberschreitender Informationsfluß und domaine réservé der Staaten, Berichte der Deutschen Gesellschaft für Völkerrecht (Heft 19), Karlsruhe 1979, S. 39 ff. (71 ff.); *W. Graf Vitzthum,* Diskussionsbeitrag, ebd., S. 127 ff.; Institut f. Int. Begegnungen/Fr.-Ebert-Stiftung (eds.), Towards a New World Information Order, Bonn 1979, S. 17 ff. (*D. Berwanger*), 53 ff. (*R. Dill*), 59 ff. (*I. A. Sepetu*), 65 ff. (*A. Brück*), 87 ff. (*D. Bielenstein*); *R. Righter,* Whose News?, London 1978, S. 99 ff., 134 ff.; *P. Lendvai,* Der Medienkrieg, Berlin 1980; *H. Koschwitz,* »Freiheit der Information« oder »Kommunikationsimperialismus«? aus politik und zeitgeschichte B 15/77 (16. 4. 1977), S. B 15 ff. Zur kontroversen Belgrader Generalkonferenz der UNESCO (Oktober 1980) s. Neue Zürcher Zeitung vom 4. und 29. 10. 1980. Viele Entwicklungsländer und sozialistische Staaten vertreten übereinstimmend die Auffassung, staatliche Souveränität habe Vorrang vor grenzüberschreitendem Informationsfluß.

61 Zum internationalen Recht des Technologietransfers *Fischer* (Anm. 56), S. 174 f.; OECD, North/South Technology Transfer and Adjustments Ahead, Paris 1981, S.

und Gesundheit.⁶² Auch die mit diesen Regelungsansätzen häufig verflochtenen Auseinandersetzungen um den Rechtsstatus staatsfreier Räume und ihrer Ressourcen⁶³ gehören in unseren Kontext.⁶⁴

So heterogen diese Bemühungen im einzelnen sind, so wenig hier deren Gleichrangigkeit behauptet werden soll – die angestrebten Regelwerke (»Übereinkommen«, »Ordnungen«, »Regimes«, makroökonomische »Kodices«, »Grundsatzerklärungen«, »Guidelines« usw.) sollen durchweg auf einem gleichartigen Grundkonzept beruhen. Es bedient sich der Perspektive eines allgemeinen völkerrechtlichen Fortschrittsgedankens. Nach und nach sollen sich alle Regeln und Institutionen, die noch von den bürgerlich-liberalen Grundüberzeugungen der Nachkriegsära inspiriert sind, dem Kriterium des postulierten Fortschrittes unterwerfen, und zwar in prozeduraler, materialer und institutioneller Hinsicht.

88 ff. Zur (schleppenden) Reform des internationalen Patentrechts Neue Zürcher Zeitung vom 2. Oktober 1980 und 4. März 1981. Zum Postulat »Towards a New International Technological Order« vgl. den gleichnamigen Beitrag vom *J. Galtung*, in: *Morehouse* (Anm. 51), S. 277 ff.

62 Der FAO-Generaldirektor forderte »eine neue Welt-Nahrungsordnung« als Vorbedingung für jegliche neue Weltwirtschaftsordnung, Neue Zürcher Zeitung vom 11. 9. 1980. – Zum Umweltproblem vgl. *D. W. Orr/M. S. Soroos* (eds.), The Global Predicament. Ecological Perspectives on World Order, Chapel Hill 1979, S. 75 ff. (*D. W. Orr*), 90 ff. (*L. Juda*), 249 ff. (*J. L. Taulbee*); *J. Schneider*, World public order of the environment: Towards an international ecological law and organization, Toronto u. a. 1979, S. 107 ff. – Zum Gesundheitsbereich vgl. *Ch. O. Pannenborg*, A New International Health Order, Alphen aan den Rijn 1979, S. 32 ff., 342 ff. – Zum Sozialbereich vgl. *A. Rahman*, Science and Technology for a New Social Order, in: *Morehouse* (Anm. 51), S. 335 ff.

63 Vgl. *R. Lagoni*, Antartica's Mineral Resources in International Law, Zeitschrift für ausländisches öffentliches Recht und Völkerrecht 39 (1979), S. 1 ff.; *J. I. Charney* (ed.), The New Nationalism and the Use of Common Spaces: Issues in Marine Pollution and Exploitation of Antarctica, Washington, D.C. 1980. Übereinkommen zur Regelung der Tätigkeiten von Staaten auf dem Mond und anderen Himmelskörpern (sog. Mondvertrag) gem. A/Res. 34/68 vom 5. 12. 1979 (= International Legal Materials 18 [1979], S. 1434 ff.); *R. Wolfrum*, Der Mondvertrag von 1979, Europa-Archiv 35 (1980), S. 665 ff.; *A. Bueckling*, Der Weltraumvertrag, Köln u. a. 1980. – Weitere – z. T. begrifflich als solche bezeichnete – »sectoral world ordering«-Ansätze z. B.: »Neue Weltordnung des Sports« (»Demokratisierung« der internationalen Sportorganisationen), vgl. BT-Drs. 8/1196 vom 17. 11. 1977 (ein Projekt des UNESCO-Sportkomitees); Bewegliches Kulturgut als »common heritage of mankind« (»Menschheitserbe« als Schlüsselbegriff der sektoralen Weltordnungen), vgl. BT-Drs. 8/3109 vom 10. 8. 1979 (eine UNESCO-Empfehlung); »Neue soziale Weltordnung« (eine Forderung des ILO-Konferenzpräsidenten *Paullada*), Neue Zürcher Zeitung vom 8. 6. 1978; *E. Regehr*, Militarism and the World Military Order. A Study Guide for Churches, Genf o. J. (1980).

64 Gleiches gilt aber – mangels primär ökonomischer Wurzel oder Konsequenz – z. B. nicht für die Ablösung der überalterten, brüchig gewordenen »Haager Landkriegsordnung« durch ein neues humanitäres Völkerrecht. Hier geht es um das, was früher »Kriegsrecht« (jus in bello) genannt wurde. Die Ergebnisse der einschlägigen Genfer Staatenkonferenz aus dem Jahr 1977 sind nicht befriedigend.

Prozedural favorisiert die Dritte Welt das Aneinanderkoppeln von aufwendigen »Hearings«, Beratungen und Verhandlungen, an denen – meist unter UN-Schirmherrschaft und der UN-Praxis »Konsensverfahren«[65] folgend – nahezu alle Staaten und einschlägig tätigen (staatlichen und nichtstaatlichen) internationalen Organisationen teilnehmen. Verfahren und Teilnehmerkreis korrespondieren insofern der Souveränitätsverhaftetheit der Völkergemeinschaft bzw. der Universalität der jeweiligen sektoral umfassenden Regelungsaufgabe.

Der *materiale* Regelungsgehalt soll häufig u. a. in einer überwiegend gegenleistungsfreien (»weltsozialstaatlichen«) Begünstigung der Entwicklungsländer bestehen, d. h. in einer Relativierung des Leistungs- und »Erwirtschaftungsprinzips« durch das (Grund-)Bedürfnisbefriedigungs- und »Zuteilungsprinzip«, bzw., völkerrechtlich betrachtet, durch Beschränkung der Souveränität der »Haves«. Nicht Eigentum, Freiheit, Eigeninitiative, Risiko, Wettbewerb sind also Orientierungspunkte, sondern Teilhabe, Sozialbindung, Daseinsvorsorge auf Weltebene.[66]

Als *institutioneller* Kern wird vielfach angestrebt, mehrheitsbestimmte Organe der internationalen Gemeinschaft zu errichten (z. B. eine Internationale Meeresbodenbehörde) bzw. bereits bestehende internationale Or-

---

65 Vgl. dazu *W. A. Kewenig*, Menschheitserbe, Konsens und Völkerrechtsordnung, Europa-Archiv 36 (1981), S. 1 ff. (4 ff.). – Bei den WIPO-Beratungen lehnten die USA das Konsensverfahren ab und erklärten, sie würden eine Annahme der Revisionsvorlage zur Pariser Verbandsübereinkunft anders als durch Einstimmigkeit – das war bisher stets die Regel – ablehnen, Neue Zürcher Zeitung vom 2. 10. 1980. – In der Definition von Art. 161 (7) (e) des Informellen Konventionsentwurfes der 3. UN-Seerechtskonferenz (A/CONF.62/WP.10/Rev. 3 vom 22. September 1980) bedeutet Konsens die Abwesenheit eines förmlichen Einspruchs, also nicht ausdrückliche oder stillschweigende Billigung.

66 Eine ubiquitäre Rücksichtnahme auf »special interests and needs of developing countries« (es gibt derzeit 156 souveräne und nichtsouveräne Entwicklungsländer) würde ein rasches (und deshalb wirklichkeitsfernes) Aufschließen des Völkerrechts zu äußerst langwierigen innerstaatlichen Rechtsentwicklungen der Verfassungsstaaten (»Vom ›Nachtwächter‹- zum Sozialstaat«) bedeuten: den Ausbau des Völkerrechts zu einem material gleichheitsorientierten »law of international welfare«.

67 Vgl. die Beispiele in Anm. 56–63. – Sie sind häufig antinomienreich und müßten, jeder für sich und dann sektorübergreifend, zunächst einmal einer eingehenden Konsistenzprüfung unterzogen werden. Unter Beachtung dieses Vorbehaltes lassen sie sich schlagwortartig so charakterisieren: Prozedural favorisieren sie überwiegend konsensuale multinationale Lösungen, inhaltlich – in Abkehr vom liberalen (wirtschafts-)politischen Grundkonzept zu Ausgang des Zweiten Weltkrieges – entwicklungsländerfreundliche Dirigismen, institutionell das egalitäre UN-Generalversammlungsmodell. Da die Neuordnungsforderung primär von der Dritten Welt vorgetragen wird, ist sie im Kern souveränitäts- und (material) gleichheitsorientiert. Die souveräne Staatengleichheit steht i. d. S. im Vordergrund, daß die »Armen« von den »Reichen« nun mit den ökonomischen Gleichheits- und Unabhängigkeitsattributen ausgestattet werden wollen.

ganisationen (Beispiel: IWF) der egalitären Regelung »ein Land, eine Stimme« anzupassen. Im einzelnen sind zwar höchst differenzierte institutionelle Regelungen ins Auge gefaßt; der Versuch, im Regelungs- und Durchsetzungsbereich selbständig handelnde universale oder regionale Organisationen einzuschalten, bezeichnet indes die am häufigsten eingeschlagene Richtung.

Die »sectoral world ordering«-Ansätze[67] haben sich auf den einzelnen Teilgebieten noch nicht endgültig durchgesetzt, geschweige denn zu einer neuen Gesamtordnung zusammengefügt. Auch der UN-konzipierte »Global-Dialog«[68] dürfte dies auf absehbare Zeit nicht bewirken. Ausreichende Gleichheitsumstände liegen eben auch im ökonomischen Bereich noch keineswegs vor. Die einem nachhaltigen Abbau von Ungleichheit hier entgegenstehenden sachlichen Probleme sind in Wirklichkeit weit schwieriger, als die Entwicklungsländer es ihrer sektoralen Neuordnungspolitik zu unterstellen scheinen.[69] Den westlichen Industrieländern erscheint darüber hinaus die »alte« Ordnung, so reformbedürftig sie ist, weit gleichheitsförderlicher, und zwar auch im Sinne der meisten Dritte-Welt-Forderungen. Befindet sich die Völkergemeinschaft damit auch erst in einer Frühphase der Neuordnungsbemühungen mit ungewissem Ausgang, so wird gleichwohl deutlich, mit wieviel Intensität und Gleichheitspathos[70] derzeit um eine interventionistische, egalitäre neue Weltwirtschaftsordnung und damit letztlich um eine entsprechende neue politische Weltordnung gerungen wird.

---

68 Im UN-Rahmen wird seit 1979 eine »Globalkonferenz« über Handel, Rohstoffe, Energie, Entwicklung, Währung und Finanzen vorbereitet. An diesen »Globalverhandlungen« sollen, im Gegensatz zum bisherigen »Nord-Süd-Dialog« zwischen westlichen Industriestaaten und Entwicklungsländern, auch die kommunistisch regierten Staaten Osteuropas und China teilnehmen. Die UN-Generalversammlung konnte sich bisher nicht über die Verfahrensregeln und die Tagesordnung (etwa die Einbeziehung der Ölpreisfrage und der Indexierung von Rohstoffpreisen) jener Weltwirtschaftskonferenz einigen, vgl. Frankfurter Allgemeine Zeitung vom 5. 2. 1981. Vgl. auch *Haq,* North-South Dialogue – Is There a Future?, in: *ders.* (Anm. 55), S. 270 ff.
69 Hat sich die vorwärtsdrängende Dritte Welt über die endgültigen wirtschaftlichen Folgen ihres Neuordnungsschemas bereits ausreichende Gedanken gemacht? Suggeriert sie der Welt nicht eine flachere Fragestellung, als sie sachlich zu rechtfertigen ist? Was wären die Konsequenzen, wenn etwa die internationalen Rohstoffmärkte im Sinn der Entwicklungsländer geordnet würden? Genügen die Forderungen wenigstens elementaren Voraussetzungen internationaler Arbeitsteilung? Werden nicht die Konsumenten schwerwiegend belastet?
70 Zu den auch souveränitätsbetonten, kartellähnlichen Elementen *Mortimer* (Anm. 55), S. 92 ff.; *S. Amin,* Collective Self-Reliance or National Liberation?, in: *Haq* (Anm. 55), S. 153 ff.

VII.

Gegenüber diesem Zug der Zeit werden die Atomwaffenmächte ihr hegemoniales Nonproliferationsregime noch eine Zeitlang durchsetzen können. Eine »neue *militärische* Weltordnung« ist noch lange nicht in Sicht; ebensowenig aber auch – trotz des Falles Israel/Irak – eine »Ordnung«, in der ein Staat mit kriegerischen Mitteln die friedliche Entwicklung der Kernenergie eines der IAEO-Kontrolle unterliegenden Staates unterbricht, weil er dort eine zukünftige Gefahr des Entstehens von Kernwaffen erblickt.

Eine *zivile* Nuklearnutzungsordnung, die nur die Vormachtstellung einiger weniger (Nuklearliefer-)Länder einseitig zu legalisieren versuchte, müßte in den skizzierten Tendenzen indes ihren effektiven Widerstand finden. Zu stark decken sich friedliche Nukleartätigkeit und industriewirtschaftliche und energiestrategische Aspirationen, nicht nur aus der Sicht der Entwicklungsländer. Zu wenig berücksichtigte ein unilateraler Kontrollrigorismus den politischen Charakter und die politischen Beweggründe des Proliferationsproblems. Diese Ursachen aber sind u. a. Mißtrauen gegenüber oligopolistischen Lagen und nationalen Eingriffsrechten sowie Bitterkeit angesichts erfahrener Diskriminierungen und abrupter Kooperationsverweigerungen auf zivilem Sektor.[71]

Verschärfte Kontrollauflagen, verbesserte technische Schutzmaßnahmen und neue institutionelle Lösungen sind nötig, um dem Dilemma der Kernenergie zu begegnen. Weiterentwickelte multinationale Schutzmechanismen und Funktionsgewinne regionaler und internationaler Institutionen reichen indes für sich allein zur Minderung des Proliferationsrisikos nicht aus. Gleichzeitig bedarf es überzeugender Sicherheitsgarantien der Großmächte, der Erreichung sinnvoller und verifizierbarer Rüstungskontrollvereinbarungen, der diplomatischen und wirtschaftlichen Stabilisierung von Kri-

---

71 Der israelische Angriff vom 7. Juni 1981 auf den irakischen (sehr waffengrädigen) Forschungsreaktor Osirak, der IAEO- und bilateralen französischen Kontrollen unterstand, führt – soweit sich das Geschehen bereits analytisch bewerten läßt – zu keiner veränderten Einschätzung der NV-Problematik. Vielmehr hat die Ausübung einer antinuklearen Selbstjustiz durch Israel ebenso wie das Verlangen des Präsidenten des Irak nach einem friedenserhaltenden Gleichgewicht der atomaren Abschreckung zwischen Arabern und Israelis (vgl. Frankfurter Allgemeine Zeitung vom 26. Juni 1981) erneut die Gefahren einer unkontrollierten Weiterverbreitung von Kernsprengkapazität und die Sprengkraft des Staatengleichheitsprinzips akzentuiert. Die Nichtverbreitungspolitik steht im Nahen Osten dicht vor dem Scheitern – u. a. wegen der Weigerung Israels, sein Atommonopol aufzugeben, eine Weigerung, die sicherheitspolitische Ursachen hat (Kriegszustand zwischen Israel und seinen arabischen Nachbarn). Es wird nun schwerer werden, Schwellenländer für den Beitritt zum NVV zu gewinnen, zumal nachdem ein neuerlicher Fall von Atomspionage (vgl. dies. vom 10. 7. 1981) die Glaubwürdigkeit des IAEO-Kontrollsystems gefährdet hat.

senregionen und der Arbeit an einem Geflecht vertrauensbildender, multilateral abgestimmter, auch für die Dritte Welt attraktiver Maßnahmen. Nur so wird man zu einem höheren Grad von Vorausschaubarkeit in den Handelsbedingungen auf nukleartechnischem Gebiet, zu einer Einbindung der Schwellenmächte und insgesamt zu einem neuen internationalen Konsens gelangen.[72]

Der Mißbrauch kommerzieller Anlagen kann – so schwierig das ist – primär nur *politisch* verhindert werden. Proliferation und Nichtproliferation sind in erster Linie Politik. Die Entscheidung einer Regierung zur Entwicklung von Kernwaffen ist immer eine politische Entscheidung, die aus politischen Überlegungen resultiert. Eine wirksame Nichtverbreitungspolitik hat also in erster Linie die Aufgabe, daran mitzuwirken, daß die wirklichen oder vermeintlichen Gründe nicht gravierend genug sind, die Schwelle der politischen Entscheidung zur Kernwaffe zu überschreiten.[73]

Um die Hemmfaktoren für Proliferation zu verstärken, die Risiken des Weiterverbreitens von Kernwaffen also zu minimieren, wird damit langfristig hinsichtlich des internationalen Austausches von Kernmaterial und Ausrüstungen u. a. *eine stärkere, auch materiale, Gleichheitsorientierung erforderlich.*[74] Hegemoniale Modelle, das zeigen die bisherigen Ansätze, bewähren sich langfristig nicht. Sie laufen Gefahr, das Gegenteil des Bezweckten zu bewirken.[75]

Als diskriminierend empfundene Lieferbedingungen etwa lösen beim Empfängerland den Negativeffekt eines Autarkiestrebens auf dem Gebiet des Brennstoffkreislaufs und einer möglicherweise damit verbundenen Erhöhung des Proliferationsrisikos aus. Die Kombination von technischen,

---

72 Die 2. NVV-Überprüfungskonferenz hat angedeutet, daß sich die Nichtkernwaffenstaaten der damit an ihre Adresse gerichteten Forderung nicht schlechthin verschließen. Gleichwertige Gesten seitens der Kernwaffenstaaten sind bisher nicht erkennbar. Ist es ein Zufall, daß Präsident *Carter* im Nuklearkontext von Großbritannien und der Bundesrepublik Deutschland als »(these) smaller nations« sprach? American Journal of International Law 71 (1977), S. 775 ff.

73 Vgl. *G. Hildenbrand,* INCFE und die Nichtverbreitung von Kernwaffen, ms. 1980, S. 2. Ebd., S. 4; »Bei einem Land mit dem entsprechenden Kenntnisstand ist das letztlich einzig wirksame Hindernis vor dem Einstieg in ein Kernwaffenprogramm die verpflichtende Festlegung seiner Regierung auf das Prinzip der Nichtverbreitung. Dementsprechend liegt das stärkste Abschreckungsmoment vor diesem Schritt auf der politischen Ebene, nämlich in der wahrscheinlichen Reaktion der internationalen Völkergemeinschaft.«

74 In diese Richtung zielt etwa das Projekt »Internationale Kernbrennstoffbank« (s. o. IV), das indes gewisse institutionelle und marktstabilisierende (u. U. interventionistische) Parallelen zu der Anlage von Rohstofflagern im Rahmen des Gemeinsamen Fonds aufweisen würde.

75 Vgl. *Grewe,* Gleichheit (Anm. 4), S. 64/65 (in Hinblick auf die kontraproduzente Wirkung der Deutschland in den zwanziger Jahren auferlegten Rüstungsbeschränkungen).

Sicherungskontroll- und institutionellen Maßnahmen reicht für sich allein nicht aus. Aufgabe der Nichtverbreitungspolitik ist es, unter Verwendung dieser Maßnahmegruppen politische Antworten auf die zutiefst politische Frage nach der Motivierung zum oder Demotivierung vom Kernsprengkörper zu finden.[76] Gerade die konsensualen und d. h. die komplizierten Antworten können sich nur auf dem Boden des Vertrauens, nötigenfalls sogar unter Inkaufnahme eines Vertrauensvorschusses entwickeln, den die Stärkeren den Schwächeren entgegenbringen. Eine Zusammenarbeit, die von vornherein das Element der Abhängigkeit als Instrument für spätere Sanktionen – die ja auch mißbräuchlich angewandt werden können – vorsieht, muß zwangsläufig das Mißtrauen des Empfängerlandes wecken. Eine derartige »Zusammenarbeit« birgt nichtverbreitungspolitisch das Risiko gegenteiliger Wirkung,[77] nämlich die Entwicklung von Alternativen, die u. U. außerhalb des Nichtverbreitungsregimes angesiedelt werden.

Bisher jedenfalls steht der NVV mit dem IAEO-Sicherungskontrollen und damit »das ganze System zur Verhütung des sogenannten atomaren Chaos nicht als solides Gebäude dar«.[78] Mit den Londoner Richtlinien und dem NNPA brachte dieses System den Empfängerländern nicht verläßliche Zugangsbedingungen und Verständnis, sondern Mißtrauen, unberechenbare Reaktionen und einseitige, über den NVV hinausgehende Auflagen der Lieferländer. Wie auch die 2. NVV-Überprüfungskonferenz erwies, bietet diese Ordnung den Nichtnuklearen weniger den Schutz als die mit dem Wachsen der Kernwaffenpotentiale immer weiter gesteigerte Hegemonie der Atomaren. Je weniger die Politik der Nichtverbreitung legitime Sicherheits- und Versorgungsinteressen und vertraglich fixierte Kooperations- und Abrüstungsansprüche der NVV-treuen Nichtkernwaffenstaaten realisiert, desto mehr gerät sie in die Krise. Nur ein gleichberechtigungsorientierter »common approach« kann zu einem internationalen Konsens über den Inhalt von Nichtverbreitungspolitik zurückführen. INFCE, der IAEO-Versorgungssicherheitsausschuß und die für 1983 einberufene UN-Nuklearkonferenz können Schritte in die richtige Richtung sein. Ohne ernsthaftes Eingehen auf Zusammenarbeitsgebot und Staatengleichheitsprinzip wird sich in einer demokratisierten Staatengemeinschaft eine zugleich proliferationshemmende wie distributionsfördernde Nuklearordnung jedenfalls nicht aufrichten, geschweige denn bewahren lassen.

76 Vgl. *Hildenbrand,* Kernenergie (Anm. 29), S. 104. – Der noch unübersichtliche Fall Israel/Irak mag indes Anlaß sein, auch auf technischem Gebiet weitere Verbesserungsüberlegungen anzustellen. Sind die IAEO-Sicherheitskontrollen wirklich »fool-proof«, oder müssen sie verstärkt werden? Entstehen nicht Lücken im Kontrollsystem, etwa weil sich die IAEO-Inspektoren im Kriegsfall zurückziehen?
77 Ebd., S. 111 f. — 78 *Held* (Anm. 12).

Zur Verfassungsstruktur des Augusteischen Prinzipats

*Franz Wieacker**

I.

Als Thema eines Beitrags für Wilhelm Grewe, in dem der Lehrer und Forscher der Staatswissenschaften eins geworden ist mit dem Mann des außenpolitischen Wirkens und Beratens, scheint dem Historiker des antiken römischen Rechts keines näher zu liegen als der Prinzipat des Augustus: kein anderer Vorgang der römischen Verfassungsgeschichte scheint paradigmatischer für die rechtliche Institutionalisierung einer politischen und also kontingenten Machtschöpfung. Bei näherem Zusehn erhebt sich indes sogleich eben hieraus die Schwierigkeit einer rechts- und verfassungsgeschichtlichen Behandlung des Gegenstandes: ist die politische und historisch individuelle Neuordnung des Augustus mit dem institutionengeschichtlichen Instrumentar des Rechtshistorikers überhaupt verstehbar?
Das Problem wird besonders deutlich im Wettstreit der römischen Verfassungshistorie mit den Nachbardisziplinen, die gleichfalls legitime Zuständigkeiten für das Thema beanspruchen. Einerseits kann die Althistorie, die als wesentlich politische Geschichte individuellen Ereignissen, Vorgängen und Taten gilt, in der typisierenden und synchronen Darstellung eines Verfassungssystems kein adäquates Modell des Verstehens der Abläufe sehen (5–11; 14, 15, 22, 26, 31, 34 ff.).** (Dies würde erst recht für die antike Sozial- und Wirtschaftsgeschichte gelten, verfolgte sie nicht – unbeschadet der beständigen Interdependenz sozialer und ökonomischer Bedingungen mit politischen und rechtlichen Verfassungsordnungen – andere Intentionen als die Abbildung normativer Regelsysteme.) Auf der anderen Seite geht die Politologie als Allgemeine Theorie politischer Gesellschaften und Systeme ihrem Begriff nach auf allgemeine »Gesetzlichkeiten« und Modelle aus, für die die konkreten Geschichtsphänomene nur Paradigmen sind und als unwiederholbare Ereignisse und Taten oder als spezifisch rechtliche Ordnungssysteme gar nicht ausgeschöpft werden sollen. So beschäftigt sich

---

*   Dr. iur., Dres. h. c., Professor (em.) an der Universität Göttingen.
** Geklammerte Ziffern im Text verweisen auf die Nummern, unter denen die einzelnen Autoren im Bibliographischen Nachweis aufgeführt sind.

eine bedeutende Darstellung des Endes der römischen Republik in einer neuen Einführung (22 [1980] XIV ff.) vorzugsweise mit solchen allgemeinen Kategorien wie Krise, Alternative einer Krise, Identität, Parteiungen, Unregierbarkeit, Kapazität eines Systems usf. Ein typisches Symptom für diese Verständigungsschwierigkeiten und Grenzkonflikte ist die schwankende und unbestimmte Anwendung von Kategorien, die wie *res publica* (22, 23, 34), ›Monarchie‹ (13, 20), Dyarchie (25, 31, 32 f. u. ö.), *auctoritas* (18, 19, 23, 26), *cura* oder selbst Charisma (10, 33, 36. u. ö.), sowohl politische als auch rechtliche Phänomene bezeichnen können. In dieser Bedrängnis zwischen zwei Fronten wird sich der Rechtshistoriker zunächst auf die Bestandsaufnahme derjenigen Vorgänge beschränken, die eine spezifisch rechtliche Relevanz gewannen, weil dem ersten *princeps* ihre Institutionalisierung gelungen ist (III). Erst nach dieser Übersicht sind wir an dem Punkt angelangt, an dem sich erweisen muß, ob und unter welchen Bedingungen der augusteische Prinzipat überhaupt spezifisch verfassungsrechtlich verstehbar (und im günstigsten Fall: verstanden) ist (IV).

II.

1. Da sich der Prinzipat zumindest ex post als die Antwort einer mit weltgeschichtlichem Erfolg handelnden Persönlichkeit auf eine permanent gewordene Krise der *res publica* darstellt, bedarf es zuvor einer Charakteristik dieser strukturellen Dauerkrise (12, 13, 14, 18, 22 u. ö.). Der Verfall und Zusammenbruch des Freien Staates (22, 34 u. ö.) beruhte im letzten Grunde auf der Unfähigkeit, ein Herrschaftssystem, das an einen Stadtstaat gebunden war, den Aufgaben einer flächenstaatlichen Reichsbildung anzupassen (23 u. ö.). Seinem äußeren Verlauf nach drückte er sich indes in der Selbstzerstörung der römischen Nobilität aus, die, institutionell repräsentiert im Senat, Willensträger und Handlungsorgan der *res publica* war. Das Ende des Freistaats ist weder durch äußere Gegner herbeigeführt worden, denen der Bürgerstaat seit dem Ende des Krieges mit Hannibal jederzeit ein nicht zu brechendes Machtpotential entgegenstellen konnte, noch durch den Druck unterdrückter oder mit neuen Erwartungen aufsteigender sozialer Gruppen ›von unten‹ (wie er in frühen Jahren die Umwandlung des patrizischen Geschlechterstaats in die formale Demokratie der *libera res publica* herbeigeführt hatte).
2. Denn für die Bildung wirklicher Revolutionsparteien auf der Grundlage eines prinzipiellen Programms, das auf die Verwirklichung eines antizipierten (möglicherweise utopischen) Gesamtentwurfs gezielt hätte, fehlten dem

weltbeherrschenden Stadtstaat – vielleicht mit Ausnahme einer frühen Reformphase vor den Katastrophen der Gracchen – die ideologischen wie die politischen Vorbedingungen (10, 22, 34). ›Optimaten‹ und ›Populare‹ sind Namen für Parteiungen innerhalb der Nobilität, die sich seit der Gracchenkrise (in beschränktem Maß) als solidarisch zu fühlen begannen, aber nicht Träger konsistenter Programme, die auf eine planmäßige (revolutionäre oder auch nur emanzipatorische) Umgestaltung der römischen Gesellschaft zielten (22, 34 u. ö.).

Wohl haben äußere Bedrohungen wie soziale Nöte den Zerfall der *res publica* mittelbar gefördert, insofern sie diesen Faktionen (und ggf. Bürgerkriegsparteien) Anlässe, Vorwände und Stichworte zu ihren Aktionen gaben. So förderten die Cimberngefahr, der jugurthinische Krieg, die Bedrohung durch Mithridates, die Piraterie im östlichen Mittelmeer oder die Sklavenaufstände in Italien und Sizilien jeweils die Aushöhlung der Verfassung durch überregional erstreckte und irregulär verlängerte Magistraturen und Kommandos und damit das militärische Prestige und die persönliche Bindung der Heere an die Parteiführer auf beiden Seiten. Schon zuvor waren der Rückgang des Mittelbauerntums und die Beschwerden der Bundesgenossen der erste Anlaß zur Spaltung der Nobilität in eine Ordnungs- und eine Reformpartei und damit die Geburtsstunde der populistischen Richtung innerhalb der Nobilität geworden.

3. Hatten bis zum Beginn der 80er Jahre moralische und soziale Programme noch einen Einfluß auf die erste Phase der Dauerkrise, so blieben auf die Dauer ihre Akteure gleichwohl die persönlichen Faktionen, die sich seit dem Scheitern der Staatsreform formiert hatten und deren Anführer einerseits Repräsentanten der Ordnungspartei waren, wie Scipio Serapio, Aemilius Scaurus, Sulla und Pompeius und andererseits solche der Popularen wie Saturninus, Marius, Cinna und nachmals Iulius Caesar. Bei dem persönlichen und agonalen Charakter römischer Machtkämpfe traten die ursprünglichen Reformziele mehr und mehr vor dem Kampf um die Herrschaft selbst und vor der wachsenden Bereitschaft zur Gewaltsamkeit zurück – bis endlich die Entfremdung des Pompeius vom Senat und seine Annäherung an Caesar Ende der sechziger Jahre das Erste Triumvirat zeitigten, das zum ersten Mal die Institutionen des Freistaats als ganzes außer Funktion setzte. Caesars Sieg über die Senatspartei, zu der Pompeius zurückgekehrt war, und deren erneute Niederlage gegen die Anführer der Caesarianer (Philippi 42 v. Chr.) besiegelte den politischen Untergang des Freien Staates (34). Allein eine neue Spaltung innerhalb des siegreichen Herrschaftskonsortiums näherte Oktavian wieder den verbleibenden Resten der Senatspartei an, identifizierte den siegreichen Triumvirn mit der Tradition

der *res publica* und entschied damit, daß sich der Ausbau der neuen Ordnung unter dem Zeichen einer *res publica restituta* vollziehen würde (34).
4. Denn äußerlich hatten die Verfassungsinstitutionen des klassischen Freistaats – abgesehen von den kurzlebigen Diktaturen Sullas und Caesars – die Bürgerkriege überlebt. Ihre alte Funktion hatten sie bei deren Ende gänzlich eingebüßt. An ihrer Stelle hatten sich, meist unter Rückgriff auf alte singuläre Sonderämter, wie die Diktatur und den Volkstribunat, neue revolutionäre Machtkompetenzen ausgebildet. Nun im Dienst des persönlichen Prestiges (10) siegreicher Parteiführer, sprengten sie die zeitliche, räumliche und funktionale Begrenzung jener klassischen Ausnahmeregistratur: die Diktatur überschritt die Halbjahresfrist, der Tribunat die Annalität. Aber auch bei den großen ordentlichen Magistraturen, Konsulat und Prokonsulat, hatten längst die Zulassung der Iteration, die *prorogatio* über das Amtsjahr hinaus und die Erstreckung prokonsularischer Imperia über die Provinzgrenzen hinaus eine monarchische Stellung einzelner Anführer vorbereitet. Diesen Veränderungen entsprach eine nicht mehr durch das verfassungsmäßige militärische Imperium bestimmte und vom Jahresamt abhängige Bindung der Heere an die Person des Feldherrn, wie sie im Kern mit der Kommandogewalt in der klassischen *res publica* unvereinbar war.

Das wichtigste dieser Sonderämter wurde jetzt der Volkstribunat. Seit der Gracchenkrise wieder als revolutionäre Sondergewalt reaktiviert, sicherte er jetzt, als *tribunicia potestas* (praktisch) von Volkswahl und Jahresbefristung gelöst, den letzten Führern der Popularen dauernde Unverletzlichkeit, Interzession und *ius auxilii* sowie das *ius agendi cum populo* und zur Einberufung des Senats. Erst eine solche Wucherung und ein solcher Funktionswandel dieser außerordentlichen Ämter ermöglichten schließlich das verwickelte System permanenter Sondergewalten, die den Kern der Machtstellung des ersten *princeps* ausmachen würden.

III.

1. Denn *sie* waren die bereits erprobten Modelle, unter denen Oktavian zur rechtlichen Sicherung seiner politischen Führungsstellung nun eine zögernde, sorgfältig erwogene und zweimal revidierte Auswahl traf. Die Aufgabe blieb die Institutionalisierung der einst revolutionären Machtstellung, die er bei der Vorbereitung des Reichskriegs gegen Cleopatra (und damit gegen Antonius) durch die Annäherung an die Reste der Senatspartei legitimiert und mit dieser Legitimation im Siege von Actium auch im Osten durchgesetzt hatte. Wenn Caesars Alleinherrschaft ein vorzeitiges Ende gefunden hatte, ehe diese Frage der Legitimierung überhaupt Antworten zuließ,

stand jetzt zum ersten Mal ein siegreicher Parteiführer vor der Notwendigkeit und Chance, die ihm aus dem Zerfall der freistaatlichen Verfassung zugewachsenen, gleichsam zugestorbenen charismatischen Ausnahmegewalten in eine dauernde Ordnung der Dinge zu integrieren. Die notwendige Schwäche jedes möglichen Konzeptes war, daß die lebenslänglichen Amtsgewalten, deren Bündelung eben den Prinzipat ausmachte, der Natur jedes republikanischen Amtes nach auf einen Leibeserben oder designierten Nachfolger ohne individuelle Verfassungsakte weder einzeln noch gar in ihrer Gesamtheit übergehen konnten: der Prinzipat war nicht vererblich (24). Nach der frühen Festigung seiner äußeren Machtstellung hat sich daher Augustus unablässig bemüht, nicht nur sein persönliches Charisma auf blutsverwandte oder adoptierte und verschwägerte Glieder der *domus Iulia* zu übertragen, sondern auch schon bei Lebzeiten den verfassungsmäßigen Übergang seiner einzelnen Ämter und Befugnisse auf den jeweils vorgesehenen Nachfolger im Augenblick des eigenen Ablebens verbindlich vorzubereiten. Eine besondere Belastung war nämlich der wiederholte Ausfall solcher Nachfolger: nach dem vorzeitigen Tod des Agrippa und des Drusus sowie seiner beiden leiblichen Enkel mußte er auf seinen anderen Stiefsohn aus der ersten Ehe der Livia, den ungeliebten Tiberius zurückgreifen, den er durch Heirat und Adoption auf verwickelte Weise dem julischen Hause eingegliedert hatte. Andererseits ermöglicht die unverhoffte Gunst einer 44jährigen Alleinherrschaft auch wieder die Gewöhnung der Überlebenden und Nachgeborenen an die neuen Institutionen und die Heranbildung eines ersten kaiserlichen Verwaltungskorps' durch eineinhalb Menschenalter hindurch.

Gleichwohl blieb der innere Widerspruch einer der Sache nach monarchischen Gewalt zu den als Bausteine dieser Gewalt vermauerten republikanischen Institutionen und damit die prekäre Sicherung der Nachfolge, die dauernde Schwäche des Prinzipatskonzepts, die dann auch schließlich seine Zerstörung herbeiführen sollte. Daß dies erst zwei Jahrhunderte nach dem Tode seines Begründers geschah, stellt freilich dessen überlegener Staatsklugheit wie der Gunst der römischen Dinge ein einzigartiges Zeugnis aus.

2. Was sich deshalb der späteren Betrachtung schon der antiken Nachfahren als eine dauernde Verfassungsschöpfung darstellt, war gleichwohl zunächst ein verwickeltes System von Aushilfen und Konstruktionen, dessen Bestand von den außerordentlichen Eigenschaften des Begründers (und einiger seiner Nachfolger) und zudem wiederholt von weltgeschichtlichen Zufällen abhing.

Nicht nur hierdurch, sondern auch durch weitere Erkenntnisbedingungen ist die bis heute so umstrittene Interpretation des Prinzipats erschwert worden. Einmal

643

ist der weltgeschichtliche Vorgang seit den Anfängen einer kirchlichen Reichstheologie in der Spätantike selbst und vollends in der politischen Metaphysik des Abendlandes zunächst heilsgeschichtlich, dann profan idealtypisch umgedeutet worden. Da Christus »zu den Zeiten des Kaisers Augustus« Mensch geworden war, erschien die Begründung des Prinzipats selbst als göttliche Fügung zur Ausbreitung seiner Lehre in der Ökumene, und erschien folglich das abendländische Kaisertum als *translatio* eben jenes Imperiums. Und auch nach der Säkularisierung dieser Vorstellungen hat einmal die Kaiseridee bis zum napoleonischen Cäsarismus und seinen späten Nachahmern bis an die Schwelle der Gegenwart und zum andern der Reichsgedanke in Gestalt der okzidentalen Zivilisationsidee die Wahrnehmung des geschichtlichen Prinzipats immer wieder mythologisiert.

Doch auch dem modernen Verfassungshistoriker wird der Einblick durch die planvoll bedachte Selbstdarstellung erschwert, durch die der erste *princeps* selbst den gewaltsamen, in diesem Sinne wirklich ›revolutionären‹ Ursprung seiner charismatischen Herrschaft lückenlos legitimiert und legalisiert hat. Diese Darstellung war – gleich, ob von ihrem Urheber von Beginn an oder im Laufe ihrer Bewährung durch den Erfolg selbst »geglaubt« – jedenfalls ein dauerndes und stets bewußtes Instrument seiner Politik. Sie hatte begonnen mit Caesars Apotheose und dem feierlichen Augurium des jungen Oktavian als Sohn des *divus Iulius,* hatte sich fortgesetzt in der Umdeutung der inner-römischen Auseinandersetzung zwischen den letzten beiden Triumvirn als Krieg des durch spontane Treueide ihm verschworenen *populus Romanus*, der *tota Italia* (34) und der westlichen Provinzen (GDA 25) gegen die Reichsfeindin Cleopatra und vollendete sich in der planvollen Schöpfung einer auf den *princeps* bezogenen Loyalitätsreligion. Diese Selbstdarstellung wurde umsichtig ausgebaut durch die vorsichtige ›Zulassung‹ und also Ermutigung eines Kultes des julischen Hauses und der Göttin Roma in den Provinzen (z. T. unter Anknüpfung an den hellenistischen Soterkult), durch die absichtsvolle Restauration altrepublikanischer Staatskulte und Begehungen, durch die Förderung einer repräsentativen Reichskunst von gewolltem Qualitätsanspruch und einer Staatsdichtung, welche die schicksalsvolle Vorherbestimmung des Prinzipats ebenso feierte wie die Wiederherstellung der altrömischen Staats- und Bürgertugenden (34). In der Ehegesetzgebung wie in anderen unpopulären Maßnahmen setzte Augustus diese Ideologie, ihren hohen Preis wohl erwägend, auch gegen die öffentliche Meinung durch: in den zur Aufstellung im Reiche bestimmten Gesta Divi Augusti (GDA) fand sie in einem einzigartigen Staatsdokument einen Wort für Wort bedachten und durchkomponierten Ausdruck.

Insofern diese Konzeption im Laufe der Jahrzehnte das öffentliche Bewußtsein der römischen Klassen und Stände wie der Untertanen selbst veränderte, wurde sie auch eine auf Anerkennung gegründete politische Realität (5,

7, 10, 11, 19, 23, 33). Aber ihre ursprünglichen und entscheidenden Kräfte waren schwerer durchschaubare persönliche Eigenschaften: der Mut, die Kälte und berechnende Verschlagenheit, die Caesars 19jährigen Neffen und Testamentserben (18) alsbald zum Führer seiner Partei machte; der Wirklichkeitssinn, der in jedem Augenblick die Grenzen des Möglichen abwog; die durchdringende Klugheit, die möglichen Bedrohungen vorbeugte und unmittelbare Gefahren meisterte: die zähe Geduld endlich, die sich vom einmal eingeschlagenen Weg nicht abdrängen ließ. Was Augustus von anderen Usurpatoren unterscheidet, sind weder wählerischere Mittel noch die Empfindung einer überpersönlichen Verantwortung, eines »Dienstes an der Idee« (die dem persönlichen Selbstbewußtsein eines Römers seiner Herkunft und Art fremd sein mußte), sondern das Zusammentreffen jener Eigenschaften mit dem geschichtlichen Augenblick, in dem die römische Reichsbildung selbst das Fortleben des stadtrömischen Geschlechterstaates endlich unmöglich gemacht hatte (18, 34).

3. Auch die *Rechtsformen* der augusteischen Neuordnung (1–3, 19, 20, 26, 27, 32, 33) können nur aus der politischen Ideologie verstanden werden, die sich aus der letzten Phase des Bürgerkrieges entwickelt hatte (10, 19, 23, 26). Ihr zufolge hätte Oktavian als Privatmann den durch die Tyrannei einer Partei unterdrückten Staat in die Freiheit ›zurückgefordert‹ (GDA 1: *exercitum privato consilio et privatis impensis comparavi per quem rem publicam a dominatione factionis oppressam in libertatem vindicavi*), und zwar kraft des einzigartigen ›Führungsheils‹ (*auctoritas*: 10, 26, 29, 33), das durch Designation und ›Abkunft‹ vom vergöttlichten Iulius, durch den persönlichen Treuschwur Italiens (Gesta 25), den erfolgreichen ›Befreiungskrieg‹ gegen Cleopatra und die innere und äußere Befriedung (GDA 26 sqq; 34) des Imperiums begründet und fortlaufend bewährt worden wäre. Da in dieser Interpretation der Ereignisse die (alte) *res publica* als befreit und ›wiederhergestellt‹ (*restituta*) zu gelten hatte, und jene einzigartige *auctoritas* daher in den langzeitigen oder lebenslangen Sondergewalten zum Ausdruck kommen mußte, die Volk und Senat in den Formen der wiederhergestellten Verfassung dem *princeps* übertragen hätten, ergab sich in der Form unvermeidlich eine ›dualistische‹ Konstruktion: in Rom und Italien konkurrierende *imperia* oder *potestates* der republikanischen Magistrate und des *princeps:* in' den Provinzen ein räumliches Nebeneinander von Imperien des *princeps* in ›Kaiserprovinzen‹ und der republikanischen Magistrate in ›Senatsprovinzen‹ (das jedoch auch hier schon unter Augustus schließlich ein vorrangiges Eingriffsrecht des princeps begleitete). Dem entsprang die Trennung des Staatsvermögens und der Finanzverwaltung in das alte *aerarium* des *populus Romanus (res publica)* und das kaiserliche

Hausvermögen *(res privata, fiscus Caesaris)*, das auch die Ausgaben der unmittelbar kaiserlichen Verwaltung zu decken bestimmt war.

Seit Mommsen bezeichnete man daher die Prinzipatsverfassung gern als Dyarchie (25; 29, 31). Allein der Dualismus darf weder als »gemischte Verfassung« im Sinn der hellenistischen Staatstheorie (v. Fritz) verstanden werden noch als Machtteilung oder Machtkontrolle zwischen Senat und republikanischen Magistraten einerseits und *princeps* andererseits (wie im europäischen Konstitutionalismus, dessen Blütezeit der Begriff der Dyarchie entstammt). Nur weil der Prinzipat dies alles nicht war, konnten sich in der Folge ohne prinzipielle Erweiterung der in der *lex de imperio* traditionell übertragenen formalen Befugnisse zu einer unitarischen Reichsmonarchie entwickeln, *aerarium* und *res privata* ohne viel Aufsehen verschmelzen, die republikanischen Ämter und Laufbahnen in der Zukunft langsam gegeneinander durchlässig werden und die Verwaltung und Rechtssetzung in den senatorischen Provinzen sich immer mehr der der Kaiserprovinzen annähern. Solche Tendenzen waren in den räumlich und sachlich fast überall konkurrierenden *imperia* und sonstigen Gewalten des Augustus von Anfang an angelegt.

4. Der formale Dualismus hat sich in den ersten Jahrzehnten der Alleinherrschaft des Augustus in unübersichtlichen, aber wohldurchdachten Verfassungsakten des *princeps* und seiner willigen Gegenspieler ausgeformt, die erst durch das Verständnis der zugrundeliegenden einheitlichen Tendenz ihren inneren Zusammenhang erhalten. Sie gewähren damit zugleich auch Einblicke in das so viel erörterte (5 ff.; 12, 13, 15, 26, 27, 32 u. 36) Verhältnis soziologischer, ideologischer, politischer und verfassungsrechtlicher Elemente der augusteischen Neuordnung (s. o. I, u. IV. 3).
(a) Mit dem Beginn des Krieges gegen (Cleopatra und) Antonius war die den Triumvirn unbefristet und unbegrenzt ›übertragene‹ *potestas rei publicae constituendae causa* politisch hinfällig und für Augustus in Italien und den westlichen Provinzen durch den kollektiven Gefolgschaftseid (26) der *cives* ersetzt worden. Allein mit dem Triumph von 29 v. Chr. war auch Oktavians militärisches Imperium in diesem Reichskrieg folgerecht erloschen. Seine Rechtsstellung beruhte von nun an vorerst auf dem Konsulat, das er bis 23 v. Chr. ständig mitbekleidet hat.
(b) In der Senatssitzung vom 13. Januar 27 v. Chr. legte folgerecht Oktavian in feierlichem, wohl durch Komitialgesetz bestätigten Staatsakt (darin formell Beispielen Sullas und Pompeius folgend) nieder. Dieser freie, dem Senat pro forma geradezu aufgedrungene Verzicht markierte die endgültige Absage an Caesars monarchische Diktatur an die revolutionäre Triumvirngewalt *rei publicae constituendae causa* (26, 34): beide hätten die Gewinnung der alten republikanischen Kräfte im Senat unmöglich gemacht. Oktavians rechtliche Stellung hätte sich danach auf den verfassungsmäßigen

(wenn auch ›verfassungswidrig‹ dauernd bekleideten) Konsulat beschränkt.
Eine neue Ordnung der Dinge mußte daher durch die gleichzeitige, also von vornherein vorbereitete Übertragung neuer außerordentlicher, aber sorgfältig an republikanische Ämterbezeichnungen anknüpfende Befugnisse gleichsam unterfangen werden. Oktavian erhielt nun ein (zunächst auf 10 Jahre befristetes) allgemeines militärisches Imperium für die noch nicht befriedeten Provinzen (besonders in Gallien, Spanien und in Syrien), das in der Sache das gesamte Oberkommando im Reich, mit Einschluß des in Rom stationierten Praetoriums und der dortigen Polizeikräfte *(cohortes urbanasae, vigilum)*, und somit die gesamte militärische Gewalt einschloß. Gleichzeitig hob der Senat durch die Verleihung des insoweit neuartigen sakralen Ehrennamens Augustus Oktavians einzigartige charismatische *auctoritas* hervor: seine bisherigen Ehrennamen *princeps civitatis* und *senatus* (dies seit 28 v. Chr.) hatten dagegen schon die Vormänner der alten *res publica* getragen.

(c) In den folgenden Jahren scheinen die schwierige Befriedung der Randprovinzen, schwere Erkrankung und politische Krisen Augustus überzeugt zu haben, daß ein aus diesen Befugnissen kombiniertes Herrschaftssystem nicht ausreiche. Denn im Jahre 23 v. Chr. legte er zwar das Dauerkonsulat nieder, das er während seiner weiteren Regierung nur noch gelegentlich (5 und 2 v. Chr.) als *consul ordinarius* übernommen hat; er beschränkte jetzt seinen längst gesicherten Einfluß auf das höchste Oberamt der *res publica* auf die Steuerung der Magistratswahlen, Besetzung mit loyalen Kräften und auf seine Abwertung durch Nacherrennenung von Ersatzkonsuln *(c. suffecti)* im laufenden Amtsjahr. Dafür ließ er sich nun aber zwei neue umfassende Gewalten auf Lebenszeit übertragen: die volle *tribunicia potestas* und ein *imperium proconsulare maius* für das gesamte Reichsgebiet mit Einschluß Italiens und der senatorischen Provinzen; dieses gab ihm – im Gegensatz zu den Imperien der klassischen Republik, aber ähnlich dem durch die lex Gabinia (67 v. Chr.) dem Pompeius, wenn auch befristet und regional begrenzt, übertragenen – über das seit 27 v. Chr. bestehende militärische Oberkommando hinaus Aufsichts- und Eingriffsrechte gegenüber allen anderen Magistraten im Reich. Endlich erhielt Augustus jetzt das (ihm bisher nur als Konsul zustehende) Einberufungs- und Antragsrecht im Senat *(ius agendi cum patribus)*.

> Im Jahre 19 v. Chr. wurden ihm dazu noch die vollen konsularischen Ehrenrechte und die zensorischen Befugnisse der *cura morum* und der *lectio senatus* auf Lebenszeit übertragen.

Alle diese Befugnisse entlehnten ihren Namen durchweg der Verfassung des Freistaates, dem auch die *prorogatio* und ausnahmsweise auch ein allgemeineres, über die Provinzgrenze hinausreichende *proconsulare imperium* nicht mehr fremd gewesen war. Als lebenslange, von Bewerbung und Volkswahl abgelöste und kumulierte Vorrechte einer Person waren sie jedoch nunmehr der Ausdruck einer – lediglich durch die Meidung des Königsnamens und der Diktatur verhüllte – monarchischen Gewalt außerhalb des Stadtgebietes, wie sie übrigens auch im einzigartigen Augustustitel und in der zunehmenden Führung des Imperatortitels als ständiges Attribut des *princeps* auch ihr äußeres Symbol fand.

(d) Der staatsrechtliche Ausbau des augusteischen Prinzipats war damit abgeschlossen. Die Übernahme des Oberpontifikats nach dem späten Tode des entmachteten Lepidus (12 v. Chr.), die Ausrufung zum *pater patriae* (2 v. Chr.), die Stiftung eines Kultes der *domus Iulia* und der Roma in den westlichen Provinzen sowie die Duldung der Verehrung des *genius* seiner Person auch in Rom waren weitere wohlerwogene und dosierte Stärkungen seiner *auctoritas*. Mehr wildwüchsige Befugnisse nahm der *princeps* ohne Übertragung und viel Aufsehen in Anspruch: so eine (möglicherweise aus der Hausgerichtsbarkeit entwickelte) Strafgerichtsbarkeit ohne formale Ableitung aus seinen konsularischen Rechten und eine zusätzliche (freisprechende!) Stimme, den *calculus Minervae*, im Geschworenengericht. Es ist deutlich, daß der Kaiser von solchen eher den Angeklagten günstigen Einwirkungen nicht den Vorwurf außergesetzlicher Usurpation zu befürchten brauchte.

IV.

1. Wir kehren zur Frage der ›Verstehbarkeit‹ des Prinzipats (5) zurück. Als individualisiertes Geschichtsphänomen kann er vom Althistoriker verstanden, als Paradigma einer Herrschaftsgründung auch in den allgemeinen Kategorien der Wissenschaft von der Politik *erklärt* werden. Verfassungsgeschichtlich, d. h. rechtshistorisch interpretierbar wird er erst unter der Voraussetzung einer rechtlichen Institutionalisierung, die ihm allein den Charakter einer rechtlich verbindlichen Verfassungsordnung geben konnte. Auch als *Rechts*historiker fragen wir dabei nicht nach dogmatisch-systematischen Geltungsbedingungen, sondern pragmatisch: wann ist die Grundordnung des augusteischen Prinzipats vom Herrscher als für ihn selbst verbindlich betrachtet, von den *cives* als zu befolgende Norm anerkannt worden, und wann gewann sie somit die (für den Rechtshistoriker wie den Rechtssoziologen allein relevanten) empirischen Merkmale einer ›geltenden‹ Rechtsordnung (deren drei Grundeigenschaften eine ausreichend breite Anerkennung, Befolgung und ggf. Erzwingungschance sind)? Die lange Dauer der Alleinherrschaft des Augustus – gegen 51 Jahre im

Westen, gegen 44 Jahre im gesamten Imperium – erlaubt die Antwort: noch zu seinen Lebzeiten, und genauer: seit jenen Jahren, in denen sich die abschließende Ordnung von 23 v. Chr. als immer wieder beachtete, nicht mehr diskutierte bewährt hatte. Der letzte Grund für diese Stabilisierung war die völlige Erschöpfung aller Klassen der älteren *cives* durch die Bürgerkriege der 40er und 30er Jahre und die – nicht nur von Tacitus gesehene – Unkenntnis der später Geborenen von der ihnen vorausgehenden Wirklichkeit des Freien Staates. Von dieser Zeit an also kann der augusteische Prinzipat wirklich als *rechtliche* Ordnung beschrieben und interpretiert werden.

2. Von hier aus kann denn auch der Rechtshistoriker die Fragen beantworten, die sich in der Diskussion mit den Althistorikern und den Politologen gestellt hatten. Er kann jetzt vielleicht die zu Beginn (I a. E.) genannten schillernden Begriffe und Kategorien ein wenig schärfer präzisieren – wobei wir die ausgeschliffenen und festgeschriebenen Rechtsbegriffe der klassischen Verfassungstheorie des 19. und des beginnenden 20. Jahrhunderts besser aus dem Spiel lassen.

(a) *Res publica restituta?* Der Prinzipat war wirkliche Neuordnung, nicht ›Restitution‹ (oder gar, wie bei Sulla, Restauration) des Freien Staates. Doch darf darum die von Augustus ja ausdrücklich proklamierte Wiederherstellung der *res publica* nicht zu billig als unerschrockene Fassadenlegitimation, als bewußte Täuschung – wie schon Tacitus insinuiert – oder denn bestenfalls Selbsttäuschung genommen werden. Ganz abgesehen davon, daß die Realität der Dinge urteilsfähigen Zeitgenossen ja vor Augen stand, und daß der heutige Betrachter Täuschung, Selbsttäuschung oder (psychologische) Wahrheit schwerlich unterscheiden kann: die Rechtsstellung des *princeps* – nicht das einzigartige Charisma, das er *auctoritas* nannte (Gesta 34: *auctoritate omnibus praestiti*) – beruhte ausschließlich auf der Bündelung verfassungsmäßiger ordentlicher oder außerordentlicher Einzelbefugnisse der alten *res publica*. Die Berühmung der Gesta (6): *nullum magistratum contra morem maiorem delatum recepi* ist buchstäblich – wenn auch eben nur dem Buchstaben nach – wahr; und ebenso folgerecht die Ablehnung der Diktatur (eod. 5) und der *cura legum et morum summa potestate solus* (eod. 6). (Noch die Annahme der *curatio annonae* wird daher sorgfältig mit einem akuten Notstand der städtischen Massen begründet [eod. 5]). Die Vorbedingungen, die Oktavians Neuordnung das Modell einer ›restitutio‹ dieser Art aufzwangen, sind bereits zuvor dargelegt worden (III 3; S. 645).

(b) Alleingewalt oder ›Dyarchie‹? Auch daß der – jener *restitutio* entsprechende – Fortbestand des Senats, der gesamten republikanischen Ämterverfassung, des Ärars sowie ursprünglich auch der Volksgesetzgebung und der Komitialwahlen, dem Prinzipat nicht den Charakter einer Dyarchie gab, ist bereits zuvor begründet worden (III 3, S. 646). Der Prinzipat ist nicht nur in der Bindung aller neuen Befugnisse an die Person des Herrschers, sondern auch in *dem* Sinne Einherrschaft, daß die ausschlaggebende Entscheidungsgewalt in allen relevanten Fragen – wie der Öffentlichkeit als Realität erkennbar war – durchaus beim *princeps* lag. Demgegenüber war der Fortbestand der alten Institutionen weder Gewaltenteilung oder Gewaltenkontrolle noch eine – allzu durchsichtige – Konservierung der Mumie des toten Freistaates zur Düpierung Gutgläubiger; sie lag vielmehr in der Ökonomie der Neuordnung, die ohne ihre Fortführung gar nicht realisierbar gewesen wäre. Die wenigen Institutionen, die Augustus nicht fortbestehen ließ, fielen kennzeichnenderweise nicht so sehr, weil sie gefährliche Erinnerungen an alte Freiheit, sondern weil sie nicht mehr funktionsfähig waren (wie etwa die Komitialwahlen).

(c) Monarchie oder ›Prinzipat‹? Leugnung einer Dyarchie bedeutet Entscheidung für ein ›monarchisches‹ Konzept nur im Sinn einer Alleinherrschaft. Im übrigen ist der Begriff der Monarchie von vornherein wenig glücklich, weil er sich in der europäischen Tradition mit der Vorstellung der Erbmonarchie (oder doch, bei Wahlmonarchien, mit dynastischen Einschlägen) verknüpft, während der augusteische Prinzipat im zuvor gekennzeichneten Sinn (III, 1; S. 643) spezifisch unvererblich war. Zudem fällt es für das Selbstverständnis des ersten *princeps* und seiner Zeit nicht nur als bloße Formsache ins Gewicht, daß er sich – anders als Caesar – nicht nur ungern und sozusagen vorsichtshalber, sondern bewußt und definitiv gegen *regnum* und selbst Diktatur entschieden hat. Vielmehr bezeichnet der sich langsam festigende Begriff des *princeps*, auch in seiner Anknüpfung an die alten Vormänner der Republik, treffsicher die unverwechselbare Eigenart einer in Rom allein möglichen Vormacht. Suchte man nach Vergleichen in der griechischen Polis, so würde man den Prinzipat trotz seines Aufstiegs aus der Gewalt immer noch eher zur Aristie eines Kimon oder Perikles stellen als zu der älteren Tyrannis des Peisistratos oder der jüngeren des Dionys in Syrakus.

3. Die herrschaftssoziologischen Grundlagen dieser Stellung des ersten *princeps* war zweifellos sein persönliches Charisma – nicht ein Amtscharisma seiner Gewalten. In diesem Sinne beruhte sie auf *auctoritas;* zugeordnet waren dieser auch die neuen Namen *Augustus* und *pater patriae*, die persönlichen Ehrenzeichen und Ehrenrechte und die Idee der *defensio* und *cura civium*. Allein alle diese weittragenden Herrschaftsfaktoren sind nicht rechtlich institutionalisiert worden: sie gehen, zugespitzt, den Verfassungs-

historiker nicht als sein Thema an, sondern als Rahmenbedingungen seines rechtlichen Themas. Dies gilt – entgegen gewichtigen und gerade rechtshistorischen Stimmen (10, 18, 19, 26, 29, 36) – auch für *auctoritas*. Trotz ihres (späteren?) Erscheinens in der vespasianischen *lex de imperio* wurde hier – ähnlich wie mit der *princeps*-Stellung – eine republikanische Kategorie sozialer und politischer Geltung rezipiert, und nicht etwa spezifisch verrechtlichte Begriffe wie die (längst verblaßte) *auctoritas patrum* oder gar die scharf konturierte *auctoritas* des *ius civile.* Als Prüfstein erscheint uns dafür das kaum ausweichliche Verständnis des *publice repondere ex auctoritate principis* als Deckung des Responsums durch das (größere) öffentliche Prestige des *princeps*, nicht als rechtliche Erlaubnis gleichsam für einen Kreis ›patentierter‹ Juristen. Dagegen wurden mit dem konsularischen und dem *imperium proconsulare,* mit der *tribunicia potestas,* mit dem *ius agendi cum patribus,* mit der *cura morum* und der *lectio senatus* – wenn auch denaturiert durch ihre lebenslange Bindung an eine Person – klar umrissene rechtliche Institutionen des Freien Staates in die neue Ordnung integriert. Damit mag auch angedeutet sein, was wir im fruchtbaren »Streit der Fakultäten« um die Interpretation des Prinzipats jeweils für Sache des Verfassungshistorikers, des Althistorikers und des Politologen halten – da ja das Phänomen zu mächtig ist, um es ohne Verkürzung einer einzigen Disziplin vorzubehalten.

Bibliographischer Nachweis

1 *Arangio-Ruiz*, in: Studia et Documenta Iuris et Historiae 1 (1935), S. 96 ff.
2 *Derselbe*, eodem 2 (1936), S. 466 ff.
3 *Derselbe*, eodem 5 (1939), S. 570 ff.
4 *Augustus*, Studi in occasione del bimillenario augusteo, Roma 1938, mit Beiträgen von *Arangio-Ruiz; de Francisci, Momigliano, Riccobono sen.* u. a.
5 *J. Béranger*, L'hérédité du principat, in: REL 17 (1939), S. 171 ff.
6 *Derselbe*, Museum Helveticum 4 (1949), S. 178 ff.
7 *Derselbe*, Recherches sur l'aspect idéologique du principat (= Schweizer Beiträge zur Altertumswissenschaft, Heft 6, Basel 1935).
8 *Derselbe*, REL 22 (1954), S. 2296 ff. s.v. princeps (Kaiserzeit).
9 *J. Bleicken*, Verfassungs- und Sozialgeschichte des römischen Kaiserreiches I, Paderborn 1978.
10 *P. de Francisci*, Arcana imperii III 1, Milano 1948, S. 1 ff.; 194 ff.
11 *M. Grant*, From Imperium to Auctoritas. A Historical Study of aes-Coinage in the Roman(Empire (49 BC – AD 14), Cambridge 1946, Neudruck 1969.
12 *O. Grenade*, Essai sur les origines du principat: investiture et renouvellement des pouvoirs impériaux, 1961.
13 *F. Guizzi*, Il principato trá ›res publica‹ e potere assoluto, Napoli 1974.
14 *M. Hammond*, The Augustean Principate, 1933.
15 *T. R. Holmes*, The Architect of the Roman Empire, Oxford 1928.
16 *R. Klein (Hrsg.)*, Prinzipat und Freiheit, Darmstadt 1969, Wiss. Buchgesellschaft; mit Beiträgen von *Koch, Kunkel, Wickert, Syme, Pöschl, v. Fritz, Vogt, Knoche* u. a.
17 *Kolbe*, Klio 36 (1943), S. 22 ff.
18 *W. Kunkel*, Über das Wesen des augusteischen Prinzipats, in: Gymnasium 68 (1968), S. 353–370 (= Kleine Schriften, Weimar 1974, S. 383 ff.).
19 *A. Magdelain*, Auctoritas principis, Paris 1947.
20 *F. de Martino*, Lo stato di Augusto, 1936.
21 *S. Mazzarino*, L'impero romano I/II Roma-Bari 1962, 1973.
22 *Christian Meier*, Res publica amissa. Eine Studie zu Verfassung und Geschichte der späten römischen Republik, 1966, 1980.
23 *Ernst Meyer*, Römischer Staat und Staatsgedanke, 1964, S. 454 ff.
24 *J. Miquel*, El Problema de la succesión de Augusto, Santa Cruz de Tenerife, 1968.
25 *Th. Mommsen*, Staatsrecht II, 2^3, 1887, S. 749 ff. u. ö.
26 *A. v. Premerstein*, Vom Wesen und Werden des Prinzipats, Abhandlungen der Bayerischen Akademie der Wissenschaften, Neue Folge, Heft 15, München 1937.
27 *S. Riccobono jr.*, Augusto e il problema della nuova constituzione, in: Annali Fac. Palermo 15 (1934), S. 363 ff.
28 *W. Schmitthenner (Hrsg.)*, Augustus, Darmstadt 1969, Wiss. Buchgesellschaft, mit Beiträgen von *Kolbe, Berve, Momigliano, Syme, de Visscher, Adcock, Last, Jones, Kunkel, Sattler* u. a.
29 *A. Schönbauer*, Zeitschrift der Savigny-Stiftung für Rechtsgeschichte, Romanistische Abteilung, 47 (1927), S. 264 ff.
30 *Derselbe*, Sammelband der Österreichischen Akademie der Wissenschaften, 224, 2, Wien 1946, S. 75 ff.
31 *O. Th. Schulz*, Das Wesen des römischen Kaisertums der ersten zwei Jahrhunderte, 1916; neu 1967.
32 *H. Siber*, Zur Entwicklung der römischen Prinzipatsverfassung, in: Abhandlungen der Sächsischen Akademie der Wissenschaften XLII, 3, Leipzig 1933.

33 *Derselbe,* Das Führeramt des Augustus, ebd. XLIV, 2, Leipzig 1940.
34 *R. Syme,* The Roman Revolution (1939), besonders S. 313 ff.
35 *H. Wagenvoort,* Princeps, in: Philologus 91 (1936).
36 *W. Weber,* Princeps. Studien zur Geschichte des Augustus I, Stuttgart/Berlin 1936; neu 1969.
37 *L. Wickert,* Klio 36 (1943), S. 1 ff.
38 *Derselbe,* Neue Forschungen zum römischen Prinzipat, in: *Temporini – Haase.* (Hrsg.), Aufstieg und Niedergang der römischen Welt II, 1 (1974), S. 3-78.
Nach Abschluß des Manuskripts erschienen: A. *Guarmo,* gei aspetti giundici del principalo, in *Temporini – Haase* (Hrsg). Aufstieg u. Niedergang d. römischen Welt II Principat, 13. Bd. (1980) 2-44; Bibliographie: 44-60.

Bibliographie Wilhelm G. Grewe*

I. *Bücher und selbständige Schriften unter eigenem Namen*

1 Gnade und Recht. Hamburg 1936 (Dissertation).
2 Der dritte Wirtschaftskrieg. Berlin 1940 (Schriften des deutschen Instituts für außenpolitische Forschung, Bd. 85).
3 Epochen der Völkerrechtsgeschichte. (Habilitationsschrift Königsberg/Pr.) Drucklegung im Verlag Koehler & Amelang, Leipzig, 1943–45, Auslieferung zweimal durch Kriegsereignisse verhindert. Publikation nach Überarbeitung in Vorbereitung.
4 Nürnberg als Rechtsfrage. Stuttgart 1947.
5 Antinomien des Föderalismus. Bleckede 1948.
6 Die Satzung der Vereinten Nationen. Göttingen 1948 (Textausgabe, mit Übersetzung und Einleitung).
7 Ein Besatzungsstatut für Deutschland. Stuttgart 1948.
8 Deutsche Außenpolitik der Nachkriegszeit. Stuttgart 1960.
9 Die Sprache der Diplomatie. Freie Akademie der Künste in Hamburg. 1967.
10 Spiel der Kräfte in der Weltpolitik. Theorie und Praxis der internationalen Beziehungen. Düsseldorf/Wien 1970 (Japan. Ausgabe 1973).
11 Staat, Wirtschaft und Gesellschaft im heutigen Japan. Walter Eucken-Institut, Vorträge und Aufsätze Nr. 66. Tübingen 1978.
12 Rückblenden 1976–1951. Berlin 1979.

II. *Beiträge zu Festschriften*

1 Zum Begriff der politischen Partei. Festgabe für Erich Kaufmann (»Um Recht und Gerechtigkeit«), Stuttgart/Köln 1950.
2 Die Gleichheit der Staaten in der Rüstungskontrolle. Festschrift für Hermann Jahrreiss. Köln/Berlin 1964.
3 Diplomatie als Beruf. Festgabe für Ernst Forsthoff. München 1967.

---

* Die wesentlichen Schriften bis Mitte 1981

4 Über den Gesamtcharakter der jüngsten Epoche der Völkerrechtsgeschichte. Festgabe für Hans-Jürgen Schlochauer. Berlin, New York 1981.

III. *Beiträge zu Wörterbüchern, Werken anderer Autoren und Sammelwerken*

1 Stichworte: »Status quo«; »Revision«; »Peaceful Change«. In: Wörterbuch des Völkerrechts und der Diplomatie. Herausgegeben von H. J. Schlochauer. Berlin 1962.
2 Stichworte: »Krisenmanagement«; »Hallstein-Doktrin«. In: Staatslexikon. Recht, Wirtschaft, Gesellschaft. Herausgegeben von der Görres-Gesellschaft. 6. Aufl. Freiburg 1970.
3 Stichwort: »Diplomatie«. In: Handbuch der deutschen Außenpolitik. Herausgegeben von Hans-Peter Schwarz. München–Zürich 1975.
4 System und Grundgedanken des Bonner Vertragswerkes. Einleitung zu: H. Kutscher, Bonner Vertrag. München 1952.
5 Die Arten der Behandlung internationaler Konflikte. Einleitung zu: Fred Charles Iklé, Strategie und Taktik des diplomatischen Verhandelns. Gütersloh 1965.
6 Staatsallmacht und Selbstverwaltung als christliches Problem. In: Gerechte Ordnung. Gedanken zu einer Rechts- und Staatslehre in evangelischer Sicht. Tübingen 1948.
7 Die Rechtswissenschaft. In: Freiburger Hochschulführer 1948/49. Freiburg 1948.
8 Bundes- und Länderzuständigkeiten im Bereiche der konkurrierenden Gesetzgebung. Referat auf der Weinheimer Tagung des Instituts zur Förderung öffentlicher Angelegenheiten, abgedruckt in dem Sammelband »Bundesrecht und Bundesgesetzgebung«, Frankfurt 1950, S. 28–53.
9 Der Schutz der Menschenrechte in Deutschland. In: III. Internationaler Kongreß für Rechtsvergleichung in London. Deutsche Landesreferate. 1950.
10 Die politischen Treuepflichten der Angehörigen des öffentlichen Dienstes. In: Politische Treupflicht im öffentlichen Dienst. Frankfurt 1950.
11 Rechtliche Grundlagen der Außenwerbung. In: »Werbung überbrückt Landesgrenzen«. Kongreßbericht 1951 des Bundesverbandes der Werbewirtschaft.

12 Inwieweit läßt Art. 33 Abs. 5 des Grundgesetzes eine Reform des Beamtenrechts zu? Verhandlungen des Deutschen Juristentages, öffentlich-rechtliche Abteilung. Tübingen 1952.
13 Die auswärtige Gewalt der Bundesrepublik. Veröffentlichungen der Vereinigung der deutschen Staatsrechtslehrer, Heft 12, Berlin 1954.
14 Wahlkreiseinteilung. In: Grundlagen eines deutschen Wahlrechts. Bericht der vom Bundesminister des Innern eingesetzten Wahlrechtskommission. Bonn 1955.
15 Nation und Völkergemeinschaft. In: Freiburger Dies Universitatis. (Individuum und Kollektiv), Bd. 9. Freiburg 1961/62.
16 Die Diplomatie des Ost-West-Konflikts 1945–1963. In: Deutsch-russische Beziehungen von Bismarck bis zur Gegenwart. Stuttgart 1964.
17 Planung in der Außenpolitik. In: Planung I. Recht und Politik der Planung in Wirtschaft und Gesellschaft. Herausgegeben von Josef Kaiser. Baden-Baden 1965.
18 Der diplomatische Kompromiß. In: Krieg und Frieden im industriellen Zeitalter. Gütersloh 1966, Bd. 2, S. 279–294.
19 Entspannung und Abrüstung. In: Armee gegen den Krieg. Herausgegeben von Wolfram von Raven. Stuttgart 1966.
20 Strukturprobleme des westlichen Bündnisses. In: Nationale Souveränität oder übernationale Integration? Herausgegeben von Gilbert Ziebura. Berlin 1966.
21 The Effect of Strategic Agreements on European-American Relations. Paper presented at the 11th Annual Conference of the Institute for Strategic Studies (Sept. 1969, Scheveningen). Adelphi Papers Nr. 65, London 1970.
22 Der Deutschland-Vertrag nach zwanzig Jahren. In: Konrad Adenauer und seine Zeit. Politik und Persönlichkeit des ersten Bundeskanzlers. Bd. I: Beiträge von Weg- und Zeitgenossen. Stuttgart 1976.
23 Bemerkungen zu einer Bilanz der KSZE-Ergebnisse. In: Die KSZE und die Menschenrechte. Berlin 1977.
24 Westeuropa, Nordamerika und Japan: Strukturfragen eines weltpolitischen Dreiecks. In: Amerika und Westeuropa. Gegenwart- und Zukunftsprobleme. Herausgegeben von Karl Kaiser und Hans-Peter Schwarz. Stuttgart/Zürich 1977 (Engl. Ausgabe: America and Western Europe. Problems and Prospects. Lexington/Mass.).

IV. Zeitschriftenaufsätze

1. Res publica christiana. Vom Wesen der mittelalterlichen Völkerrechtsordnung. Europäische Revue, XVI Jg. (1940), S. 594–600.
2. Die Epochen der modernen Völkerrechtsgeschichte. Zeitschrift für die gesamte Staatswissenschaft Bd. 103, S. 38–66, 260–294.
3. Die Wiederherstellung kriegszerstörter Kreuzungsbauwerke. Archiv des Rechts. 74. Bd. (1948), S. 393–437.
4. Das Sicherheitssystem der Vereinten Nationen. Süddeutsche Juristenzeitung 1948, S. 169–178.
5. Macht und Recht im Völkerleben. Zeitschrift für die gesamte Staatswissenschaft Bd. 105 (1949), S. 201–227.
6. Über Verfassungswesen in unserer Zeit. Merkur, 1949, S. 430–446.
7. Die verfassungsrechtlichen Grundlagen der Bundesrepublik Deutschland.
    - I. Das Besatzungsstatut. Deutsche Rechtszeitschrift 1949, S. 265–270.
    - II. Das Grundgesetz. Deutsche Rechtszeitschrift 1949, S. 313–317.
    - III. Das bundesstaatliche System des Grundgesetzes. Deutsche Rechtszeitschrift 1949, S. 349–352.
    - IV. Die Bundesrepublik als Rechtsstaat. Deutsche Rechtszeitschrift 1949, S. 392–395.
8. Strafbarkeit des Angriffskrieges? Die Gegenwart, 1949, Nr. 75.
9. Neue Perspektiven des Besatzungsregimes. Die Gegenwart, 1949, Nr. 83.
10. Die Macht der Ruhrbehörde. Merkur, 1949, S. 1002–1021.
11. Die Rechtsstellung der Privatschulen nach dem Grundgesetz. Die öffentliche Verwaltung, 1950, S. 33–36.
12. Zur Gleichberechtigung der Geschlechter im Beamtenrecht. Drei Stellungnahmen von Walter Jellinek, Ernst von Caemmerer und Wilhelm Grewe. In: Archiv des öffentlichen Rechts Bd. 76 (1950), S. 137 ff.
13. Der Begriff des sozialen Staates in der deutschen Verfassungsentwicklung. In: Der Arbeitgeber. (Dez./Jan. 1950/51).
14. Parteienstaat – oder was sonst? Der Monat, 3. Jg., Nr. 36, Sept. 1951.
15. Von der Kapitulation zum Deutschlandvertrag. In: Außenpolitik 1952, S. 414 ff.
16. Ungleiche Souveränität (zur sowjetischen Souveränitätserklärung). In: Archiv des öffentlichen Rechts Bd. 79 (1953/54), S. 504–509.

17 Die Vereinbarungen von 1945 und die Politik der Wiedervereinigung. In: Außenpolitik 1954, S. 345–354.
18 Die Wiedervereinigungsfrage in den Pariser Verträgen. In: Außenpolitik 1955, S. 5–15.
19 Souveränität der Bundesrepublik. In: Archiv des öffentlichen Rechts Bd. 80 (1955), S. 231–240.
20 Wird abgerüstet werden? In: Die Politische Meinung, 1957, H. 19, S. 21–45.
21 Ein Friedensvertrag mit Deutschland? In: Europa-Archiv 1959, S. 301–322.
22 The Lawyer as Diplomat. Proceedings of the American Society of International Law, 1960, S. 232 ff.
23 Other Legal Aspects of the Berlin Crisis. American Journal of International Law, Vol. 56, No. 2, April 1962, S. 510 ff.
24 Die Zukunft der atlantischen Allianz. Außenpolitik, 1965, H. 1, S. 15 ff.
25 Die Sprache der Diplomatie. In: Merkur 1966, S. 805–823.
26 Über den Einfluß der Kernwaffen auf die Politik. Europa-Archiv, 1967, S. 77 ff.
27 Eine Allianz im dritten Jahrzehnt. In: Wehrkunde 1969, S. 165–171.
28 Die Vereinigten Staaten und die Sowjetunion im Wandel der Weltpolitik. Osteuropa, 1980, S. 283 ff.
29 Machtvergleiche in der Weltpolitik. Merkur, 1980, S. 421 ff.; s. auch in: Der neue Realismus, herausgegeben von Helmut Kohl, Düsseldorf 1980.

V. *Gutachten und Vorträge*

(Als Manuskript gedruckt)

1 Rechtsgutachten über die Verfassungsmäßigkeit einer Einführung der konfessionellen Lehrerbildung im Lande Baden. Erstattet für und gedruckt im Auftrage der Gewerkschaft Erziehung und Wissenschaft, Landesverband Baden-Süd. Freiburg 1951.
2 Rechtsgutachten über die Rechtsgültigkeit des Artikels 41 der Hessischen Verfassung. Erstattet für die FDP-Fraktion des Hessischen Landtages. 1951.
3 Die Vereinbarkeit des Bonner Vertrages vom 26. Mai 1952 mit dem Grundgesetz. Rechtsgutachten erstattet für die Bundesregierung. Bonn 1952.

4 Die Bedeutung des Status quo für den Frieden. Vortrag bei der Frankfurter Bank, 1963.
5 Atomsperre heißt auch Forschungsbremse. »Der Weg zu einer Europäischen Nuklearstreitmacht muß freibleiben.« Der Non-Proliferation-Vertrag und seine Gefahren. Vortrag vor der Deutschen Gesellschaft für Auswärtige Politik in Bonn; abgedruckt in: Die Welt vom 28. 1. 1967 (Nr. 24), S. 6.
6 Deutschland in der Welt der siebziger Jahre. Vortrag im Übersee-Club Hamburg. Mitteilungen des Übersee-Clubs, H. 5, Dezember 1967.
7 Japan und Deutschland – gestern, heute und morgen. Vortrag im Industrie-Club Düsseldorf, 1977.
8 Verfassung und politische Realität im heutigen Japan. Vortrag vor der deutschen Gesellschaft für Natur- und Völkerkunde Ostasiens (OAG) in Tokyo, 1976. (OAG-Aktuell 1978).